종교개혁의 역사

디아메이드 맥클로흐 지음
이은재·조상원 옮김

기독교문서선교회

기독교문서선교회(Christian Literature Center: 약칭 CLC)는 1941년 영국 콜체스터에서 켄 아담스에 의해 시작되었으며 국제 본부는 미국의 필라델피아에 있습니다.

국제 CLC는 59개 나라에서 180개의 본부를 두고, 약 650여 명의 선교사들이 이동도서차량 40대를 이용하여 문서 보급에 힘쓰고 있으며 이메일 주문을 통해 130여 국으로 책을 공급하고 있습니다.

한국 CLC는 청교도적 복음주의 신학과 신앙서적을 출판하는 문서선교 기관으로서, 한 영혼이라도 구원되길 소망하면서 주님이 오시는 그날까지 최선을 다할 것입니다.

THE REFORMATION
A HISTORY

Written by
Diarmaid MacCulloch

Translated by
Eun Jae Lee · Sang Won Cho

Copyright © 2003 by Diarmaid MacCulloch
Originally published in English under the title as
The Reformation
by Diarmaid MacCulloch,

Translated and used by the permission of
A division of Penguin Group,
Hudson Street, New York 10014, U.S.A.

All rights reserved.

Korean Edition
Copyright © 2011, 2017 by Christian Literature Center
Seoul, Korea

추천사

김홍기 박사
감리교신학대학교 총장

　맥클로흐 박사의 『종교개혁의 역사』(The Reformation)가 한국말로 번역되게 된 것을 진심으로 축하드린다. 맥클로흐는 옥스포드대학교 교회사 교수로서 토마스 크랜머에 관한 연구로 이미 많은 공헌을 남겼다. 이 책은 종교개혁을 신학의 개혁으로만 보지 않고 정치, 경제, 문화에 걸친 포괄적인 개혁으로 보고 있는 점이 흥미롭다.
　종교개혁이 중세의 연장이냐 현대의 시작이냐는 논란이 많은데, 맥클로흐는 현대의 시작으로 보면서 전세계사의 대변혁인 종교개혁을 교회사만 아니라 세계사의 새창조를 이룩한 사건으로 해석해 가고 있다는 점이 흥미롭다. 그리고 거의 모든 종교개혁 관련 사건을 총망라해서 취급하였다는 점이 큰 공헌이다.
　이 책은 또한 종교개혁에 관한 최대의 걸작으로 쓰여진 책이라고 할 수 있다. 신학생뿐 아니라 목회자들이 필히 읽어야할 필독서라고 생각한다. 널리 읽혀져 한국교회의 갱신과 개혁에도 큰 영향을 미치기 바란다.
　한국교회의 갱신과 개혁을 많은 사람들이 외치고 있는데, 그 개혁의 대안과 모델을 이 책에서 능히 찾을 수 있을 것이라고 믿어 의심치 않는다.

추천사

이양호 박사
연세대학교 신과대학 교수

　금번에 CLC(기독교문서선교회)에서 맥클로흐(Diarmaid MacCulloch)의 『종교개혁의 역사』를 출판하게 되는 것을 환영하며 감사를 드린다. 저자는 케임브리지 대학에서 저명한 종교개혁 연구가인 엘튼(Geoffrey Elton) 교수의 지도 아래 박사학위 논문을 쓰고 옥스포드대학에서 교회사 교수로 봉직하는 분으로, 영국 종교개혁 연구의 대가로 알려진 분이다. 그는 영국 종교개혁 연구에서 반수정주의(Counter-Revisionist) 이론을 주장했다. 전통적으로 영국의 종교개혁은 국왕에 의해 위로부터 강압적으로 급속히 이루어진 개혁으로 평가되어 왔다. 그러나 디킨스(A. G. Dickens)는 구교의 타락에 실망한 국민들이 아래로부터 자발적으로 종교개혁을 받아들였다고 주장했다. 그 후 하이(Christopher Haigh)는 영국의 종교개혁이 급속히 이루어진 것이 아니고 국민들의 저항을 받으면서 점진적으로 이루어졌다고 하는 수정주의 이론을 주장했다. 이에 대해 맥클로흐는 영국의 종교개혁이 점진적으로 이루어진 것은 사실이지만, 위로부터 강압에 의해 이루어진 것이 아니라 국민들이 종교개혁을 마음으로부터 받아들임으로 이루어진 것이라고 주장했다. 매우 훌륭한 해석이라고 생각된다.
　맥클로흐는 이 책에서 그가 해온 영국 종교개혁 연구에서 지평을 넓혀 세계의 종교개혁을 다루고 있다. 엘튼을 비롯하여 전통적인 종교개혁사가들은, 엘튼(G. R. Elton)의 『유럽 종교개혁, 1517-1559』(*Reformation Europe, 1517-1559*)이나 젠선(De Lamar Jensen)의 『유럽 종교개혁, 개혁과 혁명의 시대』(*Reformation Europe, Age of Reform and Revolution*)나 카메론(E. Cameron)의 『유럽의 종교개혁』(*The European Reformation*)처럼 주로 유럽을 중심으로 한 종교개혁을 다루었다. 그러나 최근의 종교개혁 연구 경향은 유럽에 국한하지 않고 세계의 종교개혁을 다루고 있다. 옥스포드대학출판사가 출간한 『종교개혁 세상과의 동행』(*A Companion to the Reformation World*)이나 케임브리지대학출판사에서 출간한 9권으로 된 『케임브리지 기독교 역사』(*The Cambridge History of Christianity*) 중, 제6권 『개혁과 확장 1500-1660』(*Reform and Expansion 1500-1660*)은 그 좋은 예들이다. 또한 포트레스(Fortress)출판사에서 출간한 7권으로 된 『민중 기독교사』(*A People's History of Christianity*) 중 제5권 『기독교 종교개혁』(*Reformation Christianity*)에서는 교회 지도자들이나 신학자들의 종교개혁을 다루는 것이 아니라 민중들의 종교개혁을 다루고 있다. 이런 점에서 맥클로흐는 최근의 연구 경향을 종합하여 새로운 종교개혁사를 썼다. 저자는 종교개혁이 종교에만 영향을 미친 것이 아니라 문화와 사회 전반에 큰 영향을 미쳤다고 보고 있다. 이렇게 폭넓은 내용을 다루다 보니 이 『종교개혁의 역사』는 방대한 분량의 책이 되었다.

    독자들은 이 책에서 최근까지의 종교개혁사 연구가 집대성된 것을 볼 수 있을 것이다. 이 책이 새로운 눈으로 종교개혁을 보는 데 큰 도움이 되고, 나아가서 한국 교회의 갱신에 공헌하기를 바라는 마음 간절하다. 이 훌륭한 책을 번역해 주신 번역자와 이 방대한 책을 출판해 주신 CLC 직원 여러분들에게 심심한 감사를 드린다.

추천사

라은성 박사
교회사아카데미 대표

  케임브리지대학교에서 박사학위를 받아 옥스퍼드대학교에서 종교개혁사를 1997년부터 가르치는 세계적 교수인 디아메이드 맥클로흐(Diarmaid MacCulloch, 1951년생)는 현재 종교개혁 연구가로서 가장 대중적이고 가장 학문적인 자로 정평이 나 있다. 그것을 대변하듯이 그는 2010년 컨딜 상(Cundill Prize)을 받으면서 교회사 상으로서는 가장 많은 상금을 받았다. 뿐만 아니라 왕국역사협회만 아니라 대영아카데미 회원이기도 했다. 아무튼 맥클로흐는 탁월한 역사학자이다. 맥클로흐의 책이 한국어로 번역되어 한국교회 목회 후보생들이나 신학자들에게 또 아니면 종교개혁사에 관심을 갖는 분들에게 큰 도전과 통찰력을 주리라 믿어 의심치 않는다.
  현재 이 책은 유럽 각국에서 일어난 종교개혁의 물결에 대해 포괄하고 있다는 점에 큰 특징을 갖는다. 발트 해협의 국가들에서부터 대서양 국가들을 비롯한 신대륙과 아시아 국가들까지 포함한다. 그야말로 유럽 지역을 벗어나 세계적 종교개혁사라 말할 수 있다. 또 다른 특징은 프로테스탄트들을 설명하면서 '개혁파 프로테스탄트'를 언급하는 데 있다. 스위스, 프랑스 및 영국에서 프로테스탄들 중 멜랑히톤, 부처 및 크랜머와 같은 자들이라고 새로운 범주를 정한다는 데 있다. 큰 의미는 아니지만 새로운 역사적 해석을 붙인다는 데 의의가 있다 하겠다. 더욱이 헝가리를 비롯한 동유럽의 종교개혁 시기의 역사를 다루는 점이다. 아무튼 어느 교파에 굳이 속해서 교파적 성격이나 교리적 발전에 초점을 맞춘 기존의 종교개혁사 책들과는 다른 접근 방법을 택한다는 면에서 학문성을 인정해야만 한다. 누구든 쉽게 접근할 수 있는 책이라기보다 두고두고 봐야하는 종교개혁사의 지침서라 말할 수 있겠다.

끝으로 그의 특징은 사건별로 역사적 기술을 시도하지 않고 시대별로 나누어 그 시대에 일어난 사건들을 다룬다는 점이다. 한국의 일반 독자들에게 또는 기독교 역사 중 종교개혁에 대한 폭넓고 깊은 역사관을 가지기 원하는 분들에게 교육적으로 또 일반적으로 유익하고 탁월한 안내서라 믿어 의심치 않는다. 어느 쪽에서 치우치지 않는 역사관을 독자들에게 심어주리라 확신한다.

추천사

Michael Howard
The Times Library Supplement

눈부시게 놀라울 뿐이다.

Michael Dirda
The Washington Post book world

본서는 단순한 종교개혁의 '한 역사'가 아니라 '바로 그 역사'이다. 16세기의 종교적 논쟁을 이보다 더 자세하고, 더 객관적이며, 더 명쾌하게 서술한 책은 없을 것이다. 『종교개혁의 역사』는 학문적인 깊이가 있고, 지성을 깨우치며, 마음을 동요시키는 걸작 중의 걸작이다. 이 한 권의 역사서가 종교개혁의 표준이 될 것이다.

David Edwards
The Guardian (London)

술술 읽을 수 있으면서도 학문적으로 탁월한 걸작…종교개혁에 관한 단연 최고의 책이라 할 수 있다.

Ronald Hutton
The independent

근대 초기 유럽의 종교와 그 유산에 대한 역사의 표준이 될 만하며, 4반세기 국제 학계의 연구를 종합하고 평가하고 있다…가장 뛰어난 역사가인 맥클로흐는 인류의 분명한 역사적 근거를 분별하게 한다.

The Economist

본서는 평범한 역사학자가 '현기증'을 일으킬 만큼 탁월하게 역사를 다루고 있다.

Publishers Weekly

다양하고, 풍부하며, 매혹적이다…진기하고 지적인 역사가는 종교개혁이 르네상스에서 파생되었음을 알려주고, 종교개혁의 배경을 형성한 문화적 흐름을 흥미진진하게 보여준다. 본서는 종교개혁을 위엄 있고도 명확하게 서술하고 있다.

Lisa Jardine
The Observer(London)

기념비적이다…『종교개혁의 역사』는 획기적인 작품이다.

Noel Malcom
Sunday Telegraph(London)

정치에서 마법, 예전에서 성(性)까지, 본서에서 다루는 모든 유럽 역사는 숨막힐듯한 장면으로 구성되어 있다. 이는 역사서의 모델이 되는 작품이다.

Felipe Fernandez-Armesto
The Sunday Times(London)

훌륭하다…진정한 기쁨의 순간이다…맥클로흐의 분명한 문체로 당연한 분량이 반이나 줄어들었다.

Financial Times

엄청난 백과사전 같다…맥클로흐는 종교개혁의 역사에 분명한 초점을 맞추고 대중에게 가장 널리 읽히도록 설명하고 있다.

The Atlantic Monthly

최근에 출간된 역사서 중 가장 권위 있고 수려한 작품 중 하나이다. 종교개혁 시대의 삶과 인간 그리고 사상과 투쟁에 대한 맥클로흐의 분석은 아주 예리하며 심오하다. 불후의 명작이다.

Karen Armstrong
Los Angeles Times Book Review

사람들이 믿음 때문에 서로 죽고 죽이는 시대에 종교개혁은 서구세계를 나누어 놓았다. 이 시대의 사건들을 명확하게 서술하면서, 디아메이드 맥클로흐가 그 해 수상을 석권하며 써내려간 새로운 역사는 성직자, 군주, 학자, 정치가의 역사이다. 열성적인 마틴 루터로부터 급진적인 로욜라 그리고 학대 받은 크랜머로부터 야심찬 필립에 이르기까지 종교적인 투쟁을 탁월하게 재창조한다.

유럽과 신대륙에 이르기까지 종교개혁과 반종교개혁의 많은 가닥들을 한 데 모은 맥클로흐는 극적인 변화가 일상생활에 지대한 영향을 미쳤다는 점을 밝히고 있다. 이로써 사랑, 성, 죽음과 미신에 관한 생각을 전복시키면서 근대를 형성하게 된다.

객관적이고, 학문적인 깊이가 있으며, 심오하다. 자타가 공인하는 종교개혁에 관한 최고의 책이다.

The Times Literary Supplement

위대한 일을 해냈다. 학문적 걸작과 타의 추종을 불허하는 필치를 경탄하지 않을 수 없다.

CONTENTS

목 차

추천사: 김홍기 박사(감리교신학대학교 총장) 4
추천사: 이양호 박사(연세대학교 신과대학 교수) 5
추천사: 라은성 박사(교회사아카데미 대표) 7
추천사 9
목차 12
사진, 삽화, 지도 목록 17
사진 목록 17
삽화 목록 19
지도 목록 20
감사의 글 21
역자 서문 23
서 문 26

제 1 부 일반 문화 37

제 1 장 구교(1490-1517) 39
  1. 교회 안의 구원 조망 39
  2. 첫 번째 기둥: 미사와 연옥 48
  3. 기도에서의 평신도의 역할 55
  4. 두 번째 기둥: 교황의 수위권 68
  5. 균열된 기둥: 정치와 교황권 79
  6. 교회 VS 연방 88

제 2 장 희망과 두려움(1490-1517) 101
  1. 경계의 이동 101
  2. 예외 사례: 이베리아 반도 107
  3. 이베리아 반도에서의 성과: 서방교회의 진출 116

4. 새로운 가능성: 종이와 인쇄기술   123
  5. 인문주의: 책으로 비롯된 새로운 세계   130
  6. 갱신의 실행   145
  7. 개혁 또는 최후 심판의 날?   152
  8. 에라스무스: 실현된 희망인가 여전한 두려움인가?   157

제 3 장 새 하늘: 새 땅(1517-1524)   169
  1. 어거스틴의 영향   169
  2. 루터, 선한 수도사(1483-1517)   179
  3. 우발적인 개혁(1517-1521)   189
  4. 누구의 개혁인가? (1521-1522)   201
  5. 복음주의적 도전: 츠빙글리와 급진주의(1521-1522)   207
  6. 취리히와 비텐베르크(1522-1524)   216
  7. 축제의 세월(1521-1524)   225

제 4 장 민중을 설득하는 관리(1524-1540)   233
  1. 극대화된 유럽의 반역(1524-1525)   233
  2. 국가교회 또는 기독교 분파주의자들(1525-1530)   238
  3. 개신교의 탄생(1529-1533)   249
  4. 슈트라스부르크: 새 로마인가 새 예루살렘인가?   260
  5. 왕들과 종교개혁자들(1530-1540)   272
  6. 새로운 다윗왕? 뮌스터와 그 여파   292

제 5 장 유예된 재연합: 가톨릭과 개신교(1530-1560)   303
  1. 남부의 부흥   303
  2. 이그나티우스 로욜라와 초기 예수회   309
  3. 타협에 대한 희망: 1541-1542년의 위기   319
  4. 트리엔트공의회: 첫 회합(1545-1549)   329
  5. 제네바의 칼빈: 뮌스터 사건에 대한 개혁자의 대답   333
  6. 칼빈과 성만찬: 개신교의 분열 확정   345
  7. 개혁과 개신교: 칼빈에 대한 대안들(1540-1560)   352

제 6 장 조롱거리가 된 재연합(1547-1570)   373
   1. 합스부르크(Habsburg) 왕조의 위기(1547-1555)   373
   2. 황제의 피폐함과 교황의 망상(1555)   380
   3. 가톨릭의 회복: 잉글랜드(1553-1558)   385
   4. 왕조들의 전환점(1558-1559)   393
   5. 트리엔트공의회의 마지막 회합(1561-1563)   414
   6. 무장한 개신교: 프랑스와 저지대국가(1562-1570)   417

제 2 부 경계지어진 유럽   427

제 7 장 경계지어진 새로운 유럽(1569-1572)   429
   1. 북쪽과 남쪽의 종교   429
   2. 트리엔트종교개혁의 성공들   435
   3. 기독교에 대한 가톨릭의 보호(1565-1571)   444
   4. 전투적인 북쪽의 개신교들(1569-1572)   447
   5. 성 바돌로메의 대학살(1572)   454
   6. 폴란드: 선택적 미래?(1569-1576)   457
   7. 개신교와 섭리   462

제 8 장 북쪽: 개신교 중심지   467
   1. 루터교의 정의: 협화신조   467
   2. 독일에서의 제2종교개혁   475
   3. 발트해의 종교 전쟁: 폴란드-리투아니아와 스칸디나비아   481
   4. 북네덜란드: 개신교 승리   491
   5. 북네덜란드: 알미니안 논쟁   499
   6. 개혁파 성공: 스코틀랜드   505
   7. 엘리자베스의 잉글랜드: 개혁파교회?   509
   8. 아일랜드: 반종교개혁의 발생   523

제 9 장 남쪽: 가톨릭 심장부 531
　　1. 이탈리아: 반종교개혁의 심장 534
　　2. 스페인과 포르투갈: 필립왕의 교회 552
　　3. 세계 선교로서 반종교개혁 564

제 10 장 중부 유럽: 종교 논쟁 581
　　1. 제국과 합스부르크 영토: 파괴된 교회 583
　　2. 합스부르크가, 비텔스바흐가 그리고 가톨릭 회복 589
　　3. 트란실바니아: 개혁파 이스라엘 598
　　4. 프랑스: 왕국의 몰락(1572-1598) 607
　　5. 프랑스: 늦은 반종교개혁 618

제 11 장 결정과 파괴(1618-48) 631

제 12 장 종결부: 잉글랜드 유산(1600-1700) 651
　　1. 새로운 잉글랜드의 시작: 리차드 후커와 랜슬롯 앤드류스 654
　　2. 초기 스튜어트 잉글랜드: 교회의 황금시대? 663
　　3. 세 왕국의 전쟁(1638-1660) 672
　　4. 개신교의 영역(1660-1700) 681
　　5. 아메리카의 시작 686

제 3 부 삶의 패턴들 701

제 13 장 시대변화 703
　　1. 시대의 종말 704
　　2. 하나님의 음성 듣기 711
　　3. 적그리스도와의 싸움: 우상 714
　　4. 적그리스도와의 싸움: 마녀 720

제 14 장 죽음, 삶 그리고 권징 737
    1. 죽음과 마법과의 협상 737
    2. 말씀으로부터 말하기 747
    3. 경건의 훈련 757
    4. 개신교의 정신 768

제 15 장 사랑과 성: 고수 777
    1. 공통적인 유산 777
    2. 사회 안에서의 가족 786
    3. 남색의 공포 793

제 16 장 사랑과 성: 변화 805
    1. 윤리회복운동 805
    2. 가톨릭, 가족과 독신 813
    3. 개신교와 가정 826
    4. 종교에서의 선택들 847

제 17 장 결과적인 사건들 855
    1. 종교개혁전쟁 857
    2. 차이를 관용하다 862
    3. 상반되는 두 물줄기: 인문주의와 자연철학 868
    4. 상반되는 두 물줄기: 유대교와 의심 878
    5. 계몽주의와 그 이후 891

부록 903
참고도서목록 907
약어표 915
사진 919

사진과 지도 목록
List of Illustrations and Maps

사진 목록(Plates)

1a. 설교단 아치 형태, Preston Bissett (사진: 저자)
1b. '캘리컷' 사람들, from *Triumph des Kaisers Maximilian I* (Vienna, 1883-4), no. 131/124 (허락에 의해 실음, Bodleian Library, Oxford)
2. 불가타 본문, *Biblia Sacra* (Lyon, 1511) (저자 소유)
3. 최후의 심판 그림, Wenhaston (사진: Dr. Katherine Whale, 그녀와 the Council of the Suffolk Institute of Archaeology and History의 허락에 의해 실음)
4. 샤를마뉴의 조각상, Grossmünster, Zürich (Hochbauamt Kanton Zürich, Foto archiv)
5. 홀드리히 츠빙글리(© Swiss National Museum, Zürich, neg. no. 109736. 허락에 의해 실음)
6. 세발두스(St. Sebaldus)의 성물함, St Sebaldus Church, Nuremberg: J. Chipps Smith, *German Sculpture of the late Renaissanse c.1520-1580 : art in an age of uncetainty*(Princeton University Press, 1994) (사진: Sackler Library, Oxford, © Princeton University Press, 허락에 의해 복사)
7. 최후의 만찬석의 스페인의 필립과 메리, St Janskerk Gouda (사진: Wim de Groote; © Stichting Fonds Goudse Glazen, 허락에 의해 복사)
8. 찰스 5세(Prado Museum, Madrid. 사진: Bribgeman Art Library)
9a. 여왕 엘리자베스 1세의 아르마다 초상화, Woburn Abbey (© the Marquess of Tavistock and the Trustees of the Bedford Estates, 허락에 의해 복사)
9b. 남쪽 현관의 박공벽, Priston, Somerset (사진: 저자)
10. 마틴 루터와 카타리나 폰 보라(Ashmolean Museum, Oxford, Hope 66752, 허락에 의해 실음)
11. 로마의 성베드로성당에서의 교황의 축복(Oxford, Bodleian Library, Douce Prints Portpolio 141〈93〉, 허락에 의해 실음)

12. 처녀들과 함께 한 성 우르술라(St Ursula): N. Circignani, *Ecclesiae Anglicanae trophoea* (Rome, 1584)(허락에 의해 실음, Bodleian Library, Oxford)
13. 잉글랜드에서 고문당하는 가톨릭 선교사 성직자(Bodleian Library, Oxford, Douce Prints Protfolio 141⟨471⟩, 허락에 의해 실음)
14a. 요한 미카엘 퓨흘러(Johann Michael Püchler)의 존 칼빈(ⓒ Bildarchiv Preussischer Kulturbesitz, Berlin, 허락에 의해 복사됨)
14b. 암스테르담의 파노라마: A.M. Mallet, *Description de L'Univers* (5 vols, Paris 1683) (허락에 의해 실음, Bodleian Library, Oxford)
15a. 쾰른 성당, 1824 (ⓒ Kölnisches Stadtmuseum, Köln, 허락에 의해 복사)
15b. 승리의 성모 마리아, Bila Hora, Prague(사진: Maria Dowling과 Edmund Green)
16. *Auto da fé*, Spain (Bodleian Library, Douce Portfolio 141 (471), 허락에 의해 실음)
17. 하이델베르크의 포위, 1622 (Bodleian Library, Douce prints E.2.3 (53), 허락에 의해 실음)
18a. 엘리자베스 시대의 교회 헌금용 접시: Charsfield, Suffolk(England) (the Council of the Suffolk Institute of Archaeology and History의 허락에 의해 실음)
18b. 성배: 스타운톤 해롤드, Nottinghamshire (England) (the National Trust의 허락에 의해 실음)
19a. 천장 벽화들, Tancs parish church, Transylvania(사진: Andrew Spicer)
19b. 번티스랜드, 파이프주(Scotland), Mariner's Gallery (사진: Margo Todd)
20. 팔레스틴 지도: "우리 주 예수 그리스도의 신약성경" (London, 1606, 저자 소유)
21a. 그리스도 십자가상 칸막이벽, Roxton, Bedfordshire (England) (사진: Eamon Duffy)
21b 네덜란드 다국어 시편: *Les CL Pseaulmes David/De CL Psalmen Davids* (Amsterdam, c. 1640) (저자 소유)
22. 이단을 압도한 메리, Naples Cathedral (ⓒ Archivi Alinari, Firenze)
23a. 존 윈쓰롭(ⓒ Massachusetts Historical Society; Bridgeman Art Library, 허락에 의해서 복사)
23b. 데리 성당: "성골함", New Series vol. 5(1891)
24. 안나 마리아 폰 슈어만(Bodleian Library, Oxford, Douce Prints Portfolio 134<227>, 허락에 의해 실음)

사진, 삽화, 지도 목록   19

삽화 목록(Illustrations In The Text)

1. 젊은 시절의 비텐베르크의 개혁자들. 마틴 루터(Ashmolean Museum, Oxford: Hope Collection 66827, 허락에 의해 실음), 필립 멜랑히톤, J. Boissard, *Icones* (1597), p. 212
2. 슈트라스부르크의 주요 개혁자들: J. Boissard, *Icones* (1597). 마틴 부처. 마티아스 첼(Ashmolean Museum, Oxford: Hope Collection 68868, 허락에 의해 실음), p. 265
3. 가톨릭 갱신의 초기 추창자 두 명. 가스파로 콘타리니와 이그나티우스 로욜라 (Bodleian Library, Douce prints Portfolio 134〈613, 627〉, 허락에 의해 실음), p. 316
4. 신령주의자들의 몰락에 따른 두 명의 이탈리아 출신 망명자들: 피터 마터 버미글리. S. Clark, *The Marrow of Ecclesiastical Historie* (London, 1650), p. 201. 베르나르디노 오치노: J. F. Rein, *Das gesamte Augspurgische Evangelische Ministerium in Bildern und schriften von den ersten Jahren der Reformation Lutheri bis auf 1748* (Augsburg, 1749), p. 327
5. 북유럽의 두 명의 개혁파 지도자들. 존 낙스: J. Knox, *The historie of the reformation of Religioun in Scotland* (Edinbergh, 1732). 얀 라스키: S. Clark, *The Marrow of Ecclesiastical Historie* (London, 1650), p. 403
6. 반종교개혁 설교자: 디에고 발라데스: D. Valadés, *Rhetorica christiana ad concionandi* (Perugia, 1579) (Bodleian Library, Oxford, 허락에 의해 실음), p. 442
7. 브레멘의 조감도: M. Merian, *Topographia Saxoniae Inferioris: Das ist, Beschreibung der vornehmsten Stätte vnnd Plätz in dem hochlöblichten Nider Sächssen Graisse*, (Frankfurt, 1653) (Taylor Library, Oxford, 허락에 의해 실음), p. 482
8. 스페인의 필립2세: Johan Lhermite's *Passetemps*, Bibliothèque Royale, Brussels, MS II 1028/157(ⓒ Brussels, Royal Library of Belgium, 허락에 의해서 복사함), p. 554
9. 카르타헤나(Cartagena): A. M. Mallet, *Description de L'Univers* (5 vols, Paris, 1683) (Bodleian Library, Oxford, 허락에 의해 실음), p. 577
10. 아우그스부르크신앙고백 100주년 기념메달, 1630 (Ashmolean Museum, Oxford: Hope Collection 66772, 허락에 의해 실음), p. 638

11. 잉글랜드에서 알미니안 정치의 건설자들: 찰스 1세와 윌리암 로드, 캔터베리의 대주교. *The history of the Grand Rebellion ... digested into verse* (3 vols, London, 1713), p. 670
12. 람베스 궁전: *A description of England and Wales* (London, 1770), p. 681
13. 에드워드 6세의 통치: J. Foxe, *Acts and Monuments*, 1570 (Bodleian Library, Oxford, 허락에 의해 실음), p. 718
14. 에딘버러 그래이프라이어에 있는 참회 의자: W. Andrews(ed.), *Bygone Church life in Scotland* (London, 1899), p. 766
15. 턱수염을 기른 두 명의 중요한 종교개혁자들: 하인리히 불링거와 토마스 크랜머, from J. Boissard, *Icones* (1645), p. 833

지도 목록(Maps)

1. 유럽의 정치 구성. 1500년대, p. 40
2. 16세기 초의 스위스 연방, p. 170
3. 제2차 종교개혁 지역을 보여주는 1660년대 신성로마제국 지도, p. 468
4. 이베리안 세계 제국, 1600년대 , p. 532
5. 동부 및 중부 유럽, 1648년, p. 582
6. 유럽에서의 종교 분포, 1600년대, p. 632
7. 북아메리카 해안, 1700년대, p. 652

감사의 글

이 책을 저술할 수 있도록 연구를 위해 특별휴가를 제공해 주신 영국 인문과학연구위원회에 깊은 감사를 드린다. 또한 옥스포드 신학부의 동료교수들이 보여준 관대함에도 깊은 감사를 드린다. 그들은 내 대신 모든 행정적인 일과 가르치는 일을 맡아 주었고, 그 덕분에 일년 동안 방해받지 않고 독서와 저술에 전념할 수 있었다. 안식년 기간 동안 독일어 강의에서 마틸데 빌리(Mathilde Willi) 선생님을 비롯한 같은 반에서 공부한 동료들도 언어공부에 지지부진한 본인을 많이 격려해 주었다. 전 잉글랜드국교회 대주교였던 루니스(Runice) 경이 살아서 이 책을 읽어보지 못하게 된 것이 유감이다. 십여 년 이상에 걸친 그분과의 대화는 내 지평을 넓혀 주었으며, 내 생각을 정리해 주었기 때문이다. 그는 내 기억 속에 교회의 수장은 어떠해야 하는지를 보여주는 모델로 남아있다. 친구 같은 격려, 빈틈없는 발행인의 안목으로 현학적인 내용, 애매하고 어색하며 불필요한 문장들을 꼬집어 준 스튜어트 프로핏(Stewart Proffitt)도 고마운 분이다. 내가 이 책을 쓰려는 마음을 먹도록 독수리 같은 눈으로 내 글을 읽고 현명하고도 창의적인 충고를 아끼지 않은 저작권 대리인 펠리시티 브라이언(Felicity Bryan)에게도 같은 감사를 전한다. 이 책에 아직도 오류가 남아 있다면, 그것은 물론 나의 책임이지 그들의 탓이 아니다.

이 책을 쓰는 동안 많은 동료들이 친절을 베풀어 나와 대화해 주었고 나의 끈덕진 요구에 대해서 책의 초안을 읽어 주는 힘든 수고를 마다하지 않았다. 그분들 모두에게 빚을 졌지만, 특히 시몬 아담즈, 매거릿 벤트, 프란시스 브레머, 오웬 차드윅, 마이클 치즘, 존 쿠퍼, 마리아 크레시엄, 마리아 도울링, 존 에드워즈, 스테판 에렌프레이스, 엘리자베스 아인스타인, 메리 피셀, 토마스 프리먼, 말콤 개스킬, 올웬 후프톤, 로날드 허튼, 필립 케네디, 이안 매클린, 쥬딧 말트비, 피터 맥클로크, 그래미 머독, 빌 내피, 알렉 라이리, 피터 셜록, 앤드류 스파이서, 데이비드 스탈키, 로날드 트루먼과 캐서린 웨일에게 특히 빚을 졌다. 출판되지 않은 저들의 논문을 인용하도록 허락해 준 크레그 달톤, 그레고리 그레이빌, 스티븐 헴톤 그리고 윌리엄 와이즈먼에게 고맙게 생각한다. 아주 오래되고 복잡한 미로와 같아 도서관이라고 하기에는 부적합한 건물들을 천재적으로 활용해 이용자들에게 최상의 서비스를 제공하는 옥스포드대학의 도서관 직원들께도 감사를 전한다. 사진으로 도움을 준 수잔 해리스, 알렉스 뉴손, 이안 캠벨과 그의 동료들께 특별히 감사한다. 마지막으로 지난날도 여러번 감사를 표시했지만, 지금 돌아보니 역사에 대한 집념의 20년 동안 변함없이 나의 후원자가 되어 준 마크 아척(Mark Achurch)에게 감사를 전한다.

2003년
디아메이드 맥클로흐

역자 서문

옥스포드대학의 교회사 교수이며 브리티시아카데미의 정회원이기도 한 디아메이드 맥클로흐는 이 책 『종교개혁의 역사』(The Reformation) 저술을 통해 2004년 미국 비평가협회(National Book Critics Circle Award)가 수여하는 상을 받았다. 이 책의 서문에서 저자는 스코틀랜드 감독교회 출신의 국교회 학자임에도 불구하고 그 어떤 종교적인 도그마에 치우침 없이(실제로 그는 부제였으나 사제서품은 포기하였다) 신학자이자 역사가로서의 장점을 충분히 발휘하고자 시도한다. "잠재적으로 교파적인 시각의 바탕에서 역사를 기술하는 태도는 일방적인 편견을 가지게 되며, 결국 역사를 오류에 빠뜨리는 위험성을 갖는다"는 통설에 맞서 저자는 종교개혁에 대한 폭넓은 즐거움과 이해를 위해 노력하고 있다.

현대인들에게 종교개혁은 어떻게 비춰지는가? 이는 단지 16세기 초의 신앙 논쟁에 불과한가? 오직 성경으로(Sola Scriptura) 대(對) 교황청의 르네상스적인 화려함인가? 아니면 전체적인 조망을 위해 보다 선명하고 커다란 스크린을 필요로 하는가? 그래서 저자는 다음과 같이 밝히고 있다.

> 이 책이 유럽종교가 새로운 배경 아래에서 변형되어 온 노정들을 묘사하기에는 공간적인 제약이 있다. 그렇지만 이 책은 현대의 보편화된 종교적 혼합의 서로 다른 원천들과, 어떻게 서구유럽이 다른 대륙에 하나님을 예배하는 방법들을 전수할 수 있었는지에 대해 독자들의 주의를 환기시킬 것이다. 이 책은 다채로운 담화 형태로 이야기를 할 것이다. 왜냐하면 바로 그런 형태가 사람들이 사건들을 제대로 이해하는 방법이기 때문이다. 또한 이렇게 하는 것이 종교개혁을 전적으로 주로 루터, 츠빙글리, 칼빈, 로욜라, 크랜머, 헨리 8세 및 많은 교황 등 중요한 몇몇의

남성의 관점에서 바라보는 바람직하지 않은 경향을 최소화한다. 이런 인물들은 단지 대중적 정서의 움직임과 보통 사람들의 생활방식의 느릿한 변화 그리고 땅을 소유한 상류층의 정치 및 왕조에 대한 관심 등을 아우르는 이야기의 한 부분에 불과하다.

독일에서 마틴 루터는 습관적으로 종교개혁의 제1원인(prima causa)이며 원형으로 다루어지는 반면에, 맥클로흐는 종교개혁을 하나의 운동이나 흐름으로 파악하고 따라서 그에 등장하는 사건들과 인물들에 관심을 기울이기에 인간적인 측면에서 루터의 공헌이나 업적은 축소되고, 상대적으로 다른 무수한 복음주의 신학자들이 권위와 무게를 가지고 등장한다. 책 제목이 나타내듯이 대략 200년의 역사를 아우르는 이 책은 정치적으로 중요한 국가들과 도시들에 국한하지 않고 대륙 전체를 관통하고 있다. 종교개혁과 반종교개혁의 시기는 신앙양심을 걸고 대립적인 투쟁을 벌였기에 잉크와 화약 냄새로 가득하다. 그래서 저자는 책의 마지막 장에서 "종교개혁과 반종교개혁이 야기한 전쟁들은 수많은 피를 흘렸고 셀 수 없이 많은 사람들의 수명을 단축시키고 황폐하게 하였다"고 고발한다.

전체적으로 볼 때, 이 책은 종교개혁을 이전 역사(공동의 문화: 1490-1570)와 그 자체의 수행(유럽의 분열: 1570-1619)이라는 관점에서 다루고 있으며, 세부적으로는 연대기적이며 주제적인 형태를 취하고 있다. 거의 1,000쪽에 걸쳐 종교개혁의 역사를 다루는 솜씨가 놀랍기도 하면서, 더구나 그 전개가 난해하지 않다는 점에서 저자의 탁월함에 감탄하지 않을 수 없다. 더구나 묻히기 쉬운 사소한 것들에 관한 주의와 환기, 지명과 인명에 대한 넘쳐나는 기록들은 이 분야를 더욱 깊이 연구하려는 사람들에게 커다란 자극이 될 것이다. 그럼에도 불구하고 어떤 부분에서는 지나치게 역사를 일반화시키는 경향이 나타나거나 꼭 언급해야 할 것을 놓치는 실수도 나타난다. 예로써 1631년 『범죄의 담보』(Cautio Criminalis)라는 책을 통해 마녀사냥 문제에 종지부를 가져온 프리드리히 슈페(Friedrich Spee)를 간과한 것을 들 수 있다. 더구나 참고문헌의 대다수가 영어권 사료에 의존하는 것 역시 피할 수 없는 한계라고 본다.

그러나 무엇보다 이 책의 특징은 '삶의 형태들'을 다룬 제3부에 잘 나타나 있다. 시대사와 사상사를 다루면서 인간의 감정과 정서를 놓치지 않고 함께 추적하는 것은 매우 중요하다. 바로 이 점에서 종교개혁 운동은 현대까지 그 영향을 미치고 있으며, 바꾸어 표현하자면 현대인들이 종교개혁에서 자신의 위치를 발견하고자 끊임없이 탐구하도록 하는 계기가 된다. 특별히 저자가 신앙의 독립성을 관용의 빛에서 언급하면서 신비주의를 거쳐 계몽주의 그리고 무신론적인 프랑스혁명을 통해 오늘날의 종교성이 형성되었다고 주장하는 것은 더 이상 종교개혁을 기독교권 내부의 문제로 국한시키고 있지 않다는 것을 잘 드러내준다. 그래서 16-17세기가 본질적으로는 종교적인 주제들로 채워져 있다고 하더라도 권력의 배후에 봉건적인 동기들이 내포되었다는 사실을 간과해서는 안 된다. 결국 유럽에서 종교적인 일치가 어떻게 깨어졌는가를 묻는 저자의 의도가 잘 반영되어 있는 것이다.

지나간 역사를 종결된 것으로 간주하지 않고 여전히 살아있는 역사로 만들기 위해서는 객관적이고 사실적인 접근방식과 더불어 잊혀지거나 간과되어 왔던 것들을 찾아내려는 노력이 동반되어야 한다. 그럼에도 불구하고 이 일을 감행하는 학자는 자신의 생을 지배하는 시대정신과 개인적인 목표라는 관점에서 자유로울 수 없다. 때론 편파적으로 여겨지는 제약 속에서 발휘되는 학자의 열정이 역사가 지닌 시간과 공간의 거리감을 해소하는 신비를 경험하도록 해주기 때문이다. 그런 점에서 맥클로흐의 태도는 매우 신선한 자극제이면서도 여전히 밋밋한 그 무엇이 남아있다. 만일 책을 통해 이런 느낌을 지울 수 없다면 그것은 이제 종교개혁을 더 깊이 연구해야 하는 독자의 몫이 되는 셈이다. 어쩌면 저자는 이 점을 노리고 있지 않았을까?

이 책의 추천사를 써주신 김홍기 박사님, 이양호 박사님, 라은성 박사님께 진심으로 감사를 드린다. 또한 CLC 편집부 직원들의 정성과 인내에 찬사를 보낸다. 우리 모두의 노력이 있었기에 이 귀한 책이 출판되었음을 밝힌다. 모두에게 하나님의 위로와 축복이 넘치기를 기원한다.

대표역자 이은재 識

역자 일러두기

1. 원문에 'England'(English)로 기록된 경우에는 '잉글랜드'로, 'United Kingdom'과 'Britain'은 '영국,' 'British'는 '영국인, 영국의'로 각각 번역한다.
2. 'Anglican Church' 또는 'Church of England'는 '잉글랜드국교회'로 번역한다.
3. 'Church of Scotland'는 '스코틀랜드국교회'로 번역한다.
4. 'Roman Catholic Church'는 '로마 가톨릭교회'로 번역한다.

서문

가톨릭(Catholic)은 무엇이며 어떤 사람이 속해 있는가? 이 헬라어 단어는 서구 라틴 계통의 기독교 내부의 주요 논쟁거리 중 하나로 자리매김하고 있다. 왜냐하면 기독교인들의 약점을 꼬집어내는 외부의 관찰자들조차 혼란스럽게 할 만큼 다양한 의미로 사용되고 있기 때문이다. '가톨릭'이라는 단어는 언어상으로는 러시아어의 인형과 같은 의미의 단어이다. 그리고 이 단어는 2,000년 전 팔레스타인에서 발흥한 기독교회 전체를 묘사하거나, 1,000년 전 동방교회를 중심으로 한 주류에서 벗어난 교회의 서쪽 절반 정도에 해당하는 서방교회를 지칭한다. 16세기 이후에 로마 교황에 충성을 다하는 서방교회를 나타내며, 동시에 로마 교황을 적그리스도로 간주하는 유럽의 개신교(Protestant, 이하에서는 문맥상 필요한 경우 외에는 '개신교'로 번역한다)를 의미하기도 하며, 또한 잉글랜드국교회 내에 있는 현대의 '국교회적 가톨릭 분파'를 묘사하기도 한다. 어떻게 이 단어가 이렇게 많은 것들을 묘사하면서, 여전히 그 의미를 간직할 수 있을까?

나는 바로 그 질문에 대해 답하기 위해 16세기 종교개혁을 부분적으로 다루는 이 책을 집필하게 되었다. 종교개혁은 이 단어를 더 복잡하게 만들었다. 사실 여러 다양한 종교개혁이 있었다. 그들 모두가 진정한 보편적 기독교(Catholic Christianity)를 재창조하는 것을 목표로 한다고 말했다. 나는 명료성을 위해 이 책이 다양한 종교개혁을 다루었고, 몇몇은 교황이 주도했음을 밝혀 둔다. 나는 지금부터 단순히 '종교개혁'(Reformatoin)이라는 용어를 쓰겠지만 독자들은 이 용어가 개신교운동과 계속 교황에게 충성하려는 구교의 회복을 꾀하는 트리엔트공의회, 가톨릭 종교개혁 혹은 반종교개혁으로 알려진 종교운동 둘 다를 포함함을 주지해야 한다.

분명한 것은 '가톨릭'이란 용어를 많은 사람들이 선호한다는 것이다. 그와는 반대로 많은 신앙집단들에 붙혀진 이름들은 사실 조롱하는 의미였다는 사실에 주목할 필요가 있다. 종교개혁은 분노가 가득찬 말로 이루어졌다. '칼빈주의자'라는 말은 처음에는 존 칼빈의 신앙을 따른 사람들을 경멸하기 위해 사용되었다. 이 별명은 점차 칼빈의 출생지인 피카디의 노용(Noyon in Picardy)[1]을 가리키던 '피카드'(Picard)라는 경쟁적인 용어를 몰아냈다. 마찬가지로 어떤 재세례파 사람들도 자신들을 '재세례파'(Anabaptist)로 부르지 않았다. '재세례파'라는 말은 세례를 다시 베푸는 것을 의미하는데, 이들 급진적인 부류의 사람들은 유아세례는 아무런 의미도 없고 진정한 그리스도인이 되는 유일한 시발점은 바로 성인세례라고 주장했다. 심지어 애매한 용어인 '잉글랜드국교회'(Englican)라는 말도 1598년 스코틀랜드 왕 제임스 6세가 자신이 얼마나 잉글랜드의 교회들에 대해 냉담한지 스코틀랜드의 국교회인 장로교회들을 확신시키기 위해 비난조로 처음 사용하였다.[2]

가장 호기심이 가는 표현들 중 하나는 '개신교'(Protestant)라는 단어의 등장이다. 원래 이 용어는 1529년에 일어난 한 구체적인 사건과 관련되어 있다. 그때 슈파이어 시에서 개최된 신성로마제국 의회에서 마틴 루터와 홀드리히 츠빙글리가 제안한 종교개혁의 프로그램을 지지했던 제후들과 도시들은 투표에서 소수파로 등장했다. 그들은 연대감을 유지하기 위해 자신들이 공유한 개혁의 신념들을 확증하는 『항의서』(*Protestatio*)를 발행했다. 그 후 '개신교'(Protestant)라는 명칭은 수십 년간 독일 또는 신성로마제국의 정치적인 의미에서 사용되었지, 그 이상의 폭넓은 의미로는 사용되지 않았다. 1547년 런던에서 어린 왕 에드워드 6세의 대관식을 계획하면서, 시내를 통과하게 될 고관 행렬의 순서를 정하던 기획자들은 수도[3]에 머물고 있던 개혁파 계통의 독일인들로 구성된 외교사절단을 의미하는 '개신교들'(Protestants)을 위한 자리를 따로 마련하게 되었다. 그런 이후에서야 그 말은 보다 광범위한 의미를 갖게 되었다. 그러므로 '개신교도' 또는 '개신교들'이 단순히 16세기 초 개혁에 동조하던 사람들을 지칭한

---

1) 1570년대에 보헤미아의 Unitas Fratrum에 적용된 'Picard'에 대해서, Naphy (ed.), *Documents*, p.110을 보라.
2) D. MacCulloch in P. Collinson (ed.), *The Short Oxford History of the British Isles: the sixteenth century* (Oxford, 2002), pp.110-11.
3) MacCulloch, *Tudor Church Militant*, p.2

다고 여기는 것은 문제가 많다. 그리고 독자들은 이 책 속에서 내가 다른 용어 곧 '복음주의자'(Evangelical)라는 말을 종종 사용하고 있음을 알게 될 것이다. 이 말은 그 시대에 널리 사용되고 인정받았다는 점과 이러한 행동파들이 가장 중요하게 여겼던 그 무엇, 곧 '복음의 선한 소식,' 라틴화된 헬라어, '유앙겔리움'(evangelium)을 내포한다는 의미에서 보다 적합한 용어라고 할 수 있다.

종교개혁의 논쟁은 말씀에 관한 뜨거운 논쟁을 불러일으켰다. 왜냐하면 말씀은 이름 자체 중 하나가 말씀이신 하나님을 무수히 반영하고, 즉 하나님은 '책', 곧 바이블이라 불리는 책들의 서가 속에서 만나시기 때문이다. 라틴 기독교 내부에서 벌어진 16세기의 격변들을 이해하지 않고 현대 유럽을 이해한다는 것은 불가능하다. 그들은 1,000년 전 로마제국 내의 라틴과 헬라 세계가 각각 독자적인 길을 가서 한 집을 둘로 나눈 이래로 그것들이 기독교 문화에서 가장 큰 단층을 나타내었다. 그 분열로 생긴 단층은 이 책이 주요하게 다루는 분야이다. 이것은 유럽을 전체적으로 다루지 않는다. 그리스, 세르비아, 루마니아, 우크라이나로부터 러시아와 우랄 극동까지에 이르는 유럽 대륙의 절반 또는 그 이상에 걸쳐있는 유럽의 정교회들에 대해서는 대체로 주요하게 다루지 않고 있다. 같은 맥락에서 정교회의 이야기가 서구 라틴 계통의 이야기와 맞닿거나 서로 얽혀있는 경우 외에는 크게 다루지 않을 것이다. 이런 방식으로 다루는 단순한 이유는 정교회 교회들이 종교개혁을 경험하지 않았다는 사실 때문이다. 되돌아보면 8, 9세기에 많은 동방교회들은 16세기 종교개혁에서 다시 등장했던 큰 논쟁 중에 하나인 '성상파괴 논쟁'(iconoclastic controversy)으로 대소동을 겪게 되었다. 그러나 정교회의 경우 이 현상을 계속 유지하였고, 서방교회와는 달리 부분적인 격변조차 겪지 않게 되었다. 이 책 중간중간에 성상의 문제를 자주 다시 다룰 것이다.

나의 주제는 라틴식 예식을 따르는 서방교회로 가장 정확하게 묘사되는 교회이다(조잡하고 협의적인 기술적 교회일지라도). 나는 자주 그 교회를 일반적으로 서방교회 또는 라틴교회라고 부를 것이고, 그것은 또한 라틴 또는 서방 기독교 세계를 지탱해 온 문화를 뜻하기도 한다. 라틴교회는 476년에 공식적으로 해체된 서구 로마제국의 유산을 물려받았다. 라틴교회는 하나님께 공식적으로 나아갈 때에 라틴어를 사용함으로써 그 사회의 사람들을 하나로 묶어 주는 언어를 남겨주었다. 이전에는 교황의 상징적 리더십과 보편적인 라틴 문화의 공유로 통합되어 있던 서구사회는 16세기를 거치면서 어떻게 인간이 세상에서 하나님의 권력을 행사해야 하는가와 심지어 인간이 어떠해야 하는가를 놓고 벌어진 논쟁에서 심한 의견 차이로 갈라지게 되었다. 그것은 극단적인 물리적, 정신적 폭력의 한 과정이었다. 독일 종교개혁 역사가인 페터 마테존(Peter Matheson)은 그러한 효과를 베르톨트 브레히트가 그의 희곡 속에서 사용한 전략에 비유한다.

여기에서 브레히트는 '소외'(독일어로 Verfremdung)에 대해 말한다. 이는 극장의 관객에게 연극 속에서 진행되고 있는 사실을 인식하도록 충격을 주기 위해 친숙한 것을 낯선 것으로 만드는 과정이다. 아마도 교황은 마귀의 대리인이고, 미사의 기적은 지상에서 경험할 수 있는 가장 사악한 순간이라고 전격적으로 생각하게 된 개혁자들은 브레히트가 무엇을 말하려고 했는지 정확하게 이해했을 것이다.[4]

그러한 결과로 생긴 가톨릭과 개신교 사이의 분리는 많은 태도, 생각과 삶의 습관에서 동방(그리스, 러시아, 오리엔탈) 기독교의 땅 서쪽 유럽을 표시하고 있다. 이러한 것들은 예를 들어 개신교 프러시아의 남아 있는 영토를 인접해 있는 가톨릭 폴란드와 구별하고, 혹은 개신교 네덜란드를 근대 벨기에 왕국의 가톨릭과 구분해 준다. 몇몇 경우에는 북아일랜드처럼 두 공동체가 오래된 아픔을 고스란히 간직하고 있기도 하다. 다양한 이유와 동기로 로마에서 분리된 개신교 공동체는 자신들을 또한 하나님께 나아가는 가능한 많은 길들로부터도 단절시켰다. 왜냐하면 그들은 그런 길들을 로마 타락의 한 부분으로 간주했기 때문이다. 그러므로 어떤 의미에서 종교개혁은 숨막히게 하는 다양함과의 싸움이기도 하다. 로마교회는 트리엔트공의회의 결정으로 대안들을 차단해버렸다. 개신교도들 또한 제후들과 관리들이 신앙의 기회를 주던 곳에서 좀 더 급진적인 정신으로 제시되었던 다른 많은 대안들을 거부했고, 이를 통해 가톨릭과 개신교 유럽 간의 이질감을 최고조로 달하게 했다. 왜냐하면 이와 같은 과정들이 두 그룹 간의 경쟁적인 차별화를 양산했기 때문이다. 지난 세기 동안 유럽에서 실제적 종교행위의 부패는 유럽의 현재 진행 중인 다양화의 이유들을 설명해야 하는 보다 긴급한 과제를 만들어 내고 있다. 16세기의 분쟁은 별도로 하고서라도 가톨릭과 개신교의 공통적인 라틴 유산은 유럽의 정체성을 형성하는 요소이기는 하지만 그것은 또한 분리된 유산으로 자리매김하고 있다.

분리된 유산과 원래의 유산 둘 다 지속적으로 근대 세계의 나머지 지역들에 대한 유럽의 영향력을 결정짓는 요소로 작용한다. 16세기의 종교개혁 이야기는 단지 작은 대륙 유럽에만 관련된 것이 아니다. 라틴 기독교 유럽의 보편적인

---

4) Matheson, *Imaginative World*, pp. 3-4.

문화가 쇠락함과 동시에, 유럽인들은 그들의 권력을 아메리카 대륙과 아시아 및 아프리카 해안지역에 확립해 나가기 시작했다. 그 결과 거기서도 똑같이 종교가 분열되었다. 이런 사업을 시작한 최초의 두 거대 세력 모두 여전히 교황에게 충성하는 세력이었기에 유럽의 종교적 확장에 대한 초기 이야기는 단 한 곳의 큰 예외 말고는 개신교보다는 가톨릭에 관한 것이 주류를 이룬다. 미국에서는 잉글랜드와 스코틀랜드에서 유래한 개신교가 원래의 고유성을 확립했을 뿐만 아니라 아울러 잉글랜드의 개신교 안에 있었던 내부 다양성이 새로운 통합을 이루기도 했다. 16세기에서 유래한 개신교도의 종교적인 관행이 주는 에너지로 미국의 중흥을 이루었다. 그래서 종교개혁은 특히 잉글랜드 개신교의 형태로 세계의 유일한 강대국의 지배적인 이데올로기를 만들어냈고, 종교개혁과 반종교개혁의 사상적 방식은 미국문화와 아프리카와 아시아 기독교에서 고향으로 생각하는 유럽의 역사에 편입될 때 조차도 (종종 놀랍게도) 살아 있고, 중심을 이루고 있다.

이 책이 유럽 종교의 새로운 배경 하에서 변화된 모습을 묘사하기에는 공간적인 제약이 있다. 그렇지만 현대 세계의 종교적 혼합의 서로 다른 원천들과, 어떻게 서구 유럽이 다른 대륙에 하나님을 예배하는 방법들을 전수할 수 있었는지에 대해 독자들의 주의를 환기시킬 것이다. 이 책은 우선 가능한 한 쉽게 술술 읽을 수 있는 이야기체로 서술할 것이다. 왜냐하면 바로 그런 형태가 사람들이 사건들을 제대로 이해하는 방법이기 때문이다. 또한 이렇게 함으로써 종교개혁을 전적으로 주로 루터, 츠빙글리, 칼빈, 로욜라, 크랜머, 헨리 8세 및 많은 교황 등 중요한 남성의 관점에서 바라보는 바람직하지 않은 경향을 최소화할 수 있다. 이런 인물들은 단지 대중적 정서의 움직임과 보통 사람들의 평범한 일상 그리고 땅을 소유한 상류계층의 정치 및 왕조에 대한 관심 등을 아우르는 이야기의 한 부분에 불과하다. 물론 이런 입장이 종교개혁을 주도한 신학자들이 중요하지 않다거나 그들이 무시되어야 한다고 말하는 것과는 전혀 별개의 것이다. 대격변 이전의 라틴교회에 관한 최근의 연구가 축적되어 도출된 결론은 개신교도들이 묘사하려고 했던 만큼 라틴교회가 타락하거나 비효율적이지 않았고, 라틴교회가 중세 후기 사람들의 영적 필요도 점차 만족시켜 주었다는 것이다.

그렇게 재조명된 견해는 개혁자들이 내놓았던 사상의 중요성을 강조하는 데 전적으로 기여한다. 그들은 손쉬운 목표였으며 동시에 변화의 기운으로 충만해 있던 소멸해가는 교회를 공격하지 않았다. 이런 요소들이 상존해 있음에도 불구하고, 그들의 메시지는 여전히 구교 구조의 성공과 권력을 극복하려 했던 많은 사람들의 상상력을 이끌어내기에 충분했다. 사상들은 아주 중요했다. 그것들은 자신들만의 독립적인 권력을 갖고 있었고 그래서 그것도 부패하고 파괴적일 수 있었다. 가장 부패하기 쉬운 모든 사상들은 성경을 통해 발견될 수 있었다. 얽히고 설킨 이들 사건들 속에서 의미를 찾으려는 사람들에게 기독교의 성경책을 건네주거나 최소한 그들이 구약성경과 신약성경이 어떤 순서로 되어 있는지에 대해 생각해 보게 하는 것이 결코 해롭지 않을 것이다. 또한 이 책의 끝에 있는 기독교의 여러 핵심문장들을 계속 읽어보는 것도 도움이 될 것이다. 그것은 두 개의 부분으로 나누어진 십계명과 주기도문이다. 이것은 종교개혁 안에 있는 것들을 자기 나름대로 파악 할 수 있게 하는 최소한의 도구였다.

종교개혁은 역사가들이 관습적으로 초기 근대사회로 묘사하는 그 시대에 속해있다. 역사적인 전문용어에 익숙하지 않은 사람들에게는 이것이 다소 혼란스러운 표현으로 여겨지겠지만, 이 표현이 다른 대안들보다 덜 어색할 뿐만 아니라 이 책에서 종종 등장하게 되는 유용한 표현이기도 하다. 초기 근대시대는 15세기 후반부터 18세기에 이르는 시대를 말하며, 나의 조사에 따르면 중세가 막을 내린 다음인 대략 1490년부터 1700년대에 이르는 시기를 지칭한다. 1490년대가 시작하기에 적당한 시기인데, 왜냐하면 유럽정치에서 새롭게 프랑스, 스페인, 함부르크의 지배 가문들(발루아, 트라스타마라, 합스부르크)이 유럽에서 패권을 장악하기 위해 이탈리아로 전장을 옮긴 시기이기 때문이다. 30년 전쟁과 같이 합스부르크를 중심으로 벌어진 훗날의 혼란은 최악의 고비를 이루고 있다.

사상의 힘은 왜 종교개혁이 그렇게 대륙전체에 걸친 대사건이었는지를 설명한다. 모든 교육받은 사람들이 말하고 쓰는 통용 언어인 라틴어를 사용함으로써 종교혁명가들은 작은 규모의 문화단위나 언어의 장벽을 넘어 그들의 메시지를 확산시킬 수 있었다. 따라서 이 책의 처음 3분의 1을 차지하는 대륙전반에 걸친 이야기는 위기의 사건에 의해 그 모양새를 갖추게 된다. 교회가 예상하기로는 개혁적인 성향이 될 것이라고 생각했던 라테란(Lateran)공의회가 아무런 소득 없이 끝났고, 루터가 종교개혁의 상징으로서 중부 유럽의 마음을 사로잡았던 1517년은 바로 그와 같은 순간들이었다. 1525년에는 모든 것이 가능할 것처럼 생각되던 대중적 흥분이 7년간 계속되어 절정에 이르렀지만 독일의 농민전쟁이 실패로 끝나자 광범위한 대중적 각성이 촉발되었다. 1541년에서 1542년 사이에는 종교적 논쟁에 대한 괜찮은 해결책과 재통합에 대한 전망이 있는 듯 했으나 실망과 허탈감만 안겨주었다. 1570년에서 1572년에 북부에서는 개신교로 치우치고, 남부에서는 가톨릭으로 치우치면서 정치적으로 양분되었다. 종교개혁의 과정 가운데 잉글랜드도 그 물결에 휩쓸리게 되었다. 잉글랜드는 국교회 역사 속의 섬나라 근성을 벗어나고자 했다. 그들은 자신들의 종교적 충정들이 어떻게 본토 유럽에서의 변화와 상호작용하는지를 보여준다. 이는 개신교와 로마 가톨릭 모두를 포함한다. 종교를 서로 더 크게 분리해 가면서, 이야기를 나누어서 전개할 필요가 있을 것이다. 그래서 제2부는 1570년대부터 북부, 남부, 중부 유럽에 대한 지역별 이야기를 시리즈로 구성하였다. 또한 1570년 이후 시대는 역사가들이 호감이 가지는 않지만 필요해서 덧붙이는 비공식 명칭으로 '교파화 과정'이라는 한 과정을 증언해 준다. 그것은 자기 이해에 있어 전에는 훨씬 유동적이었고, 자신들만의 독립된 정체성을 추구하지 않았으며, 진정한 가톨릭이 되어 자체로 개혁하기를 원했던 개별 교회들을 위해 확립된 정체성과 신념의 체계에 의해 만들어진 것이다. 교파화 과정은 통일된 라틴 및 가톨릭교회를 재건하려던 시도가 실패했음을 의미한다. 종교개혁 시기에 있었던 그 때까지 중 가장 큰 전쟁인 30년전쟁이 1618년에 일어나 그 실패는 더 확실해졌다.

중부 유럽의 교파 사이에 있었던 위태하던 50년간의 균형은 독일 계통의 칼빈주의 군주를 세움으로 가톨릭 계통의 합스부르크 지배를 뒤바꿔 보려했던 보헤미아 왕국의 정치적 위기상황으로 완전히 뒤집히고 말았다. 1619년에는 이러한 노력들이 완전히 꺾이고 말았다. 전쟁으로 인해 종교개혁의 발상지인 유럽의 종교적 다양성이 파괴되었다. 전쟁의 결과로 1648년에 출현한 고갈되고 양극화된 사회는 1618년의 사회와는 완전히 달라보였다. 30년전쟁에 관한 간단한 서술과는 별도로 대서양 섬나라들 곧 잉글랜드, 아일랜드, 스코틀랜드와 웨일스 등을 다루는 부분이 있다. 별도로 다룬다고 해서 영국적인 편협함을 재조명한다는 것은 아니다. 여기에서는 다만 1620년대부터 30년간에 걸친 영국의 정치적 종교적 위기를 다루고, 유럽 종교개혁의 가장 중요한 결과로서 잉글랜드 개신교의 투쟁적인 형태가 북아메리카로 전수되는 과정이 나온다.

일단 이와 같이 연대를 중심으로 전개한 이야기가 완성되면, 제3부는 연대기적 서술과는 다소 관련이 없는 사회적, 지적 주제들을 다루게 된다. 이런 이야기의 대부분은 전통적으로 주목을 받지 못했다. 그래서 종교개혁의 경험들을 상세히 살피되, 단순히 일상의 삶이 아니라 시대에 관한 사고의 변화와 확실한 현실 세계가 어떻게 죽음 너머의 세계와 연결되는지를 알아볼 것이다. 또한 이러한 변화들 중에 무엇이 상궤에서 벗어나 있고, 그 일탈자들에게는 어떤 일이 일어났는지와 함께, 새롭게 조성된 사회 안에서 여자들과 아이들의 위치에 대해서도 탐구할 것이다. 끝으로 우리는 라틴 기독교의 후예들이 왜 신성한 책이 인가해 준 신앙체계를 거부하기 시작했는지, 아니면 최소한 누가 그들에게 그렇게 하도록 했는지에 대해 몇몇 단서들을 얻게 될 것이다.

내 자신의 견해는 특정 교파를 옹호하지도 특정교리에 얽매이지도 않는다. 나의 종교적인 배경은 잉글랜드국교회연합에 뿌리를 두고 있다. 나는 1890년대부터 계속해서 크록포드 성직자 명부(Crockford's Clerical Directory)에 이름을 올려온 스코틀랜드 감독교회 계통(Scottish Episcopalian)의 성직자 출신이다. 나는 잉글랜드국교회 신앙에 대해 최대한 따뜻한 마음을 품고 있다. 그것은 뚜렷이 구별되는 차분한 문화와 예술, 스스로 질문을 던지는 능력과 자발성, 그리고 때로는 존경스러울 만큼 냉소적으로, 또는 수고스러울 만큼 진지하게 진리를 탐구하는 태도를 지니고 있다. (비록 그렇게 했었을 수 있다는 것을 기분 좋게 기억하고 있지만) 현재 나는 개인적으로는 어떤 형태의 종교적 교리에 치우쳐 글을 쓰고 있지 않다. 종교개혁이 무엇이었는지 대부분 잊어버렸거나, 아니면 반쯤 기억하는 세상을 향해 종교개혁에 관한 설명을 하려는 노력을 기울이는 사실 자체가 이득이 많다고 생각한다. 잉글랜드 조지 왕조 시대의 기독교 찬송가 작가였던 윌리엄 카우퍼(William Cowper)는 "맹목적인 불신앙은 확실히 죄를 짓는 것이다"라고 노래했다. 역사가들은 맹목적 불신앙이 얼마나 나쁜지 잘 모르는 듯하다. 즉 역사적 배경 속에 잠재해 있는 교파중심의 견해들을 피력하는 이야기들이 관련이 없는 편견들을 짜맞추기 위해 서술내용을 왜곡시킬 수도 있다.

지난 몇 년 동안 나는 처음에는 마틴 브렛(Martin Brett), 그리고 지금은 제임스 칼레톤 파젯(James Carleton Paget)과 반세기 이상 교회역사라는 주제에 관한 주요한 토론의 장이 되어온 '교회사 저널'(the Journal of Ecclesiastical History)의 공동편집인으로 일해 왔다. 비록 그 일이 불가피하게 행정적이며 편집상의 고역을 내포하고 있지만, 그것은 또한 홍미진진한 특권이기도 했다. 기독교 역사 전 영역에 걸쳐 신선한 사상이 나타나는 것과 전체적인 연구들을 볼 수 있는 그 무엇과도 비길 수 없는 좋은 기회였다. 이런 지식의 대부분은 종종 전문가들의 세계 속에 갇힌 상태로 존재한다. 만약 이 책이 보다 다양한 즐거움과 이해를 위해 그런 연구들을 일반인에게 공개하는 데 기여한다면, 나는 소기의 목적을 달성했다고 생각한다.

용례 및 고유 인칭에 대해 주의할 점

모든 일차적인 자료의 인용은 현대 철자법을 사용한다. 나는 요즈음에 보편적으로 사용되는 것보다 더 대문자를 추종하는 사람이다. 영어의 대문자들은 이 책의 내용 속에서 무언가 특별하고 다르며, 세속적인 세계와 신성한 세계를 연결하는 상징이다. 교회로 불리는 충성스럽고 범세계적인 조직의 구조는 마땅히 대문자로 써야 한다. 다만 건물을 의미할 때는 그렇지 않다. 미사와 십자가상은 대문자를 사용하는데, 옹호하는 쪽이나 반대하는 쪽 모두 그것에 대해 대체로 동의한다. 성경이나 성찬, 구세주, 동정녀, 삼위일체의 위격들과 같은 용어에도 대문자를 사용한다. 이런 나의 결정이 자의적이기는 하지만 내부적으로는 일관성을 유지하게 되길 바란다.

장소와 이름에 관련된 용례는 간혹 괄호 속에 넣어 동시대적 용례를 표시할 때도 있지만 현대적 용례를 따른다. 따라서 레겐스부르크(Regensburg)이지 라티스본(Ratisbon)이 아니고, 루벤(Leuven)이지 루베인(Louvain)이 아니며, 티미소아라(Timişoara)이지 테메스와(Temesvár)가 아니다. 다만 16세기의 용례들이 그 당시의 일반 사람들의 정황을 더 잘 나타내는 경우는 예외이다. 따라서 단치히(Danzig)이지 댄스트(Gdansk)가 아니며, 쾨니히스베르크(Königsberg)이지 칼리닌그라드(Kaliningrad)가 아니며, 슈트라스부르크(Strassburg)이지 스트라스보그(Strasbourg)가 아니며, 니콜스부르크(Nikolsburg)이지 미쿨로브(Mikulov)가 아니다. 이와 같은 변화 형태는 색인에서 서로 참조할 수 있다. 그리고 예를 들면 브룬스웍, 헤서, 밀란, 뮌헨 등과 같은 해외지역에 대해서는 일반적인 영어 이름이 사용된다. 독자들은 또한 잉글랜드, 아일랜드, 스코틀랜드, 그리고 웨일스를 포함하고 있는 섬들을 영국 제도(諸島)로 사용하고 있다는 것을 알고 있다. 그러나 이와 같은 이름이 더 이상 그 도서지역들에 거주하는 모든 사람들을 만족시키지는 못한다. 따라서 보다 중립적이고 보다 정확한 표현으로써 '대서양 제도'라는 말을 책 전반에 걸쳐 사용할 것이다.

개개인에 대한 이름은 아마도 그들이 사용했을 출생지 언어로 표기되어 있다. 유럽에 살았던 통치자나 성직자로서 예를 들면, 찰스 5세 황제, 폴란드와 리투아니아 연방의 왕들 또는 존 칼빈 등과 같은 특정 인물들 곧 다양한 집단의 사람들이 사용하는 여러 언어를 통해 신하들이나 동료들 사이에서 그 이름이 불려졌을 사람들의 경우는 예외이다. 그 시대에 학문에 종사하는 성직자나 학회원들은 그들의 출생지에 따라 라틴어나 헬라어 이름이 사용된다. 예를 들면 요한 부겐하겐에 대해 요하네스 포메라누스(포메라니언)이라고 표기하거나 일반적인 성(姓)을 번역함으로써 요한 후스겐(집의 등불 요한!)은 요하네스 외콜람파디우스라고 한다. 어느 정도는 애정이 묻어나는 표기이기도 하지만, 그와 같은 이름들은 유럽문화의 국제적인 특성과 그 사상들을 유럽 전반에 응용할 수 있는지를 강조하는 데 기여하기도 한다. 나는 그런 표현들이 다른 형태들보다 더 빈번하게 사용될 때는 다시 색인의 상호 목록과 연관해서 그것들을 사용한다. 많은 독자들은 '피터스준'이라는 이름을 '피터즈'라고 쓰는 네덜란드 사람들이 고안한 이름 표기법을 알게 될 것이다. 다른 사람들이 혼동하는 것을 막기 위해 내가 이것을 좀 더 확장하더라도 그들이 나를 용납해 주기를 소망한다. 이와 비슷하게 헝가리식 이름에 대해서도 나는 성 다음에 이름을 놓는 헝가리식 표기법을 사용하지 않는다. 그러므로 나는 가볼 베쓰렌이라고 하지 베쓰렌 가볼이라고 하지 않는다. 스코틀랜드 왕가 가문의 성은 각주를 달아야 한다. 스코틀랜드 배경으로는 통상 '스튜어트'(Stewart)라고 철자를 쓰지만, 1603년 이후 잉글랜드로 이주해서 두 왕조(사실은 세 왕조)의 군주로 지배할 때인 잉글랜드적인 배경에서는 '스투어트'(Stuart)로 표기한다. 이것이 다소 자의적으로 보일지는 모르지만 그렇게 표기해야 할 것이다.

나는 언급되는 사람들의 출생일과 사망일이 있는 중요한 텍스트를 뒤죽박죽으로 만들지 않기 위해 노력했다. 독자들은 색인을 통해 그것을 알게 될 것이다. 다른 신앙 체계와 비교되는 기독교적 입장에 대한 가치판단을 피하기 위해 '서기'(Comon Era)라는 용어를 날짜를 계산하는데 사용한다. 특별히 언급되지 않는 한 날짜들은 그리스도인들이 관례적으로 '주후'(Anno Domini, AD)라고 불러 온 체계, 곧 '서기'를 기준으로 한다. '서기' 이전의 시대는 '주전'(BC, Before Christ)과 같은 의미의 '기원전'(BCE, Before Common Era)이라는 용어가 사용된다. 그럼에도 내가 단순화를 위해 신약성경과 마찬가지로 히브리 성경을 구약성경으로 부르는 사실에 대해 비기독교인 독자들이 양해해 주기를 기대한다.

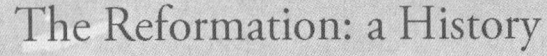

The Reformation: a History

제 1 부

일반 문화
A COMMON CULTURE

The Reformation: a History

제1장
구교
(1490-1517)

1. 교회 안의 구원 조망

잉글랜드 버킹엄서(Buckinghamshire)주의 프레스톤 비셋(Preston Bissett) 마을에 있는 어느 조그만 잉글랜드 시골교회에 조용히 들어가 이것저것을 살펴보노라면 지나간 세대의 종교관을 이해한다는 것이 얼마나 어려운지 실감할 수 있다. 그곳에는 14세기 초 어느 때인가에 조각된 두 석조물이 교회 건물 중 가장 신성한 부분인 성단소로 올라가는 출입문 위의 둥근 천장벽을 견고하게 떠받치고 있다. 그 중에도 마치 아치의 무게를 감당하느라 두 손과 발을 이용해 잔뜩 웅크리고 있는 듯한 북쪽 석조물은 커다란 엉덩이를 강대의 위 쪽, 곧 종교개혁 이전에 프레스톤의 사제들이 떡과 포도주를 십자가에 못박힌 그리스도의 살과 피로 변형시키면서 날마다 미사를 집전하던 장소를 향해 노출하고 있다. 종교개혁이 일어난 유럽에서 수많은 비슷한 사례가 일어났던 것처럼, 그 후 반달족(Vandal)이 그 석조물의 머리 부분을 잘라냈지만 엉덩이 부분은 전혀 손상되지 않은 채 여전히 남아 있다(사진 1. a).

여기에서 (미사의 기적에 대해 무슨 생각을 하고 있는지를 탁월하게 전달해 주는) 엉덩이 부분을 남겨둔 개신교도를 이해하는 것이 애초에 왜 석조물들이 조각되

제1장 구교(1490-1517) 41

1. 유럽의 정치 구성. 1500년대

었는지를 이해하는 것보다 쉽다. 프레스톤 비셋의 사제가 미사의 끝머리에 성단소의 아치를 채우면서 교구원들의 시선으로부터 그 조각상을 가려주는 나무로 된 가림판을 지나, 제단의 계단 아래로 내려오기 전, 회중을 축복할 때 그 엉덩이를 응시하지 않는 것은 거의 불가능한 일이었다고 해도 과언이 아니다. 아무튼 이 엉덩이가 15세기 잉글랜드의 이 지역에서 독특한 공동체를 구성했던 신앙 분파 중의 하나인 롤라드파의 한 공예가에 의해 조각되었다고 말하는 것은 성급해 보여도 말해야만 한다. 그렇다면 그것은 많은 경건한 사람들이 자신들의 거룩한 사명을 모두에게 만족시키지 못했을 때 성직자들에게 느꼈던 인내의 한계를 표현했을까? 게으르거나 무능한 사제들에 대한 경고의 의미를 담고 있었을까? 아니면 개인적인 희화화였을까? 아니면 하나님의 제단에서 교회의 복음선포를 방해하려고 혈안이 되어 있는 사탄에 대한 상징이었을까?

여하튼 현재로서는 종교개혁 시대나 반종교개혁 시대보다 육체적인 것과 영적인 것이 훨씬 더 밀접하고 모호하면서도 치열하게 녹아들어갔던 신앙체계에서 파생된 의미를 모두 규명할 수는 없다. 이런 상황 속에 교회 안에는 감격의 웃음과 분노의 울부짖음이 함께 공존하고 있었다. 그 안에서 성직자들은 재미와 오락과 상업적 요소들이 간혹 교회 안으로 침범해 들어오는 것에 대해서 반감을 가지고 전쟁을 벌여야 하는 역할을 감당해야 했다. 이들은 또한 죽음과 죽음을 모면하는 것이 필사적으로 중요하게 다루어졌던 그들의 신앙이기도 했다. 아무튼 프레스톤 비셋의 자태를 뽐내는 제단의 둥근 천장벽에 새겨진 대담한 조각상은 성단소 입구에 위치하면서 십자가에 달린 그리스도의 상과 그 위의 벽에 그려진 최후의 심판 그림들과 어우러져 죽음을 정복한 비밀을 축하하는 장엄하고 정교한 일련의 교회가구 중 하나였다.

서퍽(Suffolk)주 웬해스톤(Wenhaston)에 있는 또 다른 잉글랜드 교구교회는 16세기 초기의 뛰어난 최후의 심판 그림, 곧 하나님에 의한 마지막 심판 그림을 보존하고 있다. 이 그림은 그리스도의 십자가 상이 그려진 벽 위의 아치를 한가득 채운 널판지들 위에 그려져 있다(사진 3). 교구원들은 그들의 교회의 본당 회중석에서 라틴어로 진행되는 미사에 참여할 때 종종 이 그림들을 주목하여 보곤했다. 그러나 그들은 교회에 있는 가장 드라마틱한 조각상들(십자가에 못 박힌 그리스도의 몸, 슬픔에 젖은 채 한 쪽에 비켜 서 있는 성모 마리아 상 그리고 죽어가는 예수님이 어머니를 위탁했던 사랑하는 제자 요한)의 배경을 다 이해하지는 못했을 것이다. 웬해스톤의 다소 복잡한 구도가 이렇게 균형 잃은 모습이 된 것은 성상을 싫어하는 개신교도들이 십자가에 못 박힌 그리스도 상과 관련된 일련의 그림들을 색칠한 판자들 위에 남겨진 텅빈 윤곽을 제외하고는 모두 지우고 파괴해 버렸기 때문이다. 그런데 흔적만 남아 있는 이 조각들 주변에 있는 또 다른 판자들은 벌거벗은 형상들로 가득 채워져 있다. 만일 이 일련의 판화로 된 나체 형상들이 현대 서구 기독교 예술에서 표현된다면 너무나 무의미하고 부적절하다고 여겨질 수밖에 없을 것이다.

   그 나체 형상들은 종말에 심판을 받고 있는 죽은 인간의 영혼에 해당한다. 더러는 연옥의 시련 가운데 죄를 제거하는 과정에서 새롭게 풀려나 영원한 축복을 누리기 위해 천국을 향해 행진하고 있다. 나머지는 죄의 심각성으로 인해 연옥의 고통에서도 제외된 채 마귀들에 의해 고문과 위협을 당하면서 지옥의 끝없는 고통을 이미 겪고 있다. 구원받은 사람들과 저주받은 사람들을 그린 돋보이는 나체상들은 몇몇 회중의 마음에 음란한 생각을 촉발했을지도 모른다. 어쩌면 그들에게는 이와 같은 저속함은 인간의 몸을 입고 오신 하나님이 벌거벗기고 채찍질 당하는 것을 상상하는 것조차도 매우 저속한 일이었을 지도 모른다. 브로튼(Broughton)에 있는 15세기 버킹엄셔의 벽화들은 표현방법들은 다르지만 동일한 성격을 가지고 있었다.[1] 이 그림들은 죽은 아들을 그녀의 팔에 안고 흔들고 있는 동정녀 주위의 신성모독자들, 술주정뱅이들, 도박사들이 둘러싸고 있는 이미지를 담고 있다. 이 그림은 프레스톤 비셋에서 가까워 사람들이 보기 위해 자주 방문했다. 그리스도 또는 메시아시고, 하나님의 아들이시며 마리아의 아들인 예수는 창조의 여명 중에 에덴 동산에서 아담과 하와가 하나님께 불순종했을 때 발생한 인간의 실패가 빚어낸 파멸로부터 무엇인가를 건져내기 위해 인간의 죄의 짐을 지고 팔레스타인에서 돌아가셨다. 인간이 되신 완전한 하나님이시라는 말씀이며, 십자가의 상처를 영광스럽게 지니고 계시는, 죽음에서 부활하신 그리스도는 최후의 심판날에 모든 인간의 운명이 천국이냐 지옥이냐를 결정하실 것이다. 웬해스톤에서, 프레스톤에서 그리고 서구 기독교 세계의 모든 교회들에서 교회는 끊임없이 이 이야기를 전했다. 기독교 신앙의 전 드라마가 바닥과 천장에 있는 한 쌍의 그림, 곧 십자가에 못 박히신 그리스도와 최후의 심판에 새겨져 있다. 그 그림은 교회의 바닥에서 천장에 이르기까지 그리스도의 고난과 죽음에 대한 기독교 신앙 전반을 묘사하고 있다. 또한

---

  1) 같은 주제가 링컨서(Lincolnshire)의 코비 글렌(Corby Glen)에 있는 벽화에서 발견되고, 헤이돈 놀포크(Heydon, Norfolk)의 스테인글라스에서도 발견된다: M. R. James, *Suffolk and Norfolk* (London,1930), p. 165를 보라.

그 그림은 현재 교회에서 예배드리는 군중들과 함께 천국에 있는 교회 성인들의 무리들도 그리고 있으며 그리스도의 대속적 죽음부터 궁극적 영생에 이르기까지의 모든 모습을 담고 있다. 이 모든 것 외에도 소위 사람들이 벽면의 사제단 문이라고 부른 문을 나서면, 사제는 높은 제단에서 물리적인 형태로 구세주를 교회에 모셔오기 위해 바쁘게 움직이고 있었다. 십자가에 못 박힌 그리스도 그림은 사람들에게 하나님의 실제적이고 육체적인 임재를 보여주었다. 왜냐하면 그것이 사제의 손에 들려 있는 둥글고 흰 성찬용 전병에 임한 그리스도의 상한 육체를 나타내기 때문이었다. 사람들이 볼 수 있도록 사제가 성찬용 전병과 포도주가 담긴 잔을 높이 받들어 올리면 보조사제는 하나님 앞에서 사람들을 대표하는 교회의 일이 한 번 더 수행되었다는 것을 교회 건물 밖의 전 교구에게 알리기 위해 교회의 종을 쳤다.

프레스톤 비셋과 웬해스톤 사람들은 (그들의 교구 사제가 알려 준 것처럼) 유대인들이 그리스도를 미워해서 팔레스타인에 있던 그 십자가에 그리스도를 못박았다는 사실을 알고 있었다. 보다 회의적이고 사색적인 몇몇 사람들은, 비록 이 문제가 개인적으로 그들을 힘겹게 하지는 않았겠지만, 그들의 구세주가 유대인으로 태어났다는 사실에 의아해 했을지도 모른다. 그들은 한번도 유대인을 본 적이 없는데, 그 이유는 1290년으로 거슬러 올라가 에드워드 1세가 모든 유대인들을 잉글랜드에서 추방했기 때문이었다. 그가 기독교적인 유럽 전체에서 첫번째 군주라서 그렇게 했다. 그리스도의 생애와 죽음을 연출하는 근처 마을이나 교구에 마련된 무대에서 악당으로 연기하는 극중 유대인과의 접촉이 그들이 경험할 수 있는 가장 가까운 유대인과의 접촉이었다. 그들은 이상하게 얽혀 있는 기독교회의 역사를 제대로 알 기회조차 갖지 못했다. 창시자 예수를 모든 유대인들이 갈망하고 있던 메시아로 선언한 작은 유대종파가 1세기 팔레스타인의 유대인 동질집단으로부터 분리되어 나왔다. 400년 세월을 지나면서 이 작은 분파는 지중해 연안에 넓게 펼쳐진 기독교라는 공동체로 성장해갔다. 그리고 로마 황제와 동맹을 맺은 서기 312년부터는 강력한 성장을 거듭했다. 유대교와 기독교는 서기 1세기 말부터 완전히 구분되었고, 그 후 이 둘의 관계는 복잡하기도 하고 종종 고통스럽기도 했다. 그들은 기독교인들이 구약성경이라고 부르는 신성한 책, 히브리어 성경을 공유했다. 종종 유대교에 대해 분개하고, 그 분노가 그들의 모태가 된 종교에 대한 저주의 양상으로 나타나기도 했지만, 기독교인들은 유대인들에게 진 그들의 빚을 결코 잊지 않았다. 그들은 히브리어 성경 속에 담겨 있는 율법을 그들에게 적합하도록 차용했다. 그들은 저자들의 의도에서 완전히 벗어나서 율법을 도덕적, 법적, 의식적인 법으로 구별했다. 도덕법으로 사용하고 싶은 것은 그렇게 이름을 붙였고, 시민법이라고 정의했던 것을 자의적으로 선별했으며, 유대인들의 역사에 의거하여 의식법도 분류해냈다.

서방교회의 가장 위대한 신학자는 4세기에 로마의 지식계층에서 태어난 히포의 어거스틴이다. 우리는 그의 사고들이 라틴 기독교의 미래 사고를 결정짓고 있기에 그와 자주 만나게 될 것이다(특별히 3장의 pp. 169-178 참조). 어거스틴은 그리스도인들이 유대인들에 대해 어떻게 생각해야 하는지 고민했다. 그는 하나님이 유대인들을 특별한 백성으로 선택했다는 사실을 강력하게 재확인했다. 그들은 유대인 자신들에 대해서는 그들이 눈이 멀어서 자기들의 메시아인 그리스도를 배척했다고 큰 소리로 외쳤다. 어거스틴 세대의 그리스도인들은 그들의 견해가 로마제국의 군사적인 힘으로 뒷받침된 화려함을 누린 최초 세대에 해당한다. 어거스틴이 기독교인 통치자들에게 고집 세고 공격적인 이교도들(기독교 안의 이단들, 구체적으로 도나투스파 이단들)은 그냥 짓눌러버려야 한다고 권장했듯이, 그는 완고하고 거슬리는 유대인들에게도 적대적이어야 한다고 생각했을까? 어거스틴의 생각은 달랐다. 어거스틴은 하나님이 그들 역사의 모든 재앙 속에서도 유대인들을 살아남게 하신 것은 그리스도인들에 대한 경고와 표적의 역할을 하기 위함이라고 확신했다. 그러므로 비록 그들에게 그리스도인들이 누렸던 시민으로서의 완전한 특권은 주어지지 않았지만, 그들의 공동체적 삶을 지속하도록 허락되어야 했다. 하나님은 자신이 정한 세상의 끝날에 그들을 한꺼번에 개종시키기로 작정하셨다.[2]

따라서 기독교회는 수세기 동안 다른 종교적 경쟁자들은 다 제거해버렸지만 유대인 공동체가 살아남는 것은 용인했다. 유대인들은 그들만의 예배처소인 회당을 유지했고, 부자나 권세가들에 의해 어떤 언어가 사용되든지 그들 주변에 있는 사람들의 언어로 말했으며, 예배와 성스러운 책을 읽는 것 등과 같은 조상 전래의 독특한 히브리적 삶을 유지했다. 비록 그들이 보다 광범위한 인구 집단으로부터 벗어나지 않으려고 노력했지만, 일반적으로 그들은 권력의 자리에서 배제되었다. 이런 상황은 그들을 대부업 같은 다른 생존 방편들로 눈을 돌리게 했다. 대부분의 그리스도인들은 구약성경이 돈에 대한 이자를 취하는 것을 금지한다고 이해했고, 따라서 이와 같은 활동들을 멀리하게 되었다. 유대인들은 오히려 그들의 신성한 책에 나와 있는 이 주제에 관한 미묘한 차이를 보이

---

2) J. Edwards는 *The Spanish Inquisition* (Stroud, 1999), pp. 33-5에서 이런 주장을 잘 요약한다.

는 논거들에 대해 보다 명확한 이해를 하고 있었고, 그래서 그 차이를 파고들었다.[3] 유대인들은 기독교 통치자에게 유용한 인물이 되었다. 그러나 자신들을 향해 오는 채무자들에게 늘 위축되었다. 만약 통치자 자신이 악성 채무자이거나 그의 신하들로부터 값싼 인기를 얻는 길을 찾기라도 하는 경우에는 그들에게 심각한 결과를 초래하기도 했다. 그래서 잉글랜드의 에드워드 1세는 유대인을 추방했다. 이는 1394년 프랑스의 왕에 의해 재현되기도 했다.

교황을 포함한 다른 통치자들은 유대인 공동체를 보호하는 어거스틴의 원칙에 대한 변함없는 신봉자들이었다. 그러나 항상 유대인들에 대한 적대적인 감정이 그리스도인들 사이에서 분출되곤 했는데, 종종 지역교회 지도자들에 의해 촉발되곤 했다. 가장 심각한 결과는 12세기에 있었던 반유대적 '피의 모독'(blood-libel)의 증가였다. 때때로 일련의 유대인 집단이 일반적으로 기독교인 남자아이들을 유괴해서 그들의 제사의식을 위해, 특히 십자가에 못 박아 죽이는 등 가학적으로 살해했다는 소문이 떠돌았다. 아마도 이런 이야기들은 어떤 사람이 사실상 아이를 학대하고 살해했던 실제 있었던 사건들을 반영하는 것일 수도 있다. 지역사회에서 발생했던 사건이 빚어내는 공포에 대처할 수 없게 되자 그 죄값을 그들 중에 있던 소외된 공동체에 전가시켰던 것이다. 때로는 교회가 공공연히 그와 같은 사건들로부터 이익을 챙기려고도 했다. 주교의 선동에 고무된 잉글랜드 노르위치(Norwich) 성당의 베네딕트수도사들은 그들 자신의 교회에서 1140년대에 유대인들에 의해 저질러졌다고 단정한 윌리엄이라는 이름을 가진 어린 희생자를 위한 의식을 조장하면서 피의 모독(blood-libel)의 선구자가 되었다. 수도자들에게는 불행한 일이었지만 노르위치의 착한 신도들은 유대인 보다 수도사들을 더 혐오했으며, 어린 성자 윌리엄에 대한 순례는 전혀 대단한 수준에 이르지도 못했다. 다른 의식들은 훨씬 더 성공적이어서(2장, p. 109 참조), 피의 모독은 유대인들을 적대시하는 아주 나쁜 잔학 행위라는 측면에서 반복적인 주제가 되었다.[4]

또 다른 기독교의 발전 상황이 유대인들의 고통을 증가시켰다. 관대한 마음의 소유자요 하나님의 사랑에 대한 자유분방한 설교자 아시시(Assisi)의 프란시스코(Francis)는 13세기 교회의 위대한 갱신을 선도했다. 부분적으로 그것은 서

---

3) 이 주제에 대한 유용한 요약은 E. Kerridge, *Usury, Interest and the English Reformation* (Aldershot, 2002), Ch. 1에 있다.

4) S. Yarrow, *Saints' Cults and Miracle Narratives in Twelfth Century England: Negotiating Communities* (Oxford, 2003), Ch. 4. 피의 모독에 관한 전체적인 연구는 Po-chia Hsia, *The Myth of Ritual Murder: Jews and magic in Reformation Germany* (New Haven and London, 1998)을 보라.

방교회의 설교를 상당히 부흥시켰던 프란시스코의 탁발수도사 규칙 등과 같은 것으로 제도화되기도 했다(1장, pp. 71-72 참조). 프란시스코회 설교자들은 설교를 들으러 오는 청중들에게 그리스도의 지상에서의 삶에 대해 경건하게 묵상할 것을 촉구했다(p. 60). 그리스도의 십자가 죽음에 대한 진지한 묵상의 논리적 귀결은 종종 유대인들에 대한 깊은 혐오로 직결되곤 했다. 따라서 역설적이게도 프란시스코 수도사들이 중세 서구 유럽의 반유대주의(anti-Semitism)의 주창자들이 되고 말았고, 유대인 공동체에 대한 몇몇 최악의 폭력사태에 관련되기도 했다. 그들과 동료이기도 하고 경쟁관계에 놓이기도 했던 도미니크수도사들도 별반 다를 것이 없었다.[5] 놀라울 것도 없이 유대인들은 안전을 위해 함께 모여 사는 경향을 보였고, 기독교 지도자들은 그들에게 더 많은 의무를 부과했다. 이런 사태가 최초로 이탈리아에서 전개되었고, 이탈리아어에서 나온 '게토'(ghetto, 유대인 거주지역, 빈민가)라는 단어(비록 원래 그것이 무엇을 의미했는지에 대한 한 가지 이상의 설명이 있기는 하지만)는 이같은 지역을 묘사하는 것에서 비롯되었다. 유대인들이 물리적으로 고립됨으로써 일이 더욱 어렵게 되었고, 의심하는 사람들 사이에 새로운 추측을 양산했다. 예를 들면, 유대인들은 기독교인들의 우물에 독을 넣으려고 한다든지, 모욕을 가하기 위해 거룩한 성찬용 빵을 훔쳐 간다든지, 기독교 국가의 국경을 위협하기 위해 이슬람 권력과 공모한다든지 등과 같은 것이었다.

이미 프레스톤과 웬해스톤 같은 조용한 마을 교회들에서 볼 수 있는 미술, 드라마, 인간의 두려움과 희망의 만남은 수백 마일의 유럽을 가로질러 펴져 있었다. 이것은 우리가 16세기 종교개혁에서 갈갈이 찢겨진 구교조직의 권력과 전 유럽에 걸쳐있는 구교의 영역을 이해하는 데 도움을 준다. 잉글랜드에서 구교에 대항해서 반기를 들었던 재능 있는 학자 출신 성직자 중 한 명이었던 니콜라스 리들리(Nicholas Ridley)는 1554년 동료 저항자(rebels)인 존 브래드포드(John Bradford)에게 글을 적어 보냈다. 그때 이들은 둘 다 감옥에 갇혀 구교로부터 이단으로 정죄되어 화형을 기다리고 있었다. 주교 리들리가 그때에 사단의 힘으로 보았던 무시무시한 적들의 힘에 대해 이야기했듯이, 거짓 종교로 구성된 사단의 옛 세계는 육중한 말뚝과 강력한 기둥 위에 서 있다고 말했다. 내 판단으로 이들 두 기둥은 다음과 같다. 한편으로는 사단의 거짓 교리와 주의 만찬의 우상숭배적인 이용이며, 또 다른 한편으로는 로마 교황청의 교황 수위권에 대

---

5) J. Cohen, *The Friar and the Jews: the evolution of medieval anti-Judaism* (Ithaca, NY, 1982), 특히 pp. 42-4, 239-40, 244.

한 사악하고 혐오스러운 불법 사용이다. 마치 프레스톤 비셋의 사제석 주변의 아치가 두 개의 기괴한 석조상에 의해 지탱되고 있는 것처럼, 중세 서방교회의 전반적인 체계가 미사와 교회의 중심적 역할에 맞추어 건축되었다.[6] 실제로 미사가 없었다면 로마 교황과 서방교회의 성직자들은 도전적인 개신교 종교개혁자들에 대항하여 권력을 행사하지 못했을 것이다. 미사는 반복되는 교회의 모든 복잡한 경건한 삶의 형태 중에도 가장 중심부에 놓여 있었기 때문이다. 우리는 특별히 연옥교리를 포함해서 그것의 중요성에 대해 길게 검토해야 한다. 리들리는 이 요소들이야말로 성찬용 음식과 관련하여 그 기원에서부터 미사를 왜곡한 '거짓교리'의 핵심에 놓여 있는 것들이라고 말했다.

2. 첫 번째 기둥: 미사와 연옥

'미사'(Mass)라는 말은 기독교교회의 중추적인 활동, 곧 성찬 예배에 대한 서구적 별칭이다. 라틴 계통의 성찬 예전의 마지막에 이루어지는 신기하고도 불가해한 해산(dismissal, 'ite missa est'[가다, 보내지다])으로부터 나온 말이다. 미사의 중요성을 평가하기 위해서는 기독교인들이 기독교 성찬예식에 관해 무엇을 믿었는지를 설명할 필요가 있다. 그들은 미사를 예수 그리스도가 체포되어 죽기 전에 제자들과 함께 먹었던 최후의 만찬에 대한 표현 또는 극적인 재창조로 간주했다. 초대교회 시대부터 미사는 육체적인 것과 영적인 것, 땅과 하늘, 죽음과 생명 사이에 놓인 장벽을 허무는 길로 인식되어 왔다. 미사는 사람들이 만든 물질을 포함하고 있기에 일상의 한 부분이기도 하다. 빵과 포도주, 음식과 음료수는 이 땅의 즐거움을 주지만, 실제로 이들은 지나치게 즐길 수 있는 위험으로 가득차 있다. 그것이 바로 성만찬이 인간이 하나님께 가져오는 제물의 강력한 상징이 될 수 있는 이유이다. 또한 이는 그리스도가 하나님께 드린 독특하면서도, 가치를 다 따질 수도 없으며, 고통스럽기까지 한 제물을 통해 인간에게 제공한 것과도 관련 있다. 성찬으로 인한 생명과 기쁨은 떡을 먹고 배부른 것과 머릿속을 단순히 알코올로 채우는 것 이상의 의미가 있다.

성만찬은 물질세계, 그리스도의 신비스러운 연합과 죽음으로 초래되는 육체의 부패와 파멸에 대한 그리스도의 승리를 회상시키며, 그리스도를 따르는 자

---

6) H. Christmas (ed.), *The Works of Nicholas Ridley* (PS, 1843), p. 366.

들과 그리스도를 연결해 주는 한 편의 드라마가 되었다. 20세기까지 서방교회에서 성만찬은 성스럽고 감동을 주는 그 어떤 것이었다. 평신도들은 매우 드물게, 아마도 일 년에 한 번 부활절 같은 때에나 주의 만찬이 준비된 식탁에 감히 접근할 수 있었다. 그렇지 않은 경우에는 사제들이 떡과 포도주를 취해 나눠주는 것을 경외하는 마음으로 바라보기만 해야 했다. 심지어 평신도들은 제단 위로 올라와서도 포도주는 아니고 단지 빵만 받았다. 그것은 주의 피가 남자 성도들의 코밑수염이나 턱수염에 묻어 남아 있는 것을 염려했기 때문이라는 이유보다 더 좋은 설명이 덧붙여지기 어려운 일종의 관습이었다. 그러나 중세 서구에서 시행되었던 미사의 특별한 힘은 서방교회에 있었던 또 다른 독특한 아이디어와 관련되어 등장한다. 이런 가장 강력한 공적인 예배기도의 형태는 아마도 죽음이라는 위기를 통해 개인을 사후의 하나님의 축복과 연관지어 주었다.

이미 9세기가 되면서 동방교회와는 달리 서방교회 건물들은 사제들이 죽은 기부자들 또는 다가오는 죽음을 기다리는 기부자들을 위해 가능한 많은 미사를 드릴 수 있도록 다수의 제단을 갖추도록 설계되고 세워졌다. 미사가 많으면 많을수록 더 좋은 것이었다. 심지어 외지고 조그만 비셋과 웬해스톤조차도 설교단에 있는 중심부 높은 제단 외에도 건물의 다른 부분들에 한두 개 이상의 제단을 가지고 있다는 사실을 자랑하곤 했다. 12세기에 이르러서 서방 그리스도인들은 미사와 연관해서 죽은 자들을 위한 중보라는 개념을 훨씬 깊게 다루었다. 그들은 성경의 기초 자료에서 제시된 것보다 훨씬 더 정교한 사후세계의 지형을 발전시켰다. 죽음 이후의 삶에 관한 신약성경의 그림은 천국 아니면 지옥이라는 있는 그대로의 선택이다. 그러한 최후가 대부분의 인간사에서 나타나는 얼룩지고 뒤섞인 악한 것과 선한 것에 의해 결정되지 않는다는 것이 사람들의 일반적인 생각이다.

따라서 하나님이 사랑했던 사람들이 지상에서의 짧은 삶을 사는 동안 그토록 불완전하게 시작했던 거룩함을 향한 힘겨운 고투를 완성시킬 기회가 주어지는 어떤 중간 상태의 장소를 창조적인 그리스도인 사상가들이 고안해 낸 것은 자연스러운 것이었다. 비록 이 같은 계통의 최초의 사고는 알렉산드리아에 있던 동방의 헬라어 사용자들로부터 나왔지만, 그 개념이 꽃을 피운 곳은 서방이었다. 궁극적으로 천국에 들어갈 약속과 더불어 지혜로운 불로 정화하는 이 장소는 12세기에 이름이 주어졌는데, 바로 '연옥'(Purgatory)이었다.[7] 보다 정교

---

7) 유용한 논의: C. S. Wartkins, 'Sin, penance and purgatory in the Anglo-Norman realm: the evidence

해진 시스템으로 실질적인 죄는 없었지만 세례를 받지 못해 지옥으로 보내진 어린이들을 위한 '유아 림보'(Limbus infantium)와 예수 그리스도가 육체로 오시기 전에 죽는 불행을 겪어야 했던 구약성경의 족장들을 위해 '조상 림보'(Limbus Patrum)를 추가했다. 그러나 이들 두 림보(Limbo, 천국과 지옥 사이의 영혼이 머무는 곳) 상태는 내세의 삼중 구조에 종속되었다. 이 같은 정교한 신학구조는 라틴어를 사용하는 로마제국이 5세기 서구세계에서 붕괴되었을 때 제국의 관리자들이 즉각 서방교회의 봉사자 명부에 이름이 올랐다는 견해에 대해 무엇인가 말할 것이 있음을 암시한다.

라틴어는 정확한 언어이고 관료들에게 이상적인 언어였다. 더군다나 관료들은 숫자와 깔끔함을 좋아한다. 천국이나 지옥과는 달리 연옥은 시간제한이 있는 장소다. 마침내 승리를 확정짓는 일격으로 연옥이 완전히 비워질 때 연옥의 마지막 노래는 최후의 심판에 이르게 한다. 그러나 그러는 중에도 연옥은 정화되어야 할 다양한 종류의 죄를 가진 사람들 각자에게 적절한 개별 시간제한이 있다. 만약 미사 기도가 하나님의 자비를 불러일으킬 수 있다면 그런 자비의 정도가 연옥의 고통으로부터 정확하게 몇 년을 감할 수 있는지 계산되어야 하지 않았을까? 그리고 이것이 미사를 몇 번 드렸는지와 연결되어 있지는 않았을까? 그래서 중세 서방교회는 개인, 가족, 일련의 집단을 구원하는 데 필요한 미사의 기도를 정례화할 의도로 합법적으로 설립되고 자격이 부여된 제도를 발전시켰다. 이것이 바로 사후의 명복을 비는 매일 미사를 조건으로 헌금한 돈을 가지고 지은 예배당(chantry)이었다(이것에 해당하는 영어의 'chantry'는 미사가 울려 퍼지는 모임을 배경으로 '노래를 부르는 장소'라는 의미를 지닌 'cantaria'라는 말에서 왔다). 헌금한 돈으로 지은 어떤 예배당 시설들은 일괄적으로 돈을 지급하거나, 추도식과 같은 경우 시간에 따른 수당을 지급하고 사제를 고용하는 형식으로 예전을 집전했기 때문에 임시적으로 수수한 편이었다. 다른 시설들은 정교하고 항구적인 조직을 필요로 하는 일련의 사제들을 고용해서 기부금을 받는 하나의 협회를 구성할 수 있었다. 그것을 라틴어로 '콜레기움'(collegium)이라 했다. 옥스포드와 캠브리지 및 다른 중세의 대학들은 종교개혁을 거치면서도 헌금된 돈으로 지어진 호화스러운 예배당을 꽤 많이 보존하고 있었고, 원래의 가장 우선적인 목적인 가르치는 기능을 확장하기도 했다.

그러나 미사가 중보기도라는 급격히 성장하는 종교산업의 중심에 놓이게 되

---

of visions and ghost stories,' *PP* 175 (May 2002), pp. 3-33.

자 연옥에 있는 연수에 따른 많은 상품들이 거래되기 시작했다. 문자적으로는 면죄부를 위한 기부금이라는 형태였다(3장, pp. 186-187 참조). 많은 신학자들, 특히 14세기부터 북유럽의 대학을 지배한 유명론 철학자들은 인간의 공로가 자비로운 하나님이 무가치한 인간으로부터 받아들이기로 자유롭게 결정한 상품권 이상일 수 없다는 사실에 대해 주의를 기울였다. 그러나 많은 보통 사람들은 그와 같은 미묘함을 중요하게 여기지 않았다(유명론에 관한 pp. 66-67 참조). 교회는 그들에게 경외심의 기조를 유지하고, 교회가 제공한 수단을 사용한다면 유용한 장점이 많이 있다고 말했다. 사람들은 선행을 통해 하나님의 자비를 서툴게 모방해 볼 수 있었다. 이들 선행 중에 더러는 거지에게 주거나 고질적으로 또는 늙어서 아픈 사람들을 돌보는 병원들이 유지되도록 기부하는 것과 같은 자비행위도 있었다. 만약 어떤 사람이 공공심이 있는 행동으로 공동체에 선한 일을 했다면 그것 또한 자비로운 행위에 해당한다. 예를 들면 다리를 건축하거나 보수하는 것과 같은 것이다(다리는 그 특성상 경계지점에 건축되는 경향이 있었기 때문에 공식적인 책임이 누구에게 있는지 결론을 내리기가 쉽지 않았다). 어떤 사람들은 심지어 마을에 부과된 세금 고지서의 세금을 왕에게 지불하기 위해 유언장에 돈을 남기기도 했다. 부활을 보상으로 받을 가치가 있다고 여겨지는 선행이었다.

 이와 같은 선행은 현존 공동체 내에서 다른 형태의 선행을 위해 영적인 교환의 한 부분을 형성할 수 있었다. 그래서 거지는 자기에게 동전 하나를 준 선량한 부인의 장례식에서 그 분의 명복을 비는 기도를 해야 했고, 병원의 입원자들은 은인들을 위해 기도하며 침대에 누워있어야 했고, 다리를 터덜터덜 건너다니는 사람들도 기부자들(이름을 불러가며 기부자를 위해 기도하도록 다리 명판에 적혀있었다)을 위해 기도해야 했다. 영혼을 위해 기도하는 모든 사람은 연옥에 있는 어떤 사람의 시간을 담당하는 것이었다. 더 좋은 것은 죽은 사람의 영혼을 위해 기도하는 것은 서로에게 유익이라는 점에 있다. 왜냐하면 꽤 오랜 시간 연옥에 있어야 하는 죽은 자들은 스스로 기도로 보답할 수도 있도록 예정되어 있기 때문이다. 교회에 있는 묘비명들은 지나가는 사람들이 추모받고 있는 영혼을 위해 기도하도록 상기시켜 주고, 휠체어를 탄 거지들은 소매를 다급하게 끌어당기며 자선행위를 일깨워준다. 이것은 산 자의 공동체에 상호 책임감과 관심을 부여함은 물론이고 교회의 설교단 후면에 새겨진 인물과 회중들 사이의 장벽을 실제보다 멀지 않게 해주는, 산 자와 죽은 자가 서로 돕도록 묶어주는 기막힌 방법이었다. 이것은 사람들에게 전에는 인간이 언제나 패배하고 무기력했던 죽음을 지배하고 있다는 느낌이 들게 했다.

연옥이 서방교회에서 가장 성공적이고 오래 지속된 신학적 개념 중 하나이나, 얽히고 설킨 기도산업을 양산해 냈다는 것도 그리 놀라운 일은 아니다. 이 산업이 1348-1349년에 있었던, 아마도 유럽 인구의 삼분의 일을 죽게 한 전 대륙에 걸친 이례적인 전염병이던 흑사병의 충격으로 인해 촉발되었다는 것은 의심의 여지가 없다. 그렇게 많은 사람들이 죽자, 악몽 같은 2년 동안 쏟아져 나오는 장례를 집행하는 사제들의 행렬을 포함해서 죽은 자들의 처리가 불결할 정도로 서둘러졌고 되는 대로 진행되었다는 것은 그리 놀랄 일도 아니다. 이는 이후에 중세 서구인들이 이런 사태가 다시 일어나지 않도록 확실하게 정교한 준비를 하게 하는데 강력한 동인이 되었다. 그럼에도 불구하고 연옥에 관한 집착의 전개 양상은 유럽 내에서도 획일적이지 않았다. 점차 역사가들은 가장 강렬하게 기도를 연옥에서 나오는 증명서로 여겼던 지역이 지중해 연안지역이 아니라, 스페인 대서양 해변지역으로부터 멀리는 덴마크와 북부 독일에까지 이르는 북부지역이었다는 사실을 발견하고 있다.

이것이 불분명한 이유는 다음과 같다. 대서양 문화 속에서 기독교 이전의 종교로부터 나온 죽은 자에 대한 특별한 관심이라는 유산을 나타낼 수도 있기 때문이고, 초기 중세 게르만족 사회에 근거를 둔 상호 선물 문화의 부산물일 가능성도 있기 때문이다. 사제의 기도는 '필요한 관대함'을 교환하는 체계의 일부였다.[8] 이런 설명이 일리가 있지만, 반대되는 구체적인 증거들도 있다. 단테 알리기에리(Dante Alighieri)의 14세기 거작 『신곡』(Divina Commedia)의 연옥에 대한 자세한 묘사는 남부인들도 실제로 연옥문제에서 자유롭지 않다는 사실을 암시한다. 그러나 그의 이탈리아 독자들은 그의 위대한 시에서 발견할 수 있는 기쁨을 실질적인 행동으로 바꾼 것처럼 보이지는 않는다. 이런 양상은 중세 유언장들을 통해 추적할 수 있다. 우리가 수세기에 걸쳐서 수천 명의 개인들을 만날 수 있고, 그들이 경험했던 것에 대한 메아리를 들을 수 있는 한 가지 희귀한 방법이다. 북부에서는 유언장 작성가들이 죽은 자들을 위한 미사와 같은 연옥사업에 막대한 투자를 했다. 독일에서는 1450년 즈음부터 1520년대에 루터의 메시지의 영향력 아래 전체 시스템이 파괴되기 전까지 속도가 늦춰졌다는 흔적없

---

8) G. Duby, *The Early Growth of the European Economy: Warriors and Peasants from the Seventh to the Twelfth Century* (London, 1974), pp. 48-56, 125.

제1장 구교(1490-1517)   53

이 미사 기부금이 경이적으로 증가했다.[9] 스페인이나 이탈리아의 예를 보면 그 정도의 관심 수준을 나타내지는 않는다. 실제로 그러한 활동들은 경건에 대한 열망을 불러 일으키고자 16세기 반종교개혁 진영의 가톨릭 사제들로부터 유입된 것인데, 이들은 북유럽 개신교에서 이미 파괴해 버렸던 것들이었다.[10]

북부와 남부의 차이에 관한 또 다른 중요한 양상은 사제들에게 참회 설교매뉴얼을 제공하기 위해 출판된 많은 책들을 연구하면서 드러났다. 이 책들은 15세기 유럽 전역에서 절찬리에 판매되었다. 신실한 사람들은 특별히 사순절의 참회 기간 동안 설교를 원했고, 그들의 사제가 그 시간에 고해실을 적절히 사용하라고 권면하기를 원했기 때문이다. 그러나 북유럽과 남유럽에서 팔린 책들은 달랐고, 고해성사에 대해 강조하는 부분도 서로 달랐다. 북부 설교가들은 그들의 일상 속에서 고해성사의 계속적인 필요와 그들이 고백을 할 때 진정한 뉘우침과 만족이라는 측면에서 고해성사 그 자체에 대해 조명을 비추었다. 사제들은 모든 바쁜 사역을 충실히 실행하면서 고해성사에서 판단자로서의 역할을 수행했다. 남부 설교들은 사죄를 선언하는 은총에 관한 치료자나 중재자로서의 사제의 역할에 더 관심을 기울였다. 설교가들은 평신도들이 참회 활동을 하도록 촉구하는 일에는 그렇게 관심을 기울이지 않았다.[11]

이런 대조가 의미 있는 것은 북부의 연옥 중심 신앙이 죄인은 배상금을 쌓아야 한다는 식의 구원에 관한 태도를 고취시켰다는 데 있다. 연옥에서의 연수를 감할 수 있는 공로를 쌓기 위해 계속적인 선행을 했다. 사람의 구원을 위해 특별한 것을 할 수 있게 되었다. 이것이 정확하게 마틴 루터가 1517년 이후 분명한 목표물로 삼았던 그 교리였다. 북유럽과 남유럽의 구원에 관한 태도에서의 차이는 점점 더 도가 지나치게 드러나는 죽은 자를 위한 기도(가톨릭의 죽은 자의 영혼을 위한 기도관습)에 대한 루터의 첫 번째 공격이 왜 남부보다 북부에서 그렇

---

9) W. D. J. Cargill Thompson, "Seeing the Reformation in medieval perspective," *JEH* 25 (1974), pp. 297-307, at 301.

10) S. K. Cohn Jr., "The place of the dead in Flanders and Tuscany: towards a comparative history of the Black Death", in Gordon and Marshall (eds), *Place of the Dead*, 14; Pettegree (ed.), *Reformation World*, pp. 17-43, at 23; J. D. Tracy, *Europe's Reformations* 1450-1650 (Lanham, 2000), p. 42; H. Kamen, *The Phoenix and the Flame: Catalonia and the Counter-Reformation* (New Heaven and London, 1993), pp. 11-12, 19-21, 82-3, 127-9, 168-9, 194-5. 제 9장, pp. 558-559과 이와 같은 이전 과정인 묵주봉헌은 제 7장, p. 444을 보라.

11) A. T. Thayer, "Judge and doctor: images of the confessor in printed model sermon collections, 1450-1520," in Lualdi and Thayer (eds), *Penitence*, pp. 10-29, at pp. 11-18; 필자는 이 자료로부터 결론을 도출했다.

게 더 큰 영향력을 미쳤는지를 설명해 준다. 루터는 북유럽인들에게 그들을 최고로 만족시키고, 구원에 이르는 보다 쉬운 길에 투자하고 있다는 확신을 주는 헌금이 단지 사제들의 신용 사기에 불과하다고 말했다. 연옥사업에 큰 관심이 없던 지중해 연안지역에서는 이런 메시지가 크게 관심을 끌지도, 연관성을 갖지도 못했다.

심지어 북유럽에서도 경건 생활은 결코 획일적이지 않았다. 다른 영역들은 체제에 대한 투자에서 정서적, 신앙적 관심의 차이를 드러냈다. 랄프 홀부르크(Ralph Houlbrooke)는 수백 개의 중세 후기 잉글랜드의 유언장들을 검토했는데 노펵(Norfolk) 지역의 대부분의 유언장 작성자들이 죽은 자들을 위한 미사와 기도를 계속 수행하는 협회나 조합에 돈을 남겼다는 사실을 발견했다. 그와는 반대로 롤라드 집단에 동조하는 사람들이 전반적인 연옥사업에 대해 지역별로 회의적인 태도를 은밀하게 퍼뜨린 버킹엄셔나 버크셔(Berkshire) 지역에서는 이런 일이 아주 드물었다. 어떤 사람들은 북유럽의 옛 시스템과 노동 집약적인 경건한 삶에 대해 아주 싫증을 냈고, 그래서 그들은 시스템의 개혁을 포함하는 메시지에 귀 기울였을 가능성이 있다. 요크, 솔즈버리, 이스트 앵글리아(노펵과 서펵) 지역들과 같은 잉글랜드의 다양한 지역별 연구들은 1510년대와 1520년대에 조합들의 숫자의 감소에 관한 징조들과 잉글랜드에서 가장 활발하게 전통적인 관습이 행해지던 동 앵글리아에서 대부분의 주요 교회건축 프로젝트들이 1500년에 이르러 끝난 것처럼 보인다는 사실을 발견했다.[12]

우리는 유럽의 평신도들을 결코 낮게 평가해서는 안 된다. 스스로 충분히 생각할 능력이 있었고, 특별히 모든 사람이 관심을 갖고 있던 종교적 주제인 죽음에 관해서는 각자가 나름대로의 의견을 갖고 있었다. 이것을 설명하기 위해 무슨 이교도적 방식의 아이디어를 도입해야 할 필요조차 없다. 유럽의 '범 기독교화'(mass Christianization)는 6세기부터 14세기까지에 걸쳐 조금씩, 꾸준히 진행되어 왔다. 비기독교적인 종교가 1386년에서야 공식적으로 막을 내린 리투아니아와 같은 유럽의 극동쪽을 제외하고는 평신도 신앙과 경건한 관습에 대한 가장 설득력 있는 최근의 연구는 유럽에서의 기독교 이전의 요소들은 아주 단편적일 뿐이라고 주장한다. 5월 축제일(May Day)에 마가목(rowan) 가지에 불을 밝히는 것과 같은 북유럽에서 가장 광범위하게 퍼져 있고 지속되는 관습들도

---

12) K. Farnhill, *Guilds and the Parish Community in Late Medieval East Anglia, c.1470–1550* (Cambridge, 2001), 특히 pp. 154-5, 160-2; cf. MacCulloch, *Later Reformation*, pp. 107-8. R. A. Houlbrooke, *Death, Religion and the Family in England 1480–1750* (Oxford,1998), pp. 110-16.

사후 세계에 관한 신념들과 눈에 띄는 연관성을 보유한 것은 아니었다.[13] 보통 사람들은 죽은 사람들에 대해 단순히 그들 자신들의 결론을 이끌어냈고, 우리는 이것을 13장(pp. 743-744)에서 다시 보게 될 것이다. 스스로 정통이라고 의식하는 사람들이 따르는 종교가 공식적으로 권장되는 종교와 꼭 같아야 할 필요는 없다.

3. 기도에서의 평신도의 역할

이 모든 자격 조건과 문제에도 중세 후기 종교의 가장 통일된 주제는 미사에서 가장 두드러지고 강력한 형태로 나타나는 기도였다. 기도는 미사를 주재하는 사제들과 마찬가지로 평신도들의 의무이기도 했다. 군주나 교회 지도자에게 하는 청원이 결과를 만들어 내는 것과 같은 방식으로 기도는 하나님의 마음을 바꾸는 것을 가능하게 함으로써 하나님께 가까이 나아갈 수 있게 하는 길이었다. 아마 공적 교회는 이런 개념에 대한 지나치게 개방적인 성명서로 인해 아연실색할 수도 있을 것이다. 남유럽이나 죽음에 대해 지나치게 피해망상증적인 증세를 보이는 북유럽 모두 이것을 위해 조직된 기관들을 길드(guild), 형제회, 자매회 또는 협회(confranternity)라 불렀다. 이 명칭들은 본질상 동일한 기관에 대한 다양한 이름이다. 이들 단체들은 공통의 활동과 목적을 가지고 서약과 협회비를 통해 구속력을 가지는 자발적인 조직들이었다. 일부 경우에, 목적에 일상적인 거래나 상업 활동을 포함하기도 했지만, 궁극적으로 모든 단체들은 회원을 위한 기도에 관심을 가지고 있었다. 북유럽에서는 특별히 한 길드가 예배당 건물 내에 길드의 미사를 위한 그들만의 제단이 있는, 그래서 교구교회의 한 부분을 담당하는 기도소(chantry)를 마련하기도 했다. 중세 후기 종교의 이런 본질적인 매개물들의 한 중요한 특성은 그것들이 조합 사제들에게 보수를 지급했던 평신도들에 의해 운영되었다는 점이다. 종교개혁자들은 이것들이 전적으로 사제들의 역할을 말살하였기 때문에 이것이 추후 중세교회의 그릇된 주장을 담고 있다며 비난했다. 실제로 대규모의 길드들이 와해되었다. 또한 교회에 대한 그들의 통제력도 상실하게 되었다. 조합들이 교회의 위계질서보다

---

13) R. Hutton, *The Stations of the Sun: a History of the Ritual Year in Britain* (Oxford, 1996), 특히 22장과 40장.

평신도들의 요구와 성향들을 반영했기 때문에 평신도들에게 호소력을 발휘해 그들의 헌신을 불러일으켰고, 때로는 그들의 삶의 모습을 통해 사제들에게 경종을 울리기도 했다. 특별히 흑사병 이후에는 많은 조합들이 고행운동(flagellant movement)과 연결되어 있어서 서구 유럽인들은 진지하면서도 공공연히 스스로 또는 서로를 매질함으로써 하나님의 진노를 누그러뜨리려 했다. 고행의 과정이 가장 절정에 도달한 시기에는 또 다른 형태의 정결의식이 등장했다. 살기등등한 군중들이 기독교 세계 안에 있으면서 오염되고 타락한 존재로 하나님의 진노를 촉발한다고 여겼던 유대인들을 공격했다. 보다 건설적이었던 것은 길드와 공동체적 선행이 자주 결합되었다는 것이다. 특별히 이러한 결합은 점차 경제적인 여유가 풍부했던 중부 이탈리아에서 두드러졌다. 이제 15세기 후반부터는, 비록 이전의 공동체적 헌신이 줄어들지 않았고 또한 다른 관심사를 반영해 다른 단체들이 세워지기도 했지만, 자선과 복지활동이 주요 관심사가 되었다. 예를 들면, 볼로냐에서는 병원 같은 조직이 길드와 15세기 동안 발달한 두 종류의 신도회 같은 활발한 기구들에 의해 유지되었다. 하나는 해당 시내의 특정 지역에서 구성원을 모집했던 '찬양 신도회'(Laudesi)였고, 보다 널리 퍼져있던 다른 하나는 고행의 전통을 지켰던 '디서플리나티' 또는 '바투티'(Disciplinati 또는 Battuti, 고행신도회)였다. 이들 외에도, 개인적인 영적 요구를 만족시켜 주던, 규모가 작으면서 조용하게 활동했던 단체인 '스트레타'(Stretta)가 있다. 그렇지만 개인이 다른 목적을 위해 이들 단체에 한 군데 이상 속해 있을 가능성이 완전히 열려 있었고, 실제로도 그것이 일반적이었다.[14]

이탈리아의 신도회 체제는 평신도와 성직자라는 구분을 넘는다는 점이 주목할만하다. 이탈리아는 북유럽에서는 일반적이던 성직자들에 대한 평신도들의 불만족이 별로 두드러지지 않았고, 독특한 이탈리아식 양상이 신도회 체제와 관련해서 중요한 역할을 했다. 1497년 제노바에서 '오라토리오회'(Oratory, 고해성사수도회)라 불리는 한 경건한 신도회가 평신도 에토르 베르나짜(Ettore Bernazza)에 의해 창립되었다. 그는 성만찬에 대한 열정적인 헌신과 병든 자를 위로하고 구제하는 일에 몰두했던 비범한 귀족 여인 카테리나 아도르노(Caterina Adorno)와의 영적인 접촉을 통해 크게 영향을 받았다. 이 고해성사회는 다음과 같은 두 개의 관심을 반영했다. 사제들과 평신도들은 공동체적 경건 생활과 특별히 1490년대에 매독의 무시무시한 고통으로 고생하던 병든자들을

---

14) N. Terpstra, *Lay Confraternities and Civic Religion in Renaissance Bologna* (Cambridge, 1995).

돌보는 사역을 통합시켰다(15장, pp. 816-821). 문벌좋은 가문의 사람들이 겪는 재정적인 어려움 혹은 여타의 어려움에 대한 해소책도 그러한 자선활동과 관련되어 있었다. 하지만 다른 도시들에서의 수 많은 고해성사수도회의 근간을 이루는 주요한 특징이 된 이탈리아 자선활동의 두드러진 관심은 제노바 고해성사수도회를 모방한 것이었다. 이 수도회는 이후 1517년경 로마에서 설립된 신애수도회(the Oratory of Divine Love)의 아주 중요한 모델이 되었다. 종교개혁의 맹렬한 공격에 직면해서 이탈리아 교회의 근본을 회복하는 데 두드러진 역할을 했던 지도자들은 고해성사수도회에서 열정적인 활동가들의 경건생활을 주도했으며, 그들은 또한 다양한 종류의 종교적 규율을 갱신하는 것에도 관련되어 있었다(5장, p. 308 참조).

성인과 자신들을 나누어 놓은 장벽을 무너뜨리려는 열망을 평신도들이 표현하는 또 다른 방법은 신성한 장소나 성지를 찾아 순례 여행을 떠나는 것이었다. 그렇게 함으로써 그들은 특별히 능력있고 효과적인 환경 속에서 자신들의 기도를 올려드릴 수 있다고 생각했다. 이것은 평신도의 구두끈도 사제들의 것과 똑같다는 믿음에서 비롯된 것이다. 미사와 마찬가지로 성인과 성지숭배의 식은 영적으로나 육체적으로 감화를 주는 만남의 자리였다. 천국에 확실히 들어갔다고 여겨지는 사람은 어느 특별한 지역과 아주 친밀한 관계를 유지하고 있었고, 그래서 그곳을 거룩하게 만든다고 생각했다. 때로는 거룩한 유물을 통해 즉, 성인의 해골이나 개인소유물 또는 단순히 거룩한 유물이나 과거의 기적과의 연계를 통해서 그렇게 된다고 생각했다. 성모 마리아는 특별한 경우이다. 아주 초기부터 동방교회나 서방교회들 모두 마리아가 하나님의 어머니(the Mother of God)로서 육체적인 허물이 거의 없으시며 일반적인 죽음의 고통을 경험하지 않고 특별하게 천국으로 승천했다고 믿었다. 특별히 서방교회는 이러한 성모에 대한 신앙개념을 성모승천(Mary's Bodily Assumption)의 정교한 교리로 확고하게 체계화했다. 마리아의 성지는 유럽 전역에 걸쳐 보편적이었다. 특별히 자체의 성자를 배출하지 못한 지역에서는 마리아의 인간적 유산들, 예를 들어 다양한 종류의 옷과 모유수유를 하는 마리아의 어머니됨보다는, 그분의 동정녀임을 강조하는 동상을 세우는 것이 보다 일반적이었다.

잉글랜드의 월싱엄(Walsingham)과 이탈리아의 로레토(Loreto)에서 있었던 두 가지 사례에 따르면, 그들은 나사렛에서 아기 예수가 성장한 거룩한 집을 복제해서 전시해 두었고, 재건축해서 옮겨 놓았다. 이들 두 마리아 성지는 예상하지 못했던 각광을 받았는데, 그것은 아마도 교회생활의 틀 속에서 가정생활을 인식하려 했던 관심을 반영한 것이었다.

11세기와 12세기에 유명하게 된 순례자의 길은 여전히 해상과 육로로 유럽을 묶어주었다. 잉글랜드 서부 브리스톨은 스페인의 대서양 연안에서 그리 멀지 않은 콤파스텔라(Compostela)에 있는 야고보 사도의 성지를 향한 범국가적 출발지점이었다. 브리스톨에서 출발하는 배편을 이용하면 잉글랜드에서 육로를 이용할 때 2주가 걸리는 여행비의 절반 가격으로 5일 만에 성지를 다녀올 수 있었다.

또한 브리스톨 항구에서의 순례의 여정은 브리스톨 시 중앙 교구교회가 관장하는 성 야고보 사도에 대한 특별 헌신예배나 시 외곽에 있는 베네딕트수도회의 예배의식에 참여하는 것을 가능하게 했다.[15] 그러나 잘 알려지지 않은 성인들도 유럽 전역에 걸쳐 있었다. 1488년 취리히 산맥 너머에 있는 추크(Zug)라는 마을의 공동의회는 동부 잉글랜드의 피터보로(Piterborough)와 멀리 떨어져 있었지만, 그들의 새로운 성 오스왈드(St. Oswald)교회를 위해 앵글로-색슨 오스왈드의 유물을 원할 경우 어디에 편지를 써야 하는지 알고 있었다.[16]

콤파스텔라와 같은 몇몇 성지들은 일년 내내 사람들이 선호했고, 왈싱톤과 로레토의 성장이 증거하듯이, 대중들은 자신들의 필요나 열정을 만족시키기 위해 새로운 순례유형을 찾아내는 데 열정적이었다. 15세기 아일랜드에서 일부 성 우물들은 다른 것들이 주목을 받게 되면서 찾아오는 사람들을 많이 잃게 되었다. 동시에 웨일스에서는 실패로 끝난 잉글랜드에 대한 반란 때문에 고통스럽고 혼란스러운 중에 안정을 추구하는 사람들로 인해 순례자의 수가 급감했다.[17] 성지들은 서로 경합했다. 기적적으로 보관된 예수의 보혈과 관련된 유물 의식은 특히 논쟁의 여지가 있었다. 그리고 그 유물들은 회의주의자들과 신자들 사이에 맹렬한 논쟁을 불러 일으켰다. 사제들과 경건한 평신도들 사이에

---

15) W. Childs, 'The perils, or otherwise, of maritime pilgrimage to Santiago de Compostela in the 15th Century," in J. Stopford (ed.), *Pilgrimage Explored* (York, 1999), pp. 123-44; C. Burgess, "'Longing to be prayed for': death and commemoration in an English parish in the later Middle Ages," in Gordon and Marshall (eds.), *Place of the Dead*, pp. 44-65, at p. 52n.

16) Pettegree, *Early Reformation*, p. 74.

17) R. Gillespie, "Going to hell in early modern Ireland, or why the Irish Reformation Failed," unpublished paper, and cf. R. Gillespie, *Devoted People: Belief and Religion in Early Modern Ireland* (Manchester, 1997), pp. 159-60; G. Williams, *Recovery, Reorientation and Reformation in Wales c.1415-1642* (Oxford, 1987), p. 80.

제1장 구교(1490-1517) 59

서도 마찬가지였다. 소비자의 요구가 그와 같은 유물 의식의 성공과 실패 여부를 결정했다. 13세기 잉글랜드가 웨스트민스터수도원 보혈 유물 의식을 확립함으로써 자신이 속한 플랜태저넷(Plantagenet) 왕조를 흥왕시켜려 했던 헨리 3세의 노력은 즉각적으로 불명예스러운 실패로 판명났다. 작센(Saxony) 지역의 벌스나크(Wilsnack)에서와는 대조적으로, 보혈 성지로 향하는 순례자의 무리들은 1405년 프라하(Prague)의 대주교 즈빙코(Zbingko)에 의해 설립된 조사위원회를 위시해서 많은 교회의 지도자들에 의해 표현된 회의론을 무시했다. 신도들은 교황이나 주교들이 정해준 성인들의 유품에 대한 확신을 통해 고무되었다. 잉글랜드의 헤일즈수도원에서는 15세기와 16세기의 또 다른 보혈 유물을 지키려는 사제들이 그들의 유물을 불신한 교구 사제들과 평신도들이 하늘의 심판을 받았다는 이야기를 만들어내었다. 이와 같은 사람들이 많았다는 확실한 증거도 있다.[18]

이같은 헌신을 위한 경쟁 분위기속에서, 어떤 사건이나 영적인 인물에 의해 영감을 받은 의식이 수년간의 잠복기간을 지나 겉으로 드러났다. 눈에 띄는 예가 1476년 프랑코니아(Franconia)의 니클라스하우젠(Niklashausen)에서 북치는 데 소질도 있고, 천부적인 연예인 기질을 가진 목자 한스 베헴(Hans Behem)이 메시아적인 사명감을 띠고 많은 사람들을 마리아 성지로 향하도록 고무시켰다. 그때 독일은 사회적으로, 정치적으로 큰 혼란의 시기였다. 베헴은 그의 은사적 재능을 사회변혁에 관한 메시지를 전하는 데 사용했다. 이는 평신도 경건운동이 공식적 교회가 정해 놓은 틀에서 뛰쳐나온 극단적인 본보기였다. 당연히 그는 성모에 대한 그의 헌신에도 불구하고 그의 지역 주교에 의해 장대에 매달려 불에 태워져 최후를 마감했다. 1519년 레겐스부르크에서도 종교적 집단 흥분 상태의 유사한 사건이 반유대주의의 부도덕한 흥분과 연계되었다. 뒷부분의 다른 상황에서 다루게 될 인물, 즉 성당설교자이자 급진주의자인 발타자르 후프마이어(Balthasar Hubmaier)는 시내의 회당을 무너뜨리라고 군중을 자극했고, 이 건물을 무너뜨리는 과정에서 심하게 다친 한 일꾼을 성모 마리아가 치료했다고 선전하기도 했다. 이 '아름다운 성모 마리아'에 대한 예배의식은 한 달 만에 임시 성지의 예배처로 올라가는 순례자가 50,000명이나 되었다는 것으로

---

18) N. Vincent, *The Holy Blood: King Henry III and the Westminster Blood Relic* (Cambridge, 2001); on Wilsnack, C. Zika, "Hosts, Processions and Pilgrimages in fifteenth century Germany," *PP* 118 (Feb. 1988), pp. 25-64, at 48-59; on Hailes, E.Shagan, *Popular Politics and the English Reformation* (Cambridge, 2002), pp. 166-8.

유명해졌고, 우리가 나중에 보게 되겠지만, 이것 또한 마틴 루터를 격노케 했다(3장, p. 213).

신실한 사람들은 천국도 그들의 사회와 아주 유사하게 계층화되어 있다고 생각했다. 천상에 있는 하나님의 종들과 천사들 사이에도 권력의 서열이 있었고, 성도들 중에도 또한 그 영예에 차별(세속 사회도 동일하게 그것의 가치를 따지는 표현)이 있었다. 그리고 지역 성인들은 공동체에 대한 애향심의 상징으로 유용했다. 그래서 노퍽(Norfolk)의 순진한 사람들은 교구교회의 그리스도의 십자가 상이 새겨진 칸막이들에 동앵글리아의 성자들을 그려 넣는 비용을 지불했다. 그러나 자신들의 유언장을 작성할 때에는 하나님께 자신들을 중보할 수 있는 보다 세계적인 천상의 거주자를 주목했기에 이와 같은 지역 인물들은 거의 언급되지 않았다. 지역 성인이 언급되지 않는다는 동일한 사실은 동 잉글랜드의 항구 헐(Hull)에 위치한 킹스톤 지역의 유언장들에서도 눈에 띈다.[19] 그리스도의 어머니 마리아는 15세기 사람들의 마음을 사로잡은 인물이 되었다. 많은 사람들은 이 최고의 그리스도의 중보자가 그녀와 함께 중보하는 다른 인물과 교대로 함께 있어야 한다고 느꼈다. 그렇다면 누가 마리아보다 더 낫단 말인가? 성경 속에서 전혀 언급되지 않는 한 여인 앤(Anne)? 그래서 성 앤(St. Anne)에 대한 예배의식이 후기 중세 시대에 새로운 교회와 예배라는 수확을 거두면서 마리아 예배의식의 일환으로 성장해 갔다. 우리는 마틴 루터의 생애에서 중요한 역할을 하는 그녀를 만나게 될 것이다(3장, p. 179).[20]

많은 사람들에게 그리스도의 수난(고난과 죽음)은 그들의 경건생활의 중심이 되었다. 그러나 그리스도에 대한 이같은 집중도 적절히 성소들을 만들어 내는 일에 장애가 되지는 않았다. 비록 그의 남편 헨리 왕이 단행한 광범위한 잉글랜드 순례지 파괴가 왕비의 주도하에 급속하게 번창했던 숭배의식을 일소하고 그곳을 풍차로 대체했지만,[21] 아라곤 왕국의 캐서린 왕비는 그리스도의 수난에 대한 대중적인 경건생활을 장려하기 위해 런던 북부에 그리스도가 십자가에서 처형당한 산, 골고다 언덕을 만들었다. 그리스도의 고난에 대한 이와 같은 강조는 그리스도의 참 인성에 대한 새로운 발견의 한 부분이었다. 인간의 죄를 속하

---

10) P. Heath, "Between Reform and Reformation: The English Church in the 14th and 15th centuries," *JEH* 41(1990), pp. 647-78, at 673-74.

20) 성 안나 채플에 관해서는, N. Orme, "Church and chapel in medieval England," *TRHS* 6th series 6 (1996), pp. 75-102, at 89-90를 보라.

21) M. Huggarde, *The displaying of the Protestantes*…(London, 1556, *RSTC* 13558), p. 105; J. Stow (ed.), *Survey of London* (London, Everyman edn., 1956), p. 384.

기 위해 그리스도는 있을 수 있는 최악의 신체적, 감정적 고통을 견디셨다. 13세기 설립 때부터 프란시스코수도회의 수도사 규율은 그들이 예수님에 관해 설교할 때 이와 같은 예수의 인성을 강조했다. 그들로부터 가장 숭앙받는 신학자, 설교가요 영적 능력을 가진 사람 중 한 명인 성 보나벤투라는 십자가에 못 박힌 그리스도 옆에 누워있는 자신의 환상에 대해 열정적으로 글을 썼다. 인간의 고통을 하나님이 공감하는 모습은 흑사병으로 정신적 충격을 입었던 세대를 크게 위로했고, 중세 후기 영성에 지속적인 영향력을 남겼다. 중세 초기 예술은 그리스도의 신성을 강조했다. 그는 승리의 왕이었고, 심지어 그리스도가 나무에 달려 승리를 얻으신 왕관 쓰신 인물로 드러난 십자가 위에서도 마찬가지였다. 16세기 찬송가에 있는 노랫말들, 'Vexilla Regis Prodeunt'(승리의 깃발이여 영원히 전진하라!)에서도 그러했다. 이제 그리스도는 찢기고 고문당하시면서, 십자가에 못 박힌 한 인간이 되셨다.

이와 같은 극단적 고통의 모습을 놀라울 정도로 잘 묘사하고 있는 것이 1512년 독일의 미술가 마티아스 그뤼네발트(Matthias Grünewald)가 그린 이젠하임(Isenheim)의 안토니아수도원 제단 위쪽 중앙에 위치한 십자가 위의 그리스도 상이다. 마맛자국과 피에 얼룩진 이젠하임의 인물상은 비슷하게 겉모습이 손상된 수도원 부설 병원에 입원한 환자들에게 가슴 사무치게 말하는 것 같았다. 그들 중 많은 이들이 유럽의 새롭고도 눈에 띄게 비참한 재앙인 매독의 희생자들이었다. 신실한 사람들이 그들의 최악의 고통과 외로움 가운데서 하나님을 보여주는 그러한 그림들을 묵상하면서, 그리스도의 이름과 그의 고난의 상처에 관심을 갖기 시작했다. 이것은 1420년대에 엄청난 인기를 끌던 프란시스코수도회의 설교자 시에나의 베르나르디노(Bernardino)에 의해 주도되었다. 그러나 이 관습은 곧 북유럽으로 퍼져나갔다. 이러한 관습에 푹빠진 잉글랜드의 헨리7세의 모친 마가렛 뷰포트(Beaufort Beaufort)는 잉글랜드내에서 예수의 이름을 봉헌할 수 있는 권한을 교황으로부터 받아냈다. 그녀는 캠브리지에서 대학설립재단들에 돈을 후사할 때, 그들 중 두 개는 예수 또는 그리스도의 대학이라는 이름을 붙이게 했다. 이같은 왕실 차원의 주도를 따르던 중세 후기 잉글랜드교회들은 장식품에 예수의 이름의 약어인 'IHS'(Iesus Hominum Salvator)를 곳곳에 새겨 두었다. 중세 후기 경건운동의 등장으로 이해되는 이 같은 예수님에 대한 집중은 또한 개신교 종교개혁의 중심이 되기도 했다.[22]

---

22) S. Wabuda, *Preaching during the English Reformation* (Cambridge, 2002), 4장.

인간 그리스도는 반드시 인간인 어머니를 가져야 했다. 그는 그녀의 육체를 통해 탯줄이 잘리면서 출생했다. 그것은 15세기 시에나의 베르나르디노가 사용했던 눈에 띄는 성상이었다. 있는 그대로의 육체적인 인성에 대해 말하면서도, 미사 성례전의 경이로움 또한 강조했다. 베르나르디노가 말했듯이 하나님의 온전한 영광과 교회성례전의 중요성이 조화를 이루는 곳은 동정녀 마리아의 육체였기 때문이다. 성모마리아에 대한 그의 설교는 위험스러울 정도로 모든 열정을 여성상을 부각시키는데 집중되었으며, 마리아를 터무니없이 찬양하는 색채로 일관되었다. 베르나르디노는 그의 파격적인 아가서 인용에서, 마리아를 인간구원을 위한 선동적인 여성모험가로 묘사하고 있는데, 이 마리아는 하나님을 유혹하기도 하고, 속이기도 하고, 심지어 하나님께 상처를 입히기도 한 그런 인물로 묘사하고 있다. 또 다른 각도에서 도미니크수도회의 탁발수도사 기욤 페펭(Guillaume Pepin)은 성모 마리아를 묘사하면서 그녀를 그리스도의 인성에 반대하는 사탄의 소송에서 사탄을 가차 없이 굴복시킨 유능한 변호사로 만들었다.[23]

이같이 마리아를 풍부한 재능을 가진 여성 활동가로 현실적으로 묘사하는 것은 마리아의 우주적 역할에 대한 찬사와 병행하여 나타났다. 설교가들은 그리스도가 십자가에서 죽던 순간, 여전히 남아 있던 그리스도의 인성에 대한 믿음이 그녀에 대한 흔들림 없는 믿음으로 발전했다고 말했다. 반면 다른 사람들은 사도 바울이 그리스도를 머리로, 그리스도인들을 몸으로 묘사하는 것처럼, 그녀를 교회의 목(the neck of the Church)으로 묘사했다.[24] 마리아의 신체와 구속사 드라마에서의 그녀의 역할 사이의 이런 이중성은 다른 인간들과는 달리 마리아가 죄 없이 임신한 것인지 아니면 인간의 육체가 지닌 통상적인 죄성 속에서 임신한 다음 그녀에게 즉시 실제 죄를 짓지 않을 수 있는 은혜가 주어졌는지를 놓고 맹렬한 논쟁을 점화시켰다. 그 구분이 단순해 보이지만, 인간의 죄라는 일관된 견해에 대한 진리를 견지하면서 그들 나름대로의 방식대로 마리아에게 영예를 표시하려던 서로 다른 입장에 선 사람들에게는 중요한 의미가 있었다. 보나벤투라의 경우는 예외이지만, 대부분의 프란시스코수도사들은 무염시태설(Immaculate Conception)을 옹호했다. 반면 도미니크수도사들은 자신들의 주장이 그들 수도회의 가장 위대한 신학자 토마스 아퀴나스로부터 비롯된다는 것

---

23) Ellington, *Mary*, pp. 48, 63, 121-2; 63 부터 번역해서 일부 수정 반영함.
24) Ibid., pp. 98, 129.

을 구실로 그들의 경쟁자들의 주장을 경멸했다. 아무튼 중세교회는 15세기 프란시스코수도회 소속의 교황이자, 그의 공식 성명서에 무염시태설(無染始胎說)에 더 무게를 뒀던 식스토 4세의 중재에도 결코 이 문제를 해결하지 못했다.

이 논쟁 속에서 우리는 구원에 관한 학술적 논쟁과 대중적 갈망의 절묘한 흔적의 증거들을 발견하게 된다. 때로는 이러한 논쟁이 대학의 복잡다단한 학자적인 논쟁으로 이어졌고, 또 다른 경우에는 학자들이 비전문적인 평신도신자들에게 압력을 받기도 했는데, 평신도들은 미사, 십자가, 가슴에 아이를 안고 돌보거나, 십자가에 못박힌 아들의 시신을 고통스럽게 바라보며 울고 있는 마리아를 통해 하나님의 대한 사랑과 은총을 갈구하기를 원했다. 1400년대부터 특히 위대한 프랑스의 신학자이며 대표 학자였던 장 제르송(Jean Gerson)의 글들에 고무된 어떤 평신도들은 지난 천년 동안 관습적으로 그랬던 것보다 더 자주 미사의 거룩한 떡을 받기 시작했다. 다른 사람들은 이같은 빈번한 성찬이 경외심에 위협이 된다고 생각해서 단지 일 년에 한 번 받는 것을 더 선호했다. 무엇보다도 그들은 공적, 또는 개인 경건생활 속에서 하나님의 자비에 도달하기 위한 새로운 방법들을 계속 찾아 나섰다. 공적 예배의식과 관련해서, 1450년을 지나서 반세기 동안 잉글랜드 대부분의 주요 교회들은 공적인 예배 차원에서 세 개의 절기를 추가했다.[25] 평신도들은 구세주와 성경의 기록이 특별히 다루지 않는 성모에 관해 가능한 많이 알기 위해 성직자에게로 몰려들었다. 우리가 주목하듯이, 심지어 그녀의 어머니의 이름이 다른 자료들에 등장하기도 했다. 성직자들은 성경 이야기에 살을 붙인 다분히 교훈적인 성인 이야기의 도움을 받아 그 차이를 메우는 데 최선을 다했다. 그러나 그들은 또한 설교로 통제된 기도의 틀 안에서 평신도들이 상상력을 개인적으로 사용하도록 격려하기도 했다.

평신도들도 동참하도록 한 15세기 경건생활의 가장 지배적인 형태는 '새로운 경건 또는 모방운동'(Devotio Moderna, modern devotion)으로 알려진, 하나님께 이르는 열정적이면서 내면적이고 상상력을 발휘하는 방법이었다. 순례 행위처럼 평신도나 성직자, 남자나 여자 가릴 것 없이 모두에게 동일한 경건생활(Devotio)의 가장 두드러진 특징은 그 속에서 경험의 높이와 깊이를 고취시키는 것이었다. 초기의 가장 위대한 인물인 14세기 네덜란드 신학자 기어트 그루트(Geert Groote)는 집사직 이상으로 안수를 받은 적이 없다. 안헴 근처의 칼쑤시언수도원에서

---

25) R. W. Pfaff, *New Liturgical Feasts in Later Medieval England* (Oxford, 1970), p. 129.

얼마간의 시간을 보낸 다음, 그는 네덜란드에서 유랑 설교사역을 수행했고, 고향 디벤터에 자신만의 비공식 공동체를 설립했다. 그루트 사후 이 단체는 공동생활형제회(Brethren of the Common Life)로 공식적인 종교적 규율의 특징을 지니게 되었고, 중부 유럽으로 널리 퍼져나갔다. 소속 인물들로는 뛰어난 작가 토마스 아 켐피스, 철학자요 신학자인 가브리엘 비엘, 그리고 나중에 교황이 된 아드리안 6세 등이 있다.

그러나 '새로운 경건'은 결코 전적으로 성직자 중심의 운동만은 아니었다. 심지어 공식적으로 조직된 형제회가 구성원들이 서품을 받은 성직자가 되지 않도록 장려했고, 그들 자매회의 집들과 그들만의 공동체를 교회의 감독기관이 아니라 지방 도시 협회의 통제 아래 두기도 했다.[26] 결혼한 부부들은 물론 그들의 자녀들도 당연히 이처럼 깊은 경건한 삶의 모습을 유지해야 했다는 것이 주목할 만하다. '새로운 경건'의 특징은 진지한 사람들 사이에 널리 퍼져 나갔다. 그것이 주는 약속은 평신도들에게 이전에는 성직자들이 훨씬 더 쉽게 얻을 수 있다고 생각했던 높은 경건의 수준을 동경하게 했다. 사고와 삶에 관한 실제적인 활동과 조직에 관한 프로그램이 토마스 아 켐피스의 유명한 경건생활 보고서인 『그리스도를 본받아』(*The Imitation of Christ*)에 집대성되었다. 어쩌면 이 제목이 주눅이 들게 하는 제목으로 들려질 수도 있다. 그러나 경건 활동에 관한 모든 종류의 표현들은 그리스도에게로 가까이 가려는 열정적 욕구에 크게 도움을 주었다. 단지 똑똑한 사람이나 논리정연한 사람들의 신앙만을 위한 것이 아니었다.

한 예를 들어보자. 성 브리짓의 수도원 규율은 14세기 아주 탁월한 신비주의자였던 스웨덴의 한 귀족여인에 의해 제창되었다. 이 규율은 브리짓의 동료 귀족들에 의해 북유럽 전역에서 선호되었고 가장 풍성한 재정 지원과 강렬함과 심오함을 갖춘 중세의 경건성을 대표하는 것이 되었다. 이 영성은 '새로운 경건' 운동의 영성과 결합되었다. 그러나 기독교 세계의 신앙을 고취시키려는 그 규율의 요구사항은 부자나 가난한 자, 지식이 있는 사람이나 단순한 사람을 가리지 않고 기도와 관련된 평신도의 열망이 그 기준이었다. 따라서 헨리 5세가 잉글랜드 군주의 주요 궁전 근처에 세운 호사스러운 사이온(Syon)의 브리짓 대수녀원은 성 브리이타의 열다섯 가지 반짝거리는 금속 장식(the Fifteen Oes of St.

---

26) M. Rubin, "Europe remade: purity and danger in late medieval Europe," *TRHS* 6th ser. 11 (2001), pp. 101-24, at 106.

Bridget)을 생각나게 했다. 이와 같은 헌신은 중세 후기의 특징인 '오 예수'라는 외침과 함께 고통 받는 그리스도와 접촉해 보려는 열망, 정확하고 복잡한 숫자들이 주는 기쁨, 그리고 기도에 대한 개인의 반응에서 비롯되는 구체적인 결과에 대한 확신과 같은 이미 검토된 많은 주제들을 하나로 묶어주었다. 이는 나중에 가톨릭 묵주의 시발점이 된 다섯 개로 만들어진 구슬 한 벌의 실제 용도와 관련이 있었다(7장, p. 444 참조). 각 구슬은 그리스도의 수난의 각 부분을 회상하는 것이었고, 예수가 지상에서 보낸 연수에 해당하는 서른 세 단어로 구성된 영어로 된 시와 연결되어 있었다. 묵주를 사용하는 사람들은 그리스도의 수난의 신비를 묵상했을 뿐만 아니라 일 년 동안 날마다 주기도문과 성모 마리아에 바치는 기도문을 열다섯 번씩 반복했다. 그런 행위가 어떤 사람이 연옥에서 지내야 하는 시간을 5,475일 줄여줄 수 있다고 믿었기 때문인데, 한 해에 매일의 기도 횟수를 더한, 15 곱하기 365일이 바로 5,475이다. 이런 소망을 담은 기도에 잘못된 요소들이 추가되기도 했는데, 이런 기도가 이미 사망한 친척 열다섯 명을 연옥에서 건져낼 수 있고, 열다섯 명의 살아 있는 죄인을 선한 삶으로 개종시킬 수 있고, 또 다른 열다섯 명의 친척들을 온전하게 살아갈 수 있게 한다는 것 등이다. 그런 맥락에서 이런 행위들은 노력할 만한 가치가 있는 것처럼 여겨졌다. 이것은 예배자의 역량에 따라 비율이 어떻든지, 경건한 삶의 반복, 구슬을 만지작거림으로 신체적인 활동을 진정시키는 것, 이타주의, 범위에 구애받지 않는 자유로운 묵상의 만족스러운 조합 등의 의미가 있었다.[27]

이와 같은 풍성한 경건생활의 세계 속에서 공적인 예배 의식과 부수적인 의식, 공식적인 신학과 비공식적인 신학 사이의 교차작용이 발생했고, 모든 것은 중심되는 미사의 거룩한 극적 효과로 한데 묶여졌다. 니콜라스 리들리(Nicholas Ridley)가 미사를 옛 질서의 그토록 강한 기둥으로 본 것이 전혀 이상할 것이 없다. 가장 중심되는 미사의 예배의식은 영혼을 위해서 좋은 것일 뿐만 아니라, 또한 즐거운 일이기도 했다. 예를 들어 독일 그리스도인들은 부활절 아침에 그리스도가 지옥 권세를 상하게 하신 그 사실을 기리는 좋은 시간을 갖게 되기를 고대했다. 이는 그리스도가 십자가에서 돌아가신 후 사단의 왕국에 내려감을 통해 이루신 우주적 무력행사(hooliganism)를 지칭한다. 독일 북부 프랑코니아 지역의 호프(Hof)에서는 부활절에 십자가행진을 진행했는데, 십자가를 이끄

---

27) J. T. Rhodes, "Syon Abbey and its religious publications in the 16th century," *JEH* 44 (1993), pp. 11-25, at 12-14.

는 행렬이 악마의 의상을 입은 행렬이 막아놓은 길을 헤치고 나아가 교회를 위한 길을 여는 시도를 반복했다. 왁자지껄한 소음과 문을 쾅 닫는 행위 등을 수반한 일련의 도전과 실감나는 모의 전투가 끝나면, 악마들은 승리감에 도취된 십자가를 나르는 사람들 앞에서 지옥의 불을 나타내는 이글이글 타오르는 횃불을 바닥으로 던지며 도망쳤다. 에이크스타트의 바버리안 교구에서 오순절에 열린 성령 축제에서는 성령을 상징하는 나무로 조각된 한 마리의 비둘기가 교회의 둥근 지붕 천장에 난 구멍을 통해 회중들 위로 내려지기도 했다. 이 구멍은 독일의 큰 교회들이 가지고 있는 통상적이며 부수적인 건축 편의시설이었다. 그 비둘기 다음에 여러 통의 물이 따라 내려왔고, 회중 가운데서 가장 흠뻑 젖은 사람이 다가올 해를 위한 그 마을의 '핑스트포겔'(Pfingstvogel), 곧 '오순절 새'(Whitsun bird)가 되었다.[28] 사제들은 이런 과도함에 대해 불만을 터뜨렸고 그것을 막아보려고도 했지만, 사실 그것은 옛 종교의 안정감에 대한 증거와도 같은 것이었다. 분명한 문제는 그 자체로 엄청난 다수의 사람들이 그 체계에 대해 어떠한 믿음을 가졌는지, 그 속에서 얼마나 여유로울 수 있었는지에 대한 것이다. 한 가지 문제가 있었다면 신실한 사람들이 '그렇게 주장되는 것처럼 미사가 실제로 모든 것 중에 가장 중요한 것인가?'라는 질문에 귀를 기울이기 시작했다는 사실이다.

이 질문이 제기될 수 있었던 것은 서방교회가 정리정돈된 것을 추구하는 그 특성에 따라 기적에 대한 종합적인 설명을 찾기 위해 힘썼던 사실 때문이다. '어떻게 미사에서 성반에 담긴 빵과 성배에 담긴 포도주가 그리스도가 팔레스타인에 계셨던 것과 같이 육체로 임해서 그리스도의 몸과 피로 변할 수 있을까?' 이에 대해 많은 답이 제시되었다. 그와 같이 복잡한 문제는 자연스럽게 유럽이 12세기부터 발전시켜온 새로운 고등교육 기관들인 대학에서 가르치고, 개념들을 발전시켜 왔던 사람들의 관심을 불러일으켰다. 질문의 논리적 체계와 권위있는 사람들로부터 자료를 정리하는 등의 대학의 공식적인 학문 조사방법은 대학들이 '스콜라이'(scholae)로 불렸던 것과 같이 '스콜라주의'(scholarsicism)로 불렸다. 12세기와 13세기에 일반적이었던 미사에 대한 최적의 분석을 가능하게 했던 스콜라주의 안에서 가장 주도적인 철학적 체계는 기독교인들의 신학적인 목적을 위해 기독교 이전 헬라 철학자였던 아리스토텔레스

---

28) R. W. Scribner, "Ritual and popular religion in Catholic Germany at the time of the Reformation", *JEH* 35 (1984), pp. 47-77, at 57-58.

의 과학적 방법론을 수용했다. 이와 같은 수용은 13세기 도미니크수도사였던 천재 토마스 아퀴나스의 작품 속에서 그 절정에 이르게 되었다. 이와 같은 지적 체계는 '토마스주의'(Tomism)로 알려져 있다. 아퀴나스는 인간의 이성은 인간이 필요로 하는 만큼 하나님의 신비를 이해할 수 있도록 설계될 정도로 인간에게 주어진 하나님의 선물이라는 사실임을 보여주기 위한 수고를 마다하지 않았다. 그는 미사의 기적에 대한 초기의 논의를 공식화하고 체계화했다. 그리고 이 기적에서 무엇이 일어났는지를 설명하면서 점점 더 유명해지게 된 '화체설'(transubstantiation)이라는 용어를 채택했다.[29]

심지어 라테란공의회의 서류에 그 용어가 사용된 1215년, 곧 아퀴나스 시대 이전부터 비중 있게 다루어지고 있었지만, 화체설 이론이 결코 중세교회에서 공식적으로 만들어진 것은 아니다. 이는 아리스토텔레스의 존재의 본질에 관한 토의에 기초를 두고 있다. 아리스토텔레스는 특정 대상의 존재를 본질과 부수적인 것들로 나누었다. 양 한 마리를 예를 들어보자. 그것의 본질 곧 그것의 실제, 양이라는 존재로서 보편적인 자질에의 참여는 그것이 언덕 위에서 뛰어다니고, 풀을 뜯어먹고, 매매하면서 우는 것에서 확증된다. 부수적인 것들은 우리가 보고 있는 개별 양들의 특징적인 요소들을 말해준다. 예를 들면, 무게에 관한 통계, 양모의 곱슬곱슬함 또는 울음소리의 음질 등과 같은 것들이다. 양이 죽게 되면 언덕 위에서 뛰어다니던 것, 풀을 뜯어 먹던 것, 그리고 매매하면서 울던 것을 멈춘다. 그것의 본질 곧 양의 '양됨'(sheepiness)은 즉각 소멸하고, 무게가 나가는 사체, 곱슬곱슬한 양털, 후두(voice box)와 같은 부수적인 것들만 남는다. 그리고 그것들은 서서히 사라지고 만다. 이들이 죽음과 함께 그 본질의 소멸로 끝나 버린 이전의 '양됨'에서 아주 중요한 것들은 아니다. 그것은 더 이상 양이 아니다.

아퀴나스의 방법론을 따르는 학자라면, 우리가 어떻게 양들에게 참된 것을 미사의 기적에 적용해 볼 수 있을까? 빵에서 시작해 보자(물론 포도주에서도 동일하게 시작할 수 있다). 빵도 본질과 부수적인 것으로 구성되어 있다. 부수적인 것들은 예를 들면 동그랗거나 희거나 전병(Wafer) 같거나 빵 한 조각의 특별한 외관인 반면, 그것의 본질은 '빵됨'(breadness)의 보편적인 자질에 참여함에 있다. 미사에서 본질은 변하는 반면, 부수적인 것들은 그렇지 않다. 왜 그럴까? 그것들은 존재에서 중요하지 않은 것들이기 때문이다. 하나님의 은혜를 통해 빵의

---

[29] G. Macy, 'The doctrine of transubstantiation in the Middle Ages,' *JEH* 45 (1994), pp. 11-41.

본질은 그리스도의 몸의 본질로 대체되었다. 한 사람이 본질과 부수적인 것들이라는 언어에 대한 토마스의 과학적, 철학적인 전제들을 받아들이고 양과 빵의 특정한 형질보다 양됨, 빵됨의 실제를 더 중요하게 생각하듯, 개별적인 형질보다 보편적인 실제의 개념이 더 큰 것이라고 수긍한다면, 이것은 하나의 만족스럽고 경외심을 불러오는 분석에 해당한다.

14세기부터, 특히 북유럽 대부분의 철학자들과 신학자들은 사실 이 주장을 신뢰하지 않았다. 그들은 유명론자들로서 아리스토텔레스의 범주들을 거부하고, 양이나 빵과 같은 말들은 서로 같은 집단적 대상에 대한 명칭들로 사용하기 위해 우리가 자의적인 방법으로 선택해야 하는 단순한 '노미나'(nomina) 곧 이름들에 불과하다고 생각했다. 유명론자들은 화체설이란 단지 교회 안 아주 많은 신자들의 비중 있는 의견들로 지지 받고 있는 미사에 관한 한 이론으로, 그것은 토마스주의자들의 이성이라는 방법으로 검토해서는 안 되고, 신앙의 문제로 받아들여져야 한다고 말했다. 16세기에 그러했던 것처럼, 중세교회 권위자들의 그 믿음이 한 번 도전을 받게 되자, 토마스주의, 곧 아퀴나스의 생각 속으로 되돌아가지 않는 한 화체설에 대한 믿음의 기반은 사라지고 말았다. 로마 가톨릭에 복종하며 남았던 사람들은 화체설을 주장했지만, 16세기 유럽에서 수천 명의 개신교도들은 예수에 대해 전혀 들어본 적도 없는 아리스토텔레스의 생각을 거부했다는 이유로 기둥에 묶여 화형 당했다.

4. 두 번째 기둥: 교황의 수위권

서방교회의 우월성을 주장하는 리들리 주교는 옛 시스템의 두 번째 기둥이 중세 서구 기독교 세계의 가장 두드러진 특징 중 하나인 통일성이었다고 강조한다. 종교개혁자들이 단호하게 반박했던 이 통일성은 11세기와 12세기 강력한 교회의 재조직과 중앙집권화의 시기에 구축된 것이다. 1073년부터 1085년까지 교황이었고, 그 이전 수십 년 동안 교황 관료조직의 중요한 힘이기도 했던 그레고리 7세가 이를 본격적으로 추진했다. 이전 책에서 나는 그 결과를 '최초의 종교개혁'이라고 불렀고, 중세 역사가 무어(R. I. Moore)는 그 시기에 관한 자신의 연구를 바탕으로 '최초의 유럽 개혁'이라는 용어를 선호하는데, 그는 좀 더 도전적인 통찰력으로 그의 초기 작품들 중 하나의 제목을 '박해하는 사회의 형성'이라고 부르기도 했다. 이 사회는 이단이 새롭게 정의되어 공표되고, 성적인 것들이 새로이 규정된 광기로 규제된 그런 세상을 말한다.[30] 모든 중세 연구가들이 그 혁명의 부정적인 측면만을 드러내기로 결정한 것은 아니지만 전체사회의 강력하고, 이전에 없었던 수준으로 규제하기 위해 유럽의 사제들을 이용하려는 시도가 있었다는 사실을 부정할 수는 없다. 1300년까지 존재하지 않았던 하나의 공유된 라틴어 문화가 탄생했다. 지상의 그리스도의 대리인(Vicar, substitute)으로서 온 세상에 보편적인 하나님이 주신 통치권이라는 주장을 통해 그레고리 프로젝트를 확산시켰던 로마의 주교들의 인도하에서 이루어진 것이었다. 교황의 야망과 서구 라틴 세계의 동일한 세속 통치자였던 '신성로마제국 황제'(the Holy Roman Emperor)라는 9세기의 직함이 어떻게 연결되는지는 아주 불분명하다. 또한 교황이 황제를 모방하면서 그들의 땅에서 거룩한 지위를 즐겼을 것이라고 여겨지기 때문에, 예배의식을 통해 왕관을 수여받은, 유럽의 통치자 집단(황제를 모방하면서 그들의 땅에서 그들 또한 거룩한 지위를 즐겼을 것이라고 여겨지는)과 더불어 어떻게 관할지역을 나누었는지도 아주 불분명하다. 문제들에 대한 해결책을 찾으려다 2세기 동안 많은 피가 흘려졌다. 이런 전쟁들로 인하여 교황의 권위가 증진되지 않은 채 황제의 권력이 약화되는 결과가 초래되었다.

이처럼 비록 교황들이 더 위대한 하나님의 영광을 위해 설계된 세상의 통치권에 대한 그들의 꿈을 결코 현실로 만들지는 못했지만, 어떻게 그 꿈이 16세기에 파괴되었는지 우리가 보기 전에, 어쨌든 그들은 꼭대기부터 바닥까지 설명이 필요할 정도로 복잡한 교회의 조직을 정교하게 하는 데는 성공했다. 11세기의 교황이 주도한 개혁 후에, 안수받은 서구 기독교의 사제들을 묘사하기 위해 교회라는 말을 하나의 특별한 의미로 사용하는 것이 가능해졌다. 그들은 전문직 그리스도인들이었고, 평신도들로부터 나오는 돈과 물품의 기부와 수당으로 생활했다. 그들의 직업의식은 정보기술, 교양, 곧 읽고 쓸 수 있는 능력의 소유 여부로 표현되었다. 평신도들에게는 그런 정보기술이 그다지 필요하지 않았다. 반면 사제들에게는 잘 정리된 일련의 책에 담겨 있는 교회의 정교한 예전을 효과적으로 집행하고 또한 교회의 중심되는 거룩한 책인 성경에 관해 글로 써 놓은 방대한 양의 주석에 어느 정도 접근 가능하게 해주기 때문에 적어도 어느 정

---

30) D. MacCulloch, *Groundwork of Christian History* (London, 1987), Ch. 9; R. I. Moore, *The First European Revolution* (Oxford, 2000); R. I. Moore, *The Formation of a Persecuting Society: Power and Deviance in Western Europe 950–1250* (Oxford, 1987).

도의 지식은 필수적이었다. 모든 사제들이 다 읽기와 쓰기에 능한 것은 아니었지만, 그렇지 못한 사실 자체는 유감스러운 것으로 간주되었다. 사제라는 신분을 대표하는 또 다른 중요한 징표가 발전하고 있었다. 모든 사제들을 직무기간 동안 독신으로 지내게 하는 공식적인 시도를 통해 평범한 사람들에게 가장 익숙한 표시와도 같은 성관계로부터 그들을 분리시킴으로써 사제들은 점차 평신도들과 구별되었다. 소위 금욕주의는 교회생활이라는 분리되고 두드러진 한 영역을 사제들이 차용한 하나의 필수조건이 되었다.

이전에 독신은 단지 세상에서 물러나 홀로 또는 공동체 안에서 기도에 전념하는 특별한 사람들의 전유물로 여겨졌다. 그들은 규율(regulum, rule) 아래 살았기 때문에 규율을 따르는 사람(regulars)으로 불렸다. 아니면 그들은 수도사(monks, 라틴화된 헬라어 monachus, 곧 은자(隱者)라는 말로부터 나옴)로 불렸다. 일반 사회에서 분리된 이런 종교생활은 교회가 일반 사회에서 많은 개종자들을 얻기 시작한 3세기의 기독교 세계에서 발전하기 시작했다. 고독한 개인들(은둔자들)과 그 밖의 남녀 집단들은 그들이 보기에 로마제국의 일상에 점점 더 타협적으로 참여한다고 여겨지는 것들에 대해 거부하기로 결정하였다. 그들은 세상 일로 주의력이 산만해진 그리스도인들에게는 불가능한 하나님과의 대화의 통로를 계속 유지하도록 기도하면서 자신들의 시간을 보냈다. 4세기에 그들의 갈망에 충실한 수도사 공동체를 유지하기 위한 최초의 규정들이 나타나기 시작했고, 11세기와 12세기의 대규모 행정개혁 시기에는 특정 형태의 규정을 인정했던 수도사들과 수녀들이 점차적으로 자신들을 하나의 같은 '수도회'(Order)에 속해 있는 것으로 간주하기 시작했다.

이 시기에 또 다른 중요한 변화가 일어났다. 수도사들(monks)은 자신들을 서품 받은 사제들과 점점 더 밀접하게 동일시하기 시작했다. 이전에는 대부분의 수도사들이 부제나 사제로 안수 받지 않았고, 그래서 그들은 독특한 존재였다. 세상 속에서 살면서 비금욕적인 사제들보다(라틴어로 세쿨룸[seculum], 그래서 이들 사제들은 '일반 사제들'로 불렸다) 삶의 자세가 훨씬 더 경건했던 평신도들이었다. 그러기에 수도사들은 일반 사제들로 이루어진 교회 조직에 약간은 느슨하게 연결되어 있었다. 물론 수녀들은 그 시대배경에 따라 비록 공동체나 수녀원의 지도자들이 영향력 있는 개인들인데다가 주교나 대수도원장처럼 공식 행사에서 머리 장식을 쓰기는 했지만, 사제로 섬기는 직분에 결코 성직자로 서품을 받을 수는 없었다. 그러나 12세기부터 수도사들이 사제처럼 성직자로 임명되기 시작하였으며, 그들은 최대한의 경건을 유지해야 하는 많은 미사와 강론사역과 기도생활을 함께 통합할 수 있게 되었다. 이로써 교회에 재속 사제들과 더불어 '규율을 따르는'(regular) 사제들의 구성비율이 높아지게 되었다. 주목할만한 일은 이 시기에 유럽의 수녀원들이 이전에 가졌던 권력과 지적 중요성을 많이 상실했다는 점이다. 동시에 금욕적인 독신에 관한 규정이 비금욕적, 재속 사제들에게까지 확산되었다. 1139년 로마에 있는 교황의 라테란 궁정(Lateran Palace)에서 열린 2차 공의회 이후, 서구세계에서 독신은 일반 사제는 물론 재속 사제에게까지 공식적인 것이 되었다.

12세기 이후 세속 사제(the secular clergy)와 수도회 사제(the regular clergy)는 평신도들과 크게 구분되지는 않았을 뿐만 아니라, 일반적으로 잘 조직화된 사회의 한 부분이었다. 실제로 그들은 행정과 문서기록 절차와 같은 형태들을 만들어 냈고, 평신도 지도자들이 그것을 모방하기도 했다. 로마사제조직의 교황을 위한 보조 사제들로 구성된 항구적인 참모조직이 있었다. 그들은 교황의 커가는 권력을 공유했고, 12세기부터는 새로운 교황을 선출하는 권력을 갖게 되었다. 소위 추기경회(Cardinals)이다. 추기경(cardinal)이라는 말은 목재 사이에 박아 놓은 쐐기라는 의미를 지닌 라틴어의 카르도(cardo)에서 온 말이다. 추기경들은 원래 밖에서부터 교회 안으로 들여보내진 예외적으로 능력 있고 유능한 사제들이었다. 이들을 임명한 것은 사제들은 평생 같은 장소에 붙어 있어야 한다는 초기 교회회의의 규정을 위반하는 것이었다.[31] 그 후 추기경회는 교황의 필요에 따라 지나치게 강력하게 성장해갔다. 다른 모든 유럽의 군주들처럼 교황에게도 더 많은 개인적이고 덜 독립적인 수행원들을 제공해 주는 궁정(또는 교황청[Curia])이 필요했다.

교황청은 많은 행정적인 일을 감당하면서 유럽 전역에 널리 퍼져 있는 궁정과 유사하게 되었다. 또한 죄 많은 세상으로 천국 통치의 완전함을 가져오려는 교황의 프로젝트의 일환으로 새로운 법률 체계, 곧 교회법을 개발했다. 교회법은 점차적으로 모든 서구 기독교 세계를 포용했고, 아주 큰 성공을 거둘 수 있었던 것은 이 법이 사람들을 위해 일처리를 효율적으로 해주었고, 그들의 주요 갈등과 개인 문제들을 정리하도록 도와주는 외부적 권위로서 작용했기 때문이다. 유럽에서 다른 법률 시스템이 일반적으로 단편적이고 덜 개발된 시기에, 교

---

31) A. Bellenger and S. Fletcher, *Princes of the Church: A History of the English Cardinals* (Stroud, 2001), pp. v-vi. 교회의 중심원리로서, '추기경'이라는 단어를 유용하고 경건하게 설명한다.

회법은 일종의 만국법이었다. 이 법은 세속적인 판단의 관심을 받지 못하는 사람들의 삶과 습관, 도덕적 행동과 같은 내면적인 부분까지 세세히 다루었다. 개신교 종교개혁자들이 교회법을 교황 권력의 주춧돌로 본 것이 하나도 이상할 것이 없다. 이는 또한 공개적인 반발을 불러 일으켜 마틴 루터가 전통적인 교회 구조와 충돌하면서 공격을 시작하게 한 첫 번째 필요 요인이기도 했다.

교회법의 국제화로 인해 수도사들과 수녀들이 따랐던 신앙관련 수도회들도 국제화가 이루어졌다. 11세기와 12세기 통치개혁 시기에 출현한 수도회들은 특히 새로운 경건주의 물결의 요람이었던 프랑스 전역에서 대체로 일종의 중앙집권화된 연합조직을 가지고 있었다. 예를 들어, 부유한 권력자들이지만 청교도적 정신을 지닌 시토수도회(Cistercian Order)는 프랑스의 수녀원 본부 시토(Citeaus, Cistercium)에서, 프레몽뜨르수도회(Premonstratensians)는 프레몽뜨르 지방의 여자수도원으로부터 그 이름을 빌렸다. 카르투지오(Cathusian) 은둔수도사들은 그들의 수녀원 본부를 카르투지오에 두고 있었다. 클루니수도회는 클루니에 있던 거대한 수도원 건물에서 영광스러운 예전에 힘쓰고 있었다. 그러나 심지어 이같은 중앙 기구를 공식적으로 설립하기를 꺼려하던 수도사들을 위한 많고 오래된 베네딕트수도회의 집들도 성 베네딕트의 규칙들을 지킴으로써 공통의 기풍을 공유하게 되었다. 그리고 그들도 대륙의 이쪽 끝에서 저쪽 끝까지 친밀한 관계를 유지하고 있었다. 주목할만한 것은 수도회들이 단지 유럽의 한 지역에만 국한되지 않았다는 점이다. 그들은 어디에서 세워지든지 새롭고 독특한 금욕생활을 시작하는 유익을 경험하기를 국제적으로 열망했다.

이같이 중앙집권화로 인해, 또한 비그리스도인들에 대항해 기독교 세계를 확장해 나가는 싸움을 싸우고 자신들의 정복지를 방어하려는 독신 기사들로 구성된 군사수도회에 대한 분명한 개념이 세워졌다. 중동에서 활동했던 두 개의 주요 수도원들은 그들의 이름을 무슬림의 역습에 의해 쫓겨나기까지 예루살렘에 세워졌던 본부 건물의 이름에서 취했다. 템플기사단(Templar)은 자신들의 본부가 솔로몬의 성전에 설립되었다는 사실에 대해 자부심을 느꼈다. 예를 들면, 런던의 서쪽 끝에 있는 성전처럼 전 유럽에 한 건물을 모방하여 순회교회들을 세웠는데, 역설적이게도 이 교회들은 이슬람 초기 건축양식의 대작 중 하나인 둥근바위사원(the Dome of the Rock, 솔로몬의 성전 터 위에 세워진 이슬람 사원)을 실제로 모방한 것이었다. 성요한 호스피틀기사단(Knights Hospitallers of St. John)도 마찬가지로 그들의 이름을 예루살렘을 방문하는 서구의 순례자들을 위해 세웠던 '호스피탈'(Hospital), 곧 오늘날의 의미에서 병원이란 말로부터 그 이름을 취했다. 템플 기사단원보다 돋보이게 하기 위해 그들은 종종 기독교 이전부터 그 기원을 가지고 있다고 주장하기도 했다. 튜턴 기사단(Teutonic Knights)으로 불린 북유럽의 한 수도회는 13세기의 동방 십자군의 위업 이후에 스스로 장소를 바꾸었고, 자신들의 비스툴라 강(the river vistula) 지류에 위치한 마리엔부르크(Marienburg)의 발틱 해안으로부터 그리 멀지 않은 곳에 예루살렘 병원을 엄청난 규모로 재건축했다(2장, p. 160 참조). 이 모든 수도회들은 그들의 십자군 전쟁 비용을 멀리는 스코틀랜드와 스칸디나비아까지 퍼져 있는 꼼꼼하게 통제된 자산망을 통해 충당했다. 마찬가지로 중앙집권화는 탁발수도회들의 근본정신을 성공적으로 계승하기 위한 현명한 움직임이었다. 프란시스코수도회와 도미닉수도회는 각각 자기 수도회의 이름을 12세기의 영도력 있던 설립자들 이었던 프란시스코와 도미니크로부터 취했다. 이들 새로운 수도회들에는 확고한 훈련이 필요했다. 그들의 특별한 소명은 공동체의 삶을 유지하면서도 외부세계의 유혹 한 복판에서 일하는 것이었기 때문이다('탁발수도사'〈friar〉라는 말은 '형제'라는 의미를 지닌 '프라테르'〈frater〉에서 파생된 것이다).

로마 교황청과 금욕 수도원을 넘어 점진적으로 평신도들을 목회적 차원에서 돌보기 위한 제도, 주교들의 권한 아래서 각 교구에 조직된 재속 사제(secular clergy, 교구 거주 사제)들에 의해 제공되는 복잡한 제도들이 증가했다. 유럽의 교구들은 일반적으로 지중해 연안을 벗어나면 아주 컸고, 주교들은 그들의 사업을 지탱해 주는 어마어마한 땅을 가진 엄청난 유지들이 되었다. 중부 유럽에서 그들은 종종 백작, 공작, 영주와 같은 권한을 갖기도 했다. 전형적으로 한 주교관구(diocese)는 많게는 수백 개가 넘는 작으면서도 보다 인접해 있는 지역 단위의 교구들(parishes)로 구성되어 있었다. 이들은 하루나 이틀을 넘기지 않고 사제가 교구들을 돌아다니면서 모든 사람을 만날 수 있도록, 그래서 평신도들을 목회적으로 돌볼 수 있도록 고안되었다. 교구들은 또한 임지 또는 주거지로 불렸는데, 이는 사제들이 수행하는 일에 대한 대가를 교구들이 제공했기 때문이다. 주교들이 관할하는 주교좌 성당, 즉 주교들의 보좌(주교좌)를 가지고 있기 때문에 그렇게 불리는 소위 대성당들은 성직록을 받는 사람들이나 신자들 중 정예 집단의 지도를 받는 일련의 재속 사제들에 의해 보좌되면서, 그들 나름대로 부유하고 힘있는 조직들이 되었다. 종종 실제 거주하지 않으면서도 상당히 많은 수입을 올리는 이들 대야심가들은 성당조합을 결성했다. 그들은 대체로 궁극적으로는 이론상의 주인인 주교로부터 독립된 한 단체가 되는 방식으로 자기들의 일을 수행했다. 몇몇 잉글랜드 대성당들은 다른 곳에서는 발견하기 힘든 독특함을 지니고 있었는데, 그들은 수도원을 갑절로 키워서 그들의 성직자 보조요원들이 재속 사제들보다 더 정규직화되게 하였다.

교구 사제도 이론상으로는 교구 관구 소속 경작지(glebe)로 불리는 땅을 소유하고 있었고, 교구민들이 경작한 농산물의 십일조를 받을 수 있는 자격도 부여받았다. 그러나 교회 체제 내의 다른 요소들, 특히 수도원들이나 기부금으로 운영되는 보다 큰 단체들은 수입의 많은 부분들을 그들의 특별한 기도의무를 지원하는 데 전용했고, 종종 그 힘이 성당의 조합만큼이나 크고 부유하게 되기도 했다. 이런 것이 유럽에서 십일조를 내는 사람들의 눈을 벗어날 리 없었다. 그들은 종종 거의 선한 일과는 관련이 없는 상당히 동떨어진 종교기관에 의해 세금이 부과된다고 느꼈다. 그러나 교구 제도는 유럽의 전체 평신도들을 목회적으로 돌보기 위해 고안되었고, 실제로 상당수준에서 그러기도 하였다. 이미 살펴보았듯이, 유럽에서 구원의 통로 역할을 해왔던 대부분의 자선단체들은 교구교회들과 연결되어 있었다. 사람들은 미사를 위해 교구교회에 왔고, 죄를 고백하면서 교구의 사제로부터 위로를 찾았으며, 연옥을 지나는 여정에 덕을 쌓게 하는 큰 순환고리의 한 부분인 용서를 얻기를 기대했다.

사제들이 기계적으로 사죄를 베푸는 존재는 아니었다. 15세기까지 회중들은 사제들이 점차 신앙을 살찌우는 정규적인 가르침을 베풀고, 그들 중 대부분이 결코 스스로 읽어본 적이 없는 성경에 대해 말해주기를 기대했다. 이를 위해 아주 작은 교회들에서 설교단(pulpit)을 설치하기 시작하였다. 설교단은 이중적 목적을 위해 설치되었다. 우선 이는 설교의 편의를 도왔고, 두 번째는 비공식적인 기도(특별히 이 세상을 떠난 신실하고 훌륭한 성도들을 위한 기도로 그들의 명단이 길게 나열되어 있다)를 위한 것이었다.

마을 사람들은 외곽지역에 있는 사람들보다 설교를 들을 기회를 훨씬 더 많이 가졌을 가능성이 크다. 중세 후기 프랑스 도시지역에 대한 오늘날의 추정에 따르면, 아마도 많게는 평균 수명을 산 사람의 경우 800번 가량 들었을 것이다.[32] 현존하는 설교 본문들이 보여주는 것은 설교가 길었고, 교회에서는 앉을 자리가 거의 없어서 육체의 불편함을 극복하면서 성경의 이야기와 개념들을 잘

---

32) H. Martin, *Le métier de prédicateur en France septentrionale à la fin du Moyen Age, 1350–1520* (Paris, 1988), pp. 618-19.

흡수할 수 있게 하는 대중적인 취향이 들어 있어야 했다. 과도하게 극적인 설교 형태를 자주 공식적으로 금지했던 것을 보면 대중 연설가가 다양한 청중들의 주의력을 모으는 데 필요로 했던 수단들을 잘 알고 있었다는 사실을 보여준다. 우리는 이미 시에나의 베르나르디노(Bernardino)와 기욤 페펭(Pepin)의 화려한 언어 구사력에 대해 주목했다(1장, p. 61). 이들은 각각 이탈리아와 프랑스에서 설교단의 거장들이었다.

    그럼에도 베르나르디노나 페펭이 교구 사제가 아니라 탁발수도사들이었다는 사실은 주목할 만하다. 따라서 만약 그들이 어떤 교구교회의 설교단을 사용했다면, 그들은 손님자격으로 그렇게 한 것이었다. 탁발수도회들은 기존의 교회조직 즉, 금욕수도원과 일반성직제도에서 발견된 문제점을 보완하기 위해 세워졌다. 그때, 곧 13세기 초에 새로이 중앙집권화 된 교회는 고해성사에서 더 나은 조언을 하고, 설교에서도 믿음에 대해서 더 잘 가르치려고 노력하고 있었다. 그러나 대부분의 교구 사제들은 이같은 역할을 수행하기에는 역부족으로 보였다. 그래서 이 역할은 탁발수도사들의 전유물처럼 된 것이다. 그들은 공동체(탁발수도회원들)를 위한 대규모 기부금을 의도적으로 회피했다. 그들은 과도하게 얻어진 부가 수도원의 수도사들이나 수녀들의 선교적인 열정과 날카로운 영성을 파괴한다고 느꼈기 때문이다. 이는 바로 그들이 평신도들이 주는 계속적인 선물로 생활을 유지했다는 것을 의미하고, 따라서 탁발수도사들을 보통 사람들의 일상 가까이에 머물게 하는 유용한 결과를 낳았다. 그들은 평신도들의 자선에 대한 보답으로 다른 탁발수도사 공동체 간의 합의를 통해 세심하게 구획된 지역 내에서 사람들을 영적으로 섬겼다. 이 때문에 탁발수도사들의 또 다른 이름이 '제한된 공간을 차지한 사람들'(limiters)이기도 하다. 이런 제도를 통해 외곽 지역도 탁발수도사의 방문을 기대할 수 있었다. 탁발수도사들은 설교와 고해성사를 듣는 특별한 임무 둘 다를 맡았다. 순회하는 탁발수도사들에게 하는 죄 고백은 교구 사제들보다 세상적으로 훨씬 더 지혜로울 수 있고, 가까이 산 덕에 계속되는 일상적인 만남을 통해 당황스러움을 덜어줄 수 있었고, 지역민들은 성직자로부터 영적이고 실제적인 충고와 사죄의 기회를 얻을 수 있었다. 많은 탁발수도사들이 고등교육을 받았고, 대학근처에 학생들을 가르치는 탁발수도사들을 위한 특별 건물을 세우기도 했다. 따라서 그들의 사역은 사회의 가장 미천한 부분에서부터, 사회를 함께 묶어주는 사상을 만들어내는 사람들에게까지 확장되었다.

15세기까지 교구 사제들과 그들의 조력자들은 일반적으로 200년 전보다 교육과 목회적 책임에 대한 헌신이라는 두 가지 측면에서 훨씬 더 효과적이었다. 특히 동유럽에서는 교구민들이 그들의 사제가 그 교구에 살지 않는 것과 그들을 목회적으로 돌보지 않는 것에 대한 불만이 훨씬 적었던 것 같다. 남부 독일에서는, 비록 많은 사람들이 공식적인 학위 과정에 등록한 것은 아니었지만, 사제의 삼분의 일이나 절반 정도가 이제 대학교육을 경험하게 되었고, 런던 시내에 있던 꽤 많은 교구들에서도 거의 같은 수준의 인상적인 비율을 발견할 수 있다.[33] 이런 정도의 수준으로 교육을 받은 교구거주사제들은 이전과는 달리 훨씬 설교자들에 가까워졌다. 왕립 예배당과 대성당과 같은 도시 교구교회들에서 설교권이 확립될 때, 탁발수도사들보다 교구거주사제들에게 더 많은 책임이 구체적으로 주어졌다는 사실은 주목할만하다. 훌드리히 츠빙글리(Huldrych Zwingli)가 자기 스스로를 취리히 시의 중요 인물로 내세웠다는 것이 바로 그와 같은 설교권과 관련된 것이었다(제3장, p. 208 참조). 세속사제들을 위해 출간된 풍성하고 새로운 설교관련 책자 한 질은 이같은 새로운 관심과 활동에 대해 증거해 준다. 이 책들이 높은 수준의 대학교육을 받은 사람들이나 아무런 노력도 필요로 하지 않은 박학다식한 사람들을 위해 쓰여진 것은 아니다. 그림으로 성경을 채워넣는 것처럼 설교를 위해 삽화가 들어간 일련의 책자들이 포함되어 있었기 때문이다. 처음에는 필사본 형태로, 나중에는 보다 값이 싼 목판 형태로 제작되었다. 이들은 Blblica pauperum praedicatorum으로 불렸는데, 번역하면 '초보 설교자를 위한 성경'이라는 뜻이다. 실제 이 책은 평신도들이 읽도록 의도된 것이 아니라 거의 문맹에 가까운 사제들이 만일 두 손을 잡고 용기를 내서 설교하기 위해 설교단의 계단을 올라가야 한다면, 성경에 관해서 그들이 무엇을 말해야 할지 감을 잡을 수 있도록 하려는 것이었다.

이처럼 교구거주 사제들은 보다 효과적인 목회자, 고해성사신부, 설교자가 되어갔다. 이런 상황은 모든 역할에서 경쟁하고 있고, 여전히 유럽의 대학교육을 주도하고 있는 탁발수도사들과의 긴장관계를 불러 일으켰다. 그들은 대학의 유명인사들 중 유명하지는 않지만 의심의 여지없이 지적으로는 우월한 것으로 간주되었다. 당연히 재속 사제들과 탁발수도사들이 항상 좋게 지내지는 못했다. 대조적으로 교구 사제들과 옛 신앙 수도원 구성원들과의 긴장관계는

---

33) W. D. J. Cargill Thompson, 'Seeing the Reformation in Medieval Perspective,' *JEH 25* (1974), pp. 253–66, at 305.

덜 치열했는데, 그들이 같은 영역에서 활동하는 것이 아니었기 때문이다. 옛 수도원들은 그들에게 기부금을 내는 일반적으로 생활수준이 높은 가족들을 위해 기도하는 데 집중하는 경향이 있었다. 탁발수도사들과 교구거주사제들은 평신도들의 존경을 얻기 위해 경쟁했을 뿐만 아니라, 유럽 전역에서 수많은 사제들이 변화하는 경제 조건들을 만족시켜 주는 유연한 소득원을 만들기 어렵다는 것을 알게 되자 돈을 위해서도 경쟁했다. 1520년대 종교개혁이 탁발수도사들의 권한 남용에 대한 글을 만들어 내면서 그들을 옛 타락의 주요 대표자들로 그렸을 때, 이와 같이 극히 불쾌한 이런 전단지들이 그토록 효과적이었던 이유 중 하나는 많은 독자들이 지면에 그려진 그 비난과 비슷한 것을 이미 많이 알고 있기 때문이었다.

그러므로 종교개혁의 중심부분이 된 많은 반사제 수사는 사제들의 잘못에 대한 평신도들의 즉흥적인 비판에서 비롯된 것이 아니라 실제로는 사제들 사이에 오랫동안 지속된 분쟁의 산물이라는 것을 깨닫는 것이 중요하다. 탁발수도사들은 교구사제들이 게으르고 무식하다고 빈정댔고, 교구사제들은 탁발수도사들이 고해성사에서 여자들을 유혹하기 위해 노력하는 이기적인 연예인들이라고 비웃었다. 탁발수도사들은 또한 성직자들이 토지에서 얻은 부를 쓸데없이 사용하는 게으른 소비자들이라고 조롱했다. 심지어 탁발수도사들은 다른 탁발수도사들도 비난했는데, 특별히 프란시스코수도사들 내부에서 초기의 단순함으로 돌아가려고 힘쓰는 수도원들의 몇몇 재건추진 노력들이 있었기 때문이다. 그 와중에 개혁자들에게는 이같은 개혁을 반대하는 수도원 동료들을 비난할 모든 이유가 있었다. 극도로 불쾌한 어떤 표현들은 인간의 연약함과 족벌주의를 반영하고 있는 것이지만, 그것이 사제들이 막 스스로 설정했던 높은 수준의 삶을 반영하고 있지 못하다면 평신도들에게 크게 감명을 주지는 못했을 것이다. 가장 대표적인 예가 16세기의 첫 20년 동안 런던의 성바울대성당 사제장이었던 존 콜렛(John Colet)의 사례였다. 그는 개혁 성향을 가진 학자였고, 에라스무스(Erasmus)와 토마스 모어 경(Sir Thomas More)의 친구로 칭송이 자자했다. 콜렛은 자주 사제들의 잘못과 그들의 세속적인 경향, 임무에 대한 그들의 나태함에 대해 열정적으로 설교했고, 그의 말은 종종 중세 후기교회의 부패에 대한 증거로 인용되기도 했다. 그러나 바울 성당 사제장에게서 불타오른 그 열정은 그 시대의 교회 구조들에 대한 혐오에서 나온 것이 아니었다. 이것은 이름 없는 6세기 신학자의 신비적인 글들에 대한 그의 매혹에서 분출된 것이다.

콜렛의 시대에 그 글들은 훨씬 더 오래 된 것으로 생각되었고, 바울이 개종시킨 디오니시우스 아레오파지타(Dionysius the Areopagite, 아레오바고 관원 디오누시오, 행 17:34)가 쓴 것으로 여겨졌다. 위-디오니시우스(Pseudo Dionysius)는 천상의 위계질서에 관해 환상적으로 세세하게 기록하고 있지만, 그는 지상의 사제들의 위계질서가 천사들의 위계순서에 대한 직접적인 반영이며, 그 신성한 목적은 타락한 인간과 하나님을 함께 묶는 것이라는 점을 강조했다. 콜렛에게 있어 이것은 사제들이 마치 천사들처럼 순수하고 효과적인 하나님의 사역자들로서 엄중하고 불가피한 의무를 가졌다는 것을 의미했다. 그의 명백한 반사제적인 격정들은 실상은 최상급 형태의 사제주의였던 셈이다.

그레고리 7세의 최초 종교개혁으로 형성된 구조는 서구 기독교 세계의 종교적 필요의 풍성한 다양성을 보여주는 경이로운 길이었다. 죽음 이후의 세계를 만져보고 싶은 갈망을 가진 경건한 그리스도인은 아주 풍성한 다양한 환경을 경험하며 그렇게 할 수 있었다. 그 다양성은 사색적 은둔자들, 카르투지오 수도회원(the Carthusian)으로 구성된 수도원들의 극심한 내핍생활, 베네딕트수도회의 지파 중 가장 예식 중심인 클루니수도사들의 세심하고 지나칠 만큼 풍성한 예배의식, 탁발수도사들의 희극적인 설교 또는 세속 설교단 사제들 중 유명 인물의 설교, 성모 마리아 상 옆 쓸쓸한 길가에 촛불 하나를 밝히는 것, 사람들로 붐비는 교구교회의 화려하게 장식된 옆 설교단에서 벌어지는 미사에서 거룩한 빵과 포도주의 성체 거양(擧揚)을 보기 위해 앞으로 나아가는 것을 머뭇거림 등의 모든 다양성을 망라한다. 세상 걱정에서 가장 많이 물러나 있는 사람들은 특히 바로 그 걱정의 중심에 있는 사람들로부터 존경을 받았다. 그래서 15세기 잉글랜드에서 카르투지오 수도회의 은둔수도사들은 경건 문헌의 출판과 보급에 특출했다. 이 책들은 그 당시 잉글랜드에서 정부로 넘겨진 권력을 종종 난폭할 정도로 추진하던 사람들 중에서도 특히 왕들과 귀족들에 의해 열정적으로, 아마도 근심어린 모습으로 읽혀졌을 것이다. 교회는 사회의 모든 곳에 존재했다. 대부분의 사람들에게 이 세상에서 볼 수 있었던 세 개의 가장 복잡한 기계는 파이프 오르간, 시계, 풍차였다. 처음 두 개는 거의 전적으로 교회에서만 찾아볼 수 있는 것들이었다. 교회가 인류의 가장 모험적이고 혁신적인 사고를 지배하고 있었다는 보다 나은 증거는 무엇인가? 교회보다 서구 유럽에 보편적인 정체성에 대한 지각을 더 잘 보여준 기관이 과연 있었는가?

5. 균열된 기둥: 정치와 교황권

그럼에도 13세기에 세상을 교황의 지배하에 두려는 계획은 뒷걸음쳤고, 14세기에는 재앙에 직면하게 되었다. 첫째는 프랑스의 대주교 선출 과정에서 그의 전임자들은 황제의 권한 문제에 연관되어 교회의 중심지이자 사도 베드로와 바울이 묻혀 있는 장소로 여겨졌던 로마에 교황 클레멘트(Clement) 5세가 자신의 근거지를 두지 않겠다고 결정했기 때문이다. 1309년에 클레멘트는 로마의 아주 북쪽, 지금은 프랑스의 아비뇽을 자신의 주거지로 삼았다. 이렇게 한 데는 그럴듯한 이유가 있었다. 로마의 혼란때문에 로마는 프랑스인에게는 위험한 장소였던 반면, 아비뇽은 북유럽인들이 교황에게 접근할 수 있는 전략적인 곳에 위치하고 있었을 뿐만 아니라 또한 프랑스의 통제권 밖의 지역이기도 했다(교황은 마침내 그곳을 그 지역 지도자였던 백작부인으로부터 완전히 사들였다). 분개한 이탈리아 사람들은 이스라엘의 바벨론 유수처럼 이 사건을 거대한 대재앙으로 보고 이를 바벨론 유수(Babylon Captivity)라 불렀다. 더 나쁜 일이 일어났다. 1378년부터 유럽의 서로 다른 지역들의 인정을 받은 두 교황이 세워졌다. 교황권 아래서의 통일성이라는 개념을 무의미하게 만들어버린 '대 분열'(Great Schism)이었다. 동시에 교황에게 그리스도의 교회에서 중심되는 역할이 주어졌다는 모든 가정에 직접적으로 도전하는 운동이 일어났다.

흥미로운 것은 최초의 도전이 서구 기독교 세계에서 가장 안정된 지역들 중의 하나인 잉글랜드에서 일어났다는 점이다. 이 도전은 옥스포드의 사제장 존 위클리프(John Wyclif)의 생각에서부터 시작되었다. 위클리프는 일상 세계에서의 경험보다 보이지 않는 영원한 실체들을 실제의 표상으로 보는 전통에 속한 철학자였다. 그는 이런 가정을 주교들이나 교황이 통할하는 물질적이고 힘이 있고 부유한 교회와 물질세계를 넘어 영원히 존재하는 교회를 현저하게 대조하기 위해 끌어들였다. 이처럼 후자, 참된 교회는 성경이 단순히 사제들에게만이 아니라 하나님이 선택한 모든 신실한 자들에게 드러내 보여 주시는 은혜의 신비적 근원이었다. 위클리프의 지지자들은 1380년대 한 세대 동안 옥스포드대학의 괴롭힘을 당했지만, 모든 교회의 가르침과 제도들이 성경에 나와 있는 하나님의 목적에 들어 맞는지 엄격하게 검증되어야 한다는 위클리프의 주장에 고무되어 지지자들은 모든 사람이 성경을 이해할 수 있도록 영어로 성경을 출판하는 데 동조하는 더 많은 추종자들을 불러 모았다. 이런 지지자 중에는 교회가 어마어마하게 고착화된 부를 포기하는 데 이르게 할지도 모를 교리를 외치는 데 기쁘게 참여한 몇몇 귀족과 상류층 인사들도 포함되어 있었다. 그들의 대적은 모멸적으로 그런 사람들을 롤라드(Lollards)로 불렀는데, 다른 말로는 아무런 의미없이 말하는 '중얼거리는 자들'(mumblers)이라고 할 수 있다.

15세기 잉글랜드의 정치적 갈등 속에서 롤라드에 동정적이던 상류층 인사들은 손해보는 쪽을 지지했고, 잉글랜드교회 당국자들은 그 시대의 유럽 분위기와는 다른 조처인 엄격한 정통성을 강조하기 위해 이것을 이용했다. 영어로 된 현존하는 모든 성경 번역본들과 허가되지 않은 번역 노력이 금지되었다. 자신들의 왕권이 불안하다고 생각했던 랭커스터(Lancaster), 요크(York), 튜더(Tudor)와 같은 그 세기의 모든 연속된 왕조들은 전통 교회에 대한 열정적이고도 지속적인 충성을 통해 교회의 입장을 지지했다. 잉글랜드의 주교들과 고위층 사제들은 잉글랜드교회의 명성을 나머지 유럽에 대한 좋은 본보기로 드러내는 일에 집중했다. 이는 어느 정도 성공을 거두었고, 반복적으로 주목을 받기도 했다. 롤라드는 대학에서는 물론 제국의 정치 권력의 주류에서 물러났다. 대학 강사였던 마틴 루터가 촉발하며 같은 방식으로 시작하였던 나중의 개신교 종교개혁과 이 점에서 그들의 이야기는 크게 대비된다.

정보기술의 혁명인 인쇄술이 그들이 활동하던 시기에 유럽에 완전히 확산되지 않았기 때문에 롤라드가 루터가 취한 인쇄술을 활용하지 못한 점은 비난할 수 없다. 하지만 그들은 루터나 개신교도들과는 달리 당시 대중들의 선도적인 의사전달자 역할을 했던 탁발수도사들 사이에 그들의 운동의 거점을 마련하는 데 실패했다. 또한 그들은 16세기 종교개혁의 비밀 병기인 대중 음악과 찬송가 작사를 무시했다.[34] 남아있던 롤라드는 때때로 공적 교회로부터 조사와 박해를 받았지만, 그들 방식대로 하나님에 대한 갈망을 유지하기 위해 자주 지역문화와 조용히 타협하기도 했다. 대략 1450년 이후에는 자신들의 항의를 표현하기 위해 새로운 글들을 거의 만들어내지는 않았지만, 너덜너덜해진 사본 간행물과 영어 성경 단편들을 보물로 여겨 간혹 당국자들로부터 극심한 박해에 직면하기도 했다. 자연스럽게 마을 지도자로 활동했던 일부 성공한 롤라드는 교구 위원처럼 교구의 관리로서의 임무를 수행했고, 존 위클리프가 제안했던 혁명과 같

---

34) 개신교와 출판 간의 관계에 대해서는, 제2장, p. 124와 6장 곳곳을 보라. R. Rex, 'Friars in the English Reformation,' in Marshall and Ryrie (eds.), *Beginnings of English Protestantism*, pp. 38–59, at 58–9; A. Hudson, *The Premature Reformation: Wycliffite Texts and Lollard History* (Oxford, 1988), p. 512.

은 종류라고 말하기는 어렵지만, 곧 교회 조직을 유지하고, 예식을 위해 돈을 지불하는 것과 같이 날마다 반복되는 주요 경건생활에 대한 책임을 담당하기도 했다.

잉글랜드에서의 롤라드의 실패는 중부 유럽에서 힘을 합쳐 로마 교리에 반대하는 움직임이 성공을 거둔 것과 같은 시기에 이루어졌다. 14세기 후반 왕실 간의 결혼 중매로 잉글랜드와 멀리 떨어져 있는 보헤미아 왕국(대략 오늘날의 체코에 해당)이 연결되었고, 잉글랜드와 체코의 귀족들과 대학들의 접촉으로 위클리프의 작품들이 보헤미아의 수도 프라하로 유입되었다. 프라하대학의 철학과 학장이던 얀 후스(Jan Hus)의 경우, 위클리프의 메시지로 기존 교회 제도에 대한 그의 불만이 나타났는데, 이는 지도급 체코교회 성직자들의 불만을 반영하는 것이었다. 시내에서 엄청난 인기몰이를 한 그의 설교들에서 후스는 교회개혁의 주제들을 다뤘고, 체코 귀족들의 열정적인 지지는 잉글랜드에서 롤라드가 정치적인 지원을 잃은 상황과 대비되었다. 후스의 운동은 보헤미아 교회와 연방에서 독일어를 사용하는 사람들에 대항하는 체코 사람들의 정체성 주장처럼 되었다. 후스는 롤라드와는 달리 대학에서부터 마을에 이르기까지 사회의 모든 영역에서 지지를 받고 있었다. 반역행위를 해명하라고 1414년 후스가 콘스탄츠에서 열린 교회 총회에 소환되었을 때, 신성로마제국 황제 지기스문트(Sigismund)의 호위 아래 있었음에도 불구하고 교회회의는 이를 무시하고 후스를 이단으로 정죄해 재판에 회부했다. 1415년 후스는 교회회의와 황제의 결정에 따라 화형대에서 불태워졌다. 이것은 보헤미아에서 분노를 폭발시키는 원인이 되었고, 5년만에 체코의 모반자들은 로마와 독립해서 보헤미아에 후스파 교회를 세웠다. 혁명 와중에 지도자들의 통제력이 저하되었고, 보다 급진적인 요소들로 구교 안에서는 물론 안정된 세속적인 위계질서에도 도전이 밀어닥쳤다. 그러나 수십 년에 걸친 맹렬한 시민 전쟁과 혁명을 와해시키려는 외부 시도들의 실패로 인해(불만스럽고 불완전하게 로마에 의해 인정 받았지만) 독립 후스파 교회조직이 살아남게 되었다. 이 교회는 교황의 교회와는 다른 두 가지 측면에 대해 자부심을 가졌다. 라틴어 대신 그 나라 국민들의 언어인 체코말을 예배에서 사용하는 것과 성만찬에서 사람들이 빵은 물론 포도주까지 받게 하자는 주장이 바로 그것들이다. 두 종류, 곧 축사한 후의 빵과 포도주 모두에 대한 수찬으로부터(sub utraque speice) 주요 후스파 운동이 이름을 얻게 되었는데 그것이 바로 '이종배찬주의'(Utraquism, 양형 영성체)이다. 후스파는 이를 중요한 것으로 여겼다. 왜냐하면 미사를 하나님의 영적 선물을 악마적으로 왜곡한 것으로 보았던 존 위클리프와는 달리, 구교처럼, 그들도 열정적으로 미사에 헌신되었기 때문이다. 그리고 그들은 심지어 어린 아이들도 빈번히 성만찬을 받아야 한다고 주장하면서, 성만찬이 주는 유익을 최대한 신실한 모든 사람들에게 확장하길 원했다. 포도주를 담은 성만찬의 잔은 그들 운동의 소중한 상징이 되었다. 1471년부터 이종배찬주의자들은 자신의 대주교도 없었고, 나머지 가톨릭 세계와의 이상한 타협을 통해 독립 연방으로서의 자세를 견지하면서도 주교들에게서 성직임명을 받고자 유망한 사제들을 베네치아(Venice)로 보냈다. 본국 출신 감독직이 없었음에도 교회 안에서의 영향력있는 권력이 귀족들과 주요 마을이나 성읍 지도자들의 손으로 확고하게 세워졌다. 그것은 바로 유럽 어느 곳에서나 우리가 만나게 될 권력 이동이고, 그 다음 세기의 공적 행정 장관과 연계된 종교개혁의 주요 특징이 되었다.

이종배찬주의자들은 1457년 이후 보다 급진적인 후스파 잔당들인 보헤미아 형제단(the Union of Bohemina Brethren, Unitas Fratrum)과 공식적으로 결별하게 되었다. 이들의 종교적 급진주의가 남긴 것은 주요한 사회적 이슈가 되었다. 남부 보헤미아 작가인 페트르 첼시키(Petr Chelcický)로부터 영감을 받은 이들은 신약성경의 기독교의 이름으로 정치적인 억압, 사형, 전쟁관련 복무, 지상의 권위 앞에서 맹세하는 것 등을 포함해 모든 종류의 폭력을 정죄했다. 그들은 별도의 제사장 직분, 이종배찬주의자들에게는 여전히 소중한 성만찬의 빵과 포도주가 예수의 몸과 피가 되는 기적에 대한 신앙을 거부했다. 이같은 모든 교리들은 16세기 종교개혁에 재등장했다. 이로써 이종배찬주의자들과 형제단 사이에서 보헤미아는 12세기의 교황권에 대한 복종에서 벗어난 서구 최초의 지역이 되었다. 보헤미아 왕국 내에서 독일어를 사용하는 몇몇 지역들과 왕의 보호아래 있는 몇몇 자유시만이 교황에 대한 충성을 유지했다.

보헤미아 내에서 교황에 충성하는 이들의 외로운 거점들을 주목할 필요가 있다. 왜냐하면 그들은 '로마 가톨릭'이라는 표현이 특정 의미로 이해될 수 있는 중세 서구 유럽의 유일한 지역에 살았기 때문이다. 첫 눈에 보기에 이처럼 친숙한 용어가 종교개혁 이전에는 아무런 의미가 없었다는 것이 놀랍다. 하지만 로마에 있는 전체 조직의 심장과 머리에 이르는 수많은 복잡한 길을 따라 모든 사람이 의식적으로든 무의식적으로든 같은 가톨릭교회의 한 부분을 구성했을 때 이 용어는 명백하게 불필요한 것이었다. 어떤 곤경이든지 간에 교황은 보헤미아를 제외한 모든 곳에서 '가톨릭교회'에 대해 확신할 수 있었다. 잉글랜드의 롤라드는 교회의 위계질서에 대한 거칠고 공개적인 도전을 포기함으로써 생존할 수 있었고, 경건 생활에 대해 그들 나름대로 자극을 주는 공헌을 했다. 12세기 중앙집권화된 교회에 대항한 다양한 불일치운동의 마지막 형태로 남동부 프랑스의 외진 산악지역이 중심지였던 왈도파(Waldensians)도 마찬가지였다. 중부 유럽의 소규모의 지지자 집단들과 연결되어 있던 왈도파는 후스파의 주장과 작품들을 프로방스어로 번역하는 일에 특별한 관심을 가지고 있었고, 스스로 설교자를 세웠다. 그러나 대부분 주류교회의 성례전을 받아들였고, 심지어 1502년 그들이 교회 당국의 박해를 받을 때에는 프랑스의 왕에게 불만을 호소하기도 했다.[35] 중부 유럽의 15세기 몇몇 설교가들의 설교들은 이단 문제와 분파주의에 과대망상증 증세를 가졌던 것처럼 보인다. 그러나 이와 같은 과민함의 많은 부분들은 1950년대 상원 의원 맥카시와 하원의 반미국적활동위원회(Senator McCarthy and the House Un-American Activities Committee)의 작업처럼 아마도 실제상황과는 거의 연관성이 없었을 것이다.[36] 교회의 대적자들이 교황권에 대해 가한 공격은 교황권에 우호적인 사람들에 의해 발생한 것만큼 많지 않았다.

가톨릭교회의 기초인 교황의 수위권에 대한 도전들이 당시 고위 성직자들을 중심으로 많은 지역에서 제기되었다. 그들은 서방교회의 진정한 연합은 로마의 주교인 교황 한 사람의 절대 권위가 아니라, 집단적 권위(collective authority)를 통해서 보다 잘 이루어질 수 있다고 주장하였다.

이런 개념을 표현하는 통일된 움직임은 결코 없었고, 이 개념이 내포하는 의미에 대한 아주 다양한 이해가 존재했다. 그러나 이러한 분위기는 '공의회주의'(conciliarism)로 명명될 수 있다. 교회의 궁극적 권위는 주교들로 구성된 총회, 또는 보다 광범위하게 사제들을 대표하는 공의회에 있다고 전제한다. 13세기 신학자들을 시발로 만약 교황이 이단으로 변절하면 어떻게 해야하는지에 대한 연구가 있었지만, 경쟁관계에 있는 사제들의 독직 사건과 롤라드파와 후스주의자들의 도전으로 인해 빚어진 14세기 말의 상황으로 인해 권위에 대한 학문적 논쟁이 긴급한 현실 문제로 변해 버렸다. 분열을 끝낼 유일한 길은 공의회를 소집하는 것이라는 궁극적인 합의가 있었고, 1414년 두 명이 아니라 세 명이나 스스로를 교황이라고 불렀던 끔찍한 순간에 그들 중 한 명인 요한 23세는 지기

---

35) Pettegree (ed.), *Early Reformation*, p. 121.
36) Cf. 예를 들어 1500년 경의 독일 남서부 프란시스코수도사인 요하네스 파울리의 설교: J. Atkinson, 'Luther Studies,' *JEH* 3 (1972), pp. 69-78, at 77.

스문트 황제와 연합전선을 형성하였다.

그 결과 콘스탄츠에서 열린 공의회는 얀 후스를 배척하고 그에 더해 신뢰가 가지 않는 결정을 내리기도 했다. 그러나 공의회는 1417년 모든 분파들로부터 추인된 새로운 교황 마틴 5세를 선출함으로써 마침내 40년간의 분열을 종식시켰다. 이같은 결과를 만들어낸 지루하고 복잡한 논쟁의 와중에 공의회는 그리스도로부터 직접 그 권위가 위임되었다는 것을 선언하는 『신성불가침』(Sacrosancta) 칙령을 반포했다. 이는 교황 자신을 포함하여 모든 계층과 조건에 속한 모든 사람이 믿음에 관한 문제, 분열의 종식, 그리고 수반에서부터 구성원에까지 이르는 하나님의 교회의 개혁에 관해서 공의회에 복종하게 하는 구속력을 지닌 것이었다.[37] 교황의 수위권이 공의회에서 견고한 위치에 놓이게 되었다는 명확한 어떤 선언문도 없지만, 콘스탄츠공의회는 1417년 칙령에 공의회가 앞으로는 매 10년마다 반드시 열려야 한다고 규정함으로써 그 의미를 추가했다. 달리 말하자면, 계속적인 교회개혁과 재건을 위해서 공의회가 필수적이고 항구적인 요소가 되었다는 것이다.

그러나 다음 몇 년간 이와 같은 공의회의 체계를 발전시키기를 원하는 사람들과 새롭게 회복된 교황권의 통합을 이루려는 사람들 사이에 긴장감이 증가했다. 1431년부터 바젤에서 18년간이나 계속된 공의회는 공의회주의라는 대안을 포기하는데 기여했는데, 이는 많은 건설적인 작업에도 불구하고 새로운 분열이 절정에 도달했기 때문이었다. 전에는 공의회주의자들에 동정적이던 교황 비오(Pius) 2세는 한 교서(가장 근엄한 형태의 교황의 선언에 해당하고, 첫 문장이 제목이 되는), 이름하여 『엑시크러빌리스』(Execrabilis)에서 교황권에 관해 내려진 결정을 놓고 공의회에 항소하는 것을 공식적으로 금했다. 그보다 7년 앞서 비잔틴 제국의 최후의 보루이자 동방 기독교의 어머니 콘스탄티노플이 오스만투르크에게 넘어갔고, 황제는 계속되는 싸움의 와중에 몰락했다. 이 재앙을 공포스럽게 눈여겨 보던 교황에게 당시는 분리되고 불확실해질 수 있는 집단 지도체제로 서구 세계의 미래에 대해 모험을 걸 시기가 아니었다.

비오 2세의 심리 변화는 이해할만 했다. 공의회주의자라는 이름표를 걸고는 있었어도 상당 부분은 일관성이 결여되어 있는 데다 결정적이지도 못했다. 공의회주의자들은 교회를 어떻게 정의해야 하는지, 공의회의 권위를 어떻게 규

---

37) H. Bettenson, *Documents of the Christian Church* (London, 1963), p. 135; 번역 후 일부 수정해서 사용.

정해야 하는지에 대해 전혀 의견의 일치에 이르지 못했다. 신실한 사람들로 구성된 몸 전체로부터 그 권위가 서기도 하고 고양되기도 하는 공의회는 어떤 경우에 모든 하나님의 백성을 대표하는 것인가? 아니면 그 권한이 교회라는 서열구조를 통해 하나님으로부터 내려오기도 하는 공의회는 하나님으로부터 성직 임명을 받은 대표자들, 곧 사제들의 총회인가? 사제들 가운데 정확하게 누구를 대표하는 것인가? 콘스탄츠공의회는 대주교들과 추기경들의 회합이었다. 바젤공의회는 그 구성원이 확대되어 심지어 대주교들을 넘어서서 다수의 의사결정권자들에 해당하는 낮은 직급의 성직자들에게도 대리권이 주어졌다. 공의회주의자들은 사제들이 되려는 경향이 있었고, 그들 스스로를 자연스럽게 성직자로 생각했다. 이는 평신도들의 참여를 동정적으로 바라본 그런 움직임은 아니었다. 게다가 만약 공의회주의자들이 교황의 권력을 크게 제한하려 했다면, 교황과 세속 통치자들 사이에 수 세기 동안 이어진 논쟁에 어떤 영향을 줬을까? 교회의 절대권력에 대한 핵심적인 반대자인 프랑스 왕 같은 사람은 최소한 저명한 신학자들로부터 자신의 권한이 새롭게 등장한 교황권에 의해 영향을 받지 않는다는 확실한 설명이 주어지기 전에는 교회공의회 권력구조를 받아들이려 하지 않았다.

그러나 공의회주의가 근본적으로 제기했던 질문, 즉 하나님이 원하시는 대로 교회를 인도하지 않는 교황을 어떻게 다루어야 하는지의 문제가 사라져버릴 수는 없었다. 만약 교황이 구세주의 가면을 쓴 마귀(적그리스도)로 판명난다면, 그래서 사람들이 교황의 가짜 교회로부터 걸어 나와서 그리스도의 참된 몸을 다시 세워야 한다면 마틴 루터는 이에 대한 답변을 하도록 요구되었다. 비록 공의회주의는 실제적이고 정치적인 관점에서는 15세기 중반 쇠퇴했지만 많은 지도급 성직자들과 학자들(특별히 교회법 학자들)은 교회 문제를 해결하기 위한 공의회의 조처를 그 당시 막 생겨난 교황권의 중앙집중화 회복보다 더 선호할 만한 것으로 여겨 계속해서 신뢰했다. 위대한 공의회주의자들의 업적은 그냥 무시해버리기에는 너무 화려했다. 이것은 또한 신실한 사람들이 하나님의 뜻을 이행하기 위해 어떻게 행동해야 하는지를 묻는 많은 질문들을 생산해 냈다.

콘스탄츠공의회에서 가장 두드러진 행동가 중의 한 명이었던 장 제르송(Jean Gerson)은 공의회주의와 프랑스 군주의 전통적인 권력대립을 무마시키는 데 고군분투했다. 이와 관련하여 그는 중요한 역사적인 관점을 발전시켰는데, 그것은 교회와 공화국 간의 동일한 권력균형을 모색하던 종교개혁자들에게 참으로 중요한 것이었다. 제르송은 교회안에 있는 삼중적인 역사적 관점들을 제시했다. 첫째는 로마제국에 의해 여전히 공인되지 않고 자주 박해 받았던 초기의 영웅적 시기이고, 둘째는 콘스탄틴 1세 황제 이후 제국과 연합하고, 교회의 지도자들이 정당하고도 책임감 있게 부와 권력을 누렸던 시기이다. 그러나 그 후 세째는 그레고리 7세 이후의 부패할 대로 부패한 시기로써, 이 때는 전격적인 제동이 필요한 시기였다. 위에서 언급했던 콜렛과 마찬가지로 제르송은 아레오바고 관원 디오니시우스의 열렬한 신봉자였고(p. 77 참조), 사제적 규율을 위한 가장 높은 수준의 기준을 만들기도 했다. 또한 그는 교회의 구조를 파괴하려 한 것이 아니라 단지 그들에게 순결함을 상기시키려 했다. 그는 또한 일반 수사들이나 탁발수도사의 거드름에 반대하며 교구 성직자들을 강력하게 옹호했고, 그리스도와 성모 마리아와 사도들의 시대에는 교회 안에서 금욕 서약이 없었다는 사실을 지적했다. 그들을 지지한 종교개혁자들과 제후들은 나중에 그의 주장을 주목하게 되었다.[38]

그런 와중에 교황권 회복의 기운이 완연해졌다. 1446년부터 교황권은 다시 한 번 더 영구히 로마에 기반을 다졌고, 교회 안에서 이후 이같은 최고 권위의 상징이 결코 다시는 의도적으로 내팽개쳐지지 않았다. 바로 그 후, 1460년에 교황에게 큰 행운을 가져다 준 주목할 만한 사건이 하나 있었는데, 로마의 북서부 교황의 관할지역 내 톨파(Tolfa)에서 거대한 명반(alum, 백반)의 매장지를 발견한 것이었다. 이 광물질은 염색에 사용되는 것이므로 아주 고가였다. 이전에는 오직 큰 비용을 주고 중동에서 수입해와야만 했다. 교서『엑시크러빌리스』가 교황권이 중심권력임을 재확정하고, 예컨대 1455년 교황 니콜라스 5세에 의해 포르투갈의 군주에게 아프리카의 특정 지역들을 다스릴 수 있는 권리가 수여되는 것과 같은 실제적 방식으로 그 권력을 표현하기 시작했을 때, 자원확보에 관심이 많은 교황들이 유럽에서 명반의 독점공급자가 되게 해준 새로운 소득원은 교황권에 유리하게 작용하기 시작했다. 이제 교황들은 이탈리아로 돌아갔고, 그들 주변의 다른 이탈리아 제후들처럼 이탈리아 정치에 관심을 갖는 것이 그리 놀랄 일은 아니었다. 그리고 갑자기 1490년대에 이탈리아가 전쟁의 싸움터가 되고 유럽의 강력한 왕조들과의 싸움에 과대망상증적 관심을 갖게 된 것은 결코 그들의 잘못만은 아니었다. 이 과정은 프랑스의 발루아(Valois) 왕조에

---

38) G. H. M. Posthumus Meyjes, *Jean Gerson, Apostle of Unity: his church politics and ecclesiology* (Leiden, 1999); M.Rubin, "Europe remade: purity and danger in late medieval Europe," *TRHS* 6th ser. II (2001), pp. 101-24, at 107, 110.

제1장 구교(1490~1517)

의해 시작되었다. 1494년부터 1495년까지, 찰스 8세(Charles VIII)는 대규모의 군대를 이끌고 이탈리아 영주들과의 전쟁에 참여하였다.

이 전쟁으로 프랑스가 얻은 것은 거의 없고, 반세기 이상 동안 이탈리아의 많은 주요 지역을 혼란과 전쟁, 참상 속으로 몰아넣었다.

이처럼 급작스런 고위 정치의 불균형 중에, 그 상황 한 복판에 복잡하게 끼어 있는 교황권을 보호하기 위해 자기 확신을 강화하는 것은 자연스러운 보호전략이었다. 그런 분위기는 교황 알렉산더 6세(1492-1503)와 율리우스 2세(1503-13)로 이어지면서 자연스럽게 형성되었다. 알렉산더는 막 탐험을 시작해서 해외를 정복하기 시작한 유럽의 두 권력인 포르투갈과 스페인 사이에 발생한 분쟁에 대한 판결을 1493-1494년에 내리면서 니콜라스 5세의 예를 따랐다. 그는 유럽 외 세계의 지도를 나누어서, 12세기 모든 교황권의 야망이었던 일, 곧 그들이 만나는 비기독교도들에게 복음을 전하도록 위임했다(2장, p. 166 참조). 마찬가지로 15세기의 교황들은 슬프리만치 허물어진 그들 도시의 조형적인 위엄을 회복하기 위한 노력을 시작했다. 과시는 세속적인 지도자들에게 권력의 기본적인 측면이었으므로, 그리스도의 지상 대리자에게도 더 이상 중요할 것이 없었다. 확실히 보게 되겠지만, 가장 중요한 계획은 베드로가 순교당한 곳으로 명성을 얻은 곳에 콘스탄틴 황제가 세운 기념비적인 성베드로성당을 허물고 훨씬 더 장엄한 것으로 대체하는 것이었다(3장, p. 184 참조). 이것은 교황권의 역사에서 특별할 정도로 지나치게 예술과 건축을 장려한 율리우스 2세의 특별한 열정 때문이었다.

그런데 서로 깊이 미워했고 성 베드로의 보좌를 20년간이나 차지했던 두 교황은 무엇이 교황의 자리를 영예롭게 하는지에 대해 매우 다른 이해를 하고 있었다. 보르자(Borja, 또는 Borgia)의 발렌시안 귀족 가문 출신인 알렉산더 6세는 그의 수많은 이탈리아 대적들에 대항해서 외부사람들을 자신의 취약함의 방패막이로 삼았는데, 심지어 몇몇 여인으로부터 낳은 자기 자식들을 포함해서 자기 친척들을 등용하기 위해 가장 돈이 되는 직책들을 무모하게 만들어냈다. 이는 12세기의 개혁으로 확립된 사제들의 독신주의에 대한 불미스러운 모욕이기도 했는데, 교황의 가장 악명 높은 자녀들인 루크레지아와 시저의 악행은 그나마 귀족주의 자기방종의 극단적인 예는 아니었다. 율리우스 2세는 프랑스의 침범으로 확전된 이탈리아 전쟁에 뛰어들 때 스스로 장군이 된 듯한 쾌감을 느끼기도 했다. 특히 그는 70년 전에 교황권에 종속되었고, 로마 다음으로 중요한 교황도시인 볼로냐를 재탈환함으로써 자부심을 갖게 되었다. 동시대의 이탈리아 역사가인 프란세스코 구치아르디니(Francesco Guicciardini)는 율리우스가 '만약 세속 군주였다면 확실히 위대한 영광을 받을만 했다'라고[39] 아주 신랄하게 비판했다. 범세계 교회의 지도자인 양 거드름 피우는 교황의 터무니 없이 명백한 잘못 때문에 공의회주의자들에 대한 그들의 패배는 조롱거리가 되었고, 따라서 교황 수위권에 대한 계속되는 비난을 종식시키는 데 아무런 도움을 주지 못했다. 이 사건은 교황제 자체가 그 권위에 대한 새로운 도전, 즉 그 권위에 반대하는 사상들이 되풀이 될 때마다 매우 민감한 문제로 작용하였음을 말해준다. 루터는 1517년 이후 여러 해 동안 이 문제의 심각성을 발견하게 되었다.

6. 교회 VS 연방

우리는 교회라는 단어가 어떻게 통상적으로 방대한 유럽에 퍼져 있던 성직자 조합(trade union)을 의미하게 되었는지 살펴보았다. 이 조합은 중세 후기 신성로마제국의 일부 도시들에서는 전체 인구의 십분의 일 가량을 포함할 정도로 큰 규모였다.[40] 이에 따라 교회의 권위는 신성로마제국의 방대한 지역들과 확고해진 재판권부터 몇몇 작지만 자유시나 백작이나 공작에게 부속된 실질적으로 독립적인 지역에 이르기까지, 규모와 범위에 따라 변하는 세속 재판권의 만화경 같은 계층구조로 나타났다. 따라서 유럽은 민족국가들(nation-states)로 구성되지 않았고, 이것이 중요한 결과를 낳았다. 필자는 제레미 벤담(Jeremy Bentham)의 18세기 신조어 '국제적'(international)이라는 단어를 편이를 위해 이 책에서 꽤 많이 사용하면서도, 사람들이 '민족주의'(nationalism)라는 용어를 15세부터 17세기까지 어떤 목적으로 사용하고 있는지 의문이 들 때가 많다. 종종 민족주의는 개신교 종교개혁과 관련되어 있지만, 그런 연계 자체가 문제 투성이다. 민족주의는 1789년 프랑스혁명 이후의 세계적 현상이다. 그것이 함축하는 바는 통상 하나의 언어와 공유된 문화를 포함하고, 하나의 민족적 의지의 공적인 수사를 만들어 내며, 하나의 국가를 만들고 강화하려는 의제를 지닌 확고한 영역 내에서의 공통 의식이다.

---

39) C. Shaw, *Julius II: The Warrior Pope* (Oxford, 1993), p. 315.
40) A. Pettegree (ed.), *The Reformation of the Parishes: The Ministry and the Reformation in Town and Country* (Manchester, 1993), p. 2.

15세기와 16세기 유럽 사람들은 공통의 유산 및 재판 관할지역을 인식하고 있었다. 일반적으로 그들은 이웃한 지역들에 대한 오래된 증오 속에서 자라왔기 때문이다. 잉글랜드는 아마도 가장 예외적인 사례에 해당한다. 훨씬 오래되었고, 대부분의 유럽 세속 관할지역보다 더 연합되었고 자의식이 있었다. 따라서 잉글랜드는 이웃하는 북쪽 스코틀랜드 왕국에 존재하던 매우 다양한 게일어(Gaelic)와 영어권 사람들에게, 특별히 과거 잉글랜드의 부적절한 간섭 때문에, 잉글랜드 사람이 되지 않겠다는 강력한 공통인식을 주입했다. 그런데 사람들은 그것을 스코틀랜드의 민족주의로서 오해할 수 있다. 심지어 잉글랜드 지역 안에서도 15세기에 다섯 개의 다른 언어가 사용되고 있었기에(영어, 웨일스어, 콘월어[Cornish], 맨어[Manx], 불어) 민족주의적 의미에서 공통의 개념을 만들어 내는 것은 문제의 여지가 많다. 반대로 일반적인 결합은 단순히 지역의 결합이기보다는 언어의 결합이었다. 독일어를 하는 사람은 이탈리아 사람들과 동유럽에 있는 그들의 식민 지역에 대한 편견으로 악명이 높았다. 단일 스페인 왕국에 부합하지 않는 다른 종류의 의미를 가진 '민족적'이라는 의식 개념을 스페인에서 볼 수 있을지도 모른다. 왜냐하면 그와 같은 것이 스페인에 없었고, 심지어 이베리아 반도는 단일 왕국인 잉글랜드보다도 더 여러 언어들의 고향이었기 때문이다. 차라리 유대인과 무슬림에 대한 증오에서부터 스페인 기독교인들을 새롭게 선택된 종족으로 보는 고대로부터 내려오는 관념에 이르기까지, 인종적, 종교적 정체성과 더불어 스페인 사람들의 의식은 일종의 강박관념이었다(2장, pp. 103-112 참조). 이것이 '민족주의'로 표출된 사례가 있었다면, 그것은 종교개혁에서가 아니라 반종교개혁(Counter-Reformation)에서였다.

유럽에서 세속 정체성의 가장 두드러진 표지는 한 왕조(이것은 잉글랜드와 웨일스의 튜더, 프랑스의 발루아, 폴란드-리투아니아의 야기에오 또는 중부 유럽의 합스부르크 가문과 같은 통치자들의 가족이다)와 동시에 오래된 권한과 특권을 가진 지역 자치단체에 대한 공동의 충성이었다. 이들 충성이 반드시 배타적이어야 하는 것은 아니고, 양쪽 모두에 충성을 다하는 개인은 상황에 따라 특정 방향으로 끌려간다고 느낄 수 있었다. 종교개혁이 발발해서 교회의 권위가 도전을 받게 되자 이런 충성에 많은 변화가 일어났지만, 왕조와 지역성은 일반적으로 민족주의적 환상보다 훨씬 더 중요한 것으로 간주되었다. 똑같이 세속 국가라는 개념도 초기 현대 유럽의 세속적인 관할 지역에 자연스럽게 적용될 수 있는 그런 개념은 아니었다. 그들은 일반적으로 큰 가문의 부와 특징적 전통에 연계되어 있었고,

또한 하나님의 섭리에 의해 만들어졌다는 자부심을 가졌기 때문이다.

하나님이 주신 창조질서의 한 부분이라기보다 특수한 인간 환경에 적합하도록 설계된 '국가'(state)라는 개념은 16세기 초부터 피렌체(Florentine)의 정치가 니콜로 마키아벨리의 작품에 등장하는 정치적 담화에서 기원한 용어다. 정권을 장악하는 비도덕적인 방법을 제시한 마키아벨리의 명백하게 추상적인 분석과 공개적인 냉소주의는 유럽에 충격을 줬고, 대부분의 사람들은 최소한 공공장소에서는 그에게 동의하지 않는다고 말하는 것이 지혜롭다고 느꼈다. 경륜있는 잉글랜드 정치가들은 1590년대에 아무런 자의식 없이 '국가'라는 단어를 사용하기 시작했다. 그즈음에 보다 강력한 유럽의 통치자들이 점점 더 중앙집권화를 추진하고, 정부의 관료주의적 시스템은 전쟁경제를 유지하도록 몰아갔는데, 이런 것들이 아마도 국가로 묘사될 수 있을 것이다. 그렇지만 교회에 의해 발전되고 정부 형태와 대비해서 세속 정부의 거대한 다양성을 묘사하기 위한 보다 유연한 단어가 필요했는데, 그것들을 종교개혁 시대에 만나보게 될 것이다. 이 책 전체에서 필자는 이제는 다소 고전적이거나 특별한 의미를 지니게 된 '연방'(Commonwealth)이라는 말을 반복적으로 사용할 것이다. 다양한 같은 용어들 중에(일반적으로 'Republic'이라는 의미와는 다른 라틴어의 Respublica와 같은), 이것이 종교개혁 시대의 유럽인들에게 가장 친숙한 개념이었다.

교회와 연방 간의 경쟁은 관할권에 관한 주장에서 유사성을 보인 교황과 군주 간의 경쟁과 꽤 흡사하다. 이같은 다툼은 이후로도 수 세기 동안 이어진 역사지만 15세기에 더 치열했던 것 같다. 세속 통치자들이 점점 더 많아졌고, 그들이 권력을 더욱 공고히 했기 때문이었다. 그들은 수입을 끌어모으는 능력을 확대하고 영지에서 보다 더 복잡한 사안들을 결정했다. 한 가지 중요한 동인은 전쟁에 드는 기술적인 비용의 증가였다. 교전용으로 설계된 총포와 요새는 점점 더 복잡해졌고, 15세기 중엽 프랑스 왕 찰스 7세에 의해 시작되었듯이, 군주들은 항구적 상주 군대를 보유하게 되었다. 수입에 비해 엄청난 비용이 들게 되자 실제로 보다 큰 권력 집단을 선호하는 현상이 나타났다. 교황은 관료체계를 발전시킴으로써 정치 지형의 변화에 대응했다. 1490년대부터 교황청은 유럽의 주요 세속 왕실에 자신의 관심을 보여주기 위해 황제 직할의 징세 담당관 체계를 모방해 지역 대표부, 로마 교황청 대사 같은 체계들을 만들었다. 이로써 다른 통치자들을 대면하는 보다 전문적인 장기 대사들의 고용이 증가하였다. 그러나 로마 교황청 대사들은 다른 대사들과 다소 달랐다. 그들은 파송된 지역의 교회 관할권을 보유했다. 독립을 소중히 여기던 거만한 베네치아 연방 내에서도 교황청 대사 기로라모 알레안드로(Girolamo Aleandro)는 베네치아 당국자들과 상의도 없이, 심지어 로마 고위층으로부터 실질적인 허가를 받지 않고서도 1533년에 한 목수를 이단으로 정죄하여 종신형을 언도할 수 있었다.[41]

그러므로 군주가 교황의 간섭과 교회의 권력에 우려를 표한 것은 자연스럽지만, 그들은 개인적으로는 경건했다. 현대 종교정치의 관점에서 폴란드 군주와 귀족들이 교황을 경계하고 적대적이었다는 사실을 알면 다소 의아할 수 있다. 그러나 거기에도 마땅한 이유가 있었다. 교황들은 계속해서 왕국의 오랜 적 튜턴수도원 기사들을 도왔다. 선도적인 지도자인 포즈난의 카스텔란 지방의 얀 오스트로로그(Jan Ostrorog)는 1545년경에 쓴 그의 『연방의 질서에 관해 모은 비망록』(Monumentum pro Reipublicae ordinatione congestum)에서 폴란드의 많은 상류층 인사들을 긍정적으로 그렸다. 그는 초년도 수입세(annates, 사제들의 성직록을 위한 교황청의 징세)와 로마에 법률적으로 항소하는 것이 폐지되어야 하고, 성직자도 평신도처럼 폴란드 정부에 세금을 내야 한다고 주장했다. 이것은 잉글랜드의 헨리 8세가 1530년대에 효력을 발휘시킨 강령이었다. 그러나 폴란드 분쟁은 교황과의 분쟁이었지 교회와의 분쟁은 아니었다. 폴란드-리투아니아 연방의 교회 지도자들은 대부분 세속 귀족에 공감하는 단호한 공의회주의자들이었다. 폴란드는 공통의 적이었던 튜턴 기사단에 대항해 그들을 도운 보헤미아의 후스파의 제안에도 일정하고 굳건한 거리를 두었다. 단지 그 대가로 선도적인 폴란드 사람들이 연합 서방교회로부터 멀어지기는 했다.[42]

어떤 군주들은 통제 아래 있는 지역들에 대한 간섭을 중립화하거나 줄이기 위해 로마와 거래를 하기도 했다. 1448년 신성로마제국의 프레드릭 3세는 교황 유게니우스 4세와 비엔나 조약(Concordat of Vienna)에 합의했다. 제국 내에서 교황청이 초년도 수입세를 계속 거두는 반면, 교황이 아니라 대성당 총회가 주교관구 내의 주교들을 계속해서 선출했다. 이런 독일식 해결책은 반종교개혁의 주요 결과들에도 계속 살아남았다(10장, p. 602 참조). 그러나 이것은 황제가 지배하는 독일 땅에서 로마까지는 스페인이나 프랑스보다 더 많은 돈이 든다는 것을 의미했다. 그 차이는 독일 영지를 다스리는 사람들의 큰 근심거리가 되었다. 십 년 전에는 발루아(Valois) 왕조의 군주가 프랑스의 사제 위원회

---

41) P. Blet, *Histoire de la représentation diplomatique de Saint Siège: des origines à l'aube du XIXe siècle* (Vatican City, 1982), pp. 221-2.
42) Davies, *God's Playground*, p. 125.

를 도와서 부르주(Bourges)에서 국사조칙(國事詔勅, Pragmatic Sanction, 관할권에 관한 정의)을 공포했다. 이것은 로마가 프랑스교회의 재산과 관련된 일들에 간섭하는 것을 금지하거나 공석인 프랑스의 성직을 임명하는 권한을 금지했다. 이것은 갈리아주의(Gallicanism, 교황권제한주의)라고 불리는 프랑스의 꾸준한 반로마독립 주장의 시금석이 되었다. 갈리아주의의 관심들이 공의회주의와 일치하지는 않았다. 이 사상은 군주들이 교회에서 책임지는 역할에 강조점을 두었기 때문이다. 반면 대부분의 공의회주의자들은 교회의 공동체적 독립을 강조하길 원했다. 그러나 양쪽 모두 교황의 권력이 성장하는 것에 경각심을 가졌다. 1516년 프랑수와 1세는 부르주(Bourge)의 국사조칙을 오랫동안 반대한 교황에 새로운 협의, 곧 볼로냐에서 서명된 조약을 가지고 대응했다. 여전히 프랑스 군주들이 큰 폭의 행동의 자유를 유지하기는 했지만, 많은 공의회주의자들과 갈리아 프랑스 계통 변호사들과 신학자들에게는 실망스럽게도, 이 조약은 조칙을 뒤집고 교황에게 성직자를 추천할 수 있는 권리를 부여했다.

이와 대조적으로 로마와 합의에 이르지 못한 군주는 교회에 계속해서 문제의 근원이 되었다. 1485년에 권좌에 오른 잉글랜드의 헨리7세가 그 예에 해당한다. 그는 두드러지게 신앙심이 깊은 가문 출신이었다. 우리가 먼저 살펴본 것 같이, 신앙심이 투철한 그의 모친 마가렛 뷰포트 여사는 교황으로부터 "예수"이름을 어떤 건물이나 장소에 헌정할 수 있는 권한을 부여받았으며, 헨리7세 역시 과대망상적인 야망으로 인해 웨스트민스터 사원에 소예배실을 세우기도 했다. 그러나 이것으로 헨리가 교회와의 싸움을 멈추지는 않았다. 이 경우 그는 로마 자체보다는 잉글랜드교회 당국자들과 싸웠다. 그는 자신이 이끄는 세속 변호사들을 부추겨 교회가 법적인 소송사건을 진행시키는 것을 금지하게 만듦으로써 교회법정을 괴롭히고, 권한을 제한시켰다. 또한 로마 교황청의 관할권 면제 특권이 종식되도록 십 년간 캠페인을 벌여 선도적인 위치에 있었던 잉글랜드의 수도원들의 분노를 촉발했다. 헨리7세는 이러한 종교, 정치적 정쟁에서 잠시 주춤했지만, 사십년 뒤의 그의 아들 헨리8세는 잉글랜드의 공식적인 종교개혁 시초부터 기존의 분쟁사건들에 대한 주도권을 쥐게 되었다.

통상 엄청난 분투와 노력을 통해 우월적 지위를 확보할 세속 통치자로부터 특권을 얻은 마을들이나 도시들에서 벌어진 충돌에 교회와 연방은 똑같이 책임이 있었다. 가장 큰 곤경은 그런 장소에서 자원이나 특권을 비정상적으로 누리고 있던 교회당국자들에게 일어난 특별한 역사였다. 이들은 오직 몸에 달라

붙어 있는 기생충으로만 여겨졌다. 덴마크 왕국에서는 발틱 해로 이어지는 해협 양쪽의 코펜하겐과 말뫼 시의 지도자들은 그들 공동체의 지형적 확장을 막아준 도시성벽 내 모든 땅과 집의 약 삼분의 일 정도를 세금도 한푼 내지 않는 교회가 소유하고 있다는 사실을 극명하게 깨닫게 되었다.[43] 제국 내 울츠부르크의 주교는 또한 공작이기도 했다. 사제들이 대부분의 땅과 관련된 재산을 소유하고 있었고, 세속 당국자들은 종교개혁 150년 이전에 교회 재산과 관련해서 발생한 심각하고 대중적이며 파괴적이었던 다섯 번의 광포한 소요 등의 갈등에도 불구하고 독립을 주장하는 데는 실패했다.[44] 아마도 가장 슬프고 가장 심각한 경우는 15세기 후반까지 남자 인구의 사분의 일이 성직자였던 수도원 도시 마인츠였다. 상호 원한으로 가득한 긴 역사는 세속 시민들이 일하던 시내 수도원들이 파산함으로써 잔혹한 경제적 형벌에 직면한 것이었다. 이것을 상쇄하려고 다음 세대가 세운 세금부과라는 짐 때문에 부유한 거주자들이 절망 속에서 마인츠를 떠났다. 교회당국자들이 마인츠같이 유사한 혼란이 일어났을 때 형벌시행에 대해 타협적인 태도를 보였던 이웃도시 프랑크푸르트(Frankfurt-am-Main)과는 반대로, 마인츠의 성직자들은 그 마인츠가 멸망으로 치닫는데도 요지부동이었다.[45]

모든 상황이 다 그렇게 끔찍한 것은 아니었지만, 그러한 사건들에 대한 반응은 어떤 경우라도 단순하지 않았다. 확실히 코펜하겐과 말뫼의 지도층 의원들은 교회가 실제로 타락할 때 종교개혁의 메시지에 주목할 준비가 되어 있었다. 그러나 일련의 경건한 평신도들은 특정 성직자들은 미워했지만 여전히 교회를 사랑하고 싶어했다. 그래서 그들은 특권을 누리는 사제들을 공격하지 않고, 목회적 돌봄을 받기위해 다른 곳을 찾아가지 않겠다고 결심했다. 명백한 하나의 대안은 탁발수도사들의 사역이었다. 이들은 사제들의 특권을 신랄하게 비판하였으며, 자신들의 경쟁자였던 사제들에 대항하여 투쟁하는 동맹을 맺기도 했다. 이같은 사건은 울츠부르크와 마인츠에서 일어났으며, 이미 살펴보았듯이 유사한 사건이 잉글랜드의 노르위치에서도 발생한 바 있다(p. 37 참조). 베네딕트수도회의 대성당 수도회와 시 자치단체 사이에서 수세기 동안이나 지속되고, 때로는 살기등등했던 이 원한은 시 자치단체가 중요한 시의 종

---

43) Pettegree (ed), *Early Reformation*, p. 107. 지리적으로 말뫼 (Malmø)는 지금의 스웨덴에 있다.
44) K. Trüdinger, *Staat und Kirche im spätmittelalterlichen Würzburg* (Stuttgart, 1978).
45) J. Eltis, 'Tensions between clergy and laity in some western German cities in the later Middle Ages,' *JEH* 43 (1992), pp. 231-48, at 244-6.

교예식인 성체절(Corpus Christ Procession)을 마련하면서 대성당을 무시하게 되는 상황까지 이르렀다. 어느 단계에서는 시의회 의원들이 씩씩거리며 대성당의 설교를 들으러 가지 않고 대신 시내에서 인기를 끌던 카르멜(Carmelite) 탁발 수도회로 가버렸다. 게다가 1530년 헨리 8세가 잉글랜드의 모든 수도원과 탁발수도회를 해산했을 때, 시 당국은 도미니크 탁발수도회를 매수해서 하나의 사적인 자치단체 예배당으로 사용했다. 교회는 여전히 시 풍경의 자랑스런 볼거리였다.[46] 한 극단적인 사건이 프랑스 남부 아익센 주(Aix-en-Provence) 한 도시의 대성당에서 일어났다. 이 성당의 소유권을 가진 사람들은 다른 지역 출신의 가문이었다. 그들은 대성당 산하 두 교구교회의 수익을 착취하였다. 그들은 교구 사제들에겐 최저 사례비만 지급했고, 새로운 교구를 설립하는 것도 허용하지 않았다. 사람들의 대응은 대성당이 통제하는 교회에 정해진 금액 이상의 세금을 내지 않고, 그들의 교구교회로 탁발수도회의 교회를 활용하는 것이었다.[47]

이기적인 아익센 대표회의 사례는 스페인에서 발트 지역에 이르기까지 후기 중세교회의 주요하고 복잡한 한 요소를 상기시켜주는 것이었다. 최고의 권력과 고착된 부를 지닌 교회의 여러 부분들, 주교직, 대성당들과 옛 은둔수도원들은 빈 자리에 자기의 가족들을 채워 넣는 세속질서에 기반을 둔 귀족 가문들에 의해 점령당하는 경향을 띠게 되었다. 1421년 폴란드의 주교들은 귀족 회원을 제외한 모든 사람에 대해 대성당 참사회의 회원이 되는 것을 금지했다. 다만 각 참사회별로 참사회에 유익하다고 여겨지는 전문인들을 위해 배려된 두 명의 명예성직자들은 예외로 했다. 이들 중 한 명은 법학박사이고, 한 명은 의학박사였다.[48] 놀랍게도 마크데부르크처럼 중요한 신성로마제국 도시에서(그곳의 대주교가 자유로운 황제 도시가 되는 것을 차단해 버린) 자부심 강하고 부유한 상류층 가문 회원들은 귀족들의 모략으로 도시의 주요 교회와 대성당의 자리를 차지하는 것으로부터 배제되고 말았다. 이같은 추악함 때문에 교회 정화에 대한 강한 요구가 생겨나게 되었다. 아이히슈타트(Eichstatt)의 대성당 참사회는 오만하게

---

46) M. C. McClendon, *The Quiet Reformation: Magistrates and the Emergence of Protestantism in Tudor Norwich* (Stanford, 1999), pp. 71, 100-5.

47) C. Dolan, *Entre tours et clochers: les gens d'Eglise à Aix-en-Provence au XVIe siècle* (Quebec, 1981), 특히 3장과 pp. 196-206, 225-39. 또한 L. J. R. Milis, 'Monks, Canons, and the City: A Barren Relationship?' *Journal of Interdisciplinary History* 32 (2002), pp. 667-88를 보라.

48) Davies, *God's Playground*, p. 127.

제1장 구교(1490-1517) 95

도 지역 상류층조차도 배제해 버린 황제 귀족 회원의 집합소였다.[49]

　부유한 수도원들 또한 귀족 가문들의 관심에 쉽게 넘어갔다. 심지어 교회 안에서 벌어지는 사회적 배타성에 비판적이던 교황 비오(Pius) 2세도 1458년에 아인지델른(Einsiedeln)의 거대한 스위스 순례자수도원의 정관을 확정하는 것에 반대하지 않았다. 이 정관은 노골적으로 '만약 수도원에 충분한 수도사들이 있다면 귀족 가문을 제외한 그 어떤 수도사들도 받아들이지 않는다'는 구절을 포함하고 있었다.[50] 종종 수도원의 수장이 수도원 출신의 대수도원장이 아니었고, 대신 수도원을 위해 수도원의 자산들을 맡아 관리하던(in commemdam, in trust) 권력을 가진 평신도가 수장이 되기도 했다. 그래서 그는 일종의 위탁자(commendator)로 알려졌다. 이와 같은 위탁 체계는 유럽 전역의 대성당에서 발견된다. 비슷하게 특별히 비엔나조약이 효력을 가진 지역들에서는 대부분의 주교들이 대성당의 명예 성직자들이나 성당 참사회원들 중에서 선발되었다. 이로써 유럽의 대형 교구들은 귀족들의 집합소가 되었다. 특이한 예의 하나가 상대적으로 교구들이 크고, 헝가리를 제외하고는 어느 곳보다 부유했던 잉글랜드였다. 주교들은 옥스포드나 캠브리지대학에서 공부하며 어려운 길을 걸어온, 덜 귀족적이고, 심지어 다소 천한 백성들의 자제들인 경향이 있었다. 비슷하게 평신도 위탁 관리인들도 잉글랜드의 부유한 수도원에는 흔치 않았다. 중세 잉글랜드교회의 예외적으로 안정된 질서는 이런 특징들과 관련이 있다.

　따라서 대형교회들을 포함해서 분쟁을 단순히 평신도와 사제들 사이의 갈등으로 보는 것은 지나친 단순화이다. 이 분쟁들은 아마도 실제로는 시 당국과 담을 넘은 귀족들과의 갈등이며, 지배계급 내의 서로 다른 이익집단 간의 갈등이었다. 많은 부분이 가문의 권력에 관한 것이었다. 제국의 테두리 안에서, 교회에 제공한 부와 지역 관할권은 15세기 초 이래 합스부르크 가문이 차지한 신성로마제국 황제의 권력에 대항하여 제후가 다스리는 왕조들이 사용한 무기였다. 독일에서 가장 성공한 기업 중의 하나였고, 합스부르크 가문의 오랜 대항마였던 비텔스바흐(Wittelsbach) 가문은 지칠 줄 모르고 바바리아(Bavaria)와 팔츠(Palatinate) 지역에서 주교 자리를 끌어 모아 위탁 관리인으로 채우거나 가문의 젊은 사람들로 채웠다. 이들 중에는 오스트리아 합스부르크 가문 소유의 핵심 지역들 대부분에 대해 관할권을 갖기도 했던 파사우(Passau)의 바바리아

---

49) H. A. Braun, *Das Domkapitel zu Eichstätt. Von der Reformationszeit bis zur Säkularisation (1535–1806)* (Stuttgart, 1991), pp. 63–69; 마크데부르크에 관하여는 Eltis, "Tensions," op. cit., 243.
50) Eltis, 'Tensions', op. cit., 243.

주교관구 소속 일련의 주교들이 포함되어 있었다. 이로써 그들은 경계선을 넘어 비텔스바흐를 간섭하기 위한 유용한 초석을 놓았다.[51] 또 하나의 거대한 독일 왕조로 나중에 합스부르크의 강적으로 드러난 호엔촐러른(Hohenzollern)이 있었다. 15세기 후반 호엔촐러른 가문이 지역들을 확장하는 동안, 브란덴부르크의 알브레히트 아킬레스(Albrecht Achilles)는 호엔촐러른 땅에서도 가장 작은 관구들 중의 하나로 알려졌다. '그가 누구이든지 레부스의 주교(a Bishop of Lebus)가 있다는 사실과 그가 그 지역들을 통치하는 데 유익한 아주 정직한 사람이라는 사실이 우리와 무슨 상관이 있단 말인가? 그가 그것을 좋아하든 좋아하지 않든 그 어떤 경우에도 그는 반드시 브란덴부르크의 후작이 후작들과 그의 영지에 영향을 줄만한 가능성이 있는 염려들을 만족시키는 것은 무엇이든 그것을 해야만 했다.' 그래서 레부스의 주교는 간섭하는 황제나 심지어 교황에 충성하기 보다 브란덴부르크에 우선적으로 충성해야 한다는 사실을 반드시 알아야 했다.[52]

황제의 자유 도시들은 마인츠, 울츠부르크, 또는 마크데부르크의 어색한 본보기를 잘 관찰했기에 자신들이 귀족 출신 성직자들에 의해 지배되지 않도록 하는 확실한 조처들을 취했다. 특별히 뉘른베르크(Nuremberg)는 운 좋게도 밤베르크(Bamberg) 곳곳에 주교좌가 있는 교회를 가지고 있던 그곳의 주교와의 연결고리를 잘라버리는 데 성공했다. 그곳 법정을 통해 법적인 배제를 확고히 했고, 1480년대까지는 영적인 일과 관련해서 시가 더 이상 주교의 참사회와 주교에게 복종하지 않기를 원한다는 사실 때문에 불만을 갖게 된 주교를 점점 더 자극했다. 그러나 시의회는 태연했다. 그 도시에 있는 수도원과 수녀원들에 자신들의 관리인들을 배치했고, 스스로 두 개의 주요 교구교회들에 대한 성직임명권도 획득했다. 이에 비용이 들어갔고, 교회에 추가된 화려한 장식들에도 (사진 6 참조) 결국 돈이 엄청 들어가게 되었다. 루터교회에 의한 소요가 암시되기 이전에 뉘른베르크는 자기 고유의 교회 제도를 세우고 있었다.[53] 아우크스부르크에서는 대성당이 오랫동안 존재했음에도 불구하고 시 당국자들은 중부 유럽 무역의 교차 지역에 근거를 두고 획득한 자신들의 중세 후기 거대한 부를 과

---

51) Pettegree (ed), *Early Reformation*, p. 11.

52) M. Schulze, *Fürsten und Reformation: Geistliche Reformpolitik weltlicher Fürsten vor der Reformation* (Tübingen, 1991), pp. 39-40; *JEH* 44 (1993), pp. 126-7에 나와 있는 Tom Scott의 자료로부터 번역함.

53) R. K. Rittgers, 'Private confession and religious authority in Reformation Nürnberg,' in Lualdi and Thayer (eds), *Penitence*, pp. 49-70, at p. 58.

도한 특권이나 관할권으로부터 주교들을 배제하기 위해 사용하기 시작했다. 15세기까지 계속해서 주교들은 그들의 위치가 소망이 없음을 깨닫고, 다뉴브(Danube) 서쪽으로 20마일 떨어진 딜링엔(Dillingen)의 작은 마을에 대안 본부를 세우려고 했다.[54]

스위스의 도시들은 15세기 말까지 황제와의 어떤 실제적인 동맹도 다 내던져 버렸다. 그래서 이 도시들은 뉘른베르크나 아우크스부르크가 그랬던 것처럼 황제의 특권들을 확대하지 않고, 오히려 그들의 점증하는 부를 지역 교회들을 통제하는 자신들만의 방법을 만들어 내는 데 사용했다. 취리히에서는 관구 주교가 편리하게도 콘스탄츠와 멀리 떨어져 있었다. 시의 권력은 교회 당국자들이 그들의 삶을 간섭하는 것을 허용하지 않는 부유한 상인 조합의 손에 넘어갔다. 그들은 귀족 여인들이 향유하고 있던 황제 직할의 베네딕트수녀원 프라우뮌스터(Fraumünster)의 관할권을 시당국이 더이상 관여하지 못하도록 확고한 조치를 취했다. 반면 조합들은 승리감에 젖어 그 도시의 주요 대학교회인 '펠릭스와 레굴라의 대교회'(Great Minster[Grossmunster] of SS Felix and Regular)에 큰 관심을 보였다. 샤를마뉴 황제의 거대한 한 조각상이 그로스뮌스터의 남쪽 탑으로부터 림마트 강의 물줄기를 바로 가로질러 가느다란 프라우뮌스터의 첨탑을 공연히 노려보고 있는 것은 아니었다. 취리히의 상업 연방은 귀족주의적 황제 교회를 결정적으로 제압했다(사진 4 참조).

중세교회를 연구하는 역사가들 중에 그와 같은 연방이나 도시들, 또는 귀족 가문들에 의한 교회 지배를 그 체계 내부의 폐해로 보는 경향이 있다. 우리는 그 폐해들을 충분히 주목해 왔다. 그러나 이런 간섭들이 이기적 권력을 증진시키기 위해서만 사용된 것은 아니었다. 교회 밖 통치자들이 진정한 이상주의를 내다보았을 수도 있다. 1452년에 영도력 있는 계율주의 프란시스코 수도사(Observant Franciscan) 출신 설교가인 조반니 디 카피스트라노(Giovanni di Capistrano)는 중부 유럽에서 후스파에 대항하는 일련의 활동의 일환으로 투린기아(Thuringia)를 여행했다. 이런 노력의 와중에 성공하지는 못했지만, 지역 통치자 벨헬름 3세 공작은 카피스트라노의 노력에 자극받아 그의 영지 내에서 도덕에 관한 규율을 선포하고 그들의 청빈생활에 대한 서약을 회복시킴으로써 지역 내의 어거스틴 탁발수도회를 개혁하는 데 사용했다. 그는 그 결과 얻게 된

---

54) J. J. Tyler, *Lord of the Sacred City: the episcopus exclusus in late medieval and early modern Germany* (Leiden, 1999), 특히 제 3장.

수익을 단순히 착복하지 않고, 실제로 그 돈을 필요로 하는 일반 사람들과 교회의 사역들에 유익하도록 사용했다.[55] 우리는 위에서 공동생활 형제회와 자매회가 어떻게 그들의 공동체가 교회보다 도시 통치자들에 대해 더 책임이 있다고 여겼는지를 살펴보았다(p. 63). 이는 유럽 사회 안에서 종교적으로 가장 헌신된 몇몇 사람들의 확신에 의한 결정이었다. 교회 당국으로부터 병원과 학교를 접수하고, 시민 자치 기금으로 사례를 지급하는 교회 설교권을 확립하려는 조처는 열정적이고 번창하는 뉘른베르크 같은 중부 유럽의 도시들이나 스위스의 주요 도시들에서 공통적이었다. 그러나 독특한 지역 환경이 기회를 제공한 외진 시골 지역에서도 동일하게 사람들은 활동의 폭을 넓히고자 교회에 대한 그들의 통제력을 사용하거나 확장할 준비가 되어 있었다. 그리손스(Grisons) 또는 그라우뷘덴(Graubünden)의 외진 산간 계곡들에도, 가난에 찌들린 스위스의 극동 지역에서도 지역 공동체들은 교회 당국이나 귀족들에 의한 방해로부터 예외적으로 자유로웠다. 그래서 그들은 자신들의 희소한 자원을 사제들의 봉급과 새로운 교구들이나 교회 건물을 위해 아낌없이 사용할 가치가 있다고 느꼈다. 자연스럽게 그들은 새로운 공동체의 자산을 관리했고, 종교개혁이 도래했을 때 자신들의 충성심을 어디에 두어야 할지 지역별로 다양한 결정을 하게 된 것이다.[56]

이 모든 것은 중부 유럽의 많은 지역들에서 종교개혁 태동 이전에 주관할교회(Landeskirchen), 또는 지역 단위로 운영되는 교회들이 등장하고 있었다는 것을 의미한다. 그런 전개는 지역 행정 장관이 교회생활의 주도적 책임을 지고 있었다는 가정에 의해 뒷받침된다. 그 가정은 사람들이 그들의 교회 안에서 가르침을 받는 교리문답집(단순한 교리의 요약)에서 쉽게 발견되는 가정인데, 그래서 그들은 교재에 관해 너무 많이 고민하지 않고도 그 교재의 주장들을 흡수하게 되었다. 그 결과는 지역적 형태의 공의회주의였다. 어떤 사람은 그것을 11세기와 12세기의 그레고리 혁명 이전에 존재했던 교회 내 권력의 균형으로의 꾸준한 회복이라고 보기도 한다. 제후들과 시의회는 자신들의 관할권 안에서 교황같은 존재가 되는 것을 자랑스럽게 여겼다. 제후는 결국 자기 영지의 아버지(Landesvater, 영주)와 같은 존재였다.[57] 세속 통치자들이 교회의 성직자들로

---

55) Schulze, *Fürsten und Reformation*, op.cit., pp. 67-111.
56) I. Saulle Hippenmeyer, *Nachbarschaft, Pfarrei und Gemeinde in Graubünden 1400–1600* (2 vols, Chur, 1997), 특히 p. i 그리고 1장, pp. 2-4.
57) R. J. Bast, *Honor your fathers: catechisms and the emergence of a patriarchal ideology in*

부터 점점 더 권력과 책임을 차지하게 되는 중세 후기 중부 유럽의 흐름과 함께, 1520년의 최초의 종교개혁자들이 교회개혁의 새로운 국면을 시작하기 위해 주교나 수도원보다 제후를 주목했다는 것과 종교개혁의 많은 부분이 경건한 제후가 종교적 혁신의 자연스러운 대리인이라는 가정을 계속 발전시켰다는 것은 그리 놀랄 일이 아니다.

그렇지만 이같은 방식의 발전이 교황에 반대하는 의도적인 도전의 행위가 결코 아니었다는 사실은 반드시 기억되어야 한다. 심지어 교회에 대한 그들의 관심이 그들을 지배구조 속에 있는 구성원들과 충돌로 이끌어 갔어도, 대중적 감흥을 받은 모든 지도자들이 종교개혁에서 로마에 대한 충성을 포기한 것은 아니다. 1513년에 작센의 게오르크(Georg of Saxony) 공작은 대담하게 교회는 더 이상 그리스도의 신부가 아니고 '썩어 악취나는 시체'라고 묘사했다. 또한 그는 1521년 보름스(Worms)에서 열린 황제가 주관하는 회합(Diet, 공식회합)에서 교회의 지도자들에 대한 전통적인 불만 목록을 제시할 준비가 되어 있었다.[58]

그러나 게오르크는 보름스의 같은 회합 석상에서 마틴 루터의 행동에 깊이 충격을 받았고(3장, pp. 198-199 참조), 그 결과 가장 신랄하고 보수적인 루터반대자 중의 한 사람이 되었다. 종교개혁은 단순히 관할권에 관한 것이 아니고, 심지어 교회를 개혁하는 최선의 방법에 관한 것도 아니었다. 이런 분쟁들은 이전에도 있었고, 중상을 입혔지만, 치료되곤 했다. 이 분쟁들에는 그레고리의 혁신 이래 일어났던 그 어떤 것보다 더 지속적인 분쟁을 만들어 낸 보다 심오한 개념들이 포함되어 있다. 이들을 이해하기 위해 우리는 반드시 게오르크 공작이 15세기와 16세기의 전환점에서 만난 한 젊은이가 표현한 기독교 세계의 새로운 소망들과 두려움들을 반드시 검토해야 한다.

Germany 1400–1600 (Leiden, 1997) 속에서 이 개념이 지나치게 발전되었다.
58) Schulze, *Fürsten und Reformation*, op. cit., pp. 125-7, 136.

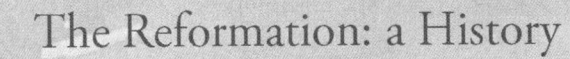
The Reformation: a History

제 2 장
희망과 두려움
(1490-1517)

1. 경계의 이동

　1500년대 즈음해서 서구 기독교 세계가 공유한 가장 큰 두려움은 모두가 함께 사라져버릴 수도 있다는 전망이었다. 아이슬란드나 사람이 거의 살지 않는 스칸디나비아 극북쪽을 제외하고는 1500년대에 그 경계가 안정적이고 경합이 없었던 지역은 아무 곳도 없었다. 어떤 경우에는 그 경계가 줄어들고 있었다. 쇠락과 실패가 그 양극단이었다. 북서쪽 대서양 연안에 걸쳐 초기 수 세기 동안 그린랜드에 세워진 스칸디나비아의 식민지들은 마침내 사라져 갔고, 유럽 대륙의 본국으로부터도 떨어져 나갔다. 그들은 근친 결혼과 질병으로 인구가 감소했고, 이상하게도 그들 주변에서 번영을 이루며 살았던 이뉴잇(Inuits, 그린랜드의 에스키모인) 유목민들의 생존 전략을 따르지 못했다. 남동쪽으로는 라틴 기독교의 지역이 놀라울 정도로 넓게 퍼져 나갔는데, 멀리는 그리스 동쪽 600마일 떨어져 있는 지역까지, 그리고 12-13세기의 서구 십자군전쟁에서도 끈질기게 살아남은 지역인 지중해의 키프로스 본 섬에까지 걸쳐 있었다. 1480년대에 이르러, 베네치아인들이 이슬람에 대항하는 전진기지로 활용하기 위해 마지막 왕의 미망인에게 그 섬을 베네치아에 양도하도록 압력을 가하기까지, 키프로스의 왕좌는 서부 프랑스의 떠돌이 십자군 귀족의 후예 뤼지냥(Lusignan) 가문의 후손들이 차지하고 있었다.

베네치아인의 통치 아래서 키프로스의 라틴계 기독교인들은 동방 정교회 기독교인들 위에 군림했다. 이들은 그들이 도착한 다음부터 박해를 당하고 사회적으로 소외당하는 것을 분개하였다. 키프로스 섬 마을들에서 정교회는 서서히 위축되었고, 많은 교회들은 교회건물 옆으로 복도를 이어 낸 라틴방식의 정교한 형태의 건물로 개축하기 시작했다. 본래 그러한 교회건물들은 정교회의 예전을 적용하기가 적합했던 건물형태였다. 그러나 니코시아, 파마구스타, 파포스에 있는 대성당들은 북부 프랑스의 본 고장에서나 볼 수 있는, 높이 치솟은 뾰족한 봉우리를 이루는 고딕 구조물들이었다. 고요한 라틴 미사 찬송소리가 울려 퍼졌고, 건물의 스테인글라스는 강렬한 지중해의 햇볕을 차단해 주었다. 키프로스의 지배 상류층은 그들의 눈을 서쪽에 단단히 고정시켰다. 1500년경에 교황 알렉산더 6세를 위해 투르크족에 맞서는 주요한 군사전력가가 되었을 뿐만 아니라 티치아노(Titian)의 후견인이기도 했던 파포스의 주교 야코포 페사로(Jacopo Pesaro)는 베네치아 귀족이었다. 그의 가장 유명한 제단 장식품을 베네치아에 있는 페사로의 무덤에서 볼 수 있다. 파포스에서는 페사로와 같은 시대에 살았던 라틴계 기독교인들이 정교회와 이슬람의 서로 다른 매혹적인 부분들을 르네상스예술에 승화시켜서 교회 건축물에 적용하려는 시도를 했다.[1] 그러나 시를 감싸고 있는 점차적으로 흔들리는 분위기는 그들의 노력과 키프로스의 운명에 불안한 의혹을 제기하고 있었다.

16세기가 되면서 운명은 오스만투르크에 달려 있었다. 오스만의 술탄들은 유럽정복을 위한 이슬람제국 건설 종합계획을 만들어 냈다. 1453년 콘스탄티노플을 점령하고, 비잔틴 제국을 완전히 합병하기 위해 소아시아에서 나와 거침없이 진격해 갔다. 그리고 1510년대 후반부터 10년 만에 서유럽인들에게는 내키지 않는 경탄을 받은 '위대한 왕' 술탄 슐레이만(Suleyman)의 지휘 아래 그들은 영토를 엄청나게 확대했다. 1516년과 1517년 동안 멀리 떨어진 북부 독일에서 루터가 면죄부에 반대하는 전략을 곰곰이 생각하고 있는 동안에도 술탄은 이집트와 시리아의 동료 무슬림 지역들을 침략해 들어갔다. 베네치아는 오랫동안 약정되어 온 이집트의 통치자들이 낸 조공을 술탄에게 돌림으로 당분간 키프로스를 지킬 수 있었다. 이것이 라틴 세계의 전환점이 되었다.

성 요한 기사단(Knights of St. John) 또는 구호 기사단(Hopsitallers)이 이슬람에 맞

---

[1] 16세기 프란시스코 교회의 설교단 상부 가리개를 지탱하는 천사들의 모습은 파포스(Paphos)의 고고학 박물관에 있다.

선 기독교 세계의 방어자들로 인정받았지만, 성지에서 영구히 쫓겨나 소아시아의 해안에서 떨어진 엄청나게 요새화된 로데스(Rhodes) 섬에서 오랫동안 지내야 했다. 1522년에 오스만투르크는 엄청난 포위 공격으로 그들을 로데스에서 쫓아내 버렸다. 내키지는 않았지만 기사단들은 찰스 5세 황제로부터 받은 격려의 선물인, 훨씬 더 서쪽에 위치한 불모의 땅이지만 똑같이 전략적인 섬 몰타(Malta)로 본부를 옮겼다. 궁극적으로 이것은 서구 세계의 생존을 위한 아주 통찰력 있는 투자로 판명되었다(7장, p. 444 참조). 그러나 훨씬 더 큰 정신적 충격이 서구 세계에 다가왔다. 오스만이 동방 정교회의 땅을 정복한 후 라틴 지역으로 진격해 들어왔고, 무슬림의 진출을 막는 유럽의 보루(antemurale)로 스스로 오랫동안 자부심을 가져왔던 헝가리 왕국을 완전히 파괴해 버렸다. 술탄 셀림 1세(Selim I)는 1512년에 최초로 보스니아에 위치한 헝가리가 보유한 요새 지역을 차지해 버렸고, 그의 아들 슐레이만(Süleyman)은 1521년 왕국으로부터 베오그라드를 얻기도 했다. 헝가리와 보헤미아의 왕 루이스 2세의 동서이자, 신성로마제국의 스무 살 된 야기에오(Jagiellon) 황제가 많은 귀족들, 다섯 명의 주교, 두 명의 대주교, 16,000명의 용사들과 함께 죽임을 당한 1526년 8월 모하치(Mohacs) 전투에서 최후의 재앙이 일어났다. 이탈리아에 있는 그 어떤 성보다 뛰어난 르네상스 예술의 걸작품이었던 왕궁이 파괴되었고, 유럽에서 가장 뛰어나고 최신식으로 지어진 도서관의 본거지였던 왕국의 수도 부다(Buda)가 점령 당해 파괴되었다. 이것은 라틴 기독교세계 심장부의 최초의 손실이었다. 투르크족들이 모든 것을 삼켜버릴 기세였다. 1529년경 그들은 비엔나를 포위하기 위해 서부로 이동해 갔고, 엄청난 격전이 있은 후에야 그들은 퇴각했다.

대재앙의 흔적은 한 때 십자군이 이슬람에 대항해서 큰 군사적 승리를 거두고 많은 지역을 합병한 유럽의 남부 보루와 동부 보루에 대한 십자군 전쟁의 실패에서 그 조짐이 보였다. 실패의 이유 가운데 하나는, 우리가 이미 키프로스의 예에서도 보았듯이, 단순히 무슬림 세계뿐만 아니라 동방 기독교인들에 대한 서방 기독교인들의 고질적인 오만함이었다. 동방기독교인들은 베네치아의 원정대가 방향을 돌려 콘스탄티노플을 파괴하고 약탈한 1204년의 4차 십자군 전쟁의 참상을 잊지 않고 있었다. 십자군 전쟁의 폐해로부터 동방제국은 결코 완전히 회복할 수 없었다. 서방교회 지도자들의 동방교회와의 재결합을 위한 연이은 시도들이 간헐적으로 있었지만 실패로 끝났다. 특별히 1439년 플로랜스 공의회에서 확실한 협상을 시도했지만 서방교회의 교리적 비타협과 동방교회의 시각차 때문에 결렬되었다. 비무슬림 신앙 공동체에 눈에 띄게 관용적이던 투르크족과 비교해 보자. 일단 콘스탄티노플을 차지하게 되자 그들은 가장 큰 하기아 소피아(Hagia Sohpia, 거룩한 지혜)성당을 웅장한 모스크로 이용했고, 이렇게 하는 것이 그들의 기독교인 백성을 다스리는 하나의 좋은 방법이라고 생각해서 콘스탄티노플 총 대주교의 위치를 동방교회 안에 있는 그의 경쟁자들의 위치를 능가하도록 높여주었다. 콘스탄티노플 함락 이후 동방의 학자들이 서방으로 도망쳐 왔을 때, 서구 기독교인들은 동방교회의 신학이나 예식을 알아보려는 관심이 너무나도 부족했다. 그들은 이 피난민들을 그들이 가지고 왔을지도 모를 알려지지 않은 고대 사본들만으로 그들을 평가했다. 많은 동방 기독교인들이 서구인들의 아주 불평등한 조건의 도움을 받아들이기보다, 오스만의 규율을 기꺼이 따르면서 자신들의 신앙을 고스란히 유지했다는 사실이 그리 놀랄 일만은 아니다.

  서구인들은 여전히 십자군 전쟁의 필요에 대한 망상에 젖어 있었지만 그 결과들은 인상적이도 못했고 심지어 이상하기까지 했다. 군사수도원인 튜턴 기사단(Teotonic Kinghts, 독일기사단)은 유럽의 북동쪽 변경지역에 머물러 있었다. 13세기 이후 그들은 성지를 수호하는 성공적이지 못했던 노력에서 한 걸음 물러나 있었다. 대신 유럽에 있던 마지막 이교도 권력인 리투아니아를 상대로 전쟁을 일으켰다. 1386년 폴란드 왕들의 통치하에 리투아니아인들이 라틴 기독교로 개종한 사건은 기사단을 당황하게 하고 목표를 빼앗아 버렸지만, 이는 동유럽에서 독일어 지역의 확대라는 기존의 계획인 동시에, 상당 부분 경제적이고 정치적인 관심들로 인해 폴란드인과 리투아니아인에 대한 싸움은 계속 진행되었다.

  이 노력은 1410년 탄넨베르크(Tannenberg)에서 폴란드-리투아니아 군대의 결정적인 패배라는 결과로 나타났다. 1425년 콘스탄츠공의회의 결정들 중 하나가 개종한 리투아니아인들에 대한 책임을 기사단으로부터 폴란드 왕국으로 이관한 것이라는 사실과 폴란드-리투아니아 교회 지도자들이 그들이 혐오했던 동방 정교회 기독교인들보다 튜턴 기사단을 더 미워했다는 사실은 놀랄 만한 일이 아니다. 정치권은 투르크족의 위협에 맞선 이탈리아인들의 노력을 하나로 통합하는데 성공했다. 베네치아는 자체의 광범위한 지중해 영토들 때문에 오스만인에게 가장 쉽게 공격 당할 수 있는 위치에 있었다. 그래서 항상 새로운 십자군 전쟁을 촉구했다. 그러나 동시에 이들 지역에 대한 통제권을 유지하기로 굳게 결심했다. 베네치아는 15세기 다른 이탈리아 통치자들이 가장 두려워했던 세력이었기에, 이것이 십자군 원정을 제한하는 확실한 방법이기도 했다.

사회의 모든 계층에게 투르크족이 실제적이고 상존하는 두려움의 근원이었던 남동유럽에서는 십자군 전쟁의 이상이 공화국의 기사단과 지도자들에 대한 관심에서 보다 대중적인 운동으로 바뀌었다. 이것은 또한 그 자체의 문제들을 불러 일으켰다. 우리는 이미 영향력있는 프란시스코수도회 회원이었던 지오바니 디 카피스트라노(Giovanni di Capistrano, 1장, p. 151)에 대해 이미 살펴 본바 있다. 1456년 투르크족이 최초로 베오그라드(Belgrade)를 함락시키려고 시도할 때, 그들을 물리치기 위한 성공적인 노력의 일환으로 선포된 카피스트라노의 설교는 중부 유럽에서 수천 명의 유순한 십자군들을 일깨웠다. 마자르족 출신 군사 지휘관(vojvoda, military commander)이자, 그의 개인 군대 또한 베오그라드를 구하는 데 혁혁한 수훈을 세운 야노스 훈야디(János Hunyadi)는 이들 집단을 아주 불편해 했고, 패배한 투르크족을 끝까지 추격하지 못하게 막고 승리를 얻자마자 그들을 해산해 버렸다. 특히 오스만들이 발칸에서 자신들의 입지를 강화해 감에 따라 귀족들이 유럽을 방어하는 일에 신경을 쓰지 않는다는 대중적인 의심이 자라기 시작했다.

이런 형태는 상주하는 군대로 왕국을 보호하려는 군주의 노력들이 파멸을 초래했고 징세와 증가하는 사회적 긴장으로 이어져 1510년대 헝가리에서 훨씬 더 파괴적으로 반복되었다. 1514년에 교황 레오 10세는 십자군 전쟁을 선포해야 한다고 설득당했다. 프란시스코수도사들의 또 다른 세대는 헝가리에서 대중 흥분이 그 정점에 오르도록 몰아갔다. 곧장 헝가리의 귀족들은 이 흥분이 만들어 낸 대중 운동으로 인해 공황 상태로 빠져들었고, 십자군 전쟁을 중단시키기 위해 필사적으로 노력했다. 하급 귀족 출신의 지휘관 죄르지 도즈사 스젤키(György Dószsa Székely)는 분노한 농민 군대를 투르크족이 아니라 귀족들을 향하게 했다. 실패한 도즈사와 그의 군대는 잔인한 처벌을 받게 했다. 12년 만에 이 찢어지고 혼란스러운 왕국은 모하치(Mohacs)에서 투르크족에 의해 괴멸되었다.[2]

헝가리의 몰락 이후 찰스 5세 황제는 서유럽의 통치자들이 전통적인 십자군에 더 많이 재정으로 지원하도록 하기 위해 고군분투했다. 심지어 1543년이라는 늦은 시기에 멀리 떨어져 있는 잉글랜드의 헨리 8세가 교회의 분열과 관련해서 반대쪽 진영에 서 있음에도 불구하고 그의 형제 군주의 노력을 도와 돈을

---

[2] N. Housley, 'Crusading as Social Revolt: The Hungarian Peasant Uprising of 1514,' *JEH* 49 (1998), pp. 1-28.

모금하기 위한 범국가적 계획을 후원하기로 했지만, 정치권은 종교개혁으로 인해 고통당하고 있었다.[3] 마틴 루터는 찰스의 노력이 쓸모 없다고 생각했는데, 왜냐하면 그는 투르크족들을 죄많은 기독교 세계를 심판하시는 하나님의 진노의 대리자들로 보았기 때문이다. 그는 아무도 하나님을 대적할 수 없다고 믿었다. 실제로 투르크족의 침략이 역설적으로 루터에게는 좋은 소식이었다. 만약 찰스 5세가 유럽의 남동부 변경 지역을 구하기 위해 힘을 그렇게 많이 분산시키지 않았다면 그는 아마도 개신교 반란을 그 초기인 1520년대나 1530년대에 분쇄할 의지와 자원들을 충분히 가졌을 것이다. 찰스가 개신교에 공격을 개시했을 때는 너무도 늦어 버렸다.

유럽의 동쪽과 남쪽 경계에서 이슬람은 17세기 말까지 유럽을 위협했다. 1571년 레판토(Lepanto) 전투 이후 오스만 전투군단들의 활동이 억제되기는 했지만(7장, p. 446), 북아프리카의 해적들은 노예 노동력을 얻기 위해 지중해 연안 지역을 조직적으로 침략해 왔다. 사실 그들은 멀리는 아일랜드와 아이슬란드에 이르기까지 남자와 여자, 어린이들을 유괴했다. 동시대의 글을 검토한 현대 역사가들은 이슬람 침략자들이 1530년과 1640년 사이에 백만 명 가량의 서구 기독교인들을 노예로 삼았다는 그럴듯한 가정을 내놓고 있다. 이것은 또 다른 방향에서 일어난 동시대의 노예 교역량을 위축시키는데, 이는 같은 시기에 대서양 건너편에 있는 유럽 기독교인들이 데려간 서부 아프리카인들의 숫자와 거의 동일하다. 삼위일체수도원(Trinitarians)과 자비수도원(Mercedarians)과 같은 두 경건한 수도원은 기독교인 노예들을 해방시키는 일을 전문적으로 하였고, 수 세기에 걸쳐서 그들의 특별한 활동의 효과를 극대화하기 위해 외교적인 전문기술과 다양한 지역에 관한 지식을 연마했다. 지중해 해안선에 분포된 많은 지역들은 보다 안전한 내륙지역 선호현상 때문에 버려지다시피 했으며, 또한 해안지역에 거주하는 사람들은 언제 나타날지 모르는 적들에 대한 항시적인 두려움에 싸여 있었다. 이는 왜 이탈리아 사람들이 그들의 중세 시기의 모험적인 해외 무역 취향을 잃어버렸는지를 잘 설명해 준다.[4] 이슬람의 유럽침공으로 야기된 이 두려움은 종교개혁운동의 근본적인 배경이 되었다. 즉, 이것이 기독교세계를 향한 하나님의 진노라는 확신과 잘못된 기독교신앙을 바로잡아 하

---

3) P. Ayris, "Preaching the Last Crusade: Thomas Cranmer and the 'Devotion' Money of 1543," *JEH* 49 (1998), pp. 683-701.

4) R. C. Davis, 'Counting European Slaves on the Barbary Coast,' *PP* 172 (Aug. 2001), pp. 87-124, 특히 90, 94, 110, 117-18, 123-24.

나님을 기쁘시게 할 수 있다는 확신이었다. 오스만제국 때문에 생긴 깊은 두려움을 마음에 새기지 않고서 16세기 유럽의 분위기를 이해하는 것은 불가능하다(그 결과에 대한 보다 깊은 논의를 위해서는 13장, pp. 704-711 참조).

2. 예외 사례: 이베리아 반도

유럽의 오직 한 곳에서만 십자군 전쟁의 이상이 놀라운 성공을 거두었다. 그것은 이베리아 반도의 남서쪽 접경 지역인 스페인과 포르투갈에서였다. 여기서 일어난 다른 결과는 단순히 서구 기독교가 아니라 세계의 미래에 엄청나게 의미심장한 것이었다. 8세기부터 아랍의 이슬람 정복자들은 이베리아 반도에 오랫동안 존속한 무어 공국들과 왕국들을 세웠다. 기독교인이 아니라 오스만들이 베푼 관용으로 이들은 고도로 발달된 이슬람 문명의 중심지가 되었고, 또한 유대인의 문화를 허락해서 번창할 수 있게 했다. 그러나 15세기인 1492년, 반도의 극남쪽에 위치한 그라나다의 이슬람 왕국이 점령됨으로써 수세기에 걸쳐 무어 사람들을 점진적으로 기독교로 개종시키려는 요구가 절정에 이르게 되었다. 그 소식은 무슬림의 진출에 대항한 드문 역전현상으로서 기독교 세계인 전유럽이 축하했다. 그래서 잉글랜드의 헨리 7세는 런던의 성 바울 성당에서 감사 예배를 드릴 것을 명령하기도 했다.

승리를 쟁취한 군대는 아라곤, 발렌시아와 카탈로니아 공국으로 구성된 동쪽 스페인 왕국의 페르난도(Fernando)와 인구는 적지만 반도의 북쪽에서 남쪽에 걸쳐 있어 훨씬 규모가 큰 카스티야의 이사벨(Isabel of Castile) 군주의 연합군이었다. 1474년에 결혼한 한 쌍의 부부로서 페르난도와 이사벨의 공동 조약에 의해 불안정하게 연합하고 있었던 아라곤과 카스티야는 독립적인 정치 주체들로 남아 있었기에, 이사벨이 죽고 나자 계속해서 관계를 유지해야 할 이유가 사라졌다. 그러나 두 해 후 그녀의 후계자 버건디의 필립(Philip of Burgundy)의 죽음으로 페르난도 하에서 왕권이 새로 통일되었다. 그들은 결코 다시 분리되지 않았고, 아라곤과 카스티야는 단일 스페인 군주국가로서 예외적으로 알려졌다. 서쪽 대서양 해안선을 따라 유럽에서 가장 멀리 떨어진 지역에 위치한 포르투갈 왕국은 이미 오래 전에 무슬림과의 전투에서 이런 승리를 쟁취했다. 또한 카스티야에 대항해서 독립을 확고히 유지했고, 그 독립은 1580년까지 지속되었다(9장, p. 551 참조).

이슬람과 유대주의라는 경쟁 문화에 비타협적이던 중세의 전쟁으로 서유럽 어느 곳에서도 발견할 수 없는 호전적인 요소가 스페인 가톨릭 신앙에 가미되었다. 이것은 정교하게 무대에 올려진 무어인과 기독교인 간의 모의전쟁과 같았다. 스페인 문화에 독특하게도 대중적이고 극적인 드라마로 각인되었다. 그래서 이것은 무어 기독교(morosy christianos)로 불려진다. 이것은 12세기에 발전해서 현대까지도 계속되고 있고, 심지어 대서양 건너 새로운 스페인의 점령지에서 그곳에서의 가톨릭 기독교의 승리를 축하하기 위해 수출되기까지 했다.[5] 심지어 중세의 재정복(reconqsita)의 국면 이후에도 이베리아 기독교 문화는 경쟁 문화 내부의 이전 구성원들에 대해 자주 과대망상증적인 의심을 드러내 보였다. 1391년 특히 반유대주의적 설교의 사악한 물결로 기독교 국가인 스페인에 있던 유대인 삼분의 일 가량이 죽임을 당한 대량학살과 또 다른 삼분의 일이 개종한 사건이 발생했다. 그와 같은 유대인 개종자들('새로운 기독교인들' 또는 '개종자들'[conversos]: 이전에 무슬림은 모리스코스[Moriscos]로 알려졌다)은 계속해서 걱정거리가 되었고, 긴장이 고무된 시기에는 언제든지 그들의 의심스러운 충성에 대해 조사를 받았다. 심지어 그들이 오랜 기간 동안 기독교인으로 살아왔을 뿐아니라, 유대주의와 관련된 모든 것을 끊어버렸음에도 불구하고 스페인사람들은 그들을 향한 증오심을 버리지 않았다. 왜냐하면 개종한 기독교인들도 교회와 공화국의 힘이 있는 자리들을 차지할 자격을 갖추었기 때문이었다. 그들은 무슬림 정복자들이 고대 기독교 왕국을 압도했을 때 제5명단(the fifth column, 헤밍웨이가 처음으로 사용한 용어로 주로 정부전복을 꾀하는 반역자그룹을 지칭한다)을 유대인들이 제공했다는 신화를 만들어 냈고, 그래서 유대인 혈통 중 그 누구도 믿을 수 없게 되었다. 반대급부로 기독교인들은 그들의 진정한 신앙과 왕권에 대한 충성이 의심을 받게 되자 분노하게 되었고, 분노는 간헐적이지만 폭력적으로 분출되었다. 이같은 긴장은 특히 1492년 이후 가장 최근에 최전선이 된 카스티야에 생생하게 남아 있었다.[6]

과거에 종종 그러했던 것처럼 국왕이 이런 긴장들을 이겨내거나 두 공동체의 심판자로 행동할 수도 있었다. 그러나 스페인에서 이슬람 문명과 마찬가

---

5) M. H. Austin, *Aztecs, Moors and Christians: Festivals of Reconquest in Mexico and Spain* (Austin, Texas, 2000).

6) D. Nirenberg, 'Mass Conversion and Genealogical Mentalities: Jews and Christians in 15th Century Spain,' *PP* 174 (Feb. 2002), pp. 3-41, 특히 21-25.

지로 유대 문명도 파괴했던 1490년대의 비극적인 사건들은 카스티야 왕가에서 스페인 왕국의 통치권을 확보하기 위한 복잡한 싸움과 밀접하게 얽혀 있었다. 1469년에 이사벨은 아라곤의 페르난도와 결혼했다. 1474년 그녀의 배 다른 형제 엔리크 4세의 죽음 이후에 그녀 자신의 카스티야의 왕권에 대한 요구는 불안정했는데, 왜냐하면 최소한 이사벨만큼 그것을 주장했던 옛 왕의 딸 후아나(Juana)와 경합을 벌이고 있었기 때문이었다. 이사벨이 자신의 권력을 공고히 하려는 시도를 할 때, 새로운 통치지역인 남쪽의 안달루시아(Andalusia)지역을 통일하는 데 가장 어려움을 겪었다. 그곳에서는 옛 기독교인들과 개종한 기독교인들간의 긴장이 정점에 도달하고 있었다. 그곳에는 최근에 유대인들이 한 기독교 소년을 제사의 목적으로(피의 모독[blood libel] 신화는 중세 유럽에서 너무나 자주 되살아나곤 했다) 살해했다는 혐의가 떠돌면서 기존 기독교인들과 개종한 기독교인들 사이에 광범위한 폭력사태가 벌어졌다. 이사벨은 그녀의 새로운 통치 지역에서 유대인들을 대적하는 싸움을 강조함으로써 안달루시아 귀족들의 의심스러운 충성심을 고착시키기 위해 지역 도미니크수도사들과 동맹을 맺기로 결심했다.[7]

이와 같은 일련의 정치적인 사건들과 계산들은 이사벨의 나머지 오랜 통치 기간의 색채를 결정했다. 먼저는 유대주의를 공격했다. 1492년 그라나다의 몰락 이후에는 이슬람을 같은 방식으로 공격했다. 그녀의 종교압박정책은 이전에 카스티야에서는 볼 수 없었던 특별한 형태로 전개되었는데, 그것은 곧 종교재판소(Inquisition)를 운영하는 것이었다. 그것은 13세기 이래로 도미니크수도사들의 지도 아래 유럽의 이단에 대해 조사했던 교회가 소속된 지역 종교재판소들을 모방한 것이었다. 그러나 이 종교재판소는 이를 조직화하고 법적 뒷받침을 확보하기 위한 설전이 1478년과 1480년 사이에 교황 식스토와 있은 후에 공식적으로 운영이 되었고, 카스티야 왕국에서 '유대주의자'(Judaizers)들을 박해하는 기구로 쓰였다. 1481년부터 1488년 사이에 그들 중 700명 가량이 산 채로 화형을 당했다. 이런 와중에 종교재판의 발전 과정에서 또 다른 중요한 단계가 생겨났다. 교황 식스토는 1483년 마침내 왕의 압력에 굴복했고, 도미니크 탁발수도사인 토마스 드 톨퀘마다(Tómas de Torquemada)를 페르난도 모든 지역과 이사벨이 통치하는 반도의 총 심문관으로 임명했다. 새롭게 구성한 종교재판소는 그들의 다양한 왕국을 묶어 주는 유일한 기관이었다. 전통을 고수하는 행정관

---

7) J. Edwards, *The Spanish Inquisition* (Stroud, 1999), 제 4장은 이 사건들을 잘 요약하고 있다.

들이나 지방 의회들은 그것을 상당히 의식하고 반대하였다. 그들은 군주를 대신해서 그것을 자신의 특권에 대한 침해라고 생각했다.

그라나다가 몰락했을 때, 이사벨은 카스티야에 있는 모든 유대인들에게 추방 혹은 기독교로의 개종에 대한 선택권을 부여했다. 이러한 결정을 하게 된 배경에는 1490년에 한 기독교소년의 죽음이 있었는데, 톨레도에서 열광주의자들에게 라 과디아(La Guardia)로 알려지고 나중에 크리스토발(Christobal) 곧 그리스도를 영접한 자를 별명을 가진 소년을 유대인들이 죽였다는 구실을 들었다. 아마도 70,000에서 100,000명의 유대인들이 그들의 신앙을 버리기보다 망명을 선택했고, 세파르딕 유대주의(Sephardic Judaism, 히브리어 세파라드[Sefarad]를 스페인어로 유대인들이 사용했다)로 알려진 유럽 전역으로 지역 분산을 이루게 되었다. 더 많은 유대인들이 그들의 집을 떠나기보다 개종을 선택했고, 당국자들은 그들의 개종이 그저 하나의 표식이 되어서는 안되도록 했다.[8] 처음에는 그라나다에서 이슬람의 관습을 지속하기로 공식 합의했다. 그러나 교회 당국자들의 핍박으로 모반이 있었고, 1500년에 그 일로 이사벨은 모든 그라나다 무슬림이 기독교로 개종하는 구실을 만들었다. 2년 뒤에 그녀는 이와 같은 요구를 카스티야의 전역에 걸쳐 확대했다. 얼마 동안 페르난도 왕은 16세기 초까지 여전히 발렌시아 왕국 인구의 30% 가량 차지했던 잔여 이슬람 백성들(mudéjares)의 자유를 보장하겠다고 대관식에서 맹세하고 그에 충실했다. 그러나 카스티야의 이사벨이 지닌 태도가 미래에 계속 영향을 미쳤다. 그녀를 모방하여 포르투갈에서도 유대인을 추방하였다. 1497년 그녀의 딸과 결혼하고 싶어 했던 마노엘(Manoel) 왕이 아주 많은 유대인에게 개종하라고 명령했을 때 그들 중 많은 사람들이 즉시 스페인에서 도망쳐 나왔다.[9]

그래서 전통적인 형태에 대한 자의식이 특별히 강했던 라틴 계통의 기독교는 반도 왕국들의 정체성에서 중심적인 상징이 되었고, 막 시작된 개신교는 스페인과 포르투갈에서 하나로 통제된 기독교 문화를 건설하려는 계획에 맞설 가능성이 거의 없었다. 사실상 종교개혁 이전의 이베리아에서의 종교개혁에 관해서는 이야기 할 수 있을 것이다. 유럽에서의 일반적인 개신교 종교개혁보다 아주 앞서서 스페인은 어딘가에서 구교와 대항하는 개신교 종교개혁자들에

---

8) Edwards, *Spanish Inquisition*, p.88에 나와 있는 내용을 주의를 기울여 수정했으나 여전히 국외추방자의 숫자는 어마어마하다.

9) M. D. Meyerson, *The Muslims of Valencia in the Age of Fernando and Isabel: Between Coexistence and Crusade* (Berkeley, 1991); J.Edwards, 'Portugal and the Expulsion of the Jews from Spain,' in *Medievo hispano: estudios in memoriam del Prof. Derek W. Lomax* (Madrid, 1995), pp. 121-39.

게 힘을 실어주는 구조가 있었다. 이와 같은 종교개혁의 힘은 단순히 자체적으로 자라온 것은 아니고, 점차적으로 교회에서 교황의 간섭을 실제적으로 차단하려 했던 군주들 때문에 가능했다. 교황청의 양보로 왕들이 주교를 임명하는 것을 허용했고, 1600년까지는 카스티야 교회에서 걷어들이는 매년 수입의 삼분의 일 또는 그 이상이 왕의 국고로 들어갔다.[10] 교황은 적절히 거리를 두면서 그런 것들을 참았는데, 부분적으로는 별로 선택의 여지가 없었기 때문이고, 또 다른 면으로는 스페인의 왕권이 이단이나 비기독교 분파로부터 벗어난 순결하고 강한 라틴 기독교를 만드는 데 지속적으로 이용되었기 때문이었다. 마찬가지로 이베리아 군주들에게도 만족스러운 그와 같은 거래는 교황의 권위에 대한 어떤 다른 도전에 대해 동정심을 보여야 할 이유가 없었다는 것을 의미한다.

교회와 관련된 왕궁의 업무를 대행햇던 사람은 교회 행정분야의 탁월한 경력을 포기하고 가장 엄격한 신앙수도원 중의 하나인 프란시스코엄수회에 가입한 프란시스코 히메네스 데 시스네로스(Francisco Ximémes de Cisneros)였다. 그 곳에서 그는 은둔자로서 세상으로부터의 도피를 추구했다. 그러나 그의 시종일관적인 영적 활동이 인정을 받아 다시 권력의 중심에 서게 되었다. 그는 1492년에 이사벨 여왕의 고해성사 신부가 되는 것을 마지못해 동의하면서 카스티야의 교회와 공화국에서 톨레도의 대주교, 궁극적으로는 찰스 합스부르크 소수파의 지배기간 동안 왕국의 섭정과 같은 가장 높은 위치에 올랐다. 엄숙하고 중심 잡힌 경건함과 스페인 왕국의 백성들에게 기독교 신앙에 관한 그의 꿈을 선포하는 단호함으로 인해 그는 스페인 출신 동시대인 교황 알렉산더 6세보다 훨씬 더 루터, 츠빙글리 또는 칼빈과 닮은 점이 많았다. 히메네스의 개혁 중 많은 부분들이 수십 년 뒤에 트리엔트공의회에서 칙령으로 선포할 것들을 내다보고 있었다. 그는 활동을 위해 공평하지 않는 기회들을 정열적으로 이용했고, 여러 면에서 지금 보면 일관성을 가지고 있지 않은 것처럼 보이기도 하지만 페르난도와 이사벨이 주도했던 스페인의 종교개혁에 관한 주요 주제들을 한 데 모았다. 그는 좀 더 엄격하지 않은 프란시스코 탁발수도사들 가운데서 자신의 프란시스코엄수회의 의무들을 무자비하게 강조해서 반대를 불러일으키기도 했다. 그러나 이처럼 사도와 같이 청빈할 것을 주장하는 사람은 스페인에서 최고의 정치가였고, 그의 시대에 가장 앞선 학문적 연구의 주요 후원자로서 돈을 아낌없이 사용하기도 했다. 그는 자신의 자산으로 알칼라(Alcalá)대학교를 설립했고,

---

10) H. E. Rawliogs, 'The Secularisation of Castilian Episcopal Office Under the Habsburgs, c. 1516-1700,' *JEH* 38 (1987), pp. 53-79 중 55.

많은 양의 책을 출판하는 데 재정을 지원했으며, 특별히 읽고 쓸 줄 아는 대중에게 자신이 좋아하는 신비주의자들의 글들을 소개하는 것을 목표로 했다. 학문적인 연구를 장려하는 동시에, 그는 수천 권의 비기독교 책들과 사본들을 태우는 일을 맡았다. 히메네스는 스페인 종교재판의 중심에 있었다. 1507년 그가 추기경이 되었던 해에 총 심문관이 되었다.

프란시스코 히메네스가 1499년부터 강요받은 개종 때문에, 군사 행동에서 개인적이고 파괴적으로 적극적인 역할을 했던 그라나다가 몰락한 이후 종교재판소는 반도에서 경쟁 관계에 있는 문명들을 제거하는 계획의 중심지가 되었다. 1492년 혹은 이후에 기독교로 개종하여 그 지위를 얻은 사람들에 대해서도 종교재판소는 그들을 향한 악의를 거두지 않았다. 왜냐하면 이미 개종한 사람들에게도 다시 기독교인이 되는 신앙고백을 강요받았기 때문이었다. 이와 같은 비논리적 주장을 1490년 '라 과디아의 거룩한 아이'(Holy Child of La Guardia)의 소위 순교에 관한 새로운 불길한 특징들이 뒷받침을 했다. 가해자의 혐의가 있는 사람들은 공인 유대인과 새 기독교인들이 혼합된 단체였다.[11] 종교재판소는 이슬람과 유대주의의 계속된 비밀 관행에 대한 증거를 찾을 뿐 아니라, 이단과 정도에서 벗어나는 것을 세습된 것으로 간주하는 스페인 사회의 현존하는 경향을 강화했다. 그래서 충성스러운 스페인 가톨릭은 그들의 피의 순결(limpieza de sangre)과 무데하르(Mudéjar, 잔류 이슬람)와 유대적 오염으로부터 자유롭다는 것을 증명할 필요가 커져갔다.

예를 들면 개종자의 직계에 대한 어떤 증거라도 있다면 스페인의 최고 성당인 톨레도의 회원이 될 수 있는 기회를 주었다. 주요 경건 수도회들은 1486년 귀족들에 의해 크게 후원을 받고, 재속사제들과 마찬가지로 프란시스코수도사들과 도미니크수도사들을 밀접하게 따르던 영향력 있는 토착 수도회인 제롬의 은둔자들(Jeronimites)로부터 시작하여 피의 순결을 주장하기 시작했다. 결국 종교재판소는 심지어 그것과 친분이 있는 자들과 첩자들이나 조력자들의 연결망을 알려달라고 요구했다. 이와 같이 족보를 이념으로 사용하는 것은 아이러니하다. 즉 그와 같은 피의 순결을 요구하는 상류층의 스페인 귀족들은 거의 없었다. 그리고 그들은 오염이 되지 않았다는 것을 증명할 수 있는 사회적 약자들을

---

11) Edwards, *Spanish Inquisition*, p. 85.

제2장 희망과 두려움(1490-1517)   113

위한 교회에서의 높은 지위에서 자신들이 배제되었다는 사실을 알았다.[12]

종교재판소의 일은 많은 법에 위배될 수도 있지만 신뢰하는 가톨릭 주민들의 눈에는 정당화 되었다. 왜냐하면 외부와 내부 양 쪽에서 스페인 기독교에 대한 실제적이고 지속적인 도전들이 있었기 때문이었다. 나머지 유럽에서는 스페인에 대해 일반적으로 무어인들과 유대인들로 가득한 이국적인 장소로 인식했다. 그것은 이러한 사실에 지나치게 민감한 가톨릭 스페인 사람들에 대해 극단적으로 모욕을 주는 이미지였다(그래서 스페인의 권력을 혐오하게 된 유럽에 있는 많은 사람들은 이것으로 그들을 괴롭히는 유용한 주제로 삼았다). 스페인 가톨릭 스스로도 지속적으로 위협받고 있다는 사실을 알았다. 바로 1566년에 이슬람 해적들이 그라나다를 급습하여 내륙으로 20마일 진군해 갔고 갓 개종한 무어인 중 4,000명의 지도자를 알제리로 납치해 갔다. 그 시기는 막 지중해 주변 세계가 몰타(malta) 섬을 대단위로 포위공격한 직후에 균형을 이루는 것처럼 보이는 때였다.[13] 무어인들 가운데 있던 잔당들은 16세기까지 반란을 계속하였고, 대다수 주민들 안에 있는 두려움은 그라나다가 몰락한 후 100년 이상 지난 1609년에 무어인에 대한 대 추방 명령으로 끝나게 되었다. 그 상황은 유대인 개종자 사회에도 마찬가지였다. 1600년 후반까지도 유대적 풍습을 따르는 사람들의 실질적인 공동체가 알카자르 데 산 후앙(Alcázar de San Juan) 근처의 중앙 카스티야 지역의 라 만차(La Mancha)에서 발견되기도 했다. 1492년 이후 유대인 주민들 중 새롭게 개종한 많은 사람들에게 있어 기독교는 기껏해야 혼란스러운 것이었고, 가장 최악의 경우는 그들의 옛 신앙을 위한 방어적 외투에 해당했다. 그들 중 한 사람은 목적없이 떠도는 자신들의 불행한 상황을 '물 위의 코르크 마개와 같다'라고 묘사했다.[14]

따라서 지향점도 없고, 리더도 없고, 두 개의 충돌하는 종교의 열정 사이에 사로잡힌 채, 자신들의 위기에 대처하기 위해 힘쓰던 개종자들은 1500년경 마지막 날이 도래했다는 예언자들의 선포를 그대로 믿는 것이 쉬웠다. 그래서 통제되지 않은 종교적인 기세가 주민들 위로 엄청나게 쏟아 부어졌고, 반도의 종

---

12) J. R. L. Highfield, 'The Jeronimites in Spain, Their Patrons and Success, 1373-1516,' *JEH* 34 (1983), pp. 513-33 중 531-32.

13) R. C. Davis, 'Counting European Slaves on the Barbary Coast,' *PP* 172 (Aug. 2001,), pp. 87-124, 90. 스페인 사람들에 대한 유럽인들의 모독에 관해서 Nirenbert, 'Mass Conversion and Genealogical Mentalities,' op. cit., pp. 35-6 을 보라.

14) R. L. Melamined, *Heretics or Daughters of Israel? The Crypto-Jewish Women of Castile* (NewYork, 1999), ch. 8과 p. 164.

교적인 균형의 급작스런 변화 때문에 스스로도 혼란스럽게 되었다. 1500년경 스페인은 통합 군주에 대한 기대와 미래의 하나님의 계획에 대한 극적인 출현 때문에 광적인 열망으로 들떠 있었다. 이 모든 것은 최근에 확보한 변경 지역 사회에 대한 심각한 경고를 주는 것이었는데, 그래서 종교재판소는 일탈에 대한 증거를 아는 데 유익한 곳으로 다분히 자의식이 강한 선한 가톨릭교회에 많은 부분을 의존했다. 16세기 2사분기에 이르러 종교재판소는 급작스런 회심, 하늘로부터 온 사자들에 대한 목격담 또는 피흘리는 조각상을 보았다는 사실을 더 이상 존중하지 않는 주민들을 가려내기 시작했고 그것은 스페인 종교에 새로운 규칙을 만들었다.[15]

그럼에도 스페인의 종교재판소가 행한 활동들에 대해 세속의 통치자들이나 일반 백성들이 늘 관용할 수 밖에 없었다. 정례화 된 사업을 지속하려는 종교재판소의 동기 중 하나가 심한 박해를 당한 사람들로부터 탈취한 재물들이 수입의 주요 원천이 되기 때문이라는 것을 평신도가 스스로 인지하는 것이 그리 어렵지는 않았다. 1499년 코르도바 지역에서 천년 왕국에 관한 중요한 논쟁이 발발하자, 종교재판소는 자신의 기준에 따라 이례적인 폭력으로 반응했다. 코르도바에서는 일련의 '신앙의 행동'(autos-da-fé, 종교재판소의 법적 언도에 대한 예식적 선언)을 통해 종교재판소가 약 400명 가량을 화형시켰고, 심지어 그 지역을 재치있게 빠져나간 여든 살이나 된 그라나다의 대주교를 체포하려고 하였다. 그는 (아마도) 충격으로 인해 얼마 지나지 않아 숨을 거두었다. 이 사건에서 카스티야의 왕 필립이 화형을 멈추도록 간섭했고, 히메네스 추기경이 자수하여, 지방 종교재판소로 조용히 물러났다는 것은 놀라운 일은 아니다.[16] 저 멀리 북동쪽에 있는 카탈로니아(Catalonia)의 아라곤 사람들의 공국에서도 이슬람과 유대주의에 대한 전쟁은 1500년까지 길게 계속되었고, 사람들은 자신들의 삶에 대한 종교재판소의 간섭을 계속해서 참아내는 것이 어떤 유익이 있는지 발견할 수 없었다. 저 멀리 남쪽에서 확실히 발휘했던 것과 같은 위력을 카탈로니아에서는 결코 발휘할 수 없었다.[17] 그러나 심지어 카스티야에서도 1520년과 1521

---

15) W. A. Christian, *Local Religion in Sixteenth-Century Spain* (Princeton, 1981); W. A. Christian, *Apparitions in Late Medieval and Renaissance Spain* (Princeton, 1981).

16) J. Edwards, 'Trial of an Inquisitor: The Dismissal of Diego Rodríguez Lucero, Inquisitor of Córdoba, in 1508,' *JEH* 37 (1986), pp. 240-57. 몰수에 관해서는 Edwards, *Spanish Inquisition*, p.93 참조.

17) H. Kamen, *The Phoenix and the Flame: Catalonia and the Counter-Reformation* (New Haven and London, 1993), Ch. 5.

제2장 희망과 두려움(1490-1517) 115

년 동안 광범위한 코무네로(Comunero) 혁명이 일어났을 때 종교재판소는 대중적인 폭력의 목표물들 중 하나가 되었다. 이곳은 유대교와 이슬람에 대한 위협에 맞서 싸우는 데 맡은 바 소임을 아주 잘 감당했고, 사람들은 어쩔 수 없는 부분이 점점 더 생겨났다. 그 후에 유럽에서의 개신교 출현은 다행스럽게도 종교재판소의 기세의 새로운 목표물과 그것이 유용한 목표를 가지고 있다는 사실을 보여주는 한 가지 방법을 제공해 주었다.

따라서 스페인 방식의 가톨릭은 복잡한 양상을 띠었다. 그것은 유대교와 이슬람의 영성과 연관되고, 아빌라의 테레사(Teresa of Ávila)와 십자가의 요한(John of Cross)에서 풍성한 열매를 맺게 된, 하나님께 가까이 가려는 개인적인 깊은 갈망을 배양했다(9장, pp. 559-564). 이것은 또한 교회의 기관들로부터 부패를 제거하려는 공식적이면서도 비공식적이기도 한 움직임들의 무대가 되었다. 이와 함께 성직자들은 어떤 경쟁적인 문화에 대해 편집증적인 의심을 드러내 보였다. 비록 많은 사람들이 부인하지만, 그 의심은 스페인 공화국 내에 있는 세속 당국자들로부터 점점 더 지지를 받았다. 공적인 스페인이 반도의 다문화적인 과거를 단호히 거부한 이후, 스페인의 기독교를 인종 청소의 주요 주창자며 실행자로 보는 것은 불공평한 일이 아니다. 만약 어떤 사람이 확실한 스페인 수도원의 삶에 대해 생각하게 되면 복잡함과 도덕적 모호함을 발견할 수 있을 것이다. 프란시스코엄수회 수도사로서 히메네스는 갱신을 촉진하는 데 열정적이었지만, 개혁에 대해 가장 열정적이었던 몇몇 엄수회 수도사들과 탁발수도사들은 개종자 계통이었고, 반도에 있던 퇴락한 종교적 문화들로부터 영적인 강렬함을 끌어내려고 했던 그들의 경향 때문에 종교재판소가 의심하여 억압적인 조사를 하도록 했다. 1500년 경 이들 스페인 기독교의 독립적인 세력들은 신비하고 영적인 열정의 한 움직임을 만들어 냈고, 그러면서 탁발수도사들, 개종자들 그리고 경건한 여인들(beatas)은 그들의 숭배자들이 '계몽된 사람들'(alumbrados)이라고 단정지었다.

종교재판소는 별반응 없이 이러한 별칭들에 대해 심사숙고하게 되었고, 이 '계몽된 사람' 중에 있을 수 있는 이단자를 색출하기 위한 일을 착수하게 된다. 그것은 스페인에서 가용한 성경의 여러 부분을 읽는 것으로부터 또한 북유럽의 고전 작품들인 『새로운 경건』(Devotio Moderna), 켐피스의 『그리스도를 본받아』(Imitation of Christ) 등으로부터 자신들의 영성을 많이 끌어내려는 움직임을 발견했다. 그와 같은 정통 자료들에 대한 전적인 정죄는 어려웠고, 그래서 당국자들은 묵상이나 회상(recogidos)의 엄격한 형태를 실행한 사람들과 자신을 하나님의 사랑에서 '내팽개친' 신비주의자들(dexados)을 구별하려고 시도했다. 후자는 위험한 것으로 느껴졌고, 그래서 근절되었다. 정확하게 그 움직임이 무엇을 믿었는지, 얼마나 그것이 통일성을 갖추고 있었는지, 지금 파악하는 것은 어렵다. 왜냐하면 현존하는 필사본이나 인쇄물에서도 계몽자들은 완전한 자유 속에서 스스로를 공적으로 표현할 기회를 결코 갖지 못했기 때문이다. 그리고 그들 중 몇몇이 북유럽의 영성, 곧 마틴 루터의 글을 새롭게 도입하는 것에 관심을 기울이기 시작했을 때 자신의 운명을 결정하였다. 그 결과 1525년 9월에 전반적 운동은 공식적으로 정죄 받았다. 교회 당국자들이 반도에 부가하기로 한 속박에도, 16세기 후반 스페인에서 번창한 영성에 관한 특별한 표현들 중 얼마는 여전히 유산으로 남아 있었다. 우리가 보게 되겠지만, 종교재판소가 계몽된 사람들(alumbrados)을 흩어놓자, 처음에는 이탈리아의 신령주의자들(Spirituali)을 통해, 그 다음에는 전체 유럽으로 조용하면서도 더 넓게 그 영향력을 미쳤다(5장, pp. 303-306, 8장, pp. 490-491, 9장, pp. 573-574).

3. 이베리아 반도에서의 성과: 서방교회의 진출

기독교의 독특한 오명은 이베리아 반도에서 형성되었다. 기독교는 서구 유럽에 남아 있던 유일한 비기독교 사회들을 파괴했을 뿐만 아니라, 동방에서의 패배와 축소와는 확연한 대비를 이루면서 그것의 자연스러운 경계 지점을 넘어 서구 기독교 세계가 도달하는 지역을 확대하기 시작했다. 바다건너 군사적이고 상업적인 정복의 주도권은 스페인 사람들이 아니라 포르투갈 사람들이 쥐게 되었다. 그들이 항해에 뛰어났던 이유는 대서양 해안가에 노출되어 있으면서 아울러 고립된 지역이라는 것과 그들 고향 땅의 농업경제의 가난 때문이다. 그러나 그들은 또한 이슬람에 대항하여 성공적인 십자군 전쟁의 전통을 가지고 있기도 했다. 그들은 1415년에 모로코의 상업 중심지역인 세우타(Ceuta)를 차지함으로써 북아프리카에서의 모험을 시작했다. 그리고 그들은 자신들의 노력을 기독교를 위한 싸움이자 부를 확보하기 위한 원정으로 여기고 더욱 과감한 탐험을 통해 아프리카 무역의 주도권을 잡기 위해 무슬림들과 경합을 다퉜다. 빠르게는 1443년부터 그들은 전에는 무슬림들이 독점하고 있던 노예 무역에 적극적으로 관여했다. 그들은 최초로 광범위한 대륙간 노예 무역 노선을 만들어 냈다. 노동력을 위해 아프리카 노예들을 자신들의 고향으로 실어와 포르투갈의 최남단 지역인 알가르브(Algarve)에서는 곧 흑인들이 인구의 십분의 일을 차지하였다. 그것은 나중에 북아메리카와 남아메리카로 인구가 대량 이동하는 전조였다.[18]

15세기 말경에 포르투갈의 배들은 더욱 야심적이 되어갔다. 그들은 이슬람에 맞서 패배를 모르는 우방인 '프레스터 존'(Prester John, 중세에 아프리카 등지에 기독교 왕국을 세웠다는 전설의 왕)이 통치하는 강력한 기독교 왕국이 어딘가에 있다는 낙관적인 신화와 사분의 일 쪽짜리 진실에 의해 모험에 필요한 연료를 충전하였다. 아마도 이디오피아에 기독교 왕국이 실제로 존재하기 때문일 것이다. 비록 프레스터 존이 결코 유럽인들의 희망을 채워주지는 못했지만, 신화에 대해 자극을 주는 효과는 충분했다. 포르투갈 사람들은 아프리카의 서쪽 측면을 내려가면서 탐험했고, 마침내 희망봉을 돌아 1498년에는 인도에 이르렀고, 1513년까지는 중국의 해안 근처까지 항해해 갔다. 그들은 나중에 자신의 식민지가 될 브라질이 있는 남아메리카의 동쪽 해안을 1500년에 최초로 상륙했으며, 1502년 교황 알렉산더 6세가 정해준 포르투갈 마노엘(Manoel) 왕의 야심만만한 직함을 어느 정도 정당화할만한 해양 제국의 기초를 곳곳에 구축했다. 그 직함은 '인도, 이디오피아, 아라비아와 페르시아에 대한 정복과 항해, 상업의 주인(lord)'이었다. 라틴 계통의 유럽은 그들의 업적에 경탄했고, 점차적으로 프레스터 존이 존재하지 않는다는 사실에 실망했으며, 발칸의 참혹한 상황을 벗어나 살아갈 새로운 희망을 품었다. 1507년 교황 율리우스 2세는 인도에 선교사로서 여행했다고 하는 성 도마 사도 축제일에 아시아 내에서의 포르투갈 사람들의 업적을 기리기위한 감사예배를 드렸다. 그 시대에 가장 칭송받는 설교가 중에 한 사람이었던 이탈리아의 어거스틴 탁발수도사인 비테르보의 에기디오(Egidio of Viterbo)는 이런 상황에 관해『황금 시대의 성취』(the fulfilment of the Golden Age)라고 말하는 설교를 출간했다. 율리우스의 후계자인 레오 10세는 1514년 마노엘 왕으로부터 재주를 부리는 백피증에 걸린 인도의 코끼리 한 마리를 받고는 기뻐했다. 많은 사랑을 받았지만 가엽게도 코끼리는 2년 밖에 살지 못했다. 그것의 어금니는 바티칸에서 지금도 볼 수 있다.[19]

---

18) Bireley, *Refashioning*, p.160.
19) S. A. Bedini, *The Pope's Elephant* (New York, 2000). J. W. O'Malley, "Fulfillment of the Christian Golden Age Under Pope Julius II: Text of a Discourse of Giles of Viterbo, 1507," *Traditio*

그와 같은 열정에도 불구하고 잠재적인 선교 기관으로서 포르투갈교회 조직은 활발히 재조직하고 갱신할 기미가 없이 스페인 가톨릭교회가 가진 결점들을 대부분 가지고 있었다. 포르투갈의 왕들이 열정적으로 헌신해 개혁을 부르짖었음에도 불구하고 고국에서는 귀족과 왕립 가문이 심지어 중부 유럽보다 더 심하게 교회의 지위와 수입을 자신들의 이익을 위해 전환해 버렸고, 스페인에서 실시한 구조적인 개혁을 전혀 따르지 않았다. 일단 해외로 진출하게 되자, 포르투갈 사람들 속에 있는 십자군의 기질 때문에 서구유럽 그 어느 곳에서보다 더 극단적이고 편협한 종교인이 되었다. 그들은 1510년부터 고아(Goa)에 안전한 인도의 전진기지를 스스로 구축하는 과정에서 그곳에 있던 6,000명의 무슬림들을 대량학살하는 죄를 서슴없이 저질렀고, 세기 중반 무렵에는 포르투갈 왕이 지배하는 지역에서 힌두교의 예식을 금지해 버렸다. 또한 아주 심하게 그들이 인도에서 만났던 시리아 기독교 또는 네스토리안 기독교를 경멸했다. 전세계적인 포르투갈 제국에 기반을 둔 다음에 이루어진 기독교 선교 활동이 어느 정도의 겸손과 신중함도 보여주지 못했는데, 왜냐하면 식민지에서도 포르투갈 사람들은 고국에서처럼 가난했기 때문이다. 그들의 제국은 적은 돈으로 근근히 유지하였고, 요새는 만들었지만 수비대가 없는 해안 무역기지들은 주로 잡동사니를 끌어 모은 창고가 되었다.

외교관이고 역사가인 가렛 맷팅리(Garrett Mattingly)가 다소 불친절하기는 하지만 정확하게 포르투갈 왕은 '부도난 도매 잡화 사업'의 경영자였다고 언급했듯이 16세기 중반까지는 계속 혼란스러웠다.[20] 따라서 포르투갈 사람들은 대체로 광범위한 지역들에서나 자신들이 점령한 아프리카와 아시아 인근지역들에서 강압적으로 기독교를 밀어붙일 군사력이 부족했다. 그 결과들은 나중에 검토할 것이다(9장, pp. 564-580).

포르투갈 제국을 건설할 때 나타난 너덜너덜한 구조는 스페인 군주가 이룬 장엄한 업적과 대조를 이루었다. 그라나다가 몰락한 해와 동일한 1492년, 탐험가 크리스토퍼 콜럼버스(Christopher Columbus)는 대서양을 건너 카리브 도서들에 도착함으로써 페르난도와 이사벨의 신뢰를 얻었다. 그가 행한 일 때문에 포르투갈 사람들과 긴장관계를 형성하였고, 1493년 이 일을 빌미로 이전에 페르난도 왕의 신하였던 교황 알렉산더 6세가 두 세력 사이에 있는 전 세계의 지도를 수직으로 분할하였다. 1494년 왕국들은 토르데시야스 조약(Treaty of Tordesillas)

---

25 (1969), pp. 265-338.
20) S. G. Payne, *A History of Spain and Portugal* (Madison, 1973), p. 239에서 인용.

을 통해 여기에 확실히 동의했다. 지도를 형성할 때 불확실한 조건들때문에, 그 구획선이 의도했던 바와 같이 대서양을 지나는 분명한 분할이 아니었고 포르투갈 사람들이 아메리카 식민지 브라질을 확보하고 나서 후에 토르데시야스에 항소하는 데 성공했을지라도, 스페인이 대서양의 대부분을 활동무대로 삼았다 (확실히 말하면 새로운 지배지역들이 카스티야(Castile) 왕국의 일부가 되었다). 그 다음 삼십 년에 걸쳐 스페인 사람들은 카리브 해를 넘어 멕시코와 페루로 이동하면서 침략의 규모가 어마어마함을 깨닫게 되었고, 자신들이 단지 콜럼버스의 흩어진 섬이 아니라 대륙에 도착했다는 사실을 깨달았다.

비록 페르난도와 이사벨이 원래는 새로운 대륙이 아닌 아시아의 민족들을 복음화시킬 포부를 가지고 있었지만, 이와 같은 호전적인 라틴 기독교 문화의 중요한 부분을 불가피하게 접하는 사람들에게 신앙을 가지도록 하였다. 따라서 아시아에 도달했다는 콜럼버스의 본래의 믿음에 대한 영향으로, 스페인 사람들은 그곳 원주민들을 '인디오들'(Indios)로 불렀다(사진 1b 참조). 이베리아 사람들의 탐험에 대한 교황의 중재 외에도, 교황은 또한 스페인의 군주에게 '파트로나토'(Patronato, 그의 새로운 지역들에서 복음을 설교할 수 있는 독점적인 권리)를 수여했다. 이것은 스페인이 지배하는 지역에서 교황이 진정한 권위를 점진적으로 양도하는 중요한 단계였다. 그는 제국 안에서 포르투갈 사람들에게도 '파드로아도'(Padroado)라는 유사한 권한을 수여했다. 사실 고무적인 스페인의 선례가 있었다. 유럽 대륙 밖에서의 아주 초기의 서구 선교 활동은 카스티야 사람들이 14세기 말 무렵부터 출현하기 시작한 후에 아프리카 해안에서 떨어져 있는 대서양의 카나리(Canary) 군도에서 있었다. 카나리 섬들에 도착한 선교사들은 대부분 카스티야의 남단 지역인 안달루시아에서 온 프란시스코수도사들이었다. 그들의 행동은 나중에 아프리카에서 행한 포르투갈 사람들의 선교활동과 대조를 이루었다. 그들은 기독교로 개종한 현지인들을 노예화하는 것에 대해 강하게 반대했고, 때로는 개종하지 않은 사람들을 노예화하는 것도 반대할 여러가지 방법을 강구했다. 그들은 또한 현지인들을 직분자로 서품하기 위해 로마에 있는 당국자들을 설득하기도 했다.[21] 이 모든 것은 이제 유럽이 '신세계'라고 부를 수 있는 것들 안에서 충분히 일어날 수 있는 것들의 선례였다.

카나리 제도의 모델을 확대 이행하려고 할때, 아메리카에서 스페인의 전진 운동을 담당했던 군사 모험가들의 대조적이고 소름끼치는 기록이 문제였다.

---

21) *JEH* 31 (1980)에 나와 있는 P. E. Russell의 카나리아 제도에 관한 설명을 보라.

중앙아메리카에서의 에르난도 코르테스(Hernando Cortés)와 아즈텍 사람들의 만남, 프란시스코 피사로와 페루의 잉카 사람들과의 만남은 정당한 이유가 없는 침략, 불신, 도둑질 그리고 인종학살의 이야기들이다. 그러나 이렇게 무자비한 정복의 위업에 참여했던 많은 사람들은 자신들을 전에 스페인에서 있었던 재정복(reconqsita)과 스페인 이슬람과 유대교의 파괴에서 시작한 십자군 전쟁의 대리인으로 보았다. 동유럽에서 튜턴 기사단과 폴란드-리투아니아 가톨릭 사이에 있었던 충돌에 대해 생각하면서 제르지 크록조브스키(Jerzy Kloczowski)는 두 개의 서로 다른 선교 형태를 추구하면서 생긴 두 종류의 기독교를 식별할 수 있다고 주장했다. 하나는 무장한 십자군으로부터 나오는 군사적이고, 교의적인 신앙이고, 또 다른 하나는 선교 탁발수도회의 활동에서 보여진 것처럼 부드럽고, 유연한 신앙이다.[22] 그의 주장이 동유럽에 대한 것이든 아니든, 그 분석 자체는 스페인이 식민지로 만든 아메리카에 대입해 볼 만한 가치가 있다. 거기에는 십자군이 사용한 미사여구도 많았지만, 1500년부터 이미 프란시스코수도사가 있었고, 그로부터 10년 안에 도미니크수도사들도 도착했다. 곧바로 도미니크수도사들은 원주민 인디오에 대한 식민지 기업의 사악한 조약에 항거하기 시작했다. 고국의 당국자들은 자신들의 양심에 호소하는 모습에 어느 정도는 반응을 보였다. 빠르게는 1500년에 페르난도와 이사벨이 공식적으로 아메리카와 카나리 제도에 있는 그들의 신하들을 노예화하는 것을 금지했다. 1512년에 부르고스의 법률들(Laws of Burgos)은 인디오와의 관계에 관한 지침을 내려주었고, 심지어 정복을 계속 확대하기 위한 일련의 참전 규칙 같은 것도 만들었다. 새롭게 접촉하는 사람들은 원주민 지역에서 스페인 사람들에게 우월적 지위를 주는 알렉산더 6세의 교서를 설명하는 양해각서인 '요구 조건'(Requirement)을 스페인 말로 공개적으로 읽어야 했다. 만약 그들 중에 자유롭게 기독교를 가르칠 수 있는 것에 동의하고 협조하면, 그들에게 무력이 사용되지 않았다.

부르고스의 법률들은 일종의 허용(양보)과 같은 것으로 의도된 것이지만, 그것들은 선교에서의 십자군적 접근의 한치의 착오가 없는 예에 해당했고, 코르테스와 피사로의 가혹한 착취가 그 뒤를 따랐다. 그러므로 계속되는 불의에 대한 수도사들의 분노가 누그러들지 않았다. 그들 중 가장 유창한 대변인이 바르톨로메 데 라스 카사스(Bartolomé de las Casas)였는데, 그는 전에 식민지의 관리였고 집단농장의 소유주였지만, 그와 그의 친구 식민주의자들이 하는 짓들의 해

---

22) Kloczowski, *Polish Christianity*, p. 76.

악에 대한 도미니크수도사의 설교를 듣고서는 이익을 추구하는 활동에서 물러났다. 그 충격으로 그는 사제로 서품을 받았고, 1514년부터 반세기 동안 인디오들을 변호하는 특별한 일을 하였다. 그는 스스로 1522년에 도미니크수도사가 되었다. 그는 나이든 추기경 히메네스로부터 동정표를 받았다. 나중에 인디오들도 열등한 인간의 종이 아니라 스페인 사람들과 똑같은 이성적 존재라는 그의 열정적인 주장은 당연히 노예제도를 겨냥한 것이다. 아무것도 결정된 것이 없는 결과가 나왔다고 말해야 되지만, 찰스 5세를 감동시켜 스페인 제국의 수도인 발라돌리드(Valladolid)에서 식민지화 과정에서의 도덕성에 관한 논쟁이 뜨겁게 이루어지게 했다.

아메리카에서 스페인의 야만성에 관한 라스 카사스의 글들은 아주 분노가 하늘을 찌르고 또한 유창해서, 본래 잔인한 종족으로 여겨지는 스페인 사람들이 일반적인 개신교운동의 전형이 되게 했다. 그렇지만 안타깝게도 인디오 노동력의 착취에 대한 그의 부분적인 개선노력은 농장에서 그들을 대체하기 위해 아프리카의 노예들이 수입되어야 하는 일종의 추천서와도 같은 것이 되고 말았다. 그래서 지난 세기에 포르투갈이 개척했던 노예 무역의 급진적인 확산을 불러왔다. 결국에 라스 카사스가 자신의 실수를 깨달았지만, 이미 너무 늦어버렸다. 여기서 하나의 불의를 종식시키려고 시도했던 이상주의는 종족 말살이라는 3세기 동안이나 지속된 죄악과 결탁하는 터무니 없는 불행한 결과에 빠지게 되었다. 그 결과는 양 아메리카의 정치에 여전히 구축되어 있다. 라스 카사스의 열정보다 다소 덜 분명하게 표현되었지만, 라틴 계통의 유럽의 미래와 다른 세계 문명과의 관계에 있어 동일하게 중요한 일은 '신세계'를 결코 본 적이 없지만, 그의 생애의 마지막 20년을 살라만카(Salamanca)대학에서 저명한 신학자로서 높은 영향력을 발휘했던 도미니크수도사 프란스시코 데 비토리아(Francisco de Vitoria)의 일이었다.

비토리아는 '정당한 전쟁'(just war)의 빛 속에서 아메리카에서 일어나고 있는 일들을 고려하면서 초기 도미니크 신학자들의 사상을 반영했다. 전통적인 기독교의 법률적 지혜는 정당한 전쟁에서 사로잡힌 비기독교인들을 노예화하는 것이 아무런 나쁜 일이 아니라고 말했다. 그러나 비토리아에게는 십자군의 개념 안에서 올바른 것도, 특별히 아메리카에서 그 개념이 활용된 방식들이 그렇지 않게 보였다. 전쟁은 잘못된 고통에 대한 반발로서만 정당화되었고, 아메리카의 다양한 민족들은 스페인 사람들이 그들의 영토로 이주해 들어오기로 결정하기 전에는 스페인 사람들에게 아무런 잘못도 가하지 않았다. 인신 제사에 관한 아즈텍의 관습은 중앙 아메리카에서의 스페인 사람들의 행동에 대한 또 다른 정당성을 부여했는데, 왜냐하면 그것은 보편적인 자연법에 반하는 가해로서, 분명하게 잘못된 것이었기 때문이다. 잘못된 것에 대한 다른 해석들도 가능하였다. 예를 들면, 요구 조건(Requirement)에 적어도 그렇게 하고자 하는 의도가 선언되어 있다면 복음을 설교하는 것에 대한 저항 같은 것을 들 수 있다. 비토리아는 또한 공화국 내에서 권위에 관한 이슈도 고려했다. 그는 이것을 공화국이나 국가의 경계 지역 내에서의 통치자의 방해받지 않는 권력으로서, 주권이라는 관점에서 논의했다. 그런 공화국의 통치자가 기독교인이어야 할 필요는 없다. 아즈텍 사람들과 오스만 사람들도 페르난도나 이사벨처럼 주권적이다. 만약 그러하다면, 교황 알렉산더는 1493년 아메리카에서 스페인 사람들에게 복음을 선포할 독점적인 권리를 완전히 합법적으로 그들에게 수여함과 동시에 그들에게 통치권을 수여할 권리를 소유하지 않았다. 통치권에 대한 그러한 취급은 이미 교황을 그의 자리에 고정시켜 버린 이베리아의 가톨릭 전통에서 나온 것으로, 원래 12세기에 서구 기독교 세계의 통일로 야기된 보편적인 교황 군주권에 대한 명백한 부정이었다.

그와 같은 의문에 대한 비토리아의 논의는 또한 광범위하게 적용되었다. 그는 심지어 아즈텍이나 오스만인들에게 이르기까지, 모든 곳에 있는 모든 민족에게 적용될 수 있는 자연법인 만민법(ius gentium)이라는 옛 개념에 기초해서 국제법 체계라는 개념을 고안했다. 유럽이 전 세계에 걸쳐 기독교라는 독특한 자기의 브랜드를 확산시키려는 광범위한 선교를 시작한 바로 그 순간에, 그의 주장들은 서구 기독교 세계의 경계를 확장하기 위한 수단으로서 십자군 전쟁을 신봉하는 신념은 종말을 고했다. 중세의 기간 동안 서구 기독교인들을 가장 많이 생각하는 사람들이 공통적으로 가정했던 서구 기독교가 참 기독교와 완전히 일치하는지에 대한 의문이 곧 일어났다. 그러나 이것보다 더 많이 국제법의 발전을 가져온 것이 있었다. 서구 유럽인들의 정치적인 사고는 궁극적으로는 그들의 종교적인 신념이나 한 종교가 다른 것에 비해 우월하다는 느낌없이, 다른 문화와 다른 정치적인 단체들을 다루는 상대적인 개념을 발전시켰다. 비토리아는 이런 발전을 결코 용인하지 않았겠지만, 그러나 이것은 유럽을 넘어 세계로 향한 이베리아 사람들의 모험의 결과로 출현했다.

4. 새로운 가능성: 종이와 인쇄기술

포르투갈의 천문학자이자 우주지리학자인 페드로 누네스(Pedro Nunes)는 1537년에 그의 고국 사람들이 항해를 통해 얻은 것들을 되돌아보면서 깊은 애국주의적 자부심과 낙관론의 나팔을 높이 불었다. "포르투갈 사람들은…새로운 섬, 새로운 땅, 새로운 민족을 발견했다. 그리고 거기에 더해 새로운 별들과 새로운 하늘을 발견했다. 그들은 우리를 많은 잘못된 인상들로부터 자유롭게 했고, 심지어 성인들조차 의심을 가졌던 것과 정반대의 사실이 있다는 것을 우리에게 보여줬다. 추위나 더위 때문에 사람이 거주할 수 없는 곳은 없다."[23] 확장된 세계의 상태를 한껏 즐기면서, 새로운 발견들에서 누네스가 누리는 기쁨은 실제로 아주 놀랄만하다. 여러 세기 동안 대부분의 학문 분야에서의 일반적인 경향은 세상과 인류는 쇠락한다는 것이었다. 현재의 사람들은 과거의 사람들보다 적게 알고, 참 지혜는 오래 전에 알려진 것들 속에 놓여 있다. 권위는 존경을 받았고, 통상 필요로 하는 모든 답을 제시해 주었다. 이것은 특히 모든 것 중에서 가장 큰 권위를 가진 책인 기독교의 성경의 경우 그러했다. 그러나 심지어 성인들조차도 의심을 가졌던, 당국자들의 모든 의견을 뒤엎어 버린 지구의 개척지와 남반구와 같은 성경에 언급되지 않은 새로운 대륙과 새로운 민족의 발견에 의해 지적인 지향점을 잃은 것은 별도로 하고서라도, 15세기 유럽은 심지어 전통적인 권위를 가진 위치에 있는 사람들에게서조차도 '잘못된 인상들로부터 자유롭게' 되는 것의 참신함을 환영했던 것으로 보인다. 우리는 이베리아 반도 사람들을 위해 교황이 새롭게 확장된 세상을 자신의 펜을 들어 나누는 것을 보았고, 그리고 후계자 교황은 포르투갈 사람들이 이룬 것들을 축하하기 위해 1507년에 떠들썩한 잔치를 벌이는 것도 보았다. 확실하게 이것은 참신함에 놀란 사회가 아니었다. 게다가 이것은 경험의 다른 영역들 속에서 대양을 횡단한 항해들에 버금가는 것들로 인식했다.

근자에 이르러 두 종류의 기술적인 혁신은 심지어 15세기에서조차도 과거에 대한 현격한 개선으로 인식되었다. 그것들은 함께 정보와 아이디어의 교환 속도를 혁신했다. 첫째는 13세기 이래로 유럽에서 점증적으로 널리 퍼진 쓰기 재료이다. 그것은 바로 천(rags)으로 제작된 종이이다. 유럽이 이 과정을 발명한 것은 아니다. 이것이 중국에서는 수 세기 동안 알려져 있었다. 책을 위한 용도

---

23) G. Schurhammer, *Francis Xavier: in his life, his times* (4 vols., Rome, 1973-82), pp. ii.1.

로 종이는 갈대로 만들어진 파피루스나 동물의 가죽(양피지)보다 훨씬 더 쉽고 싸게 제작되었고, 14세기 말경까지 기독교 유럽은 그 출판에 있어서 무슬림 세계를 능가했다. 15세기 초에 두 번째 기술혁명이 일어났는데, 움직일 수 있는 형태의 인쇄술이었다. 다시 한 번 이것은 중국 사람들의 오래된 발명품이었지만, 일단 유럽에 소개되자 열정적으로 그것이 활용되었다. 이와 같은 인쇄술은 단지 한 쪽 크기에 투박하게 한 디자인의 여러 복사본을 재생산하던 현존하는 새겨진 목판을 사용하는 것보다 정보를 재생산하는 기술로서 훨씬 더 유연하고 유용하다는 것은 너무도 분명했다. 본문(필사본)을 수기하는 것에 대한 인쇄술의 우월성은 다소 불명확했다. 왜냐하면 사본들은 저자의 작품을 저자가 원하는 형태로 보다 직접적으로 나타낼 수 있고, 또한 소수의 사람들만 정보를 공유할 필요가 있을 때 유용했기 때문이이었다. 특별히 엘리트집단의 학자들 사이에서는 계속적인 정보전달의 중요한 전달매체가 되었기 때문이이었다. 니콜로 마키아벨리(Niccoló Macchiavelli)는 실권을 가진 사람들로 구성된 그의 청중들에게 정부에 관한 자신의 상충하는 생각들을 발표할 때 인쇄물보다 필사본을 선호했다. 괴짜였지만 영향력 있는 학자였던 독일의 베네딕트수도사 아보트 요하네스 트리테미우스(Abbot Johannes Trithemius)는 1492년 코웃음을 치면서, 종이에 인쇄하는 것은 아마도 단지 200년 동안 유지된 것이지만 양피지에 글을 쓰는 것은 천 년 동안이나 계속됐다고 말했다. 비록 그가 이보다 천 년 전 파피루스를 내버리던 초기 기독교 학자인 제롬으로부터 이 말을 빌려오기는 했지만, 그가 시사하는 바가 있었다.[24]

비록 양피지에 쓰여진 개별적인 본문이 실제로 천 년 동안 지속될지는 몰라도 일단 파괴되면 그것은 영원히 사라져버리는 것이다. 만약 그것이 그 내용을 담고 있는 유일한 사본이라고 생각해 보라. 다량으로 늘려 놓는 것이 정보를 보존하는 확실한 길이다. 많은 사본들을 필요로 하는 본문인 경우 인쇄술은 곧 불가피하게 되었다. 종이 위에 움직일 수 있는 형태로 쓰여진 본문은(고급 사본들은 여전히 양피지를 사용할 수 있겠지만), 일단 쪽을 맞추는 다소 수고로운 과정이 완성되고 나면 그것을 생산하는 데에 있어 필사본보다 현저히 저렴했고, 오늘날의 많은 증보판과 같은 수준으로 많은 인쇄부수를 재생산하는 것도 유쾌하리만치 쉬웠다. 1540년대의 제네바의 상업 관례에 따르면 숙련된 기술자가 하

---

24) J. Trithernius, *In Praise of Scribes*, ch. vii, T. J. Brown, *JEH* 27 (1976), p. 82에서 인용. 제롬의 이와 같은 반향을 지적한 엘리자베스 아이센스타인에게 감사한다.

루에 한 장짜리(보통 크기의 책으로 따지면, 완성된 제품의 여덟 쪽에 해당)를 1,300장 복사할 수 있었던 것으로 보인다. 따라서 증보판은 한나절의 일로 약 700개의 복사본으로 늘어날 수 있었다. 일단 그 활자체가 망가지고 재사용되고 나면 다시 만들기에 노동집약적일 수밖에 없는 아주 큰 책들은 많은 부수로 제작되었는데, 한 증보판이 삼천 또는 사천 권씩 되기도 했다.[25] 그 결과로 나온 제품들을 반드시 싸게 살 수 있는 것은 아니었다. 오히려 그런 이유로 인쇄술은 시작하고 나면 아주 수지가 맞는 매력적인 일이었다. 1537년 잉글랜드에서는 왕의 명령으로 교회들이 구입하도록 강요당한 인쇄부수가 1,500부나 되던 어떤 큰 성경책은 그 출판 비용이 한 파운드 스털링의 삼분의 일인 6실링 8페니 정도였다. 비슷한 성경이 고객들에게 소매 판매될 때는 10실링에서 13실링 4페니(1/2에서 2/3 파운드) 사이였다. 따라서 스스로 자리를 잡게 되자, 개신교는 인쇄업자들에게는 좋은 사업의 대상이었다.[26]

역으로 인쇄술 또한 개신교에도 좋은 것임이 판명되었다. 왜냐하면 책과 관련이 깊은 종교는 많은 출판물을 필요로 하기 때문이다. 잉글랜드의 복음주의자들이 마침내 그들의 주창하는 바를 인쇄하는 것이 자유롭게 되었을 때, 잉글랜드의 한 개혁 동조자는 에드워드 6세가 통치하던 짧은 16세기 중엽에 일찍이 이것을 칭송했다. 그는 그의 시대를 초대교회 시대와 콘스탄틴 황제 시대와 비교했다. '주께 감사하라. 콘스탄틴은 필사로 수 천 파운드가 들어야 했다면 인쇄술로는 백 파운드로도 우리 왕의 위엄이 더욱 드러나게 되었도다. 첫 번째 공의회 이래로, 로마의 주교와 보좌관들이 득세할 수 있었던 이유는 바로 출간물의 부족으로 인한 것이었다(로마의 주교들을 반격할 수 있는 출판물이 충분히 준비되지 못한 결과로 주교들은 계속 기득권을 유지할 수 있었다).'[27] 롤라드파가(1장, p. 78) 한 세기와 그 후 반 세기에 걸쳐 그들의 복음적인 후계자들이 그랬던 것과는 달리 광

---

25) A. Pettegree, 'Printing and the Reformation: The English Exception,' in Marshall and Ryrie (eds.), *Beginnings of English Protestantism*, pp. 157-79 중 158-59.

26) J. F. Cox (ed), *Works of Archbishop Cranmer* (2 vols, PS, 1844, 1846), ii. p. 395; J. Strype (ed), P. E. Barnes, *Memorials...of...Thomas Cranmer*… (2 vols., London,1 853), vol. ii, p. 286, London British Library Cottonian MS Cleopatra E V 325에서 인용.

27) "R. V.," *The olde faythe of Greate Brittayne and the newe learnynge of Inglande, wherunto is added a simple instruction, concernynge the Kinges Maiesties procedings in the comunyon* (London, 1548), sig. Ciiiv. RSTC 24566은 출판날짜를 1549년으로 잘못 추정한다. 그것보다 1년 앞서는 것이 확실하다. 이것은 동일한 주제를 다루는 순교사화에 책에 나와 있는 존 폭스의 잘 알려진 언급보다도 실제로 앞선다. G. Townshend and S. R. Cattley (eds.), *The Acts and Monuments of John Foxe* (8 vols, 1837-41) vol. iii, pp. 718-22을 보라.

범위한 지지를 공고히 하는 데 실패한 이유들 중에 하나는 자신들의 글을 보급할 충분한 복사본들을 만들어 내지 못했다는 사실에 있다.

만약 1520년대의 사건들이 결코 일어나지 않았고, 교회에 대한 복음주의적인 도전이 결코 없었다면, 인쇄술의 도래는 종교의 지형을 다르게 만들었을 것이다. 초기 인쇄업자들은 확실한 이익을 만들어 주는 안전한 시장에 공급하기 위해 서둘렀고, 그래서 자연스럽게 전통적인 종교가 원하는 것을 보급했다는 것은 사실이다. 1476년 부터 보존되어 온 잉글랜드 인쇄술의 가장 초기 출간물의 남아 있는 부분이 이를 증명한다. 왜냐하면 이 출간물 안에 이미 구매자의 이름이 인쇄되는 하나의 면죄부와 같은 것이었다. 면죄부에 대한 교회의 남용은 정확하게 1517년 루터의 분노를 촉발시켰던 그 문제였다(제3장, pp. 187-189 참조).[28] 그러나 전통적인 종교 안에서는 그런 충동이 비정통적이라는 자각 없이 교회의 신앙과 예배가 근거를 두는 책, 곧 성경을 만나기 위한 엄청난 대중적인 갈망이 있었다. 모든 것 중에 현존하는 가장 초기에 인쇄된 책은 1457년 마인츠에서 출간된 라틴어 판으로 된 시편이다.

칼빈의 전기작가인 버나드 코트렛(Benard Cottret)은 종교개혁이 성경책의 증가를 만들어 낸 것이라기보다 성경책의 증가가 종교개혁을 만들어 냈다는 사실과 얼마나 많은 성경책들이 라틴어에서 지역 언어로 번역된 역본들인지 주목할 만하다는 사실을 관찰했다. 우리가 보았듯이 교황의 날개들을 잘라내고 평신도들이 보다 자주 성찬을 받기를 격려하기 원했던 장 제르송(Jean Gerson)은 콘스탄츠공의회에 성경번역에 대한 금지령을 제안했다. 그러나 십 년 전 잉글랜드에서 취해졌던 무시무시하고 예외적인 조처와는 달리 그것이 실행되지 못했다. 제르송의 두려움은 단순히 사제들의 이기심에 관한 것이 아니라 15세기에 설교에 대한 넘쳐나는 새로운 상태를 반영하는 것이었다. 그 근심은 평신도가 설교를 듣지는 않고 읽는 것에 너무 많은 시간을 보내는 것에 대한 근심이었다. 1466년과 1522년 사이에 고지 독일어(High German, 표준 독일어)와 저지 독일어(Low German)로 된 두 종류의 성경책이 있었다. 그것이 1471년 이탈리아에, 1477년에는 네덜란드에, 1478년에는 스페인에, 체코에는 카탈로니아 지역과 대충 비슷한 시기인 1492년에 전해졌다. 1473과 1474년 사이에 프랑스의 출판업자들은 흥미진진한 이야기들에 집중하면서 보다 복잡한 교의적인 본문 내용들을 제외한 축약된 성경을 취급하는 시장을 열었는데, 이것이 16세기 중반까

---

28) London, Public Record Office, E. 135/6/56 (1476); *RSTC* 14077c. p. 106.

지 수지가 맞는 사업으로 남아 있었다.[29]

　인쇄술의 영향은 단순히 가용한 더 많은 책을 더 빨리 만들어 내는 것 보다 훨씬 더 심오했다. 이것은 지식과 사고의 기원에 관한 서구 유럽인들의 전제들에 영향을 미쳤다. 인쇄술이 발명되기 전에는 학자들은 생애의 중요한 부분을 단순히 그 본문들에 다가서기 위해 현재의 본문들을 손으로 복사하는 일에 소비했다. 이제 본문에 대한 인쇄된 복사본들이 더 많이 가용하게 되자, 복사해야 할 일이 적어지고, 스스로 사고에 전념할 수 있는 더 많은 시간이 생겨났다. 그것은 이전 세대가 말했던 것에 대한 학자적 배려라는 함축적인 의미를 갖고 있었다. 복사하는 일이 이전 수 세기 동안의 기독교 문화에 있어서 하나의 중요한 활동이었고, 원본의 사상에 맞서 그것에 특권적인 위치가 부여되었다. 13세기의 프란시스코수도사 출신 학자이며 경건한 작가인 보나벤투라(Bonaventure)는 쓰기로 묘사될 수 있는 다양한 범주에 대해 논의했다. 그가 말하는 네 종류 중에 아무것도 오늘날 우리가 이해하는 것과 같은 새 책에 대한 순수한 저작권을 포함하지는 않는다. 그는 작가에 대해 필경사(즉 복사하는 사람), 문집의 편찬자, 옛 본문에 대한 주석가 그리고 마지막으로 '저자'(auctor)로-심지어 이 경우에도 확증에 관한 목적들을 위해 다른 것들을 첨가하면서 주요 위치에서는 자기 자신의 작품을 만들어 내는 사람이라는 의미로-말했다. 이와 같은 기능들의 계층구조는 15세기 이후로는 조화와는 상관없는 기괴한 것들처럼 보였다.[30]

　권위에 관한 기본적인 전제들에 대한 진전된 결과들이 있었는데, 그 중 어떤 것도 믿는 것에 대해 소유권을 가지고 있다고 주장하는 교회의 위계질서에 좋은 소식이 되는 것은 없었다. 한 본문에 대해 여러 권의 똑같은 복사본을 만들어 내는 인쇄술은 필사본의 개별성과는 아주 다르게 일치성과 함께 친숙함을 증진시켰다. 그것은 반대로 차이점이 나타날 때가 얼마나 중요한지에 대한 감각을 만들어내야 할 책임이 부가되었다. 일치성은 역설적으로 개별성에 특별한 가치를 부여했다. 필사본에 의존하는 문화는 지식의 유약함과 그것을 보존할 필요에 대해 의식하고 있었다. 우선적인 것은 그것을 안전하게 보존하는 것이고, 단순히 하나밖에 없는 소중한 자원의 물리적인 파손을 피하는 것이다. 그리고 지식을 확산하기보다는 그것을 보호하는 태도를 배양하는 것이다. 인쇄술 문화는 복사본들을 배가시키고, 인쇄업자는 가능하면 많은 복사본을 만들

---

29) Cottret, *Calvin*, pp. 93-94.
30) Eisenstein, *Printing Revolution*, p. 84.

어 자기의 상품을 파는 것에 관심을 가지고 있다. 유사하게 필사본 문화는 다른 모든 것에서와 마찬가지로 지식에 있어서도 매우 쇠퇴하기 쉽다고 믿어지는데, 왜냐하면 한 필사본으로부터 다른 필사본으로의 복사된 지식은 문자적으로 아주 왜곡된 출처일 수 있기 때문이다. 인쇄된 매체에서는 이런 것이 훨씬 덜하다. 비관주의보다 낙관주의가 대세였다.[31]

더 많은 분량의 책들의 보급이 한층 그 효과를 발휘하기 시작했다. 인쇄술은 훨씬 더 많이 읽는 결과를 초래했기 때문에 읽기는 훨씬 더 얻을 만한 가치가 있는 기술이 되었다. 비록 우리 사회에서는 읽기와 쓰기가 일반적으로 같은 교육일정에 따라 교육을 받을지라도, 특별한 이유는 없지만 두 가지 즉 읽기와 쓰기 중에서 읽기가 더 쉽다는 것에 주목할 필요가 있다. 중세와 초기 근대 유럽에서 더 많은 사람들은 쓰는 능력보다는 읽기능력이 탁월했다. 이와 같은 읽기 능력의 확산은 심지어 인쇄술이 생겨나기 전부터 유럽에서 인식되고 있었지만 인쇄술이 들어 온 이후에 읽는 것이 더욱 강하게 장려되었다. 읽는 것은 물리적으로는 수동적인 경험이지만 정신적으로는 적극적인 경험이고, 또한 독립적인 활동이다. 그것에 신체적인 활동을 일으키는 방법들이 있었는데, 스스로 단어들을 중얼거리거나 많은 청취자들 앞에서 하는 공중연설처럼 본문을 큰 소리로 읽어주는 것이었다. 그러나 이런 방식은 조용히 앉아서 읽는 정독형식의 독서에 비하면 주변적인 것에 불과한데, 그 이유는 정독은 읽는 과정을 통하여 자신과 작가와의 관계를 형성할 수 있고 자신이 깨달은 바를 확정짓는 경험을 갖게 하기 때문이다. 경청하는 청중이 의도적으로 집중하여 강론하는 것을 듣지 아니하면 주위만 산만하게 할 뿐이다. 왜냐하면 오직 읽혀진 본문만이 토론이 가능하기 때문이다.

읽기가 평신도들의 종교생활을 위한 보다 주목을 끄는 부분이 되기 시작함에 따라(성직자들에게는 오랫동안 그러했던 것처럼) 우선순위들의 변경은 보다 내적인 주시와 이미 15세기의 수많은 측면에서 주목해 온 개인적인 경건생활을 촉진했다. 이러한 독서경향은 예수의 삶에 대한 묵상과 신비주의자들의 사상에 대한 열정 곧 새로운 경건(Devotio Moderna)에 관한 정서를 제공해주었다. 읽는 것을 정말 기뻐하던 어떤 사람에게 종교는 공식적인 예배 의식의 단계로부터 마음과 상상의 세계 속으로 잠기게 하는 것이었다. 읽는 것은 인간의 다른 감각들 중에서 시각에게 특권을 부여했고, 이것은 눈의 여러 용도들 중에서 본문을

---

31) Ibid., pp. 54-57, 80, 141.

읽는 것에 더욱 특권을 부여했다. 그것은 설교나 예식에서 의사를 전달하는 중요한 부분 중에 하나인 몸짓에 전혀 의존하지 않는다. 그래서 독서는 교리적인 일탈의 어떤 기미도 없이 새로운 형태의 경건이 이익과 즐거움 둘 다를 위해서 책을 통해 배우는 것에 가치를 부여하는 사회의 점증적으로 큰 부분으로 발돋움하기 시작했다. 비록 그런 사람들이 교구에서 드려지는 미사에서 군중들 중에 있어도, 그들은 미사에 있어서 일반적으로 소기도서들로 알려진 인쇄된 그들의 동료 평신도들의 지침서 또는 성무일도서(聖務日禱書, Book of Hours) 속으로 빨려들었던 것 같다. 그들 중에도 부유한 평신도들은 동료 예배자들에 의해 빚어지는 산란함으로부터 자신들을 차단하기 위해 그들의 교회에 폐쇄된 개인용 자리들을 만들기도 했다.[32]

경건생활에서 이와 같은 새로운 강조는 그 전망에 있어서 도시적이었다. 왜냐하면 시골보다 도시들에 더 많은 책들이 있었고, 곧 더 많은 인쇄소와 학교들이 있었기 때문이다. 이러한 현상은 종교적인 현실적인 문제들과 관련하여 기독교를 세련되지 못하고 제대로 교육이 안된 다소 수준이 떨어진 것처럼 취급하게 만들었으며, 예배의식과 성유물이 성경본문의 메시지보다 구원을 추구하는 신자들에게 덜 중요한 것으로 간주하게 했다. 12세기를 연구하는 역사가들은 이런 종류의 견해에 대한 초기 표현에 친숙한데, 왜냐하면 그 시기는 고전문학에 관한 흥분의 고조와 고대 사본에 대한 탐색을 보여주기 때문이다. 그러나 독자들은 인구 중에서 아주 낮은 비율이었고, 결과적으로 그들 모두는 성직자였다.[33] 15세기에 그런 태도는 부유하고 잘 교육받은 평신도들로 구성된 훨씬 더 큰 집단에까지 확산되었다. 그들은 예배와 경건생활에 관한 그렇게 많은 옛 예식들을 경멸하는 상인들, 엘리트층, 법률가, 그리고 개신교의 사상을 받아들인 준비가 된 사람들로 구성되었다. 이러한 분위기는 종교개혁운동에서 나타난 분명한 현상이라고 볼 수 있겠지만, 이것은 이미 중세 후기 유럽의 지적인 혁명 곧 인문주의(humanism)의 발원에 의해 출현되었다고 볼 수 있다.

---

32) E. Duffy, *The Stripping of the Altars* (New Haven and London, 1992), 6-7장은 신앙입문서에 관한 탁월한 논의를 담고 있다. 또한 V. Reinburg, Liturgy and the Laity in Late Medieval and Reformation France,. SCJ 23 (1992), pp. 526-64; C. Richmond,"Religion and the Fifteenth-Century English Gentleman," in R. B. Dobson (ed.), *The Church, Politics and Patronage* (Gloucester, 1984), pp. 193-208등을 보라; 리치몬드의 주장에 대한 잉글랜드의 반향에 관한 해설, PRO, STAC 5 U3/34, 윌리엄 사이데이 (William Siday)의 대답.

33) B. Stock, *The Implications of Literacy: Written Language and Models of interpretation in the Eleventh and Twelfth Centuries* (Princeton, 1983), pp. 246-50.

5. 인문주의: 책으로 비롯된 새로운 세계

특히 아무도 그 말을 인문주의 초기 시대에 사용하지 않았기 때문에 인문주의는 꼭 집어서 정의하기가 어려운 현상처럼 보인다. 19세기 초기 역사가들은 자유롭고 비신학적인 예술 과목들을 대학의 커리큘럼에서 '인문주의 문학'(humanae litterae, 신보다 인간에게 초점을 맞춘 문학)으로 통상 말하게 되면서 실제로 15세기 후반에 사용된 단어들로부터 그것을 새롭게 만들어냈고, 이들 과목에 대해 특별한 열정을 가졌던 학자는 '인문주의자'(humanista)로 불리게 되었다.[34] 보다 복잡한 것은 '인문주의자'가 계시된 종교의 주장들을 거절하는 사람에 대한 용어로 근대에 쓰여지게 되었다는 점이다. 그러나 이것은 우리가 고려하는 움직임의 특징은 아니다. 만약 어떤 15세기, 16세기 인문주의자들이 개인적으로 그와 같은 개념을 가지고 장난을 쳤다면, 그것을 공개적으로 표현하는 것은 자살행위와 마찬가지였다. 귀족주의적인 이탈리아의 플라톤 학자 지오바니 피코 델라 미란돌라(Giovanni Pico della Mirandola)와 같은 기이한 한 두 인물은 아마도 개인적으로는 기독교보다 고대 그리스, 로마의 신들을 더 선호했지만, 다시 말하지만 그것은 안전하게 말할 수 있는 그 무엇이 아니었다. 어떤 경우에도 대다수의 인문주의자들은 그들의 열정을 그들의 신앙에 관한 선포와 탐험에 적용한 명백히 신실한 기독교인들이었다.

단어들과 그 정의를 살피는 것을 좀 더 철저히 할 필요가 있는데, 이는 인문주의자들이 단어들과 그것들의 사용에 대해 너무 과대망상적이었기 때문이다. 만약 우리가 이와 같은 현학적인 면을 더 추구하면 우리는 현재 인문주의의 동의어로 빈번히 사용하고 있는 '신학문'(New Learning, 학예 부흥)이라는 한 구절을 피하게 될 것이다. 이 말은 아주 갈피를 잡지 못하게 하는 말인데 그 이유는 그것이 실제로 16세기에, 그것도 다른 어떤 것을 묘사하기 위해 사용되었기 때문이다. 그것은 개신교 또는 복음주의 신학에 대해 가톨릭이 아주 남용한 용어이다. 그리고 그것은 결코 우리가 3장에서 보게 될 인문주의와 같은 것이 아니었다.[35] 대조적으로 인문주의와 유용하게 관련된 용어는 '르네상스'(Renaissance)였다. 이것은 14세기와 16세기 사이에 유럽에서 무엇인가 새로운 것이 일어나고 있는 동안, 그것이 아주 오래된 어떤 것에 대한 재발견으로 여겨졌다는 올

---

34) Rummel, *Humanism*, p. 10.
35) R. Rex, 'The New Learning,' *JEH* 44 (1993), pp. 26-44.

바른 의미를 전달한다. 14세기 이탈리아의 인문주의자이자 시인인 페트라르크(Petrarch)는 그보다 나이가 많은 동시대인인 단테 알리기에리(Dante Alighieri)의 시에 관한 업적들에 너무나 경탄한 나머지 그것들을 고대 로마에 쓰여진 걸작품으로 간주하고 위대한 시가 '재출현'(renascita)했다고 주장했다. 이후 19세기 학자들은 이 말을 인문주의자들이 대표하는 문화적인 현상을 묘사하기 위해 프랑스어 형태(Renaissance)로 사용했다.

사용할만한 가치가 있는 또 다른 구절은 '시민적 인문주의'(civic humanism)이다. 이것은 고대사회가 어떻게 일반적인 선을 위해 자신들의 사회와 정부를 재조직했는지를 알아보기 위해 고대사회에 특별한 관심을 보였던 인문주의자들의 생각을 묘사하려는 의도를 가지고 있다. 비록 다른 사람들 곧 '군주적 인문주의자들'이 정부가 한 사람의 손에 최고로 잘 집중되어 있도록 결정했지만, 그들은 일반적으로 고대 아테네나 로마에 신세를 지고 있는 공화정 형태의 정부를 구축하려고 노력했다. 군주들이 인문주의자들의 학문에 아주 관대한 재정 후원을 했다는 사실은 지적할만한 가치가 있다. 현대 독일의 학자인 한스 바론(Hans Baron)은 시민적 인문주의에 관한 토론을 선도했다. 그는 왜 그것이 14, 15세기 이탈리아에서 일어났는지를 고민하며, 커다란 정치적인 혼란과 갈등과 함께 정부의 형태에 있어서 유럽의 어느 곳보다 대조를 이루는 그곳의 특별한 정치적인 조건들을 강조했다. 이탈리아의 큰 도시들과 영지들의 시민들에게는 정부의 성격을 고려할 수 있는 특별한 혜택이 있었고, 그들이 공화제나 군주제의 규정을 반대자들이나 잠재적인 동조자들에게 정당화시키려고 노력할 때, 그들은 역사책들에서 발견할 수 있는 공화국인 고대 그리스의 도시들이나 공화국 또는 로마제국의 가장 인상적이고 성공적인 선례들을 눈여겨 보았다.[36] 게다가 유럽의 그 어느 곳보다 더 장관을 이룬 이탈리아는 '그 아래 묻혀 있는 고대 유물의 백과사전'이라는 장점이 있었다. 로마제국의 심장부로부터 유지되어 온 미술과 건축물과 같은 물리적인 유산이 땅에서부터 머리를 내밀거나, 중세 이탈리아 사람들의 업적을 조롱이라도 하는 것처럼 보이는 건물들의 엄청난 잔해들이 도시와 시골에서 거대한 모습을 드러냈다.[37]

정의들에 관한 혼란으로부터 벗어나서 이제 우리는 인문주의의 정체성에 관한 그림의 조각들을 모을 수 있다. '신학문'(New Learning)이기는 커녕, 그것은 구

---

36) H. Baron, *The Crisis of the Early Italian Renaissance* (2 vols, Princeton, 1955).
37) 특별히 로마시에 적용할 구절은 스티븐 울로후지앙의 것이다: *SCJ* 331 (2000), p. 1117을 보라.

학문에 초점을 다시 맞추는 것을 의미한다. 그것은 중세 대학들이 이차적으로 중요하다고 여겼던 전통적인 학문적 지식의 영역들에 대한 새로운 집중과 새로운 존중을 불러 일으켰다. 대학들의 문과과정에서 비신학적인 부분들, 특별히 시, 웅변술 그리고 수사학(말과 글에 의한 정치적인 설득) 등이 그것들이다. 인문주의자들은 단어들에 대한 애호가요 감식가였다. 그들은 그것들을 인간 사회를 더 좋게 변화시키기 위해 적극적으로 사용될 수 있는 억제된 힘으로 보았다. 그와 같은 흥분을 불러 일으키는 단어들은 시와 웅변술과 수사학의 변혁시키는 힘에 대해 동일한 신념을 가진, 오랫동안 보이지 않게 된 고대 그리스, 로마와 같은 사회들로부터 나온 고대의 문장들에서 발견된다. 세상을 변혁하는 계획과 관련된 부분은 이들 고대 사회에 관한 가능한 선명한 사진을 얻어야 했고, 그것은 어떻게 이들 사회들이 생각했고, 일을 처리했는지에 관한 주요 기록들에 해당하는 본문들의 가장 타당한 설명을 얻는 것을 의미했다. 그러므로 인문주의에 관한 거칠지만 통용가능한 한 정의는, 그것이 중세보다 인생에 더 좋은 것이 있었다는 사실에 대한 깨달음으로 구성된다고 말하는 것이다. 또 다른 것은 인문주의자들을 원문에 대한 편집자로 묘사하는 것이다.

  이와 같은 고대 원문들은 전에도 유사한 흥분을 촉발했다. 그래서 역사가들은 9세기부터 12세기까지 유럽에서의 지적인 삶에 관한 필사본들의 급작스런 효과에 대해 똑같이 두 개의 르네상스라고 말한다. 그러나 이와 같은 새로운 르네상스 시대에서 그 영향은 사회 속으로 보다 더 넓게 퍼져 나갔다. 왜냐하면 종이를 사용하는 인쇄기술이 본문들의 복사본들에 대해 훨씬 더 신속한 보급의 가능성을 활짝 열어주었고, 이들 혁신 기술들과 연관된 읽고 쓰는 능력의 확산에 대해서도 훨씬 더 큰 동기를 부여했기 때문이다. 이것은 이번에는 과거에 있었던 초기 열정의 분출 이래로 대교회나 수도원의 도서관들에 종종 소홀히 방치된 고대 필사본에 대한 훨씬 더 강렬한 탐색을 생산해 냈다. 게다가 더 많은 헬라어 필사본들이 이와 같은 최근의 보물찾기로부터 출현했다. 중세 서구 유럽은 눈에 띌 만큼 드물게 헬라의 문학작품들을 접했다. 예를 들어 호머의 서사시들과 같은 중심되는 문학작품들의 원문은 15세기까지는 거의 알려지지 않았다. 사실 그때까지 아주 적은 수의 학자들만 헬라어에 관한 가장 희미한 지식보다 조금 더한 지식을 가지고 있었다. 만약 그들이 라틴어 외에 배운 어떤 한 언어를 알고 있었다면 그것은 히브리어일 가능성이 많았다(서구에서는 헬라어가 중요하지 않다). 왜냐하면 기독교에 관한 질문을 던지는 서투른 능력을 가졌고,

그래서 자신의 히브리 문학에서의 참조를 통해 논박되어야 할 필요가 있는, 분쟁을 일삼으면서도 독창적인 히브리인 랍비들이 많이 있었기 때문이다. 그러나 이제 서구 인문주의자들은 갑작스럽게 가용한 원문들을 사용할 수 있도록, 새로운 언어에 대한 능력을 습득하도록 강요받았다.

역설적으로 서구 유럽을 그렇게 공포로 몰아넣었던 오스만의 정복의 충격은 필사본 보급의 균형을 무너뜨렸고, 헬라의 문화를 서방으로 가져왔다. 많은 헬라어 사본들이 동방에 있던 기독교 공화국의 파멸로부터 도망쳐 나온 학자들의 여행용 짐 속에 따라왔고, 대혼란 속에서 이익을 챙기려는 서방의 사업가들이 그것을 가로챘다. 예를 들면 투르크족들에 의해 1453년 콘스탄티노플이 몰락하기 30년 전, 그곳을 향한 단 한 번의 긴 원정으로부터 시칠리아의 필사본 중개인이자 수집가인 지오바니 아우리스파(Giovanni Aurispa)는 238개 이상의 필사본들을 가지고 왔으며, 서구인들에게 최초로 아이스킬러스(Aeschylus)와 소포클레스(Sophocles) 희극의 중요한 원본들과 플라톤의 알려지지 않은 저서를 소개시켰다. 플라톤의 재등장은 특별히 중요했는데, 왜냐하면 12세기와 13세기의 서구 스콜라철학이 그와는 아주 다른 문하생인 아리스토텔레스의 재발견에 의해 모양을 갖추었기 때문이다. 아리스토텔레스는 목록을 만들고 종합하고 체계를 세우는 것으로 특징지어지는 철학자이다. 이제 철학의 궁극적인 문제에 대한 플라톤의 태도, 곧 가장 위대한 실제는 보이는 것과 계량화할 수 있는 실제 너머에 존재한다는 그의 인식은 인문주의자들에게 스콜라철학의 학문의 전체 형태 곧 그것의 세심한 구분과 정의들에 대한 의문을 던졌다. 플라톤의 사상은 이것보다 훨씬 더 고대 사회의 수많은 가정들 뒤에 놓여 있었다. 이제 학자들은 이것을 탐구하고 이해하기 시작했고, 그런 시간 속에서 그들은 또한 플라톤의 글들이 얼마나 뿌리깊게 초기 기독교 사상가들에게 어떤 영향을 미쳤는지를 보기 시작하게 되었다.

헬라에 대한 활기찬 재발견에 따라 인문주의자들은 또한 라틴어와 문화에 대한 새로운 전망을 얻게 되었다. 그들은 주전 1세기 정치인에서 철학가로 변신한 마르쿠스 툴리우스 키케로(Marcus Tullius Cicero, 영어권의 존경하는 사람들에게는 'Tully'로 알려져 있는)에 대한 엄청난 열정을 발전시켰다. 시민적 인문주의자들은 그가 아주 실패한 정치인이었다는 불편한 사실은 무시한 채, 정부에 관한 키케로의 자세한 토의에 대해서는 높이 평가했다. 그리고 1421년 웅변술에 관한 그의 논문이 북부 이탈리아의 로디(Rodi)에 있는 성당의 도서관에서 재발견되었을 때, 이 새 책은 강력하고 설득력 있는 라틴 산문에 대한 이상적인 모델로서의 명성을 확실하게 했다. 인쇄술, 화약과 대포에 대한 신조어들에 불가피하게 적응한다고 해도 잘 교육받은 모든 젊은 학자들에게는 키케로처럼 글을 쓰는 것이 큰 야망이 되었다.[38]

또한 고대시의 운율 형태와 관습들을 재생시키는 인문주의자들에 기인하고 있는 이와 같은 인문주의 문학형태는 스콜라철학자들과 신학자들이 앞서 수백 년 동안 사용해 온 라틴의 것들과는 달랐다. 누구나 단지 어떻게 문장이 구성되었는지를 봄으로써 인문주의자가 스콜라적인 본문에서 나오는 작품을 산문으로 쓰고 있다고 말할 수 있다. 더욱 대조되게 인문주의 필사본 작가들은 고대의 원본처럼 되게 하기 위해 고통스럽게 이탤릭체로 된 문자들을 흉내 낸다. 그리고 인쇄업자들도 당신이 이 책 속에서 읽을 수 있는 그것과 매우 유사한 활자체를 만들어 내면서, 그들의 이탤릭체 각본을 모방한다. 그리고 그것은 다른 출판업자들이 중세 필사본의 '수기필치'(手記筆致, bookhand)를 모방할 때 사용했던 고딕 형태와는 아주 다르다. 이것은 이탈리아에서 15세기에 시작되어 다음 두 세기에 걸쳐 점차적으로 북쪽으로 확대된 르네상스의 건축과 예술 혁명에서도 동일하다. 고대 건물들, 조각, 미술과 정원들과 같은 시각적인 형태들은 그리스, 로마라는 잃어버린 세계에 다시 생명력을 불어넣는 노력의 일부분으로, 점점 더 정확하게 모방되었다.

필사본의 재등장에 따른 결과들 중 하나는 사회에서 사용될 가치가 있을 수도 있고 그렇지 않을 수도 있는 고대 세계로부터 나온 새롭고 이상한 재료의 홍수이다. 필사본들로부터 등장하게 된 많은 것들 중에 고대 이집트의 신적인 인물인 헤르메스 트리스메기스투스(Hermes Trismegistus)에 의해 쓰였다고 주장되는 종교와 철학에 관한 일련의 글들이 있었다. 사실 그것들은 빠르게는 기독교가 발흥하기 시작한 초기와 같은 시기인 1세기에서 3세기 사이에 편찬되었다. 그리고 이들 자료 중 어떤 것은 현재 『헤르메스 총서』(Corpus Hermeticum)로 알려진 작품 속에 헬라어로 집대성되었고, 또 나중에 많은 부분이 라틴어와 아랍어로 번역되기도 했다. 이들 논문들의 주제들 중 몇몇은 일상 생활의 문제들을 제거하기 위한 마술, 의약 또는 점성술과 같은 형태들의 것이었지만, 어떤 것들은 처음 3세기 동안 기독교에 영향을 미쳤던 우주와 지식의 특성에 관한 신비스런 지혜를 가지고 있어 한결같이 매력적이었는데, 그 집단은 집합적으로 영지주

---

38) H. Jones, *Master Tully: Cicero in Tudor England* (Nieuwkoop, 1998), 특히 p. 77 과 1-4장.

의자들(Gnostics)로 분류되어졌다.

많은 염세주의 문학들이 헬레니즘 문화와의 동화를 꾀했던 것처럼, 영지주의는 플라톤이 철학을 성경에 접목시키려고 노력했다. 가톨릭교회 형태로 유지되어 온 기독교는 영지주의의 영향의 파급을 저지해야만 했고, 그것을 이단으로 정죄했다. 그러나 기독교학자들 중에는 호기심을 가진 사람들이 있었는데, 특히 동방정교회 학자들은 공식적인 이단 정죄에도 불구하고 영지주의의 매혹에 빠져들기도 했다. 일반인들은 영지주의 사상을 훌륭하고 유용한 것으로 여기고 그리스도의 탄생과 초기의 삶에 대한 많은 세부적인 묘사에 대해 높이 평가했다. 이런 자세함에 대한 많은 부분들이 비잔틴 교회의 미술에 일반적인 특색을 이루고 있고, 그것들은 안나(Anna) 또는 성 안나(St. Anna)라는 마리아의 어머니의 이름까지도 포함하고 있다(1장, p. 62 참조).

따라서 '신비'(hermetic) 문학은 많은 전통적인 기독교 선입견과 조화를 이루었고, 그리고 그것은 총명한 플로렌스의 플라톤주의자인 마르실리오 피치노(Marsilio Ficino)가 『헤르메스 총서』 중 가용한 부분들을 라틴어로 번역하기로 작정한 후에 새로운 접근이 가능하게 되었다.[39] 인문주의자들은 잃어버린 고대 지혜의 파편들의 노다지를 발견할 수 있다는 흥분된 전망을 가졌던 것으로 여겨진다. 그들은 더 많은 조사와 고된 작업 그리고 가능한 초자연적인 도움으로 점점 더 완전하게 회복될 수 있다고 생각했다. 마찬가지로 히브리어 성경에 대한 주석으로 시작된 유대문학의 근간인 카발라(Cabbala, 유대교 신비 철학)에 의해서도 흥분을 주는 가능성이 열려 있었다. 그러나 중세의 시기에 이르면서, 그것은 영지주의자들이나 헤르메스주의자들처럼 신플라톤주의적(sub-Platonic) 신비주의를 그려내면서, 자신들만의 랍비적 사색에 관한 복잡한 연결 체계를 만들어 냈다. 카발라의 가장 중심에 13세기 스페인 유대주의의 산물인, 그것의 독자들은 일반적으로 그것보다 더 오래된 것으로 보지만, 『세페르 하-조하르』(Sefer Ha-Zohar, 경이의 책)로 알려진 작품이 있다. 이것은 하나님과 세상 사이의 중재자들이었던 존재들에 대해 엄청난 볼거리를 제공하고, 심지어 가장 두드러지게 보상을 받지 못하는 성경의 본문들에서조차 지혜를 찾는 무수한 길들을 제시하며, 어떻게 하나님이 창조를 위한 자신의 계획들이 최종적인 결과를 가져오도록 꾀하였는지에 대한 보다 많은 정보를 제공한다.

많은 인문주의자들은 그와 같은 글들에 명확하게 담겨 있는 잠재적으로 유

---

[39] F. Yates, *Giordano Bruno and the Hermetic Tradition* (London, 1964)가 기초연구에 해당한다.

용한 자료들의 엄청난 실체에 의해 크게 감흥을 받았고, 인류 안에 있는 무한한 가능성에 대한 그들 자신의 낙관적인 인식을 강화하는 방안을 찾는 것에 만족해 했다. 카발라는 인류가 잠재적으로 신적인 존재요, 신의 영이 내주하는 존재라는 시각을 수용했다. 그것은 이베리아인들의 항해에 의해 촉발된 세계의 문화들과의 갑작스런 조우에 대한 새로운 접근법을 제안했다. 카발라는 전통적인 서구 기독교가 동정심이 없다고 생각하는 사람들에게 기독교의 지혜를 나타내 보이는 근거를 제공했다. 아마도 피치노(Ficino)가 희망했던 것처럼 철학적이고 신비주의적인 개념들은 더불어 기독교의 메시지를 확장하고 풍성하게 함으로써 하나님의 목적을 완수했다. 이와 같은 주제들은 가톨릭과 개신교 진영 양쪽에 있는 많은 신학자들로부터 조소와 적대감을 불러내기도 했지만 16세기와 17세기에 걸친 토론과 지적 생활에서 중요한 역할을 했다. 우리는 그들이 마침내 종교개혁의 시대가 종착점에 도달하게 하는 데 기여했다는 것을 발견하게 될 것이다(11장, pp. 637-638, 17장, pp. 877-883).

그렇다면 어떻게 이처럼 해로우면서도 정리되지 않은 정보의 흐름 가운데서 진정성을 확립할 수 있을 것인가? 한 가지 기준은 그것의 내용, 날짜, 출처, 심지어 그것의 외관과 같은 모든 측면에서 본문을 평가할 수 있어야 한다는 것이다. 또한 본문의 정확성에도 달려있다. 이것은 왜곡된 본문으로부터 좋은 본문이 어떤 것인지를 말할 수 있도록 개발된 방법들이라는 것을 의미한다. 그 방법들은 그것이 쓰여진 방법들을 살펴보고, 동일한 역사적 시대까지 신뢰할만하게 연대의 추적이 가능한 본문들처럼 그것이 온전한 것인가 등을 확인하는 것을 말한다. 역사적인 진정성이 새로이 중요한 지위를 얻게 되었다. 그것은 이제 권위에 대한 중요한 기준이 되었다. 초기 수 세기 동안 수도사들은 보다 더 위대한 하나님의 영광을 위해, 특별히 땅과 특권들에 관한 그들 수도원의 요구조건을 증명하는 증서와 같은 아주 큰 규모의 서류들을 기쁘게 제작했다. 그들은 거의 지나치게 서류가 없는 한 세상에서 살았고, 따라서 그들의 마음으로 진실하다고 알고 있는 것들을 입증하기 위해 권위를 만들어내야 할 필요가 생겼다. 그러나 이런 태도는 더 이상 소용이 없게 되었다. 권위의 근원 곧 원전(fons)이 도전받지 않는 한 권위자(auctoritas)의 명성을 능가해 버렸다. '원전으로'(Ad fontes)는 인문주의자들의 함성이었고, 그리고 개신교도들은 그들로부터 그 함성을 취했다. 그래서 앞에서 인문주의자를 원문의 편집자로 정의한 것이 적절한 것이다. 올바른 지적 솜씨를 가지고 있는 개인이 수 세기 동안의 권위, 심지어 중세 유럽에서 최고의 권위를 자랑하던 교회를 위협했다.

15세기 학자들에 의해 파괴된, 소중히 여김을 받던 원문의 특별히 악명 높은 예는 교황에게 기독교 세계에 대한 일체의 권한을 준 4세기의 개종자인 콘스탄틴 1세 황제가 수여한 문서가 8세기에 위조된 문서라는 주장이었다. 나중에 독일의 추기경이 된 쿠사의 니콜라스(Nicholas of Cusa)는 1432년과 1433년 사이에, 이탈리아의 로렌조 발라(Lorenzo Valla)는 1440년에 그리고 잉글랜드의 주교 레기날드 페콕(Reginald Pecock)은 1450년에 이렇게 세 명의 학자들이 각자 독립적으로 연구하고 있었다는 것은 의미심장한 일이다. 이들 모두는 이『콘스탄틴의 기부』(Donation of Constantine)의 문체가 4세기와 현저하게 틀린 것이라는 결론에 도달했고, 즉각적으로 그들은 교황의 권위에 대한 버팀목을 붕괴시켜 버렸다. 인문주의자들은 교회의 성인들의 삶 속에서 전설을 사실로 바꾸려고 노력할 때 발라(Valla)의 방법론을 흉내내는 것을 기뻐했다. 나중에 극단적으로 경건했던 잉글랜드의 여왕 메리 1세의 아주 존경받는 개인교사였던 발렌시아의 인문주의자인 후안 루이스 비베스(Juan Luis Vives)는 3세기에 걸쳐서 순례를 사랑했던 사람들을 위한 중요한 본문이었던, 성인들의 삶에 대해 인기 있던 표준 도미니크수도회의 모음집에 대해 쉽게 그의 경멸을 표현했다. "성인들에 대한 그 설명을 황금 성인전(Golden Legend)이라고 부른다면 하나님과 기독교인이 얼마나 무가치하게 되겠는가! 나는 왜 이것이 납의 마음과 철의 입을 가진 사람들에 의해 기록되어 나타난 이래로 '황금'으로 불리게 되었는지 도대체 모르겠다."[40]

궁극적으로 기독교교회에 중심되는 문서, 곧 최고의 권위를 가진 성경이 동일한 조사를 받게 되었다. 이제 인문주의자들의 단어들에 대한 선입견이 아주 중요하게 되었는데, 왜냐하면 성경의 단어들은 아주 다양하고 다른 수준의 번역물들이기 때문이었다. 기독교인들은 그것들을 인간을 향한 하나님의 마음에 대한 이해로 보았지만, 완전한 자로부터 불완전한 자로의 이와 같은 최종적인 번역을 넘어, 성경의 본문들은 그들의 본래 인간 작가들로부터 서로 다른 등급의 번역을 경험했다. 중세의 서구 기독교는 제롬에 의해 이루어진 4세기의 라틴어 번역, 불가타(the Vulgate, 즉 '공통') 판을 통해서만 성경을 알고 있었다(사진 2). 1450년대부터 불가타판이 인쇄된 형태로 표준화되자 다양하게 얽힌 필사본들에서 어떤 필사자들의 끊임없는 실수들이 발견되었다. 그러나 그러한 실수

---

40) *De causis corruptarum artium*, II, quoted in S. Ditchfield, "Sanctity in Early Modern Italy," *JEH* 47 (1996), pp. 98-122, 106n에 인용.

들은 쉽게 해결될 수 있었다. 그 후 인문주의자들의 성경번역본에 대한 실수를 들춰내는 작업은 불가타 이전 번역본에까지 이르렀다. 라틴어본들에 이르기 전에 히브리어 성경(기독교의 구약성경)은 헬라어로 번역되었는데, 원래 그 번역본은 주전 2세기에 완료된 70인역이다. 70인역 그 자체는 히브리어로부터 쉽게 찾을 수 있는 수많은 오역들을 담고 있다. 그와 같은 일탈이 유대주의 성경 주석가들에게 오랫동안 매료되었던 것과 같이 인문주의 학자들의 관심을 끌었다. 그러나 그들은 기독교의 신앙에 대한 이해를 위협할 만큼 나가지는 않았다. 제롬은 70인역의 배경에 놓인 히브리어 본문을 재검토하는 데 상당 수준 최선을 다했다.

구약성경에 있는 제롬의 몇몇 오역들은 심각하기 보다는 다소 우스운 것이다. 가장 이해할 수 없는 것 중에 하나가 출애굽기 34장에 기록되어 있는데, 히브리어 사본에는 모세가 십계명을 받아가지고 시내산에서 내려올 때, 얼굴에 광채가 난다고 기록하고 있는데 제롬은 크게 실수를 했다. 히브리어 문법의 분사변화를 잘못 이해한 제롬은 모세가 한 쌍의 뿔을 지니고 있었다고 오역을 한 것이다. 심지어 인문주의자들이 출애굽기 분문에서 조롱하듯이 그 뿔들을 제거해 버렸지만, 그 후에도 서방교회 미술세계에서는 여전히 모세를 뿔을 가진 자로 묘사하곤 했다.[41] 신약성경에 대한 검토는 더욱 심각한 결과들을 낳게 되었다. 제롬은 헬라어로 된 그의 번역에서 특정의 라틴어를 선택하게 되었는데, 이것은 후에 서방교회에 신학적 기초를 제공하는 데 불안정한 근거가 되었다. 우리는 몇몇 중요한 예를 가장 영향력 있던 인문주의 성경번역자이자 비평가이던 데시데리우스 에라스무스(Desiderius Erasmus)를 만날 때 검토하게 될 것이다(2장, pp. 160-162 참조).

제롬이 헬라어 본문에 대해 잘못된 인상을 줬다는 것은 그렇게 간단하지 않았다. 천년 동안이나 라틴교회가 한 번역본에 그 권위를 두고 사용해 왔다는 단순한 사실이 심각하게 대두되었는데, 그것은 학자들이 예수님의 부활 이후에 어떻게 예수가 하나님을 나타내는지 고민하던 바울(Paul)이 정교하지 않은 헬라어(두 종류의 헬라어가 있는데, 성경을 기록한 헬라어는 코이네헬라어로 길거리의 쉬운 헬라어)로 급하게 기록한 사실을 처음 들었을 때였다. 그 심각성이 라틴어 번역본보다 헬라어 원본 안에서 더욱 크게 느껴졌다. 이로 인해 교회에 새로운 움직임이 일어나게 되었고, 성경번역본이 원래 주장한 것과는 달리 그렇게 권위적이

---

41) G. W. H. Lampe (ed.), *The Cambridge History of the Bible: 2. The West from the Fathers to the Reformation* (Cambridge, 1969), p. 301.

제2장 희망과 두려움(1490-1517)   139

지 않고 규범적이지도 않다는 것을 암시하게 되었다. 왜 라틴 계통의 서구세계가 경험했던 종교개혁을 헬라어를 말하는 헬라문화권에서는 경험하지 못하였는지를 알기 위해서는 신약성경 사본에 대한 새로운 주장들에 귀를 기울일 필요가 있다.

서방교회는 그 충격에 영향을 받지 않고 살아 남는 것이 완벽하게 가능했다. 발발한 종교개혁은 인문주의자들이 추구했던 그 무엇은 아니었다. 그들은 구교의 체계를 내던져버릴 의도가 전혀 없었다. 가장 재능이 많은 초기 이탈리아의 인문주의자들 중에 한 사람인 에네아 실비오 데 피코로미니(Enea Silvio dè Piccolomini)는 교황 비오 2세(Pius II)가 되었다(우리는 자신의 초기의 공의회주의를 거부하는 그를 이미 만났다. 1장, p. 83). 비록 비오가 아주 인기가 있던 사랑 이야기, 『유르얄루스와 루크레티아』(Euryalus and Lucretia)를 포함한 그의 초기 삶의 문학적인 노력들에 의해 오히려 당황스럽게 되기는 했지만, 그는 일반적으로 15세기에 가장 바람직한 교황들 중의 한 사람으로 간주된다. 그의 명성은 탁월한 외교적인 경력을 쌓을 수 있었던 북유럽에서 인문주의에 대해 평이 좋게 만드는 데 중요한 요소였다. 따라서 주교들과 추기경들은 서둘러 인문주의자들의 후원자가 되었고, 그들은 성경에 대한 학문적 연구를 도울 수 있도록 헬라어와 히브리어 전문가 집단을 만들어 낼 특별한 목적을 가지고, 인문주의자들의 연구활동을 특별히 촉진시킬 수 있는 정관을 가진 대학들을 설립함으로써 대학의 교과과정을 확대하는 일에 주요 역할을 했다. 예를 들어, 잉글랜드에서는 인문주의에 대한 재정적지원으로 인해 기념비적인 대학건축물들이 지어지기도 했다. 옥스포드에서 윈체스터의 폭스(Fox of Winchester) 주교는 코퍼스크리스티대학(Corpus Christi College)을 설립했고, 울시(Wolsey) 추기경은 그 자신에게조차 아주 사치스러운 기념관을 건립했다. 헨리 8세에 의해 그리스도의 교회로서 그 규모가 오히려 축소되기는 했지만, 여전히 예외적으로 눈부셨다. 캠브리지에서는 엘리의 알코크(Alcock of Ely) 주교와 록케스터의 피셔(Fisher of Rochester) 주교가 예수회, 그리스도회, 성요한회를 위해 헨리 7세의 관대한 어머니였던 마가렛 뷰포트 여사(Lady Margaret Beaufort)로부터 현금과 부동산의 물줄기를 끌어냈다.

그와 같은 은인이 된 교회의 또 다른 지도자는 이베리아 반도의 가톨릭 종교개혁의 위협적인 선구자였던 히메네스 추기경이었다. 우리는 이미 그가 알칼라(Alcalá)에 대학을 설립한 것을 언급했다. '세 언어의 대학'(Collegium trilinuala, 라틴어, 헬라어, 히브리어)은 교회에서 이제 요청되고 있는 인문주의의 중심 위치에 있다는 것을 증거했다. 알칼라에 있는 학자들에 대한 히메네스의 후원의 가장 중심이 되는 기독교의 인문주의자들의 최고의 과업은 원어로 된 성경을 출판하는 것이었다. 이 『여러 언어 대조 성경』(*Complutensian Polyglot*)-알칼라의 라틴어 이름이 콤플루툼(Complutum)-은 병행하는 열에 히브리어, 헬라어 그리고 그것들에 새로운 라틴어 번역본을 불가타 성경에 나란히 기록한 여섯 권의 책이었다. 마지막 권은 종교개혁이 북유럽에서 발발한 바로 그 해, 1517년에 출판되었다. 성경학자들 가운데서 거의 독점하다시피 하고, 개신교에 중요한 영향력을 끼쳤던 데시데리우스 에라스무스의 1516년 판 헬라어 성경은 스페인 가톨릭의 이처럼 주요한 공동의 학문적 성과에 어두운 그림자가 드리워지게 했다. 『여러 언어 대조 성경』은 에라스무스의 작품보다 실제 날짜를 앞당겼고, 그것과 관련된 학자들은 에라스무스보다 더욱 꼼꼼했다. 이것은 인문주의자들이 교회의 선교에 해를 끼치기보다는 오히려 도움을 줬다는 확신에 대한 하나의 인상 깊은 증거에 해당한다.

몇몇 인문주의자들이 옛 학자들의 토대위에서 성취한 것을 과대 선전하였는데, 자신들이 하고 있는 것에 대해 몰두하고 그것을 혁명적이라고 불렀다는 것은 가히 놀랄 일이 아니다. 사실, 그것은 전에는 대학에서 신학보다 하위 위치에 있었던 지적 교육의 새로운 형태에 대한 미성숙한 자기 확신이었다. 그리고 미성숙한 자기 확신이 늘 그런 것처럼 이것은 자기들의 전통적인 학문에 대해 자부심을 가져야 할 좋은 이유가 있는 나이든 교수들의 심기를 불편하게 했고, 비전문직 사람들이 자신들의 입장을 발표하는 것에 분개했다. 그래서 대학의 신학자들은, 어떤 한 사람의 낫을 다른 사람의 곡식에 대는 것을 좋아하면서, 성경의 본문 비평을 가능하게 하는 추론을 빌미로 로렌조 발라를 공격했다. 그것은 인문주의자들에 대한 공통된 비난이었다.[42] 많은 인문주의자들이 전통적인 대학의 체계 속으로 결코 들어가지 않기로 결심했다. 그들은 인쇄업자와 밀접하게 협력하면서 그들의 학문적 업적들을 출판했다. 인쇄업자들은 대학 도시들에 보다 그들의 책이 널리 보급될 수 있는 큰 상업적 중심지역들에 작업장을 설치하는 경향이 있었다. 많은 인문주의자들은 문장가로서의 자신들의 용역에 대해 댓가를 지불하는 권력을 가졌고, 부유한 사람들을 위해 서비스를 개시하는 것의 가치를 깨닫게 되었다. 부와 세력을 가진 자들은 다른 권력자 가운데서 우아한 품위를 유지하기 위해 공식적인 문서를 키케로의 정교한 라틴풍으로 만들

---

42) Rummel, *Humanism*, p. 11.

기 위해 인문주의자들을 고용했다.

그러므로 인문주의 학자들은 자기 자신들을 얼마나 많은 천사들이 바늘 끝에서 춤출 수 있는지에 관해 논쟁하면서 시간을 소비하는 고립된 상아탑의 학자들로서보다(스콜라철학에 대한 이 유명한 풍자는 인문주의자들이 만들어낸 것이다) 쉽게 정부의 사업이나, 일상 생활과 밀접하게 연관된 사고를 지닌 실질적으로 사려깊은 사람들로서 자신들의 이미지를 각인시켰다. 이와 같은 대조를 바라보는 다소 덜 경박한 방법은 진리를 발견하는 가장 최선의 길에 관한 논쟁으로서 보는 것이다. 여기에서 한 가지 의문이 일어나는데, 인문주의자들이 이러한 논쟁들을 그들이 가치있게 여기는 수사학의 설득력있는 언어구사와 혹은 논쟁의 공식적인 분석과 조사를 통해서, 스콜라주의 신학자들이 완성한 논리적인 세련됨이 제대로 평가되고 있는지를 알 수 있을 것이다. 그러한 원리상의 충돌이 개인의 인격과 복잡하게 연관되어 생긴 고전적인 논쟁이 변호사이면서 인문주의 헬라어, 히브리어 학자인 요하네스 레우클린(Johannes Reuchlin)과 요하네스 페퍼코른(Johannes Pfefferkorn)과의 논쟁이다.

자기 백성을 기독교로 개종시키는 데 열심을 가졌던 유대인 개종자 페퍼코른은 파괴적인 의제를 가지고 있었다. 그는 유대 신비철학의 문학작품에 대한 상존하는 인문주의자들의 열심에 의해 몹시 혼란스럽게 되었다. 왜냐하면 그는 상당히 정확하게 그 작품들을 기독교의 정통교리에 대한 위협으로 보았기 때문이다. 그는 신성로마제국의 황제에게 히브리인들의 종교적인 책들에 대한 대량 파괴를 위한 캠페인을 후원해 줄 것을 요청했다. 황제가 자문을 받았던 대학들의 모든 교수들이 페퍼코른을 지지했지만, 로이힐린은 1509년 법률적인 의견을 제시하면서, 그것에 동의하지 않는 외로운 목소리를 냈다. 그는 책의 몰수는 상관하지 않았지만 그것들을 보존하기를 원했다. 그 후 유대인들의 작품을 몰수하고 파괴하라는 황제의 명령을 지지하는 일치된 학문적 전단에 반대하는 로이힐린의 소란스런 항거들은, 그가 재판을 받게 되고, 마침내 이단으로 처벌하기 위해 로마로 보내지기까지 한층 고조되었다. 인문주의자들은 분개했고, 이 혼란스러운 싸움을 사상의 자유에 관한 것으로 이해했다. 이들로 구성된 한 단체는 로이힐린의 대적자들에 대한 신랄한 풍자를 담고 있는『미천한 사람들에 관한 서신들』(Letter of obscure of men)을 1515년에 출간했다(이 책은 의미심장한 해인 1517년 개정증보되었다).[43]

---

43) M. R. Ackermann, *Der Jurist Johannes Reuchlin* (Berlin, 1999).

비록 로이힐린 자신은 그렇지 않았지만, 그 풍자물을 출판하는 데 관여했던 몇몇 사람들은 나중에 개신교 종교개혁자들이 되었다. 이것은 인문주의와 종교개혁 간에 자연스러운 호감이 있었다는 생각을 고취시켰다. 그것은 관심에 대한 우연의 일치가 있었다는 것 그 이상이었다. 인문주의자들과 종교개혁자들 둘 다 같은 전문적 직업을 가진 집단 곧 스콜라주의 신학자들을 공격하고 있었다.[44] 그러기에 우리는 로이힐린 사건이나 또는 동시대의 겉으로 드러난 다른 몇몇 학문적 갈등을, 계몽을 반대하는 스콜라 학자들과 계몽된 인문주의 학자들 사이의 명확한 분쟁의 예로 들기 위해 취하는 것에 신중해야 한다. 우리의 용어로 하자면 로이힐린은 유대인들에 대한 의견에서 계몽된 사람들과는 거리가 멀었다. 히브리 연구에 관한 그의 선구적인 조언자요, 미래의 종교개혁자인 콘라드 펠리칸(Conrad Pellikan, 16세기 유럽에서 아마도 가장 학식이 높은 기독교 유대주의 학자)과 같이 그는 단지 어떤 기독교 문화가 그들의 문학작품들로부터 도래한 것인지에 관심을 가졌다. 그들은 그리스도의 죽음에 대한 연대적인 죄책감을 져야 하고, 기독교 유럽에서 그들이 당하는 모든 처참함을 당할 만하다고 여겼지, 유대인들 자체를 향해 어떤 사람도 친절한 감정을 가지지는 않았다.[45]

실제로 인문주의와 스콜라철학의 세계는 서로 충돌해야 할 필요가 없었다. 비엔나에서와 같이 어떤 대학들은 초기 인문주의 학문의 중심이 되기도 했고, 여전히 중세의 유산에 대해 높은 가치를 부여하고 있었다. 독일의 인문주의자들은 고대 로마제국의 환생으로서 수세기에 걸친 신성로마제국의 역사에 대해 특별히 자부심을 가지고, 그들이 인문주의자들이든 아니든 상관없이 이탈리아 사람들을 조롱할 만했다. 학자들은 동시에 벌어진 학문의 몇몇 양상에 매료되었다. 초기 튜더 왕조 시대의 옥스포드에서 로버트 조셉(Robert Joseph)이라고 불렸던 학식있는 베네딕트수도사는 자기가 공부하고 있는 학문적 교과 과정의 낡아빠진 생경함에 대해 불평하는 동료 수도사에게 비난조로 글을 썼다. "나는 항상 저들로부터 아이디어를 얻기 위해 스코투스(Scotus)와 그를 따르는 사람들을 생각한다. 그러나 나는 보다 세련된 다른 작품들로부터 나의 순수한 라틴어 작품들을 발견한다." 따라서 조셉은 그의 서신들의 문체가 증거하듯이, 스콜라

---

44) Rummel, *Humanism*, p. 28.
45) H. O. Oberman, "Discovery of Hebrew and Discrimination Against the Jews: The *Veritas Hebraica* as Double-Edged Sword in Renaissance and Reformation," in A. C. Fix and S. Karant-Nunn (eds.), *Germania Illustrata: Essays on Early Modern Germany Presented to Gerald Strauss* (SCES 18 (1992), pp. 19-34 중 32-34.

학자들처럼 생각할 준비가 되어 있었고, 키케로 풍을 따르는 인문주의자처럼 글을 썼다. 그리고 광범위한 학자들의 사회를 통신망으로 묶는 것은 그 자체가 인문주의자들의 활동의 한 특징이었다.[46]

더구나 1500년경에 인문주의는 그 스스로를 변화를 추구하는 힘으로 보는 유일한 학자들의 단체는 아니었다. 의사들은 스콜라주의적 방법론에 대해 불일치하는 목소리를 수 세기 동안 내왔고, 그들 중에 악명높게 된 보다 모험적인 사람들은 적절하게 형성된 고대의 권위에 관한 증거보다 자신의 눈의 증거를 믿는 경향이 있었다. 파두아대학(University of Padua)에서 유명한 이탈리아 출신 의학 교수였던 피에트로 폼포나찌(Pietro Pomponazzi)는 그가 훈련을 받은 스콜라 철학에서처럼 기독교 인문주의에 대해서도 거의 시간을 갖지 못했고, 또한 악명 높은 유머감각을 가지고 있었다. 그는 1520년대의 그의 강의에서 기독교인들이 그리스도를 믿는 것처럼, 아리스토텔레스가 다른 사람들이 그에게 간접적으로 말한 것을 수용하게 된 이래로 아리스토텔레스의 잘못된 동물분류가 지식이 아니라 신념과 신앙에 근거했다고 쾌활하게 설명했다. 그 설명은 교회 지도자들이나 아리스토텔레스의 신봉자들을 즐겁게 하기 위해 계산된 설명이 아니었다.[47] 그러나 그 후 그 어떤 경건한 성직자들도 그를 신뢰하지 않았고, 그의 의심 많은 의견을 교회의 부패를 벗겨주는 도구로 여기지도 않았다.

훨씬 더 중요한 사실은 스콜라주의에 대한 최상의 충성을 유지하기를 원했던 많은 직업적인 신학자들이, 인문주의자들이 지난 1세기 반에 걸쳐 대학의 신학교수들 가운데서 지배적이었던 스콜라주의 유명론에 대해 그랬던 것과 같이, 불만족스럽게 느꼈다는 점이다. 그들 중에도 두드러진 사람이 이탈리아의 도미니크수도사요, 그의 이탈리아 고향 가에타(Gaeta)에서 비롯되어 가에타노(Gaetano) 또는 카제탄(Cajetan)으로 일반적으로 알려진 톰마소 데 비오(Tommaso de Vio)였다. 그는 자신이 속한 수도회 출신으로 가장 존경받는 대상인 토마스 아퀴나스(Thomas Aquinas)의 철학적, 신학적 업적으로 되돌아갔다. 그는, 가장

---

46) H. Wansborough and A. Marett-Crosby (eds.), *Benedictines in Oxford* (London, 1997), p.150; 또 다른 예들로, D. MacCulloch, "Two dons in politics: Thomas Cranmer and Stephen Gardiner, 1503-1533," *HJ* 37 (1994), pp. 1-22 중 3, 6을 보라.

47) S. Perfetti, "Il commento di Pomponazzi al *De partibus animalium,*" *Documentie studi sulla tradizione filosofica medievale*, 10 (1999), pp. 439-66 중 458 쪽; Perfetti, "Three Ways of Interpreting Aristotle's *De Partibus animalium*," in C. Steeletal. (eds.), *Aristotle's Animals in the Middle Ages and Renaissance* (Leuven, 1999), pp. 297-316 중 308-10. 이런 참조사항들을 주목하는 데에 저자는 이안 맥클린 교수의 신세를 졌다.

심오한 신적 신비로부터 세상 속에 있는 교회 사역의 일상적인 실용성에 이르기까지, 토마스주의를 교회에서 가장 중심부에 회복시키고, 인간 이성과 성경에 나오는 하나님의 계시에 대한 토마스의 세심한 균형, 곧 기독교를 논하기 위한 아리스토텔레스에 관한 그의 창의적인 전유를 촉진시킬 것을 결심했다. 1507년과 1522년 사이에 카제탄은, 자신이 마음으로 열거할 수 있다고 여긴, 토마스의 위대한 업적인『신학대전』(*Summa Theologiae*)에 대한 해석서를 출간했다. 그의 책들은 종교개혁의 소용돌이 속에서도 아무런 도움 없이 하나님을 알 수 있는 인간의 마음의 역량에 관해 개신교의 급진적인 비관주의에 맞서는 완벽한 무기로 보이는 아퀴나스 사상을 다시 부활시키는 것에 집중되어 있었다(종교개혁이 하나의 위협으로 출현하기 전에, 1517년 그는 추기경이 되었다). 그의 동료 도미니크수도사인 프란시스 데 비토리아(2장, p. 121 참조)는 토마스주의의 대단한 숭배자이자, 스페인에 토마스주의의 부활을 확산하는 데 도구이기도 했다. 의미심장한 것은 아메리카 대륙에서 스페인의 잔악 행위에 대항한 도미니크수도회의 분노를 촉발한 것이 인문주의가 아니라 토마스주의라는 사실이다.

따라서 새로와진 토마스주의 학자들은 종교개혁의 충격으로부터 로마 가톨릭교회를 회복하는 데, 중요한 의미를 가지게 되었다. 토마스주의자들은 인문주의자처럼 출판 인쇄의 새로운 가능성을 확대할 준비가 되어 있었다. 그리고 간결하게 체계화된 신학 안에서 중세 후기 경건생활의 어느 정도 과도함에 대해 동일하게 의구심을 가지고 있었다. 카제탄의 업적들 중 하나가 축복받은 성모 마리아의 고통에 관한 절기를 세우는 교황 율리우스 2세를 막는 것이었다. 그 가능성 여부를 조사하도록 임무를 부여받은 1506년 비내리는 어느 날 십자가 위에서의 그리스도의 죽음을 바라보며 비통함에서 의식을 잃은 그녀에 대한 대중적인 헌신은 비성경적 생각이라고 보고했다. 그는 어떤 경우에도 기절하는 것은 병적인 상태로 묘사하고 성모 마리아는 자신의 어떤 신체적인 약함으로 고통을 당했다고 강하게 주장했다. 또한 이러한 마리아의 고통은 전혀 공경할 만한 것이 못된다고 단정하고, "하늘의 여왕이 그녀의 아들을 대신해 단지 정신적인 고뇌로 고통을 겪을 수 있다."고 말하기도 했다. 카제탄의 개입으로 인해 이 마리아축제는 더 이상 축제가 되지 못했고, 서구 경건생활에 있어서 육체적인 안락함을 공식적으로 억제하는 금욕의 긴 과정이 시작되었다. 그 금욕은 단지 개신교 종교개혁의 한 특징일 뿐만 아니라, 반종교개혁에도 영향을 준 특징이었다.[48]

---

48) Ellington, *Mary*, p. 193.또한 16장, p. 817 을 보라.

제2장 희망과 두려움(1490-1517)   145

6. 갱신의 실행

 갱신에 관한 다양한 의제가 단순히 말로 끝나지 않고, 교회의 잘못들을 본격적으로 지적하게 되었다. 윗선에서의 개혁은 거의 동인을 갖지 못한 것으로 판명되었다. 권위를 가진 위치들, 특히 대학들에 여전히 공의회주의자들이 많이 있었다. 만약 유효한 전체 공의회가 소집되었다면 그들이 개혁을 확대했을지도 모를 일이지만, 15세기의 충격에 대한 기억들은 어떤 공의회에 지나치게 많은 주도권을 넘겨주는 것에 대해 교황청을 과민하게 만들었다. 그리고 이것은 널리 퍼진 희망을 기만하는 동시대의 정치역학과 결합되어 있었다. 프랑스의 왕은 1511년 최초로 추기경 집단이 피사(Pisa)에서 공의회로 모이도록 계책을 세웠다. 전통적인 공의회주의자의 표현에 따르면 이 공의회는 교회의 개혁에 관해 아주 많이 말했다고는 하지만, 그것은 사실 프랑스의 군주의 이익이라는 측면에서 교황에 압력을 가하기 위해 계획된 것이었다. 그것에 화난 화복으로서 교황은 1512년 로마에 있는 자신의 라테란(Lateran) 궁전에서 공의회를 소집했다.
 5차 라테란공의회의 개회는 유럽에서 대단한 흥분을 불러 일으켰다. 잉글랜드에서, 주교들은 그들 자신의 세심하고 정돈된 잉글랜드교회의 행정이 마침내 도처에서 모방될 것이라고 믿었다. 왕인 헨리 8세가 공식적으로 잉글랜드의 사절단을 로마를 향해 떠나 보낸 이틀 뒤, 대주교 위햄(Warham)과 그의 동료들은 사제장인 콜렛(Colet)이 잉글랜드의 사제들에게 그들의 잘못을 호되게 꾸짖는 것을 듣기 위해 만족스럽지 못한 분위기로 그들 주교회의의 회합 자리에 물러나 앉아 있었다. 이와 같은 학교 연설대회의 참회하는 형태가 잉글랜드의 주교들이 그들의 활동을 이끌 가장 재능있는 인문주의자로 교육 받은 사제들을 활용함으로써 롤라드파(Lollard) 이교도들을 찾아내고, 훈육하고, 재교육하기 위해, 100년 동안 전례가 없는 규모로 진행된, 일 년이나 길게 끌어 온 의안 제출의 절정이었다.[49] 반면 라테란공의회도 5년 동안 계속 되었지만, 그것도 어떤 중요한 것을 얻어내는 데 실패하고 말았다. 공의회는 개혁에 관한 잘 논의된 비망록들에 귀 기울였고, 교황 율리우스(Julius)에게 프랑스 왕과의 관할권에 관한 그의 승강이에 도움이 되는 지지를 표명했다. 영혼불멸설에 관해 고대의 회의

---
49) C. D'Alton, 'The Suppression of Heresy in Early Henrician England', 출판되지 않은 Melbourne Ph.D. thesis, 1999, pp. 22, 28, 31, 36, 50.

론을 부활시킨 피에트로 폼포나찌와 같은 학자들을 명확하게 반대했고, 마지막 날들에 대한 과격한 설교를 금지했으며, 그들의 관구들에서 주교들은 수도사들에 대해 더 많은 통제력을 행사해야 한다는 강화된 의견을 표현했다. 그러나 마지막 항목은 트리엔트공의회에서 복잡한 교회개혁으로 되돌려진 문제를 일으켰다. 어떻게 주교들의 권한을 교황의 권한과 관련시킬 것인가? 아무도 어떤 것을 심각하게 바꿔버릴 수 있는 구체적인 제안들을 법률로 제정함으로써 고착화되어 있는 이익을 반대할 준비가 되어 있지 않았다. 공의회는 루터의 종교개혁의 불꽃을 보았던 해인 1517년 해산되었다.[50]

갱신에 있어서 동시대의 가장 위대한 성공은 그들 스스로를 개혁하려는 수도원의 수도사들, 수녀들, 탁발수도사들 가운데서 취해진 다양한 노력들이다. 이것에 대한 타당한 이유들이 있었다. 모든 시대에 있어 수도사 사회들이 그들의 공동체 안에서 추구하던 금욕생활이 무질서와 안락한 자기 만족에 빠져들 위험이 있었다. 반면 역으로 말하자면 일반적인 종교생활은 나태함에 맞서 실천될 수 있는 선명한 규정들을 소유했다. 교구나 관구 체제에 새로운 삶을 가져오기 보다 최소한 명목상으로 그들이 이미 헌신된 공동체 안에서 개혁을 부르짖기가 훨씬 더 쉬웠다. 수도원들이 등장한 이래 그것들을 개혁하려는 시도를 보이지 않았던 때는 기독교 사회에서 거의 한 세기도 없었다. 인문주의는 중세 후기 교회의 구조 내에서 갱신 활동을 하는 유일한 세력은 아니었다.

탁발수도사들의 수도회들, 특히 프란시스코수도사들은 그것이 설립된 거의 그 순간부터 자기 검증의 고통에 빠져들었다. 그리고 일반적으로 그 운동에 대한 새로운 독립 지회의 설립에 참여하면서, 자신들의 규율을 가장 엄격하게 지키려는 반복적인 시도의 물결들이 있었다. 스페인 왕국에서 자신의 수도원, 프란시스코엄수회를 발전시키려는 히메네스 추기경의 노력들은 단지 이 과정에서의 한 일화에 불과하고, 그것은 스페인과 프랑스에 프란시스코 미님회(Minims, 규율이 1507년에 완성됨), 이탈리아에 프란시스코 카푸친회(Capuchis, 규율이 1529년에 완성됨), 나중에 스페인에 아빌라의 맨발의 성녀 테레사회(Teresa Avila's Discalced) 또는 맨발의 카르멜회(Camelite)를 설립하면서 16세기에까지 이어졌다. 탁발수도사들 가운데 가장 주목할 만한 부흥의 지역들은 유럽의 극 서쪽, 서부 아일랜드의 게일어를 말하는 영지들이다. 여기에 15세기의 설교와 목회적 활동의 고조는 프란시스코엄수회 수도사들과 도미니크수도사들에 의해 주도되

---

50) N. H. Minnich, *The Fifth Lateran Council* (1512-17): *Studies on Its Membership, Diplomacy and Proposals for Reform* (Aldershot, 1993).

었고, 영어가 지배적인 섬의 동쪽 지역들을 자극하면서 동쪽으로 번져갔다. 이들 새롭게 설립된 탁발수도회의 유적들은 여전히 대서양의 나머지 도서들과는 반대로 개혁자들의 길로 전향하지 않는 종교적인 열정에 대한 아일랜드의 풍경 속에서의 감동적인 증거에 해당한다. 이것은 종교개혁에 대한 아일랜드의 저항 운동이 지속되는 데 중요한 역할을 했다(8장, p. 526 참조).

더 오래된 금욕주의 수도회들은 그들의 결점들에 대해 이의를 제기하기가 더욱 어려웠다. 주된 이유는 그들의 훨씬 더 큰 땅과 부가 특별히 성직급(Commendams)에 대한 세속 귀족의 관심과 참여를 끌어들였기 때문이다(1장, p. 94 참조). 일반적으로 대륙 전역에 걸친 엄수회 운동이 그것을 종식시키려는 활동에도 불구하고 가문의 대표들이 일시적으로 성직급을 받고 있는 체제가 16세기 초에 줄어들기는커녕 오히려 확산되고 있었다. 비록 소수의 성직자들이 개인적인 가문들에서 개혁의 대리인들이었지만, 일반적으로 귀족이나 왕실로부터의 큰 규모의 방해가 있는 곳은 어디든지, 금욕주의 수도회들은 꾸준한 쇠락을 경험한 것으로 보인다. 그 상황은 종교개혁에 관한 서로 다른 결과에도 불구하고 스칸디나비아나 포르투갈과 같은 유럽의 극지들에서도 똑같이 심각했다. 프랑수아(François) 1세 왕은 볼로냐 조약(Concordat of Bologna) 이후에 프랑스에서, 히메네스의 수도원 개혁 정책들을 확대하는 일에 열정적이던 추기경이며 각료였던 조르주 드 앙부아즈(Geores d' Amboise)의 20년에 걸친 노력들에 결정적인 타격을 가하기 위해 성직의 직급을 더욱 확대했다. 항상 프랑스의 방법을 따르는 경향이 있던 스코틀랜드의 왕은 선례를 따랐고, 스코틀랜드의 수도원들 또한 철저하게 공동체 정신을 부정하면서 수도원의 기부금을 특별한 수도사들을 위한 개인적인 재무 자산으로 전용하는 데 있어 프랑스를 모방했다. 역설적으로 귀족들과의 그와 같은 뒤엉킴은 스코틀랜드의 종교개혁에서 수도원의 와해의 과정을 늦추어 주었고, 종교개혁의 시간들 속에서 프랑스의 수도원들이 와해되는 것을 막아주었다. 여전히 성직급은 곧 바로 17세기로 가면서 프랑스의 가톨릭 개혁자들에 의한 새로운 구조 조정에 방해가 되는 방향으로 흘러갔다(10장, p. 619).[51]

곳곳에 수도원 생활에 대한 희망을 주는 더 많은 전조들이 있었다. 14세기에 잉글랜드의 베네딕트수도원들은 다른 유럽 지역들이 무시했던 수도원의 개혁에 관한 교황의 제안들을 철저하게 수용하기로 결정했다. 단 하나의 총회와 정

---

51) J. A. Bergin, "The Crown, the Papacy and the Reform of the Old Orders in Early 17th Century France," *JEH* 33 (1982), pp. 234-55 중 pp. 236-238.

규적인 심방과 더불어 공동체로서 그들의 일을 감독했고, 성직급 제도를 도입하는 것과 같이 잉글랜드 귀족들로부터의 과도한 간섭을 피했다. 잉글랜드의 다른 옛 수도원들은 그들의 공동체 생활을 엄격히 하는 데 베네딕트수도회를 모방했다. 중세 후기의 잉글랜드 수도회들에 미친 결과들은 1480년대부터 특별히 주목할만하게 수도사들의 채용의 증가를 가져온 재정적인 안정, 더 많은 수도사들이 대학, 특히 옥스포드에 가는 것에서 볼 수 있는 역동적인 지적 활동에 대한 모든 표적 그리고 수도원들이 런던 교외(사이온, 아빙돈, 캔터베리, 성 얼반스)에 잉글랜드에서 유일한 인쇄시설을 보유하고 있었던 사실 등이었다.[52]

한 다른 개혁의 주도적인 움직임이 이탈리아의 베네딕트수도원들에서 일어났다. 이것은 예외적으로 성직급자들 사이에 있던 흐름에 역행해서 그 스스로 수도사가 된, 한 젊은 성직급 귀족 루도비코 바르보(Ludovico Barbo)에 의해 주도되었다. 그는 잉글랜드의 베네딕트수도회가 일찍이 그러했던 것처럼 이탈리아의 베네딕트수도회의 연합을 도모했고, 1505년 몬테 카시노(Monte Cassino)의 옛 수도원이 그것에 참여한 후, 수많은 평의원회를 카시노연합회(Cassinese Congregation)로 알려진 한 위원회로 끌어들였다. 카시노 연합회는 기도 생활에 관한 자신들만의 방법을 개발했고, 묵상, 신비주의, 학문적 연구 등에 기초하고 있었다. 새로운 경건(Devotio Moderna)의 영성에 관심을 가졌지만, 1480년대부터 카시노 연합회는 그 시대의 서방교회에서 일반적이지 않았던 안디옥 교회의 초기 헬라인 신학자들, 특히 존 크리소스톰에 대한 열정을 나타내 보이면서 성경과 초대 교회의 작가들에 관한 자신들의 연구를 시작했다. 카시노 연합회의 조직은 스페인의 페르난도와 이사벨에게 깊은 인상을 줬고, 그곳에 같은 베네딕트 연합회를 설립하도록 이끌었다.

두 명의 수도사 지도자들의 개인적 특성들은 희망과 두려움이 교차한 시대에 한 사람의 개혁자가 되는 복잡함과 부차적인 분야들을 드러내 보인다. 비테르보의 에기디오(Egidio of Viterbo)는 교회에서 일련의 주도적인 역할을 하는 데 있어 열정적이었다. 그는 1507년부터 10년 이상 어거스틴 참사회의 소수도원장, 1517년부터는 추기경으로 그리고 1523년부터는 비테르보의 대주교를 역임했다. 그는 5차 라테란공의회의 차원 높은 논쟁의 중심 인물이었다. 개혁을 위한 개회 연설을 했고, 그 후에는 영혼이 불멸하는지에 대해 회의적인 파두안

---

52) 이와 같은 수정주의자들의 견해에 관한 확실한 서술로 J. G. Clark, "*The Religious Orders in Pre-Reformation England*," in Clark (ed.), *The Religious Orders in Pre-Reformation England* (Woodbridge, 2002), pp. 1-33 을 보라.

제2장 희망과 두려움(1490-1517)   149

(Paduan) 학자들의 불경한 견해들을 정죄하는 일에 공의회의 가장 큰 목소리 가운데 하나로 남아 있었다. 개혁에 대한 그의 열심과 어거스틴수도사들의 분쟁 가운데서의 그의 외교적 수완은 1511년 미래의 종교개혁자인 젊은 마틴 루터가 로마를 방문했을 때 감동을 주었다. 에기디오는 유대의 신비주의 철학(Jewish Cabbala)에 대한 열정적인 예찬자였고, 신비주의적 전통의 재발견에 매료되었다. 곤경 중에 빠진 요하네스 로이힐린의 온정 많은 변호자로서 그는 히브리어가 그것을 통해 하나님을 만날 수 있는 유일하고 참된 신성한 언어이고, 그리고 심지어 헬라어는 하나님의 메시지를 왜곡했다고 주장했다. 성경에 관한 그의 연구에서 그는 단지 선택 받은 몇 사람만 이해할 수 있는 비밀스런 의미에 대해 영지주의를 생각나게 하는 유형을 찾기도 했다.

이것은 개신교도들이 대단히 열정적으로 붙들었던, 일반 사람들이 쟁기 끝에서도 성경을 읽게 하는, 에라스무스의 요청과는 매우 다른 기독교 인문주의 계몽운동의 장면이다. 에기디오의 생각은 모순으로 가득했다. 한 사람의 좋은 인문주의자로서 그는 콘스탄틴 황제와 교회와의 동맹을 기독교에서 타락과 세속화의 시작으로 보았다. 그러나 그는 또한 그 자신의 수도원의 화려함과 겉치레에 한껏 빠져들었다. 따라서, 비록 감독들에 의한 감시가 라테란공의회의 우선 해결해야 할 과제 중의 하나였지만, 그는 주교들이 어거스틴수도사들에 의해 간섭 받아야 한다는 생각에 대해서 분노했다. 아마도 교회의 개혁에 대한 그의 되풀이되는 공표의 가장 지속적인 결과는 역설적이었다. 왜냐하면 그것은 개신교 종교개혁이 변화를 그들 자신의 의제가 되게 했을 때에 자기 수도회의 많은 회원들이 그 생각에 대해 덜 두렵게 만들어 주었기 때문이다.[53]

신비스러운 것에 대한 에기디오의 매료를 훨씬 능가하는 한 인문주의자 요하네스 트리테미우스(Johannes Tritnemius, 트리텐하임의 요한 첼러[Johann Zeller from Trittenheim])가 있다. 1483년 첼러는 믿기지 않게 나이 21살에 스폰하임(Sponheim)의 라인란트 베네딕트수도회의 대수도원장으로 세워졌다. 그는 최근에 구성된 부르스펠트(Bursfeld)의 독일 베네딕트 위원회에서 정열적인 행정가가 되었다. 그는 고대 본문들의 재발견이 제공하는 지혜와 신비적인 교훈이 뒤얽힌 모든 부류를 왕성하게 읽었다. 그리고 그는 수도원들이 그들의 옛날의 학문적인 역할을 되찾을 수 있고, 인문주의 연구의 중심이 되며, 그래서 다시 한 번 더 세상의 학문을 인도할 수 있게 되는 자신의 독특한 꿈의 한 본보기로 수도원을 만

---

53) J. W. O'Malley, *Giles of Viterbo on Church and Reform: A Study in Renaissance Thought* (Leiden, 1968).

들어가기 시작했다. 그의 지휘에 따라 스폰하임의 도서관은 장서를 48권에서 2,000권으로 늘렸다. 그것은 경쟁관계에 있던 카시노 베네딕트수도회의 업적에 대한 개혁의 한 미래상이었다. 트리테미우스의 재속 후견인인 필립 엘렉토르 팔라인(Philipp Elector Palaine)이 재앙과도 같은 정치적인 역경의 고통을 겪게 되었을 때, 그도 대수도원장의 자리에서 면직되었다. 그는 생애의 남은 10년을 신비주의에 심취하기도 했으며, 인문주의 본문 비평가로서 부끄럼없는 역사적인 허구를 만들어 내기 위해 자신의 뛰어난 학문과 재능을 사용하고, 훈니발트(Hunibald)와 풀다의 메긴프리드(Meginfrid of Fulda)와 같은 알려지지 않은 역사가들의 도움으로 뷔르츠부르크(Würzbrug)수도원에서 보냈는데, 그는 초기 독일의 기독교역사에 고무되기도 했다. 트리테미우스는 항상 본인의 학문적 마술에 대한 주장들이 마귀에 관한 주술과 어떻게 다른지 설명하기를 어려워했다. 심층암호(steganography, 천사들을 용역 제공자로 고용해 장거리 통신을 가능하게 하는 예술)의 개척자가 되게 한 그의 노력들이 성공하지 못한 반면, 그런 구도에 대한 그의 전망은 이제 부호와 부호해독에 관한 최초의 연구들 중 하나로 인정받게 되었다.[54]

다양하고 복잡한 조건들을 가진 유럽의 교구들에 있는 수도원의 경내를 벗어나면, 사제들과 평신도들에게 할 수 있는 한 최대로 지도력을 부여하는 것은 계몽된 주교들 개개인에 달려 있었다. 바젤의 주교 크리스토프 폰 우텐하임(Christop Von Utenheim)은 스위스와 라인강(Rhine) 상류 주변의 교회의 예배의식의 개혁을 촉진하는 인문주의자들의 학문적 성과와 새로운 경건 운동에 대해 크게 고무되었다. 그는 다작의 인문주의 작가이고 사제들의 부족함에 대해 문학적으로 호되게 꾸지람하는 야콥 빔펠링(Jacob Wimpfeling)과 인문주의자는 아니지만 가장 위대한 설교자인 슈트라스부르크 요하네스 가일러 폰 카이저스베르그(Strassburg Johaness Geiler von Kaysersberg)와 같은 다양하면서도 탁월한 성직자들과 함께 일하는 것을 즐겼다. 한편 1503년 바젤에서 출간된 이후 여러 번 증보판으로 나오게 된 요한 울리히 주르간트(Johann Ulrich Surgant)의 『설교 안내서』(*Manuale Curatorum*)는 예배에 있어 사제들의 행동 지침들에 대한 필요를 확실하게 충족시켰다. 주르간트는 설교의 중요성을 강조했고, 또한 독일에서 미사의 틀 안에서 그들이 적절하다고 생각하면서 설교자들이 경건생활을 주도하도록 분발시켰다. 이와 같은 자유로운 형태의 예배는 '프로네'(prône)로 불렸다. 사

---

54) K. Arnold, *Johannes Trithemius* (Würzburg, 1971).

제가 예배를 인도하기 위해 항상 서 있는 곳인 사제단 입구에 있는 칸막이에서 이 이름이 나왔다. 프로네는 기도 또는 예배 의식과 다가오는 절기에 대한 가르침도 포함했다. 이것의 비정형성은 기록으로 된 흔적을 거의 남기지 않았기 때문에 종종 무시당했던 중세 후기 예식의 중요한 한 형태였다. 그러나 이탈리아에서는 예외였다는 것이 명확하지만, 중세 후기 유럽 전체에 걸쳐서 보편화 되었다. 프로네가 개신교도들이 제공했던 지역 언어의 보다 철저한 사용을 기대하고 있었을 뿐만 아니라(아마 그것이 일어났을 때는 둔탁한 충격을 받았겠지만), 트리엔트공의회 이후에는 많은 지역들에서 공식적인 허가를 받음으로써 가톨릭 예배의 일반적인 특징이 되어갔다.[55]

교구 개혁에서 가장 오래 지속된 노력들 중 하나가 프랑스에서 있었다. 그것은 심지어 주도하는 사람들이 강력한 지지를 만끽했을 때조차 연관된 난관들을 여실히 드러낸다. 기욤 브리소네(Guillaume Briçonnet)는 왕궁의 행정가들과 고위 성직자들을 대열로 갖춘 것에 대해 자부심을 가지고 있던 투르(Tours)의 부유한 상업가문 출신 추기경의 아들이었다. 브리소네는 그들을 따라 왕궁에서 봉사했다. 1507년 외교적인 임무를 띠고 로마에 있는 동안 신애회(Oratory of Divine Love)의 신비주의적 경건과 실질적인 자비의 결합을 목격하고는 크게 감명을 받았다(7장, p. 56 참조). 돌아와서는 파리에서 다들 동의하고 재정적으로 잘 지원을 받는 위치를 맡아 생제르맹데프레(St. Germain Des Prés)대수도원을 프랑스에서 기독교 인문주의 학문 중심의 부유한 수도원으로 만들었고, 또한 내면적인 조망 곧, 새로운 경건(Devotio Moderna)과 같은 그리스도 중심의 경건을 탐미하는 장소로 만들었다. 그는 도서관의 사서로 프랑스에서 탁월한 인문주의 학자였고 무척 존경받던 쟈크 르페브르 데타플(Jacques Lefèvre's d'Etaples, Jacobus Faber)를 임명했다. 르페브르의 1509년 시편에 관한 주석은 활자로 인쇄된 인문주의자의 성경본문에 대한 최초의 철저한 고찰에 해당한다. 그리고 1512년 바울의 서신서들에 대한 주석에서 르페브르는 같은 10년 동안 루터가 나중에 말했던 본문에 관한 많은 것들을 말했다(3장, p. 174).

대수도원을 넘어 개혁에 대한 그의 노력을 확장할 수 있는 브리소네의 기회가 1516년 그가 파리에서 북동쪽으로 그리 멀리 떨어져 있지 않는 모(Meaux)의 대주교로 임명되었을 때 찾아왔다. 국가정치로부터 점차 멀리하면서, 기독교

---

55) H. O. Old, *The Patristic Roots of Reformed Worship* (Zürich, 1975), ch. I; J. KNye, "Johannes Uhl on Penitence, Sermons and Prayers of the Dean of Rottweil, 1579-1602," in Lualdi and Thayer (eds.), *Penitence*, pp. 152-68, at p.135.

인문주의자들을 그의 교구의 목회적 필요에 따라 배치할 것을 결정했다. 르페브르와 제네바에서 이후 존 칼빈의 동료가 된 기욤 파렐(Guillaume Farel)과 같은 다른 학자들의 도움을 요청하면서, 그는 그의 교구에 성경의 복음에 대한 정규적인 주해를 바탕으로 일반 백성들에게 가르침을 제공하기 위해 설교 시설들을 세웠고, 공공 도덕에 관한 자세한 규정들을 발행하기도 했다. 견문이 넓은 한 복음주의적 가톨릭교도의 이상이 프랑수아 왕의 경건하고 고등교육을 받은 누이, 나바르의 공주 마그리트 앙굴렘(Marguerite d'Angoulème)의 따뜻한 지원을 받고 있었다. 그리고 그 다음 수십 년 동안 교회에 여전히 충성스럽게 남기를 원하는 인문주의에 대한 많은 프랑스의 동조자들을 고무시켰다. 그러나 1516년은 그와 같은 계획을 시작하기에 가장 최악의 시간임이 판명되었다. 그것은 곧 로마에 대한 순종을 단념하고 루터에게 돌아선 다양한 인문주의와 치명적으로 복잡하게 뒤섞이게 되었다. 1520년대에는 주교의 열정에 짜증이 난 사람은 누구든지 쉽게 이단이라는 카드를 가지고 놀 수 있었다. 자신들을 설교에 대한 최고의 주창자로 여기고, 자신들을 그의 통제 아래 두려했던 그의 노력에 분개한 프란시스코 탁발수도사들이 그의 교구에서 주도권을 잡게 되었다. 성경본문에 관한 르페브르의 인문주의적 주석들은 1512년 소르본느의 경계심 많은 파리 신학자들에 의해 이미 그를 이단으로 정죄하게 했다. 브리소네 자신은 법정에서 몰래 영향력을 행사함으로써 1525년 이단 혐의로부터 벗어났다. 교회 안에서 커져가는 혼란에 대해 점점 더 낙심한 상태에서 그의 의제에 관해 자기가 여전히 할 수 있는 것을 신중하게 진행시키면서 그의 삶의 마지막 10년을 보냈다.[56]

7. 개혁 또는 최후 심판의 날?

개혁에 대한 지역별 시도들에 대해 당국자들의 의심의 단편들이, 은사적 도미니크 탁발수도사인 지롤라모 사보나롤라(Girolamo Savonarola)에 의해 고취된 개혁에 따라, 1494년 이후 여러 해 동안 플로렌스에서 실제로 일어났던 기억들 속에 놓여 있다. 1482년 그의 수도회에 의해 최초로 플로렌스에 전해졌지만, 1490년대 초, 사보나롤라가 상마르코(San Marco)교회에서 종말에 관한 설교를 하기 시작했다. 그의 설교에는 곧 하나님과의 직접적인 대화에 관한 환상들과 선

---

56) M. Veissière, *L'évêque Guillazime Briçonnet* (1470-1534) (Provins, 1986).

포들이 뒤따랐다. 그와 같은 예언적인 선언들은 그 시대에 이상한 것은 아니었지만 상황들이 급작스럽고 가공할 만한 성공에 대한 분위기와 의미를 쏟아내도록 꾸미는 그런 순간들 중 하나였다. 메디치 가문이 가졌던 이전 공화국에 대한 장악력이 줄어들었고, 플로렌스 지방에서 배양된 예술과 문화의 엄청난 흐름도 이탈리아 전역에 걸친 참혹한 상황이 확대되어 조소를 당하고 있었다.

사보나롤라의 메시지에 새로운 신뢰감을 주게 된 첫 번째 재앙은 이탈리아 정치의 급격한 혼란이었다. 반 세기 동안 반도를 혼란스럽게 한 군사적, 정치적 참극을 촉발시키면서 프랑스의 군대가 침입해 들어왔다. 게다가 무시무시한 원인 모를 질병도 생겨났다. 너무나 명백하게 치명적인 다른 질병과는 달리 그것은 희생자를 몇 달 또는 몇 년씩 괴롭혔다. 그들의 외모, 신체, 마음을 파괴했고, 움푹 들어간 종기와 딱지를 만들었으며, 고통 받는 사람들을 보기에도 험오스럽게 만들었다. 마찬가지로 심각한 것은 공개적인 수치스러움을 불러왔다는 점이다. 왜냐하면 사람들이 그 질병이 성적 활동과 연관되어 있다는 것을 깨닫게 되었기 때문이다. 이 질병은 군대의 이동에 의해 급격하게 떠돌아다니기 시작했고, 1497년 봄에 이르러 멀리 아버딘(Aberdeen)까지 미치게 되었다. 자연스럽게 이중적인 고통 속에 놓여 있던 이탈리아 사람들은 그 천벌을, 곧바로 모든 유럽의 상상력을 사로잡아 엄청나게 프랑스 사람을 괴롭히게 된 프랑스 천연두(French pox)라고 불렀다. 나폴리 사람들의 질병에 그 천연두의 이름을 다시 붙여보려는 프랑스의 시도는 홍보라는 측면에서 특별히 성공을 거둔 작품이 아니었다. 이제 우리는 그 천연두의 현대적 후기 형태를 16세기 이탈리아의 의사인 지롤라모 프라카스토로(Girolamo Fracastoro)가 1530년에 발표한 한 시(詩) 덕분에 매독(syphilis)이라고 부른다. 그 시의 제목이 매독에 현대적 이름을 부여했다. 매독의 도래가 한 고대 유럽의 나선상균(매독의 병원)의 급작스런 전염을 나타내는지 또는 콜럼버스의 아메리카의 침략에 의해 들어온 것인지는 분명치 않다. 또한, 이 사건이 옛 세계에 대한 새로운 세계의 보복인지는 여전히 확실하지 않다.[57]

따라서 최후의 심판날이 실제로 도래했다는 모든 징조들이 있었다. 실제로 사보나롤라가 급진적인 정치적, 도덕적 개혁을 하나님의 이름으로 요청할 만한 완벽하게 논리적인 조건들이었다. 현존하던 폭정에 대항하던 플로렌스의

---

57) J. Arrizabalaga, J. Henderson, and R. French, *The Great Pox: The French Disease in Renaissance Europe* (New Haven and London, 1997), chs 1, 2.

재속 공화주의자들의 분노들 위에 신적인 조처가 현존하는 사회의 완전한 변혁을 불러올지도 모른다는 위험하리만치 강력한 생각이 더해졌다. 그것은 이후 두 세기 동안 유럽에서 군사적이고 종교적인 급진주의의 주제가 되기도 했다. 이에 따라 찰스에 의해 군사적으로 모욕을 당한 메디치 가문은 플로렌스에서 추방당했고, 엄격하게 제도화된 공화정이 선포되었다. 사보나롤라의 특권은 지각 있는 한 정통 탁발수도사가 설교를 금지시킨 알렉산더 교황의 명령을 거부하고 그에 따른 교황의 파문을 비웃을 수 있게 만들었다. 1479년에 사보나롤라의 영향력은 모닥불 축제에서 정점에 이르렀는데, 축제에 사용하는 가면뿐만 아니라, 플로렌스풍의 르네상스 모든 작품을 태웠다. 그 이후에 그의 명성은 계속되는 그 도시의 정치적, 경제적 비참으로 인해 약화되었고, 그러한 상황은 신앙적인 것으로도 극복할 수 없었다. 또한, 그의 정적들이 그의 지지 세력을 압도하는 상황에 이르렀다.

1498년 그 탁발수도사의 권력은 끝이 났다. 그는 고문을 당했고, 그의 주요 참모들과 함께 화형대에서 화형 당했다. 그가 독재자였을까, 아니면 거룩한 개혁자였을까? 그를 잘 알았던 마키아벨리는 그가 '비무장한 선지자'(unarmed prophet)였다고 지적했다. 그리고 그의 최후의 말들은 고요한 위엄을 지니고 있었다.[58] 그는 많은 칭송자들을 남겼다. 유럽 전역에 걸쳐 경건한 인문주의자들은 그의 글들의 깊은 영성을 높이 평가했고, 그가 자칭 메디치 가인 헨리 8세의 왕국에서 멀리 떠나서 공화국에서 겪었던 악몽같은 세월은 간과했다. 사보나롤라의 묵상들은 계속해서 많이 읽혀졌고, 그의 묵상들 중 두 개는 1534년에 공식적으로 승인된 잉글랜드의 소기도서에 포함되었다. 이그나티우스 로욜라(Ignatius Loyola)는 예수회(Society of Jesus) 회원들이 건전한 내용으로 가득한 자신의 책을 읽지 못하게 하자 좌절을 느꼈다. 이것은 그가 그의 지지자들과 반대자들 사이에 보이지 않는 긴장을 초래하고 있는 것과 관계가 깊다.[59]

사보나롤라 자신의 땅에서도 이런 모호한 유산이 권력가들에게 경고를 보내면서 남아 있었다. 읍도파(Piagnoni, 울면서 기도하는 사람들)로 알려진 한 단체가 그에 관한 추억을 보존하기 위해 플로렌스에서 생겨났다. 그들의 조직은 동시대의 신애회(Oratory of Divine Love)의 특질들 중 어떤 것들을 갖춘 길드처럼 보였고, 신비주의적 묵상과 선교 활동을 강조했으며, 『그리스도를 본받아』(*Imitation*

---

58) Q. Skinner and R. Price (eds.), *Machiavelli: 'The Prince'* (Cambridge, 1988), p. 21.
59) 잉글랜드에 관해, E. Clarke in G. Rowell (ed.), *The English Religious Tradition and the Genius of Anglicanism* (Wantage, 1992), p.139. O'Malley, *First Jesuits*, p. 262.

제2장 희망과 두려움(1490~1517)   155

of Christ)를 새로운 경건(Devotio Moderna)의 명작으로 보급하기도 했다. 탁발수도사들은 읍도파 가운데서도 여전히 주목을 끌었고(비록 도미니크수도회가 이탈리아 전역에 걸쳐 사보나롤라의 패퇴 이후 그 계열에서 발을 빼는 것에 대해 매우 신중했지만), 지지했던 꽤 많은 학자들로 구성된 규모가 큰 단체가 교회에서의 개혁은 여전히 지지하면서도 이후 수년 동안 루터에 대해 단호하게 반대했다. 하지만 읍도파 또한 사보나롤라의 시대에 그 모양이 갖추어진 정치적, 신학적 공화정주의의 길드를 배양했다. 그리고 그들이 1527부터 1530년까지 메디치 가문을 새롭게 뒤엎을 기회를 갖게 되었을 때, 그들의 통치는 마침내 플로렌스의 공화정주의를 죽여 없애고, 권력에 있어서 메디치 가문의 미래를 확실하게 해 준 가학적 폭정이 되고 말았다.[60]

읍도파 운동은 단지 만성적인 신경증의 한 증상이었고, 사보나롤라 사후 수십 년 동안 이탈리아 반도를 혼란스럽게 했던 묵시론적 기대감은 다 소진되어 버렸다. 많은 사람이 주목하듯이 1500년은 반 천년이었다. 확실히 그것은 단순히 임의적인 숫자가 아니었다. 그 분위기는 같은 시기에 스페인에서 열광적으로 유행하던 종교를 생각나게 했고, 1490년대의 군사적, 정치적, 의학적 그리고 사회적인 충격에 나란히 뿌리를 두고 있었다. 그것은 높은 지위에 있는 사람들과 하층민들, 권세자와 가난한 자에게 영향을 미쳤다. '살아 있는 성인들'(여성)은 이탈리아의 궁정 법정에서 임박한 심판에 관한 그들의 메시지를 소리 높여 선포했을 때, 공손한 발언의 기회를 갖게 되었다. 종종 그렇듯이 곤경의 시대에는 일어나고 있는 일에 의미를 부여하기 위해 예언 문학이 생겨났다. 기괴한 출생들과 경이로운 표적들에 대한 설명들이 인쇄업자들에게는 확실한 대히트 상품이 되었다. 1502년에 출판업계에 대사건이 생겼다. 그것은 바로『새로운 묵시』(*Apocalpsis Nova*, '마지막 날들에 대한 새로운 설명')였다. 전에 이것은 포르투갈의 프란시스코 탁발수도사인 아마데우스 메네제스 다 실바(Amadeus Menezes da Silva)에 의해 씌여졌다고 여겨졌고, 확실히 시토수도회의 대수도원장 피오레의 요아킴(Joachim of Fiore) 또는 그의 사후 숭배자들에 의한 문학처럼 묵시적인 주제들을 가지고 초기 수도원 또는 프란시스코수도원의 문학 위에 세워졌다(13장, p. 706 참조). 지금도 여전히 헌신된 자들이 있고, 인터넷의 정제되지 않은 구석 구석에서 많이 인용되는 이 아마데우스주의자들의 책은 영적인 사람들(Spiritual

---

60) L. Polizzotto, *The Elect Nation: The Savonarolan Movement in Florence, 1494–1545* (Oxford, 1994).

Men)에 의해 고지된 천사목자(Angelic Pastor) 또는 교황의 출현을 예언했다. 중요한 임무는 이처럼 중요한 인물들이 누구인지를 정확하게 밝히는 것이었다. 많은 후보자들이 줄을 섰거나 두려움 없이 진일보하기도 했다. 황제의 고문이었던 교황 메르큐리노 디 가티나라(Mercurino di Gattinara)는 그의 주인 찰스 5세를 천사목자들 중의 한 사람으로 보았다. 반면 비테르보의 에기디오는 꾸준한 낙관론을 가지고 연속해서 교황 율리우스 2세, 레오 10세 그리고 클레멘트 7세를 지목했다. 레오 10세 시대에 사울리(Sauli) 추기경은 그를 도래할 천사 목자의 변장으로 그리도록 하는 지침들을 가지고 위대한 화가 세바스티아노 델 피옴보(Sebastiano del Piombo)의 재능을 사용하는 것이 좋은 생각이 아니라는 것을 발견했다. 추기경은 즉각 체포되었고, 감옥에서 죽었다.[61]

라테란공의회가 1513년에 묵시적인 주제들에 관해 설교하는 것을 금지하고 또는 1530년대로부터 이탈리아에서 주요 권력으로 군림한 스페인 사람들이, 종교재판소가 지금의 스페인을 만들었듯이, 표적과 이상, 마지막 날들에 관한 주제들에 대해 이탈리아 반도가 잘 훈련되게 할 것을 확실하게 했다는 것은 그리 놀랄 일이 아니었다. 아무튼 1490년대부터 30년간에 걸쳐, 신비주의 및 유대 은둔주의 작품들에 대한 인문주의자들의 정교한 편집으로부터, 스페인과 이탈리아 여인들의 무분별하고 과격한 예언들 그리고 명망있는 설교가들의 책망설교에 이르기까지 유럽의 상당 부분이 미래에 대한 예언으로 흥분되어 있었다. 이상적인 사회들과 어떻게 그것들이 작동하는지에 대해 상상할 수 있는 완벽한 산업이 출현했다. 모나리자의 미소보다 더 수수께끼 같은 미소를 지닌 잉글랜드의 인문주의자 토마스 모어(Thomas More)는 짐작컨대 그와 같은 장소에 관한 진지한 설명의 제목으로 그것들 모두를 묘사하는 한 단어, '이상향'(Utopia)을 고안했다. 그것은 코드 헬라어(cod-Greek)로 '부재의 장소'(nowhere)를 의미한다. 이상향적 분위기에 관한 모어의 전망이 획일적인 것은 아니었다. 누가 이렇게 다양한 불만족들과 소망들과 기쁨들의 에너지를 제어하고, 그것들을 모든 가톨릭 유럽을 위해 잘 연단되고, 보다 낳은 사회를 창조하는 쪽으로 돌려 놓을 것인가? 저지대국가들에서 국제적으로 존경받는 인물, 데시데리우스 에라스무스일까?

---

61) J. Jungid, 'Prophecies of the Angelic Pastor in Sebastiano del Piombo's Portrait of Cardinal Bandinello Sauli and Three Companions', in M. Reeves (ed.), *Prophetic Rome in the High Renaissance period* (Oxford, 1992), pp. 345-70.

8. 에라스무스: 실현된 희망인가 여전한 두려움인가?

에라스무스의 삶과 업적은 1500년대 초기 유럽의 갱신과 관련된 많은 주제들과 결합되어 있다. 그는 새로운 경건(Devotio Moderna)의 토대로부터 나와서 최고의 인문주의 학자가 되는 것으로 운명지어져 있었다. 그는 단순히 제후들과 주교들의 친구였을 뿐만 아니라 학습을 통해 얻어지는 지혜에 대한 그의 열정을 공유하는 그 어떤 사람에게도 친구였다. 1518년 그는 보파르트(Boppard)에 있는 라인 강 위에서, 그에게 자신의 일에 관해 말한다는 사실에 전율을 느끼던 박식한 한 세금징수원, 크리스토퍼 에센펠더(Christopher Eschenfelder)를 우연히 만났다. 그들은 에라스무스의 생애가 끝나는 날까지 계속 연락을 주고 받았다.[62] 모든 유럽이 에라스무스를 자신들의 자산으로 원했다. 히메네스 추기경은 그를 스페인으로 오게 하기 위해 실효성 없는 제안을 하기도 했다. 유식한 인문주의자였으며, 크라코우(Cracow)의 주교였던 피에트르 토미키(Pietr Tomicki)도 그를 폴란드로 초청하는 데 있어 거의 성공을 거두지 못했다. 신기한 미신처럼 에라스무스는 비록 잉글랜드 해협의 위험을 감수할 준비는 종종 되어 있었어도 라인 강 동쪽으로 멀리 여행한 적은 결코 없었다.

대신 사람들이 칭송의 대상인 에라스무스에게로 찾아왔다. 에라스무스가 죽고 4반세기 후에 토미키의 큰 조카인 안드르제이 제브르지돕스키(Andrezej Zebrzydowski)주교는 자랑스럽게 스스로 크라코우에 있는 자신의 묘비에 '위대한 사람 로테르담의 에라스무스의 추종자 및 학자'(magni illius Erasmi Rotherodami discipulus et auditor)라고 새겼다. 한편 종교개혁을 이끌고 있던 또 다른 부자이며 폴란드 귀족인 얀 라스키(Jan Laski)는 그의 주요 후원자가 되었다(5장, pp. 353-359). 에라스무스는 수백 명의 대화자들에게, 그 중에 더러는 얼굴을 대면하여 만나본 적도 없는 그들에게 계속 편지들을 흘러 보내면서 온 대륙을 포용하는 상상의 한 응접실(salon)을 만들었다. 분열 이후의 날들 중에, 이것은 필립 멜랑히톤(Philipp Melanchthon), 하인리히 불링거(Heinrich Bullinger), 존 칼빈(John Calvin) 그리고 티오도르 베자(Theodore Beza)와 같은 인문주의적 경향을 가진 많은 개신교 지도자들의 서신들을 쓰는 제국들의 선례이고, 또한 반종교개혁에 관해 경이적인 편지전달자였던 대주교 카를로 볼로메오(Carlo Borromeo)는 무려

---

[62] P. S. Allen, H. M. Allen, and H. W. Garrod (eds.), *Opus Epistolarum Des. Erasmi Roterodami*…, (12 vols, Oxford 1906-58), iii, no. 879 그리고 같은 책 3장, p. 417 을 참고하라. 또한 refs. at ibid; iii, p. 417; 그리고 또한 *JEH* 3 (1984), p. 312, n. 1에 있는 Geoffrey Nuttall의 설명을 보라.

30,000통의 편지를 전달했다. 이런 의미에서, 에라스무스는 성인에 반열에 들어야 한다.

우리가 습관적으로 에라스무스를 '로테르담 출신'이라고 부르는 것은 흥미롭다. 실제로 그는 거기에 따뜻한 불이 있고, 괜찮은 저녁이 있고, 즐거움을 주는 서신들이 한 무더기 있고, 어느 정도의 연구 지원금이 있는 한 어디에 사는지에 대해 무관심했다. 에라스무스 자신도 장소의 이름을 혼란스럽게 사용했고, 또한 '에라스무스'의 헬라어 동의어로 여겨지는 '데시데리우스'를 더하기도 했다. 그의 이름에 대한 그와 같은 표현은 단지 이 위대한 인문주의자가 자기 자신의 이미지를 구축하려는 한 측면에 불과하다. 그는 새로운 가능성을 구축하는 인문주의자들의 주제를 완벽하게 예증했다. 왜냐하면 그는 자기만의 가공의 자원으로부터 스스로를 고안해 냈기 때문이다. 그는 이렇게 하는 것을 필요로 했다. 왜냐하면 그가 네덜란드의 한 작은 마을, 헤라스무스 게리츠준(Herasmus Gerritszoon)에서 태어났을 때(아마 로테르담 또는 고다일 것이다), 그는 중세 유럽의 궁극적인 약자인 사제의 아들로 태어났기 때문이다. 그러므로 그의 가족은 교회에 그를 위한 자리를 준비함으로써 아무것도 없는 것에서 자아를 구축하는 통상적인 길로 그를 인도했다.

새로운 경건에 의해 고취된 교육을 받은 이후 젊은 에라스무스는 스테인(Steyn)에 있는 지방 어거스틴수도원에 들어가도록 설득을 당했지만, 그는 아주 크게 주저하기도 했다. 그는 동료인 세르바티우스 로게루스(Servatius Rogerus)와 사랑에 빠졌을 때 자신을 비참하리만치 참혹하게 만든 수도원 생활을 싫어했다. 그러나 그 후 그는 탈출 경로를 찾았다. 그것은 바로 인문주의 학문에 대한 그의 열정과 재능이었다.[63] 편리하게도 저지대국가들로부터 멀리 남쪽으로 떨어져 있는 캠브라이(Cambrai)의 주교는 아주 중요한 교회의 고위 인사들에게 적합하도록 그의 서신에 매혹적인 인문주의적 광택을 입혀 줄 한 비서를 필요로 했고, 에라스무스는 자신이 그 위치를 차지하게 되도록 상관들을 설득했다. 그는 스테인 지역이 그를 잘 따르고, 또한 그가 다른 곳으로 옮겼을 때도 심각하게 되받아 치는 비난이 없으리만치 그 자리를 충분히 오랫동안 유지했다.

에라스무스는 결코 수도원 생활로 되돌아가지 않았다(로마에 있는 당국자들은 1517년 궁극적으로 독립에 관한 그의 일방적인 선언을 정식으로 인가했고, 그후 그는 저명

---

63) 에라스무스(Eramus)와 로게루스(Rogerus)에 대한 보다 더 현대적인 당황스러움과 혼란스러움이 있다. 그러나 J. Huizinga, *Erasmus of Rotterdam* (London, 1952), pp. 11-12와 Geoffrey Nuttall, *JEH* 26 (1975), p. 403에 나와 있는 실감나는 설명을 보라.

인사가 되었다). 비록 그가 1492년 사제로 서품을 받았지만, 그는 그와 같은 정도의 재능을 가진 사람이라면 당연히 차지해야 할 대학이나 교회의 높은 위치에 대한 통례적인 기회들을 결코 취하지 않았다. 대신 특별한 어떤 자리와 되풀이 되는 임무를 집중적으로 파고들어, 그는 마침내 경력의 새로운 범주를 만들어 냈다. 그의 저서들이 만들어 내는 수입과 그의 칭송자들이 제공하는 돈으로 살았던 방랑하는 국제적인 문인(man of letters)이 바로 그것이다. 그는 이제 자신이 거부했던 인간적인 열정인 우정과 애정을 갈망했고, 모든 현명하고, 부유하거나 매력적이고, 잘 교육받은 유럽 사람들이 친구가 되기를 원하는 총명하고 즐거움을 주는 학자가 됨으로써 그것을 발견했다. 그는 불행이 강타한 후 인쇄술의 매우 짧은 역사 속에서 최초의 베스트셀러를 만들어 냈다. 잉글랜드의 세관 직원들이 그의 짐에서 금화를 압수해 간 후 돈에 절박한 나머지, 그는 고전 작품들과 성경에 사용되는 잠언에 관해 자세한 주석으로 구성된 잠언 모음집을 편찬했다. 이 작품 『금언집』(*Adagia*, 1500)이 큰 상업적 성공을 거두었고, 에라스무스는 계속되는 증보판들에서 그것을 확대했다.

비슷한 시기에 에라스무스는 유럽의 종교 역사에 기념비적인 결과들을 낳게 된 그의 학문적 열정의 방향을 바꾸었다. 그는 세속 문학에 대한 편향으로부터 자신의 인문주의 지식을 기독교의 상황에 적용하는 쪽으로 옮겨갔다. 잉글랜드 방문에서 그는 친구 존 콜렛(John Colet)의 성경에 관한 지식에 경탄한 나머지 헬라어에 관한 특별한 재능을 획득하는 고통스런 일에 매진하도록 자극을 받았다. 헬라어는 기독교인의 지혜의 궁극적인 근원인 신약성경과 함께 그에게 잘 알려지지 않았던 기독교의 초기 교부들의 글들을 활짝 열어 주었다. 그는 일련의 초기 기독교 문서들의 비평적인 증보판을 출간했고, 그 중에 가장 탁월한 작품은 성경본문에다 광범위한 주석이 포함된 『신약성경』 1516년 판이었다. 아주 탁월한 작품으로 드러난 증보판들의 효과는 1516년부터, 가장 총명하고 기교적으로도 감수성이 민감했던 출판업자들 중 한 사람인 바젤의 요한 프로벤(Johann Froben)과 함께 한 그의 보강 노력에 의해 더욱 고취되었다.

에라스무스의 신약성경은 많은 미래의 개신교 종교개혁자들에게 영감을 주었다. 왜냐하면 그는 헬라어 원문을 제시했을 뿐만 아니라, 제롬이 만들어 낸 불가타와 그 주석들을 대신하도록 암묵적으로 설계된, 병행하는 새로운 라틴어 번역의 도움으로 어려운 본문이 의미하는 바를 풀어낼 수 있었기 때문이었다. 에라스무스는 제롬의 근면함과 열정을 크게 높이 샀지만, 그의 재번역과 주석 작업은 천 년 전에 제롬이 성취했던 것에 대한 철저한 공격에까지 이르게 되었다. 그것은 히메네스의 기념비적인 학문적 작품인『여러 언어 대조 성경』이 만들어낸 것보다 훨씬 더한 이야기거리를 만들어내게 되었다. 제롬을 공격하는 것은 서방교회가 당연하다고 여겨왔던 성경 이해의 틀을 공격하는 것이었다. 가장 악명 높은 것이 에라스무스의 복음서 본문, 특히 마태복음 3:2, 세례 요한이 헬라어로는 청중들에게 광야에서 소리쳐 외치는 것으로 나타나 있는 '메타노에이테'(metanoeite)에 대한 재번역이었다. 제롬은 이것을 '고해하다'(poenitentiam agite, do penance)로 번역했고, 그래서 중세 교회는 교회의 고해성사 신학에 대한 성경적 근거로 세례 요한의 외침을 지목했다. 에라스무스는 요한이 그의 청중들에게 말한 것은 '정신차려라', 또는 '회개하라'는 것이었다고 말했고, 그래서 그는 그 명령을 라틴어로 '정신차리다'(resipiscite)로 번역했다. 많은 사람들이 이 한 단어에 의해 자극을 받았다.

종종 혼란스럽기도 하고, 명백하게 관련이 없어 보이는 성경의 내용들에 대해 의미를 부여하는 중세의 특징적인 방법은 그것들을 우화적으로 풀이해 버리는 것이었다. 그것은 단어들의 문자적 의미가 피상적으로 나타내는 것 뒤에 놓여 있는 더 큰 진리와 의미의 계층들을 발견하는 것을 말한다. 주석가들은 성경본문 요한복음 6:63, "살리는 것은 영이니 육은 무익하니라"를 인용함으로써 그들이 우화적으로 표현하는 것에 대한 정당한 근거를 찾았다. 우화는 영적인 의미이고, 문자적 의미는 육체적인 것이었다. 에라스무스도 이 본문을 좋아하게 되었다. 그러나 이것이 우화를 지지하기 위한 본문으로 사용되어야 한다는 것에 대해 분통이 터졌다. 만약 성경 독자들이 성경의 본문에서 우화를 주목하는 것이 올바른 것이라면, 적당한 주의를 가지고 그러해야 하고, 그들의 해석을 적절하게 나타내 보여야 한다. 이 원칙은 예수님의 어머니, 성모 마리아의 숭배 의식과 관련되어 특별히 의미심장하다. 이 의식은 교회 안에서 성경에 있는 마리아에 대한 빈약한 언급들에 비해 점점 더 중요해지고 정교해졌다. 그리고 그것은 우화를 통해 하늘의 여왕에 관한 그들의 자료를 확대하려고 노력하던 주석가들에게 있어 자연스러운 욕구였다. 에라스무스는 구약성경 본문을 성모 마리아에게로 되돌리는 것에 대해 개탄했다. 만약 아가서에 나오는 아름다운 신부라는 인물 묘사와 집회서(Book of Sirach)에서 지혜를 여성 인격화하면서 실제로 우화적 의미가 있었다면, 그것은 교회를 의미하고, 교회의 구주 예수와의 관계를 묘사하는 것이지 성모 마리아를 묘사하는 것이 아니다. 나중에 개신교

제2장 희망과 두려움(1490-1517)   161

성경 주석가들은 이 메시지를 반복해서 충분히 이해시켰다.[64]

에라스무스의 다른 통찰력들도 나중에 일어난 개신교 혁명에 결정적인 것으로 판명되었다. 그의 『신약성경』 1519년 판에 그는 성모 마리아의 거룩한 운명에 관해 그녀에게 말하는 천사 가브리엘의 인사말에 대한 라틴어 번역을 다시 했다. 그것은 성모송(Hail Mary)의 암송문으로부터 경건하게 인용한 것이었다. 이제 에라스무스의 동정녀 마리아는 '은총이 충만'(gratia plen, 달리 말해서 하나님이 보시기에 공로가 가득)하기보다 '은혜스러웠다'(gratiosa). 이에 따라 그녀는 하나님의 구원계획의 일환으로서 공로 신학과 선행들에 대한 버팀목으로 덜 유용하게 되었다. 에라스무스는 누가복음 2:51, "예수께서 (부모와) 함께 내려가사 나사렛에 이르러 순종하여 받드시더라"에 근거한 잘못된 마리아 중심의 경건생활에 대해 코웃음을 쳤다. 어떤 사람은 이것이 예수님이 여전히 자신의 어머니에게 순종하고 있고, 그래서 그녀가 요구하기로 선택하는 것에 따라 행동하신다는 것을 의미한다고 말했다. 이 문제에 관한 상식에 대해 에라스무스가 반발한 것이 사소한 것처럼 들릴지는 모르지만, 그것은 엄청나게 중요한 것이었다. 우리가 1장에서 보았듯이 서구의 대중적인 경건 생활 속에 널리 보급되어 있던, 그녀의 아들에 대한 성모 마리아의 중보라는 체계를 분해해 버리는 수단이었기 때문이다. 따라서 이것은 중세 서구의 경건생활의 가장 큰 원칙들 중 하나인 하나님은 그의 신하들인 성인들을 통해 다가갈 수 있고, 다가가야만 한다는 원칙을 위협했다.[65]

에라스무스는 나중에 가톨릭이나 개신교 모두를 골머리 아프게 한 것으로 판명이 난, 우화의 사용에 관련된 한 신학적인 당면 과제에 직면하게 되었다. 이것은 마리아의 영원한 처녀성, 곧 그녀는 그녀의 전 생애 동안 처녀로 남아 있었다는 것에 관해 보편적으로 유지되고 있던 믿음이었다. 성경 속에 직접적인 정당성을 가지고 있지 않은 이 믿음에 대한 대부분의 전통적인 사례는 오직 여호와만 들어갈 수 있는 문이 닫히는 것에 대해 말하는 에스겔 44:2의 우화적인 사용에 근거를 두고 있다. 그리고 또한 이것은 한 젊은 여인(히브리어로는 '한 처녀'가 아님)이 아들 곧 임마누엘을 임신하게 될 것이라는 (사 7:14) 이사야의 원래 히브리어 예언에 대한 강요된 헬라어와 라틴어 읽기에 의해 지지를 받았다. 에라스무스는 이들 본문들을 제롬이 했던 것처럼 읽을 수가 없었다. 그의 해석에

---

64) L. E. Halkin, *Erasmus: A Critical Biography* (Oxford, 1993), p. 229. 할킨은 에라스무스의 가까운 친구인 대주교 존 피셔가 메리와 관련해서 아가서를 사용하기 위해 설교를 계속했다고 지적한다.
65) *Opera Omnia Desiderii Erasmi Roterodami* (Amsterdam, 1969), vi, 5, pp. 490-92.

대한 충격적인 불만들에 대응하여 그는 정확한 입장을 취했다. '비록 성스러운 책들에서 상세히 설명하고 있지는 않지만, 우리는 성모 마리아의 영원한 처녀성을 믿는다.' 달리 말해서 에라스무스는 성경에서 그것들을 발견할 수 있기 때문이 아니라 교회가 그것들이 참되다고 말했기 때문에 믿음으로 취해야 하는 중요한 일들도 있다는 옛 주장을 인정했다. 에라스무스는 종교개혁의 중요한 논쟁거리 중 하나가 되고, 기독교가 원전으로(ad fontes, 원전으로 돌아가자) 돌아갈 것을 주장했던 모든 사람들이 직면해야 하는 한 문제를 발견했다. 성경이 모든 경건한 진리를 포함하고 있는 것일까? 아니면 성경과는 동떨어져 있지만 교회가 보호하는 한 전통이 있는 것인가? 성경 대 전통이라는 문제 제기는 각 진영이 어떻게 주장을 하더라도 각 진영에서 올바른 결과를 가질 수 없는 생사가 걸린 논쟁의 영역이 되었다.[66]

근본적인 일들에 대해 그와 같이 거듭 생각한 후에 성모 마리아와 성인들에 대한 숭배의식이 에라스무스의 눈에 띄는 것은 불가피한 것이었다. 그가 『대화집』(Colloquies)으로 출간한 일련의 대화들 속에서 그는 왈싱햄과 켄터베리에 있던 잉글랜드의 순례지들로 그가 했던 순례 여행을 대중 독자들을 위해 가벼운 희극으로 바꿔버렸다. 이것은 중세 후기의 대중적인 경건생활의 육체성과 감촉성에 대한 그의 단호한 정체 벗기기의 한 부분이었다. 인문주의자들의 입장에서 모호함들의 완벽한 한 예가 어떻게 대부분의 서구 기독교인들이 하나님께 다가갈 것인가라는 점이었다. 에라스무스가 자기의 신약성경을 출간했을 때, 그는 시골사람이 쟁기 끝에서, 방직하는 사람들이 베틀에서, 여행하는 사람이 자기의 여행 중에 성경을 노래하는 것을, 심지어 여자들도 성경본문을 읽게 되는 것을 보게 되는 소망에 관해 포르투갈 말로 감동적이고도 진지하게 써 내려갔다. 그는 사제들의 특권들을 특히 특별한 지식에 대한 사제들만의 거드름을 종식시키기를 원했다. 그는 자신이 직업적인 신학자들의 거드름 피움과 무능력하고 무식한 사제를 경멸할 준비가 항상 되어 있었다. 그러나 평신도들의 경건생활은 에라스무스 자신의 용어들로 재정립되어야 했다. 그것은 '육체적인 열정은 적절하지 않다'는 것이었다. 이제 그는 스테인(Steyn)에서 세르바티우스 로게루스(Servatius Rogerus)를 만났을 때와 같이 결코 자기의 감정들에 대한 통제를 잃게 되지 않도록 자신을 엄하게 훈련시켰고, 그의 열정들은 지적인 관념들

---

66) Halkin, *Erasmus*, p. 225; cf. *Opera Erasmi*, I, p. 146-7. 마리아에 관한 개신교도들의 문제에 관해서는 15장, pp. 613-4 을 보라.

로 남아 있었다. 그는 성인들에 단단히 붙들려 있는 평신도들의 일상 생활의 실제를 관찰했을 때 심각하게 혐오감을 느꼈다. 그에게 있어 그것은 마음과 감정들의 순수한 사용을 통해 신실한 사람들에게 오는 성령의 내적 작용을 무시하는 육체적인 종교였다. '성령은 생명을 주지만 육체는 아무런 소용이 없다!'

에라스무스는 4세기 뒤에 C. S. 루이스가 『순전한 기독교』(Mere Christianity)라는 자기의 책에서 의미했던 바를 이해했던 것 같다. 매끄럽게 되고, 미화된 중세 서구 신앙에 대한 자신의 이해는 1504년의 그의 베스트셀러인 『한 기독교인 군인을 위한 단검』(Enchiridion Militis Christiani. 스위스 군대의 칼과 영적으로 의미가 동등한, 다목적용 도구라는 의미에서의 단검을 말함)에서 출발했다. 이것은 순수하고, 그리스도 중심이라는 그의 신앙의 출발이었다. 이것은 전에 새로운 경건 문학들에 사로잡혔던 경건한 독자들에게 호소하는 특별한 것이 되었다. 비록 몰아의 신비주의가 에라스무스를 위한 도피처들도 아니었고, 유대 신비철학이나 플라톤의 사고에 대한 고대의 마술적 변형들에 탐닉하던 인문주의자들의 길로도 내려가지 않았지만, 외향적인 의식과 예식이 내적 묵상으로부터 솟아나오는 조용하고 진지한 헌신보다 덜 중요한 것이 되었다. 이와 같은 이성적이고, 절제되고, 성경에 근거한 기독교에 대한 그의 이상을 묘사하기 위해 에라스무스는 나중에 네덜란드의 인문주의자 루돌프 아그리콜라(Rudolf Agricola)로부터, 고전적인 철학자들의 특징을 반향하기 위해 인문주의자의 틀에서 주조된, '그리스도의 철학(philosophia Christi, 그리스도의 학습된 지혜)이라는 한 구절을 빌려 왔다.[67]

기독교의 경건생활의 한 형태인 에라스무스의 덜 관념적이고 더 육체적인 경건형태는 후에 개신교에서 특별히 개혁주의 혹은 칼빈주의 안에서 발견되기도 했다. 그는 특별히 과도한 유물숭배를 공격했는데, 특별히 뛰어난 재치를 가지고 성모 마리아의 젖먹이는 모습을 공격했다. 비록 공격적이지는 않더라도, 강력한 형태의 반 유물숭배 사상이 1544년에 많이 유통된 칼빈의 유물에 반대하는 소책자에서 발견된다.[68] 에라스무스는 성인들이 이방의 신들을 대신했다는 것에 대해 철저하게 냉소적이었다. 말하자면 성 안토니는 헬라의 치료하는 신인 아에스쿨라비오(Aesculapius)를 대신했고, 동정녀 마리아는 지하 세계의

---

67) 아그리콜라의 선례에 관해서는 A. Levi in *JEH* 34 (1983), p. 134 을 보라.
68) *CWE, XXXLX–XL: Colloquies*, ed. C. R. Thompson (1997), vol. ii, pp. 630-3, 636; *An Admonition Showing the Advantages Which Christendom might derive from an Inventory of Relics*, printed in Calvin's Theological Treatises, ed. H. Beveridge (3 vols., Edinburgh, 1844-51), I, pp. 287-341 중 특히 pp. 316-18.

여왕 프로세르핀(Proserpine)에 대해 쿠데타를 일으켰다는 것 등이다. 『대화집』을 비롯한 도처에서 그는 성모 마리아에 대해 '바다의 별, 하늘의 여왕, 세상의 여주인, 구원의 항구' 등과 같은 이름을 사용하는 사람들을 '곤경에 처한 항해자들'이라며 조롱했다. 이 모든 것이 나중에 영향력 있고, 널리 유포된 개신교의 문서들에, 심지어 1560년대에 출간된 엘리자베스 1세의 개신교 잉글랜드국교회를 위한 공식적인 설교에까지 반향되었다.[69)]

에라스무스는 교황 율리우스 2세에게 손상을 입히는 풍자글인 『제외된 율리우스』(*Julius Exclusus*)를 썼다고 잘못 알려져 왔다. 사실 그것은 잉글랜드의 인문주의자 사제였던 리차드 페이스(Richard Pace)에 의해 쓰여진 것이다. 그럼에도 불구하고 일상적인 생활과 교회의 공식적인 예식을 위해 거의 시간이 없었던 한 사람이 교회의 기관들에 대해 깊은 애정을 보이지 않았다는 사실이 그리 놀랄 일은 아니다. 물론 그는 예식과 교회 둘 다에 관해 존경할 만한 일들을 말했고, 어떤 경우에는 심지어 그도 미사에 관한 감동적인 예식을 만들어 내기도 했지만, 사람들은 결코 아주 영향력이 있고, 크게 돈벌이가 되며, 아주 맛갈나는 글을 썼던 에라스무스의 작품들에 대해 많은 신뢰를 두지 않았다. 가시적인 기관으로서의 교회는, 그가 정말로 관심을 가지고 있던 글쓰기와 연구활동을 지속하게 해주는 일련의 후원자들을 찾게 될 때에, 필요한 돈의 주요 근원이라는 점에서 그에게 중요했다. 그런 목적에서 교회의 황실 법정은 다른 그 어떤 황실 법정보다 좋은 자리였다. 그의 경력의 매력적인 측면은 규칙적인 수입의 원천이 그를 앙모하는 캔터베리의 대주교 윌리엄 워햄(Willian Warham)이 제공한 은혜와 애정의 장려금이었다는 점이다. 그것은 알딩톤(Aldington)이라고 불리는 켄트의 한 마을에서 지원되어야 하는 교구 수입금들로부터 중세의 전형적인 형태로 전환된 장려금이었다. 에라스무스에게 장려금을 주는 기간 동안 알딩톤의 명성에 대한 주요 주장은 그것이 엘리자베스 바턴(Elezabeth Barton) 또는 '켄트의 하녀'(Maid of Kent)로 불리는 대중적으로 인기가 있으면서도 아주 정통적인 여선지자를 배출해 냈다는 사실이다. 그녀의 황홀경적 가톨릭 환상들은 로테르담의 현인(에라스무스)을 다소 풍자적으로 즐겁게 만들어 주었다. 자신을 비난했다는 이유로 바턴을 처형한 헨리 8세 이후 중첩된 풍자들이 교황과 워햄의 후계자로 임명된 잉글랜드 개신교 예식의 미래 설계가인 토마스 크랜머(Thomas Cranmer)와의 연결고리를 단절시켜 버렸다. 이 소식에 대한 에라스무스

---

69) *CWE: Colloquies*, vol. i, p. 335; *Opera Erasmi*, I, pp. 155-6, 172. M. Aston, *England's Iconoclasts: I. Laws against Images* (Oxford, 1988), pp. 320-25, 특히 n. 96.

제2장 희망과 두려움(1490-1517)   165

의 주요 관심은 알딩톤의 지원금이 계속될 것인가에 대한 것이었다. 이러한 상황 때문에, 교황권에 대한 그의 분리에도 불구하고, 크랜머는 그가 보기에도 가장 경탄할 만한 사람이었다.[70]

대조적으로 에라스무스는 공식적인 교회의 실패들로 간주한 것에 대한 대안으로서 공화국에서의 경건한 대가로서의 역할에는 열성적이었다. "지식에 대한 사랑은 세속적인 제후들과 귀족들의 궁정으로 도망쳐 버렸다"고 1517년 잉글랜드의 각료였던 헨리 길드포드 경(Sir Henry Guildford)에게 당당하게 선언했다.[71] 전형적인 인문주의적 낙관으로 그는 공화국의 지도자들의 도움을 받아 사람들이 자신의 책을 읽고 그 댓가를 지불하는 한 세상을 개선할 수 있다고 믿었다. 그리고 그는 보편적인 교육과 사회적 개선에 대한 자기 고유의 의제를 책들로 만들 수 있다고도 믿었다. 그는 달콤하리 만치 이성적이고, 남부럽지 않게 교육을 받은 범유럽사회를 만들려는 자신의 계획을 위협하는 전쟁을 포기하도록 사람들을 설득할 수 있다고 믿었다. 그의 『잠언들』(Adages)의 가장 중요한 부분들 중에 하나인 평화주의에 대한 특별하게 견지되고, 감동적인 선구적 옹호는 '전쟁은 그것을 경험해 보지 못한 사람들에게 달콤하다'(Dulce bellum inexpertis)는 격언으로부터 파생되었다. 그의 말년에 이르러 에라스무스는 헨리 8세나 프랑수와 1세 같은 제후들이 보편적인 평화를 위한 그들의 정교한 협상에서 그를 잔인하게 속였다는 사실을 깨닫게 되었다. 그러나 제후적 권력의 잠재력에 대한 그의 신뢰는 약해지지 않고 잘 유지되고 있었다. 제후들은 심지어 신학적인 논쟁들도 결정을 내려야 했다. 에라스무스는 1510년대에 요하네스 로이힐린에 관한 처우들로 인해 예견적으로 공포에 사로잡히기도 했다. 찰스 5세 황제가 로이힐린을 괴롭히는 사람 페퍼코른을 침묵시킬 책임을 져야한다는 것을 부단히도 주장했다.

자신의 친구이고 고고학자이며 후에 루터파 설교가가 된 대수도원장 파울 볼츠(Paul Volz)에게 보내는 『엔키리디온』(Enchiridion)의 1518년 판 서문으로 쓴 편지에서 에라스무스는 수사적인 질문을 던졌다. "국가가 도대체 무엇인가? 이것은 하나의 거대한 수도원이 아닌가?"[72] 이것은 중요한 함축된 의미들을 가지

---

70) MacCulloch, *Cranmer*, pp. 98-99.
71) Allen et al (eds), *Opus Erasmi Episiolarum*, iii no. 966, p. 585, ll. 16-18
72) Allen et al (eds), *Opus Erasmi Episiolarum*, iii no.858, I. 56I, p. 376. Cf.1514년에 세르바티우스 로게루스에게 보내는 한 서신에서 유사하면서도 보다 확장된 본문에 관해서는 같은 책 i, no. 296, ll. 70-88, 567-68 참조.

고 있다. 첫째로 이것은 수도원들에 관해 두드러지게 유용한 어떤 것이 있다는 생각을 거부하는 것이었다. 만약 국가 도성 또는 공화국(즉 전체 사회)이 수도원이 된다면 에라스무스 자신이 혐오해서 도망쳐 나왔던 수도사로의 소명이 든든히 그 자리를 잡게 될 것이고, 아마도 그의 싸움에서 자신의 개인적인 죄책감을 떨쳐버리게 될 것이다. 둘째로 에라스무스의 이상적인 사회 속에서 마치 고대 그리스의 국가 도성에서처럼 모든 사람은 도성(civitas)의 적극적인 시민이 될 수 있고, 모든 사람이 수도원의 규칙에 따라 수도사들이 그렇게 하도록 예상되는 것처럼, 순전하게 행동할 의무를 가져야 한다. 셋째로 그렇게 하도록 확실하게 하는 사람은 제후이다.

이 근본 사상은 세속 통치자들에게 훨씬 더 호소력이 있었고, 종교와 도덕성에 관련된 일들에 있어 성직자들의 손으로부터 그 권력을 취하고, 영주들(Landesväter)로서 활동했던 제후들이나 공화국들에 대해 우리가 이미 주목했던 기존의 중세 후기의 성향과도 잘 어우러졌다. 가톨릭과 개신교는 유사하게 에라스무스의 인문주의를 발전시켰다. 그래서 16세기와 17세기는 역사가들이 '삶의 개혁'(Reformation of Manners, 윤리회복운동)이라고 정의를 내린 시대가 되었다. 그때 정부는 공공 도덕을 규정하기 시작했고, 균열된 양쪽 진영 둘 다에 근거해서 이전에 선행하지 않았던 어떤 한 형태 속에서 사회의 개개인을 조직하려고 시도했다. 우리는 마술과 성의 규제와 같은 일들을 토론하게 될 13장과 16장에서 이러한 많은 예를 만나게 될 것이다.[73] 그것은 에라스무스의 작품들의 가장 오랫동안 지속된 결과들 중의 하나였고, 그런 측면에서 16세기 유럽은 그의 유럽이었다.

그것보다 훨씬 더 많은 그에 관한 추억들이 있었다. 학자들은 그의 학문적 업적을 이용했다. 교양 있는 사람들은 그의 산문을 즐김으로써 자기들의 교양을 드러내 보였다. 네덜란드 사람들은 그가 그곳에서 출생했다는 사실에 자부심을 가졌고, 관용에 대한 그의 항변들을 그들은 결코 잊지 못했다. 잘 교육받은 급진적인 기독교인들은 도처에서 그의 사상을 자기들의 창의적인 용도로 사용했다. 주목할 만하게도 한 때 로마의 종교재판소가 그의 모든 작품을 금지시키려고 시도했다(6장, p. 381). 우리가 종교개혁의 이야기를 추적해 갈 때면 언제든지 모든 측면과 장소들에서 계속 그의 영향력을 발견하게 될 것이다. 그럼에도

---

73) 한 좋은 논의가 J. Estes, "*Officium principis christiani*: Erasmus and the Origins of the Protestant State Church," *ARG* 83 (1992), pp. 49-72 에서 발견된다.

불구하고 에라스무스는 그의 경력이 성공적이었다는 느낌을 가지고 자신의 삶을 마감한 것은 아니었다. 역설적인 것은 1517년 이후 짧은 기간 동안 그의 계획이 가장 확실해 보이고, 그의 평판이 정점에 이르렀고, 아울러 같은 해에 마틴 루터의 항거의 순간과도 같이 이 장 전체에 걸쳐 마치 종처럼 울려 퍼지게 했다는 것이다.

요한 프로벤(Johann Froben)의 출판사에서 자유계약 직원이었던 한 사람은 1518년 바젤에서 에라스무스에게 다음과 같은 글을 썼다. "우리가 오늘 이 시대에 우연히 살게 되었다는 것이 얼마나 축복이란 말인가! 그 속에서 (그것들을 인도하고, 지도하고, 완성시키는 당신과 함께) 문학과 참 기독교가 다시 태어나게 되었으니!" 그 젊은이는 사실 교정원이었긴 하지만 부적격의 예언자로 판명되었다. 하지만 에라스무스 스스로는 결코 예언에 있어 탁월하지 않았다. 1519년 5월, 헨리 길드포드 경에게 보내는 서신에서 이미 인용했듯이, 그는 마치 안전하게 자신의 일을 마친 사람처럼 다음과 같이 말했다. "세상은 오래된 꿈으로부터 깨어나게 하듯이 그런 느낌으로 다가오고 … 나는 황금시대가 나타나는 것을 봅니다. 지금 내가 내 이야기의 정점으로 다가가고 있기 때문에 아마도 나 스스로 즐기면서 그 시대를 살 수 없을 겁니다."[74]

에라스무스가 1536년 바젤 방문 중에 죽었을 때, 그의 우아한 붉은 대리석 기념비가 세워졌는데, 아이러니컬하게도 개혁자들이 성상들을 박살낼 때, 나이든 학자들과 주교들이 버리고 도망한 그 성당 안에 세웠다는 것이다. 그의 죽음 이전 10년 또는 그 이상, 에라스무스는 불행하게도 루벤(Reuven)에서 바젤로, 프라이부르크 임 브라이스가우(Freiburg-im-Breisgau)로 계속해서 서유럽을 순회하며 그의 활동의 중심지를 여기저기 옮겨 다녔다(그는 결코 고향을 찾지 않았다).

그는 그를 감싸고 있으면서, 우아하게 갖추어진 편지들의 세계, 숭고한 뜻을 가진 개혁에 대한 계획들과 그가 인내하면서 유럽 전역에 걸쳐 확대했던 라틴어를 말하는 매력적인 친구들을 분열시키는 폭풍 속에 있는 양쪽 중 둘 다를 피하려고 간절히 애를 썼다. 그 결과, 새로운 분열의 양쪽에서 점점 더 많은 사람들이 에라스무스를 이제 모든 사람들이 그렇게 하도록 기대되고 있는, 어느 쪽을 취할 용기가 부족한 기회주의적 겁쟁이로 간주했다. 무엇이 잘못된 것일까? 완벽하게 균형잡힌 키케로의 문장의 힘을 통해 세상을 변화시켜려던 인문주의자의 계획에 무슨 일이 일어난 것일까? 이것을 이해하기 위해서 우리는 에라스

---

74) Allen et al (eds.), *Opus Erasmi Epistolarum* vol. iii, no. 904, p. 446, ll. pp. 23-25; no. 966, pp. 585-6.

무스가 태어나기 천년 전에 죽은, 그러나 그의 작품은 우리가 조사했던 희망과 두려움에 어둔 그림자를 던지는 것을 결코 멈추지 않았던, 어떤 사람을 만나야 한다.

제 3 장
새 하늘: 새 땅
(1517-1524)

1. 어거스틴의 영향

르네상스 인문주의의 가장 두드러진 특징은 활발한 낙관주의이다. 이로 인해 미래의 가능성에 대한 흥분이 일어났다. 인문주의자들은 인간이 번성하도록 창조되었다는 사실을 당연하게 받아들였다. 그들은 시와 수사학의 설득력으로, 신플라톤주의와 유대교 신비주의 문헌에 숨겨진 지혜를 재발견함으로, 혹은 성경을 제대로 읽음으로 관점과 행동을 얼마든지 변화시킬 수 있다고 생각했다. 결과적으로 인류는 고대 아테네나 이집트의 독창성을 능가하거나 최소한 동등하게 된다고 여겨졌다. 15세기 후반의 플라톤주의자인 플로렌스파의 지오바니 피코델라 미란돌라(Giovanni Picodella Mirandola)의 유작 『인간의 존엄성에 대한 연설』(*Oration on the Dignity of Man*)에는 이런 분위기에 대한 전형적인 표현이 진보를 향한 인간의 자유의지와 가능성에 대한 찬사로 나타났다. "오 위대하고 놀라운 인간의 행복. 이것은 그가 원하는 것을 소유하며 그가 바라는 것이 되도록 그에게 주어져 있다."[1]

---

1) C. Trinkaus, "Free Will in Renaissance and Reformation," *JHI* 10 (1949), reprinted in P. O. Kristeller and P. P. Wiener (eds.), *Renaissance Essays* (Rochester, NY, 1962), pp. 187-98, p.193 에서 인용.

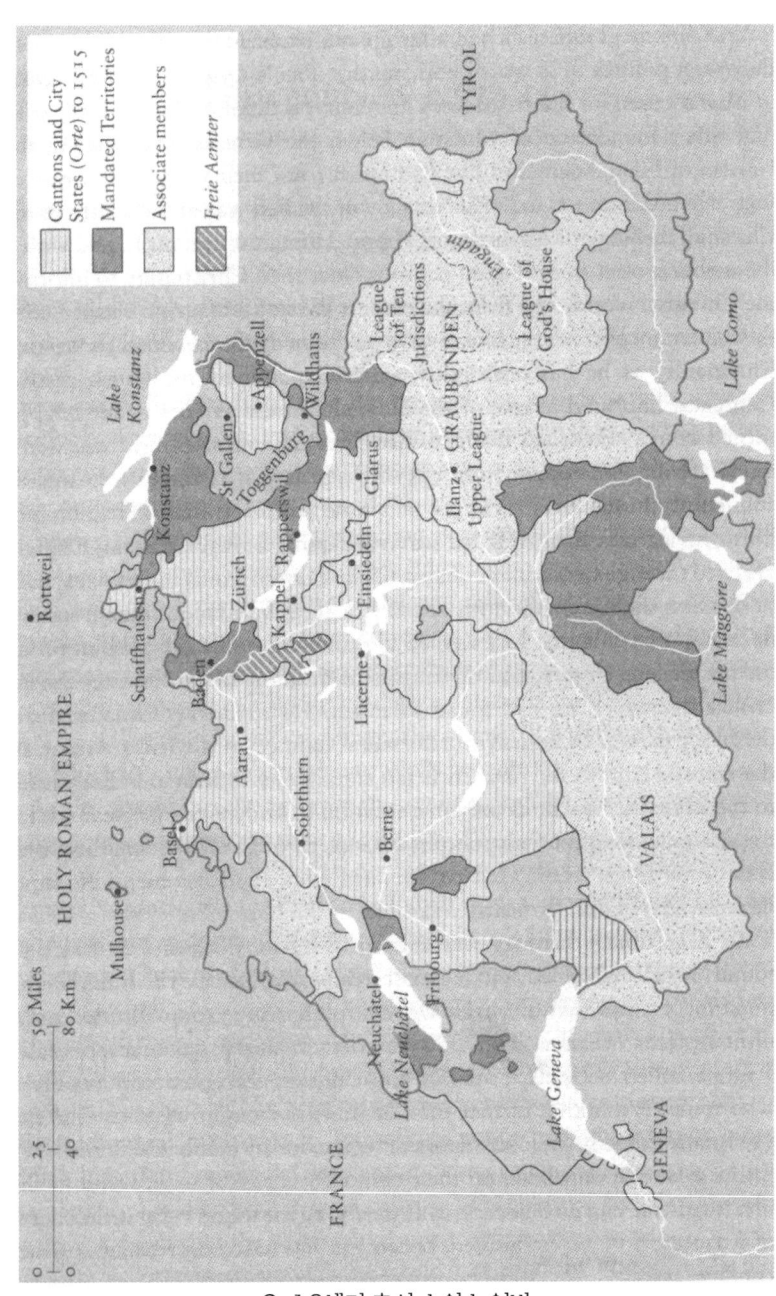

2. 16세기 초의 스위스 연방

제3장 새 하늘: 새 땅(1517-1524)

16세기가 시작되었을 때 현실주의와 함께 많은 정치적 열망들에 대한 실망이 커져 갔다. 1494년 피코가 죽던 날, 그의 사랑하는 도시 플로렌스에 프랑스 왕 찰스 8세의 군대가 들이닥쳤고 전 이탈리아 반도에 재앙이 내렸다. 이후로 백여 년간 인문주의자들의 관심은 키케로(Cicero)의 라틴 수사학에서 역사가 타키투스(Tacitus)에게로 옮겨졌다. 키케로의 공화국 제도를 뒤엎고 이를 전제정치에 이용한 로마 황제들의 우울한 연대기를 타키투스는 다양한 역사 논문들에서 명석하게 기록했다. 타키투스와 공화제를 지지하던 동시대인들은 좌절감에 사로잡혀 시대의 문제들로부터 등을 돌렸고, 어쩔 수 없이 정치에 가담해야 할 때조차도 그들의 행동에는 정치적 신념이 없었다. 이탈리아 역사가 프란세스코 구이치아르디니(Francesco Guicciardini)는 타키투스를 상기시키는 한 예이다. 구이치아르디니는 16세기 이탈리아에서 실제적인 독립을 상실하고 공화제가 전반적으로 붕괴되어 가는 과정을 기록했다. 이런 태도는 정치성을 띠는 작품에서 세상에 적극적으로 개입하는 그의 친구 니콜로 마키아벨리(Niccolò Macchiavelli)의 태도와는 매우 다르다. 일반적으로 마키아벨리가 구이치아르디니보다 더 정치에 대한 전형적인 냉소주의자로 보이는 것도 그러하다.

그러나 기독교 인문주의자들에게는 유럽의 정치 사건들보다 훨씬 더 큰 문제가 있었다. 피코의『인간의 존엄성에 대한 연설』이 인류의 창조에만 초점을 두었지, 또 다른 기독교 신앙의 기초인 에덴 동산에서 아담과 하와가 하나님에 대한 불순종 때문에 낙원에서 추방되었다는 창세기 신화에는 관심을 두지 않았다는 점을 주목해 보자. 히포의 어거스틴의 기독교 신학 중심에는 바로 이 비극적인 타락이 있었다. 인문주의적 낙관주의는 기독교 세계를 개선하고자 기독교 이전의 문화들에 호소했고, 결국 그 시초부터 어거스틴의 이러한 유산과 충돌해왔다. 어거스틴은 헬라 문화권의 동방교회에서는 다소 무시되었으나 서방 기독교의 근간을 이루고 있었다. 그는 당시 유수한 라틴 대학 중 한 곳에서 교육받았고, 제국의 수도에서 수사학 교수로 명성을 떨칠 수 있는 자리를 포기하고 395년부터 히포의 가톨릭 공동체의 주교가 되었다. 당시 북아프리카의 가톨릭교회는 어떤 적대적인 기독교 교회와 생존을 위한 투쟁을 하고 있었다. 그는 5세기의 첫 십 년간 서로마제국이 급격하게 붕괴해가는 것을 보았다. 이것은 390년대까지만 해도 이 고대 제국은 밝은 기독교의 미래를 위한 것이라는 기대를 가졌던 그에게 끔찍한 실망을 안겨주었다. 그래서 그는 그토록 사랑했던 문명에 내린 재앙의 의미를 찾기 시작했다. 그는 사도 바울이 로마에 있던 초기 기독교 공동체에 보낸 편지에서 묘사한 인간의 무가치함에 대한 암울한 자화상에서 이유를 발견했다. 로마서에서 바울은 죄의 노예 상태에 있는 무기력한 인간을 위한 유일한 해결책을 찾는데, 그것은 바로 하나님의 은혜로운 구원의 선물이다. 곧 "하나님이 그의 피로 말미암아 화목제물로 세우신 예수 그리스도 안에 있는 구속으로 인해 믿음을 통해 얻는" 선물이다(롬 3:24-25).

어거스틴의 모든 신학은 그가 참여한 다양한 논쟁들을 통해 형성되었고, 그 중에 가장 중요한 것이 바로 죄와 구원에 관한 것이었다. 그는 한 무리의 열광적이고 극도로 금욕적인 기독교인들과 상대했는데, 이들 중 가장 유능한 대변자는 브리튼(Britain) 섬 출신으로 여겨지는 펠라기우스(Pelagius)라는 수도사였다. 펠라기우스(그리고 그의 생각을 더욱 확대시킨 그의 동료들)는 미래의 구원이 이 세상에서 순결하게 살려고 하는 기독교인들 자신의 노력 여부에 달려 있다고 강조하며 가장 높은 행동 기준을 따라 살 것을 촉구했다. 어거스틴은 금욕주의에 반대하지 않았지만, 펠라기우스의 금욕주의는 기괴하게 오도되어 있다고 보았다. 이는 그가 바울서신에서 발견한 인간의 타락성에 대한 묘사와 상충하는 논리에 근거해 있었기 때문이다. 로마서에서 바울은 아담과 하와가 에덴 동산에서 저지른 최초의 불순종, 곧 최초의 죄에 대한 확장된 주해를 썼다. 어거스틴은 이 타락(원죄)을 아담으로부터 모든 인류에게 마치 유전병처럼 전이된 것으로 보았다. 그리고 죄를 성교와 연결지었는데, 이는 죄가 다른 모든 유전처럼 출산의 행위로 구체화되었다고 보았기 때문이다(이때도 펠라기우스파는 이러한 그의 생물학적 유전의 견해를 비판했다). 그토록 죄에 빠져있는 존재들이 어떻게 펠라기우스파가 주장하듯 구원을 얻기 위해 무언가를 할 수 있겠는가?

어거스틴이 펠라기우스파와 논쟁하면서 그의 입장에 대한 진술은 점점 더 암울하고 극단적으로 변했다. 모든 것이 전능한 하나님의 은혜에 달려 있었다. 하나님은 인간이 받기에 합당한 정죄 가운데서 누구를 구원할지 선택함으로 그의 완전한 능력을 보여 주셔야만 했다. 타락 이후로 인간에게는 구원받을 만한 어떤 요소도 남아있지 않으므로, 누가 구원받아야 하는가에 대한 하나님의 선택은 전적으로 자의적이고 신비로운 것으로 아무도 이의를 제기할 수 없는 그분의 의지에 달려있다. 어거스틴의 지성은 플라톤 철학의 후기 형태로서, 플라톤의 신은 완전하고, 나뉘지 않으며, 고통을 느끼지 않았다, 왜냐하면 고통은 변화를 내포하고, 이것은 불완전을 의미했기 때문이다. 완전한 신은 마음을 바꾸지 않으므로, 인간 중에 누구를 선택할지는 단 한번에 이루어진다. 모든 구원받은 자들은 그들이 어떤 종류의 행위도 하기 이전에, 바울서신의 말로 하자면

"창세 전에"(엡 1:4) 구원을 위해 예정되어야만 했다(어거스틴이 명시적으로는 거의 언급하지 않았지만, 심판이 예정된 모든 자들에게 심판이 임한다는 주장이다). 예정은 구원에 관한 그의 신앙(신학용어로는 구원론)에 있어서 핵심이 되었다.

어거스틴의 논리전개에는 문제가 있어 보인다. 즉, 그의 기독교사상은 양극성을 띠고 있거나 상반되는 진술로 가득하다. 가장 선명한 예가 하나님의 심판자로서의 위엄과 아버지로서의 자비에 대한 상반되는 진술이다. 어거스틴은 이 양극성을 숙고하면서 하나님을 설명할 때 그의 위엄을 출발점으로 삼게 되었다. 그는 지금까지의 서구 사회가 감당해야만 했던 것보다 훨씬 더 심각한 사회적 위기를 배경으로 그의 신학을 체계화시켰다. 그래서 그가 자신을 둘러싼 혼돈으로부터 돌아서서, 유동적인 삶의 가능성과 변화로부터 자유로운 플라톤의 신의 형상을 경외심으로 숙고하게 된 것은 이해할 만하다. 그러나 어거스틴의 완전한 신성의 묘사는 영원한 기독교의 문제, 곧 모든 것을 창조하신 전능한 하나님이 악을 창조하지 않았다면 그것이 어디에서부터 와서 아담과 하와를 낙원에서 몰아내게 되었는가에 대해 그다지 좋은 답을 제시해 주지 못한다. 누구든 현대 신학자 호튼 데이비스(Horton Davies)의 냉소적인 관찰('고통하지 않는 하나님은 참을 수 없다')에 공감할 것이다.[2]

이러한 어거스틴의 구원론의 윤곽을 살피는 일이 필수적인데, 그것이 없이는 종교개혁이 왜 일어났는지, 그리고 그 쟁점이 가진 깊은 본질을 이해할 수 없기 때문이다. 16세기의 격변에 대한 수많은 설명들이 제시되어 왔는데, 여기에는 구교의 타락, 교회의 부에 대한 군주들의 탐욕, 인문주의의 개인주의 정신 추구, '근대성'의 막연한 영향력 등이 있다. 이 모든 제안들이 진실을 일부 담고 있을지 모르나, 실제로 일어난 일의 핵심은 놓치고 있다. 우리는 이미 중세의 서방교회가 타락의 극치에 있지 않았음을 충분히 살펴보았다. 물론 당시의 타락 상태가 종교개혁 이후의 개신교도들이 그런 시각으로 묘사하기에 적합했던 것은 사실이다. 또한 이 신화는 개신교도들에 대항하여, 중세 기독교에 대해 제기된 잘못들을 치유하는 수단으로 반종교개혁을 일으킨 후대의 가톨릭교도들에게도 편리한 설명이었다. 구교는 어마어마하게 강대했고, 그 강대함은 오직 어떤 사상의 폭발적인 힘에 의해서만 극복될 수 있었을 것이다. 결국 그 사상은 어거스틴 구원론에 대한 재발견임이 판명되었다. 이것이 종교개혁에 대한 필

---

2) H. Davies, *The Vigilant God: Providence in the Thought of Augustine, Aquinas, Calvin and Barth* (New York, 1992), p. 115.

자의 견해에 매우 추상적인 관념에 관한 설명이 많고, 그 추상적인 관념이 종종 극도로 복잡해지는 이유이다. 새로운 사상은 군주, 사제, 수녀, 상인, 노동자를 사로잡았다. 그 사상은 사람들의 경험과 기억을 파괴하고, 그들이 때로는 훌륭한, 때로는 기괴한 새로운 삶의 방식으로 살아가도록 만들었다. 신학의 도움 없이는 16세기의 정치·사회적인 역사를 제대로 이해할 수 없다.

왜 그런 어거스틴에 대한 재발견이 그 시기에 그렇게 특별한 충격을 주었을까? 그가 잊혀진 적은 없는 것 같으며, 그의 구원과 예정에 대한 견해는 교회의 사상에 반복적으로 전면에 등장하곤 했다. 루터 시대 이전에는 12세기 켄터베리의 안셀름(Anselm)이, 그리고 13세기 토마스 아퀴나스가 어거스틴이 말한 그곳으로 교회를 되돌렸고, 20세기에 스위스의 칼 바르트 역시 그렇게 하였다. 다른 시기에는 이런 풍조와 반대되는 일이 있었는데, 이때에는 하나님이 가지는 심판자로서의 위엄보다는 아버지로서의 자비를 강조했다. 중세 후반 유럽이 그런 경우였는데, 이 시기에는 인간의 구원을 위한 하나님의 자비로운 최고의 섭리라는 연옥에 대한 신학체계가 이루어졌다. 그 연옥 체계는 어거스틴이 말한 인간의 무가치성과 다소 불안정하게 결합되었다. 중세 후기의 유명론, 소위 디아 모데르나(근대적 방식, via moderna) 혹은 근대적 체계(modern system)는 중세의 경제 이론을 빌려와서 중세 후기의 가치와 계약 용어를 가지고 그들의 신학을 설명하는 불가능한 일을 시도했다. 인간의 덕목들이 무가치함에도 그것은 비상시국에 발행된 대용화폐로 간주될 수 있다(결코 인간에게 에덴에서의 아담과 하와의 죄보다 더한 비상시국은 없을 것이다). 그런 임시 화폐는 정상적인 중세 유럽의 은화와는 다르게 통치자가 부여한 가치 외에 다른 가치를 지닐 수 없다. 통치자와 백성들은 공공선을 위해서 임시 화폐를 사용하도록 계약서 혹은 조서로써 동의서에 합의했다. 그처럼 하나님께서 자신의 무한한 자비를 가지고 인간에게 가치를 부여하심으로써 인간이 하나님과 동의서를 작성할 수 있도록 했고, 인간이 자신의 구원을 위해 최선을 다할 수 있도록 했다. 유명론자인 가브리엘 비엘(Gabriel Biel)의 유명한 어구에서는 인간이 '그 자신에게 있는 것을 행함'(facere quod in se est)으로 구원을 받을 수 있다고 말하고 있다. 심지어 이방인들도 그들의 이성을 사용함으로써 구원을 받을 수 있다고 한다. 이 체계는 그 원칙들을 잘 받아들이기만 하면 어거스틴 구원론에서 논란이 있는 세부 논의를 피해갈 수 있었다.

어거스틴의 영향력이 서구 기독교사에서 그토록 다양할 수 있었던 한 가지

제3장 새 하늘: 새 땅(1517-1524)

이유는 어거스틴에게는 그의 구원론보다 훨씬 더 많은 것이 있었기 때문이다. 그는 교회의 본질과 성례에 관한 서구적 사고의 중심에 있었고, 어떤 시대에는 그의 이 분야에 대한 사상이 그가 구원에 대해 말한 것보다 중요하기도 했다. 마틴 루터와 그 시대의 신학자들이 어거스틴의 구원론을 교회에 상기시켰을 때, 서구 기독교인들은 그의 가톨릭교회에 대한 순종의 강조와 구원에 대한 논의 중 어느 것이 더 중요한가에 대해 스스로 결정을 해야만 했을 것이다. 프린스턴 신학사가 B. B. 워필드(Warfield)의 유명한 요약에 따르면, '종교개혁은 내부적인 측면에서 볼 때 어거스틴의 교회론에 대한 구원론의 궁극적인 승리였다'.[3] 그러므로 어떤 면에서 1517년 이래 한 세기 혹은 그 이상 지속된 서방교회의 소용돌이는 오래 전에 죽은 어거스틴의 머리에서 벌어진 논쟁이었다.

다양한 학자들이 어거스틴의 알려진 모든 저작에 대한 최초의 학문적 판본을 통해 그를 새롭게 인식하게 되었다. 이 엄청난 작업은 바젤의 출판업자 요한 아메르바흐(Johann Amerbach)에 의해 1490년부터 16년간의 출판을 통해 이루어졌다. 종교개혁은 이런 새로운 관심의 필연적인 결과물은 아니었다. 마틴 루터와는 별도로 동시대의 교회에는 어거스틴 구원론의 중요성을 발견한 사람들이 있었다. 프랑스의 주교 브리소네(Briçonnet)의 제자 데따브르의 쟈끄 르페브르(Jacques Lefèvre d'Etaples)가 1512년에 바울 서신들에 대한 그의 선구적인 주석들을 출간했는데 그는 하나님의 인류 구원에 있어서 인간의 행위가 전적으로 무용하다는 것을 강조했다. 이것은 루터가 동일한 견해를 발표하기 5년 전의 일이었다. 이탈리아에서는 미래의 추기경 가스파로 콘타리니(Gasparo Contarini)의 초창기 전환점이 루터의 유명한 신학적 돌파구와 놀라운 유사성을 보여준다. 그는 베네치아 가문의 귀족이며 외교관이었는데, 마태복음과 어거스틴의 저작들을 읽으면서 영적인 위기를 경험하고 하나님 앞에서 자신의 무가치함을 깨달으며 절망하게 된다. 토마소 기우스티니아니(Tommaso Giustiniani)와 빈센토 쿠에리니(Vincento Querini)는 가까운 친구들이었는데, 그들은 그들이 가진 비슷한 위기감을 카말돌 은둔자들(Camaldolese Hermits)의 극단적인 금욕주의 교단에 가입하여 그 공동생활을 더욱 금욕적으로 만들기 위해 헌신함으로써 해결했다. 그런데 콘타리니를 이 공동체에 가입시키려는 그들의 노력은 그의 불행을 가중시킬 뿐이었다. 1511년 그는 염려에서 해방되는 신비로운 평화를 체험했고 갑자기 그의 염려가 하나님께서 거저 주시는 죄용서의 선물 앞에서 어리석

---

[3] B. B. Warfield, *Calvin and Augustine* (Philadelphia, 1956), p. 332.

고 불필요한 것임을 느꼈던 것이다.[4] 루터파가 루터의 이신칭의 메시지를 선포하기 시작했을 때, 콘타리니는 그들이 전하는 바를 인정하고 대립하는 교회를 하나로 모으기 위한 일(궁극적으로는 헛되이)에 이후의 성직자로서의 생애를 헌신적으로 바쳤다.

콘타리니가 어거스틴의 메시지를 수용하려는 구교의 유일한 지도자는 아니었다. 토마스 아퀴나스의 새로운 옹호자인 카제탄 추기경(Cardinal Cajetan)은 루터와의 충돌에서 운명적인 역할을 감당하게 되었는데, 그는 아퀴나스에 대한 존경심으로 인해 어거스틴의 예정론과 그의 저작을 강조하게 되었다. 런던의 세인트 폴 학장 콜렛(Colet)도 그의 바울서신 주석에서 반복해서 어거스틴으로 돌아왔고, 그도 유사하게 구원뿐만 아니라 정죄에 대한 하나님의 예정(이중예정)과 함께 인간 행위의 무가치성을 강조했다.[5] 로체스터의 존 피셔(John Fisher) 주교는 루터의 주요한 논적들 중 하나였으며, 헨리 8세가 교황권으로부터 벗어나는 것을 반대하다가 런던 타워의 단두대에서 처형되었다. 그는 중세 스콜라 철학에 대한 깊은 존경심을 가진 인문주의자였고 구원과 인간의 선행에 관한 중세 후기의 사상을 향해 으스대는 어거스틴의 방식에 주의를 기울였다. 그의 대응책은 루터처럼 교회의 합법성과 가르침의 권위에 도전하는 것이 아니라 은혜와 구원에 대한 그 자신의 섬세한 신학을 세우는 것이었다. 그에 의하면 하나님과 화해하게 되는 첫 번째 요소는 하나님의 주도권, 즉 전문용어로는 선행적 은혜('앞서 주어진 은혜')라는 선물이었다. 선행적 은혜는 사람들로 하여금 자신의 죄를 보게 함으로써, 그들을 '의롭다 칭함으로' 하나님과 화해하는 과정을 시작하게 한다. 그 후에 그들은 회개의 슬픔 속에서 하나님의 더 깊은 은혜, 곧 그들로 하여금 선한 일을 하도록 영감을 주는 은혜를 기다리거나 또는 성례가 제공하는 하나님의 은혜를 받기 위해 교회의 성례전으로 달려가게 한다. 여기에는 고해실에서 받는 고해성사가 포함된다. 그렇게 피셔는 교회의 권위와 인간 선행의 중요성이라는 어거스틴의 사상의 균형을 잡을 수 있었다. 종합해 보면, 많은 영향력 있는 사람들이 새롭게 출간된 바젤판 어거스틴 작품들로부터 각자 나름대로 유익을 얻고 있었다.[6]

---

4) H. Jedin, "Contarini und Camaldoli," *Archivio Italiano per la Storia del la Pietà* 2 (1959), pp. 51-118.
5) J. B. Gleason, *John Colet* (Berkeley, CA, 1989), p. 70; W. J. Hankey,"Augustinian Immediacy and Dionysian Mediation in John Colet, Edmund Spenser, Richard Hooker and the Cardinal de Bémile," in D. de Courcelles (ed.), *Augustinus in der Neuzeit, Colloque de la Herzog August Bibliothek de Wolfenbüttel*, 14-17 *octobre*, 1996 (Turnhout, 1998), pp. 125-160, at pp.136-41.
6) A. Null, *Thomas Cranmer's Doctrine of Repentance* (Oxford, 2001), pp. 76-81.

제3장 새 하늘: 새 땅(1517-1524)   177

유럽을 온통 뒤덮은 어거스틴주의가 인문주의와 어떻게 다른가를 가늠할 때 우리는 데시데리우스 에라스무스(Desiderius Erasmus)가 어거스틴을 칭송하는 일반적인 유행을 따르지 않았다는 점을 주목해야 한다. 그는 인간에게 있는 창조성과 존엄성을 너무도 존경한 나머지 인간의 지성이 아담과 하와의 타락 때 전적으로 부패했다는 것을 받아들일 수 없었다. 그는 주된 관심을 신학으로 돌리기 전인 1489년경부터 『야만에 대항함』(*Antibarbari*)이라는 작품을 구상하기 시작했고, 1520년에 출판하게 된다. 이 책의 목적 중 하나는 스콜라주의자에 대항하여 인문주의자의 학문을 변호하는 것이었으나 그러나 그 저변에는 보다 더 일반적인 목적이 있었다. 그것은 인간 지성의 이성적 활동과 교육을 통해 주어지는 지식보다는 하나님의 은혜로 계시된 것만을 실제 진리라고 보는 지식에 대한 지배적인 관점에 반론을 제기하는 것이었다. 그는 조국 네덜란드에서 매우 강했던 '디보치오 모데르나'(새로운 경건, Devotio Moderna)와 같은 신비주의에 대한 불신을 표현했고, 종종 신비주의와 함께 나타나는 창조세계에 대한 거부반응에 대해 개탄했다. 그의 수도사적인 삶에 대한 혐오는 이런 감정과 연관되어 있다.[7] 어거스틴의 염세주의는 에라스무스에게 맞지 않았다. 대신 그는 어거스틴보다 두 세기 앞서 동부 지중해 지역에 살았던 헬라어권의 명석하고 독불장군 같은 초창기 교회 신학의 또 다른 거인, 오리겐을 좋아했다. 오리겐이 성경에 대한 꼼꼼한 주석의 개척자였다는 점에서 에라스무스가 그를 칭송했던 한 가지 이유를 찾을 수 있다. 또한 비록 그의 사후에 교회가 더욱 조직화되고 규례화되었을 때에 그는 경계와 정죄의 대상이 되었지만, 그가 대담하고 사변적인 사상가였다는 점에서 에라스무스의 칭송을 받았다. 오리겐은 하나님이 결국에는 모든 사람들과 더불어 사탄까지도 구원하시고 낙원으로 돌이킬 것이라고 말했다.

오리겐의 작품은 1512년에 처음으로 훌륭한 학문적인 라틴어 판본으로 나와 용이하게 사용되기 시작했으나, 에라스무스의 오리겐에 대한 존경심은 훨씬 이전에 그의 최초의 경건서인 『엔키리디온』(*Enchiridion*, '한 크리스천 군인을 위한 단검')에 분명하게 드러나 있다. 1501년에 그는 친구이며 유명한 프랑스 프란시스코파 설교자였던 장 비트리에(Jean Vitrier)의 열정에 이끌려 오리겐에 매료되었다. 그 한 가지 이유는 오리겐의 독특한 인간에 대한 견해(전문용어로는, 그의 "인간론")였는데, 그것은 바울이 데살로니가인들에게 보낸 서신에서 지나가는 말

---

7) B. Bradshaw, "Interpreting Erasmus," *JEH* 33 (1982), pp. 596-610 and pp. 597-601.

로 언급한(살전 5:23), 즉 인간은 세 부분, 영과 혼과 몸으로 구성되어 있다는 말씀에 기초해 있었다. 이미 앞에서 살펴보았듯이(2장, p. 164), 영이라는 개념은 에라스무스의 사고에서 결정적으로 중요했는데, 그 주된 이유는 다음과 같다. 즉 오리겐은 인간의 세 요소 중에 육만이 철저하게 타락했고, 가장 고상한 부분인 영은 여전히 그대로 보존되어 있다고 했다. 따라서 에라스무스가 그의 신학에서 영을 그토록 강조한 것은 놀라운 일이 아니다. 여기에 그가 어거스틴에 대항하여 인문주의적 낙관주의를 장려한 기반이 있었던 것이다.[8] 평소의 자기보존의 본능을 따라 당연히 에라스무스는 그의 저작들에서 오리겐의 사상 중 공식적으로 정죄된 부분, 다시 말해 그가 지어낸 플라톤주의적 이단 부분에 대해 반대의 목소리를 냈고, 어거스틴이 기독교 용어에서 궁극적으로 정죄해 버린 단어들 중 하나인 펠라기우스주의 혐의에 대비해 철저하게 자신의 흔적을 은폐했다. 그러나 에라스무스가 어거스틴이 인간에 대해 암울하게 묘사한 성경의 결정적인 본문들인 바울의 로마서와 갈라디아서에 대한 해석을 쓸 때, 그는 종종 오리겐이나 제롬의 분석을 의지하곤 했지만 어거스틴이 말했던 바에 대해서는 눈에 띄게 침묵하고 있다. 유사하게 에라스무스의 평화주의에 대한 열렬한 믿음은 그의 사상에서 일관되고 강렬하게 표현된 급진적인 요소인데 이것은 어거스틴이 선구적으로 논의하고, 아퀴나스가 '정의로운 전쟁' 이론으로 발전시킨 전쟁의 합법성에 반대되는 것이었다.[9]

오리겐에 매료되고 어거스틴은 배척하는 에라스무스의 입장은 16세기 초의 서구 기독교계에 가능한 새로운 방향을 제시하고 있었다. 이 방향은 개신교 주류뿐 아니라 교황청에 충성스럽게 남아있던 이들에게도 배척받았지만, 당시의 보다 모험적인 생각을 품었던 많은 사람들에게 영감을 주었다. 분열된 교회의 강한 신학적 범주 속으로 들어가기를 거부한 급진주의자들 중 다수는 의심할 나위없이 오리겐이라는 낯선 이름을 에라스무스의 『엔키리디온』을 통해 처음으로 접했을 것이다. 우리는 이들을 여러 번 만나게 될 것인데, 가장 먼저 유럽 중부와 슈트라스부르크(4장, p. 264)에서 만나게 된다. 유럽 종교사상의 미래 지도자들은 어거스틴과 오리겐 사이의 지독한 논쟁에서 자신들의 위치를 정하고 결정적으로 어거스틴의 편에 서게 되었다. 인문주의자들은 각각 개신교와 가톨릭 중 한 곳으로 피신하였고, 이들에게서는 한 때 인문주의를 특징지웠던 특

---

[8] CWE, lxvi: *Spiritualia: Enchiridion; De Contemptu Mundi; De Vidua Christiana*, ed. J. W. O'Malley (1988), pp. 3, 34, 51, 69, 108, 127.

[9] A. Godin, *Erasme lecteur d'Origène* (Geneva, 1982).

성들(생기 넘치는 호기심, 회의주의, 인간 독창성의 가능성에 대한 축하 등) 중 많은 부분을 찾아볼 수 없게 되었다.

이것이 바로 인문주의 혁명이 개신교에 의해 대표되는 '신학문'(New Learning)과 결코 동일시될 수 없는 이유이다. 후자는 마틴 루터에 의해 북동부 독일에서 촉발된 어거스틴주의 혁명의 결과로 발생했다. 중요한 것은 에라스무스와 마틴 루터 간의 자유 의지에 대한 치열한 쟁론 중에(3장, p. 223), 루터가 고의로 오리겐의 삼분설을 조롱했다는 점이다. 이와 유사하게 루터의 동료 필립 멜랑히톤(Philip Melanchthon)도 루터파의 기념비적 선언인 1530년 아우크스부르크신앙고백(4장, p. 255) 초안을 작성할 때, 오리겐의 구원론을 정죄목록에 포함시켰고, 이는 오리겐을 정죄함으로써 결과적으로는 에라스무스를 정죄하는 것이었다.[10] 이것은 위대한 인문주의자와 교회의 과거를 독립적인 사고를 통해 이해하려는 에라스무스의 시도에 대한 어거스틴주의 종교개혁의 선전포고였다. 어떻게 이런 충돌이 발전하게 되었는지를 이해하기 위해서 우리는 루터를 이해하고, 또 영원한 멸망으로부터 구원얻는 방법을 이해하기 위해 그가 벌인 투쟁을 추적해야 한다.

2. 루터, 선한 수도사(1483-1517)

마틴 루터는 수도사적이고 성직자적인 삶을 산 전형적인 인물이다. 곧 그는 교회를 건전하게 운영했고 명성을 얻은 인물이었다. 그는 부지런한 중산층 가정에서 태어났고, 어려서부터 교육에 관심이 많았다. 그의 아버지 한스(Hans)는 번영하는 소농가의 둘째 아들이었는데, 작센(Saxony)의 탄광 사업을 통해 윤택하게 살게 되었고 몇몇 명성있는 대학교 졸업자들을 배출한, 품위있는 도시민 가정에 장가들었다. 한스는 장남에게 세속 법률, 즉 제국법을 공부하도록 계획하고 에르푸르트(Erfurt)대학교에서 교육받도록 학비를 지원했다. 그러나 마틴은 자신이 선택한 대로 수도사가 되기로 마음먹었다. 당시의 상황은, 그가 아마도 성인들의 전기를 읽으면서 인식했을 것으로 보이는 섭리의 성격을 가지고 있다. 1505년 무서운 폭우 속에 갇혀 있던 스물한 살의 학생은 너무도 두려

---

10) J. I. Packer and O. R. Johnston (eds), *Martin Luther: The Bondage of the Will* (London, 1957), p. 300; WA, xviii, pp. 774-5. G. B. Graybill, "The evolution of Philipp Melanchthon's thought on freewill," Oxford Univ. D. Phil. thesis, 2002, p.159.

운 나머지, 그가 만일 살아남는다면 수도원에 들어갈 것이라고 마리아의 어머니 성 안나(St. Anne)에게 서원했다. 그 폭우가 끝났을 때, 그는 서원을 지켜 그가 다니던 대학 바로 옆의 어거스틴 계열의 은둔자들이 있는 에르푸르트수도원으로 옮겼다. 이곳은 로마에 있는 금욕적인 개혁자 에기디오 비테르보(Egidio Viterbo)를 수도원장으로 둔 엄격한 단체였다.

한스 루터는 아들의 이런 갑작스런 결정에 짜증이 났지만, 마리아의 어머니이며 광부들의 수호 성인이었던 성 안나에게 반발하기는 어려웠다. 아버지에 대한 이런 아들의 반역은 에릭 E. 에릭슨이 쓴 『청년 루터』(*Young Man Luther*)의 기발하지만 오도된 심리분석 연구 이래 많이 논의되었다. 1950년대 프로이트계열의 심리분석 작가였던 에릭슨은 마틴의 반항을 그 후의 대규모 반란을 설명하는 수단으로 삼았다. 루터가 열정적이고 충동적인 사람이었다는 것은 의심할 여지가 없다. 이러한 그는 하나님에 대한 논리적인 질문과 답변들로 그의 신학을 시작하는 대신, 그것을 느꼈다. 그 결과 그의 신학은 역설과 완전한 모순으로 가득 차게 되었다. 어느 세기에 태어났든지 간에 그는 틀림없이 유쾌한 여흥에서든 아니면 격렬한 말다툼에서든 잊지 못할 강력한 밤을 보증했을 것이다. 프로이트는 루터를 이해하는 데 별 도움이 안되지만, 필자가 이미 강조했듯, 히포의 어거스틴은 그를 이해하는 데 핵심적인 역할을 한다. 어거스틴수도회는 서구 신학자들에게 공인된 왕자, 곧 루터를 배출한 것을 자랑한다. 에르푸르트에서 새롭게 신학공부를 시작한 루터는 인문주의적 학풍 속에서 플라톤과 교부들의 작품을 만났다. 루터는 이내 플라톤이나 다른 기독교 작가들에 대한 흥미를 잃었지만, 어거스틴은 계속해서 루터의 안내자로 남아있었다. 어거스틴은 그를 더욱 위대한 권위, 즉 성경으로 인도했다.

루터의 수도원 생활은 성공적이었다. 그는 수도원 생활을 잘했고 자연스럽게 사제 서품을 받았고(1507), 얼마 후에는 어거스틴수도사들의 선임자로서의 직책을 받을 만큼 뛰어나게 되었다. 이것은 스테인(steyn)에서 좌절의 시기를 보낸 에라스무스와는 대조되는 모습이었다. 1510년에 그는 작센에 있는 어거스틴파 수도원들의 연합회가 중요한 사업차 로마에 파송할 사절단 중 한 사람으로 선발되었다. 비록 후일 그가 교황청에서 목격했던 타락을 회상하기는 했지만, 그 당시에 그가 받은 인상이 북유럽인들이 이탈리아에서 경험하는 일반적인 문화충격 이상으로 심각한 것이었다는 증거는 없다. 1511년에 그는 비텐베르크(Wittenberg)라는 작센의 작은 마을에 세워진 새로운 대학에서 가르치도록 파송되는데, 이곳은 그가 일으킨 새로운 운동의 운명과 복잡하게 얽히게 된다. 비텐베르크는 작센의 선제후(選帝侯)인 '현자'(the Wise) 프리드리히(Friedrich)에 의해 통치되고 있었는데, 그는 교양이 넘치는 수수께끼같은 통치자로 개신교 혁명의 시발점이 된 이 어거스틴파 수도사뿐 아니라 당시 독일의 가장 위대한 예술가들이었던 알브레히트 뒤러(Albrecht Dürer)와 루카스 크라나흐 1세(Lukas Cranach the elder)까지도 가장 꾸준하게 그리고 오랜 기간 후원했던 인물이다.

비텐베르크에서 루터의 위치는 여러 가지 면에서 그에게 행운을 가져다 주었다. 적어도 그 중 하나는 그곳이 '어니스틴' 작센('Ernestine' Saxony)으로 알려진 지역에 위치해 있다는 점이었다. 1485년 이래 작센은 통치자 베틴 왕조(Wettin dynasty)의 두 분파에 따라 양분되었다. 알버타인(Albertine) 혹은 듀칼(Ducal) 작센이라고 불리운 다른 지역의 통치자는 게오르그(Georg) 공작이었는데 그는 죽을 때까지(1539년) 루터의 가장 화해하기 어려운 적들 중의 하나였다. 베틴 가문으로부터 물려받은 현자 프리드리히의 영토는 알버타인 작센보다 작았지만, 한 가지 결정적인 장점을 가지고 있었다. 그것은 선제후(Elector)라는 타이틀로서, 그것은 그에게 전체 신성로마제국의 정치에서 중추적인 역할을 맡도록 했다. 제국에는 불과 일곱 명의 선제후가 있었는데, 그들은 제국이 세습 군주국가가 되는 것을 막는 방파제였다. 모든 신임 황제는 선제후에 의해 선출되어야 했다. 선제후의 선택이 15세기 초 이래로 합스부르크가(Habsburg family)의 인물들에게로 한정되기는 했지만, 그들은 언제나 이것이 자동적인 결과가 아니라는 점을 상기시켜 줄 준비가 되어 있었다. 따라서 황제는 프리드리히를 신경써야 했고, 이 때문에 후에 유럽의 가장 강력한 통치자가 프리드리히의 피후견인(protégé)인 마틴 루터를 죽이려고 했을 때, 이 위치는 대단히 중요한 역할을 하게 되었다.

그리고 프리드리히는 자신이 가장 잘 아는 이유들 때문에 고집스럽게 루터를 그의 적들로부터 보호했다. 그는 종교에 있어서 전통주의자로 남아 있었고, 루터의 양심의 위기 시점을 결코 보지 못했으며, 그와는 개인적인 관계도 거의 없었지만, 그럼에도 불구하고 그는 이 말썽 많은 대학 강사에 대한 존경심을 결코 버리지 않았다. 부분적으로 이것은 그가 대학의 기반을 다지는 일에 헌신되어 있었기 때문일 수 있다. 프리드리히는 낙후된 비텐베르크를 번영시키는 데 상당한 힘을 쏟아부었고, 특히 그가 1502년에 하사한 대학은 (그의 성채 안에 있는 가족교회에 모아놓은 대규모 성물 소장품들과 함께) 그의 자랑과 기쁨이었다. 이것은 독일에서 최초로 교회 권력의 승인없이 세워진 대학이었다. 대학이 생기자 자연스레 같은 해 인쇄소가 세워지게 되었고, 이 인쇄소는 루터에게 또 다른 귀중한 자산이 되었다. 새롭게 출범한 대학의 홍보 요지는 최신의 인문주의 교육을 제공한다는 것이었는데, 이것은 알버타인 작센의 라이프치히에 있는 오래된 라이벌 대학에 퍼져 있던 스콜라주의와 대조되는 것이었다. 또한 비텐베르크대학의 1508년 광고 유인물은 폄하하는 어조로 쾰른에 있는 백 년의 역사를 가진 '가짜 대학'을 언급했다.[11]

1517년에 루터의 고민들이 공개적으로 알려지자 그는 인문주의자로 널리 오해되었다. 이것은 그가 이런 낙관적이며 상당히 자신만만한 작은 기관에 연관되어 있고, 매우 빠르게 신학부의 주도적인 인물이 되었다는 점에서 볼 때, 그리 놀랄 만한 일이 아니었다. 그러나 그가 강의와 저작에서 인문학적 기교를 사용하고 있는 것은 사실이지만, 인간의 잠재성에 대한 보다 더 비관적인 견해를 가지고 있고, 성경에 계시된 하나님의 뜻이 더 우월하다는 것을 강조한 것을 볼 때, 그가 인문주의와 정신적으로 많은 것을 공유했다고 보기는 어렵다. 그는 인문주의와 거리를 두었을 뿐 아니라, 초기에 가르친 과목들 중 하나였던 아리스토텔레스 윤리학을 혐오했다. 게다가 그는 스콜라 학문에서 그토록 중요했던 이 철학자에 대한 증오심을 평생토록 키워갔다.[12] 루터의 남은 이력은 스콜라주의 유명론과 철학에 대한 반발로 대표된다. 당시 북유럽 교육의 표준적인 요소로 남아있던 스콜라주의 유명론과 철학은 '새 길'(via moderna, 현대적 방식)을 통해 구원에 있어서 인간 자신의 역할에 대한 다소 완화된 견해로 특징지워졌다. 당시에는 이미 현대적 방식의 신학을 불신하고 어거스틴의 중요성을 주장하여 '현대 어거스틴운동'(schola Augustiana moderna)으로까지 불릴만한 유명론자들이 있었다. 루터가 그의 중대한 시기에 유명론자들과 접촉했는지는 확실하지 않으며, 우리가 앞으로 보게 되듯 그가 스스로의 노력으로 그런 결론에 도착했을 리가 없다고 할 만한 특별한 이유는 없다. 폭풍이 시작되기 전 비텐베르크에서의 초기 육 년 동안 루터는 어떤 자기만의 특색을 발전시키는 조용한 시간을 보내고 있었다.

1513-1514년에 루터는 시편에 대해 강의했는데, 이것은 시편 찬송으로 매일의 삶을 구성해 나가는 수도사에게 있어서는 자연스러운 첫 번째 선택이었다.

---

11) Rummel, *Humanism*, p. 19.

12) R. Marius, *Martin Luther: The Christian Between God and Death* (Cambridge, MA and London, 1999), pp. 72-3.

제3장 새 하늘: 새 땅(1517-1524)   183

　학생들을 돕기 위해 그는 한 묶음의 시편을 인쇄할 때 주위에 넓은 공백을 두어 그가 말한 것을 본문 주위에 적을 수 있도록 했다. 인문주의자들과 마찬가지로 그는 모든 중세 주석을 본문에서 벗겨냈다. 왜냐하면 이러한 주석은 학생들이 성경 읽는 방식을 미리 규정해주는 렌즈 역할을 했기 때문이다. 이런 방법은 학생들로 하여금 성경을 새롭게 바라보도록 했고, 그런 조각들을 모아 새로운 그림을 그리도록 해 주었다.[13] 1515년에 루터는 어거스틴의 구원에 관한 메시지의 핵심 본문인 로마서를 강의하기 시작했다. 여기에서 주의할 점은 그의 성경 해석을 위한 모든 기반 작업이 에라스무스가 자신의 신약성경을 출판하기 이전에 이미 이루어졌다는 사실이다. 따라서 그의 강의도 또한 인문학의 기념비적 업적에 의해 도움을 받은 바가 없음은 분명하다.

　이 두 강좌의 남아있는 기록들에는(흥미롭게도 우리는 루터 자신의 손으로 기록한 원고에서 그것을 추적할 수 있다) 나중에 그의 이신칭의 선언 뒤에 합쳐진 주제들이 이미 나타나 있다. 즉 시편을 예수 그리스도의 메시지와 그의 중요성에 대한 묵상으로 제시한 점, 모든 의는 하나님께로부터 온다는 단언, 진리의 계시는 성경 말씀을 통해 온다는 지적, 그리고 계시는 인간 이성으로부터 나온 어떤 진리도 다 난쟁이로 만들어버린다는 지적 등이 그러하다. 그가 로마서로 관심을 돌렸을 때, 그는 예정론을 구원 메시지를 제시하는 데 있어 핵심으로 삼았다. "누구든지 죄를 미워하는 사람은 이미 죄 밖에 있으며 선택받은 사람들 중에 속한다." 어떻게 우리는 외부의 도움 없이 스스로 이런 상태에 이를 수 있을까? 그의 노트에는 에덴 동산에서의 타락 이후 인간이 처하게 된 곤경을 떠오르게 하는 무서운 이미지가 나타난다. 즉 인간은 마치 밀실공포증 환자처럼 몸과 영 전부를 뒤틀리게 만드는 죄에 빠져 있는데, '자신 속으로 향하게 하는'(incurvatus in se) 이 고통으로부터 빠져나갈 구멍이 없는 모습으로 그려져 있다.

　이 주석들에서 후기 루터의 논점이 전부 강조된 것은 아니었다. 루터의 발전된 신학에서 줄곧 강조된 단어인 믿음은 아직까지 결정적인 역할을 하고 있지 않았다.[14] 루터의 이신칭의의 발견이 전통적으로는 번뇌의 소용돌이와 그로부터의 해방, 곧 복음주의 기독교인들의 영적 체험에서 자주 모방되는 극적인 회

---

13) G. L. Bruns, *Hermeneutics Ancient and Modern* (New Haven,1992), pp. 139-40, quoted in Pelikan with V. R. Hotchkiss and D. Price, *The Reformation of the Bible: The Bible of the Reformation* (New Haven,1996), pp. 28-9.

14) Marius, Luther, Chs. 6, 7, esp. at p.108.본문에 대해서는, W. Pauck (ed.), *Luther: Lectures on Romans* (Philadelphia and London, 1956)을 보라.

개의 모험 이야기로 묘사된다. 따라서 회개는 복음주의 종교에서 필수 요소처럼 여겨졌고, 루터의 회심은 다소 사람 바울(Paul of Tarsus)의 삶에서 처음 보여지고 히포의 어거스틴에게서 나타난 극적이고 급작스런 변화의 계보에 서게 되었다. 루터의 전환점은 '탑 체험'(tower experience: Turmerlebnis)이라는 생생한 일화와 연결되었다. 그러나 이 사건은 오랜 후인 1545년 루터 자신의 설명으로부터 이끌어낸 것으로, 그의 생애에서 정확한 시점을 찾는 것은 매우 어렵다.[15] 이 체험은 그의 이야기에 나타난 라틴어에 대한 오해에 의해 훨씬 더 극적으로 알려지게 되었다. 즉 이 이야기는 그가 결정적인 돌파구를 차지한 것이 단지 영적인 의미에서만이 아니라 육적인 의미에서도 그러한 것으로 만들었고, 그를 탑 속에 있는 수도원식 변기에 앉혀 놓았다. 에릭슨을 따라서 루터를 이해하는 이들과 존 오스본(John Osborn)이 이 장면에서 이끌어낸 재미있는 단계 해석을 따르는 이들에게는 유감스런 일이지만, 이 개혁자의 생애를 의학적으로 관찰해 보면 그가 심한 변비로 고생하던 시기는 1521년 바르트부르크(Wartburg)에서 보낸 몇 달 이전으로는 거슬러 올라갈 수 없다(당시가 엄청난 긴장의 시기였다는 점과 그의 운동부족을 생각할 때 이해할 만한 고통이었다. 참조, p. 201). 그렇다면 이 사건도 예외일 수 없다. 따라서 변비로부터의 해방은 요즘 종종 주장되는 것처럼 이신칭의 교리의 발견에 대한 강력한 은유라고 보기 어렵다.[16]

탑 체험이 언제 발생했든 상관없이 (그리고 사실상 1517년 이후에 발생했다는 점은 확실하다) 루터는 이것을 구원에 있어서 믿음이 핵심적인 역할을 한다는 사실을 자신에게 주입시키는 하나의 전환점으로 기억하거나 재해석했다. 그의 깨달음은 예상대로 로마서 1:17에 나온 본문을 새로운 각도로 본 데서 비롯되었다. 로마서 본문 자체가 구약성경 하박국 2:4을 인용하고 있는데, 그 말씀은 "하나님의 의가 나타나서 믿음에서 믿음으로 이르게 하나니 기록된 바 '오직 의인은 믿음으로 말미암아 살리라' 함과 같으니라"이다. 이 문장에서 '의/의로운'(righteousness/righteous)이라는 단어는 라틴어 불가타역의 'justitia/justus'라는 단어로 바꿀 수 있다. 따라서 '칭의'(justification)라는 단어는 라틴어로 어떤 사람을 의롭게 만들어 준다는 뜻이다. 루터가 이해한 바로는 누군가를 의롭다고 선언하는 것을 뜻했다. 즉 하나님은 은혜로 타락한 인간에게 십자가에 못박히시고 살아나신 그리스도의 공로를 '전가하신다'. 본래부터 아무런 공로가 없는 인간은

---

15) Abridged version in G. Rupp and B. Drewery (eds.), *Martin Luther* (London, 1970), pp. 5–7.
16) J. Wilkinson, *The Medical History of the Reformers* (Edinburgh, 2001), pp. 25–26.

이러한 '전가'가 없다면 계속해서 불의한 상태로 남아 있게 된다. 루터는 로마서 1:17에 나타난 의(justitia)라는 단어를 믿음과 긴밀하게 연결시켰고, 우리는 루터가 바울의 잘 짜여진 본문으로부터 어떻게 이신칭의의 개념을 형성하는가를 보게 된다. 그는 성경에서 궁극적으로 계시된 진리를 발견했고, 또한 성경을 새로운 시각으로 보게 되었다. '여기에서 나는 완전히 새롭게 태어났고, 열린 문을 통해 낙원에 들어간 것처럼 느꼈다.'

초기 강의의 남아 있는 기록들, 탑 체험, 그리고 1517년 이전 6년 간의 루터의 마음 상태라는 삼각관계를 분석하려는 무수한 시도가 있었지만 아마도 결정적인 해답은 결코 발견할 수 없을 것이다. 이후에 그는 비텐베르크의 어거스틴수도원에서의 수도사 생활 시절을 정서적으로 고통스럽고 무익했던 때로 표현했다. 이것은 한편으로는 이후에 일어난 모든 일을 고려했을 때 일어나는 회한일 수 있고, 또 다른 한편으로는 후에 장기적으로 그의 집에 머물렀던 손님, 제롬 웰러(Jerome Weller)를 격려하기 위해 끊임없이 노력했던 일로 설명될 수 있다. 제롬은 반복적으로 찾아오는 병적인 우울증으로 고통당했고 누군가 동일한 증상을 성공적으로 견디어낸 사람으로부터 조언을 들어야만 했기 때문이다.[17] 루터는 자신이 선하고 양심적인 수도사로서 수도원 제도의 건강한 측면이 형성한 최선의 결과물 중의 하나였다고 솔직하게 인정했는데, 바로 이 점이 문제였다. 그는 (세속적인 용어로는, 사소한) 죄들에 대한 용서를 구하기 위해 자주 초조한 심정으로 고해실을 방문했지만, 여전히 죄에 대한 하나님의 의로운 진노를 느꼈다. 그는 나중에 이 때를 회상하면서 지킬 수 없는 구약의 법들을 주신 이 하나님을 미워하게 되었었다고 했다.

택하신 자들을 위해 하나님께서 심판자로서의 진노를 제쳐 놓으셨다는 것을 발견하는 데에 해답이 있었다. 그들은 믿음을 선물로 받았는데 이것은 그들의 죄악된 행실과 아무런 관련이 없었다. 이 선물을 수여하는 것, 곧 누군가를 의롭다고 선언하는 것은 전적으로 하나님의 뜻에 달려 있었고, 이것이 바로 하나님의 은혜였다. 루터는 스스로 이 기쁨을 발견했지만, 또한 이것이 어거스틴, 특히 그가 펠라기우스를 반박하는 주요 작품들 중 하나인 『영과 문자에 대하여』(*On the Spirit and the Letter*)에 의해 이미 선포된 것이라는 것을 또한 인정했다(이 작품은 로마서에 대한 1515-1516년 강의에서 많이 언급되었다).[18] 그는 자신이 가진 완

---

17) M. Brecht, *Martin Luther: Shaping and Defining the Reformation* 1521-1532 (Minneapolis, 1990), pp. 378-79; cf. pp. 395-96.
18) Marius, *Luther*, Ch. 12.

전한 무능력이 진노하시는 하나님께 뿐 아니라 자비로우신 하나님께도 알려졌다는 것을 느꼈을 때 비로소 압박으로부터 해방되었다. 그가 느낀 해방의 경험은 그의 체험의 핵심이 되었을 뿐만 아니라 개신교 종교개혁의 지도원리가 되었다. "나의 사슬은 풀렸고, 나는 해방되었네"라고 잉글랜드의 찬송작가 찰스 웨슬리(Charles Wesley)는 노래했다. 웨슬리가 인용한 그레고리의 성구는 루터의 메시지의 핵심을 드러내는 강력한 힘을 가지고 있으며, 지금도 전 세계 복음주의 기독교에 힘을 주고 있다. 이후 루터는 자신이 주장한 이신칭의의 자유하게 하는 단순성으로 인해 교회, 국가권력, 더 나아가 자신의 머리속에 있는 신학적 모순들과도 대결하게 되지만, 끝까지 이 해방의 경험을 간직했다.

점차 이 신학이 루터의 마음에 자리를 잡고, 평안을 느끼고 영적인 안정감을 갖게 되었다. 이 때 전혀 무관한 사건이 남유럽에서 일어나서 비텐베르크를 흔들고 그에게까지 위기를 가져왔는데, 그것은 어느 교회의 재건축 문제였다. 당시 온 유럽은 교회건축에 종사하는 석수와 목수들로 넘쳐나고 있었다. 루터는 교회건축을 무가치한 것으로 여기지 않았을 것이다. 더욱이 이 건축은 특별한 것으로 로마에 성베드로성당(St Peter's Basilica)을 짓는 것이었다. 이 작업은 70여 년 전 교황 니콜라스 5세(Pope Nicholas V)에 의해 시작되었는데, 아직 완성되지 못한 상태였다(1장, p. 86). 레오 10세(Leo X)는 이 건축을 통해 하나님과 그의 지상 대리인 모두를 더욱 영광스럽게 하기로 했다. 그리고 건축에 필요한 엄청난 비용을 감당하기 위해 그는 중세 후기의 흔한 모금수단이었던 면죄부를 발행하기로 했다. 면죄부는 1515년에 엄숙한 교황의 교서인 사크로상티스(Sacrosanctis)를 통해 합법적으로 승인된 것으로, 당시 공인된 기관들은 모두 면죄부를 통해 돈을 모았다. 일례로 잉글랜드의 병원들은 면죄부 없이는 운영이 어려울 정도였다. 그러나 이 건축은 범유럽의 협력을 요하는 특별히 야심찬 안건이었다. 독일에서 교황은 아우크스부르크의 야콥 푸거(Jakob Fugger of Augsburg)에게 접근했는데, 그는 당시 유럽에서 가장 권세있는 사람들의 재정업무를 담당하는 가족 은행업의 소유자였다. 이전에 푸거는 레오가 교황으로 선출되는 것을 막기 위해 최선을 다했지만, 이제는 이 거래를 할 준비가 되어 있었다. 왜냐하면 이 거래는 또 다른 그의 고객이며 마인츠의 새로운 대주교가 된 브란덴부르크의 알브레히트(Albrecht of Brandenburg)와 연결되어 있기 때문이었다.

알브레히트는 이미 마크데부르크(Magdeburg)의 대주교이자 그 근방의 힐버슈타트(Hilberstadt) 교구의 행정관이기도 했다. 그는 교회를 그의 가족(그의 경우에는 호엔촐러른[Hohenzollern]의 위대한 독일 왕가)을 위해 이용할 수 있는 자산으로 간주했던 유럽 귀족들의 한 극단적인 예라고 할 수 있다. 그는 자신의 걸출한 재능을 호엔촐러른 가문의 지속적인 권력 축적을 위해 사용하기로 결심했다. 호엔촐러른 가문에는 이미 브란덴부르크 후작(알브레히트의 형제)이라는 선제후가 한 명 있었다. 따라서 그들은 이미 선제후의 일곱 표 중 하나를 통제하고 있었다. 그런데 1514년에 교회 선제후 자리인, 마인츠의 대주교직이 공석이 되었다. 그러자 알브레히트는 이렇게 대단히 매력적인 주교직에 자신이 선출되도록 확실하게 손을 썼다. 이 자리는 황제의 고문관을 겸하고 있었고, 또한 그를 독일의 수석 대주교가 되게 해 주었지만, 그는 마인츠 대주교직에 있으면서 동시에 다른 주교직 또한 유지하려고 했다. 이것은 유럽의 귀족 겸 성직자의 기준으로 볼 때도 매우 이례적인 야망이었다. 그래서 그는 마인츠의 대주교가 되는데 필요한 엄청난 액수의 돈 외에도, 교황청이 이 문제를 조정해 주도록 하기 위해 고액을 지불해야 했다. 이 거래는 공식적으로는 사크로상티스 교서(the Bull Sacrosanctis)로 나타났다(이에 따라 1518년 대주교에게 추기경의 모자가 씌워졌다). 알브레히트는 푸거 가문(the Fuggers)이 담당하는 재정적 이해관계에 따라 교황의 면죄부 판매를 장려한 것이었다. 신실한 자들은 그들이 구입하는 면죄부를 통해 혜택을 입을 것이며, 알브레히트는 두 지역의 대주교가 될 뿐 아니라 선제후가 되고, 성베드로성당은 완공될 것이다. 모두가 승자가 될 것이었다.

이것이 실현되지 않은 이유를 이해하려면 면죄부 제도를 설명할 필요가 있다. 이것은 상당한 의미를 내포하는 죄와 내세에 대한 몇 가지의 가설들을 연결짓는 문제이다. 첫째 가설은 어떤 잘못이든 반드시 피해자에게 보상의 행위가 따라야 한다는 것으로, 일반 사회에서 아주 효과적으로 작동한다. 따라서 하나님은 죄인에게 자신이 저지른 죄를 회개했다는 것을 증명할 수 있는 행동을 요구하신다. 둘째, 그리스도는 신성을 지니므로, 그의 도덕성과 공로는 무한하다. 따라서 그리스도의 무한한 공로는 유한한 세상을 아담의 죄로부터 구원하기에 충분하고도 남는다는 생각이다. 성인들은 하늘에 있다고 여겨졌기에 그들의 공로는 틀림없이 하나님 앞에 가치있는 공로로 여겨졌다. 이에 따라 그리스도의 나머지 공로와 그리스도의 어머니 마리아와 그 뒤를 따르는 성인들의 공로가 더해진다. 이렇게 합쳐진 '공로의 보화'(treasury of merits)가 신실한 기독교인의 회개를 돕는 일에 사용될 수 있다. 교황은 지상에 있는 그리스도의 대리인이기 때문에, 만일 그가 지상에서 근심하고 있는 기독교인에게 그런 보화를 분배해 주지 않는다면, 그는 터무니없이 못된 자가 될 것이다. 공로의 보화는 연옥에서 고통하면서 보내는 시간을 줄여 주도록 신실한 자들에게 수여될 수 있었고, 이것은 면죄부를 통해 이루어졌다.

이 모든 생각들이 1343년 교황 클레멘트 6세의 교서 『유니게니투스』(Unigenitus)에 집약되었는데, 그때 교황은 이미 잘 통용되고 있던 면죄부 수여제도를 합리화할 길을 찾고 있었다. 경건한 기독교인은 교회에서 그런 자선을 베풀어 주는 것에 대해 감사를 표하기만 하면 되는 것이었다. 결국에는 그들의 감사 표현은 면죄부에 대한 대가 지불을 요구하게 되었다. 그럼에도 모든 면죄부는(알브레히트가 후원하는 것을 포함하여) 적절한 사용 조건을 제시하는 일에 신중했는데, 특히 고해하러 가는 구매자들에게 필요한 지시사항이 있었고, 또한 특별한 복지 혜택으로 가난한 자들에게 무료 면죄부를 제공하는 형식도 있었다. 1476년에 신학자 라이문드 페라우디(Raimund Peraudi)는 면죄부가 살아있는 사람에게만 아니라 이미 죽어서 연옥에 있을 것으로 예상되는 사람들의 영혼에게도 이용가능하다는 주장을 폈고, 뒤이어 교황은 교서를 통해 이 제안을 수용했다. 이로 인해 이 제도의 잠재력이 대폭 확장되었다. 이 제도가 완성되면서 마틴 루터의 불같은 성미를 폭발시킬 때가 다가오고 있었다.

그렇지만 면죄부는 연옥 교리의 주변적인 결과물에 불과하고, 연옥 교리는 면죄부가 없이도 완벽하게 세워질 수 있었다는 점을 인식하고 있어야 한다. 실제로 루터는 그의 구원론의 혁명적 변화를 통해 연옥이 폐지되었다는 것을 깨닫게 된 1530년 즈음까지도 연옥의 존재를 줄곧 받아들였다(이런 마음의 변화로 인해 그는 그의 초기 작품들 중 일부를 재편집하는 수고를 해야만 했다).[19] 그가 면죄부에 대해 격노하게 된 까닭은 이 제도의 모든 가설이 하나같이 이신칭의와 충돌했기 때문이다. 그리스도의 공로를 성인들의 공로와 합체시킨다는 것은 신성모독이었다. 인간은 어거스틴이 말한 바와 같이 무가치한 파멸덩어리였고 자신의 구원을 위해 아무것도 할 수 없는데, 하물며 알브레히트 대주교의 대리인들이 발행한 종이 조각을 사는 것이 구원을 가져다 준다는 것은 일고의 가치도 없었다. 사실 루터는 사크로상티스운동(Sacrosanctis campaign)이 다른 많은 면죄부 판매보다 더 특별한 문제를 가진다고 본 것은 아니다. 그의 첫 번째 항변은

---

19) C. M. Koslofsky, *The Reformation of the Dead: Death and Ritual in Early Modern Germany 1450-1700* (Basingstoke, 2000), pp. 34-39.

1516년의 설교들 중에 나왔고 일반적인 용어로 말해졌는데, 이것은 그의 대학도 그가 공격하는 제도의 재정적인 수혜자라는 사실을 무시한 것이었다.[20]

면죄부 제도가 본래의 가치있는 목적에서 벗어난 것에 대해 불안감을 표시한 신학자는 루터가 처음이 아니다. 15세기 '새로운 경건'(Devotio Moderna) 운동의 지도자인 웨셀의 존(John of Wesel)과 웨셀 간스포트(Wessel Gansfort)가 면죄부의 남용을 정죄했었고, 정통의 보루였던 파리 소르본의 고명한 학자들과 바젤 대학의 미래의 개혁자 훌드리히 츠빙글리(Huldrych Zwingli)의 스승 토마스 비텐바흐(Thomas Wittenbach)도 동일한 반응을 보였다.[21] 더욱이 1515년 이후로는 사크로상티스 교서에 의해 시작된 면죄부 판매에 반대하는 또 다른 많은 신학자들이 있었다. 선제후 프리드리히는 화가 나서 그의 영토에서 이 판매를 금지시켰다. 이것은 베틴 가문인 그가 호엔촐러른 가문이 두 번째 선제후 자리를 차지하는 것을 기뻐하지 않았기 때문이기도 하고, 또한 사크로상티스가 선포되는 동안에는 모든 다른 면죄부 판매를 중단시켰고, 비텐베르크의 성물 소장품들을 통해 예산을 확충하려던 그의 계획이 차질을 빚었기 때문이기도 했다. 인문주의자와 진지한 일반 백성들도 도미니크수도사 요한 테첼(Johann Tetzel)이 주도한 판매에 기겁을 했다. 왜냐하면 테첼은 그의 설교의 은사를 사용하여 인상적인 어구를 만들어내는 등, 극도로 세속적이고 감정에 호소하는 수단을 사용했기 때문이다. "그대여, 이 면허장을 사는 일에 한 푼인들 지불하지 않겠는가? 이것은 그대에게 돈이 아니라 경건하며 불멸하는 영혼, 곧 하늘 나라에 온전하고 안전하게 깃들 영혼을 가져다 줄 것이다."[22] 어거스틴파 사람들은 전통적인 라이벌인 도미니크들이 진정한 종교를 그렇게 변질시키는 일에 사로잡혀 있는 것을 비웃었다. 그러므로 누구든지 당시 벌어지고 있는 일에 대해 주의 깊게 목소리를 높인다면 즉각 호응을 해줄 사람들이 있었던 것이다.

3. 우발적인 개혁(1517-1521)

일반적으로 우리는 루터가 1517년 10월 31일에 공개적으로 자신의 의견을

---

20) Pettegree (ed.), *Reformation World*, p. 78.
21) W. D. J. Cargill Thompson, "Seeing the Reformation in Medieval Perspective," *JEH* 25 (1974), pp. 297-307, at 299.
22) Naphy (ed.), *Documents*, pp. 11-12에서 다른 사례들을 보라.

밝혔다고 알고 있다. 그리고 독일어권 국가들에서는 이 날을 종교개혁일로 기념하고 있다. 그러나 그날 루터가 비텐베르크에 있는 성곽교회(the Castle Church)의 문에 논쟁이 될 95개 성명 또는 의제를 붙인 것은 면죄부라는 주제에 대한 학문적인 논쟁을 개시하는 그의 의도를 널리 알리려고 했던 것일 수도 있지만, 그렇지 않을 수도 있다. 사실 이러한 격동의 시기에 관한 일화들의 많은 부분이 불확실하고, 게다가 당시를 증언할 그 문마저 1760년에 발생한 화재로 파괴되어 버렸기 때문에 진위여부를 가리기가 매우 어렵다. 아마도 루터는 이전에도 면죄부에 관해 말했기 때문에, 당시 그가 하고 있는 일을 특별히 중요한 것으로 보지 않았을 것이다. 그리고 그는 당시 교수 과목에 있던 유령 같은 아리스토텔레스 과목을 (자신이 1517년 5월 한 친구에게 당당하게 말했듯이) '우리의 신학, 곧 어거스틴 신학'으로 대체하기 위해 노력하는 데 더 흥미를 가지고 있었다.[23] 그러나 그는 테첼(Tetzel) 사건에 대해서 그가 강의한 것과 항변의 결과물을 명쾌한 라틴어로 종합했었고, 아마도 학교에서 수업에 집중하는 학생이라면 틀림없이 이러한 것을 이전에 종종 들어보았을 것이다. "우리의 주님이시요 주인이신 예수 그리스도께서 '회개하라'고 말씀하실 때, 그가 의도한 바는 믿는 자들의 온 생애가 하나의 회개여야 한다는 것이었다." 에라스무스는 자신의 주석에서 가져온 이 첫 문구에 동의하면서 고개를 끄덕였다. "기독교인들은 다음과 같이 교육을 받아야 한다. 만일 설교자들이 면죄부를 강제로 징수했다는 것을 교황이 안다면, 그는 그의 양들의 가죽과 살과 뼈들로 성베드로성당을 건축하기보다는, 그것을 잿더미로 만들어야 한다." 누군가 이것이 교황 레오 10세에 대한 감동적인 신뢰를 보여주는 것이라고 주장할 수 있겠지만, 이것이 그렇게 학문적이고 공평한 것처럼 들리지는 않는다. 전체 95개 조항 중 가장 정점에 있는 두 개의 조항은 루터의 고통스러운 내적 경험을 요약한 것이다. 그럼에도 그것은 하나님을 향해 분투하는 기독교인의 단순하고 일상적인 성명으로 보아도 무방하다. "기독교인들은 형벌과 죽음, 지옥을 통해 그들의 머리가 되시는 그리스도를 따르기 위해 부지런히 노력하도록 권장되어져야 한다. 그리고 그들이 평화에 대한 거짓 확신을 통해서가 아니라 많은 고난을 통해 천국에 들어간다고 더욱 확신하게 하라."

95개조 의제는 혁명에 대한 요청이라 불리기는 어려운 것이다. 따라서 루

---

23) Rupp and Drewery (eds), *Luther*, op.cit., p. 15; 같은 책 pp. 17-25에 기술된 1517년의 중요한 서류들을 보라.

터가 자신이 벌인 일에 대해 큰 가치를 부여하지 않는 것은 놀랄 일이 아니다. 의제는 공식적인 학문적 논쟁을 촉발시키기 위해 의도된 날카로운 용어들로 쓰여지긴 했지만, 여전히 연옥의 존재, 공로, 사제에게 하는 고해성사의 가치를 인정하고 있었다. 그러나 루터는 10월 31일 최상급 법률 용어를 사용하여 그 지역의 대주교, 다른 누구도 아닌 바로 알브레히트 브란덴부르크(Albrecht Brandenburg)에게 면죄부 체제에 대한 항거 편지를 보냈다. 이 편지에 그는 신랄하면서도 간결한 그의 의제를 동봉했다. 이를 통해 루터의 도전은 공론화되었다. 알브레히트는 그의 임무대로 이들 의제를 로마에 있는 거룩한 아버지(the Holy Father, 교황)에게 전달했다. 한편 독일에서는 독일어와 라틴어로 된 의제를 인쇄한 사본들이 회람되었고, 독일 신학자 사이에 소책자 전쟁을 촉발시켰다. 도미니크수도사들은 자연히 이 공격에 대항하여 자기들의 동료인 테첼을 변호하기 위해 달려왔다. 새로운 인쇄매체가 실제로 논쟁점이 포함된 책이나 팜플렛을 읽은 사람들을 훨씬 넘어서는 많은 사람들의 참여를 일으키는 논쟁을 촉발시킨 것은 이번이 처음은 아니다. 이미 유럽의 당국자들이 투르크족들에 대항해서 범유럽 차원의 새로운 십자군 전쟁을 일으키기 위해 시행한 야심찬 공공 캠페인을 시작했던 과거 10여 년에 걸쳐서 일어나고 있었다. 그러나 지금 루터의 격정을 통해 다음과 같은 점이 드러나게 되었다. 독립적인 여론이 존재한다는 것과, 출판 인쇄물이라는 것은 일단 연료가 주입되기만 하면 교회와 연방 속에 현존하는 위계질서도 통제하기가 어렵다는 것이다.[24]

   교황 레오는 도미니크 신학자들과 어거스틴 신학자들의 다툼이라는 익숙한 이야기로 보이는 이 논쟁에 큰 관심을 기울이기 어려웠다. 1517년의 이탈리아 정치가 온통 그를 사로잡고 있었기 때문이다. 그는 그를 대적하는 추기경들에 대항한 선거에서 살육적인 승리를 얻어냈고, 그의 조카인 로렌지노 데 메디치(Lorenzino de' Medici)를 대신하여 벌인 탐욕스런 왕조 간의 전쟁을 통해 작지만 부유한 도시 우르비노(Urbino)를 점령한 상태였다. 만일 이때 그가 기독교 세계의 지도자로서 보다 폭넓은 견해를 가졌다면, 동부에서 일어난 참혹한 상황들을 우선해서 처리했을 것이다. 그때 키프러스(Cyprus)는 이집트와 시리아의 몰락 이후 투르크족들의 심각한 위협 아래 놓였지만, 베네치아와 프랑스는 새로운 십자군 전쟁에 대한 귀에 거슬리는 교황의 요구보다는 황제와 스페인에 대해 보복하는 데 더 큰 관심을 기울이고 있었던 것으로 보인다. 따라서 교황의

---

24) Eisenstein, *Printing Revolution*, p. 145.

반응은 로마가 보다 긴급한 현안들을 처리하는 동안, 1518년 4월 하이델베르크에 개최되어 3년 간 지속된 회합에서 독일의 어거스틴수도사들 스스로 이 귀찮은 문제를 해결하도록 지시하는 것이었다.

형제들 중에서 루터는 친절한 청중들을 확보했고, 하이델베르크를 오고 가는 여행을 하면서 예상치 못한 만남과 만족스러운 대중적 인지와 승인을 얻게 되었다. 여기에서 그는 면죄부와 같은 사소한 문제에 관해서는 적게 말하고, 은혜에 관한 그의 일반적인 주장에 관해서 더 많이 말할 수 있었다. 그 결과 그는 반대는 적게 하면서 더 많은 위엄을 얻게 되었다. 그는 타락한 인간에 대한 하나님의 사랑을 보여주는 하나님의 고통에 관해서 감동적으로 말했다. 그는 구원을 얻기 위해 '자기 안에 있는 그 어떤 것을 하도록' 인간에게 허용되었다고 주장하는 가브리엘 비엘(Gabriel Biel)의 사고를 사용할 수 없다고 구체적으로 주장했다. 우리가 스스로 하는 모든 것은 죽음에 이르는 죄를 짓는 것으로 귀결된다. 그의 사고를 특징짓는 개념과 역설에 대한 다양하고 강한 반대 중 하나에 대항해서, 그는 자신의 확신을 십자가의 신학이라고 불렀다. 사랑의 하나님이 자기 백성을 구원하시기 위해 약하고 어리석게 되신다. 그는 이것을 지혜와 인간의 업적에 집착하는 영광의 신학과 대치시켰다. 이후 여러 해 동안 일반적으로 그는 정죄에 이르게 하는 율법보다 구원에 이르게 하는 복음에 관해 더 많이 말했다. 그러나 역설은 남아 있었다. "영광의 신학은 악한 것을 선한 것으로, 선한 것을 악한 것으로 부른다. 십자가의 신학은 어떤 것을 실제로 있는 그대로 부른다."[25] 이것은 미묘하지만 에라스무스의 『엔키리디온』(*Enchiridion*)에서 따온 것이 분명하다. 에라스무스는 "만약 당신의 눈이 온전하지 못하거나 당신이 그리스도가 아니라 다른 어떤 것을 보고 있다면, 심지어 만약 당신이 선한 행동을 하지 않는다면, 그것들은 열매가 없는 것이거나 심지어 해롭기까지 한 것이다"(2장, p. 163)라고 했다. 루터에게 있어서는 어떤 눈도 온전하지 않았고, 어떤 행동도 선하지 않았다.

경건하고 박식한 루터의 청중과 논적은 여기에서 후기 중세신학이 가진 보다 진지하고 사색적인 주제들을 인식했을 것이다. 아마도 그들은 독일 신비주의자들의 글을 읽으면서, 또는 그들의 교회나 서재에 있는 많은 십자가 앞에서 말없이 무릎 꿇으면서 이러한 주제들을 발견했을 것이다. 우리는 전도유망한 종교개혁자였던 도미니크 엄수사 마틴 부처(Martin Bucer)가 루터의 말에 매료되

---

25) Rupp and Drewcry (eds), *Luther*, op.cit., pp. 27-29.

어, 루터 자신보다도 하나님의 사랑을 자신의 표어로 삼는 데 더 적극적이었다는 것을 알고 있었다(4장, p. 261). 그때까지만 해도 루터의 풍성한 역설을 통해, 기존 교회를 공격하거나 혹은 권모술수가 없이, 능히 약자들과 힘없는 사람들을 위한 기독교 신학을 만들어 낼 수 있을 것으로 생각되었다. 그러나 실제로는 그렇게 되지 않았다. 독일에 있던 테첼과 그의 성난 동료 도미니크들은 더 많은 신학이 아니라 단지 결과를 원했다. 그리고 하이델베르크 회합과 동시에 테첼은 교황의 권위에 대한 복종이라는 주제를 돋보이게 하는 또 다른 일련의 주제들을 제시했다. 루터는 은혜에 대해 말하기를 원했지만, 그의 반대자들은 권위에 대해 말하기 원했다. 이러한 목적의 차이가 결국 면죄부라는 중세 구원론의 곁길에 관한 논쟁을 유럽 전체를 분열시키는 데까지 나아가게 했다. 1518년 내내 루터의 대적자들은 무모하리만치 그가 로마에 복종할 것을 요구했고, 그들의 비판에는 항상 공의회주의에 대한 선동적인 생각이 묻어 있었다. 노련한 도미니크 교황청 신학자이자 공의회주의의 반대자인 프리에리오(Prierio, 'Prierias')의 실베스트로 마졸리니(Slivestro Mazzolini)는 95개조 의제를 반박하는 글을 쓰도록 임무를 부여 받았다. 그는 루터라는 잘 알려진 공의회주의자를 주목하고, 교회의 무오성에 대해 길게 논했다. 그러나 루터는 이 논쟁을 통해 오히려 교회가 정말로 오류가 있다는 데에 더 큰 의심을 품게 되었다.

　1518년 10월 말에 루터는 위대한 토마스주의 신학자였던 카제탄(Cajetan) 추기경과 아우크스부르크에서 만나 결정적인 논쟁을 하였다. 이것은 타협할 수 있는 좋은 기회가 될 수도 있었다. 당초 루터는 교황의 권위에 의문을 던짐으로써 스스로를 이단으로 드러냈다는 고발로 인해 5월에 로마로 소환되었는데, 이에 불응하자 카제탄 추기경을 만나는 것으로 수정한 것이기 때문이다. 카제탄이 레오 10세의 십자군 전쟁 계획에 대한 탄원 업무를 수행하기 위해 독일에서 열리는 제국의회(Imperial Diet)에 참석하자, 현자 프리드리히는 이 기회를 놓치지 않고 곧 있을 신성로마제국의 황제 선출과 관련된 자신의 중요한 위치를 이용해서 이와 같은 양해를 이끌어낸 것이다. 게다가 당시는 다소 덜 복잡한 상황이었고 이 작은 이탈리아 탁발수도사는 면죄부 문제를 적절하게 논의하기에는 이상적인 상대방이었다. 그는 루터의 95개조 의제가 출현하자 바로 자신이 가진 가공할만한 지식을 면죄부에 대한 집중적인 연구로 전환했고, 그의 결론들은(나중에 아주 길게 출판되었는데) 그의 퉁명스런 독립적 사고의 전형들이었다. 그는 면죄부의 존재 자체는 옹호했지만, 그것의 역사적 기원에 대해 현실적인 입장을 취했고, 공로신학이나 연옥에서 참회의 기간을 통제하는 교회의 지위에 대해서는 경시하는 태도를 취했다.[26]

그러나 추기경은 도미니크수도사였고, 황제의 대표자였다. 따라서 그는 잘 알려지지 않은 독일의 어거스틴수도회 출신 한 강사의 무례함을 참으려고 하지 않았다. 무례함이라는 표현은 교회에 대한 순종을 요구하는 그의 명령에 대한 반응에서 루터가 들은 말이다. 루터는 카제탄과의 몇몇 유쾌하지 못한 회합들 이후에 서둘러 아우크스부르크(Augsburg)를 떠날 만큼 지혜로왔다. 그는 깊은 실망에 빠져 있었고, 이제 추기경과 같은 토마스주의자들은 이방인 아리스토텔레스와 더불어 진리에 반하는 강력한 음모를 꾸며냈다고 확신하게 되었다. 그의 '탑 체험'(Turmerlebnis)의 가장 그럴듯한 날짜가 아마도 이때쯤일 것이다. 이 체험의 중요성은 사실 그 사건이 정확히 무엇인가가 아니라(3장, p. 183), 그가 이신칭의에 대한 사고의 결정적인 전환을 이루었다는 점이다. 이때 그의 마음 속에는 성경 속에 나타난 권위에 대한 주장과 믿음에 대한 주장 사이의 균형이 갈등을 일으키기 시작했다. 그는 교회를 열정적으로 사랑하는 사람이었고, 교회가 하나님의 명령을 그에게 전달해 준다는 가정하에서 교회에 복종하기를 원했다. 이제 그는 위계질서상 가장 존경받을 만한 부류의 일부 사람들이 그와 함께 기독교 진리에 대해 논의할 준비가 되어 있지 않다는 것을 보게 되었다. 교회 위계질서에 관해 이것은 무엇을 말하는 것일까? 이 질문에 대한 루터의 대답은 교회에 충성하는 것에 대하여 엄청난 불충성을 드러내 보이는 것이었다. 이 사건을 재판하기 위해 그는 공의회에 항소했는데, 이것은 바로 공의회주의자들의 소망이 사라져버린 1460년에 교황 비오 2세가 금했던 것이었다. 유럽 전역에 흩어져 있던 공의회주의 동조자들은 깜짝 놀랐고 교황의 독재에 대항한 이와 같은 오랜 침묵의 나팔 소리에 흥분했다. 그러나 지금까지 루터를 단순히 공의회주의 선도자 중 하나로 보았던 사람들은 시시각각 변하는 사건들 속에서 무언가 위협적인 다른 것이 만들어지고 있음을 발견하게 되었다.

1519년 6월 루터는 비텐베르크와 경쟁관계에 있는 라이프치히(Leipzig) 대학에 도착했다. 루터는 이곳에서의 토론을 통해 자신의 혐의를 벗거나 적어도 자신의 입장만큼은 명확히 밝힐 수 있으리라고 생각했다. 학생들과 교수들로 이루어진 청중들이 서로 간에 편이 갈리면서 논쟁은 더 흥미진진해졌다. 통상적으로 대학 간의 대규모 회합이 서로를 혐오하는 쪽으로 빠져드는 것처럼, 이번

---

26) B. A. Felmberg, *Die Ablasstheologie Kardijnal Cajetans* (1469-15) (Leiden, 1998).

에도 힘찬 청년들 간의 공격적인 분위기 속에서 개최되었다. 루터의 가장 큰 논적은 중부 유럽의 탁월한 신학자였던 잉골슈타트(Ingolstadt) 바바리안(Bavarian) 대학의 요한 에크(Johann Eck)였다. 그는 처음에는 루터와 정중한 학문적 대화를 나누다가 후에는 그의 가장 실제적인 논적들 중의 한 명으로 변한 인물로서, 그는 무모하리만치 교황의 권위에 대한 순종을 강요했다. 이러한 에크의 전략은 라이프치히에서도 이어졌고, 논쟁 기간 중에 그것은 탁월하게 성공을 거두었다. 그는 공의회주의의 타협할 수 없고 너무도 완벽한 진술, 예를 들어 교황이 아니라 그리스도가 교회의 머리시라는 것에서부터 시작했다. 그러나 그는 곧 후스파 교회의 실상에 대한 위험한 논쟁 속으로 루터를 몰아 세웠다. 그의 논적에 의해 화가 치밀어 오른 루터는 정직하지만 치명적인 언급을 했다. 후스파 사람들에 관한 어떤 의견이 이설이라고 해도, '나는 많은 후스의 신념들이 완전히 복음적이고 기독교적이라는 사실을 확신한다.'[27] 이것은 공의회주의자들이 발흥하던 황금시기에 콘스탄츠공의회가 루터가 칭찬하려고 했던 한 사람을 불태워 죽였다고 말하는 것이다. 이 논쟁에서 논점을 후스파로부터 똑같이 반교황적이면서도 훨씬 더 존경을 받는 그리스 교회로 옮기려는 루터의 어떤 시도도 그 피해를 되돌릴 수 없었다. 그는 온 서방교회의 적으로 정의되었다. 초기 약 2년이 안되는 시간 동안 그 어떤 것도 그의 마음으로부터 진전이 없었다.

1520년에 루터는 교황의 교서 『엑수르게 도미네』(Exsurge Domine)에 의거해서 이단으로 정죄되었고, 그가 에크의 작품들과 교회에서 교황 관할권의 기초가 되었던 여러 권의 교회법과 함께 앞의 교서를 비텐베르크 문들 앞에서 불태운 12월 초에 이러한 이단 정죄는 절정에 이르렀다. 그는 1년 중 상징적으로 중요한 어느 시기에 과거와의 단절을 뜻하는 내용을 세 개의 핵심 작품에 담았는데, 이 중에 어떤 것도 독자들을 지치게 할 만큼 길지 않았다. 이 작품들은 구약 선지자들의 의식적 행동과 마찬가지로 일종의 예언이라고 규정되었다. 그가 간헐적으로 소책자와 설교와 토론을 계속해서 쏟아내고 있을 때에, 그것들은 놀랄만한 창의적인 성과를 보여 주었고, 복음에 대한 거절이라고 느끼는 분노를 쏟아 놓았으며, 로마 교황에게 제안했던 다급한 충고를 담고 있었다. 이 세 권의 책은 1519년에서 1520년에 그가 교회 권력자들과 겪은 날카로운 갈등이 얼마나 그로 하여금 새로운 사상을 생각하도록 밀어붙였는지를 보여준다. 그가 어머니로 생각했던 교회에 의해 받은 맹렬한 타격은 오히려 그의 상상력을 해

---

27) Naphy (ed.), *Documents*, p.18.

방시켰고, 또 그가 신약성경에서 보았던 교회에 대해 새롭게 바라볼 수 있는 기회를 주었다.

첫째, 『독일 귀족에게 고함』(Address to the Christian Nobility of the German Nation)은 독일에서 제국의 의사결정을 담당하는 사람들과 새롭게 선출된 황제에게 보내진 것이다. 이것이 세 권의 책 중에 가장 유명한 책이다. 왜냐하면 이것은 교황과 황제 사이에서 특별히 가열된 갈등의 와중에서 만들어진 것으로, 교황이 지상에서 하나님을 대리하는 자이기는 커녕 사탄에 의해 그 자리에 놓여진 사기꾼, 곧 적그리스도라는 암시를 포함함으로써, 지난 수세기에 걸쳐 종종 표출되던 친숙한 반교황 사고를 발전시켰기 때문이다. 루터는 카제탄과의 충격적인 회담 직후 개인적인 편지에서 스스로 이 생각에 대해 최초로 언급했다.[28] 이 단계만 해도 절반 정도는 농담처럼 말했을지도 모르지만, 『독일 귀족에게 고함』에서는 그렇지 않았다. 교황은 황제의 선한 통치에 대한 위협이었다. 만일 교황이 적그리스도라면 제국의 귀족들은 타락해 버린 교황 관할지를 정화해야 할 임무를 가지는데, 이것은 단순히 정치적인 것만이 아니라 사악한 신용사기(confidence trick)를 뒤집어야 하는 신성한 의무라는 것이다. 이제 루터의 시야에는 교황만이 있는 것이 아니었다. 그는 중세의 반교황적 수사학을 훨씬 넘어 자기 조직원들의 유익을 위한 이익집단으로 변질된 사제들의 전체 조직이 교회에 대한 배신이라고 말하기 시작했다. 사제들은 특별히 강제적인 독신 명령에 따라 특별한 존재들로 여겨졌다. 특히 그들을 지탱해 왔던 서원과 같은 특별함의 모든 표상들은 뒤집어져야 했다. '만약 어떤 경건한 평신도 일행이 감옥에 잡혀가고 사막에 내던져졌는데 그들 중에 주교에 의해 임명된 사제가 없었다고 하자. 이 때 그들 중에 한 명을 사제로 세우기로 동의했다면, 그가 결혼을 통해 태어났든 아니든…마치 모든 주교와 모든 교황이 그를 임명한 것처럼 이 사람은 진정한 사제이다'.[29] '결혼을 통해서 태어났든 아니든!' 루터는 심지어 사생자라도 하나님의 사람들을 대표할 수 있다는 점을 강조함으로써, 교회 안에 기독교인의 자유를 의도적으로 주입하고 있었다. 왜냐하면 이러한 사고는 교회법에 위배되는 것은 말할 것도 없고, 사생자들을 사제직에 들어오게 함으로써 돈을 벌어들이던 교황의 권한을 향해 직접적인 공격을 가하는 것이기 때문이다.

---

28) Marius, *Luther*, p.188.
29) Rupp and Drewery (eds.), *Luther*, op.cit., p. 43. '결혼 상태에서 태어난'(Born in wedlock)은 '*ehelich*'를 번역한 것이다. 이것은 종종 영어로 번역되면서 '결혼한'(married)이라는 의미와 같지 않도록 정정되곤 했다: cf. *Address to the Nobility* (*Luther's Works*, vol. xliv), p. 128 and n.

종종 이것은 '국수주의적' 책으로 불리는데, 특히 독일이라고 불리는 일종의 민족국가가 19세기와 20세기에 걸쳐 세워질 때 종종 그렇게 해석되곤 했다. 그러나 우리는 루터가 이 책에서 호소하는 바에 대해 오해하지 않도록 주의를 기울여야 한다. 책 제목에서 '국가'(Nation)라는 단어는 성스러운 중세의 기관인 신성로마제국과 특권층에 있는 귀족들을 의미하는 것이지, 유럽에서 독일어를 말하는 사람 전체를 지칭하는 것은 아니었다. 또한 그는 이를 통해 하나님을 대리하는 하나의 보편 대리인 집단, 곧 황제와 그의 귀족들이 또 다른 보편적 반란 세력, 곧 보편적 대리권을 가지는 교황의 범죄를 징벌하도록 요청했다. 확실히 북유럽의 독일어권 사람들은 남부 알프스 사람들의 타락한 문화와 퇴폐적인 습관들을 오랫동안 경멸했고, 또한 자신의 통치자들이 로마와의 거래를 통해 제국에서 교황청까지 가는 남부로의 여행에 엄청난 비용을 지불하도록 허락한 사실에 대해 분개했다. 그들의 감정은 폴란드 사람들이나, 스칸디나비아 사람들, 스코틀랜드 사람들이나 잉글랜드 사람들과 크게 다르지 않았다. 알프스산맥은 서구 기독교 세계의 주요 문화 장벽의 하나였다. 많은 사람들이 루터가 말하는 것에서 친숙한 주제를 보았고, 따라서 그 책을 읽었다. 그러나 그는 온 세상에 두루 하나님의 메시지를 선포하는 온전한 보편교회(Catholic Church)를 만들려는 폭넓은 견해를 가지고 있었다.

루터는 이 주제를 사제들을 위해 신랄한 라틴어로 써 내려간 『교회의 바벨론 유수』(The Babylonian Captivity of the Church)에서 발전시켰다. 상대적으로 짧은 이 작품 속에 이후의 종교개혁을 모양짓기도 하고 또한 혼란스럽게도 한 중요한 몇몇 요소들이 들어 있었다. 제목은 물론 14세기에 교황이 아비뇽으로 옮겨간 사건과 관련되어 사용된 용어로서, 이미 잘 알려져 있는 내용을 상기시키고 있었지만, 함축적인 의미는 더욱 심오했다. 사제들의 신용사기와 관련된 주제를 발전시키면서 루터는 사제들의 관심을 그들이 집전하는 성례로 향하게 했고, 중세 서구에서 시행되고 있던 일곱 가지 주요 성례전들을 현저하게 축소시키는 한편, 참된 성경적 성례에 대한 재정의를 제공했다. 참된 성례는 신령한 표식(divine sign)을 특징으로 하는 신령한 약속(divine promise)으로 구성되어 있는데, 이 둘은 모두 성경에서 발견되어야 한다. 이러한 기준에 따라서 세례, 성찬, 살아있는 사람의 고해성사만이 살아남았다(루터는 이미 고해성사에 대해 의심을 가졌고, 나중에 다른 두 개와 그것을 동등한 위치에 놓은 것의 모순을 인정했다). 자연스럽게 그는 후스파 사람들처럼 평신도들이 성찬에서 빵을 먹는 것처럼, 포도주도 또한 마셔야 한다고 말했다. 그가 미사신학(theology of the Mass)을 공격한 일이 화제가 되었다. 당시 교회는 아리스토텔레스에게서 용어를 빌려 온 화체설을 통해 미사에서 일어나는 신비를 설명하는 것을 선호했는데, 아마도 루터가 가진 아리스토텔레스에 대한 혐오감도 그가 화체설을 비판하는 하나의 이유가 되었을 것이다. 그리스도의 예전은 아리스토텔레스의 시각을 통해 바라보거나 합리적인 분석의 대상으로 다루어져서는 안된다. 오히려 그것은 "이것은 내 살이요 …이것은 내 피로다"라는 단순한 성경 말씀을 통해 믿음으로 받아들여져야 하는 것이다.[30] 마태, 누가, 요한의 복음서에 기록된 예수님의 말씀을 인용한 이와 같은 단순한 서술 속에는, 우리가 앞으로 보게 되듯이, 시한폭탄이 놓여 있어서, 곧 개신교 안에 있던 통일성을 깨뜨려 버렸다.

성만찬에 대한 루터의 분석에는 더 많은 것이 있었다. 그가 아리스토텔레스를 미워했다면, 그것은 선행이나 인간의 공로가 하나님이 보시기에도 가치 있다는 아리스토텔레스의 생각 또한 미워한 것이다. 그래서 그는 미사가 일이 되어서는 안 되고, 그것의 집전은 희생제사도 아니며, 인간의 의도에 따라 조작될 수 있는 것도 아니라고 생각했다. 그것은 하나님으로부터 인간에게로 놓여진 대화의 길이요, 하나님의 사랑이 전달되는 통로였다. "성례 속에 있는 신령한 약속의 말씀이 죄의 용서를 나타낸다." 십자가 위의 그리스도만이 유일한 희생제물이다. 한 번의 희생제사는 한 명의 제사장에 의해 행해지기 때문에 그리스도는 유일한 제사장으로써 자신을 희생제물로 드렸다. 더 이상의 희생제물도, 더 이상의 제사장도 필요없다. 그러므로 성만찬을 집전하는 사제라고 해서 특별한 제사장적 존재로 따로 구분되어질 수 없다. 사제를 특별한 제사장적 존재로 여기는 것은 로마 가톨릭의 속임수이다. 물론 공동체나 상급자로부터 임명을 받은 사람들만이 사제직을 수행하지만(추후 많은 것이 이와 같은 인과관계를 벗어나서 결정되었다), 그럼에도 불구하고 모든 신실한 기독교인이 제사장이다. 사제는 단지 교회의 종(라틴어로 '섬기는 자')이다. "나는 한 번 사제가 된 사람이 어째서 다시 평신도가 될 수 없는지를 도무지 이해할 수 없다. 사제와 평신도는 다만 그의 직무가 다를 뿐, 그 외에는 아무런 차이가 없다."[31]

이어지는 세 번째 위대한 작품 『기독교인의 자유』(The Freedom of a Christian)는 앞의 두 책과는 달리 다소 덜 투쟁적이다. 이것은 구원과 관련해서 오직 은혜

---

30) *The Babylonian Captivity of the Church* (*Luther's Works*, vol. xxxvi), pp. 33-34.
31) Ibid., pp. 57, 116, 117.

라는 견해를 취하는 사람들을 항상 당혹스럽게 하는 명백한 질문에 대해 말했다. "만일 사람들의 선행이나 공로가 하나님 보시기에 가치가 없고 또 천국이나 지옥을 결정하는 운명에도 아무런 영향을 끼칠 수 없다면, 선하게 사는 것이 무슨 의미가 있다는 말인가?" 또는 보다 실감나게, "악하지 않게 사는 것이 무슨 의미가 있다는 말인가?" 어떤 사람은 도덕이라는 것은 아무런 의미도 없다고 말할지도 모른다. 이것은 개신교 종교개혁을 계속해서 괴롭힌 '반율법주의'(antinomianism)의 문제였다. 그러나 루터는 이것을 문제로 보는 것을 거부했다. 역설이라는 유쾌한 예술적 기교를 사용해서 반대자들을 포용하려는 그의 의지가 여기서 가장 효과적으로 드러난다. 그리스도의 자유는 어떤 계명도 온전히 지킬 수는 없지만 하나님이 그것 때문에 우리를 정죄하지 않으신다는 지식 속에 놓여 있다. 실제로 그는 우리를 고통에서 구원하시기 위해 고통 속에서 죽으시려고 오셨다. 그러므로 "기독교인은 아무에게도 예속되지 않은, 모든 사람으로부터 자유로운 완전한 지배자(主, lord)이다. 기독교인은 모두에게 예속되는 모든 사람의 완전히 충실한 종이다."[32] 우리가 열정적으로 사랑하는 사람 앞에서 선량해지고 사랑스러워지는 것이 자연스러운 것처럼, 선행은 구원하시고 사랑을 베푸시는 하나님의 성품에 대한 사랑과 감사의 표현으로서, 구원받은 기독교인들에게 자연스럽게 다가오는 것이다. 루터는 여기서 한 독신자의 이상주의를 보여준다. 결혼과 관련된 복잡한 경험은 여전히 그에게 없었다. 그러나 그는 건전한 심리학적 진실을 말했다. 사랑의 관계는 규칙을 따라 실현되는 것이 아니다. 그러나 그가 여기에서 자유와 방종의 대결 문제에 대한 개신교의 최종 선언을 한 것이 아니다. 오히려 그는 다른 사람들이 씨름하도록 심오한 답안들을 준 것이었고, 자유(libertas)라는 말을 발산함으로써, 그것이 유럽에 울려 퍼지게 했고, 그의 청취자들 속에서 당황스러우리만치 다양한 반응들을 야기했던 것이다.

이 세상의 권력자들은 자유에 대한 그의 부름에 대해 어떤 답을 내놓을 것인가? 교회의 당국자들은 이미 그 답을 제출했다. 이제 가장 고귀한 대표자인 신성로마제국의 황제의 모습으로 시민 공화정이 발표할 차례이다. 합스부르크 가문에 엄청난 안도감을 주면서 모든 경쟁 후보들에 맞서 1519년 여름에 선출된 찰스 5세는 십대에 불과했지만, 이미 아라곤과 카스티야, 그리고 다른 해외 소유지들을 가진 왕으로써, 서방 기독교가 지금까지 경험했던 가장 큰 제국을

---

32) *The Freedom of a Christian* (*Luther's Works*; vol. xxxi), p. 344.

통치했다. 기독교 세계의 지도자라는 운명에 걸맞는 신중한 마음을 지닌 이 젊은이는 그의 조언자들에 의해 위축되지 않았다. 그는 그에게 맡겨진 영토 통치의 일관성이 깨어지는 것도 염려했지만, 동시에 하나님이 원하시는 것을 행하기 위해서도 고민했다. 그는 교황에 대한 항거는 제쳐 두었지만, 현자 프리드리히를 주목했고, 루터에게 제국 내에서 1521년 4월 보름스(Worms)에서 개최된 첫 번째 의회에서 공식적인 청문회의 기회를 주기로 결정했다. 루터는 독일을 가로지르는 승리에 찬 여정 이후에 도착했다. 황제를 대면했을 때, 그는 그 방에 모아져 있는 많은 책들이 자신의 것임을 인정했다. "그러면 당신은 그대의 의견을 철회할 것인가"라는 질문에 대해 "예" 또는 "아니오"로 대답할 것이 명령되자, 그는 그가 답할 수 있도록 하루의 유예기간을 요구했다. 이것은 그의 전 생애가 걸려있는 전환점이었다. 그가 독일에서 최고의 수도사가 되는 것으로 되돌아갈 것인가, 아니면 단지 그가 성경 속에서 발견한 것들로부터만 안내를 받으면서 알려지지 않은 미래를 향해 계속 나아갈 것인가?

그 다음날 루터의 대답은 그저 한 마디의 말이 아니라 세심하고 위엄을 갖춘 연설이었다. 그의 책은 종류가 많았고, 그 중 어떤 것은 실제로 '교황권에 대해 전투적'이었다. 그것은 '모든 사람의 경험과 불평'을 반영한 것이었다. "만약 내가 이 책들을 철회한다면, 내가 하게 될 모든 것이 교황의 횡포에 힘을 더하는 것이 될 것이며, 이 극악무도한 신성모독에, 이전에 감히 그랬던 것보다 더 넓고, 더 자유로운 활동 공간을 위해, 창문 정도가 아니라 대문을 열어주는 것이 될 것입니다." 그는 황제에게 '성경이나 단순한 이성'으로부터의 확신 없이는(왜냐하면 나는 교황도 공의회도 그 어느 것도 신뢰하지 않기 때문에), 아무것도 철회할 수 없다고 조목조목 설명했다. 그것은 그가 죽고 나서 그리 오래되지 않아 그의 작품 모음집의 최초의 편집자였던 게오르그 뢰러(Georg Rörer)가 독일어로 두 개의 작은 요약 문장을 만들어야겠다고까지 느꼈던 기념비적인 맺음말이었다. "여기에 내가 서 있다. 나는 다른 어떤 것도 할 수 없다."[33] 이것은 모든 개신교도들의 좌우명, 아마도 궁극적으로는 모든 서구 문명의 좌우명이다.

찰스는 그의 생각들을 모으는 데 한 밤을 지내면서, 그의 선조 지기스문트(Sigismund)와 콘스탄츠공의회가 얀 후스(Jan Hus)에게 그러했던 것보다 훨씬 더 명예롭게 조처했다. 루터를 이단으로 정죄하는 칙령을 발표하면서도 그는 루

---

33) E. Wolgast, *Die Wittenberger Luther-Ausgabe: zur überlieferungsgeschichte der Werke Luthers im 16. Jahrhundert* (Nieuwkoop, 1971), col.122. 연설을 위해서는 Rupp and Drewery (eds.), *Luther*, op.cit., pp. 8-60 을 참조.

터에게 안전 통행증을 하사했다. 며칠 후 새롭게 유죄로 언도된 한 수도사가 비텐베르크를 향해 떠날 때, 안전하게 보호하라는 조처가 취해졌다. 일단 루터가 작센 지역에 들어오게 되자, 납치를 가장한 사건이 주목받던 그를 공공의 시야 밖으로 데려가 버렸다. 어린 시절부터 그에게 친숙했던 아이제나흐(Eisenach) 시 위로 펼쳐진 울창한 높은 산괴(massif) 위의 베틴(Wettin) 요새 곧 바르트부르크 (Wartburg)에 자리를 잡고서, 루터는 깜짝 놀란 세상으로부터 열 달 동안 사라져 있었다. 그가 1522년 3월 다시 나타났을 때, 그가 촉발시킨 혁명을 저지하려는 필사적인 노력이 전개되고 있었다.

4. 누구의 개혁인가?(1521-1522)

17세기 중반 영국 시민혁명에 의해 왕이 처형되는 충격적인 사건이 있기 전에는 대부분의 사람들이 '혁명'이란 용어를 근대 기술자들이 말하는 의미인 '올바른 것으로 돌이킴' 혹은 '처음의 것으로 되돌림'의 의미로 이해했다. 그러므로 인문주의자들의 구호인 '근원으로 돌아가자'(ad fontes)는 이러한 의미에서의 혁명이었다.[34] 루터도 그의 임무를 이런 방식으로 이해하였다. 즉 그에게 '혁명'은 교회를 원래 있어야 하는 그 자리로 되돌리는 것이었다. 그러면 그가 이런 일의 지도자가 될 자격이 있는가? 그의 유일한 자격이라고 할 수 있는 것은 1512년에 스물 여덟이라는 매우 젊은 나이로 다니던 대학에서 신학박사 학위를 받았다는 것이다. 이 외에는 종교개혁의 시기 내내 교회나 일반사회에서 주교나 귀족작위 등 어떠한 공식적인 직함도 부여받지 않았다. 그는 지상에 교회나 하나님 나라를 건설하기보다 단지 교리에 관해 발표할 권리를 요구했다. 그것은 파리대학의 신학부인 소르본대학이 수 세기 동안 이와 관련해 특별한 권한을 가지고 있던 것의 일인 버전(one-man version)이라고 할 수 있다. 그러나 그는 자신이 비텐베르크대학의 인가서가 아닌 이보다 훨씬 더 큰 권위에 의해 그렇게 하도록 강요되고 있음을 느꼈다. 곧 마지막 때에 이 땅에 보내진 하나님의 선지자로서 하나님의 복음(헬라어로는 'euaggelion' 라틴어로는 'evangelium')을 전파하는 자로 자신을 이해한 것이다. 따라서 그의 종교개혁은 당연히 '복음주의적'(evangelical)

---

34) 변경에 관해서는 C. Hill, "The Word 'revolution' in Seventeenth-Century England," in R. Ollard and P. Tudor-Craig (eds.), *For Veronica Wedgwood: These Studies in Seventeenth-Century History* (London, 1986), pp. 134-51을 보라.

이며, 이것은 '개신교'(Protestant)라는 개념보다 앞선 것이었다.

바르트부르크에 머무르는 동안 루터는 저술에 열중하고 있었다. 특별히 그가 독일어 성경의 일부를 이때 번역했다는 사실이 중요하다. 이것은 개인적으로 힘든 시기인 동시에 교리 논쟁을 위해 엄청난 양의 반박 저술을 해야 하는 때 이루어 낸 놀랄만한 업적이다. 그는 시간적인 제약으로 인해 신약만 완료했으며 구약은 나중에 완료하게 된다. 이 번역은 매우 탁월한 것으로 독일어의 발전에 지대한 영향을 미치게 된다. 루터는 언어 예술가였다. 그와 동시대 인물이었던 잉글랜드인 토마스 크랜머도 연설문을 통해 공식 영어(formal English)에 영향을 미쳤는데, 루터와 크랜머는 서로 다른 언어적 재능을 보였다. 크랜머의 책, 『공동기도서』(Book of Common Prayer)에서 보여지는 정교하게 다듬어진 산문은 냉철하면서도 절제된 위엄있는 언어를 사용하여 개신교 종교개혁의 공적이고 예식적인 면을 표현하고 있다. 반면에 루터는 감정적인 것들을 격정적이고 생생한 표현들로써 잘 잡아내고 있다. 1524년 출판된 비텐베르크와 슈트라스부르크의 찬송 모음집에 있는 그의 찬송은 그가 번역한 성경보다 훨씬 더 그의 천재성을 잘 드러내고 있다. 그 찬송은 독일어의 특성인 많은 음절로 구성되는 복합어의 약점을 아주 잘 극복하고 있다. 루터의 찬송을 부를 때면, 한 음절이나 두 음절로 이루어진 강한 표현의 단어들로 인해 힘이 나게 된다. 예를 들어, "내 주는 강한 성이요 방패와 병기되시니"(Ein' feste Burg ist unser Gott, Ein gute Wehr und Waffen)라는 구절이 그러한 것을 잘 보여준다.

루터의 성경 번역에는 에라스무스가 바랐던 것처럼 인문주의자 방식으로 훈련받은 그의 학자적 자질이 잘 드러난다. 그러나 그것은 에라스무스가 가졌던 정제된 이지적 영성과는 거리가 멀고, 오히려 루터의 급박한 필요 때문에 나온 번역이었다. 어거스틴의 글에서 영감을 받은 그는, 어거스틴이 그랬던 것처럼, 하나님께서 모든 역사의 세세한 부분까지 그의 거룩한 목적을 위해 통제하시고 이끌어가신다고 믿었다. 그래서 그는 하나님의 메시지를 알기 위해서는 주변에서 현재 일어나고 있는 사건들을 살펴보아야 한다고 믿었다. 중부 유럽의 모든 사람들이 그랬듯이, 그는 투르크족이 몰려와서 기독교 체제를 위협하는 것에 대해 매우 민감해져 있었으며, 또 이제는 쓰라린 경험을 통해 교황도 적그리스도로 드러났다는 사실을 알게 되었다. 이 모든 것은 틀림없이 그의 복음 메시지가 종말의 도래에 초점을 맞추고 있다는 것을 가리킨다. 많은 사람들이 루터에 동조하였고 그를 종말에 나타난 선지자로 보았다. 사실 16세기 초에 유럽인들은 종말을 매우 갈망하고 있었다. 사람들은 그를 엘리야처럼 생각했는데, 아이러니컬하게도 스위스 종교개혁자 츠빙글리(Huldrych Zwingli)가 루터를 그렇게 이해한 첫 번째 사람이었다.[35] 그러나 츠빙글리는 나중에는 루터의 추종자가 아니었다.

선지자는 무슨 메시지를 선포해야 하는가? 루터는 영적으로 매우 힘든 시기를 지내는 동안 매우 중요한 핵심 진리를 발견했다. 그는 율법과 복음 사이에서, 행함으로 얻는 구원과 오직 믿음으로 얻는 구원 사이에 존재하는 거대한 심연과도 같은 역설에 주목하였다. 예수 그리스도는 이 땅에 오셔서 구약의 율법을 만족시키셨고, 이를 통해 인류를 율법의 요구에서 자유케 하셨다(최소한 선택 받은 인간을 자유케 하셨다). 이 복음 메시지를 가로막는 것은 무엇이든, 심지어 그것이 성경 속에서 발견되는 것이라 해도, 반드시 한쪽으로 치워져야 했다. 바르트부르크에서 행한 그의 성경 번역은 하나님 말씀과의 사랑의 관계를 표현한 것이었다. 이것은 마치 그가 가까운 옛 친구를 대하듯 성경과 친밀하게, 아니 심지어 무례할 정도로 가깝게 될 수 있다는 것을 의미했다. 그래서 그는 본문을 마치 자신의 것인 양 다루게 되었다. 예를 들어, 헬라어나 히브리어로 '생명'이란 뜻을 가진 단어에 대해서는 독일어로 '영원한 생명'이란 표현으로 그 의미를 확장했다. '자비'는 '은혜'로, '이스라엘의 구원자'는 '구주'가 되었다. 그가 종교개혁자들의 근거 구절인 로마서 3:28, "사람이 의롭다 하심을 얻는 것은 율법의 행위에 있지 않고 믿음으로 되는 줄 우리가 인정하노라"를 번역할 때에는 '믿음'에 '오직'이라는 단어를 주저없이 추가하였던 것이다.

또한 루터는 그가 발견한 진리를 얼마나 말하고 있느냐에 따라 성경의 각 권에 대해 더 중요하거나 혹은 덜 중요하다고 순위를 매기는 일에 주저함이 없었다. 요한복음, 로마서, 갈라디아서, 에베소서와 베드로전서는 핵심성경이었다. 시편은 그리스도에 대해 예언하고 있으므로 역시 핵심성경으로 분류되었다. 히브리서는 믿음에 대해서 말하고 있기는 하지만 루터의 관점과 일치되지 않는다는 사실로 인해서, 비록 동시대의 교회의 전통과는 달리 그의 뛰어난 헬라어 실력으로 히브리서가 그의 영웅 바울의 저작이 아니라는 것을 제대로 알았지만, 그에게는 혼란스러운 작품이었다. 히브리서보다 더한 것은 율법 아래에서의 선행을 구원의 필수 조건으로 말하는 것 같은 야고보서였다. 루터는 야고보서를 '아주 하찮은(지푸라기) 서신서'라고 경멸했다. 그는 또한 에스더를 비

---

35) Cunningham and Grell, *Four Horsemen*, pp. 23-4.

슷한 이유로 싫어했다. 반면에 전통 가톨릭교회의 연옥(Purgatory)설에 직접적인 근거를 제공하는 제2마카비서에 대해서는 이러한 평가를 하지 않았다. 다행히도 루터는 주석가들에 의해 항상 제기되어 왔던 '정경성을 의심받는 리스트'에 제2마카비서를 포함시켰다. 루터는 제2마카비서의 정경성을 강하게 부정하였는데, 이것은 곧 개신교의 일반적인 견해가 되었다. 1534년판 번역성경에서 그는 이러한 책들을 '외경'(Apocrypha)이라는 제목으로 따로 분류했다.[36]

이전에는 경전의 재분류와 같은 놀랄만한 일이 주류교회에서 받아들여지기 위해서는 교회 당국자나 공의회 혹은 교황에 의해서 시작되고 승인되었어야 했다. 그러나 교황은 루터에게 귀 기울이지 않았으며 독일의 주교나 수도원장들은 물론이거니와 심지어 루터 직속의 대주교인 브란덴부르크의 알브레히트(Albrecht of Brandenburg)조차 루터의 선지자적인 말에 신경쓰지 않았다. 그래서 루터는 교회가 아니라 공화국에 호소하였다. 하나님 아래에서 세속의 최고 권력자인 찰스 5세는 이전에 보름스(Worms)에서 루터를 거부한 적이 있었다. 찰스는 사실 종교개혁의 첫 번째 순교자를 만드는데 책임이 있었다. 그의 정부가 저지대국가(Low Countries)에 있을 때, 그는 앤트워프(Antwerp)에서 루터를 추종하는 어거스틴주의자들의 개혁적인 설교를 매우 혹독하게 탄압했다. 즉 1523년에 10년 밖에 되지 않은 어거스틴주의자들의 수도원 건물이 완전히 파괴되었고, 헨드릭 보스(Hendrik Voes)와 에세헨의 요하네스(Johannes van den Essechen)라는 두 명의 수도사는 화형에 처해졌다.[37] 유럽의 다른 통치자들도 개혁 세력에 대해 박해를 가했는데, 베네치아를 통치하던 잉글랜드의 헨리 8세와 나폴리와 카스티야를 통치하던 스페인 집권자들은 교황의 바람에 호응하여 루터의 책들을, 황제에 의해 보름스에서 루터가 공식적으로 정죄되기도 전인 1521년 봄에 불태웠다. 더욱이 헨리 8세는 뛰어난 주교인 로체스터의 존 피셔(John Fisher of Rochester)의 건의에 따라 저명한 잉글랜드 신학자들로 팀을 만들어 전통신학을 변호하는 『7성례의 확증』(*The Assertion of the Seven Sacraments*)이란 글을 저술하도록 했다. 이 글은 루터를 반박하는 데 있어 매우 효과적이어서 교황의 칭찬과 함께 '신앙의 수호자'(Defender of the Faith)라는 칭호를 얻었다.[38]

---

36) L. Greenslade (ed.), *The Cambridge History of the Bible: The West from the Reformation to the Present Day* (Cambridge, 1963), pp. 7, 20-1, 25, 100; Ruppand Drewery (eds.), *Luther*, op.cit., pp. 87-91.

37) A. Duke, "The Face of Popular Religious Dissent in the Low Countries, 1520-1530," *JEH* 26 (1975), pp. 41-67 중 42.

38) C. D'Alton, "The Suppression of Heresy in Early Henrician England," unpubl. Melbourne Ph. D.

종교개혁의 지지세력이라 할 수 있는 두 개의 단체들이 제국 밖에서, 독일어 사용권이 아닌 지역에서 나타났었는데, 둘 다 모두 그 약속한 바를 성취하지 못했다. 보헤미아의 후스파(Hussites)는 1519년 라이프치히에서 있었던 논쟁에 참가하게 되었는데, 후스에 대한 루터의 말을 듣고 놀라는 한편 기뻐했다. 그래서 프라하에 있는 후스파의 지도자와의 의미있는 만남을 주선하게 되었다. 그러나 후스파 교회는 루터에 대해서 두 가지의 상반된 견해, 즉 루터를 자신들의 잊혀진 외부 연합군으로 보는 견해와 그의 급진적 생각에 대해 우려하며 로마의 판단을 따라가는 보수적인 견해로 나뉘었다. 루터를 지지하는 파는 1525년 체코의 정쟁(政爭)기간 동안 대부분 힘을 잃게 되었다.[39] 1520년, 학식이 뛰어나지만 잔인하고 권력에 굶주려 있던 덴마크, 스웨덴 그리고 노르웨이의 왕이자 찰스 5세의 동서였던 크리스티안(Christian) 2세는 덴마크교회의 변화를 도모하고자 여러 개혁자들을 초청하게 된다. 그 중에는 루터의 대학 동료인 칼슈타트(Karlstadt)도 있었는데, 그는 불안정한 정치 상황에 두려움을 느끼고 비텐베르크로 서둘러 돌아가 버렸다. 여러 이유가 있었지만 1523년 덴마크 귀족들이 견디다 못해 크리스티안 왕을 쫓아낸 것이 결정적이었다. 그의 스칸디나비아 제국이 무너짐으로 노르웨이와 스웨덴에서의 종교적 혼란은 지속되었고, 또한 덴마크의 새 왕인 프레드릭은 복음주의적 개혁을 위한 순수한 열정은 있었으나 그의 수완을 발휘할 준비가 되어 있지 않았다. 그 와중에 전왕(前王)인 크리스티안은 비텐베르크로 와서 유명한 화가인 루카스 크라나흐(Lukas Cranach)와 함께 머물면서 자신의 복음주의 신앙을 대대적으로 선포하였지만, 자신의 옛 영지에서 반란을 지속적으로 시도하는 추방된 왕이 결코 루터의 개혁운동에 있어서 최고의 후원군은 아니었다.[40]

루터가 지원을 구할 다른 곳은 없었는가? 그는 개혁을 위해 하나님이 선택하신 이 세상의 권세들을 끈질기게 찾아볼 수 있었다. 제국 안에서 하나님에 의해 부여된 권세는 여러 계층으로 나타났다. 제후들도 황제만큼이나 권세를 가지고 있음을 볼 수 있다. 아마도 그들이 루터의 개혁을 지원할 수 있었을 것이다. 또한, 제국 내의 자유도시나 제국 밖의 독립적인 도시들은 어떠한가? 혹은 '완전히 자유로운 지배자'인 모든 세례받은 기독교인은 어떠한가? 루터는 교회의 계층적 권력구조에 대항하여, 각 지방교회가 자신의 목회자를 직접 선택해야

---
thesis, 1999, pp. 106, 122; Pettegree (ed.), *Early Reformation*, p. 221.
39) Pettegree (ed.), *Early Reformation*, pp. 28–30.
40) Ibid., p. 96.

한다고 『바벨론 유수』(*Babylonian Captivity*)에서 포괄적으로 말했다. 이 책에는 사회를 혼란에 빠뜨릴 수 있는 잠재력을 지닌 일련의 질문들이 있는데, 어느 누구도 그렇게 확정적인 대답을 직설적으로 하지 않았다. 제국의 제후들은 불만을 나타냈고, 루터에게는 그들의 선한 의도에 대해 평생동안 의심하게 만드는 계기가 되었다. 작센지방의 게오르그 공작(Duke Georg of Saxony) 등 몇몇 귀족은 루터를 심하게 비판했는데, 특히 그는 루터의 신약성경 번역을 금지하는 최고의 죄를 범하였다. 심지어 팔츠(Palatine) 선제후와 함께 루터를 추방하는 보름스 칙령을 승인하는 것에 명백히 반대했던 프리드리히(Friedrich) 선제후도 자신의 영지 안에서 루터의 개혁을 견고하게 후원하던 것을 노골적으로 철회했다. 그 대신 작센 선제후 영지 내에 있는 몇몇 독립 도시들이, 그리고 3년 내에 거의 모든 독립 도시들이 개혁을 위한 적절한 조치들을 취했다. 1521년 남부에 있는 제국의 부유한 자유 도시인 뉘른베르크(Nuremberg)는 교회 변혁을 위해 복음주의 설교를 허용함으로써 교회를 만드는 중세의 주도권을 계속 이어갔다. 이것은 개혁운동에 있어서 매우 큰 수확이었는데, 제국의 행정 입법기구들이 뉘른베르크에 있었기 때문이다.

독일 내의 작은 귀족들도 루터의 메시지에 동의했다. 멀리 남서부에 있는 제국 기사인 프란츠 지킹엔(Franz Sickingen)은 1521년 라인란트(Rhineland)에 있는 자신의 영지 에베른부르크(Ebernburg)를 루터 지지자들을 위한 피난처와 선전 인쇄물의 기지로 사용하였다. 동부 작센에 있는 실레지아(Silesia)에서는 튜턴 기사단(Teutonic Order, 독일 기사단)의 일원이었던 카스파르 슈벵크펠트(Kaspar Schwenckfeld)라는 기사가 1518년부터 루터의 메시지의 열렬한 추종자였다. 그는 라이프니츠의 공작 프리드리히 2세에게 큰 영향력을 발휘하여 공작의 영지인 실레지아에서 종교개혁을 시도하게 했다. 하지만 채 2년도 안되어 슈벵크펠트는 너무 독립적으로 나아가서 루터가 제시한 교회 개혁의 어떤 형태에도 동의하지 않았다.[41] 한편 보헤미아의 독일어권 지방은 광산 개발을 위해 작센의 수출품들을 사용하면서 그 지방의 귀족들과 많은 교류를 하게 되었는데, 늦어도 1521년부터는 루터의 메시지를 전파하는 설교가들과 교사들을 작센으로부터 데려오게 되었다.[42] 결론적으로 적어도 세 가지 부류의 서로 다른 세속 권력들이 루터의 선지자적 메시지에 귀기울이게 되었는데, 그 메시지는 그들에게 처음에는 혼란을 가져왔다. 이러한 세 부류는 어떤 식으로든 무엇을 결정할 수 있

---

41) Williams, *Radical Reformation*, pp. 106-17.
42) Pettegree (ed.), *Early Reformation*, pp. 32-33.

는 하나님이 주신 권세가 자신들에게 있다고 주장하는 도시의 작은 공동체들과 하나의 제국 자유 도시 그리고 일부 소수 귀족들이었다. 이들 중 어느 누구도 루터가 그의 책『독일 귀족에게 고함』을 통해서 설득하려고 했던 해박한 독자는 아니었다. 게다가 독일로부터 멀리 떨어진 남쪽 스위스에서 또 다른 변화가 시작되었다는 사실은 상황을 더욱 복잡하게 만들었다. 바로 독립적인 종교개혁 지도자인 취리히의 훌드리히 츠빙글리가 등장한 것이다. 그는 실제로 황제에게 충성하지 않는 큰 도시의 보호를 받고 있었고, 동시에 루터에게도 충성할 필요를 느끼지 않았다.

5. 복음주의적 도전: 츠빙글리와 급진주의(1521-1522)

츠빙글리는 루터와 동일한 사회계층 출신이다. 그의 가족은 동부 스위스의 부농으로서 가족 중 가장 총명했던 츠빙글리를, 루터가 했던 것처럼, 바젤과 베른 그리고 비엔나로 보내서 당시 최고 학문을 배우게 하였다. 그러나 루터와 다른 것은 그의 가족들은 자신의 아이가 수도원 곧 베른의 도미니크수도원으로 들어가는 것을 막았다는 것이다. 대신 츠빙글리는 인문주의 정신과 학문적 소양을 키워 동부 스위스로 돌아가서 글라루스(Glarus)의 교구 사제가 되었다. 그는 또한 스위스 용병이 출정할 때에는 군종 사제로 글라루스의 병사들과 함께 동행했다. 이러한 그의 예측할 수 없는 생활로 인해 츠빙글리는, 루터의 비텐베르크 대학의 강사와는 달리, 매일매일의 목회 사역의 일들로부터 결코 벗어날 수 없었다. 그는 헬라어와 히브리어를 대학이 아니라 교구 사역을 감당하면서 익혔으며, 참된 기독교를 향한 그의 비전은 매일매일의 사역적 업무 속에 촘촘하게 얽혀 있었는데, 이것도 루터와는 달랐다.

이것은 단지 환경만의 문제가 아니다. 츠빙글리는 에라스무스를 바젤에서 만난 후로는 그의 열렬한 추종자가 되었지만, 루터는 갈수록 이 위대한 학자에 대해 냉랭하게 되었다. 그는 독립적인 생각을 가진 스위스의 주(canton)와 공동체 속에서 자라났다. 이들은 1499년 합스부르크 가문의 권력을 확실히 부수기에 충분할만큼 힘을 길러왔으며 이러한 성취에 자부심을 느끼면서, 지식인과 부유층 사이에 널리 퍼진 인문주의에 대한 열정과 함께 낙관주의를 품게 되었다. 그러므로 이러한 자부심과 자기 확신을 가진 공동체를 배경으로 한 츠빙글리가 하나님께서 기독교를 인류 역사를 개선시키고 변화시키는 원동력으로 사용하실 것이라는 에라스무스의 믿음에 동의한다는 것은 놀라운 일이 아니다. 그는 또한 전쟁을 반대하는 에라스무스의 비판에 동의했는데, 이는 그 자신이 스위스 용병과 함께 전쟁의 잔인함을 체험하였기 때문이다. 인류에 대한 하나님의 사역을 이해하는 열쇠로써 성령을 강조하는 에라스무스의 독특한 신학사상에도 츠빙글리는 공감했다. 무엇보다 츠빙글리는 1516년 에라스무스의 신약성경을 읽고 그 당시의 교회와 바울과 사도 시대의 교회를 비교하기 시작하면서 개혁의 의지를 다지게 되었다.

그렇다면 츠빙글리는 루터에게 어떤 빚을 졌는가? 그는 주장하기를 루터가 공식적으로 의제를 선포하기 전인 1516년에 자신이 그리스도와 성경으로 돌아왔으므로 루터에게 영향받은 것은 아무것도 없다고 했다. 츠빙글리는 다른 인문주의자들처럼, 예를 들어 르페브르(Lefevre)처럼, 자연스럽게 어거스틴의 저서를 읽게 되었고, 루터가 그것을 지적해 주지 않았어도 인류가 구원에 대해서 얼마나 무능한지를 말하는 절대적 비관주의를 어거스틴에게서 발견할 수 있었을 것이다. 하지만 두 사람 사이에 존재했을 갈등이 츠빙글리의 후반부 저술에서 보여지고 있다. 역사학자 유안 카메론(Euan Cameron)이 바르게 지적하는 것처럼 "만약 정말로 츠빙글리가, 믿음으로 말미암아 거저 주어지는 죄용서로 인한 구원이라는 개혁적 메시지를 독자적으로 그리고 루터와는 완전히 독립적으로 그러나 동시에 발견하였다면, 그것은 16세기에 발생한 우연 중 가장 놀랄만한 것이다."[43] 확실히 츠빙글리는 여러 우회로를 거쳐 개혁에 도달하게 된다. 그는 의욕이 넘치는 중세의 많은 성직자처럼 1516년에 겸임 사역을 하게 되었다. 글라루스 교구에 있으면서, 아인지델른(Einsiedeln)에 있는 유명한 스위스 마리아 성지에서 순례자들을 섬겼다. 그는 루터가 그의 의제를 발표한 이듬해인 1518년에는 이미 수령하고 있던 교황청 연금 외에 교황의 명예 설교가라는 직함을 얻게 된다. 이는 교황이 자신과 원수 관계에 있던 프랑스 국왕을 위해서 스위스 용병을 파병하지 않게 한 츠빙글리의 노력을 치하하기 위한 것이었다.

1518년 말에 취리히에 있는 부유한 그로스뮌스터(Grossmünster)대학 성당의 책임자 자리가 공석이 되었다. 그로스뮌스터 성당 참사회는 츠빙글리가, 비록 아인지델른에서 한 여인과 결혼함으로 독신서약을 깨뜨린 것에 대한 부끄럽고도 참회하는 자백의 기록이 있지만, 그의 재능이 그러한 약점을 상쇄하고도 남

---

43) Cameron, *The European Reformation* (Oxford, 1991), p. 182.

는다고 보았다. 그래서 츠빙글리는 스위스의 도시 중에서 가장 영향력있는 곳으로 가게 되었으며 거기서 그의 짧았던 생의 나머지를 보냈다. 츠빙글리의 위치는 어쩌면 더 목회적인 자리였다. 공식적으로는 그로스뮌스터의 성당 참사회의 지시를 받는 평신도 사제(Leutpriester)라는 보조직이었으나, 이 큰 성당을 자신의 것처럼 생각하는 도시 사람들과 매우 밀접한 접촉을 할 수 있는 자리였다. 그는 1519년 부임하자마자, 지금까지 내려온 교회력에 따른 의전적이고 주기적인 성경본문의 낭독을 완전히 무시하고 마태복음으로 시작하여 체계적으로 성경을 설교하겠다고 선언하였다. 그리스도의 생애를 묘사한 복음서 다음에 이어지는 사도행전에 와서는 초대교회 기독교인 공동체에 대해 설교했으며, 특별히 츠빙글리 시대의 교회도 그렇게 되어야 함을 강조했다.

1520년을 지나면서 츠빙글리는 도시의 열정적인 회중들과 점차적으로 가까와졌으며 교회개혁의 필요성에 대해 서로 공감하기 시작했다. 비록 그가 그 해에 출간한 루터의 주요 저작을 읽었다는 증거는 없지만, 독일의 종교적 혼란의 소식도 자극이 되었을 것이다. 1520년 말에는 교황청의 연금도 조용히 거절하였으며 소리소문 없이 시의회에 유력한 친구들을 만들기 시작했다. 보수적인 성당 참사회원들의 점증하는 우려에도 불구하고 1521년에 그는 참사회원이 되어 취리히 시민권을 얻게 되었다. 이때가 바로 교황이 스위스의 오랜 원수인 합스부르크 왕조와 동맹을 맺음으로써 스위스 대부분의 도시들을 극도로 화나게 만들었던 시기였다. 특별히 이듬해에 있었던 비코카(Bicocca) 전투에서 3,000명의 스위스 용병들이 전사한 것과 북부 독일에서 일어나는 모든 일의 배경에 대한 소식은 구교의 명성을 땅에 떨어지도록 했다. 스위스의 정치세력들은 루터를 정죄하는 찰스 5세의 보름스 칙령을 출판하는 합스부르크 왕조에 굽신거리는 행동도 하지 않았지만, 동시에 멀리 북부 독일에 있는 한 말썽꾼에 대해 어떠한 지지도 하지 않았다.[44] 이러한 취리히의 고조되는 긴장은 돌파구를 찾아야 했다.

스위스의 종교개혁에 대한 함성은 소시지와 관련이 되어 있다. 1522년 초, 사순절 기간의 첫번째 주일에, 취리히의 인쇄업자 크리스토프 프로샤우어르(Christoph Froschauer)가 대략 12명의 기독교인으로 추정되는 친구들과 함께 앉아

---

44) Pettegree (ed.), *Early Reformation*, p. 75; G. Ehrstine, "Of Peasants, Women and Bears: Political Agency and the Demise of Carnival Transgression in Bernese Reformation Drama," *SCJ* 31 (2000), pp. 675-98, at 678-79.

두 개의 소시지를 잘게 썰어서 그들에게 나누어 주었다.[45] 츠빙글리는 그 중에서 유일하게 소시지를 먹지 않았다. 그러나 이 일이 공개되었을 때(이것은 의도적이었다), 츠빙글리는 먼저 주일설교를 통해서 왜 사순절에 고기를 먹지 말라고 하는 전통 교회의 명령을 따를 필요가 없는지 설명한 다음, 그 설교 내용을 출판했다. 츠빙글리에게 있어서 그것은 기독교인의 자유의 문제였는데, 물론 이것은 루터의 『기독교인의 자유』(*Freedom of a Christian*)에 나타난 신학과는 확실한 차이가 있다. 루터는 율법과 복음을 날카롭게 대비시킨 나머지 때로는 하나님께서 고대에 예루살렘을 파괴하신 것이 유대교 율법에 대한 하나님의 심판을 의미한다고 주장할 정도였다.[46] 츠빙글리의 설교에 있어서 초점은 복음에는 사순절에 대한 율법이 없으며, 그것은 교회에 의해 만들어진 사람들의 법이라는 것이다. 그러므로 지킬 수도 있고 지키지 않을 수도 있는 것으로서, 만약 강제성을 띠게 된다면 복음에 있는 하나님의 참된 법을 흐리게 된다는 것이었다. 그는 성경을 하나님의 뜻을 담고 있는 신성한 법이라고 불렀다. 츠빙글리의 개혁을 특징짓는 이 선언을 출발점으로 하여 그는 취리히의 개혁이 비텐베르크 개혁자의 역설적 메시지와는 다르다는 것을 확실히 했다.[47]

이제 태동하려는 취리히의 개혁 운동에 대해서는 잠시 보류하고 바르트부르크(Wartburg)의 루터를 살펴보자. 무슨 권위로 종교개혁을 일으키는가? 떨쳐버릴 수 없는 이 질문에 대한 답은 1521년까지 주어지지 않았다. 그리고 루터가 없는 비텐베르크의 상황은 더 명확하게 이 질문을 던지고 있다. 루터의 가장 확실한 지지자들로서 비텐베르크대학에 있던 자들은 루터의 지도가 없음에도 불구하고 개혁을 한 단계 더 추진하려고 하였다. 그 중의 한사람이 바로 명석하지만 너무 젊은 필립 멜랑히톤(Philipp Melanchthon: 그는 '검은 땅'이라는 의미를 가진 그의 이름 슈바르츠에르트[Schwartzerd]로부터 같은 의미를 가진 헬라어 이름으로 바꾸었음)으로서, 1518년 21살의 나이에 그 대학의 헬라어 교수로 초빙되었다. 그는 동료였던 루터를 깊이 존경하였으며, 루터에게는 찾아보기 힘든 깔끔하고 정돈된 필치로 1517년에 루터에 의해 쏟아져 나왔던 신학적 깨달음 속에 존재하던 혼란들을 정리하여 체계적인 모습을 갖추게 하였으며, 사람들로 하여금 전체적으로 균형잡힌 이해를 할 수 있도록 하였다. 그 결과로『신학총론』(*Common Places*,

---

45) Naphy, *Documents*, p. 38.
46) P. L. Avis, "Moses and the Magistrate: A Study in the Rise of Protestant Legalism," *JEH* 26 (1975), pp. 149-72, at 153.
47) U. Gäbbler, *Huldrych Zwingli: His Life and Work* (Edinburgh, 1986), pp. 52-54.

Loci Communes)이란 책이 1521년 출판되었는데, 이 책은 그 후로 여러 번에 걸쳐 확장되고 재편집되어져서 루터파의 주요 교과서가 되었다.

칼슈타트의 안드레아스 폰 보덴슈타인(Andreas von Bodenstein)은 일반적으로 알려진 것처럼 멜랑히톤의 선배로서 사려가 깊지 않은 대학 교수였다. 이름없는 귀족이었으며 참을성이 없어 충동적으로 일을 처리하곤 했다. 칼슈타트처럼 그는 자신이 약간 다르긴 하지만, 루터를 가장 잘 이해하는 사람이라고 생각했다. 그러나 그는 루터의 메시지를 명료하게 하는 것이 아니라, 오히려 그 혼란을 가중시켰다. 1521년 가을 무렵에 그는 분명히 루터의 글에 나타나 있는 생각들을 실천에 옮기기 시작했다. 그는 사제의 독신을 강요하는 것과 미사 의식에 대해 반대하는 설교를 했다. 그는 만인제사장설에 대해 말하면서 이것을 보통 사람들을 위한 기독교 지혜에 대한 찬양으로 만들어 버렸다. 또한 성탄절에 성만찬을 집례하면서 사제 제의 대신 보통의 겉옷을 입고 사람들에게 떡과 포도주를 둘 다 나누어 주었다. 그 다음 날에 이 중년의 학자는 15세 소녀와 약혼을 하였다.

이어지는 한 달의 기간 동안, 이러한 종교개혁의 논리적(예상된다는 의미에서) 진전은 루터의 혁명적 메시지를 좀 더 진전시키기를 열망하는 많은 사람들을 비텐베르크로 모이게 했다. 루터가 그랬던 것처럼 그들 중 어떤 사람들은 자신이 예언의 영을 가졌다고 생각하였는데, 루터와는 다르게 그들은 성경에서 발견한 메시지들을 단순히 전달하는 데 그치는 것이 아니라 자신들이 하나님으로부터 직접 계시를 받았다고 주장했다. 대부분은 작센 지방의 제법 큰 도시인 츠비카우(Zwickau)에서 왔는데, 츠비카우는 비텐베르크만큼 일찍 종교개혁을 받아들였으며, 이들은 츠비카우 선지자들로 불리게 되었다. 읽고 쓰는 것에 능하지는 않았지만, 그들의 카리스마는 사려깊은 젊은 멜랑히톤에게 깊은 인상을 남겼다. 그리하여 멜랑히톤은 성탄절 이틀 후에 선제후 프리드리히에게 "여러 가지 이유로 인해 성령께서 그들을 사용하시는 것으로 보입니다"라는 자신감 없는 글을 써보냈다.[48]

새로 도착한 사람들 중 일부는 성만찬에 대해 루터보다 더 급진적이기를 원했다. 루터는 화체설이 말하는 신비를 비웃었는데, 어떤 신비도 부인하고 빵과 포도주는 상징이며 그리스도의 유일한 희생을 기억하도록 도와주는 것으로 그것이 하나님의 살과 피가 되는 것은 말도 안된다고 주장한다. 칼슈타트는 이러

---

48) Naphy, *Documents*, p. 30.

젊은 시절의 비텐베르크의 개혁자들의 모습

루카스 크라나흐(Lukas Cranach) 장로가 1520년에 이 유명한 초상화를 그릴 때에도 루터는 여전히 수도사로 살고 있었다.

필립 멜랑히톤(Philip Melanchthon): 장 자크 보이사르(Jean Jacques Boissard)에 의해 남겨진 알브레히트 뒤러(Albrecht Dürer)의 판화(1526).

제3장 새 하늘: 새 땅(1517-1524)

한 주장을 열렬히 반겼으며, 그 선지자들이 루터가 강조한 믿음의 중요성을 더욱 강조할 때에 진지하게 경청하였다. 그들은 신약에 나타난 세례의 모든 기록들은 믿음의 고백을 포함하고 있기에, 어린 아이들이 그런 고백을 하는 것은 불가능하므로 어린이에게는 세례를 베풀 수 없다고 주장하였다. 이러한 주장에 대해 루터가 반박하기는 매우 어려웠다. 왜냐하면 그 주장이 논리적이며 또한 핵심적인 기독교 진리의 시금석으로 성경을 강조하는 루터의 실제적 문제를 잘 지적하고 있기 때문이다. 신약성경에 유아세례의 예가 없음에도 불구하고 루터는 유아세례를 유지해야 했다. 이것은 그가 단순히 츠비카우 선지자들을 해산시킴으로써 해결할 수 있는 단순한 문제가 아니었다.

마지막 단초는 칼슈타트가 루터의 저작『독일 귀족에게 고함』에 있는 한 제안을 실천에 옮기면서 시작된다. 루터는 1519년, 자신이 일으킨 유럽 전역의 반향만큼이나 큰 영향을 미친 새로운 마리아 숭배의식에 대해서 극도로 화가 난 상태였다. 그것은 우리가 1장에서 언급한 바와 같이 한 반유대주의 파괴자를 치료하였던 '레겐스부르크(Regensburg)의 아름다운 마리아'라는 것이다. 따라서 루터는 귀족들로 하여금 모든 순례여행의 중심지들을 무너뜨리기를 요구하였으며, 레겐스부르크의 마리아 성지는 그 중에서 최우선 대상이 되었다.[49] 모든 성상(sacred image)은 악마의 미혹수단으로서 파괴되어야 한다고 공언해온 칼슈타트에게 그것은 악마의 미혹수단인 '성지'(sacred place)에 대한 파괴행위는 단순한 지지를 넘어선 한 단계 진일보한 조치였다. 그리하여 1522년 1월 경에는 비텐베르크 시민들이 그들의 교회에 있는 여러 가지 기독교 미술 작품을 부수었다. 프리드리히 선제후는 대노했으며 그의 사랑하는 도시와 대학은 혼란에 휩싸였다. 그의 사촌인 게오르그 공작(Duke Georg)은 자신의 생각이 옳았음을 주장했다. 그리하여 루터는 이 사태를 수습하기 위해 바르트부르크로부터 돌아와야 했다.

돌아온 후 그는 수도사 옷을 입고 사순절과 관련된 일련의 설교를 하였는데, 신중하고도 단호한 표현들을 사용하여 절제와 절차의 필요성을 역설하였다. 동시에 츠비카우 선지자들을 시에서 쫓아내었는데, 그들을 '광신자'(Schwärmer)라고 비난하였다. 칼슈타트는 그의 이전 영웅과의 갈등이 커지자 대학에서 점점 소외되었으며, 2년이 지나기 전에 비텐베르크와의 관계를 청산하고 대학 교수의 가운을 벗고 소작농의 옷을 입음으로써 대중적 기독교에 대한 그의 소신

---

49) WA, vi, p. 447, l. 18, and n.

을 밝혔다. 그는 방랑을 시작했으며, 1541년 바젤에서 전염병이 돌 때 악마가 교회 장의자 주위를 어슬렁거린다는 불평 섞인 투로 설교한 후, 무더운 일주일이 지난 다음 생을 마감했다. 원한을 잘 품는 루터는 이러한 충격적인 소식에 대해서도 몰인정한 만족감을 보였다.[50] 그와는 달리 루터는 비텐베르크에서 다시는 벗어나지 않았는데, 이는 찰스 황제에 의해 그가 불법적인 신분으로 정죄되어 제국 내에서의 이동이 어렵게 되었기 때문이었다. 그가 1522년 봄에 비텐베르크로 돌아온 것은 그의 삶에서 1517년 10월 31일만큼이나 의미가 있다. 그는 자신이 복음의 자유에 대해 아무런 방향제시 없이 제목만 달랑 내놓은 것이 어떤 결과를 가져왔는지 알게 되었다. 그는 처음에 로마 교황의 어떤 개혁의지나 행동을 기대했고 또한 그것을 의도했던 것이지만, 이제는 그가 교회의 구조와 같은 어떤 형태를 만드는 것에 집중해야만 했다.

이 말의 의미는 우선, 루터가 그의 예전 글에서 무엇을 취하고 무엇을 버려야 할지 선택하는 것을 의미했다. 루터가 없을 때에 발생한 거의 모든 일이 그의 저술에 좋은 선례를 제공하였다. 사제의 결혼에 대해 많은 설명을 할 필요가 없는 것은 이미 사제들에게 매우 보편적인 것이었기 때문이다. 사실 1525년에는 루터 자신도 카타리나 폰 보라(Katharina von Bora)라는 귀족 출신의 전 시토수녀회의 수녀와 결혼하였다(멜랑히톤은 그 결혼에 초대하지도 않았고 심지어 아무 언질도 없었다는 것에 대해 매우 화가 났고 상처를 받았다).[51] 루터는 처음에 그리 낭만적이지 않은 의도로 결혼하였다. 단지 그가 잘 보살핌을 받은 것에 대한 보답으로 가난한 수녀들 중 하나에게 좋은 가정을 선물하려는 의도였다. 그러나 카타리나는 활기차고 잘 인내하며 매우 능력 있는 배우자였다. 그녀는 그에게 많은 행복과 사랑스러운 아이들을 선물했다(15장, p. 828). 루터를 존경하는 한 명 혹은 두 명의 학생들을 초대한 저녁 만찬에서 루터 박사의 농담이나 여러 가지 의견을 나누면서 그녀는 매우 유쾌한 분위기를 만들곤 했는데, 그때 나눈 이야기들을 모아서 『식탁 만담』(Table Talk)이라는 책으로 출판하였다(9장, p. 467). 카타리나는 절약하면서도 풍성하게 식탁을 대접하였는데, 그로 인해 초기 초상화에서 나타난 루터의 여위고 근엄한 수도사의 모습이 '마틴 루터와 같이 뚱뚱한'이란 속담을 만들어낸 '결혼한 종교개혁자'의 모습으로 변하게 되었다(인물 1, 사진 10 참조).[52]

---

50) B. Gordon, "Malevolent ghosts and ministering angels: Apparitions and Pastoral Care in the Swiss Reformation," in Gordon and Marshall (eds.), *Place of the Dead*, pp. 87-109, at p.88.

51) B. Cameron, "Philipp Melanchthon: Image and Substance," *JEH* 48 (1997), pp. 705-22 중 pp. 721-2.

52) J. C. Smith, 'Katharina von Bora through five centuries: a historiography," *SCJ* 30 (1999), pp.

한편 루터는 변화에 대한 제한을 설정하였다. 유아세례에 대해서는 타협의 여지가 없었다. 이것은 매우 중요한 것으로 앞으로의 종교개혁에 있어서 중요한 기준이 되었다. 4세기로 잠깐 돌아가자면, 콘스탄틴 1세의 기대하지도 않던 전에 없던 기독교에 대한 호의로 말미암아 기독교는 로마제국과 동맹을 맺게 된다. 그 후 한 세기 동안 기독교는 제국의 종교들 가운데 독점적 지위를 차지하며 종교, 문화 그리고 사회의 통합을 이루어 소위 '기독교제국'(Christiandom)을 이루게 된다. 여기에서 가장 중요한 전제는 '사회의 모든 구성원들은 동시에 교회의 구성원이며 그 자격은 세례로써 확증된다'는 것이다. 츠비카우 계통의 선지자들은 유아세례를 거부함으로써 기독교 제국의 기본 전제를 위협하였는데, 오히려 루터는 기독교제국을 유지하기로 결정함으로써 그의 적군인 교황과 같은 입장을 취했다. 따라서 무슨 수를 쓰더라도 성경에서 그 근거를 찾아서 유아들이 세례를 받도록 해야 했다. 이 점에 관해서는 앞으로 살펴보겠지만, 대부분의 종교개혁자들이 루터를 따르고 있다. 유아세례를 견지하는 것은 소위 역사학자들이 지칭하는 '관료적 종교개혁'(Magisterial Reformation)의 주요 특징이 되었다. 루터, 츠빙글리, 부르스(Bruce), 칼빈 혹은 크랜머와 같은 주요 개혁자들은 세속의 관료들과 연합하여 기독교 제국의 재건을 추구하였던 것이다. 한편 루터는 다른 주제에 있어서는 다른 개혁자들에 비해 좀 더 보수적이었다. 그는 성만찬에 대해 개인적으로 깊은 묵상을 하였으며, 그리스도의 몸과 피가 물리적으로나 유형적으로나 성체 탁자 위에 있는 빵과 포도주에 존재한다는 개념을 열심히 보호하려 했다. 그것은 마치 그가 좋아하는 비유로, 쇠붙이가 불에 의해 달궈질 때 열기운이 그 쇠에 존재하는 것과 같다. 벌겋게 달궈진 부지깽이를 만지는 것보다 더 물리적인 감각은 없는 것이다. 무엇보다도 그를 비텐베르크로 오게 했던 성상의 문제에 대해서는 칼슈타트를 정면으로 반박했다. 그는 그 문제를 다룬 1522년 사순절 설교의 일부분을 즉시 출판하였다.

앞에서 언급하였던 성화(Sacred art)에 대해서는 아무 문제가 없다고 루터는 판단했다. 가장 터무니없는 몇몇 성상들이 점차적으로 파괴된 뒤에는 교회 내에 있는 성화에는 아무 문제가 없었다. 파괴하여야 한다면 그것이 어떤 힘을 가지고 있다는 것을 의미하는데, 사실은 하나님의 창조의 아름다움을 보여주거나 성경 이야기를 기억하게 하는 것 외에는 아무 기능이 없는 것이다. 그리스도의 어머니 초상화나 그리스도의 십자가 그림이 무슨 문제가 되겠는가? 루터는 성

745-73. Wilkinson, *Medical History of the Reformers*, op.cit., p. 15.

경을 통해 그의 주장을 변호했다. 모세가 만들었던 놋뱀이 유다왕 히스기야에 의해 파괴된 것은 그것이 이스라엘 백성들에 의해 숭배됨으로, 잘못 사용되어진 경우였다. 바울 사도가 아테네에 가서 많은 우상들을 발견하였을 때, 그것을 파괴하기보다는 조리있는 말로 아테네 사람들을 설득하여 그것을 숭배하지 말라고 하였던 것이다. 나중에 칼슈타트와의 언쟁에서 그는 성상의 효용성에 대해서 이렇게 표현하였다. "인식을 위해서, 증거로서, 기억을 위해서, 표시로서" (zum Ansehen, zum Zeugnis, zum Gedachtnis, zum Zeichen). 1525년 이후에 루터는 더 이상 이러한 문제를 언급할 필요를 느끼지 못하였다(사진 6 참조).[53]

6. 취리히와 비텐베르크(1522-1524)

성만찬과 성화에 대한 루터의 신념은 점차적으로 루터식의 개혁을 따르는 교회의 주요 특징이 되었다. 왜냐하면 루터는 자신이 성만찬과 성상에 대해서 취리히에서 일어나고 있는 개혁과는 상이한 견해를 보이고 있다는 것을 잘 알고 있기 때문이었다. 취리히에서는 1522년 사순절 소시지 사건으로 인해 조금씩 진전이 나타났다. 그 사건 후에 바로, 칼슈타트가 비텐베르크에서 결혼한 지 오래지 않아, 울드리히 츠빙글리는 결혼했다. 하지만 그는 결혼을 잠시 동안 비밀로 했는데 보수주의자들에게 빌미를 주고 싶지 않았기 때문이다. 그리고는 콘스탄츠(Konstanz) 교구 주교에게 보내는 편지에서 교회의 허가없이 여자와 동거하는 스위스 성직자들의 행태보다는 사제 결혼을 허가하는 것이 낫다고 했다. 개혁에 대한 그의 생각이 출판되고 그를 지지하던 시의원들이 1523년 1월 공개논쟁에 참여하게 되었다. 거기에서 그는 교회에 변화가 필요하다는 그의 주장에 대해 논증하게 된다.

이 논쟁은 매우 주목할 만한 것이다. 취리히에는 대학도 없고 츠빙글리는 수도사도 아니었기에 이 논쟁에서는 루터가 개혁으로 나아가기 위해 밟았던 그러한 전통적인 논쟁의 과정을 따를 필요가 없었다. 회의록은 라틴어가 아닌 독일어로 쓰여져서 시의원들도 무슨 일이 일어나고 있는지 알 수 있었다. 그러자 그 공화국의 시의회는 그들이 앞으로 무엇을 믿을 것인지 그리고 어떤 신앙생

---

53) M. Aston, *England's Iconoclasts: I. Laws Against Images* (Oxford, 1988), pp. 39-43; Michalski, *Reformation and Visual Arts*, pp. 19, 29, 176.

활을 할 것인지에 대해 그 자리에 참석한 교회 고위 관계자의 자문없이 스스로 결정하기 시작했다. 한편 갑자기 튀어나온 이러한 상황에 화가 난 교회 관계자들은 전통 신앙을 변호함으로써 이 상황을 존중하며 받아들이려 하지 않았다. 따라서 츠빙글리의 주장은 세속 권력의 지지 아래에서 아무런 방해없이 수용되었다. 그는 시의회가 승인하게 될 교리의 유일한 원천은 성경이어야 한다고 선언했다.

  츠빙글리와 그의 몇몇 동료들은 단지 성경이 말하는 바를 취리히 사람들에게 전하고자 했다. 1521년과 1522년 사이에 비텐베르크에서 일어났던 급진적인 진전과 비슷한 것이 발생한 것은 츠빙글리의 친구인, 강 건너 장크트 페터(St. Peter) 지역에 사는, 그로스뮌스터에서 온 레오 유트(Leo Jud)에 의해서였다. 1523년 9월 유트는 설교를 통해 성경이 성상의 파괴를 명령하고 있다고 지적하였다. 성경의 너무나 잘 알려진 십계명의 본문은 분명히 "너는 너를 위하여 새긴 우상을 만들지 말고…아무 형상이든지 만들지 말며…그것에 절하지 말라"고 말하고 있다. 뛰어난 히브리어 학자였던 유트는 서방교회에 의해 지금까지 잊혀져 왔던 십계명의 중요한 특이점을 발견하였다. 그것은 계명에 번호를 붙이는 것에 서로 다른 두 가지 방법이 있다는 것이다. 하나는 히포의 어거스틴이 지지하며 서방교회에 의해 사용되어 온 것으로, 새긴 형상에 대한 계명(제2계명)은 제1계명의 일부분으로써, 제1계명을 보완설명하는 것으로 이해하는 것이다(이 경우 탐심에 대한 계명을 둘로 나누어 총 10계명이란 숫자를 맞춘다). 다른 것은 유대교(성경 인물에 대한 성화를 배척해 온)에 의한 것으로 동방교회에 의해서 사용되고 있다. 제2계명과 제1계명을 별도의 계명으로 이해하는 것이다(십계명의 또 다른 배열에 대해서는 부록을 참조 p. 905).[54] 이렇게 이해할 때 제2계명은 형상을 새기는 것에 대해 특별히 정죄하고 있는 것이다. 따라서 동방정교회는 지금도 그렇지만, 이 계명을 꼼꼼하고도 완벽하게 지키기 위해서 모든 성상(아이콘, icon)들을 평평한 평면 위에 그리도록 하고 있으며 새긴 조각은 철저히 금하였다.

  제2계명에 대한 어거스틴의 주장은 성경 비평 원칙에 따를 때에도 나름 타당성이 있었다. 하지만 이것은 교황청의 부정직함의 또 다른 예로 개혁자들이 이용하기에도 용이한 것이었다. 유트는 이러한 발견을 출판하여 점차 공론화했는데, 그 전에도 이미 취리히에서 그 메시지를 외치고 다닌 것이 분명하다. 여기에서 우리는 성상이 아무것도 아니라는 주장을 절대 굽히지 않던 마틴 루터

---

54) Aston, *England's Iconoclasts*, op.cit., pp. 373, 379-81.

가 십계명의 번호를 새로 부여하려는 취리히 사람들을 따르지 않았다는 사실에 주목해야 한다. 정반대로 그는 이미 1520년 이전에 십계명에 대한 강의안을 만들 때에, 성상을 금지하는 모든 관련 구절들을 누락시킴으로써 성경을 맘대로 다루는 그의 특유의 능력을 발휘했다.[55] 그 결과 서유럽 교회들은 아직도 십계명을 두 가지 방법으로 번호를 매기는 이상한 모습이 만들어졌다. 더구나 이 차이가 로마 가톨릭과 개신교 사이에 존재하는 것이 아니라, 로마 가톨릭과 루터교회가 한 편에 서고, 잉글랜드국교회를 포함한 다른 모든 교회가 다른 편에서는 형태로 존재하게 되었다. 중대한 원칙들이 지켜지지 않았던 것이다. 루터가 (악한) 율법과 (선한) 복음을 대조했다면, 취리히 사람들은 지금 (선한) 율법과 (악한) 우상숭배를 대조하고 있는 것이다. 츠빙글리는 음악가로서 열정과 재능이 있었으나, 음악이 가진 사람의 감정을 움직이게 하는 능력으로 인해, 그것이 오히려 우상의 한 형태가 되고 하나님을 예배하는 데 방해가 될 수 있다는 이유로 교회에서 음악을 금지했다. 이러한 금지는 츠빙글리의 후계자인 하인리히 불링거(Heinrich Bullinger)에 의해서 하나의 원칙이 되어 1598까지 이어졌다. 이 해에 취리히 신자들이 교회의 성직자들에게 반발하여, 다른 개혁 교회들처럼 예배시간에 찬양하는 것을 요구하여 관철시켰던 것이다. 사실 취리히의 인쇄업자들은 지난 50년 동안 찬양을 사용하는 다른 교회들을 위해서 열심히 찬양집을 발행하고 있었다.[56]

1520년대 초에 취리히에서 생겨난 커다란 분열은 점차 커져서 유럽 개신교의 루터파 교회로부터 개혁파를 구별짓는 데까지 이르렀다. 왜냐하면 이것은 단지 추상적인 논쟁이 아니었기 때문이다. 레오 유트의 설교의 결과로 취리히 사람들은 교회와 길거리의 성상들을 끌어내리기 시작하였다. 이것은 자주 무질서하게 이루어졌고, 이러한 무질서는 한 번도 스위스에 고발되지 않았다. 의회는 무언가를 해야만 했다. 1523년 10월에 열린 두 번째 회의에서 성상과 그와 관련된 미사 문제를 주요 안건으로 채택했다. 논제는 "그 성상들이 그렇게나 우상숭배적인가?"였다. 한 달간의 논쟁의 결과로 종교개혁 전체에서 첫 번째의 공식적 교리 선포가 이루어졌다. 의회에 의해서 1524년 6월부터 성상이 금지되고, 1525년 4월부터 미사가 금지되었는데, 이것은 마치 오늘날 시의회가 도로에서 주차금지를 명령하는 것과 같았다. 이것은 종교개혁이 전통 가톨릭교회의 의사결정 구조를 무시하고, 평신도의 권위를 따르게 된 것을 보여준 가장 전

---

55) Ibid., pp. 378-79.

56) K. H. Marcus, "Hymnody and Hymnals in Basel, 1526-1606," *SCJ* 32 (2001), pp. 723-42, 731-2.

형적인 예이다. 4월 미사가 금지되기 전까지 취리히는 여전히 전통적 동맹인 교황과 같은 교파에 속해 있었다는 것은 실로 놀라운 일이다. 교황은 정치에만 눈이 멀어서 취리히에서 발생하고 있는 사태의 심각성을 전혀 모르고 있었으며, 이런 일을 주동한 자들에게 아무런 공식적인 정죄도 내리지 않았다.

그러면 이제 취리히에서는 어떤 형식으로 성만찬이 이루어져야 하고, 또 그것은 신학적으로 어떻게 해석되어야 하는가? 여기서 츠빙글리는 루터와는 매우 다른 방향으로 나아갔으며 기본적 원리에 있어서는 칼슈타트나 츠비카우 선지자들과 매우 유사하였다. 그는 에라스무스의 추종자답게, 에라스무스가 애호하는 구절 중의 하나인 요한복음 6:63, "육은 무익하니 살리는 것은 영이니라"를 인용하여 육신보다는 영혼을 강조하였다(2장, p. 163 참조). 그는 루터가 마지막 만찬에서의 주님의 말씀 "이것은 나의 몸이요…이것은 나의 피라…"를 무식하게 문자적으로 취급함으로써, 빵과 포도주가 주님의 몸과 피가 된다고 보았다고 생각했다. 루터가 미사라는 이름의 희생제사와 화체설의 신비의 개념을 버린 후에도, 왜 완고한 비텐베르크 사람들은 성만찬의 빵과 포도주에 어떤 종류의 실제적인 존재가 실재한다는 주장이 비논리적이라는 사실을 몰랐는가? 신자들이 예수 그리스도가 하나님 우편에 계시다는 것을 안다면, 주님이 성찬상에 임재하신다고 볼 수 없다(이것은 칼슈타트에 의해 제기된 견해로서 지금은 거칠게 들리지만, 나중에 반루터 주의에 의해 애용된다). 어쨌든 성례란 무엇인가? 충실한 인문주의자였던 츠빙글리는 라틴어 성례(Sacramentum)가 로마제국 병사들이 매일매일 하던 병사의 서약으로부터 라틴교회가 가져왔다고 보았다. 이러한 주장은 스위스에서 큰 반향을 일으켰는데, 이는 상호의존적일 수밖에 없는 스위스 사회의 근본을 이루고 있는 것이 바로 맹세와 서약이었으며, 그로 인해 서약에 충실한 것이 매우 중요하였기 때문이다.

그러므로 성만찬의 빵과 포도주는 기적을 일으키는 그리스도의 몸으로서 일종의 마술적 부적이 아니다. 우리가 날마다 국기에 대해 경례를 하는 것이 상징적이며 숭배의 표현인 것과 동일하게, 성만찬도 신자의 믿음을 표현하는 방법인 것이다(그런데 루터는 무엇보다 믿음을 중요시하지 않았는가?). 성만찬은 분명히 희생제사일 수 있지만, 이때 희생제물은 기독교인이 하나님에 대해 가지는 믿음과 감사의 한 가지 표현이다. 바로 예수께서 인류를 위해 십자가에서 하신 일들과 그로 말미암아 성경에 나타나는 약속들을 기억하는 한 방법으로써 드리는 것이다. 그리고 성만찬에 적용하는 원리는 또 다른 성경적 성례인 세례에 대해서도 적용되어야 한다. 세례는 아이들을 주님의 가족으로, 즉 교회 안으로 맞아들이는 한 가지 방법이지, 그를 통해 죄를 씻어내는 어떤 마술적인 것이 아니다. 그러므로 츠빙글리에게 있어서 성례의 의미는 하나님께서 인류를 위해 하신 무엇이 아니라 인류가 하나님을 위해 하는 그 무엇이었다. 더 나아가 그는 성례를 공동체와 불가분적인 관계를 가지고 있는 것으로 보았다. 이것은 그가 자랑스러워하는 도시에서 누린 친밀하고 베푸는 생활이 그의 신학에 영향을 끼친 것이다. 성만찬은 공동체가 사랑으로 모이는 것이고, 세례는 공동체가 새로운 구성원을 환영하는 것이다. 그 공동체가 취리히였는데, 취리히는 도시인 동시에 교회였고, 둘 사이에는 어떠한 분리도 없었다. 그것은 하나님의 법에 따라 살아가는 잘 규율되고 연합된 경건한 사회에 대해 성경에서 제시하는 신성하고 일관된 소망이었으며, 이 세상이 변화되어야 하는 바에 대해 에라스무스가 가진 소망을 개혁파적으로 변형한 것이었다. 이것은 또한 마틴 루터의 복음 메시지 속에 전제되어 있는, 인정하고 싶지 않고 고통스럽고 심지어 불합리하기까지 한 인간 이해, 곧 인간에 대한 거친 역설과는 상당히 다른 것이다.

하지만 츠빙글리의 정원에도 뱀이 있었다. 그들은 화가 난 교황의 추종자도 아니고, 문제 많은 루터주의자도 아니었다. 바로 자신의 열렬한 추종자들이었다. 그 도시 회중 가운데에는 훌륭한 인문주의 교육을 받은 이들이 많았다. 그들은 츠빙글리의 메시지를 듣고, 그가 하라는 대로 성경을 읽었으며, 소양 있고 지적이며 능동적인 기독교인의 삶에 대한 에라스무스의 이미지를 기억하면서, 스스로 결정을 내리는 자들이었다. 그런데 이런 결정들이 쌓여서 모아진 결론이 츠빙글리가 너무나 소중하게 여긴 원칙, 즉 취리히의 연합된 공동체를 공격하게 되었다. 츠빙글리는 평화주의를 웅변적으로 외치는 에라스무스를 따라갔는데, 철저하고 급진적인 츠빙글리 추종자들은 살인을 금하는 십계명에 아무도 군대에 들어가지 말아야 한다는 내용을 추가할 것을 지적했다. 게다가 예수 그리스도께서 친히 말씀하시기를 맹세하지 말라고 하셨으므로, 스위스 공동체가 소중하게 여기는 그 맹세도 하지 말아야 했다.

몇 가지가 더 있다. 만약 츠빙글리가 주장하는 것처럼 성만찬이 영적인 것이라면, 빵과 포도주와 같은 물질적인 상징도 필요 없다는 것이었다. 만약 세례가 공동체의 믿음을 표현하는 한 방식이라면, 충성을 나타내는 병사의 경우처럼, 그처럼 믿음을 표현하지 못하는 어린아이에게는 세례를 집례하면 안 된다는 것이다. 많은 급진주의자들은 그리스도의 명령, 즉 마태복음의 핵심인 모든 제자들이 모든 나라에 가서 세례를 주는 것과 "내가 분부한 모든 것을 가르쳐 지키게 하라"(마 28:18-20)는 지상명령(Great Commission)을 에라스무스가 강조했다는 것을 알게 되었다. 그러므로 사명은 주님의 메시지를 타협하고 그리스도의 모든 명령을 가르치지 않은 (마치 맹세를 하지 않는 것이나, 살인을 삼가해야 하는 것과 마찬가지로) 교회의 권세자들에게 주어진 것이 아니라, 모든 기독교인들에게 주어진 것이다.[57] 그리고 만약 사람들이 그리스도의 모든 명령을 그들이 들은 대로 순종하지 않는다면, 넓은 의미의 공동체에서 분리하여 참 기독교인의 모임을 만들 필요가 있으며, 그렇게 함으로써 율법으로써의 복음이 요구하는 순결함에 대해 보여줄 수 있게 된다는 것이었다.

이러한 종류의 주장들이 1523년부터 2년간 취리히 주(canton)에 매우 빠르게 퍼지게 되었다. 츠빙글리 메시지의 급진적 형태의 성공은 츠빙글리에게 매우 심각한 영향을 미쳤다. 왜냐하면 이로 말미암아 교회와 연방정부의 정체성, 즉 기독교왕국(Christendom)의 문제에 대한 커다란 견해 차이가 나타났기 때문이다. 특히 세례에 대한 급진적인 사고는 공동체 분리에 치명적인 영향을 주었다. 이 문제에 대한 츠빙글리의 대처는 비텐베르크에서의 루터가 급진주의자들에게 행했던 것과 정확히 일치한다. 그는 성경의 권위에 대해서도 동일한 문제에 직면하게 되었다. 왜 성경은 유아세례와 같이 중요한, 그가 중요시 여기는 문제에 대해 답을 하고 있지 않는가? 루터가 했던 것처럼, 그는 어쩔 수 없이 다음과 같이 말해야 했다. 교회가 행하고 있는 것들 중에는 성경에는 명시되어 있지 않지만, 기독교 내에서 이어져 온 오랜 역사에 의해서 검증된 것들이 있다. 여기에서 문제가 되는 것은 전통주의자들도 개혁자들이 정죄하고 있는 교회사에서 생겨난 많은 것들을 정당화하기 위해 이러한 논지를 편다는 것이다. 보수주의자들에게 그러한 전통이라는 것은 교황으로 대표되는 교회 권력에 의해서 보호되어 왔으며 성경의 본문과 마찬가지로 권위의 근거가 되었다. 개혁자들에게는 성경에 근거한 몇몇 논거들을 찾아서 유아세례를 변호하는 것이 더 안전했을 것이다.

사실 루터는 그렇게 했다. 그는 1522년 1월 츠비카우 선지자들을 반대하는 필립 멜랑히톤을 도와주려 했다. 그는 그의 젊은 동료에게 세례는 고대 이스라엘 풍습인 할례와 같은 것이라고 썼다. 고대 이스라엘에서는 성경의 명령

---

57) 비록 프리센(Friesen)이 이것을 재침례파의 사상에 대한 독점적인 원천으로 삼음으로써 너무 앞서간 감은 있지만 유용한 자료들이 A. Friesen, *Erasmus, Anabaptists, and the Great Commission* (Grand Rapids, 1998)에 있다.

에 따라 남자 아이에게 태어난 지 팔 일 만에 할례를 행했다. 이러한 할례가 율법에 의해서 고대 이스라엘 공동체로 들어오는 상징이었다면, 세례는 은혜에 의해서 새로운 이스라엘로 들어오는 상징이라는 것이다. 할례가 갓난 아기에게 행해졌으므로 동일한 원리로 세례도 갓난 아기에게 행해진다(비록 몇몇 급진주의자들이 나중에 쾌재를 부르며 지적한 바이지만, 비합리적인 남성중심의 논리는 그에게 문제되지 않았다).[58] 루터 자신은 이 논리를 더 전개시키지 않았으나, 츠빙글리와 그의 동료들은 이것을 더욱 확고히 붙잡았다. 이 논리는 루터보다는 츠빙글리에게 더욱 의미가 있었는데, 이는 루터보다 츠빙글리가 구약의 율법에 대해서 더 긍정적인 시각을 갖고 있었기 때문이다. 창세기 17장에서 말하는 바와 같이, 할례는 그의 백성과 맺은 하나님의 약속의 상징, 즉 그들의 언약(Bund: 독일어로 연맹)이었다. 이 단어는 스위스의 주(canton)와 도시들에서 매우 중요한 의미를 가진다. 왜냐하면 많은 도시들을 하나로 연결하고, 스위스라는 경계 안에 묶기 위해서 상호간의 언약이라는 것을 맺어왔기 때문이다. 그래서 루터의 태도와는 달리, 취리히 교회에서는 신학에서 율법 혹은 언약이 차지하는 지위가 유아세례를 지지하기 위한 긴박한 필요성으로 인해서 처음부터 매우 강조되었다. 이것이 나중에 어떻게 발전하는지는 이후에 살펴볼 것이다(4장, p. 258; 8장, pp. 516-520).

이제 취리히에는 정치적·사회적 대립이 다가오고 있었다. 급진주의자들은 그것을 피하거나 두려워하지 않았다. 왜냐하면 그들은 츠빙글리가 타락한 것을 보았고, 그러한 모습으로 인해 점점 불만이 고조되었기 때문이다. 게다가 츠빙글리 자신에게 매우 중요하였던 1522년의 프로샤우어(Froschauer)의 소시지 파티와 같은 상징적이고 파급적인 사건이 발생했다. 1525년 1월에 도시에서 열정적인 한 무리의 신자들이 서로 세례를 주었다. 일부는 공공연히 행했고, 일부는 개인적으로 행했다. 그리고 평범한 신자였던 몇몇은 빵을 떼고 포도주를 나누어줌으로써 만인제사장설을 행동으로 보였다. 소시지를 가지고 멋진 세레모니를 했던 개혁파 진영은 이제 이러한 행동에 대해 반응을 보여야 했다. 세 번째 회의가 열렸으며 질서를 지켜야 한다는 측이 승리하였다. 반체제적인 극단적 츠빙글리파들에게는 그들이 행한 가장 위험한 일을 생각하게 하는 나쁜 별명이 붙여졌는데, 그것은 다시 세례를 받은 자라는 의미를 지닌 '재세례파'(Anabaptists)라는 별명이다. 이것이 1526년에 법제화가 되자, 그 여파로 그들 중

---

58) Rupp and Drewery (eds), *Luther*, op. cit., p. 78.

4명이 리맛강(River Limmat)에 엄숙하게 익사하는 비극이 발생했고, 취리히주의 급진적 열광주의는 그것이 시작될 때만큼이나 빠르게 사그라들었다. 취리히에서 4명의 순교자들이 생겼음에도 불구하고, 에라스무스파와 츠빙글리파와 개혁주의교회는 구제책을 만들어 매우 급진적인 행동을 하는 동료 개혁자들을 구속하거나 처벌하기로 했다. 하지만 취리히가 이러한 일을 한 첫 번째 개혁도시는 아니었다. 4장에서 살펴보겠지만, 1525년의 비극적인 사건은 선례가 되었다. 유럽전역에 걸친 개혁운동은 대중적인 축제에서 좀더 체계적이고, 덜 위험하고, 조금은 밋밋해지는 상황이 되었다.

아마도 이것은 당연한 귀결이었을 것이다. 왜냐하면 루터와 츠빙글리는 어거스틴에 대해서, 그리고 은혜로 말미암는 칭의의 신학에 대해서는 공통적으로 충실했기 때문이다. 츠빙글리는 에라스무스 사상에 대한 열렬한 추종자였고, 위대한 인문주의자가 바라는 것과 같은 완벽한 공동체를 취리히에 이룩하고자 하는 소망을 가졌다. 때문에 그는 인간을 자신의 가장 좋은 의도조차도 부패시킬 수 밖에 없는 존재로 보는 어거스틴의 비관주의적 인간관과 쉽지 않은 싸움을 해야 했다. 루터에게는 그 내적 싸움이 츠빙글리보다는 복잡하지 않았다. 그는 인간의 능력에 대해 매우 부정적으로 보았으며, 죄의 노예 상태에 있는 인간 중에 극히 일부만이 하나님으로부터 선택받아 참된 기독교인으로 구원을 받을 것이라고 보았기 때문이다. 데시데리우스 에라스무스도 최종적으로 고민하였던 문제가 바로 이러한 인간의 부패에 관한 것이었다. 전통주의자들은 에라스무스가 그의 재능을 사용하여 루터를 반박하도록 강요했지만, 그는 최대한 이러한 논쟁에서 비켜나 있었다. 그러나 마지막에 가서는 그도 이 문제에 대해 자세히 살펴보기로 했다. 그는 인류에게 과연 하나님의 은혜로운 부르심에 반응할 수 있는 자유의지가 남아있는가 하는 질문을 통하여 이 문제의 핵심에 접근하려 하였다. 그는 1524년 9월에『자유의지에 관한 논쟁』(*A Diatribe on free will*)이란 글을 통하여 루터를 반박하였다. 어거스틴주의자의 관점에서 논쟁을 시작해야 함을 잘 알고 있던 그는 은혜의 시발점은 하나님께 있다는 것을 강조했다. 그럼에도 불구하고 그는 교리주의나 은혜에 대한 일방적인 측면만 이야기하는 것을 피했다. 그가 보기에 이것이 바로 루터의 치명적인 실수였기 때문이다. 그는 루터의 신학 방법을 사용하여 그 결과물인 그의 신학이 잘못되었음을 반박했다. 그의 반박은 그의 책『야만에 대항함』(*Antibarbari*)의 주된 내용인 '밝혀진 진리에 대한 절대적 선언들에 대한 불신'이란 주제를 연상하게 한다.

루터는 그리할 필요가 없음에도 불구하고 논란이 되는 질문들을 대중에게 공개하였다. 에라스무스는 의견들을 비교하고, 합의점이 무엇인지 살펴보고, 가장 설득력 있는 것을 제안하는 방식을 선호하였다. 이러한 과정은 '논쟁'이라는 단어가 무엇을 의미하는지를 잘 보여주고 있다.

에라스무스는 사람들이 이성적이기를 원하는 인문주의자였다. 그리고 그는 이성적이지 않은 사람들은 전문적인 신학 토론에 나오지 말아야 한다고 직설적으로 말했다. 더욱이 그는 사람이 참으로 이성적일 수 있다고 믿었는데, 이는 아담과 하와가 타락할 때 그들의 이성이 완전히 부패한 것이 아니라 단지 손상되었을 뿐이라고 보기 때문이다. 반면에 루터는 모든 타락한 인류에게 피할 수 없는 메시지를 선포하는 선지자였다. 에라스무스의 '논쟁'에 대한 반박으로 루터는 글을 썼는데, 그 제목이 루터의 주장을 너무나 잘 말해주고 있다. 『의지의 노예됨으로부터』(*Of the slavery of the will*, 1525년 12월). 루터는 여기에서 인류는 정죄 외에는 다른 운명이 없으며, 구원을 얻을 만한 어떤 공로도 하나님께 바칠 수 없다는 매우 혹독한 메시지를 전하고 있다. 그는 "만약 그리스도가 그의 피를 통해 인간을 구속하였다고 믿는다면, 우리는 인간의 모든 것이 잃어버린바 되었다고 고백해야 한다. 그렇지 않으면 우리는 그리스도의 희생이 필요 이상이었다고 말하거나 혹은 사람의 가장 쓸모없는 부분을 위한 것이었다고 말하게 되는 것이고, 이것은 곧 신성모독이다."[59] 그의 책에 있는 이 말은 가톨릭과 분명한 차이를 보여주고 있으며, 종교개혁의 핵심으로서 어거스틴의 견해 중 가장 부정적인 부분에 대한 재확인이다. 즉 인문주의자들의 이성적인 개혁은 쓸모없다는 루터의 선언이다.

에라스무스는 인간의 전적 타락을 주장하는 이러한 견해를 받아들일 수 없었다. 타락으로 인해 인간의 이성은 신학을 하기에 적절하지 못한 것이 되었다고 말하고 있는 루터의 입장은 이성이 타락의 과정에서 손상되었을 뿐 파괴된 것은 아니라고 보는 에라스무스를 공격하는 것이기 때문이다. 그는 루터가 신학함에 있어서 모순을 과감하게 수용하는 것에 대해 강한 의구심을 가졌고, 그것은 합리적인 논쟁에 대한 의도적인 공격이라고 느꼈다. 에라스무스는 당연히 논쟁을 계속했으며, 1526년과 1527년에 신랄한 문체로 쓰여진 두 권의 두꺼운 책을 출판했다. 그는 이 책들에서 루터가 어떻게 그로 하여금 다시 불완전한 구조를 가진 구교에 충성하게 만들었는지 밝히고 있다. "그래서 나는 더 나은

---

[59] Packer and Johnston (eds.), *Luther: the Bondage of the Will*, op.cit., p. 318; WA xviii, p.786.

것을 발견하기 전에는 이 교회를 받아들일 것이다. 그리고 교회도 내가 더 나은 사람이 될 때까지 나를 받아들여야 할 것이다."[60] 이러한 다소 맥이 풀린 듯한 선언으로 인해 그는 루터 뿐만 아니라 츠빙글리나 멜랑히톤과 같은 그의 인문주의 추종자들과도 대결하게 되었다. 왜냐하면 이들은 어거스틴의 교회론보다 어거스틴의 은혜론을 선호하는 되돌릴 수 없는 선택을 했기 때문이다.

7. 축제의 세월(1521-1524)

로마 가톨릭에 대한 루터의 봉기는 제국과 독일어권에서 대중의 큰 호응을 얻었다. 구교에 대한 개별적이고 다양한 반항들이 끊임없이 일어난 것은 독일어와 라틴어로 쏟아내는 엄청난 양의 루터의 저서들 때문이었다. 1523년에만 390권이 독일어로 출판되었으며, 그 자신이 직접 쓴 것 외에도 관련된 출판물(팜플릿, 광고용 전단처럼 대부분이 그림을 포함했)이 1525년까지 독일에서 300만부 가량이 인쇄되었다. 비텐베르크라는 작은 도시의 경제가 단지 인쇄업의 호황으로 인해 활황을 맞게 되었다. 인쇄물은, 그것이 읽혀지는 것을 듣거나 혹은 인쇄된 그림의 의미를 설명하는 것을 들어서 준비된 사람들을 종교개혁으로 이끌 수 있었다. 심지어 여자들도 자신의 생각을 출판하여 운동을 일으키게 되었다. 남부 독일의 귀부인인 아르굴라 폰 그룸바흐(Argula von Grumbach)는 1524년 각계 지도자들에게 복음주의 운동을 촉구하는 공개 편지를 써서 유명인사가 되었는데, 그녀에게 통렬한 비난을 받았던 자들 중에는 잉골슈타트(Ingolstadt)대학 신학부의 요한 에크(Johann Eck)와 그의 동료들도 있었다. 이 시기를 가리켜 독일의 역사학자 프란츠 라우(Franz Lau)는 정글이나 버려진 정원에서 일어나는 듯한 '산발적 성장'(Wildwuchs: wildfire-growths)이라고 표현하였다.[61]

독일 수도사 한 사람의 말이 어떻게 이러한 영향력을 가져왔는가? 우리는 1500년대에 전 유럽을 휩싸고 있던 미래에 대한 극도의 불안감과 함께 긴장되고 흥분된 사회적 분위기에 주목해야 한다(2장 참조). 모든 사회계층에서 사

---

60) *Hyperaspistes*, in CWE, LXVI: *Controversies*, ed. C. Trinkaus (1999), p. 117.
61) Pettegree (ed.), *Early Reformation*, pp. 10, 16; P. Matheson (ed.), *Argula von Grambach: a Woman's Voice in the Reformation* (Edinburgh, 1995).

람들은 극적이고 뭔가 결정적인 일이 일어나기를 바랬다. 그것은 안달루시아(Andalusia)의 농사짓는 아낙으로부터 로마 교황청의 추기경 그리고 연구에 전념하는 학자에 이르기까지 모두에게 공통된 분위기였다. 그들은 투르크족에 대해 두려워하고 있었고, 하나님께서 그 진노를 나타내시고 마지막 날(The Last Day)을 선포하기 위해 술탄(이슬람 최고 지도자)을 보내셨다고 믿었다. 또한 마지막 날에 있을 기독교 선지자를 기다리고 있었는데, 어떤 이들은 그 선지자가 교황일 것이라고 생각하기도 했다. 반세기 전에 오웬 채드윅(Owen Chadwick)은 종교개혁 사건을 요약한 그의 역작을 다음과 같은 말로 시작하고 있다. "16세기가 시작되자 서방교회에 관여하는 모든 사람이 개혁에 대해 목말라 하였다."[62] 이 문장은 사실이지만 두 가지 면에서 수정을 요한다. 바로 그 개혁을 향한 갈망은 지식인들만의 요구가 아니었다는 점과, 루터의 봉기로 인해 교황이 개혁을 저지하는 음모세력이라는 사실이 알려지기 전까지는 매우 소수의 사람들만이 이런 식의 개혁을 생각하였다는 점이다. 1517년 이후 유럽의 대부분에서 마지막 날의 선지자가 루터라고 여겨졌으며, 루터 자신도 그렇게 생각하였다. 교황은 해답이 아니라 바로 문제 자체라는 그의 메시지를 많은 사람들이 받아들이기로 결정했다.

    루터는 어떻게 이러한 것들을 이루었는가? 여기에서 우리는 그의 천재성과 열정을 무시할 수 없을 것이다. 그는 매우 다양한 계층의 사람들에게 선포했다. 그는 학자들과 논쟁하였고, 설교단에서도 외쳤고, 힘이 넘치는 글들을 독일어로 써냈으며, 그의 메시지를 독일어 찬양으로도 불렀다. 아마도 이러한 찬양시들이 개혁에 대해 주저하는 온건한 사람들에게는 가장 설득력이 있었을 것이다. 루터의 영향력은 당연히 그의 모국어인 독일어 사용자들에게 가장 크게 나타났지만, 1520년대에는 그보다 훨씬 더 크게 영향을 미치게 되었다. 그것은 단지 인쇄물에 의한 것만은 아니었다. 물론 그것이 가장 효과적이었지만, 구두로 전달되거나 혹은 노래로써 선포되는 메시지들도 종교개혁에 영향을 끼쳤다. 우리가 1장에서 보았듯이 중세 서방교회에는 설교가 많은 부분을 차지하고 있는데, 이 설교라는 것은 대중 소통의 특별한 한 형태로서 초기 기독교에 의해 시작된 것으로 볼 수 있다. 이것은 성경을 통해 말씀하시는 화자인 하나님과 신자들로 이루어진 청중 사이에서 이루어지는 일종의 투쟁(struggle)이라고 볼 수 있다. 그러므로 설교단은 미리 준비된 소통 수단이었고, 그것들을 변절한 전문

---

62) O. Chadwick, *The Reformation* (London, 1964), p. 1.

가들, 곧 루터의 말에 의해 붙잡힌 성직자들이 차지해버렸다. 그들은 그들의 사역을 망치려는 교황의 책략에 속아왔으며, 그로 인해 그들의 눈은 멀었고, 결과적으로 그들의 양들을 속여왔다는 사실에 분노하게 되었다. 그들은 그들의 분노를 일반 대중도 알게 함으로써 하나님의 진노를 면할 수 있기를 바랬다. 그들의 메시지의 주된 내용은 구원의 확신을 빌미로 한 헛된 술수들, 미사와 죽은 자를 위한 중보에 대해 밝히는 것이었다. 연옥을 이용한 사업이 가장 잘 되었던 북알프스와 북유럽에서 이러한 운동이 가장 두드러졌고 활발했던 것은 우연이 아니었다.

루터의 주제는 단지 이러한 술수들에 대한 부정적인 폭로만이 아니었다. 기독교인의 자유에 대한 그의 선포는 매우 효과적이었을 뿐만 아니라, 교회의 정치 구조에 대한 그의 공격과 쉽게 연결되었다. 구교에서의 종교생활과 헌신을 빌미로 한 다양한 방법들은 경제적으로나 감정적으로나 성도들에게 부담을 주는 것이었다. 그것은 성물이나 경건훈련, 그리고 사제에게 하는 정기적인 고해성사에 끊임없이 돈을 사용하도록 성도들을 유인했다. 평신도들은 그들이 사제들의 속임에서 자유롭게 되어 스스로 판단할 수 있는 자유가 있다고 귀가 따갑도록 들었다. 취리히는 시의회가 공인하는 신학논쟁을 통해서 그러한 것을 보여주었다. 함부르크와 같은 독일의 다른 큰 도시들도 취리히의 본을 받아 그들이 종교개혁을 도입할 때에 이러한 논쟁을 거쳤다. 구원 여부의 결정을 만드는 이러한 새로운 특권을 사용할 자격이 있다고 느낀 것은 정치권력만은 아니었다.[63] 지역사회의 공동체들도 루터의 메시지 중에서 원하는 것들을 취하고, 거기에 그들 자신의 불만과 변화를 향한 열망을 추가했는데, 이것은 때때로 공식적으로 종교에서의 변화를 후원하거나, 간혹 정치적 소요로 이어지기도 했다. 실로 많은 사람들이 자유가 십일조와 같은 징수금을 교회 기관, 특별히 그들에게 별로 도움이 되지 않는 대학의 수도원이나 예배당에 납부하지 않아도 된다는 것을 의미한다고 결정했다. 이러한 것은 일반적인 사제에 대한 조롱섞인 표현들과 합쳐지게 되었다. 그런데 이러한 표현 중 대부분은 1520년 이래로 루터 자신이 제공한 것이었기에 그로서는 반박하기 어려운 것이었다. 예를 들어, 사제들은 '죽은 자들을 먹고 사는 자'(Totenfresserei)로 비난받았다. 왜냐하면

---

63) 아침에 관해서는 Cameron, *European Reformation*, op.cit., pp. 311-13에 나와 있는 인상적인 논의를 보라. 함부르크에 관해서는 O. Schreib, *Die Reformationsdiskussionen in der Hansestadt Hamburg, 1522-1528: zur Struktur und Problematic der Religionsgesprache* (Münster Westfalen, 1976) 을 참조.

그들이 영혼 기도자(soul-prayer)들을 위해 기부하거나 예배당을 운영한 반면, 살아있는 과부나 아이들, 가난한 자들로부터는 그들의 생계수단을 빼앗았기 때문이다.[64]

지난 시대와 같이, 이러한 반 사제주의의 많은 부분들이 반체제 사제들, 특별히 탁발수도사들에 의해 제기되었다. 사회적 급진주의가 항상 프란시스코수도사들의 이상주의에 도사리고 있었다. 1514년 헝가리 십자군 운동을 터무니없는 재앙으로 만들어버렸던 사회적 증오심에 불을 지폈던 것이 바로 이들이었다는 사실과 그들이 초창기부터 피오레(Fiore)의 수도원장 요아킴(Joachim)의 예언에서 볼 수 있는 불안정한 흥분을 어떻게 잘 양육해 왔는가 하는 점에 대해 잊지 말아야 한다(2장, p. 104, 155; 13장, pp. 706-709). 많은 수도사들은 마지막 날이 왔다는 증거에 대해 열변을 토하였다. 그들은 1516년에 위대한 개혁자가 나타날 것이라는 15세기 프란시스코수도사인 요한 힐텐(Johann Hilten)의 예언에 매료되어, 교황을 적그리스도로 선언하였던 루터의 생각을 열렬히 인용하였다.[65] 역으로 우리는 세속 사제들이 수도사들에 대하여 부러움과 불신을 동시에 가지는 전통을 지녔음을 보아왔다. 따라서 죄 고백을 통한 억압에 대한 공격은 사실 수도사들이 자랑하는 전문분야인 고해성사에 대한 공격이 될 수도 있었다. 이와 동시에 수도사와 수녀들이 새로운 기독교인의 삶을 시작하기 위해 세상으로 즐겁게 나간다는 내용으로 수도원 생활에 대해 비꼬는 에라스무스의 글과 함께 기독교인의 자유라는 표현은 시너지 효과를 내게 되었다. 여기에서 기독교인의 새로운 삶은 기독교인의 결혼생활에서 그 자유를 만끽한다는 것을 의미한다. 독신서약으로부터 해방되어 자신의 성의 대한 정체성을 확인한 수도사와 수녀뿐만 아니라, 불행한 관계 속에 갇혀 있던 평신도들도 '신앙이 없는' 배우자로부터 탈출하여 새로운 출발의 기회를 얻을 수 있다는 성경적인 혁명을 알게 되었다(15장, pp. 839-851).

다양하면서 그리고 때로는 서로 모순적이기도 한 이러한 운동들이 세상을 전복시키기 위한 한 목적하에 연합을 이루게 되었다. 그것은 아주 놀랄 만큼 흥분되는 것이었다. 새로운 세계에서 자유의 폭죽을 터뜨리는 방법은 오래된 억압의 상징들을 부숴버리는 것이다. 1524년 이러한 파괴 운동이 놀랄만한 속도로 퍼져갔다. 왜냐하면 이어지는 3년 동안 발틱 연안에 위치한 모든 북유럽은

---

64) Gordon and Marshall (eds), *Place of the Dead*, p. 8.
65) 힐텐에 관해서는 Cunningham, and Grell. *Four Horsemen*, p. 21 참조.

스위스에서처럼 성상에 대한 폭력으로 가득찼고, 발틱과 북부 독일 종교의 미래에는 '루터교'가 불필요하게 여겨졌기 때문이다. 2장에서 언급한 바 있는 중세 말기의 가장 영적이던 경건운동이 그랬던 것처럼, 가장 파괴적인 에너지도 도시들에서 발견되었다. 소작농들은 사랑받던 성상을 부수는 것보다 십일조를 거부하는 수준에서 개혁하길 원했다. 이 단계에서 성상파괴(iconoclasm)는 그 특성상, 초기 종교개혁 운동처럼, 축하와 야심찬 표현으로 향하는 젊은이들의 운동이었다. 1524년 3월 리가(Riga: 리노비아[Linovia]의 도시, 현재는 라트비아)에서는 어느 한 종교단체의 젊은이들이 단지 제단과 그 배후에 있는 장식벽(reredos)만 부수고 교회의 다른 성상들은 온전하게 남겨두었다. 성상파괴 운동에 참여하였던 나이 많은 사람들도 이러한 자유의 표현에 동조하였다. 재미있는 것은 독일에서 스코틀랜드까지 지리적으로 그토록 광활한 지역에서 성 프란시스코의 성상이 주요 목표물 중 하나였다는 점이다. 이것은 수도사들에 대한 적개심의 표시이거나 예전의 프란시스코수도사들이 자신의 이전 노예 생활의 상징을 욕보이는 승리에 찬 행동이었다.[66]

같은 해 리가에서는 그들이 권위를 부여했던 것들을 욕보이는 행동, 성상파괴주의자들에 대한 안타깝고도 우스꽝스러운 일이 일어났다. 그것은 극단적인 예의 첫 번째 사건이었다. 대성당에서 최고로 숭배되던 한 성모 마리아 동상이 마녀로 전락되었고, 뽑혀져서는 드비나(Dvina)강에 처박혔다. 목재 동상은 물에 떠내려가서 마녀 심판으로 유명했던 쿱스베르크(Kubsberg)에서 '복음주의자'라는 자들에게 정죄되고 불태워졌다. 불태우는 것은 때때로 중요한 의미를 나타낸다. 구교에서 사람을 불태울 때는 이단으로 정죄될 때였다. 그러므로 오직 이단들만이 구교의 올가미를 불태울 권리가 있는 것이다. 축제적 분위기 속에서 아마도 축제에 어울리는 술도 거하게 걸친 듯한 모습이 나타나게 되었다. 단치히(Danzig)에서 가까운 브라운스베르그(Braunsberg)의 1525년 성탄절 행사에서는 미사에 대한 우스꽝스러운 패러디가 있은 후, 시장이 축제에 어울리는 곰가죽을 뒤집어 쓴 사람들을 이끌고 교회에 들어와서 성상들을 부수었다. 중요한 것은 유럽에서 개혁의 선구적인 이 지역에서 1525년부터는 개혁자들이 정교회(Orthodox church)들도 봐주지 않았다는 것이다. 그 시발점이 독일어를 사용하는 군중들이 도르팟(Dorpat: 지금은 에스토니아의 타르투)에 있는 작은 러시아 정교회에서 성상들을 파괴했던 사건이다. 이러한 성상들은 그려진 것으로서 엄밀하게 말해서 새겨진 상은 아니었다. 그러나 취리히의 성베드로(St. Peter)교회에서

---

66) Michalski, *Reformation and Visual Arts*, pp. 83, 90-91.

있었던 레오 유트의 십계명에 대한 세심한 설명은 도르팟에서 일어난 일과는 너무나 달랐다. 정교회는 이러한 폭력을 잊지 않았다. 이것은 서방 기독교인들에 의해 일어난 과오의 또 다른 측면이다. 성상파괴에 대한 루터의 혐오심으로 인해 북유럽 개신교에서 성상파괴가 사라지고, 또 루터파 교회들이 성화와 장식으로 가득찬 이후에도 오랫동안, 정교회는 그들의 이웃인 루터주의자들과 성상파괴에 관해 협력하였다.[67]

루터는 불같은 기질과 권위에 대항하는 용감성을 가졌지만, '산발적 성장' (Wildwuchs), 곧 하나님이 선택하신 대리자의 적절한 통제없이 사람들에 의해 순식간에 운동이 일어나는 것에 대해서는 두려워했다. 1522년 봄에 그가 비텐베르크에서 츠비카우 선지자들을 쫓아내고, 안드레아 칼슈타트가 견지하고 있는 일반 사람들에게도 종교적 결정권이 있다는 주장을 거부하면서, 그는 그와 대립하는 다른 선지자의 메시지를 받아들이지 않겠다는 점을 명확히 하였다. 그 자신도 여기에 대해서 혼란스러웠으나, 그가 싫어하는 작센의 게오르그 공작이 새로 성인으로 추앙된 5세기 전에 죽은 마이센(Meissen)의 주교 베노(Benno)를 위해 헌금을 하자, 이 점은 다시 한번 명확해졌다. 그의 대적에 의해 이러한 전통주의자들의 운동을 통렬히 비판하는 팜플렛이 만들어졌으며, 1524년 제후령 작센의 부흐홀츠(Buchhulz)에서 흥분한 군중들이 말과 소의 뼈를 사용하여 성 베노 숭배를 조롱하였을 때, 자신이 모든 비난을 감수하였다.[68]

루터는 어떻게 그의 작품들 속에 흠뻑 묻어난 정의로운 분노가 다른 사람들의 직접적인 행동으로 이동해 가는 것을 멈추게 할 수 있었을까? 그는 자신이 느끼기에 하나님께서 교회를 보호하도록 선택하셨다는, 합법적으로 세워진 공화국의 행정장관들에게 그 일을 맡겨야 한다고 생각했다. 로마서의 한 구절이 갈수록 그에게 중요한 역할을 하게 되었다. 로마서 13:1('각 사람은 위에 있는 권세들에게 복종하라 권세는 하나님으로부터 나지 않음이 없나니 모든 권세는 다 하나님께서 정하신 바라')은 관료적 종교개혁에서 가장 중요한 구절이 되었다. 이 구절 외에 사도행전 5:29('사람보다 하나님께 순종하는 것이 마땅하니라')도 루터뿐 아니라 다른 개혁자들에 의해 종교개혁의 기간 동안 많이 인용되었다. 만약 합법적인 권세가 자신의 역할을 그 의도된 대로 감당하지 못할 경우는 어떻게 되는가? 사도행전 5:29이 로마서 13:1을 우선하는가?

---

67) Ibid., pp. 86, 92-3, 95, 132.

68) T. Johnson, "Holy Fabrications: The Catacomb Saints and the Counter Reformation in Bavaria," *JEH* 47 (1996), pp. 274-97 중 p. 276.

1522년까지 개혁에 대해 긍정적으로 선언한 군주는 없었다. 더욱이 프란쯔 지킹엔(Franz Sickingen)이 이끄는 제국 기사단으로부터 루터가 얻었던 지원은 1522년 말에 가서는 어이없게도 부담과 의무가 되어버렸다. 그들이 지역 사법권을 이용하여 교회갱신운동을 무력을 통해 이루려 하였을 때, 여기에 놀란 군주들이 연합하여 이들을 무찔렀으며 지킹엔은 죽임을 당하였다. 그의 가장 뛰어난 동료요 인문주의 시인에서 개혁운동의 선전가가 된 울리히 폰 후텐(Ulrich von Hutten)은 무일푼의 도망자가 되어 몇 달 후에 취리히에서 매독으로 죽었다. 이것은 복음주의 운동을 하는 데 있어서는 전혀 도움이 되지 않는 널리 알려진 스캔들이었다. 그 후로 루터의 머릿속에는 두 개의 모순된 생각이 싸우고 있었으며, 그는 결코 그 문제를 제대로 풀지 못했다. 그는 군주의 지원을 절실하게 원하고 있었으나, 한편으로는 참된 개혁이 박해하는 군주들에 의해 결코 위협받을 수 없다는 사실을 분명히 하고 싶어했다. 이러한 모순은 기독교 세계라는 개념에 대한 그의 지속적인 헌신의 근거에 대항해서 끝까지 계속되었는데, 그것은 관료적 종교개혁의 미래를 특징짓는 것이라고 할 수 있다.

1522년 기사들의 반란이 실패하기 전에, 루터와 멜랑히톤은 '두 왕국'(two kingdoms)이라는, 루터의 사상 속에 보여지는 강한 모순성의 전형적인 이론을 정립시켰으며 작센의 게오르그 공작처럼 잘못된 통치자들에 대항하는 참된 교회의 자유를 보호하려 했다. 그래서 그들은 교회가 세속 정치를 하는 것도 적절하지 않으며, 동시에 세속의 군주가 교회에서 권세를 휘둘러 영혼을 구원하기 위해 무엇인가를 할 수 있다고 생각하는 것도 잘못되었다고 말했다. 그리고는 1523년 루터는 『세속 권력에 대하여: 어디까지 그것에 복종해야 하는가?』(*On secular authority: how far does the obedience to it extends?*)라는 책을 출판했다.[69] 이 책에서 주목할 만한 것은 그가 지킹엔의 죽음을 통해 깨닫게 된 것으로, 군주들의 권세에 대해 확실히 인정하였다는 것이다. 그러나 이것은 여전히 '두 왕국'의 긴장 속에 내재하고 있었다. 믿음의 왕국은 자유가 필요하고 세속 왕국은 힘과 법이 필요하다. 참된 기독교인은 그 경계가 어디인지 명확히 알고 있으나, 참된 기독교인이 매우 적으므로 사람들은 세속적 권세에 복종해야 한다는 것이다.[70]

'두 왕국'의 가르침과 루터파 교회 구조의 실질적인 미래 구조와는 거의 연관

---

[69] WA, xi, pp. 245-81; H. Höpfl (ed.), *Luther and Calvin on Secular Authority* (Cambridge, 1991).

[70] J. Estes, "Erasmus, Melanchthon and the Office of Christian Magistrate," *Erasmus of Rotrerdam Society Yearbook* 18 (1998), pp. 21-39, at 30; J. Estes, "The Role of Godly Magistrates in the Church: Melanchthon as Luther's Interpreter and Collaborator," *CH* 67 (1998), pp. 463-83 중 471.

이 없겠지만(4장, p. 241), 그것은 미래의 문제였다. 그가 『세속 권력에 관하여』(On secular authority)를 출간한 해인 1523년에 그것이 문제를 일으켰고, 루터는 자신들의 목회자들을 선출한 회중의 권리를 확정하는 다른 두 개의 논문을 출판하려고 여전히 준비하고 있었다. 여기에서 그는 한 예로서 작센의 라이스니히(Leisnig) 지방의 회중들에 의해 선택된 루터 자신과 보헤미아의 후스파 교회에 있는 그의 친구들을 언급했다.[71] 이것은 평신도들이 지구상에 있는 하나님의 영적 왕국과 관련한 결정을 내릴 수 있는 권리가 있음을 확실히 하는 것이었다. 군주들에 대한 항복이 내포하는 모든 의미를 루터는 알지 못했다. 1524년과 1525년 사이에 벌어지는 충격적인 사건들은 그것이 무엇을 의미하는지 루터로 하여금 확실히 알게 해주었다.

---

71) H. Bornkamm, *Luther in mid-career* 1521-1530 (London, 1983), pp. 122-27.

제 4 장
민중을 설득하는 관리
(1524-1540)

1. 극대화된 유럽의 반역(1524-1525)

　1524년은 소위 과학하는 이들에게는 불길한 조짐으로 시작되었는데, 그것은 다름 아닌 대홍수를 예고하는 물고기좌에서의 행성들의 근접이었다. 이것은 수년 전부터 전 유럽에 걸쳐 광범위하게 예견된 것이었으며, 이러한 암울한 현상을 다룬 새로운 간행물과 연감이 무려 160개나 출간되었다. 독일 전역을 강타한 1524년 7월의 재앙수준의 우박을 포함하여 전 유럽의 기상 상태가 최악이었던 것이 사실이지만, 실제 기상조건은 광범위한 공포와 두려운 분위기를 조성한 점성가들의 예언과는 달리 덜 심각했던 것 같다. 그러한 점성가들의 예언은 이미 대중적 종교개혁(popular Reformation)과 50년 동안 지속된 종말에 대한 기대로 혼란스러워진 유럽사회의 들끓는 분위기를 더욱 가중시켰다.[1] 이렇게 맞물린 사회불만 요소들은 마침내 '농민전쟁'(Peasant's War)이란 이름으로 폭발하게 되었는데, 이는 1789년 프랑스혁명 이전에 기록된 가장 크고 광범위한 민중봉기였다.
　1524년 여름 독일 남서부에서 시작된 이 민중봉기는 이미 200년 전부터 지속되어왔던 반란과 유사한 것으로, 당시 지주들의 골칫거리였던 과세 부담문제,

---

1) Cunningham and Grell, *Four Horsemen*, pp. 77, 320.

즉 바우어른(Bauern)이라 불리는 농노들에게 과중한 과세와 법적 부담을 지우려는 것과 밀접한 관련이 있다. 주지하는 바와 같이, 이런 민중반란의 민중 지도자들은 농촌 사회의 부유한 엘리트 출신들이다(바우른의 영어 번역인 "농노"[Peasant]는 지나치게 비하적인 잘못된 단어 선택이다). 이들은 책임감있고 자립적인 가문의 태생들로서, 루터와 츠빙글리를 비롯한 수많은 성직자들이 바로 바우른 가문에서 태어났다. 이런 봉기가 일어날 때 더 이상의 확산없이 그것을 잠재우기 위해 사용됐던 몇 가지 방법이 있었는데 그것은 영주나 신성로마제국 시 당국이 중재를 서든지, 최고기관인 라이히스카머게리흐트(Reichskammergericht, 1495년에 설립한 신성로마제국의 대법원으로 황제가 직접 재판을 주관함)까지 상고하여 해결하는 제도적 장치들이었다.[2] 그러나 종교개혁은 유럽사회에 또 하나의 불안정한 요소를 제공하였고, 1524년에 이르러 형성된 새로운 권력에 대한 기대와 반감이 교차하는 특별한 상황에서 모든 부류의 사람들이 바른 판단을 하기가 힘들어졌다. 1520년대부터 확산되던 십일조 논쟁은 항거자들(protesters)에게 새로운 독선을 조장하는 기회가 되었다. 1524년과 1525년 사이에 걸쳐 재발된 논쟁의 이슈는 주로 부유한 수도원이나 거기에 부속된 성당들의 재산에 관한 십일조였다. 이로써 항거자들은 종교개혁이라는 또 하나의 유용한 병기를 갖춘 셈이 되었지만, 이것이 마을 유지들을 통제하는 데는 별 도움이 되지 못했다.

이리하여 마침내 이해관계의 충돌이 일어나게 되었다. 지주들은 전보다 더 방어적이고 비타협적인 자세로 나오게 되고, 마을 지도자들은 협상에서 가시적인 성과를 내지 못하면 체면을 잃을 것을 두려워하여 더 강경한 노선을 견지하게 된 것이다.[3] 크고 작은 불협화음들이 북부 알프스산맥 자락에서 들리기 시작했고, 1525년 초에는 알자스(Alsace) 지방에서 시작하여 신성로마제국을 가로질러 보헤미아 국경까지 분쟁들이 북쪽으로 확산되었다. 알프스산맥 동쪽의 오스트리아는 티롤(Tyrol) 출신의 마이클 가이스마이르(Michael Gaismayr)의 탁월한 영도력하에 새로운 모습을 보이기 시작했다. 헝가리의 극동쪽에서는 가뜩이나 정부의 화폐 평가절하 조치에 분노한 광부들이 종교개혁자들의 설교에 부추겨져서(로마 교황청 대사의 말이 사실이라면) 파업을 했고, 거기서 북쪽으로 수백 마일이나 떨어진 폴란드의 튜턴 기사단(Tuetonic Knights)의 영토에 속한 소작

---

2) T. F. Sea, "The Swabian League and Peasant Disobedience before the German Peasants' War of 1525," *SCJ* 30 (1999), pp. 89-112.

3) G. P. Sreenivasan, "The Social Origins of the Peasants' War of 1525 in Upper Swabia," *PP* 171 (May 2001), pp. 30-65.

농들도 들고 일어났다.[4] 유대인들이 민중봉기의 희생양이 되었는데, 왜냐하면 그들은 예로부터 봉건영주와 그 봉건영주들을 싸고 도는 가톨릭교회와 한 통속이라고 믿어졌기 때문이며, 그들이 농노의 행복을 가로막는 집단이라고 여겨졌기 때문이다. 대규모의 반란이 없었던 북유럽에서조차, 군중들이 환호성을 지르며 성상들을 부수고 돌아다니는 모습이 눈에 띄었다. 스위스 도시들의 개혁파 당국자들은 군중들이 한도를 넘어 과격해지지 않도록 통제할 수 있었다는 점에서 다른 나라들보다는 나았다. 하지만 그들도 자꾸만 노골적으로 급진화되는 군중들을 걱정스런 눈길로 지켜봐야 했고, 마침내는 강제적인 진압이 필요하다는 판단 하에 취리히에서 리마트(Limmat) 강에 재세례파들을 익사시키는 조처까지 강행하게 된 것이다(3장, p. 222).

신성로마제국의 중앙정부로부터 내려오는 진압은 신속하지는 못했지만, 일단 실행되면 그것은 스위스의 종교개혁자들의 진압과는 비교가 안 될 정도로 잔인했다. 이탈리아에서 합스부르크 왕조와 프랑스 간의 전쟁(A Great Italian War, 왕위계승 문제로 프랑스 왕 헨리 2세가 일으킨 전쟁)을 진압하기 위해 가장 강력한 황제의 군대가 투입되었는데, 그것은 황제(Charles 5세)가 1525년 2월 그의 군대를 서서히 북부 알프스를 넘어 행군하도록 한 다음 반군을 격퇴하고 난 바로 직후의 일이었다. 어떤 농군도 훈련된 군대에게 오래 버틸 적수가 되지 못했다. 그리고 그 패배에 뒤따르는 보복은 상상할 수 있는 한 가장 잔인한 것이었다. 심지어 전장에서의 대량학살에서 용케 살아남은 수천 명에게도 또 다른 고문과 죽음이 기다리고 있었다. 그 참극이 가져온 반향은 여러 가지였지만 대부분의 경우 일단 공식적인 보복을 끝내고 나서, 농노들의 요구를 수용해 주는 것이었다.

선제후 현자 프리드리히(Friedrich the Wise)는 1525년 5월 임종을 맞는 자리에서 자기 주변의 이 혼란상이 '민초'들에 대한 오랜 학정 때문에 지배계급이 받는 천벌이 아닌가 생각했을 정도였다.[5] 그보다는 생각이 덜 깊은 브란덴부르크(Brandenburg)의 알브레히트(Albrecht) 추기경은 군중들의 패배를 위로해 주고자 막대한 돈을 들여 차양까지 달린 화려한 대중 분수대를 마인츠(Mainz)시에 설치함으로써 엉뚱한 짓에 대한 그의 명성을 유감없이 과시하였다. 그것은 아직도 그가 지은 성당 앞 광장에 건재하고 있다.

그 2년 간의 대학살에 대한 마틴 루터의 반응은 마인츠에 분수대를 세운 그

---

4) Pettegree (ed.), *Early Reformation*, p. 59; Kloczowski, *Polish Christianity*, p. 98.
5) Matheson, *Imaginative World*, p. 67.

대주교의 명성 높은 경박함과는 사뭇 달랐다. 즉 루터는 그 참극을 하나님이 지상정부를 통해서 주시는 응보임을 단호하고도 체계적인 어조로 옹호했기 때문이다. 1525년 4월 그는 농노와 지배층 모두를 겨냥한 『평화에로의 권고』(*An Admonition to Peace*)라는 책을 출간하였다. 그러나 불과 한 달 후, 법과 질서가 붕괴하는 가운데 합스부르크 군대가 북쪽으로 진격해가기 시작하자, 루터는 분노에 차서 부록이 딸린 논문을 출간하였는데, 그 제목이 『약탈과 살인을 일삼는 오합지졸의 농민들에 반대하여』(*Against the Robbing and Murdering Hordes of Peasants*)이다. 이 신랄한 글에서 루터는 로마서 13:1('모든 자들은 위에 있는 권세에 복종하라⋯')을 끊임없이 경종으로 사용하고 있을 뿐만 아니라, 바울의 원래 본문에 없던 무시무시한 격렬함까지 더하여 이렇게 말하고 있다. "은밀하게든, 공공연하게든, 때리고 죽이고 찌르는 모든 자들은 반역보다 더 악하고, 해롭고, 마귀적인 것이 없음을 명심하라."[6] 이 책자의 효과가 더욱 무시무시하게 보인 것은, 하필이면 그것이 작센과 헤센의 제후들이 반란군들을 프랑켄하우젠(Frankenhausen)에서 토막내서 죽인 때와 겹쳐서 출판되었기 때문이다. 하지만 이런 분위기에서도, 반란에 가담하지 않은 점잖은 서민들은 루터의 입장에 공감을 보이지 않았다. 일선에서 민중소요를 숱하게 경험한 츠비카우의 시장은 자기의 시 동료에게 쓴 편지에서 말하기를 "나는 루터의 책자가 신학 서적이 아니라 민중에 대한 사적, 공적 살해를 부추기는 글일 뿐이라고 본다"고 했다. "악마와 그리고 이런 짓을 하는 그 사람들이 우리의 주 하나님이 되어야 한단 말인가"라고 비꼬고 있다.[7]

평신도들의 옹호자였던 루터는 이제 두 가지 이유로 해서 공권력에 의한 만행의 옹호자로 둔갑해 버렸다. 그 첫 번째 이유는 방해받지 않고 거침없이 진행되는 복음적 종교개혁(evangelical Reformation)의 추세를 보며 그가 느꼈던 깊은 실망감이고, 두 번째는 종교개혁이 없었다면 1524년과 그 이듬해에 걸친 2년간의 참극은 일어나지 않았을 거라는 불편한 심기였다. 결국 자기가 던진 생각이 봉기의 도화선이 됐다는 것이다. 농민전쟁이 종교개혁의 주류 지도자들의 참된 정신과는 동떨어진, 광란적 급진파들의 작품이라고 믿는 것이 그 당시의 루터에게도, 그 후의 오고 오는 숱한 이익집단들에게도 편리한 생각이었다. 후에 나타난 급진파의 많은 지도자들이 1524년과 이듬해에 걸쳐 처음으로 두각을 드러내기

---

6) G. Rupp and B. Drewery (eds), *Martin Luther* (London, 1970), p. 122.
7) T. Scott and B. Scribner (eds.), *The German Peasants' War: A History in Documents* (Atlantic Highlands, 1991), pp. 322-4.

시작했던 건 사실이다. 그 중에 꼽히는 인물로는 발타자르 후프마이어(Balthasar Hubmaier), 야콥 후터(Jakob Hutter), 멜키오르 링크(Melchior Rinck), 한스 후트(Hans Hut), 한스 덴크(Hans Denck) 등이 있다. 하지만 그들 자신의 급진론으로 농노들을 조종해 갔다기보다는 1525년의 패배의 경험이 그들을 급진화시켰던 것이다.

그 과정에서 실제보다 지나친 주목을 받게 된 한 사람이 있었는데, 이름하여 토마스 뮌처(Thomas Müntzer)다. 그는 한때 루터의 추종자였으며 감수성 풍부한 음악가요, 찬송가 작사자요, 카리스마 넘치는 설교자에다가 종교개혁공동체들에 새로운 감동을 주는 예배 의식을 창안해 낸 인물이다. 뒤숭숭한 기운이 감도는 1524년, 알슈테트(Allstedt)의 작센 마을의 성 요한교회의 교구 목사로 부임한 그는 기독교 지도자들과 평신도들을 규합하여 불경한 자들에 맞설 '기독교인 동맹'(Christian League)을 창립할 계획을 만들어 내었다. 그는 말세가 가까왔다는 전제 하에서 기꺼이 세상 지도자들의 권력을 인정했는데, 이는 당시의 루터의 태도와 다를 바가 없는 것이었다. 루터와는 달리 그는 천국에 들어가기 위해서는 우상을 타파하고 십일조를 내지 말아야 한다고 성도들을 독려했다. 선제후 프레드릭 가문에 의해 알슈테드에서 쫓겨난 후 뮌처는 뮐하우젠(Mühlhausen)이라는 인근의 투링기온(Turingion)시에서 사역을 시작했는데, 이번에는 당국자들의 지지를 끌어보려는 시도를 포기하고 커져만 가는 사회동요를 세상변혁이라는 자신의 종말론적 사상으로 생각해 보려고 노력했다.

자신이 농민전쟁과 무관함을 입증하기 위해 루터가 뮌처에게로 눈을 돌린 것은 유효했다. 1525년 5월 논문에서 루터는 "뮐하우젠은 마귀의 대장이 다스리고 있어, 약탈과 유혈, 살인만을 일삼고 있다"고 말하고 있다.[8] 마찬가지로 프레드릭 엥겔스 이후로 마르크스주의자들의 1525년의 민중봉기 사건에 대한 역사적 오용의 결과로 세워진 독일민주주의공화국의 공산정권도 뮌처를 레닌의 초기 화신으로 부추겨 세우는데 유용하다는 판단을 했다. 하지만 사실 뮌처는 현실 감각이 결여된 신비주의자요 몽상가일 뿐이었다(비록 그 꿈이 종종 악의에 가득 차고 피에 굶주린 성격의 것이었지만). 공산주의의 선구자이기는 커녕, 성령에 의해 선택된 교회가 새롭게 세워진다고 하는 그의 주장은 아보트 요아킴(Abbot Joachim, 2세기 이탈리아 수도사, 신비주의 예언가)과 같은 논조를 띤다. 그는 빈곤계층의 복지향상에는 관심이 없었다. 그가 1525년의 상황들에 대해 끼친 영향은 미약했으며, 다만 그 상황들의 결과가 그와 몇 안 되는 추종자들을 비참

---

8) Rupp and Drewery (eds.), *Luther*, p.121.

한 죽음으로 몰고 갔을 뿐이다.[9]

황제 직속의 자유시인 멤밍엔(Memmingen)에서 1525년 3월에 발간되어 널리 배포된 12조항(the Twelve Articles)에 명시된 농민 지도자들의 목표는 뮌처의 종말론적 열광과는 연관성이 거의 없다. 슈바벤(Swabian) 지역 폭도들의 요구를 수집하여 편찬된 이 12조항은 부유한 바우어른 계층이 전부터 바래 오던 법적, 사회적, 경제적 요구의 집대성인 바, 1520년의 루터의 저작들에게서 많은 영향을 받았다. 예컨대 공동체가 그들의 목사를 세우라는 것은 그 첫 저작에 담긴 루터의 사상이었다. 1525년의 패배 이후, 신성로마제국을 벗어나 더 남쪽에 있는 자신의 고향인 타이롤(Tyrol)을 재정돈하기 위해 마이클 가이스마이르가 내놓은 개혁안은 훨씬 더 야심찬 것이었는데, 이는 『타이롤의 땅에 관한 명령』(*Tiroler Landesordnung*)이라는 선언문에 잘 나타나 있다. 하지만 가이스마이르가 강조점을 둔 것은 급진파들이 추구하는 세속적인 어떠한 소요가 아니라, 타이롤이 합스부르크가의 통치로부터 벗어나 정치개혁의 자주성을 확보하려는 일관된 계획이었다. 그래서 그것은 광부나 농노, 귀족들에게 불만을 가진 서민들에게 매력적으로 들렸다. 하지만 가이스마이르의 급진적 개혁은 츠빙글리의 개혁성향에는 훨씬 미치지 못했다. 사실 츠빙글리도 가이스마이르와의 접촉을 가졌었고, 타이롤의 정치지도자들이 이웃의 그라우뷘덴(Graubünden), 베네치아, 심지어 유럽 강대국들 중 합스부르크가의 가장 큰 대적인 프랑스와의 연계를 통해 반(反)합스부르크 동맹을 맺으려고 한다는 것을 알고 있었다.[10]

2. 국가교회 또는 기독교 분파주의자들(1525-1530)

츠빙글리와 가이스마이르 사이에 형성된 연대감을 알았다 하더라도 루터는 놀라지 않았을 것이다. 왜냐하면 그는 결국 츠빙글리를 토마스 뮌처나 츠비카우의 선지자들과 다를 바 없는 슈바벤 사람으로 치부해 버렸기 때문이다. 루터는 자신이 그들과 한 통속이 아니라는 것을 증명하는 게 쉽지 않다고 생각했는데, 그도 그럴 것이 1524년과 1525년의 민중운동은 그를 자기들의 선지자로

---

9) T. Scott, "The 'Volksreformation' of Thomas Müntzer in Allstedt and Mühlhausen," *JEH* 34 (1983), pp. 194-213; E. G. Rupp, *Patterns of Reformation* (London, 1969), Pt. III.
10) A. Stella, *Il 'Bauernführer' Michael Gasmair e l'utopia di un repubblicanesimo popolare* (Bologna, 1999).

여겼기 때문이다. 이 인상을 씻어 버리는 것이 루터에게는 당면 과제가 되었다. 왜냐하면 아이러니컬하게도 1525년 봄, 바로 그때부터 내노라하는 제후들이 그의 운동을 분명히 지지하고 나서기 시작했기 때문이다. 자신의 글에서 농민들을 향하여 과격한 말조차 서슴지 않았던 것도 어쩌면 루터가 이러한 추세를 하나님의 새로운 섭리라 여겼기 때문인지도 모른다. 제후들은 여기저기서 머리를 드는 소요들을 보며 뭔가 대책이 필요하다고 판단했다. 앞에서 살펴봤듯이(1장, p. 97) 예로부터 그들은 당연히 자신들이 모든 점에서 백성들의 영주(Landesvater)라 생각해 왔으므로, 필요하다면 가톨릭교회의 위계질서에서도 탈피할 수 있다고 각오하였다.

영향력 있는 그룹에서 다소 예상 밖의 주도적 인물이 처음으로 등장했는데, 그는 다름 아닌 영주이자 튜턴 기사단의 단장이며 마인츠의 추기경 알브레트의 사촌인 호엔촐러른(Hohenzollern), 브란덴부르그-안스바흐의 알브레히트(Albrecht) 였다. 튜턴 기사단은 이미 폴란드-리투아니아와의 전투에서 많은 실패를 겪었고, 1519년에서 1521년에 걸친 여러 번의 패전으로 사기가 저하된 상태에서 알브레히트 휘하의 많은 기사들이 그 기사단을 떠나 복음주의 종교(evangelical religion)로 전향한 상태였다. 기사단장 알브레히트는 자구책으로 또 다른 사촌인 폴란드의 지기스문트(Sigismond) 1세에게 동부 프러시아(왕국)에 있는 기사단의 폴란드 영토를 폴란드 왕국의 세속 봉토로 만들어, 자기를 초대 세습 공작으로 삼아 달라고 간청하였다. 그리하여 마침내 1525년 4월 그는 크라코우(Cracow)에서 지기스문트 왕에게 충성의 맹세를 함으로서 왕을 만족시켰다. 가톨릭 기사단의 영지를 세속화하는 이런 급진적인 조치는 당연히 가톨릭교회에 대한 공식적인 반란을 의미하는 바, 그 새 공작 알브레히트는 1523년 말 비텐베르크 면담에서 루터의 의중을 떠 보고 나서 이것을 1525년 여름 명문화하여 마침내 유럽에서 최초의 복음주의 국가교회(evangelical state church)를 만들어냈다.[11]

새 감투를 쓴 알브레히트 공작 이후 얼마 지나지 않아 선제후 프리드리히의 후임자로 작센에 등극한 요한(Johann) 공작은 전임자 프리드리히의 루터의 종교개혁을 향해 보였던 조심성을 포기하고 과감히 복음주의 교회 구조(evangelical church system)의 주춧돌을 놓아 주었다. 그 얼마 뒤인 1526년에는 농노들에 대한 압정으로 유명했던 헤센의 필립 백작(Landgraf Phillip)이 자기 영토에 종교개혁을 받아들이기로 결정하였다. 루터는 진심으로는 그를 신뢰하지 않았고, 그

---

11) Davies, *God's Playground*, p.143; H. Bornkamm, *Luther in mid-career* 1521-1530 (London, 1983), Ch. 12.

의 군대의 기강 해이가 개신교도들에게 가져올 참극을 생각할 때(제5장, p. 323) 이는 당연한 것이기도 했다. 하지만 이후 40년간 그 영주는 독일 복음주의자들(evangelicals)의 가장 유능하고도 확고한 정치지도자였음을 보여주었다. 그가 1527년 자신의 고향 마부르크에 설립한 대학(수도원의 재산과 건물을 강제 처분하여 세운 대학)은 교황의 권위에 대항하여 의도적으로 세워진 최초의 대학이었으며, 이후 서구 기독교 사회에서 세워진 수백 개의 개신교 대학들의 원조가 되었다. 이제 유럽 전역의 수많은 제후들이 그 뒤를 따를 수 있게 되었다. 1520년에 스칸디나비아에서 일어났던 성격이 불분명한 초기 종교개혁(정치적인 이유로 스웨덴 왕 구스타프 1세 바사가 신교로 개종, 칼마르예속동맹을 깨고 일으킨 혁명) 이후에(제3장, p. 204), 스칸디나비아 최남단에 있는 네덜란드령인 슐레스비히 홀슈타인 지방에서 종교개혁이 시작되었으며, 1525년 5월에 네덜란드 의회가 복음의 순수한 선포를 공인하였다. 그 의회는 자국의 공작이자 덴마크의 왕인 프레드릭의 조용한 지지를 받고 있었다. 프레드릭은 새로이 손에 넣게 된 덴마크 왕국을 어떻게 할까 생각하다가 이내 자기 아들 크리스찬을 슐레스비히 홀슈타인 지방의 공작으로 임명했는데 크리스찬은 그 전에 보름스(Worms)에서 열린 의회에 참석했다가 거기서 루터를 보고 그의 용감성에 깊이 감명받은 상태였다.[12]

개신교가 얻은 전리품이라 부를 수 있는 것에는 스칸디나비아나 로마제국의 공국(제후가 다스리는 나라) 외에 더 나은 것들도 있었다. 찰스 5세 황제의 형제인 페르디난드(Ferdinand)는 스페인에서 태어나고 자라 복음주의 혁명에 깊은 반감을 갖고 있던 터라, 그의 영토인 중부 유럽 여러 지역들의 도시들과 귀족 계급으로부터의 도전에 직면했다. 이 막강한 정치세력들이 합스부르크 가문에 종교개혁을 받아들이도록 압력을 행사하는 것은 충분히 가능한 일이었다. 북부 오스트리아(Upper Austria, 독일 국경지대에 근접한 9개주로 이뤄진 지역)의 영주들은 페르디난드가 농민반란을 진압하는 것을 지지했지만, 재세례파 탄압에 대한 그들의 협조 대가로 페르디난드에게 루터 스타일의 복음주의 운동가들과 설교자들을 용인해 줄 것을 요구했다.

헝가리 모하치 전투에서 루이(Louis) 왕이 비극적 최후를 맞은 후 1526년에 페르디난드가 보헤미아의 권좌에 오를 때, 보헤미아 왕가 영지인 모라비아에 살고 있던 영주들은 왕의 지위를 그들과 비슷한 지위로 교묘하게 전락시켰다. 이로써 모라비아에 1세기 동안 비정상적인 종교의 다양성을 허용하게 되었다.[13]

---

12) Pettegree (ed.), *Early Reformation*, pp. 98-99.
13) Ibid., pp. 45-47.

복음주의의 운명에 한 전환점이 된 이 중요한 변화를 고려해 볼 때, 같은 해 슈파이어(Speyer)에서 개최된 신성로마제국 의회에서 루터파 지지자들이 유럽 종교개혁의 주요논지 중의 하나에 대한 입장을 표명하기 시작했다는 것은 그리 놀랄 일이 아니다. 이로 인하여 유럽은 각 지역별로 다양한 신학적 입장을 가지고 서로 격돌하는 각축장으로 변했다. 그 논지에 관한 입장은 이름하여 '지역별 종교결정'(Cuius region, eius religio, Whose realm, his religion)이라 한다. 그 사람의 출신 지역이 그 사람의 종교를 결정하고, 그 지역에서 그 외에 어떤 종교도 용인되지 않는다는 것이다.[14] 이 정책의 자연스런 결과로 유럽 대부분의 각 지역들은 각각 한 군주에 의해 통치되었고, 그 왕(혹은 여왕)이 어떤 종교를 채택할지 결정하게 되었다. 30년이 지나지 않아 서부와 중부 유럽에서 이 지역별 종교결정을 공식적인 입장으로 취하지 않는 나라는 거의 없었다. 그러므로 일찍이 1526년, 스위스 알프스 계곡의 외딴 그라우뷘덴이라는 집안이 누린 두 종교의 공식적인 공존이라는 사치는 아주 예외적인 것이었다. 이것이 가능했던 것은 그들의 왕이 없었기 때문이다. 그 지방의 주요 도시인 일란츠(Ilanz)에서 열린 회합에서 그라우뷘덴 사람들은 각 마을이 외부의 압력없이 가톨릭이든, 개신교든 택할 수 있도록 결정했다. 많은 논란 속에서도 그들은 그 결의를 100년 이상이나 지켜 왔고, 유럽의 몇몇 앞서가는 사상가들이 이런 사상에 어렴풋이 매력을 느끼기 시작한 것은 그때부터 100년이나 지나서이다.[15]

지역별 종교결정은, 어쩔 수 없이 교회 운영에 있어서 루터가 '두 왕국'설에서 주장한 것보다 더 많은 권한을 왕에게 부여하게 되었고, 루터도 이 불가피성을 인정하고 받아들이게 되었다. 1525년부터는 그도 회중이 목사를 선출해야 한다고 주장하지 않게 되었고, 그는 과거에 교회가 처리해왔던 소작농토 수입관리와 성직자 급여에 관한 업무를 이제 세속영주가 담당해야 한다는데 의견을 같이했다. 루터의 이런 방향전환은 그의 정치사상을 균형이나 일관성이 없는 아주 혼잡스럽고 난해한 것으로 만들었으며, 후대 연구자들을 혼란스럽게 했다. 게오르그 공작의 가톨릭 논객 요하네스 코클라우스(Johannes Cochlaeus)는 루터의 이런 변화를 알아채고는, 이를 놓칠 세라 특유의 기민함과 악의를 발휘하여 루터를 조롱했다. 하지만 상황 논리는 루터를 더욱 그런 쪽으로 몰아가고 있

---

14) Bornkamm, *Luther*, pp. 635-36.
15) I. Saulle Hippenmeyer, *Nachbarschaft, Pfarrei und Gemeinde in Graubünden* 1400-1600 (2 vols., Chur, 1997), 특히 i, pp. 171-82.

었다.[16] 1525년의 사건들 이후에 시골 지역에서 루터의 이런 가르침에 대한 실망이 확산되자 상황은 더욱 악화되었다. 실로 그의 개혁은 와해되고 있었으며, 정부의 도움이 없이는 붕괴될 지경이 되었다.

1527년 선제후령인 작센의 교회는 혼란에 빠져들고 있었다. 심각한 질병과의 투병 그리고 주위에 개종하지 않은 수많은 사람들로 인해 크게 실의에 빠진 루터는 이 문제를 해결할 사람은 오직 선제후 요한 밖에 없다고 생각했다. 그리하여 요한은 자기 영토에 있는 교구들을 돌아보라고 위임단들을 파견했으며, 비텐베르크에 있는 루터와 그 동료들과의 상의 후에 교회를 개혁하기 위한 조치들을 발표하였다. 루터 자신도 조사단의 한 명으로 나갔었는데, 자신의 복음주의 개혁에 대해 일반 민중들이 얼마나 알고 있는지 실상을 파악케 된 루터는 경악을 금치 못하고 이렇게 탄식했다. "오, 자비하신 하나님, 특히 시골에 있는 이 서민들이 기독교 교리에 대해 알고 있는 것이 하나도 없다니 이 얼마나 참혹한 일이란 말입니까!" 그는 여전히 복음이 살아 있어 역사할거라 믿었지만, 이제는 교회가 나서서 좀 더 체계적으로 그 복음의 메시지를 전해야 한다고 생각하게 되었다. 즉 교회의 주된 임무는 가르치는 것이라는 것이다. 그리하여 그는 1529년 이 교육의 주춧돌이 될 교리문답서들을 만들어 냈다. 이는 질문과 대답의 형식으로 구성되어 있는데, 『소교리문답서』(*Short Catechism*)는 일반 민중들이 외울 수 있는 용도로 만든 것이고, 『대교리문답서』(*Longer Catechism*)는 그들을 가르칠 교사나 목회자들을 위한 것이었다. 백성들은 사도신경과 십계명, 주기도문(부록에 나와 있음)을 외우게 돼 있었고, 교사나 목회자들은 그 뜻을 상세히 풀어 설명할 수 있도록 돼 있었다.[17]

결국 그 소교리문답서는 복음주의 교리의 주춧돌이 되었을 뿐만 아니라 (루터 혼자서 쓴 것이라고 유일하게 인정되는 공식 루터 문서이다), 구교와 신교 모두가 널리 모방하는 형식이 되었다. 그래서 루터가 간단한 교육의 도구로 의도했던 것이 이제는 기독교 신앙 입문의 기초과정으로 자리잡게 되었다(14장, pp. 761-764).

이런 중에도 루터는 여전히 선제후 요한의 개입을 원칙을 벗어난 예외적인 것으로 여겼다. 그는 나중에 언급하기를 이런 식의 교회에 대한 제후의 권력개입을 비상시의 주교(Notbischof), 즉 교회 대표권력 부재시 정규감독이 아닌 평신

---

16) M. U. Edwards, "The Luther Quincentennial," *JEH* 35 (1984), pp. 597-613 중 p. 601.
17) 도입부에서의 외침을 포함해서, 소교리 문답 본문의 유용한 인용구들이 B. J. Kidd (ed.), *Documents illustrative of the Continental Reformation* (Oxford, 1911), no. 97쪽에 기술되어 있다.

도 자격으로 공무를 수행하는 것으로 규정하였다.[18] 하지만 실상 요한의 그런 개입은 훗날 유럽 대륙 전체에서 군주와 개신교회 사이의 모델이 되어 버렸다. 루터는 결코 그런 입장과 타협하지 않으면서 로마서 13:1과 사도행전 5:29 사이의 균형을 유지하려고 애썼다. 그러나 군주의 역할에 대한 에라스무스의 열정적이고 인본주의적인 토의에 뒤이어 등장한 필립 멜랑히톤(Philipp Melanchthon)은 공화국에서 하나님의 기름부음을 받은 자가 마치 수도원장이나 교장선생님 같은 자세로 '교회를 돌보는 것'(Cura religionis)이 당연한 의무라고 그의 동료들보다 더 열렬히 주장하였다.[19] 이리하여 1525년 이후 행정 장관들과 관료적 종교개혁자 사이의 동맹이 급속하게 확고해졌다. 보다 급진적인 종교개혁자들이 두 왕국론의 원칙을 약간 조정하여 세속 지도자들과 마음을 맞춰 일해 나가는 데 있어 루터를 따르지 않을 아무런 특별한 이유도 없었다. 그것은 마치 아직 개종하지 않은 큰 대중들에게서 경건한 회중을 만들어 내려는 노력과 비슷한 것이기 때문인 바, 진정한 회심에 이르는 자는 소수에 지나지 않는다는 그들의 비판론은 루터도 공유하는 바였다. 우리는 앞에서 카스파르 슈뱅크펠트가 리그니쯔(Liegnitz)의 실레시안 더치(Silesian Dutchy)에게 끼친 영향을 살펴 본 바 있다. 그럼에도 불구하고 그는 세속지도자들과 손잡고 일하는 것이 가능하다고 생각했던 영적 엘리트주의자였다.

학자적 설교자에서 재세례파 지도자로 변신한 발싸사르 후프마이어 박사도 비슷한 가능성을 내다보았다. 그는 츠빙글리를 포함한 취리히 당국자들과의 언짢은 충돌로 도망치듯 리히텐슈타인(Liechtensein) 백작의 영지인 모라비아의 니콜스부르크(Nikolsburg, 지금의 Mikulov)에 1526년 7월에 도착하였다. 그는 레겐스부르크(Regensburg, 1장, p. 58, 211)의 소위 '아름다운 메리'(Beautiful Mary)라는 광란적 셈족 탄압 운동에 참가했던 것을 오랫동안 후회해 오고 있던 터라, 이번에는 취리히에서 가능했던 것 이상으로 인도주의적 종교개혁을 해 보고 싶었다. 1523년에 이미 서쪽 변방 라인 강변의 작은 도시인 발츠후트(Waldshut)라는 그의 전임 교구에서 그는 시 의회를 움직여 유럽 최초의 시민에 의한 대대적 종교개혁을 단행케 했다. 이것은 그 당시로서는 비텐베르크나 누렌베르크, 취

---

18) 루터는 이 용어를 1539년까지 사용하지 않았다: J. Estes, 'Luther's First Appeal to Secular Authorities for Help with Church Reform, 1520', in R. J. Bast and A. C. Gow (eds.), *Continuity and Change: The Harvest of Late Medieval and Reformation History* (Leiden, 2000), pp. 48-76, 67n.

19) J. Estes, 'The Role of Godly Magistrates in the Church: Melanchthon As Luther's Interpreter and Collaborator', *CH* 67(1998), pp. 463-83 중 특히 p. 472.

리히를 능가하는 수준이었고, 그가 그곳을 떠난 이유는 오로지 그의 존재로 합스부르크 왕조의 군사적 개입을 그곳에 불러일으킬지도 모른다는 우려 때문이었다. 니콜스부르크에서도 그는 재빨리 입지를 굳혀 레온하르트 폰 리히텐슈타인(Leonhard von Liechtenstein) 백작에게 막강한 영향력을 행사하게 되었고, 그 작은 영토에 많은 교회들을 세웠다. 그는 그 도시들을 사랑하여 '니코폴리스'(Nicopolis)라 불렀는데, 이는 부활하신 예수님이 그 자신을 제자들에게 나타내신 곳인 '엠마오'와 같은 이름이다. 이전에 자신의 독선에서 쓰라린 교훈을 얻은 후프마이어는 이번에는 자기 이상에 덜 맞는 사람들에게도 관용을 보였다. 이전 주교였던 발츠후트에서의 경험이 계기가 되어 그는 부모가 "믿음이 약하여 여전히 유아세례가 필요하다고 믿는다면" 기꺼이 유아세례도 주겠다고 하면서 "그들의 믿음이 좋아질 때까지 믿음이 약한 사람에게는 나도 약한 사람처럼 행동할 것이다"라고 하였다.[20]

그 결과, 니콜스부르크는 신자들의 요구를 반영하여 세례를 베푸는 원칙을 수용하는 공교회를 태동시키는 일을 착수하게 되었다. 곧이어 등장한 한스 후트라는 인물이 있었는데, 종말론주의에 더 가까웠던 재세례파 아우크스부르크의 책 판매상이었던 그는 후프마이어가 세속 권력과 비겁하게 타협했다고 맹비난하였다. 1527년 5월에 열린 공개토론에서 후프마이어는 온갖 전문적인 신학적 방법론을 동원하여 그의 교회 정부론을 탁월하게 옹호함으로서 레온하르트 백작의 찬탄을 자아내었다. 즉 전쟁과 폭력에는 반대한다는 점을 못 박으면서도, 무조건적 평화주의에는 반대한다는 입장을 에라스무스도 감탄할 정도의 솜씨로 조심스럽게 내놓았던 것이다. 나중에 더 큰 봉기가 났을 때 가졌던 두 번째 논쟁에서 그는 여전히 용기를 잃지 않고, 세속 군주의 물리력 동원권을 옹호하였다. 급진파 기독교사에 길이 남을 재세례파 정부교회도 어쩌면 가능할 정도였다. 후프마이어는 세속 군주의 권력에 대해 루터보다도 더 긍정적인 자세를 보였다. 왜냐하면 츠빙글리나 멜랑히톤처럼 세속 권력은 하나님이 주신 것이라 믿었기 때문이다. 구약성경에 명시된, 하나님에 의한 세속 권력의 합법성이 그리스도의 성육신으로 인해 무효가 되는 것은 아니었다. 후프마이어는 니콜스부르크에서 자신의 이런 정치적 주장이 지지를 얻기 전인, 발츠후트에서의 목회자 시절에도 세속 군주의 사형집행권을 옹호했던 사람이었다.[21]

그런 첫 번째 니콜스부르크 논쟁이 있은 지 몇 달 지나지 않아 리히텐슈타인

---

20) Naphy (ed.), *Documents*, p. 92.
21) Williams, *Radical Reformation*, pp. 60, 136, 205, 218-27.

백작보다 더 큰 세속 권력이 모라비아에 있는 후프마이어의 엠마오를 없애 버리고자 개입하였으니 그것이 합스부르크 왕조였다. 페르디난드 왕은 새로이 자기 손에 넣게 된 보헤미아에 대한 정치력을 행사하여 레온하르트 백작에게 이단 혐의가 있는 목회자 후프마이어를 내놓으라고 강요했다. 오랜 심문과 고문 끝에 마침내 후프마이어는 비엔나에서 화형대에 세워졌다. 화형 집행관들이 그의 수염과 머리에 화약가루를 바를 때에는 "소금 좀 잘 뿌려주시오"라고 농담하는 용감성을 보였고, 마지막 화염 속에서도 다른 사람들이 그랬듯이 "예수님, 예수님"하고 소리치며 죽어갔다.[22] 그의 아내는 남편을 버리기를 거부한 대가로 목에 돌을 메달아 다뉴브강에 수장되었다. 이것이 다뉴브 평야로부터 북해에까지 흩어져 있는 합스부르크 영토에 불어 닥친 잔혹한 박해의 시작이었다. 합스부르크 왕조가 대대로 세습해 온 오스트리아 영토에서는 루터파 귀족들이 그들의 가톨릭 군주와 합세하여 모든 급진파들의 씨를 말리고자 하였다. 재세례파 역사를 연구한 클라우스-피터 클라센(Claus-Peter Clasen)은 1525년에서 1618년 사이에 중부 유럽에서 처형된 아마도 총 천 명의 재세례파교도 중 80퍼센트가 1527년에서 1533년 사이에 죽임을 당했다고 추정한다.[23]

이후 재세례파는 이 박해에서 살아남아 흩어진 사람들에 의해 명맥이 유지되었다. 이들은 모든 세속 권력에 대한 깊은 환멸을 공공연히 표현하였는데, 츠빙글리와 루터파 오스트리아 귀족들, 그리고 교황편에 서있는 합스부르크가의 페르디난드 같은 인물들을 비겁한 배신자요 적그리스도로 보았다. 급진주의자들은 그들의 미래에 대한 야망을 더 과격한 어조로 표출하게 되었다. 이 급진주의의 한 양상은 심지어 다른 급진파들도 놀라게 할 지경이었는데, 그것은 바로 여자들이 자신들만의 기독교를 재구성하기 시작한 것이었다. 전에는 신비주의자들이나 수녀들 사이에만 통하던 사상들이 이제는 길거리에 버젓이 횡행하게 되었다. 중세의 여자 수도사들은 하나님과의 은밀한 만남을 꿈꾸며, 심지어 예수님이 12명의 남자 제자들에게만 줬다고 주장되는 성찬까지도 거부하고 나섰지만, 남성 주도로 권력형성이 되어있는 교회 지도층에서도 이를 제지하지 않았다. 아직 어떤 틀이 잡히지 않은 새로운 상황에서 이러한 급진적인 시도들은 원치 않은 방향으로 흘러갔으며, 그것이 개신교 혁명의 구심점에 있는 사람들에게는 아주 골치 아픈 것이었다. 스위스 북동부에서 일어난 극단적 신비주의

---

22) Ibid., p. 229.
23) C. P. Clasen, "Executions of Anabaptists 1527-1618: A Research Report," MQR 7115-52, 특히 pp. 18-9. Pörtner, *Styria*, p.16.

의 국면은 몇 달 후 중부 유럽에서 일어난 농민전쟁만큼이나 남성 종교개혁자들에게는 심란하고 혼란스러운 것이었다.

이 운동의 지도층에 여자들만 있는 것은 아니었다. 하지만 그전에는 어떤 종류의 지도층에서도 여자는 찾아볼 수 없었던 이 사회에서 여자가 지도적인 위치에 있다는 것 자체가 충격적이고 눈에 띄는 일이었다. 성 갈렌(St. Gallen)의 여자들은 긴 머리가 남자들의 성욕을 도발하며 죄의 근원이 된다는 이유로 해서 머리를 짧게 자르기로 결의했다. 그 도시의 대표적인 온건주의 종교개혁자 요한 케슬러(Johann Kessler)가 그것은 바울이 고린도 교인들에게 여자와 여자의 머리카락에 대해 가르친 것을 오해한 것이라고 아무리 말려도 소용이 없었다. 막달렌 뮐러(Magdalen Müller)는 예수님이 요한복음에서 자신을 지칭하신 "길이요, 진리요, 생명"이 그녀 자신이라 주장했고, 그녀의 동료이자 아펜첼(Appenzell)의 하녀였던 프레나 부메닌(Frena Bumenin)은 자신을 하나님과 동등한 새 메시아라고 주장하면서 제자들을 끌어 모았다. 부메닌의 광신은 이제 자기 파괴적인 망상으로 발전해 자기가 적그리스도를 낳을 것이라고 확신하게 되었다. 이런 파국적인 히스테리를 보면서 어떤 여자들은 자신의 금욕을 누그러뜨리고 비종교적인 장신구들도 차기 시작하는 것을 보고 교회 당국자들은 다소 안심이 되었다. 그러나 여성 광신도들이 신앙을 빙자하여 그들의 몸을 남자들에게 성적으로 바칠 수 있다고 주장하기 시작하자 새로운 우려가 생겼다. "왜 우리를 정죄하나?" 그들은 아연실색한 마을 사람들의 질책에 대꾸하였다. "우리는 이미 죽은 존재들입니다. 이건 우리가 하고 싶어서 하는 게 아니라 성령에 순종하는 것입니다."[24]

이것은 루터가 말한 '노예의지론'의 또 다른 왜곡이었다. 급진적 남성 신학자인 아네레아스 칼슈타트(Anereas Karlstadt)가 기독교인이 어떻게 하나님의 뜻에 수동적으로 순복해야 하는지 얘기하는 것을 들으면 루터의 의도가 그에게서 어떻게 변조되었는지를 볼 수 있는데, 이것은 중세의 여성 신비주의자들이 그들의 수도원과 독방에서 하나님을 경험했다고 하며 내놓는 이야기와 유사한 논조이다. 심지어 재세례파 지도자들조차도 그들의 개혁방향에 대한 분명한 경계를 서둘러 정한 것은 놀라운 일이 아니다. 1527년에 재세례파 신앙고백

---

24) A. Jelsma, "A 'Messiah for Women': Religious Commotion in the Northeast of Switzerland, 1525-1526," in W. J. Sheils and D. Wood (eds.), *Women in the Church* (SCH 27,1990), pp. 295-306.

선언문이 신성로마제국과 스위스의 경계인 슐라이트하임(Schleitheim)에서 입안되었다. 이 선언문은 스위스형제단(Swis Brethren, 취리히의 개혁자 콘라드 그레벨 [Conrad Grebel]을 중심으로 생겨난 스위스 재세례파, 1525년)이 두 나라의 국경지역인 갈렌과 아펜젤의 양쪽 경계를 염두에 두고 작성하였으며, "우리 가운데 몇몇 형제들이 성령과 그리스도께서 허락하신 자유를 지키고 누리는 믿음의 정도에서 벗어남으로 큰 죄과를 범했다"는 비난으로 시작된다.[25] 이제 동일하게 급진파들에게 중요한 것은 세속 권력에 의해 여러 가지로 고통을 받은 후에 조직을 재정비하는 것과 그들의 노선으로부터 자신들의 입장을 분명히 하는 선을 긋는 것이었다. 그들의 슐라이트하임신앙고백 관점에서 볼 때, 권력을 등에 업은 개혁자들은 교회와 세속을 혼동하는 치명적 실수를 저질렀던 것이다.

따라서 슐라이트하임신앙고백서는 '가증한 것으로부터의 분리'를 주장했다. 진정한 기독교인은 세상 법정에 소송하는 것을 좋아하지 말아야 하며, 세상 군대에 복무하지 말아야 하며, 세상, 특히 스위스에서는 다반사인 맹세나 선서를 하지 말아야 한다는 것이었다. 스위스 형제단의 세속을 거스른 이 모든 원리들은 당시 유럽인들의 생활방식과의 단절을 불러왔으며, 그들은 1524년의 봉기가 힘을 받으면서 스위스에 나타나기 시작한 한가지 사상에 전념하게 되었다. 즉 고난당하지 않는 교회는 진정한 교회가 아니며, 교회가 세상 통치자들의 이익에 부합해서는 고난 받을 일이 없다는 것이다. 박해가 일어나기 전인 1524년에 젊은 취리히의 귀족 콘라트 그레벨은 "진실한 신앙을 가진 신자는 늑대 가운데 사는 양이며, 도살장으로 끌려가는 양이다. 그들은 고통과 고뇌, 박해와 고난, 죽음으로 세례를 받고, 불로 연단 받고, 그래서 육체를 죽임으로써가 아니라 영을 죽임으로써 영원한 안식이 있는 본향에 도달해야 한다"고 토마스 뮌처에게 썼다.[26] 이것은 지금까지 중세교회를 지탱해 왔고, 또한 지금 관료적 종교개혁을 지탱해주고 있는 기독교의 세상 권력과의 동맹 사상, 즉 국가교회 사상에 대한 부정을 의미하는 것이었다.

1528년 후프마이어가 체포된 후 니콜스부르크(Nikolsburg)를 떠나 달라고 요구받은 그의 살아남은 무리들은 재세례파 신앙의 마지막 한 획을 더하게 되는 데, 그것은 바로 공동체 생활과 재산 공유이다. 합스부르크 왕조의 손아귀를 벗어

---

25) Jelsma, "Messiah for Women," p. 296. 신앙고백에 대한 본문에 대해서는 J. C. Wenger, "The Schleitheim Confession of Faith," *MQR* 19 (1945), pp. 247–51.
26) L. Harder, *The Sources of Swiss Anabaptism: The Grebel Letters and Related Documents* (Scottdale, PA, 1985), [no.63], p. 290.

나기 위해 더 북쪽으로 가려 애쓰던 그들은 니콜스부르크 논쟁에서 그들을 제압했던 더 급진적인 무리들을 만나 함께 가게 되는데 결국 북쪽으로 그리 멀지 않은 아우스터리츠(Austerlitz, 지금의 체코슬로바키아의 모라비아 지방)에 있는 어떤 친절한 귀족의 영지에 모두 정착하게 되었다. 난처해진 레온하르트 폰 리흐텐스타인 백작이 후히 준 여러 가지 작별 선물에도 불구하고, 찢어지게 가난했던 그들은 얼마 안 되는 것들을 모두 유무상통하게 되었는데 그것은 단지 굶어 죽지 않기 위한 목적이었다. 비록 이것이 어쩔 수 없는 자구책으로 시작된 것이긴 하지만, 일단 이 공동체 생활의 기틀이 잡히고, 또 다른 도망자들도 합세하기 시작하자, 1529년 그들은 재산 공유를 명문화된 원칙으로 삼을 것을 결의하였다.

아마 세상 끝(그가 그전 해인 1528년이라고 주장했던)이 가까왔으니 모든 물건을 팔아 처분하라는 한스 후트의 광적인 가르침에 영향을 받은 것일 수도 있지만, 그들은 사도행전의 앞부분에서 초대 교회 기독교인들이 모든 물건을 공유하는 모델을 성경에서 찾아낼 수 있었다. 아마도 이런 조직은 그 전에 존재한 적이 없었을 것이다. 이 조직은 보다 더 광범위한 로마의 사회구조 속에서 더 편안한 가족적인 분위기의 공동체로 곧바로 대체되었음이 분명하다. 수도원이나 탁발수도회가 그것을 다시 살려 보려는 시도일 수는 있다. 하지만 수도사나 탁발수도사가 모두 없어진 지금, 남자, 여자, 아이들까지 섞여 사는 이 큰 사회에 사도행전의 모델을 적용해 보려는 급진적 시도는 눈에 띨 만한 것이었다.

이렇게 새롭게 분리된 교회는 처음에는 천재적인 조직가 야콥 후터(Jakob Hutter[Huter])의 지도하에 있었는데, 그 자신도 1529년 말, 많은 박해에 시달리던 자기의 급진파 무리들을 타이롤에서 아우스터리츠로 데려왔다. 후터도 1536년 합스부르크가에 의해 화형 당하게 되지만, 기독교인의 삶을 향한 담대한 개혁이 진행되는 동안 어쩔 수 없이 생겨날 수 있는 최악의 불협화음들이 그의 현명한 지도력으로 인해 누그러지게 되었다. 당시 유럽사회의 '가증한 것'에서 벗어나고자, 비엔나에 있는 세상 정부에 대한 도전으로 세워진 이 독특한 분리주의 공동체는 그의 이름을 따라 불리게 되었다. 이것은 합스부르크가로부터 얻어낸 합법적 독립성을 가진 모라비아라는 땅이 있었으므로 가능한 것이었다(4장, p. 239 참조). 새 공동체를 만들어 보려는 이 실험적인 시도를 모라비아의 귀족들과 도시 인사들이 모두 다 좋아했던 것은 아니었다. 하지만 합스부르크 왕조는 그들보다 훨씬 더 이것을 싫어한다는 것을 그들은 알고 있었고, 그것이 그들로 하여금 이 공동체를 용인하게 한 이유가 되었다. 모라비아 지방의 혼란으로 인해 반사이익을 취한 보헤미아형제단의 여러 급진파 공동체들도 후터파에게 어느 정도 호의를 베풀어주었다. 15세기 보헤미아형제단의 대변인인 페트르 체키기(Petr Chekicky)는 후터파들 안의 과격한 신념, 즉 평화주의나 세속 정치행정으로부터의 분리 같은 것들을 어느 정도 예상했었다. 즉 그 형제단은 슐라이트하임신앙고백서를 선포한 그 스위스 재세례파 교도들의 신앙에 이미 귀가 솔깃했었던 것이다.

일단의 장로들을 중심으로 그들의 공동체를 운영하는 것이 어떤 교파보다도 두드러진 후터파의 특징이었다. 그 장로들의 우두머리는 주교(bishop)라 불리었고, 이 장로회가 교육이나 건강, 위생 등의 모든 규범을 정하였다. 치밀한 계급제도 하에서 그 공동체(Bruderhof)는 각자가 가진 공예나 농업 등의 기술을 내놓아 활용했는데, 이는 지금 이스라엘의 키부츠(Kibbutz) 제도를 연상케 한다. 그들은 아이들의 양육과 교육을 공동체가 담당하는 것에 많은 신경을 썼다. 이리하여 모두가 문맹이 하나도 없는 유럽 최초의 공동체가 되었다. 아이들은 보통 부모와 사는게 아니라 두 살 때부터 기숙사 생활을 하게 되는데, 어렸을 때는 '작은' 학교에서, 커서는 '큰' 학교에서 지내게 되고, 부모들이 정기적으로 방문하도록 되어 있었다.

그들의 교육은 13살에서 끝났고 더 이상의 교육은 없었다. 왜냐하면 대학에 가 봤자 바깥 세상의 부패하고 개인주의적인 것만 배워 타락한다고 생각했기 때문이다. 부부들도 단독 주택에 살기보다는 집단 주택에 살았다. 그래서 무정부적이고 편집적인 광신자가 아니라 규범을 지키고, 절제하고, 바쁘게 사는 사람들이 되었다. 그들은 즐겨 자기들의 공동체를 '벌집'(beehives)이라 불렀다. 외부인들의 신뢰를 얻기 시작하고 바깥 사회와 거래를 하기 시작하여 그들은 자기들이 생산하고 재배한 것으로 제법 수익을 보게 되었다. 그것을 공동체 운동에 다시 투자하여 자꾸만 늘어나는 2세들을 위해 새 마을을 만드는 데 투자하며, 심지어는 모라비아 지방을 넘어서까지 번성하였다. 그리하여 16세기 말에는 후터파의 공동체 멤버가 수만 명에 달하였다.

3. 개신교의 탄생(1529–1533)

'개신교'(Protestant)란 말은 1529년 슈파이어 의회에서 생겨난 정치적 책략의 산물이라는 것을 앞에서 살펴본 바 있다(서론 p. 27). 즉 헤센의 필립 백작(Landgraf Philipp)이 신성로마제국 내에서 복음주의에 동조적인 자유시와 영주들을 규합하여 전통적인 다수파가 내린 교령에 '저항'(Protestation)하는 운동을 벌였던 것이다. 이것은 기존의 국가 권력이 종교개혁에 얼마나 깊이 관여하였는지를 보여주는 좋은 본보기가 된다. 그러나 만약 이 개신교운동(Protestant movement)이 단지 정치적인 동맹이었다면, 보이오티아동맹(Boeotian League)이나 유럽 협약(Concert of Europe) 혹은 삼제동맹(Dreikaiserbund, 三帝同盟)처럼 그것도 역사의 쓰레기통으로 사라졌을 것이다. 대신 이 개신교운동은 수백만의 평범한 사람들의 지지를 받아 영속적인 기독교신앙의 주체성을 일궈냈다. 1520년대 말에서 1530년대에 걸쳐 농민전쟁 후 루터에 환멸을 느낀 많은 사람들이 복음주의 신앙에서 빠져 나갔다. 여러 농촌지역 사람들이 개신교의 주요 화두였던 회개와 칭의의 메시지를 받아들이기까지 오랜 시간의 설득과 강요가 있었지만, 사려 깊은 많은 도시민들은 구교의 종교의식보다 교리내용을 더 중요하게 여기는 자발적 선택을 하였다. 주목할 만한 것은, 루터의 찬송가를 부르고 루터가 번역한 고지독일어(High German 16세기에 생겨난 독일표준어)성경에 적응했던 독일인들이 신속하게 반응했다는 것이다. 신성로마제국 전체에서 자율성을 가진 시 의회들은 오랜 전통에 따라 여전히 자기들의 종교적인 문제를 스스로 결정하였는데, 그들의 대다수가 종교개혁을 받아들이기로 결정하였다. 후터파와 같이 공포를 조장하는 급진파를 거부한 그들은 종교지도자들이 급진파를 배격하는 것에 흡족해했다.

그러나 1520년대 초에 북유럽의 보통 사람들을 격동시켰던 동일한 메시지가 신성로마제국의 품위있는 상인과 시민들에게도 똑같은 매력을 발휘하였다. 이것은 루터가 어거스틴의 사상에서 따 와서 1520년 그의 유명한 세 논문과, 숱한 다른 소책자에 발표한 메시지인데, 그 내용은 결국 평신도들은 지금까지 속아 왔다는 것이었다. 돈을 현명하게 쓰는 것이 하나님의 앞에서의 본분이라 믿었던 시민들은 이 메시지를 심각하게 받아들였다. 대부분의 돈을 전통적인 예배의식에 썼던 사람들이 가장 크게 영향을 받았다. 아주 뜨거운 가톨릭 신자들, 가장 헌신적이었던 열혈 가톨릭 신자들이 이제는 가장 열성적인 복음주의자로 둔갑해 버렸다. 결과적으로, 종교개혁은 종교에 관심없는 사람들을 끌어 모은 게 아니라 그전부터 종교에 관여되어 있는 사람들에게 영향을 미쳤던 것이다. 경건한 민중들은 복음적 설교를 듣고는 분노에 차서 소예배당(Chantry, 사후의 명복을 비는 곳)을 톱으로 잘라 허물어 버렸고 거기 있는 성모 마리아 상의 보석과, 실크, 레이스 등을 벗겨 버렸다. 미사가 오히려 하나님을 모독하는 것이고, 죽은 자를 위한 예배당이 돈만 낭비하는 것이라고 깨닫자, 그들은 성당 재산의 많은 양을 학교나 병원, 도시의 성벽이나 성문을 재건축하는 등 가치 있는 민간적인 목적에 쓰는 게 낫겠다고 판단하였다. 상황이 이렇다 보니 어쩔 수 없이 냉소적이고 탐욕스런 마음까지 가세하여 성당 재산을 갈취하려는 일이 많이 생기게 되었다. 모든 사람이 이상주의에 입각하여 종교개혁에 임한 것은 아니었지만, 많은 사람들이 그렇게 했을 것이라는 가능성을 우리는 존중해야 한다.

하지만 개신교도들도 동일한 정체성을 유지하기가 힘들었다. 이는 어거스틴의 성례신학과 은혜신학의 오랜 유산 때문이었다. 어거스틴의 이러한 신학사상들은 전 유럽에 걸쳐 설교가들의 주요 화두가 되었으며, 그들은 적그리스도적인 구교뿐만 아니라 그들과 견해를 달리하는 사람들에 대항하여 자신들의 입장을 방어하는데 열성을 다했다. 1530년을 전후하여 합치고 쪼개지는 판짜기가 진행되었는데 그 과정 중에 세 가지 큰 실패가 눈에 띈다. 그 첫째는 1529년 마부르크(Marburg)에서의 실패한 교의 논쟁이었고, 둘째는 모든 기독교를 재규합시키려는 아우크스부르크에서의 허사로 끝난 시도였고, 셋째는 1531년 스위스 종교개혁의 참패였다. 이 시기에는 개신교라는 이름을 붙일 수 없을 정도로 과격한 사상들도 제법 출현했다.

그 첫 번째 실패의 주범은 루터와 츠빙글리를 화해시켜 보려 애썼던 헤센의 필립(Philipp of Hesse)이 벌인 노력이다. 이것은 관료적 종교개혁자들 간의 불필요한 불화를 종식시키고, 1529년 스파이어(Speyer) 의회에서 개신교도들에게 새로운 주도권을 안겨 주려고 의도된 것이었다. 그리하여 필립은 당대의 유력한 신학자들을 마부르크 언덕 위에 위치한 가족성에 마련된 담론의 장으로 초대했다. 츠빙글리 자신과 바젤의 요한네스 외콜람파디우스(Johannes Oecolampadius)도 루터와 멜랑히톤을 만나기 위해 그 멀리 스위스에서부터 왔다. 한가지 심각한 문제가 성례의 본질과 관련하여 생겨났는데, 성찬식에서 제공되는 떡과 포도주가 실제 그리스도의 살과 피가 될 수 있느냐(가톨릭이 주장하는 화체설)하는 것이었다. 루터와 츠빙글리, 요한네스는 이 문제에 신경을 쓰는 나머지 성상숭배에 관한 얘기는 꺼내지도 않았다. 슈트라스부르크 출신의 기민한 신학자요, 종교개혁의 지도자인 마틴 부처(Martin Bucer)는 이미 슈파이어 의회에 내놓기 위해, 성만찬에서의 영적 임재에 관한 개신교의 입장을 이미 교의로 만들어서 가져왔다. 그러나 영주(the Landgraf)는 기대가 컸던 나머지, 실망도 컸다. 루터는 이미 그 전인 1527년에 출간된 저작에서 부처, 외콜람파디우스와 츠빙글리를 성찬에 대한 그들의 신앙적인 입장 차이로 인해 '미치광이'(츠비카우[Zwickau]의 예언자들 같은 '광신도'[Schwärmer])라 부르기를 서슴치 않았다. 이제 그는 탁자에 분필로 '이 것은 내 몸이니'라고 쓰고는, 그것을 그의 벨벳 옷으로 덮어버림으로써 자기의 입장을 강조하였다. 스위스에서 온 그들이 논리적이고 인문주의적인 입장을 조심스럽게 내놓았지만, 루터는 양보할 마음이 전혀 없었다. 츠빙글리의 노골적인 비협조적 태도에 분개한 루터는 츠빙글리의 눈에서 눈물을 뺄 정도로 거세게 몰아붙였다. "당신 눈을 열어 달라고 하나님께 기도하시오"라고 루터는 지나가는 말로 빗대었다.[27]

이렇게 하여 루터는 좋은 기회 하나를 놓치게 된 것이다. 마부르크 회담 전에도 츠빙글리는 이미 1527년 비텐베르크의 종교개혁자인 루터의 완고함에 대해 비난조의 감정을 이렇게 쏟아 놓은 일이 있다. '당신은 사방에서 일어나는 모든 문제를 혼자 평정하려 드는 헤라클레스였소…당신이 성상을 타파했더라면, 빵을 먹는 것이 실제로 그리스도의 몸을 먹는 것이라고 가르치지만 않았더라면 당신은 벌써 모든 폐악을 일소했을 것이요.'[28] 하지만 루터는 마부르크에서 기분 좋게 승리를 거두었으므로 이제 모든 종교개혁자들이 동의하는 14개조항을 온건한 논조로 작성할 마음의 여유를 찾았고, 성찬의 문제도 15번째 조항에서 미해결인 채 남겨 두었다. 이 14개조항은 이신칭의의 교리를 생생하게 선포하고 있으며, 모든 종교개혁자들이 기독교 신앙을 이해하는 핵심인 것을 동의한 것이다. 비록 그것을 어떻게 적용하느냐는 조금씩 다를 수 있겠지만 말이다.

바야흐로 아우크스부르크에서 열린 신성로마제국 의회는 더 큰 목적을 가지고 있었는데, 이는 다름 아닌 12년에 걸친 기독교 내의 불화를 종식시키는 것이었다. 헝가리의 붕괴 후에 계속되는 터키인들의 불길한 침략 위협에 직면한 찰스 5세 황제는 기독교 내의 불필요한 불화를 종식시키기를 갈망하였다. 아우크스부르크 회담에서 멜랑히톤은 그 14개 조항을 이용하여, 온건파 가톨릭에게도 먹혀들 수 있고, 그 후 협상의 발판도 제공해 줄 수 있는 조심스럽고 온건한 선언서를 만들고자 애썼다(루터는 그 후 몇년 동안의 모든 중요한 회담에서 빠졌던 것처럼, 당연히 이 회담에서도 끼지 않았다. 왜냐하면 1521년 보름스에서의 대결 이후 그는

---

27) Naphy (ed.), *Documents*, pp. 94-100에 토론에 대한 유용한 인용구들이 들어 있다.
28) G. R. Potter (ed.), *Huldrych Zwingli* (London, 1978), p. 100. 루터의 1527년 소책자에서 츠빙글리를 미치광이로 부른 것은 바로 이 찬사 때문이었다.

공식적으로는 여전히 신성로마제국의 범죄자였기 때문이다). 멜랑히톤이 작성한 이 새 선언문은 1530년 6월 15일 황제에게 제출되었다.

화해가 불가능한 것은 아니었다. 많은 가톨릭교도들은 루터와의 논쟁에서 교황이 옳다는 확신을 갖지 못하고 있었고, 찰스 5세의 나이든 고문들의 대부분이 스페인 출신이라는 사실도 생각보다 그리 불리한 것은 아니었다. 가장 영향력 있는 인물로는 알폰소 데 발데스(Alfonso de Valdés)가 있었는데 그는 신비주의 경향을 가진 신학자 후앙(Juan, 그는 그 당시에 종교재판 때문에 스페인에서 쫓겨났다. 5장, p. 304 참조)의 쌍둥이 형제였다. 유대인 개종자(Converso) 혈통 귀족 가문의 학자적 인문주의자인 발데스 형제는 알룸브라도파(Alumbrado)의 동조자였고(2장, p. 115), 구교의 잘못을 통렬히 의식하고 있었다. 가톨릭 개혁을 논하는 에라스무스와의 대화를 쓴 알폰소는 필립 멜랑히톤에게 많은 공감을 느꼈다. 게다가 메디치 출신의 교황 클레멘트 7세와의 전쟁으로 인해 찰스 5세는 신성로마제국의 군대가 1527년 로마 시내 한복판을 약탈하게 하였는데, 이것은 잔혹하기로 유명한 악몽같은 한 달이었다.[29] 거기다가 많고 까다로운 자기의 외교상의 요구가 먹혀들지 않으면, 황제가 언제 교황을 더 능멸하지 않으리라는 보장도 없었다.

위기의 순간은 지나갔다. 황제는 기독교 통일에 대한 열망과 가톨릭교회 수호자라는 신적 사명감 사이에서 갈등하고 있었다. 그때 갑자기 지난 2월, 볼로냐에서 교황이 그의 머리에 황제의 관을 얹어주던 장면이 생각났다. 교황이 신성로마제국 황제의 대관식을 집전하는 일이 앞으로 다시는 없을 것이라는 것을 황제는 알 길이 없었고, 이 기억이 그로 하여금 클레멘트 7세와의 화해를 추진케 하는 강력한 동기가 되었다. 그래서 찰스 황제는 망설인 끝에 알폰소 데 발데스가 아닌 교황의 대표자인(발데스가 혐오하는) 로렌초 캄페기오(Lorezo Campeggio) 추기경의 말을 듣기로 했는데, 캄페기오는 개신교도들을 향해 통렬한 거부감을 표시했다. 이렇게 되고 보니 멜랑히톤의 선언문은 가톨릭 교도를 끌어안으려는 타협적 문서이기는 커녕, 오히려 '아우크스부르크신앙고백'(Augsburg Confession)이라는 새 이름을 가지게 되었고, 이미 적들에 의해 섣불리 '루터파'라고 불리게 된 한 교단의 신학적 토대가 되어 버렸다. 게다가 이 신앙고백은 향후 40년 동안 루터파가 아닌 다른 개신교도들이 그들의 신앙 선언서

---

[29] J. Edwards, "Kindred Spirit? Alfonso de Valdés and Philip Melanchthon at the Diet of Augsburg," 미출간 논문.

를 작성할 때 참고로 하는 표본이 되었다. 신성로마제국의 복음주의 영주들과 도시들은 황제가 개신교 쪽을 저버린 지금, 가톨릭 측의 공격에 대비하여 뭔가 연합전선을 구축하기로 1530년 말에 결의하고 헤센의 슈말칼덴(Schmalkalden)이라는 도시에서 동맹을 맺었다(6장, p. 374 참조). 1540년 말에 해체되기 전까지 이 슈말칼덴동맹은 유럽에서 가장 강력한 개신교 정치세력이 되었다. 이 동맹의 정치적, 군사적 활동의 특징은 그것이 종교적 열심에 의해 움직였다는 것이다. 그리고 단지 정략적인 외교 동맹이 아니라 그것은 오로지 하나님의 일을 하기 위해서만 존재한다는 것이다. 이것은 향후 유럽의 평화에 대해 좋은 징조를 예고하는 것은 아니었다.

그러므로 마부르크 회담과 아우크스부르크 의회가 가져온 결과는 두 가지라 할 수 있다. 하나의 결과는 루터파라고 부를 수 있는 개신교의 한 종파를 만들어 냈다는 것이다. 또 하나의 결과는 루터를 해결책이 아니라 문제의 일부로 보는 또 다른 개신교와 그 루터파 간에 확실한 선을 그어 줬다는 것이다. 이제 그의 교파가 그때까지 보여온 특징은 루터가 아니라 취리히와 츠빙글리 쪽으로 기운다는 것이었지만 그 이름을(츠빙글리파가 아니라) '개혁파 개신교'(Reformed Protestantism)라 부르기로 했다. 교파들간의 차이점과 공통점이 분명해지면서 채택된 이 이름에서 '개혁'(Reformed)이라는 말은 막연한 수식어가 아니라 하나의 고유명사에 속한다. 이 중요한 시기 동안에 개혁파들은 정치적이고 군사적인 동맹을 결성하려 애썼다. 그 동맹은 제법 괜찮은 시작이 나름대로 지속되는 결과를 낳긴 했지만, 어쨌거나 그것은 1531년에 실패로 끝나고 말았다. 1520년대 말, 스위스의 주와 군(주보다 작은 행정구역)들은 복음주의를 받아들이느냐, 구교에 충실하느냐로 해서 많은 분열을 맛보았다. 일반적으로 말해 그 분열은 이미 존재하고 있던 사회적, 정치적 분열을 반영한 것이라고 할 수 있다. 취리히에서의 종교개혁을 본받아 복음주의자들은 도시의 길드처럼 사회적 기반을 잡은 세력들에게 도움을 청했다. 그리고 그것에서 힘을 얻으면서 종교개혁을 선포하는 것과, 귀족이나 전통적 독점가들의 주요 구성원들을 몰아내어 그들의 세력을 약화시키는 것을 병행했다.[30]

츠빙글리는 새로 생긴 그 복음주의 집단들에게 1529년에 결성된 정치 동맹인 기독교시민연맹(Christian Civic Union)에 합류하라고 권장했다. 라인강을 두고 한참이나 떨어져 있는 강력한 도시 슈트라스부르크조차 스위스 연방의 국경을

---

30) T. A. Brady Jr., *Ruling Class, Regime and Reformation in Strasburg* 1520-1555 (Leiden, 1978), p. 238.

넘어 이 연맹에 합세하였다. 그리하여 이 연맹은 나중에 슈말칼덴동맹을 결성할 독일 영주들에게 영향을 받기보다는, 오히려 사회에 기반을 둔, 즉 '시민에 의한' 종교개혁을 확산시킬 수 있는 능력을 가진 복음주의 세력으로 자리잡았다. 츠빙글리는 자기가 사랑했던 도시 취리히를 경건한 사회로 만들고자 함께 노력하는 기독교 공동체로 보았는데, 이 연맹은 츠빙글리의 비전을 그대로 받아들였다. 그 의도 역시 매우 적극적인 것이었다.

그 연맹에 대해 츠빙글리가 어느 정도의 야심을 가졌는지는 의견이 분분하다. 하지만 그의 당면 목표는 스위스 전역에 흩어져 있는 소위 '위임통치령'을 복음주의 신앙으로 규합하는 것이었다. 이 위임통치령은 스위스의 지방자치주들이 연대적으로 통치하도록 위임된 영토인데, 자치주 내부에서 전통 고수와 개혁 사이에서 갈등의 조짐이 보였기 때문에 이 자치주들을 복음주의 쪽으로 끌어들일 수 있게 된 것이다.[31] 그래서 취리히는 복음주의 동맹자들의 우려를 무시하고 1529년 여름 가톨릭 도시들과 짧막한 전쟁을 벌였다. 그 결과 나온 카펠 암 알비스(Kappel-am-Albis) 평화 협정은 일종의 타협안이었지만, 어쨌거나 츠빙글리는 위임통치령에 대한 자기의 목표를 이루었다. 각 마을들이 자기들의 종교를 택할 수 있었던 그라우뷘덴의 전례(4장, p. 241)를 따라, 츠빙글리는 이 위임통치령에 교구나 마을별로 남자들이 투표를 하여 다수결로 종교를 결정할 권리를 허락했다. 그 가운데서 츠빙글리 자신은 정예훈련을 시킨 취리히의 설교가들을 데리고 다니며 강력하고도 카리스마적인 선거운동을 벌임으로서 대부분의 마을들이 복음주의를 채택하게 만들었다.

전에는 합의에 의해 결정을 내리던 사회에게 다수결이란 제도는 새로운 아이디어였다. 이제는 소수파가 된 전통주의자들의 반대를 분쇄시키는 데도 그것은 유용한 도구로 작용했다. 츠빙글리는 이 원칙을 확대시켜 지역 총회를 조직하였다. 이것은 평신도 대표와 목회자들로 구성되어 자기 교회의 예배에 관한 제반 사항을 결정하는 기구였다. 결과적으로 츠빙글리는 사상 최초로 복음주의적 교회회의를 만들었고, 이 교회회의는 훗날 더 체계적인 개혁교회에서 계층화된 의사결정 기구로 발달했으며, 그중 하나가 장로회이다. 이 발단은 전 세계 개혁교회들에게뿐만 아니라, 서구 정치사에도 막강한 의미를 지닌다. 잉글랜드 사람들은 종종 자기들의 '의회주의의 모범'(mother of Parliaments)이 서구 민주주의의 모델이 되었다고 자랑스럽게 얘기한다. 하지만 사실 현대의 기준

---

31) G. W. Locher, *Zwingli's Thought: New Perspectives* (Leiden, 1981), pp. 270-74.

으로 볼 때 잉글랜드 의회제도는 특별히 민주주의 적이 없었다. 오히려 개혁교회의 대의정치 형태의 협의기구가 일반사회의 기존의 관료체제 정치형태와 별 다르지 않게 운영되는 기구였다. 1776년 이후 이제 갓 태어난 미국이 자기들의 새로운 정부 형태를 구성할 때, 미국 개혁파 교단의 교회회의제도를 모범으로 삼은 것에서 이 교회회의의 역사적 영향력은 더욱 부각된다. 서구 기독교사에서 교회회의제도는 지난 세기동안 거의 모든 서구 기독교회들에게 영향을 미쳤고, 심지어 로마 가톨릭까지 그 영향을 받게 되었다.[32]

츠빙글리를 위시한 취리히의 지도자들은 그 후 도가 지나쳐 화를 자초하게 되었다. 제1회 카펠 평화협정(Peace of Kappel)을 그들의 도시가 복음을 위해 수행하는 성전(Holy war)에 대한 배신이라 판단한 그들은 스위스 내륙의 가톨릭 주들에게 경제 봉쇄를 가하였다. 예상과는 달리, 그들은 끓는 분노와 필사의 각오로 취리히로 진격해 오는 가톨릭 군대를 보고 놀라움을 금치 못했다. 츠빙글리군의 반격은 오합지졸의 형편없는 시도에 불과했다. 카펠의 시토수도원이 위치한 산비탈에서 벌어진 대접전에서 츠빙글리 반군은 참패를 당했다. 카펠의 시토수도원이 서 있던 산비탈에서 벌어진 대격전은 패주로 끝나고 말았다. 그의 분대가 계속 저항을 하는 동안, 츠빙글리는 갑옷을 입은 채로 참살되어 토막났다. 그 소식을 들은 루터의 반응은 냉정했다. 그것도 여러 번 반복하여 냉정한 반응을 보였지만, 에라스무스를 신봉하는 평화주의자이면서도 한편으로는 그와 모순되게 군사적 수단을 택한 츠빙글리의 행동에 대해 루터가 보인 다음과 같은 반응은 그리 부당한 건 아니었다. "검을 가지는 자는 다 검으로 망하느니라."[33] 이미 바젤(Basel)에서 중병을 앓고 있던 요하네스 외콜람파디우스도 패전의 소식에 낙담하여 곧 죽고 말았다. 이것이 기독교시민연맹의 끝이자, 북부 독일 복음주의 도시들과의 제법 좋았던 정치 동맹의 끝이었으며, 또한 무력으로 스위스 종교개혁을 추진해보려 했던 노력이 실패로 끝나는 순간이었다.

취리히에서 츠빙글리의 시도가 다시 회복되긴 하였지만, 츠빙글리의 힘으로 된 건 아니었다. 그 도시의 종교개혁을 다시 안정된 상태로 되돌린 것은 현명하고 참을성 많으며 위대한 설교가였던 하인리히 불링거(Heinrich Bullinger)였다. 그는 공식직으로 등재되지 않은 여러 종족 중의 하나에 속한 사람으로 스위스 교구목사의 아들이었다. 그는 한때 완전히 속세를 떠나 카르투지오회(Carthusian)

---

32) G. R. Potter, "Zwinglian Synods in East Switzerland, 1529–31," *JEH* 26(1975), pp. 261–6.
33) G. R. Potter, *Zwingli* (Cambridge, 1976), p. 414.

제4장 민중을 설득하는 관리(1524-1540)   257

의 수도사가 될 것을 꿈꾸었다. 하지만 그는 불과 27세의 나이에 중부 유럽의 커다란 도시에서 대표 목사(Antistes)로 임명받았는데, 그의 사명은 카펠의 참사가 한 달도 지나지 않은 시점에서 츠리히의 혼란상을 평정하는 것이었다. 1575년에 죽을 때까지 불링거는 대표 목사직을 계속했는데, 그는 언제나 츠빙글리의 정신에 충실했다. 그러면서도 그는 츠빙글리가 남긴 것 중 문제의 소지가 있는 것들을 말없이, 그리고 능숙하게 고쳐 나갔다. 이내 그는 취리히나 스위스 연방 정부의 정치에 드러내 놓고 개입하는 것을 그만 두기로 결심했다. 하지만 목회자들이 신중하게 판단해서 자기들의 의견을 정부에 알리는 것이 꼭 필요하다고 생각하여 격식을 갖춘 사적 서한(그는 이것을 'Relation'이라 불렀다)을 당국자들에게 내면, 정부는 이것을 받아들여야 한다고 주장했다.[34] 하지만 불링거의 교회관은 범대륙적인 것이었다. 그는 1529년 마부르크에서 조장된 분열을 뛰어넘는 것을 평생의 과업으로 삼았고, 균열된 개신교 세계를 화합시키기 위해 최선을 다하였다. 즉 그는 에라스무스의 전 유럽적인 서신에 견줄 만큼 많은 편지를 썼는데, 이는 서신으로 우정을 쌓아 더 큰 이해나 화해를 불러 일으키기 위함이었다. 그래서 그 자신은 취리히 밖을 벗어나 본 적이 별로 없지만, 12,000통이나 되는 그의 편지는 아직도 건재하여 그가 전 유럽에 걸쳐 얼마나 많은 관계를 엮어 왔는지 보여준다.

불링거는 츠빙글리가 성만찬 논쟁에서 너무 비타협적이고 정제되지 않은 말들을 내뱉었다고 판단하였다. 실제로 츠빙글리 자신도 그렇게 불의의 죽음을 당하기 전에 어떻게 하면 '영적 임재'(presence)라는 용어를 써서 이 신비를 좀 더 잘 설명할 수 있을까 고민하였다. 그래서 불링거는 어떻게 하면 루터파 사람들의 기분을 상하게 하지 않으면서 성례전에 대한 얘기를 할 수 있을까 궁리를 하였다. 불링거는 성찬용 빵과 포도주는 상징으로서의 가치를 지닌다는 츠빙글리의 주장을 포기하고 싶지는 않았지만, 그 이상의 뭔가를 말하고 싶었다. 이 중요한 논점에 관한 그의 사상을 정확히 파악하려면, 우리는 까다롭고 전문적으로 보이는 약간의 논쟁도 피하지 말아야 한다. 그것으로 우리가 얻을 보상은, 5세기 전 유럽인들에게는 세상에서 가장 중요한 문제로 여겨졌던 (성례전의) 차이점들을 알게 된다는 것이다. 그래서 필자는 여기서 현대 미국 신학사가인 브레인 게리쉬(Brain Gerrish)가 분석한 개신교도들간의 성만찬에 관한 견해의 차이

---

34) 성직자들의 관계에 대한 광범위한 논의를 위해서는 H. U. Bächtold, *Heinrich Bullinger vor dem Rat* (Bern, 1982) 를 참고하라.

점을 소개하려 하는데 독자들도 이해해 주리라 믿는다.

게리쉬는 먼저 상징(symbols)으로서의 성찬을 이야기할 때 츠빙글리나 불링거가 어떻게 다른지를 분석하였다. 게리쉬는 츠빙글리의 주장을 '상징적 기념설'(Symbolic memorialist)이라 부른다. 츠빙글리에게 있어서 그 상징적 빵과 포도주의 중요성은 바로, 그것이 그리스도께서 최후의 만찬과 십자가에서 하신 일들을 상기시켜서 성찬식의 그 과정을 통해 하나님의 은혜에 이르게 한다는 것이다. 영웅의 기념상처럼, 혹은 비망록 삼아 손수건에 새긴 속담 구절처럼 그것은 신자에게 영적 진리를 생각나게 한다는 것이다. 게리쉬에 따르면, 불링거는 그와는 반대로 '상징적 병행론'(Symbolic parallelist)을 주장하였다. 즉, 불링거는 분명히 떡을 떼고 잔을 마시는 것을 하나의 기념하는 행위로 보면서도, 떡과 포도주, 즉 실제적인 사물과 이를 먹고 마시는 물리적 행위를 대조하면서 하나님께서 자기 백성을 영적으로 만나주시고 새롭게 해주신다는 주장이다. 나중에 제네바의 칼빈은 여기서 더 나아가 게리쉬가 '상징적 도구설'(Symbolic instrumentalist)이라고 부르는 입장을 견지했다. 여하튼 불링거는 이 문제에 있어서 다른 종교개혁자들과 입장 차이를 조정하는 데 충분한 관용을 보였다(6장, p. 349).[35]

불링거는 또한 츠빙글리 신학의 한 부분을 진전시켜, 그것이 향후 개혁파 개신교사에 길이 남을 거대한 영향을 끼치게 되었는데 이는 다름 아닌 언약, 곧 하나님과 인간 사이의 약속 혹은 계약이라는 개념이다.[36] 성체 논쟁에 있어서와 마찬가지로 이 언약이라는 개념을 이해하기 위해서도 우리는 보다 복잡한 구약사상들을 살펴보아야 한다. 성경에 나타난 언약이라는 테마를 연구했던 종교개혁자들처럼 말이다. 츠빙글리가 성경에 나타난 하나님의 율법을 아주 소중히 여겼다는 것은 우리가 이미 살펴본 바 있다. 그 큰 이유는 언약의 증표로 이스라엘 백성들이 행했던 할례에 비유함으로서 유아세례를 정당화하고 재세례파들을 반박할 근거를 율법이 그에게 주었기 때문이다(3장, p. 222). 구약은 하나님의 법을 지키라고 한 하나님과 이스라엘 간의 '협약'이라는 의미로서의

---

35) B. A. Gerrish, *Grace and Gratitude: the Eucharistic Theology of John Calvin* (Minneapolis and Edinburgh, 1993), 특히 pp.166-7; 그리고 또한 Gerrish, 'Sign and Reality: the Lord's Supper in the Reformed Confessions', in Gerrish, *The Old Protestantism and the New* (Chicago and Edinburgh, 1982), pp. 118-30, 특히 p.128 참조; 츠빙글리에 관해서는 Gerrish, *Continuing the Reformation: Essays on Modern Religious Thought* (Chicago, 1993), pp. 64-75 참조.

36) J. W. Baker, "Heinrich Bulliner, the Covenant, and the Reformed Tradition in Retrospect," *SCJ* 29 (1998), pp. 359-76.

언약에 대해 숱하게 말하고 있다. 이 개념은 간단하지만 또한 다양한 방법, 즉 다양한 문맥과 다양한 결과로 표출되어 있다.

하나님과 이스라엘 사이의 어떤 언약들은 하나님이 일방적으로 정하신 것이다. 예컨대 하나님은 에덴 동산의 한 나무를 정해 놓고 그 실과는 먹지 못하게 하신다(창 2:15-17). 모세에게 십계명을 주시면서 이스라엘 백성들로 하여금 그것을 지키라고 말씀하신다(출 34:27). 또 아브라함에게 할례 제도를 만들어 행하라고 명령하신다(창 17장). 한편 아무 부대 조건없이 하나님이 거저 주시는 선물인 것처럼 보이는 언약들도 있다. 창세기 15:18을 보면 아브라함이 (혼란스럽게도) 이런 언약을 받은 사람 중의 하나이다. 창세기 9:8-17에서 하나님은 노아에게 다시는 세상을 물로 심판하지 않겠다고 말씀하신다. 다윗 왕은 사무엘하 24:5에서 하나님이 그에게 언약을 주셨다고 말한다. 따라서 하나님이 주신 언약에는 조건적인 것도 있고, 무조건적인 것도 있다고 할 수 있다.

소망과 확신으로 가득 찬 이 언약이라는 유용한 사상에 대한 용례가 매우 다양했으므로, 여러 방면에 다양하게 적용될 수 있었다. 츠빙글리 자신은 언약이라는 용어를 단지 유아세례에 관해서만 썼지만, 불링거의 기독교 사상은 모두 이것에 집중되어 있다. 불링거는 창세기 17장에 나타난 아브라함과의 조건적인 언약을 출발점으로 보았다. 하나님의 백성들은 항상 하나님의 법을 지켜야 한다. 역사적인 관점에서 볼 때 하나님은 그리스도를 보내심으로써 아브라함과 맺으신 언약을 성취하신 것이다. 그러므로 불링거는 할례와 연관되므로 하나님의 약속을 유대인들에게만 국한된 것으로 본 것이 아니라, 창세기의 바로 그 구절이 선포하듯이, 그 약속을 '땅의 모든 족속'을 위한 선포로 보았다. 하나님의 백성들이 그 분과의 언약을 깨뜨린 지 몇 세기가 지나서야 비로소 그 언약을 찾아내어 새롭게 하였다는 것, 그것이 불링거 시대의 종교개혁이 이룬 가장 큰 위업이다. 성례, 즉 세례와 성찬은 이 언약의 표시 즉 '증표'(Seals)이다. 이 '증표'란 말은 성만찬에 대한 개혁교회의 논쟁에서 계속 나타날 것이다.

그럼에도 언약은 여전히 한 '나라'에 대한 하나님의 약속이었다. 그러므로 언약은 그 국민들의 종교적인 삶 뿐 아니라, 사회적, 경제적, 그리고 정치적인 것까지 포함한다(스위스 국민들에게는 그것이 또한 자기들의 소중한 정치적 언약을 상기시키는 것이기도 하였다). 그러므로 불링거 자신은 정치에 관여하지 않았지만 그의 신학은 어쩔 수 없이 정치적, 사회적 사상들을 많이 담고 있고, 이것은 훗날 개혁신학의 큰 특징이 되었다. 이 언약 개념은 점점 더 발전하고 다양화되었는데, 이것은 부분적이지만 루터의 이신칭의론 때문이었다고 볼 수 있다. 인간 편에서의 노력이 전혀 없이 전적으로 하나님에 의해 구원이 이뤄진다고 전제할 때 생기는 심각한 문제에 대한 답, 즉 사람들에게 윤리적 삶을 살라고 설득할 수 있는 근거를 바로 이 언약 개념을 통해 개혁파 개신교도들이 찾게 되었다. 루터도 나름대로『기독교인의 자유』(The Freedom of a Christian)(3장, p. 198)에서 이 문제에 대해 아주 역설적인 해답을 제시하였다. 모든 사람이 동의할만한 해답은 아니지만, 어쨌든 하나님은 언약을 통해 자기의 택하신 백성들에게 뭔가를 요구하신다는 루터의 사상은 매력적인 것이 분명하다. 훗날 특히 잉글랜드와 라인란트(Rhineland) 개혁파에서 '언약신학자들'(Covenant theologians)은 불링거의 언약 사상을 토대로 하여, 그 언약을 어떻게 사용할 것인가에 자신들의 의견을 가미하여 오늘날도 여전히 전 세계에 큰 영향을 끼치고 있다(8장, p. 516; 12장, p. 688).

4. 슈트라스부르크: 새 로마인가 새 예루살렘인가?

물론 이 모든 것은 미래에 불링거가 힘겹게 취리히의 깨져버린 신뢰를 회복하기 위해 시작했던 바로 그것이었다. 1531-1512년에, 발전해가는 개신교 현상(Protestant phenomenon)을 연구하던 한 관찰자는 개혁운동의 새로운 미래 중심지는 흩어져있는 스위스의 개신교나 저 멀리 떨어진 비텐베르크 지역의 상아탑도 아닌, 유럽에서 가장 큰 도시 중에 하나인 슈트라스부르크라고 예견했다. 라인강(유럽의 주요 수로 중의 하나인) 양쪽과 동서로 이어지는 유럽의 육로의 주요 지점에 위치해 있으면서, 또한 독어권과 불어권 사람들 사이의 문화적 접경 지역이었던, 알자스에 있는 황제 관할 지역의 으뜸가는 도시 슈트라스부르크는 20,000명 가량의 인구를 가진 분주하고 활력있는 도시로, 무역과 산업의 중심지였다. 또한 독립에 관한 자랑스러운 전통을 지닌 황제 자유도시였다. 따라서 그곳은 개신교 세계의 수도가 될 만한 곳에 이상적으로 위치하고 있었다. 이러한 운동의 시발점은 오히려 취리히 안에 있는 여러지역에서 시작되었다. 1523년에 슈트라스부르크의 가장 인기 있는 설교자였던 마티스 젤(Mattis Zell)은 성당에 있는 그의 영향력 있는 설교단을 복음주의 메시지를 선포하는 데 사용했다. 널리 퍼진 열정을 자극함으로써 점점 더 많은 주요 사제들을 자기 편으로 끌어모았다. 1520년대 격동의 종교개혁이 진행되는 동안, 시정 업무를 관장하던 선택된 엘리트 저명인사들은 신중하면서도 점진적으로 슈트라스부르크를 복음주의 운동의 핵심기지로 만들어 갔다. 더 나아가 그들 중 대부분은 도시교회의 설교에 귀를 기울였고, 그들 자신이 복음주의자라고 확신했다. 그리고 시가 단명으로 끝난 기독교시민연맹에 가입한 1529년에 슈트라스부르크는 마침내 장엄 미사를 금지했다. 그들은 슈말칼덴동맹이 형성되자 슈트라스부르크를 가입시켰다. 그러나 그들은 수십년 동안 비텐베르크의 종교개혁과 완전히 동일시되는 것으로부터 다소 거리를 두고 있었다. 해를 거듭하면서 슈트라스부르크가 종교개혁의 다양한 요소들을 한 데 모을 제대로 된 기회가 한 번 있었고, 서구 기독교 세계의 새 로마가 되었다. 또한 후에 개신교를 위해 큰 역할을 했던 제네바와 같은 역할을 할 수 있게 되었다.

슈트라스부르크의 공의회 의원들은 슈트라스부르크의 종교개혁을 체계적으로 이끌기 위해 유능한 개신교도 중에서도 가장 탁월한 교회 인재를 등용시켰는데, 그들의 신학적인 대안들을 공적으로 유지시키는데 적극적이었다. 그는 바로 알자스의 셀레스타트(Sélestat) 근처 출신이요, 이전에는 도미니크수도사였던 마틴 부처(Martin Bucer)였다. 부처는 종교개혁의 역사에서 비운의 인물이었다. 왜냐하면 그가 범세계적인 자신의 부처 교단을 세우지 못하고 떠났기 때문이다. 심지어 그가 1549년 그곳을 떠난 다음, 슈트라스부르크는 가면 갈수록 전통적인 루터파가 되면서, 다른 신학적인 방향으로 나아갔다. 게다가 부처는 정확하게 표현하지 못하는 그의 약점으로 인해, 그의 신학사상을 난해한 것으로 만들었던 미묘한 사상가였다. 그의 독립적인 사상에 분통이 터진 루터는 불친절하지만 정확하게 그를 '수다쟁이'(Klappermaul)라 불렀고, 현대의 한 역사가는 그의 글들에 대해 똑같이 신랄하게 비판했다. '그의 요정 대모는…그에게 유쾌하면서도 수용할만한 문체를 허락하지 않았다.'[37] 그럼에도 불구하고 심지어 부처의 적대자들과 중상모략가들조차도 그의 중요성을 인정했다. 그는 불링거처럼 기독교인의 연합을 이루기 위해 자신을 헌신했지만, 불링거와는 달리 기존의 신학적 유산을 변호하는 부담을 지지는 않았다. 또한 그는 심지어 교황에 충실한 사람들에게까지 수용의 폭을 더욱 넓혔다. 그런 이유로 유럽의 통치자들은 부처를 특별한 종교개혁을 진척시키는 중개자로 행동하도록 반복해서 다양한 상황 속으로 불러들였다.

---

37) D. F. Wright (ed.), *Common Places of Martin Bucer* (Appleford, 1972), p. 18; T. H. L. Parker writing in *JEH* 35(1984), p. 668.

부처는 협상과정에서나 그의 신학적인 글들에서 일반적으로 다른 많은 동료 개혁자들이 그랬던 것보다 하나님의 사랑에 대해 훨씬 더 자주 말했다. 게다가 그는 자신과 심각하게 다투는 사람들 속에 있는 선함을 바라보는 능력을 가지고 있었다. 1518년 신속하게 움직이는 사건들 속에서 자신이 루터를 발견했다는 좋은 추억을 간직하고 있었을 뿐만 아니라, 그는 최소한 1520년대 중반에 칼슈타트와 츠빙글리가 성만찬에 관해 말한 것들로부터 깊은 감동을 받기도 했으며, 대부분의 초기 개신교주의자들이 그랬던 것보다 훨씬 빨리 기독교의 초대 교부들의 지혜 속에서 인본주의적 기쁨을 다시 얻게 되었다. 그는 1520년대 후반까지 성만찬에 관해서 루터와 츠빙글리 두 사람이 가졌던 것과 똑같은 신념을 가지고 있고, 근본적으로는 그들이 서로 일치했다고 확신했다. 그러나 그가 자신의 희한한 통찰력을 통해 발견한 내용을 공식화시키려고 했을 때, 어느 쪽도 그것을 달가워하지 않았다. 부처는 심지어 가장 위엄있는 신학자들에게 분노와 화를 불어넣었던 급진적인 기독교인들의 견해 속에서도 선한 것을 보았다. 그리고 종교개혁의 주요방향과 상반되는 몇 가지를 충족시키기 위해 여러 가지 방법을 통해 슈트라스부르크에 있는 교회들을 조직화하려고 힘썼다.

특별히 부처는 교회에서의 적절한 권징(discipline)을 강조했다. 그것은 자신의 거룩한 삶을 보존하기 위해 분리된 공동체를 만들었던 급진주의자들에게 아주 중요한 것이었다. 그는 어떻게 교회 공동체가 활동해야 하는지에 대해 바울이나 그의 제자들 중 한 명에 의해 기록된 상세한 청사진과도 같은 에베소서를 좋아했다. 독특하게도 그의 엄청난 양의 글들 중에서 부처는 에베소서에 관해 하나가 아니라 두 개의 주석서를 그의 개혁의 여정 초기와 말기에 썼다. 종교개혁자들은 로마의 잘못된 주장들로부터 어떻게 참된 교회를 구분할 수 있는지에 대해 논의하기 시작했다. 루터는 이것에 대해 다양한 의견을 피력했는데, 일반적으로 두 개의 특징 혹은 표지를 가졌다고 생각했다. 그것은 성례의 올바른 시행과 복음의 정당한 선포이다. 루터는 세상이 곧 끝날 것이라고 믿는 신자로서 교회가 어떻게 조직되어야 하는지에 대해 별 관심이 없었다. 반면 부처는 권징이 참된 교회의 세 번째 표지라고 주장했다. 그는 요한네스 외콜람파디우스가 1520년대에 바젤에서 종교개혁을 촉진시킬 때 말했던 것에 관심을 가졌고 주목했다. 즉 교회는 공화국이 시민이나 공직자들에게 집행하는 세속의 징계와는 별도로 교인들에 대해 본질적인 사랑의 징계를 해야 한다는 것이다. 외콜람파디우스는 신교(new Church)는 개혁되지 않은 구교(old unreformed Church)처럼 성만찬으로부터 부정한 교인들을 배제시키는 (그들을 출교시키는) 권한을 보유해야 하며, 그리고 이것은 세속적인 행정장관에게 맡길 것이 아니라, 교회가 수행해야 할 거룩한 의무(sacred duty)라고 주장했다. 그는 바젤교회가 공식적으로 재조직된 1529년에 이런 신념이 그 과정에 확실히 반영되게 했다.[38]

외콜람파디우스의 견해는 취리히에서 츠빙글리와 불링거가 제시한 공화국과 교회의 강력한 통합모델 관련 견해와 상충되었다. 그래서 그는 이 문제와 관련해서 스위스에서 크게 주의를 끌지 못했다. 대신에 출교문제와 교회정치에 관한 그의 논의는 부처와 독일 남부도시의 몇몇 동조적인 개혁자들에 의해 지지를 받았다. 부처가 그러한 견해들을 실행에 옮기고 신앙생활의 독립적인 규범들을 세워나갈 때, 의심 많은 슈트라스부르크의 행정집행관들의 지지를 항상 받은 것은 아니었다. 그러나 부처는 연이어 등장한 많은 개신교 사상가들에게 영향을 끼쳤다(특히 우리가 보게 되겠지만, 존 칼빈에게). 그래서 이미 급진적인 공동체의 한 특징이 되어버린 징계에 대한 강조는 또한 종교개혁 전통의 중심이 되었다. 급진주의자들은 이 문제에 관한 부처의 진지함을 높이 평가했다. 필립 백작이 재세례파와 일련의 우호적이며 합리적인 토론의 장을 마련하기 위해 부처를 초청한 이후인 1538년에, 헤센에 있던 수백 명의 재세례파 사람들이 공식적으로 개신교에 합류했다. 대개 통치자들은 재세례파 사람들을 설득이 아닌 추방과 박해와 사형의 방식으로 다루었으므로, 급진파가 성공한 예가 거의 없었던 때, 이 개종사건은 16세기에 있었던 특이한 일이었다.[39]

부처의 개방된 마음과 평화에 대한 탐구는 시 행정관으로 있던 볼프강 카피토(Wolfgang Capito)와 맛디아스 첼(Matthias Zell)과 같은 그의 주요 동료들과 공유되었다. 첼의 아내 카타리나 슈츠(Katharian Schütz)는 넓은 마음을 소유한 재능있는 찬송가 작사자였던 것은 말할 것도 없고, 급진주의자에 대해서는 친절한 태도를 취했고, 남자들의 편협함에 대해서는 무뚝뚝한 경멸의 마음을 갖기도 했다. 그녀는 매우 폭넓게 다양한 손님들을 접견했는데, "모든 사람에게 사랑과 섬김, 그리고 자비를 보이는 것이 우리의 의무이고 또한, 우리의 스승이신 그리스도께서도 그렇게 가르치셨습니다."라고 말하면서, 그들의 성향에 대해 자세히 묻지 않고 환대했다. 카타리나의 생애 말년에, 슈트라스부르크의 성직자들이(이제는 완고한 루터파가 된) 급진주의자 카스파르 슈뱅크의 영적 교훈에 열광

---

[38] Rupp, *Patterns*, pp. 37–42.
[39] D. Mayes, "Heretics or Nonconformists? State Policies toward Anabaptists in 16th Century Hesse," SCJ 32 (2001), pp. 1003–25 중 pp. 1007–8.

했던 슈트라스부르크의 한 고위인사 가문의 두 자매의 장례식 집례를 거부한 사건이 있었다. 이 옹졸함에 화가 난 카타리나는 그녀 스스로 설교를 준비하고, 존중히 여김을 받아야 할 두 여인의 장례를 집행했다. 그녀는 이제 늙고 병들어 세상을 떠나야만 했다.[40] 그와 같은 태도는 폭넓고 다양하고 극히 개인적인 종교개혁의 장이 사람들로 붐비는 슈트라스부르크의 거리에서 펼쳐지도록 고무시켰다.

시의 공의회 의원들은 1525년의 사회적 대격변과 같은 암울한 날들을 상기시키는 어떠한 선동적인 말도 용납하지 않았다. 1527년에 그들은 토마스 잘츠만(Thomas Saltzmann)을 예수님이 하나님이라는 사실을 부정한다는 이유로 사형시켰고, 1533년에 급진적인 사상을 가진 모피상 클라우스 프레이(Claus Frey)를 익사시켰다. 그의 급진주의는 특이한 형태를 취했는데, 그는 자기 아내를 버리고 자신이 두번째 하와이자 동정녀 마리아로 인정한 어느 귀족 출신 과부와 함께 살았다. 그러나 일반적으로 슈트라스부르크 당국자들은 만약 평화를 깨뜨리지 않는다면, 종교적인 다양성에 대해 관용할 준비가 되어 있었다. 관용이 가치가 있는 것은 그것이 종교적 획일성을 요구하는 외부의 힘들에 의해 이리저리 밀려다니지 않는다는 것을 강조하기 때문이었다. 재세례파는 대책 없이 소란스럽게 되면 시 경계를 떠나도록 요청받았지만, 생존의 길도 여전히 있었다.[41]

1520년대 후반 슈트라스부르크에 이례적으로 많은 저명한 급진주의자들이 출현함으로, 그들의 사상을 발전시키기 위해 토론하는 것과 추종자를 모으는 것이 일시적으로 허용되었다. 자연히 철저히 규제된 도시 공동체 안에서는 후터파가 모라비아에서 개척한 공동체적 삶과 같은 어떤 종류의 실험을 위한 여지도 없었다. 그 대신 창의적인 생각을 가진 많은 사람들은 기독교의 고질적인 문제에 대한 대안들을 제시했고, 또한 역사 속에서 기독교의 미래에 대한 하나님의 계획에 대해 깊이 생각했다. 마틴 루터와 1520년대의 부처와 같은 관료주의 개혁자들은 자신들이 정한 엄격하게 제한된 원리 안에서 급진적으로 개혁운동을 펼쳐나갔다. 그들은 서방교회의 위계질서에 의해 주장되는 권위에 대해 급진적인 도전의 자세를 취했지만, 사실 그들의 도전은 기독교의 초기 5세기 동안 확립된 교리를 되찾으려는 시도를 위해서였다. 즉, 그들이 제기한 문제

---

40) Williams, *Radical Reformation*, pp. 248-9; F. A. McKee, *Katharina Schütz Zell* (2 vols., Leiden,1999), pp. I, 222-4, 418.

41) L .J. Abray, "Confession, Conscience and Honour: The Limits of Magisterial Tolerance in 16th Century Strassburg," in Grell and Scribner (eds.), *Tolerance in the Reformation*, pp. 94-107, 특히 p.104; Williams, *Radical Reformation*, pp. 286-8, 292.

제4장 민중을 설득하는 관리(1524-1540)   265

슈트라스부르크의 주요 개혁자들:
두 삽화는 J. 보사드, Icones(1597)로부터.

마틴 부처

마티아스 첼

의 본질은 공교회가 격렬한 논쟁을 벌여 왔던 종합적인 교리논쟁 속에 불합리한 교리를 추가시켰다는 것이다. 기존의 구교는 중세에 교리가 추가된 것은 이미 초대교회 시기에 정립되었던(히포의 어거스틴과 더불어 정점에 이른) 것을 좀 더 발전시킨 것에 불과하다고 항변했다. 따라서 워필드(B. B. Warfield)의 통찰력에 의하면 16세기 종교개혁은 어거스틴의 정신 안에서의 분투라는 것이다(3장, p. 174). 그러나 당시 일어난 일은 루터와 츠빙글리 그리고 교황이 동의했던 권위에 관한 논쟁을 넘어서서 엄청나게 다양한 종류의 도전들이었다. 극단적인 급진주의자들은 초대교회 역사의 결과는 올바르지 않으며 하나님이 원하던 결과도 아니라고 하였다.

우리는 이미 1520년대에 스위스와 중부 유럽에 있던 재세례파가 이의를 제기했던 '어거스틴의 교회론'(Augustine Church)에 관한 하나의 기본적인 가정에 대해 살펴보았다. 즉 기독교는 모든 사회를 포용하고, 모든 사회의 구성원들에게 세례를 주며, 그리고 전쟁이나 사유재산제도 같은 많은 사회적 구조들을 받아들여야 한다는 것이다. 그들은 4세기에 있었던 콘스탄틴 1세와 교회의 동맹을 탐탁지 않게 생각하면서, 기독교인들은 타락하고 악한 세상에서 고통을 받음으로 하나님을 영화롭게 할 수 있으며, 이를 위해 하나님에 의해 선택된 소수파 공동체로 복귀해야 한다고 주장했다. 바야흐로 1530년대 초기 슈트라스부르크에서 나름의 피난처를 발견했던 몇몇 급진주의자들은 콘스탄틴 이후의 교회에 관해 훨씬 더 심각한 질문들을 던졌다. 그들은 하나님의 본질이 심각하게 잘못 이해되었다고 말했다. 이 왜곡의 본질을 이해하기 위해선, 종교개혁의 화두 속에 항상 논쟁의 핵심으로 자리하고 있는 초대교회의 역사를 살펴볼 필요가 있다.

이것은 기독교의 가장 중요한 문제이다. 그것은 교회가 초기에는 십자가에서 죽은 사람인 예수를 단순히 유대인들이 기대했던 메시아나 그리스도에 불과한 분이 아니라, 비록 한 여인 마리아의 육체를 통해 태어났지만(성육신), 하나님 자신과 동일시했다는 역설에 집중되었다. 게다가 기독교는 이 성육신이 하나님의 능력 곧 세상 가운데 역사하는 성령의 능력으로 된 것이며, 그리고 이 성령도 또한 하나님으로 불려야 한다고 확정했다. 또한 하나님이 한 분이라는 강한 확신을 물려받은 기독교는 하나님을 성부와 성자와 성령의 세 위(aspect 또는 position)를 가지신 분이라고 말하게 되었다. 4세기 초에 교회들은 이 삼위일체 교리에 관해 논쟁하는데 시간을 쏟았다. 인간이 되신 삼위일체 하나님에 관한 이야기를 단일신론의 유대적 유산과 완전한 궁극적인 절대적 실체는 인간 세계의 혼돈과 혼잡과 불완전함과는 아무런 관련이 없다고 말했던 플라톤의 유산과 조화시킬 필요가 있었다. 차츰 정치권력과도 결부된 이와 같은 쓰라리고 난해한 신학적인 논쟁들은 니케아(Nicaes, 325년)로부터 칼케톤(Chalcedon, 451년)에 이르는 4세기와 5세기 동안 교회의 공의회에서 내려진 일련의 의사결정들 속에서 정점에 다다랐다.

이들 결정들은 본질상 동등하고, 그것을 공유하는 세 인격 곧 아버지와 아들과 성령을 포함하는 하나님의 일체성을 그려냈다. 아들이신 예수 그리스도는 완전한 하나님이시고 완전한 인간이시다. 이것에 관한 주장들은 4세기 후반 거의 같은 시기에 만들어진 서로 다른, 그렇지만 비슷하게 배우기 쉬운 신조, 즉 사도신경과 니케아신경 속에 요약되었다(부록 참조). 이것들은 기독교 예배 속의 다양한 순서에서 정규적으로 암송되었다. 이 삼위일체론은 칼케톤 정의(Chalcedonian Definition)라고 불리는 예수 그리스도 속에 있는 신성과 인성에 관한 아주 세심하게 균형잡힌 문구에 관해 칼케톤공의회에서 보완되었다. 이것은 교회의 기독론을 공식화하는 계기가 되었다(즉 그리스도의 성품에 관한 교리이다). 우리는 웬해스톤(Wenhaston)의 조그만 서픽(Suffolk)의 교회에 있는 마지막 날에 관한 그림 속에서 완성된 이야기를 극적인 형태로 보았는데(1장, p. 42), 이 이야기는 동방정교회와 서방의 교황추종파 그리고 서방개신교회의 설교 속에 동일하게 내재되어 있는 것이다. 비록 그들이 이후의 교회의 공의회를 점진적으로 오류에 빠져든 것으로 보았지만, 개신교도들조차도 교회의 초기 4개의 위대한 공의회의 가치는 인정했다(325년의 니케아, 381년의 콘스탄티노플, 431년의 에베소 그리고 451년의 칼케톤공의회).

이제 콘스탄틴과 교회의 동맹이 교회의 잘못된 전환점을 제시한다고 믿었던 급진주의자들도 그 다음 세기가 이들 초기 공의회의 시대였다고 보았다. 그것들에 대해 역사적으로 더 많이 알게 될수록 당시에 결정된 신학이 부패했다고 느끼는 것이 전혀 이상하지 않았다. 그들은 에베소와 칼케톤의 시대, 곧 콘스탄틴 이후 시대에 살았던 어거스틴보다 공의회 이전에 신학적 천재였던 오리겐을 더 선호했다. 에라스무스는 그들에게 오리겐에 관한 주요 관점들을 명확하게 제시해 주었다. 그래서 그들은 삼위일체의 문제, 특별히 그 속에서 예수 그리스도의 위치에 대해 다시 생각하기 시작했다. 출발점에서 급진주의 운동은 정확히 두 방향으로 상반되게 진행될 수 있었지만, 두 개의 대안은 노골적으로 칼케돈신조의 균형잡힌 설명을 없애버리고, 그보다 오래된 대안적 기독론을 택했는데, 이것은 삼위일체론보다는 단일신론(unitarian)에 가까운 것을 서로 다른 방식으로 따라간 것이었다. 어떤 유일신론 급진주의자들은 그리스도는 완전한 하나님이시고, 그가 진짜 인간의 요소를 가졌다고 여기는 것은 신성모독이라고 확정했다. 그가 육체로 오시는 모습과 십자가에서 겪는 고통의 모습을 지니셨더라도 그것은 하나의 외적 모습 이상일 수는 없었다. 이것은 가현설로 알려진 교리로, 헬라어 도케인(dokein), 즉 '보이다'에서 온 말이다. 반면에 또 다른 급진주의자들은 삼위일체에 관한 개념이 니케아(그러므로 부패한)의 교리이지 성경에서 볼 수 있는 것이 아니라고 말했다. 하나님의 유일성이 성립되려면 성부가 하나님이시라는 것과 같은 의미 선상에서 아들 예수 그리스도는 완전한 하나님으로 간주될 수 없었다. 두 개의 기독론과 관련된 견해들이 1530년 즈음에 슈트라스부르크에서 들려왔지만, 라인강 서쪽의 유럽지역에서 기독론에 관한 대안들이 가장 강력하게 전파되게 하고, 그곳이 기독론 논쟁의 본거지가 되게 하는 것이 첫 번째 대안이었다.

오래 전부터 최근까지 격론이 되어 온 기독론 문제는 그리스도의 인성을 부정하고 그의 신성을 강조하는 방향으로 흘러갔다. 츠빙글리와 같은 인본주의 신학자들과 마찬가지로, 많은 급진주의자들의 증오에 찬 논쟁의 시발점은 중세 후기 서방교회의 예배, 즉 미사문제였다. 우리가 보았듯이, 데시데리우스 에라스무스는 습관적으로 육적인 것에 맞서 영적인 것을 강조했다. 그가 좋아했던 본문 중 하나가 요한복음 6:63이었다. 츠빙글리도 '살리는 것은 영이요, 육은 무익하니라'라는 요한의 주장에 열중하면서 그를 따랐다. 그리고 그것 위에 그는 성만찬에서의 그리스도의 육체적 또는 신체적 임재를 거부하면서 기념설이라는 자신의 성만찬 교리를 세웠다(3장, p. 218 과 4장, p. 256). 그처럼 존경받았던 지도자들이 금욕생활 중에 더 깊은 영감을 얻어 그들의 사상을 발전시켰다고 하는 것은 그리 놀랄 일이 아니었다. 만약 성만찬에서 그리스도의 몸이 영적이고 땅에 고착된 육신이 아니라면, 그것은 지상으로의 성육신에 관한 함축적인 의미를 가진 것이었다. 그리스도의 지상 생활에서의 육신은 동정녀 마리아로부터가 아니라 하늘로부터 만들어진 것이라고 가정하는 것이 논리적이었다. 그것은 신적 간섭으로 되어진 일이었다. 이것은 복음주의자들을 격동시켰던 중세 후기 교회의 신앙에 관한 또 다른 논쟁거리였던 마리아 숭배를 반박할 수 있는 좋은 논리적 기반이 되었다. 즉 그들은 그리스도의 육신의 모친에게 지나칠 만큼 존경이

(마리아 숭배) 돌아가는 것을 보았던 것이다. 그것은 그리스도의 지상의 어머니에게 돌려지는 과도한 존경이라고 보았던 것이다. 더욱이 많은 급진주의자들은 그리스도의 몸인 교회를 영적 공동체로 보고, 이 영적 공동체가 육신적인 세상을 향할 때 타락하게 된다고 보았다.

당시 인본주의 영향을 뿌리깊게 받은 다양한 신학들은 그리스도에게 절대적인 신성을 부여했다. 중세의 신비적 경건주의의 본류 중 한 형태는 그리스도의 천상의 육체를 확정했고, 그것을 묵상했다. 또 다른 중세의 유산은 마리아 예식에 대해 분노했고 또한 마리아의 격을 낮추기에 혈안이었던 잉글랜드의 롤라드파나 보헤미아의 타보르파(Taborites)와 같은 급진주의자들로부터 나왔다. 그들은 종종 여자는 단지 남자의 씨를 받는 단순한 용기(Vessel)로서 간주되었던 아리스토텔레스의 생물학에서 주목을 받은 재생산에 관한 고대 남자의 환상들을 끌어들임으로써 그들의 분노를 합리화했다. 만약 남자의 씨가 그리스도의 성육신에 관여되어 있지 않다면, 그리스도는 인간의 육체에 참여하지 않았다는 것이 논리적이라는 것이다.

성상들로부터 자유로운 기독교보다, 영적인 기독교를 추구하던 성상파괴 운동의 지지자였던 8세기 비잔틴 황제 콘스탄틴 5세는 성모 마리아의 '용기'(vessel) 이론을 한 생생한 은유 속에서 표현했다. '그녀가 그녀의 자궁에 그리스도를 잉태했을 때, 그녀는 금화로 가득한 지갑과 같았다. 그러나 출산 이후에는, 그녀는 결코 빈 지갑 그 이상이 아니었다.'[42] 비록 8세기 넘게 아무런 의심없이 그것을 반복해서 사용한 많은 세대들이 그것의 기원에 대해서는 거의 생각이 없었지만, 그 황제의 경구는 오랜 역사를 가지고 있었다. 16세기의 잉글랜드 급진주의자들 속에 있던 일반적인 기조의 변형은 마리아가 그 속에 있던 아주 고귀한 이전 내용물의 냄새가 남아 있는 텅빈 선황색 가방과 같다는 것이었다. 찰스 5세의 네덜란드에서는 구다(Gouda)의 재단사인 피에터 플로리스즌(Pieter Floriszoon)이 우리의 귀부인은 '한 때는 계피를 담았고, 이제는 그 향기로운 냄새만 남아 있는 자루'와도 같다고 말했다. 조금 정취가 떨어지기는 하지만 빌렘 디에 쿠퍼(Willem die Cuper)는 그녀는 밀가루가 비어 있는 밀가루 자루와 같다고 말했다.[43]

---

42) E. Male, *Religious* Art (London, 1949), p. 167. 천상적 몸 교리에 관한 중세의 배경에 관해서는 Williams, *Radical Reformation*, pp. 325-35 을 보라.
43) A. Duke, "The Face of Popular Religious Dissent in the Low Countries, 1520-1530," *JEH* 26 (1975), pp. 41-67 중 p. 52.

종교개혁에서 최초로 알려진 천상의 육체 기독론(celestial flesh christology)은 슈트라스부르크로부터 나왔다. 1524년에 한 평신도 설교가인 클레멘트 지글러(Clement Ziegler)는 그리스도의 천상적 몸은 그가 성육신에서 인간의 몸을 덧입기 전부터 존재했다는 이론을 발전시켰다.[44] 이런 기초 위에 1529년 슈트라스부르크에서 은신처를 찾은 북유럽의 두 명의 급진적인 대변자들은 보다 철저하면서도 서로 다른 천상적 몸에 관한 교리를 발전시켰다. 그들은 전에 튜턴 기사단 단원이었다가, 교회를 설립할 때 그가 도움을 주었던 셀레시아 공교회로부터 스스로 탈퇴하고 나온 성격이 온화한 카스파르 슈뱅크벨트, 그리고 발틱 지역의 가죽 판매상에서 순회 설교자로 변신한 멜키오르 호프만(Melchior Hoffmann)이다. 호프만은 그 가방에 대한 또 다른 은유를 하나 만들어냈는데, 그가 '물이 관을 통과하듯이' 그리스도도 마리아를 통과해서 지나가셨다고 묘사할 때, 그것은 2세기의 영지주의 사상가였던 발렌티누스를 무의식적으로 떠올리게 하는 것이었다. 그는 아마 실제로 이 은유를 12세기 동방정교회의 기둥 같은 인물인 클레르보(Clairvaux)의 시토파 수도사 버나드(Cistercian Bernard)의 잘 알려진 한 설교로부터 끌어왔을 것이다.[45]

그러나 성육신 문제에 대해 이와 같이 일련의 천상적 몸이라는 해결책들이 전개되자마자 바로 이것은 4세기 교회에서 아리우스(Arius)에 의해 촉발된 논쟁과 같은 선상에 놓이게 되었고, 더욱 극단적인 형태를 취한 단일신론 급진주의의 반대에 부딪치게 되었다. 예수는 전혀 하나님이 아니었고, 다만 하나님의 인간 선지자였다. 그리고 삼위일체의 모든 교리는 교회가 부패한 시기에 생각해 낸 비성경적인 속임수이다. 이러한 신념은 1527년 아우크스부르크에서 있었던 급진주의자들에 대한 재판에서 아연실색케 된 주류 복음주의자들에 의해 최초로 가려내졌다. 재판에서 나온 진술서는 이 교리가 당시 두루 존경을 받는 급진주의 지도자인 발타자르 후프마이어로부터 출발했다고 공표했다. 그러나 아무런 근거없는 의도적이고 부적절한 이러한 공표로 인해, 역설적이게도 이 교리는 급진주의자들 사이에 더욱 퍼져 나갔다.[46] 이것은 지칠줄 모르면서도 극도로 재능있는 내과 의사이자 학자인 미구엘 세베르토(Miguel Severto, 마이클 세르베투스 [Michael Servetus]로 불리는 나바르(Navarre)로부터 나왔다. 그의 견해들은 그의 조국 스페인의 문화 전쟁에 대한 민감함으로 설명되어질 수 있다. 그는 삼위

---

44) Williams, *Radical Reformation*, p. 245.
45) Ibid., pp. 329, 330-2. 버나드에 관해서는 Ellington, *Mary*, p. 128 을 보라.
46) Williams, *Radical Reformation*, pp. 176-78.

일체 교리가 얼마나 유대인들과 무슬림들에게 공격적인지 알고 있었고, 기독교가 진정으로 보편종교임을 드러낼 수 있도록, 곧 기독교를 보다 공감이 가도록 나타내기를 원했다. 1530년에 슈트라스부르크에 머무는 동안 그는 부처와 카피토와 더불어 진지한 대화를 나누었고, 그들의 개인적인 보호를 확보했지만, 그 다음 해에 시의 북쪽으로부터 10마일 떨어져 있는 하게나우(Hagenau)에서 삼위일체에 관한 전통적인 개념에 대한 최초의 항변서를 출간했을 때, 그는 그의 여러 개신교 지인들을 심각하게 당황스럽게 만들었다. 이것은 닥치는 대로 읽어대는 그의 지적 호기심의 경력에서 시작에 불과한 것이다. 그는 그의 삶을 대부분 도망치며 보내다가, 제네바에서 그 마지막을 맞이했다. 그의 죽음은 제네바에서 있었던 16세기 많은 급진주의 사상가들의 순교 사건 중에서 가장 유명한 일화에 속한다(5장, p. 340).

멜키오르 호프만은 새로운 천상의 육체 기독론을 발전시켰을 뿐만 아니라, 세계의 역사 속에서 하나님의 삼중적 유형을 찾기 위해 노력했던 피요레의 요아킴(Joachim of Fiore)에 의해 고취된 사상을 한번 더 끌어들임으로써 1520년대와 1530년대에 일반적이었던 마지막 날(Last Days)에 관한 열망을 가속화시켰다. 슈트라스부르크에서 깊은 감명을 받은 호프만은 하나님이 그 도시를 심판 때에 예수님의 재림장소, 즉 새 예루살렘으로 선택했다고 단언했다. 그는 1533년에 이 일이 일어날 것이라고 예언했고, 성경에서 예고된 성도들의 천년 간의 통치에 따른 것이라고 했다. 1530년에서 1533년 사이에 그는 천년왕국에 대한 메시지를 슈트라스부르크 뿐만 아니라 북쪽에 위치한 저지대 국가들과 멀리 동 프리슬란트에까지 가서 설교를 하였다. 그리고 그는 그의 설교를 1520년대에 중부 유럽에서 널리 퍼져 나갔던 성인들에 대한 세례 프로그램과 결합시켰다. 세르베투스와 같은 이성적인 급진주의자들과는 달리, 호프만은 슈트라스부르크에 성도들을 모으기 위한 대중복음화에 지대한 관심을 가졌다. 그러나 슈트라스부르크의 당국자들은 그의 영웅적인 관심을 달가워하지 않았다. 멜키오르파 급진주의자들이 박해나 단순한 경제적 어려움을 피해서, 혹은 시에서 제공되는 꽤 괜찮은 급식을 호프만이 예언한 새 예루살렘에 대한 전조로 해석하고 슈트라스부르크로 물밀듯 밀려 들어오게 되자, 당국자들의 경계심도 증가했다. 호프만이 1533년 그리스도의 재림을 기다리기 위해 그 도시로 되돌아 왔을 때, 그는 체포되었다.

호프만의 웅변술에 대해 당황하고, 이름난 분리주의자들에 대해 이단 재판을 시행하는 대부분의 유럽 국가들이 취한 전례를 따르게 될 수 있다는 부담감 때문에, 슈트라스부르크 시의회는 그를 재판에 회부하는 것을 꺼려했다. 그들은 호프만을 열악한 환경에 몰아넣었으며, 그것을 통해 그가 현실을 바로 직시할 수 있기를 기대했다. 그러나 안타깝게도 호프만은 마지막 날에 관한 그의 기대를 끝까지 지켰다. 그가 아주 애매모호한 때에 죽어서, 그가 얼마 동안 생존했는 지에 대한 정확한 정보가 없다. 그는 참혹한 감옥에서 10년 정도 보냈을 것 같다. 그 후로도 그는 뮌스터가 재림장소라고 예언한 결과로 일어난 악몽 같은 소요(1534-1535, 뮌스터에서 종말론적 재세례파들이 일으킨 폭동) 이후에까지 살았다(4장, pp. 292-297). 이 일화의 충격은 역설적으로 행정장관 주도의 개신교주의와 유럽에 있는 연방의 전통적인 권력 동맹을 인증케 했고, 몇몇 세속 통치자들에게 개신교 개혁자들보다 주류 기독교(구교)에 더 나쁜 위협을 주는 것들이 있었다는 사실을 확신시키기 시작했다.

5. 왕들과 종교개혁자들(1530-1540)

1531년에 종교개혁의 미래가 마치 어느 한 도시의 시위원회의 손에 놓여 있는 듯 보였다는 사실은 주목할만한 가치가 있다. 제국의 많은 제후들이 이제 공개적으로 개혁해야 할 이유에 대해 외치기는 했지만, 여전히 단 한사람의 군주도 실제로 그렇게 하지는 않았다.

유럽의 왕들을 개종시키려고 힘썼던 복음주의자들은 이제 이례적으로 재능있고 오래 사는 군주의 출현이라는 암초를 만나게 되었다. 그들은 1530년대에 견고히 세운 왕권을 통해 세기 중반까지 대부분 매우 잘 통치했는데, 이 시기가 바로 20년 간의 종교적 재조정 시기였던 것이다. 주요 유럽 왕조의 이들 지도자들은 카스파르 슈벵크펠트나 멜키오르 호프만보다 루터나 불링거, 부처가 훨씬 더 안전한 투자라는 것에 대해 상당한 정도의 설득을 필요로 했다. 그 중에서 가장 으뜸가는 사람은 합스부르크 세계의 군주로서 최초의 스페인 왕이자 또한 신성로마제국의 황제였던(1516-1555) 찰스 5세와 나중에 그의 후계자가 된 동생 페르디난드였다. 페르디난드는 오스트리아 땅의 대공작이었고, 1526년부터 1564년까지 보헤미아와 (다소 불안정했지만) 헝가리의 왕이었다. 형인 폴란드-리투아니아의 야기에오 가문의 왕 지기스문트 1세 스타리(Sigismond I Stary,

1506-1548)와 프랑스의 발루아 가문의 왕 프랑수와 1세(1515-1547)와 더불어 합스부르크 가문과 군사적으로 그리고 정치역학적인 권력이라는 측면에서 나란히 서 있었다.

여기에는 사촌인 잉글랜드와 아일랜드의 헨리 튜더 8세(Henry Tudor VIII, 1509-47)와 스코틀랜드의 제임스 스튜어트 5세(James Stewart V, 1512-1542) 등의 군소 왕들도 포함되었다. 이 두 왕 모두 프랑수와 왕의 약삭빠른 수완과 기치있는 비호에 대해 예리하면서도 질투심을 가진 전혀 빈틈이 없고 거만하고 성미가 까다로운 사람들이었다. 그들의 자원이 그들의 정치적 또는 문화적 야망과 어울리지 않았기 때문에 그들은 구교의 부에 대해 관심을 갖게 되었다. 그것은 복음주의자들에게 기회를 열어주었다. 멀리 북쪽에서는 스칸디나비아의 칼마르 동맹(Union of Kalmar)이 붕괴된 1523년 이후, 새롭게 분리된 스칸디나비아 국가들인 덴마크와 스웨덴이 왜소한 상태로 남아 있으면서, 1530년대에는 서로 겨루고 있었다. 1530년대 말에 와서야 비로소 두 왕 모두는 로마로부터 분명한 사법권 독립을 이루어낸다. 스칸디나비아는 복음적인 종교개혁을 완전히 경험하기 이전까지 대체로 고전적 독일 루터파의 특성을 가진 채로 남아 있었다(7장, pp. 452-454; 8장, pp. 487-491).[47] 큰 세 개의 가문중에서 야기에오와 발루아는 각각 합스부르크처럼 개신교에 적대적이었던 반면, 두 번째 규모의 왕국들에서는 개신교의 진보가 불완전하거나 불명확했다.

찰스 황제는 1521년의 보름스와 1530년의 아우크스부르크에서 종교개혁에 대해 반대하는 입장을 표명했다. 그리고 1520년대 초기부터 저지대 국가들의 통치지역 내에 있던 복음주의자들을 가혹하게 박해했다. 그러나 개신교도들은 그가 여전히 서방교회를 재통합하려는 의향을 가지고 있다는 것에 주목했다. 페르디난드도 또한 재세례파들을 맹렬하게 공격했다. 그가 비록 재량을 베풀기는 했지만 분할되고 분권화된 그의 통치영역의 모든 곳에서 루터파 또는 심지어 더욱 급진적 분파주의자들을 선호하는 귀족들로부터의 반대에 직면했다. 보다 정확하게 이것이 합스부르크 왕조를 괴롭히고 불편하게 만들었다. 자신의 보헤미아 통치지역 내에서 페르디난드는 후스계열 성배파(Hussite Utraquists)를 승계한 전통적인 이해들로 인해 훨씬 더 제한적이었다(1장, p. 81). 어떤 경우에도 합스부르크 왕조의 형제들은 오스만의 진격에 맞서서 유럽을 방어해야

---

47) O. Grell, in Pettegree (ed.), *Early Reformation*, 제5장은 이와 같은 스칸디나비아 반도의 상황들에 대한 최고의 요약 설명을 담고 있다.

할 긴급한 필요보다 전통적인 교회의 권위에 대한 방어를 보다 우선순위에 둘 준비가 거의 되지 않았다. 종교개혁자들은 자연스럽게 이와 같은 교차 흐름을 인지하게 되었고, 따라서 합스부르크 군주들과 더불어 일을 추진하는데 여전히 관심이 많았다.

야기에오 왕조의 통합 군주에 의해 다스려지던 폴란드 왕국과 리투아니아 대공국은 16세기 유럽에서 가장 큰 단일 관할지역을 차지하고 있었다. 심지어 그 땅의 일부를 상실한 후인 17세기 초에도 그것은 여전히 프랑스의 두 배 규모였다. 15세기의 가장 정점에 있을 때, 그것은 흑해로부터 발틱해까지, 남부의 카르파티아 산맥으로부터 북쪽의 단치히(Danzig)까지, 동쪽의 우크라이나로부터 서쪽의 실레시아(Sliesia)까지 뻗어 있었다. 도무지 갈피를 잡을 수 없을 정도의 다중 언어와 다중 문화 지역이었다. 1500년에 야기에오 가문은 보헤미아와 헝가리 왕국을 또한 통치했다. 그들에게 1526년의 모하치 전쟁(오스만제국의 침공으로 헝가리가 대패한 전쟁)은 합스부르크 왕조에 지리적 우월권을 제공해 주고, 권력의 중심이 서유럽 쪽으로 이동하게 만들었던 재앙 같은 것이었다. 또 다른 뜻밖의 부산물은 오스만투르크의 팽창이었다. 주요 유럽 왕국들 중에서 독특하게도 폴란드-리투아니아 왕국은 서방 라틴기독교와 동방정교회 사이의 경계지역에 두 다리를 걸치고 있었다. 서구 라틴에 순응하는 공화국의 21개의 관구들이 있었지만(그 중에 두 개는 폴란드에 있었다), 리투아니아 대공국의 루테니아 사람들(Ruthenians)의 절대 다수는 우크라이나에서 상당히 퇴화해버린 라틴계열 교회조직을 무시해버렸고, 키에프의 정교회 대주교에 눈을 돌렸다.

야기에오 왕가가 지배하던 폴란드의 또 다른 측면도 16세기 유럽에서 독특했는데, 그것은 바로 유대인들의 특별한 지위였다. 1549년 이후 유대인들은 그 지역에서 성직자, 귀족, 상인과 농민과 함께 공식적으로 인정을 받은 제5계급을 형성하고 있었다. 그들은 더 이상 독일어권 마을의 지배 계층에 비해 더 특별한 존재들이 아니었다. 실제로 그들은 독일어, 슬라브어, 히브리어와 로망스어가 혼합된 자신들만의 방언으로 말했는데, 그 언어는 이제 이디시어(Yiddish, 그 자체가 독일어의 형용사로서 단순히 '유대인의'라는 의미를 가지고 있다)로 알려져 있다. 지기스문트 왕 자신이 왕국에서 이미 구축된 그들의 법적 지위를 강화했고, 다른 곳으로부터의 유대인들의 이주를 장려했으며, 그들이 최선이라고 생각하는 대로 그들의 왕정 과세를 결정하도록 허용해 주었다. 다른 모든 특권 집단과 마찬가지로 그들은 피의 모독과 같은 중세의 반유대주의적인 경구들을 끌어들여 유대인들에 대한 자신들의 광포함을 합리화하던 저소득층 사람들로부터 시기심을 불러 일으켰다. 그럼에도 불구하고 16세기는 폴란드-리투아니아 유대인들의 황금시대였다. 평화로운 상태 속에서 그들의 학문활동이 번창했고, 그들의 영역은 마을과 도시에서 시골지역에까지 확장되어 갔다. 그곳에서 그들은 개신교 집단들이 똑같이 시대에 그러했던 것처럼 귀족들의 보호를 받았다. 지주들은 그들의 상업적이고 행정적인 재능이 아주 유용하다는 것을 발견했는데, 그들의 흔한 직업은 은행업이었다. 그러나 유대인들의 이러한 직업이 동유럽 평원지대에 살고 있던 농부들의 우호적인 환심을 살 수는 없었다. 즉 긴 시간 뿌리내린 적대감이 봉합되고 약화되었지만, 20세기에 이르러는 소름끼칠 정도로 절정에 달하게 되었다.[48]

그러므로 심지어 종교개혁 이전에도 야기에오 군주들은 그들의 백성들이 두 개의 다른 종교로부터 나왔고, 기독교인들이 두 개의 고백으로부터 나왔다는 사실을 결코 무시하지 않았다. 1520년대 초기부터 서방교회의 분열은 문제들을 훨씬 더 복잡하게 했다. 루터의 가르침은 문화적으로 발틱 해안을 따라 모여 있으면서, 강들을 통한 내륙 무역에 지배적이고, 연방의 경제적인 삶에 중요한 위치를 차지하고 있던 독일의 도시들과 마을들에 엄청난 영향을 끼쳤다. 루터파의 가르침은 또한 초기에는 옛 서방교회로부터 멀리 떨어져 있던 리투아니아어를 말하는 사람들로부터 관심을 끄는 데 크게 성공을 거두었다. 그들은 튜턴(독일계) 수도원 지역들에서 사제가 되는 것으로부터 배제되어 있었고, 심지어 리투아니아 대공국에서조차 그들은 폴란드화 된 리투아니아 귀족들 가운데서 폴란드어를 말하는 사람들에 대한 선호로 인해 교회에서 재무관련 업무와 같은 중요한 지위로부터 대부분 멀어져 있었다. 따라서 리투아니아 사람들이 폴란드의 지배계층과 자신들을 동일시하는 문화적인 대안이 없다면 종교개혁을 선호하는 것이 그들에게 유리했다.[49] 리투아니아에서 최초로 인쇄된 책이 1547년 폴란드의 프러시아 공작령의 쾨니히스베르크에서 출판된 루터의 소교리문답서였다. 루터의 교리문답은 1586년 쾨니히스베르크에서 연관된 언어인 레트어(Lettic)로 두 번째 출판되었다.

공화국 전반에 걸쳐 귀족들의 독단적인 역할이 더욱 증대됨으로 말미암아

---

48) Davies, *God's Playground*, pp. 126, 190-1, 440-4.
49) A. Hermann and W. Kahle (eds.), *Die reformatorischen Kirchen Litauens. Ein historischer Abriss* (Erlangen, 1998).

군주들은 모두 잠재적인 폭발성을 가진 종교적 혼란에 직면하게 되었다. 그들이 자신을 묘사할 때 사용하는 슐라흐타(Szlachta, 폴란드의 귀족계급)라는 그들의 자기 묘사는 가족이나 민족과 관련된 옛 저지대 독일어 어휘군으로부터 나온 것으로 타격이나 일격의 개념을 가지고 있다. 그래서 그들은 스스로를 배타적 군사 계급으로 보았고, 독특한 인종적, 생물학적 지위를 요구할 준비가 되어 있었다. 이와 같은 귀족 계급구조 안에는 지위가 낮은 계급과 부유한 상류층을 구분하는 특별한 개념이 없었고, 다만 모두가 동등하다는 생각이 지배적이었다. 인구의 약 십분의 일 가량을 형성하면서 슐라흐타는 16세기 중반까지 공화국 땅의 60%를 소유했다. 그들의 법률적이고 재정적인 특권은 경제적인 쇠퇴기에 직면해서도 더욱 커져갔고, 그들은 '연맹'으로 알려진 합법적 무력기구에 의지하여 공화국 내에서 부당한 대우를 받았던 것을 바로잡고, 또한 그들의 권리를 방어하는데 신속하게 대체했다. 폴란드 군주들은 귀족들의 이러한 공적인 저항권을 결코 무시할 수 없었다. 즉 슐라흐타는 폴란드의 왕들을 선출하게 되었고, 또한 폴란드 의회(the Sejm)에서 거부권을 행사할 수 있는 아주 상당한 정도의 제도적인 권력을 향유했다. 종교개혁이 진행되는 동안 공화국의 어떤 귀족이 만약 어느 특정 종교집단을 옹호한다면, 그 어떤 외부세력도 이를 막을 수는 없었다.[50]

이런 기초 위에서, 폴란드와 리투아니아는 종교개혁이 진행되는 유럽 내에서 모든 지역의 종교들이 골고루 번성하는 아주 흥미롭고 다양한 지역특성을 드러냈다. 16세기 전반에 걸쳐, 야기에오 가문의 왕들은 그들의 영토 안에 있는 수많은 개신교 기구 중 어느 하나에도 결코 합류할 생각이 없었다. 그러면서도 공화국 내에서 발생하는 이해관계를 절묘하게 저울질하면서, 구교를 수동적으로 지지하는 것 이상의 그 어떤 것도 할 준비가 되어 있지 않았다. 지기스문트 1세와 밀란 출신의 그의 무시무시한 아내 보나 스포르자(Bona Sforza)는 개인적으로 새로운 교의들에 대해 반대했지만, 종종 종교개혁자들의 가르침과 결합되어 있는 인문주의자들의 학문과 문학에 관한 열정적인 보호자가 되었다. 일찍이 지기스문트는 비꼬듯이 요한 에크(Johann Eck)에게 "주여, 나로 하여금 양들과 염소들 둘 다의 왕이 되도록 허락해 주십시오"라고 말했다. 리투아니아의 대공작으로서 그의 아버지의 생전인 1526년부터 통치력을 행사하는 왕으로 선출된 지기스문트의 아들 지기스문트 2세 아우구스투스는 사려 깊고 섬세한 사

---

50) Davies, *God's Playground*, pp. 202-12, 238, 281.

람이었다. 개신교운동가들의 권력기반이 도시 거주민층에 있는 것과 리투아니아인들을 몇몇 빌노의 가톨릭 주교들과 유력한 귀족들의 권리주장에 대해 균형을 맞추는 유용한 평형추로 보고, 자신의 영역 내에서 개신교 활동가들에 대해 자신의 아버지보다 훨씬 더 우호적인 태도를 취했다. 그는 "백성들의 왕이지, 그들의 양심의 왕은 아니다"라고 공표했다.[51] 그의 오랜 통치기간에 걸쳐(그는 자기의 아버지를 1548년 승계해서 1573년 후반에 죽었다) 개신교도들은 시기스몽드 2세가 공개적으로 그들의 종교개혁의 명분을 지지해 줄 것을 계속적으로 희망했다.

프랑스에서는 복음주의자들이 군주의 동정을 얻는다는 것이 훨씬 더 중요했다. 왜냐하면 일련의 프랑스 왕들이 파괴적인 잉글랜드의 침공과 15세기의 시민전쟁의 끝 무렵에 발루아 가문의 권력과 중앙집권체제의 효율성을 회복시키는 데 훨씬 많은 역할을 했기 때문이다. 그리고 그들은 계속해서 그 권력을 공고히 했다. 그러나 왕과 관련된 의제의 한 부분으로서 프랑수와 1세 왕은 1516년의 볼로냐 조약(the Concordat of Bologna)을 통해 그의 왕국 내에서 교황의 간섭을 제한하는 만족스러운 협상을 성사시켰다(1장, p. 91). 그는 로마 교황청과 맺은 만족할 만한 협약을 깨고 싶은 마음이 추호도 없었다. 프랑수와는 또한 그의 모친 사보이의 루이스의 영향을 받아 종교개혁자들에 대해 적대적이었다. 루이스는 그녀의 아들 프랑스와가 찰스 5세 황제와의 전투에서 대패하여 포로가 되어 수감되었던 1525년에, 잠시 동안 섭정으로 권세를 누리면서 그녀의 정치권력의 야욕을 드러냈다. 파리에 있던 보수적인 신학자들과 법률가들은 이제 프랑스에서 자국어로 된 성경출판에 대한 전면적인 금지를 단행했고, 공식적인 교회에 대한 봉사의 일환으로 이전에 잘 발달된 출판 산업의 한 측면에 해당하는 경건한 상업활동을 더 이상 할 수 없게 되었다. 역설적인 결과이지만, 그 후 40여 년간 프랑스의 성경인쇄는 복음주의 망명자 출신의 출판업자들이 맡게 되었다.[52]

그러나 프랑수와 자신은 특별히 보수적인 프랑스 신학자들 쪽으로 마음이 기울지는 않았다. 그들은 종종 왕권의 성장을 반대하는 공의회주의자들이었고, 어떤 경우에는 1516년 교황과의 협약에 대해 악의에 찬 의지를 드러내 보이기도 했다. 게다가 그의 누이 마그리트 앙굴렘과의 깊은 애정관계로 인해 왕은 프랑스의 인문주의자 집단과 일정한 거리를 두며 접촉했다. 자칭 종교와 감미로운

---

51) Ibid., p. 145.
52) Pettegree (ed.), *Reformation World*, p. 117.

사랑 둘 다에 대한 탁월하고 섬세한 작가였던 마그리트 공작부인은 기욤 브리소네(Guillaume Briçonnet)와 쟈크 르페브르 데타플르(Jacques Lefèvre's d'Etaples, 2장, p. 151)를 포함한 어느 단체의 후원자였다. 1517년부터 그들 중 많은 사람들이 마틴 루터에 대해 큰 관심을 가졌는데, 이는 그들이 처음에 루터의 교리를 그들의 영웅이었던 종교개혁자 에라스무스의 메시지로 오해했기 때문이었다. 1526년 스페인의 감옥에서 왕인 자신의 오빠를 석방시키려는 마그리트의 역할은 자신의 영향력을 더욱 공고히 했지만, 프랑수와의 개혁적인 선한 의도는 증폭되는 대중적인 소요로 인해 생겨난 경계심으로 인해 퇴색되었다. 1520년대 후반 즈음에는, 마그리트의 계속적인 비호를 받은 고위 성직자들과 에라스무스 사상가들로 구성된 집단의 공격에도 불구하고 복음주의 운동이 확산되어 갔다. 노르망디의 상인들과 예술가들을 중심으로 개혁운동이 일어났기 때문에, 사람들은 그곳을 '작은 독일'이라 부르기 시작했다.[53]

1528년에 파리의 명문거리에 세워진 성모 마리아(Our Lady) 상을 타파한 사건을 시작으로 하여, 일련의 복음주의자들의 폭력적 소요사태는 프랑수와로 하여금 보수주의 성직자들의 경고를 받아들이게 만들었던 유력한 요인이 되었다. 즉각적으로 왕의 지지하에 이것은 프랑스를 오염시키는 복음주의자들에 대한 대중적인 회개의 연출을 촉발시켰다. 이러한 개신교 혐오는 16세기 후반 프랑스 왕조에서 발생한 여러 종파 간의 쓰라린 갈등의 특징이 되었다. 개혁자들이 성상타파를 미래의 공격목표로 삼았을 때, 더욱 힘을 받은 전통주의자들은 파괴된 성상을 반(反)성상주의 의식의 요체로 삼았다.[54] 왕을 더욱 격노케한 사건이 있었는데, 그것은 1543년 10월에 발생한 왕의 명예와 안위의 문제를 직접 자극한 벽보사건이었다. 널리 알려진 바로는, 미사를 반대하는 벽보가 프랑수와가 좋아했던 르와르 강변의 앙브아성에 있는 자신의 침실문뿐 아니라, 프랑스 전역의 유명한 장소마다 걸렸다고 한다.[55]

이것은 왕에게 하나의 전환점이 되었다. 스물네 명에 대한 사형집행이 뒤따랐고, 그 때까지 더 나은 시대를 염원했던 수많은 학자들과 작가들이 이제는 서둘러 피신했다. 전형적으로 프랑수와는 그의 입장을 완화했고, 그의 대적 찰스 5세 황제에 맞서 슈만칸덴동맹과의 연합을 추구했다. 그는 심지어 필립 멜랑히톤이 파리를 방문하도록 노력했고, 1536년에는 미사에 대한 프랑스의 반대자

---

53) Ibid., P. 218.
54) Cottret, *Calvin*, p. 49.
55) 플래카드에 관한 본문의 예들이 1943년까지 발견되지 않았다. Naphy (ed.), *Documents*, p. 54을 보라.

들을 사면했다. 그러나 마그리트의 피보호자들 중에서 공식적인 중립의 온화한 분위기를 유지하는 것이 더 이상 가능하지 않았다. 개혁과 관련되어 인문주의자들에게 동조했던 사람들은 이제 의사결정을 하도록 강요당했고, 1534년과 1535년 사이에 해외로 떠난 대부분의 복음주의적인 지식인들은 다시 돌아오지 않았다.

인문주의 법률가이자 신학자였던 존 칼빈의 출현은 프랑스뿐만 아니라, 온 서구유럽 개신교의 미래를 위한 가장 중요한 사건이었다. 1530년경부터, 칼빈이 복음주의에 대한 확신을 갖기까지는 당시 대부분의 인문주의자들이 그랬던 것처럼 상당한 기간이 걸렸다. 그러나 1533년에 칼빈은 파리대학의 학장인 그의 동료 니콜라스 콥이 복음주의 주제들과 사상들을 근거로 하여 행한 도발적인 대중연설이 전통주의자들의 분노를 촉발시켰을 때, 자신이 복음주의 노선과 함께 한다는 것을 공개적으로 확실히 하고 서둘러 파리를 떠났다. 벽보사건과 중폭되는 당국자들의 감시로 인해 칼빈은 파리를 떠나야 한다는 생각을 하게 되었다. 1535년부터 1536년까지, 칼빈은 비교적 안정되고 학문적 성향이 같은 바젤의 분위기에 묻혀 복음주의 신앙에 관한 라틴어교리서인『기독교 강요』(*An instruction in Christian faith, Christianae Religionis Institutio*)를 쓰면서 대부분의 시간을 보냈다. 그것은 모든 유럽이 단순하게『강요』(*Institutes*)라고 알게 된 그의 작품의 초판이었다. 그의 엄청난 학문적 조직력과 표현력을 바탕으로 칼빈은 신속하면서도 효과적으로 글을 썼다. 비록 서문은 1535년 8월로 날짜가 되어 있었지만, 이름을 드러내지 않은 채『기독교 강요』를 1536년 3월에 출판했다.

그의 작품의 초판은 다들 인정하지만 상대적으로 간단하고, 마틴 루터의 소교리 문답집에서 직접적으로 뽑아낸 여섯 개 분야로 정리되어 있었다. 그러나 그것의 괄목할만한 특징은 단지 3년 또는 4년 동안 복음주의 신학에 집착했던 칼빈이 그의 신학을 계속해서 특징짓는 주요 주제들을 이미 다 섭렵했다는 점에 있다. 후에 크게 확장된 증보판과 그가 죽기 얼마 전인 1559년에 일궈낸 최종판에서도, 사실상 초판의 모든 내용들이 여전히 들어 있었다. 칼빈은『기독교 강요』의 영역을 '거룩한(기독교) 교리'에 대한 단순한 참조로부터 모든 인간 지식에까지 확대하였지만, 서문은 절대 바꾸지 않았다. 그래서 1559년판에도 "우리가 소유한 거의 모든 지혜, 달리 말해서 참되고 온전한 지혜는 '하나님에 관한 지식'과 '우리에 관한 지식'의 두 부분으로 구성되어 있다"라고 쓰여 있다.[56] 이와 같은 전제로부터 칼빈은 즉각적으로 1536년 이후 줄곧 『기독교 강요』의 뼈대가 되어왔던 또 다른 주제로의 도약을 꾀했다. 그것은 우리가 하나님 앞에서 정직하게 자신을 성찰해 볼 때, 우리는 부끄러움을 당할 수 밖에 없는 존재라는 것을 인식하는 것이다. 즉, 우리의 그 어떤 재능이나 공로로도 전적으로 타락한 우리의 본성으로부터 우리를 구원해 낼 수 없고, 다만 하나님의 거저 주시는 은혜로만 가능하다는 것이다. 이것은 어거스틴의 말을 다시 말한 것이고, 루터의 노예의지론(the Bondage of Will)을 다시 말한 것이다. 칼빈에게 있어 '의심스러운 지식'(duplex cognitio)이라는 주제는 가톨릭 기독교의 심장에 놓여 있었고, 그가 사랑했던 프랑스에 가톨릭교회의 참 모습을 상기시키는 것이 그의 평생의 과제가 되었다.

이 의제의 상징성으로 인해 칼빈은 1535년의 그의 최초의 서문을 이어지는 『기독교 강요』(the Institutes)의 모든 판들에도 계속 유지했다. 프랑수와 왕을 위한 칼빈의 서문은 그의 충성스런 복음주의 신봉자들을 진정한 공교회로 보고 그들과 급진주의 개혁파(당시 프랑수와 왕은 급진주의를 반달리즘으로 봄)를 명확히 구별하는 내용이었다. 칼빈이 기록한 것처럼, 사실 왕은 1528년과 1534년 사이에 뮌스터에서 검거된 재세례파 추종자들을 반달족으로 간주했다. 칼빈 신학의 발전이 진행되는 과정에서 많은 부분이 그의 신학이 재세례파와 어떻게 다른지를 보여주는 방향으로 전개되었다. 의미심장하게도 그의 『기독교 강요』는 시민 정부에 관한 긴 논의를 포함하고 있는 개신교 신앙에 관한 최초의 성명서였다(비록 나중 발행본들에서 군주들에 대한 최초의 열정적인 지지에서 다소 멀어져서 이 논의에 대한 그의 강조점을 상당히 변경하기는 했지만). 그럼에도 칼빈의 서문은 일종의 자기기만이다. 그의 복음주의 집단은 프랑스에서의 과격한 시위와 밀접한 연관을 가지고 있었다. 연단과 고통이 참 교회의 특징이라는 그의 주장은 또한 재세례파의 주제이기도 했다. 사람보다 하나님께 더 복종하는 것에 관한 핵심 본문인 사도행전 5:29에 대해 제네바에서 행한 그의 설교는 균형을 잃은 것이었다. 그는 이 본문을 통해서 청중에게 기만을 일삼는 로마교회에 대해서 저항해야 한다고 말하면서, 동시에 재세례파와 다른 급진주의자들은 이 본문을 근거로 겉으로는 하나님께 복종하는 것 같지만, 실제로는 그들의 어리석은 머리를 가지고 스스로를 통제하고 싶을 때 이 본문을 사용한다고 하였다.[57] 많

---

56) Cf. Calvin, McNeill, and Battles (eds.), *Institutes*, pp. 15 and [*Institutes* I.i.1.].

57) J. W. Balke and W. H. T. Moehn (eds), J. Calvin, *Sermons on the Acts of the Apostles*

은 칼빈의 추종자들은 실제로 그 다음 세기 동안 그들이 재세례파처럼 파괴적이고 정치적으로 혁명적일 수 있다는 것을 입증했다.

  시대를 보는 눈이 전혀 없었던 왕은 칼빈의 탄원을 무시했으며, 피카디 출신의 법률가였던 칼빈은 너무나도 생소한 도시 제네바에서 평생 자신의 고향을 그리워하며 살아가야 할 신세가 되었다. 1536년 그가 제네바에 도착한 것은 중대한 사건이었다. 복음주의 성지인 슈트라스부르크에 정착하기 위해 그가 바젤을 떠났을 때, 전쟁발발로 인해 칼빈은 통상 경로로 가지 못하고 잠시 스위스 접경지대에 위치한 한 작은 도시국가에 머물러야만 했다. 오래전 히포에서의 어거스틴처럼, 칼빈은 곧바로 그곳에 머물면서 하나님의 일을 수행해야 한다는 큰 부담감을 느꼈다. 이번 경우는 1520년대에 사보이제국의 제후를 전복시켰던 제네바에서 고전을 면치 못하고 주춤해진 종교개혁의 면모를 더욱 공고히 하기 위한 것이었다. 또 다른 개혁자가 나타났는데, 그는 프랑스에서 망명한 브리소네의 이전 후견인이었던 기욤 파렐(Guillaume Farel) 주교였다. 그는 조직적이기 보다는 열정적인 행동으로 사람들을 고무시키는데 더 재능을 가진 불같으면서 완고한 인물이었다. 파렐은 이제 자신의 결점을 보완해 줄 수 있는 한 사람을 발견했다는 것을 알게 되었다.[58]

  칼빈은 복음주의 혁명을 위한 이 도시의 잠재적인 중요성을 눈여겨보았다. 그곳은 프랑스와 독일과 이탈리아의 문화적 지역들 사이에 놓여 있으면서, 프랑스에 침투해 들어가기에 이상적이게도 남부와 북유럽 사이의 교차 통로의 하나여서, 슈트라스부르크보다도 훨씬 더 자연스러운 전 대륙의 회합장소였다. 아주 예민한 정치적인 감각을 가진 한 사람으로써 아마 그는 독립을 위한 최근의 갈등 이후 제네바의 정치적인 배열의 중요성을 재빨리 평가하고 있었을 것이다. 시의 소수의 엘리트 귀족이 승리를 쟁취했으며, 또 자국의 공장 노동자들과 무역상들에게 외부인들의 유입을 차단하는 독점권을 부여해 줄 강력한 길드가 없었다. 프랑스나 이탈리아로부터 온 수많은 복음주의 정신을 가진 난민들을 포함한 많은 이주자들이 여기에서 번창하는 것이 가능했고, 시의 인구는 스위스 국경에 있던 베른이나 취리히와 같은 경쟁 도시보다 훨씬 더 커질 때까지 유입인구로 인해 팽창되어 갔다.[59] 칼빈은 그 이후로도 줄곧 하나님의

  (Neukirchen, 1994), pp. 60-6.
58) 한 유사한 사건이 15세기의 위대한 설교가인 가일러 폰 카이셀스부르크를 슈트라스부르크로 데려왔다: cf. D. Steinmetz, *Reformers in the Wings* (2nd edn, Oxford, 2001), pp. 9-10.
59) W. G. Naphy, *Calvin and the Consolidation of the Genevan Reformation* (Manchester, 1994),

측량할 수 없는 섭리로 인하여 16세기의 마지막 25년 동안, 한편으로는 그를 지극히 존경했고, 그리고 또 다른 한편으로는 그를 제거되어야 할 역병정도로 취급했던 그 도시로 하나님께서 자신을 보내셨다는 사실을 결코 잊지 않았다. 그가 하나님이 혐오스러운 도시 니느웨를 그들의 죄로부터 구하기 위한 임무를 부여받고 몸부리쳤던 선지자 요나의 이미지에 자신의 생각을 빗대어 설교하고 글을 썼다는 것이 놀랄 일은 아니다. 게다가 칼빈의 예정론과 섭리에 대한 하나님의 전지하심에 대한 인식이 그의 후학들이 그의 설교와 저서들을 토대로 세운 신학체계의 중심이 되었다는 것도 또한 그리 놀랄 일이 아니다.[60]

제네바에서의 칼빈의 첫 번째 관여는 성공적이지 못했다. 그와 파렐은 교회의 미래 행정체제에 관한 시의 지도력과 관련해서 심하게 부딪혔다. 1538년, 그들은 그들의 개혁 방향이 명확하게 슈트라스부르크를 따라가고 있다는 것을 인식하게 되었다. 이와 같은 겸손한 자세는 사실 경탄할만한 교육 수준을 증명하는 것이었다. 슈트라스부르크에 있는 프랑스 망명자들에 대한 목회자로 임명된 칼빈은 위대한 마틴 부처와 같은 또 다른 종교개혁자가 도시국가 교회를 조직화하는데 어떻게 엄청난 성공을 거둘 수 있는 지를 관찰할 수 있는 기회를 가졌다(칼빈 또한 슈트라스부르크에서 재세례파의 미망인과 결혼했다). 그는 그의 비길 바 없는 근사하고 또렷한 프랑스어 문체를 자랑해 보이기라도 하듯 프랑스어 번역본을 포함해서,『기독교 강요』를 다시 쓰면서 확대하기 시작했다. 1539년의 새로운 발행본에서 그는 가시적이고 활동적인 교회를 떠받치는 것으로 여겨지는 신학에 더욱 많은 주의를 기울였다. 1541년에 칼빈이 제네바로 복귀하라는 몇몇 호의적인 시 당국자들의 초청을 받아 크게 만족감에 젖어있을 때에도, 그의 슈트라스부르크에서의 경험을 잊어버리지 않았다. 그들 도시에서의 종교적인 혼란은 더욱 심화되었고, 그들이 볼 수 있는 유일한 치료책은 명민했던 그들의 이전 손님을 다시 고용하는 것이었다. 결과적으로 칼빈의 귀환으로 조성된 분위기는 그의 가장 강력한 자산이 되었다. 칼빈이 제네바에서 어떤 문제들과 관련하여 계속적으로 시 당국자들과 대결해야 할 상황에서, 그들이 자신을 대적하는 것처럼 느껴질 때는 언제나 그의 최종적 무기는 다시 그곳을 떠날 것이라고 위협하는 것이었다. 두 번째의 철수는 시 당국자들을 크게 당황스럽게 만들었다. 따라서 1541년부터 칼빈과 파렐은 단순히 제네바에 진정한 공

Chs. 1, 4.
60) Cottret, *Calvin*, pp. 134, 136.

교회를 세우기보다는 프랑수와 1세가 통치하는 프랑스에 대해 그들의 가장 중요한 임무를 수행하기 위한 전초기지로써 그 도시를 활용하기로 의기투합을 할 수 있었다.

칼빈은 이제 프랑스 왕국 전역의 소도시 지역에서 일어난 군소복음주의 그룹들을 독려하다가 추방당해 국경을 넘어온 망명자들의 지도자가 되었다. 제네바에 국제적인 종교혁명의 기초를 놓으려던 그의 전략 중 하나는 프랑스에서 경험한 시장경제에 관한 특별한 안목을 가지고 그 도시에서 인쇄산업을 발전시키는 것이었다. 추방된 많은 파리의 인쇄업자들이 이 사업에서 그를 도왔고, 그들은 급격하게 제네바에서 주요 고용주들이 되었다. 경제가 활성화되었고, 그 도시로 이민자들을 모으는 또 다른 유인책이 되었다. 제네바의 출판업자들은 잘 드러나지 않으면서 쉽게 숨길 수도 있는 대량의 인기있는 복음주의 책들을 프랑스로 가져갔다. 그 중에 방대한 1542년판 『기독교 강요』의 프랑스어 번역본도 있었다. 1544년 시작된 칼빈의 책과 다른 책들을 태우는 공식적인 선동도 그러한 책들의 수입을 막지는 못했다.[61]

복음주의 메시지는 교회의 통제로부터 독립적인 대학 곧 마을 학교를 만들려는 움직임에 의해 프랑스에서 허가를 얻었다. 이러한 점은 불가피하게 위압적인 사제들과 맞서야 했는데, 시가 자체적으로 어떤 일을 착수하려고 할 때 시의 성직자들이 승인하지 않을 것이라는 부정적인 생각이 팽배했다. 예를 들어, 악명 높게도 보르도(Bordeaux)에 있던 귀예네(Guyenne)대학은 대서양 연안에 가까웠고, 이로 인해 이 라틴 계열 학교는 흥미로운 범세계주의의 명성을 얻게 되었다. 대학의 주요 교사들은 위험스러우리만치 개인주의적인 견해를 가진 포르투갈 출신의 비밀스런 유대인 학자들이었다. 프랑스의 군주들이 결코 그들을 다스리지 못했는데, 왜냐하면 그들은 포르투갈의 유용한 정보를 제공했기 때문이었다. 교직원 사이에서 훨씬 더 이국적인 정서가 탁월한 스코틀랜드 출신의 복음주의적 인문주의 학자요, 시인인 조지 부캐넌(George Buchanan)이라는 사람이 1540년대에 등장했다(나중에 스코틀랜드의 제임스 4세의 미움을 무척 받는 선생이 되었다). 약 30여개의 그와 같은 지방대학들이 1530년 이후 30년 동안 설립되었다. 이러한 현상은 독일의 도시들이나 지방들과는 완전히 다른 것이었다. 어떤 중심되는 조직이나 드러난 공적 지원 없이 프랑스의 마을들은 비공식적

---

61) O. Potter, *A History of France, 1460-1560: The emergence of a nation state* (Basingstoke,1995), p. 248.

인 복음주의적 연결망을 발전시키고 있었다.[62] 어떤 왕국의 위대한 귀족들 또한 나바르의 마그리트(Marguerite of Navarre)의 사려깊은 인문주의적 복음주의에 대한 공감으로부터 복음주의를 보다 공개적으로 지지하는 방향으로 옮겼다는 사실은 한 중요한 시기에 프랑스 군주와의 새로운 대결을 만들어 냈다. 그의 말년인 1544년에서 1547년 사이에 프랑수와 왕은 복음주의자들을 배척했다. 그는 그의 후계자들이 자행했던 박해와는 비교가 되지 않을 만큼 수많은 이교도들을 잔혹하게 박해하는 공권력을 강화했다.[63]

루터는 대서양 연안의 튜더와 스튜어트 두 왕조와 더불어 헨리 8세의 환심을 사려했지만, 헨리의 반응은 냉담했다. 그는 전심을 다해 루터를 대항하는 교회의 움직임을 지지하는 데 자신을 던졌다(3장, p. 204). 이에 따라 대서양 도서들에서의 뒤엉켜버린 종교개혁의 과정은 이와 같은 초기의 아주 공적인 충돌을 중심으로 전개되었다. 루터와 헨리 8세는 상호간의 혐오감을 결코 내려놓지 않았고, 거만한 왕의 사촌인 제임스 5세와의 빈번했던 불행한 관계는 말할 것도 없이, 그것은 잉글랜드와 스코틀랜드에 출현했던 학문적 또는 대중적인 복음주의 활동가들과 헨리의 관계에 결코 무시할 수 없는 것이 되었다. 그것은 또한 헨리가 그의 두 번째 영토, 아일랜드에서 지극히 전통주의적인 종교적인 관행을 다루는데 깊은 영향을 미쳤다. 왜냐하면 왕의 분쟁은 전통적 종교와의 다툼이라고 보기에는 모호한 점이 있고 오히려, 직접적으로는 교황과의 분쟁이었기 때문이다. 교황의 충성스런 신복이었던 헨리 8세가 악명 높게 변한 것은 바로 1520년대 후반 죽은 형의 부인 아라곤의 캐서린과의 결혼이 부당하다는 헨리 8세의 주장을 교황이 묵살했기 때문이었다.

후계자를 얻기 위한 명목으로 결혼이 계속적으로 허용되어서는 안될 뿐만 아니라, 결코 허용될 수도 없다는 이전 교황의 교시를 헨리는 확실히 깨닫게 되었다. 이제는 개신교와의 결혼이 무효라고 선언되어져야 했다. 이와 같은 의심할 바 없는 진정한 확신은 신속하고도 우연찮게 한 매혹적이고, 지적이며, 고귀한 영혼을 가진 새로운 잠재적인 신부, 앤 볼린(Anne Boleyn)의 발견과 연결되었다. 이미 모하치의 재앙 이후 투르크족에 맞서 유럽을 방어하는 일에 협력하기

---

62) Pettegree (ed.), *Reformation World*, p. 218; P. J. McGinnis and A. H. Williamson (eds.), *George Buchanan: the Political Poetry* (Edinburgh, 1995), pp. 6-7, 16-8, 313.

63) W. Monter, *Judging the French Reformation: Heresy Trials by 16th Century Parlements* (Cambridge MA, 1999)은 십년 뒤에 순교에 대해 강조했던 순교주의자 쟝 크레스팽(Jean Crespin))의 무비판적인 인용에 대한 중요한 수정에 해당한다.

를 꺼리는 잉글랜드에 대해 격노하고 있던 로마의 관료들은 아라곤 결혼을 무효화했고, 이 반대가 공개되는 순간부터, 1529년 여름 잉글랜드의 블랙프라이어스(Blackfriars)에서 헨리의 사건에 대한 청문회가 끝날 무렵 헨리는 자신과 하나님이 원하는 것을 확고히 하기 위해 새로운 전략을 모색하기 시작했다. 그는 느닷없이 그가 자신의 통치권역 내에서 교회의 수장이라는 가상의 오래된 진리에 주의를 환기하게 되었다.

왕은 이제 신학 전문가들로 구성된 그의 팀을 위해 새로운 임무를 설정했다. 이전의 팀들은 루터에 맞서는 그의 주장을 대행했고, 그의 결혼의 취소에 대해 논쟁했다. 이제 그들은 주어진 정치적 상황의 명분을 들어 지상의 그 어떤 나라도 잉글랜드에 필적할 수 없다는 것을 보여주어야만 했다. 그들은 자신들이 그렇게도 존경스럽게 여기던 역사적인 아서 왕(King Arthur)의 전설을 토대로 하여 헨리가 원하는 것을 억지로 만들어냈다.[64] 이 프로그램은 1533년과 1536년 사이에 새로운 수상인, 출신이 불명확한 토마스 크롬웰(Thomas Cromwell)과 전에 비천한 평신도 소년에서 전권을 가진 왕의 유능한 각료로 발탁된 추기경 토마스 울시에 의해 잉글랜드 의회를 통해 입안된 입법활동의 일환이었다. 헨리는 아마도 크롬웰이 사려깊지만 무척 복음주의적으로 동기부여 되어 있었다는 것을 완전히 깨닫지는 못했던 것 같다. 새로운 입법활동의 주요 안건은 잉글랜드의 교회에 대한 왕의 수위권을 아무런 자격요건 없이 나열한 1534년의 수장령(Act of Supremacy)이었다. 헨리는 이제 교황과 결별하게 되었는데, 이 사건은 유럽에서 초유의 일이었다. 이제 그는 북해(North Sea) 너머에서 진행되고 있는 종교개혁과 이 결별이 어떤 관계를 맺어야 할지 결정해야만 했다.

헨리의 신학연구원 중에 대체적으로 과묵했던 캠브리지대학의 학감이었던 토마스 크랜머는 왕의 수장권 부여가 가져올 부작용을 직감했다. 이로 인하여, 크랜머는 자신의 전통적인 신앙과 루터에 대한 혐오를 버리고 교황권에 대한 거부감을 드러냈으며, 또한 종교개혁의 메시지에도 귀를 기울이게 되었다. 해외에서의 외교상의 임무를 수행하던 기간이던 1532년 뉘른베르그에서 그 도시의 주도적인 루터파 신학자였던 안드레아스 오시안더(Andreas Osiander)의 조카딸과의 결혼을 통해 새롭게 발견한 신앙고백을 표현할 때 이것을 명확히 했다. 크랜

---

64) V. Murphy, 'The Literature and Propaganda of Henry's Divorce', in D. MacCulloch (ed.), *The Reign of Henry VIII: Politics, Policy and Piety* (Basingstoke, Ch. 6; G. Nicholson, "The Act of Appeals and the English Reformation," in C. Cross, D. Loades, and J. J. Scarisbrick (eds.), Law and Government Under the Tudors (Cambridge, 1988), pp. 19-30.

머의 결혼은 잉글랜드의 종교개혁을 유럽 본토의 또 다른 종교개혁운동들과 밀접하게 결부시켰던 확고한 표징 중의 하나였다. 그런데 얼마 지나지 않아 크랜머에게 놀라운 일이 생겼다. 크랜머는 헨리 8세가 자신을 유능하고 믿을만한 신하로 높이 평가하고, 캔터베리의 대주교로서 나중에 윌리엄 워햄(Willam Warham)을 승계하도록 선택했다는 사실을 알았다. 크랜머는 자신의 아내에 대해서는 침묵하기로 결심하고 잉글랜드로 돌아왔으며, 은밀하게 교황에 대한 순종을 논박하면서도, 1533년에 그의 서품과 관련된 교황과의 협력을 확실하게 하기 위한 모든 필요한 공식적인 행동들을 취해나갔다. 그는 이와 같은 애매모호한 절차가 헨리에 대한 그의 진심어린 공경에 의해 정당화된다고 느꼈고, 교회의 개혁을 위한 그의 새로운 열정과 결부시켜 생각했다.[65]

대주교로서 크랜머는 신속하게 헨리의 아라곤 결혼이 무효라고 선언했다. 이제 앤 볼린과 왕의 새로운 결혼이 공개적으로 인정받게 되었다. 앤은 이미 크랜머의 후견인이었고, 대담하면서도 정보를 잘 갖춘 복음주의 운동의 후견인이기도 했다. 그녀는 특별히 프랑스로부터 복음주의 인쇄물을 들여오는 주요 보급자며 수입가였고, 수입한 책자 가운데서 중요한 내용들을 남편에게 소개하기도 했다. 앤은 복음주의 개혁운동을 펼쳐 가는데 골칫거리로 작용할 수 있었던 고위층 주교들의 괴이한 죽음 이후에, 다른 복음주의 개혁자들을 등용시킬 수 있는 절호의 기회를 얻었다. 1532년과 1536년 사이에 아홉 명이 죽었고(8명은 우연의 일치로 자연사가 원인이었고, 다른 1명인 존 피셔(John Fisher)는 사형을 당했다), 거기에 더해 두 명은 사임했으며, 새로 교체된 사람들 중에 많은 이들이 바로 그녀의 비호 아래 그녀의 강력한 추천을 받은 사람들이었다.[66] 크랜머는 앤에 의해 고무되었을 뿐만 아니라, 이제 그의 오랜 친구인 크롬웰과도 친밀하게 일했다. 크롬웰은 여타의 왕실업무 중에서도 교회개혁에 더욱 박차를 가했으며, 결국 그 일을 이루어냈다. 왕은 그의 수장권을 영적인 하나님의 대리인(Vice-Gerent in Spirituals)과 같은 새로운 직책을 가진 왕의 각료들을 세우는 일에 사용했다(지금은 종종 부주의하게 철자를 Vice-Regent로 잘못 쓰곤한다).

헨리가 했던 일은 잉글랜드의 종교에 관한 그의 수장권을 크롬웰에게 위임하는 것이었다. 따라서 그는 이전에 교황의 특사(legate)로써 크롬웰의 전임자였

---

65) 크랜머에 관해서 이후 어떤 일이 일어났는 지는 MacCulloch, *Cranmer*를 참고하라.
66) Carleton, *Bishops and Reform in the English Church*, 1520-1559 (Woodbridge, 2001), pp. 63-5. 앤에 관한 책으로는 J. P. Carley (ed.), *The Libraries of King Henry VIII* (London, 2000), pp. lvii-lviii 참고할 것.

던 추기경 울시가 누렸던 것과 동일한 교회에서의 권한을 크롬웰에게 부여했다. 크롬웰은 멈출 수 없는 것처럼 보였다. 그가 앤 여왕과 다투던 1536년에 그는 근친상간과 간음이라는 어설픈 기소들로 그녀의 몰락과 처형을 능숙하게 처리했다. 그는 헨리의 지배하에 있는 잉글랜드 안에 복음주의 개혁운동이 깊숙이 스며들도록 은밀하게 개혁운동을 전개할 수 있었다. 또한, 그는 엔 볼린의 후견인이었던 이전 크랜머 계열 사람들을 정치권에서 한물 간 사람들로 취급하고 대주교 크렌머와도 약간의 거리를 두었다. 그들의 개혁운동은 1536년과 1537년 사이에 발생한 심각한 민중봉기에 의해, 완전히 궤도를 이탈하고 말았다. 링컨셔에서 처음 시작된 민중봉기는 곧이어 잉글랜드 북부 대부분의 지방에서 '공화국을 위한 은혜의 순례'라는 위협적인 명분을 내세워 크게 확산되었다. 그 봉기들은 복음주의 지도자들과 그들의 정치권에 대한 대중적인 분노를 표출했고, 북부 대부분의 유지들은 그들이 모반의 주모자로 비쳐지는 것을 괘념치 않았다. 북부의 공화국 전체가 종교적인 변화에 관한 공화국의 혐오감을 알리려 했다. 헨리는 자신의 위엄에 대한 이와 같은 모욕에 격노했다. 헨리는 가짜 공약을 내세워 폭도들에게 승리가 돌아가는 것처럼 속인 다음, 그들을 완전히 제압했다. 잔인한 보복 이후에 크롬웰은 이전 그 어떤 때보다 더 강력하게 되었다.[67]

크롬웰은 튜더 가문의 군주제가 1532년부터 1540년 사이에 주목할만한 속도와 효율성으로 통제력을 발휘하도록 해 모든 수도원들이 와해되도록 지휘했다. 따라서 잉글랜드와 웨일스 전역, 그리고 아일랜드의 약 절반에 걸친 수도원들이 파괴되었다. 이 과정에서 '민중봉기의 순례'는 처절한 고통 속에서 흘러 나오는 거대한 외침이 되었다. 이 민중봉기의 패배는 오히려 분위기를 가속화시켰으며, 왕과 각료들이 의사결정을 할 때 이런 분위기를 전적으로 고려하여야만 했을 것이다. 왕은 의심할 여지없이 수도원의 해체가 가져올 현금 수입의 증가에 주된 관심을 가졌겠지만, 그것은 많은 전통적 종교관습들을 제거해 버리는 부수적인 효과를 가지게 되었다. 마찬가지로 탁발수도사들은 대중적 불안을 완화시키려는 정부의 수많은 부정적인 선전활동을 수반한 1538년의 진압 작전에 의해 와해되었다. 탁발수도사들 중에는 구교의 가장 영향력 있는 몇몇 설교가들이 포함되어 있었는데, 그들은 크롬웰의 개혁운동에 실제적인 위협이 되었다. 크롬웰은 성인들의 유품이 든 성체함을 가차 없이 공격했으며, 크랜머

---

[67] R. W. Hoyle, *The Pilgrimage of Grace and the Politics of the 1530s* (Oxford, 2001).

의 열렬한 지원을 받아 구교 신앙의 상징인 형상들과 성물들을 제거하기 시작했다. 그러나 크롬웰의 지위는 항상 위태로웠고, 그의 개혁자적인 정책들이나 저속한 출생으로 인해 분개하던 일단의 귀족계급의 적대자들과 맞서면서, 왕의 호의에 의존적이었다. 한 번의 무시무시한 정치적인 실수는 치명적인 것으로 판명되었다. 그는 무모하게도 자신의 종교적인 외교정책을 지지했지만, 성적으로 왕에 대해 거부감을 가졌던 독일의 공주 안나 클레베(Anne Cleves)와 왕의 네 번째 결혼을 추진했다.

좌절을 느끼고 당황스러워했던 헨리는 크롬웰의 반대파들이 크롬웰의 복음주의 운동의 신념들이 가지고 있는 오류들을 지적하고 과장함에 따라 그들의 말을 경청하기 시작했다. 또한 그들은 왕이 궁정의 한 젊은 여인 캐서린 하워드(Catherine Howard)를 다시 주목하게 만들었다. 1540년 7월 하나님의 전권대사로 여겨졌던 토마스 크롬웰은 반역과 이교도라는 명목으로 처형되었다. 이틀 뒤에 헨리는 세 명의 교황에 충성하는 사람들을 처형하고, 세 명의 복음주의자들을 화형시킴으로써 개인적으로 고안된 종교적인 '중립의 길'에 대한 자기의 헌신을 잔인하게 강조했다. 후자 중의 한 사람인 로버트 바네스(Robert Barnes)는 유력한 잉글랜드의 루터파 학자였고, 전체 종교개혁에 있어서 그리 흔치 않은 나무에 달려 화형당한 위엄을 갖춘 개신교 지도자들 중 한 사람이었다. 그리고 교황의 최대 대적인 잉글랜드의 왕에 의해 추방당한 잉글랜드의 복음주의자인 리차드 힐스(Richard Hilles)는 나중에 하인리히 불링거에게 헨리는 화형대 위에서 어떤 사람을 화형시킴으로써 새로운 결혼을 축하하는 것을 습관으로 만들었다고 풍자했다.[68] 왕은 토마스 크롬웰을 파멸에 빠뜨린 그의 무모함에 대해서 곧 후회했지만, 크랜머는 정치역학 속에서 복음주의적 주장을 표명할 강력한 연대 없이, 왕의 개인적인 애정과 신뢰 외에는 아무런 자산도 갖지 못한 채, 일정 기간 남겨지게 되었다. 크랜머 대주교는 1543년 아슬아슬하게 크롬웰과 똑같은 운명의 고통을 벗어났고, 예측불허한 헨리의 마지막 7년 동안 그의 복잡한 복음주의에 대한 종교적 관점들은 점점 빗나가기 시작했다.[69]

아일랜드의 꼭두각시 의회는 의무적으로 잉글랜드의 종교개혁 입법을 투영했지만, 이것은 동부 아일랜드의 효과적인 잉글랜드의 통치 지역에서만 유효했다(더블린의 페일 지역). 복음주의 종교정책은 특별한 성과를 내지 못한 로마를

---

68) H. Robinson (ed.), *Original Letters Relative to the English Reformation* (2vols., PS, 1846-7), pp. 241-42.
69) MacCulloch, *Cranmer*, Chs.7-9, 그리고 5장, p. 355 을 보라.

뒤로하고 아일랜드로 옮겨갔다. 크롬웰의 종교적인 개혁을 강화하기 위해 더블린의 대주교로 세워진 잉글랜드 사람이자, 이전의 탁발수도사였던 조지 브라운(George Borwne)은 그의 사제가 그가 명령한 설교 운동에 참여하는 것을 단호하게 거부한다는 것을 발견했다. 그는 더블린의 왕정 행정가들로부터 거의 지지가 없다는 사실을 알게 되었고, 1540년 이후 두려움에 사로잡힌 소극적인 사람으로 변했다. 아일랜드 군주정권은 그들의 통치권 유지가 불안하다는 것을 인식하고 있었으며, 크롬웰의 지지 없이는 보수주의자들을 맞설 준비가 되어 있지 않았다. 더블린의 통치자들은 1534년 아일랜드에서 왕의 대리인이며, 킬데어(Kildare) 출신인 얼(Earl)의 9번째 아들이자, 그 섬의 가장 큰 가문의 유력한 상속자인 주군 토마스 피츠제랄드(Thomas Fitzgerald)에 의해 촉발된 주요 모반에 의해 충격을 받았다. 피츠제랄드는 아일랜드 사람들이 교황과 찰스 5세와 자신에게 맹세할 것과 심지어 페일에 있는 지역공동체 실세들에게 튜더 왕조를 완전히 등지고 돌아설 것을 요구하기도 했다.

  그와 같은 이념적인 구성요소는 중세 아일랜드의 빈번한 반란에 전례가 없던 것이었고, 이것은 종교개혁이나 그것을 미워한 사람들이 어떻게 한 왕조를 실각시키는지를 보여주는 아마도 유럽에서 최초의 사건이었을 것이다. 피츠제랄드는 단지 정치적 소용돌이로 인해 실각하였다. 그후 헨리의 행정부는 아일랜드의 종교를 바꾸는 것에 대해 매우 신중했다. 왕이 죽기까지 그 섬은 교황이 없이도 가톨릭의 종교적인 관습을 향유했다. 그곳에는 잉글랜드와 웨일즈가 경험했던 지속적인 혁신에 관한 그 어떤 것도 없었다.[70] 전형적으로 헨리는 아일랜드의 정치적인 상태를 변화시킴으로써 하나님과 왕으로서의 자신의 관계에 대한 배타적인 특성을 강조했다. 이전에 아일랜드는 잉글랜드 왕권의 지배 아래에 있었다. 1541년 더블린 의회는 순순히 헨리 8세의 소원을 따랐고, 잉글랜드의 왕권에서 벗어난, 아일랜드를 그 자체로 왕국으로 선언했다. 아일랜드의 독립선언과는 거리가 멀었지만, 이것은 헨리가 아일랜드의 주요 권력층을 매우 조직적으로 잉글랜드의 정부형태에 더욱 밀접하도록 묶도록 했다. 그리고 이 움직임은 중요한 두 번째 국면을 맞게 되었다. 거슬러 올라가서 12세기 잉글랜드 태생의 교황 아드리안 4세가 잉글랜드의 헨리 2세에게 교황의 칙령에 의해 아일랜드에 대한 지배권을 수여했다는 사실이 널리 믿어지게 되었다.

---

70) H. A. Jefferies, "The Early Tudor Reformations in the Irish Pale," *JEH* 52 (2001), pp. 34-62 중, 특히 44-47.

헨리의 튜더는 그 생각에 기대지 않았고, 따라서 단지 교황권은 세속 통치자들에게 지역을 넘겨줄 수 없다는 것을 강조하기 위해 그 자신의 주권적인 독립을 선언했다.

토마스 크롬웰이 헨리 8세를 자극하여 종교개혁에 관여하도록 했던 때보다 훨씬 이전에도, 잉글랜드와 스코틀랜드 몇몇 지역에서는 복음주의 개혁사상이 지지를 얻고 있었다. 개혁사상이 유럽 왕래가 잦았던 두 나라의 학자들과 상인들에 의해 활발하게 도입되었지만, 최초로 영문으로 인쇄된 신약성경의 전격적인 출현으로 고취된 분위기가 생겨나기 전까지는 그러한 사상의 확산은 미미했다. 이 번역본은 추방상태에 있던 한 옥스포드 학자인 윌리엄 틴데일(William Tyndale)의 작품이었고, 대략 1525년과 1526년에 사이에 출간되었다. 틴데일은 웨일즈 국경에 있는 외진 서쪽 시골마을 딘의 숲(Forest of Dean) 출신으로, 그는 어린 시절 시골에서 장이 설 때, 웨일즈어와 영어가 뒤섞인 시끌벅적한 소리를 들으면서 자랐기 때문에 그가 번역에 심취하게 된 것은 이상한 일이 아니다.[71] 그는 언어의 미식가였다. 성경번역자들이 헬라어 '유앙겔리온'(euaggelion)과 라틴어 '쿨투스'(cultus)에 상응하는 말을 찾는데 고심할 때, 그는 자신이 두 개의 좋은 앵글로-색슨 단어인 '복음'(gospel)과 '예배'(worship)를 사용할 수 있다는 것에 대해 기뻐했고, 그것은 또한 그가 구약성경의 번역으로 옮겨가면서 히브리어와 영어가 히브리어와 헬라어보다 훨씬 더 양립할 수 있다는 사실의 발견은 그를 기쁘게 했다.

그의 조력자들에 의해 완성된 틴데일의 성경 번역은 20세기까지 이어지는 모든 영어성경의 기초를 형성했다. 그것은 영어권 세계에 어마 어마한 영향을 끼쳤다. 1520년대와 1530년대에는 은밀하게 읽혀지고 토의되었지만, 틴데일 번역본은 공급부족과 사용금지령으로 인해 공식적인 설교에 사용되지는 못했지만, 사람들의 상상력을 자극했다. 1520년대에 잉글랜드에서 눈에 띌 만큼 범국가적인 서품의 감소가 있었다는 것은 의미심장하다. 아마도 전통적인 교회는 사제직에 관한 사람들의 생각에 대한 장악력을 상실하고 있었다. 틴데일은 죽음에까지 이른 종교개혁 최초의 성경번역자였다. 그는 저지대 국가 망명 중에 런던의 주교와 헨리 8세의 묵인 아래에서 신성로마제국 황제의 관리들에 의해 체포되어 교수형에 처해졌다. 그렇지만 1536년 틴데일의 순교시기보다 훨씬 이전에

---

71) 틴데일의 출신과 관련해서 A. J. Brown, *William Tyndale on Priests and Preachers with New Light on His Early Career* (London, 1996), Chs. 1, 2.

책 시장이 활발하게 형성되지 않았던 시점에도, 약 16,000부 정도의 틴데일 번역본이 인구 250만이 안되었던 잉글랜드로 유입되었다.[72]

크롬웰과 크랜머는 이 성경번역본을 보급하기 위한 설교자 발굴과 그들에 대한 재정지원에 관한 정책을 느리게 진행해 나갔다. 1537년 크롬웰은 또한 교구교회들에 영어성경을 일괄적으로 제공하도록 헨리 8세를 설득했고, 한 걸음 더 나아가 1539년에는 공식적인 번역을 착수했다. 크롬웰의 몰락 이후에도 헨리는 스스로 1541년, 만약 그렇게 하지 않을 경우 벌금을 부과하겠다는 위협을 통해 교구들이 성경을 제공하도록 효력있는 추가 자극을 가했다. 성경에 대한 대중적인 열정은 왕이 놀랄만큼 충분히 주목할만한 결과를 낳았다. 1543년에 그는 얼핏보기에 덜 관심을 가지는 것처럼 보이는, 단지 사회에서 상위 신분 집단에게만 읽는 것이 허용되도록 명령하기 위해 의회에 강요했다. 흥미롭게도 같은 해에 제임스 5세의 사후에 교회개혁을 가지고 탁상공론을 일삼았던 섭정 왕조는 스코틀랜드 의회에서 최초로 땅 소유주인 영주들이 성경을 소유하는 것을 허용하는 법률을 통과시켰다. 따라서 스코틀랜드 사람들에게는 잉글랜드에서 성경접근에 대한 새로운 제한에 거의 상응하는 새로운 접근이 허용되었다. 그것은 자기고백의 짧은 순간이었다. 그것은 눈 깜짝할 사이에 진행된 특허조치였다. 1530년에서 1540년 사이에 집권했던 스코틀랜드 정권들은 대부분의 지역에서 종교개혁에 대한 적대감을 유지했으며, 개혁의 확산을 저지하는 데 안간힘을 썼다.

잉글랜드와 스코틀랜드 둘 다에서 1520년대와 1530년대 사이에, 헨리 8세와 제임스 5세에 의해 시작된 적대감에도 불구하고, 열정적인 복음주의 공동체가 동부 해안선을 따라 항구에서 모양을 갖추었다. 남동부 잉글랜드에서는 복음주의 활동가들이 이미 존재하던 내륙의 롤라드 집단과 통합되었다. 아마도 성직자나 옛 체제에 더 많은 정서적, 재정적 지분을 갖고 있었던 영지를 소유한 상류층 인사들보다 일반 백성들이 더 많은 영향을 받았을 것이다. 스코틀랜드의 복음주의자들의 경우, 발틱 국가들과 북부 독일과의 전통적인 무역의 연계가 처음으로 잉글랜드와의 무역처럼 중요하게 되었다. 따라서 스코틀랜드인들은 헨리 8세의 루터에 대한 노골적인 적대감으로 인해 불편한 관계를 유지하고 있는 잉글랜드에서 빠른 속도로 규모를 넓혀가는 루터파 교회들과 직접적인 관계를 가졌다. 그러나 스코틀랜드의 종교개혁자들은 1530년대 잉글랜드의

---

72) O. O'Sullivan (ed.), *The Bible as Book: The Reformation* (London, 2000), p. 47.

토마스 크랜머나 토마스 크롬웰과는 달리 제임스 5세의 정부 안에서 제한적인 발판조차 확보하지 못했고, 또한 스코틀랜드는 1530년대에 공식적으로 루터파 교회를 수용하기 위해 시험적인 움직임을 시작했던 덴마크나 스웨덴 같은 북부 왕국들의 유사한 본보기를 따르는 데도 실패했다. 스코틀랜드는 프랑스 정부의 모델을 따르는 경향이 있었고, 제임스 왕은 자기 왕조의 재정적이고 정치적인 이익을 확장하기 위해 전통적인 교회를 방어하는 데에 프랑수와 왕을 흉내냈다.

6. 새로운 다윗 왕? 뮌스터와 그 여파

고려할 가치가 있는 1530년대의 마지막 군주는 약간 다른 인물이다. 1536년 비극적 종말로 귀결된 그의 뮌스터 여행을 다루기 위해서는 앞서 언급한 바 있는 열악한 슈트라스부르크 감옥에 수감되었던, 1533년 체포된 멜키오르 호프만 사건을 살펴 볼 필요가 있다. 호프만의 1533년 그리스도의 재림 예언이 빗나감에 따라, 하알렘(Haarlem)의 제빵사였던, 한 은사파 네덜란드 사람 얀 마티즈준(Jan Matthijszoon)이 호프만으로부터 좌절한 사람들 가운데 두드러져, 점차적으로 북부 네덜란드에 있는 추종자들을 고무시켰다. 그는 자신을 세상의 사악한 도성들을 심판하도록 예언할 의무를 지닌 요한계시록 11장에 묘사되어 있는 두 증인 가운데 한사람으로 인정하도록 암스테르담에 있는 멜키오르파 군중을 설득했다. 이러한 권한이 부여되자 그는 호프만의 메시지를 개선하기로 결심했다. 그는 호프만이 현존하는 세상의 권력에 주의를 기울이는 것에서 실패했다고 피력했다. 호프만은 어리석게도 자신을 배신한 슈트라스부르크시의 회를 신뢰하였을 뿐만 아니라, 찰스 5세의 관리들이 성인세례를 받는 사람들을 처형하기 시작했을 때, 박해에 대한 공포로 인해 그와 같은 세례는 그리스도의 재림시까지 연기되어야 한다고 명령했다.

이제 마티즈준은 시 당국자에 대한 도전과 세례의 재개를 선언했다. 그는 새 예루살렘을 슈트라스부르크가 아닌 북부 독일의 도시 뮌스터와 동일시했다.[73] 뮌스터는 북부 네덜란드에서 지형학적으로 접근하기 편리했을 뿐만 아니라,

---

73) N. Cohn, *The Pursuit of the Millennium* (London, 1957), 13장에 재침례파에 대해 가차가 없었던 이후의 사건에 대해 깔끔하게 요약 설명되어 있다.

그곳의 주요 설교가인 베른트 로트만(Bernd Rothmann)의 지도하에 있는 루터파 계통으로부터 철저하게 진로를 바꾸는 흥미로운 표적들을 드러내 보임으로써 종교개혁으로 인한 진통을 겪었다. 독일의 종교개혁 도시들 안에서 전형적인 형태의 변화가 1531년에 시작되었다. 대중적인 길드에 의해 고무되기도 하고 위협을 받기도 한 시 위원회의 대다수는 뮌스터의 귀족이자 주교로 새로 임명된 프란츠 폰 발데크에 맞서기 위해 로트만과 종교개혁자들을 자기들 편에 끌어들이기로 결정했다. 로트만은 비천한 태생의 젊은이로, 부처, 카피토, 그리고 멜랑히톤과 같은 학문적으로 뛰어난 신학자들과 교제했다. 그에게는 기존의 권위 있는 복음주의 틀을 훨씬 넘어서는 사상적 측면들이 있었다. 만약 그를 붙잡는 것이 없는 상황이라면 오히려 츠빙글리처럼 과감하게 앞으로 밀고 나갔을 것이다. 로트만은 종교개혁이 폭력에 의해서도 촉진되어야 한다고 보는 의지를 드러냈다(츠빙글리도 물론 그의 최후의 몇달 동안 마찬가지였다). 그리고 그는 성례에 있어 그로 하여금 유아세례를 거부하도록 자극한 적극적인 믿음의 역할을 주장했다.

　이제 그의 작품에 대한 마티즈준의 호평 덕분에 로트만은 활기 넘치는 수많은 지지자들을 확보했다. 주목할 만한 것은 대부분의 종교개혁자와는 완전히 대조적으로 뮌스터에서 결집된 네덜란드의 열심파 운동은 로트만 자신과는 별도로 성직자가 아닌 평신도에 의해 주도되었다. 부분적으로 이것은 합스부르크가 현존하던 네덜란드의 복음주의 성직자 리더십을 파괴해버렸기 때문이었다. 많은 사람들이 뮌스터에서의 종말에 관한 마티즈준의 선포를 경청했다. 북유럽 전역에 걸쳐 비천한 사람들이 자유에 관한 루터의 외침에 흥분했고, 그리고 1525년 이것이 급진적인 사회변혁과 불의에 대한 척결을 포함하지 않는다는 사실이 판명되었을 때 몹시도 실망했다. 그 후 그들은 네덜란드에서 합스부르크의 박해에 의해 더 큰 충격을 입게 되었다. 지상에 도래할 신자의 천년왕국 통치와 그들의 위대한 승리 앞에 기다리고 있을 환란에 관한 내용을 보여주는 성경, 즉 복음주의 개혁자들에 의해 새롭게 소개된 성경에 귀를 기울이는 것보다 더 자연스러운 것은 없었을 것이다. 따라서 북부 독일의 평지를 넘어 저지대 국가들로 보내진 사절단에 의해 설교된 새로운 형태의 호프만의 천년왕국 메시지는 천년 왕국에서의 그들의 자리에 적합하게 자질을 갖추도록 수천 명의 사람들을 성인세례로 내보냈고, 그리고 뮌스터를 향해 즐겁게 여행하게 했다.

　1534년 2월에 커져가던 재세례파 군중들이 로트만과 시 위원회의 지지자들의 도움으로 도시를 장악했다. 북서유럽에 있던 재세례파 회중들은 마지막 날이 실제로 다가오고 있다는 이와 같은 표적에 대한 반응으로 급속히 성장해갔다. 결국 폰 발데크 주교는 그 도시를 장악했으며, 곧이어 그는 구교도와 개신교도들의 소모적인 분쟁이 너무도 심각하다는 새로운 현실이 명백하게 드러나면서 루터파 제후들과 도시들의 지지를 받아냈다. 마티즈준은 하나님이 그를 보호해 주신다는 신념을 막연히 의지하다가 그 도시의 포위망을 뚫고 나가는 과정에서 죽임을 당했다. 이제 리더십이 라이덴의 요한이라 불리던 네덜란드의 은사파에 속한 젊은 재단사 얀 부켈스에게 넘어갔다. 얀은 두 가지 목적을 가지고 체제를 발전시켰다. 마지막 날에 (예고된 재림이 1534년 4월에 심각한 실패로 끝나자 무엇보다도 긴급하게 된) 길을 안내하고, 그리고 또한 군사적인 위기 속에서 분주한 도시의 긴급한 필요를 채우는 것이 그의 목적이었다. 재산은 공통으로 사용하기 위해 강제적으로 재분배되었다. 그 도시에 남아 있던 저명인사들은 이 조처에서 제외되었지만, 공동의 선(복지)을 위해 그들의 부를 사용하도록 기대되었다. 얀은 12명의 장로로 구성된 종말론 의회를 소집했으며, 이스라엘 백성의 생육과 번성을 위한 목적으로 채택되었던 일부다처제를 성경적이며 실용적인 것으로 보고 일부다처제라는 또 하나의 관례를 제정하였다. 이것은 재세례파 지지자의 대부분을 차지하고 있는 여성들에게 안정감을 주기 위한 조처였다. 그해 여름 주교와 그의 동맹군이 뮌스터의 항복을 받아낼 목적으로 뮌스터시의 모든 출구를 막고 식량보급을 차단하는 아사 작전을 시도할 때, 부켈스는 이스라엘의 새 다윗으로 자신을 간주하여 왕의 온갖 의상들로 치장하고 자신을 세상에 도래한 메시아적인 왕으로 선포하는 행동을 보였다. 그는 상징적인 금화와 은화를 주조했고, 북유럽 전역에 걸쳐 그것을 분배했다.

포위망이 좁혀 들어오자, 얀의 왕국은 기아로 인해 점점 더 절망적인 광란의 참혹한 도시로 변해가고 있었다. 마침내 1535년 6월, 황제의 군대에 의해 뒤늦게 강화된 주교의 군대는, 두 명의 변절자의 도움으로 방어선을 뚫고 들어가, 거의 17개월 간의 비정상적인 사회적 실험을 종식시켰다. 뮌스터의 중심 교구 교회 앞에서 얀과 살아남은 그의 두 명의 지지자에 대한 공개 처형은 놀랄 것 없이 경고적 조처였다. 아직 숨이 붙어있던 그들이 시뻘겋게 달궈진 거대한 집게로 살을 도려내는 처절한 고문을 당하고 있을 때, 전에 시신을 진열한 적이 있었고, 전쟁 중에도 보존되어 철로 된 격자우리 세 개가 성람버트교회 첨탑(지금까지도 이 교회 첨탑에는 세 개의 철로 된 격자우리가 걸려있음)에 달기 위해 수리되고 있었다. 조심성 있는 뮌스터의 방문자는 오늘날 또 다른 유적들을 발견한다. 도시 교회들은 깨어있는 당시 중세도시의 부의 풍성한 증거들을 드러내지만, 1534년 이전의 시설들은 부족하다. 스테인글라스도 없고, 묘지들도 없다. 분명한 것은 그 도시에 포위되어 지냈던 재세례파들은 그들이 미워하는 모든 것을 제거해 버릴 충분한 시간을 가졌다. 1890년대에 도시 안에 있는 성벽 탑 중 하나의 안쪽 잔해에서 아름다운 14세기 세례반(the Font, 돌로 깎아 만든 세례용 대야) 조각들이 발견된 것은 획기적인 것이었다. 그것은 수면위교회로 알려진 베네딕트수도원교회(Überwasserkirche)로부터 온 것으로 확인되었고, 그것은 명백하게 분쇄당했고, 유아세례에 대한 상징적인 굴욕 차원에서 경멸적으로 반대자들에 의해 내던져졌다. 마찬가지로, 뮌스터 교회들의 구별되는 특징들 중에 하나가 풍성한 16세기 중엽의 예술에 나타나 있다. 이것은 새로 갖추려는 열정적인 노력의 결과물이다. 승리감에 들뜬 침략자들의 우선순위는 과거를 고치고, 그들이 필요로 하는 것만을 기억하는 것이었다.

 뮌스터의 몰락은 재세례파의 보급의 본거지였던 네덜란드에 절망과 분노를 불러왔고, 그것은 뮌스터의 포위공격과 나란히 1535년에 지방의 투쟁적인 소요와 새 예루살렘의 선언을 초래했다. 어떤 사람들은 계속해서 싸웠다. 심지어 그들의 지도자인, 네덜란드 귀족의 아들, 얀 판 바텐부르크(Jan van Batenburg)가 1537년 사로 잡힌 다음에도 교회와 수도원에 대한 폭도들의 습격은 쇠해지기까지 제법 시간이 걸렸다. 그러나 대부분의 급진주의자들은 계속되는 폭력으로 인해 식상했고, 뮌스터의 괴기스러운 사건들로 인해 환멸을 느꼈다. 더러는 다양한 형태의 잘 드러나지 않는(심지어 비밀스런) 신비주의적 믿음으로 전향하기도 했다. 네덜란드의 스테인글라스 예술가이자 시인인 데이비드 조리스(David Joris)는 사형에 처해진 뮌스터의 왕이 제3의 다윗이 아니라 자신이 사실상 제3의 다윗이라고 그들을 설득하기 위해 이전의 뮌스터파 사람들을 조심스럽게 접촉하게 되었다. 조리스는 메시지를 선포함에 있어 열정적인 개방성에 관한 교훈을 얻었다. 1528년에 열정적이고 급진적 종교개혁자로 전향한 조리스는 델프트(Delft)에서 있었던 메리의 행렬에 대한 공격을 이끌었고, 채찍질을 당하고 혀에 구멍이 뚫리는 고통을 겪었으며, 이후 그의 추종자들은 공식적인 야만행위의 목표물이 되었다. 이제 자기 자신과 그들을 위해서 그는 자신의 메시지를 더욱 분별력있게 확대해 나갔다. 그는 가명으로 바젤에 사는 동안 인문주의 학문 설립의 고귀한 회원으로서, 자자한 명성 속에서 그의 날을 마감했다. 그러나 널리 확산된, 주제 넘게 나서지 않는 경건생활의 주제는 그의 죽음 이후

에도 오랫동안 지속되었다.[74]

사려 깊고 분별력 있는 이의제기에 대한 이러한 전통들은 종교를 선택할 수 있는 여유를 가진 지식층의 관심을 끌었다. 그들은 네덜란드의 번창하는 도시 사회에 강하게 남아 있었지만, 전 유럽에 걸쳐서 사람들은 조용하게 조리스(Joris)와 같은 사람들이 말하는 것을 조용하게 경청했다. 이것은 인쇄된 지혜나 자신의 생각 속의 개인적인 명상으로 후퇴하는 중세 후기 종교문학 안에 나타나는 경향의 극단적인 형태이다(2장, p. 128). 집합적으로 그런 신자들에게 '영적인 사람들'(spirituals)이라는 이름이 붙게 되었는데, 그들을 묶어주는 한 가지가 종교나 하나님과의 접촉은 개개인 안에서부터 나오는 어떤 것이라는 확신 때문이다. 하나님의 영이 인간의 영혼과 직접 접촉한다는 것이다. 1520년대 초기 취리히에 있었던 수많은 최초의 급진적인 고위인사들과 같이, 영성가들은 종종 에라스무스의 사상에 대해 경탄하는 사람들이었고, 마틴 루터와의 논쟁에서 그의 편을 들기도 했다. 그들은 인간의 조건에 관한 루터의 급진적인 비관주의를 소화할 수 없었고, 에라스무스가 그랬던 것처럼, 권위주의적이고 타락한 전통교회라고 바라보았던 견해를 수용할 수 없었다. 따라서 그들은 내면에 집중하는 인문주의 지성인들에 대해 애착을 가졌을 뿐 아니라, 에라스무스가 좋아했던 성구, 즉 "살리는 것은 영이요, 육은 무익하니라"를 채택하기로 했다. 만약 그들의 주장대로라면, 성경은 육체적인 것과는 상관이 없는 것처럼 보여질 수 있다는 것이며, 따라서 교황도 '명목상의 교황'(a paper pope)에 불과한 것이었다. 성례와 관련해서 빠르게는 1526년에 리그니츠(Liegnitz)에 있던 카스파르 슈벵크펠트와 영성주의적인 마음을 가진 그의 동료들은(3장, p. 204) 모든 사람이 그것이 무엇을 의미하는지에 동의하기까지 성만찬을 다시 받을 수 없다는 엄격한 결정을 내렸다.[75] 그들에게는 성례나 설교에 관한 성경의 어떤 뒷받침도 기껏해야 부차적인 것에 불과했다. 따라서 성경을 근거로 해서 성례나 설교에 대해 강력하게 이의를 제기해도 그것 또한 부차적인 것으로 고려되어야만 했다.

서구 유럽에서 발전한 이런 종류의 분파 중 가장 독특한 분파는 번창하던 사업가였던 헨드릭 니클라스(Hendrik Niclaes)에 의해 설립된 '사랑의 가족'(Family of Love)이었다. 그의 출생은 불명확하고, 단지 그의 글들 속에 있는 독일과 네덜란드 땅의 방언을 통해 위트레흐트, 엠덴(Emden), 그리고 쾰른(Cologne) 사이라고 그 위치를 파악해 볼 수 있다. 그는 1532년과 1533년 사이에 암스테르담의

---

74) G. Waite, *David Joris and Dutch Anabaptism* 1524-1543 (Waterloo, Ont., 1990).
75) Williams, *Radical Reformation*, p. 114.

당국자들과 이단 문제로 곤경을 겪었지만, 뮌스터의 들뜬 분위기에 휩쓸렸던 다른 많은 사람들과는 달리, 새 예루살렘을 찾아나서는 군중 속으로 휩쓸려 들지 않았다. 대신 그는 스스로 영성 사상가들의 조용한 메시지에 더 관심을 가졌다. 1540년대 초기까지 종교적인 내홍을 겪은 바쁘고 조그만 북부 보세 창고와도 같은 엠덴에 있으면서 내적 계몽에 관한 자기 자신의 메시지를 선포했다. 그는 습관적으로 자기 작품에 자신의 이름의 머리글자인 H. N.으로 서명했고, 그것은 아주 적절한 신적인 영감의 우연의 일치와도 같이 '새 사람'(homo novnus, New Man)을 나타내는 것이었다. 그는 하나님이 자신을 구원받은 사람들과 연합시키셨다는 바울서신에서 뽑아낸 전통적인 신비주의 기독교의 한 개념에 관해 급진적인 태도를 취했다. 그는 그의 동료들에게 저들은 하나님의 영이 너무 충만해서 저들이 하나님의 일부였다라고 말했다. 그는 개인적으로 에드워드 4세 시대에 눈에 띄지 않는 선교 여행을 멀리 잉글랜드에까지 다녀갔고, 심지어 정치적으로 불안정했던 메리의 통치시대에도 그러했을 것이다.[76]

니클라스의 열정적인 메시지는 자신들의 마음의 능력을 자각시키고, 특별히 좋은 교육을 받은 창의적인 사람들에게 호소력을 발휘했다. 사랑의 가족은 복음 확산을 위한 그들의 절박한 요구와, 위험을 무릅쓰고 그들 스스로를 종교적 분리주의자로 드러냄으로써 종교적 회색분자로 취급받는 것을 껄끄러워하는 특성이 결합된 독특함을 나타냈다. 그들은 그들 교회의 설립취지에 입각하여 그들의 존재를 인정받지 못하는 것에 대해서도 행복해 했으며, 그들이 천상에서 확보하게 될 지위를 조용히 확신했다. 사랑의 가족은 종종 미술가들, 음악가들 그리고 학자들로 구성되었다. 시골 풍경과 도시 풍경의 위대한 화가인 젊은 피터 브루겔(Pieter Brueghel the Younger)은 그들 중 한 사람이었다. 그들은 또한 권력에 대한 기호도 있었다. 스페인계 네덜란드의 주요 상업도시였던 앤트워프(Antwerp)에서 스페인의 인쇄업자인 크리스토프 플란탱(Christophe Plantin)과 필립 2세 왕도 사랑의 가족주의자였다. 낮에는 반종교개혁의 네덜란드를 위해 왕의 가톨릭 성무 일과서를 인쇄했고, 밤에는 가족주의자의 문학서적을 인쇄했다. 왕의 스페인 공의회주의자들 중 한 사람이었던 베니토 아리아스 몬타노(Benito Arias Montano)는 놀라울 정도의 공식적인 후원을 받게 된 앤트워프의 다국어성경(Antwerp Ployglot version of the Bible)의 생산에 있어서 플란틴의 절친한 협력자였

---

76) A. Hamilton, *The Family of Love* (Cambridge,1981); C. Marsh, *The Family of Love in English Society* 1550-1630 (Cambridge, 1993); 마쉬의 탁월한 연구는 이후의 연구들의 기초가 되었다. 그 중에 일부 추론은 나의 것이기도 하다.

고, 가족주의자들에 대한 동조자가 되었다(유대인 개종자 출신으로서 그는 모든 은닉된 것에 대해 알았다).[77] 두 사람은 무척 존경을 받으면서 그들의 생을 마감했다. 필립의 강력한 경쟁자인 잉글랜드의 엘리자베스 1세의 궁정에서 1580년대에 그녀의 개인적인 경호부대인 왕실 근위대(Yeomen of Guard) 중 몇 명이 가족주의자로 판명된 것은 대단한 놀라움이었다. 청교도들의 분노를 샀던 수수께끼 같은 군주 엘리자베스는 그녀의 믿음에 관해 이의를 제기할 수 있는 그 어떤 행동도 하지 않았다. 런던타워에서 사자들을 관리하는 사람을 위시해서 그의 후계자인 제임스 1세의 궁정 관리들 중에도 여전히 가족주의자들이 있었다.[78]

마찬가지로 가족주의자들의 유쾌한 사색이, 그곳의 학장인 앤드류 페른(Andrew Perne) 박사를 만나기 위해, 캠브리지셔에 있는 조그만 잉글랜드 마을인 발샴으로의 여정에서도 수행될 수 있었다. 페른은 아주 고위급 학자였고, 잉글랜드의 종교개혁에서 가장 정직한 반대자들 중 한 사람으로 남아 있었던 피터하우스 캠브리지의 거장이었다. 그가 자신의 이름의 머리글자(A. P.)가 새겨진 풍향계를 그의 대학에 기부했을 때, 그것은 바람이 부는 방향에 따라 '한 교황주의자, 한 개신교도, 한 청교도'(A Papist, a Protestant, a Puritan)에게로 움직인다고 말해졌다. 가톨릭 계통의 메리 여왕의 통치기에 캠브리지대학의 부총장이었던 그는 최근에 사망한 마틴 부처의 무덤을 공개해서 엄정하게 뼈들을 불태우는 일을 관장했다. 엘리자베스 여왕의 통치기간 동안 부총장으로써 부처의 유실된 뼈에 대해 결국 사과하면서 바로 그 교회에서 근엄한 대학 예식을 관장했다. 다양한 면에서 그는 자기기만에 관해 너무 많이 알고 있었다. 입이 거친 청교도들은 그가 한 때는 휘트기프트(Whitgift)의 동성연애자였고, 나중에는 연로해서 람베스 궁전(Lambeth Palace)에서 살기 위해 함께 들어간 캔터베리 대주교의 동성연애자였다고 말했다.[79]

발샴에서 이처럼 불가해한 지성들은 조용히 가족주의자들이 모든 유럽에서 그들의 가장 떠들썩한 식민지 중 하나를 세우는 것을 허용했다. 발샴에서 가족주의자들은 교구 위원으로서 봉사했다. 같은 파벌에 들지 않았던 마을 사람들에게는 분노를 샀지만, 1609년에 중세 사제의 묘에서 취한 관의 널판지를 재

---

77) Eisenstein, *Printing Revolution*, pp. 82, 175-76; 플랜틴에 관해서는 또한 Hamilton, *Family of Love*, pp.43-48와 제 4장을 참조하라.

78) C. Marsh, *The Family of Love in English Society* 1550-1630 (Cambridge, 1993), pp. 282-83.

79) P. Collinson, "Andrew Perne and His Times," in P. Collinson et al., *Andrew Perne: Quatercentenary Studies*, Cambridge Bibliographical Society 11 (1991), pp. 1-34 중 1, 24, 34, 이와 같은 암시에 대해서는 8장, p. 515 을 보라.

사용함으로써 주도적인 가족주의자들 중 한 사람에게 특별히 영예로운 장례가 허용되었고, 그것은 그가 지역의 '새 사람'(Mr. H. N, homo novus)이라는 것을 의미했다. 또 다른 회원은 그렇게 폭풍이 거세게 쳤던 해인 1609년에 발샴에 있는 교회의 탑에 놓을 세 개의 새 종을 위한 비용을 지불하는 데 도움을 줬고, 그것은 지금도 보존되어서 여전히 볼 수 있고 종소리를 들을 수 있다. 그들 중 하나는 특별한 라틴어로 '나는 죽은 사람의 영혼을 위해 울리지 않고 살아 있는 사람의 귀를 위해 울린다'라는 명각을 가지고 있다. 발샴의 교회의 종에서 울려나는 소리를 들을 때마다 가족주의자들은 매우 흐뭇해 했을 것이다. 17세기 동안 전체적인 운동이 시들해졌다. 일부는 자체의 잉글랜드 회원들이 내적 빛(Inner Light), 친우회(the Society of Friends), 또는 퀘이커(Quakers)를 믿는 새로운 집단에 가입해야 할지에 대해 고민했다(12장, p. 677).

사랑의 가족에 관한 별난 이야기는 뮌스터 봉기의 실패로부터 생겨난 전혀 예상치 못한 하나의 사건이었다. 북서유럽의 다른 급진주의자들은 일반적으로 사회적인 신분과 교육에 있어 좀 더 비천했고, 특별히 모든 형태의 물리적인 힘을 거부하면서 그 어떤 은닉도 꾸짖는 구별된 회중을 조직하는 것을 고집했다. 이와 같은 신비주의 분리주의자 공동체의 최고의 대변인이자 영적 지도자였던 멘노시몬스는 서부 프리스란트(Friesland) 출신으로 이전에 시골의 사제였는데, 뮌스터로 여행했던 군중들의 처참한 운명으로 인해 공포에 쌓였다. 그는 남아 있는 큰 충격을 받은 사람들을 섬기기로 결심했다. 사악한 합스부르크의 박해에 직면해서 그는 임박한 재림을 계속해서 인내하며 기다리는(최소 16세기 말에 환상에서 깨어나는 상황에 이르기까지) 회중을 돌보면서 참아냈다. 그들은 또한 그리스도의 천상적 몸에 관한 멜키오르 호프만의 견해를 인정했다. 비록 재산공유의 공동체를 확립하는데 있어 뮌스터 봉기의 실패로 인해 네덜란드의 메노나이트파가 후터파 노선을 따르는 것을 꺼려했지만, 그들은 1527년 슐라이트하임신앙고백(Schleitheim Confession)을 창안한 스위스의 급진주의자들과 함께 공통적인 주장을 만들었다(4장, p. 246 참조). 따라서 그들은 독립적인 북부 네덜란드에서 성장하고 번창했다. 그 결과로 주어진 메노나이트파 전통(흥미롭게도 그것은 자신을 결코 메키오르파 사람들이라고 언급하지 않는다)이 대서양 양안에 오늘까지도 서로 다른 교회의 조직구조 안에 남아있다.

급진주의자들은 그들의 일반적인 폭력의 포기에 대해 거의 신망을 얻지 못했다. 라이덴의 요한의 이미지가 계속해서 통치자들에게 급진주의자들을 박해하고 제한하려는 근거를 제공했고, 그들의 느낌에 사회적인 질서는 아주 약한 어떤 것이고, 계속해서 반복되는 경각심이 필요하다는 것을 일깨워 주었다. 비록 가톨릭 지도자들이 관료적 개신교도들을 이단이라고 동시에 박해했지만, 대부분의 개신교 관료 개혁자들은 그들이 가지고 있었던 이단박해에 대한 억제력을 모두 상실했다. '두 왕국' 이론에서 루터의 거룩한 것과 속된 것의 구별이 정직한 종교적인 불일치에 대해 관용하는 것에 관한 논쟁으로 받아들여졌지만, 농민전쟁 이후 급진주의의 저항과 분화는 이미 1530년에 그를 신성모독과 우상숭배라는 명목으로 사형 선고를 받도록 이끌었다(실제로 '이단'이라는 말은 복음주의자들에게는 난감한 것으로 남아 있었다). 1531년 루터는 재세례파 사람들이 단지 정치적으로 선동했기 때문에 그들은 참수형에 처해져야 한다는 멜랑히톤의 견해를 승인함으로써 두 왕국의 구분 개념을 고수하려 했다. 1536년까지 그는 시의 권력이 신성모독을 억제할 종교적인 의무를 가졌다는 것을 확정하는 한 서류에 서명하는 일에 멜랑히톤과 비텐베르크 동료들인 요한 부겐하겐(Johann Bugenhagen) 그리고 카스파르 크루시겔(Caspar Crugiger)과 더불어 연합할 준비가 되어 있었다. 이것은 교회와 시의 권력 사이의 경계를 여지없이 무너뜨리고 말았지만, 그 시대가 그것을 요구하는 것처럼 보였다.[80]

어떤 사람들은 처음으로 로마의 적그리스도에 맞선 민중봉기가 있었다는 여전히 불편한 기억들을 가지고 있었다. 시 당국자들에 의해 체포되어 심문을 받게 된 아우크스부르크의 한 재세례파 여성은 온화한 학문적 루터파 개혁자였던 우르바누스 레기우스(Urbanus Rhegius)를 크게 당황하게 만들었다. 레기우스의 아들은 그를 향한 그녀의 신랄한 외침을 기록했다. "형제 우르바누스여, 나는 그 자체로도 나의 용기를 빼앗아 가버리는 쇠사슬에 묶인 채 이렇게 땅에 앉아 있는 반면, 당신은 부드러운 외투를 입고 공의회주의자들 곁에 앉아 우아하게 논박한다. 그리고 당신은 마치 아폴로 신전의 삼각대처럼 말한다."[81] 잉글랜드에서 열렬한 개혁자였던 존 베일(John Bale)은 1545년, 콜체스터의 피터 프랑케(Peter Franke in Colchester)로 불리는 한 독일 사람을 포함해서, 헨리 8세 왕이 수 많은 재세례파 사람들을 불 태우기 전 7년의 세월을 돌아보았다. 프랑케의 용감한 죽음이 몇몇 콜체스터 사람들을 교황주의자로부터 복음주의자로 개종시켰다고, 그리고 "나는 감히 그의 삶은 선했다고 용감하게 말한다"고 언급했다. 이와 같은

---

80) P. L. Avis, "Moses and the Magistrate: A Study in the Rise of Protestant Legalism," *JEH* 26 (1975), pp. 149-72 중 155.
81) Rummel, *Humanism*, p. 110.

솔직한 고백이 담긴 베일 자신의 소책자는 헨리 왕의 노여움을 피해 가톨릭 당국자들이 복음주의자와 급진주의자 둘 다를 아무런 구별없이 이교도로 여겨 화형집행을 계속했던 곳인 앤트워프에서 비밀리에 인쇄되었다.[82]

그와 같은 불안에도 불구하고 뮌스터의 충격은 관료적 개신교 개혁자들이 그들의 가르침을 체계화하고 실제화하도록 강한 자극을 주었다. 구별된 교회의 몸을 만들었다는 것을 받아들임으로써 뮌스터의 베른트 로트만에 의해 전형화된 신학적인 해체를 피하기 위해 이제 구교로부터 말미암는 권위에 관한 모든 장식물들을 가지고 새로운 체계를 세워나가야 했다.

루터가(그에게 있어 교회의 구조는 결코 큰 관심을 갖는 사항이 아니었다) 뮌스터가 포위된 해인 1535년까지 사제의 서품을 위해 예식적인 예배 의식을 고안했다는 것은 의미심장하다.[83] 예를 들어 잉글랜드에서 1538년 토마스 크롬웰의 대리 명령(Vice-Gerential order)에 의해서와 같이, 세례, 장례와 결혼에 대한 교구의 등록을 요구하는 것이 16세기 중반에 걸쳐 유럽 전역에 확산되었다는 것은 더욱 의미심장한 일이다. 하나의 강력한 요인은 유아세례를 믿지 않았던 부모들은 자신의 자녀들을 세례반(font)으로 데리고 나오지 않았고, 그들은 사람들의 눈에 띌 수 밖에 없었다.

뮌스터는 또한 꽤 많은 사람들을 전통적인 종교에 대해 충분히 새롭게 평가하도록 교란시켰고, 따라서 반종교개혁에서 로마 가톨릭의 부흥의 길을 열어 놓았다. 그래서 1540년대는 가톨릭과 개신교 지도자들 사이에 민감한 심리전이 계속되었다. 그것은 또한 20년 간의 혼란 이후에 어떻게 라틴 서구의 가톨릭 교회를 재건할 수 있을 지에 대한 다양한 노력들으로 이어졌다. 재통합을 위한 가장 최선의 길은 무엇인가? 1550년대 초기에 이르면서 분명한 답들이(비록 반드시 최선의 답들은 아니지만) 출현하기 시작했다.

---

82) J. Bale, *A mysterye of iniquitye contayned within the heretycall Genealogye of Ponce Pantolabus* (Antwerp, RSTC 1303), fo. 54v.
83) R. F. Smith, *Luther, Ministry and Ordination Rites in the Early Reformation Church* (New York, 1996), Ch. 3.

The Reformation: a History

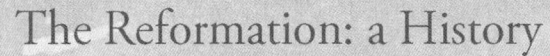

제 5 장
유예된 재연합: 가톨릭과 개신교
(1530-1560)

1. 남부의 부흥

    1530년대의 종교개혁은 북쪽의 복음주의적 혁명에 국한되지 않았다. 남유럽에서는 공식적인 주도권의 교차 흐름, 일상적 종교생활 내에서의 신선한 도전들, 그리고 영성에 있어서의 강렬한 개인적 탐험과 같은 것들이 미래를 향한 가능성의 영역들을 제공했다. 이러한 움직임들 중 일부는 서방교회의 재연합으로 잘 연결될 수도 있었지만, 그 귀결은 한층 더 강력해진 로마교회로 나타났고, 다양한 영적 세력들 중에서 어떤 쪽을 합법화하고 장려해야 할지를 선택하게 되면서, 점증적으로 분열되어지는 개신교와의 화해 쪽으로 기울어지기는 더욱 어려워졌다. 개신교도들 역시 루터파교회와 개혁파교회로의 분열을 돌이킬 수 없게 만드는 결정들을 했고, 신세대 지도자들이 출현했는데 그 중에 가장 두드러진 것이 프랑스 출신의 망명가였던 존 칼빈이었다.

    제2장(pp. 107-116)에서 우리는 토착 이슬람교와 유대교 간의 대결이 어떻게 스페인에 흥분과 혼란을 동반한 성령운동을 일으켰는지를 보았고, 어떻게 1490년대에 촉발된 정치적 혼란과 수십 년간의 군사적 고통이 이탈리아 내에 거의 동일한 결과를 초래했는지를 보았다. 1527년에 찰스 5세의 군대에 의한 로마 공격으로 인한 공포는 당시의 고통스러웠던 세월로부터 탈출해서 새로

운 황금시대를 기대했던 많은 사람들에게 엄청난 충격이었다. 교황이 당한 치욕 역시 교회가 개혁되어야 한다는 이미 선포되었던 메시지를 하나님께서 다시 강하게 말씀하신다는 것을 암시했다. 몇몇 이탈리아인들은 비밀리에 재포장되거나 번역된 루터나 다른 북부의 복음주의자들의 글을 읽기 시작했다. 그럼에도 불구하고, 비록 대부분의 이탈리아 독자들이 공식적인 검열을 피하려고 다른 이름으로 출간된 책들의 원저자에 대해 거의 의심하지는 않았지만, 알프스 남쪽의 거주민 중에 얼마나 많은 사람들이 이국적인 북부 저자들을 받아들일 준비가 되어 있었느냐 하는 문제에 대해 항상 의문이 간다.[1] 이국적인 요소가 배제될수록 보다 광범위한 청중들을 얻을 기회가 많아졌다. 이탈리아에서 이러한 고민과 다양한 영적 갈망들을 대변하는 중요한 한 사람의 활동가로 스페인에서 도망쳐 나온 학자적 신학자였던 후앙 드 발데스(Juan De Valdés)가 있었다. 발데스는 황제의 자문역이었던 알퐁소(Alfonso, 제4장, p. 252)의 쌍둥이 형제였으며, 1530년에 스페인의 종교재판을 피할 목적으로 이탈리아로 왔다. 그는 스페인 통치하에 있던 나폴리에 정착함으로써 이탈리아에서 안전을 확보했고, 그곳에서 자신이 도착했던 1535년부터 일단의 친구들과 추종자 그룹을 만들어갔다. 그들은 부유했거나 재능이 있었거나 혹은 그 둘을 다 소유한 자들이었으며, 그의 인문주의 학습에 대한 열정과 생명력 있고 헌신된 기독교 신앙을 촉진시키는 일에 대한 깊은 헌신을 공유했다. 그들 중에 두 명의 영향력 있는 설교가들이 있었는데, 각각 자신들의 교단에서 지도자 역할을 했었다. 신생의 개혁파 프란시스코수도원인 카푸친(Capuchins) 출신의 베르나르디노 오키노(Bernardino Ochino)와 나폴리에서 아람 성베드로교회의 대수도원장이었던 어거스틴파 피에르마티르 버미글리(Piermartire Vermigli, 후기 북유럽에서의 그의 경력에는 '순교자 베드로'로 나옴)가 그들이다. 자기 교단의 창시자인 히포의 어거스틴의 사상을 품고서 버미글리는 북부의 개신교에 지지 않을 만큼이나 완벽한 예정론적 구원론을 발전시켰다.[2]

발데스의 추종자들 중에는 이탈리아의 최고 귀족 가문의 몇몇 탁월한 회원들도 있었는데, 그중에는 예술의 후원자들이면서 평신도 신학자들인 두 명의

---

[1] Pettegree (ed.), *Early Reformation*, p. 195. 루터의 작품들은 헨리 8세의 잉글랜드와 마찬가지로 저자에 대한 언급없이 번역되었다: A. Pettegree, 'Printing and the Reformation: The English Exception', in Marshall and Ryrie (eds.), *Beginnings of English Protestantism*, pp. 157-79 중 166.

[2] F. A. James III, *Peter Martyr Vermigli and Predestination: the Augustinian Inheritance of an Italian Reformer* (Oxford, 1998), Part II.

시인들이 있었다. 미켈란젤로와 절친했던 비토리아 콜로나(Vittoria Colonna)가 그 중 하나였으며, 또 다른 인물로는 결혼을 통해 비토리아의 사촌이 되었다가 나중에 과부가 되어 나폴리수녀회에 입단한 절색의 저명인사 길리아 곤자였다. 이들은 대단히 영향력이 있는 지원 덕분에(콜로나 가문은 두 명의 교황을 배출했고 그 밖의 사람들은 가장 존귀한 가문으로 간주되었다), 북부 이탈리아에 있는 귀족의 궁전이나 왕궁에 언제나 출입할 수 있었고, 이를 통해 발데시아의 사상들이 차례로 공식적 종교의 부족함에 대한 다양한 의견들에 호의적이었던 이탈리아 도시들 내의 인문주의적 토론의 자유로운 세계 속으로 침투해 들어갔다. 발데스는 오직 은혜로 말미암는 길, 곧 이신칭의(제3장, p. 174)를 발견하는 길을 홀로 개척하려고 분투했던 베네치아의 귀족 가스파로 콘타리니(Gasparo Contarini)와 접촉하게 된다. 그리고 콘타리니를 통하여 잉글랜드 헨리 8세 왕의 사촌이자 교양있는 망명가였던 레기날드 폴(Reginald Pole)의 관심을 끌게 된다. 폴은 원래 혈통상으로는 당시 왕이었던 헨리보다 잉글랜드 왕위를 더 가깝게 주장할 수 있게 태어났다. 얼마간의 주저함(그의 전 이력에서 한 중요한 특징인데) 끝에 그는 이탈리아의 유학 중에 그 비싼 경비를 제공했던 왕가의 손길을 배반하고, 왕을 배신한 아라곤의 캐서린 여왕 편이 되었다. 이 일로 폴은 1530년대 초반부터 영구적으로 이탈리아로 유배되게 된다. 의도적인 망명으로 얻은 여유, 고귀한 혈통과 상당히 여유로운 수입과 같은 조건들, 그리고 사색적인 자기성찰 신앙에 대한 강렬한 의무감에 고무되어 폴은 이탈리아 신학 탐구에 있어서 중요한 숙주 역할을 하게 되었다. 콘타리니와 같이 그는 기독교인의 삶에서 믿음으로 말미암는 은혜의 중심적 역할을 강조했고, 마틴 루터가 그와 동일한 메시지를 선포했다는 것도 알고 있었다.

이와 같은 창의적이고 박학한 집단으로부터 자연히 다양한 주제들이 나타나게 되었지만, 역시 중심적인 것은 믿음을 통하여 하나님께로부터 오는 은혜와, 이 은혜를 전달하는 힘으로서의 성령을 드러내는 것에 대한 지속적인 관심을 새롭게 강조하는 것이었다. 이를 통하여 이 운동의 관련자들은 곧 신령주의자(Spirituali)로 규정되었다. 이와 같은 넓은 테두리 내에서 성령이 어떻게 역사하시는가 하는데 대해서는 여러 가지 다른 강조점들이 있었다. 발데스는 열성적인 성경주석가이자 번역가였고, 그가 루터의 글들에 흥미를 보였다는 증거가 있다. 그럼에도 그는 북유럽의 복음주의자들과 동일한 신앙노선에 섰다. 즉 그는 성령이 점진적으로 그의 빛을 기독교인들에게 비춰주었으며, 몇몇 하나님의 은총을 입은 자녀들은 그리스도와 보다 더 깊은 연합에로 인도되며, 성경만이 진리에 대한 유일하거나 가장 중요한 조명은 아닐 수 있다고 믿었다. 그는 삼위일체론에 대해 침묵하는 것으로 유명한데, 아마도 그것이 그가 삼위일체론을 초신자들에게는 너무 어려운 신비를 담고 있는 것으로 생각했기 때문이지만, 어쩌면 후기의 몇몇 단일신론자들로 하여금 그를 자기들의 이념적 조상들 중 하나로 주장하게 했던, 보다 더 위험한 이유 때문이었을 수도 있다. 그는 또한 성례전이나 교회제도 등에 대해서는 거의 언급한 것이 없다. 이것은 에라스무스적 무관심이라고 할 수도 있겠지만, 우리는 발데스의 유대계 어머니를 통한 가족들의 개종사(그의 삼촌은 스페인의 종교재판으로 화형에 처해졌다)를 기억해야 한다. 발데스의 추종자들 중 비토리아 콜로나는 레기날드 폴로부터 은근한 압력을 받는 처지가 되었는데, 이는 그녀가 가시적 교회 구조가 기독교인의 삶에 있어서 결정적으로 중요하다고 하는 것을 좀더 충분히 인정하도록 하기 위한 것이었다.

폴이 제도적 교회가 무시되어서는 안된다는 것을 주장했다는 것이 일리가 있는 것은 1530년대 중반에 교황청이 드디어 자신의 잠재적 자원들에 대해 주목하기 시작했다는 것에 근거한다. 다수의 재난으로 고생한, 불행했던 교황 클레멘트 7세는 1534년에 서거했다. 바오로 3세처럼 거의 반대를 받지 않고 그의 뒤를 이었던 알레산드로 파네스(Alessandro Farnese) 추기경은 교황으로 재직했던 15년의 거의 대부분을 자기의 악명 높았던 전직자와 이전의 후원자였던 알렉산더 6세와 똑같이 자기의 추악하고 게걸스러운 자녀들과 가족의 이익증진을 위한 악행으로 보냈다. 하지만 바오로 역시 영민하고 꾀가 많은 르네상스 시기의 군주답게 자기의 모든 자산으로부터 이득을 얻기 위해 고심했다. 1535년에는 자기의 십대 손자들 중 두 명을 추기경으로 만들었고, 거기에 더해서 교회 내에서 개혁의 상징적 인물들이었던 레기날드 폴, 가스파로 콘타리니(Gasparo Contarini), 야코포 사돌레토(Jacopo Sadoleto), 지오바니 피에트로 카라파(Giovanni Pietro Carafa, 이 사람에 대해서는 추가로 할 얘기가 많다), 그리고 투옥 중이던 잉글랜드 주교 존 피셔(John Fisher) 등을 추기경으로 임명하였다. 피셔는 이러한 영예에 대해서 고마워했을 수도 있고 아니었을 수도 있다. 왜냐하면 이 소식이 전해지자 흥분한 헨리 8세가 피셔를 곧바로 런던타워의 감방에서 사형수 감방으로 옮기라고 명령했기 때문이다. 교황은 심지어 콘타리니, 폴, 카라파 외에 그와 비슷한 사상을 가진 사람들에게 교회 내에서 개혁을 연구하는 임무를 부여했다. 비록 이런 위원회(교회개혁에 관한, De emendanda ecclesia)가 1537년에 발표된 보고서에서 체제 내부의 행정적 변화에 대한 제안들에 국한되기는 했지만, 그 보고서에서 솔직하게 표현된 부패와 권한의 남용에 대한 내용들은 즉시 개신교회의 옹호자들에게는 반가운 소식들로 입증되었다. 바오로는 또한 교회의 공의회를 소집할 계획도 세우기 시작했으나 이것이 교황의 지배권에서 이탈해 있던 북유럽의 군주들을 굉장히 놀라게 만들었다. 찰스 5세 황제는 교황의 이러한 시도에 대해서 극단적으로 의구심을 갖게 되었고, 이러한 그의 방해가 주요 원인이 되어 공의회의 개최는 거의 10년 정도나 연기되게 된다.

교황 바오로의 교회개혁에 대한 열정과 자신감 넘치는 전형적인 르네상스적 세속주의의 결합은 종교개혁에 대한 이탈리아의 연로한 성직자들에게 아주 전형적인 현상이었다. 에콜 곤자가(Ercole Gonzaga) 추기경은 이러한 좋은 예가 된다. 그는 아주 신실하고 열렬한 신령주의자였던 길리아 곤자가의 사촌으로서 20년 동안 만투아 공국(Mantua Duchy)을 효과적으로 지배한 가문의 통치자였으며, 그보다 더 오랜 기간 동안 그곳의 주교로 있었다. 그는 다섯 명의 자녀를 두었지만 1556년까지 안수를 통해 모든 직분을 세우는 것에 대해 아무런 문제의식을 가지지 않았고, 그가 죽기 2년 전인 1561년까지 주교로서 성직임명을 받는 것에도 아무런 거리낌이 없었다. 그럼에도 그는 폴과 콘타리니의 절친한 친구였고, 인근 베로나(Verona) 주교였으며 자기 교구에 대한 열정적인 심방과 평신도의 교육 및 개인적 경건을 강조하여 반종교개혁운동에 있어서 주교들의 개혁을 위한 모델이 되었던 지안 마테오 지베르티(Gian Matteo Giberti)의 개혁작업을 높이 평가했다. 곤자가는 이러한 개혁활동을 자기의 교구에서 모방하면서, 동시에 교회를 통한 수입에 민감하게 개입하는 모습을 보여주었다. 그는 확실히 자기 가문의 명예 의식에 의해 영향을 받았다. 하나님께서 곤자가 가문에 부와 권력을 주셨고, 이러한 가문의 소유를 축내지 않는 것이 그의 의무였다. 그러나 또한 자신의 교구를 하나님 혹은 곤자가의 뜻대로 신실하고 잘 교육되며 잘 다스려지도록 하는 것은 또한 명예가 걸린 문제였다.[3]

지금까지 우리는 이탈리아 내의 두 가지 움직임들을 살펴보았다. 즉, 개방적이며 신비주의적으로 기울어진 경건파인 신령주의자(Spirituali)와 몇몇 귀족적인 교회 고위층과 그 친족들의 노블리스 오블리제 차원의 개혁파가 그것이

---

[3] P. V. Murphy, "A Worldly Reform: Honor and Pastoral Practice in the Career of Cardinal Ercole Gonzaga," SCJ 31 (2000), pp. 399-417.

다. 이들 양쪽의 움직임들이 모두 인문주의적 학자층의 낙관주의적 탐구정신과 상호작용을 가졌다. 북유럽의 복음주의자들 중에는 이러한 부류와 유사한 입장을 가진 개혁자들이 있었으나, 귀족이면서 상업적인 목적으로 예술을 하는 부류들은 개방적인 이탈리아 종교개혁을 발전시키지 않았다. 구(舊)체제와의 결별을 대비하여 잘 준비된 전투적인 대중적 지지와 카리스마적 지도력이 모두 결여되어 있었다. 앞에서 이미 언급했듯이 여러 가지 형태의 오라토리오회(Oratories, 제1장, pp. 55-57, 76)들을 발전시켰던 독특한 형태의 길드들을 가지고 있던 중세 후반기의 이탈리아에서는 북유럽에 개혁에 대한 관심을 촉발시켰던 반성직자적 분위기를 거의 찾기 힘들었던 것 같다. 적대적 행동주의와 그 지도자들이 공공연하게 출현하기 시작하고 1540년대의 북부 복음주의에 빚을 지고 있음을 인정할 때를 즈음해서 독일, 스칸디나비아, 잉글랜드 등에서 그러했던 것처럼 그러한 전투적인 입장이 이탈리아의 군주들에게 호소될 만큼의 정치적 입지를 확보하게 되었다. 거기에는 이탈리아에서의 종교적 부흥을 또 다른 방향으로 이끌어가는 강력한 다른 요소들을 포함하고 있었다.

오라토리오회들은 강렬하면서 행동주의적이고 성만찬을 중심으로 하는 경건주의를 배양했는데, 이것이 영성에 대한 관심과 잘 융합할 만한 것이었다. 콘타리니 역시 로마의 신성한 사랑의 오라토리오회(1517년에 설립됨)와 연결되어 있었고, 베네치아에 세워진 이와 비슷한 모임의 설립자들 중 하나였다. 오라토리오회에 영감을 받았던 또 다른 고위 성직자들은 이와는 전혀 다른 방향으로 움직였다. 그중 유명한 사람이 나폴리의 귀족이었던 지오바니(지안) 피에트로 카라파였다. 교회 내에서 여러 가지 직책에 신물이 난 그는 교황직마저도 고사했었다. 1524년 비센자(Vicenza) 귀족가문 출신의 성직자이고, 로마의 오라토리오회의 동지이기도 했던 가에타노 다 티에네(Gaetano da Thiene)는 특별서원('사제 규칙') 하에서 사제들의 회를 조직했는데 이것은 금욕적인 생활을 하는 것으로서 보다 비양심적인 사제들에게 부끄러움을 느끼게 만들었다. 카라파는 당시에 쉬에티(Chiete) 혹은 '테아트'(Theate)의 주교이였기에 이 새로운 조직은 테아틴파(Theatines)라고 불리게 된다. 북유럽에서는 그러한 수준으로 진지하게 생각하는 지식층의 성직자들은 빠른 속도로 새로운 형태의 개신교 목회자들로 방향을 전환하고 있었다. 동시대에 지중해 연안에서 이전에 교황의 사절들에 의해 주도되었던 운동이 이들과 확실히 달랐던 점은 로마 교황청에 대한 완벽한 충성심이었다.

로마 종교재판소(5장, p. 325)의 설립에 관여한 이후 1555년에 카라파는 교황 바오로 4세로 등극하게 되고, 그의 직무는 교회의 전통적 치리에 대한 복종 문제로 집중되었다. 이것은 자기 자신이 폭력적 성질을 다스리는 데는 전혀 무능력했던 점과 완벽하게 융합되어 있었다. 그의 교회개혁에 대한 관점은 그가 스페인 사람들을 싫어했다는 사실에 의해 한층 더 왜곡되었다. 이것은 그의 고향인 나폴리에 대한 스페인의 통치를 혐오했던 것에 기인하는데, 그가 교황청의 대사로 스페인에 거했던 기간은 오히려 사태를 더욱 악화시키기만 했다. 카라파는 1537년부터 나폴리의 추기경 겸 대주교로 있으면서, 만약 찰스 5세 황제가 그의 교구를 관할하려는 그의 노력들을 전적으로 방해하지 않았더라면 후안 드 발데스(Juan de Valdés)의 불편한 대부가 되었을 것이다. 카라파는 폴과 콘타리니와 교회개혁위원회(commission De emendanda ecclesia)일에서 동역하는 것을 기뻐했었다. 그러나 그들과의 우호적인 인간관계는 그가 그들의 종교적 동기에 대해 의심하게 되고 또한 어떤 형태로든 개신교도들과 동조한다는 것은 교회에 대한 신성모독적 배신이 된다고 하는 자신의 소신 때문에 점차로 약화되었다. 카라파의 괴팍할 정도로 엄격하고 권위주의적인 태도에 동조했던 고위 성직자들은 종종 신령주의자들과는 반대되는 파로 보여졌고, 열심당(Zelanti, '열심있는 자들')으로 묘사되었다. 혼란 속에서도 발전되었던 1540년대의 이러한 관계들이 결코 명확하게 두 집단으로 구분되지 않았지만, 이렇게 묘사하는 것이 이 두 개의 양극단들을 구분해내는 데 어느 정도 기여를 했다. 당시에 성직자와 신학자들은 교회를 구해내는 최상의 방법이 무엇인가에 대해 다투고 있었다. 그에 대한 대안들을 살펴보게 되면 이러한 정리되지 않은 기류들이 보다 명백해질 것이고, 특히 로마교회 내에서의 부흥을 위한 가장 큰 세력들 중 하나인 예수회의 발전을 보게 될 것이다.

2. 이그나티우스 로욜라와 초기 예수회

예수회의 설립은 두 가지 역할, 즉 서방교회가 서원 아래에서의 종교생활의 형식을 지속적으로 갱신하면서 개혁하게 하는 것과 이미 후안 드 발데스를 이탈리아로 오게 만들었던 스페인과 이탈리아의 문화 사이에 존재하는 독특한(종종 긴장된 것이기도 했지만) 관계를 하나로 연합시키는 일을 했다. 우리는 1517년을 전후한 10년 동안 그 보다 몇 세기 이전에 그러했던 것과 똑같이 지속적으로 새로운 교단(종단)들과 혹은 유사한 모임들이 생겨났던 것을 관찰한 바 있다. 다양하고 새로운 형태의 어거스틴식 혹은 프란시스코식의 생활양식, 거기에다가 카푸친들, 베네딕트회의 지역적 개혁파, 새로운 경건(Devotio Moderna), 오라토리오회, 그리고 테아틴파 등이 그들이다. 1530년대에는 또 다른 새로운 움직임들이 나타났다. 이들 새로운 움직임들 가운데서 주목할만한 것은 기본적으로 설교의 형식을 통해서가 아니라 교리학습의 형식을 통해서 기독교의 기초적 교리를 가르치는 것을 공통적으로 강조한다는 점이다. 인내심을 요구하는 반복적인 교육에 기반해 있고, 16세기에는 종종 질문과 그에 대한 답의 형식으로 만들어져 있는 이 조직화된 교육법은 종종 이슬람이나 유대교에서 온 고집 센 개종자들을 다루는 공격적 특성의 기독교문화를 가지고 있던 중세 스페인에서는 오래된 관행이었다. 이제 교회는 복음주의의 도전에 대항하는, 내전을 벌이는 상황이 된 것이다. 즉 루터 이래로 복음주의자들은 교리학습의 필요성을 재빠르게 파악하게 되었고(제3장, pp. 241- 243), 기성의 교회는 너무 늦기 전에 회중들의 마음을 잡아야할 필요가 있었다.

이러한 교육사업은 교직자들뿐 아니라 평신도 여성들이나 남성들에 의해서도 진행되었고, 세 가지 중요한 움직임들이 모두 북부 이탈리아, 브레시아와 밀란에서 나왔다는 것은 결코 우연이 아니다. 이들 지역은 지리적으로 복음주의 영향하에 있던 지역에 가장 가까이 있었고, 북유럽 용병들의 침입을 많이 당했던 곳들이다. 안젤라 메리치(Angela Merici)는 브레시아의 귀족 과부의 일원으로서 자신도 공식적 교육을 거의 받지 못했던 여자였는데, 프란시스코 제삼회와 신적 사랑의 오라토리오회 멤버로서 활동했던 자기의 경험에서 출발해서 미혼이거나 과부가 된 여자들의 모임을 만들 계획을 세우게 된다. 이들은 계속해서 각자의 집에 살면서 가난한 사람들을 가르치면서 자선사업을 하기로 했는데, 이는 이미 3세기 전에 북유럽에서 세워졌던 초기의 여성 베귄(Beguine) 공동체를 연상시키는 모습이었다. 이 공동체는 4세기의 순교자로 간주되는 성 우르술라(St Ursula)에 대한 대중적 신앙에서 이름을 따서 우르술라회라고 했고 1535년에 공식적으로 시작되었다. 그녀가 죽고 난 후에 교황 바오로 3세는 이 모임을 하나의 교단으로 승인하면서 이전의 여성들을 위한 규율 수도회의 제도화된 형태에 보다 가깝게 만들었다. 그렇지만 여전히 우르술라회는 중세 어거스틴회의 융통성있는 조직의 형태를 갖도록 했다. 이러한 여성들의 자기주장의 가능성에 대해 교회의 모든 이들이 긍정하지는 않았다. 밀란의 대주교인 카를

제5장 유예된 재연합: 가톨릭과 개신교(1530-1560)   311

로 보로미오(Carlo Borromeo)와 예수회(9장, p. 411, 16장, pp. 831-839)가 이 모임의 미래에 영향을 주기 위해 했던 다양한 노력들을 살펴볼 필요가 있다. 이들 외부적 압력과의 유익한 대화를 통하여 한 세기 내에 우르술라회는 가장 크고도 가장 다양성이 있는 여성수도회로 발전되어갔다.

 1535년에 스페인 군대가 밀란을 점령하고 얼마 지나지 않아서 밀란의 연로한 성직자였던 애바트 카스텔리노 카스텔로(Abbate Castellino da Castello)는 도시에서 교리학습 사역을 시작했다. 그는 교회에 오는 남자아이들에게는 사과 하나를 선물로 주었고, 만약 또 나오면 더 주었다. 여자아이들은(대개 이러한 선물에 덜 현혹되었지만) 별도의 교실에서 가르쳤다. 카스텔로는 이러한 사역을 인근의 파비아에서도 실시했다. 그리고 그의 이러한 운동은 여타 지역으로 확산되었다. 25년 후에는 이것이 로마에서 '기독교교리형제단'(Confraternity of Christian Doctrine)으로 공식화되었다. 이것이 아이들을 가르치는 별도의 기관으로써 소위 주일학교의 효시이다. 이것은 이후 3세기에 걸쳐서 가톨릭과 개신교 모두에 있어서 서구 기독교의 기본축이 되었다. '형제단'이라는 딱지는 이것이 이탈리아의 중세 길드문화에서 발전된 또 하나의 산물이라는 것을 보여준다는 점에서 중요하고, 평신도들이 교육사역에 있어서 중요한 역할을 계속 담당하게 되었음을 보여 준다. 지안 피에트로 카라파(Gian Pirtro Carafa) 역시 평신도들의 기초교육을 위한 운동에 남게 되었다는 것도 결코 놀랄 일이 아니다. 그는 테아틴회를 모델로 한 성직자들을 위한 기관에 동정적 관심을 가졌을 뿐 아니라, 밀란에서도 개척활동을 했다. 1530년 초반에 젊은 성직자였던 안토니오 자카리아(Antonio Zaccaria)가 예배에 대한 평신도들의 열망을 진작시킨다는 특수한 임무를 가지고 성직자들의 교단을 허락받게 된다. 자카리아가 일찍 죽은 후 그들이 차지하게 된 밀란의 본부교회가 헌당될 당시부터 '바나바회'라는 별명으로 불렸는데, 그들은 결코 수가 많지는 않았지만, 그들의 공적인 헌신의식 행렬과 설교사역들은 이후의 반종교개혁에 있어서 대중교육(8장, pp. 549-551)을 위한 하나의 영향력있는 모델을 제공했다.

 남유럽에서 전통 종교의 지속적인 창의성에 대한 이와 같은 다양한 증거들 중에서 처음에는 예수회가 가장 전망있는 운동체로 보이지는 않았을 것이다. 그 단체의 창설자는 카스티야의 북동쪽 깊은 곳에 있는 바스크 지역 출신의 대인, 이니고 로페즈 데 로욜라(Inigo López de Loyola)였다. 그는 역사상 이그나티우스(Ignatius, 이냐시오)로 알려졌는데, 이것은 파리대학에 그가 입학했을 때 그의 기록명을 서기가 잘못 써서 비롯된 것이다.[4] 그는 자주 군인으로 묘사되는데,

---

4) P. Caraman, *Ignatius Loyola* (SanFrancisco, 1990), p. 80.

사실 그의 첫 번째 꿈은 카스티야 궁에서 출세하는 것이었다. 그가 궁에서 받은 자기확신과 세력가들 앞에서 어떻게 행동해야 하는가에 대해 받은 훈련은 후에 교회 안에서 유용한 자산이 되었다. 군에 복무하는 것과 중세 기사도의 예절을 습득하는 것은 성공적인 이베리아 궁정인의 직무에 있어서 필수적인 요소들이었다. 그러나 이니고는 1521년에 팜플로나(Pamplona) 요새를 방어하는 영웅적 임무에서 프랑스에 포로가 됨으로써 실패하게 되고, 그때 심각한 부상을 당해서 회복을 위해 고향으로 돌아가게 된다. 고통스런 심각한 다리 수술로부터의 긴 회복의 과정에서 그는 독서를 통해 위안을 찾게 되는데, 그에게는 자신이 좋아했을 만한 궁정의 로맨스들 대신에 재미없는 촌 구석의 구식 신앙 서적들, 예컨대 14세기에 대중적이었던 묵상집인 그리스도의 생애와 지식층의 인문주의자들에 의해서 비웃음을 샀던 13세기의 도미니크 교단의 책인 『황금성인전』(*Golden Legend*, 2장, p. 137) 등밖에 없었다.[5]

그의 긴 회복의 기간 동안에 이 익숙한 소재들로부터 자신의 탁월한 상상력으로 모든 가능한 의미들을 습득함으로써 이니고는 자신의 내면생활을 완전히 탈바꿈시켰다. 그는 책들에 대한 자신의 반응과 열망하는 것들의 변화, 그리고 그것들 뒤에 있는 동기들을 이해하는 능력이 점점 커지게 되었다. 그는 생각과 감정의 작용을 분석하는 독특한 능력을 발전시키게 되는데, 그는 이것을 고백자나 영적 지도자들에 의해 사용되던 전통적인 용어인 '영들을 분별함'으로 표현했다. 그는 자신이 점점 기사로서의 영예에 대한 갈망이 합스부르크 왕에 대한 것보다 더 큰 성모와 그 아들에 대한 봉사에로 마음이 끌리는 것을 발견하게 된다. 그는 즐길 수 있는 궁정에서의 만족스런 생활을 거부했고, 자신의 기사적 투쟁심도 예루살렘을 향한 열망으로 재정립되었다. 그 거룩한 성은 중세 순례자들의 마지막 목표였을 뿐만 아니라, 스페인의 대공이 되고자 꿈꿔왔고 따라서 필연적으로 이슬람 정벌에 대한 이베리아인의 전통에 사로잡혀 있던 사람에게는 자연스런 집착이기도 했다.

이러한 극적 변화는 로욜라가 성모 마리아의 수태고지 축제일(1522년 3월 25일)에 몬세라트(Montserrat)에 있는 검은 마돈나의 순례자 동상 앞에서 보냈던 철야를 통해 상징화되었다. 그것은 예정되어 있던(실제로는 훨씬 오래 지연되었지만) 예루살렘으로의 출발 전날에 있을 예정이었다. 그는 기사가 되기 전날 자신을 기사로

---

5) 필립 캐러맨은 로페즈 가문의 황금 성인전 사본은 최소한 1511년 정도의 최근판이었다고 지적한다: Caraman, *Loyola*, p. 28n.

제5장 유예된 재연합: 가톨릭과 개신교(1530-1560)   313

드리기로 결단하면서, 카스티야의 궁정인으로서의 외적인 화려함을 벗어버리게 된다. 루터와 마찬가지로 하나님과 고독하게 싸웠던 경험은 그로 하여금 궁극적으로 구원은 무조건적인 하나님의 선물이라고 하는 생각에 이르도록 만들었고, 이것이 그를 모든 자연적 속박들로부터 자유롭게 만들었다. 그는 이 자유로움에 압도되어 세속권력을 중세 서방교회를 속박하고 있는 것으로 보고 경멸했다. 이니고는 하나님과의 영적 만남이라는 표현방식이 이베리아 사회에서 가장 잘 먹혀들어간다는 것을 깨닫게 되었는데, 그것은 기사도적 의무와 봉사로 표현되는 서방교회의 완벽한 본보기가 되는 것이었다. 대조적인 회심의 경험들은 이렇게 저항과 복종이라는 형태로 각각 귀결되었다. 이것이 개신교의 종교개혁과 가톨릭의 반종교개혁을 서로 갈라지게 만든 가장 중요한 상징이었다.

  곧 많은 잘못된 출발들과 실망 그리고 방향의 전환들 속에서 그리고 고통과 극심한 가난 중에 하나님을 섬기는 것에 대한 새로운 소명을 이해하려고 하던 중에 로욜라는 자신의 변화해 가는 영적 경험들을 적어 내려가기 시작했다. 이것이 기도와 자기점검과 하나님의 권능에 대한 복종 등의 개념들을 조직적으로 체계화하여 만든 지침서였다. 그는 곧 이 지침서를 다른 사람들과 함께 사용하기 시작했고, 마침내 1548년에 『영성 훈련』(*Spiritual Exercises*)이라는 제목으로 교황의 재가를 얻어 출판하기에 이른다. 공학이나 컴퓨터에 관한 기술교본을 독서용으로 만들지 않듯이 이그나티우스가 독서용으로 이 책을 만든 것은 아니었음에도 이 책은 서방교회의 역사에 있어서 가장 영향력있는 책들 중 하나가 되었다. 이 책은 성직자와 영적 지도자들이 다른 사람들을 지도하기 위해서 사용되었는데, 이그나티우스가 그렇게 했던 것처럼 그 책을 통해 무슨 유익을 얻고자 하는 사람들의 상황에 알맞도록 수준을 조절하게 되어 있었고, 이러한 행위는 '영성 훈련지침'으로 알려지게 되었다.

  이러한 독자적인 영적 시도들은 스페인의 종교재판소를 긴장하게 만들었다. 같은 해에 후안 드 발데스에 대해서 의심을 가지고 조사했던 것처럼, 그들은 로욜라에 대해서도 개탄할 만한 알람브라도스식의 신비주의적 요소가 있다고 보았다. 발데스처럼 로욜라는 스페인을 떠나는 것이 현명하다고 판단했다. 그는 이미 스페인 대학들에서 충분한 양의 공부를 마쳤고 1528년에 전통적 서구신학의 메카인 파리대학에서 남은 공부를 계속했다. 이곳에서 그는 비슷한 생각을 가진 동료 학생들과 하나의 단체를 조직했는데, 그들 중에는 후에 가톨릭의 부흥에 있어서 가장 뛰어난 인물들 중 하나가 끼어 있었다. 그는 강직하면서 외향적이었던 나바레스 귀족의 아들이었던 프란시스코 드 자비에르(Francisco de Javier, 프란시스 카비에르, Francis Xavier)였다. 이 민감한 집단 속에 있었던 초기의 긴장된 인간관계는 특별히 '연습'에 대한 강한 경험 이후에 해소되었고, 1534년에 그들은 이그나티우스의 회심에 있어서 그의 첫 번째 사상을 추구하고, 그의 초기의 예루살렘 여행을 반복하기로 결의했다. 그러나 여러 번의 시도 이후에 열광주의자 집단이 결국은 1537년에 베네치아와 연결되고 나서 그들은 크게 실망하게 되었다. 아주 드문 전 유럽에 걸친 외교적 승리가 황제와 교황 그리고 베네치아 공화국의 연대를 구축하게 해서 오스만제국에 대항하는 전쟁을 일으키게 했으며, 성지로 향하는 모든 상선의 항해를 취소시켰다.

막다른 골목에서 전의를 상실한 집단이 이 불운속에서 최대의 이득을 챙겼다. 그들은 어떤 배라도 출항이 저지된다면(실제로 그렇게 되었다), 그들이 교황이 요구하는 어떠한 일이라도 자신들의 재능을 바쳐서 섬기겠다고 제안했다. 그들은 또한 스스로를 '예수회'로 부르기로 결정했다. 이 말의 이탈리아어인 콤파니아(compagnia)는 사실 종교적 목적이나 봉사를 위한 단체 혹은 조직을 일컫는 다른 이름이고 그에 해당하는 라틴어는 (모임이라고 하는) 소시에타스(societas)였다. 이렇게 해서 예수회가 탄생되었고, 곧 비공식적으로 예수회로 불리게 되었다. 예수회는 교황이 어부지리로 획득한 병기였다. 로마에서의 최초의 반응은 복합적이었고, 적절한 사역을 찾으려는 그들의 시도에도 실패가 없지는 않았다. 이그나티우스는 그 도시의 많은 창녀들을 회개시키려고 꾀한 그의 노력의 동기에 대한 광범위한 의문이 제기되자 황급히 이를 포기해야만 했었다.[6] 그에게는 강력한 적들이 있었는데, 스페인의 종교재판소나 그의 정통성을 여전히 의심하고 있는 스페인의 고위 성직자들뿐만 아니라 그가 스페인 사람이라는 이유로(물론 그 외에도 개인적인 충돌이 있었겠지만) 역설적으로 그를 싫어했던 지안 피에트로 카라파가 있었다. 카라파의 적대감은 아주 심각했는데 이것은 신령주의자들에 동조하는 자들이 이 새로운 모임을 환영했기 때문이다. 그들은 이것이 자신들에게 친숙하고 마음에 맞는 주제인 영혼의 내면 세계에 집중한다는 것을 발견했던 것이다. 비토리아 콜로나는 1539년 페라라에서 그들이 간절히 기대했던 환대를 해주었고, 같은 해에 콘타리니 추기경은 로욜라의 지도하에 '훈련'을 하고 있었다. 1540년에 콘타리니는 새로운 단체 설립을 위한 교황

---

6) O. Hufton, "Altruism and Reciprocity: The Early Jesuits and Their Female Patrons," *Renaissance Studies* 15 (2001), pp. 328–53 중 333.

제5장 유예된 재연합: 가톨릭과 개신교(1530-1560)   315

바오로 3세의 교서 승인을 얻는데 중요한 영향을 미친 사람들 중 하나가 된다.[7]
 카라파의 증오가 가진 또 하나의 아이러니는, 예수회가 발전해가는 구조의 가장 가까운 모델이 바로 그 자신의 '율수 성직자회'(clerks regular)라는 비수도사 조직이었다는 것이다. 초기의 예수회 사람들은 종종 외부인들에 의해서 '테아틴들'(Theatines)로 불리어질 정도였고, 이것이 그들을 불편하게 했을 정도였다. 그들은 실제로 1545년에 테아틴들의 병합 제안을 거절했다. '우리는 수도사들이 아니다'라는 주장을 했던 예수회 주요 설립자 중 하나였던 마조카 출신의 제로니모 나달(Jerónimo Nadal)은 1550년대에 회원들의 수가 급증했을 때, '세계가 우리의 집'이라고 했다.[8] 이 문구는 2세기 후에 잉글랜드 감리교의 창설자였던 요한 웨슬리에 의해서 "세계는 나의 교구이다"라는 말로 약간 변형되어 사용되게 된다. 웨슬리의 아주 조직화된 감리교 순례 전도자들은 개인 영성의 깊이를 탐구할 뿐만 아니라 그들 자신의 상황 속에서 일반인들을 만나는 것에도 헌신되어 있었는데, 이런 점들이 이그나티우스의 새로운 모임과 닮았다. 예수회는 테아틴들로부터 뿐만 아니라, 더 오래된 탁발수도사들의 모임이었던, 도미니크수도회와 프란시스코수도회 등으로부터 모방했다. 예수회의 주요 임무는 설교와 고해성사 등 수도승들의 임무와 동일했고, 예수회가 곧 그들의 미움거리가 되게 된 것은 놀라운 일이 아니었다.
 그들은 또한 자신들의 사역에 있어서 매우 결정적이면서 논란거리가 되는 시도들을 했으며, 수도사들이나 탁발수도사들과 가까이 하지 않으려 했다(때때로 이들을 아주 화가 치밀 정도로 무시하는 태도로 대했다는 사실은 꼭 지적되어야 한다). 이들은 종교단체들의 삶에서 보여지는 두 가지의 공통적 특징들을 제거했다. 즉 사제단에서 의사결정을 위한 정기모임을 갖는 것과 주관할교회에 있는 '성가대'에서 매일같이 공동으로 예배하는 형식을 없앴다. 게다가 그들은 회원들이 착용할 구별된 형태의 제복을 만드는 것과 어떠한 행동규약을 만들어 내는 것을 거부했다. 그렇지만 예수회가 결코 구조화되지 않았다던가 방향성이 없었던 것은 아니었다. 최고 사령관이 정책을 만들고 그것을 각 지방의 책임자들에게 전달한다. 그러면 이것이 스페인이나 이탈리아와 같은 각 지역 단체 혹은 주요 정치조직으로 자연히 전달되는 것이다. 1540년대에 이그나티우스는 아주 정교하고 구체적인 교황에 대한 복종 원칙을 예수회에 만들었다. 그 결과 선교

---

7) O'Malley, *First Jesuits*, pp. 34-35; 교황의 교서를 확보하는 데 있어 여자의 역할에 관하여는 15장, p. 818 이하를 보라.
8) O'Malley, *First Jesuits*, pp. 67-68. 그리고 테아틴에 관해서는 같은 책 p. 307을 보라.

가톨릭 갱신의 초기 주창자 두 명

가스파로 콘타리니

루이스 데 몰리나를 위시한 다음 세대의 주요 예수회 학자들이 좌우 측면에 배치되어 있고, 예수회를 위한 정강을 붙들고 있는 이그나티우스 로욜라가 중앙에 있다. 예수회는 정해진 제복이 없었기에 그들은 단순히 학자들처럼 옷을 입었다.

제5장 유예된 재연합: 가톨릭과 개신교(1530-1560)   317

정책을 지도하는 책임이 교황이 아니라 최고 사령관에게 있다는 점은 확실히 이해되도록 했다.[9] 이러한 규율과 심리학적 통찰력을 근거로 한 예수회 회원들에 대한 강도 높고 구조적인 훈련으로 인해, 예수회 회원들은 아주 특별한 개개인의 창의성과 모험 정신을 갖추게 되었다.

이그나티우스는 그와 같은 특이한 규정들을 보호하기 위해 엄청난 정치적인 재능(어떤 헌신된 여성 지지자들의 재능과 더불어)을 필요로 했다. 그러나 그것은 예수회의 엄청난 수적인 성장과 업적에 의해 곧 입증되었다. 1540년 이후 사반세기 만에 3,000명의 회원이 세 개의 대륙에서 사역하게 되었다.[10] 게다가 예수회의 생활방식은 개신교 혁명의 표어 중 하나였던 과도한 성직자 중심주의의 문제점을 겨냥했다. 따라서 그것은 예수회가 개신교에 가하는 재치있는 반격이었다. 이그나티우스가 열정적으로 세상의 소중함을 강조하고 그 속에 있는 완전한 영적인 삶으로 인도하는 것이 가능하다고 말했기 때문에 그들은 폐쇄적인 금욕적 수도원이 되는 것을 추구하지 않았다. 그는 결국 바스크(Basque)의 지역으로부터 멀리 런던과 예루살렘까지 유랑생활을 통해 대부분의 유럽인들보다 더 많은 세상을 본, 문명화된 옛날 아첨꾼에 불과했다. 중세의 서방교회는 결코 배타적이지 않거나 모든 것을 수용하는 경향을 품고 있었다. 그러나 사실상 수도사들과 사제들의 영성이 평신도들의 영성보다 우월하고, 사제들은 천국에 들어갈 더 좋은 가능성을 가지고 있다고 가정했다. 그와 같은 성직자주의에 대한 분노는 왜 그렇게 많은 사람들의 흥미를 유발한『독일 귀족에게 고함』과 그것이 낳은 반사제적인 복음주의 문학의 장르를 읽게 되었는지에 대한 한 가지 이유였다.

성직자주의와 관련하여 철저하게 보수적인 중세의 전통적인 경건생활에 대한 강력한 하나의 반발이 이미 있었는데, 가장 주목할만한 것은 역시 새로운 경건에서였다. 그것은 성직자가 하나님의 관점으로 볼 때 예외적인 특권을 전혀 가지고 있지 않은 것을 분명히 한 것이었다(1장, p. 63). 몬세라트의 성모 마리아 상 앞에서 그의 기사다운 철야 묵상 이후에 곧 발견한, 이니고 로페즈 데 로욜라의 영성 개발에 관한 가장 영향력 있는 책이 새로운 경건의 고전인 토마스 아 캠피스(Thomas á Kempis)의『그리스도를 본받아』(*The Imitation of Christ*)였다는 사실은 결코 우연의 일치가 아니다. 이그나티우스는 극단적인 비사제주의 사제로 남았다. 스페인의 종교재판소와 지안 피에트로 카라파 같은 사람들이 그의 경

---

9) Ibid., pp. 299-300.
10) Ibid., p. 51. 이그나티우스와 여자들의 지원에 관해서는 제 6장, p. 818-25 을 참고하라.

건생활의 행태를 조사할 때 '계몽된 사람들'(alumbrados)을 기억했다는 것은 놀라운 일이 아니다. 이그나티우스는 예수회 사람들을 사제들이라기보다 사도들이라고 생각했다. 또한 예수회로의 부르심은 제사장으로의 부르심이 아니었고, 어떤 경우에도 예수회의 사제는 그들의 영적인 사역을 교회의 7성례 중 두 가지 곧 성찬과 고해성사로 제한했다. 주목할 만한 것은 로욜라가 우아한 음악과 함께 장엄미사를 드리는 예수회 교회들을 제지하기 위해 성가신 분쟁도 일으켰다는 점이다. 비록 예수회가 흥겨운 음악과 화려한 예식이 선교 현장에서 효과적인 복음의 도구였다는 것을 깨달아서, 이러한 순수 금욕주의에서 조금 누그러지기는 했지만 말이다.[11]

처음 10년 동안 예수회는 이후의 그들의 사역의 근본적인 부분으로 보이는 두 가지 면을 드러냈다. 즉 북유럽의 개신교에 대한 적극적인 대응과 교육에의 참여가 바로 그것이다. 반종교개혁은 여전히 미래의 일이었다. 따라서 파리에서의 학생시절에 이그나티우스와 친절한 사람 중에 하나였던 제네바 출신의 삐에르 파브르가 동료 예수회 회원들에게 루터파 사람들을 어떻게 다룰 것인지를 교육할 때, "우리가 공통적으로 가지고 있는 주제에 대해 논할 때는 그들을 친근하게 대하고, 첨예한 대립이 생길 만한 주제에 대한 논쟁은 피하라"고 말하면서 이것은 기독교인의 단순한 증거의 문제로 여겨져야 한다고 강조했다 [12] 대결적인 자세는 1550년이 되어서야 나타나게 되었다(6장, p. 420; 7장, p. 436). 교육에 관해서 예수회는 다음 두 세기 동안 치명적인 것으로 입증된 이 일을 시작하는 것에 대해 다소 망설였다. 어떤 종합대학 마을에 전문대학들을 신속하게 설립하면서, 그들은 그 시설들을 단순히 예수회 회원인 학생들의 숙소 정도로 생각했다. 그러나 잠재적인 평신도 후원자들은 그와 같은 프로젝트들의 내부 지향적인 내용에 대해 감동을 받지 못했고, 대학의 역할을 확대하는 것에 관해 생각하는 것은 일종의 장려책이었다.

1546년에 중요한 괄목할 만한 일이 스페인에서 일어났다. 발렌시아 가문의 귀족, 간디아의 공작 프란시스코 보르자(Francisco Borja, 나중에 예수회의 총사령관이 된)에 의해 확보된 기부금으로 간디아에 한 작은 전문대학이 설립된 것이다. 당시에 현존하는 대학의 한 부분이 아닌 것으로는 최초였다. 그리고는 신속하게 교황으로부터 종합대학의 자격을 확보하게 되었다. 2년 뒤에 시실리의 메

---

11) O'Malley, *First Jesuits*, pp. 159–62; 7장, p. 325; 그리고 9장, pp. 402–4.

12) T. M. McCoog, "Ignatius Loyola and Reginald Pole: A Reconsideration," *JEH* 47 (1996), pp. 257–73 중 267.

시나에 새로 건립된 간디아전문학교가 규모를 갖추는데 스페인의 부왕과 그의 아내 레오노라 오소리오(Leonora Osorio, 이그나티우스 계열의 귀족 여성 추종자들 중 가장 열정적인 사람들 중의 한 사람)가 크게 기여했다. 지역적으로 기부금을 제공받은 학교는 예수회의 지도급 회원들 중 국제적인 세련된 감각을 갖춘 일부 회원들이 직원이 되었다. 이그나티우스는 아마도 이것을 예수회 회원들을 위한 기부금이 제공되는 교육을 확보하기 위한 주요한 방법으로 생각했다. 그러나 5년 만에 유럽 전반에 걸쳐 시 당국자들은 자신들의 자녀를 위해 간디아학교 같은 호화로운 학교 시설을 확보하기 위해 뒤얽혀 싸우게 되었다. 게다가 예수회가 이들 학교들에서 행해지는 교육이 무료로 이뤄진다고 자랑스럽게 말하였을 뿐 아니라, 이를 위해 엄청난 규모로 자금을 모금하기 위해 전문적인 노력을 쏟아부었을지라도, 그들은 중등교육에 제한된 인력만을 투입했다. 이러한 결과는 가난한 사람들의 자녀들이 교육체제 속으로 들어가기 위해 필요한 발판을 확보하는 것이 어렵게 되었다. 따라서 상인들과 신사계급과 귀족 자녀들의 마음을 사기 위한 예수회의 교육적 임무가 생기게 되었다. 달리 말해서, 그들은 유럽을 신앙으로 되돌리는 데 중요한 사람들이었다. 이 정책은 1540년대 말 이전까지 그 어떤 정책적 결정도 없이 발전해갔다.[13]

3. 타협에 대한 희망: 1541-1542년의 위기

그러므로 1540년대 초에 로마교회 내에서 많은 사람들은 신앙의 갱신을 싹틔우기 위한 그들의 열정을 북부 개신교도들에 대한 단호한 태도와 관련시키지는 않았다. 예수회는 콘타리니와 폴 계열에 연결되어 있었고, 그리고 콘타리니와 폴은 친구였으며, 그들은 또한 북부 복음주의자들이 그들의 종교적인 통합에 기여할 수 있는지를 조용하게 탐색하던 발데스, 오치노, 그리고 버미글리 같은 신학자들의 후견인들이었다. 이탈리아에서 그와 같은 세력들은 자체의 잘못에 대해 합리적으로 재평가하고, 루터의 위기가 발발하기 전에 에라스무스가 추구했던 신학을 재구성하도록 하는 쪽으로 교회를 움직여 나갈 기회를 가졌다. 말하자면 평화적인(평화주의의) 방법으로 이 운동을 이끌어 나갔다. 만약 그들이 이런 식으로 했다면, 그들은 찰스 5세의 마음을 얻었을 것이다. 오스만

---
13) O'Malley, *First Jesuits*, pp. 202-5, 211-12, 274. 예수회의 자금모집과 관련해서는 6장, pp. 818-25 을 보라.

제국과 북아프리카에서의 무슬림을 제압한 후에 황제의 군사적 위세는 등등했지만, 그는 종교적인 다툼이 제국의 중부 유럽의 영토들과 자기의 형제 페르디난드의 왕국에 가져올 분열에 대해서 무척 걱정하고 있었다. 그는 또한 자신의 여동생 메리(헝가리의 불행한 루이스 왕의 미망인, 당시 부유하고 불안한 저지대 국가들의 찰스가 섭정하고 있었음)가 브뤼셀에 있는 그녀의 궁정에서 학식 있는 복음주의 사제들의 사려 깊은 후견인이라는 사실을 알고 있었다.[14]

특별히 뮌스터에서 일어났던 사건으로 인하여, 제국의 주도적인 인물 중에 많은 이들이 체계적인 안정을 회복하기 위한 총체적인 협상을 이끌어내는데 지원을 아끼지 않았다. 몇몇 중요한 군주들은 종교개혁에 관한 구체적인 결정을 아직 내리지 못했다. 예를 들어, 브란덴부르크의 선제후 요아킴 2세(Joachim II)는 루터파 처남이 있었고, 또한 폴란드 왕가와의 악명 높은 불행한 결혼으로 인해 가톨릭 장인을 두게 되었다. 거기에 더해 추기경인 마인츠의 알브레히트는 요아킴의 삼촌이었기에, 선제후가 구교의 위계질서에 대해 전적으로 존경심을 보이지 않았다는 것이 놀랄 일은 아니다. 그리고 그는 브란덴부르크를 위해 그 자신의 종교적 해결책을 법제화하려고 스스로 전통적인 영주(Landesvater)로서의 책임을 떠맡았고, 특별히 그것이 제국 전역에 걸친 총체적인 해결책이 주어지기까지 일시적인 것이라고 선언했다. 그는 로마와 결별하지는 않았지만, 그의 승리를 재투자할 관심은 거의 결여한 채, 같은 시기에 잉글랜드에서 헨리 8세가 했던 것과 똑같이 많은 교회의 토지를 몰수했고 수도원들을 해산시켰다.[15]

1538년에 필립 멜랑히톤은 그와 같은 사람들을 경멸적으로 '미텔하우프'(Mittelhauf), 곧 회색지대의 군중이라고 불렀다. 그러나 불과 1년 뒤에 더 폭넓은 교회개혁을 위해 요아킴과 협력할 준비가 되어 있었다. 그리고 그는 스스로 경계선을 넘어 어떤 주목받는 제스처를 보일 수 있었다. 곧 1531년에 그는 교황이 중혼에 대한 해결책을 제공하도록 함으로써 아라곤 결혼으로 인한 난국을 해결할 수 있다고 헨리 8세에게 제안했던 것이다.[16] 1532년에 멜랑히톤은 독일의 대주교로서 자신의 지위를 이용해 추기경 알브레히트에게 중재자 역할을 해

---

14) B. J. Spruyt, "'En bruit d'estre bonne luteriene': Mary of Hungary (1505-58) and Religious Reform," *EHR* 109 (1994), pp. 275-307.

15) J. Estes, "Melanchthon's Confrontation with the 'Erasmian' *Via Media* in Politics: The *De Officio Principum* of 1539," in J. Loehr (ed.), *Dona Melanchthoniana* (Stuttgart, 2001), pp. 83-101, at pp. 93-95.

16) MacCulloch, *Cranmer*, p. 65.

줄 것을 간청하면서 자신의 로마서주석을 헌정했다. 마찬가지로 그가 잉글랜드 왕 헨리에게 1535년판 『신학총론』(Loci Communes)을 헌정한 것은 마치 물위에 마구 빵을 던지는 것 같은 무모한 일이기도 했다. 자기 동료가 '가장 행실이 나쁜 인간들'에게[17] 최상의 헌정문을 썼다고 루터가 신랄하게 비판한 것이 전혀 이상할 것이 없다. 게다가 1530년대 후반에 기회주의자들에 관한 그의 거친 말들로 인해 쾰른의 대교구에서의 새로운 움직임들에 관심을 가졌던 사람은 바로 멜랑히톤 자신이었다.

그 때 쾰른의 대주교는 유력한 귀족인 헤르만 폰 비이트(Hermann von Wied)였다. 그는 위대한 학자는 아니었다. 1515년에 단지 부사제에 불과했던 그가 대주교직에 오른 것이, 그가 관료적인 독일교회의 지도력의 틀을 그의 동료이자 마인츠의 선제후인 추기경 알브레히트보다 더 타파하려고 했다는 것을 의미하지는 않았다. 사실 폰 비이트는 라인란트의 부유하고 권세있는 제후-주교직에서 열정적인 개혁자가 되었다(그는 제국의 7명의 선제후 중 또 다른 한 명이었다). 그는 멜랑히톤의 『신학총론』에 대한 반응으로 뿐만 아니라 교회의 믿음에 관한 긍정적이고 건설적인 성명서가 되도록 신앙지침서(Enchiridion)를 쓰기 위해 탁월한 신학자였던 요한 그로퍼(Johann Groper)의 협조를 요청했다. 그로퍼는 콘타리니와 폴의 계열의 이탈리아 사람들이 크게 관심을 보인 칭의에 관한 미묘한 논쟁거리도 포함했다. 1536년 대주교는 쾰른에 지방 종교회의를 소집했고, 그것의 개혁적인 조처들이 1538년 그로퍼의 『신앙지침서』(Enchiridion)와 함께 출간되었다. 그것들은 사제들에게 가장 엄격한 도덕적 기준을 상기시키고, 이들 사제들이 평신도들에게 기초적인 기독교 교리에 대해 적절하고 정규적으로 가르치는 것을 확실하게 함으로써 현존하는 구조의 오류들을 말끔이 정돈하기 위한 전통적인 인문주의적 노력의 일환이었다. 사본들이 유럽 전역에서 회람되었고, 멀리는 스코틀랜드에서도 그것들은 지역 교회개혁을 위해 가용한 최선의 프로그램으로 보여졌다.[18]

교황청에 대한 충성을 여전히 선언하면서도 교회개혁을 위한 반복된 노력들의 실패에 대해 공개적으로 유감을 표한 서방교회의 한 대주교가 있었다. 분리되어 있지만 여전히 신학적으로는 복합적인 잉글랜드국교회를 크랜머는 주의 깊게 지켜보고 있었다. 게다가 더욱 주목할 만한 것은 1539년에 폰 비이트가 그

---

17) C. S. Meyer, "Melanchthon, Theologian of Ecumenism," *JEH* 17 (1966), pp. 185-207 중 195-96.
18) J. K. Cameron, "The Cologne Reformation and the Church of Scotland," *JEH* 30 (1979), pp. 39-64.

의 교구개혁을 위한 보다 철저한 계획을 준비하는 일에 멜랑히톤과 마틴 부처를 초청하여 도움을 구했다. 비록 멜랑히톤은 이런 식으로 스스로 타협하는 것을 거부했지만, 부처는 초청을 받아들였다. 유사하게 같은 해에 부처는 루터의 완고한 적인 게오르그 공작의 죽음에 즈음해서 공작령 작센의 교회 구조를 기안하는 일에 게오르그 비첼(Georg Witzel)과 협력했다. 그는 루터에 대한 초기 열정이 식자 로마의 권위 아래로 되돌아온 결혼한 사제였다. 이것이 1520년의 분열을 넘어 화해를 위해 진일보한 길이었는지도 모른다.

특별히 지칠 줄 모르는 부처와 같은 개신교도들은 성찬에 관한 마부르크 논쟁에서 입은 자신들의 상처를 치유하려는 희망을 포기할 것 같지 않았다. 필립 멜랑히톤은 이제 경험 많고 자기 확신에 찬 협상가가 되었다. 그는 이미 오래 전에 루터에 관한 무비판적인 젊은 날의 맹목적 추앙을 수정했다. 비록 공식적으로 그가 비텐베르크를 대신해 행동할 때는 루터에 대해 할 수 있는 한 충성스럽게 남아 있었지만, 1530년대 초에 그는 개인적으로는 루터가 성만찬에 관해 말한 많은 것에 오류가 있었다는 결론에 도달했다. 그의 이러한 생각에 대해 부처도 심도 있게 논했으며, 헤센의 필립(Philipp of Hesse)에게는 큰 즐거움을 안겨주었다. 멜랑히톤은 일반적으로 그 사안에 있어 루터와 자신의 차이점에 대해 신중하게 침묵을 유지했고, 10년이 넘는 기간 동안 성만찬에 관해 한 쪽 또는 두 쪽 정도의 글만 썼다. 그러나 그는 1530년에는 아우크스부르크신앙고백을 수정할 준비가 꽤 되어 있었다(결국 그는 자기 혼자서 그것을 썼다). 1540년에 그는 수정판(Variata)을 냈는데, 성만찬에서 그리스도의 임재를 표현하는 단어들의 형태를 구성하는 중요한 변경사항 중 하나는 비(非) 루터파 복음주의자들에게 민감한 사안들을 수용하도록 꾸며졌다. 곧 그는 이제 살과 피는 '참으로 실제적으로 임재한다'는 식으로 묘사하지 않았고, 성찬 참여자들에게 나눠지기(distribuantur)보다 '나타나진다'(exhibeantur)라고 말했다. 루터는 격노했고, 이런 변화를 자신의 신앙을 대표하는 것으로 받아들이지 않았다. 그러나 아우크스부르크신앙고백의 수정된 형태는 훗날의 개혁파 성만찬 교리에 관한 공식화 과정에 영향을 미쳤다.

이와.같이 신앙고백의 수정과 변경이 계속되는 가운데, 1540년과 1541년 사이에 찰스 5세에게 절호의 기회가 찾아왔다. 그는 기묘한 뜻밖의 행운을 가졌던 것이다. 그것은 제국 내에서 가장 신랄한 개신교 대적자 헤센의 필립의 명성의 심각한 약화를 불러왔고, 또한 선도적인 독일의 개혁자들의 명성도 약화시

제5장 유예된 재연합: 가톨릭과 개신교 (1530-1560)

컸다. 필립은 최근에 루터, 부처, 멜랑히톤도 마지못해 서면으로 동의했음을 분명히 한 중혼의 범죄를 저질렀음이 드러났다. 그들의 행동은 행정장관에 대한 개신교도들의 아부의 극치였다. 서명자들의 논리는(그들이 얼마나 필립에게 신세를 지고 있었는지에 관한 이심전심의 인정은 별도로 하고) 중혼이 지난 10년에 걸친 필립의 혼란스러운 개인생활의 특징인 간음보다는 낫다는 것이었다. 사실 멜랑히톤과 부처는 특별히 몇 년 전에 헨리 8세에게 그들이 제공했던 중혼에 관한 충고만 동의했을 뿐이었다(13장, p. 320). 그럼에도 그들의 행동과 중혼이 비밀에 부쳐질 수 있다는 복음주의 신학자들의 믿음은 어마어마하게 순진한 정치적인 판단착오였다. 이로 인해 예상했던 대로 그들의 가톨릭 대적자들이 쾌재를 부를 만한 도덕적 분노를 초래했다. 찰스는 1532년의 제국법(Lex Carolina)에 새롭게 정해진 중혼에 대한 법률에 따라 필립에게 사형언도를 한 후, 그의 제후에게 은혜스럽게 황제의 사면권을 행사하게 했다. 멜랑히톤은 스스로 초래한 재앙으로 인해 심각하게 병들게 되었다.

복음주의자들의 비윤리성에 대한 비판의 순간과는 별개로, 합의에 이르게 된 또 하나의 추가적인 유인책이 발생했다. 그것은 바로 이전 헝가리 왕국의 수도인 부다(Buda)에 대한 그들의 장기간의 점령이 시작된 1541년에 이르러 무시무시한 단계에까지 이르게 된 오스만의 급작스런 군사활동의 재개였다. 따라서 이때에는 모든 진영의 취약함이 드러났기 때문에 조심스럽게 서로 토의할 준비가 되어갔다. 많은 사람들이 이와 같은 사건들의 결과에 매달렸다. 19세기의 위대한 독일 역사가인 레오폴드 폰 랑케(Leopold von Ranke)는 이 때를 '독일을 위해 그리고 심지어 세계를 위해 너무나도 중요한 시기'라고 보았다. 아마도 그 시기는 신성로마제국이 잉글랜드나 프랑스처럼 통일을 이루는데 실패한 때였고, 중도적인 사람들이 옛 로마교회 안에서 그것을 실행하는 데도 실패했던 시기였다.[19]

수많은 잘못된 시도들이 있은 후에 1541년 1월에 유용한 토론들이 시작되었다. 요한 에크(Johann Eck)와 멜랑히톤은 원죄에 관해 4일 간에 걸쳐 마련한 성명서에 동의하는 주목할 만한 업적을 이뤘고, 부처와 그로퍼는 쾰른에서의 그들의 이전 토의들을 마무리지었다. 그로퍼의 작품은 신학적 지뢰밭이라고 할 수 있는 칭의에 관해 합의에 이르는 기회를 제공했다. 그는 초대교부들의 사상

---

19) L. von Ranke, *Sämmtliche Werke*, 3rd edn. 37, *Die Römischen Päpste in den letzen vier Jahrhunderten* I, p. 107, B. Hall, "The Colloquies Between Catholics and Protestants, 1539-41," in G. J. Cuming and ID. Baker(eds.), *Councils and Assemblies* (SCH 7, 1971), pp. 235-66중 235에서 인용.

에 깊이 고무되어 히포의 어거스틴에게로 돌아갔고, 그리고 인간의 상태에 대한 어거스틴의 깊은 비관주의를 재발견했다(르페브르, 루터 그리고 콘타리니가 가졌던). 이것은 인간의 의로움이 하나님의 요구들에 상응할 수 있다는 가정에 관해 중세 후기 신학이 말해왔던 것과 배치되는 것처럼 보였다. 가브리엘 비엘의 표현 속에 '자신 속에 있는 것을 행하는 것'이라는 표현이 있다(3장, p. 174). 그로퍼는 심판의 날에 인간이 언제 하나님을 만나는지에 대해 논의했다. 심지어 교회의 성례가 수반하는 은혜와 인간의 공로로 인해 남겨진 은혜의 조합이 하나님의 정밀한 조사 앞에 감히 대항할 수 없다는 것을 주장했다. 이 조합을 소홀히 할 수는 없지만, 그러나 그것은 필연적으로 그리스도의 의에 의해 보충되어야만 한다고 그는 말했다. 자비로우신 하나님은 은혜를 통해 무가치하고 죄많은 인간에게 전가되는 '밖으로부터 온 의'(alien righteousness)를 허락하신다. 그로퍼가 수행한 것은 공로에 관한 중세 신학과 믿음으로 말미암아 은혜에 의해 전가된 의에 대한 루터의 신학을 조화시키는 방법을 찾는 것이었다(3장, p. 184). 부처는 종종 '이중적 칭의'(double justification)라고 불리는 그로퍼의 진술에 깊이 감명을 받았다(아마도 이것은 실제로는 삼중적이어야 한다. 곧 성례, 인간의 공로, 그리스도의 은혜). 그는 그로퍼가 작성한 것을 거의 수정하지 않았다. 칭의와 다른 사안들에 대한 그들의 일치는 '레겐스부르크의 책'(Regensburg Book)으로 알려졌다.[20]

이것은 1541년 3월 레겐스부르크(라티스본)에서 개최된 제국 의회의 사전준비에 해당하는 것이었고, 신학자들의 회의(대화)도 마찬가지였다. 심지어 분립에 찬성하는 잉글랜드인들조차 화해의 기운을 이용하고 싶어했다. 이에 따라 헨리 왕은 가톨릭이 황제에게 항변하게 하기 위해 그의 가장 탁월한 보수적 주교인 윈체스터의 스테펜 가디너(Stephen Gardiner)를 보냈다. 로마도 베네치아 공화국에서 복무하는 외교관으로서 인상적인 경험을 가진 중재자 콘타리니 추기경을 보냄으로써 레겐스부르크에서 본격적으로 그 일을 착수하겠다는 헌신의 의지를 드러냈다. 부처에게 소개되었을 때, 그는 "연합의 열매가 얼마나 위대합니까? 그리고 모든 인류의 감사가 이 얼마나 심오한 것입니까?"라고 소견을 말했다. 부처도 똑같이 은혜스럽게 대답했다. "양측 모두가 실패했습니다. 우리 중 일부는 중요하지 않은 요점들을 지나치게 강조했습니다. 그리고 나머지 사람들은 냉백한 폐해를 적절히 개혁하지 않았습니다. 하나님의 의지로 우리

---

20) D. C. Steinmetz, *Reformers in the Wings* (2nd ed. Oxford, 2001), pp. 25-27은 그로퍼(Gropper)의 견해에 관한 유용한 논지를 담고 있다.

는 궁극적으로 진리를 발견하게 될 것입니다."[21] 그러나 이와 같은 낙관주의는 곧 시들해졌다. 권력층들은 여전히 레겐스부르크에서의 협의에 대해 매우 회의적이었다. 황제의 제후들 중 일부는 가문의 문제가 해결되는 것을 원치 않았고, 심지어 최종적인 합의에 필수적인 당사자였던 프랑스 왕은 더 원치 않았다. 그런데 정치인들이 이 협상을 무산시킬 기회를 잡기 전에, 신학자들은 이후 두 달이나 일을 진척시켰다. 콘타리니는 화체설의 성만찬 교리에 관해 양보할 수 없었다. 개신교도들은 사제에게 하는 고해성사가 필수적이라는 것을 받아들일 준비가 되어 있지 않았다. 그러므로 레겐스부르크의 책에서 칭의에 관한 그들의 합의의 정도는 현실성이 없었다. 로마와 비텐베르크의 루터로부터의 메시지는 그것이 받아들여질 수 없다는 것을 아주 명확하게 했다.

레겐스부르크의 대화의 실패는 단순히 제국에 대한 재앙만은 아니었다. 서구 기독교의 미래에 엄청난 결과를 초래한 이탈리아에서의 위기를 촉발시켰다. 콘타리니는 타협하려는 그의 의도 때문에 로마에서 큰 두려움에 휩싸였으며, 1542년 8월 파산한 사람같이 가택연금 상태에서 죽음을 맞이했다. 그러자 더 적대적이었던 신령주의자들이 그들의 위치에 대한 위험을 감지했다. 발레스는 1541년에 죽었기에 이 기간을 피했지만, 베르나르디노 오치노(Bernardino Ochino)는 그의 설교가 그 어느 때보다 더 직설적으로 변하게 되었을 때, 로마에 소환되었다. 재치있게 그 명령을 무시하고서는, 스위스와 칼빈의 제나바를 향해 말을 타고 떠나기 전에 그는 죽어가는 콘타리니에게 작별 인사를 할 시간을 가졌다. 그는 슈트라스부르크에 있는 부처의 환대를 받고 유랑생활을 종결한 피터 마터 버미글리가 갔던 길을 그대로 가게 되었다. 이들 설교가들의 도피 소식을 들은 이탈리아 학자들은 대단한 충격을 받았다. 그러나 그들의 도피는 이탈리아 학자들과 신학자들이 알프스 너머 개혁파 세계로 나아가는 일련의 이탈사건의 처음 사례일 뿐이었다.

지안 피에트로 카라파(Gian Pietro Carafa)의 시대가 찾아왔다. 공의회주의자들은 레겐스부르크의 대화에서 아무런 합의도 도출해내지 못했지만(처음부터 그가 비난했던 기획임), 그들 중 지각 있는 많은 사람들이 교회에 대한 배신자로 자신을 거리낌없이 드러냈고, 동시에 특별히 그들이 북쪽으로 도피하는 과정에서 만났던 그들의 모든 친구들과 동료들에게 영향을 끼쳤다. 피터 마터가 북유럽 도시에서 전형적인, 어수선한 종교개혁의 초기 단계를 연상케 하는 1541년

---

21) Hall, "Colloquies," pp. 246, 254.

과 1542년 사이에 투스카니 루카에서 있었던 대중적인 개혁운동을 고무시키기 위해 복음적인 설교를 하고, 교황권의 폐기를 주장하고, 심지어 스위스 형태의 성만찬과 같은 최신의 사상을 발표한 것이 분명하였다. 한편 카라파는 교황 바오로 3세를 설득하여 로마에 스페인 종교재판소를 모델로 한 종교재판소를 설립하기 위해 철로 주조된 격자우리를 만들었으며, 나폴리의 추기경이자 대주교였던 자신을 대심문관 중 하나로 세우는 조처를 했다. 교황의 교서가 1542년 7월 21일 공포되었다. "비록 나의 아버지가 이교도일지라도, 나는 그를 태울 나무를 끌어모을 것이다"라고 카라파는 맹세했다.[22]

이제 남아있던 이탈리아의 신령주의자들, 복음적인 인문주의자들, 겸손한 성경 강독자들이 전통적인 교회에 대해 어떤 헌신을 느끼기 위한 동기부여가 훨씬 줄어들었다. 결론짓는 것과 명확한 경계를 정하는 것을 회피하려고 항상 노력하던 폴 추기경은 이전의 발데스에 대한 추종자 일부를 포함하여 자신을 의지하는 사람들을 확실히 보호해 주었으며, 그들을 교회에 헌신하게 했다. 폴의 친구 지오바니 모론(Giovanni Morone) 추기경은 공격적 복음주의자들의 교회 복귀를 설득할 목적으로, 콘타리오가 구상한 신앙의식서에 서명하도록 촉구하는 광범위한 운동을 펼치면서 종교적으로 혼란스러운 그의 모데나 교구 안에 있는 항구에서 종교재판소를 운영했다. 그러나 이탈리아의 세속 및 종교 지도자들이 1542년 이후 신속하게 대열에 합류했기 때문에, 모험적인 개인들은 은밀하게 (복음주의 사상이 북유럽의 제도권 교회에서 경험하는 훈련 없이) 그들 자신만의 영성 흐름을 추구할 만한 충분한 이유를 가졌다. 루카의 부유한 시민들은, 특히 피터 마터의 도피 이후 20년 동안이나 급진주의 지하종교운동을 계속 조장해 왔다.

상대적으로 안정되어 보이던 베네치아에서, 때때로 알파인 지역으로부터 온 재세례파들과 접목했던 한 급진주의 공동체가 기독교 신앙의 몇몇 공통적인 원리를 실행하기 위해 모였다. 1550년에 기도와 성찬에 관한 40일 간의 마라톤 토론 기간에 그들은 성경이 예수님이 하나님이라고 믿을 수 있는 근거를 뒷받침하고 있지 않다는 것에 합의했다. 새로운 억압적 분위기 속에서 서로 다른 것에 대한 긴장이 그들의 유덕한 회원 중 한 사람인 전직 사제이자 오치노의 추종자였던 피에트로 마넬피(Pietro Manelfi)의 신경을 건드렸다. 그 다음 해에 그는 스스로 자신을 종교재판소에 넘기고는, 이제 이탈리아의 급진주의자의 거의

---

22) G. W. Searle, *The Counter-Reformation* (London, 1973), p. 78.

제5장 유예된 재연합: 가톨릭과 개신교(1530-1560) 327

신령주의자들의 몰락에 따른 두 명의 이탈리아 출신 망명자들

피터 마터 버미글리

베르나르디노 오치노

전부를 제거해 버리는 기회를 갖게 된 것을 기뻐했다. 피터 마터와 오치노의 예를 따랐던 사람들은 북쪽으로 도망쳤다. 나머지(얼마나 많이 그곳에 더 있었는지 알 수는 없지만)는 이탈리아의 주류교회 속으로 조용히 스며들었다. 매우 독립적인 사고의 다양함이 (비록 그것이 단일신론이나 스위스 스타일의 개신교로 끝나기는 했지만) 베테르보에 있는 교황궁의 폴과 쾰른의 귀족들과 조각가 미켈란젤로에게는 혼란스런 가운데도 여전히 영향을 끼쳤다.[23]

당시에 이탈리아 영성의 가장 영향력 있는 작품인 『그리스도의 은혜』(Beneficio di Cristo, 1543년 출간되었고, 유럽의 다른 언어로 번역되기도 전에 확실히 수만 권이나 팔린)는 이와 같은 계속되는 비논리적 파행을 보여준다. 이것은 그것 자체가 다소 내용이 엉성한 작품이었다. 그것은 카시노회(Cassinese)의 베네딕트수도사인 베네데토 다 만토바(Benedetto da Mantova)에 의해 씌여졌는데, 그를 통해 이것은 존 크리소스톰과 같은 4-5세기 헬라교회의 위대한 교부들의 특별한 카시노회적인 색채를 얻게 되었다(2장, p. 148). 그런 다음, 그것은 베네데토의 친구이고, 발데스와 폴의 추종자인 마르칸토니오 플라미니오(Marcantonio Flaminio)에 의해 발데스 계통의 신학의 영적이고 신비적인 주제들을 강조하기 위해 수정되었다. 그리고 그것에 슬그머니 칼빈의 『기독교 강요』 1539년판으로부터 실제적인 인용구들을 덧붙였다. 그 본문은 믿음에 의한 의만을 강조했고, 믿음을 위한 고통의 유익들을 찬양했다. 그러나 모른 추기경은 성만찬의 유익에 관한 그것의 유창함을 좋아했다. 그것에 관한 종교재판소의 견해는 이탈리아에서 인쇄된 수천 권의 사본들 가운데 16세기 이래로 1843년 잉글랜드 런던의 캠브리지대학 도서관에서 단 한 번 발견된 것 외에는 전혀 발견된 적이 없다는 사실에 의해 측정될 수 있다. 이 책이 실종된 것은 바로 종교재판소의 힘을 드러내는 어두운 증거라고 할 수 있다. 또한 이것은 가톨릭교회의 미래에는 신령주의자들이 있을 곳이 없음을 미리 드러내는 하나의 상징이었다.[24]

---

23) 콜로나와 미켈란젤로의 종교적인 연계에 관련해서는 B. Collett, *A Long and Troubled Pilgrimage: The Correspondence of Marguerite D'angoulême and Vittoria Colonna 1540-1545* (Studies in Reformed Theology and History new ser. 6, 2001), pp. 87, 89-92. On Venice and Manelfi, Williams, *Radical Reformation*, pp. 559-65을 보라.

24) M. A. L. Overell, "Edwardian Court Humanism and Il Beneficio di Cristo, 1547-1553," in J. Woolfson (ed.), *Reassessing Tudor Humanism* (Basingstoke, 2002), pp. 151-73. 폴의 전기 작가 토마스 메이어는 그리스도의 은혜를 준비함에 있어 폴의 직접적인 관련에 대해 다소 어렴풋이 기록하고 있다. T. F. Mayer, *Reginald Pole: Prince and Prophet* (Cambridge, 2000), pp. 119-21.

4. 트리엔트공의회: 첫 회합(1545-1549)

1541년과 1542년 사이의 위기로 인해 로마교회 내 힘의 균형이 극적으로 변화한 것은 무척 의미심장한 일이다. 왜냐하면 이제 서방교회의 총공의회를 회집하는 데에 대한 오랜 기다림이 마침내 끝났기 때문이다. 그 시점에서는 심지어 북유럽에서 온 온건적인 복음주의 대표단에게도 기회가 주어지지 않았고, 고위성직 계열에 있던 공의회주의자나 신령주의자들의 의견도 반영되지 못했다. 비록 교황과 황제가 모두 반대하는 입장을 취한 후였지만, 교황이 1537년 만투아에 유럽의 주교들을 소집한 것이 실패한 이래로 일련의 잘못된 시도들이 계속 있었다. 타이롤에 있는 트리엔트 제후-주교 관할구는 황제의 땅이었다. 그러나 그것은 알프스산맥 남쪽에 있었다. 참석한 자문신학자들 외에 약 36명의 공식적인 회원들과 함께 1545년 12월 13일 마침내 개회예식이 거행되었다. 비록 그 다음 회기에 숫자가 두 배로 늘어나긴 했지만, 600여 명의 유럽 주교들은 여전히 전통적인 교회에 다소간 신임을 얻고 있었지만, 프랑스와 대서양제도(잉글랜드와 스코틀랜드와 아일랜드의 대서양 왕국들로부터 충성스럽게 임명된 대표자들이 트리엔트에 그다지 많이 참석하지는 않았지만)와 나머지 북유럽의 가톨릭 지역들에서 중요한 위치에 있는 사람들이 많이 참석하지 않았다. 예를 들어 울츠부르크의 프랑스계 제후-주교는 공의회에 참석하라는 교황의 개인적인 탄원을 계속해서 무시했고, 그의 후임자들도 1560년대의 3차 회의까지 계속 무시했다.[25]

통상 기대했던 것처럼 트리엔트에 참석했던 대부분의 주교들은 이탈리아 출신이었다. 그렇다고 그들이 교황의 정책(어떤 경우에는 변하기 쉬운 사안이었던)을 무분별하게 따른다는 것을 의미하는 것은 아니었고, 카라파 형태로 의견을 개진하는 강경주의자들을 의미하는 것도 아니었다. 트리엔트의 주교로서 초청자이자 의장인 크리스토포로 마드루조(Cristoforo Madruzzo)는 신령주의자들에 대한 동조자였고, 이전에는 이탈리아의 선도적인 공의회주의 학자들의 학생이었고 후원자이기도 했다. 그는 또한 레기놀드 폴의 오랜 친구였다.[26] 폴은 교황에 의해 파견된 3명의 사절 중 한 명이었고, 그는 개회설교를 준비했다. 그것은 엄격한 참회의 색조를 지녔고, 위계질서의 잘못들에 주의를 갖게 했으며, 그들이

---

25) T. Freudenberger, *Die Fürstbischofe von Würzburg und das Konzil von Trient* (Münster, 1989).
26) T. F. Mayer, "Marco Mantova: A Bronze Age Conciliarist," *Annuarium Historiae Conciliorum*, 14 (1984) 392n, 406.

그리스도를 본받도록 촉구하는 설교였다.[27] 트리엔트까지 긴 여행을 한 창피스러우리만치 적은 프랑스의 주교들 가운데서 한 희귀한 신비주의 복음주의자 나바레스 올로론(Navarese Oloron)의 주교인 제라드 루셀(Gerard Roussel)이 있었다. 그는 레페브르-브리소네 계열의 생존자였고, 프랑스 개혁자들의 한결같은 수장인 마그리트 앙굴렘(Marguerite d'Angouleme)의 사제였다. 그러나 루셀은 트리엔트의 논조에 곧 절망했다. 일련의 칙령들을 통해 이전에 어떤 허용한계 문제로 골머리를 앓았던 교리들이 상세히 설명되기 시작했다. 이전 30년 간의 소요를 거치면서 교회 안에 많은 개혁자들이 남아 있도록 도와준, 서로 다른 신앙의 폭을 유지한다는 것이 궁극적으로 불가능하게 되었다.[28]

1518년에서 1520년까지 만들어진 교회계급 체제에 반대하는 루터의 이론을 근거로 하여, 권위에 대한 근본적인 질문에 관한 최초의 중요한 칙령이 1546년 8월에 만들어졌다. 권위에 관해서는 '오직 성경으로'라는 견해에 대해 아무런 의심의 여지도 없었다. 하나님의 계시의 진정성은 모두 교회의 관리 아래 있는 두 개의 통로를 통해 인간에게 제시되는 것으로 선언되었다. "이 진리와 이 권면은 성문화된 책들과 성문화되지 않은 전통들 속에 포함되어 있다. 이것들은 그리스도 자신의 입술로부터 사도들이 받은 것이거나, 또는 성령의 주도하심에 따라 사도들이 받은 것이고, 그리고 이것들은 가톨릭교회 안에서 꾸준한 계승에 의해 보존되고 우리에게까지 전해져 내려왔다." 급진적인 종교개혁의 재해석에 직면하여 성서의 권위와 함께 '성문화되지 않은 진리들'(unwritten verities)을 공동 전통으로 사용하는 것은 이치에 맞는 것이었다. 왜냐하면 복음주의자들은 유아세례를 효과적으로 변호하는 것이 어렵고, 또 매주 주일예배를 일요일에 지킨다거나 혹은 동정녀 마리아가 영원히 처녀로 남아 있었다는 전제들과 같은 다소 덜 중요한 일들에 대해서 말을 하지 않는 것이 또한 힘들다는 것을 발견했기 때문이다(15장, p. 794 참조). 그러나 개신교도들은 아마도(그리고 실제로도) '성문화되지 않은 진리들'의 원리가 급진주의자들의 교의적 탐험과 같이 거의 무한하게 확장될 수 있다는 것을 주목하게 되었을 것이다.

마찬가지로 중요하게 1520년대의 핵심 문제들에 대한 주요 논점은 칭의의 성격에 관한 칙령이었다. 마치 솜(Somme) 전투(1916년 7월 1일 프랑스 Somme 강 유역

---

27) Mayer, *Pole*, p. 150.
28) A. Tallon, *La France et le Concile de Trent* (1518-1563) (Rome, 1997), pp. 167-68, 754-70. 칙령에 관한 본문들에 대해서는 H. J. Schroeder (ed.), *Canons and Decrees of the Council of Trent* (London, 1941)를 보라.

제5장 유예된 재연합: 가톨릭과 개신교(1530-1560)   331

에서 독일군과의 전투에서 잉글랜드군 사망자 19,200여 명을 포함해 단 하룻만에 57,000여 명의 사상자를 낸 전투)처럼, 논쟁들은 고통스럽고 길게 지속되었다. 그 결과는 이중적 칭의에 관한 그로퍼의 토론을 통해 제시된 가능성들에 대한 단호한 거부였고, 중세 서방교회에 계속해서 불안한 긴장관계에 있던 신학적인 양극성을 유지하기 위한 시도였다. 트리엔트는 어거스틴이 주장했듯이 하나님은 필연적으로 은혜를 통해, 곧 '예수 그리스도 안에 있는 구속을 통해' 구원에서 주도권을 가지시지만, 인간은 또한 에덴에서의 타락 이후에도 자유의지를 보유하고 있다고 공포했다. 공의회는 '하나님은 불가능을 명령하시지 않는다'고 말하면서, 죄 많은 인간은 율법을 이행할 수 없다는 루터의 주장을 거부했다. 하나님의 은혜는 세례나 고해성사(1547년 3월 중세 서방교회의 7성례 모두가 예수 그리스도에 의해 제정된 것으로 다시 확정되었다)와 같은 교회의 성례들에 참여함을 포함해서 인간이 행할 수 있는 선행을 통해서도 주어질 수 있다. 1547년 1월, 칭의에 관한 칙령의 길고 복잡하면서도 짜임새 있는 문구가 최종적으로 통과되기 수개월 전에, 폴 추기경은 공의회를 떠나서 결코 되돌아오지 않았다. 트리엔트공의회에 대해 어떤 현대의 예리한 주석가는 칭의에 관한 자신의 노선을 고수하려 했던 그 긴장이 그를 실제적인 신경쇠약으로 몰아갔다고 진단했다. 교회에 충성스럽게 남아 있었지만, 그가 할 수 있는 모든 것은 병가를 떠나는 것이었다. 그런 다음에야 내키지 않은 공의회의 결정들을 따를 수 있었다.[29]

폴이 칭의에 관한 칙령이 한 전환점이었다고 느낀 유일한 사람은 아니었다. 1542년의 위기와 마찬가지로, 이로 인해 많은 이탈리아 복음주의자들이 그들 자신을 로마의 주교와 같은 교회의 일원으로 간주하는 것에 쐐기를 박았다. 이제 그들은 자신들만의 비밀 집회장소에서 모였다. 마찬가지로 찰스 5세도 점점 더 루터파 사람들과의 협상 가능성의 여지를 막아버린 공의회의 활동에 대해 불만족스럽게 여기게 되었다. 1547년 4월 뮐베르크(Mühlberg)에서 슈말칼덴 동맹에 대한 황제의 압도적인 군사작전의 승리 후에(6장, p. 374), 억제된 독일의 복음주의자들 속으로 전해진 새로운 기회가 있었다. 그러나 이와 같은 중대한 시기에 바오로 3세는 공의회를 트리엔트로부터 남쪽의 교황도시인 볼로냐로 옮기기로 결정했는데, 그것은 트리엔트에 발발한 흑사병을 공식적으로 피하기 위함이었다. 찰스는 교황령(Papal States)이 두 번째로 가장 중요한 도시로 이동한 것에 격노했고, 마찬가지로 교황권에 대해 감독들의 권리를 주장하기 원

---

29) D. Fenlon, *Heresy and Obedience in Tridentine Italy: Cardinal Pole and the Counter Reformation* (Cambridge, 1972), pp. 135-36.

하던 일부 주교들은 교황의 동기에 대해 의심했다. 황제의 압력에 의해 교황이 볼로냐 이동을 중단하기 직전인 1548년까지 수개월 동안, 그것의 진행이 표류하고 있었지만, 볼로냐에서 회집된 공의회는 이전 공의회와 유사했다.[30] 바오로 3세가 살아 있을 동안 더 이상 일어날 일이 아무것도 없었다. 탐욕스럽고 종종 세상을 떠들썩하게 문제를 일으키는 가문을 대표한 이 노인은 이탈리아의 정치적 혼란 속에서 생겨난 엄청난 결과로 인해 점점 더 산만해져 갔다. 마침내 1549년 그의 죽음은 로마교회 내에 있는 권위주의의 물결을 되돌릴 마지막 기회를 제공했다. 바오로를 계승한 교황으로서 가장 유력한 후보들 중에 한 사람이 레기날드 폴이였기 때문이었다.

지금까지 발생한 이 모든 사건들에도 불구하고, 그가 여전히 부사제의 서열에 있었지만, 폴이 가장 가능성 있는 교황으로 간주된다는 사실은 그가 지녔던 계속되는 존경에 기인하는 것이었다. 그에게 부여된 크고 다양한 희망들이 있었다. 심지어 죽어가던 바오로 3세도 그를 추천했다. 황제는 그가 뒤늦게 헨리 8세에 맞서서 찰스의 숙모 아라곤의 캐서린을 옹호한 것과 그가 왕족의 혈통인 것과 그가 이탈리아 사람이 아니었다는 이유로 승인했다. 폴의 이러한 교육적 배경은 그를 고상하고 정결한 마음을 가진 사제들과 잉글랜드의 초기 튜더 가문을 기독교 세계의 가장 유력한 가문으로 일으킨 왕실의 추종자들과 연결시켜 주었다. 콜레(Colet) 학장, 피셔(Fisher) 주교, 매거릿 뷰포트 여사, 캐서린 왕비 등이 그들이다. 그의 범세계적인 교육이 그를 에라스무스를 소중하게 생각하는, 양식있는 국제적인 모임의 중심에 있는 인문주의자가 되게 했다. 그의 후원과 우정을 토대로, 발레스로부터 콘타리니와 퀼른까지 남유럽의 가장 창의적인 마음을 가진 사람들을 끌어들였다. 또 그는 건강 문제로 경건에 관한 책을 쓰진 못했지만, 일반적으로 그의 시대에 가장 사색적인 성직자들 중의 한 명으로 알려졌다. 구교에 진정으로 남기 원하는 개혁자들을 이끄는 사람으로서 그의 경쟁자는 아마 마그리트 앙굴렘뿐이었을 것이다. 그리고 그녀가 여자였다는 사실과 그녀가 프랑스 사람이었다는 사실 중 어느 것이 그녀가 교황이 되는 데에 있어 걸림돌이었는지는 논쟁의 여지가 있다.

그러나 폴은 실패했다. 추기경들의 교황 선거의 첫 번째 투표에서 그는 과반수에서 네 표가 부족했다. 두 번째 투표에서 카라파가 이 잉글랜드인이 이교도로 드러났다고 주장하는 서류철을 흔들면서 극적으로 개입했다. 그럼에도 불

---

30) H. Jedin, "The Blind 'Doctor Scotus," *JEH* 1(1950), pp. 76-84 중 81-83.

구하고 교황의 투표는 개시되었고, 이번에는 한 표가 부족하게 되었다. 그러나 이제 절차들이 장시간 연장되었고(이것은 교황 역사상 가장 긴 추기경단 회의였다), 폴은 그러한 험한 분위기 속에서 얼굴을 맞대고 논쟁할 만큼 비위가 좋지 않았다. 그는 기회를 붙드는 대신에, 다시 한 번 그 중대한 국면에서 물러났다. 새롭게 교황으로 선출된 율리우스 3세는 카라파와 특별한 친구관계도 아니고 개혁을 위한 위대한 비전도 가지고 있지 않은 이탈리아 출신 교황의 문관 중 한 명이었다. 1550년 2월 8일 율리우스를 선출한 추기경단 회의에서 에라스무스가 추구했던 것과 같은 종교개혁의 마지막 기회가 사라져 버렸다.[31]

5. 제네바의 칼빈: 뮌스터 사건에 대한 개혁자의 대답

가톨릭교회의 반종교개혁의 관습과 신앙의 체계를 입법화하기 위해 시작된 최초의 트리엔트공의회의 회기 동안, 존 칼빈은 개혁된 가톨릭교회로 비춰질 만한 실제적인 모델을 만들기 시작했다. 그것은 거의 3년 간의 슈트라스부르크에서의 망명 이후 제네바로 돌아온 1541년부터인 것으로 기억된다. 그의 임무는 1536년판『기독교 강요』로부터 개혁파 신학에 관한 짜임새 있는 제안을 단순히 확장하는 것이 아니었다. 그는 루터와는 현저하게 대조적으로, 어떻게 교회가 조직되어야 하는지에 대해 정확하고 자세한 관심을 가지고 있었다. 그리고 이제 그는, 재세례파가 뮌스터에서 1534년에 누렸던 것처럼, 제네바에서 그의 사상들을 시험해 볼 기회를 가졌다. 칼빈의 관심은 교회조직을 자신들의 통제하에 확실하게 하려는 제네바 지도층의 관심과 대등한 수준이 되었다. 그 어느 쪽도 자신의 목표를 완전히 성취하지는 못했지만, 시 당국자들이 1541년 칼빈에게 기안하도록 한 교회법(Ecclesiastical Ordinance)에서 구현된 창조적인 긴장이 대륙 전역에 걸친 반향을 가지게 되었다. 칼빈은 부처의 슈트라스부르크에서 그의 모델을 기안했고, 망명 기간 동안의 관찰을 통해 강화했다. 부처는 그곳에서 시 당국과 자신만의 긴장과 좌절을 경험했지만, 칼빈은 그 도시의 위계질서에 따라 당국자들의 위계질서를 형성하는 제네바교회를 위해 의사결정 및 훈육 기구를 세우는 것에 있어, 부처보다 훨씬 더 발전할 수 있었다. 이것은 루

---

31) 이 중요한 순간에 대한 보다 자세한 설명을 위해서는 T F. Mayer, *Cardinal Pole in European Context: A Via Media in the Reformation* (Aldershot, 2000), sections IV과 V를 보라.

터와 멜랑히톤이 취한 급진적이고 혼란스런 방향과는 달리(3장, p. 231; 4장, p. 241), 교회에 관한 두 왕국 이론의 일관성 있는 적용이었다.

교회법에 따라 제네바 교회를 조직하기 위해 칼빈은 신약성경이 목사, 교사, 장로, 집사의 4가지 직분을 나타낸다는 부처의 주장을 차용했다. 칼빈은 그것의 기능이 적절히 수행되는 한, 이 4직분 체제의 형태 자체에 관해 특별히 염려하지는 않았다. 그의 후계자들은 그보다 형식에 대해 보다 이론적이어서 제네바에서 행해진 것들을 그대로 모방하려고 노력했다. 목사는 중세의 교구 사제나 주교에 의해 수행되었던 평신도 관리 같은 일반적인 사역을 수행했고, 교사는 성경에 관한 최고의 학문적 연구를 추구하는 것까지 해서 모든 수준의 가르침을 책임졌다(스스로 어떤 교회의 사제나 사역자로 결코 서품을 받은 적이 없는 칼빈은 주로 자신을 교사와 동일시했다). 칼빈 자신 속에서 주목해 볼 수 있듯이, 사역 속에서 서로 밀접하게 가까운 목사와 선임 교사는 목사회(Company of Pastors)를 구성했다. 장로는 교회의 권징을 담당했다. 그 기능을 부처는 너무나 중요하게 생각해서 그것을 참된 교회의 세 번째 표지로 선언했다(4장, p. 262). 부처는 『올바른 목회학』(*Von der wahren Seelsorge*, 1538)에서 그와 같은 장로직의 확립을 옹호했다.

따라서 칼빈은 부처가 슈트라스부르크 의회의 반대에 부딪혀서 이루지 못한 일을 할 수 있게 되었다. 즉 그는 목사와 장로가 권징을 시행하기 위해 조직된 위원회와 더불어, 시 전반에 장로 직분의 기능을 확립했다. 칼빈은 이것을 단순한 교회 조례로 간주하지 않고, 이 위원회를 '교회회의'(Consistory, 종교법원)라고 이름지었다. 이것은 세속법정의 건조한 법적 의무와는 다른 종류의 권위를 행사하는 것으로서, 깨어진 이웃 또는 결혼관계에 있는 사람들에게 충고도 하고 안내도 하는 그런 것을 의미했다. 마찬가지로 집사는 네 번째 성경적 직분으로, 교회회의의 권고에 따라 기독교인의 사랑을 실천했다. 그들은 자애로운 구제, 행정적 또는 실무적인 일과 같은, 사도행전에서 집사들을 위해 묘사된 기능을 맡았다. 경건한 수도회나 협회에 의해 운영되는 중세의 구제사업의 구조가 종교개혁에서 복합적으로 와해되었을 때, 집사의 기능은 아주 필수적인 것이 되었다. 칼빈은 또한 행동을 통해 사랑을 나타내는 것을 집사의 역할로 보았다. 따라서 매우 실질적이고 실제적인 그들의 활동은 종종 기독교인들의 예배 활동과 밀접하게 연결되어 있었다. 그의 사후에 자선활동에 관한 진지한 규정이 확립되었는데, 이 관계는 제네바교회의 예전에 나타나 있다.

제5장 유예된 재연합: 가톨릭과 개신교(1530-1560)

따라서 교회법에서 만들어진 권력의 균형은 흥미롭게도 미묘했다. 그것은 제네바가, 재세례파가 왕성했던 시기에 뮌스터에서 그랬던 것처럼, 이주자들의 종교적인 열정에 의해 압도당했다는 사실을 반영했다. 이주해 온 수백 명의 일반 평신도들은 별도로 하고, 그 도시의 모든 사역자들이 이주자들이었고, 대부분 프랑스 출신이었다. 사실 1540년대와 1594년 사이에 놀랍게도 제네바의 사역자들 중에는 제네바 출신이 단 한 명도 없었다. 그렇지만 칼빈의 복음주의 메시지는 베른트 로트만(Bernd Rothmann)과 얀 마티즈준(Jan Matthijszoon)의 메시지가 그러했던 것보다, 현존하던 정치 권력에 훨씬 더 깊은 영향을 끼쳤다. 제네바 지배계층의 시 당국자들은 뮌스터의 그들과는 대조적으로, 이주자들이 권위에 도전하는 것을 단호히 거부했다. 그들은 이미 사보이로부터의 독립투쟁 이후에, 그 도시를 위한 시민 기구를 발전시킨 적이 있었기 때문에, 그들만의 고유한 입헌기구를 만들어 냈다. 그들은 의사결정을 하는 위원회들에 대한 하나의 위계질서를 만들었고, 실제적인 권력은 가장 작고 가장 배타적인 '24인 위원회'(the Council of 24)가 쥐고 있었다. 그들은 최초로 제네바의 시민권은 전적으로 그 땅 태생으로 제한되며, 단지 시민들만 24인 위원회의 회원 또는 그것과 관련된 주요 관리들이 될 수 있다고 했다. 그러나 외지인들로부터의 불만을 순화시키고, 제네바 사회에서 이주자들에게 적절한 몫을 주기 위해 위원회 의원들은 또한 '부르주아'(bourgeois) 집단을 만들었다. 그것은 규모는 더 크고 권력은 다소 약한, 60명에서 100명으로 구성되었는데, 시 위원회의 선거와 회원권에 대해 시민들과 더불어 합법적으로 참여할 수 있었다. 칼빈도 그가 시의 자랑스러운 새로운 고등교육기관인 '아카데미'(Academy)를 맡게 된 때인 1559년에서야 단지 이 부르주아와의 지위를 얻었다는 것은 주목할만한 사실이다. 그 때까지 그는 단지 제네바에 살고 있는 제3의 그리고 수 많은 낯선 사람들의 범주에 속한, 정치적인 자격이 없는 이주한 '거주자들'(habitants)의 한 명이었다. 그러나 그것이 그가 제네바에서 세력 기반을 구축하는 것을 막지는 못했다.

1541년부터 시민정부의 위원회 권력구조가 칼빈이 교회를 위해 세운 목사회와 장로회 그리고 집사회 형태의 제도와 나란히 병립되었다. 교회직분 조례에서는 모든 시민위원들이 장로를 피택하는 일에 발언권을 가지며, 반대로 목사를 선출하는 데는, 비록 공의회와 의회 원로들의 검증을 받아야 했지만, 그 주도권은 목회자 자신들에게 맡겨야 한다는 것을 조심스럽게 밝히고 있다. 그 후 제네바의 목회사역에서 칼빈은 하나님께서 교회직분을 세우도록 명백하게 허락하셨다는 확신을 가지고 자신의 영속적인 교회 공동체의 틀을 잡았다. 칼빈과 부처는 결국 하나님께서 스스로 사중적 사역 속에서 교회의 행정을 위한 네 가지 기능을 제공하셨다는 것을 나타내 보였다. 사역의 형태들 속에서 견고한 자기 확신을 발전시키는 것과, 그리고 시민공화국에 대한 독립적인 태도를 유지하는 것에서 하나님의 위임보다 더 좋은 근거는 무엇인가? 칼빈의 이 제도는 독일에서 동시적으로 생겨난 루터의 유효한 성직제도, 즉 선출된 시의회 관료 제후들이 동시에 또 다른 관리를 선출하도록 하는 것과는 큰 차이가 있었다. 그것은 사실 옛 서방교회의 고위 성직자 제도에 훨씬 더 가까운 것이었다.

왜 '두 왕국' 이론이 1540년대의 제네바 상황에서 그토록 생생하게 표현되었는지가 명백해져야 한다. 시 정부의 최고위층에는 현지 태생 귀족 계급의 소수 엘리트가 있었다. 반면 교회행정의 수반에는 프랑스에서 이민 온 매우 경건한 일부 사람들 중 소수의 망명 엘리트들이 있었다. 그들은 신앙을 위한 경건한 망명자들로서 제네바에 있는 다수의 이민자들에 의해 지지를 받았다. 그럼에도 불구하고 이같은 제네바의 독특한 정치상황으로 인해 교회구조는 칼빈의 독립적인 교회제도가 추앙을 받는 곳은 어디에서든지, 비록 그 제도에 대한 원래의 이유가 전혀 현존하고 있지 않음에도 불구하고, 전 유럽에 걸쳐 모방되었다. 세속 권력이 다스리는 전체 백성을 목회하기를 열망하며, 동시에 세속 권력과 나란히 존재하되, 필요한 경우에는 세속 권력을 비판할 수 있는 권리를 하나님이 주셨다고 여기는 교회의 모습은 전투적인 가톨릭교회의 강력한 표현이다. 만일 교회가 세속 권력과 독립적으로 형성되었다면, 이와 같은 전투적인 교회가 될 수 있었을지도 모르지만, 당시에는 그렇지 못했다.

비록 교회법이 칼빈과 24인 위원회 간의 합의점(마지막에 위원회가 교회에 대한 자신의 위치를 증진시키기 위해 주장한 수정조항을 포함함)을 나타내고 있기는 하지만, 여전히 긴장은 지속되었다. 바젤의 요하네스 외콜람파디우스에 의해 제기된 하나의 제도적인 문제는 권력이 존재하는 개혁파교회들에 있어 중요한 시금석으로 남아 있었다. 누가 교회 회원을 출회시키는 권리를 소유하는가? 교회회의(Consistory) 같은 교회 자체의 징계 기관들인가, 아니면 시 당국자들인가? 칼빈은 교회법이 출회의 권리를 시의 손에 넘겼다고 인정하는 것을 완고하게 거절했다. 그리고 그에게는 그가 다시 돌아오도록 애쓴 시민들 중 일부를 점차 화나게 했던 많은 사역의 특징이 있었다. 제네바의 유산에 대해 자부심을 가졌던 그들은 그 도시 자체의 성인인 클라우드(Claude)라는 이름을 그 도시에서 세례를 받는 아기들에게 사용하기 원했다. 그러나 칼빈은 우상숭배에 대한 혐오감 때문에 이를 금지했고, 시민들은 이에 대해 격노했다. 이에 따라 사역자들이 세례반에서 이 이름과 다른 미신적인 이름들을 수여하기를 거절했을 때, 수많은 추한 장면들이 나타났다.[32]

시의 반대파들은 오랜 동안 세력이 약해진 가톨릭에서보다, 종교개혁이 이같이 정치적으로 흘러가서는 안된다고 생각했던 복음주의자에게서 훨씬 더 많이 나타났다. 시 당국의 상류층 인사들은 제네바에서 포악한 주교와 외국인 군주를 축출하기 위해 혁명을 단행했지만, 오히려 그들은 교회규율에 복종할 수밖에 없었던 몇몇 굴욕적인 특별한 조처로 인해, 일단의 외국 성직자들에게지 배를 받는 신세가 되었다. 칼빈은 모욕적인 별명을 만들어 내는 재능을 가졌고, 이 애매한 반대자들을 불명예스러운 반향을 가진 '자유파'(Libertines)라고 명명했다. 그것은 그가 보기에, 대적자들이 아무 필요도 없는 자유를 추구한다는 생각을 했기 때문이다. 아마도 많은 사람들은 그를 싫어했기 때문에 반대했다고 결론지을 수 있을 것이다. 만약 어떤 사람이 마틴 루터의 일행들 속에서 즐거운 밤의 외출을 기대하는 것은 합리적인 것이지만, 제네바 시민들이 춤추는 것을 멈추게 하고자 했던 내향적인 이 프랑스 출신 망명자에 대해서도 똑같이 말할 수는 없다. 칼빈은 그의 젊은 날부터 몸이 약했고, 쾌활한 성향도 아니었다. 그가 이따금씩 쇠고리 던지기를 몇 번씩 한다는 사실을 제외한다면, 그의 유일한 시시한 탐닉은 20세기 잉글랜드의 어린 학생들에게 동전 밀어내기로 알려진 게임이었다.[33] 그러나 그는 하나님의 뜻을 행하고 있다는 사실과 자신을 동일시할 수 있는 자기만의 방식을 즐겼다.

제네바 출신의 일부 영향력 있는 사람들의 강한 정치적인 반대 외에도, 칼빈은 이주자 공동체 내의 몇몇 개인들로부터도 도전을 받았다. 그들은 매우 강력한 의견을 가진 독립적인 성향의 논리적인 사람들이었다. 초기의 그런 사람들 중 한 사람이 사보야르 세바스티엔 샤테이용(Savoyard Sébastien Châteillon, 이제 더욱 일반적으로 세바스티안 카스텔리오[Sebastian Castellio]로 불리는)이었다. 그는 상당한 수준의 성경학자로, 1541년 칼빈이 슈트라스부르크에서 제네바의 시립 전문대학(프랑스의 마을과 도시들에 있는 것들과 같은 학교: 4장, p. 282 을 보라)의 학장으로 임명하기 위해 데려온 인물이었다. 카스텔리오는 수많은 성경과 신학상의 문제

---

32) W. G. Naphy, "Baptisms, Church Riots and Social Unrest in Calvin's Geneva," *SCJ* 26 (1995), pp. 87-97.
33) J. Wilkinson, *The Medical History of the Reformers* (Edinburgh, 2001), p. 62.

들에 관해서 자신의 입장을 표명했다. 칼빈에게 있어 가장 꺼려하는 것 중의 하나는 구약의 연애시인 아가서를 정경으로 받아들이는 것에 대한 그의 거절이었다. 칼빈은 아가서의 정경성을 변호하는 데 단호했다. 그의 신학은 하나님의 말씀에 대한 계시는 성경 안에 확정적으로 내포되어 있다는 원칙 위에 세워졌다. 그리고 루터와는 달리 칼빈은 성경 안에 계시된 말씀을 체계화시킬 준비가 되어 있지 않았다. 아무리 아가서가 신통치 않은 관능적인 서정시로 보인다고 해도 성경은 하나님이 정하시는 문제에 해당한다.

그러나 이것은 정경의 범주가 초대교회에서 어떻게 결정되었는지에 대한 역사적 관점의 감각을 지닌 인문주의자인 칼빈이 기꺼이 인식했던 것과 같은 문제를 야기시켰다. 어느 시점에 교회는 무엇이 성경에 들어가야 하고 무엇이 들어가지 않아야 하는지를 결정했다. 카스텔리오의 견해에 대한 정죄를 확실하게 하기 위해, 칼빈은 교회의 전통에 관해 새롭게 말해야만 했다. "우리의 최초의 변명과 탄원은 전체 교회가 제시한 오래된 해석을 성급하게 거절하지 않아야 한다는 것이다." 이때는 트리엔트공의회가 그와 같은 오래된 해석을 성경본문과 더불어 신적 계시의 동등한 원천으로 삼기 2년 전이었다.[34] 그럼에도 불구하고 변명과 탄원에 대한 그의 모든 말에 대해 시 당국자들의 지지를 얻게 되자, 칼빈은 카스텔리오에게 제네바를 떠나도록 강요했다. 분노한 사보야르는 궁극적으로 시와 교회 당국자의 칼빈에 대한 혐오가 극에 달했던 바젤에 거처를 정했다.

칼빈은 한 프랑스 출신 망명 신학자이자, 카르멜 탁발수도사였던 제롬 볼섹(Jérôme Bolsec)으로부터 또 다른 도전을 받았다. 그는 1551년 목사회에서 대담하게 행해진 한 강의에서 칼빈이 만든 구원과 유기(정죄)에 대한 이중예정론이 하나님을 폭군이요, 죄의 조성자로 만들었다고 선언함으로써, 칼빈의 예정론을 걸고 넘어졌다. 여기서 칼빈은 불확실한 토대 위에 서 있었다. 하나님의 은혜로 말미암아 믿음으로 의롭게 되는 것에 관한 루터의 최초의 선언부터, 그 교리의 논리적 귀결이 인간의 구원과 정죄에 관한 신적 예정인지 명백해져야 했지만, 많은 개신교도들은 그 논리를 따를 준비가 전혀 되어 있지 않았다. 루터피 사람들 중에서 필립 멜랑히톤은 예정과 누에의지론에 대한 루터의 주장을 열정적으로 반복함으로서 개혁자로서의 그의 경력을 쌓아갔다. 그러나 성만찬

---

34) G. R. Potter and M. Greengrass (eds.), *John Calvin: Documents of Modern History* (London, 1983), p. 101.

에 관해서는 다른 생각을 가졌다. 1520년대 후기부터 예정에 관한 부적절한 교훈이 하나님을 죄의 조성자로 제시할 뿐만 아니라, 기독교를 스토아철학과 마니교와 같이 이방의 결정론적 철학과 인간의 무기력함에 가깝도록 이끌어 버렸다.

그래서 그는 1527년경부터 다양한 저서에서, 특별히 엄청난 영향력을 가진 신학교재인『신학총론』의 1535년 이후의 계속되는 개정판들 속에서, 한 걸음 뒤로 물러나 예정론의 개념에 대해 공개적으로 수정하기 시작했다. 그는 구원을 받고 천국으로 간 사람들을 하나님이 '부르셨고'(called), 하나님의 자비가 인간으로 하여금 은혜를 받아들이도록 허락하신다고 말하는 것을 선호했다. 그는 이와 같은 움직임을 공로주의나 칭의의 원인으로 다루지 않았다. 1530년에 이미 멜랑히톤은 실제적으로 아우크스부르크신앙고백을 기안할 때 예정에 관한 모든 언급을 제외시켜 버렸다.[35] 마찬가지로 취리히와 베른의 개신교 신학자들도 1540년대 칼빈이 출간한 작품 속에 나타난 예정론에 관한 지나친 설명에 대해 불만스러워했다. 따라서 칼빈은 그가 원하는 만큼 볼섹을 몰아 붙이지는 못했다. 그러나 그는 시 당국자들에게 볼섹이 시를 떠나야 함을 확실하게 했다. 볼섹은 용서하지도 잊어버리지도 않았고, 그의 남은 생애를 예정론과 칼빈을 공격하는 데 헌신했다. 늘그막에 다시 로마 가톨릭의 회원이 된 그는 칼빈과 그의 후계자 티오도르 베자(Theodore Beza)를 부도덕하게 매도하는 악의에 찬 전기(anti-biography)를 출간함으로써 복수했다.

볼섹의 도전은, 예정에 관한 칼빈의 견해들에 대한 수많은 비평들 중 단지 하나일 뿐이었다(카스텔리오 또한 칼빈의 접근 방법에 대한 비평을 출간했다). 예정에 대한 사상은『기독교 강요』의 1536년 초판에는 거의 나타나지 않았다. 그러나 하나님의 위엄에 관한 칼빈의 어거스틴 계통 신학은 그에게 1539년 이후의 개정판들 속에서 그 사상을 탐구할 여지를 만들어 주었다. 그는 부처가 그의 성경주석들에서 상세하게 논한 구원받은 자와 구원받지 못한 자에 대한 사상에 크게 영향을 받았다. 그러나 비록 일부 그의 개혁파 후계자들에게서 그것이 종종 그렇게 보인다고 해서, 칼빈신학에서 예정론이 지배적인 사상이라고 보는 것은 실수이다. 차라리 이것은 인간의 삶과 경험의 모든 측면에서 모든 것을 포용하는 하나님의 섭리를 반드시 선포해야 한다는 칼빈의 확신의 일부분이

---

35) G. B. Graybill, "The Evolution of Philipp Melanchthon's Thought on Free Will," Oxford University D.Phil. thesis, 2002, pp. 157-58, 168, 211, 226.

다. 칼빈이 섭리에 대해 긍정적이고 고무적인 논의를 했듯이, 그의 『기독교 강요』를 계속적으로 수정해가는 과정에서 이중예정론을 발전시켰던 것이다. 그렇지만 예정은 그에게 하나 이상의 연결고리를 만들어 주었다. 그것은 또한 교회에 대한 그의 신학과 재세례파에 대한 그의 염려, 그리고 20년 후의 그의 모호한 입장(종교개혁이 이전까지는 달리 하나님의 섭리에 따라 움직이지 않는 것 같다는)과 밀접하게 연계되어 있었다. 『기독교 강요』의 최종판에서 예정에 관한 그의 토의는 다음과 같은 애매모호한 말로 시작한다. 즉 "실제로 생명의 언약이 모든 사람들 가운데 똑같이 들려지는 것은 아니다. 그리고 그것을 들은 사람들 가운데서도 이것이 항시적으로 또는 동일한 수준의 똑같은 반응을 얻는 것도 아니다."[36]

하나님께서는 그러한 겉으로 보기에 실망스런 결과를 분명히 예견하셨고, 그리고 실제 하나님은 구약성경에서 이스라엘 백성들과 자신의 관계에서 어떻게 자기 백성을 선택하시는지에 대해 하나의 모델을 제공해 주셨다. 이스라엘이라는 주제는 칼빈에게 매우 중요한 것이 되었다. 왜냐하면 그것이 교회에 관한 그의 견해를 발전시키는 데 도움을 주었고, 급진주의자들, 특히 재세례파 사람들의 기소와 제네바 교회와 같이 국가가 후원하는 교회, 곧 그 시의 모든 종류의 사람들이 다 모이는 교회는 참된 교회가 될 수 없다는 항의에 답하도록 도왔기 때문이다. 칼빈과 마찬가지로, 재세례파 역시 하나님이 그렇게 계획하셨기 때문에 하나님의 메시지를 듣는 사람이 거의 없는 것은 놀라운 일이 아니라고 말할 수 있었을 것이다. 그러나 이에 대한 재세례파의 추론은 참된 교회는 말씀에 귀를 기울이는 소수의 모임이어야 한다는 것이었다. 그러나 칼빈은 구약성경 속의 이스라엘을 바라보면서, 다른 결론에 이르렀다. 이스라엘은 구약성경 속에서 참된 교회와 같은 것이었다. 이스라엘은 언약에 근거한 선택받은 나라였다. 이스라엘에 있는 모든 사람이 선택받은 사람이었다. 그들은 '일반적인 선택'을 향유했다. 그러나 모든 이스라엘 사람들이 하나님의 명령을 따른 것은 아니었다. 그리고 또한 "우리는 이제 반드시 두 번째의 보다 제한된 수준의 선택을 더해야 한다…하나님은 동일한 아브라함의 후손 중에서 일부를 거절하셨지만, 교회 안에서 그들을 돌보심으로 그의 아들 중 다른 이들을 보호하신다는 것을 보여주셨다."[37] 따라서 이스라엘은 혼합된 교회였기에, 역시 그

---

36) Calvin, McNeill, and Battles (eds.), *Institutes*, p. 920 [*Institutes* III.xxi.i].
37) Ibid., p. 929 [*Institutes* III.xxi.6.].

제5장 유예된 재연합: 가톨릭과 개신교(1530-1560)   341

리스도의 신약교회도 그러하다는 것이다. 즉 재세례파들이 오해하고 있다는 것이다.

칼빈은 신적 예정론의 결정주의가 인간에게는 '실로 두려운 것이다'라는 것을 분명히 알렸다. 게다가 예정론을 주장하는 대부분의 신자들처럼(루터와 어거스틴을 포함해서), 그는 단지 소수만 구원받을 수 있다고 생각했다. 선택받은 자들에게 그들이 선택받은 상태에 대해 감사할 더 많은 이유를 주시기 위해 이것을 하나님이 정하셨다고 관찰했던 사람은 칼빈이 아니라 어거스틴이었다. 어거스틴은 그가 말년에 거칠게 쓴 반 펠라기우스 작품들 중 하나에서 위와 같이 말했다.[38] 칼빈은 구원받은 자의 비율에 관한 숫자를 제시할 준비가 전혀 되어 있지 않았다. 그의 글에 나타나는 예상치는 그의 습관적인 예상치인 100명 중의 한 명으로부터 20명 중의 한 명, 또는 심지어 보다 관대하게 5명 중의 한 명까지 다양했다. 그는 또한 사람들이 자기 자신의 선택에 대해서 확신할 수 있다고 말하는 것을 조심스러워 했고, 선택받은 사람들 중에서 다른 사람들을 확인하게 했다.[39] 그는 예정에 관해서 자기와 불일치했던 관료적 종교개혁의 지도자들을 가차없이 비난했다. 그는 일반적인 출판물에서 직접 거명하는 것을 피했지만, 많은 사람이 『기독교 강요』에서 그에게 반대하는 취리히의 신학자들이나 멜랑히톤에 대한 그의 공격을 인식할 수 있었다. 칼빈은 점성술의 대안적 결정주의를 강력하게 공격하는 글을 쓰는 것을 특별히 즐겼음이 분명하다. 왜냐하면 멜랑히톤이 하나님의 목적을 위해 자연 속에 있는 하늘의 진열장으로서의 점성술에 상당히 심취하였다는 사실로 악명 높았기 때문이다. 비텐베르크의 인문주의자는 심지어 그가 배를 타고 발틱 해를 지나는 것에 경고를 한 천궁도를 따라서 커다란 개인 창고를 짓기도 했다.[40]

칼빈이 직면한 가장 극적인 도전은 앞서 살펴본 바 있는 나바르에서 온 독자

---

38) H. Davies, *The Vigilant God: Providence in the Thought of Augustine, Aquinas, Calvin and Barth* (New York, 1992), pp. 37-38. Cf. Calvin, McNeill, and Battles (eds.), *Institutes*, p. 955 [*Institutes* III.xxiii.7.]; 루터도 비슷하나 이중 예정에 대한 공격을 수용하는 의견들로 인용되는 빈도수가 작다. J. I. Packer and O. R. Johnston (eds.), *Martin Luther: The Bondage of the Will* (London, 1957), p. 217; WA, xviii, p. 719을 참조하라.

39) 비율에 관해서는 Calvin, McNeill, and Battles (eds.), *Institutes*, pp. 47, 61, 868 [*Institutes* I.iv.i;I.v.8; III.xx.14]; ibid., p. 979 [III.xxiv.12]; Naphy, *Documents*, p. 53 을 각각 보라.

40) E. Cameron, "Philipp Melanchthon: Image and Substance", *JEH* 48(1997), pp. 705-22 중 711-12; cf. Calvin, McNeill, and Battles (eds.), *Institutes*, p. 201 [*Institutes* I.xvi.3]. 칼빈과 멜랑히톤과의 관계에 관해서는 Graybill, "Melanchthon and Free Will", pp. 218-21을 보라.

노선의 사상가 마이클 세르베투스(Michael Servetus)에게서 왔다(4장, p. 271). 세르베투스는 1546년부터 프랑스 남부에서 칼빈과 서신을 주고받기 시작했고, 신학에 관한 그의 최고의 작품인 『기독교의 회복』(Restoration of Christianity, Christianismi Restitutio)의 초기 필사본들을 보내기도 했다. 『기독교의 회복』이라는 제목은 명백하게 칼빈 자신의 『기독교 강요』에 대한 대담한 도전이었다. 16세기에 급진주의자들에 대한 소송이 반복될 때에 세르베투스의 의학적인 전문성은 오랫동안 그를 보호했다. 비엔나 대주교의 개인 의사로서, 그리고 수석 성직자의 호의를 누리면서 그는 1553년 근처에 있는 리용에서 비밀리에 『기독교의 회복』이란 책을 인쇄할 수 있었다. 이제 기독교 전체의 부도덕함에 대한 폭로가 시작된 것이다. 리용에 있는 종교재판소가 세르베투스를 체포했지만, 유죄에 대한 문서상의 증거가 제네바에 있는 칼빈의 문서체계에 아직 도달하지 않았다. 곧(비록 칼빈은 항상 직접적인 관여는 부인하지만) 그 증거는 리용의 종교재판소에서 처리되었으며, 세르베투스는 정죄를 당했다. 그런 다음 그는 화형대에서 그 사건에 관한 결의문을 교묘히 꾸며 종교재판소를 속여 도망쳤다. 그는 프랑스 국경을 지나 제네바로 여행했고, 그곳에서 칼빈이 설교하는 교회에서 자신을 나타내는 아주 큰 어리석음을 범하고 말았다. 아마도 그는 그 도시에서 칼빈에 대항하는 투쟁적인 시도를 결집시키는 계기로 간주하고 그런 행동을 했겠지만, 그것은 고사하고 가련한 생이 끝나갔다.

칼빈은 세르베투스가 죽어야 한다는 것에 대해 리용에 있는 로마 가톨릭의 종교재판관들이나 로마에 있는 적그리스도인 교황만큼이나 명확했다. 제네바 시 당국자들은 그 이교도의 운명을 전통방식인 화형으로 결정했다. 비록 칼빈은 보다 자비로운 즉결처형의 방법을 선호했지만, 1553년 10월 27일의 화형에 대해 반대하지는 않았다. 여기에는 기독교 세계가 위협 아래 놓여 있다는 자신의 느낌과는 별도로, 어떤 정치적인 고려가 있었다. 자비를 보이는 것은 연약함을 보여주는 것이고, 그들이 승리할 수 있다는 여지를 남기는 것으로 제네바에 있는 그의 적들을 격려하는 것일 수도 있다. 그는 그 처형에 관해서 개신교도들 가운데서 신중한 국제조사가 있을 것이라고 확실히 했다. 결국 단순히 그 도시를 통과해서 지나가는 어떤 사람을 화형시키는 것에 대한 적법성이 즉각적으로 명백해지지는 않았다.

대체로 칼빈은 견고한 지지를 확보했다. 취리히의 불링거, 멜랑히톤과 같은 루터파들, 그리고 뷔르템베르그의 종교지도자 요한 브렌츠(Johann Brenz) 등이

제5장 유예된 재연합: 가톨릭과 개신교(1530-1560)

가장 현저하게 호의적인 대변자들이었다. 가장 불일치하는 소음은 바젤에서부터 나왔다. 그곳에서 신랄한 풍자를 담은 한 익명의 소책자는 제네바의 교회를 '불꽃과 더불어 좋은 소식'을 선포하는 것으로 묘사했다.[41] 세바스티안 카스텔리오는 이 화형사건에 대해 그 잔인함과 비관용에 대해 격노했다. 그리고 그는 바젤시 당국자들의 의도적인 묵인하에 관용이라는 주제에 관해 예리한 글을 썼다. 그의 작품은 이교도를 박해하는 원칙에 대한 반론에서 바젤의 가장 대표적인 것이 되었다. 칼빈은 계속해서 카스텔리오가 모든 유럽에서 가장 위험한 적이라고 느꼈다. 카스텔리오의 사상은 제네바를 개혁주의 실행의 등대로 만들기 위해 행했던 모든 것을 되돌릴 수도 있었다. 제네바는 그를 침묵시키고 그의 명성을 무너뜨리는 데 안간힘을 썼다.[42]

그러나 바젤도 칼빈을 공식적으로 정죄하지는 않았다. 세르베투스의 화형은 제네바 자체에서 뿐만 아니라 유럽 전역에 걸쳐 그의 입지를 강화시켰다. 그가 많은 개혁자들 중에 한 개혁자로서가 아닌, 종교개혁 이후 개신교에서 그토록 중요한 대변자로 널리 인식되기 시작한 것은 바로 이때부터였다. 그는 보편적 기독교의 방어자로서의 그의 진지함을 드러내 보였던 것이다. 그의 승리는 세르베투스의 『기독교의 회복』에 대한 억압이 거의 로마 종교재판소의 『그리스도의 은혜』(*Beneficio di Cristo*)에 대한 억압만큼이나 철저했다는 사실에 의해 상징화되었다. 『그리스도의 은혜』의 초판본은 단 3권만이 세상에 있는데, 그 중 한 권은 이전에 칼빈의 동료 목사들 중 한 사람이 소유했던 것이다.[43] 제네바에서는 칼빈이 1553년에 스스로 만든 심각한 위기가 다음 2년 동안 계속해서 극도로 악화되었는데, 그때에는 그에 대한 지지가 시의 엘리트 계층까지 확대되는 엄청난 성공과 함께, 이에 격분한 반대자들을 공개적인 대결로 내몰던 때였다. 칼빈은 쾌재를 부르면서 이것을 쿠데타로 파악했다. 제네바에서 피하지 않고 있었던 4명의 주요 반대자들이 참수를 당했고, 그들의 패배, 곧 칼빈의 승리는 하나님의 승리로 표명되었다. 희생자들 중 한 명의 잘려나간 머리 위로 다음과 같은 말이 선명하게 새겨졌다.

---

41) *Apologia of Aiphonsus Lyncurius*, quoted by M. A. Overell, "The Exploitation of Francesco Spiera," SCJ 26 (1995), 619-37 중 631. Williams, *Radical Reformation*, pp. 623-4n은 세르베투스를 공개적으로 변호했던 이탈리아의 법률가 마테오 그리발디(Matteo Gribaldi)에 관한 이 소책자의 저자를 확정하는 데 강력한 근거를 제공한다.

42) H. R. Guggisberg, "Tolerance and Intolerance in Sixteenth-Century Basel," in Grell and Scribner (eds.), *Tolerance in the Reformation*, pp. 145-63 중 150-61.

43) Pettegree (ed.), *Early Reformation*, p. 225.

불행 가운데 떨어졌구나
하나님보다 사람을 더 사랑했기에
제네바의 클라우드가 그의 목을 가졌으니
이 곳에 높이 못 박을 것이라.[44]

 칼빈은 아주 사려깊고 끈질기고 원칙적인 반대파들에 맞서 승리했는데, 이유는 한편으로는 그가 정치적인 상황을 판단하는 데 능수능란했기 때문이고, 또 다른 한편으로는 그의 궁극적인 제지의 무기, 곧 두 번째로 그 도시를 떠나겠다는 위협 때문이었다(4장, p. 282). 그러나 이 모든 것 중에도 설교가로서의 그의 비범한 능력이 가장 큰 이유였다. 칼빈을 에워쌌던 정치적인 위기들에 집중하는 것은 쉽다. 그의 관점은 달랐다. 그는 결국 목사이기보다 교회의 박사(교사)였고, 설교단에서 그는 하늘을 찌를 듯한 힘이 있었고, 그의 도시의 잘못들에 대해 엄하게 꾸짖었고, 자신의 신앙을 두려움없이 변호했다. 1549년부터 그가 죽기까지 2,000번 정도의 설교(한 주에 두 번 정도)가 두 명의 대서인에 의해 속기로 기록되었는데, 그것 자체로 엄청난 성과였다. 그리고 그것들은 40권의 속기 전질로 기록되었다. 이상하게도 제네바 시 당국자들은 1805년 이들 전질들 중 하나를 팔아버렸고, 그래서 지금까지 그의 설교의 절반만이 재발견되었다. 아무튼 이것은 칼빈의 활동의 핵심을 나타낸다. 이것은 그가 1551년 이후 출간했던 중후한 성경주석집을 근거로 하고 있거나, 그것의 근거를 이루었다. 그리고 그에게 『기독교 강요』는 성경본문에 관한 그의 설교단에서의 고찰을 주제별로 정리한 그의 주석과 쌍벽을 이루는 것이었다(사진 14a 참조).[45]

 칼빈의 설교는, 모든 마지막 음절과 구절의 전환점에서도 그 의미의 마지막 세세한 부분까지 흡수하는, 다른 주석가들이 필적할 수 없을 정도로 하나님의 말씀을 상세한 것까지 집중적으로 고찰하여 전달했다. 1549년부터 1954년까지 행한 사도행전 설교는 189회, 1552년부터 1554년까지 행한 에스겔 설교는 174회, 그리고 1555년부터 1556년까지 행한 신명기 설교는 200회였다.[46] 강력한 결단을 촉구하는 칼빈의 설교로 인해 듣는 이에게 분명한 변화가 있었다. 칼빈과 그를 추종했던 설교자들은 그들의 청중에게 많은 것을 요구했고, 진지하게 그들을 성숙한 신앙인으로 다루었다. 개혁교회의 회중들은 복잡하고 추상적인 재료도 흡수하고 이해하도록 기대되었고, 따라서 교육의 가치를 보도록 권

---

44) Cottret, *Calvin*, p. 199.
45) T. H. L. Parker, *Calvin's Preaching* (Edinburgh, 1992), Ch. 8.
46) T. H. L. Parker, *John Calvin* (Berkhamsted, 1975), p. 109.

장되었다. 물론 그들은 그들의 성경을 알게 되기를 기대했다. 그리고 한 개혁파 출판업자가 전통적인 성경의 매 장마다 절을 부가하여 개별적인 단편들의 경계를 정함으로써 본문에 대한 참고 체계를 만들었다는 사실이 결코 우연의 일치가 아니었다. 이것은 성경 인용구절의 위치를 찾는 것을 훨씬 더 쉽게 만들었다. 경건한 사람들은 논쟁이나 그들의 경건생활에서 성경본문을 인용하는 것을 좋아했다. 이 출판업자는 이전에 프랑스 왕의 공식적인 출판업자였고, 자칭 성경학자인 로버트 에스티엔 스테파누스(Robert Estienne Stephanus)였다. 그는 1551년 왕국에서 도망쳐 나와 칼빈을 따라 제네바로 왔다. 그곳에서 그의 최초의 사업은 절로 구분된 헬라어 성경판본을 출간하는 것이었다. 10년 내에 잉글랜드의 칼빈 추종자는 절로 구분된 '제네바' 영어성경을 출간했다. 그리고 그것은 영어권 세계에서 절찬리에 팔려 나갔다. 심지어 로마 가톨릭도 새로운 도구로 성경을 읽는 것에 익숙해져 갔다(사진 20 참조).

라이덴의 얀은 뮌스터에서 실패한 반면, 칼빈은 제네바에서 성공을 거두었다. 1555년의 쿠데타로 인해 제네바에서 그의 위치는 보장되었고, 몇 년 후인 1559년에 마침내 시 위원회가 그를 새로 설립한 시립 고등교육기관 아카데미(the Academy)의 수반으로 임명하자, 그는 제네바의 '박사들'(Doctors)의 제1인자로 인식되었다. 그것은 1541년 교회 임직규례에 따라 최초로 공표된 계획이었다. 이제 그곳에는 열정적으로 설교할 사역자들을 위한 적절한 훈련학교도 있었다. 그것은 칼빈이 선호한 교회의 통제 아래 있는 대학이 아니었고, 종합대학의 수준에서 요구하는(기본적인 결여는 의학이었다) 전체 과목들의 범주를 가르치지 않았기 때문에, 종합대학이라고 주장할 수는 없었다. 그럼에도 불구하고 아카데미는 그의 사람들을 직원으로 채용하고, 그가 원하는 대로 교과과정을 편성할 수 있었고, 곧 모든 유럽에서 학생들을 모집했다. 교육을 위해 제네바로 가려고 애썼던 스코틀랜드, 잉글랜드, 프랑스와 폴란드에서 온 책임감 있는 젊은이들은, 시간을 거슬러 올라가서 1533년부터 1534년까지 뮌스터를 향한 길에서 북적대던 흥분한 군중들과는 흥미로운 상징적 대조를 이룬다.

6. 칼빈과 성만찬: 개신교의 분열 확정

그리하여 마침내 칼빈이 1550년대에 제네바에서 자기의 입지를 굳히는 동안 성만찬의 본질에 대한 난해한 문제에 대하여 루터파나 비루터파를 향하여 그는 자신의 입장을 분명히 밝히게 되었다. 결국 격한 논쟁이 있은 후에 비루터파 개혁파의 대표자가 되어 버렸다. 마틴 루터와 훌드리히 츠빙글리가 성찬식에서 빵과 포도주가 객관적이고 실질적으로 그리스도의 살과 피로 변하는지에 대해 근본적으로 입장을 달리하면서 이 성찬식 논쟁이 1520년대와 1530년대에 얼마나 큰 분란의 소지가 되었는지는 이미 살펴보았다. 1529년 마부르크에서 극명하게 드러난 이러한 입장 차이는, 어느 편이든 맹목적으로 따르는 것은 원치 않는 개신교도들에게는 큰 관심거리였고, 따라서 츠빙글리의 후계자인 하인리히 불링거와 마틴 부처와 루터의 동료인 필립 멜랑히톤을 위시한 많은 사람들이 그 틈을 메우려고 애를 썼다(5장, p. 322; 4장, p. 251).

개혁파 공교회의 경계선을 규명하려는 시도에 골몰하고 있었던 칼빈은 성찬에 관한 적당한 설명을 교리로 확립하기 위해 많은 애를 써야 했다. 즉 그 문제에 적당한 무게를 부여하면서도 너무 적게 혹은 너무 많게 논하지 않으려 했던 것이다. 그가 처음 직관적으로 깨달은 것은 츠빙글리의 생각이 틀렸다는 것이다. 1550년대 중반 루터파와 격렬한 논쟁을 벌일 때에도 칼빈은 25년 전 루터가 츠빙글리와 외콜람파디우스를 가리켜 '성체는 다 없애고 메마른 상징만' 남겨두었다고 주장하는 것에 감화를 받아 오랜 세월동안 그들의 책을 읽는 것을 피해 왔다고 인정하였다. 칼빈은 성찬에 대한 츠빙글리의 설명에 '지성으로도 도저히 깨달을 수 없고, 입으로도 다 표현 못할' 성찬의 신비를 다 담아내지 못한다고 생각하였다.[47] 그는 교회연합에 실패한 1541년에 중도적인 입장을 밝히기 위해 츠빙글리와 바젤의 외콜람파디우스는 '선을 세우기보다는 악을 타파하는 데 힘을 썼다'고 논문에서 밝혔다.[48]

그러나 츠빙글리의 성만찬에 관한 논쟁을 부적절하게 여긴 칼빈은 1541년 펴낸 소책자에서 루터에게도 역시 맹렬한 비난을 가하였다. 성찬 속에 그리스도의 살과 피가 실제로 존재한다는 루터의 주장에 그는 깊은 반감을 느꼈다. 칼빈이 거기에 왜 그렇게 반발하였는지를 알기 위해서는 그의 몇 가지 다른 신념들을 살펴볼 필요가 있다. 왜냐하면 몇 가지 생각들이 겹쳐 그로 하여금 루터의 성만찬에 관한 신학을 거부하도록 했기 때문이다. 첫 번째는 우상숭배의 위

---

47) Calvin, McNeill, and Battles (eds.), *Institutes*, p. 1367 [*Institutes* IV.xvii.7]. 그의 1550년대의 주석과 관련해서는 Cottret, *Calvin*, p.66을 보라.
48) 주의 만찬에 관한 짧은 논문 (1541), P. Rorem, "Calvin and Bullinger on the Lord's Supper," *Lutheran Quarterly* 2 (1988), pp. 155-84과 357-89 중 156에서 인용.

제5장 유예된 재연합: 가톨릭과 개신교(1530-1560)

험에 대한 칼빈의 극도의 경계심이다. 실제적으로 가시적인 물체에 신경을 쓰다 보면 정작 하나님께 '영과 진리'로 예배드리지 못하게 된다는 것이다. 이것은 칼빈이 『기독교 강요』에서 자주 인용하는 요한복음 4장의 한 구절이다. 물론 츠빙글리도 복음주의가 우상에 대해 벌인 전쟁의 한 선구자이기는 하였다. 하지만 취리히의 복음주의자들은 교회 내부만을 우상으로부터 정화하려고 한 반면, 칼빈은 시각예술 전반에 대해 회의적인 입장을 취했다. 유대교의 주된 전통처럼 그는 하나님의 이미지는 언어에 국한되어야 한다고 믿었다. 언어에서는 얼마든지 마음껏 하나님을 놀랍고 멋지게 묘사해도 된다는 것이다. 예컨대 1556년에 행한 신명기 설교에서 그는 예수 그리스도의 탄생을 통해 하나님이 육신으로 오심을 예수님의 말씀을 인용하여 암탉이 땅으로 허리를 구부리는 것에 비유하였다.[49]

하나님께 예배드리는데 방해가 되는 건 뭐든지 다 피해야 한다는 칼빈의 입장은 너무나 철저하여, 그는 심지어 성모 마리아에게 경의를 표하려는 어떤 시도도 회의적이었다. 이것은 성체 논쟁과 직결되는 문제이다. 왜냐하면 마리아는 그리스도의 성육신의 수단이었으며, 또한 그리스도께서 팔레스타인이라는 한 지역에 지상의 삶을 사시기 위해 살과 피를 가진 육체로 오셨다는 것은 기적의 상징이기 때문이다. 츠빙글리와 루터는 마리아에 대해 진정한 사랑과 존경을 느끼고 감동을 담아 그녀에 대해 글을 썼다. 그리고 그들은 마리아를 성육신의 보증이라 여겼다. 칼빈에게서는 마리아에 대해 그런 존경을 눈곱만큼도 찾아볼 수 없다. 완전히 성경에 대한 인용으로 꽉 차 있는 그의 『기독교 강요』 전체에서 마리아의 송가(Magnificat), 즉 천사 가브리엘이 그녀에게 아기 예수님을 낳게 될 것이라고 알려 주었을 때 마리아가 불렀던 노래에 대한 인용은 아주 짤막하게 한 번 나타날 뿐이다. 루터는 1523년, 마리아에게 '평안할지어다'(Hail Mary)라고 한 가브리엘의 인사는 신앙이 굳건한 사람에게 전혀 위험한 것이 아니라고 기분좋게 논평하였고, 취리히의 교회들은 1563년까지 성찬 때 이 성경적인 인사를 낭송하였다. 하지만 칼빈은 1542년에 이미 그것을 '저주받을 신성모독'으로 비난하였고, 루터가 권장하였던 마리아에 대한 전통적인 호칭들도 함께 신성모독이라고 비난하였다.[50] 그러나 칼빈도 성육신에서 마리아의 역할

---

49) Cottret, *Calvin*, p. 345. 이 이미지는 마 27:37에서 파생된 것이기는 하지만, 여전히 두드러진 각색에 해당한다.

50) *Calvin's Theological Treatises*, vol. 1, pp. 118-20; 이것은 파리대학에 있던 신학박사들에 의해 1542년 3월 10일 제기된 25개 조항에 대한 칼빈의 응수에 해당한다. 루터에 관해서: W. Tappolet with A. Ebneter, *Das Marienlob der Reformatoren: Martin Luther, Johannes Calvin, Huldrych*

을 완전히 무시할 수는 없었다. 왜냐하면 예수님은 '동정녀 마리아에게서 나셨고, 성령에 의해 마리아에게 잉태'되셨기 때문이다. 하지만 그와 그의 후계자들은 사도신경에서 이 부분을 외울 때에도, 그 이상 여기에 머무르면 안된다고 믿었다. 우상숭배가 될 것을 염려해서이다. 따라서 그리스도가 동정녀의 몸을 빌려 육체로 오심을 성찬식에서 경험할 수 있다고 하는 루터의 주장에 칼빈이 동조할 수 없었던 것은 당연한 일이다.

그리하여 비록 칼빈이 자연스럽게 가톨릭의 성육신이라는 교리를 선포하고 싶었지만 마리아가 아군이라기보다는 적군이라는 생각이 들었다. 대신 역사에 대한 인문학적 취미를 갖고 있던 그는 초기 교회의 여러 번에 걸친 공의회에서 해결책을 구했다. 여기서 나온 선언문들의 백미가 451년 칼케돈공의회에서 고심 끝에 입안된 '칼케돈신조'(Chalcedonian Definition)이다. 그리스도는 분리될 수 없는 두 가지 본질을 가지신 한 분이라는 것이다. 즉 그는 하나님의 아들이셔서 삼위일체의 완전한 한 위이시면서, 동시에 팔레스타인에서 태어난 인간 예수라는 것이다. 칼케돈공의회는 개신교도들에게 중요한 의미를 준다. 왜냐하면 개신교는 그것을 성경에 비추어 믿을 만한 최종적 교리를 선포한 최후의 대규모 공의회로 보기 때문이다. 급진파들이 초기 공의회의 결정을 무시한 반면, 주류 개신교들은 더욱 그것을 존중하려 애썼다(제 4장, p. 267). 그리스도의 양성이 분리될 수 없음을 강조한 '칼케돈신조'의 균형이 칼빈에게 매우 중요한 원칙의 틀을 제공해 주었다. '구별은 되지만 분리되지 않는다'(distinctio sed non separatio)는 이 원리는 가톨릭 교리의 균형을 찾아 고심하던 이 신학자에게는 완벽한 모델이 되었다. 예컨대 칼빈은 교회에 대해 말할 때 가시적 교회와 비가시적 교회를 논한다. 선택에 대해서 말할 때는 일반선택과 특별선택을 얘기한다. 그리고 무엇보다도 성만찬에 대한 논쟁에서도 이것을 적용한다.

'구별은 되지만 분리되지 않는다'는 원칙을 마음에 가지고, 칼빈은 실체와 상징을 구별하면서도 분리하지 않으려고 애썼다. 칼빈에 따르면 구교는 실체와 상징을 혼동함으로써 이 원칙을 어겼다. 그래서 오로지 그 배후에 있는 실체에게만 드려야 하는 경배를 단지 상징일 뿐인 빵과 포도주에게 드렸다는 것이다. 루터 또한 실체에 해당되는 속성을 상징에 부여하는 실수를 범하였는데, 특히 성만찬 예식이 행해지는 세계 어디에서나 그리스도의 실제 살과 피가 그곳들

Zwingli, Heinrich Bullinger (Tubingen, 1962), p. 126, 그리고 취리히에 관해서는, G. W. Locher, *Zwingli's Thought: New Perspectives* (Leiden, 1981), p. 60참조.

제5장 유예된 재연합: 가톨릭과 개신교(1530-1560)   349

에 동시다발적으로 편재할 수 있다고 주장했다는 점에서 틀렸다는 것이다. 칼빈은 『기독교 강요』 최종판에서 상당 부분을 할애하여 그리스도의 편재라는 이 교리를 신랄하게 반박했다. 또 한편 츠빙글리에 대해서 칼빈은 그가 현실과 실체를 너무 많이 분리시켰다고 생각하였다. '성체에서는 실체가 상징과 함께 우리에게 주어진다'고 주장함으로써 칼빈은 츠빙글리에 대한 반대를 분명히 표명했다.[51] 결국 그도 히포의 어거스틴에게 회귀하게 된 것인데, 다른 많은 종교개혁자들처럼 그도 '신성한 것에 대한 가시적인 상징' 혹은 '보이지 않는 은혜의 보이는 형태'라고 성만찬에 대해 내린 어거스틴의 고상한 정의에 고마움을 느꼈다.[52]

그러므로 칼빈에게 있어서 빵과 포도주라는 상징은 신자들을 그리스도께 연합시키기 위한 하나님의 은혜의 수단이다. 그래서 브레인 게리쉬는 츠빙글리의 '상징적 기념설'이나, 츠빙글리에게서 조금 교묘하게 벗어난 하인리히 불링거의 '상징적 병행설'(4장, p. 257)과 대조하여 빵과 포도주라는 상징에 대한 칼빈의 견해를 '상징적 도구설'이라 불렀다. 성찬의 상징과 실체를 결합시키는, 그리고 그 상징을 그리스도 임재의 한 도구로 만들어 주는 하나님의 은혜는 성찬식에 임하는 모든 회중에게 임하는 것이 아니라, 오직 택하신 자들에게만 임한다고 주장함으로써 루터와의 입장 차이를 분명히 하였다. 루터가 말한 대로 그리스도의 몸이 성찬식이 행해지는 세상 어느 곳에서나 편재하시는 것이 아니라, 그리스도의 몸은 하늘의 하나님 보좌 우편에 계신다는 것이다. 성령을 통해 오는 하나님의 은혜는 택하신 믿는 자들을 하늘에 계신 그리스도의 임재 앞으로 끌어 올린다.[53] 미사에서 쓰던 '너의 마음을 올려 드려라'(Sursum Corda)라는 오래된 문구는 이 사상을 훌륭하게 표현한 것이다. 이미 1520년대에 요한네스 외콜람파디우스는 이것이 그리스도의 살과 피가 빵과 포도주의 성분과 그리 가깝게 결부된 것이 아닌 시적이고 영감 넘치는 표현이라고 생각했다.

그리하여 칼빈은 칼케돈과 어거스틴의 신학을 조심스럽게 조합하여 성만찬에 관한 자신의 신학을 정립하였다. 마리아의 역할을 강조하지 않기 위해서 성육신에 대해서는 조심스럽게 언급을 피하고, 빵과 포도주가 실제로 그리스도

---

51) *Commentary on Isaiah* (published 1551), p. 221, Potter and Greengrass (eds.), *Calvin*, p. 36에 인용됨. 그리스도의 편재에 관해서는, Calvin, McNeill, and Battles (eds.), *Institutes*, ii, pp. 1379-1403 [*Institutes* IV.xvii.16-31].
52) Ibid., p. 1277 [*Institutes* IV.xiv.1].
53) 여기서의 주요 논의는 1559년판 *Institutes* IV xvii, pp. 16-34 부분이다.

의 몸과 피라는 루터의 주장도 단호히 배격하는 것이었다. 1540년대에 장황하고, 때로운 신랄한 내용의 서신을 주고 받으며 하인리히 불링거와 칼빈은 성체론에 대해 서로 멀어지기보다는 가까워지게 되었다. 1547년과 1548년 사이에 중부 유럽에서 찰스 황제가 군사적 패권을 쥐자, 이것이 자극이 되어 그들은 합의점을 찾으려고 더욱 노력하게 되었다. 특히 대규모의 황제 군대가 1548년 가을 취리히 가까운 곳에 배치되었을 때, 콘스탄츠시에서의 종교개혁이 갑작스럽게 종결되고 말았다. 칼빈의 개인적이고 우연한 비극도 그들의 합의에 박차를 가했다. 즉 그가 너무나 사랑하던 아내 이델레뜨 드 뷔르(Idelette de Bure)가 1549년에 죽은 것이다. 칼빈의 깊은 슬픔을 어루만져준 불링거의 자상한 목회적 감수성이 큰 몫을 하여 5월에 두 사람이 대면하였을 때, 놀랍도록 빠른 성과를 만들어 내었다. 가을에 그들은 스위스 도시들, 특히 베른시와 상의를 하여 성만찬과 (논란의 여지가 훨씬 적었던) 세례에 대한 공동 선언문을 만들어 내었다. 9세기부터 이 선언문은 '취리히합의'(Zürich Agreement) 또는 '성찬합의'(Consensus Tigurinus)라 불리게 되었다.

'성찬합의'는 신학자들 간의 굉장한 정치수완의 산물이며, 상황이 그것을 요구할 때 상식과 관용의 정신을 발휘할 줄 안 점에서 칼빈과 불링거에게 굉장한 공이 돌아간 위업이다. 16세기 신학자들은 자기들의 견해차가 많다는 걸 인정치 않은 채, 양쪽이 만족할 만한 공동선언서를 만들어 내려 하였다. 칼빈은 성례가 하나님이 은혜를 베푸시는 수단으로 제정하신 것임을 밝히고 싶었다. 비록 칼빈에게는 너무나 중요한 '수단'이라는 단어 자체는 문구에서 삭제되었지만, 하나님이 '우리를 당신의 식사에 한몫 끼게 해 주신다'는 문장 속에 의미가 포함되므로 이는 해결되었다. 불링거는 ('성찬합의'가 표현하듯이) "하나님만이 성령에 의해 역사하신다. 비록 그분이 성례라는 사역을 사용하실지라도 그분은 그 성례 자체에 그분의 능력을 불어넣는 것도 아니고, 성령의 역사를 손상시키지도 않으신다"는 것을 강조하고 싶었다.[54] 그래서 양편 다 자기들이 좋아하는 표현이나 식견이 상대방의 것과 나란히 조심스럽게 문장 속에 있는 것을 볼 수 있었다. 그런 균형에 대한 멋진 선례가 물론 칼케돈신조 그 자체이다. 오랫동안 제네바와 친밀한 관계를 가지고 있던 베른 같은 다른 개신교 도시들을 끌어

---

54) 성찬합의에 관한 많은 인용구들을 지닌 유용한 논의가 Rorem, "Calvin and Bullinger on the Lord's Supper," pp. 367-73에 들어있다. 영문판으로는 예를 들어 H. Beveridge (ed.), *Calvin's Tracts and Treatises* (3 vols., Edinburgh, 1849), ii, pp. 212-20 을 보라.

들여 그 지지를 받아낸 것도 현명한 선택이었다. 그가 죽은 후에도 오랫동안 살아남았던 티오도르 베자를 포함한 많은 칼빈의 동료들은 성찬의 신비를 통해 그리스도의 몸이라는 실체를 받는다고 강조하는 그의 신학에 완벽히 동의할 수는 없었다. 그래서 그들로서는 '합의'라는 조심스런 단어를 고수하는게 필요했다. 그 선언문이 이룬 업적은 무엇일까? 성례에 대해 충분히 광범위한 합의를 끌어냄으로서 유럽의 비루터파 개신교회가 자기들을 한 가족으로 생각하게 되었다는 것이다. 그런 태도는 1559년에서 1563년 사이에 재빨리 연속적으로 작성된 개혁신앙의 선언문인 네 개의 '신앙고백' 속에 깔려있다. 이것은 대서양 제도에서부터 카르파티아 산맥에 이르기까지 향후 종교개혁의 향방에 지대한 영향을 끼치게 된다.

  루터는 이미 1546년에 죽었으므로 취리히에서 이 성찬에 대해 갑작스럽게 이루어진 합의에 대해 의문을 제기할 사람이 없었다. 하지만 독일에는 루터의 의견을 지지하는 목회자나 신학자가 많았고, 그 중에 제일로 손꼽히는 사람은 함부르크의 대표 목사인 요아힘 베스트팔(Joachim Westphal)이었다. 1552년에 그가 '성찬합의'를 비난하기 위해 살포한 첫 소책자는 독일어로 된 인신공격적 발언으로 가득 차 있어서 루터의 독설을 뺨칠 정도였다. 거기서 칼빈은 '암소'(das Kalb)가 되었고, 불링거는 당연히 '황소'(der Bulle)가 되었다. 화가 난 칼빈이 점점 더 많은 반박을 함으로서 계속된 '만찬 논쟁'은 결국 양편 사이의 골이 얼마나 깊은지를 보여 줄 뿐이었다. 그 골을 이어줄 만한 원로들도 조정 능력을 거의 상실한 것처럼 보였다. 부처는 캠브리지에서 1551년에 이미 죽었고, 멜랑히톤은 잉글랜드의 에드워드 5세 정부에 의해(5장, p. 258 참조) 캠브리지에서 가르치던 부처의 자리를 약속 받았으나, 에드워드가 1553년에 갑자기 죽는 바람에 불행히도 비텐베르크에 머물러 있을 수밖에 없었다. 1560년에 죽음을 맞이하기까지, 수년 동안 아이러니컬하게도 멜랑히톤 자신이 루터의 추종자로 자처하는 사람들에게 수상쩍은 인물로 지목받았다. 그들은 그의 몇몇 가르침들을 문제 삼아, 그를 배반자요 '필립주의자'라고 낙인찍었다(8장, p. 358).

  오래 전에 마부르크에서 싹이 보였던 그 분열이 이제는 기정사실이 되어 버렸다. 1550년대에 독일과 스칸디나비아의 루터파들은 로마 가톨릭의 박해를 피해 망명한 개신교도들(예를 들어 잉글랜드의 튜더 왕조의 메리를 피해 루터파의 덴마크로 온 사람들)을 '성찬합의당'이라고 간주하여 적대적으로 대했다. 1555년 아우크스부르크에서 중부 유럽에 전쟁 정착지를 만드는 것이 창안되었을 때도 루터파 협상자들은 개혁파 개신교도들을 이 정착지에 들여 놓으려 하지 않았다는 것은 특히 유감스러운 일이다.[55] 1540년대 초반에 보였던 진정한 연합의 가능성에는 찬물이 끼얹어졌다. 그것은 단지 가톨릭과 개신교가 함께 정착촌을 세우고자 하는 열망을 포기해서만은 아니다. 개신교도들 또한 그들의 분열이 치료되지 않을 것이라는 사실을 점차적으로 받아들였다. 1560년대는 단지 이 상황이 더 악화되었다.

7. 개혁파 개신교: 칼빈에 대한 대안들(1540-1560)

존 칼빈의 명성은 그의 죽음 이후 수 세기에 걸쳐 너무나 급속하게 번져서 개혁파 개신교 신학과 관습의 전체와 그의 이름을 동등하게 여기는 것이 당연하게 되었을 정도다. 그후 가톨릭이나 루터파를 경멸하는 용어와 같이 출발하여 조금은 거칠게 이름표가 붙여졌는데, 그것이 바로 '칼빈주의'(Calvinism)이다. 정치에서의 강철같은 능력에도 불구하고, 과묵하고 개인적인 사람인 칼빈 자신은 이것을 승인하지 않았을 것이다.[56] 그는 어떤 경우에도 2세대 종교개혁자였고, 비록 제네바에서의 그의 업적에 대한 명성이 커져갔지만, 개혁파 개신교 세계 안에서 많은 사람들이 그를 지도자로 여기지 않았다. 1549년의 '성찬합의'는 취리히와 베른에서의 츠빙글리 계열 종교개혁의 옛 중심 인물들에 대한 승리가 아니었지만(그럴 의도도 없었지만), 그들은 계속해서 1540년대에 확장된 개혁파 개신교에 영향을 미쳤다. 마찬가지로 슈트라스부르크와 쾰른의 모델들은 심지어 그 세기의 끝에 있었던 자신들의 불행 이후에도 기억되었다(6장, pp. 374-377). 개혁파 전통에 대한 이처럼 다양한 자료들은 왜 개혁파 개신교가 독일의 심장부에서만 유일한 이념적인 기초를 가졌던 루터교보다도 훨씬 더 범세계적이었는지를 드러내 보여주는 한 가지 이유이다.

초기에 개혁파 개신교 계열에 가입한 의미심장한 사건이 스위스로부터 아주 멀리 떨어져 있는 북해의 해안에 위치한 독일의 북서쪽 극단 구석에서 일어났다. 거대한 북부 독일의 평원이 습지와 물길을 만나고, 이제는 네덜란드가 된 조그만 황제의 영지였던 동프리슬란트(East Friesland)가 그곳이다. 1540년에 그

---

55) O. P. Grell, "Exile and Tolerance," in Grell and Scribner (eds.), *Tolerance in the Reformation*, pp. 167-72.
56) 이런 이름들에 대한 모욕적인 기원들에 대해서는 Cottret, *Calvin*, pp. 236n, 239를 보라.

제5장 유예된 재연합: 가톨릭과 개신교(1530~1560)   353

곳의 통치자 엔노(Enno) 2세 백작은 그의 미망인 안나 폰 올덴부르크(Anna von Oldenburg)와 세 명의 아들을 남기고 죽었다. 기지와 교양을 갖춘 안나 백작부인은 자녀들을 대신한 섭정 권력을 의지하여 동프리슬란트 왕조의 순조로운 통치와 안보를 확보하기 위한 거대한 기반을 다질 목적으로 반대파를 제거했다. 정치에 있어서 그녀는 그녀를 좋아하고 종교적으로나 외교적인 혼란에서 벗어나기를 원하는 통치자들과 동맹을 추구했다. 오늘날 '제3의 길'로 표현될 수 있는 것을 추구하던 그녀는 종교 정책에서도 루터파 사람들이나 가톨릭 사람들과 연계되는 것을 피하려고 애썼다.[57]

따라서 안나 백작부인은 엠덴(Emden)의 조그만 항구 수도에서 폴란드의 대표 목사로 폴란드의 귀족계급 출신인 이국적이고 범세계적인 인물인 얀 라스키(Jan Łaski)를 선택했다. 그는 일반적으로 그의 국제적인 여행을 통해 폴란드 발음을 구사하려고 노력했던 비폴란드계열의 라틴어를 말하는 사람들에 의해 요하네스 아 라스코(Johannes à Lasco)로 알려져 있었다. 그 이름이 또한 얀 라스키이던 라스키의 삼촌은 폴란드의 대주교였고, 폴란드-리투아니아 공화국에서 위대한 정치인이었다. 젊은 얀은 바젤에서 후한 재정 지원을 받던 학생시절에 데시데리우스 에라스무스를 무척 좋아했다. 여느 때와 같이 에라스무스는 젊고 매력적인 학자로써의 재능있는 남자에게 쉽게 끌리는 경향이 있었지만, 보다 구체적으로는 그에 대한 존경의 표시로 명성 있는 학자들의 장서를 구입해 준 라스키의 후덕함에 감사했다. 그것은 그에게 연금과 같은 것이었다. 1538년부터 바르샤바의 명목상 주교와 가톨릭평의회 회원이었던 폴란드교회에서 성직 경력 상승은 얀에게 예견된 자연스러운 일이었다. 그러나 1540년에 결혼하고 나서 갑작스럽게 그 교회 성직을 사임했다. 2년 후에 교회 지도자로서의 재능을 새로이 엠덴으로 돌리게 되었다. 그러나 그는 확연하게 드러낸 삭발과 사마리아 귀족의 곱슬곱슬하고 긴 턱수염을 완고하리만치 고수하면서, 그의 가계에 대한 자부심을 결코 잃어버리지 않았다. 에라스무스의 친구로서의 명성뿐만 아니라, 세상을 호령하기 위해 태어난 것 같은 그의 기질은 폴란드를 멀리 떠났다가 그의 말년에 고향으로 돌아오기 전까지의 방랑생활에 엄청난 자산이었다.[58] 라스키의 주목할 만한 경력은 비루터파 종교개혁이 어떻게 용이하게

---

57) H. E. Janssen, *Gräfin Anna von Ostfriesland: eine hochadelige Frau der späten Reformationszeit (1540/42~1575)* (Munich, 1988).

58) 라스키의 이발 모습에 관해서는 H. P. Jürgens, '*Auctoritas Dei und auctoritas principis. A Lasco in Ostfriesland*' in C. Strohm (ed.), *Johannes à Lasco: Polnischer Baron, Humanist und europäischer Reformator* (Tübingen, 2000), pp. 219~44 중 223~24. 라스키에 관한 내 설명의 많은 부분은

문화적, 언어적 경계들을 넘나들었는지에 대한 하나의 상징이며, 그리고 1560년대 그의 인생의 막바지에 이르러 개혁파 개신교의 지역적 확산에 있어 존 칼빈보다 더 영향력이 있게 되었다는 것이다.

슈트라스부르크와 쾰른의 걸출한 개혁자들과의 교류는 그를 백작부인 안나의 제3의 길의 완벽한 주창자로 떠오르게 했다. 그는 마틴 부처와 친숙한 관계를 발전시켰고, 폰 비이트의 조력자인 알베르트 하덴베르크(Albert Hardenberg)의 질친한 친구였으며, 쾰른에서 대주교가 시도했던 것에 경탄해마지 않았다. 부처와 마찬가지로 그는 재세례파에 대해 감상적이고 동정적인 반대자였다. 그는 안나 백작부인의 영토에서 수많은 급진파들을 새로운 교회에 영입하여, 그들이 교회의 새로운 관리로 참여하도록 설득하는 일에 도움을 주었다. 동프리스란드의 감독이자, 실질적으로 그곳의 주교로서 재세례파 사람들을 감동시켰다. 왜냐하면 부처처럼 라스키도 교회를 위한 권징에 한결같이 확고했으며, 그것을 실행할 조직을 만들었기 때문이다. 부처와 알베르트 하덴베르크의 『피아 콘술타티오』(*Pia Consultatio*, 6장, p. 373)는 교회와 교회의 예배를 위한 계획들을 개발할 때에 그에게 중대한 영향을 끼쳤다. 그럼에도 그의 성만찬 신학은 스위스의 상징적 이해에 대한 부처의 성향을 넘어섰다(그는 마침내 1520년대로 거슬러 올라가 외콜람파디우스의 성 바젤에 대해 알게 되었다). 그는 교회에서의 성상 타파를 선포함에 있어 부처와 스위스를 따랐다. 그러나 폰 비이트와 부처, 찰스 5세의 승리 그리고 그의 임시직분의 위상으로 인해 교회 형태를 갖추는 데 난항을 겪었다. 외부적인 압력 아래서 안나 백작부인은 1549년 마지못해 라스키에게 어떤 직분이 적절한지 알아보게 했다. 라스키는 다양한 대안들을 연구했고, 마침내 그가 이미 1539년과 1548년에 방문한 적이 있는 잉글랜드를 따르기로 결정했다.

앞으로 보게 되겠지만, 이것은 결코 유럽의 종교개혁 역사에서 엠덴의 중요성의 최후를 의미하는 것은 아니었다. 비록 그녀의 왕조를 위한 안나 백작부인의 계획들이 후에 그녀의 아들들의 분쟁에 의해 실패하고 말았지만, 동프리슬란트는 결코 브란덴부르크(Brandenburg) 또는 바바리아(Bavaria)의 방식에 따른 전제주의 형태로는 확대되지 않았다. 그곳의 수도는 항구 도시로서, 네덜란드 개신교 부흥의 두 번째 도시로써 특별히 중요한 곳이었다(6장, pp. 660-664; 7장, pp. 453-455). 그러나 1549년에 이르러 라스키는 중요한 선택을 하게 되었다. 그는

스트롬 전집에 포함된 다양한소논문들 속의 토의 내용을 반영하고 있다.

잉글랜드가 남자 왕인 에드워드 6세 아래에서 종교개혁을 위한 새롭고 잠재적인 본거지로 부상하고 있다는 것을 인식했다. 몇 년 전, 헨리의 8세의 통치 때와, 심지어 헨리의 1533년의 로마와의 결별 이후에도 잉글랜드는 취리히나 제네바를 능가할 후보지로 보이지 않았다. 그러나 복음주의자들과 종교적인 전통주의자들 사이에서 균형을 유지하려는(4장, p. 287) 헨리의 능수능란한 중도적인 입장에도 불구하고, 말년에 건강이 악화되었을 때 그가 소중히 여기는 독자 에드워드 왕자를 위해 복음주의 성향을 가진 개인교사들을 임명했다. 그리고 그는 일반적으로 전통적인 반대자들과 적대관계에 있는 복음주의 정치인들에게 정치적인 이권을 주었다.[59] 따라서 에드워드 6세의 등극(1547)은 저명한 복음주의 대주교 크랜머와 더불어, 어린 왕의 섭정(the Lord Protector)이자 서머셋(Somerset)의 백작이었던 에드워드의 삼촌 에드워드 시머(Edward Seymour)의 주도하에 있는 정치인들과의 밀접한 협력을 기초로 한 정권을 도래시켰다. 찰스 5세의 의심스런 제약에도 불구하고, 즉각적으로 종교적인 변화를 가속화시켰다. 이는 잉글랜드 주교들과 귀족들의 변화에 대한 적대감을 동반했다. 에드워드 왕은 즉위 첫 해 공식 순회시에 성상 타파를 촉구했으며, 복음주의 신학을 표명하는 설교모음집을 새로 손질하도록 했다. 또한 예전의 이단적인 규범들을 폐지시켰고, 사후 명복을 비는 예배당을 철폐하기로 최종 결정했다.

이 모든 것은 잉글랜드의 복음주의 지도자들의 미묘한 신학적인 입장변화를 배경으로 한다. 일반적으로 헨리 8세 시절에, 그들은 대체로 루터파 사람들이었다. 예를 들어 그들 중 대부분은 성만찬에서의 그리스도의 실재(real presence)를 계속해서 받아들였다(분명한 사실은 그들이 다른 경우보다 상당히 덜 위험한 정도로 왕과의 관계를 유지했다는 점이다). 그러나 말년에 헨리는 전통주의자들의 완고함에 격노하여 몇몇 조치를 취했다. 예를 들어 고위층 사람들에게 성경을 읽어주는 것을 금지했을 뿐만 아니라, 화체설을 믿지 않는 복음주의자들을 1546년에 화형시켰다. 헨리의 기괴한 조치는 타협을 꺼려하는 보다 급진적인 복음주의적 목소리들(자연히 대부분 안전한 추방자들로부터 주어지는 충고)에 더 큰 신뢰를 가

---

59) C. Haigh, *English Reformations* (Oxford, 1993), pp. 161-2와 R. Rex, *Henry VIII and the English Reformation* (Basingstoke, 1993), pp. 169-70은 헨리가 그의 아들의 개인교사들의 종교적인 경향에 대해 알지 못했거나 신경 쓰지 않았다고 주장한다. 그의 임명이 함축하는 바들에 대해 그가 잘 알고 있었다는 확실한 증거는 그 시절 동안 에드워드의 개인교사들로부터 왕에게 바쳐진 신년 선물들에서 찾을 수 있다. 그것은 세심하게, 그럼에도 명백하게 한 고전적인 본문 속에서의 복음주의적 서론이었다: J. F. McDiarmid, "John Cheke's Preface to *De Superstilione*," *JEH* 48 (1997), pp. 100-20.

져다 주었다.[60] 늙은 왕이 죽을 때쯤 크랜머 대주교는 성만찬에서의 그리스도의 실재를 주장한 루터가 잘못되었다고 확신했다. 사람들이 이것을 냉소적으로 그의 확신을 뒤바꾸는 편리한 순간이라고 부를 수 있겠지만, 기괴한 인격의 소유자였던 헨리의 자아도취적 손아귀에서 갑작스럽게 풀려나는 것으로 인하여 생겨날 심리적인 충격은 엄청났을 것이다. 1547년 헨리 왕이 죽을 때, 그는 자신의 충실한 대주교의 손에 마지막 순간까지 붙들려 있었다. 이 죽음의 즉각적이고도 실제적인 결과는 잉글랜드가 갑작스럽게 슈말칼덴전쟁과 찰스 5세의 아우크스부르크 잠정조치에 의해 사로잡힌 유력한 유럽의 개신교도들의 피난처 역할을 하게 되었다는 것이다(6장, pp. 374-377).

따라서 1547년 후반부터 크랜머는 중부 유럽에서 가톨릭의 승리로 인해 자리를 잃은 많은 개혁자들을 환영했다. 교회에 대한 그의 비전은 확고하게 국제적인 것이었고, 그가 발견한 가장 기호가 맞는 망명자들은 피터 마터 버미글리, 얀 라스키 그리고 마틴 부처(지난 16년 동안이나 그가 신중하게 서신을 주고받았던)와 같이 모두 비루터파 사람들이었다. 버미글리와 부처에게는 옥스포드와 캠브리지의 주임 교수자리가 주어졌다. 옥스포드는 버미글리가 자신의 정규적이고 광범위한 강의 과정을 통해서 뿐만 아니라, 보수주의 신학자들과의 논쟁을 통해 중요한 복음주의의 대변인으로 국제적인 명성을 최초로 얻게 된 곳이었다. 그들의 일깨움을 통해 수백 명의 보다 신분이 낮은 사람들이 유입되었고, 그들 중에는 상당수의 열정적인 개신교도였던 인쇄업자들이 있었다. 1546년에 찰스 5세는 느닷없이 저지대국가들에서 개신교에 대한 박해를 강화했고, 번창하던 앤트워프(Antwerp)의 인쇄산업이 최대의 희생양이었고, 잉글랜드에게는 오히려 유리한 상황이 되었다. 이전에는 저개발되었던 잉글랜드 출판시장으로의 외국 전문가들의 유입은 더 높은 수준의 영어로 쓰여진 저렴한 복음주의 저서들의 유출을 촉발시켰다. 잉글랜드의 오랜 적인 스코틀랜드와의 연합을 포함해서 잉글랜드에 있던 많은 사람들에게 어떤 변화가 가능하게 보였던 흥미로운 시기였다. 서머셋 섭정은 1547년 스코틀랜드의 젊은 메리 여왕과 에드워드 왕의 결혼을 강요하기 위해, 스코틀랜드에 맞서 왕조의 전쟁을 일으켰다. 그때 그의 군대의 북부로의 행군은, 전쟁에 어울리지 않게 따뜻한 종교적 변화에 관해 언급하면서, 이전에는 사용된 적이 없는 용어인 '대영제국'(Great Britian)이라는 새로운 통일된 왕국의 전망을 제안하는 스코틀랜드를 향한 선전 내용을 동반하

---

60) A. Ryrie, "The Strange Death of Lutheran England," *JEH* 53 (2002), pp. 64-92.

제5장 유예된 재연합: 가톨릭과 개신교(1530~1560) 357

고 있었다. 주목할 만하게도 일부 스코틀랜드의 복음주의자들이 이를 들었고, 그 아이디어에 대해 열정적이었다. 이는 다시 한 번 개신교가 고대의 정치적, 문화적 경계의 와해를 촉진시킬 수 있는 방법에 대한 의미심장한 암시였다.[61]

그후 몇 년에 걸쳐 크랜머는『공동기도서』(Prayer Book of England)의 두 개의 연속적인 판을 배후에서 주도했다. 최초의 것은 1549년판이었는데, 그는 독일의 루터파와 쾰른의 폰 비이트 대주교가 주창한 것들에서 광범위한 예식적인 변화들을 그려냈다. 공식적인 활동에서 전통적 예배의 우아한 합창과 오르간 음악을 억제하거나 아예 없애버렸다. 다소 덜 정치적인 자세를 가진 복음주의적 잉글랜드의 사제들조차도 성가서 할 정도로 크랜머는 일반적으로 변화의 속도를 지휘함에 있어 신중했고, 그의 신중함은 1549년 여름 잉글랜드 서부에서의 주요한 소요사태가 종교적인 혁신, 즉 주목할 만하게도 그의 최초의 기도서를 겨냥했을 때 정당화되었다. 그렇지만 정부의 종교적인 의제에 대해 불만족을 나타내는 것과는 거리가 먼, 잉글랜드의 남부와 동부에서의 소요들은 변화에 대한 긍정적인 지지를 나타냈고, 그리고 실제로 그들의 시위는 서머셋 백작의 공식적인 발표들이 거만하게 선포된 교회와 공화국에서의 개혁에 대한 열정에 의해 촉발된 것으로 보였다.[62]

이와 같은 갑작스런 사태의 결과는 1549년 가을 동료들에 의한 서머셋의 재빠른 제거로 이어졌고, 확신에 차면서도 덜 다채로운 워릭(Warwick)의 존 더들리(John Dudley) 백작이 그 자리를 대체했다(1551년부터 노섬버랜드[Northumberland]의 공작이었다). 그러나 종교개혁은 크랜머와 왕 자신의 신선한 복음주의적 열정에 의해 계속되었고, 그 속도가 더욱 빨라졌다. 복음주의 주교들이 일부 보수주의자들을 대체했고, 따라서 종교적인 혁신을 가하기가 더 쉬워졌다. 1550년에 얀 라스키에게 유럽의 주요 도시에서 망명하여 런던에 정착한 수백 명의 망명자들을 위한 런던의 한 '이방인교회'(Stranger Church)를 책임지는 총 감독관이라는 특별한 지위가 주어졌다. 그가 확고한 리더십을 망명자들 중에 있는 종교적 급진주의를 제한하는 데 사용할 것을 우려한 잉글랜드 정부는 그에게 상당한 급여와 아울러 그 도시에서 가장 큰 교회들 중 하나를 주었다. 라스키는 그가 엠덴에서 세웠던 것처럼 어떻게 잉글랜드가 순수한 종교개혁 교회를 세웠는지를 보여주기 위해 변화무쌍한 회중들을 관리했다(이것이 확실하게 몇몇 잉글랜드의

---

61) M. Merriman, "James Henrisoun and 'Great Britain': British Union and the Scottish Commonweal," in R. Mason (ed.), *Scotland and England* 1286-1815 (Edinburgh, 1987), pp. 85-112.
62) MacCulloch, *Tudor Church Militant*, pp. 43-48.

주요 정치인들의 목적이었다). 이방인교회의 일상생활을 위해 그가 만든 조심스러운 계획들 속에서 평신도들이 의사결정에 참여하고, 심지어 성직자들을 선택하는 데에도 그들의 의사가 반영되도록 했다. 독립적인 경향을 지닌 폴에 대해서도 그리 크게 경탄하지 않았던 존 칼빈은 이와 같은 수준의 민주주의에 대해 개탄했지만, 이 민주주의 형태는 라스키가 교회의 정부 형태와 이방인교회의 예식을 회고하면서, 1555년 『양식과 설명』(*Forma ac Ratio*)을 발행하여 보급한 후에 개혁파적 종교개혁 전반에 걸쳐 엄청난 영향을 미쳤다.

피터 마터 버미글리와 마틴 부처와의 유익한 대화를 통하여 크랜머는 1552년에 1549년의 임시방편보다 훨씬 더 급진적인 두 번째의 기도서를 출간했다. 그것의 예전이 표현하는 성만찬 신학은 확실하게 마터나 하인리히 불링거에 의해 표현된 상징주의적 견해의 범주 안에 있었다. 그리고 그것은 '성찬합의'의 미묘한 성명서들과 아주 가까왔다. 크랜머는 또한 교리 성명서(42개 조항)를 작성하는 것과 교회법의 완전한 수정본을 기안하는 것을 관장했다. 유럽 전역을 망라하는 종교개혁의 리더인 크랜머의 잉글랜드에 관한 비전의 증거이기도 한 이 작업의 주목할 만한 특징은 피터 마터와 라스키 둘 다 개혁 교회법을 초안하는 실무 작업반의 왕성한 활동을 하는 회원들이었다는 점이다. 비록 라스키가 종종 잉글랜드가 시행하고 있는 종교적 변화의 느린 속도에 대해 불만을 제기하기는 했지만, 크랜머는 필립 멜랑히톤이 캠브리지의 부처를 계승하기 위해 잉글랜드로 건너오도록 간청할 정도였다. 정확한 의미로 비텐베르크의 종교개혁자는 루터의 신학적 유산에 대한 후견인으로 그에게 강요되는 역할에 대해 점점 더 불만족하게 되었다. 긴축재정이었던 잉글랜드 정부가 1553년 봄, 새로 임명된 자리를 위해 멜랑히톤에게 넉넉한 여행 경비를 보내도록 하는 계획들이 원하는 대로 성공을 거두었다.[63]

모든 것이 완료되지 않은 채 남아 있는 상황 속에서, 멜랑히톤은 결코 잉글랜드에 오지 않았다. 1553년 초에 모든 계획에 깊숙이 관여했던, 에드워드 왕이 치명적인 병(아마도 폐렴)에 걸렸다. 그와 노섬버랜드는 후계자를, 그 지명된 상속자 헨리 8세의 딸 전통주의자 메리로부터 왕가의 개신교 회원 중의 한 사람인 제인 그레이(Jane Grey)에게로 돌리려고 필사적으로 노력했다. 비록 잉글랜드의 지방 및 중앙에서 통치하는 유력 인사들이 승낙했지만, 그 계획은 예상치 못

---

63) MacCulloch, *Cranmer*, pp. 539-40. 비텐베르크에 있던 필립계열의 저명한 성직자들을 위한 1552년 3월의 크랜머의 다정한 말들을 참조하라.

했던 대중적인 맹렬한 저항에 직면하게 되었다. 심지어 많은 개신교도들도 그녀는 옛 왕의 딸이고, 또 지명된 후계자라는 것에 대한 그녀의 지칠 줄 모르는 사주를 받아 권좌에 대한 메리의 주장을 지지했다(그녀는 쿠데타 과정에서 종교적인 발언을 조심스럽게 피해갔다). 메리는 승리의 벅찬 감격 속에서 런던에 입성했다. 개신교 체제는 완전히 혼란 속에 빠졌고, 잉글랜드의 종교개혁이 마치 끝장난 것처럼 보였다. 라스키(최근에 결혼한 젊은 두 번째 잉글랜드인 아내를 동반한), 피터 마터, 그리고 다른 많은 망명자들이 본토 유럽으로 다시 돌아가기 위해 지친 모습으로 출발했다. 이 때에 수백 명의 잉글랜드의 개신교도들이 그들을 뒤따랐다. 비록 메리가 전혀 예상치 못하게 5년이 채 못되어 잉글랜드에 대한 로마의 권위를 회복시킨 것이 증명되었지만, 잉글랜드는 개혁파교회들 가운데서 크랜머가 했던 선봉적인 역할을 결코 다시는 감당하지 못했다.

칼빈이 북유럽의 개혁파 종교개혁에 나타난 이와 같은 이야기들 속에서 아무런 역할을 하지 않았다는 것이 주목할 만하다. 잉글랜드의 에드워드 6세의 몇몇 노력들이 멀리 떨어진 제네바로부터의 편지에 의해 가로막혔다는 것은 일반적으로 잘못 알려진 것이고, 시기도 잘못된 것이다. 그리고 잉글랜드인들 가운데서는 하인리히 불링거의 저서들이 최초로 회자되었고, 칼빈의 저서들보다 훨씬 더 많이 번역되었다.[64] 국제적인 상황에 관한 제네바의 개혁자의 역할은 단지 1553년의 세르베투스 사건의 결과로 인해 바뀌게 되었다(5장, p. 340 참조). 개혁파는 그보다 훨씬 이전에 스위스와 남부 독일 지역에서 확산되기 시작했다. 칼빈의 도움을 많이 받지 않은 개혁파 개신교의 확산은 동프리슬란트와 잉글랜드뿐만 아니라, 헝가리로부터 북쪽으로 헝가리의 평원을 지나 트란실바니아, 멀리 남쪽으로는 아드리해 연안의 동유럽까지 광범위하게 이어졌다.

이전 헝가리 왕국(Royal Hungry)의 방대한 확장으로 인해 귀족들 가운데 복음주의적 신앙을 위한 청중이 준비되었다. 왜냐하면 교회와 국가의 옛 위계질서는 투르크족들의 침략에 의한 재앙으로 붕괴되고 또한 불신되었기 때문이었다. 그것은 마치 하나님이 구교에 대해 진노하신 것처럼 보였다. 그리고 개혁자들의 타협하지 않는 메시지는 특별히 순결과 회개를 요구하는 것이었다. 1520년대 이후 합스부르크 가문은 단지 그들의 옛 왕국의 북부와 서부 가장 자리까지 확대하는데 그쳤는데, 그 지역은 '헝가리 왕국'으로 알려졌다. 여기에 합스

---

64) MacCulloch, *Tudor Church Militant*, pp. 173-74, 276; A. Pettegree,"Printing and the Reformation: the English Exception," in Marshall and Ryrie (eds.), *Beginnings of English Protestantism*, pp. 157-79 중 172.

부르크 왕국 제도의 잔재들이 남아 있었는데, 헝가리 의회는 합스부르크 왕조가 그들의 예속령이었던 헝가리 서부지역에 어설프게 제정한 법적 그리고 종교적인 사안에 대해 분명한 반대 입장을 표시했다. 광대한 다뉴브 대평원과 이전 왕국의 수도 부다를 포함한 다뉴브 벤트는 1540년대부터 라틴 기독교의 다양한 관습에 대해 관대했던 터키족의 확고한 지배하에 있었는데, 그것은 당시 라틴 기독교 관습이 극동의 정교회보다 훨씬 수용하기 쉬웠기 때문이었다. 그러나 이 터키족의 지배권은 동쪽으로는 야노스 자폴리아이라는 왕실의 통치자가 다스리던 전 트란실바니아 왕실을 위시하여 오토만 공격 때에 지역 제후들의 도움으로 살아남은 더 먼 지역의 왕국들에까지 미쳤다. 1526년 사건 이후 10여 년이 넘도록 계속되어 온 합스부르크 왕조를 향한 도전, 즉 헝가리 왕의 직책을 유지하는 것에 대한 부담감 때문에 야노스는 군사적 긴장이 고조된 자신의 영토를 버리고 떠나게 되었고, 궁극적으로 합스부르크 왕가는 더 이상 그 지역의 통치자들에게 권리를 행사할 수 없게 되었다. 대신에 지역 제후들이 그들 지역의 독립성을 유지하기 위해 오토만 술탄의 합법적인 통치권을 인정했다. 이로 인해 이 제후들은 파르티움으로 알려진 헝가리 평원의 극동부 지역과 트란실바니아 산악지대의 공국을 통치했다. 헝가리의 정치적 분파 현상은 살아남은 유력한 기독교인들로 하여금 자유로운 선택을 하게 했다. 헝가리와 트란실바니아 평원과 산악지역은 서구 유럽에서 나온 다양한 복음주의 사상들을 수용할 수 있었고, 헝가리어를 말하는 미자르족 같은 이웃한 부족 공동체들에게 다시 전해주었는데, 이 지역에는 수 세기에 걸쳐 독일어를 구사하는 많은 정착민들이 살고 있었다. 1557년 트란실바니아 입법의회는 자이벤뷔르겐(Seibenbürgen)으로 알려진 트란실바니아에 3세기 동안 정착해 온 색슨족에게 루터파 관습을 따를 수 있는 권리를 수여했다. 그러나 독일어로 된 교리는 비텐베르크는 물론 스위스로부터도 확산되었다. 취리히에서부터 전체 유럽의 정세를 부지런히 조사하던 하인리히 불링거는 동쪽의 지역들에 대해 커다란 관심을 가지고 있었고, 따라서 자연스럽게 그곳의 종교개혁의 기초를 놓은 루터파 후계자들의 사상에는 별 관심이 없었다. 1551년에 그는 투르크족에 대한 그들의 저항을 격려하기 위해 헝가리 사람들을 향한 『짧고 경건한 의식』(*Brevis et pia institution*)이라는 한 권의 책을 썼고(1559년에 출판되었다), 다뉴브 강의 분지와 그 너머에 있는 독일어를 말하는 신학자들은 물론 헝가리어를 말하는 신학자들에게도 그의 신학적인 전망은 엄청나게 영향을 끼쳤다. 일부 지역 지도자들은 1520년대와 1540년대 사이에 비텐베르크에서 시간을 가졌고, 심지어 루터에 대한 멜랑히톤의 미묘한 메시지도 들을 수 있었다. 그 후 그들의 상황에 알맞은 것을 선택할 수 있었다.

인문주의 학자인 발렌틴 바그너(Valentin Wagner)는 이에 대한 한 사례를 제공한다. 그는 지벤뷔르겐 마을들 중의 하나인 크론슈타트(Kronstadt)에서 교사요, 목회자로서 독일어권 복음주의 종교개혁의 개척자들 가운데 있었다. 트란실바니아의 외곽 동쪽 카르파티아 산맥의 좁은 계곡에 자리잡고 있는 루마니아의 브라쇼브(Braşov)라는 도시는 이 지역 최초의 출판인쇄업의 고향이었다. 1550년에 와그너는 이 인쇄업을 크론슈타트에 있는 국제적인 남녀공학 학교 학생들과 함께 사용하기 위한 헬라어로 된 교리문답집을 출간하는 데 이용했다. 그를 둘러싼 다양한 영향들이 그 책의 모양새를 결정했다. 비텐베르크에서의 경험, 비루터파 복음주의자들과의 교류, 그리고 그를 둘러싼 정교회 기독교인들에 관한 그의 모호한 감정 등이 그런 것들이다. 동정녀 마리아(Virgin Mary)를 '하나님을 낳은 자'(God-bearer, Theotokos)라고 하는 정교회의 묘사에 대해 불편해 하면서, 그는 그녀의 역할을 '아들을 낳은 자'(Son-bearer)로 제한함으로써 신학적 기교에 관해 개인적인 노력을 다했다. 그의 루터파적인 확신은 새긴 형상에 대한 하나님의 금지를 강조하기 위해 레오 유트(Leo Jud)의 십계명의 번호체계를 채택하는 것을 금지하지 않았다(3장, p. 216). 이것은 아마도 그가 정교회의 논리를 마음에 품고 있었기 때문이며, 또한 어느 취리히의 설교자와 마찬가지로 성화에 대해서도 신중했기 때문이다.[65]

수십 년 동안 동유럽에서 루터파와 비루터파 복음주의에 관한 지역적 발전이 발렌틴 와그너풍으로 그려졌다. 합스부르크 가문에 의해 통제되던 헝가리의 작은 북서부 지역에서 많은 개신교도들의 공동체가 1530년에 작성된 루터파의 아우크스부르크신앙고백을 채택했는데, 그것은 루터에 대한 특별한 열정에 기인한 것이 아니라, 1550년대 중반부터 페르디난드 왕과 그의 가문이 루터파를 용인할 준비가 되었다는 것이 명확해졌기 때문이었다. 반면 그들은 스위스와 제네바에 풍미했던 그 어떤 것도 용인하지 않았다. 그러므로 많은 사람들은 아우크스부르크신앙고백을 그들의 확신을 위한 편리한 신학적 방편 이상의 것으로 생각하지 않았다. 합스부르크 가문의 영향을 벗어난 파르티움과 트란

---

65) A. Muller (ed.), *Reformation zwischen Ost und West. Valentin Wagners griechischer Katechismus (Kronstadt 1550)* (Cologne, 2000), esp. p. xxiv. 헝가리어권 신학자들에 대한 토의에 관하여는 Pettegree (ed), *Early Reformation*, pp. 64-66을 보라.

실바니아의 동쪽에서도 1540년대 중반부터 그들의 새로운 공동체를 조직하기 위해 일련의 종교회의가 개최되었다. 그들도 또한 일반적으로 1530년의 아우크스부르크신앙고백에 동의했지만, 세부사항까지 동의한 것은 아니었다.[66] 신앙고백에 관한 멜랑히톤의 수정판(Variata)인 1540년판의 존재는 논쟁과 어수선한 타협 둘 다에 대한 더 많은 식견을 제공했다. 그와 같은 공동체들은 단지 그들이 루터파 신앙고백의 총람에 서명할지 여부를 점차적으로 결정해 나갔다. 1570년대가 되어서야 그와 같은 신앙고백서가 신성로마제국에 있던 루터파의 중심 지역에서 구체적인 모양새를 갖추기 시작했다는 것은 그리 놀랄 일이 아니다(8장, pp. 473-475).

취리히, 베른 그리고 바젤의 공교회들이 동유럽에서 루터파 복음주의가 그러했던 것보다 더 급진적으로 영향을 끼친 것은 아니었다. 그 지역의 두드러진 특징 한 가지는 극도로 다양하고 때로는 깜짝 놀랄만한 비전통적인 견해들의 확산이다. 그것은 가톨릭과 주류 개신교 둘 다 똑같이 규범적이라고 받아들이는 후기 로마제국의 기독교에 대한 효과적인 모반이었다. 이들 중의 대부분은 1542년에 폭발한 이탈리아에서의 종교 위기의 부산물로부터 발발했고, 이와 같은 사실은 20년 내에 이탈리아 반도에서 복음주의자들이 살아남는 것이 궁극적으로 불가능하게 만들었다(5장, pp. 324-332; 9장, p. 538). 동유럽과 이탈리아의 얼핏 보기에도 놀라운 연계는 멀리 북쪽으로는 폴란드에 이르기까지 복음주의적인 이탈리아 피난민들을 수용하는 연결고리 역할을 한 브라티슬라바(Bratislava)와 크라코우(Cracow) 같은 중부 유럽의 주요 도시들에 있으면서 번창하고 오랜 기간 동안 확립된 이탈리아 상인 공동체에 의존한다. 여기에서 한 유명한 이탈리아인들의 공동체는 예술가들과 인문주의 학자들을 포함했고, 왕 시기스몽드 1세의 뛰어난 이탈리아 출신 배우자인 보나 스포르자(Bona Sforza)에 의해 장려되었다.

이때부터 수많은 복음주의자 이주의 초기 단계는 동부 스위스와 발텔리나(Valtellina) 그리고 그라우뷘덴(Graubünden)의 종교의 자유에 호의적인 곳을 찾아 직접적으로 북쪽으로 향했다. 그들의 고향에서의 한계를 벗어나, 일부 이탈리아의 종교적인 망명자들은 영성 운동의 좀 더 모험적인 기질을 그려냈다. 그리고 그들의 실마리를 주안 데 발데스(Juan de Valdes)에게서 찾았을 것이다(5장, p. 305). 그들은 예수님의 신성과 삼위일체교리와 같은 전통적인 기독교에 관한

---

66) Pettegree (ed.), *Early Reformation*, pp. 66-67.

제5장 유예된 재연합: 가톨릭과 개신교(1530-1560)   363

전제들에 대해 질문을 던지기 시작했다. 그라우뷘덴에 있는 이탈리아어를 말하는 보다 전통적인 교회의 지도자들을 격려하여 급진주의의 이와 같은 출현을 제어하는 것이 '성찬합의'에 대한 협상 외에도 1549년 내내 하인리히 불링거의 보다 범교회적인 또 하나의 임무였다. 그 결과로 많은 이탈리아의 분리주의자들이 이탈리아 상인들이 잘 닦아 놓은 길을 따라 훨씬 더 동쪽으로 이동해갔다.[67] 이 후에 고찰하겠지만, 그들이 헝가리, 트란실바니아, 폴란드로 가져간 반(反)삼위일체적인 기독교가 모든 서양기독교에 복잡한 미래를 가져올 것이고 중요성을 띨 것이다(17장, pp. 892-896).

급진주의자들의 최초의 성공은 트란실바니아와 파르티움 공국에서였다. 오스만과 합스부르크 가문에 대한 그들의 복잡한 대면에서 트란실바니아 제후들은 가능하면 많은 귀족들을 끌어들이려고 안간힘을 썼다. 그리고 그것은 귀족들이 지원하는 다양한 종교들에 대해 관대한 태도를 취했다는 것을 의미했다. 이와 같은 다양성의 대부분은 이제 구교의 잔재들이라기보다 복음주의적인 신앙의 한 형태였다. 그러나 트란실바니아 의회로부터의 계속되는 요구에도 불구하고 공국의 논쟁을 일삼는 성직자들 가운데서 어떤 공통적인 합의를 발견한다는 것이 불가능하다는 것이 판명되었다. 개혁파교회의 감독들보다 결코 뒤지지 않는 인물인 페렌츠 다비드(Ferenc Dávid, 이미 헝가리의 루터파 리더십으로부터 옮겨왔던 사람인)가 1565년에 삼위일체에 관해서 심각한 의심을 가지고 있다고 선언했을 때에는 일이 더 복잡해졌다. 그는 많은 사제, 귀족, 심지어 그의 공중의 도움으로 제후 야노스 지그몬드 자폴리아이(János Zsigmond Zápolyai)로부터도 동조를 얻었다. 이것은 세르베투스의 것과 같은, 잘 자리잡은 의사가 그의 위치를 이용해서 급진적인 종교를 배양한 것과 같은 또 다른 경우였다(5장, p. 340 참조). 그 시대의 기준에 따르면 그 결과는 엄청난 것이었다. 1568년에 토르다(Torda) 도심에서 개최된 의회는 가톨릭이나 루터파, 그리고 개혁파에 대한 합법적인 지위를 인정할 뿐만 아니라, 함축적으로 다비드의 새롭게 출현한 반(反)삼위일체 공동체도 이와 같은 명확한 선언과 함께 인정하기로 결정했다.

> 성직자들은 모든 곳에서 복음에 대한 자신들의 이해에 따라 복음을 선포해야 한다. 그리고 만약 그들의 공동체가 이것을 기꺼이 받아들인다면 문제가 없다. 그러나 그렇지 않더라도, 만약 그들의 영이 평화롭지 않다면 아무도 강제로 강요되어서는 안된다. 그러나 공동체를 즐겁게 하는 가르침을 지녔던 성직자는…아무에게도

---

67) Williams, *Radical Reformation*, pp. 545-59.

그의 가르침 때문에 투옥시키거나 추방하겠다고 위협하는 것은 허용되지 않는다. 왜냐하면 신앙은 하나님으로부터의 선물이기 때문이다.[68]

이것은 시간을 거슬러 올라가 1526년과 1527년 사이에 조그만 니콜스부르크(Nikolsburg)에서의 발타자르 후프마이어의 단명으로 끝난 불행한 실험적인 사건을 제외하고, 급진적인 기독교 공동체들이 16세기 유럽에서 공식적으로 인정받은 첫 번째 사건이었다. 토르다의 합의는 심지어 스위스의 그라우뷘덴의 개방적인 종교정책도 이긴 것이었다. 트란실바니아의 반(反)삼위일체 공동체는 공식적인 제후의 지지를 다시 얻지 못했다. 그들은 내부적인 분열로 쪼개졌고, 1600년대부터는 그들의 힘을 훨씬 약화시킨 적대적인 개혁자들의 압력에 직면해야 했다. 그럼에도 이와 같은 관용은 17세기에도 이어졌고, 1572년 바르샤바동맹(Confederation of Warsaw)에서 훨씬 더 큰 폴란드-리투아니아 공화국에 한 예를 제공했다(7장, pp. 461-463). 트란실바니아와 폴란드에 의해 제공된 본보기는 교훈적인 것이다. 정교회가 라틴 기독교를 만난 곳이 중세 유럽의 전방이었다는 것이 우연일 수는 없다. 유럽의 라틴계통의 기독교인들과는 달리, 여기에서 기독교인들은 다른 기독교인들과 타협을 이루는 수 세기 동안의 경험을 가지고 있었다. 그러나 그것은 종종 원한과 편협함의 행동들을 보이기도 했다.[69]

또한 동유럽에 그와 같은 영향을 미쳤던 이탈리아의 급진주의자들 가운데, 레기날드 폴 추기경에 관한 헝가리에서의 깜짝 놀랄만한 영향은 주목할만한 가치가 있다. 폴의 가까운 동료 중 한 사람이요, 그의 전기 작가인 안드라스 두딕(Andras Dudic)이라고 불리는 헝가리 출신의 인문주의자가 있었다. 메리 1세가 다스리는 잉글랜드로 향하는 불행한 교황 사절단으로써 추기경을 수행한(6장, pp. 385-393), 두딕은 로마 가톨릭과 박해의 연루에 식상하게 되었고, 개혁과 개신교회에서 주목받는 역할을 하기 위해, 그의 고향 헝가리로 돌아가 버렸다. 그는 결코 폴에 대한 기억의 보물을 멈추지 않았고, 또한 반삼위일체주의자가 되지 않았지만, 16세기 유럽의 종교적인 관용이라는 주제에 관해서는 급진적으로 말했다. 1570년대에 이르러 두딕은 "모든 예술과 과학이 그러한 것처럼 각 종교는 각자 자기만의 타당한 이유를 가지고 있다"라고 공개적으로 말할 준비가 되어 있었다. 그리고 그는 거룩한 진리에 관한 새로운 통합을 모색하는

---

68) Murdock, *Calvinism on the Frontier*, p. 110에서 인용. 같은 책 pp. 15-16, 19-20을 보라.
69) Murdock, *Calvinism on the Frontier*, pp. 111, 113, 122-23에 있는 설명 참조.

것처럼 보였다. 신령주의자(Spirituali)에 관한 메시지는 멀리 퍼져나갔다. 폴이 교황으로 있던 때의 가톨릭교회에 대해서 폴의 전기 작가의 견해를 살펴볼 필요가 있는가?[70]

살펴본 것처럼, 폴란드-리투아니아의 공개적인 정치 상황은 지방 유력자들에 의해 지지를 받는 단편적인 종교개혁에 이상적이었고(4장, p. 276), 헝가리에서처럼, 많은 종교개혁의 에너지는 급진적이었다. 여기에서 이탈리아로부터 퍼져나간 단일신론은 러시아정교회와 같은 다른 방향에서 나오는 분파주의자들의 견해들과 만나 뒤섞였다. 1540년대에 모스크바 대공국(Muscovy, 러시아)에서 급진적인 사회적 견해와 삼위일체를 부인하는 것, 둘 다를 선포하는 것과 관련된 분파주의자들의 소란이 있었다. 1552년에 주요 분파주의 대변인 중의 한 명인 페오도시 코소이(Feodosii Kosoi)는 지지자 집단과 더불어 리투아니아로 도망쳤고, 교회와 가정에서 우상을 제거하도록 정교회 사람들 사이에서 캠페인을 펼침으로써 자신의 비테브스크(Vitebsk)시 도착을 알렸다. 일이 순조롭게 진행되어, 코소이의 눈에 띄는 지지자들 중 한 사람인 포마(Foma)는 개신교 본류를 더 많이 신봉하면서 폴로츠크(Polotsk, 지금은 비테브스크 서쪽에 있는 벨라루스)에서 개혁파 목사가 되었다. 그는 그곳에서 1563년 폭군 이반 4세의 러시아 침략군에 의해 다른 유대인들과 개신교 사람들과 함께 학살당했다. 러시아인들은 반(反)성상주의를 공유한 유대인과 개신교도를 똑같이 혐오스러운 것으로 간주했다.[71]

게다가 이처럼 발전하고 다양해진 반삼위일체 집단과 잔존한 후스파의 급진주의 분파인 형제단(Unitas Fratrum), 곧 보헤미아형제단(Bohemian Brethren)은 폴란드에서 입지를 확보했다. 페르디난드 왕이 1547년 보헤미아의 모반을 종식시킨 이후(6장, p. 376), 형제단은 보헤미아로부터 강제로 흩어져 일부는 페르디난드 왕의 영향권이 미치지 않은 곳인 보헤미아 왕국의 모라비아 땅으로 갔다. 그러나 더 많은 사람들은 북쪽인 폴란드-리투아니아 공화국으로 흩어졌다. 급진주의자들은 공화국 안에서 이미 번창하던 복음주의 운동을 훨씬 더 다양하게 만들었다. 1540년대에 이르러 잘 구축된 루터파 조직들이 폴란드-리투아니아의 독일어권 주요 마을과 도시에서 공식적으로 인정되었고, 지역적으로 점점

---

70) T. F. Mayer, "Heretics Be Not in All Things Heretics': Cardinal Pole, His Circle, and the Potential for Toleration," in J. C. Laursen and C. J. Nederman (eds.), *Beyond the Persecuting Society: Religious Toleration Before the Enlightenment* (Philadelphia, 1998), pp. 107-24 중 110-11.
71) Michalski, *Reformation and Visual Arts*, pp. 130-31, 135.

제국의 자유도시로 확산되어 갔다. 그러자 1546년부터 귀족계급 회원들의 지지를 받는 개혁파 단체들이 발전하기 시작했다. 크라코우(Cracow) 북쪽에서 그리 멀지 않은 슬롬니키(Slomniki)에서의 개혁파 복음주의자들의 첫 번째 종교회의에서 귀족들은 구교로부터의 수익들을 자신들을 위해 전환할 권리를 요구했고, 폴란드 지방 의회들은 가톨릭의 위계질서로 개혁파 대의를 선언한 귀족들을 괴롭히지 못하게 했다.[72]

그의 장례식에서 어떤 예식이 적절한지 아무도 정확하게 기억할 수 없을 만큼 그렇게 오래 통치한 이후, 1548년 4월 시기스몽드 1세 왕의 죽음과 더불어 한 중요한 순간이 찾아왔다.[73] 개신교도들은 관대하고 정치적으로 경험도 많은 아들 시기스몽드 2세 아우구스투스로부터 큰 것을 기대하고 있었다. 비록 왕이 1550년 이단에 반대하는 한 칙령을 공포한 것이 실망스러웠지만, 그것은 실행되지 않은 채 남아 있었다. 게다가 1555년 피오르코브(Pitrków)에서 개최된 폴란드 의회(the Sejm)에서 왕이 국가교회를 이끌어야 한다는 법안 제안이 있었다. 폴란드 교회 안에서 주도적인 인물들은 폴란드 학자들과 에라스무스와의 밀접한 개인적인 관계에 대한 추억을 소중히 여겼고, 그리고 분리된 개혁파의 두 진영, 특히 왕의 서기인 안드르제즈 프릭즈(Andrzej Frycz)와 1562년 폴란드의 대주교가 된 자쿱 우칸스키(Jakub Uchánski)에 관한 애매하고 불확실한 표명에 맞서서 통일되고 관용적인 교회를 지속하기를 원했다. 시기스몽드 스스로 폴란드 의회가 만든 일련의 요구사항을 교황 바오로 4세(예견하기에도 비동조적인 수신인이었던)에게 전달했다. 자국어로 드리는 예배, 이종배찬, 사제의 의무중 독신폐지 등 흥미롭게도 이들 제안들을 구현하는 결정들은 서구 가톨릭 가운데서 그토록 경멸의 대상이 되었지만, 이들 관행들이 정교회 기독교인들에게는 일반적이었다. 그리고 야기에오 군주들의 땅에서는 그런 관행들이 무수히 자행되었음을 지적했다.[74]

폴란드 교회의 미래를 바꾸어 놓을 수도 있는 피오르코브에서 이들 제안을 따라, 모든 비루터파 복음주의 단체들이 1556년 1월 세케민(Secemin)에서 만났다. 이 종교회의는 개신교의 연합을 추구했다. 그러나 사실 그들의 계열 내에서 이후의 분열이 시작되었다. 가장 주요한 것은 세케민이 중요한 종교개혁 공

---

72) Davies, *God's Playground*, pp. 167, 183.
73) U. Borkowska, "The Funeral Ceremonies of the Polish Kings from the Fourteenth to the Eighteenth Centuries," *JEH* 36 (1985), pp. 523-34 중 529.
74) Kloczowski, *Polish Christianity*, p. 101.

의회에서 급진주의 기독교의 공개적인 성명서들을 증명했다는 점이다. 폴란드와 리투아니아의 국경 지역에서 온 한 연사가 있었는데, 비아리스톡(Białystock) 근처 고니아즈(Goniądz)에서 온 피터 고네시우스(Peter Gonesius)였다. 그의 범세계적인 연구로 인해 이탈리아, 스위스, 독일에까지 진출하게 되었고, 제네바의 세르베투스의 처형(5장, p. 342 각주 참조)에 대한 항변으로 근자에 유럽 전역에서 명성을 얻고 있던, 위대한 이탈리아의 법률학자인 마테오 그리발디(Matteo Gribaldi)에게 크게 영향을 받았다. 고네시우스는 자신의 평화주의자로서의 확신에 대한 상징으로 나무로 된 칼을 차고 회의에 나타났다. 그러나 그것은 그의 평화주의가 그곳에 참석한 사람들에게 커다란 충격으로 다가오게 만들었다. 그는 자신의 사상을 보헤미아형제단보다 더 급진적인 소수들과 공유했다. 그는 소위 아타나시우스신경(Athanasian Creed)으로 불리는 니케아신경(Nicaea Creed)에 표현된 삼위일체라는 발전된 교리를 공격했다. 그리고 곧 이어 유아세례에 대해서도 명백히 반대했다. 지지자들을 확보한 그는 공화국에 있는 토박이들로부터 강력한 옹호를 받게 됨에 따라, 복음주의 단체들 가운데서도 많은 지지자들을 고무시키기 시작했다.[75]

얀 라스키는 늙은 왕의 죽음 이후 자기 고향 폴란드에서의 발전상들에 지대한 관심을 가지고 있었다. 그는 자신이 엠덴과 잉글랜드에서 큰 규모로 이룬 성과들을 반복하기를 소망하면서 시기스몬드 아우구스투스와 계속 연락했다. 그토록 중요한 1555년에 라스키는 시기스몬드의 『양식과 설명』(Forma ac Ratio)에 헌신해서, 그가 이전에 런던의 이방인교회(Stanger Church)에서의 경험을 통해 바라본 미래의 폴란드교회에 대한 전망을 출간했다. 왕의 구체적인 초청에 따라 독일에서의 논쟁 이후 1556년에 폴란드로 돌아왔다. 그는 심지어 그의 후견인 중의 한 사람으로, 메리 여왕의 가톨릭 정권을 거부했던 잉글랜드 왕가의 열렬한 개신교 회원의 한 사람인 캐서린 공작부인으로부터 공식적인 왕의 망명 하사금을 확보할 수도 있었다. 캐서린은 영예롭게도 리투아니아에서 준제왕적인 입지를 확보할 수 있었다. 또 그녀는 잉글랜드의 엘리자베스 여왕의 등극이 그녀와 그녀의 가족이 승리의 귀환을 가능하게 한 1559년까지, 왕의 열정적인 개혁파 개신교 사촌이자 리투아니아의 수상인 미콜라즈 크르지스토프 라지빌(Mikołaz Krzysztof Radziwiłł) 제후에 의해 보호를 받았다.[76] 1560년에 사망하

---

75) Williams, *Radical Reformation*, pp. 622-24, 647-48.
76) E. Read, *Catherine Duchess of Suffolk: a Portrait* (London, 1962), pp. 122-29.

기까지, 라스키는 아우크스부르크신앙고백에 관한 멜랑히톤의 1540년 수정판(Variata)의 양식을 가능한 일반적인 배경으로 사용하면서, 폴란드 복음주의자들 가운데서 다양한 분파들을 모으려는 노력을 계속했다. 그러나 시간이 너무 짧았고, 불가능하게 보이는 일들을 수행했던 그를 대신할 정치적 인물이 없었다. 1565년 피오르코브에서 개최된 비루터파 교회들의 한 회합은 심각한 분열상을 드러냈고, 같은 해에 페렌스 다비드는 그의 반삼위일체 폭탄을 헝가리 개혁파 교회 안에 떨어뜨렸다. 피오르코브에서 개혁자들 가운데 다수이던 삼위일체론자들은 마침내 반삼위일체론자들을 배척했다. 그들은 저항하면서 '소수 개혁파교회'(Minor Reformed Church)에서 자신들만의 종교회의를 형성했고, 이에 따라 이들은 종종 아리우스주의자들(Arians)로 알려졌다. 따라서 1550년대는 개혁에 관한 폴란드 군주들의 일시적이지만 높은 관심이 입증되었고, 폴란드의 개신교는 성공의 가장 큰 가능성의 순간에 분열하기 시작했다.

  1560년대의 짧은 순간에 폴란드의 개신교는 개신교와 시민 권력 사이의 동유럽에서의 최초의 연대를 촉발시킬 것처럼 보였다. 그러나 이것은 폴란드-리투아니아 자체에만 있지 않았고, 라틴 기독교의 변경 바로 너머인 남동쪽에까지, 즉 카르파티아 산맥과 흑해 사이로 뻗어있는 압도적인 정교회 기독교의 영지인 몰다비아에도 있었다. 놀라울 것도 없이 발칸에서의 이와 같은 개척적인 개혁파 실험은 그 수명이 짧고 독특했다. 왜냐하면 그것이 한 사람의 천재성과 기회주의에 의존했기 때문이었다. 자코브 헤라클리데스(Jakob Heraklides)는 에게 해의 섬인 사모스 출신으로 부유한 헬라 군인이었다. 그는 서구 군대에서 경력을 쌓았고, 라틴 유럽과 서구 기독교에 매료되었다. 매우 매력적이고 은사적인 그는 비텐베르크에서 체류하는 동안 멜랑히톤에 관한 좋은 견해들을 접하게 되었고, 연속해서 찰스 5세의 군대와 폴란드-리투아니아에서 복무했다. 그곳에서 개혁파 유력자 가문의 라드지빌과의 교류는 루터교에 대한 그의 열심을 식어지게 했으며, 바로 미콜라즈 크르지스토프 라드지빌 제후가 몰다비아의 제후(Voivode)의 자리에 추천하였다. 그곳에 도착하자마자, 헬라클리데스는 투르크족과의 공모한 것 때문에 널리 미움을 받고 있던 한 통치자에 대해 불만을 표출할 수 있는 기회를 잡았다. 서구에서의 그의 다양한 지식들을 창조적으로 끌어내어 그는 합스부르크 가문과 리투아니아 유력자들 모두로부터 지지를 받는 군대를 이끌었고, 1561년에 그는 절대군주라는 헬라의 직분을 취함으로써 몰다비아에서 정권을 장악했다. 트란실바니아의 제후들과 같이 그는 사려

제5장 유예된 재연합: 가톨릭과 개신교(1530~1560)   369

깊게 투르크 술탄에게 조공을 바쳤다. 그러나 그는 스스로를 기독교의 옹호자라고 했는데, 그가 옹호했던 기독교가 폴란드 개혁파 성향의 개신교라는 점이 놀랍다.

 헤라클리데스는 몰다비아의 궁전에서 개신교 예배를 명령했고, 폴란드의 개혁자를 주교로 임명했으며, 멜랑히톤에 동조하는 사람들을 포함하여 모든 개신교 세계로부터 학자들을 초청했다. 일부는 상황이 그 초청을 받아들이기에 충분히 낙관적이라고 생각했는데, 그것은 실수였다. 왜냐하면 헤라클리데스의 통치는, 주교들의 정교회 위계질서에 따르지 않는 비몰다비아 사람들의 공동체들이 속한 지역에서, 개혁파 개신교를 향한 그의 순수하고 조급한 조처 때문에 신속하게 약화되었기 때문이다. 만약 그의 기반이 없는 정권을 파괴한 것이 있다면, 그것은 모든 사람들로부터 개혁자들을 두드러지게 한 것이었다. 그들의 성상에 대한 증오가 그것이다. 흔들리는 정부와 군대를 지탱하기 위한 절대 군주의 현금이 필요함에 따라, 그는 정교회 수도원들의 보고를 약탈했고, 특별한 존경심을 가지고 대하던 여러 개의 고귀한 금속 십자가들과 설상가상으로 성화들의 값비싼 금속들도 예외가 아니었다. 이와 같은 금괴들로 관습에 따라 자신의 화상을 담은 경화를 주조했다.

 이보다 더 정교회 사람들을 분노하게 했던 것은 없었다. 왜냐하면 이것은 그들에게 거의 1,000년 전에 비잔틴 제국을 찢어놓은 성상파괴 논쟁을 회상시켰기 때문이다. 정교회는 그것에 대한 오래된 기억을 가지고 있었다. 고대의 성화파괴자들은 성상을 경멸했지만, 동전들 위에 그려진 군주의 화상들에 대해서는 아무런 문제를 제기하지 않았다. 이와 같은 일관성 없는 모습은 승리감에 도취된 화상 옹호자들에게는 그들의 사악함의 한 증상으로 비쳐졌다. 비록 그가 실제로는 나무로 된 성화들은 남겨 두었음에도, 이제 정교회의 분노한 지도자들이 헤라클리데스를 격렬하게 비난했다. 헤라클리데스가 몰다비아 사람이 아닌 폴란드의 한 위대한 귀족의 딸과 결혼을 하게 되었을 때, 그의 운명이 결정되고 말았다. 그의 군대는 와해되었고, 그 자신은 무자비하게 학살당했다. 그의 후기 폴란드 주교의 불행한 미망인이 그랬던 것처럼, 몰다비아 사람들을 화나게 한 사람은 어떤 사람이든지 개신교도라고 결정되었다. 헤라클리데스의 군주제에 대한 특별한 모험은 단지 2년 동안만 지속되었고, 종교개혁과 정교회의 최초의 주요 격돌은 극단적인 혈투극이었음이 판명되었다.[77]

---

77) Michalski, *Reformation and Visual Arts*, pp. 106-8; Chadwick, *Early Reformation*, pp. 311-14은

1540년대와 1550년대의 이와 같은 개혁자들의 유럽 전반으로의 확장 가운데, 만약 어떤 사람이 제네바 외에서 칼빈의 영향을 발견한다면 그것은 그 도 예상하는 곳이고, 칼빈이 열정적으로 소망했던 곳이기도 한 프랑스에서일 것이다. 이미 칼빈은 프랑스에서 가장 빈번하게 읽히는 동시대 작가들 중의 한 명이었다. 1551년 이전에 그의 작품 46개의 제목들에 대한 77판이 있었고, 그의 가장 근접한 경쟁자인, 대중적이었지만 이제는 오랫동안 잊혀진 도미니크수도사로 경건하고 호전적이었던 가톨릭 작가 피에르 도르(Pierre Doré)를[78] 쉽게 능가했다. 처음에 프랑스의 복음주의 운동은 개혁파 예배의 단순한 틀(기도, 노래와 성경 읽기)이 성직자의 부재 중에도 유지가 어렵지 않았던 작은 집단들로 구성되었다. 1547년 말에 잔인한 박해를 중단시킨 프랑수와 1세 왕이 죽었을 때, 이들 개인 단체의 수가 점점 증가하면서 성장이 가속화되었다. 이것은 개신교도들에게 더 큰 확신을 심어주었다. 그들 중에 더 많은 사람들이 이제 자신의 신앙을 숨기는 것에 대한 칼빈의 분노에 찬 통렬한 비난의 말을 들을 준비가 되어 있었다. 1544년의 신랄한 소논문인, 『니고데모파에게 주는 글』(Excuse a Messieurs les Nicodemites)에서 그는 은밀한 개신교도를 비겁할 때문에 밤에만 그리스도에게로 나아왔던 바리새인 니고데모에 비유했다(요한복음 3:1-21; 7:50; 19:39). 이 니고데모 비유는 복음주의자들이 가톨릭의 공적인 박해를 직면한 곳이면 어디든지 관심거리가 되었고, 실제로 생생한 논쟁거리가 되었다. 프랑스와 이탈리아 둘 다에서 칼빈에게 니고데모파 사람들이라고 무시당한 사람들은, 만약 누구라도 제네바에 안전하게 있었다면 그와 같은 가장 순수한 노선을 지키기가 훨씬 더 쉬울 것이라고 말했을 것이다. 1553년 7월 이후 가톨릭주의자인 메리 여왕에 맞서면서 그와 같은 논쟁이 곧 잉글랜드의 개신교도들을 분리시켜 버렸다.[79]

개신교도들의 활동은 1555년의 두 가지 사건을 통해 프랑스에서 중대한 과업을 성취하게 되었다. 그 해 파리에서 제네바 스타일로 구성된 교회회의의 최초의 공식적인 회합이 있었다. 그것은 공식적으로 로마 가톨릭교회로부터 확실하게 분리된 조직을 갖춘 교회회의로써, 프랑스가 만들어낸 수많은 것들 중에 가장 주목받는 것이었다. 비록 그녀가 1560년까지 자신의 개종에 대해 공개적

또 다른 유용한 요약 설명을 담고 있다.

78) F. M. Higman, *Piety and the People: Religious Printing in French, 1511-1551* (Aldershot, 1996), pp. 5,17.

79) J. Wright, "Marian Exiles and the Legitimacy of Flight from Persecution," *JEH* 52 (2001), pp. 220-43.

제5장 유예된 재연합: 가톨릭과 개신교(1530-1560)   371

으로 선언하는 것을 연기했지만, 피레네 산맥의 북쪽 측면에 있는 나바르의 명목상의 여왕 잔느 달브레(Jeanne d'Albret, 메거릿 앙굴로메의 딸)의 개신교 신앙으로의 개종도 미래를 위해 똑같이 중요했다. 그때에 잔느 여왕의 아들이 궁극적으로 프랑스의 앙리 4세 왕이 될 줄을 예측할 길이 없었다(10장, pp. 597-617). 그러나 한 지역의 공주였던 프랑스 왕가의 한 일원의 개종은 새로운 현상의 징조였다. 지금까지 흩어졌던 개신교도들을 국가적인 전쟁의 장으로 끌어 당기는 프랑스에서 시도된 종교개혁에서 상류 귀족의 적극적인 참여가 그것이었다.

1547년 앙리 2세 왕의 등극은 폴란드에서 시기스몽드 아우구스투스의 등극이 그러했던 것처럼 개신교도들에게 많은 희망을 제시했다. 처음에 그는, 특히 1551년 교황과 심각하게 다툴 동안 교회개혁의 일부 조처들을 선호했다. 같은 해에 그는 모든 프랑스 주교들이, 개혁파 성향을 지닌 로레인의 찰스 드 기즈(Chalres de Guise) 추기경 같은 프랑스의 고위 성직자들의 가장 좋은 관습을 따라 그들의 교구들을 여행할 것을 명령했다. 그들은 차례로 뒤늦게 기욤 데 브리소네(Guillaume de Briçonnet)가 30년 전에 모(Meaux)에서 시도했던 것을 흉내냈다(2장, p. 151).[80] 그러나 개신교가 성장하는 모습이 왕에게 경고를 주기 시작했다. 그는 로마와의 대결을 포기했고, 그의 부인 디안느 드 뿌와티에(Diane de Poitiers)의 영향하에서 이교도들을 박해하는 데 점점 더 적극적이 되었다. 점증적으로 그는 '가장 기독교적인 왕'(Most Christian King)이라는 자신의 공식적인 직함에 하나님으로부터의 부르심과 같은 새로운 의미를 덧입혔다.

따라서 프랑스와 폴란드라는 유럽의 두 개의 선도적인 군주제 속에서 활동한 개혁파 개신교는 이제 최고의 시민 행정장관의 권력과 맞서게 되었고, 프랑스에서의 종교개혁은 침묵에서 정치적, 심지어 군사적 행동으로의 전환의 가장자리에 있었다. 이런 상황 속에서 프랑스 개신교의 발전에 그토록 중심적인 인물인 칼빈이 주도적인 개혁파 목소리로서 불링거, 라스키 또는 피터 마터 버미글리를 점차 능가하게 되었다는 사실이 아마도 그리 놀랄 일은 아닐 것이다. 일단 1547년 이후 전쟁의 애매모호한 결과로 인해 큰 타격을 입고, 사기가 꺾여버린 루터파 사람들이 1555년의 아우크스부르크의 평화협정으로 인해 가톨릭 합스부르크 가문과 화해에 이르게 되자, 유럽의 분리된 가문 안에서의 주요 대결이 이제 교황과 개혁파운동 사이의 대결구도로 입증되었다.

---

80) K. J. Lualdi, "A Body of Beliefs and Believers: Sacramental Confession and Parish Worship in Reformation France," in Lualdi and Thayer (eds.), *Penitence*, pp. 134-52 중 148.

The Reformation: a History

제 6 장
조롱거리가 된 재연합
(1547-1570)

1. 합스부르크 왕조의 위기(1547-1555)

1555년의 아우크스부르크평화조약은 1547년 전쟁이 시작된 후 거의 10년만의 타협의 산물이었다. 이로 인하여 종교개혁에 대한 반대와 지지는 갈피를 잡을 수 없을 정도로 빠르게 뒤바뀌었다. 1517년 루터의 항거로 인한 총체적인 무력충돌은 꽤 오랫동안 늦춰졌고, 점차로 군주들과 도시들과 영주들은 로마의 지배권으로부터 독립하는 양상이 뚜렷해졌다. 하지만 이제 군사적 위기는 서방 기독교의 미래를 위한 선택의 폭을 줄여갔고, 1540년대 초반 가능할 것처럼 보였던 재결합이나 재건에 대한 희망을 희박하게 만들고 말았다. 그 차이는 1550년대와 1560년대를 거치면서 커져만 갔다.

우리가 이미 보았던 것처럼 1541년 레겐스부르크의 대실패(fiasco at Regensburg)와 1542년 이탈리아에서 종교적 위기 때문에 새로운 장래에 대한 대안들이 무산되었다. 또 1540년대 말 헤르만 폰 비이트(Hermann von Wied) 대주교가 쾰른에서 마틴 부처(Martin Bucer)와 함께 동역하였던 프로그램의 붕괴로 말미암아 또 한번의 막다른 골목에 봉착하고 말았다. 헤르만 폰 비이트 대주교는 레겐스부르크의 대실패로 말미암아 깊은 실망감에 빠지게 되었고, 이는 대주교가 점차로 개신교에 대한 동정심을 갖도록 하였다. 1543년에 시작하여 1544년까지 대주교는 자기의 교구에서 철저한 종교개혁을 위한 제안서들의 요약본을 출판하였다. 이는 마틴 부처가 효과적으로 대필한 것으로, 지역 평신도와 동시에 전 세계의 추종자들을 대상으로 한 것으로 이것은 독일어와 라틴어로 동시에 쓰여졌다. 특별히, 라틴어 판은 『피아 콘술타티오』(*Pia Consultatio*)라고 불리우게 되었고 이는 개신교로 개종하고 새롭게 합류한 조수 알베르트 하르덴베르크(Albert Hardenberg)에 의하여 번역되었다. 대주교는 이 책에서 성인에게 행해지는 기도와 성상의 오용이 얼마나 전통적 신앙으로부터 떨어져 있는가를 보여주는 등 잘못을 지적하였다. 그는 십계명의 츠리히 번호체계를 채택(3장, p. 216 참조)함으로써 강조하였다. 대주교는 설교학 강론을 통하여 자연스럽게 이신칭의 교리를 선언하게 되었다. 반면에 예전에 관한 조항에서 기존 미사에 대한 전통 신학에 대해 강한 어조로 공격했다. 우리가 보았던 것처럼 폰 비이트 대주교가 그의 책 『피아 콘술타티오』에서 쓴 예배 의식의 제안을 통해 토마스 크랜머 대주교는 잉글랜드에서 교회용 자국어로 된 기도책자를 준비하면서 깊은 영향을 받게 되었고(5장, p. 357 참조), 이미 1547년까지 두 종류의 영어 번역판이 잉글랜드인들을 위해 출간되었다.

쾰른 대성당의 보수적인 사제들은 토마스 크랜머 대주교의 열정을 공유하지 않았다. 그 사제들은 대주교의 계획에 반대하여 항의를 이어갔고, 특별히 1544년 출판과 동시에 유럽 전역으로 불티나게 판매되었던 『피아 콘술타티오』, 곧 『안티디다그마』(*Antididagma*)에 대한 신랄한 공격을 가하기 위해 전에 동맹 관계였던 요한 그로퍼(Johann Gropper)를 끌어 들였다. 점차로 폰 비이트는 교황의 권위에 더 이상 복종하지 않았고, 제후-주교(prince-bishop)로서 단지 순진한 사제가 아니라 점차로 제국 안에서 긴장 상황을 주도하는 주요인물로 떠오르고 있었다. 그는 슈말칼덴동맹의 열정적인 루터교 영주들과 동맹을 맺었다. 불행하게도 프랑스 왕과의 전쟁으로부터 마침내 자유로워진 찰스 5세는 점점 적극적이고 독단적인 행동을 하는 동맹 지도자와 담판을 벌일 것을 결심하게 되었다. 왜냐하면 그들이 찰스 5세와 같은 참신앙을 견지하고 있다고 주장하지만, 이는 점차로 설득력을 잃어가고 있었기 때문이다. 황제는 꾸준히 군사력과 부를 축적하였지만, 1546년 봄 레겐스부르크의 제국의회(Imperial Diet)에서 개신교가 요구하였던 것을 위해서는 아무런 노력도 하지 않았다. 그대신 그는 군대의 수장이자, 작센(Saxony)의 선제후인 요한 프리드리히(Johann Friedrich)를 무력하게 만들어 동맹의 심장부를 치기로 결정하였다.

오랜 역사를 가진 베틴 가문(Wettin Family) 안에는 작센의 선제후와 공작 간의 대립 문제가 있었는데, 이것은 찰스의 계획을 위하여 유용한 수단이 될 수 있었다. 작센의 모리츠(Moritz) 공작은 대단히 야심찬 젊은이였다. 비록 그는 루터교인이었지만, 황제의 편에 있었던 그의 사촌 요한 프리드리히의 영지를 침공하기 위하여 군대의 수장자리를 맡는 데 동의하였다. 폰 비이트 대주교가 명백한 표적이었다. 찰스 5세는 그의 신앙을 존중하였지만 낮은 교육수준을 비웃었고, 또한 정치적으로는 골칫거리로 여겼다. 황제가 모리츠와 에기치 못한 동맹을 준비하는 동안 교황은 폰 비이트를 파문한다고 선언했다. 황제 군대의 위협과 쾰른(Cologne)에서의 반대세력 때문에 결국 대주교는 1547년 2월에 대주교직을 사임하였고, 가족의 사유지로 물러나 1552년 개신교도로서의 생을 마감하였다. 그렇게 발발한 슈말칼덴전쟁(Schmalkadic War)은 로마와 개신교 사이의 분열을 막고자 힘썼던 마지막 중요 인물을 제거하였고, 크랜머는 종교개혁을 선언하였던 유일한 유럽의 뛰어난 대주교로 잉글랜드에 남겨지게 되었다.

1547년 4월 23일 작센의 선제후인 뮐베르크(Mühlberg)의 요한 프리드리히에 대해 황제가 극적인 승리를 거둔 후, 1547년 봄 즈음에 제국의 개신교는 절망적인 상태에 놓이게 되었다. 찰스는 제후의 군대보다 더 큰 규모의 군대 지휘와 기습 공격을 통하여 성과를 쌓아갔다. 그것은 그의 삶에 있어서 최고 절정 중의 하나이었고, 티티안(Titian)을 통하여 초상화를 그리게 하여 기념하였는데, 그 그림은 황제의 가장 유명한 초상화 중의 하나가 되었다. 그림은 갑옷과 투구를 입고 말 위에 있는 모습과 하나님과 제국의 기사로서의 화려함을 묘사하였다(사진 8 참조). 선제후는 수감되었고, 슈말칼덴동맹의 또 다른 거물 헤센의 필립(Philipp of Hesse)도 곧 이어 항복했다. 마침내 찰스는 그의 승리로 제국에서 그가 바라던 바를 이루기 위한 유리한 위치에 서게 된 것처럼 보였다. 그는 가능한 많은 온건파 인물을 등용하여 계속적으로 안정을 추구했다. 그의 조언자이었던 요한 그로퍼는 폰 비이트의 틀에 완전히 귀결되지 않은 한도 내에서 여전히 가톨릭의 개혁을 주장하였다. 개신교로부터 자발적인 동의를 확신할 수 없게 되자, 황제는 아우크스부르크에서 1548년 5월 칙령을 발표하는데 이는 개신교도를 위한 임시적인 종교적 해결책(잠정조치, the Interim)이었다. 다시 말하자면 이미 결혼한 사제의 존재와 평신도의 성찬참여 허용에 대한 인정이었다. 그렇지 않았다면, 루터교의 신학적 그리고 신앙적 감성은 짓밟히게 되었을 것이다. 모리츠 공작(Duke Moritz, 이제는 공공연한 작센의 선제후인)은 조금 더 융통성있는 잠정조치 성명을 그의 본거지인 라이프치히에서 공포하였다. 하지만 이 또한 황제의 조치와 그리 큰 차이는 없었다. 승리한 황제가 그의 계획에 대해 그렇게 많은 반대를 했다는 것은 독일의 종교개혁이 특별히 마을과 도시에서 이미 견고한 대중적인 지지를 얻고 있었다는 흥미로운 방증인 셈이다.

그럼에도 잠정조치는 개신교에 있어 의미심장한 단기적 효력을 가졌다. 그 잠정조치는 그것을 받아들이기로 한 측과 그렇지 않은 측의 심한 논쟁을 불러 일으켰고, 개신교 강경주의자들이 제국을 떠나도록 재촉했다. 이는 실제로 개신교가 다른 지역에서 성장하는 계기가 되었지만, 또한 마치 1530년대 그랬던 것처럼, 슈트라스부르크가 유럽 개신교의 중심이 될 수 있는 계기를 영원히 날려버리는 계기가 되기도 하였다. 시 당국은 슈말칼덴동맹에서 동맹자들과 제휴하였을 때, 크나큰 외교적 실수를 하게 되었다. 일반적으로 시 당국은 자신들의 조그만 지역 근처에서 발발하는 전쟁의 혼란으로부터 떨어져 있었다. 그들이 슈말칼덴전쟁에 개입한 것은 오직 두 가지 경우 중의 하나였는데, 그것은 16세기 내내 그들이 공식적으로 전쟁에 참여하고 있었던 경우와 같은 것이다. 그 시는 그 실수 때문에 비싼 댓가를 지불했다. 왜냐하면, 이제 그 시는 찰스 5세의 영향권 아래 있게 되었고, 심지어 장기간 추방되었던 슈트라스부르크의 가톨릭 주교와 가톨릭 예배를 드리기 위해 돌아온 시 교구 사람들과도 타협하도록 강요당했기 때문이다.

잠정조치와 굴욕적인 가톨릭 미사 참여에 대한 슈트라스부르크에서의 맹렬한 대중적 반대에도 불구하고, 그런 부과조치에 대해 가장 명확하게 반대 기치를 높이 들었던 저명한 신학자들은 점점 살아남기가 어려워진다는 것을 알게 되었다. 1547년 말부터 슈트라스부르크의 환대를 받았던 몇몇의 저명한 망명자들은 다른 곳으로 흩어졌다. 그 중에 특히 피터 마터 버미글리는 잉글랜드의 에드워드 6세의 새 정부로부터 따뜻한 환대를 받았고, 비록 가능한 떠나지 않으려고 하였던 부처도 1549년 봄에 잉글랜드 왕실의 초청을 받아 들이게 되었는데, 이것은 그 도시에서의 사반세기 간의 사역을 중단하는 것을 의미했다. 부처는 그가 다시 돌아갈 수 없는 상황에서 캠브리지에서 죽었다. 1553년 메리 여왕이 왕위를 계승하자 잉글랜드를 떠나 마터는 슈트라스부르크의 분위기가 상당히 바뀐 것을 알게 되었고, 이로 인해 결국 1556년에 취리히로 이주하게 되었다. 당세기 초에 슈트라스부르크 당국은 폭넓게 복음을 수용하던 매력적이고 독자적인 신학적 태도를 가졌지만, 이제 이를 포기하고 점점 루터교로 기울게 되었다. 부처의 사상과 교회 관례가 유럽 전역으로 퍼지면서 영향을 주었지만, 루터, 츠빙글리, 칼빈과 같이 그는 그의 이름을 소중하게 생각하고 기억하였던 교회와 신앙고백을 떠나지 않았다.

찰스 5세의 독일에 대한 승리의 기쁨은 그리 오래 가지 못했다. 그의 힘은 제국의 가톨릭 영주들을 포함해서 너무도 많은 사람들을 불안하게 만들었다. 찰스의 형제인 페르디난드 왕은 그가 국왕으로 있는 보헤미아 왕국에서 제국을 지지하기 위한 군사를 일으키려 하였지만 실패했다. 그는 엄청난 반대에 직면하게 되었는데, 그것은 후스파 사람들과 보헤미아형제단(Unitas Fratrum, 1장, p. 81) 지지자들 뿐 아니라, 루터파를 비롯한 수많은 귀족과 시 정부 관리들의 반대도 포함되었다. 특히 귀족들과 시 정부 관리들은 합스부르크 왕조가 보헤미아의 특권과 행동의 자유를 제한하려는 시도에 대해 분개하였다. 그들의 분노는 점차로 전면적 폭동으로 이어졌다. 1534년 아일랜드 대부분 지역에서 교황에 대해 충성하던 헨리 8세(4장, p. 289)에 대항하였다. 그러나 이는 유럽의 종교개혁에서 군주가 주류 개신교의 슬로건을 가져온 것 때문에 반란에 직면하게 된 첫 번째 사례가 되었다. 이는 1560년대 유럽에서 폭동이 넓게 번져나가게 되는 신호탄이 되었을 뿐만 아니라, 30년전쟁으로 이어졌던 1618년 합스부르크 왕조에 대한 보헤미아 반란의 계기가 되었다(6장, pp. 417-425, 11장, pp. 638-643).

페르디난드 왕은 궁극적으로는 모반을 꾀한 자신의 신하들에 맞서 군사적 행동과 가혹한 보복을 통해 보헤미아에서 그의 권위를 계속해서 행사하게 되었다. 그러나 그와 그의 후계자가 극단적으로 보헤미아에서 분리주의자들을 경계하고, 또 그들을 괴롭게 한 일 때문에 그들의 혐오의 대상이 되었다. 모라비아에서 왕은 보헤미아에서보다는 정치적 전략을 펼 수 있는 여지가 적었다. 이는 모라비아협의회(Moravian Estates)가 보헤미아의 항거에 합류하는 것을 거절하였고, 따라서 왕에게 군사적인 개입을 위한 어떤 여지도 허용하지 않았기 때문이었다. 정반대로 모라비아협의회의 그들의 충성에 대한 요구의 댓가는 모라비아에서 오랫동안 계속되어 온 종교적 다양성을 허용하여 달라는 것이었다. 이는 1550년에 페르디난드에게 요구하였던 것이었고, 이 묵인의 정도는 합스부르크의 영지에서는 유례가 없을 정도였다. 그리고 그것은 1618년까지 고스란히 유지되면서 계속되었다. 더군다나, 1551년 동쪽에서 오스만투르크의 군사적 압력이 가해졌을 때, 페르디난드는 더 이상 그의 형제를 돕기에는 유리한 위치에 있지 못했다. 이 모든 상황이 그로 하여금 가능한 빠르게 중부 유럽

에서 사안에 따른 대응책들을 결정할 수 있도록 해 주었다.[1]

독일에서의 상황도 마찬가지로 합스부르크에 적대적이었다. 1551년까지 작센의 모리츠(Moritz) 선제후는 찰스와의 동맹은 밑 빠진 독에 물 붓기라고 생각했다. 그리고 그는 황제보다 먼저 모반해야 했다. 그의 실용주의적 성품 때문에 이번에는 다른 독일의 개신교 영주들뿐만 아니라 가톨릭이었던 프랑스의 앙리 2세 왕과도 동맹을 맺게 되었다. 결국 이 동맹 때문에 1년 내에 제국의 힘이 무력화되었고, 찰스는 독일과 오스트리아로부터 도망하게 되었다. 제국의 개신교 지역은 자발적으로 잠정조치를 포기하기 시작하였다. 비록 그의 제국의 형제들은 기꺼이 동의하지 않았지만, 그들과 함께 페르디난드 왕은 1552년 8월 다뉴브의 파쏘(Passo)에서 모리츠와 평화협정을 맺었다. 이는 독일의 종교개혁에서 중요한 순간이었다. 비록 찰스가 1555년까지 서쪽에서 프랑스와 격렬한 싸움을 계속하였고, 모리츠가 1553년 과거 개신교 동맹자 중 한 사람과 전투 후 부상으로 죽었지만, 마침내 파쏘는 가톨릭 황제와 개신교 제국의 영토 사이에 설정된 기본적인 합의를 만들어 냈다. 합의에 사용된 표현 대부분은 포괄적인 조정안에서 구체화시킨 것이었다. 그 포괄적인 조정안은 50년 이상 중부 유럽의 미래를 만들어 갔고, 그 망령은 30년전쟁으로 다시 나타나게 되었다.[2]

1555년에 찰스는 깊은 실망과 지친 마음으로 인해 황제의 자리를 내놓기로 결심하였다. 그는 제국 의회(Imperial Diet)에서 교섭의 주요한 부분을 담당하였기 때문에, 이러한 사실은 제국의 종교적 분할이라는 피할 수 없는 사실을 인정한 포괄적 조정을 낳게 되었다. 파쏘에서 이미 받아들여진 것처럼, 1552년 루터교도의 손에 들어간 교회 토지는 다시 구교로 소유권이 넘어갔다. 거기에는 더 이상 잠정조치에 관한 것은 없었다. 영주들과 지주들은 가톨릭이나 루터파의 영지를 결정할 수 있었다. 심지어는 자유 도시들에서 루터파들이 도시 안에 있는 가톨릭 지역에 어느 정도의 시설물들을 남겨두도록 했다. 이것은 1526년 스파이어 의회(Diet of Speyer)에서 처음으로 발의되었던 '지역별 종교결정'(Cuius region, eius religio, Whose realm, his religion) 원칙이었다. 이것은 제국에 있는 종교개혁의 주도권이 지배자들의 손 안에 있다는 마지막 신호를 주는 것이었다. 더 이상 독일을 위한 종교개혁의 '산발적 성장'(Wildwuchs, 3장, p. 225)은 없었고, 뮌스터나 그 밖의 곳에서도 재세례파 왕국은 더 이상 없었다.

---

1) W. Eberhard, in Pettegree (ed.), *Early Reformation*, pp. 34-36, 42-43, 47.
2) V. H. Drecoll, *Der Passauer Vertrag* (1552). *Einleitung und Edition* (Berlin, 2000). 1629년의 복원칙령 (Edict of Restitution)과 파사우(Passau)의 관련에 대해서는 본서 Ch. 11, p. 480을 보라.

1526년과 1555년의 종교적 상황 사이에 하나의 극명한 차이가 있었지만, 아우크스부르크 조약은 그것을 묵살하는 선택을 하였다. 그것은 루터파와 개혁파 사이의 분열이 '성찬에 대한 분쟁'(Supper-strife)으로 더욱 격화되었기 때문이다. 루터파 사람들은 거의 교황 중심의 가톨릭만큼이나 개혁파 사람들을 증오하였고 두려워하였다. 그래서 아우크스부르크에서 가톨릭과 협상하였던 루터파 제후들에 따르면, 개신교에 관한 공식적인 선택이 1530년 아우크스부르크신앙고백에 의해 정의된 루터교로 한정되고, 개혁파는 불법적 존재가 되었다. 이것이 얼마나 근시안적이었나 하는 것은 1555년 이후 4년 만에 드러나게 되었다. 제국의 중요 복음주의 제후의 한 사람인 팔츠 프리드리히 3세(Elector Palatine Friedrich III) 선제후는 개혁파 개신교가 되기 위해 루터교를 포기하였다 (8장, p. 475). 비록 그의 후계자 중 한 사람이 일시적으로 루터교로 돌아가기도 하였지만, 프리드리히의 개종은 그의 팔츠 영지를 개혁파 신학의 가장 중요한 본거지 중의 하나가 되게 했다. 그 선제후가 아우크스부르크신앙고백의 '수정판'(Variata)을 승인하기로 동의하였기 때문에 그는 1555 조약의 문구로부터 피할 수 있었다. 하지만, 팔츠가 공식적으로 루터교로부터 개종하였던 것은 제국의 많은 지배자들과 도시들이 개혁파로 개종하는 '제2의 종교개혁'(Second Reformation)의 시작을 알리는 신호가 되었다. 1560년대는 유럽을 가로지르는 개혁파 세력권이 형성된 시기였다(8장, 10장 참조). 개혁파 개신교는 세력형성을 포기하지 않았고, 결국 아우크스부르크평화조약의 근본적이고 구조적인 모순은 1618년 위기에 불을 붙이는 중요한 원인 중 하나가 되었다. 그럴지라도, 1555년 구체화한 평화조약은 인정할 수 밖에 없는 것이었다. 중부 유럽은 이러한 조항들로 60년 이상의 평화의 시기를 경험하게 되었다.

정치적 혼란의 배경과 슈말칼덴전쟁 동안 신앙고백의 반전에 대하여, 전통적인 트리엔트공의회가 1551에서 1552년 동안 두 번째 회기가 소집되었을 때 성과가 별로 없었다는 것은 놀라운 일이 아니었다. 거의 무관심했던 교황 줄리어스 3세는 1551년 봄 트리엔트로 주교들을 소집했다. 황제는 첫 번째 회기에서보다 더 포괄적으로 개최하기로 결심하고, 개신교도들을 회의에 참여시키려는 노력을 아끼지 않았다. 런던에서 개신교 총회(Protestant General Council)를 소집하기 위한 잉글랜드의 노력이 수포로 돌아가게 되자 잉글랜드 개신교 정부에 대한 교섭이 있었다.[3] 독일의 일부 개신교도는 1551년 후반부터 트리엔트공

---

3) MacCulloch, *Cranmer*, pp. 500-503, 518-20.

의회에 참여하였지만, 황제에 대해 날카로운 대립각을 세웠는데, 특별히 공의회의 새로운 조처는 그들을 분노하게 했다. 그것은 1551년 10월의 포고문이었는데, 이는 기독교의 역사상 첫 번째였고, '거룩한 보편교회에 의하여 편리하고 적절하게 화체설(transubstantiation)'이라고 불리는 중세의 학술적 용어를 통해 성만찬(Eucharist)의 신비를 이해하는 하나뿐인 공식적인 방법을 규정하고 있다.

심지어 공의회 내부적으로도 불일치는 재앙에 가까웠다. 스페인에서 온 주교들은 개신교를 증오하였지만, 공의회의 첫 번째 회기에서와 같이 교황권에 대해서도 깊은 회의를 가지고 있었다. 그들의 이러한 사적인 의견일치는 제국의 외교관 그랜벨(Granvelle)에 대한 호의로 이어졌다. 그랜벨은 교황의 특사인 크레센지(Crescenzi) 추기경이 주도하는 공의회의 진행에 극단적으로 비판적이었다. 이들의 의견일치는 매우 선동적이었고, 17세기말 한 개신교도 편집자는 교황을 반대하기 위한 선전용으로 이것을 잉글랜드에서 영어로 번역 출판했다.[4] 이제 황제에 대항하여 모리츠 선제후와 동맹을 맺은 프랑스의 앙리 왕 2세는 프랑스에 있는 자신의 갈리아주의 협의회(Galllican assembly, 프랑스 가톨릭교도 협의회)를 유지하고 아울러 잉글랜드의 헨리 8세 왕이 했던 것처럼 교황에게 불복종할 수 있다고 위협함으로써 로마와 불화의 골이 깊어졌다. 1552년 4월 공의회가 끝나게 되었는데, 이는 프랑스 군대가 황제와 프랑스의 전쟁 과정에서 트리엔트를 위협하고 있었기 때문이었다. 앞으로 살펴보겠지만 차기 교황 바오로 4세(Paul IV, Gian Pietro Carafa)는 공의회에서 의사결정을 하는 주교들의 어떤 생각에 대해서도 극히 적대적이었다. 트리엔트의 다음 회기는 교황이 죽을 때까지 7년 동안 지체되었다.

2. 황제의 피폐함과 교황의 망상(1555)

1555년 아우크스부르크평화조약만큼 중요한 것은 신성로마제국의 권좌와 교황직과 같은 서방 기독교 세계의 수장직에 대한 새로운 계승의 전망이었다. 찰스 5세 황제는 가족의 유산과 산산조각이 난 가톨릭교회를 지키기 위해 30년 이상을 싸워야 했던 것에 대해 매우 싫증나게 되었다. 그는 마음에 내키지 않

---

[4] H. O. Evenett, "The Manuscripts of the Vargas-Granvelle Correspondence," *JEH* 11(1960), pp. 219-24.

는 아우크스부르크평화조약에 서명하는 일을 그의 형제인 페르디난드에게 떠넘겼지만, 그것은 연합된 서방교회를 보존하는 그의 가족의 프로그램의 실패와 제국의 제후와 도시에 대한 합스부르크의 권위를 재차 주장하는 것을 드러내는 것이었다. 그의 어머니 미치광이 후아나(Juana the Mad)가 1555년 4월 스페인 북부 토데실라스(Tordesillas)에 있는 그녀의 성에 격리된 채 죽게 되었다. 이는 남편의 요절 후 약 50년 뒤의 일이었다. 비록 찰스가 아직 55세가 되지도 않았지만, 이제 그는 은퇴를 결심하게 되었다. 그해 10월에 그는 네덜란드에서 그의 통치권을 분배함으로써 넓은 영토를 나누기 시작하였다. 상징적으로 그는 먼저 그의 버건디언(Burgundian) 선조들의 황금양모기사단(Order of Golden Fleece)의 수장직을 사임하였고, 그의 아들 필립에게 통치권을 넘겨 주었다. 1556년 1월, 그의 스페인 영토를 아들 필립 2세에게, 그리고 신성로마제국은 페르디난드(Ferdinand) 왕에게 넘김으로써 그의 사임을 완료했다. 이러한 일방적인 결정이 제국의 선제후들에 의해 비준되는 데는 2년의 시간이 필요했다.

합스부르크 가계의 사건들과 정략결혼은 멕시코에서 뮌헨까지, 시실리(Sicily)에서 주이데르지(Zuyder Zee)까지 영토 전체를 아우르는 찰스 왕의 세심한 관리하에서 하나가 되었다. 비록 스페인과 오스트리아 합스부르크 왕조가 가톨릭 신앙에 대한 관심을 옹호하기 위하여 함께 최선을 다하기를 지속하였지만, 다시 그 영지를 단독으로 다스리는 지배자가 없었다. 통합군주제에 대한 가능성은 1530년대 찰스의 손에 있었으나, 많은 유럽인들에게 다행스럽게도, 특별히 개신교 유럽에서 다시는 그런 일이 일어나지 않았다. 그의 말년은 그가 첫 번째로 왕이 되어 통치하였던 스페인으로 돌아와 보내게 되었다. 그는 유스테(Yuste)에서 제로니마이트(Jeronimite)수도원 근처의 작은 저택에서 지냈다. 그는 1558년에 죽었다. 그의 아들 스페인의 왕은 나중에 새롭게 건축된 장엄한 제로니마이트수도원에 부왕을 재매장했다. 에스코리알(Escorial) 궁전은 선대왕의 업적을 계승하여 세계적인 제국을 세우려는 필립의 상징물이었다.

종교적 타협을 반대하였던 베테랑 지안 피에트르 카라파(Gian Pietro Carafa)의 말년은 유스테(Yuste)에서 찰스 5세 황제의 은퇴보다 덜 평화로웠다. 그가 1555년 3월 79세의 나이에 교황 바오로 4세로 선출된 것은 놀랄만한 결정이었고, 이는 예상치 못한 불운, 곧 그의 전임자 교황 마셀루스 2세(Marcellus II)가 교황이 된 지 20일 만에 죽게 되므로 가능하였다. 많은 사람들은 카라파의 선출을 깊이 염려했다. 재위를 포기하였던 찰스 5세는 보다 고뇌할 수밖에 없었다. 이그나티우스 로욜라(Ignatius Loyola)는 예수회(Society of Jesus)에 대한 최악의 사태를 우려했다. 카라파는 주어진 시간이 너무 짧다는 것을 알았지만, 그의 정열은 약해지지 않았고 신속하게 일을 처리했다. 마침내 그는 로마의 종교재판의 창시자로부터 기대되는 엄격한 의제를 시행할 수 있는 힘을 가지게 되었다. 그는 엄격한 청교도주의(Puritanism)로 세상을 대하였다. 그런데 그는 자신의 삶도 엄격한 청교도주의로 살아왔다(이탈리아 귀족 전임자들이 관대하였던 것만큼이나 관대하였던 자기 친척들을 예외로 하고).[5] 바오로 4세의 교황 재직기간인 1557년에 첫 번째로 로마의 종교재판이모든 교회에 금서로 지정된 색인집 때문에 열리게 되었다. 이 재판은 1540년대의 파리대학 안의 소르본대학과 1551년 스페인 종교재판에 의해서 뿐만 아니라, 이상하게도 헨리 8세의 종파분리를 위한 잉글랜드에서도 전례가 되었다. 1년이 채 못되어 교황의 영향력이 유지되고 있었던 베네치아의 독립 종교재판에서도 소송이 줄을 이었고, 그 초기인 1558년 3월에는 1만 권의 책이 불태워졌다. 로마의 종교재판은 교황의 새 색인집에 데시데리우스 에라스무스의 모든 책을 포함시켰다. 종교개혁이라는 광범위한 대혼란의 선동자로서의 에라스무스의 명성은 1517년 루터의 항거 전날 밤에 그가 보여준 침착함 이후로 오랫동안 지속되었다.

바오로 4세는 에라스무스만을 그렇게 혐오했던 것은 아니었다. 그는 선한 증오자였고, 그의 증오는 하찮은 것에서부터 정치적으로 중요한 부분까지 망라하였다. 그는 예술 분야에서 나체를 증오해서 시스틴 성당 천장의 미켈란젤로의 40년 된 프레스코화를 포함하여, 르네상스 로마의 외설적인 종교적 그림과 조각에 무화과 잎으로 된 숲을 그려 넣도록 했던 것으로 유명했다. 그는 유대인들을 증오해서, 처음에는 교황령으로 유대인은 유대인 강제 거주지역 안에서만 살도록 했다가, 나중에는 그들에게 식별이 용이한 노란 모자를 착용하도록 하기도 했다. 그는 예수회의 독자적인 영성을 증오하였다. 그래서 1556년 그들의 창시자 이그나티우스(Ignatius)의 죽음으로 한때 그들이 가졌던 협상의 노련함을 잃어버리기도 했다. 그러자 교황 바오로는 그들이 자유롭고 독자적인 결정을 할 수 없도록 했고, 그들을 보다 더 보수적인 수도원으로 개조하기 시작했다. 그는 또한 신령주의자들(Spirituali)을 육성하고, 1540년대 그들이 와해된 이후에도 계속 무언가를 보존하려고 했던 고위층 사제들을 미워했다.

---

5) B. McClung Hailman, *Italian Cardinals, Reform, and the Church as Property* (Berkeley,1985), pp. 153-54.

교황 바오로(Pope Paul)에게 있어 레기날드 폴(Reginald Pole)과 지오바니 모론(Giovanni Morone)은 루터파 이교도들보다 훨씬 더 좋지 못했다. 종교재판소는 바티칸의 정책 대리인이 되어 수많은 사람들을 체포하고 심문하는 일을 지원함으로써 그의 교황임기 동안 일을 잘 처리했다. 모론은 감옥에 갇혔고, 남아 있던 이탈리아의 복음주의자들은 종교재판소가 권력을 행사하는 곳에서는 어디에서든지 맹렬한 공격을 당했다. 교황이 종교재판소에서 이단을 심리하기 위해 저명하고 협조적인 성직자들을 소환하려 했을 때, 그는 경건한 가톨릭 군주들로부터 극렬한 반발을 사게 되었다. 잉글랜드의 메리 여왕은 폴 추기경의 귀환을 허용하는 것을 거부했고(6장, p. 390 참조), 마찬가지로 폴란드-리투아니아 지역의 시기스몬드 아우구스투스도 개방적인 자쿠브 우찬스키(Jakub Uchánski) 주교에 대한 교황의 소환을 아예 차단해 버렸다. 그리하여 그는 교황의 동의없이 우찬스키를 한 교구에 승진 임명했고, 몇 년 후에는 그를 지명하여 폴란드 대주교(Primate of Poland)로 만들었다.[6]

무엇보다도 교황 폴의 스페인 사람들에 대한 오래된 혐오감은 좀처럼 누그러지지 않았다. 그는 그들이 쫓겨나는 것을 보기 위해 최선을 다하고 있었다. 스페인과의 연계로 인해 고통당하는 것은 단지 예수회만은 아니었다. 폴은 스페인을 지배했던 합스부르크 왕조를 혐오했다. 따라서 가톨릭교회의 위기 가운데서 교황은 경건한 가톨릭 신성로마제국 황제와 스페인의 필립 왕을 교회의 최고의 보호자들로 여기지 않고, 오히려 교회의 주요 적들로 간주했고, 그런 생각에 따라 행동했다. 그는 심지어 페르디난드 1세를 찰스 5세의 황권 후계자로 인정하지도 않았다. 합스부르크가에 대한 폴의 강박관념은 자연스럽게 그들의 주적인 프랑스의 앙리 왕에게로 향했으며, 스페인의 필립 왕에 맞서기 위해 이전의 반교황적 입장을 바꾸어 프랑스와 교황 간의 동맹을 맺은 프랑스의 앙리(Henri) 왕으로 인해 1557년 전쟁이 발발하게 되었다. 이탈리아에서는 이 전쟁의 결과로 카라파의 희망과는 정반대의 결과가 주어졌다. 1559년 그 늙은이가 죽어가던 시점에 스페인과 프랑스 간에 카테우-캄부레시스(Cateau-Cambresis)에서 마침내 평화를 이루게 되었을 때, 스페인 사람들은 그가 사랑했던 이탈리아에서 그들의 입지를 더욱 굳힐 수 있었다. 1789년의 대격변에 이르기까지 합스부르크의 권력에 대한 이탈리아 사람들의 마지막 도전은 불명예스

---

6) J. Tazbir, *A State without Stakes: Polish Religious Toleration in the Sixteenth and Seventeenth Centuries* (New York, 1973), p. 119.

러운 결과로 끝나고 만 것이다.

대체로 바오로 교황의 행동을 그의 전 생애에 걸쳐 정신분열적이고 위험스런 편견의 연속이었다 해도 결코 과장이 아니다. 그는 유럽에서 가장 열정적으로 헌신된 가톨릭 통치자들 중 일부를 적으로 만들었을 뿐만 아니라, 또한 교황령 안에 있는 신하들로부터도 깊은 미움을 받았다. 1559년 8월, 그의 죽음에 관한 소식은 폭발적인 축제로 이어졌다. 로마에서 군중들은 서류를 파괴하기 위해 종교재판소의 사무실을 약탈했고, 페루지아(Perugia)의 북부에서는 유사한 군중들이 종교재판소의 지역 본부로 사용되던 성 도메니코(Domenico) 교회를 공격했다.[7] 새 교황은 피렌체(Florentine) 메디치 가문의 밀라노식 이름으로, 나폴리 카라파 가문(Neapolitan Carafa)의 오랜 적이던 오바니 앙겔로 메디치(Giovanni Angelo Medici) 추기경이었다. 그는 비오 4세라는 직함을 취했다. 그는 의도적으로 바오로와는 반대 정책을 펴도록 추기경단에 의해 선출되었다. 메디치는 시행되고 있는 교황의 정책들에 대한 불만을 드러내려는 의도로 1558년에는 할 수 있는 한 교황청을 멀리했다.[8] 그는 체계적으로 교황 바오로의 친척들을 권력의 자리로부터 제거했고, 심지어 그들 중에 두 명을 사형시키기도 했는데, 그 중에 한 명은 추기경이었다. 비록 그 중에 몇몇은 이미 감옥에서 유명을 달리했지만, 교황 바오로가 체포했던 고위 사제들이 이제 무혐의로 석방되었다. 모론(Morone) 추기경은 교회의 개혁에 관한 일에 헌신하는데 훨씬 더 자유롭게 되었다. 그것은 트리엔트공의회의 새로운 회기 개시를 포함했고, 공의회주의자들의 칙령을 실행하는 어마어마한 사역의 시작점이 되기도 했다(6장, pp. 414-417와 7장 참조). 예수회는 조용히 바오로 4세가 그들에게 부과했던 변화들을 되돌리는 일에 진력하면서, 자신들만의 방식으로 그들의 사역을 계속해서 확대해 나갔다.

그럼에도 카라파의 잔영은 그의 죽음과 함께 완전히 로마로부터 떠난 것은 아니었다. 그는 임기 동안 자신의 엄격한 의제를 확실하게 촉진시킬 몇 명의 추기경들을 세웠는데, 그들은 비오 4세의 상대적으로 느슨한 통치로 인해 좌절감을 맛보고 있었다. 균형을 잃은 카라파 숭배자 중의 한 명인 베네데토 아스콜티(Benedetto Ascolti)는 비오가 이단을 충분히 박해하지 않는다는 이유로 그를 암살하려고도 했다. 엄격주의자들의 마지막 기회는 1565년 비오 4세의 죽음 이후,

---

7) C. Black, "Perugia and Post-Tridentine Church Reform," *JEH* 35 (1984), pp. 429-51 중 450.
8) Bireley, *Refashioning*, p. 52.

미켈 기슬리에리(Michele Ghislieri) 추기경이 비오 5세로 선출되었을 때 찾아왔다. 도미니크수도사인 기슬리에리는 카라파 종교재판소의 총책임자였고, 지오바니 메디치의 승리 이전의 교황의 후계자임을 자처했다. 1712년의 비오 5세의 시성식은 카라파 의제의 수정판(sanitized version)이 로마교회에 있는 어떤 요소들 중에서 결코 그 매력을 잃지 않았다는 것을 보여준다.

개인적으로 카라파처럼 진지하고 잔인할 정도의 집중력을 가진 기슬리에리는 교회 안에서 열정적으로 변화를 추구하면서도 자신의 스승처럼 비극적인 자제력 상실이라는 고통을 겪지 않았다. 그의 교황 재위 기간은 어리석은 질투심에서 비롯된 정치적인 잘못된 판단으로 점철되었고, 그 중에서도 잉글랜드의 엘리자베스 1세 여왕에 대한 정죄는 주목할 만하다(7장, p. 451). 게다가 그는 신령주의자들과 주안(Juan)의 숭배자들에 대항한 카라파의 옛 전쟁을 잊지 않았다. 그의 교황 재위기간 동안 종교재판소는 폴(Pole) 추기경과 비토리아 콜로나(Vittoria Colonna)와 같은 몰락한 정권의 두 명의 주요 상징적인 인물들의 이름에 오명을 씌우기 위한 증거 목록을 만드는 데 많은 시간을 보냈다. 이 두 사람은 모두 이미 오래 전에 세상을 떠났다.[9] 게다가 1570년대에 이르러, 종교재판소는 마침내 알프스 산맥의 이탈리아쪽에 있는 가장 외진 계곡들을 제외하고, 이탈리아어를 말하는 지역들에서 복음주의를 공격했다. 1550년 중반부터 30년 만에 많은 유럽이 개혁파 개신교 안에서 그럴듯한 공통의 주장(교황이 곧 적그리스도다)을 발견했다는 것은 그리 놀랄 일이 아니다. 바오로 4세와 비오 5세가 이단이라는 그런 맹공격은 단지 그들이 반대했던 소위 이단에 대한 교전상태를 증가시킬 뿐이었다. 1570년대부터 이어진 교황들이 적그리스도라는 확신이 점차 줄어들었고, 토론의 기회가 주어졌을 때, 이를 훨씬 더 완화시킬 기회를 가졌다.

3. 가톨릭의 회복: 잉글랜드(1553-1558)

1550년대 전 유럽에서 가톨릭의 부흥을 이끌 것으로 가장 기대된 사건, 곧 잉글랜드에서 튜더 왕조의 메리 여왕과 스페인의 필립의 공동 통치 사건으로 말미암아 합스부르크 또는 스페인을 향한 교황 바오로 4세의 혐오감이 문제를 더

---

9) D. Fenlon, "The Origins of Modem Catholicism," *JEH* 43(1992), pp. 102-9 중 504.

복잡하게 만든다는 사실이 증명되었다. 일체성의 회복에 대한 합스부르크가의 소망은 중부 유럽에서 맥없이 무너지고, 독단적인 개신교가 프랑스와 네덜란드에서 막 출현하기 시작하고, 또 젊은 왕 에드워드 4세가 1553년에 죽는 등의 일련의 사건은 대서양 제도 가운데서 회복된 가톨릭 왕국에 대한 전망을 활짝 열어주었다. 메리는 모든 이권과 함께 이복형제의 왕관을 차지했다. 그녀는 막대한 대중적 지지에 힘입어 사실상 피없는 혁명을 통해 제인 그레이(Jane Grey) 여왕의 개신교 정권을 패퇴시키고, 그들에게 굴욕을 안겨주었다(5장, p. 358). 그리고 이제 에드워드 계통 사람들의 종교적인 변화에 대한 보수주의자들의 좌절과 분노를 널리 확대시킬 기회가 왔다. 처음부터 그녀는 마음대로 해나갔다. 메리는 상상력이 풍부한 그런 여자는 아니었지만(그녀의 황실은 해외 외교관들 사이에서 유럽에서 가장 침체된 황실의 하나가 되었다), 그녀는 용기와 완고함이라는 일반적인 튜더 가문의 특성을 소유하고 있었다. 그는 왕국의 정치적인 지도자들이 대중의 지지를 받을 수 없는 개인적인 정책들을 수용하도록 강요했는데, 하나는 그녀가 합스부르크 가문의 사촌과 결혼하는 것이었고, 또 다른 하나는 로마의 권위 아래로 귀속하는 것이었다.

 메리는 잉글랜드를 가톨릭 국가로 보존하기 위해서 가톨릭 신앙을 가진 남편을 찾아야 할 필요가 있었다. 튜더 가문의 다음 상속자로 지명된 엘리자베스는 개신교도들에게 널리 알려져 있었고, 비록 메리가 등극 시에 37세였지만 그녀는 엘리자베스가 보좌를 획득하는 것을 막아줄 상속자를 준비해야 하는 심각한 생물학적 운명을 감지하고 있었다. 그녀는 자신의 남편이 합스부르크 가문의 사람이어야 한다고 주장했다. 그녀의 20년 간의 정치적인 쇠락기에도 충실한 지지자였던 메리의 사촌인 찰스 5세는, 자기 자신을 남편으로 제시하기에는 자기가 너무 늙은 홀아비라고 느껴서, 곧바로 스페인의 왕이 된 자신의 아들 필립에게 그 일을 떠넘겼다. 이 생각은 합스부르크 왕조가 그와 같은 결혼동맹으로 어떻게 제국을 만들었는지를 잘 알고 있던 메리의 신하들의 구미를 당기지 못했다. 부수적으로 스페인의 왕과의 결혼은 잉글랜드의 종교개혁 기간 동안 이미 발아된 스페인 사람들과 잉글랜드인들 사이의 새로운 긴장을 떠올리게 함으로써, 대중적인 두려움을 불러일으켰다(7장, p. 456). 그러나 합스부르크 가문의 남편을 물색해야 한다고 말하는 사람들도 많았다. 합스부르크 가문의 사람들은 메리 자신의 가까운 친척들이었을 뿐만 아니라, 잉글랜드의 해외 무역의 주요 동반자인 네덜란드를 지배하고 있었다. 그리고 2세기에 걸쳐 잉글랜드의 군주들이 선대 왕조들을 통상적인 유럽 동맹으로 간주했다.

메리는 이 결혼에 관한 모든 국내의 반대들을 성공적으로 제압했고, 심지어 1554년 1월에는 제인 그레이 여사의 이전 지지자들에 의한 켄트(Kent)에서의 위험한 모반도 패퇴시켰다. 그 반란 지도자인 토마스 와트(Thomas Wyatt) 경은 6개월 전 그녀의 무력정변에서 그녀의 초당파적인 호소를 따라하는 데 실패했다. 또 스페인 사람들에 의해 잉글랜드가 압도당하는 것을 멈추게 한다는 세속적인 목적 아래 자신의 개신교적인 목적들을 감추었다. 1554년 여름에 여왕은 윈체스터 대성당에서 개최된 결혼예식에서 그녀의 새 남편을 맞이했고, 그것은 그녀의 부당한 소외와 좌절의 생애 중에서 아주 드문 순수한 성취의 날들 중의 하나였다(사진 7 참조). 필립은 개인적으로 11살 연상의 매력없는 여인과의 결혼에 대한 의무감을 평생토록 갖게 되었다. 그는 잉글랜드 정치인들의 날카로운 공격에도 너그러운 태도로 잘 건더냈다. 결혼에 의한 상속자가 없었기에 그는 왕국을 상속할 수 없었고, 그에게는 대관식의 영예도 주어지지 않았을 뿐만 아니라(예식주의자인 합스부르크 가문의 사람을 화나게 하는), 잉글랜드 국왕의 배우자에게 전통적으로 주어졌던 개인적인 토지도 수여되지 않았다.

그것은 메리가 로마와의 재결합이라는 또 다른 가장 소중한 목표를 달성하기 직전인, 같은 해 1554년의 끝자락이었다. 메리는 귀족들과 신사 계급 사람들과의 장시간의 협상이 필요했다. 그들은 로마의 주교(교황)보다 그들이 회복한 라틴 계열의 미사에 더 열정을 보였고, 또 최근에 획득한 이전 교회의 영지들을 고수하기로 굳게 결의한 상태였다. 잉글랜드의 땅 소유주들이 그들의 주장을 확실하게 한 때인 바로 1554년 11월, 그 권한을 조정하기 위해 율리우스 3세의 대표자들이 도착했다. 교황청의 특사는 레기날드 폴 추기경이었는데, 교회개혁에 관해 오랫동안 마음에 품었던 바를 실현시킬 수 있는 마지막 기회가 그에게 주어졌다. 폴은 몸에 밴 우아함으로 잉글랜드 의회에서 감동적으로 연설했다. "나는 정죄하기 위해서가 아니라 화해하기 위해서 왔습니다. 나는 강요하기 위해서가 아니라 다시 요청하기 위해서 왔습니다. 나는 이미 행해진 의문스러운 그 어떤 것을 상기시키기 위해서 온 것이 아닙니다. 그런 것들이 받게 될 은총과 관대함이 나의 임무입니다."[10] 그는 아직 캔터베리의 대주교직의 권한을 취할 수 없었는데, 왜냐하면 잉글랜드와 로마 간의 관할권에 관한 분열이 이전의 토마스 크랜머 대주교의 법률적 면직을 가로막았기 때문이었다. 메리는

---

10) D. A. Bellenger and S. Fletcher, *Princes of the Church: A History of the English Cardinals* (Stroud, 2001), p. 81.

크랜머를 제인 여왕을 지지했다는 이유로 반역죄로 처형할 수도 있었지만, 그렇게 하지 않았다. 그녀는 그가 이십 년 간 잉글랜드와 그녀 자신이 불행을 겪은 것에 대한 주범으로 보았고, 그래서 그가 재판을 통해 이단으로 정죄되는 것이어야 한다고 생각했다.

1556년 3월 비오는 토요일 긴박한 상황의 혼란스러운 날에 이것이 단지 큰 위기를 초래하는 실수였음이 판명되었다. 2년 이상의 투옥 이후에 크랜머는 가중되는 격리와 헨리 8세의 딸을 배신한 것에 대한 죄책감과 혼란스러움의 소용돌이로 인해, 그리고 동시대 가톨릭교회의 유능한 변증가들과의 논쟁에 따른 압력에 의해 쇠약해졌다. 그는 무너져 내렸고, 심지어 메리가 그를 이 상황에서 벗어나게 해주지 않을 것을 안 이후에도, 이전 것보다 훨씬 더 야비하게 기술된 그의 전반적인 개신교 경력에 관한 여섯 가지 철회 조항에 서명했다. 메리 정권이 전반적인 유럽의 종교개혁에서 재개종자라는 큰 상을 얻게 된 것으로 여겼다. 그러나 그의 참회를 상세히 설명하기 위해 옥스포드에 있는 대학교회의 빼곡히 들어선 청중들 가운데서 행한 최후의 설교에서 크랜머는 극적이고 전혀 예상치 못한 가운데서 그의 모든 철회를 거두어 들였다. 그는 옥스포드에서 철회문에 서명했던 그의 손을 불길 속으로 내뻗으면서, 그리고 그가 그렇게 할 수 있을 때까지 '이 무가치한 오른손'이라고 외치면서 화염 속에서 죽어갔다. 그는 정부의 선동적인 승리를 와해시켜 버렸다.[11]

그럼에도 이제 폴은 그의 오랜 추방의 세월동안 키워온 고귀한 개혁의 꿈에 걸맞는 가톨릭교회의 틀을 재구축할 임무를 시작할 막바지에 와 있었다. 그는 그의 사촌인 여왕과 가톨릭 신앙의 회복을 위해 열정적으로 헌신하는 필립 왕이 제공한 동맹자들로부터 열렬한 지지를 받고 있었다. 필립은 잉글랜드에 당시 합스부르크 가톨릭에 정통한 도미니크수도회의 스페인 회원들을 데려왔다. 그의 아버지의 고해신부였던 페드로 데 소토(Pedro de Soto), 후안 데 빌라가르시아(Juan de Villagarcia), 바르톨로매 카란자(Bartolomé Carranza) 등이 바로 그 사람들이다. 상징적으로 데 소토와 빌라가르시아에게는 전에 캠브리지에서 부처와 옥스포드에서 피터 마터 버미글리가 차지했던 보직들이 주어졌고, 그들은 크랜머가 죽기 이전에, 단지 수 개월 동안 크랜머의 사상을 거의 모두 제거해 버렸다. 이로 말미암아 잉글랜드는 개혁과 개신교의 주도적 역할을 하던 곳에서, 그 정반대인 국제적인 종교 재통합에 힘을 쏟게 되었다. 당시 모든 관심

---

11) MacCulloch, *Cranmer*, pp. 597-605.

제6장 조롱거리가 된 재연합(1547-1570)

은 스페인과 트리엔트공의회의 개회 회기 중에 행해진 업적에 집중되었다. 종종 메리의 통치는 가톨릭 복음화의 또 다른 소망이었던 예수회의 도움을 요청하지 않았던 것으로 인해 비난을 받았지만, 예수회가 그 시대에 그 저명한 도미니크수도사들이 할 수 없었던 그 무엇을 잉글랜드에서 할 수 있었겠는가? 1555년까지 예수회에는 단 한 명의 잉글랜드 회원도 없었다. 그래서 그들의 설교는 스페인의 도미니크수도사들의 설교처럼 대학에서나 궁정에서나 라틴어로 행해져야 했다. 이미 범세계적으로 선교활동을 펼치고 있었던 예수회로서는 다른 유망한 가톨릭 자원들을 가진 잉글랜드에 대해 긴박감을 가지지 않았고, 그래서 예수회의 사절단의 도착이 메리 여왕이 죽은 그 달까지 연기되었다는 것은 그리 놀라운 일이 아니다.[12]

폴 추기경은 새롭게 갱신된 가톨릭을 세워나감에 있어서 유망한 정책들을 취해 나갔다. 그 이전의 울시(Wolsey) 추기경처럼 그는 단지 캔터베리 지역뿐만 아니라 잉글랜드의 대주교직 모두에 대한 통제권을 가진 로마 교황의 특별한 사절이라는 이점을 가지고 있었다. 그의 조처들 중 일부는 개신교회구조의 발전을 근본적으로 되돌리는 것이었는데, 특히 경건생활을 위해 성상들로 교회들을 재장식하는 일과 전통적인 예배의식을 위해 최소한의 예복과 성만찬 도구를 제공하는 것 등이 해당되었다. 약 2,000명의 결혼한 사제들이 그들의 아내들과 헤어졌으며, 다루기 힘든 개신교도로 간주되지 않은 사제들은(대다수의) 교회 내에서 새로운 목회적 돌봄을 위해 재배치되었다. 이와 같은 주요한 행정 정책들은 헨리 8세의 위대한 각료였던 토마스 크롬웰을 기억나게 하면서, 즉각적인 효과를 창출하며 실행되었다. 폴은 또한 왕국 전체를 아우르면서 로마 교황의 사절들의 종교 회의(회합)를 소집했다. 그것이 제정한 입법 활동 중에는 트리엔트공의회 이후 로마 가톨릭 전반에 걸쳐, 이후에 행해지도록 예상되었던 조처들도 있었다. 메리의 잉글랜드는 거룩하게 구별된 성만찬용 빵을 보존하기 위해 새로운 형태의 교회 기구를 도입한 최초의 나라가 되었다. 교회의 본당 제단의 중심에 위치한 용기나 감실(tabernacle)이 바로 그것이다. 그와 같은 제단의 감실은 유럽의 반종교개혁운동이 경건한 묵상과 예전적인 경외에 초점을 맞추면서 아주 화려하게 꾸며졌다. 그 종교 회의는 주교들이 거주인이 될 것을 명령했고, 그리고 성당 근처에 자리잡고 있으면서 교구들을 섬길 수 있는 사제 훈련학교, 신학교들을 제공하도록 했다. 가톨릭교회가 교구 사제들을 개신교

---

12) T. M. McCoog, "Ignatius Loyola and Reginald Pole: A Reconsideration," *JEH* 47(1996), pp. 257-73.

성직자들의 발전적인 명민함과 동일하게 되도록 준비시키는 문제에 대해 강조하게 된 첫 번째 사례이다.[13] 10년 만에 최초로 잉글랜드에서 사제들의 모집이 증가하기 시작했다.

메리의 가톨릭(Marian Catholicism)의 발전적인 역사는 철저하게 진행되던 개신교 종교개혁이 다시 회복된 전통교회에 어떤 영향을 미쳤는지를 흥미롭게 보여준다. 그 제도는 강대상 위의 성경책을 교회에서 없애 버렸지만, 중세 잉글랜드에서 행해졌던 성경 전체에 관한 금지로 되돌아간 것은 아니었다. 폴은 그 자신의 지방총회 곧 캔터베리 주교회의(Convocation of Canterbury)에서 최소한 신약성경만이라도 새롭고 믿을 만한 영어 번역본을 출간하려는 계획을 세웠다.[14] 과거의 관습들을 되돌리는 것은 쉽지 않았다. 통치 기간이 짧아 수도원들이 거의 재건축되지 않거나 새로운 소예배실도 거의 설립되지 않았다는 사실은 아마도 놀랄 일이 아닐 것이다. 그와 같은 조처들은 돈에 대한 큰 헌신과 함께, 신앙과 더불어 토지에 대한 기부를 요구했다. 재정적인 헌신이 수반되는 경건활동은 볼 수 없었다. 순례지들도 헨리 8세와 에드워드 6세의 파괴 이래로 회복되지 않았고, 교구의 생활에 전에는 그렇게 중요했던 길드들도 그렇게 많이 되살아나지 않았다. 설교자들이 연옥에 대해 언급하기를 꺼려했는데, 그것은 연옥이라는 주제가 헨리 왕의 교리집에서조차 여지없이 제외되었기 때문이었다. 또한 교황의 이름도 출판된 문학작품에서 여전히 인기를 얻지 못하고 있었으며, 이것은 의심할 여지없이 20여 년에 걸친 로마교회를 향한 깊은 적대감이 반영된 것이었다.

그럼에도 불구하고 이러한 모든 것이 특별한 교육적인 조처로 원점으로 되돌아가게 되었는데, 그것은 메리 정권이 설교와 대중적으로 교육하는 일을 게을리하지 않았기 때문이다. 런던의 에드먼드 보너 주교는 이전 개신교 동료였던 크랜머 대주교를 모방하여 교리문답집과 설교집을 편찬했다. 그의 설교집 가운데 두 편은 그가 그렇게 혐오했던 크랜머의 1547년판 설교집에서 모방한 것이었다. 비록 그 주제들이 논쟁적인 것은 아니었지만, 실용주의에 관한 획기적인 내용이었다. 보너의 설교는 잉글랜드 안에서 널리 유통되었으며, 콘월 지방의 소수민족 언어인 켈트어로 번역되기도 했다.[15] 폴은 바톨로매 카란자로

---

13) G. Bray (ed.), *The Anglican Canons* 1529-1947 (Church of England Record Society 6,1998), pp. 68-562 중 91, 95, 127-29에 있는 조항들을 보라.
14) London, Lambeth Palace MS 751, p. 142: 1555년 12월 20일 16차 주교회의 회기들.
15) Brian Murdoch, *Cornish Literature* (Cambridge, 1993), Ch. 6. 이 참고에 대해서 본인은 Dr J. P.

하여금 왕국을 위해 새로운 교리문답집을 집필하도록 했다. 그의 모국어인 스페인어로부터의 번역은 메리가 죽기 전까지 완료되지 못했고, 이에 따라 잉글랜드의 상황에서 그것은 불필요해졌지만, 국제적으로 오랜 기간 동안 트리엔트공의회의 결과물로 출간된 공식적인 교리문답집의 근간이 되었다. 비록 예수회가 잉글랜드를 직접 방문한 적이 없었지만, 이그나티우스의 『영성훈련』이란 책이 개작된 형태로 네덜란드 신비주의 신학자인 니콜라스 판 에쉬에 의해 잉글랜드의 유명 서점가에 전해졌으며, 이 책은 잉글랜드의 도미니크수도회의 대주교로 임명된 윌리엄 페린에 의해 영어로 번역출간되었다.[16]

지안 피에트로 카라파가 잉글랜드와 화해를 이룬후 단 6개월 만에 교황 바오로 4세가 되었을 때, 로마의 가장 충성스러운 딸이었던 메리는 자신의 정적 중 한 사람이 교황이 되었다는 고통스러운 역설과 함께 살아가야만 했다. 교황은 그녀의 남편 필립 왕과의 전쟁을 선포했을 뿐만 아니라, 또한 잉글랜드에 대한 교황전권사절로 폴을 임명한 율리우스 3세의 서품을 취소하고, 그들을 로마로 소환해 이교도로서 재판을 받게 해 폴 추기경에 대한 그의 오래된 복수를 진행했다. 눈치 빠른 메리는 폴을 내보내는 것을 거부했고, 교황의 위협을 받고 있었던 불행한 대주교는 잉글랜드국교회를 재구축하려는 그의 충심어린 노력을 계속하기 위해 그녀의 보호에 의존할 수밖에 없었다. 그러나 1558년 메리가 죽음으로써, 모든 것이 완료되지 않은 채 남겨졌다. 절망으로 점철된 한 인생의 가장 큰 불행은, 임신으로 알았던 그녀의 희망이 사실은 위암의 초기였다는 사실로 판명났을 때 찾아왔다. 그녀의 생애 마지막 해에 그녀의 정권도 그녀 주변에서 소멸했다. 프랑스와 교황에 대한 필립 왕의 전쟁은 스페인을 위해서는 충분히 성공적이었지만, 프랑스군이 거의 무방비 상태에 놓여 있던 소도시 칼레, 즉 웨스트민스터 의회에 의원들을 보내기까지 했던 유럽 본토에 있는 잉글랜드 중세 왕조의 마지막 영토를 침략했을 때, 그것은 곧 메리 여왕에게 굴욕적인 재앙과 같은 것이었다. 비록 잉글랜드가 1801년까지 그들 스스로 이것을 공식적으로 인정하지 않았지만, 칼레는 잉글랜드 황실에 영원한 손실을 남겼다.

잉글랜드에서, 심지어 여왕의 건강이 쇠약해지는 동안에도 개신교도들을 화형시키려는 그녀의 박해는 메리 자신과 주교들과 지역 안보재판관 출신 전통

D. Cooper로부터 도움을 받았다.

16) W. Wizeman, "Recalled to Life: The Theology and Spirituality of Mary Tudor's Church," unpublished Oxford D. Phil. thesis, 2002, pp. 281–92; E. Duffy, *The Stripping of the Altars* (New Haven and London, 1992), Ch. 16.

주의자들을 포함하여 많은 지지자들로부터의 확고한 지지와 더불어 잔인하게 계속되고 있었다. 이것은 의회가 오히려 다소 꺼려하면서 중세의 이교도에 관한 법률을 부활시킨 후인 1555년에 시작되었다. 폴이 그의 1555년 11월 연설에서 갑작스럽게 주창했던 화해의 문서는 금방 잊혀져 버렸다. 폴 자신은, 비록 크랜머 사건을 무자비하게 처리했지만, 계속되는 화형식 박해로부터 어느 정도 거리를 두었다. 1530년대와 1540년대의 기독교 개혁과 화해의 선봉이었던 그가 '피의 메리'(Bloody Mary)의 교회 수장으로 그의 생을 마감한 것은 또 하나의 아이러니였다. 또한 교황은 여전히 폴을 이교도라고 생각했다. 비록 1520년대에 합스부르크 왕조가 네덜란드와 중부 유럽에서 자행한 박해나 혹은 1540년대에 프랜시스 1세가 프랑스에서 행한 박해의 살벌한 기억들이 되살아날 수도 있겠지만, 4년이 채 안되는 기간 동안 300명 가량이 죽은 이 일은 잉글랜드에서는 전례가 없는 일이었다.

대부분의 희생자들은 죽음 앞에서, 1553년의 와해 이후 잉글랜드 개신교에 대한 신망을 회복시키는 완벽한 재료에 해당하는 도전적인 위엄을 보여 주었다. 화형과 관련된 정부의 정책에 대한 지지부진한 지지는 개신교 선동가들에게 좋은 기회를 제공했다. 추방당한 개신교 사제들 중에 존 폭스(John Foxe)라는 사람이 있었다. 추방당한 공동체의 다양한 망명지로부터 폭스는 적그리스도와의 국제적인 싸움에 맞선 잉글랜드 개신교도들의 고통을 다루는 자료들을 수집하기 시작했다. 『행위와 불후의 업적』(Acts and Monuments)이라는 책으로 엘리자베스 정권의 안전판 속에서 그의 영어판이 1563년 최초로 출간되었고, 곧바로 '폭스의 순교사화'(Foxe's Book of Martyrs)라는 별명이 붙여지게 되었다. 이 방대하고 반복해서 확대된 모음집은 잉글랜드의 개신교도들의 정체성의 또 하나의 시금석이 되었고, 잉글랜드의 종교개혁의 투쟁적인 특징에 대해 강렬하게 생각나게 하였다.

그 사이에 운명의 최후 모독과도 같이, 메리 여왕과 추기경 폴은 1558년 11월 같은 날에 죽었는데, 폴은 이례적으로 치명적이었던 유행성 독감의 희생자였다. 엘리자베스 여사는 아무런 반대도 없이 권좌에 오르게 되었다. 에드워드 6세의 개신교 정부 때에 고위 행정가들이었던 조언자들, 곧 윌리엄 세실(William Cecil)과 니콜라스 베이컨(Nicholas Bacon)과 같은 인물들로 구성된 내각과 함께였다. 엘리자베스는 헨리 8세와의 결혼으로 로마와의 최초의 분열을 일으켰던 앤 볼린(Anne Boleyn)의 딸이었다(4장, p. 283). 모든 사람이 그녀가 개신교 종교개혁을 대표한다는 것을 알았다. 새로운 여왕은 교회와 공화국 안에서 아마도 그녀의 길에 방해가 될 수 있는, 연로한 수많은 유력한 인물들을 제거해 준 유행성 독감에게 감사해야 할 판국이었다. 그리고 그녀는 또한 잉글랜드국교회의 재정문제에 있어서 20년 간의 혼란상을 정리해 준 말년의 폴 추기경의 노력에 대해서도 감사해야 했다. 그러나 잉글랜드 황실의 권력투쟁으로부터 오랫동안 격리되어 살았고, 정부에 관한 개인적인 경험이 전무했던 25살 된 이 여인은 유럽에서 가장 모질게 양극화 된 왕국 중 하나를 그녀 스스로 다스려야 한다는 것을 깨달았다. 그녀는 단지 그녀의 왕국뿐만 아니라 이웃하는 왕국인 스코틀랜드, 프랑스, 그리고 스페인까지 집어삼킬 수도 있는 일련의 위기 속으로 뛰어든 것이었다.

4. 왕조들의 전환점(1558-1559)

1558년 엘리자베스의 등극은 유럽을 통치하는 일부 왕조에게 있어 단지 분수령이 된 일련의 사건에 불과했다. 그 왕조들은 튜더, 스튜어트, 발루아, 합스부르크 가문 등을 말한다. 1559년은 저지대국가의 프랑스 국경과 관련하여 카토-캄브레시스(Cateau-Cambrésis)에서 서명한 프랑스와 스페인의 왕들 사이의 평화조약에 의해 큰 영향을 받았다. 이것은 1490년대 이래로 유럽을 혼란스럽게 했던 발루아 가문과 합스부르크 가문 사이의 전쟁에 영원한 종식을 가져왔다. 적어도 17세기 초까지 프랑스 군주는 전쟁에서 합스부르크 가문을 더 이상 대면하지 않았고, 그러는 와중에 그들의 상이한 관점을 극복하고 유럽에서 개신교에 함께 맞서는 가톨릭 군주들에 대한 전망을 활짝 열어주었다. 실제로는 그 조약에 직접적인 영향을 미치는 대재앙과도 같은 사건으로 인해 일들이 그렇게 진행된 것은 아니었다. 새로운 질서를 견고하게 하는 왕조의 결혼을 축하하는 창 겨루기 시합에서 프랑스의 왕 헨리 2세는 불행하게도 얼굴에 창을 맞아 무시무시한 부상을 당했고, 두 주간을 고통 속에서 지내다가 죽어버렸다. 인생의 황금기를 누리면서 정치적으로도 탁월한 수완을 보였던 가톨릭 군주 헨리 2세의 죽음으로 인해, 그의 미망인 이탈리아 출신 캐서린 드 메디치(Catherine de' Medici)에게 정권이 넘어갔다. 캐서린은 그녀의 젊은 아들들을 변호하는데 열심을 냈다. 그녀의 병약한 첫째 아들 프랑수와 왕은 권좌에서 단지 1년을 통치하고 1560년에 죽었다. 그의 죽음으로 인해 어부지리격으로 미망인이었던 메리 여왕이 고향인 스코틀랜드 왕조의 여왕으로 등극하게 되었고, 메리는 새롭게 일어나는 개신교 종교개혁을 저지시킬 수 있는 최고의 위치에 서게 되었다.

우리가 보게 되겠지만, 메리는 궁극적으로 스코틀랜드의 상황에는 어울리지 않는 인물이었다. 캐서린 데 메디치는, 그녀의 빼어난 능력에도 불구하고, 결국에는 프랑스에서 점증하는 불안정한 정치적 분위기에서 여성 통치자의 권한을 강요하는 것이 불가능하다는 것을 알았다. 이미 상당한 힘을 얻고 있었던 귀족들에게 가톨릭과 개신교 사이의 새로운 분열이 위험스럽게 가중되고 있었다. 이 시기에 프랑스의 개신교도들은 한 신비스러운 단어인 '위그노'(Huguenot)라는 별명을 얻게 되었다. 이 단어는 아마도 '아이트게노센'(Eidgenossen) 또는 1520년대에 사보이(Savoy)에서 제네바의 반란을 시작한 이후 제네바 사람들의 종교개혁과 관련된 칼빈 조직의 토대를 제공했던 칼빈의 동맹자들로부터 나온 것이다.[17] 1559년의 주목받는 사건 덕분에 프랑스는 이제 40년 동안 종교가 왕국을 찢어놓는 미래를 맞이하고 있었다.

1559년 잘 구축된 가톨릭의 가공할 만한 권력에 직면해서, 새로운 튜더 가문의 엘리자베스 여왕은 방향성을 상실한 잉글랜드와 아일랜드 왕국에 종교를 어떻게 구축해야 할지에 관해 선택해야만 했다. 그녀의 정권은 그녀의 이복자매인 메리와는 완전히 분리되어 있었다. 또한, 헨리 8세의 딸들은 그녀의 모친을 거의 빼닮았는데, 신체적으로나 성격상으로 그 어머니의 딸들이었다. 메리는 직선적이고 경건하고 위기 속에서는 감동적으로 용감하고 단호했던 반면, 특별히 총명하지는 않았다. 그리고 그녀는 그녀의 성년의 삶을 아라곤의 캐서린과 그녀의 어머니의 가톨릭 세계에 대해 잘못했던 것을 되돌리는 데 헌신했다(4장, pp. 283-287). 엘리자베스의 어머니 앤 볼린은 캐서린과 필적할 만큼 완고한 성격과 지적인 우월함을 갖췄다. 단지 헨리 왕과 결혼한 6명의 아내들 중 한 명이었지만, 동시대 사람들에 의해 그녀는 통상 '실세'(reign)로 불렸다. 1530년 이후 그녀의 어머니가 몰락하는 모습을 지켜 본 메리의 십대 시절의 경험은, 특권과 영예를 누린 어린 시절 이후에 그녀에게 엄청난 손실과 굴욕을 안겨주었다. 그러나 엘리자베스의 경험은 달랐다. 앤이 1536년에 처형되기 전 왕권의 상속자로서 보낸 3년을 기억하기에는 너무 어렸고, 그후 10살이 되기까지 7년 동안 왕의 사생아로서 매우 모호하고 불안정한 상태에 놓여 있었다.

---

17) J. C. Gray, "The Origins of the Word Huguenot," *SCJ* 121 (1983), pp. 349-59.

제6장 조롱거리가 된 재연합(1547-1570)   395

　메리의 세계가 붕괴되기 시작한 바로 그 나이에, 엘리자베스에게 더 유리한 방향으로 사건이 진행되기 시작했다. 1543년 이후 헨리의 마지막 아내인 캐서린 파르(Catherine Parr)가 왕의 가문을 재구축했다. 캐서린은 양질의 교육이 가톨릭을 파괴하고 세상을 변화시키는 가장 좋은 길이라고 느꼈던 복음주의 인문주의자들의 모임의 일원이었다. 이 교육은 엘리자베스에게는 결코 낭비가 아니었다. 그녀는 헬라어로 된 성경을 날마다 읽었다. 그것은 경건한 메리와는 대조적으로 상큼하고 차분하고 세속적이라는 엘리자베스에 관한 일반적인 진부한 표현을 교정하는 그 무엇이었다. 파르는 엘리자베스의 십대시절의 또 다른 면에서 얽혀 있었다. 1547년 헨리 8세의 죽음 이후, 그 여자아이는 도와거(Dowager) 여왕과 같이 지냈다. 그녀의 네 번째 남편인 토마스 시머(Thomas Seymour) 군주는 부도덕하고 야심찬 위인이었고, 따라서 엘리자베스에게 성적인 제안을 했다. 이 경험은 엘리자베스에게 영원히 남을 흔적을 선명하게 남겼다. 그 기억은 그녀의 친구를 잘 사귀는 재능에도 불구하고, 그녀의 남은 생애 동안 결혼과 친밀한 감정적 관계에 영향을 끼쳤던 한 요소로 작용했다. 그녀는 권좌에 오르기까지, 어린 시절 동안 아주 단순하게 차려입는데 심혈을 기울였다. 그녀는 선정적인 평판을 얻는 위험을 감수하기를 원치 않았다.[18]

　따라서 1558년에 여왕이 된 젊은 여인은 정치권력의 위험과 혼란스러움 속에서 어렵게 교육을 받았고, 다른 사람들을 다루는 미묘함에 관해 어렵게 배워 나갔다. 에드워드 6세 아래서 현명하게 모호함을 유지하면서, 그녀는 제인 그레이(Jane Grey) 여왕의 등극에 의해 메리가 당했던 것처럼, 상속권을 빼앗겼다. 그렇지만 메리가 일단 보좌를 차지하게 되었을 때, 엘리자베스는 개신교의 희망의 상징이 되었다. 만약 그녀가 한 번이라도 잘못된 의사결정을 했다면, 그것이 그녀를 파멸로 몰아갔을 지도 모를 일이다. 빈번하게 남성 공의회주의자들을 격노시킨 정치적인 조심스러움과 사려깊음이 그녀의 오랜 통치의 특징이 되었다. 이런 본능에 더해 그녀가 권좌로 나아갈 때 그녀와 그녀의 조언자들이 취한 결정적인 조처는 가히 인상적인 것이었다. 잉글랜드의 종교에 관한 많은 전통적이고 역사적인 글들은 1559년 종교적인 안정 속에서 그녀가 만들어 낸 종교적인 타협에 그 강조점이 놓여져왔는데, 그것은 오늘날까지도 잉글랜드국교회(그리고 범세계적인 잉글랜드국교회)의 기초를 형성하는 것이었다. 그것은 엘리자베스가 만든 작은 타협들이 어떻게 웨스트민스터에서 신속하고 단호하게 아

---

18) 최고의 설명으로 D. Starkey, *Elizabeth* (London, 2001)를 들 수 있다.

무런 실수 없이 개신교 정권을 설립했는지를 분명하게 알 수 있게 한다. 새로운 여왕은 위험스러운 외국 가톨릭 권력으로부터 온 사절단들을 진정시키는 일에 있어 대가로 판명되었지만, 그녀의 잔꾀에 넘어가는 사람은 거의 없었다.

1559년 1월 엘리자베스는 수도 런던으로의 공식적인 입성에 즈음해서 취한 (늘 새로운 군주에 대한 선전의 기회가 되었듯이) 일부 중요하고 상직적인 조처 가운데서, 두 명의 열렬한 개신교 평론가 리차드 힐스(Richard Hilles)와 리차드 그래프톤(Richard Grafton)에게 화려한 개신교 야외극의 대본을 쓰도록 허락했다. 이 공연은 그 도시에서 엄청난 대중적인 열광을 받게 되었다.[19] 동시에 그녀의 최초의 하원의원을 뽑는 선거는 개신교적인 변화를 지지하도록 준비된 대다수의 하원의원들을 양산해냈다. 이런 것들은 의미심장한 결과들이었다. 런던의 군중들은 정부의 압력에 의해서 쉽게 위압당하지 않았고, 그 어떤 잉글랜드의 정권도 자기가 원하는 대로 의회 선거를 지휘할 수 없었다. 엘리자베스의 예민한 정치적인 감각은 그녀의 종교적인 도박을 가치있게 만들어 줄 수 있는, 정치적으로 중요한 잉글랜드의 남동부에는 최소한, 그리고 충분히 큰 규모의 확고한 개신교 단체들이 있다는 것을 확신했다. 실제 그녀의 통치 시작부터 그녀는 자기 백성들로 구성된, 할 수 있는 한 가장 광범위한 유권자들에게 호소하는 데 있어, 그녀 스스로 능숙함을 드러내 보였고, 공개적으로 귀족들보다 일반 백성들의 지지를 통해 위험 속에서도 그녀의 자매의 정권이 보호를 받게 되었다고 강조했다.[20]

엘리자베스의 즉위 초반 몇 주만에, 그녀의 각료인 윌리엄 세실과 니콜라스 베이컨에 의해 세심하게 기획된 그녀의 교회 정책(Settlement)은 가톨릭 대표기구와 귀족들의 요구를 별로 반영하지 않았다. 캔터베리와 요크(York)의 주교회의와 같은 강력한 가톨릭 사제들의 총회에 대한 점검을 제안하는 것은 아무런 문제가 없었지만, 그것을 의회에서 법제화하는 데는 대다수를 차지한 가톨릭 계열 상원의원들의 강경한 반대에 직면했다. 이 때문에 그녀의 종교정책은 두 명의 가톨릭 주교들이 날조된 기소로 체포되고, 그들의 투표권 상실로 인해 상원에서 정부 정책에 대한 지지가 과반수를 조금 웃돌게 된 1559년 4월이 되어

---

19) K. Sharpe, "Representations and Negotiations: Texts, Images and Authority in Early Modern England,"*HJ* 42 (1999), pp. 853-81 중 870.

20) J. M. Richards, "The English Accession of James VI: 'National' Identity, Gender and the Personal Monarchy of England," *EHR* 118 (2002), pp. 513-35 중 533.

제6장 조롱거리가 된 재연합(1547-1570)   397

서야 통과될 수 있었다.[21] 그 종교 정책은 1552년 가을 에드워드 6세의 교회에서 교리와 예전의 축약본이라고 할 수 있다. 당시 어린 에드워드 6세 왕은 메리 여왕뿐만 아니라 엘리자베스까지도 밀어내고, 왕좌를 제인 그레이(Jane Grey)에게 넘겨 주려는 노력 때문에 이 계획을 제대로 이루지 못했었다.[22]

에드워드 방식의 개혁은 1552년 가을 크랜머에 의해 만들어진 42개 교리 조항 중에 몇 가지를 손보아서, 1563년에 재출간되어 완성되었다. 1559년의 입법활동은 크랜머의 1552년판 『공동기도서』(*Book of Common Prayer*)와 그것과 관련된 예전적인 조항들에 대해 꽤 많은 작은 변경들을 가했다. 일부 전통적인 예복이 허용되었고(그렇지만 주목할 만한 것은 그것들이 성만찬과는 관련되지 않았다는 점이다), 성만찬의 요소인 빵과 포도주 속에서 그리스도의 실질적인 임재를 확정하는 예식을 보기를 원하는 사람들도 허용했다. 그럼에도 불구하고 이와 같은 양보들이 안정책인 동시에 라틴 방식의 미사, 수도원, 소예배당, 성인에게 봉헌된 제단, 길드와 그리고 필수적이었던 독신 사제주의를 빼앗겨 버린 가톨릭에 기울어진 사제들과 평신도들을 진정시킬 의도를 가지고 있었다고 가정하는 것은 어리석은 짓이다. 그것들은 아마도 국내와 해외에서 루터파 개신교도들을 회유하는 데 목적이 있었을 것이다. 엘리자베스는 1559년 그녀의 개신교도 신하들의 신학적인 성향에 대해 알 길이 없었다. 북유럽의 루터파 제후들은 잉글랜드의 새로운 정권이 에드워드 6세의 정부가 그러했던 것처럼 적극적인 종교개혁 의지가 있는지 조심스럽게 지켜보고 있었고, 엘리자베스 정부는 몇 가지 신학적인 질문을 던져서 루터파의 의중을 파악할 필요가 있었다.

잉글랜드의 새 교회는 에드워드의 교회와 그 색조와 형태에 있어서 여전히 달랐다. 에드워드 정권은 앞으로 계속 전진해가는 투쟁적 성향의 국제 개신교에 대한 그의 헌신(그리고 심지어 그것을 주도하려는 노력)으로 특징지어진다. 메리의 통치기에 투쟁적 변화를 하던 유럽의 여러 곳으로 망명을 떠났었던 에드워드의 신하들은 이제 하나님이 고향으로 돌아올 기회를 주셔서 선한 일을 수행하게 될 것을 기대했다. 엘리자베스는 제네바와 연관되었다가 돌아온 망명자들에게 특별히 이례적인 조처를 취하면서 좀 다른 것을 요청했다. 그녀는 그들을 새 교회의 고위직에서 제외시켰는데, 왜냐하면 그녀는 스코틀랜드의 에드워드 계열의 활동가들(Scots Edwardian activist)과 제네바 출신의 열렬분자인 존

---

21) N. Jones, *Faith by Statute: Parliament and the Settlement of Religion* 1559 (London, 1982), Ch. 5.
22) MacCulloch, *Tudor Church Militant*, pp. 191-92.

낙스(John Konx)가 여자의 통치권에 대해 도전하는 것에 몹시 화가 났기 때문이다(그의 재앙을 불러 온 시절의 소책자인 '여자의 기괴한 통치에 대한 첫 번째 나팔의 울림' [The First Blast of the Trumpet against the monstrous regiment of women]은 1558년에 제네바로부터 '기괴한 통치' 또는 전대의 잉글랜드 여왕이었던 메리의 부자연스러운 통치를 겨냥한 것이었다). 게다가 엘리자베스는 그녀에게 마치 젊은 여인을 보살피는 듯한 조언을 하고, 또 그녀의 왕위 등극에 대한 외교적인 축하를 할 수 있을 거라고 생각했던 존 칼빈이나 얀 라스키(Jan Łaski) 같은 해외의 종교개혁 지도자들의 은혜를 베푸는 듯한 태도를 못마땅하게 생각했다. 그녀 자신만의 개신교 브랜드는 특이하게도 보수적이어서, 교회에서의 성상과 예배 속에서의 정교한 성가대 음악을 좋아했고, 빈번한 설교나 결혼한 사제에 대한 의구심과 같은 것에 대한 평가는 인색했다. 아마도 그녀는 그녀의 젊은 시절인 1540년대에 많은 영향을 끼친 그녀의 계모 캐서린 파르가 가졌던 것과 같은, 헨리 계통의 조심스러운 복음주의자로 남아 있던 것 같다. 신앙의 전반적인 특성은 안나 폰 올덴부르크(Anna von Oldenburg), 클레베의 빌헬름(Wilhelm of Cleves) 그리고 혜센의 필립(Phillip of Hesse)과 같은 1540년대의 다양한 지도자들의 특이한 '제3의 길'(the third way)의 종교 정책들을 회상시켰다. 1559년까지 그녀의 전망을 공유한 다른 개신교도들은 거의 없었다.[23]

어떤 면에서 새 여왕은 그녀가 계획했던 종교적인 미래에 대해 같은 마음을 가진 사람들을 끌어모았다. 그녀의 주요 참모들은(그녀의 새 대주교인 매튜 파거[Matthew Parker]를 포함해서) 겉으로는 메리 여왕 아래서의 전통적인 가톨릭 교회와 일치했는데, 달리 말해서 그들은 존 칼빈이 경멸적으로 '니고데모파'(Nocodemites)라고 불렀던 이들이다(5장, p. 370). 그들은 더럽혀지지 않은 순결함 속에서 그들의 확신을 선포하는 사치스러움보다는, 위험한 시기에 의견을 숨기고 또한 타협하는 선택을 했던 특수화된 영웅적 행동을 알고 있었다. 유럽에 있던 다른 그 어떤 개신교회도 그와 같은 출발은 없었다. 이것은 여왕이 그녀의 교회에서, 그들과 마찬가지로 조용히 지내던 가톨릭 전통주의자들에 대해 동정하고 있었음을 의미했다. 그녀의 통치 말년에 니콜라스 베이컨 경의 철학자 아들인 프란시스는 경탄하며 말하기를, 그녀가 사람들의 영혼에 창문을 만들려고 하지 않는다고 하였다. 섬세하고 생각이 깊었고, 고생을 하며 정치를 배웠던 엘리자베스는 자신의 경건한 삶에 관한 개인적인 깊이와 고요한 강렬함에도 불구

---

23) Ibid., pp. 185-91.

하고, 열정주의 종교에 대해서는 관심을 보이지 않았다.

특히 1560년대에 그녀가 1559년의 조정안에 대해 변경을 허용하지 않는다는 것이 명확하게 되었을 때, 개신교도 신하들 중 많은 사람들이 이것을 극히 실망스럽게 여겼다. 그녀의 고위층 사제들도 처음에는 이것에 대해 감사하게 생각하지 않았다. 1563년 잉글랜드에서 가장 중요한 사제들의 총회인 캔터베리 지방의 주교 총회의 분기점이 되는 회의에서, 주교들은(주목할만한 것은 심지어 대주교 파커를 포함해서) 일련의 추가적인 개혁을 제안했지만, 그것마저 거절되었다는 것을 알게 되었다. 1566년 의회에서 이것을 다시 시도했을 때, 그들이 그와 같은 주도권을 가지고 허용을 거절하는 여왕이 바로 그들의 주요 장애물이라는 사실을 깨달았다.[24] 에드워드교회의 유산을 무작위로 포함하고 있는 그 중재안의 특이한 점(경건한 생활과 성당 교부금의 보존을 포함한 전통적으로 형성된 주교와 사제와 집사의 삼중적 사역)은 유럽 종교개혁 역사에서 잉글랜드국교회를 특이하게 만들어 주었다(12장).

잉글랜드의 갱신된 종교개혁은 1559년에 스코틀랜드의 독립적인 종교혁명과 우연의 일치를 이루었다. 그것은 유럽의 개신교도들이 가톨릭교회의 지도자들과 공화국에 맞선 성공적인 무장 봉기를 완수한 최초의 사례였다. 이후 수십 년 동안 유럽 전반에 걸친 사건들이 예상된 바가 있었지만, 스코틀랜드 사람들의 경험과 관련해서 특별히 주목할 만한 것은 개신교의 발흥이 그 특징상 루터파가 아니라 개혁파 개신교였다는 점이다. 신성로마제국과의 조화에도 불구하고, 1550년대에 루터파 사람들은 슈말칼덴전쟁의 결과로 그 전열이 흐트러지고 있었다. 잉글랜드에서처럼 스코틀랜드에서도 초기 종교개혁에 관한 루터파의 색채는 1550년대를 지나면서 바래지고 말았다. 잉글랜드의 개혁자들과의 스코틀랜드의 복음주의적 접촉은 이러한 분위기를 바꾸는 것과 크게 관련이 있었다. 1546년에 스코틀랜드의 메리 여왕의 소수파가 집권할 때, 스코틀랜드의 지도자였던 친프랑스파 데이비드 비튼(David Beaton) 추기경은 개신교 공모자 집단에 의해 살해당했다. 그러나 궁극적으로 그들은 성 앤드류스에 있는 비튼의 성에 유배되었고, 어린 메리 여왕의 어머니, 곧 프랑스 출신의 과부 왕후인 기즈의 메리(Mary of Guise)에 의해 좌지우지 되고 있던 스코틀랜드 정부의

---

24) D. Crankshaw, "Preparations for the Canterbury Provincial Convocation of 1562-63: A Question of Attribution," in S. Wabuda and C. Litzenberger (eds.), *Belief and Practice in Reformation England* (Aldershot, 1998), pp. 60-93; G. R. Elton, *The Parliament of England* 1559-1581 (Cambridge, 1986), pp. 199-24.

친프랑스적이고 보수적인 특징을 바꾸지 못했다. 개신교의 실패는 공모자들과 사소하게 관련되어 있던 사람으로, 최근에 복음주의적 신앙으로 개종한 공증인이며 사제였던 존 낙스의 프랑스로의 추방을 초래했다.

영구적으로 그의 건강을 훼손해 버린 프랑스 왕의 갤리선의 노예라는 가혹한 선고로부터 풀려난 후, 낙스는 에드워드 4세의 잉글랜드국교회의 종교개혁의 일에 참여했다. 이후 복잡한 역사 전반에서 그는 결코 잉글랜드 개신교의 진보에 대한 경탄을 잃어버리지 않았다. 낙스는 지칠 줄 모르는 자기방식에 의해 자신에 관한 이처럼 폭넓은 면들을 되도록 숨기려고 했다. 그의 고향 땅에서의 종교개혁에 그의 활동의 초점을 맞춘 다음, 그는 직접 본 것을 불가피한 것으로 구체화했고, 그 안에 감춰진 것에 대해서는 흥미를 유발하도록 하는 스코틀랜드 종교개혁의 자서전적인 역사를 썼다. 잉글랜드 종교개혁에서 낙스의 역할에 관해 우리가 알고 있는 것의 대부분은 그 자신에게서가 아니라, 다른 자료에서 나온 것이며, 그가 자신의 흔적을 그렇게 철저하게 가렸기 때문에, 지난 세기의 종교개혁 연구에서 그에 관한 새롭고 중요한 정보가 전혀 나타나지 않았다는 것은 주목할 만하다. 특히 1546년 이전의 그의 생애를 분열되지 않은 서방교회의 충실한 신봉자로 부각시키려 했던 그의 베일은 우리를 놀라게 한다.[25]

1550년대 국제정치의 긴장들은, 개혁 정권에서 기즈 출신의 경건한 가톨릭 신도인 메리가 그곳에서 가톨릭을 회복하고 재개발함에 있어 잉글랜드의 메리가 했던 것에 전혀 미치지 못하게 했다. 스코틀랜드에서 선도적이고 개혁적인 가톨릭 사제들은 오히려 독일과 프랑스와 연계되어 있었다. 예를 들면 세인트 앤드류의 대주교 존 해밀턴은 1549년 그의 대주교 서품을 받은 후, 곧장 개혁을 심의하기 위해 연속해서 두 번의 회의를 개최했다. 1552년판 해밀턴의 스코틀랜드교리문답서(한 잉글랜드의 가톨릭 망명자가 기안한 것으로 보이는 것으로 인정되는)는 1530년대와 1540년대 퀼른의 대주교 교구에서의 개혁운동시에 헤르만 폰 비이트의 주요 노력들을 상기시켜줌으로써, 교회의 복음주의적 비평에 대해 관용적이 된 것에 대한 염려를 보여준다(5장, pp. 320-325; 6장, pp. 373-375). 아직 성취된 것은 거의 없었다. 지치고 치명적으로 병들고, 그리고 분리되어 가는 국가의 연합을 유지하는 데 절망한 통치자 메리는, 1559년 또 다른 교회 공의회를 소집하도록 강요했다. 또 다시 거의 구체적인 결과들을 얻지 못했고, 그것의 실패는 범교회적인 화해에 대한 최후의 국제적인 시도들 중의 일례가 되었다.

---

25) 전기는 아니지만 가장 탁월한 설명으로 R. A. Mason (ed.), *John Knox and the British Reformations* (Aldershot, 1998) 을 들 수 있다.

절망 속에서 일부 선도적인 인문주의 가톨릭 사제들은 곧바로 스코틀랜드에서 진행되고 있는 개신교 종교개혁 운동에 가담했다.

1559년 프랑스가 행사한 정치적인 영향력에 대해 유사하게 느낀 스코틀랜드 귀족들의 좌절감은 기즈의 메리의 가톨릭 정책들에 대한 불신임을 심화시켰고, 개신교의 폭동으로 귀결되었다. 그 소요는 저명한 귀족들이(대주교 해밀턴의 이복동생이고, 예정상 권좌의 상속자였던 애런의 백작[Earl of Arran]을 포함하여) 이끌었지만, 그것 또한 군중의 폭력에 의존했다. 소요는 대부분 도시 지역에서 특정한 수도원과 탁발수도사들에 대한 약탈로 이어졌고, 또한 멀리 떨어져 있으면서 오래된 스콘(Scone)의 왕립 대수도원 교회도 여기에 포함되었다. 이것은 대서양 제도의 종교개혁 운동과는 완전히 다른 대중적인 개신교의 공격이었다. 그리고 그것은 다음 10년 동안 프랑스와 네덜란드에서 어떤 일이 일어나게 될 지를 내다보는 계기가 되었다. 스코틀랜드에서의 이와 같은 급작스런 에너지 분출의 근원은 알려지지 않고 있다. 되돌아 온 존 낙스의 맹렬한 설교에 의해 고무된 것이라는 점은 확실하지만, 1550년 낙스의 부재중의 대중적인 열정은 그가 크게 놀랄 정도로 왕국의 일부 지역들에 퍼져 나갔다. 1555년과 1556년 사이의 짧은 스코틀랜드 방문 동안, 그는 자신의 잉글랜드인 장모와 절친한 친구인 엘리자베스 보스(Elizabeth Bowes)에게 글을 썼다. "만약 내가 내 눈으로 내 조국을 보지 않았다면, 나는 그것을 믿을 수가 없었을 것입니다…예, 장모님, 그들의 열정은 나에게 너무나 후한 것이었기에, 나는 나의 게으른 냉담함을 비난하지 않고 정죄하지 않을 수 없습니다."[26]

그럼에도 불구하고 1550년대에 메리 튜더의 가톨릭 진영으로부터의 두번째 추방이 끝난다면 그는 잉글랜드로 돌아갈 기대를 가지고 있었다. 그것은 그에 대한 엘리자베스 여왕의 적대감과 1559년 그의 인생을 새로운 방향으로 전환하게 한 스코틀랜드에서의 급작스러운 새로운 가능성의 조합이었다. 이것은 존 낙스의 역할에 대한 단순한 편의주의만은 아니었다. 개신교 세대의 그렇게 많은 사람들처럼 그는 열렬한 국제주의자였고, 또한 그는 하나님이 인도하는 곳으로 갈 준비가 되어 있었다. 만약 정치적인 정황에 의해 그가 대서양 제도로 되돌아가지 않았다면, 피터 마터 버미글리(Peter Martyr Vermigli)나 얀 라스키의 방식으로 탁월한 순회 망명자가 되었어도 만족해 했을 것이다. 1553년 메리의 잉글랜드로부터 도피한 그는 제네바와 유럽에서 가장 추앙받던 망명자인 존

---

26) J. E. A. Dawson, "The Two John Knoxes: England, Scotland and the 1558 Tracts," *JEH* 42 (1991), pp. 555–76 중 557.

칼빈을 만날 수 있었다. 교회(Kirk)를 위한 낙스의 계획들은 크랜머 대주교의 에드워드식 교회개혁의 모델보다 제네바에서 받은 크나큰 영향을 바탕으로 모양이 갖추어졌다. 1552년과 1553년 사이에 낙스는 잉글랜드에서 크랜머와 충돌했다. 비록 나중에 순교자 크랜머를 약간은 태연자약하게 '유순한 하나님의 사람'으로 기억하였지만, 그는 기질상 1560년대부터 얀 라스키와 더 가까왔다. 라스키는 에드워드교회가 의회주의 신학에 의해 오염되었다고, 곧 정치적인 책략에 의해 종교개혁이 좌절되었다고 냉담하게 간주하였다.[27]

이에 따라 1560년에 소영주들과 남작들의 열정적인 지지를 받았던 스코틀랜드의 개신교는 스코틀랜드 의회에서 급진적인 개신교회로서의 지위가 합법화되었다. 그것이 바로 '교회'(Kirk)였다. 낙스와 개혁적 가톨릭 견해들로부터 아주 최근에 개종한 사람들 중의 일부인 그의 동료들은 제네바 모델과 또 다른 최고의 개혁 모델을 취하여 주의 깊게 새 교회를 이끌어갈 계획을 세웠다. 그리고 다른 '최고의 종교개혁적인 교회들'에 의해 제공되는 본보기들로 이끌어가기 위해 주의 깊게 계획을 세웠다. 구교의 주교들 중 일부가 새 교회의 행정활동에서 주도적인 역할들을 새롭게 맡기 위해 가담했지만, 새 교회는 그들과 다른 저명한 개신교 사역자들에게 옛 교구 체제의 합리적인 변형에 해당하는 지역별 감독이라는 새 역할을 수여했다. 이들 얀 라스키가 에드워드의 런던의 이방인 교회(Stanger Church)에서 운영했던 것과 비슷하다.

신교회(the new Kirk, 스코틀랜드국교회〈장로교회〉를 가리킴)가 잉글랜드에서 이전에 엘리자베스 여왕이 허용한 대로 많은 전통적인 특징들을 보유하고 있었다는 것은 의문의 여지가 없다. 스코틀랜드 종교혁명은 엘리자베스 여왕의 잉글랜드 정부의 도움을 받았다고 인정된다. 스코틀랜드에 대한 잉글랜드의 군사적 개입은, 여전히 과거에 행했던 것처럼 스코틀랜드에 있는 친영주의를 적절히 이용했지만, 에드워드 6세가 감행했던 군사적 모험과 같은 실수를 반복하지는 않았다. 친영주의는 신교회에서도 계속적으로 드러나 보였다. 예배 지침을 위한 소책자인 『공중 예배규정서』(*the Book of Common Order*)는 원래 1556년 제네바에서 해외 망명중인 잉글랜드인 회중을 위해 편찬되었고, 그것을 사용한 성경인 1557년에서 1560년 사이의 제네바어로 번역된 성경은 스코틀랜드 저지대의 영어가 아니라 런던의 영어로 쓰여졌다. 그렇지만 스코틀랜드 개신교도들이

---

27) MacCulloch, *Cranmer*, p. 622; D. MacCulloch, "The Importance of Jan Łaski in the English Reformation" in C. Strohm (ed.), *Johannes à Lasco: Polnischer Baron, Humanist und europäischer Reformator* (Tübingen, 2000), pp. 325-46 중 342-43.

북유럽의 두 명의 개혁파 지도자들

존 낙스: 그는 1560년의 스코틀랜드의 국가적인 혁명을 조정했고, 스코틀랜드의 메리 여왕에 대한 저항을 이끌었다

얀 라스키: 그의 사마리아 귀족의 머리 형태는 종교개혁자의 모자에 의해 숨겨져 있다.

예배지침서를 런던 영어로 쓴 것은 엘리자베스의 불편한 심기를 누그러뜨렸다. 사실 스코틀랜드의 종교개혁은 하나님이 기름 부어 세운 군주에 대한 모반에 근거했던 것이다. 제왕에 의해 모든 것이 통제된 잉글랜드의 종교개혁과 대조되는 부분은 의미심장했고, 그리고 그것은 17세기말까지 계속해서 되풀이되었다.

스코틀랜드의 상황은 젊은 남편인 프랑수와 2세의 죽음에 따라 1560년에 메리 여왕이 프랑스로부터 들어옴으로 인해 복잡해졌다. 아름답고 매력적이었지만 아직까지 아무런 정치적인 수완이 없었던 메리는 종교적인 포용과 화해를 통해 특별한 정치수완을 갖추게 되었고, 오히려 그녀에게 충복이었던 개신교 정치가들과 소원해지고 말았다. 그녀의 판단 착오는 두 번째 남편인 헨리 스튜어트 단리 경(Henry Stewart Lord Darnley)의 살해도 관대하게 취급해서, 그 살인자를 그녀의 세 번째 남편으로 삼아 결혼까지 하게 했다. 보스웰(Bothwell)의 제임스 헵번(James Hepburn) 백작이 바로 그 사람이다. 계속된 시민전쟁은 일련의 개신교적이면서, 대체로 친잉글랜드적인 정권을 탄생시켰다. 그녀가 잉글랜드의 엘리자베스 여왕의 썩 내키지 않고, 당황스러워하는 환대 속으로 도망친 이후인, 1567년부터 그들은 단리 경에게서 태어난 메리의 어린 아들인 제임스 6세의 이름으로 통치했다. 메리는 그 다음 20년 동안 잉글랜드의 포로였기에, 아마도 잉글랜드 권좌의 상속자로, 그리고 잉글랜드와 스코틀랜드 양국 모두의 정치에 있어 긴장을 초래하는 인물로 살아갔을 것으로 추정된다.

합스부르크 가문의 분할 지배는 찰스 5세 황제의 후계자가 마침내 신성로마제국의 선제후들에 의해 승인을 얻은 때인 1558년에 완료되었다. 새로운 신성로마제국의 페르디난드 1세는 중부 유럽에서 주류 및 급진적 복음주의자들에 대한 박해에 관한 가공할만한 기록을 가지고 있었다. 그러나 복잡한 지역별 유산을 30년간 유지한 것이 그에게 현실주의를 가르쳤다. 제국에서의 루터파 제후들과 제국 밖의 그의 땅에 있던 루터파 귀족들, 그리고 여전히 강력했던 보헤미아의 후스파 사람들 모두가 합스부르크 가문에 대항하기로 결속했다면, 그의 가문은 엄청난 해를 당했을 것이다. 그들은 제거의 대상이 아닌 회유의 대상이었다. 그러므로 황제는 계속해서 루터파와 후스 계열 성배파(Utraquist Hussites)가 관심을 보이는 공적 예배에 대한 상징적인 문제들을 만족시키는 몇몇 해결책을 찾으려 했다. 이르게는 1537년 잘츠부르크(Salzburg) 지방의 전통적인 교회의 사제들로부터 사제들의 결혼을 가능하게 하는 결정을 이끌어 내려는 그의 시도는 성공적이지 못했다.[28] 이제 그는 두 종류(빵과 포도주) 모두 다 전체 회중에게 제공하고, 자국의 언어로 예배드리며, 결혼한 사제들도 직분을 받을 수 있는 것을 포함하는 가톨릭교회 안에서의 변화에 대해 압력을 가할 준비를 했다. 만약 그와 같은 외부적인 해결책이 만들어질 수 있었다면, 신학자들은 아마도 소위 이신칭의 같은 대중에게 알릴 필요가 없는 신학적인 문제들에 대해 계속 논쟁을 해야만 했을 것이다. 말하자면 1548년 아우크스부르크 잠정안 후에 루터주의 사상을 첨가하여 통합한 1555년의 아우크스부르크평화협정이 바로 그 계획이었다.

오스트리아의 합스부르크 가문은 황제의 실용적인 전략이 관철되지 못한 채 신학적인 문제에 대해 합의점을 도출해내지 못했다. 그들은 자체의 다양한 지역에서 구체적인 상황들에 맞도록 주의깊게 조정하거나 구교에 대해 항상 편향된 향수를 가지고 있었다. 매력적인 그의 어린 아들 페르디난드 대공(Archduke Ferdinand)은 1549년에 보헤미아의 통치자로 임명되자, 새롭고 공격적인 로마 가톨릭을 위해 일했다. 그는 1556년에 예수회를 프라하에 소개했는데, 이것은 15세기 초부터 후스파의 분열주의 때문에 승계가 단절되었던 로마 가톨릭교회의 대주교를 1561년에 프라하에 임명하는 계기가 되었다. 그의 아버지는 1563년에 페르디난드를 티롤(Tyrol)에 있는 합스부르크의 극남단 영지의 통치자로 안전하게 피신시켰고, 젊은 페르디난드는 그곳에서도 황제의 비호 속에서 공격적인 가톨릭의 의제들을 실현하느라 곧 바쁘게 되었다. 그가 다시 보헤미아로 돌아갔을 때, 안토닌 브루스 즈 모헬니스(Antonin Brus z Mohelnice)가 1564년 프라하의 새로운 대주교가 되었다. 이때 황제는 그가 후스파 성직자들에게도 서품을 주도록 했는데, 이것이 예수회에게 엄청난 분노를 일으켰다. 이 때문에 이 불행한 고위 성직자와 그의 후계자들은 예수회에 의해 많은 괴롭힘을 당하게 되었다. 페르디난드 또한 성공적으로 교황 비오 4세가 교황 그레고리 8세에 의해 고안되어 1584년에 공인된 이종배찬을 베푸는 관습을 인정하도록 조종했다. 정치권은 이와 같은 황제의 온건책을 실행했다.[29]

1564년 같은 해에 황제는 몇몇 가톨릭 신학자들과 함께 그의 영지들이 아우

---

28) Chadwick, *Early Reformation*, p. 144.
29) Z. V. David, "The Strange Fate of Czech Utraquism: The Second Century, 1517-1621," *JEH* 46 (1995), pp. 641-68 중 654-55. 페르디난드 대공(Ferdinand))와 티롤(Tyrol)에 관해 필자는 마이클 치좀(Mrchael Chisholm)과 대화를 통해 크게 도움을 입었다. 우리는 곧 나오게 될 옥스포드대학에서의 다음과 같은 제목의 그의 박사 논문을 기다린다. "Tyrol and the Origins of the Habsburg Counter-Reformation, 1550-1565."

크스부르크신앙고백의 기초 위에 설 수 있도록 해법을 기안했다. 여기에는 반대 투표로 악명 놓은 성직자인 게오르그 비첼(Georg Witzel)과[30] 더불어 폰 비이트의 개혁 프로그램에 관한 노련한 대주교요 1561년의 프와시 회담(Colloquy of Poissy)의 상담가였던(6장, p. 412 참조) 네덜란드의 학자 게오르그 카산더(Georg Cassander) 등이 포함되었다. 1564년의 페르디난드 황제가 죽자 카산더는 장자이자 황제 후계자인 맥시밀리언(Maximilian)에게 알렸다. 그러나 그들은 여전히 동조적인 청중들을 찾았다. 그의 어린 동생 페르디난드 대공과는 달리 맥시밀리언 2세는 중도의 길(a middle way)에 관한 그의 아버지의 정책에 열정적으로 헌신했다. 실제로 옛 황제보다 더 신실하게 비엔나에 있는 그의 궁정에서 주목할 만한 다문화적인 진영의 학자들과 외교관들과 정치적인 참모들을 불러 모았다(신학자들이 거의 없었다). 그 엄청난 다양성으로 그들은 기독교 세계의 황제가 가치 있게 여기는 조화로운 문화에 기여했다. 그들 중에 두드러진 사람으로 슐레지안의 개신교 의사인 요한네스 크라토(Johannes Crato, 이전에 마틴 루터의 문하생이었다), 황제의 도서관을 관장했던 라이덴(Leiden) 출신의 개혁파 개신교 학자인 위고 블로티우스(Hugo Blotius), 만투아(Mantua) 출신의 역사가 야코포 슈트라다(Jacopo Strada), 슈바벤의 군인과 종교적인 다양성에 관한 관용이 중부 유럽에서 합스부르크 왕조의 권력을 공고히 하는데 필수적인 것으로 보았던 외교관 라자루스 폰 쉬벤디(Lazarus von Schwendi) 등이 있었다.

그럼에도 황제는 계속해서 그의 관할지역 안에서 보다 강경한 가톨릭 세력들의 반대에 직면해야 했는데, 그 중 최고는 예수회였다. 그는 또한 자기보다 거의 20년이나 더 살았던 그의 형제 페르디난드 대공으로부터의 공개적인 비난을 감내했다. 1576년 맥시밀리언의 죽음과 아주 교양 있었지만 점차 기괴해진 그의 아들 루돌프(Rudolf) 2세의 등극과 더불어 반세기에 걸친 세심한 노력 이후, 비록 가문의 사소한 언쟁 속에서도 동맹이 17세기 초까지 이어지긴 했지만, 종교적 중도 노선을 택한 합스부르크 가문은 비틀거리기 시작했다(11장, pp. 632-640). 합스부르크가 그들의 가문 내에서의 분할 상속을 정책으로 유지했기 때문에, 맥시밀리언 황제와 같은 온건주의자들은 결코 그들의 정책을 꾸준하게 통치영역 전반에 걸쳐 강요할 수 없었고, 특히 페르디난드 대공의 가톨릭은 결코 타협할 수 없는 가문의 정책이 되었다. 이것은 1560년대의 주요 강조점이

---

30) E. Rummel, *The Confessionalization of Humanism in Reformation Germany* (Oxford, 2000), pp. 144-49.

었던 의견일치를 추구하기보다, 30년 전쟁을 촉발시킨 종교적인 대결로 상황을 이끌어 갔다.[31]

1559년은 잉글랜드의 튜더 왕조와 마찬가지로 스페인의 합스부르크 왕조에게도 중요한 해였다. 16년 만에 최초로 상주하는 왕이 즉위한 해인 1559년은 장기간의 안정된 통치의 시작을 알리는 기념적인 해로 기억될 수 있었을 것이다. 근래에 잉글랜드 여왕의 배우자가 된 필립 2세는 튜더 가문의 메리에 대한 부담스런 애정적인 겉치레의 짐을 더 이상 질 필요가 없게 되었다. 종교개혁 정책에 대한 스페인의 적대감을 누그러뜨리고 즉각적인 대결상태를 피하는 방식의 종잡을 수 없는 협상들이 엘리자베스에게는 중요한 것이었지만, 필립은 엘리자베스 여왕에 대해 추가적인 결혼 청혼을 하려 들지 않았다. 대신에 필립은 그의 속령인 이베리안 왕국에서 진행되고 있는 혼란과 재정적인 소요를 해결하기 위해 브뤼셀의 옛 수도에서, 시선을 남쪽으로 돌려 그 지역을 여행했다. 그는 곧바로 그의 선조들의 아라곤 왕국이 아니라 이베리아 반도의 중심인 카스티야 왕국에 그의 근거지를 구축했다.

필립은 마드리드 교외의 에스코리알(Escorial)에 제롬 계열의 은둔수도원 궁전을 자신의 집과 묘로 건축했다. 1557년 세인트 퀸틴(St Quentin)에서 프랑스에 대해 필립이 압도적인 군사적 승리를 거둔 그의 축제일에, 이 수도원 궁전은 성 로렌스에게 봉헌되었다. 1559년부터 그가 죽은 해인 1598년까지, 그는 스페인을 본거지로 삼아 가톨릭 신앙을 전파하는 하나님의 대사로서의 냉철한 사명의식을 가지고, 그의 세계적인 제국을 통치했다. 신이 내린 승리에 대한 기억을 소중이 간직한 에스코리알의 그 시리도록 화려한 영광은 그의 아버지 찰스 5세뿐만 아니라 하나님이 그를 세계적인 군주가 되도록 고난의 길로 인도한 것에 대한 필립의 무거운 마음이 반영된 것이었다. 그런 분위기는 1580년에 그가 포르투갈과 그의 제국의 모든 권좌를 물려받게 되었을 때 더욱 확대되었다. 1580년 초부터 방문자들은 궁전의 거대한 평면 철재격자를 보면서 성 로렌스가 산 채로 석쇠 위에서 구워져 죽어가는 것을 회상했다. 왕은 피해망상에 사로잡혀 왕궁사가가 고문장소로 사용되는 것을 개의치 않았다. 에스코리알의 건축가들이 그 설계에 있어 솔로몬 왕의 성전에 관한 성경에서의 묘사에 따라 설계하도록 지시를 받았다는 것은 확실하다. 그래서 필립은 재창조된 거룩한 도성 예루

---

31) H. Louthan, *The Quest for Compromise: Peacemakers in Counter-Reformation Vienna* (Cambridge, 1997).

살렘에서 살았다.32) 일반적으로 검은 옷을 입고 있는 그를 보여주는 왕의 초상화는 진정한 위엄은 자기 절제에 있다는 것을 확신하던 한 사람을 보여준다. 그는 엄청난 경쟁자이자, 한 때 세간에 결혼 상대자로 알려졌던 잉글랜드의 엘리자베스 여왕과 비교될 수 있다. 그녀는 그녀의 왕국을 다스리는 것은 물론 좋은 시절을 갖게 되는 것에 확고한 결의를 지니고 있었고, 예술가가 그녀의 초상화를 그릴 때는 언제든지 그녀의 화려한 옷장을 행복하게 샅샅이 뒤지는 그런 여인이었다(사진 7, 9 참조).

스페인으로 귀환한 필립은 어떻게 스페인의 가톨릭을 미래를 위해 다듬을 지에 관한 문제들에 집중하고 있었다. 개신교가 스페인에서 어떤 전진을 모색하는 것은 이탈리아에서보다 훨씬 어려웠다. 그러나 세기 중반에 스페인의 종교재판소는 16세기 초 스페인의 다양한 형태의 에너지들을 길러내던 것을 여전히 이어받지 못하고 있었다. 스페인의 지하 종교 단체들은 종교적 탐험의 경계를 확대하면서 알룸브라도파에 매료되어 있었는데, 그것은 북유럽의 개신교도들이 말하는 읽기도 포함했다. 가장 큰 비밀집회 중의 하나가 1530년대 중반부터 성당의 설교자인 후앙 길(Huan Gil, Dr. Egidio)이 개인적으로 분리주의자들을 격려하고, 도처에 있는 같은 마음을 가진 사람들과 접촉했던 곳인 세빌(Seville)의 남단에서 열렸다.

후앙 길은 1552년에 종교재판소 앞에서 강제로 그의 진술을 철회해야만 했다. 하지만 비밀요원에 의해 불온문서 꾸러미가 발견된 후, 1557년과 1558년 사이에 종교재판소의 대대적인 단속이 시행되었을 때, 관련된 지하조직들이 멀리서는 세빌과 빌리돌리드 지역 그리고 아라곤 왕국에서 색출되었다. 장기간의 조사에 따라 많은 관련자들이 체포되었고, 많은 사람들이 신앙의 판결(autos da fé)에 따라 화형을 당했다. 그러나 관련된 일부 수도승들과 평신도들은 운좋게도 도망쳐 개신교 북유럽으로 항구적인 망명길에 오를 수 있었다. 개혁파적인 하이델베르크에서 안전하게 지내던 그들 중 한 사람이 1567년에 익명으로 스페인의 종교재판소의 기술에 관한 이야기인 『거룩한 스페인 종교재판소의 어떤 기술들』(*Sanctae Inquisitionis hispanicae artes detectae ac palam traductae*)을 출간했는데, 그것의 많은 번역본 역시 베스트셀러가 되었다. 이 책은 처음에는 유럽의 개신

---

32) R. Taylor, "Architecture and Magic: Considerations of the Idea of the Escorial," in D. Fraser, H. Hibbard, and M. J. Levine (eds.), *Essays in the History of Architecture Presented to Rudolf Wittkower* (London, 1967), pp. 81–109 중 89–97.

교도들의 심금을 울렸고, 나중에는 남유럽의 반사제주의자들에게도 그러했다. 또 이 책은 스페인 종교재판소의 무시무시한 일에 대한 '흑색 전설'(Black Legend)을 구성하는 중요한 요소 중 하나였다. 이것은 또한 꽤 놀랄 만큼의 정확성을 보유하고 있다.[33]

필립 왕은 직무상의 편집증과 억압된 분위기로 인해, 1559년 가을 스페인 왕국으로 돌아갔다. 그는 일치라는 명분 때문에 이 멈출 수 없는 소용돌이로 빨려들어가는 것을 피할 수 없었을 것이다. 왕위를 계승한 찰스 5세의 새로운 정권 출현과 관련하여 어떤 유익을 이끌어내려는 의도에 대해 에라스무스적이고 알룸브라도적인 반대 의견들이 생겨났다. 그 시대의 왕권의 실행에 관해 조언의 글을 쓴 사람 중에, 레기날드 폴(Reginald Pole)과 마르칸토니오 플라미니오(Marcantonio Flaminio)와 같은 신령주의자들의 동료이자 『그리스도의 은혜』(beneficio di Cristo)의 최종판의 저자인 펠리페 데 라 토레(Felipe de la Torre)가 있었다. 그는 1556년 앤트워프(Antwerp)의 좀 더 여유로운 분위기 속에서 스페인에서의 관용을 변호하고 종교재판소에 관한 조심스러운 비판을 표현하기 위해 『그리스도 왕에 대한 강요』(Institución de un rey christiano)를 출간했다.[34] 데 라 토레는 그의 사상으로 인해 빚어진 곤경 속에서도 왕의 고해신부의 지지를 이끌어 냄으로써 살아남았고, 종국에는 왕립 신부가 되기도 했다. 그러나 이와 다르게 왕은 공식적인 방향전환에 대한 요구가 들어와도 요지부동이었다. 발라돌리드에 있는 그의 카스티야 수도에 필립 왕이 도착하자마자, 그는 루터파 용의자들에 대한 종교재판소의 신앙의 판결(autos da fé)에 참석했다. 종교재판소의 일에 관한 그의 지지 메시지는 명확했다.[35]

1559년에 스페인 종교재판소는 심지어 이그나티우스 로욜라의 『영성훈련』(Spiritual Exercises)을 금서로 하는 것으로 시작해서 스페인에서 자신들만의 금지된 책의 색인을 만들었다. 대부분의 종교재판관들은 도미니크수도사들이었고, 예수회의 설립자에 대해 속이 빤히 들여다 보이는 가장 못된 종류의 알룸브라도파로 여기는 오랜 의구심을 품고 있었다. 스페인 밖에서 출판된 스페인어로 된 모든 책들이 반도로부터 금지되었다. 더구나 해외에서 공부하는 스페인 사

---

33) A. G. Kinder in Pettegree (ed.), *Early Reformation*, pp. 225-29, 234.
34) R. W. Truman (ed.), *Felipe de la Torre: Institucion de un rey cristiano (Antwerp, 1556)* (Exeter, 1979).
35) H. E. Rawlings, "The Secularisation of Castilian Episcopal Office Under the Habsburgs, C. 1516-1700," *JEH* 38 (1987), pp. 53-79 중 64.

람들에게도 전면적으로 금지되었고(프랑스에서 그토록 많은 결실을 가져오던 시절동안), 그 당시 외국에 있는 모든 선생들과 학생들은 고국으로 돌아오도록 명령을 받았다. 근대 초기의 관료주의적 방법으로 실시된 그와 같은 금지들은 단속을 하기가 어려웠고, 신중하게 극복되어졌다. 그러나 필립 정권에서는 스페인사람이 되는 길은 오직 한 가지 방법, 곧 무분별한 외래 사상에 의해 오염되지 않은 전통주의 가톨릭이 되는 것이라는 전제를 고수하고 있었다. 개신교는 이미 이슬람과 유대교와 함께 반스페인적인 특징의 목록에 추가되었다.

종교재판소의 편집증은 일부 그렇지 않을 것 같은 이들까지 희생자로 만들었다. 위대하고 전적으로 전통적인 신비주의자였던 십자가의 요한(John of Cross)과 아빌라의 테레사(Teresa of Ávuka)의 곤경은 잘 알려져 있다(9장, pp. 559-564). 그러나 그들의 괴로움은 그들이 가장 존경하는 선조인, 1556년에 포르투갈 도미니크수도회의 대주교가 된 저명한 스페인 출신 도미니크수도사였던 루이스 드 그라나다(Luis de Granada)가 의심 받았던 1550년대 말에 이미 예견되었다. 그라나다는 사보나롤라와 에라스무스의 작품들에 대해, 건강에 좋지 않을 정도로 관심을 가지고 있었고, 경건에 관한 그 자신의 작품도 1559년의 스페인 금서 목록에 올려져 있었다. 포르투갈과 스페인 두 궁정 모두에 가지고 있던 그라나다의 인맥이 그를 심각한 곤경으로부터는 건져내기는 했다. 그러나 훨씬 더 사회적으로 주목할 만한 인물인, 이전에는 카탈로니아의 간디아(Gandía)와 비세로이(Viceroy)의 공작이었고 이제는 예수회의 주목받는 신입회원이 된 프란스시코 데 보르자(Francisco de Borja)는 스페인 종교재판소의 달갑지 않은 주목을 받게 되었다. 그들은 그들의 색인집에 보르자의 몇몇 저술들을 실었고, 스페인 예수회를 위한 그의 저서를 없애버렸다. 1561년에 그는 분노와 좌절, 그리고 열악한 경건의 상태에서 고국을 떠나 로마로 향했다. 보르자와 창의적이었던 그의 동료 예수회 회원들은 이 굴욕을 선한 용도로 전환시켰고, 1565년부터 그는 예수회 역사에서 가장 탁월한 총사령관 중 한 사람이 되었다.[36]

모든 것 중에서 가장 기괴한 것은 위대한 도미니크수도사였고, 특별히 국가적인 교리문답집의 초안을 통해 잉글랜드의 재개혁을 진행하던 폴 추기경을 도와주던 바톨로메 카라자(Bartolomé Carranza)의 운명이었다(6장, p. 387, p. 390 참조). 그는 널리 존경을 받던 성직자였고, 트리엔트공의회 1, 2차 회기 모두에서 주목받는 역할을 담당했을 뿐만 아니라, 스페인에 있을 때 종교재판소를 열정

---

36) E. García Hernán, *Francisco de Borja, grande de Espàna* (Valencia, 1999), 특히 pp. 165-75, 179-81.

적으로 돕기도 했다. 필립은 스페인 대주교 교구인 톨레도의 대주교로 카란자를 선택할 수 밖에 없었다. 1558년 일단 그가 그곳에서 일을 시작하게 되자 그는 포괄적인 개혁 프로그램을 시행했다. 1559년 여름 갑작스럽게 스페인의 종교재판소는 그를 이단 혐의로 체포했다. 카란자의 불운은 권력을 가진 성직자가 그렇지 못한 성직자에 대해 품을 수 있는 개인적인 원한에 의해 파생된 두 개의 구별되지만 서로 관련이 있는 편집증의 희생자라는 사실에 있다. 하나의 편집증은 교황 바오로 4세에게 있었는데, 카란자가 교황 카라파가 추적하고 있었던 모든 혐의자들과 연계되었던 레기놀드 폴의 친구였다는 사실이 바로 바오로와 그의 주변 사람들의 편집증을 유발하게 한 것이었다. 이와 같은 피해망상적인 집착과 더불어, 스페인 신학의 일탈에 대한 조사에 점점 열을 올리고 있던 스페인 종교재판소는, 엄청난 분량의 개신교의 저술들을 섭렵한 것을 포함하여, 북유럽에서 10여 년 이상 대주교와 수많은 사람들이 적극적으로 투쟁하고 있는 것에 주목했다. 그들은 온전한 정신을 가진 스페인 사람이라면 어떤 특별한 관심도 내비치지 않을 이교도들에 관한 상세한 기록들과 개인자료들을 미친 듯이 파헤쳤다.

그렇게 불운한 카란자 대주교는 감옥에서 거의 17년을 보냈고, 그의 말년에는 스페인 종교재판소가 그에게 가할 수 있는 최악에서 벗어나 로마로 보내졌다. 그리고 마침내 석방된 지 몇 달만에 그곳에서 유명을 달리했다. 말도 안 되는 일이 트리엔트공의회의 마지막 회기에서 교회를 위한 하나의 교리문답집을 만들기 위한 위원회를 설립하기로 했을 때 벌어졌다. 그 결과에 따른 1566년의 작품은 카란자가 잉글랜드의 레기놀드를 위해 기안했던 교리문답집에 근거하고 있었다. 그리고 그것은 분명히 재활용할 가치가 있는 것이었다. 이것으로 인해 반종교개혁의 궁극적인 표현인 트리엔트공의회 교리문답집(Tridentine Catechism)은 카란자와 연관되어 있었고, 스페인의 종교재판소는 고집스럽게도 그것이 스페인에서 사용되는 것을 거부했다. 카란자는 그의 고향에서 혼란스러움과 회한의 인물로 기억되었다. 그에 관한 최초의 전기 작가인 페드로 살라자르 데 멘도자(Pedro Salazar de Mendoza)는 대주교의 죽음 이후 한 저명한 프란시스코 탁발수도사와 함께 안달루시아의 올리브 과수원을 지나 몇 년간 여행했던 것을 회상했다. 그 프란시스코수도사는 그가 기대하던 심판의 날을 냉담하게 바라보았다. 왜냐하면 카란자 사건 속에서 무엇이 진실인지 그가 발견해 낼 수 있었기 때문이다. 더러는 카란자의 체포를 반종교개혁에서 교구 주교의 모델이라 할 수 있는 카를로 보로메오(Carlo Borromeo)를 스페인에서 빼앗아 간 것으로 보았다.[37]

스페인의 종교재판소에 의해 강요된 종교 일치는 앙리 2세의 죽음 이후에는 프랑스에까지 미쳤다. 캐서린 섭정이 선도적인 귀족 가문들의 점증하는 파당적 행동에 직면해서, 도전받지 않는 왕권을 유지한다는 것은 불가능한 일이었다. 귀족들은 자신들의 개인적인 경쟁자들에게 종교적인 분열을 가중시켰고, 동시에 비밀스런 개신교 회중은 왕국 전반에 걸쳐서 놀랍고 당황스러운 속도로 확산되고 있었다. 기즈와 부르봉이 국가의 연합에 가장 두드러지게 위협했다. 기즈의 프랑수와 공작, 로레인의 추기경인 그의 형제 샤를 드 기즈(Charles de Guise) 그리고 젊은 프랑수와 2세의 장모인 그들의 자매 기즈의 스콧 메리(Scots Mary of Guise)인 도와거(Dowager) 여왕 등이 전통적인 가톨릭에 대한 충성을 표명했다. 부르봉 가문은 유명무실한 나바르의 왕이며 그의 무시무시한 개신교 개종자 아내인 잔느 달브레(Jeanne d'Albret)와 1558년 공개적으로 복음주의 신앙으로의 그의 개종을 선언했던 그의 어린 동생인 콩데(Condé)의 제후 루이(Louis)보다 그의 가문에서 덜 중요하고 덜 인상적인 사람이었던 안토인 데 부르봉(Antoine de Bourbon)이 이끌고 있었다. 세 번째로 큰 몽모랑시 가문은 종교적인 제휴로 더욱 분리되어 있었는데, 프랑스의 전통주의자 총수인 안느 드 몽모랑시는 프랑스 제독이었다가 곧바로 개신교의 지도자 중의 하나로 부상한 그의 조카 가스파 드 콜리그니의 결혼에 의해 힘을 받게 되었다. 기즈와 부르봉과 경쟁관계에서 촉발된 험악한 분위기가 1560년 3월, 나르바의 위그노 지지자들이 기즈에서 주도권을 잡고 프랑수와 왕을 제거하려 했던 엄부아즈 음모에서 정점에 달했다. 모반의 실패로 인해 공모자들이 야만적인 고문과 함께 처형되었는데, 캐서린 여왕이 개신교에 대한 사면을 공포하는 순간에도 이러한 야만행위가 계속 진행되었다.

이런 절망스러운 상황 속에서, 여왕과 로레인의 추기경 둘 다 그 위기에서 벗어날 방안을 모색했다. 그들 둘 다 전통적인 교회에 귀의했다. 여왕은 죽은 교황 클레멘트 7세의 조카였다. 그러나 위그노의 세력이 너무 강해져서 제압할

---

37) P. Salazar de Mendoza, *Vida y sucesos prosperos y adversos de don Fr. B. de Carranza y Miranda, arzobispo de Toledo* (Madrid, 1788), sig. A 4rv. 보로메오 비교와 관련해서, J. I. Tellechea Idigoras, *Bartolomé Carranza de Miranda, Comentarios sobre el Catechismo christiano* (2 vols., Madrid, 1972), i, p. 31. 이들 자료들에 대해서 필자는 Dr. R. W. Truman의 도움을 많이 받았다. 보로메오와 관련해서 Ch. 9, pp. 397-401을 보라.

수 없게 되었다. 그들이 공식적으로 구성한 제네바 형태의 교회조직들이(Eglises dressées, 조직화된 교회) 왕국 전역에 걸쳐 마을과 도시들에 세워지게 되었다. 위협을 느낀 프랑스 주재 베네치아 대사는 "이 전염병이 사회 모든 계층에까지 확산되었다"라고 본국에 보고하였으며, 그는 특별히 개신교 지지자들이 40대 미만의 귀족들과 백성들로 구성되었다는 사실에 당황스러워했다.[38] 심지어 일부 프랑스의 주교들도 개혁파적인 움직임에 관심을 표명했다. 로레인이 그들 중에 있지는 않았지만, 그는 새로운 개혁운동의 파급력을 알고 있었다. 그는 종종 당시의 위그노 반대파들에 의해 고집스런 가톨릭 열광주의자로 잘못 알려졌을 뿐만 아니라, 그의 개혁노선이 지난 수십 년간 개혁을 주도한 프랑스 개혁자들의 노선과 같고, 심지어 자신의 시대를 향유했던 헤르만 폰 비이트 대주교의 노선과도 같았다고 잘못 알려졌다. 사실 그는 온건한 개신교도를 포용할 수 있는 중도노선을 추구했다. 스페인에서 가중되고 있는 박해는 그가 예상한 것이었다. 로레인과 그의 가문은 1550년에는 스페인에 가장 적대적인 프랑스의 지배세력이었다.[39] 만약 추기경이 타협을 위한 토대를 찾을 수 있었다면, 프랑스 교회는 안정을 찾았을 것이다. 그리고 그는 전형적으로 세기 중간 무렵에, 중부유럽에서 그렇게 많은 사람들이 그러했던 것처럼 1530년대의 아우크스부르크 신앙고백의 발전 방향을 모색했다.

이에 따라 캐서린 섭정은 가톨릭과 개신교 신학자들을 센 강변에 있는 파리 북부의 작은 마을인 프와시(Poissy)에서의 대화 또는 대담에 소환했다. 그곳은 왕가 출신인 루이스 왕의 출생지로서 그곳의 대저택은 그의 백성들에 대한 프랑스 군주의 신성한 책무를 상징했다. 그 대담은 1561년 9월에 열렸고, 명목상으로 캐서린의 젊은 아들인 찰스 9세가 관장했다. 그녀는 제네바에 있는 칼빈의 동료인(곧 그의 후계자가 된), 추방된 프랑스 귀족 티오도르 드 베자뿐만 아니라, 자기 나라 출신인 피터 마터 버미글리도 초대했다. 마터는 그 때에 취리히에 자리잡고 있었고, 1562년 그의 죽음 이전에 국제적인 개신교에 대한 그의 마지막 사역으로 취리히 교회를 대표했다. 베자와 마터는 개혁파 개신교 사절단을 이끄는 인상적인 짝이었다. 치명적인 결점은 추기경이 아우크스부르크신앙고백 배후에 있는 온건세력을 규합하려고 노력했다는 점이다. 개방적인 프랑

---

38) Naphy (ed.), *Documents*, p. 128.
39) T. Wanegffelen, *Ni Rome ni Genève: des fidèles entre deux chaires en France au XVIe siècle* (Paris, 1997); S. Carroll, "The Compromise of Charles Cardinal de Lorraine: New Evidence," *JEH* 54 (2003), pp. 469-73.

스 복음주의는 루터와 오래 전에 결별했다. 성만찬이라는 주제에 관해서 루터교를 교황주의 가톨릭만큼이나 잘못 나가버렸다고 보는 개혁파 개신교도들과의 일치의 기회는 결코 없었다. "아우크스부르크신앙고백을 보라. 그러면 당신은 그것을 수용한 교회에 의해 정죄당한 채 서 있는 것이다"라며 로레인은 그의 반대자들을 위협했다.[40] 그의 중도적인 태도는 나누어서 통치하려는 해로운 시도로 쉽게 보여질 수 있었고, 그리고 그것은 단지 개혁파 진영의 결의를 강화시킬 뿐이었다. 심지어 마터도 그들에게 지나치게 관대한 것처럼 보였다. 프와시는 결정적으로 프랑스의 개혁파적 움직임을 제네바와 연관시켰다. 한 달 동안의 프와시 토론의 실패로 비타협적인 가톨릭과 개신교는 공개적인 접전을 위해 그들 스스로 무장을 시작하게 되었다. 이것은 16세기에 총체적인 재연합을 시도하기 위한 마지막 회의였다.

5. 트리엔트공의회의 마지막 회합(1561-1563)

프랑스 왕국이 독자적이고 주도적으로 종교 화합에 나서는 것을 보고 당황한 교황 비오 4세는 마지막 트리엔트공의회를 소집했다. 이것에 격노한 캐서린 드 메디치 로레인(Catherine de Medici Lorraine) 추기경은 개신교도들까지 포함하는 새로운 공의회를 소집하고자 하였다. 왜냐하면 새로 소집되는 트리엔트공의회가 개신교도들의 분노를 살 것이고, 그렇게 되면 화합은 힘들어 질 것이기 때문이었다. 페르디난드 황제도 당연히 그렇게 생각하였고, 한편 그의 조카 필립 2세는 그 반대로 생각하여 트리엔트공의회를 재개하고자 하는 교황의 결정을 지지하고 나섰다. 따라서 그 공의회의 개시는 개신교도들의 반대에 봉착하게 되었다. 신성로마제국에 속한 개신교도 제후들은 나움부르크(Naumburg)에 모여 그 초대에 응하지 않았고, 젊은 잉글랜드 여왕과 그 고문인 윌리엄 세실(William Ceceil)은 노골적으로 거절했다. 그들은 전통적인 미사를 도와주고 거기에 참석한다는 죄목으로 죽은 메리 여왕의 고위 관리였던 에드워드 왈데그레이브(Edward Waldegrave) 경을 메리의 추밀원 회원이었던 다른 두 명과 함께 체포했다. 결국 왈데그레이브는 런던 탑에 있는 감옥에서 생애를 마감하였다.[41]

---

40) Naphy (ed), *Documents*, p. 78.
41) W. MacCaffrey, *The Shaping of the Elizabethan Regime. Elizabethan Politics 1558-72* (London, 1969), pp. 78-81.

그 공의회는 1562년 1월에 재개되었다. 교리에 관한 중요한 문제들은 이미 그 전의 공의회에서 마무리를 지었으므로, 이번 공의회는 주로 교회 구조와 교회 생활에 관한 것이었다. 그리고 교회 개혁과 서열의 중앙 집권화에 대한 법을 정하였다. 메리의 잉글랜드에서 폴 추기경(그의 오랜 친구인 몬로 추기경[Cardinal Monroe]은 이제 고인이 된 바오로 4세의 보복을 두려워할 필요가 없게 되었으므로 의사록 진행을 맡았다)이 시작한 것을 계기로 신학교에서 교구 성직자들을 양성해 내기로 하는 규정을 정하였다. 또한 비밀 결혼(성직자의 입회없이 당사자들만의 서약으로 성립되는 결혼)을 금하였는데, 이는 한 사람의 생애에서 결혼이라는 중대한 문제에 대해 교회가 공식적인 통제력을 행사하려는 오랜 노력에서 온 선포였다(16장, p. 824). 공의회는 성인 숭배와 관련된 경건 행위들이나 연옥의 교리같은 것들을 정리하려고 애썼고, 루터라는 말이 튀쳐나간 후에 외양간 문 닫는 격으로 면죄부 판매를 금하였다.

행정적인 문제로 보이지만, 사실은 교회에 큰 영향을 가지는 한 가지 문제가 대두되어 그 공의회를 거의 좌초시킬 지경에 이르렀는데, 이는 다름 아닌 주교의 역할과 권위에 관한 문제였다. 가톨릭 주교, 하등 귀족, 수습 수도사와 탁발 수도사 그리고 직업 의식을 가진 학자 등을, 개신교회의 의욕적인 지도자들에 견줄 만한 가톨릭교회의 지도자로 세우려는 엄청난 노력들이 있었다. 그러나 그런 열심있는 지도자들을 세우려는 노력에 즉각적으로 제기된 문제가 있었다. 즉 이 주교들이 수세기 동안 단 한 번의 공식적인 승인이나 동의의 절차도 없이 점차 경력을 쌓아 마침내 교황이 되는 로마의 주교들과 어떤 관계에 있느냐는 것이다. 마지막 트리엔트공의회에는 그 전에 있었던 공의회보다 더 많은 인원이 참석하였다. 약 200명의 주교가 의사 진행에 참가하였고, 특히 스페인(참석한 주교 중의 절반이 스페인에서 왔다)과 프랑스, 멀리 사이프러스같은 베네치아 영토에서 온 많은 대표자들은 교황이 책략을 꾸미는 것을 용인하지 않을 참이었다. 언뜻 봐서는 논란의 여지가 전혀 없고 칭찬할 만한 관습인 '주교는 자기 관구에 살아야 한다'는 지시에도 논란이 제기되었다. 즉 스페인 주교들이 주장하는 대로 그 관구가 하나님이 법으로 정하신 것인가 하는 문제였다.

결국 격양된 입씨름이 돼 버린 논쟁의 요지는 교황의 권위에 관한 것이다. 주교의 관구를 정해 주신 분이 하나님이라는 것은 결국 교황이 관구가 없는 주교를 임명할 권리가 없다는 것을 의미한다. 사실 이것은 잉글랜드의 헨리 8세의 주장, 즉 자기가 아라곤의 캐서린과 결혼하는 것은 이미 하나님의 뜻을 거스른 것이므로 교황이 그 결혼을 집전할 권리가 없다는 것과 같은 논리이다. 하나님에게 부여받은 권리에 대한 더 폭넓은 토론도 있었다. 공의회가 (다른 문제들을 다루면서 몇달의 냉각기를 거친 후에) 교회가 베푸는 서품식의 본질을 어떻게 규명할 것인가라는 교리상의 난해한 문제를 해결하려 하자 이 논란이 생겨났던 것이다. 개신교도들과는 달리, 서품식이 성례의 일종이라는 것은 모두가 동의하였다. 하지만 주교직은 성직에서 어떤 위치에 있는가? 주교직이란 것은 초기 교회 시대에 필요하긴 했지만, 우발적인 역사의 산물인 것인가, 아니면 예수 그리스도 자신이 그 직분을 제정하신 것인가? 만일 예수님이 제정하신 것이 아니라면, 교회의 신적 권위는 예수님이 자기 교회를 그 위에 세우는 반석(마 16:18)으로 선택한 베드로의 후계자인 교황에게 달려 있다는 뜻이 된다. 결국 주교의 권위는 교황에게서 나온 것이지, 주교가 그리스도의 권위를 나타내는 직접적인 대표자는 아니라는 뜻이 된다.

이 논쟁으로 해서 그 공의회는 거의 좌초되게 될 지경이 되었다. 1563년 3월 며칠 사이에 교황측 대표 두 명이 죽었는데, 그 논쟁에서 받은 스트레스가 원인이라고 해도 과언이 아닐 것이다.[42] 결국 참석자 모두의 마음에 드는 결론을 내리기가 불가능하다는 결론을 내리게 되었고, 고심 어린 글솜씨를 동원하여 하나님이 주신 권위가 교황에게 있는지 주교단에게 있는지를 정확하게 꼭 집어 말하지 않고 교묘하게 얼버무리는 교의를 작성해 내는데 성공하였다. 16세기 후반부에 일어난 교회 구조의 중앙집권적인 개혁들은 결국 교황의 손을 들어주게 된다. 그 이유 중의 하나는 이 개혁들이 트리엔트공의회에서 나온 교령과 교회법들을 해석하는 최종적인 권위를 교황과 그의 측근들에게 주었기 때문이다. 1560년대에는 생각도 할 수 없었던 교황의 수위권이 공식적으로 인정된 것은 아주 힘든 상황에 처해 있었던 1870년 바티칸공의회에서였다.

그 공의회가 결렬되지 않고, 통일된 교령과 교회법이 만들어졌다는 것만 해도 참석자들에게는 안도가 되는 일이었다. 공의회가 1563년 12월, 감사 미사로 절정에 달했을 때, 엄숙한 미사 가운데 감격에 차서 우는 주교들도 있었고, 몇번의 박수도 터져 나왔다. 226명의 주교들이 공의회의 문서에 서명을 하였고, 교황 비오 4세도 재빨리 그것을 비준했다. 그리하여 17세기에는 그 법령들이 조금씩 조금씩 가톨릭 국가들에 퍼져 나갔다. 물론 그 채택 여부는 그 나라의 가톨릭 군주가 결정할 문제였다. 세속 권력들이 즉각적인 반응을 보이는 것

---

[42] Bireley, *Refashioning*, p. 53.

과는 무관하게, 로레인 추기경 같은 회의적 성직자들도 이제는 개신교도들과의 화합을 추구하는게 소용없다고 인정하게 되었다. 로레인이 1562년 트리엔트공의회에 참석할 때 바랬던 것은 자국어(라틴어가 아닌) 미사와 프랑스 신·구교 간의 교류를 보장받는 것이었다. 하지만 1563년에, 그의 사상은 완전히 뒤바뀌어 1558년에서 1559년에 있었던 스코틀랜드 가톨릭 개혁자들의 사상(6장, p. 400 참조)을 따르게 되었다. 이제 그는 프랑스에서 트리엔트공의회의 결정을 가장 열렬하게 따르는 원로가 되어 버렸다.[43] 이 공의회를 통해 가톨릭의 미래는 교황이 다스리는 가톨릭으로 가게 되었고, 우리는 이것을 편의상 '트리엔트공의회'(Tridentine, Tridentum은 Trent의 라틴어 이름이다)라 부르게 되었다.

6. 무장한 개신교: 프랑스와 저지대국가(1562-1570)

트리엔트공의회가 끝나기도 전에 벌써 로레인 추기경은 개신교와의 화해를 가망 없는 것으로 포기해 버렸는데, 거기에는 그럴 만한 이유가 있었다. 1562년 3월, 프랑스에서 공개적인 전쟁이 터졌는데, 수행원들을 거느리고 가던 기즈의 프랑수아 공작이 샹파뉴의 바씨(Vassy)에서 500명의 개신교도들이 기도모임을 하고 있는 것을 보고는 그 중의 수십 명을 죽인 것이(공작 측에서는 그것이 정당방위였다고 설득력 없는 주장을 펴지만) 발단이 되었다.[44] 기즈가 파리에서 세력을 모으는 동안, 꽁데의 영주인 루이 드 부르봉(Louis de Bourbon)도 위그노 세력을 결집했다. 개신교도들은 강경파 가톨릭과 온건파 가톨릭 간의 분열을 역이용하여 프랑스 도시들에서 무장 약탈을 일삼았다. 요컨대 프랑스 왕국 이쪽 끝에서 저쪽 끝에 걸친 주요한 도시들, 즉 리옹, 오를레앙, 르망, 주앙, 까앵들의 도시들이 이 위그노의 수중에 떨어졌다. 하지만 그들은 초반의 위세를 계속 유지할 수가 없었다. 남부 프랑스(the Midi, 미디)의 수도인 뚤루즈를 손에 넣으려다 실패한 것이 기점이 되어 그들의 군사력은 약해지기 시작했다. 하지만 귀족들 사이에서 세력을 확보하고 있었던 덕분에 위그노는 오랫동안 버틸 수가 있었다. 1562년부터 1598년까지 최종적으로 타협하기까지 프랑스에서는 8번의 전쟁이 있었고, 그 중 전쟁이 없었던 시기는 고작 10년 밖에 안 되었다. 좀 조용했던 이

---

43) Carroll, "The Compromise of Charles Cardinal de Lorraine."
44) 이 사건에 대한 반대되는 설명으로는 D. Potter (ed.), *The French Wars of Religion* (Basingstoke, 1997), pp. 47-49 를 보라.

10년 동안에도 프랑스 가톨릭 군대와 개신교 사이에는 끔찍한 복수와 만행들이 오고 갔다.

그러나 프랑스에서는 이 싸움이 직접적인 사상대결이라기 보다는 삼파전이라는 것이 명백해졌다. 즉 이 양극단 사이에 프랑스 국왕이 끼여 있어서, 어떻게 해서든지 국가적인 화합을 유지하고 가톨릭 혹은 개신교를 지지하는 귀족들의 발언권을 약화시키려고 애썼다. 따라서 국왕은 실리를 따져 어떤 때는 이쪽에 붙었다, 어떤 때는 저쪽에 붙었다 했다. 섭정가 캐서린 드 메디치은 기민한 여자여서, 재미삼아 자기를 욕하는 개신교 극단론자들의 악의에 찬 글을 읽곤 하였다.[45] 1563년에 기즈의 프랑스와 공작이 암살당하고, 그 가족들이 가스파르 드 꼴리니(Gaspard de Coligny) 제독의 짓이라고 주장할 때 캐서린은 그것을 두 집안 사이의 뿌리 깊은 원한의 탓으로 일축해 버렸다. 그러나 1567년 9월 꼴링니와 꽁데의 부르봉 제후를 위시한 위그노당이 '모의 기습'(Surprise of Meaux)이라는 작전에서 어린 찰스 11세 국왕을 사로잡고 그 수도를 점령하는데 거의 성공하는 지경에 이르자, 격노한 캐서린은 위그노에 대한 태도를 완전히 바꾸어 버렸다. 1568년 그녀는 꼴링니의 머리에 현상금을 걸었고, 같은 해 그의 형제 프랑수와 시웨르 댕들로(François Sieur d'Andelot)의 독살도 그녀의 사주로 인해 벌어진 일이라고 알려졌다. 이 모든 것이 1572년에 있을 성바돌로매성당 참사(7장, p. 454)의 서막이었다.[46]

1562년의 전쟁 발발은 십 년에 걸친 놀란 만한 프랑스 개신교 성장의 절정기였다. 1550년대 초반에는 소수의 비밀 집단만 존재하던 것이 1562년에는 천 개의 교회에 2백만 명의 추종자들이 몰려들었다. 이 규모는 같은 해에 존 낙스도 놀란 스코틀랜드 개신교도의 급성장보다도 더 놀랄만한 것이었다. 어떻게 이런 급성장이 있을 수 있었을까? 그 당시 프랑스에서는 개신교를 선전하는 대규모의 공개적인 설교가 불가능했다. 목사도 충분하지 않았고, 목사의 설교를 듣기 위해 모일 기회도 많지 않았다. 책이 중요한 역할을 했다. 그러나 거기에 중심적 역할을 했던 두 가지 책, 즉 성경과 칼빈의 『기독교 강요』는 너무 두껍고 비쌌을 뿐만 아니라, 1560년 박해 이전에는 잘 유통되지도 않았다. 성경이 대규모로 유통된 것은 1562년이 지나서였다. 작아서 숨기기 쉬운 소책자들이 더 많이 유통되고 읽혀졌다. 하지만 어떤 점에서 보면 가톨릭 이웃들과 싸우려고 나

---

45) S. Broomhall, "In My Opinion': Charlotte de Minut and Female Political Discussion in Print in 16th Century France," *SCJ* 31 (2000), pp. 25-45 중 44.

46) R. J. Knecht, *Catherine de' Medici* (London, 1998), pp. 14-15, 121-22, 126-27.

선 개신교도들은 칼빈과 제네바의 목사들이 뭐라고 썼는지에는 별 관심이 없었다. 거기다 공개적인 전쟁이 일어나기 전까지는 칼빈도 갈등을 피하고 중용을 취할 것을 열렬히 주장하였다. 하지만 그 말에 귀를 기울이는 사람은 몇 안 되었다. 투지에 찬 서민들은 신나게 성상들을 부수고 다니며, 목사들의 지도에 따르지 않았던 것이다.

모든 신분과 학식의 차이를 초월하여 자기들의 사상을 가장 완벽하게 전해 준다고 개혁자들이 믿었던 하나의 책이 있었으니, 이것이 평신도들의 이런 적극적인 행동주의의 원인이 되었다. 그것은 바로 프랑스어로 번역되어 악보까지 달려, 눈에 안 띄는 포켓 사이즈로 출판된 150개 시편집이었다(사진 21b 참조). 옛날 라틴어로 성찬식을 행하던 시절에는, 시편은 주로 수도원 미사나 개인적인 경건을 위한 낭독에서 쓰였다. 이제 개혁파 개신교에서는 여기에 운율이 붙어 자기들의 희망, 두려움, 기쁨 그리고 분노를 표출하는 수단으로 사용되었다. 그리하여 이 시편으로 된 노래들은 프랑스에서 뿐만 아니라 개혁파들이 개신교를 전파하는 어디에서나 비밀 병기가 되어 주었다. 존 칼빈이 자기 사상의 많은 중요한 부분들을 슈트라스부르크에서의 경험에서 빌려 온 것처럼, 그는 이 관습도 1530년의 슈트라스부르크의 경험에서 빌려왔다. 칼빈이 1538년 제네바에서 쫓겨나 슈트라스부르크에 있는 프랑스 교회에 사역하러 갔을 때, 그는 그곳 프랑스 교민들이 시편을 노래로 부르는 것을 보았다. 이 노래들은 개신교로 개정한 활달하고 규칙에 얽매이지 않는 끌레망 마로(Clément Marot)가 시작한 것이었다. 종교개혁을 재개하러 제네바에 돌아갔을 때, 칼빈은 이 관습도 함께 가지고 갔다. 마침내 1562년 티오도르 베자가 프랑스에서 시편 찬송가 전권을 제작하였고, 1562년과 1563년에 걸친 위기 때 그는 프랑스와 제네바에 있는 30명의 인쇄업자를 규합하여 인쇄업길드를 결성하여 시편을 노래로 부르게 하는 이 운동을 도왔다. 이 시편 노래집의 대량 제작과 대량 유통은 기술력과 조직력이 만들어 낸 위업이었다.[47]

그 시편 노래는 무식한 사람과 유식한 사람을 다 끌어 안은 대규모 운동으로 개신교 사상을 발전시키기에 완벽한 도구가 되었다. 영웅 다윗 왕이 불렀던 그 가사 그대로 성경을 노래하는 것보다 더 좋은게 어디 있겠는가? 노래가 붙은 시편은 쉽게 외울 수가 있었고, 그래서 증거를 남기게 되는 인쇄물은 없어도 되

---

[47] 이 토론에 관해서 필자는 A. Pettegree, *Huguenot Voices: The Book and The Communication Process During the Protestant Reformation* (Greenville, NC, 1999)으로부터 큰 도움을 받았다. 또한 Pettegree in Pettegree (ed.), *Reformation World*, pp. 120-26 을 보라.

었다. 각 시편에는 각각 다른 곡조를 붙여 제창으로 불렀다(과거의 기독교와 단절하기 위해 새로운 곡조를 붙여 새로 작곡하였는데, 이것은 자기가 좋아하는 옛 가톨릭의 곡조를 그대로 했던 루터와 대조되는 것이었다). 어떤 가사를 들으면 거기에 붙은 곡조를 떠올릴 수가 있었다. 그 속에 있는 시편의 단어들로 구성된 곡조를 흥얼거리기만 해도 그것 자체가 개신교 저항의 한 행동이었다. 하나의 시편 노래가 순식간에 분위기를 주도해 낼 수도 있었다. 시편 68편은 회중들을 전쟁터로 나가도록 독려했고, 시편 124편은 승리로, 보지도 못하고 말하지도 못하는 우상들을 비웃는 시편 115편은 성당 안의 성상을 타파할 때 좋은 반주곡이 되었다. 예배에서든지, 장터에서든지 아무 때나 손쉽게 부를 수 있는것이 시편 노래였다. 그래서 누가 시편 노래를 부르기만 하면 서로 개신교도임을 알아보고 열광적으로 똘똘 뭉칠 수 있었다. 마치 오늘날 대형 축구 경기장에서의 어떤 구호나 노래가 관중들을 하나로 뭉치게 하는 것처럼 말이다. 그것은 남자뿐 아니라 여자들에게도 좋은 자산이 되었다. 설교나 대표기도를 허락받지 못했던 여자들도 노래만은 남자들과 함께 동등히 할 수 있었기 때문이다. 노래를 부르는 것은 또 하나의 탈출구였다. 성직자들의 중재가 없이도 각자는 다윗과 함께 왕이 되어 자기 하나님께 직접 얘기할 수 있었다. 1540년 때에 가톨릭이 개신교를 탄압할 때 프랑스 개신교도를 화형시키기 전에 혀를 먼저 잘라 버린 것은 의미심장한 일이다.

　프랑스 개신교도들이 호전적이었다면, 가톨릭교도들도 마찬가지였다. 아니 오히려 그들은 더 살인적이었다. 개신교도들이 성상을 쳐부수었다면, 가톨릭 교도들은 사람들을 죽였다. 그들의 증오심에는 몇 가지 합당한 이유가 있었다. 파리 시민의 대부분이 수십 년 동안 위그노에 대해 가진 강한 반감은, 1567년 2차 내전 때 위그노들이 파리 주변에서 벌인 군사행동 때문에 겪었던 굶주림과 비참함이 뇌리에 깊이 박혔기 때문이다. 하지만 증오는 그보다 더 깊이 흘렀다. 1562년에서 1563년 사이에 개신교 임시 정권들을 축출해 버린 도시들은 수백 명의 개신교도를 학살했다. 위그노들이 1562년 5월 툴루즈를 점령하려다 실패해서 당한 학살은 죽은 사람을 또 다시 강에 수장시키는 것이었다. 이것은 그 후에도 자주 반복되는 학살의 형태가 되었다. 가톨릭교도들은 개신교도들의 시신에 일부러 모욕을 가하였는데, 예컨대 물에 던져 버리든지 진흙이나 하수구에 차 넣어 버리든지, 외사스럽게 시신을 토막 내든지 하였다. 단지 개신교식 장례를 받았다는 이유만으로도 종종 시신들은 이런 형벌을 받았다.

제6장 조롱거리가 된 재연합(1547-1570)

이 모든 것이 개신교가 퍼뜨리는 오염으로부터 사회를 정화하고자 하는 노력으로 여겨졌다. 개신교도들은 성스러운 프랑스 사회를 더럽혔으므로 축출되어야 마땅하다는 것이다. 하나님께 드리는 성스러운 예배가 우상으로 더럽혀지는 것을 막기 위해 개신교도들이 했던 성상파괴도 이와 비슷한 정화 목적을 갖고 있었다.[48] 1560년대에 가톨릭교도들의 이런 폭력행위가 자발적인 것이긴 하였어도, 트리엔트공의회 이후 가톨릭 기관들이 서둘러 공식적으로 민중들에게 신앙심을 강화하려 애썼던 것이 이런 분위기를 더 부추긴 것은 사실이다. 개신교도들을 대적하기로 새롭게 열정을 가다듬은 예수회 수사들은 1562년과 이듬해에 걸친 위기가 끝난 직후 프랑스의 주요 도시들에 거점을 확보하고는 종교단체, 즉 길드를 만들도록 권장하였는데, 주로 개신교를 반대한다는 입장을 분명히 밝히도록 하였다. 이런 민중 단체들이 성장하는 프랑스 개신교세력에 대한 군사력을 갖춘 가톨릭교세력의 중추가 되었다. 그 다음 30년 동안 그들은 증오심을 거두지 않았고, 그것이 가장 잘 표현된 것이 '가톨릭 동맹'(Catholic Ligue)이다(10장, pp. 585-615).

프랑스에서의 전쟁 발발과 같은 해에 있었던 저지대국가들의 합스부르크 영토 내에서 일어났던 위기도 마찬가지로 정치적 동기와 종교적 동기가 섞여있는 것이었다. 스코틀랜드나 프랑스에서와 마찬가지로 1550년대에 부흥했던 개혁파 개신교가 이 지역에서 소멸해가는 것처럼 보였는데, 다시 은밀하게 성장하기 시작한 것은 괄목할 만한 것이었다. 1520년대부터 합스부르크 당국은 유럽 어떤 지역에서보다 이 지역의 종교적 반대 세력을 탄압하려 꾸준히 애써왔고, 그래서 성과도 거두었다. 즉 1540년대가 되자 급진적 개신교는 활동이 위축되고 사기가 저하되는 조짐을 보였던 것이다.[49] 그런데 1550년대가 되자 개신교가 다시 부흥하고 상당한 정도로 그 부흥이 지속 되었는데, 그 이유는 합스부르크가의 박해를 피해 망명해 온 개신교 망명자들을 받아주고 복음주의 간행물을 비밀리에 출간하고 복귀하는 선교사들을 지원하는 기지들이 있었기 때문이다. 첫 번째로 중요한 도움을 준 사람은 잉글랜드의 에드워드 6세였다. 그래서 얀 라스키의 런던 이방인교회(London Stranger Church)에 네덜란드 개신교 망명자들의 교회가 조직되었을 뿐만 아니라, 크랜머 대주교의 격려로 켄트

---

48) 가톨릭의 폭력들에 대한 예로써 Potter (ed.), *French Wars of Religion*, pp. 53-55과 N. Davies, *Society and Culture in Early Modern France* (Stanford, 1975), pp. 152-87에 있는 토의를 보라.

49) Cf. remarks of Alastair Duke, reviewing J. Decavele, *De dageraad van de reformatie in Vlaanderen* (1520-1565), *JEH* 28 (1977), pp. 422-24.

(북해만 건너면 되는 아주 쉬운 항해거리에 있는 곳인)에도 그런 공동체를 만들 수 있었다.

잉글랜드 에드워드 6세의 개신교 정권이 붕괴하자, 합스부르크가의 국경을 벗어난 네덜란드 북쪽에서 도움이 즉각적으로 왔는데, 그것은 한 때 라스키가 종교개혁을 조장하였던 안나 백작부인의 영토인 프리슬란트(Friesland)이다. 잉글랜드와 네덜란드의 개신교 망명자들이 잉글랜드에서 동부 프리슬란트의 수도인 엠덴으로 대거 건너왔고, 그래서 그 작은 항구는 그야말로 하룻밤 만에 복음주의 출판의 중심지가 되어 버렸다. 1554년에서 1569년 사이에 자그마치 230개의 서적들이 엠덴의 출판사들로부터 나왔다. 엠덴에서 가장 가까운 합스부르크 영토인 그로닝엔(Groningen)과 서부 프리슬란트가 브뤼셀에 있는 중앙 행정부의 간섭을 제일 적게 받는다는 사실도 저지대국가들에 다시 개신교가 침투하는 것을 도왔다.[50] 1558년 이후 엘리자베스 여왕이 즉위하자 잉글랜드는 다시 개신교도들의 피난처가 되었다. 네덜란드의 종교재판관 피에테르 티텔만(Pieter Titelmans)은 1562년 사회 질서들이 붕괴되는 것을 보며 좌절 속에서 합스부르크가의 성지인 파르마(Parma)의 마거렛(Margerett)에게 다음과 같이 개탄하였다. "잉글랜드와 외국에 마음껏 들락날락 할 수 있는 자들이 시골과 촌락에 거주하는 가난한 서민들을 잘못 이끌고 있습니다."[51]

개신교가 이만큼 성장했다 해도 스페인의 막강한 합스부르크 정권에 맞서기엔 역부족이었다. 저지대국가들의 박해받는 개신교도들은 불안하게 자기들의 신앙을 어느 정도 노출시켜도 되는지에 대해 의논했는데, 특히 1558년 6월 앤트워프에서 개신교도들이 드러내 놓고 행동해서 비참한 결과를 맛본 다음엔 더욱 그러하였다. 16세기 중반을 특징짓는 니고데모주의(Nicodemism)를 둘러싼 다툼은 개신교도들의 사기진작에 도움이 되지 않았다.[52] 브뤼셀 정권은 서툰 솜씨를 발휘하여 소수파 개신교도들의 열심과 네덜란드 귀족의 사나운 자긍심을 조합시켜 그 지역의 전통적인 특권층을 만들어 냈다. 문제의 발단은 필립 2세 국왕이 정권 초기에 저지대국가들에 물린 무거운 세금이었다. 그도 그럴 것이 어쨌건 그 나라들은 그의 영토 내에서 가장 부유한 지역이었고, 그는 결국

---

50) A. Pettegree, "The Exile Churches and the Churches 'Under the Cross' Antwerp and Emden During the Dutch Revolt," *JEH* 38 (1987), pp. 587-209 중 196-97; Pettegree (ed.), *Early Reformation*, p. 147.

51) Naphy, *Documents*, p. 81.

52) Pettegree, "Antwerp and Emden," pp. 191-93.

1557년 스페인에서 파산 선고를 할 정도로 재정적으로 힘든 상태에 있었던 것이다. 그가 1559년 스페인으로 떠날 때, 이복누이 파르마의 마거릿을 섭정으로 세우고 교회 재조직 계획을 남겨놓고 간 것에는 나름 이유가 있었다. 이 계획은 찰스 5세가 처음 고안했던 것인데 그렇게 인구가 조밀한 저지대국가들에 주교관구가 4개 밖에 안 되는 것을 수정하여 14개의 주교직과 3개의 대주교직을 세워 백성들을 가톨릭 신앙으로 돌보고, 이단을 좀 더 효과적으로 억제하는 것이었다.

하지만 브뤼셀에 있는 합스부르크 행정부를 빼고는 모든 당사자들이 이 계획에 반대하였다. 새 주교들이 생기면 그들과 권력을 나눠 가져야 한다는 걱정 때문에 현직 주교들과 이웃 나라 프랑스 가톨릭의 권력자들, 그리고 꼴로뉴의 대주교관구는 저지대국가들 귀족들과 함께 뭉쳤다. 귀족들은 또한 필립 2세가 아라스(Arras)의 주교이자, 그랜벨(Granvelle) 경이라 불리는 앙투안 드 페로네(Antoine de Perronet)의 손에 몰아준 행정권도 못마땅했다. 새 계획에 따라 1561년 그랜벨은 추기경이요, 메켈렌(Mechelen, Malines)의 대주교로 임명된다. 하지만 저지대국가들에서 불안은 더욱 고조되었다. 이미 성행하고 있는 종교재판이 스페인의 종교재판까지 도입되어 더 심해지는게 아닌가 해서 민중들은 매우 걱정이 되었다. 실제로 그즈음 스페인에서 종교재판이 급격히 늘어나고 있음을 네덜란드인들은 의식하고 있었던 것이다(6장, p. 407 참조). 그들의 염려가 괜한 것이 아님이 1561년에 증명되었는데, 이는 필립 2세가 행정관인 알론소 델 칸토(Alonso del Canto)를 보내, 본국에서의 강화된 박해를 피해 도망 온 스페인의 이단자들을 색출해 내는데 여념이 없는 종교재판관들을 돕게 했다. 수십 년간 종교재판을 도와왔던 지역의 유지들도 이제는 노골적으로 지지를 철회해 버렸다.[53]

교회와 국가를 좀 더 합리적으로 재정비해 보려 했던 필립 2세의 계획은 결국 합스부르크가가 70년 전 버건디 공작으로부터 물려받은 영토들의 복합적인 특권들에 위협이 되었다. 그들의 왕조와 관련하여 고도의 전략을 펼쳐서 새롭고 막강한 권력을 구축하려 했던 1560년대 프랑스의 귀족들같이, 이러한 합스부르크 왕조의 정책을 거부하였던 네덜란드 귀족들은 본래 그들의 것이었던 지방권력을 유지하려고 힘썼다. 이런 지역 감정이 섞인 불만들이 터져 나오면

---

53) R. W. Truman and A. Gordon Kinder, "The Pursuit of Spanish Heretics in the Low Countries: The Activities of Alonso del Canto, 1561-1564," *JEH* 30 (1970), pp. 65-94.

서, 개신교도들도 공공연하게 행동하게 되었다. 1562년에는 최초로 공개 예배를 거행하였고, 1563년에는 프랑스의 에글리즈 드레쎄(Eglises dressées, '확립된 교회'라는 뜻) 식으로 공식적 구호를 갖춘 교회들이 개혁파 신앙고백인 벨직신앙고백을 입안하였다. 이것은 1660년 프랑스 개혁교회들이 만든 신앙고백문을 본뜬 것이긴 하지만, 네덜란드의 강경파들의 도전에 응전할 수 있도록 개조된 것이었다. 즉 삼위일체에 대해, 그리고 자기들의 이 새 교단이 재세례파와 어떻게 다른지를 좀 더 상세히 밝혔다.

불만이 팽배했던 1563년 내내, 정부측 대응은 너무나도 일관성 없는 것이었다. 필립 2세는 마지못해 그랜벨로 하여금 네덜란드를 떠나게 했다. 그러나 1565년에는 다시 지역 당국에 이단법을 집행하라고 독촉함으로써, 왕의 뜻을 실행해야 할 의무를 진 고위층을 분개하게 만들었다. 이제 지역의 자율성 문제가 종교적 저항과 함께 엮이게 된 것이다. 1566년에 좀 하위 귀족들 수백명이 마거릿 섭정에게 이단법에 대한 탄원서를 내었고, 그녀는 그들의 요구에 굴복해 버렸다. 이렇게 한 번 흔들린 권력에 힘을 얻은 개신교 열심분자들은 소심함을 떨쳐버렸고, 이제 상황은 귀족들의 통제를 벗어나 훗날 개신교도들이 '최고의 해'라고 회상하게 될 정도가 되었다. 잉글랜드와 엠덴에서부터 망명자들이 의기양양하게 돌아왔다. 설교를 듣고 고무된 민중들의 집단행동은 가톨릭의 상징물들을 습격하는 것으로 기념을 삼았다. 교회를 약탈하고 성상들을 부수는 폭도들의 '광란'은 스코틀랜드나 프랑스에서 그 전에 있었던 비슷한 사건들과는 비교가 안되는 것이었다. 필립은 자신의 정부에 대한 이런 도전에 철저한 조치를 취할 수밖에 없었다. 1567년에 그곳에 치안을 회복시키기 위해 그는 슈말칼덴전쟁에서 찰스 5세의 스페인 참전 용사였던 알바(Alva) 공작에게 큰 군대를 딸려 보냈다. 공작은 무자비한 잔인성을 발휘하여 치안을 회복시키는데 성공하였다. 알바의 조처에 질린 마거릿 섭정은 행정권을 사임해 버렸고, 공작은 '비상사태위원회'(Council of Troubles)를 조직해 네덜란드를 다스렸는데 공포에 질린 백성들은 그것을 '유혈위원회'(Council of Blood)라 불렀다.

그 지역에 대한 알바의 징벌은 그 전 몇 해 동안 사람들이 가지고 있었던 불안이 그대로 적중된 것이었다. 1568년에 지도적인 위치에 있는 귀족 두 명과 함께 약 1,000명의 사람들이 처형되었고, 스페인군은 마치 적국을 점령한 군대처럼 행동하였다. 네덜란드를 피해 도망가는 사람들이 수천명이었다. 이것은 북유럽에서 문화와 지적 호기심의 중심지인 앤트워프에 있던 개혁자들 공동체가 자기들을 받아주는 곳을 찾아 북유럽을 넘어 런던, 엠덴 그리고 개혁파 개신교의 옹호자인 팔츠 선제후의 독일 영토들로 흩어지게 되는 중요한 사건이다. 네덜란드에서 이 박해에서 살아남은 정치 원로가 있었으니, 그의 이름은 오렌지의 빌렘(Willem of Orange)이다(그의 별명은 '과묵한 윌리엄'이다). 필립 2세는 저지대 국가들에서 옛날부터 있어 왔던 군주권 대행직(Stadhouder)라는 직책에 그를 임명하였다.[54] 이제 빌렘은 숱한 처형이 빚어낸 권력의 공백을 메우기 위해 자기의 신념과 대조되는 반대파의 우두머리가 된 셈인데, 여기에는 알바 행정부에 대한 개인적 악감정도 섞여 있었다. 빌렘은 프랑스 위그노 지도자인 꼴리니와 꽁데의 제후와 동맹을 맺었다. 자기 자신은 개신교도였지만, 그렇게 엄격한 개혁자는 아니었다. 그는 심지어 네덜란드의 개신교도들은 아우크스부르크신앙고백을 중심으로 뭉쳐야 한다고까지 제안했다. 그러나 개신교 설교자들이 제네바, 프랑스, 런던의 개혁파교회들과 이미 맺고 있던 강한 유대를 고려해 볼 때 그런 화합의 노력은 너무 늦은 것이었다. 이런 제안을 일축해 버리는데 중요한 역할을 한 사람은 티오도르 베자였다.[55]

알바에 군사적으로 맞서보려 했던 오렌지의 노력은 물거품으로 돌아갔다. 1560년대 말 개신교 세력은 다시 사라지는 듯 했고, 다시 네덜란드를 떠나는 개신교 망명자들이 속출하였다. 10만 명이 떠난 것으로 추정되고, 그중 많은 수가 국경을 넘어 북쪽 엠덴이나, 북해를 넘어 잉글랜드로 건너갔다.[56] 이것은 아마 종교개혁이 빚어낸 이주 중 역사상 가장 대규모의, 그리고 영구적인 인구분산일 것이다. 그러나 네덜란드인이 전부터 누려오던 것들을 공공연히 무시해 버리고 임의로 중과세를 물리는 등 새 스페인 집행부의 오만함이 저항 정신을 불타오르게 하여 다시 한 번 1572년의 반란으로 나타났다. 프랑스나 스코틀랜드에서처럼 네덜란드에서도 이제 단 하나의 가톨릭교회로 뭉치고 화해하는 것은 불가능하게 되었다. 1560년대에 있었던 이와 같은 두 번째의 무장 민중 종교개혁 이후, 유럽이라는 집은 나누어진 채로 존재하게 될 운명에 처하고 말았다.

---

54) 'Stadhouder'는 번역하기 쉽지 않은 단어이다. 그리고 또한 대체로 그렇게 그 상태로 남겨져있다. 이것은 다른 권위에 의해 한 개인에게 권력이 이양되는 것을 나타낸다. 만약 이 단어가 잉글랜드에서 계속 사용된다면, 어원적으로 'lieutenant'와 같으므로 '대리인'(vice-gerent)으로 번역될 수도 있다.
55) Pettegree, "Antwerp and Emden," p. 200.
56) Cunningham and Grell, *Four Horsemen*, p. 152.

The Reformation: a History

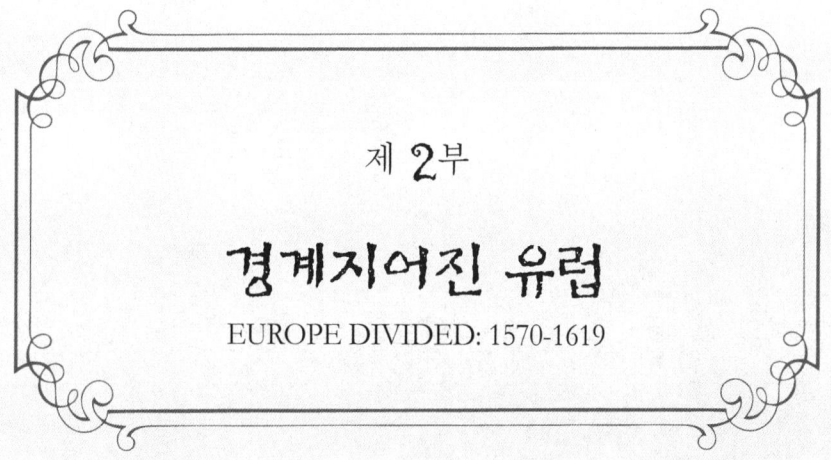

제 2부

경계지어진 유럽
EUROPE DIVIDED: 1570-1619

The Reformation: a History

제 7 장
경계지어진 새로운 유럽
(1569 - 1572)

1. 북쪽과 남쪽의 종교

1560년 말은 종교개혁의 분기점이 되었다. 종교개혁의 형태가 아직 확실하게 되지 않은 상태에서 초기 대부분의 종교개혁 지도자들은 죽었다. 츠빙글리(Zwingli)가 카펠(Kappel)에서 전쟁 중에 죽은 이래로 한 세대가 지나가 버렸다. 루터는 1546년 슈말칼덴(Schmalkaldic)전쟁 전날에 죽었다. 폐렴으로 고통당했고, 죽어가는 달에는 프랑스에서의 혼돈이 계속되는 것으로 슬퍼하던 칼빈(Calvin)은 1564년에 요구했던 대로 제네바에서 표식 없는 무덤만 남기고 죽었다. 비록 하인리히 불링거(Heinrich Bullinger)가 1575년경까지 취리히(Zürich)교회를 감독하고 있었지만, 위대한 종교개혁 선구자들 대부분이 칼빈보다 먼저 죽었다. 개신교도들은 성찬, 형상, 예식의 바른 사용 또는 구원에 대한 예정론의 역할과 같은 교리의 주요한 문제들에 대해 동의할 수 없었던 루터파와 개혁파의 두 진영으로 나뉘었다. 그들은 믿고 있는 것과 믿지 않았던 것을 정확히 말하는 신앙고백서의 계속되는 배출과 함께 지속적으로 태도를 달리하였다. 루터파에서는 1530년 아우크스부르크신앙고백서(Ausburg Confession)를, 개혁파에서는 1563년 하이델베르크교리문답서(Heidelberg Catechism)나 1559년의 프랑스신앙고백서(French Confession), 1562년의 벨직(네덜란드)신앙고백서(Belgic Confession)

와 같이 다양한 국적의 개혁파교회가 신앙고백서를 진술했다.

역사가들은 1560년으로부터 서양기독교의 변형을 고백주의시대(the era of confessionalization)라고 명명했다. 교회는 신앙고백서들을 필수적인 인식의 부분들과 추종자들의 정체성으로 이해했다. 그리고 대부분 시민 세력은 당시 고백주의자들의 노력을 후퇴시켰다. 1567년 헤센의 필립(Philipp of Hesse)의 죽음은 새로운 시대를 알리는 상징적 사건이었다. 필립은 젊은 사람으로서 마부르크(Marburg) 교무회를 지원했던 필립 백작(Landgraf Philipp)과 동일인이었다. 죽는 날까지 필립은 자신의 영토 안에서 개신교주의의 단일 형태인 개신교회를 허락하지 않았다. 유사하게 비이트(Wied) 총주교, 마틴 부처(Martin Bucer), 얀 라스키(Jan Laski)의 오랜 친구였던 알베르트 하르덴베르크(Albert Hardenberg)는 1574년 죽는 날까지 동 프리슬란트(East Friesland)에서 안나(Anna) 백작부인의 '제3의 방식'을 충성스럽게 유지했다. 그러나 하르덴베르크(Hardenberg)는 루터파와 개혁파 사이의 권력다툼 과정에서 브레멘(Bremen)의 자유도시로부터 추방당했기 때문에, 동 프리슬란트에서만 교회 리더십을 가졌다. 잉글랜드의 엘리자베스(Elizabeth) 여왕만이 16세기 말에 종교문제에 대해 의견을 표현한 신하들 대부분의 방해와 반대에 대한 자신의 개인적인 제3의 방식을 유지했다.

필립 백작, 하르덴베르크, 엘리자베스가 서로를 반대했던 차이는 정부에 의해서 세워진 신앙의 세부 항목 문제만은 아니었다. 대부분의 사람들은 선택을 했고 정부의 권위로부터 보다 큰 압력이 없을 때조차도 가톨릭과 개신교의 새로운 정체성을 자주 주목할 만큼 빠르게 내면화했다. 존 칼빈의 저작들의 특별한 보급에 의해서 보증된 개혁파는 언어장벽과 문화장벽 사이를 넘어서는 거대한 운동을 창조하는 재능을 보여주었다. 1565년과 1600년 사이 칼빈의 출판물 절반은 원래 라틴어와 불어에서 번역한 영어, 독일어, 네덜란드어 역서들이었다.[1] 반대로 루터파들(Lutherans)은 독일어권(Deutschtum, 독일어를 사용하는 사람들이 있는 모든 유럽 지역)의 문화적 국경 안에서와 스칸디나비아(Scandinavia) 지역에서 결합되어 있었다. 실제로 합스부르크(Habsburg) 제국과 그 영토의 경계를 넘어서는 독일인 정착이 확대되면서, 독일인 정체성은 점차 고백적으로 비텐베르크(Wittenberg)와 루터파의 관계를 포함하는 것으로 이해되었다. 트란실바니아(Transylvania, 루마니아 북서부 지방을 총칭하는 역사적 지명) 정도 지역까지 멀리,

---

1) Cf. R. Peter (ed.), *Bibliotheca Calviniana: les oeuvres de Jean Calvin publiées au XVI Siécle*. 3. *Ecrits théologiques, littéraires et juidiques* 1565-1600 (Geneva, 2000), pp. 667-8.

제7장 경계지어진 새로운 유럽(1569-1572)

지벤뷔르겐(Siebenbürgen) 지역의 장엄한 중세 독일교회(당)는 당시 독일 찬송이 다시 울려 퍼졌고, 예배는 루터파 예식에 의해 고안된 근엄한 전례적인 광채로 드려졌다(지벤뷔르겐 루터파 교구를 방문했던 프랑스 방문자는 그가 로마 가톨릭 예배를 드리고 있지 않다고 느낄 수 있는 중요한 근거는 교황이 없는 것이었다고 언급했다).[2] 경쟁 관계인 개혁파와 루터파의 정체성은 양쪽 모두 트리엔트공의회(Council of Trent) 이후, 전보다 더욱 간결한 교리와 예배에 대한 형식들로 준비되었고 이전 40여 년 넘게 잃어버린 토대를 되찾으려는 결심으로 가득찼던 로마 가톨릭교회와 맞서고 있었다.

이러한 차이는 유럽의 남과 북의 양 극단에서 가장 크게 나타났고, 미래에는 보다 선명하게 구분되었다. 대서양의 섬들과 유럽 본토(mainland) 그리고 초기 종교개혁의 심장부인 독일을 중심으로 하는 북해(North Sea)의 경계인 발트해(Baltic) 주변 지역에서는 상황이 개신교에 유리하게 움직였다(8장). 반면 스페인 필립의 영토와 교황의 힘이 미치는 영토, 즉 이베리아와 이탈리아에서는 트리엔트공의회에 기초한 가톨릭주의가 경쟁자들을 참패시켰다(9장). 1523년 아드리안 6세의 죽음 후에(찰스 5세 황제의 예전의 네덜란드 선생) 1978년까지 모든 교황은 이탈리아 사람이었다는 것이 이러한 대조를 상징적으로 보여준다. 그러나 중부 유럽에서는 그 결과가 명확해지지 않았고, 정치적 상황은 매우 불안정했다(10장). 마침내 네덜란드의 60년 전쟁은 가톨릭과 개신교 사이를 나누었고, 종교개혁 전에 저지대국가들(Low Countries)의 공유된 정체성을 가졌던 북쪽과 남쪽 땅은 극단적으로 다른 운명으로 발전했다. 장기화된 프랑스 시민전쟁에서, 개신교는 북쪽에서가 아니라 대서양과 지중해로, 왕국이 확장했던 서쪽과 남쪽에서 무게중심을 가지게 되었다. 스위스는 더욱더 지형적으로 복잡하게 갈라졌다. 그리고 1560년에 프랑스와 네덜란드에서 발생한 사건들에 뒤따랐던 폭력은 없었지만 종교에서 균등하게 갈라졌다. 제국과 다른 합스부르크 영토의 많은 곳에서, 종교적인 힘의 균형은 가톨릭 합스부르크 왕가와 그들의 개신교 신하들 사이에서조차 불확실하게 남아 있었다. 그리고 헝가리의 대평원에서 동쪽 아드리아(Adriatic) 해안을 따라 그리고 발칸에서 그 균형은 우선 개신교를 향해 움직였다. 비록 종교적 상황은 이슬람의 공격적인 확장의 지속적 협박 아래 있는 지역 정치만큼이나 혼란스럽게 남아 있었지만, 트란실바니아 왕자

---

2) K. Benda and L. Tardy (eds), *Pierre Lescalopier Utazása Erdélybe* [1574] (Budapest, 1982), p. 64. 기술 당시 노이슈타트(Neustadt) 지금은 루마니아에 있는 크리스티안(Cristian). 나는 이러한 언급을 나에게 지적해 준 마리아 크라키운(Maria Crăciun)에게 은혜를 입고 있다.

들은 다른 곳에서 심각하게 억눌림 받은 개신교도와의 연계를 증명하려고 했던 전투적 개혁파 개신교주의 옹호자들로서 등장했다.

역사적 사건들을 일반화(generalizations)하려면, 그만한 자격(qualification)이 있어야 한다. 유럽 서쪽 변두리 지역에서 엘리자베스 여왕은 잉글랜드에서 로마 가톨릭 반대자들에게 도전했다. 그러나 다른 아일랜드 왕국에서 그녀의 공식적인 개신교회는 1560년 끝 무렵에 힘을 잃어버리기 시작했다(8장, pp. 524-530). 대부분의 루터파 도시들, 발트해 국가와 공화국들(kingdoms and principalities), 즉 북독일과 스칸디나비아 중심에서 그들 모두의 가장 위대한 시민 연방의 미래인 폴란드-리투아니아 연방은 자유롭게 남아 있었고, 자랑스럽게 열려 있었다 (pp. 457-462). 실제로 역사는 분류(labeller)를 혼동하거나 헛갈리는 일을 잘한다. 개혁파 개신교주의자들은 그 시대와 그 이후에 자주 칼빈주의자들로 불렸다. 그러나 5장에서 만난 오랜 반세기 동안의 역사는 동 프리슬란트, 에드워드 6세(Edward VI)의 잉글랜드 그리고 동유럽 교회에 존 칼빈의 개혁파와는 다소 다른 목소리가(부처, 크랜머, 피터 마터[Peter Martyr], 멜랑히톤, 란스키, 불링거) 있어왔다는 것을 보여준다. 대부분 종교개혁자들은 칼빈 이전에 그들의 작업을 수행했다. 일반적으로 다른 종교개혁자들이 칼빈의 성취를 존경하고 찬양했을지라도, 그들은 칼빈을 권위자로 생각하지 않았고, 때로는 그에게 동의하지도 않았다. 제네바는 결코 개신교의 바티칸이 아니었다. 사실 8장에서 보겠지만, 개혁파에서 제네바가 선도적인 위치를 점하는 때는 1550년대 중반으로부터 기껏해야 20년 정도의 기간뿐이었다.

칼빈이 개혁파의 교황인 적이 있었는가? 칼빈의 사례와 저술의 효과는 1560년 대중적인 격동 사이에 만들어진 교회들(스코틀랜드, 프랑스, 네덜란드) 중에서 가장 위대했다. 또한 독일의 두 번째 종교개혁(8장, pp. 474-481)에서와 같이 '위로부터 시도된' 종교개혁들에서도 그러했다. 심지어 그러한 배치에서 다른 위대한 종교개혁자들이 읽혀졌고, 그들의 사상은 영향력이 있었다. 칼빈 자신이 사랑한 프랑스에서, 많은 종교개혁자들은 주관할교회(Landeskirchen)들이 그들에게 제공한 칼빈의 교회 행정시스템보다 더 큰 힘을 가져야 했고, 위그노들(Huguenots) 사이의 싸움의 지속적인 근원이었다고 믿는 얀 라스키(Jan Laski)를 따랐다.[3] 일반적으로 전투 중이었던 1560년에 그리고 그 후에 설립된 개혁파 개신교회들은 1560년 이전에 형성되었던 교회들보다 칼빈주의 형태로 더욱 빠

---

[3] 주요 프랑스 불찬성자들 중 한사람인 장 몰레리(Jean Moréley)에 대해, P. Denis and J. Rott (eds), *Jean Morély* (ca 1524-ca 1594) *et l'utopie d'une démocratie ecclésiastique* (Geneva, 1993)를 보라.

제7장 경계지어진 새로운 유럽(1569-1572) 433

져들었던 것 같다. 그것은 오랜 기간의 분리 때문이었다. 칼빈주의 국가인 스코틀랜드(Scotland), 위그노의 프랑스 또는 네덜란드 주연합(United Provinces of the Ntherlands)의 공교회(official church)에서보다 스위스(16세기 제네바는 스위스가 아니었다), 잉글랜드, 헝가리/트란실바니아(Hungary/Transylvania), 폴란드-리투아니아(Poland-Lithuania) 연방에서 더 다양하고 유연성 있는 삶의 형태가 있었다. 개혁파 개신교에는 그 안에 다양한 교회들마다 서로 다른 경건훈련 방식이 있었음을 발견할 수 있다(10장, 12-14장).

힘이 미치는 영역에서조차 가톨릭은 고백주의의 획일성과 트리엔트공의회에서 발생했던 것에 대한 교황의 관점에서 암시적인 중심 지배를 벗어나려는 충격과 방해를 또한 계속해서 경험했다. 북쪽에 대한 폴란드-리투아니아 연방처럼, 신성로마제국을 넘어서는 중부 유럽의 합스부르크 영토들은 가톨릭 합스부르크 왕가들과 루터교, 개혁파, 종교적으로 극단적이거나 또는 결정되지 않은 지역적 권력자들 사이의 미묘한 힘의 균형을 보여 주었다. 그것은 1600년경까지 성직자(clergy)가 관습의 요구에 의존하여 개신교 사역자 또는 가톨릭 미사를 드리는 사제의 역할을 무관심하게 행했던 교구들을 생산해 냈다.[4] 그러나 가장 헌신적인 가톨릭 세속 통치자들조차 자신들을 그들의 영주들(Landesväter)로 계속해서 보려고 했다. 종교개혁 전 그들의 조상들은 자주 보편적인 서양교회로부터 주관할교회(Landeskirchen)를 만들고, 지역적으로 교회들을 움직이도록 하는 경향이 있었다(1장, p. 97). 이러한 통치자 모두가 종교개혁 안에서 구교와의 관계를 끊어버린 것은 아니었다. 그리고 그들은 결코 필연적으로 그들의 소유자적 태도를 바꾸려 하지도 않았다. 전통주의적 가톨릭 군주들 중 가장 헌신적이었던 스페인의 필립 2세(Philip II)는 그의 통치권 안에서 직접적인 교황과의 충돌로부터 그의 조상들의 독립에 대한 어떤 것도 양보하려 하지 않았다. 그는 트리엔트공의회 교령을 효력 있게 하려고 했던 군주들 중의 하나였다. 사실 그는 교령들을 비준함에 있어 교황을 기다리지 않고 신속하게 그 교령들을 시행했다. 1560년으로부터 교령들은 왕에 의해 소집된 스페인의 지역 교회회의에서 법령화되었다. 실질적으로 변론을 주관하는 필립 왕의 참관으로, 왕은 교령 안에서 어렵게 발견했던 것이 무엇이든지 그 자신이 생각하는 대로 바꾸었다. 동일한 정신 안에서 필립은 전체 가톨릭교회를 위해 새롭

---

4) R. Johnston in A. Pettegree (ed.), *The Reformation of the Parishes: the Ministry and the Reformation in Town and Country* (Manchester, 1993), p. 226.

게 공인된 트리엔트공의회 기도서('Tridentine' breviary)를 스페인령 안에 있는 지역에 보급하기를 원했으며, 또한 브뤼셀(Brüssels)에 있는 공인 인쇄업자 플랜탱(Plantin)에게 지역판(local edition)을 주문하였다. 그 지역판은 교황에 의해 이탈리아 인쇄업자에게 승인된 독점특권을 얻도록 신중하게 조금 변경된 것이었다.[5]

유사하게 갈리아주의(Gallicanism, 교황제한주의)의 이념은 종교개혁과 함께 프랑스로부터 사라지지 않았다. 프랑스인 법률가와 학자들의 많은 비율은 전통적인 갈리아주의자의 눈을 통해서 그 나라 역사를 보았다. 그들은 구교에 대한 충성과 프랑스 군주에 대한 충성 사이에 어떠한 필연적인 마찰을 보지 못했다. 그러나 만약 어떠한 마찰이 실제로 일어났다면, 그들의 우선적인 충성은 왕에 대한 것이었다. 16세기 후기 프랑스 모든 역사가들은 콘스탄틴 황제(the Emperor Constantine)가 기독교로 개종했고, 즉시 교회 교리와 훈련 문제들을 결정하기 위한 공의회를 소집하도록 스스로 결정했을 때인 4세기 초, 로마로부터 교회와 국가 사이의 관계에 대한 그들의 관점을 묘사했다. 프랑스 역사가들은 프랑크 왕국의 클로비스(Clovis) 왕의 세례 후에 동일한 것이 프랑스에서 발생했다고 지적했다. 이것은 유명한 갈리아 가톨릭 법조인인 샤를 두 몰린(Charles du Moulin)의 트리엔트공의회에 관한 대표적인 열정적 언변(splutter)이 분명히 보여주고 있는 것처럼, 단순히 골동품에 대한 관심만은 아니었다. '이번의 새로운 자칭 공의회는 왕보다는 다른 사람, 즉 교황을 택하고(더 좋아하고), 왕을 복종시킴으로써 이전 영예를 프랑스 왕으로부터 빼앗으려고 했다. 이방과 사라센(Saracens)으로부터 왕을 구해냈던 그리고 샤를마뉴(Charlemagne)와 프랑크(Franks) 왕국 계승자와 승리자들에 의해 가톨릭 신앙을 정착시켰던(installed) 프랑스 왕권 임명 후 교황은 프랑스 왕의 위치로 상승되었다.'[6] 그러나 갈리아주의는 정치인들 사이의 단순한 정신 태도 이상이었다. 위그노와 교황제 가톨릭주의자들 사이의 불화에도 아랑곳하지 않고 왕국을 연합하려는 프랑스 군주의 필사적인 노력과 연합하였다. 그리고 프랑스의 두 명의 가톨릭 왕 암살로까지 이어진 교황권이 만들어냈던 극단주의에 만연된 공포가 반영되었다. 프랑스 지역을 넘어 널리 확산된 것은 바로 이러한 분위기였다. 그리고 결과는 북유럽과 서유럽에서 로마 가톨릭이 남쪽 반종교개혁과 하나가 되고, 결코 싸우지 않았다는 것이다.

---

5) Eisenstein, *Printing Revolution*, p. 82. Cf. G. Parker, 'The place of Tudor England in the messianic vision of Philip II of Spain', *TRHS* 6th series 12 (2002), pp. 167-222, at p. 176.

6) J. H. M. Salmon, 'Clovis and Constantine: the uses of history in 16th century Gallicanism', *JEH* 41 (1990), 584-605, at p. 596.

그러나 이러한 다양한 미해결 과제를 추구하기 전에, 우리는 가톨릭과 개신교의 양극화된 극단들을 평가하려고 한다. 그리고 또한 1570년경 5년 정도에, 반대 방향에 있는 북유럽과 남유럽 진로들을 설정한 대륙전역의 주요 위기들과 결정들의 특별한 결과를 평가할 것이다. 이 사건들의 힘(역동성)은 17세기 중반에 영구적으로 유럽을 분할하도록 했다. 그 사건들은 1572년에 프랑스에서 일어난 재난인 성 바돌로메의 대학살(the Massacre of St Bartholomew)에서 정점을 이루었다. 이 재난은 일시적으로 강한 국가가 얼마나 불안정하고, 어떻게 나뉘어졌는가를 보여 줄 뿐만 아니라, 그들의 적들이 전적으로 그들을 제거하려고 결심했던 가톨릭과 개신교 양진영의 감정을 강화하였다. 그로부터 계속해서 남유럽과 북유럽의 운명은 분명하게 갈라지기 시작했고, 이어지는 다음 장은 대륙 정신을 위해 분리되고 지역화된 싸움에 대한 이야기들을 말함으로 그러한 실재를 인정한다.

2. 트리엔트 종교개혁의 성공들

1560년대 말에 살아남은 로마 가톨릭교회의 생명과 조직에 자기 확신과 효율성을 회복시키는 분명한 사건이 있었다. 트리엔트공의회 이후, 전세계의 모든 교회를 향해 쓰여진 다양한 주요 문서들을 통해 비로소 공의회의 작업이 완성되었다. 1566에 출판된 교리문답(catechism)은 감옥에 갇힌 카란자(Carranza) 대주교의 작업, 교회의 비성찬적(non-eucharistic) 예배들을 규정하기 위한 성무일과서(Breviary, 1568) 그리고 미사 자체를 위한 간단한 의례서인 1570년 미사 경본에 이르기까지 발전되었다. 이러한 트리엔트공의회의 신앙고백적 미사는 조심스럽게 특수화된 환경들을 제외하고서 모든 곳에 사용되도록 한 새로운 신적질서(dispensation)의 상징이 되었다. 일반적으로 로마 가톨릭은 세상 안에서 어떤 곳에서든 교황에 대해 복종하는 교회를 쉽게 얻을 수 있었다. 그리고 모든 사람이 공연된 똑같은 라틴 드라마를 정확하게 들었다는 것을 로마 가톨릭은 알 수 있었다. 중세 서양교회는 많은 대저택이 있었다. 당시 이 대저택들은 로마 가톨릭교회 안에서 단장되어지고 통일된 트리엔트신앙고백 색깔 구조가 가져다 준 모든 것이었다.

교황은 분명하게 트리엔트적 가톨릭주의의 통일성의 상징적 위치를 가지게 되었다. 가톨릭의 제1궁전인 바티칸과 나란히 로마에 성베드로의 바실리카 양식 예배당 재건축(이 건축물은 1517년 루터의 첫 번째 저항의 의식하지 못한 원인이었다[3장, p. 185])은 1620년까지 새로운 장관과 새로워진 로마 주교 자신들을 위해 알맞은 환경을 제공하는 계획에 대한 견실하고 웅장한 규모를 조용하게 계속 진행시켰다. 그 도시에서 주교들의 야망이 넘치는 건축 계획은 로마 가톨릭교회에서 교황권으로 하여금 그 주도권을 가질 수 있도록 했던 교황 정부개조(reconstruction)와 짝을 이루게 되었다. 유럽에서 가톨릭 신앙을 가진 통치자들에 대한 교황사절(대사들)은 더욱더 그렇게 하도록 보내졌다. 그리고 어떤 것은 교회에서 지역적 종교개혁들을 장려하려는 교육과 함께 영구한 임무들이 드러났다.

교황 식스토 5세(Pope Sixtus V)는 1585년부터 1590년에 이르는 짧은 통치 기간 동안에 교회 중심 조직을 바꿈으로, 그 자신의 이탈리아 영토와 더 넓은 교회 모두에 봉사하기 위해서 국가(state)의 부분들 혹은 회집들을 확장했다. 그것들 중 하나는 바티칸의 첫 번째 출판사를 운영하는 것이었는데, 그것은 출판이라는 것이 당시 이념적 전투에서 수행했던 역할에 대한 로마 안에서의 아주 늦은 승인인 셈이었다. 비록 사실 그러한 첫 우선권은 엄격하게 유럽인들이었지만, 신앙 선전을 위한 회중, 즉 1622년에 이러한 회중들에 대한 늦은 추가는 점차 로마 가톨릭교회 작업의 중요한 국면이었던 세계선교를 조화시키려는 과제를 가지고 있었다. 즉 그 과제는 30년 전쟁 초기 단계에서 개신교주의 군사적 재앙에 의해 제공되었던 중부 유럽을 다시금 가톨릭화하려는 작업을 위한 새로운 기회였다(11장). 이러한 새로운 교황중심의 징후는 교리적 문제들을 결정하는 로마를 자동적으로 주시하게 되었다. 중세 서양교회에서 그러한 일을 행하는 것은 대학들이었다. 특별히 이것을 수행했던 곳은 파리대학이었다. 그러나 그들의 역할은 잠식되어져 버렸다. 그들은 아라곤의 캐서린(Catherine of Aragon)에 대한 헨리 8세의 결혼다툼에 대해 통일되고 납득할 만한 판단을 내리지 못했고, 이러한 실패가 그들을 신학적 심판자(referees)로서 불신하게 하는 하나의 요인이 되었다는 것은 의심의 여지가 없다.

교황권의 새로운 힘은 또한 중앙집권을 가졌던 최근에 설립된 종교적 기관들에 의해서 후원되었다. 카푸친 수도사들(the Capuchin friars)은 종교개혁이 시작되기 전 실제로 선구자적 본보기였다. 그러나 무엇보다도 예수회가 있었다. 1560년부터 예수회 공동체는 트리엔트공의회 프로그램을 진행할 뿐만 아니라 실제적으로 개신교와의 싸움을 선도하는 역할을 이미 떠맡았다. 1550년 예수회의 개정된 목적에 대한 진술에서 그들은 '신앙 보급'에 대한 '방어' 사상을 첨가했다. 이것이 의미했던 프로그램은 1555년 독일을 방문했던 이그나티우스 로욜라의 조수였던 헤로니모 나달(Jerónimo Nadal) 이후에 가속화되었다. 개신교가 독일교회를 장악한 정도는 근본적으로 나달에게 충격이 되었고, 그는 예수회는 독일의 상황을 변화시키는데 그들의 능력(talents)을 발휘해야 한다고 보았다. 이는 예수회 공동체를 위한 방향에서 주된 변화를 보여 주었다. 왜냐하면 개신교와의 대치는 예수회가 시작할 때 계획된 부분이 아니었기 때문이다. 이그나티우스의 죽음 이후에 예수회 공동체의 이미지를 많이 개조하려고 했던 나달은 예수회가 종교개혁과 싸우기 위해 설립되었다는 부정확한 생각을 유유히 조장하게 되었다.[7] 따라서 예수회는 '가톨릭 종교개혁'(Catholic Reformation)에서 '반종교개혁'(Counter-Reformation)으로 이동하였다. 그들은 그들이 방어하려고 서약했던 교황에게 항상 평판이 좋지는 않았다. 그리고 특별한 기술을 가지고 그들이 정규 성직자를 지역 주교들의 감독 아래 복종시키려는 트리엔트 공의회 노력들로부터 자신들을 보호하려고 했다. 그들이 보기에 트리엔트가 규율하는 새로운 시대는 자신들을 제외한 모두에게 적용될 것이다. 왜냐하면 그것은 이제 막 시작한 로마 가톨릭의 새로운 시대를 중흥시키려는 그들의 자유와 유연성을 제한할 것이기 때문이다.

새롭게 정돈된 트리엔트 세계의 필수적인 특징은 사회를 규정하려는 교회의 단호한 노력이었다(유럽의 단정적인 세속 통치자들에 대항하여 용기를 회복하고 권위를 주장하는 부분). 에라스무스는 왕들과 왕자들 그리고 시의회들로 하여금 그들 지역들의 '위대한 수도원'(great monastery) 안에 있는 수도원장들이 되도록 장려했다(2장, p. 165). 교회는 왕자들로부터 높은 도덕적 기초를 되찾았다. 또한 '윤리회복운동'(reformation of Manners)을 만들어 내기 위하여 경쟁하면서, 개신교 이단들의 사회보다 더 발전되고(better-run) 더 잘 교육된(better-disciplined) 사회를 창조할 수 있었다. 따라서 교회는 결혼의 내적 외적으로 신뢰할 만한 성적인 삶들에 대한 철저한 검토에 더욱더 집중하도록 했다(15장). 비록 현대인의 관점으로는 적게 요구되지만, 중세 사람들은 16세기 사람들처럼 마녀들에 대한 생각이 심각했으며, 유럽 대부분에서 가톨릭과 개신교의 성직자들은 유사하게 중세 유럽에서 거의 선례가 없는 행위인 마녀 추적과 형벌에 대한 새로운 관심을 가졌다(13장, pp. 720-736). 만약 자연스럽게 평신도가 교회 규율과 열정을 경험

---

7) O'Malley, *First Jesuits*, pp. 274-5, 278.

했다면, 더욱더 의도적으로 그러한 규율을 소화했을 것이다. 유럽의 가톨릭 성직자들은 가난한 자들의 고통을 경감시키는 것에 대한 그들의 책임을 새롭게 했다. 구제를 위한 더 많은 중세 공급은 그들의 종교적인 기능들에 대한 개신교 적개심에 의해서 또는 이탈리아 안에서 발루아-합스부르크(Valois-Habsburg) 가문 사이의 전쟁 반세기 동안 널리 분열된 길드에 맡겨졌다. 수도회들과 예수회들은 자신들의 입지를 세우기 위해 길드 활동에서 두드러졌다. 더욱 위대한 성직 리더십을 가지고 도움을 받았던 불행한 자들의 물리적인 조건뿐만 아니라 영적인 조건을 시험하는 데 대한 더 많은 강조가 그들의 몸과 함께 영혼을 구하기 위하는 데까지 이르렀다.[8]

자신의 권위에 대한 재천명을 통해서 구교는 개신교를 압도하는 유익을 누릴 수 있었다. 최상의 조명으로 비춰진 역사와 헌신적 실천에 대해 각 시대별 문제를 제기하는 중세교회와의 분명한 지속성에 기초해서, 개신교가 할 수도 없었고 하지도 않았을 구교의 모습을 그렸다. 이것은 재평가를 요구했다. 개신교도들은 부와 장엄함, 구교의 의식적 영광을 공격 목표로 해왔다. 그리고 수십 년 동안 전통적 교회 안에서 종교개혁자들은 이 점이 취약하다고 느꼈다. 즉각적 반응은 교회의 시각적, 전례적, 음악적 표현에서 웅장함을 엄격함과 절제와 연결시키고 단순화하는 것이었다. 교회건물이 루터를 격노케 한 이후로, 새롭게 된 교회가 손상된 중세교회의 과거와의 단절을 위해 필요했는지 여부를 고려할 필요가 있었다. 예를 들어 잉글랜드의 메리 여왕(Queen Mary of England)은 우스터성당(Worcester Cathedral, 그녀의 어머니 캐서린의 첫 번째 남편인 아서[Arthur] 왕자의 묘소) 재건에 대해 관대했다. 성당 동쪽 부분은 에드워드 4세 아래 있었던 존 후퍼(John Hooper) 주교에 의해 포괄적인 복음주의 예배를 위한 건물 정화를 위해 무차별 파괴되었다. 아마도 여왕은 잉글랜드에 퍼져 있는 교회들에 대하여 어떤 것을 어떻게 행할 것인지 전시적 교회 안에서 신하들에게 좋은 모범을 보이려고 의도했을 것이다. 점차로 그녀의 재정은 1556년 이후 수년 동안 새로운 오르간과 성가대석에 쓰였을 뿐만 아니라, 성가대석 창문에 남아 있는 중세 스테인글라스를 제거하여 교회를 밝게 하는 데에 사용되었고, 건물의 고딕 양식과는 단절된 새로운 성전의 가구배치의 당시 널리 퍼져 있던 고전 스타일 제

---

8) O. Grell, A. Cunningham and J. Arrizabalaga (eds), *Health Care and Poor Relief in Counter-Reformation Europe* (London, 1999): 특별히 에디터의 서론과 J. Henderson, R. Palmer, J. Arrizabalaga and I. Mendes Drumond Braga 에 의한 케이스 스터디들을 보라.

거를 위해 사용되었다.[9]

과거와 유사한 단절에서, 예수회가 주요 교회건물들을 세우려는 충분한 재원을 확보하기 시작했을 때, 그들은 거의 대부분 청교도적인 웅장한 스타일의 인상을 주려고 했다. 그들의 원형(prototype)은 육중하면서 의도적으로 드러내지 않는 서양 건축 외관과 리스본에 있는 포르투갈의 본부(headquarters) 교회, 즉 성 로흐(St Roch, 1555에 시작했다)의 단순한 내부 계획(hall-plan)이었다. 그리고 이러한 스타일은 1568년부터 로마에 있는 예수회의 중심 교회인 제수(Gesu)의 더 웅장한 스케일에서도 나타났다. 그러나 단순성은 성 로흐나 제수에 의해 만들어진 인상은 아니었다는 것이 중요하다. 그들의 인테리어는 창립 반세기 안에 축적되기 시작했던 색깔과 조각으로 넘쳐났다. 드라마틱한 예술적 상징(statement)이 제한적인 개신교 심미주의에 반하는 최고의 무기였다는 것을 가톨릭교회가 깨달은 것처럼, 초기 반종교개혁의 의도적인(deliberate) 간소함은(이미 우리는 이것을 청교도주의라고 불렀다) 빠르게 바로크 건축과 디자인(설계)의 감정적인 동요 안으로 퍼져 나갔다.

절제와 원래의 자리로 돌아가려는 고심의 진행은 동일하게 전례를 따르는 음악에도 해당되었다. 후기 중세교회에서 전례적 음악은 악기의 전문적인 정교함의 정점에 도달했고, 화려하고 복잡한 악기와 성악은 그 후 거의 동일하게 되었다. 15세기 동안에 심지어 음악적 엄격함, 장례 예배, 고난주간(Holy Week) 의식(제전)의 마지막 보루조차도 전문적인 가수들에 의해 이어받게 되었다.[10] 이러한 음악적 과잉 현상이 초래한 베로나(Verona)의 지안 마테오 지베르띠(Gian Matteo Giberti) 주교의 종교개혁은 16세기 초 개혁파 개신교주의자들의 종교개혁만큼 극단적인 것이었다. 그는 동음의 단순선율 성가만을 남겨 놓고 나머지는 전부 금했다. 비록 우리가 노래로 부르는 장엄미사에 대한 이그나티우스 로욜라의 반대를 이미 지적했지만(5장, p. 318), 길버트의 동료인 가톨릭 종교개혁자들 중에 그렇게 강하게 추진한 사람은 거의 없었다. 짧은 생을 산 교황 마르첼로 2세(Pope marcellus II-1555)는 무반주 다음(多音) 합창음악의 더 단순한 형식들을 장려한 사람들 중에 한 사람이었다. 그리고 그의 후원 아래 로마의 천재 작곡가 조반니 팔레스트리나(Giovanni Palestrina)는 단지 어떻게 그러한 심미

---

9) D. MacCulloch and P. Hughes, 'A Bailiff's list and Chronicle from Worcester', *Antiquaries Journal* 75 (1995), pp. 235-53, at 248.

10) M. Bent, 'Memento mei: polyphonic music in some 15th century commemorations for the dead', unpublished paper.

적 제재에 대한 선동이 그에 대한 추억에 헌정된 미사곡, 즉 그러한 작곡의 원형이 되었던 "교황 마르첼로를 위한 미사"(the Missa Papae Marcelli)에서 존재할 수 있었는지를 단적으로 보여 주었다. 트리엔트공의회는 개혁파 운율 시편들의 동시대적 효과만큼 강력하게 될 수 있다고 곧 인식되었던 언어적 보물(treasure-chest)을 교회에서 전적으로 빼앗는 것보다 팔레스트리나 음악이 지시했던 온건한 과정을 따르는 가이드라인을 세웠다. 그러나 수십 년 안에 트리엔트적 청교도주의를 위한 특별한 열정을 보여주지 않았던 베네치아 공화국의 외향적인 전례학적 실천에 의해 고무되었던 어떠한 제재도 사라져 버렸다. 연속적으로 성 마가의 베네치아 총독(Venetian Doge) 교회에서 무제한 자유가 주어진 16세기 후반으로부터, 조반니 가브리엘리(Giovanni Gabrieli)와 클라우디오 몬테베르디(Claudio Monteverdi)는 현악기와 관악기의 악단과 열정적으로 경쟁하는 구분된 합창단 그룹들을 통해 경청하는 예배자에게 큰 감동을 주는 거대한 건물 안에서 특별한 음향에 대한 그들의 대담한 조작은 거의 예식적 음악을 넘어가지 않았다.

전통적인 교회가 개신교도들이 거부했던 헌신적인 재원을 요구하는 능력을 가졌던 반면, 개신교도들이 최상으로 고려했던 소통의 무기, 즉 설교를 그들은 동일하게 잘 활용할 수 있었다. 우리가 이미 보아온 것처럼(1장, pp. 73-78), 후기 중세교회에서 설교의 부족은 존재하지 않았다. 그러나 탁발수도사들이나 높은 교육을 받은 재속 성직자의 소수 엘리트 전문가들의 영역이 되는 경향이 있었다. 탁발수도사들은 그들의 작업을 계속적으로 진행해 나갔다. 그리고 중세 탁발수도사들은 당시 예수회를 통해 연결되었다. 예수회는 교회의 건축에 대한 그들의 생각을 중세 탁발수도사들 교회에서 설교하는 공간에 대한 열려 있는 집회장소 설계로부터 차용해 왔을지도 모른다. 강대상은 비록 그들이 개혁파 개신교회 내부에서 취했다는 것이 지배적이지는 않지만, 단일화된 전례적 공간에서 새로운 두드러짐을 보였다. 심지어 자신들의 설교가 아니었지만 그 이상(ideal)은 당시 모든 성직자로 효과적인 설교자가 되도록 할 수 있었다.

트리엔트공의회가 주교의 역할(6장, pp. 415-416)에 대한 거의 치명적인 싸움 한가운데서 동의할 수 있었던 것은 주교단의 우선적인 의무는 설교라는 것이었다. 그것은 주교들로 하여금 어떻게 그들의 돌봄 아래 있는 (일반)성직자가 또한 어떻게 메시지를 전달하느냐에 대해 고려하도록 했다. 설교에 대한 새로운 교재들은 급격히 늘어났다. 그리고 이미 만들어진 설교의 옛 전집과 새 전집 모두 가톨릭 출판 상품이었다. 루터의 주석들, 불링거의 설교집, 또는 에드워드 6세와 엘리자베스의 잉글랜드 공적 설교(교훈)에 상당하는 것이다. 가톨릭 전례적 환경에서 설교의 양식(drama of sermons)은 음악, 전례와 수사적 표현(imagery)의 대본과 경쟁한 것이 아니었다. 그러나 각각은 다른 것들을 다시 강화시킬 수 있었다. 1579년 페루지아(Perugia)에서 발간된 하나의 설교 설명서(manual)에는 성직자 독자들에게 메시지를 전할 때 그들의 상상력을 사용하도록 하는 폭넓은 암시적인 그림이 있다. 강대상에 서 있는 프란시스코 설교자는 교회건물 안에서 그들 주위에 있는 모든 거룩한 예술 그림들에 대한 회중들의 관심을 끌기 위해 인상적인 기다란 교편(teacher's pointer)을 사용한다.[11]

그런 학교선생 같은 태도는 단지 1517년 이전보다 얼마나 많은 것이 교구성직자에게 요구되었는지 보여주는 한 예일 뿐이었다.

더욱 간결하게 중세교회의 공의회들을 개혁하기 전 많은 것이 그들에게 요구되었다. 그러나 당시 이전에 자주 그렇게 행했던 것처럼 일탈하지 않도록 종교개혁을 위한 정착된 결정이 있었다. 트리엔트공의회는 교구사제들이 교리문답(catechism)을 회중들에게 가르쳐야 했다고 주장했다. 자녀들에게 교리문답이 중요하게 가르쳐졌던 이래로, 이것은 중세교구들의 예상을 넘어서, 자녀양육과 성직자와의 관련이 증가되었다는 것을 의미했다. 반종교개혁 주교들은 교구성직자에게 (탁발)수도사들이 교리문에 대한 전문가들로 받아들여지는 것보다, 정기적으로 신앙고백서들을 듣도록 지시하였다. 대단한 열정으로 종교개혁에 있어서 귀감이었던 밀란의 총주교 카를로 보로메오(Carlo Borromeo of Milan)는 교회의 고해실을 위한 가구의 새로운 목록을 보급시켰다. 격자 칸막이로 분리되어 있는 나무 이중 구역은 무릎 꿇은 고해자가 보이지 않는 고해신부로부터 멀리 떨어져 있지만 여전히 고해과정에서 강력한 일대일 관계를 경험할 수 있었다. 17세기 초에 교구성직자(clergyman)는 성도들에게 영적 지도자(관리자)로서의 역할을 했다고 생각할 수 있다. 그러나 본능적으로 수도사들에게 우선적으로 의지했고, 그 후에 예전의 수도회에게 의지하였던 중세 유럽인들에게 이러한 현상은 실제로 드물었다.

명심할 것은 중세 성직자의 개신교 명예훼손과 초기 종교개혁의 유린은 수도원의 생활방식에 공격을 가한다는 점이다. 따라서 이러한 반종교개혁 척도들(measures)은 교구 시스템 안에서 신뢰에 대한 반향을 일으키는 결과를 가져왔

---

11) C. Valone, 'The art of hearing: sermons and images in the chapel of Lucrezia della Rovere', *SCJ* 31 (2000), pp. 753-77, 764 에 그려져 있다.

설교단 수사학과 기술에 대한 그의 연구에서 프란시스쿠(수도사) 디에고 발라데스(Franciscan Diego Valades)는 멕시코에 있는 프란시스코 설교자가 인디오 회중들을 교육시키기 위해서 설교에서 어떻게 교편들을 갖춘 시각적인 보조물들을 사용했는지 보여주고 있다: 동일한 기술이 유럽의 지방들에서 사용될 수 있었다. 중요하게, 그가 그리고 있는 그림들은 순교와 옆구리를 찔림당하신 그리스도의 십자가의 못박히심과 순교자들을 나타내는 일련의 벽화이다. 설교단은 비록 여기서 또한 태양을 가리지만, 16세기 발명품인 음성학적 공명판을 가지고 있다.

제7장 경계지어진 새로운 유럽(1569-1572)   443

다. 그들은 훈련된 행동주의 성직자에 의해 움직이는 잘 훈련된 행동주의 평신도들의 형성과정을 확실하게 보았다. 트리엔트는 교구 주교성직자 훈련의 전례 없이 유럽 전역에 퍼진 시스템, 즉 신학교들(seminaries)을 양성했을 뿐만 아니라, 교구의 소득 이외 개인적인 소득을 가졌다는 것을 증명하도록 요구하였다.[12] 이 증명 요구는 성직자 재산에 대한 평가를 강행하려는 더딘 과업이 되었다. 그러나 성직 개혁은 여러 국면에서 계속 진행해야만 했다. 평신도는 도덕적 기대의 일반적인 상승에 의해 성직자 표준을 향상시키는 데 임명되었다. 성직자의 독신주의 강요는 분명하게 중요한 상징적인 문제였다. 예를 들어 1580년대부터 북부 프랑스 마을에서 평신도 지도자들이 첩들을 소유하고 있던 성직자를 탄핵하여 이전에 약간의 비평을 유발시켰던 방식을 지역 연구지는 강조했다. 이러한 사회적 움직임(shift)은 다른 곳에서도 많은 필적할 만한 일들을 가져왔다.[13]

교구들에서 재건 과제는 거대했다. 그리고 그것보다는 자연적으로 개선을 위한 기준으로서 그리고 그러한 행동을 기대하는 윤리성으로서 행동하기 위한 사회규약들을 가졌던 종교적인 의식들을 개혁하는 것이 더 쉬웠다. 따라서 가장 즉각적인 변화들은 수도사들(monks)과 탁발수도사들이었다. 또한 1560년에 시작되었던 회복은 축적되어 결국 깜짝 놀랄 만하게 되었다.

초기 종교개혁시대에 변절과 해산을 통해서 비극적인 상실의 고통을 당했던 프란시스코수도원의 탁발수도사들은 그 수를 1517년 약 20,000명에서 1775년에 25,000명까지 증가시켰다. 1700년까지 도미니크수도사들은 약 3만 명 정도에 이르렀던 그들의 16세기 초의 세력보다 두 배 많게 늘어났다.[14] 정규적인(교단에 속한) 성직자에 대한 자기과시로 되돌아가면서, 유럽은 스페인과 포르투갈 제국들이 했던 식민지 탐험 또는 상업을 위한 탐험만큼 큰 선교지를 이루었다 (9장, pp. 548-550).

새로움을 넘어 평신도 활동에 대한 전통적인 영역의 부활은 교구들과 종교적인 의식 안에 놓여 있었다. 적당하게 통제되고 제거되었을 때 한 번 더 신실한 헌신들과 생각들을 각성시킬 수 있었던 성지순례와 성인들의 성지들(shrines)

---

12) R. Johnston, 'The implementation of Tridentine reform: the Passau Official and the parish clergy in Lower Austria, 1563-1637', in A. Pettegree (ed.), *The Reformation of the Parishes: the ministry and the Reformation* in *town and country* (Manchester, 1993), pp. 215-38, at 229.
13) J. Bottin, *Seigneurs et paysans dans l'ouest du pays de Caux, 1540-1640* (Paris, 1983), pp. 269-71.
14) Bireley, *Refashioning*, p. 27.

이 존재했다(10장, p. 595). 마리아 숭배가 종교개혁자들의 분노의 주요한 표적이었고 심지어 루터파 사이에도 그러했듯이 동정녀 마리아는 옛 방식을 보호하는 능력있는 협력자로 특별하게 고려될 수 있었다. 성모송(Hail Mary= Ave Maria)은 묵주(rosary) 기도문으로 알려진 헌신적인(신앙) 기도문(낭독) 형식의 중심이었다. 이것은 15세기 동안에 북유럽에서는 대중적인 것이 되었다. 그리고 신자회는 도미니크수도사들에 의해서 강력하게 장려된 묵주의 사용을 권장하였다. 후에 진지한 북유럽 사람들의 관습을 택한 것은 북유럽 전체를 가톨릭 유럽이 되도록 하는 반종교개혁의 하나의 예였다. 1560년부터 예수회는 평신도의 종교적 활동을 자극하는 유용한 방식으로 묵주를 택했다. 그것은 새로운 로마교회의 성과기도서 안에 포함되었다. 그리고 1569년 비오 5세(Pius V)의 교서 안에서 처음으로 실천을 위한 상세한 공식적인 기술이 제공되었다.

묵주 신자회는 당시 회원들을 자주 성찬(communion)에 참여하도록 독려하므로 급격히 늘어났는데, 이는 중세 서양의 논쟁거리였다(1장, p. 62). 묵주의 대단한 매력은 묵주와 신자회 예배에서 구조화된 기도의 도구들, 즉 규율과 종교적 공동체 안에서 즐겼던 어떤 것으로서 강력한 집단성을 평신도들에게 제공했다는 것이다. 고정관념에 대한 반론은 전통적인 신앙이 평신도를 두 번째 계급상태로 추락시켰다는 것을 개신교도들 사이에서 주도면밀하게 강조했다. 더욱이 묵주는 기도 형식이었을 뿐만 아니라, 물리적 대상이었다. 묵주 세트는 사용자로 하여금 드려진 많은 기도들을 기록할 수 있도록 도왔다. 그리고 어떤 구세주회(Redemptorist) 설교자는 그것을 '낙원으로 이끄는 사다리'라고 하였다. 이 묵주는 많은 사람들을 위해 개인적으로 소유된 성유물과 동등한 것으로 만족하게 하고 평안하게 하는 거룩한 소유물이었다. 즉 가장 가난한 사람들이 소유하고 있을 만한 것이었다.[15]

3. 기독교에 대한 가톨릭의 보호(1565-1571)

1570년경 트리엔트공의회적 가톨릭주의 옹호자들(주요하게 스페인의 필립 왕)은 한 세기를 넘어서는 이슬람으로부터 서방 기독교에 대한 가장 심각한 협박

---

15) D. Gentilcore, "'Adapt yourselves to the People's capabilities':missionary stragereis, methods and impact in the Kindom of Naples, 1600-1800', *JEH* 45(1994), pp. 269-95, at 287-8.

들 중의 하나를 격퇴하는데 책임이 있었다. 늙어가는 위대한 오스만제국의 술탄 슐레이만(Ottoman Sultan Süleyman)의 유명한 계획은 동쪽 지중해를 통해 그의 장엄한 승리들 가운데, 로데의 섬으로부터 성 요한의 기사들을 축출하기 전 40년간 시작했던 일을 끝내려고 했다(2장, p. 102). 1550년 그는 쾌승을 거두었다. 당시 몰타(Malta)에서 환영받지 못하고 추방되었다고 여긴 기사들은 연속되는 섬뜩한 역전패에 고통을 당했다. 그리고 오스만제국 함대들은 효과적으로 지중해 중앙을 장악했다. 1565년 5월 슐레이만은 몰타를 포위하기 위해 그의 장군들을 보냄으로 자신의 노력에 대한 유종의 미를 거두도록 결정했다. 불안해 하는 유럽에게 기독교의 미래는 당시 70년에 두 전사, 술탄과 기사단 단장인 장 파리소 드 라 발레트(Jean Parisot de La Valette)의 손에 있는 것처럼 보였다.

몰타 섬 요새들 전역에 흩어졌던 9,000명 미만의 기독교 기사들은 1565년의 악몽 같은 여름 넉달 동안 점령과 전투들의 비참한 연속적인 일들을 통해 오스만제국의 장군들이 거느린 35,000명의 군사들과 거의 200척에 가까운 배들을 접하게 되었다. 라 발레트(La Valette)의 맹렬한 결정은 기독교 방어를 계속 유지하도록 했다. 그는 비록 싸울 수 있는 600명과 함께 남겨졌지만, 그의 적인 오스만은 천 명을 잃었다. 그리고 결국 (수치스럽게 지연된) 나폴리에 있던 스페인 총독의 구원함대(relieving fleet)가 도착해서 드디어 불명예스럽기는 하지만 마침내 오스만제국을 퇴각하도록 했다. 기사단 단장에게 돌려진 적당한 찬사에서, 포위의 가장 결정적인 전쟁터에 있었던 기사들의 기념비적인 새로운 도시 총사령부를 발레타(Valletta)라고 이름 붙였다. 그리고 그랜드 하버(Grand Harbour)를 통과하는 더 오래된 도시는 비토리오사(Vittoriosa)라고 불렀다.

강한 힘으로 결집한 오스만제국 군대의 하나였던 부대의 이러한 서사적 패배조차 싸움의 결과를 결정하지 못했다. 오스만제국의 전쟁터였던 서헝가리의 다른 국경에서 슐레이만은 다음 해 죽었다. 그러나 그의 계승자인 셀림 2세(Selim II)는 복수를 결심했다. 그는 동쪽 멀리 가장 취약한 전선에서 서방 사람들(Latins)에게 재난의 일격을 가함으로 시작했다. 서방 기독교에 대해 오랫동안 겁을 냈던 오스만제국의 공격은 1570-1571년에 키프러스에 가해졌다. 베네치아 정부는 미친 듯이 그러나 쓸데없이 주요 도시 방어들을 강화하는데 시간을 보냈다. 함락시키기 위한 마지막 주요 요새였던 파마구스타(키프러스 동쪽 기슭에 있는 도시)는 결국 영웅적으로 방어되었다. 1571년에 포위된 후, 작은 수비대에 대한 터키의 태도는 전에 없이 가학적이었다. 파괴된 도시 중심은 여전히 이슬람과 서방(Latin West) 사이의 전투에서 특히 암담했던 순간에 대한 분명한 증거, 즉 키프러스에서 기독교와 이슬람 간에 20세기 후반에 쓰디쓰게 재연되었던 전쟁에서, 그 전쟁의 반복을 오랜 기간 앞당긴 파마구스타의 황폐화인 것이다. 그러나 그때에 4세기 동안의 핍박을 통해 나타난 키프러스 동방정교회는 오스만제국에 의해 굴욕을 당한 서방교회를 보고서도 아무런 유감을 느끼지 않았다. 그 섬의 가장 위대한 중세 고딕교회들이 새로운 통치를 위해 주요 이슬람사원들로 변해가며, 스테인글라스가 박살났을 때, 그리고 교회의 첨탑이 이슬람의 첨탑(minaret)으로 재배치되었을 때, 키프러스 동방정교회는 아무것도 잃지 않았다.

키프러스에 대한 공격은 교황 비오 5세(Pope Pius V)에 의해 통과시키려는 필사적 노력 후에 서방 지중해 세력들의 연합에 활력을 불어넣었다. 베네치아 사람들은 동맹을 얻기 위해 필사적이었다. 그리고 교황은 예수회 장군인 프란시스코 데 보르하(Francisco de Borja)를 그의 나이와 병세에도 불구하고 스페인, 포르투갈 그리고 이탈리아의 독립주들에 사명을 띠고 출항하도록 끈질기게 설득했다(보르하는 그 후에 곧 죽었다). 그 결과 긴급하게 발생한 동맹은 기독교 방어를 위한 신성동맹(Holy League)으로 호칭되었다. 필립 왕에게 서자 동생이었던 오스트리아의 돈 후안(Don John/Don Joan)은 대부분 베네치아 갤리선들로 구성된 무서운 함대와 함께, 동쪽으로 남유럽 귀족 그리고 왕족 가문들을 특별히 소집하도록 했다. 그때에 그들은 레판토만으로서 서방에 알려진 고린도의 그리스만 입구 또는 나프팍토스(NafPaktos)에서 터키군을 만났다. 두 함대는 정정당당하고 팽팽하게 싸웠고, 양쪽 진영 전사자들은 막대했다. 그러나 노를 젓는 갤리 함대의 두 진영들 사이의 유럽에서의 마지막 주요한 만남이 되었던 것은 신성동맹 세력들을 다소간 손대지 않는 상태로 남겨 두었다. 반면 이 전투는 오스만 함대의 전투력을 상실시켰고, 최고사령관을 죽게 했다. 어떤 경우든 능력과 에너지 면에서 그의 아버지의 그늘 아래 있던 술탄 셀림은 곧 페르시아 국경에서 전쟁으로 인해 마음이 산란해졌다. 1680년에 마지막으로 위대한 오스만의 노력이 북쪽에서 있었다. 그 노력은 터키군을 1683년 비엔나 입구로 인도했다. 그러나 남쪽으로는 1571년 가톨릭 제국들의 승리가 술탄 전쟁 기계를 그 길에서 멈추게 했다. 그리고 결코 다시는 오스만은 현존하는 제국의 경계를 넘어서 지중해를 점령하려고 하지 않았다.

모든 유럽의 기독교 국가는 이 승리를 축하했다. 교황은 기독교의 성공의 영광을 신실하게 묵주기도를 함으로 불러일으켜 진 하나님을 향한 마리아의 중보로 돌리면서 그 자신의 트리엔트적 가톨릭 해석을 더했다. 그는 10월 7일 전쟁일을 '승리의 성모 마리아'(Our Lady of Victory) 축제로 선포했다. 그리고 그의 열정은 이미 퍼져 있는 묵주 기도(Rosary devotion)에 대해 더 크게 격려되었다.[16] 교황의 장군 마르크 안토니오 콜로나(Marc' Antonio Colonna)가 함대에서 내려 고향에 왔을 때, 로마 시는 전투 지휘관의 개선행진(entry)을 고대 황제들과 동일한 것으로 증언하였다. 후에 그의 영광을 떨쳐 버렸고, 맨머리와 맨발이 된 콜로나는 로레토의 성모 마리아 기념일(Our Lady of Loreto)에 대한 감사의 성지순례를 시작했다. 레판토를 향했던 갤리선에는 소수의 개신교 자원자들도 있었다. 이 사건은 개신교가 가톨릭의 승리에 함께 진심으로 기뻐하고 가톨릭 귀족들을 부러워하였던 사건 중 하나였다. 불신앙에 대항한 전쟁을 통해서 신앙을 지킨 일, 즉 기독교 귀족들이 전통적으로 해야 했던 일이었기 때문이다. 스코틀랜드에서 멀리 떨어진 젊은 개신교 왕인 제임스 6세(James VI)는 전쟁에서의 돈 후안의 업적을 축하하는 서사시를 썼다.

4. 전투적인 북쪽의 개신교들(1569-1572)

그럼에도 불구하고 만약 혹자가 레판토 해전에서 기독교의 방어에 대한 제임스의 축하시를 읽는다면, 그 사람이 느끼는 감정의 혼돈을 분명히 감지할 것이다. 제임스 왕은 그 서사시를 1590년 에딘버러에서 출판했을 때(그는 무분별하게 자기를 선전하는 사람이었다), 서문에서 마치 돈을 벌기 위해 쓴 시처럼 자신의 위치와 종교와는 반대로, 왜 개신교 군주가 외국 교황주의자인 돈 후안을 칭찬하여 썼는지에 대한 이유를 불편하게 설명하는 것을 오히려 거북하게 느꼈다. 제임스 왕은 그의 작품의 마지막에 '하나님은 그의 이름을 그토록 사랑하신다/ 그래서 그분은 그들을 도왔었다/ (사랑하신 만큼) 동일하게 도와주신 것은 아니었다'라는 시적으로 건전한 경고문(health warning)을 덧붙였다.[17] 스코틀랜드 왕은 당시 유럽의 상황에 대해 정확하게 직시하고 있었고, 따라서 자신의 통치권

---

16) Cf. H. Kamen, *The Phoenix and the Flame: Catalonia and the Counter-Reformation* (New Haven and London, 1993), p. 149.

17) J. Craigie (ed.), *The Poems of James VI of Scotland* (2 vols, Scottish Text Society 22, 26, 1948, 1952), i, pp. xlviii-lxii, 197-259, 268-89.

이 북유럽이 궁극적으로 개신교 노선을 따르게 되는 격동 속에서 기인하였음을 명확하게 인식하였다. 또한 그는 1570년경 개신교 귀족들의 군사적 행동이 전반적인 기독교계에 대항한 것이 아니라, 타락한 서방 기독교 세력, 즉 교황주의 가톨릭을 그 타겟으로 삼고 있음도 알았다.

제임스 왕 자신은 이러한 사건들에 직접 참여하지는 않았다. 스코틀랜드 개신교 귀족들의 협회가 1567년 그를 그의 어머니인 메리 여왕(Mary Queen)을 대신하여 왕으로 선포했을 때, 그는 몇 개월 밖에 안 된 아기였기 때문이었다(6장, p. 402). 곧 메리 여왕은 도망자 신세가 되었고, 후에 잉글랜드에서 감금되었다. 그러나 그녀는 당분간 정치적 거주지인 스코틀랜드에서 상당한 후원을 지속적으로 받았다. 비록 모든 가톨릭의 종교적 충성심에서 나온 후원은 아니었지만, 이후 6년 동안 메리 여왕 정당(Marian party)의 순차적인 패배가 작은 섬들이 있는 대서양의 북쪽 왕국에서 가톨릭에 대한 희망의 종국을 알렸다. 꾸준히 메리 여왕의 편이었던 정치인들은 제임스 왕의 정권으로 이탈했다. 그리고 1573년 메리 여왕의 마지막 중대한 본거지였던 에딘버러 성이 함락되어 굶주리고 학대받았고, 결국 왕의 수도를 넘겨 주었다. 점령지에서 제임스의 군대에 힘을 더해 준 것은 잉글랜드 파견군대였다. 실제로 엘리자베스 여왕이 그녀의 군사들에게 포격에서 사용한 포탄들을 재사용하도록 성벽 주변에서 주워오도록 명령했을 때가, 돈 많고 용의주도한 잉글랜드 엘리자베스 여왕이 가장 높은 유명세를 탄 시기였다.[18]

엘리자베스 여왕의 포탄 재사용은 당시 발생했던 일의 중요성을 모호하게 하지 않았다. 당시 잉글랜드의 제임스 1세(스코틀랜드의 제임스 6세)가 상속권에 의해 1603년에 자식이 없는 엘리자베스 여왕을 이어 왕위를 계승했을 때, 영구하게 동맹을 맺고 결속하도록 함으로써 개신교는 고대의 두 적, 즉 스코틀랜드와 잉글랜드를 화해시켰다. 1568년 제임스 6세의 어머니가 잉글랜드로 이동한 사건은 스코틀랜드에 대한 것만큼 잉글랜드를 위해서도 중대한 일이었다. 왜냐하면 가톨릭 계승자로서 그녀가 잉글랜드의 옥좌에 나타난 것은, 1559년에 엘리자베스의 개신교 종교 정착을 일구어낸 이래로, 엘리자베스 여왕이 유지했던 미묘한 정치적 균형을 흔들어 놓았기 때문이었다(6장, pp. 395-399). 엘리자베스 여왕의 새로운 교회가 스스로 강화되는 동안 여왕은 보수적인 신사들이 드러내어 반대하지 못하도록 결정했다. 가톨릭 성직자로부터 약간의 리더십을

---

18) J. Wormald, *Court, Kirk and Community: Scotland* 1470-1625 (Edinburgh, 1981), pp. 145-6.

제7장 경계지어진 새로운 유럽(1569-1572)

부여받은 잉글랜드의 보수주의 사람들은 1560년대를 통해 대규모 문제를 야기하지는 않았다. 여왕의 개신교 의원들은 주 치안판사 자리와 지역의 권위 있는 다른 지위로부터 가톨릭 무리들을 제거하려고 시도했다. 그러나 그들은 단지 부분적인 성공을 거두었을 뿐이다. 왜냐하면 정부는 영향을 주는 특별한 지역적 영역들로 전통주의 귀족을 성나게 하려고 했던 것은 아니었기 때문이다. 만약 하나의 정치적 이슈가 긴장을 유발했다면, 그것은 왕족결혼이었다. 우선 엘리자베스 여왕을 최대한 잉글랜드에 외교적 유익을 주는 외국 왕자와 결혼하도록 설득하려고 노력했다. 그러나 1568년부터 스코틀랜드 메리 여왕에게 잘 어울리는 네 번째 남편을 위한 탐색도 잘 진행 중이었다. 그녀의 결혼은 이러한 예측할 수 없는 상속인을 통제하려는 잉글랜드정부에게는 손해의 한계선에 있는 행동이었다.

메리의 결혼에 대한 잉글랜드 법정에서의 싸움은 1568년에 중요한 외교적 위기와 연결되었다. 그 싸움은 결국 잉글랜드가 맺은 신성로마제국과 스페인과의 오래도록 유지된 신성동맹을 종식시켰다. 돈에 혈안이 된 엘리자베스 여왕은 네덜란드에서 스페인 정부에 금은괴를 나르도록 계약된 이탈리아 보물함선을 붙잡았다. 이러한 긴장들은 종파분리적인 교회와 일치하여 꽤 많은 수를 차지했던 보수주의 잉글랜드계층을 설득했다. 두각을 나타내는 가톨릭 지지자들은 공공연히 그들의 교구교회에서 정규 예배에 참석하는 것을 멈추었다. 그리고 그들은 잉글랜드국교회기피자(recusants는 라틴어의 recusare, 즉 거부하다[to refuse]라는 단어로부터 나온 것이다)가 되었다. 1569년 법정에서 있었던 심각한 싸움으로 보수주의 세력들의 우유부단한 후원자이며 노퍽의 공작(Duke of Norfolk)이었던 토머스 하워드(Thomas Howard)는 체포되고 귀양을 가게 되었다. 그리고 웨스트모얼랜드(Westmorland)와 노섬벌랜드(Northumberland)의 가톨릭 백작인 그의 친족들에 의해 주도된 북쪽에서의 반란은 실패하였다. 런던타워에 있던 그의 독방에서부터 노퍽은 마음 내키지는 않았지만 여왕을 폐위하기 위해 이탈리아 은행가인 로베르토 리돌피(Roberto Ridolfi)와 함께 이후의 음모를 꾸몄다. 처음에는 이러한 일들이 스페인의 침략에 영향을 끼쳤다. 그래서 1572년 잉글랜드 최고 귀족이었던 노퍽은 결국 단두대로 보내졌다. 보수주의자들은 영향력을 행사했지만, 비참하게 실패하고 말았다. 가톨릭 지지자들은 사라져 가고, 엘리자베스의 법정과 자문기관은 전보다 훨씬 더 연합하였고, 외부적으로는 더욱 개신교가 되었다. 엘리자베스의 대표 조언자였던 윌리엄 세실(William Cecil)은 지난 10년동안 처해 있던 것과 같은 치욕 또는 더 나쁜 형편의 심각한 위험에 결코 다시는 처하지 않았다. 1571년 이후 한 공인된 로마 가톨릭교도들도 하원의 원으로 돌아오지 못했다. 그리고 1570년대는 전국적으로 지역의 힘을 계속 유지하는데 실패한 지역 보수 엘리트들이 목격되었다.

1570년 교황 비오 5세가 엘리자베스 여왕을 이단으로 정죄하고 그녀에게 충성하는 신하들을 용서하는 교황 칙서인 '레그난스 인 엑셀시스'(Regnans in Excelsis)를 내렸던 것은 바로 잉글랜드 가톨릭 진영에게 이중적 불운이었다. 이 칙령은 북쪽 반역자들을 도왔다. 그러나 반역자들이 패배한 후까지 이 칙령은 잉글랜드에서 유포되거나 공시되지 않았다(무모한 용기로 존 펠튼[John Felton]이라고 불린 가톨릭 신사는 런던 궁전의 주교의 문에 그 칙령의 복사본을 붙였다. 그리고 그가 잡혔을 때, 그는 반역죄로 소름끼칠 정도의 선고로 고통당했다). 이 칙령은 도움 대신 곤욕을 주었다. 그들의 충성심이 여왕에 대한 것인지 혹은 교황에 대한 것인지에 대한 질문을 그들이 어떻게 재빨리 피할 수 있었는가? 교황 계승자 그레고리 13세(Gregory XIII)는 1580년의 조건대로라면 그 칙령이 공식적으로 수행되기까지 가톨릭을 얽어매지 않는다고 하는 칙령에 대한 '설명'을 공포했다. 그러나 이것이 가톨릭이 엘리자베스 정부에 공식적으로 이의를 제기했다는 사실을 바꾸지는 않았다. 교황 비오의 행동은 일반적으로 정치적 실수로 인지되어서 교황권이 아돌프 히틀러(Adolf Hitler) 정권에 대해 어떻게 반응하는지 고려한 1930년대에 실제로 다시 기억되었다. 바티칸 안에서는 신중한 목소리로, 혹자들은 사적으로 좋지 않은 관례로 명명했다. 그리고 비밀리에 그러한 관례는 나치에 대한 공식적인 교황의 저주를 방해하는 요인이었다.[19]

당시 잉글랜드 정부는 가톨릭을 금지하는데 있어 매우 소극적이었다. 1571년 의회를 통해 정부는 교회에 남아 있는 보수적 성향의 성직자에 대한 맹공격을 포함해서 교회의 개신교 39개 조항(Thirty-Nine Articles)을 승인하기 위해 개신교 성직자 임직식에서 안수 받지 않은 모든 자들에게 요청한 가톨릭교도와 국교회기피자에 대한 강력한 입법조치를 취하도록 했다. 동시적으로 그러한 노력들은 개신교회의 결점들을 치료하도록 강요했다. 캔터베리의 대주교회의는 1571년 활동 중에 서둘러서 교회 관리에서 온건하지만 유용한 개혁들을 생산했다. 1570년과 1572년 사이에 주교들 사이에 순환 승진의 종교적인 변화를 촉진하는 가장 행동적인 일들에 호의적이었다. 잉글랜드국교회에서 더 나아간

---

19) Personal communication: Owen Chadwick.

개혁을 바라는 개신교도들에게 희망적인 시간이었다.

　1570년에는 비록 덜 결정적이었지만 스칸디나비아 왕국에서 개신교 미래를 향한 균형의 변화를 보게 되었다. 1536년 그의 경쟁상대에 대한 군사적 승리에 의해 그리고 루터교에 대한 그의 확고한 헌신에 의해 보장된 크리스티안 3세(Christian III) 왕의 오랜 통치가 정착시키려는 새로운 교회에 수십 년의 안정을 제공했던 곳인 덴마크에서 종교개혁은 가장 확고했다. 그의 다른 왕국인 노르웨이의 계획은 더욱 복잡했다. 1537년에 왕 자신이 덴마크교회 훈령을 노르웨이로 확장하려고 시도하기 전에 종교개혁을 토착화하려는 초기 지원이 거의 없었다. 원래 살고 있던 선임 성직자 대부분은 종교개혁의 강력한 반대자들이었다. 그리고 아마도 1564년 설립 후에 브라운스베르크(Braunsberg)에 있는 소사이어티폴란드대학(the Society's Polish college)에서 예수회 일원으로 교육을 받았던 스칸디나비아 사람들 중에 노르웨이 학생수가 지나치게 적은 것에 대한 강한 불만이 일어났다(p. 459). 단지 점차적으로 노르웨이 사람들은 외부의 신뢰할 만한 루터교 성직자들을 노르웨이 성직자단에 받아들이기에 충분하다는 인식을 갖게 되었다. 가장 중요한 임명은 1571년 스타방에르(Stavanger)의 주교관구에 대한 죄르겐 에릭슨(Jørgen Eriksson)의 임명이었다. 그는 1604년 죽기까지 길고 원기왕성한 주교 임기동안에 '노르웨이의 루터'(Norwegian Luther)라고 불리는 찬사를 얻었다. 그리고 그가 죽은 지 3년 후에 노르웨이교회는 결국 루터파 교회훈령을 받아들였다.[20]

　노르웨이처럼 스웨덴왕국도 1570년 전에 머뭇거리는 형태의 종교개혁을 경험했다. 구스타프 바자(Gustav Vasa) 왕과 그의 계승자들은 스칸디나비아 왕 크리스티안 2세(Chritian II)에 의해 폐위되어, 1523년으로 거슬러 올라가는 정권의 불안정함때문에 고통당했다. 항상 구스타프와 그의 계승자들은 신하들과 교회를 이끄는 성직자 그리고 의회(the Riksdag)의 의견을 고려해야만 했다. 구스타프는 강력한 종교심을 가진 사람은 아니었다. 그리고 그는 종교개혁을 위한 전폭적인 지원을 생각지도 않았다. 그는 단지 그의 폐위된 전임자 크리스티안(Christian) 왕이 보란 듯이 복음적 신앙들을 선포했고, 애정을 가지고 비텐베르크(Wittenberg)에서 보냈던 시간들을 회상했다는 것만 알고 있었다. 복음주의적 성직자들을 이끈 올라우스와 라우렌티우스 페트리 형제들(the brothers Olaus and Laurentius Petri [Olaf and Lars Petersson])과 구스타프 자신의 관계는 긴장감이 남

---

20) Pettegree (ed.), *Reformation World*, pp. 264-6, 269-71.

아 있었다. 그래서 1520년대부터 왕은 단지 간헐적으로 페트리 형제들에게 또는 다른 복음주의적 행동주의자들에게 돌아갔다. 그는 교회 땅들을 몰수했다. 그리고 올라우스 페트리로 하여금 스웨덴어로 된 예배를 들여오도록 허락했다. 그러나 라틴어 미사의 사용은 광범위하게 남아 있었다. 구스타프가 1539년에 교회 정착을 위해 들여온 자국어 예배는 주로 성직자의 독립적인 독점을 멈추게 하려고 고안된 것이다. 1540년에 그와 올라우스와의 관계는 그가 죽음으로 성직자들을 협박하려고 했다고 생각할만큼 악화되었다. 오랜 통치 동안(구스타프는 1560년에 죽었다) 그는 스웨덴교회를 북유럽 다른 곳에서 있었던 변화와 동일시하려고 하는 더 나아간 움직임을 억제했다. 옛 왕은 말년에 안나 백작부인의 아들 에드자드 2세(Edzard II) 백작에게 그의 장녀를 시집보냈고, 또다시 한번 이동해서 스웨덴에 정착하려고 시도한 프리시아(Frisian)의 수도 엠덴(Emden)에 있던 네덜란드 망명자들을 격려했던 동 프리슬란트의 제3의 방식에로 기울어졌다. 그러나 실제로 그의 관심은 그들의 종교적인 관점들보다는 경제적으로 원기왕성한 외국인들을 얻는데 있었다. 구스타프는 그의 생각에 목적을 가지고 보헤미아 형제단들조차 자신의 왕국에 초대했다.

구스타프의 아들 왕세자 에릭은 개혁파 개신교도이며 중요한 가정교사였던 디오니시우스 베우레우스(Dionysius Beurreus)의 가르침을 받았다. 그가 1560년에 에릭 15세(Erik XIV)로 왕위를 계승했을 때, 새로운 왕은 개혁파 이민자들을 격려했고, 증가하는 고백주의 루터교의 스웨덴교회 지도자들에 대항해서 균형을 유지하는데 유용한 존재로 여겨졌다. 그러나 에릭은 또한 1563년에 전쟁의 창궐에도 아랑곳없이 왕국의 능력 있는 모습을 덴마크와 결합하는 문제와 모스크바 대공국의 이반 4세(Ivan IV of Muscovy)로부터 지속적인 위협에 직면했다. 1531년 이래 웁살라의 첫 번째 개신교 총주교였던 라우렌티우스 페트리(Laurentius Petri)는 결정적으로 루터교를 장려하기 위해 이러한 약함을 이용하였다. 그리고 이러한 활용은 개혁파운동으로 향한 추이를 멈추게 했다.[21] 어떤 면에서 에릭은 더욱더 정신적으로 위험한 광기라고 말해도 좋을 정도까지 불안정했다. 그리고 그는 1568년에 폐위되었다. 그의 형제인 핀란드의 공작(Duke of Finland)은 요한 3세(Johan III)로 선출되었다. 능력 있는 신학자요, 학자인 요한은 트리엔트적 가톨릭교에 대해 동정심을 갖게 되었다. 그의 관점은 스웨덴에 있

---

21) O Grell, 'Exile and Tolerance', in Grell and Scribner (eds), *Tolerance in the Reformation*, pp. 164-81, at pp. 174-9.

는 개신교 귀족과 성직자들을 장려함으로써, 그들이 자신의 위치를 방어하고 지난 30여 년간 유명무실했던 교회연합으로부터 앞으로 나아가게 하려는 것이었다. 10여 년 논쟁 후에, 1571년 페트리 총주교에 의해 제출된 교회령(Church Order)은 왕국에서 동의되었고, 제일 먼저 스웨덴교회가 신앙의 복음주의적 고백을 약속하게 하였다. 이러한 조치는 비록 명백하게 루터파로서는 아직 아니었지만, 스칸디나비아 개신교를 위해 중요한 진일보였다. 성공적인 군주들과 귀족들 그리고 성직자들이 그들의 차이를 해결하고 영구적으로 루터파 운동과 왕국을 연계시키기로 동의하기 전, 스웨덴은 40년 넘게 정치적, 종교적 어려움을 경험했다(8장, p. 490).

동일하게 1571년에 네덜란드의 운명은 불확실했다. 그러나 그 해에 네덜란드 개신교도들은 저지대국가들(Low Countries)에서 종교개혁을 위한 전환점이 되도록 했던 종교회의에서 그들의 미래를 결정하도록 했다. 그 재난들 때문에 알바 공작(Duke of Alva)의 군대 도착 후에 그들은 고통을 당했다(6장, 312). 그들의 만남은 엠덴의 안전지대에 있는 경계 너머에서 이루어져야 했다. 여기에서 망명한 교회 지도자들은 틀림없이 제네바와 동맹하려 했던 합의에 대해 결정했다. 모든 성직자들은 1562년 벨직신앙고백서(Belgic Confession)에 서명할 준비가 되어 있었다. 교회규칙은 장로교적인 것이었다. 장로교 규칙 안에서 모든 성직자와 장로들은 동일한 목소리를 가지려 했다. 엠덴총회(The Emden Synod)는 프랑스에 있는 개혁파교회처럼 지방회의에 대한 장로교 법원으로부터 국가교회회의에 이르는 장로교위원회의 상승구조를 계획했다. 이 모든 것은 일반적으로 그러한 구조를 설정하기 위한 영토를 결코 가지고 있지 않았던 교회를 위한 것이었다.

그러나 더 나은 미래에 대한 엠덴총회의 비실제적인 신앙은 옹호되었다. 알바의 오만과 임의적 통치는 저지대국가들에서 증가하는 격분의 형태를 만들어 냈다. 그러나 오렌지의 빌렘(Willem of Orange)은 침략을, 가능한 저항을 신중하게 이용하려고 계획했던 반면, 알바는 개혁파 행동주의자들이 잡다하게 모인 무리에 의해 스스로를 '바다의 거지'(Sea Beggars, Gueux de mer or Watergeuzen)라고 칭했던 알바의 명령에 잘 따르지 않았던 망명자 귀족들에 의해 기선을 제압당했다. 1572년 4월 그들은 작은 섬, 브릴(Brielle/Brill)의 요새화된 도시를 점령했다. 그리고 19명의 가톨릭 사제들을 붙잡은 후에 이념적으로 부채질되어 잔인하게 살해했다. 당시 윌리엄은 더 넓은 후원자들에게 호소하기 위해서 간섭하는 것을 꺼려했다. 그리고 북네덜란드의 많은 지역이 알바에 대항해서 반란을 일으켰다. 알바 공작의 지속적인 잔인함은 더욱더 많은 반란을 양산했을 뿐이었다. 스페인 정부는 그를 1573년에 소환함으로써 그의 정책 실패를 인정했다. 그러나 당시 스페인 사람들은 자신들의 사명을 1590년대까지 전쟁이 전세계적 양상이 되었던 북유럽의 개신교 세력들과 연장된 대결로 인식했다. 이 전쟁 끝에 합스부르크 왕가는 영구적으로 종교개혁 전에 브루군디 공작들(Dukes of Burgundy)의 상속권과 합스부르크 왕가의 계승자들이었던 저지대국가들의 북쪽 절반을 잃어버렸다는 사실을 인정했다.

5. 성 바돌로메의 대학살(1572)

욱일승천의 기세인 스코틀랜드, 잉글랜드, 공세적이었던 노르웨이, 스웨덴 그리고 네덜란드 개신교는 1572년 8월에 가톨릭에 의한 전국적인 위그노들의 대학살과 함께 프랑스에서 가장 무서운 박해를 받았다. 왕국의 상처를 치유하기 위해 고안되었던 파리에서의 결혼에 의해서 점화된 프랑스의 불안한 정세와 전쟁은 10여 년의 시간 동안 살인적인 긴장감과 깊은 증오의 자국을 남겼다. 메디치가의 여왕 캐서린(Queen Catherine de' Medici)은 당시 프랑스에서 위그노당의 우두머리였던 나바르의 왕 헨리(Henri King of Navarre)에게 자신의 딸인 마거리트(Marguerite)를 결혼시키려는 협상을 벌였다. 이 참석자들 중에는 개신교 지도자인 가스파르 드 꼴리니(Gaspard de Coligny) 장군이 있었는데, 그는 유일하게 위그노 귀족 서열 중 가장 저명한 사람이었다. 캐서린 여왕의 아들인 왕을 유괴하기 위한 5년 전 꼴리니의 노력에서 그녀가 느꼈던 모욕을 생각나게 하는 꼴리니의 도착은 그녀의 관용을 기회로 삼고 있었다. 그의 머리에 50,000 에쿠스(ecus)의 현상금이 여전히 걸려 있던 것을 염려하면서, 결혼 내빈이 되겠다고 주장한 것은 꼴리니의 극도로 무모한 행동이었다. 결혼 4일 후, 암살자는 파리 거리에서 그를 암살하려고 시도했고, 큰 상처를 입히는데 성공했다.

이 시점에서 격정적인 분위기는 어떠한 잘못된 움직임에도 재앙을 가져오게 하였고, 모든 사람으로 잘못된 행동을 하게 했다. 위그노 지도자들은 보호에 대한 왕실 보증을 받아들이면서도 마지못해 파리에 머무르는 것에 동의했다. 그러나 꼴리니를 제거하려던 시도에 대한 위그노들의 분노로 왕실회의는 무기력하게 되었다. 그래서 위그노에 대한 선제공격은 반드시 해야 하는 것이라고 결정했다. 젊은 왕 찰스 9세(Charles IX)와 캐서린 여왕은 의회의 계획을 후원했다. 그리고 8월 24일 주일, 성 바돌로매의 날(St Bartholomew's day)에 왕의 명을 따르는 왕실 군대는 여전히 수도에 남아 있었던 위그노 지도자들을 살해했다. 이 소식이 퍼졌을 때, 도시에 있던 개신교도들이 찬성했던 모든 것을 혐오했던 극단주의자들은 매우 즐겁게 그들의 사회적 우수자들의 이러한 사례를 채택하였다. 3일 동안의 가장 야만적인 살인 그리고 저명한 개신교도들을 불구로 만드는 일이 뒤따랐다. 그리고 몇 주가 지나서 이러한 일들은 왕국 전역의 주요 도시에서 반복되었다. 전체적으로 약 5,000명의 희생자들이 학살되었다고 계수되었다.[22] 궁중에서 함정에 빠진 신랑 나바르의 헨리는 가톨릭으로 전향함으로 위기를 극복했고, 몇 년 동안 가택연금되었다.

이 대학살(피의 숙청)은 바다의 거지들이 브릴에서 사제들을 도살한 지 한 달 만에 발생했다. 두 개의 아주 분리된 잔인한 행위는 유럽 종교개혁의 새로운 단계의 암울한 설명이었다. 수천 명의 불행한 유럽인들에 가해진 1520년대 초 이래로 대규모 학살은 주로 공인된 폭력의 결과였다. 이단들의 핍박, 반란의 진압(1536년과 1549년에 잉글랜드에서 일어난 보수주의 폭동에 대항하는 잔인한 보복과 같은 또는 1535년에 있은 뮌스터 재세례파의 멸절) 또는 1547년에서 1551년까지 힘의 정치와 왕자들의 야망으로부터 기인했던 슈말칼덴 전쟁들이 그러한 것이었다. 그러나 점차 서민들은 공식적으로 동의된 신앙고백서들과 의회 결정들이 만들었던 종교적인 호칭들(개신교, 가톨릭, 루터파, 개혁파)을 소유하기 시작했다. 그들은 이러한 정체성을 자랑스러워했다. 그리고 그들은 자주 다른 종교적 의견을 가진 사람들을 미워했다. 자주 이러한 견고한 입장들은 전 왕국들의 대중적 고정관념과 연계되었다. 이미 1530년대에 스페인 항구는 잉글랜드 선원들에게 안전하지 않은 장소가 되어 갔다. 왜냐하면 지역 주민이 잉글랜드 수도원들에 대한 헨리 8세(Henry VIII)의 파괴에 대해 들었고, 그러한 신성모독에 놀랐기 때문이었다. 1538년 코루나(Corunna)와 카디즈(Cadiz)의 잉글랜드 방문객은 어떻게 '왕의 신하들이 여기 모든 부분들에 있어 거의 또는 아주 호의를 가지고 있지 않은지…어떻게 그들은 모두 조롱받고 터키 사람들처럼 미움을 받았는지, 이단과 진흙(Lutarios) 속에 사는 사람들이라고 불렸는지' 주목했다.[23]

---

22) M. P. Holt, *The French Wars of Religion* (Cambridge, 1995), p. 94.
23) P. Marshall, 'The other Black legend: the Henrician Reformation and the Spanish people', *EHR* 106 (2001), pp. 31-49, at 39.

어쩌면 가장 모진 대중적 혐오는 국가들 사이에서보다 이웃 사이에서였을 것이다. 20세기 벨파스트(Belfast), 모스타(Mostar), 르완다(Rwanda)의 도시 또는 마을에서의 반항과 혐오는 성 바돌로메 시기에 루앙(Rouen) 또는 앤트워프(Antwerp)의 거리에서도 그대로 되풀이되어 나타났다. 이러한 격분들은 1560년대에 발생했던 개혁파 개신교 소요의 대규모 폭발에 의해 새로운 단계를 야기했다. 경쟁관계에 놓인 군중들 간의 자발적인 폭동은 익숙한 것이 되었다. 서민들은 당시 단순히 그들의 동료들을 제거하기 위해 광포에 사로잡혀 있을 수 있었다. 왜냐하면 그들은 한 가지 생각을 대표하는 사람들이었기 때문이다. 파리에서 수녀 또는 평신도 자매로 다양하게 기술된 한 여인은 만약 그들(프랑스 사람)이 모든 위그노를 죽이지 않는다면, 그들 도시가 파괴될 것이라고 파리 사람들에게 말해야 하는 의무를 하나님이 그녀에게 주셨다고 선포하면서, 심지어 나바르(Navarre)의 결혼식이 준비되고 있던 동안에도 혐오감을 선동했다.[24] 결국 도시 의용군은 가톨릭 군중의 분노를 억제할 수 없었다. 그리고 심지어 꼴리니의 오랜 가톨릭 대적자였던 기즈가(Guise family)는 안전을 위해 개신교도들을 군중들로부터 멀리 끌어내려고 애를 썼다.[25]

충격의 여파는 유럽 전역에 퍼져 나갔다. 종교분리를 통해 정상적인 외교를 산출하려던 정부는 갑작스런 국제관계의 규칙들이 아우크스부르크평화조약의 긍정적인 안정과 상호수용을 부정적으로 변화시켰다는 것을 깨달았다. 물론 정부들은 그러한 대중 감정들을 또한 이용할 수 있었다. 우리는 14장에서(p. 768) 엘리자베스 통치하의 잉글랜드가 동맹관계였던 가톨릭의 스페인 사람들에 대해 커져가는 대중적 증오의 도움으로 왕국과 왕조를 위한 유용한 통합왕조를 어떻게 세웠는지 보게 될 것이다. 프랑스의 성 바돌로매 학살로 인해 사망한 개신교도의 수는 일반적인 자연사하는 사람들의 수를 훨씬 능가했다. 개혁파 공동체는 심지어 군사적으로 그들이 위협을 당하는 상황에서도 극적인 개혁의 확장을 이루었지만, 이후 10여 년간에는 만족할만한 성과를 두번 다시 거두지 못했다. 많은 지지자들이 개신교에 대한 지지를 쉽게 포기하고 가톨릭교회의 대대적인 흐름으로 흡수되어 버렸다. 특히 1560년대에 위그노가 성행했던 북쪽 왕국에서 기스는 지역후원자들과 자신의 가족자원의 모든 것을 활용

---

24) B. B Diefendorf, *Beneath the Cross: Catholics and Huguenots in 16th century Paris* (New York and Oxford, 1991). p. 91.
25) S. Carroll, ' The compromise of Charles Cardinal de Lorraine: new evidence'. *JEH* 54 (2003), pp. 469-83, at 480.

해서 위그노의 거점을 제거하는데 주도적인 역할을 했다.[26]

개신교의 남아 있는 세력은(실제로 현대에) 파리로부터 멀리 떨어진 남쪽에 있게 되었다. 남아 있는 사람들은 1572년 가톨릭이 반복하려 한 야만적인 행위에 대해 정당한 두려움으로 방어하였다. 예를 들어 루앙(Rouen, 노르망디[Normandy])의 사면초가에 몰린 개혁파 회중의 세례기록부에서 아주 적은 숫자의 아이들이 구약성경에서 취한 이름을 갖고 있는 것이 연구되었다. 그러한 이름들은 아이들이 자랄 때 개신교도로 낙인 찍혀, 비난의 대상이 되게 하였다. 약화되었던 프랑스 지역, 특히 북쪽에서 위그노는 가톨릭 연중예식의 변화를 존중하게 되었다. 그래서 이전에 강림절과 사순절의 속죄의 절기에서 결혼식에 관한 가톨릭의 금기를 확실하게 묵살했던 공동체들은 그 기간동안 빠르게 축하를 삼가고, 심지어 그들의 기록부들에 그 절기들을 적어두기까지 했다.[27]

불가피하게 위그노들 또한 1570년에 저항했다. 그들은 여전히 프랑스 귀족들 사이에 만만치 않은 지원을 받았다. 그리고 그들의 군사적인 힘은 위험하다고 경고되었지만, 그들이 제거될 수 없었다는 것을 의미했다. 이후 20년 이상 지속된 전쟁 역사는 전쟁 중에 있는 사회를 수용하려고 했으나 이런 전투적인 공동체를 화합하기 위해 그러나 전투적인 가톨릭의 승인을 명령하기 위해 권위를 되찾으려는 프랑스 군주에 의해 반복된 노력의 일환이다. 그 노력의 대가는 프랑스의 두 명의 성공적인 왕, 헨리 3세(Henry III)와 헨리 4세(Henry IV)의 생명이었다. 이 둘은 가톨릭 열광주의자들에 의해 살해당했다(10장, pp. 612-615).

6. 폴란드: 선택적 미래?(1569–1576)

프랑스 역사의 가장 불행한 세월 가운데서 성 바돌로매 학살로부터 폴란드로 관심을 돌리려면 아마도 고무적인 고백적 정의와 대립의 동시대적 경향을 용인했던 약 1570년대 집단적으로 일어난 사건들을 찾아야 할 것이다. 즉 종교적인 다양성이 용인되었고 실제로 폴란드-리투아니아 정치구조의 필수적

---

26) S. Carroll, *Noble Power during the French Wars of Religion: the Guise affinity and the Catholic cause in Normandy* (Cambridge, 1998).
27) 이름들에 대해, P. Benedict, *Rouen during the Wars of Religion* (Cambridge, 1981), pp. 104–6, 149–50, 256–60. 결혼 풍습에 대해, P. Benedict, *The Faith and Fortune of France's Huguenots*, 1600–85 (Aldershot, 2001), pp. 97–103, 그리고 16장, p. 845.

인 부분을 실질적으로 형성해야 했다는 주장들이었다. 1560년대 초에 폴란드-리투아니아의 종교적 미래가 로마 가톨릭, 루터교 또는 개혁파에 있었다는 것을 말하는 것은 불가능했다. 20세기에 폴란드인 교황을 선출하고 소련 공산당의 능력에 손해를 주는 히틀러와 스탈린이 살아남을 수 있게 했던 폴란드의 정체성과의 가톨릭의 동일화는 1600년에도 가능성이 여전히 희박했다. 스위스(Switzerland)에서 멀리 떨어진 그라우뷘덴(Graubünden)처럼 폴란드 사람들은 유럽의 갈라진 교회가 폭력과 조직적인 핍박을 통해 서방 기독교의 연합을 재창조하려고 했다는 필연성을 거역하였다. 그들은 종교적인 관용에 창조적인 정치적 변화라는 멍에를 지웠다.

어떤 종교도 1560년대 폴란드에서 독점을 주장할 수 없었다. 마을과 도시들에서 대부분 독일어를 하는 사람들인 루터교도는 경제적 활동을 위해 지극히 중요했다. 그리고 1544년부터 폴란드 왕의 대신인 공작령 프러시아 브란덴부르크(Ducal Prussia Brandenburg)의 알브레히트(Albrecht) 공작에 의해 만들어진 그리고 전에 멜랑히톤(Melanchthon)의 리투아니아 학생이었던 아브라하모스 쿨비에티스(Abraham Kulwieć = Abraomas Kulvietis = Abraham Culvensis)와 다른 리투아니아, 독일 루터교 학자들에 의해 지도받은 쾨니히스베르크(Königsberg)에서 새롭게 설립된 신조주의 대학의 장점을 그들은 가지고 있었다. 개혁파는 유럽 개신교 지도자들 중 가장 정치가다운 한 사람인 얀 라스키(Jan Łaski)를 자랑스러워했을 뿐만 아니라, 또한 폴란드-리투아니아에서 가장 위대한 가문들 중 몇몇의 충성스러운 가문을 소유했는데, 특히 리투아니아의 대공국(Grand Duchy) 주요 무장 부대를 통제했고 왕처럼 살았던 라드지빌스(Radziwills)가 그 중 하나였다. 귀족들의 5분의 1은 충성스러운 개혁파가 되었고, 1560년대와 1570년대 폴란드 상원에서 성직자가 아니었던 의원들의 절대적 다수가 개혁파에 동정심을 갖는 사람들이었거나 신봉자들이었다.[28]

1565년 피오트르코프(Piotrków) 모임의 개신교 분열 후(5장, p. 363) '소수파'(Minor) 또는 아리우스교회에서의 반삼위일체 극단주의자들은 트란실바니아(Transylvania)에서 그들의 가까운 동료들을 제외하고 유럽에서 신앙인의 어떠한 유사한 그룹보다 더욱더 개방적인 삶과 제도적 구조를 즐겼다. 주목할 만큼 신속하게, 1569년에 이 반삼위일체 극단주의자들은 심지어 그들의 메시지를 설파하기 위한 인쇄기를 갖춘 고등교육기관인 라코프아카데미(Raków Academy)를

---

28) Davies, *God's Playground*, p. 183.

제7장 경계지어진 새로운 유럽(1569-1572)   459

개설할 수 있었다. 그리고 17세기 초반에 이 아카데미는 천 명이 넘는 목사와 학생들을 가르쳤다. 1609년에 만들어진 라코프교리문답은 라틴어판에서 국제적으로 잘 알려진 반삼위일체 신앙의 라틴어판 진술이 되었다. 이 아카데미는 사회의 전형적인 조직에 대해 선택을 제공하려는 다른 대담한 노력의 중심에 있었다. 즉 모라비아의 후터파(Hutterites of Moravia)와 같이(4장, p. 248), 이 공동체는 공통으로 재산을 소유했고, 완고한 평화주의 원칙들을 가지고 있었으며, 어떠한 서열구분도 지키지 않았다. 그러나 후터파와는 달리, 라코프 공동체는 독립적인 사고나 진보된 교육에 의문을 갖지 않았다. 이 공동체는 16세기 유럽의 계급적인 전제들까지 가장 철저한 변화의 표본이었다.

개신교 활동의 이러한 풍부한 다양성에 대하여 로마 가톨릭은 약간의 유익을 누렸다. 로마교회는 결코 교회계급이나 구교의 땅으로 된 기본 자산을 잃지 않았다. 그 기본 자산은 어떠한 경우에서든지 서유럽보다 꽤 간소했다. 이러한 이유로 세속적인 탐욕에 덜 취약했다. 결정적으로 폴란드 군주는 결코 구교와 결별하지 않았다. 그리고 지방에서 대부분 파손되지 않은 더 낮은 계층들과 결합된 북유럽의 가톨릭 회복을 위한 몇몇 성공한 예들 중 하나를 보존하는데 결정적으로 한 세기 반이 넘는다는 것을 입증하였다. 지기스문트 2세 아우구스투스(Sigismond II Augustus) 왕의 신중한 관심을 유발했던 1550년대 개신교 활동의 왕성한 확장 후에(6장, pp. 365-369), 반종교개혁 가톨릭 실천주의자들은 빠르게 역습을 개시했다. 1564년 파르체프(Parczew)에 있는 폴란드 국회(Sejm, 세름) 회의에서 상원과 지기스문트 아우구스투스는 새롭게 완성된 트리엔트공의회 교령집들을 진지하게 받아들였다. 그리고 동년에 가톨릭 주교들 사이에서 가장 단호했던 호지우스(Hozjusz/Hosius)는 폴란드-리투아니아에서, 즉 유력한 무역기구인 한자동맹과 연결된 강어귀 항구이며, 전략상 루터파가 우위를 점했던 단치히(Danzig)와 쾨니히스베르크(Königsberg) 사이의 발트해 연안에 자리잡은 브라운스베르크(Braunsberg)에서 예수회로 하여금 첫 번째 기초를 세우도록 했다. 이는 폴란드에 매우 중요한 의미였다. 그리고 잠재적으로 그 일은 발트해 지역 전역에 일반적인 가톨릭 회복을 위한 교두보가 되도록 했다.[29]

이러한 경쟁적인 종교 상황 가운데, 폴란드-리투아니아의 정치지도자들은 중요한 정치적 변화들을 폴란드 종교에 깊이 적용하기 시작했다. 1560년대 동쪽 국경에서 모스크바 대공국(Muscovy)의 군사적 압력의 증가에 응하여, 정치적

---

29) Kłoczowski, *Polish Christianity*, pp. 102, 110; Davies, *God's Playground*, p. 167.

조정의 새로운 배치를 만들어내도록 귀족들은 지기스문트 2세 아우구스투스 왕과 합의에 도달했다. 그 합의는 루블린 연합(1569)을 통해 폴란드 왕국과 리투아니아 공국 사이의 더 가까운 연합이었다. 그 결과로 탄생한 연방(폴란드 말로 쨰쯔포스폴리타[Rzeczpospolital])은 동쪽에서 가장 강력한 서방 기독교가 되는 것이었다. 그러나 스페인, 프랑스, 스코틀랜드나 잉글랜드처럼 그들의 힘을 강화하는 군주들의 틀 안에 머무르는 군주제가 아니었다. 주요하게 유럽 외교관들은 남쪽으로 멀리 베네치아 귀족 정치공화국을 '가장 조용한 공화국'(Serenissima Respublica)으로 부르게 되었다.[30] 당시 귀족이 왕을 선출했던 중요한 사실을 포함한 이 명칭은 폴란드 군주의 힘이 조심스럽고 분명하게 연합국 안에서 수천명의 귀족들과 균형을 이루었다는 표시였다.

종교개혁에 대한 개별적인 반응을 결정하는 폴란드-리투아니아 귀족의 자랑스러운 주장은 유럽의 커져가는 분열로 서방 기독교인들이 어떻게 통치되었으며 어떻게 다른 유럽의 모델이 되었는지를 보여준다. 심지어 루블린 연합 이전에 폴란드 국회가 트리엔트공의회의 교령을 받아들인 후 단지 1년 만에, 왕은 수많은 귀족에 대한 구교 법정의 어떠한 교령들도 강행하지 않도록 왕이 경영자들을 명령하도록 설득되었다.[31] 1770년대로부터 매우 다른 정치적 상황에서 유럽을 중앙집권화하는 군주들의 후손이 폴란드-리투아니아 연방을 해체했을 때와 150년 동안 유럽 지도에서 폴란드를 삭제했을 때, 후대에게 폴란드의 불행에 의해 잘못 인도되기 쉽다. 16세기 그리고 17세기 초에 열정적이고 자기 확신적인 연방에서 루블린 연합에 의해 만들어진 다원주의 종교적, 정치적 상황은 유럽의 많은 나라에서 미래를 의미하지 않았다고 가정할 이유는 없다.

연방 구조 안에서 이 다원주의를 간직하려는 기회는 1572년 지기스문트 아우구스투스의 죽음에 부속되었다. 비극적이고 잔인한 결혼생활 후에, 그는 야기에오(Jagiellon)를 통해 태어난 남자들 중 막내였다. 당시 루블린 연합의 헌법적인 승계 법령이 실시되었다. 새로운 왕조 선정은 연방 귀족들의 손에 있었다. 그들 가운데 다수는 유럽인 왕들의 왕위 수집에 포함되는 것으로부터 합스부르크(Habsburg) 왕가를 지키려고 했다. 그리고 분명한 대안 후보자는 유럽에서 합스부르크 최고 왕조의 경쟁 상대인 프랑스 발루아(Valois) 왕가로부터 왔다. 따라서 협상은 찰스 9세(Charles IX) 왕의 동생인 앙주(Anjou)의 헨리 공작과 시작

---

30) Ibid., p. 375.
31) Ibid., p. 183.

했다. 그러나 대부분의 복잡한 요인들은 성 바돌로매 학살과 프랑스 전 지역에 개신교도들을 향한 충격적이며 잔인한 소식들이 1572년 이른 가을에 폴란드에 도착했다는 점이다. 개혁파 귀족이 어떤 유사한 일도 연방에서 발생하지 않을 것이라는 보증 없이 헨리를 폴란드의 왕으로 삼지 않았을 것이다.

그 결과는 1573년 1월 28일 바르샤바(Warsaw)에서 모인 국회였다. 이 회의에서 만장일치로 새로운 왕과 함께 제안된 동의(Confederation, 동맹) 안에 종교적 자유에 대한 구절을 승인했다. 연방의 방침에 대하여 귀족이 의도한 선언서로 참되게 표현되었다. 이 선언서는 만약 헨리가 왕위를 얻고자 했다면 인정해야 했던 것이었기 때문에 결정적인 해결로 작동했다.

> 우리 연방 안에서는 우리가 분명 다른 나라에서 보는 것처럼 이러한 원인에 대한 우리 국민들 사이에서부터 해로운 싸움을 막기 위해 종교의 문제에 대해서는 어떠한 불일치도 존재하지 않는다. 이 때문에 우리 자손들과 우리의 후손들을 위해 영원히…종교에 관해서 다른 입장인 우리는 상호 평화를 유지할 것이다. 그리고 다른 신앙 또는 교회의 변화에 대해서는 피를 흘리지 않을 것이며, 재산의 몰수, 악평, 수감 또는 유배에 의해 서로 처벌하지 않을 것이라고 그리고 어떠한 방식으로든 그러한 행위로 행정장관이나 공무원을 돕지 않을 것임을 우리는 상호간에 약속한다.[32]

그의 프랑스인 조력자와 폴란드 감독 계층구조로부터 온 맹렬한 저항자들의 염려에도 불구하고 젊은 헨리 왕은 정식으로 바르샤바 동맹의 다른 조건들 사이에서 이 조항에 동의했다(그는 이 동맹에 서명하기 위해 준비된 유일한 사람이었다). 그러나 새로운 왕국에서 헨리의 거주는 오래지 않았다. 그의 중년의 선견지명 있는 신부(아기에오들 중 막내)의 걱정스러운 종교적 열심에 의해 그리고 폴란드 귀족이 프랑스 귀족보다 복종하지 않는다는 것을 발견하고, 방대한 영토의 생소함에 의해 헨리는 당황했다. 크라코우(Cracow)에서 있었던 그의 대관식 몇 달 후에, 그는 깜짝 놀랄 만한 소식을 받았다. 그의 형제 찰스(Charles)가 죽었고, 그는 상속권에 의해 프랑스 왕 헨리 3세(Henry III)가 되었다. 그는 이러한 예기치 못한 발표에 반응하는데 약간의 시간을 소비했다. 1574년 6월 그의 비밀스러운 크라코우로부터 유럽을 지나 파리로의 복귀는 연방에 있는 그의 신하들에게 심한 타격을 주었다. 그리고 신하들은 그가 프랑스 외에 또 폴란드 왕좌를 유

---

32) Williams, *Radical Reformation*, p. 737. 약간 수정 됨.

지할 수 있을 것이라는 어떤 환상으로부터 헨리 3세를 일깨웠다. 극단적인 정치적 혼돈의 2년간의 공백 후에, 국회에 대해 자신들이 참견하려는 합스부르크 왕가의 더한 노력들을 막을 수 있는 새로운 후보자가 등장했다. 트란실바니아의 왕자 스테판 바토리(Stefan Bathory, 그의 나라에서는 István Báthori 로 불림)가 그 후보자였다. 비범한 지혜와 군사적 능력을 가진 군주로서 가장 탁월한 선택으로 입증되던 바토리는 헌신된 가톨릭 신자였다. 그러나 그는 바르샤바 동맹의 관용 조항에 대해 반대하는 것으로 인해 폴란드 왕좌의 기회를 위태롭게 하는 일은 하지 않았다. 어쨌든 폴란드 왕좌는 토르다(Torda)에 있는 그의 본토 트란실바니아의 입법 국회에서 8년 전에 이미 예견했던 것이었다(5장, p. 363). 그의 후계자들은 어느 쪽도 아니었다. 17세기 중반에 동맹은 폴란드 정치와 종교적 삶의 초석으로 남아 있었다.[33]

7. 개신교와 섭리

따라서 폴란드-리투아니아 연방은 그 시대의 위대한 유럽 세력들 사이에서 종교적 공존의 길에 유일하게 설정, 유지되었고 단지 서유럽 동쪽의 다른 나라와 유사했다. 개신교 북쪽과 가톨릭 남쪽 경계를 결정하는 1570년 초의 다양한 사건들 가운데, 1569년 루블린 연합으로부터 바르샤바 동맹을 통해 스테판 바토리 왕의 계승에까지 폴란드에서 일어났던 연속된 사건들은 양자에게 개방되어 연방 내의 미래 상황을 유지했다. 1567년부터 1572년의 서유럽 위기는 이념적인 차원과의 싸움의 세 개의 전쟁터를 남겨 놓았는데, 즉 프랑스, 네덜란드, 잉글랜드였다. 이 전쟁들은 서로 분리될 수 없었다. 프랑스 위그노들은 전투지원을 위해 네덜란드와 잉글랜드에 있는 그들의 동료 개혁자들에게 의지했다. 잉글랜드에서 감금되었던 스코틀랜드의 왕위 계승자인 가톨릭교도 메리 여왕의 존재는 유럽 가톨릭주의자들로 교황의 엘리자베스 여왕에 대한 저주를 어떻게 따를 것인가 고려하고, 그녀가 이후 10년 넘게 있을 경우도 고려했다. 엘리자베스 여왕은 개신교 편에서 북해를 가로지르는 전투에 참여하는 것을 피할 수 없었다. 이것은 그녀를 이전 동맹국이었던 스페인의 적이며, 그녀의 매부인 필립 왕의 적이라고 판단했다는 것을 의미했다. 그녀의 수많은 개신교 신하

---

33) Davies, *God's Playground*, pp. 413-25.

들은 당시 단지 그들이 만나야 했던 곳에서 스페인 사람들과 싸우는 것에 무척 행복해했다. 그 결과로, 특히 잉글랜드와 네덜란드에서 개혁파 개신교도들은 70년 넘게 스페인에 의해 세워진 전 세계 제국에 도전했던 해외의 영토들을 얻을 수 있는 가능성을 심각하게 가지기 시작했다. 유럽의 싸움은 우리 현대 세계 정치와 권력 구조를 형성했던 효과를 가지고 당시 대양들을 가로질러 확장될 수 있었다.

　1570년대에 있던 개신교도로서 종교개혁의 성취와 성공을 무시하는 것과 그의 심오한 지혜 안에서 하나님께서 진리의 적들에게 그의 작은 양떼를 압도하도록 허락했다는 것을 느끼는 것은 쉬운 일이었다. 사실 1550년대와 1560년대의 개혁파 개신교의 눈부신 확장은 상대적인 침체로부터 종교개혁의 정당성을 입증했다. 그리고 루터파에 의해 생긴 군사적 패배에 대해 보상했다. 그러나 이러한 종교개혁의 사건들을 통해서 위대한 희망들이 상실되었다는 것을 명백히 알 수 있다. 1520년대의 처음 종교개혁자들은 구교의 잘못들을 교정해야 했던 모든 것은 참된 말씀을 선포하는 것이었고, 가능한 성경을 자유롭게 읽도록 모든 사람들에게 제공하는 것이라고 믿었다. 그러나 놀랍게도 많은 사람들은 들었으나 들은 것을 행하지 않았다. 그리고 그 메시지를 승인했던 사람들 사이에서조차 혼동되었고 갈라지게 되었다. 당시 네덜란드에 주어진 불행, 성 바돌로매 대학살과 엘리자베스 여왕을 뒤덮었던 끊임없는 암살 협박은 기독교 국가에 대한 이슬람으로부터의 지속적인 위협과 함께 해방보다는 고통을 약속했다.

　물론 신실한 자들은 결코 하나님께서 그들을 완전히 포기하셨다고 믿지 않았다. 그러나 요한계시록은 심심치 않게 그의 백성이 종말 전에 접할 고통을 준비했다. 묵시적 사고와 성경 안의 미래에 대한 비전들의 세부사항들을 상세하게 염려하는 독서는 현실주의적이면서 실제적인 것처럼 보였다. 그리고 성경에 기록된 적그리스도와 당시에 종교개혁을 방해하는 특정 인물들과 동일시하는 것은 쉬운 일이었다. 예를 들어, 잉글랜드의 보수적인 윈체스터 주교 스티븐 가드너(Stephen Gardiner)나 스코틀랜드의 추기경 데이비드 비튼(David Beaton) 등이었다. 무엇보다도 교황이 그 대상이었다. 더욱이 존 칼빈의 하나님의 섭리에 대한 강조 그리고 예정에서 그의 선택된 소수를 위한 하나님의 계획에 대한 강조는 유럽에서 아주 많은 사람들을 설득시켰고, 개혁파 개신교로 하여금 그의 해석에 대해 매력을 느끼도록 했다. 간결하게 그의 종교적 시스템은 종교개혁의 문제들과 걱정들에 대한 좋은 대답을 주었기 때문이었다. 종말은 가까이 온 것처럼 보였다(13장).

가드너와 비튼과 같은 열성적인 개신교 리더십을 괴롭힌 많은 가톨릭 악인들을 소개했던(6장, p. 391) 아주 영향력 있었던 잉글랜드의 『순교자들의 책』(Book of Martyrs)의 저자인 존 폭스(John Foxe)는 1570년 성 금요일에 런던 성 바울 성당 밖에 있던 야외 설교단에서 군중들에게 이러한 공포 분위기와 흥분을 전달하고, 연장된 기도와 묵상에 대한 흥분을 표현했다. 십자가에서 그리스도의 죽으심에 대한 엄숙한 기념은 폭스에게는 하나님과 그리스도 교회의 고통에 대해 모든 청중을 일깨우는 적당한 시간이었다. 심지어는 터키의 헝가리와 오스트리아 최후 침공에서조차도 그러했다. "단지 서쪽 지역들의 적은 관점은 아직 당신의 이름에 대한 신앙고백 안에 남아 있었다."

> 그러나 여기에(아아!) 다른 재난이 크게 혹은 다른 것보다 더 크게 오고 있다. 칼을 가진 터키는 그렇게 잔인하지 않다. 그러나 다른 편의 로마의 주교는 우리에게 더욱 흉포하고 지독하다. 우리를 화형시키기 위해 그의 주교들을 선동하고 우리를 파괴할 음모를 위해 동맹국들을 선동하며, 왕들은 그의 신하들에 대항하고, 신하들은 불충으로 그들의 왕자들에 대항해 반란하도록 한다. 모든 것이 당신의 이름을 위한 것이다. 사탄은 우리에게 그러한 충돌과 적대를 보냈고, 그래서 기독교인들이 기독교인들에게, 교황주의자들이 개신교도들에 대한 것보다 터키는 기독교인들에게 덜 적대적이었다. 그렇다! 개신교도들과 함께한 개신교도들은 동의하지 않고 사소한 일들로 다투고 있다.[34]

폭스는 당시 초기 종교개혁의 전체적인 진보를 경험했던 원로였다. 루터의 첫 번째 저항이 있기 1년 전에 태어났고, 그 후에 가장 호화스런 대학교회들 중 한 곳에서 전통적인 전례적 광채들 가운데 있는 성가대원이었을 때, 그는 잉글랜드국교회의 로마와의 단절, 에드워드 6세의 통치하에서 종교적인 변화의 급작스런 환경, 가톨릭 신자인 메리 여왕의 통치 아래 본토 유럽에서 피난자가 되는 것에 대한 두려움과 좌절들, 개신교회들 사이의 커지는 분열을 버티며 살았다. 그리고 당시 그는 더 나은 개신교도들이 되어야 했던 런던 군중들에 대한 그의 설교로부터 의심과 동정을 가지고 냉소했다. 유럽 종교개혁의 혼란 속에

---

34) W. Keatinge Clay (ed.), *Private Prayers put forth by authority during the reign of Queen Elizabeth* (PS, 1851), pp. 463-4.

서 그는 급박한 양상을 보이는 재난으로부터 단지 하나의 가능한 도피만을 볼 수 있었다. "당신의 불쌍한 작은 양떼들이 이 세상에서는 어떤 장소와 쉼을 거의 가질 수 없는 까닭에, 오 주여! 우리가 당신을 간절히 구하나이다…그리고 끝을 내 주셔서 이 세상 어디에도 더 이상 시간과 장소가 없도록 해주시고, 당신의 교회가 영원한 안식을 갖도록 해 주십시오." 그러나 그것은 실제로 모든 사람의 최선의 기대였다. 엘리자베스 여왕의 모든 잘못과 망설임이 그녀의 나라에 독실함을 가져왔고, 그녀가 할당된 삶을 살았을 때, 그것은 하나님께 중재를 구하는 시간이었을 것이다.

폭스는 그들의 모든 수고에 대한 상을 받는 세상의 절박한 종말을 신실하게 기대했던 많은 사람들 중의 한 사람이었다. 반면 그들과 그들 사이에 있었던 가톨릭 신앙을 가진 반대자들은 전 세계적 '서양' 문명을 증식했던 아주 다른 유럽을 만들어 냈다. 그 문명은 폭스가 그의 하나님으로부터 구했던 종말의 세속적인 이해를 야기한 싸움을 통해 여전히 성공하지 못했다.

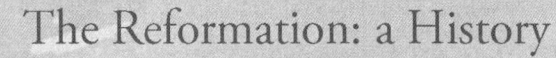

The Reformation: a History

제 8 장
북쪽: 개신교 중심지

1. 루터교의 정의: 협화신조

　1546년 죽음 이후에 과거 속으로 더욱 물러나 있던 마틴 루터는 루터교도들에게 점점 더 신비로운 인물이 되어갔고, 결국에는 중세 성인들처럼 의심스럽게 보이기까지 했다. 그가 태어난 아이스레벤(Eisleben)의 작센 지역은 곧 그의 열성적인 지지자들에 의해 '새 예루살렘'이라고 불리는 성지순례의 중심이 되었다. 그리고 죽은 종교개혁자의 계속적인 영향력을 찬양하는 전설은 늘어만 갔다. 그의 그림이 주택 화재현장에서 기적적으로 살아남았다고 하여서, 벽에 걸어 놓는 가정용 보험과 같은 물건으로 사용되었다.[1] 더욱더 복잡한 단계에서, 루터의 학자와 성직자 동료들은 후손의 유익을 위해 루터의 지혜를 전부 모으는데 박차를 가했다. 그 첫 번째 노력은 루터가 1539년부터 20년에 걸쳐 직접 출판했던 책들을 주제별로 재판하는 것이었다. 1555년부터 시작된 두 번째 시도에서는 이 위대한 인물의 모든 가능한 명언을 단편으로 수집하려고 했다. 이 단편에는 심지어 그의 농담과 저녁 식탁에서의 대화와 유명하고, 매혹적인 『식탁 만담』(*Table Talk*)까지도 담겨 있었다.[2]

---

1) R. W. Scribner, 'Incombustible Luther: the image of the Reformer in early modern Germany', *PP* 110 (Feb, 1986), pp. 38-68, Scribner, *Popular culture and Popular Movements in Germany* (London and Ronceverte, 1987), pp. 323-53에서 재인쇄.
2) E. Wolgast, *Die Wittenberger Luther-Ausgabe: Zur überlieferungsgeschichte der Werke Luthers im*

468 종교개혁의 역사

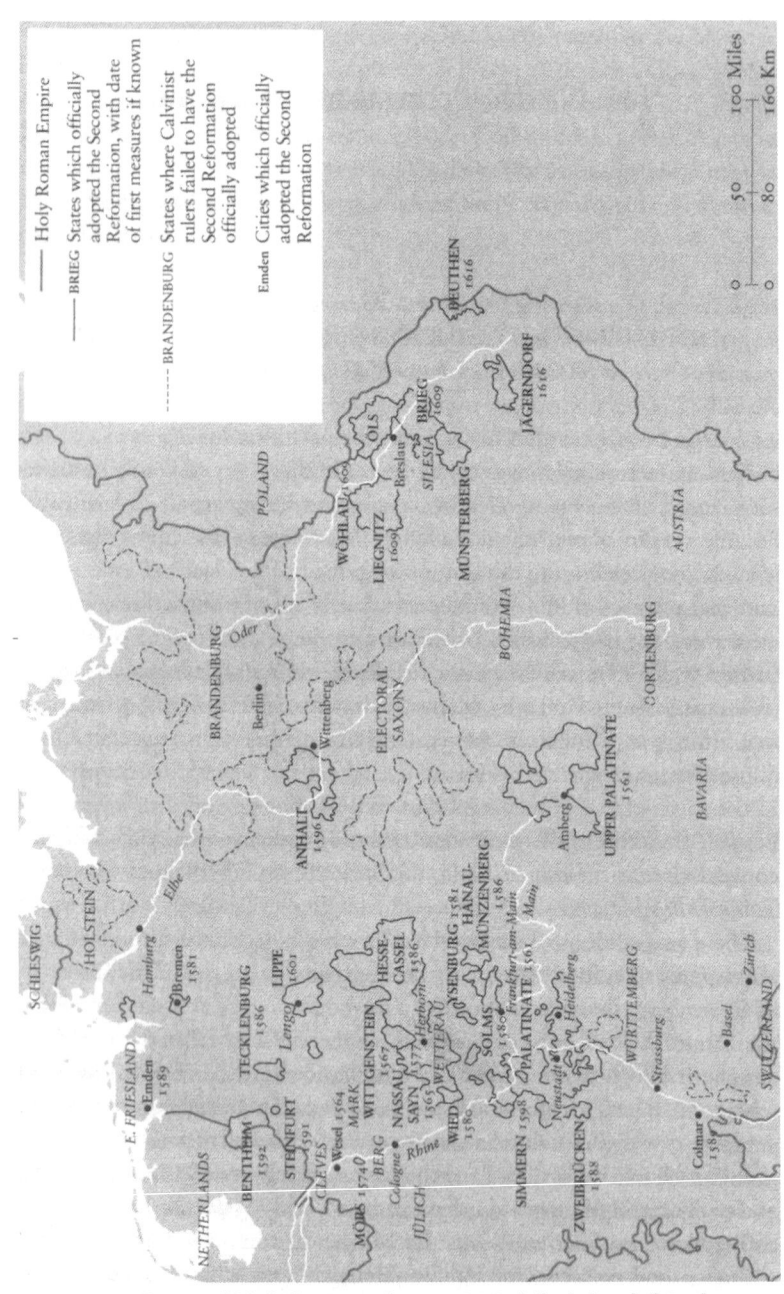

3. 제2종교개혁의 영토를 보여주는 1600년대 신성로마제국 지도

이러한 두개의 루터선집은 사실 상호비방의 분위기 속에 나온 경쟁작품이었다. 첫 번째 것은 비텐베르크대학 출판사로부터였고, 두 번째 것은 예나(Jena)에 있는 새로운 대학에 의해서 후원되었는데, 후자는 슈말칼덴(Schmalkaldic) 전쟁에서 1547년의 굴욕으로 상당 부분 줄어든 영토만을 소유하게 된 작센 지역의 이전 선제후 요한 프리드리히(Elector Johann Friedrich)에 의해 설립된 것이다(6장, p. 374). 이 두 개의 선집은 단순한 상업적 경쟁상대가 아니었다. 프랑크푸르트 도서박람회 마루를 지나 서로를 바라보고 있는 중요한 이 두 선집은 경쟁관계가 된 루터신학의 유산과 교리 본체로서 루터주의의 불확실한 미래를 상징했다. 이러한 경쟁을 더 복잡하게 만드는 것은 루터의 이전 동료로서 함께 일했던 필립 멜랑히톤(Philipp Melanchthon)의 독립적인 사상이었다. 우리가 이미 언급했던 것처럼(5장, p. 322, 338) 멜랑히톤의 사상은 기본원리에 대한 루터의 다루기 힘든(unruly) 주장들과 두 개의 주요 관점에서 마찰을 빚었다. 첫 번째 것은 구원에 있어서 인간의 역할이었다. 멜랑히톤은 하나님께서 인류가 하나님의 은혜를 수납하기 위해 자유의지의 방편을 발휘하기를 원하셨다는 자신의 주장을 담아내기 위해, 루터의 이신칭의 교리에 암시된 이중예정론에서 발을 뺐다. 두번째로 멜랑히톤은 성찬에서 빵과 포도주가 객관적으로 그리스도의 살과 피가 될 수 있다는 루터의 주장에 강한 의문을 제기하고, 아우크스부르크신앙고백의 1540년 수정판에 자기주장을 공개했다.

그러한 신앙의 기초적인 문제들에 대한 불일치는 치열한 싸움을 예기하는 것이었는데, 상황은 이 문제를 더 심각한 상태가 되도록 했다. 슈말칼덴 전쟁에서 루터교의 불행은 하나님이 종말을 준비하는 신자들에게 고난을 보내신 것이라고 비춰졌다. 이때에 하나님을 기쁘시게 하기 위해 바른 신앙을 찾는 것은 급박한 문제였다. 특히 하나님께서 아우크스부르크와 라이프치히의 1548년 잠정협정과 같은 통탄할 성질의 시험대를 세우셔서, 진짜 루터가 의도했던 바가 무엇이었는지에 대한 피할 수 없는 질문들로 궁지에 빠지게 하셨던 때가 그러했다. 그래서 1550년대를 통해 루터의 저작들로부터 진행된 비텐베르크판 선집은 멜랑히톤의 동조자인 게오르크 마요르(Georg Major)와 카스파르 크루치거(Caspar Cruciger)의 자산이 되었다. 반면 예나판 선집은 요한 프리드리히의 비타협적인 가신들과 연결되었는데, 이들은 이전 선제후와 같이 패배에 대해 격노하고, 스스로를 멜랑히톤과 같은 배교자에 대항하는 진정한 루터의 옹호자라고 생각했다. 예나 선집은 또한 '상대편'의 편집자를 영입했는데, 그는 비텐베르크 동료들의 관점에 동의하지 않게 된 게오르크 뢰러(Georg Rörer)였다.

후손들은 스스로를 '정통파 루터교'(gnesio-Luterans, 'gnesio'는 헬라어로 '진정한 것' [the real thing]을 의미)라고 생각하던 이들을 극우 루터파(Lutheran ultras)라고 칭했다. 반면 멜랑히톤처럼 루터에게 신실하게 남아있기 보다는 개신교와 연합하는 것을 더욱 원했던 사람들은 '필립주의자'(Philippists)로 분류되었다. 정통 루터파 신자로서 루터의 출생지에서 잘 알려진 아이스레벤 씨리아쿠스 슈팡겐베르크 (Einsleben Cyriakus Spangenberg)는 "루터는 사도 시대 이후로 세상이 가졌던 가장 위대한 최고의 선지자였다. 그리고 그는 그 시대 이래로 다른 모든 교사들보다 뛰어났으며, 하나님이 세우신 구약의 선지자들에 필적했다"는 놀랄 만한 주장을 준비했다.[3] 이러한 주의 깊고 분노하는 사람들의 우두머리는 히브리어 학자이자 역사학자인데, 그는 그의 크로아티아식의 이름(Matija Vlačić-Ilirik)을 라틴어화한 마티아스 플라키우스 일리리쿠스(Matthias Flacius Illyricus)로 널리 알려져 있다. 플라키우스는 루터의 파문 이후 로마와 절교한 해인 1520년에 태어났으며, 로마에서 성인기를 보냈다. 비텐베르크의 젊은 교수로서 플라키우스는 심각한 영적 위기로 고통당했다. 또한, 그는 처절한 인생의 고난의 시기를 지나면서 노년에 루터가 보여 준 호의적인 기억으로 인해, 멜랑히톤이 1548년에 시도했던 잠정협정을 더욱 거세게 반대했다. 플라키우스는 승리의 황제에 대한 순종에 저항하는 사람들의 근거지가 된 마크데부르크(Magdeburg)에서 자유롭게 그의 관점들을 표현하기 위해 비텐베르크 대학 교수직을 그만두었다. 그의 남은 생은 멜랑히톤 같은 타협자들에 대해 주저 없이 비판하는 삶으로 특징지워진다.

루터처럼 멜랑히톤도 플라키우스가 비텐베르크에 거하는 동안 그에게 선대했다. 그러나 플라키우스가 비참함 속에 헤매일 때, 그를 위로했던 것은 바로 이신칭의에 대한 루터의 선포였다. 그래서 플라키우스가 가진 루터에 대한 감사는 그로 하여금 인류가 외부로부터 오는 (법적적) 칭의에 의해 구원받았다는 것으로부터 '노예의지론'(bondage of the will)에 대한 가능한 가장 극명한 표현을 사용하도록 했다. 플라키우스에게 있어서 아담의 타락은 너무나 비극적이고 완벽했기에 인류는 사실상 본질 자체가 변화되었고, 이제 인간은 악마의 친척이 되었다. 인간은 시간이 종국을 향해 달려가는 만큼 점점 더 악해졌다. 플라키우스의 정통파 루터교에 대한 칭송자들 중의 어떤 사람들은 인류의 영적인 타락이 어떻게 물리적 기형 안에서 보여졌는지를 설명하기 위해 기형출생의

---

3) R. Kolb, *Martin Luther as Prophet, Teacher, Hero: images of the Reformer* 1520-1620 (Grand Rapids, 1999), p. 53. and Ch. 2, 루터의 추가적인 정통파 루터교 찬양에 대해서 곳곳에.

잘 알려진 동시대적 예들을 우울하게 지적했다.[4] 멜랑히톤이 이신칭의가 하나님이 자비롭게 허락한 인간의 자유의지, 곧 외부적인 믿음의 선물에 자신의 영혼을 스스로 여는 것을 막을 수 없다고 말했을 때, 플라키우스가 질겁하고 모욕감을 느낀 것은 놀랄 만한 일이 아니다. 유사하게 비텐베르크의 루터선집 편집자인 게오르크 마요르도 플라키우스가 비판하는 주요한 대상이 되었다. 왜냐하면 그가 인간의 선행이 의롭게 된 자들에게 하나님께서 외부적으로 수여한 믿음의 선물의 표라고 가르쳤기 때문이었다.

이러한 믿음과 행위에 관한 논쟁은 난해하게 들리지만, 이것은 이신칭의에 대한 종교개혁의 선포 안에 내재된 근본적인 문제로부터 발생한 것이다. 이 교리의 논리적인 결론은 율법과 규례에 의한 인간행위의 모든 제한들이 믿음의 선물에 의해서 구원된 자들과는 관계가 없다는 사상인 율법폐기론(antinomianism)일 것이다(3장, p. 198). 그러므로 율법폐기론은 아마도 모든 합의된 율법과 매일의 사회 제약들을 무시해도 되고, 궁극적인 구원을 확신해도 된다고 느꼈을 것이다. 1521-1522년의 비텐베르크 혼란(3장, p. 213) 때와 같이 이른 시기에 멜랑히톤은 이러한 이신칭의 교리가 실행에 옮겨졌을 때의 무질서한 결과를 보면서 불안을 느꼈고, 그것의 궁극적인 결과가 바로 루터의 구원 메시지에 자유의지 교리를 세심하게 회복하는 것이었다. 이 문제는 루터교에서와 마찬가지로 개혁파에서도 민감한 것이었다. 우리는 야코부스 아르미니우스(Jacobus Arminius)와 윌리엄 퍼킨스(William Perkins)의 사상에서 그들 자신의 다양한 대답을 발전시킨 것들을 보게 될 것이다(8장, pp. 498-505, 518-520).

구원과 성찬에 대한 루터교의 모든 내부적 논쟁들은 더욱 치열해졌는데, 이것은 1555년 아우크스부르크평화협정 이후 이러한 논쟁이 하나님의 은혜에 대한 다툼에서 뿐만 아니라, 제국 안에서 루터파 개신교의 새롭게 요구된 법적 상태를 소유하려는 정치적 싸움에서도 제기되었기 때문이다. 아직 심각한 상태에서, 루터교와 개혁파 개신교 사이의 논쟁의 배경에 맞서서 논쟁은 끝이 났다. 즉 1549년 성찬 합의(Consensus Tigurnus)로부터 10년 후의 시점, 곧 개혁파 신학의 떠오르는 투사 존 칼빈이 성찬 교리에 대해서 함부르크의 정통파 루터교의 요아힘 베스트팔(Joachim Westphal)과 언쟁할 때에 루터교 내부의 논쟁은 정리된 것이다(5장, p. 351). 칼빈은 상황을 더 복잡하게 만들었다. 곧 그는 예정설에 대해서는 단호하게 멜랑히톤에 반대하고 '본래'의 루터에 (따라서 정통파 루터교도

---

[4] P. M. Soergel. 'The afterlieves of monstrous infants in Reformation Germany', in Gordon and Marshall (eds), *Place of the Dead*, pp. 288-308, at pp. 292-3.

또한) 동의했는데, 성찬임재설에 관해서는 루터의 주장에 반대하고, 그것들을 수정하려고 노력한 멜랑히톤에게 공감했던 것이다. 결국 루터교 안에서 교리적 난국 해결을 위해 기울어진 복잡하고 뒤얽힌 논쟁들에서, 주류 루터교가 정통으로 결정했던 것은 바로 칼빈 또는 개혁파가 믿었던 것이었다. 만약 칼빈이 이것을 긍정했다면, (비록 공식적으로나 출판으로 자연스럽게 논쟁하는 방법을 사용하지는 않을지라도) 그들은 그것에 대해 공격했을 것이다.

루터교가 가진 성만찬에 대한 개혁파와의 싸움은 특히 심각한 것으로 드러났다. 개혁파는 그리스도의 물리적 몸과 피는 하늘에 있고, 또 그것들이 빵과 포도주의 형태로 세상 안 어느 곳에서든 존재한다는 것은 자연적이지 않다는 이유로 반대했다. 그러므로 강경파 루터교도들은 공격적으로 루터의 사상을 되살렸다. 츠빙글리와의 싸움에서 루터는 창조적으로 초대교회의 중요한 교리를 전개시켰는데, 이것은 예수 그리스도의 신성과 인성에 대한 복잡한 4, 5세기 논쟁들에서 가져온 것이다. 속성교류(Communication idiomatum)라는 용어로 잘 알려진 이 교리는, 그리스도의 양성의 연합으로 인해, 그리스도의 신적 속성들이 그리스도의 인성에도 속하게 된다고 주장했다. 이 교리적 원리를 성만찬에 적용함으로써, 어느 곳에나 있을 수 있는 것은 신성에 속한 속성이므로, 성만찬에서 그리스도의 물리적 몸과 피에도 이러한 속성이 나타난다고 주장되었다. 루터의 결정적 교리인 '그리스도의 편재'(ubiquity), 또는 어느 곳에나 있을 수 있는 그리스도의 몸의 성만찬에 있을 가능성(이미 츠빙글리가 공격하고, 칼빈의 기독교 강요에서 비꼬았던)은 당시 발전된 루터교 성만찬 교리의 중심 강령이 되었다.[5] 점진적으로 16세기 후반에 있던 성찬임재설을 둘러싼 논쟁에서, 당파심이 강한 독일 대학들, 즉 개혁파와 루터파 모두 루터가 그렇게도 경멸했던 중세대학의 분야인 형이상학 연구로 돌아가게 되었다. 왜냐하면 그들 각자가 논쟁에 착수하는데 필수적이었던 미세한 구분들을 다른 방식으로는 세울 수 없었기 때문이다.[6]

또한 개혁파가 가톨릭의 잔재라고 간주했던 몇 가지 예배의 모습을 루터교는 확고하게 긍정했다. 여기에는 세례와 결혼의 전통적 예식들, 죽음에 대한 기독교인의 승리를 선포하는 장례식, 운율에 맞춘 시편을 넘어서는 교회음악의

---

5) E.g. Zwingli in 1526 in G. W Bromiley (ed.), *Zwingli and Bullinger* (Philadelphia, Library of Christian Classics 24, 1953), pp. 218-22를 보라. 칼빈에 대해서 5장, p. 348 을 보라.

6) K. Jensen, 'Protestant Rivalry: metaphysics and rhetoric in Germany c. 1590-1620', *JEH* 41 (1990), pp. 24-43, 24-5, 30에서.

사용 그리고 많이 잔존해 있는 중세교회 예술과 심지어 전통적 서방의 위대한 협정을 포함한 성찬의 행위에 대한 관용 등이 포함된다. 성만찬은 그 자체로도 차이점을 강조할 수많은 기회를 가지고 있었을 뿐 아니라, 그것이 공동체의 연합을 상징하기 때문에도 그러했다. 개혁파는 성만찬을 위해 일반적인 빵 사용을 주장했다. 그러나 종교개혁 이전 서방교회에서 사용했던 것처럼 루터교는 특별히 구운 제병을 주장했다. 목사가 엄숙하게 빵을 자를 때, 최후의 만찬에서 그리스도의 제정의 내러티브에서 안전한 성서적 전례를 가졌던 전례적 행위의 작은 순간, 즉 빵 나눔(Fraction)을 개혁파는 대단히 강조하였다. 그들은 빵 나눔을 그의 공동체를 통하여 나누어졌던 그리스도의 은혜의 상징들로 간주했다. 그리스도께서 '그리스도의 편재'의 교리에 의해 빵 안에 육체적으로 현존했다는 그들의 확신 때문에, 루터교는 이것을 불쾌해했다. 그들은 빵 나눔을 하는 사역자를 그리스도의 몸에 대해 또 다시 공격을 수행하는 자라고 여겼다. 따라서 루터교 교리는 초기 종교개혁에서 일반적으로 사제주의의 위험한 상징으로 고려되었던 중세 성만찬 장면의 다른 순간을, 즉 그가 위를 향해 헌신의 기도를 선언할 때, 인도하는 목사가 성만찬의 빵을 높이 드는[7] 성체거양을 재생시켰다. 많은 개혁파가 종교개혁에 대한 루터교의 전체적인 태도를 수치스러운 것으로 여겼고, 심지어 그들이 개신교로 고려되어야 하는지에 대해 의아해 한 것은 전적으로 놀랄 만한 것이 아니었다.

독일 루터파의 이처럼 뚜렷이 구별되는 신앙과 실천의 양태는 루터교 교리를 확고히 하고, 개혁파로의 일탈을 배제할 수 있게 하는 신학적으로 리트머스 시험지 같은 역할을 했다. 그리고 루터교의 경계를 설정하고, 내부적 논쟁들을 극복하기 위한 노력이 시행되어야 했다는 것은 명백하다. 1570년경 루터교 신앙은 작센(Saxony), 브란덴부르크(Brandenburg), 뷔르템베르크(Württemberg) 그리고 부룬스빅-볼펜뷔텔(Brunswick-Wolfenbüttel)의 루터교 통치자들에 의해 고무되어, 다양한 루터교 이익단체들 간의 연속된 동의에 의해서 성공적으로 정제되었다. 이러한 것들은 협화신조(Formula of Concord) 안에서 정점을 이루었고, 브룬스빅 신학자 마틴 켐니츠(Martin Chemnitz)와 함께 튀빙엔(Tübingen)의 뷔르템베르크대학에서 선도적인 학자인 야콥 안드레아이(Jacob Andreae)에 의해 주요하게 조정되었다. 이것은 우선 1577년에 작센과 브란덴부르크에서 공식적인 지

---

7) S. Karant-Nunn, *The Reformation of Ritual: an interpretation of early modern Germany* (London and New York, 1997), pp. 118-24; H. Hotson, 'Irenicism and dogmatics in the Confessional age: Pareus and Comenius in Heidelberg, 1614', *JEH* 46 (1995), pp. 432-56, at 448-9.

위가 주어졌다. 비록 수십 년 후에 플라키우스 일리리쿠스의 강경지지자들은 멸시를 받으면서 그것을 지속적으로 고려했지만, 1580년 아우크스부르크신앙고백서의 50번째 기념일은 루터교 도시들과 공국들 사이에 이 신조에 대해 아주 광범위한 고수를 보존하기 위해 완전한 감정적 방편을 제공했다.

신조(Formula)를 구체화했던 1580년 합의서(Book of Concord)는 루터교 신앙을 정의했던 특정 핵심본문을 승인했다. 주목할 만한 사실은 이 신조 문구들 가운데 불과 세 개만이 실제로 루터가 직접 기록한 내용이었다는 것이다. 그 내용은 루터가 1529년에 저술한 소교리문답 및 대교리문답의 내용과, 또한 슈말칼덴동맹(Schmalkaldic League)을 창설하기 위해 1537년에 개최된 교회협의회(General Council of the Church)에 그가 제출한 반-로마 가톨릭 성격의 신조들이었다. 오늘날 개신교도들에게 매우 소중한 1520년에 작성했던 루터의 세 개의 위대한 논문과 그의 노예의지론(Bondage of the will)은 포함되지 않았다. 아마도 그것들은 루터 종교개혁의 실제적인 최종결과에 해가 되는 것으로 드러났을 것이다. 달리 거룩하게 주어지고 동의를 통해 공식적인 지위가 주어진 것은 바로 정통파 루터교의 혐오대상이었던 멜랑히톤의 작품들이었다. '수정 이전의' 1530년 아우크스부르크신앙고백서와 그것에 대한 멜랑히톤의 주석 그리고 그의 글 중에서 더 많은 반 교황적 작품들이 그것이었다. 그러므로 루터교 정통주의는 (멜랑히톤과 함께) 예정의 교리를 경시하는 것으로, 그리고 (멜랑히톤에 반대해서) 성찬에서 그리스도의 실제적인 임재를 확고히 하는 것으로 등장했다.

새롭게 자기정체성을 확인한 루터교는 비루터교가 '개혁파'(Reformed)라는 이름을 독점했던 것처럼 그들의 교회를 기술하기 위해 이전 일반 개신교 분류인 '복음주의'(Evangelical)란 표를 가져갔다. 루터교의 성취는 1600년까지 독일 대다수가 자신의 종교와 루터교를 일치시키는 데까지 나아갔다. 우리는 많은 칼빈주의 스타일의 '제2종교개혁'으로 알려진 저항에서 이에 대한 증명에 주목할 것이다(pp. 479-481). 존 보시(John Bossy)가 '북돋아진 전통주의'(an invigorated traditionalism)라고 기술했던 것에서, 일찍이 파괴와 제거의 시대가 끝났을 때, 루터교는 북쪽에서 후기 중세 서양교회의 많은 모양을 흉내냈다.[8] 삶의 전통적인 형식에 대한 종교적인 혁명을 결합시키고 규율의 안정성을 보장하는 것은 당시 중부 유럽에서 많은 집권 계급의 성공적인 노력을 보여 주는 것이었다. 유럽의 영주(Landesvater) 전통은 전반적으로 통치자들이 대서양 제도의 군주들

---

8) J. Bossy, 'The German Reformation after Moeller', *JEH* 45 (1994), pp. 653-84, at 679.

과 귀족보다 더 양심적이었다는 것을 의미했다. 개인적인 소득을 위해서가 아닌 공공의 목적을 위해 수도원, 예배당과 길드의 몰수된 부를 재배치했다. 이는 성직자 사례를 지급하는 것부터 병원과 학교를 지원하는 것까지를 포함한다. 실제로 어떤 루터교 통치자들은 심지어 종교적인 남성과 여성의 단체가 복음주의의 지도 아래서 그들의 공공생활을 지속하는 것을 허락하도록 했다. 그리고 중세 수도원들의 이러한 루터교적인 직계 후손들 중 일부는 현대까지 잔존했다.[9]

2. 독일에서의 제2종교개혁

　루터교회(Luther's Church)의 형성(실제로 재형성하는)에 대한 멜랑히톤의 필수적인 기여에 대하여 인정한다고 해도, 1580년 협화신조는 복음주의와 개혁파 사이의 연합에 대한 어떤 즉각적인 조망은 불가능하다는 것을 보증했다. 독일에 있는 상당수의 개신교 세속 통치자들이 루터교 교리의 폐쇄적 정의에 실망했기 때문에, 이러한 굳게 닫힌 상태는 더욱 불행한 것이었다. 동프리슬란트(East Friesland)의 안나 백작부인이나 헤센의 필립(Philipp of Hesse)의 방식으로 제3의 길을 추구하는 데로 기울어졌던 1540년대와 1550년대의 사람이라면 누구나 이제는 교리에 대한 완고한 루터교에 굴복하지 않는다면 당시 개혁파와 동일시되도록 강요되었을 것이다. 이러한 통치자로 먼저 주목해야 할 인물은 선제후 팔츠 프리드리히 3세(Elector Palatine Friedrich III)였다. 특별하게 유쾌한 비텔스바흐(Wittelsbach) 왕자였던 그는 1559년에 급작스럽게 일어난 그의 가문의 일 때문에 동쪽지역에 분산되어 있는 지역과 라인란트(Rhineland)를 계승한 선제후가 되었다. 프리드리히는 그의 새로운 책임과 힘에 의해 냉정해졌다(상당히 문자적으로). 그리고 열심히 성경을 읽고 개신교도로서 그가 믿었던 것을 자신을 위해 애써서 성취하려고 노력했다. 그러나 동시에 그는 멜랑히톤에 대해 동정하는 사람들을 만족시키려 했을 뿐만 아니라 중부 유럽에 개혁파 신학이 적합하다는 것을 증명하려 했던 교회를 정착시키려고 부단히 노력하였다.[10] 그의 목표를 달성하기 위해 그는 하이델베르크에 있는 라인란트 수도의 대학에 개신교

---
9) Chadwick, *Early Reformation*, pp. 168-9에서 예들이 주어진다.
10) Chdawic, *Early Reformation*, pp. 118-19 안에 프리드리히의 통찰력 있는 근거가 있다.

학자들 중 재능 있는 사람들을 선발했다. 특히 자카리아스 우르시누스(Zacharias Urisinus), 카스파르 올레비아누스(Kaspar Olevianus), 토마스 에라스투스(Thomas Erastus)와 이탈리아 망명자 지롤라모 찬키(Girolamo Zanchi)가 대표적인 인물이었다. 우르시누스는 '선제후의 교회법'(Elecor's Church Order)을 위한 고백적 진술로서 새로운 '하이델베르크교리문답'(Heidelberg Catechism)을 만들었던 팀을 이끌었다.

교리문답의 입안자들이 논의된 것 중 가장 논쟁적인 이슈였던 성례를 다룰 때, 그들은 강경파 루터교 교인들이 아닌 모든 동시대 개신교도들에 대한 안목을 가졌다. 그러므로 교리문답의 본문은 취리히(Zürich), 제네바(Geneva) 그리고 후기 멜랑히톤의 후원자들인 필립주의자들을 연합시키려고 했던 것을 포함했다. 그리고 그 중의 누구에게라도 불쾌하게 하는 어떤 것도 말하는 것을 피하려고 했다(그리고 만약 입안자들이 그들의 생각을 교리문답 안에 넣었다면 분명히 불쾌하게 할 문서가 존재했을 것이다). 이것은 1549년 성찬합의(Consensus Tigurinu)의 형태에서 타협의 신중한 행동이었다. 예상대로 이 교리문답은 마티아스 플라키우스 일리리쿠스의 분노를 얻었다. 아마도 정통파 루터교가 찬성하지 않은 덕분에, 하이델베르크교리문답은 비 루터교 국가들에서 고백적 진술로서 계속해서 놀라운 성공을 거두었다. 종교개혁 진영에서 만들어진 다른 어떤 진술보다도 많은 약 40개의 언어로 번역되었다.[11]

하이델베르크교리문답은 국제적 개신교 대화에 기여한 것 외에도 많은 공헌을 했다. 우르시누스는 그리스도인의 삶에서 '언약' 사상에 대한 하인리히 불링거(Heinrich Bullinger)의 논의를 발전시켰다. 이 언약사상은 개혁파 개신교에 커다란 영향을 끼쳤다(pp. 518-521). 하이델베르크교리문답은 또한 대서양 제도로부터 동유럽에 이르는 호의적인 교회들과 스위스를 연합하려는 지속적인 노력으로 불링거와 협동하였다. 1566년 불링거가 개혁파교회들을 위한 신앙의 새로운 진술을 입안했을 때, 팔츠 지역(Palatinate)은 특별히 불링거의 '제2스위스신앙고백서'(Second Helvetic Confession)를 통과시키는데 적극적이었다. 팔츠 지역들과 하이델베르크는 당시 경쟁자들에게 개혁파 신학의 중심으로 나타나고 있었다. 그리고 제네바에 대한 북쪽의 대체지역이 되었다. 개혁파 세계에서 제네바의

---

11) C. J Burchill, 'Zacharias Ursinus and the Reformation in Heidelberg', *JEH* 37 (1986), pp. 565-83, at 578-9. 좋은 논의를 위해 L. D. Bierma, *The doctrine of the sacraments in the Heidelberg Catechism: Melanchtonian, Calvinist, or Zwinglian?* (Studies in Reformed Theology and Hisotry new series 4, 1999).

실제 리더십은 1564년 칼빈이 죽자마자 줄어들기 시작했다. 그리고 1580년대부터 그 도시는 사보이(Savoy)의 가톨릭 공작들에 의해 심하게 애를 먹었다. 개신교 인구는 가파른 하락세에 들어섰다. 그리고 1590년대에 베자(Beza)가 여전히 존재했음에도, 제네바아카데미는 학생들과 국제적으로 유명한 교수들에게 별 인기를 얻지 못했다. 반면 학생들은 개신교 유럽의 아주 먼 지역으로부터 하이델베르크 대학에 떼를 지어 모였다. 그래서 1610년대까지 비 독일 학생단체의 3분의 1이 슬라브 동유럽으로부터 라인란트(Rhineland)로, 북쪽에 있는 리투아니아로부터 남쪽에 있는 트란실바니아로 여행을 했다.[12] 하이델베르크는 스스로를 두 번째이자 더 나은 비텐베르크(Wittenberg)로 여겼다. 비텐베르크는 반절 정도 완성되어 있던 루터의 종교개혁을 완성한 대학이었다. 이러한 생각을 찾아내면서, 현대 역사가들은 이것을 '제2종교개혁'으로서, 이미 존재하는 개신교를 개조하려는 자기의식적 종교개혁의 자극이 북유럽에 나타난 것으로 이야기했다.

하이델베르크와 팔츠의 이러한 전시 역할은 문제를 발생시켰다. 심지어 하이델베르크교리문답이 성공적으로 취리히와 제네바 사이의 성례 교리에 대한 1549년 합의를 강화시켰지만, 변종들은 교회와 공국의 질문에 대한 종교개혁 신학 안에 남아 있었다. 츠빙글리와 불링거가 취리히에서 발전시켰던 교회와 시 정부의 통합된 모델(3장, p. 219과 4장, p. 258)은 칼빈이 제네바에서 애썼던 이상(ideal), 곧 권력과 기능상의 분리 모델(5장, pp. 334-343)과 충돌했다. 하이델베르크에 현존했던 불링거의 평생친구인 토마스 에라스투스는 이 문제를 날카로운 형태로 제기했다. 그는 취리히 관례와 일치하여 죄인들에 대한 출교의 최종적 권위는 제네바 유형의 종교법원 안에 있는 교회의 권위가 아니라 세속 행정장관들에게 있다고 선포했다. 에라스투스주의의 이러한 원래 진술은(어떤 단어는 자주 당시에 국가지배교회에 대한 어떤 신앙을 기술하는 느슨한 의미로 잘못 사용되었다) 1568년 제네바교회에 열광했고, 그 후에는 하이델베르크대학에 있었던 잉글랜드인 조지 위더(George Wither)의 분노를 불러 일으켰다.

더 쓰라리게 이어진 일은 우르시누스를 매우 곤경에 빠뜨렸다. 팔츠의 가장 저명한 신학자로서 그는 자연스럽게 취리히와 제네바 양쪽의 대화를 공개된 채 두는 것을 두려워했다. 팔츠와 독일의 어떤 곳에서든지 종교개혁 운동은 공공연히 제네바에서 있었던 칼빈의 것보다 세속 통치자의 주도에 더욱 의존했

---

12) Murdock, *Calvinism on the Frontier*, p. 48. 제네바의 인구감소에 대해, Cottret, *Calvin*, p. 160.

었다. 그리고 종교법정의 힘은 선제후 프리드리히처럼 왕자들과 주의 깊은 균형이 유지되는 것이 필요했다. 이것은 제2종교개혁의 중대한 형태를 괴롭혔던 문제였다. 1570년 이후 에라스투스의 정당이 심하게 손상되었을 때, 비록 그것이 우르시누스에게는 유익이 되는 일이었지만, 우르시누스는 단지 제네바의 장로교 제도의 변경된 형태를 라인란트로 가져오려 한 절충안을 점차적으로 입안하려 했던 것이다. 그리스도와 삼위 하나님의 관계(Christ's relationship to the Godhead)에 대한 아리우스의 견해(Arian view)에 대한 장려에 대해 이러한 절충안을 지지했던 성직자들은 실형을 선고 받았고, 어떤 사람은 참수를 당했다.[13] 우르시누스와 찬키는 1570년대에 유럽에 있는 모든 개혁파교회들을 위한 하나의 신앙고백을 만들려고 시도했었다. 왜냐하면 당시 루터교도들이 협화신조를 만들기 위한 협상에 함께 모였기 때문이었다. 결국 제네바에서『신앙고백서의 조화』(Harmony of confessions)를 출판했다. 그러나 존재하는 신앙고백서들의 대요(compendium)는 당시 개혁파로서 고려될 수 있었던 교회들의 범위를 보여주는 데에만 중요했다. 이러한 범위에는 독일, 스위스, 네덜란드, 프랑스의 신앙고백서들뿐만 아니라, 대서양제도의 신앙고백서들도 포함했다. 그래서 조화롭게 착수된 그 본문들 사이에는 잉글랜드국교회의 39개조 조항도 포함되었다.

한 명의 통치자가 승계될 때 팔츠에서 종교개혁 운동의 한 단계 더 높은 시도는 공식적인 의견을 통해서 급속히 움직였다. 1576년에 죽은 프리드리히 3세의 큰 형이면서 그의 계승자인 선제후 팔츠 루트비히 6세(Ludwig VI)는 반대로 개혁파 성직자와 학교들에 대한 호의를 박탈함으로써 많은 만족을 누렸던 루터교 신봉자였다. 우르시누스 같은 저명한 인사들은 열정적인 개혁파 개신교도였던 루트비히의 동생인 요한 카시미르(Johan Casimir) 백작이 통치하는 노이슈타트(Neustadt)의 작은 이민족 거주지에 강제로 피신하도록 했다. 루트비히의 젊은 아들 프리드리히 4세의 선제후 계승 차례에 주요 통치자로서 요한 카시미르가 팔츠 전지역으로 그의 세력을 늘릴 수 있었을 때, 개혁파 성직자들은 1583년에 그들 스스로를 거듭 단언하는 기회를 가졌다. 백성들의 많은 분노로 인해 되돌아온 목사들은 그들의 승리를 선제후 영토의 교회에서 여전히 남아있는 중세의 방식을 파괴하는 지속적인 운동과 함께 축하했다.[14]

뒤얽힌 팔츠의 이야기는 중부 유럽에서는 영토가 그의 종교를 결정한다(cuius

---

13) Burchill, 'Ursinus and the Reformation in Heidelberg', pp. 573-4.

14) T. Johnson, 'Holy fabrications: the catacomb saints and the Counter-Reformation in Bavaria', *JEH* 47 (1996), pp. 274-97, at 285.

region eius religio)는 원리의 완고한 실제를 보여 주었다. 독일의 제2종교개혁은 스코틀랜드나 프랑스 또는 네덜란드에서의 경우처럼 로마 가톨릭에 대항하여 사회적으로 광범위하게 기반을 둔 동맹보다는 주로 아주 적은 제국도시들의 왕자들과 공작들 그리고 지도자들의 개신교에 관한 두 번째 생각으로 구성되었다. 이러한 독일 세속 엘리트들과 그들의 개혁파 설교자들은 루터교 의식에 대한 깊은 경멸을 느꼈다. 브란덴부르크(Brandenburg)의 선제후 요한 지기스문트(Johann Sigismund)가 루터파에서 개혁파로 전향했을 때, 위대한 팔츠영지에 있는 신성하고 고명한 하이델베르크 법정설교가인 아브라함 스쿨테투스(Abraham Scultetus)는 의욕을 가지고 교황의 남은 배설물은 그리스도의 마구간으로부터 완전히 제거해야 한다고 비꼬아 말했다.[15] 개혁파는 각 지역교회의 종교예식을 개혁하고자 하였다. 우선 예복을 단순화하고 교회의 실내 장식물들을 제거하였다. 이로 인해 그들은 자주 전통주의자들과 지역관습에 자부심을 가진 사람들의 반대에 부딪히게 되었다. 루터교 성직자들은 개혁파의 주장을 거부하며 돌아섰고, 곧이어 자신들의 목적에 따라 루터교 예식 규범을 형성하였다. 1566년 프랑스와 네덜란드의 열정적인 군중들이 개혁파 종교에 폭력을 지원했던 아주 동일한 시기에, 팔츠 당국 관계자들이 자신들의 종교적 신앙을 주장하고 위쪽 팔츠의 주요 도시이자 화려하고 보수적인 루터교 도시인 뉘른베르크(Nuremberg) 동쪽의 중요한 도시인 암베르크(Amberg)에 있는 교회들로부터 형상들을 제거하려고 노력했을 때, 폭동이 있었다(사진 6번). 이후 수십 년 동안, 암베르크는 그 지역의 개혁파 선제후들의 몸의 가시로 남아 있었다.

그러한 대중적 폭동의 표현은 수십 년 후에 칼빈화된 지도자들이 개신교 독일에서 변화를 선포했던 곳 어디에서나 지속적인 패턴이 되었다. 헤센주 카젤(Hesse-Kassel)의 백작 모르티츠(Grandgraf Mortiz)가 그의 영토(유명한 그의 할아버지 필립 백작[Randgraf Pilipp]의 이전 헤센주 영토의 대부분)를 통해 철저한 개혁파교회를 소개하려고 했을 때, 1605년 모르티츠에 의해 유발된 폭력적인 저항은 전환점이었다. 비록 모르티츠가 수도원을 포함한 종교개혁 교회조직을 설립하는 데 실제적으로 성공했지만, 헤센 카젤의 대단한 대중적 분노로 인해 그가 겪은 어려움은 유사한 법률을 고려하는 다른 개혁파 통치자들을 주저하게 만들었다. 10년 후에, 칼빈주의로 개종한 브란덴부르크 선제후 요한 지기스문트는 독일의 경험을 선도했다. 아브라함 스쿨테투스의 조언에 따라 그는 브란덴부르크

---

15) B. Nischan, 'The Second Reformation in Brandenburg: aims and goals'. *SCJ* 14 (1983), pp. 173-87, at 186.

에서 전체적 변화를 위한 계획을 포기했다. 스쿨테투스는 그가 그들의 루터교 국가의 교구들을 손대지 않고 떠나야 한다고 조언했으나, 그는 부하들의 본보기가 되기 위해 단지 베를린의 궁정 예배와 대성당만을 개혁했다. 그러나 이것마저도 옛 선제후 요아킴의 단편적인 종교개혁 이후에도 예배에서 중세의 화려함의 많은 부분을 오랫동안 유지했던, 제국 안에 있는 가장 보수적인 루터교 주들 중 하나인 이곳에서는 폭발적인 변화였다(5장, p. 319). 선제후는 베를린으로부터 격노한 폭동을 접하게 되었고, 그의 칼빈주의 목사들은 집을 약탈당했다.[16] 스쿨테투스는 1620년에 선제후 팔츠 프리드리히 통치 하에 있는 프라하(Prague)에서 동일한 정책을 입안했는데, 더욱 재앙적인 결과를 가지고 왔다(11장, p. 595). 실제로 1605년 헤센주 카젤에서의 백작 모리츠가 주도한 일의 힘든 결과 후에, 17세기 어떤 유럽 통치자들도 다시는 그의 영토의 공식 종교를 안정적인 군사력의 사용없이 바꾸려고 시도하지 않았다. 단지 독일뿐만 아니라, 대륙 전체에서 대중적이며 종교적인 관습들은 당시 종교개혁과 반종교개혁에 의해 생성된 각종 형태에서 견고하게 되었다. 그리고 그것은 그들을 변화시키려는 왕자의 결정들보다 더 많은 것을 소유했다.

따라서 북유럽 개신교의 분열은 반대되는 습관과 삶의 양식 안에서 굳어졌다. 루터교도들은 자주 종교개혁의 형제들보다 로마 가톨릭에 대해서 더욱 호의적이었다. 두 개신교 진영 사이의 멀어짐과 적의는 독일 영토의 북서쪽에서 중요한 위치와 함께 북부 독일과 스칸디나비아(Scandinavia) 사람들에게 중세 초기 기독교의 첫 번째 선교의 바로 그 심장부였던 브레멘(Bremen)의 부유한 무역항에 있는 성당의 기구한 운명에 의해서 보다 더 상징되는 것은 없었다. 브레멘은 1530년에 가톨릭 대주교의 반대에 대항해 루터교 운동으로 넘어갔다. 그러나 1561년까지 엘리트 상인들 사이의 개혁파 신앙의 성장은 필연적으로 성만찬이 중심이 된 맹렬한 개신교 내 논쟁들 이후 도시의 통제를 개혁자들의 손에 넘겼다. 그러나 성당의 귀족 정치적 규범은 충실한 루터교도들에게 남아 있었다. 도시와 교회 당국 사이의 충돌은 건물 문들을 닫아 예배자들이 들어오지 못하도록 하는 결과를 낳았다. 1561년 이후 놀랍게도 77년 동안 문이 잠기고 조용해진 거대한 교회는 두 개의 주요 도시 시장의 바쁜 삶에 그늘을 드리웠기 때문에 교회 실내장식의 중세 보물은 훼손되지 않은 채 보존되었다. 단지 1638년 덴마크 루터교 군대의 침공은 개혁파 도시 당국자들로 하여금 아주 조금씩 그 도

---

16) Michalski, *Reformation and Visual Arts*, pp. 84-5: 그리고 지속된 암베레크(Amberg)로부터 유사한 사건들의 목록들.

시에서 많은 신념을 가진 루터교 교인들을 복음주의적 예배를 위해 한 번 더 성당을 사용할 수 있도록 허용했다.

3. 발트해의 종교 전쟁: 폴란드-리투아니아와 스칸디나비아

제7장 457-462쪽에서, 우리는 1570년경 폴란드-리투아니아 연방이 고백주의(Confessionalization)를 향한 유럽인들의 추세에 역행하고, 그들이 헌법의 관용을 간직하도록 했던 사건의 추이를 따라갔다. 위대한 현대 폴란드의 역사가 야누쯔 타츠비르(Janusz Tazbir)는 16세기와 17세기 당시 기념비적인 연방에 대해 설명했다. 연방은 화형이 없는 나라였다. 가장 큰 일반화에서처럼 예외를 발견하는 것은 쉬운 것이다. 때때로 비록 비정상적인 상황에서지만 오히려 사람들은 연방 안에서 그들의 종교를 위해 죽었다. 예를 들어 1611년 이탈리아 개혁파 개신교도였던 프랑코 드 프랑코(Franco de Franco)라는 젊은이가 빌노(Wilno)에서 진행된 가톨릭 행렬에서 거의 자살적 행동으로 자행한 반대 시위에 대한 처벌로 죽임을 당했다. 동년에 루테니아의 아리우스주의자(Ruthenian Arian) 이반 티쉬코비취(Ivan Tyschkovitch)는 이례적으로 심각했던 당파적 불화가 그의 종교적 신념에 주의를 기울인 이후에 바르샤바에서 파문되고 화형에 처해졌다.[17]

그러나 비록 이러한 이야기들이 1612년에 잉글랜드의 철학자이자 왕인 제임스 1세가 여전히 두 명의 반삼위일체주의자들을 화형시키려는 명령을 준비하고 있었던 동시대의 서유럽을 생각나게 했지만, 서유럽인들은 스페인의 도미니크수도사인 데미안 폰세카(Damian Fonseca)가 당면하고 깊이 당황하게 되었던 상황에 대해 준비가 거의 되어 있지 않았다. 연방의 도미니크수도사들의 공식적 방문 경로에서, 그는 대공국의 대단한 거물인 미콜라이 에지 짜르토리스키(Mikolaj Jezy Czartoryski) 왕자의 궁전을 방문할 기회를 얻었다. 짜르토리스키 가문은 비교적 최근에 정교회에서 가톨릭으로 전향한 개종자들이었다. 데미안 수도사는 그의 자녀들 중 한 명에게 세례를 주기 위해 거기에 있었다. 그러나 그는 긴 음주 축하연을 하며 편하고 친근한 관계를 즐기는 가톨릭과 정교회 그리고 아리우스주의 귀족들을 여전히 발견했다. 수도사는 아리우스 신앙을 가

---

17) Davies, *God's Playground*, pp. 187-8. J. Tazbir, *A State Without Stakes: Polish Religious Toleration in the Sixteenth and Seventeenth Centuries* (New York, 1973), pp. 118-19는 두 개의 다른 복잡한 경우들을 기술한다.

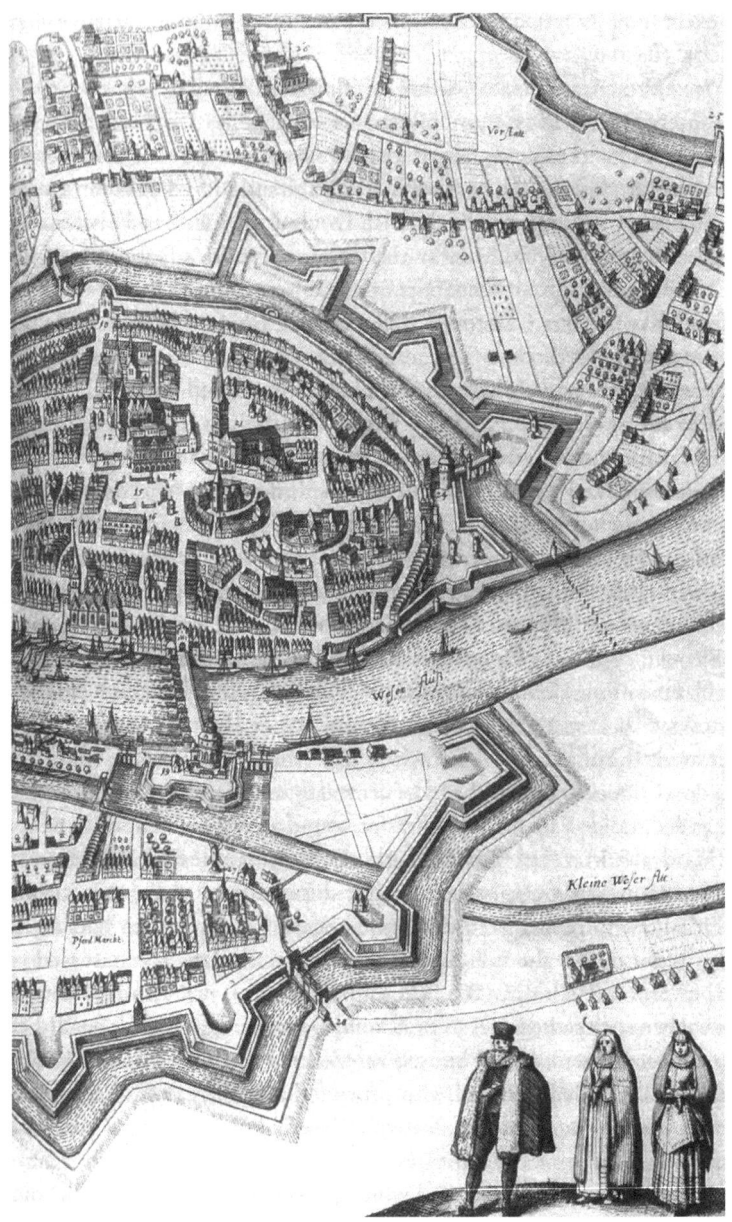

1653년 브레멘의 조감도(A Bird's-eye plan)는 어떻게 성당(두드러진 하나의 첨탑을 가진 큰 교회, 21번)이 도시의 동쪽 절반과 시장에 주도권을 행했는지를 보여준다. 성당의 서쪽에 있는 쌍둥이 탑 중에 하나는 오랜 폐쇄기간동안 붕괴되었다. 그리고 19세기까지 다시 지어지지 않았다.

졌던 다른 손님과 함께 그리스도의 신성에 대해 논쟁하도록 요청되었다. 스페인에서는 익숙하지 않은 경험이었다.[18] 폴란드에서는 반삼위일체 옹호자들이 정상적으로 농노를 소유한 귀족들이었다는 매우 실천적인 이유 때문에, 신자들이 농노를 소유하는 것이 정당한지 그렇지 않은지에 대해 급진적인 반삼위일체주의자들이 교회에 모여 논증하는 것은 필수적이었다. 이것은 모라비아에 있는 공공의 부르더호프(Bruderhof)에서 겸손한 후터파(Hutterite) 장인들과는 매우 다른 급진적 기독교 형태였다.[19]

폴란드는 소수파 교회(Minor Church)와 라코프아카데미(Raków Academy)가 번성했던 땅이다. 이 온건한 유니테리언주의(Unitarianism)의 중심인물은 이탈리아에서 망명한 파우스토 파올로 소치니(Fausto Paolo Sozzini)였다. 그는 1579년부터 1604년 사망할 때까지 이곳을 자신의 영구한 거주지로 삼을 수 있었다. 소치니는 그의 삼촌이었던 렐리오 프란시스코 마리아 소지니(Lelio Francesco Maria Sozini, 철자가 다른 것은 단지 관습적으로 있었던 일이다)의 가르침을 체계화하고자 하였다. 그의 삼촌은 그리스도의 신성을 부정하며 부상했던 급진주의 세대를 대표하는 인물이었다. 이런 사상은 1540년대 이탈리아에서 있었던 신령주의(Spirituali) 운동이 극심한 핍박을 받았던 그들의 마지막 시기에 나타났었다(5장, p. 455). 그러한 급진적인 관점은 오래 전에 이탈리아에서 유행하던 것이었다. 그러나 비록 젊은 소치니는 1598년에 크라코우로부터 폭도가 된 자신을 발견했지만, 그후 자신을 보호했던 폴란드에 있던 유력한 친구를 사귀었다. 유니테리언교도들이 자주(악용해서) '소시니안'(Socinians)이라고 구분했던 것은 그에게서 유래한 것이었다. 이러한 구분은 초대교회의 기독교의 형식화에 대한 다수의 의문들을 가져왔고, 17세기 말에 종교개혁의 확실성의 해명에서 아주 중요한 것으로 판명된 것이었다(17장, p. 885).

스테판 바토리(Stefan Bathory) 왕은 비록 종교 갈등을 종식시키기를 원했지만, 정치적으로나 군사적으로 그렇게 할 수 있는 위치에 있지 않았다. 그는 폭력, 불 그리고 칼에 의해서가 아니라 훈계와 선한 본보기에 의해서 로마 가톨릭교회의 부흥을 장려하기를 원했다. 이러한 그의 시도는 1564년에 시작되었고, 그것은 그가 왕위를 계승하기 이전에 이미 확장되었던 폴란드 안에서의 예수회

---

18) Kłoczowski, *Polish Christianity*, p. 123.
19) 이비(Iwie- 지금은 벨라루스의 이비[Ivye])의 총회의 논쟁들에 대해, Naphy, *Documents*, pp. 105-9.

사역을 적극적으로 장려하는 계기가 되었다.[20] 그는 개혁파교회가 가장 왕성했던 도시로서 기꺼이 선택된 폴로츠크(Polotsk), 리가(Riga) 그리고 도르팟(Dorpat)에 있는 연방의 가장 북동쪽에 있는 세 개의 주요 대학들의 설립에 대한 책임이 있었다. 그리고 17세기 초에 모든 중요한 도시들(연방 전역에 흩어진 24개 이상의)에 예수회 학교가 있었다. 1570년대부터는 예수회가 운영하는 학교(단과대학[university college])가 대공국의 주요 도시였던 빌노(Wilno)에 세워졌다. 루터교와 개혁파 학교들은 이러한 거대 규모의 교육사업과 경쟁할 수 없었다.

만약 어떤 것이 귀족과 대중적 개신교 진보를 거꾸로 돌려놓았다면, 그것은 국제적 수준에서 결정된 교육과정을 수용하고 최상의 국제적 표준을 보장하는 아주 양질의 교육을 제공한 예수회가 한 것이었다. 엘리트들은 그들의 자녀에 대한 야심이 그들의 자녀들에게 가톨릭이 주입될 것이라는 의심보다 더 컸기에, 그들의 자녀를 그러한 학교에 보내기 시작하는 것은 당연했다. 또한 그렇게 잘 교육받은 아이들이 로마 가톨릭 신앙으로 점차 전향하는 것도 당연했다. 의식적으로 예수회와 다르고, 예수보다 더 실천중심적인 교육과정을 가지고 가난한 자들을 교육하는데 헌신한 피아리스트회(Piarists)로 알려진 계급이 로마로부터 중부 유럽과 이후에 폴란드에 도착했을 때, 17세기 동안 교육에 대한 노력은 두 갈래로 나뉘었다. 그들은 폴란드에서 특별히 많지는 않지만 직함과 고대 귀족 조상을 두었던 더 큰 귀족의 비율에 눈을 돌리도록 했다.[21] 교육의 효과는 자선사업과 다양한 종류의 부흥된 종교적 계급, 특히 수도사들로부터 설교의 도움을 받았다. 반면 밀폐된 수도원의 초라해진 위상을 다시 세우는 여성 명상공동체의 왕성한 복구가 있었다. 모든 광범위한 유럽문화와 반종교개혁에 대한 헌신적인 재원은 폴란드에서 전통적인 의식을 강화시킬 수 있었다. 그래서 성지순례는 남유럽에서처럼 17세기 초에 위대한 부흥을 경험했다. 그리고 17세기 말에 재건축한 성모 마리아 성당과 갈보리의 야외박물관이 연방 전체에 걸쳐서 수백 개나 되었다. 순례 예배는 폴란드와 리투아니아 가톨릭의 특징으로 남아 있다.[22]

---

20) G. W. Searle, *The Counter Reformation* (London, 1974), p. 146.

21) Davies, *God's Playground*, p. 168. 이 연대에 대하여 D. Tollet, 'Cohabitation, concurrence et conversion dans la confédération polono-lithuanienne au tournant ds XVIe et XVIIe siécles', in E. Andor and I. G. Tóth (eds), *Frontiers of Faith: religious exchange and the constitution of religious identities 1400-1750* (Budapest, 2001), pp. 67-78를 보라.

22) Davies, *God's Playground*, pp. 170-1; Kłoczowski, *Polish Christianity*, pp. 111-12, 142-9.

제8장 북쪽: 개신교 중심지

스테판 바토리의 가톨릭 부흥을 향한 적절한 호의는, 1587년 국회에서 궁지에 몰린 합스부르크 왕가를 지키려는 통상적인 노력들이 스웨덴의 왕 요한 3세(Johan III)의 아들의 선출로 결과 지어졌을 때, 훨씬 더 당파적인 가톨릭 군주제에 의해 대치되었다. 그는 폴란드의 지기스문트 3세(Sigismond III) 왕이 되었다. 지기스문트 3세는 폴란드 왕위에서 바사 왕조의 첫 번째 인물이고 로마 가톨릭의 열렬한 후원자였던 그의 어머니 야기에오(Jagiellon)를 따랐다. 폴란드 왕으로서 지기스문트의 40년 이상의 통치기간 동안, 습관적으로 의회의 일원으로서 가톨릭 신자를 선택하기를 선호하고 새롭게 세워진 왕실재판소(Crown Tribunal)로 하여금 합법적인 의사결정으로 개신교에 치명타를 입히는 것을 허락한 왕조는 (헌법이 허락하는 한에서) 개신교를 차별하기 시작했다.[23] 빌노아카데미의 이전 학장이요, 당시 왕실목사이며, 무서운 설교가였던 예수회 신부인 피오트르 스카르가(Piotr Skarga)는 제왕교권설 신봉자(Regalist, 제왕의 교회 지배권을 인정)의 관점에서 지기스문트가 연방의 헌법을 비난하도록 격려했다. 왜냐하면 그 헌법이 왕권을 제한하고 가톨릭 신앙을 축소시켰기 때문이었다.

지기스문트가 세습 군주제를 설정하고 주요한 서유럽 왕조들의 방식으로 군사력과 재정적 재원들을 축적하려 한 분명한 갈망에 대해 분노한 귀족으로부터 무장저항을 받게 된 것은 놀라운 일이 아니었다. 또한 합스부르크 왕가의 신부를 얻는 것은 그 문제를 돕지 못했다. 1606-1609년의 내부 전쟁의 결과는 왕가의 야망을 억제하였다. 그러나 그것은 후에 치명적인 분할을 시작하는 연방에서 헌법의 섬세한 균형을 약화시키기 시작했다.[24] 귀족과 군주 사이의 싸움도 가톨릭의 꾸준한 진전을 저지하지 못했다. 유럽 안에 있는 모든 곳에서처럼 왕실의 영광은 귀족들의 구미를 당기는 것으로 작용했지만, 귀족들은 왕실의 권력에 맞서는 부단을 노력을 했다. 바르샤바에 있던 궁정의 삶으로 들어가는 입장권이 로마 가톨릭 신앙을 고백하는 것이라면, 그것은 가톨릭을 받아들이게 되는 강력한 유혹이 되었다. 게다가 그곳에는 사랑하는 자식들이 양질의 가톨릭 교육을 받도록 예수회에 의해 제공된 수많은 기회들이 있었다.

1590년대에 연방 안에서 가톨릭의 하나의 위대한 승리는 로마 가톨릭교회 아래에서 정교회 신자들과 대규모로 연합하게 된 사건이다. 키에프(Kiev)에서 대주교와 함께 한 우크라이나정교회는 전에 콘스탄티노플 총주교의 관할 아래

---

23) Kłoczowski, *Polish Christianity*, pp. 111-12.
24) Davies, *God's Playground*, pp. 340-3, 357-60.

있었다. 그러나 그들은 15세기 비잔틴제국의 멸망으로 고통을 당했다. 그리스와의 연결은 감소되었다. 그리고 그 감소는 야기에오와 군주들과 모스코바(대공국)에 있는 지난 독립 정교회 통치자 사이의 갈등에 휩쓸려 주요 도시들은 독립을 유지하기 어려웠다. 교회 규율은 고통을 당했다. 그리고 대공국의 많은 정교회 귀족들은 가톨릭으로 전향했다. 어떤 사람들은 심지어 개신교로 전향하기도 했다. 모스코바 공국의 황제 표도르(Tsar Feodor)는 콘스탄티노플의 예레미야(Jeremiah) 총주교로 하여금 1589년에 모스코바에서 총주교직을 인정하도록 설득했다. 연방 안에서 정교회의 상황은 특별히 거북스럽게 되었다. 예레미야 총주교가 1588년 연방의 루테니아 지역을 통과해서 모스코바로 여행한 일은 논쟁의 원인이 되었다. 왜냐하면 루테니아 성직자를 훈련시키려는 그의 선의의 시도들은 교회가 모스코바와 콘스탄티노플 모두로부터 새롭게 외부적 간섭을 받는 미래의 모습을 보여주었기 때문이었다.[25]

따라서 여러 명의 루테니아 주교들은 예수회가 1570년대 이래로 의뢰해 왔던 가능성, 즉 로마교회와의 연합 형식을 위한 제안을 더욱 호의적으로 보기 시작했다. 1439년 플로렌스에서의 협상 이후에 동방과 서방교회 사이의 (성공하지 못한) 연합이 선포된 적이 있었다. 그러나 15세기에 그 연합을 무효화했던 정교회 국가들에 대한 대중적인 분노는 다가올 문제들을 암시했다. 1596년 주교들은 브레스트(Brest)에서 로마교회 대표단과의 연합을 위한 조항들에 결론을 내릴 수 있었다. 반면 정교회 사제들 대다수의 지원을 받은 다른 무리는 맹렬히 그 협상에 대한 실효(失效)를 선언했다. 1596년 10월 8일 브레스트 연합(Union of Brest)은 최종적으로 승인되었다. '그리스가톨릭'(Greek-Catholic, 흔히 합동동방교회 [Uniate Church]로 알려진) 교회에서 연합을 지지한 사람들은 트리엔트공의회의 성만찬 교리와 교황지상주의를 받아들이는 데 동의했다. 그리고 로마에 있는 교황청의 규율을 받아들이는 것에 동의했다. 대신에 지지자들은 그들의 슬라브어 전례와 구분된 감독 계층구조를 보유했고, 교구성직자는 로마에 순종하는 서방 성직자와는 반대로 결혼의 권리를 지속적으로 가졌다.

이것은 반종교개혁의 가장 위대한 성취들 중의 하나로 지기스문트 왕에 의해 그리고 연방의 세속적 능력(교황의 외교관들은 1597년에 이집트에 있는 콥트교회의 구역과 유사한 동의를 계속해서 공작하려고 했다)에 의해 고무된 오래되고 그리고 주

---

25) B. A. Gudziak, *Crisis and Reform: the Kyivan metropolitanate, the patriarchate of Constantinople, and the genesis of the Union of Brest* (Cambridge MA, 1998).

의 깊은 준비의 결과였다. 그리스가톨릭은 그들이 약속받은 모든 것을 얻지 못했다. 그들의 주교들은 연방 의회에 자리를 부여받지 못했다. 그래서 그 약속은 로마의 속임수이고, 특히 연방 전역을 통해 힘을 얻은 서방 의식의 로마 가톨릭에 의한 무감각한 배교이므로, 이를 취소하려한 것은 그 연합을 받아들이지 않은 사람에게는 더욱 쉬운 것이었다. 갈등이 계속되었을 뿐 아니라, 심지어 폭동으로 이어지기도 했다. 1623년 폴로츠크(Polotsk)의 강력한(호전적이라고 말하지 않고) 합동동방교회의 총주교였던 요사팟 쿤체빅(Josaphat Kuncevyc)의 살해사건으로 이러한 갈등의 폭은 더 증폭되었다. 합동동방교회는 저항했고, 많은 주교들은 우수한 가치를 가졌던 사람들이었다. 그러나 로마 가톨릭의 서방 의식을 수용하도록 하는 신실한 결정이나 독립적인 동방정교회(Orthodox Church)로 되돌아가는 것이 여전히 남아 있었다.

특히 연합의 해에 태어나, 파리에서 교육을 받고, 폴란드 군대에서 복무하고 정교회 수도원에 들어갔던 사해동포주의자(cosmopolitan)인 몰도바의 귀족 피오트르 모힐라(Piotr Mohyla)의 강력한 리더십 아래서 연합으로부터 남아 있었던 정교회는 부서진 교회조직에 다시금 활기를 북돋았다. 탁월한 가톨릭교도들은 여전히 관용에 대한 연방의 약속을 자랑스러워했는데, 이들은 비타협적인 가톨릭교도였던 지기스문트의 죽음 이후에 지기스문트의 아들인 블라디슬로프 4세(Wladyslaw IV)가 정교회 주교들의 독립적 성직계급 제도를 공식적으로 인정하도록 하기 위해 정교회 귀족들과 연합했다. 왕실의 '평화조약'(Articles of Pacification, 완고한 가톨릭, 특히 예수회가 몹시 반대하였던)에 대한 왕의 새로운 승인으로 모힐라는 키에프(Kiev)의 대주교(Metropolitan)가 되었다. 두드러진 폴란드 군주에 대한 충성과, 궁지에서 모스코바 주교직을 지키도록 준비된 이후에, 그는 서양 문화에서 정교회에 유용한 것이 무엇인지 볼 수 있게 되었다. 그래서 그는 키에프에 대학을 세웠다. 이 대학은 서방교회의 대적들과 겨룰만하도록 정교회를 준비시키기 위해 예수회의 교육 방식을 따라 가르쳤다. 그것은 현대 정교회 세계에서 종합대학교 수준으로 가르치는 첫 번째 기관이었다. 후에 피터 대제(Tsar Peter the Great)가 러시아를 서구화하려고 했을 때 모힐라아카데미(Mohyla Academy)의 졸업생들은 그에게 매우 유용하게 되었다.[26]

로마 가톨릭, 그리스 가톨릭 그리고 동방정교회로 갈라진 세 갈래의 갱신에 맞서서, 1600년 이후 연방의 다양한 개신교 단체들 사이에 수축의 뚜렷한 징후

---

26) Kłoczowski, *Polish Christianity*, pp. 117-18; Davies, *God's Playground*, pp. 172-7.

가 있었다. 1598년에 지기스문트 왕은 그의 노력으로 스웨덴의 다른 왕자를 보존하는데 실패했다. 그리고 그의 패배로 스웨덴에게 개신교의 주도권을 넘겨주었다(8장, p. 490). 스웨덴 왕좌에 대한 폴란드의 바사(Vasas)의 지속적인 요구는 발트해에서 스웨덴과 연방 사이의 영토분쟁으로 얽혀지게 되었다. 그리고 공격적인 스웨덴 개신교에 대항해서 벌어진 17세기 전쟁은 폴란드의 애국운동이 점차로 가톨릭과 동일시하게 되는 결과를 가져왔다. 폴란드는 '말뚝 없는 국가'(a state without stakes)였다. 그러나 가톨릭 행동파 집단은 점차 연방의 관용을 변화시켰다. 가톨릭들이 자신만만했던 그리고 자주 예수회나 카푸친(Capuchin) 수도원의 설교에 의해서 불붙었던 마을과 도시들에서 개신교회 건물 또는 장례 행렬은 공격을 받았다. 그리고 결과적으로 어떤 장소에서는 교회들이 영구적으로 문을 닫았다. 성지순례의 가톨릭 문화가 재생되었을 때, 개신교 공동체에 가깝게 도발적으로 세워진 십자가상이나 길가 성상들이 있었다. 만약 이러한 형상들이 공격당하면, 그것은 공식적인 보복이라는 핑계를 제공했다. 라코프에 있는 유명한 반삼위일체 아카데미가 1638년에 문을 닫은 것은 바로 이런 종류의 사건발생 후였다. 북쪽 끝에서 개신교 공동체들도 동일한 이유로 연방과의 다양한 국경 전쟁 중 모스코바나 코사크(Cossack)의 강도들에 의해 심하게 시달렸다. 정교회는 종교적인 성상에 대한 개신교 전통의 비웃음 또는 그에 대한 파괴에 의해서 격분하게 되었다.[27]

이 모든 것은, 특히 개신교 왕들의 보호가 소멸되거나 차츰 로마로의 전향을 통해 떨어져 나갔을 때, 연방의 개신교들을 매우 불안하게 만들었다. 연방의 유대인 인구가 부와 자신감, 그리고 우세함으로 계속 확장되었던 때인 16세기 후반과 17세기 중반 사이에 수많은 개혁파 개신교 공동체들은 대략 절반으로 줄어들었다.[28] 브레스트 연합의 충격에 의해 자극을 받게 된 개혁파 개신교는 어떤 종류의 동의가 연방의 비가톨릭 사이에 이루어질 수 있는지를 알아보자고 정교회에 제안했다. 그래서 1599년에 양편의 대표들은 빌노(Wilno)에서 만나 종교회의를 가졌다. 이 회의는 거의 성과가 없었다. 그들은 모두 가톨릭의 반종교개혁을 혐오하고 있다는 데에는 일치했지만, 신학적 차이는 너무 깊었다. 특별히 형상에 대한 문제에서 더욱 그러했다. 이 종교회의에서 18가지 동의안을 늘어놓았을 때, 형상에 대한 논의는 현저하게 생략되었다. 빌노 종교회의(Wilno

---

27) Michalski, *Reformation and Visual Arts*, pp. 81, 133, 146-7.
28) Kłoczowski, *Polish Christianity*, p. 106; Davies, *God's Playground*, p. 162.

Synod)는 단지 폴란드 개신교가 점점 비효율적으로 성장하고 있다는 점에 대해서만 강조하고 말았던 막다른 골목이었다. 이때는 폴란드 개신교가 연방에서 지배적인 종교적 세력이 되도록 준비했다고 느낀 때로부터 불과 40년이 흐른 때였다.[29] 연합된 개신교 엘리트는 우세해졌다. 그러나 종교개혁의 절정기에 리투아니에만해도 약 34개의 다른 종파가 존재하고 있었고, 가톨릭교회의 성직계층구조와 지방의 전통적 종교 예식의 거대한 축적은 너무 강력했기 때문에, 개신교는 이러한 것들을 극복할 수 없는 것으로 판명되었다.[30]

폴란드에서 로마 가톨릭의 성공은 스칸디나비아가 가톨릭으로 복귀하려는 시도의 실패와 대조되었다. 양쪽에서 스웨덴의 바자(Vasa) 왕가는 주연 배우들이었다. 로마 가톨릭운동은 1568년에 스웨덴 왕좌에 대한 요한 3세의 계승 때문에 스스로 거듭 단언하는 기회가 주어졌다. 폴란드의 지기스문트 아우구스투스의 여동생이며 요한 3세의 부인인 캐서린은 열렬한 가톨릭교도였다. 그리고 1578년에 그는 스스로 예수회 소속인 이탈리아 사람 안토니오 포세비노(Antonio Possevino)에 의해 로마교회로 공개적으로 입적했다. 심지어 북유럽에서 힘의 균형의 이러한 가능한 중요한 변화 이전에, 요한은 그의 부인의 격려와 함께 트리엔트공의회의 예식으로부터 빌려온 요소들을 포함했던 스웨덴교회를 위한 새로운 전례를 소개했다. 그리고 그는 더욱 의례적인 정신을 가진 개신교 성직자 일원들과 동맹하였다. 그는 심지어 바드스테나(Vadstena)수도원의 수녀의 집인 브리짓 수녀들을 위해 유명한 왕실 재단을 복구하고, 그것을 화려한 선물들로 치장하고, 이를 행할 때에 포세비노 신부(Fr Possevino)의 조언에 따랐다. 아마도 미래에 더 중요하게 된 것은 그가 1576년에 위장한 예수회 수사인 라우렌티우스 니콜라이(Laurentius Nicolai)라는 노르웨이 사람이 스톡홀름(Stockholm)에 신학대학을 여는 계획을 승인한 것이다. 스웨덴에서는 이에 필적할 만한 고등교육기관이 없었기 때문에, 이런 계획이 스웨덴에서 곧 교육적 주도권을 가질 수 있었다. 폴란드에서 가톨릭은 이미 이와 유사한 성취를 앞서 이룬 바 있다.

요한의 폴란드 모델 모방은 1587년에 그의 아들 지기스문트가 왕으로 선출되었을 때(스스로를 선택되도록 하기 위한 요한의 이전의 성공할 수 없는 노력들 후에) 더욱 고양되었던 것 같았다. 그러나 당시 스웨덴에서 그의 가톨릭화 계획은 어려움

---
29) Michalski, *Reformation and Visual Arts*, pp. 151-2.
30) A. Musteikis, *The Reformation in Lithuania: religious fluctuations in the sixteenth century* (New York, 1988), p. 57.

에 빠졌다. 요한이 그곳에 도입하려고 시도했던 프로그램은 합스부르크 황제 페르디난드(Ferdinand)와 막시밀리안 2세(Maximilian II)의 부하요, 평화적 가톨릭 신학자 게오르크 카싼더(George Cassander)에 의해 1560년대에 제출된 타협에 의해 영향받은 것이었다(6장, p. 404). 이러한 합스부르크 왕조의 온건한 정책들은 1570년대에 이미 흔들리고 있었다. 로마 교황청과 예수회는 협약을 통해 합스부르크 지역에 대한 적대성을 표명했기 때문에, 교황이 스웨덴의 경우를 승인할 수 있는 가능성은 전혀 없었다. 요한이 합스부르크가의 방식인 '중도'(middle way)에 대해 교황의 승인을 얻으려고 노력했을 때, 포세비노는 로마에서는 별 도움이 되지 않았다. 그리고 1580년에는 어떤 거래도 불가능하다는 점이 분명해졌다.[31] 여전히 좋지 않은 상태에 있는 스웨덴 왕가는 종교도 일치하지 않았다. 요한의 형인 쇠데르만란(Södermanland)의 칼 공작은 신념 있는 개혁파에 공감을 가졌던 개신교도였다. 그리고 그는 루터교 신앙을 가진 성직자와 평신도 사이에 있는 왕의 계획들에 반대하는 세력들과 연합할 수 있었다. 우선은 가톨릭의 위협은 내부적 개신교의 분열들보다 위에 있었다. 그리고 1580년대 초에 가톨릭에 반대하는 대중적 시위는 점차 황제의 노력을 무력화시켰다. 새로운 위기는 1593년에 요한의 죽음으로 발생하였다. 가톨릭교도였던 폴란드의 황제 지기스문트는 당당하게 예수회 수도사들과 교황의 사절을 대동하며 그의 두 번째 왕위에 대한 권리를 요청하게 되었다. 그는 곧 웁살라 총회에 속한 교회와 면담하였다. 이 총회는 아우크스부르크신조와 루터의 교리문답에 최종적 권위와 충성을 다짐한 바 있다. 이제 교회는 단호하게 황제가 그들의 종교적 전제(fait Accompli)에 동의하도록 설득하였다.

지기스문트에게 스웨덴에서의 몇 달은 매우 불편했다. 그리고 1598년까지 그는 그의 북왕국에 돌아가지 않았다. 그때에 그의 삼촌 칼 공작은 확고하게 권력을 가지게 되었다. 이미 1594년에 공작은 보란듯이 수녀들을 바드스테나로부터 브리이타인(Bridgettine)으로 보냈다. 그리고 군사적 원정에서 무장군인에 의해 그의 지위를 주장하려던 지기스문트 왕의 노력은 무익한 것으로 드러났다. 그는 영원히 스웨덴을 떠났다. 그리고 칼 공작은 칼 9세 왕으로 선택되었다. 스칸디나비아에서의 가톨릭 운동은 결국 사장되었다. 이러한 가능성이 끝날 즈음에, 스웨덴의 종교정책들은 더욱 전형적인 북유럽의 형태로 복귀했다. 즉 칼빈 스타일의 제2종교개혁을 실행하려고 노력한 군주와 루터교 의식의 대

---

31) J. Bossy, 'The German Reformation after Moeller', *JEH* 45 (1994), pp. 673-84, at 681.

중적 인기에 의해 지지되는 루터교 주류 사이의 싸움이었다. 스웨덴 귀족이 분명하게 개혁파 종교를 자신의 힘의 진보와 동일시했던 왕의 계획에 반대하여 성직자와 연합하려고 했던 것은 그리 놀랄 만한 것은 아니었다. 그래서 칼은 결코 그의 종교적인 목적을 성취하지 못했다. 1611년 그가 죽었을 때 비로소 발트해 연안 주변의 단일한 고백주의 루터교의 승리가 실제로 완성되었다.[32]

4. 북네덜란드: 개신교 승리

1570년대와 1580년대에 저지대국가들이 나뉘어졌다. 남쪽에는 로마 가톨릭 국가가 새롭게 들어섰는데, 지금의 벨기에 왕국이다. 그리고 북쪽에는 개신교 국가인 네덜란드인데, 이것은 과거부터 있었던 이름을 그대로 이어받은 것이다. 이념의 차이가 너무 깊어서, 1581년에 워털루(Waterloo) 전쟁의 승리자인 개신교 군주인 오렌지가(Houe of Orange)가 과거 저지대국가들 중 17개 주들에게 재연합을 강요했을 때, 이러한 결합을 유지하는 것은 불가능하다는 것이 증명되었다. 이 안에는 일종의 아이러니가 있다. 1560년대와 1570년대에 네덜란드(Dutch) 폭동의 초기에, 전투적인 개신교의 중추세력은 남쪽에, 특별히 앤트워프(Antwerp)의 위대한 상업도시에 있었다. 처음에는 합스부르크의 주권을 무효화하려는 의도는 전혀 없었다. 오랫동안 지속적으로 통치해 온 왕가에 대해 등을 돌리는 것은 평범한 백성들이 상상할 수 없는 일이었으며, 특히 16세기의 상황에서는 더욱 어려운 일이었다. 1530년 대 초에 튜더왕조 주도하에 일어났던 종교개혁에 대해 격렬하게 저항했던 아일랜드 귀족들처럼, 네덜란드에서의 기폭제가 되었던 것은 바로 종교개혁이었다(4장, p. 289).

이념과 영역에 따른 구분은 1572년 폭동의 재발 이후 복잡해졌다(7장, pp. 452-454). 그해 7월 도르트레흐트(Dordrecht)에서는 반역자들의 모임이 있었다(관습상 네덜란드어로 도르트[Dort]로 그 이름이 축약되어 쓰이는 하항[river port]). 이 총회는 그 자체로 네덜란드 주들의 전국의회(States-General)가 된다고 선포했다. 그리고 외국 침략에 대항해서 방어를 이끌도록 오렌지의 빌렘(Willem of Orange)을 주의 군주권 대행직(Stadhouder)으로 선출했다. 이미 가톨릭은 자신들의 거북한 위치를 인식했고, 그들 자신이 스페인의 과도한 지배와 동일시되는 것을 확인했다.

---

32) Davis, *God's Playground*, pp. 433-7; Pettegree (ed.), *Reformation World*, pp. 273-4.

홀란트(Holland)의 주는 재빠르게 개신교의 편에 속해서 가톨릭 권력자들을 해고하는데 주도권을 잡았다. 1571년 망명자들의 엠덴총회(Synod of Emden)에서 이론적으로 상세하게 계획된 개혁파교회는 당시 모양을 갖추는 중이었다. 그리고 빌렘은 1573년 4월에 다소 마지못해 그의 충성심을 선포했다. 그는 벨직 신앙고백과 하이델베르크교리문답 안에 요약된 신앙고백서의 정리된 내용에 따라서 교회 리더십을 주장하는 것이 그리 편하지 않았다. 합스부르크 군주에 대한 충성이 허구라는 사실은 점점 더 드러났다. 양편의 군대의 자산이 요동하면서, 박봉의 스페인 군대들은 그들의 잔인성에 의해 점점 더 백성으로부터 소외되었다. 1576년에 합스부르크 왕가에 충성하는 네덜란드 의회(States-General)는 반대하는 주와의 협상을 준비했고, 이것은 절충안인 1577년 겐트평화조약(the Pacification of Ghent)으로 마무리되었다. 합스부르크 종주권을 보유하고 있는 동안 네덜란드는 옛 자치를 회복할 수 있는 것처럼 보였다. 그리고 그것은 필립 2세(Philip II)로부터 마지못해 동의를 얻어냈다. 오렌지는 브뤼셀(Brussels)에 있는 왕실 수도에 의기양양하게 입성했다. 그리고 1578년 그는 왕과 의회에 맹세했다.

평화조약은 종결되었다. 합스부르크 당국은 정책에서 분할되었다. 오스트리아의 돈 후안(Don John of Austria, 레판토의 승리자이며 당시 스페인 군부의 명령자)은 일관되게 조약을 약화시키기 위한 기회를 잡으려 했다. 그리고 다른 쪽에서는 전투적 칼빈주의자들은 오렌지를 격분시켰고, 할 수 있던 곳에서는 무력으로 그들의 지배를 확장시킴으로써 가톨릭을 대단히 불안하게 했다. 그리고 그들은 국제적인 지원을 끌어들이기 시작했다. 팔츠의 개혁파지도자였던 요한 카시미르(Johann Casimir, p. 478) 백작은 엘라자베스 여왕의 지원에 힘입어 1578년에 군대를 동원하여 간섭했는데, 엘라자베스가 칼빈주의 개혁파의 위협을 느끼기 전까지 그를 지지했다. 당시 북쪽과 남쪽의 분리는 귀족과 정치적 지도자들 사이에 나타났다. 남쪽 지방에 있던 강력한 가톨릭 정당은 스페인 사람들과의 새로운 조약을 위한 시도를 준비하였다. 이것은 더 깊은 분열을 야기하는 치명적인 발걸음이었다. 또한 이것은 개신교도들에게는 스페인 통치로부터 자유를 얻는 것이 곧 개신교운동이라는 정당화를 이끌어냈다 홀란트에 의해 통치된 북쪽 지역들은 1579년 1월 위트레흐트(Utrecht)조약에 동의함으로써 가톨릭 진영에 대해 일격을 가했다. 이 사건은 네덜란드 주연합으로 알려진 개신교 국가로서 프랑스혁명에까지 살아남았던 연합의 기초였다. 새로운 스페인 사령관 파르마의 공작(Duke of Parma)에 의해서 얻어진 대규모 군사적 승리는 나라를 쪼개는 오렌지(왕가)의 노력을 훼손시켰다. 그에게는 위트레흐트동맹(Union of Utrecht)과 동일화하는 것을 제외하고는 정치적으로 살아남을 수 있는 다른 방법이 없었다. 이 응징에서 필립 왕은 1580년에 오렌지가 불법을 행했다고 선언했다. 그리고 차례로 1581년 7월 연합주의 의회는 그들의 세습 군주인 스페인 왕을 정식으로 해임하는 과감한 행보를 취했다.

국제전으로 커져가는 심각한 전쟁의 와중에 행정부를 교체하는 유형을 창안하는 것은 매우 어려운 것이 되었다. 왕위를 프랑스의 헨리 3세(Henri III)의 동생인 앙주의 프랑수아 공작(François, Duke of Anjou)에게 이양하는 편법은 성공하지 못했다. 그의 가톨릭에 대한 신앙과 자기 주장이 강한 성격은 스페인과 잉글랜드의 엘리자베스 여왕의 배우자 후보로서 균형을 갖춘 프랑스인으로서 그의 유용성을 넘어버렸다. 반란에 대해 일관성을 가지도록 했던 외교력과 경험을 가진 오렌지 왕가의 빌렘이 1584년 프랑스 가톨릭 신앙을 가진 테러리스트에 의해서 저격당한 사건은 커다란 손실이었다. 나무랄 데 없는 개혁파 개신교 신자인 잉글랜드의 귀족 레스터(Leicester)의 로버트(Robert) 백작은 1585년에 잉글랜드 원정군과 함께 도착한 후에 총독에 임명되었다. 그러나 이 일은 앙주에서의 경험보다 행복한 것이 아니라는 것이 분명해졌다. 레스터는 그러한 힘을 사용해서 자신의 여왕인 엘리자베스를 격분시켰을 뿐만 아니라, 홀란드 지방의 부유하고 유명한 자들에 의해 주도권을 빼앗겨서 불만을 품고 있는 주들로부터 그들의 힘을 가져오던 주연합 속에 있는 강경파 칼빈주의 모임과 동일시했다. 무엇보다도 전쟁의 계기들 중 하나는 자치권에 대한 스페인의 위협에 대한 지방 엘리트들이 느꼈던 분노였다. 스페인 사람들을 제거했을 때, 그들은 자신이 새로운 폭군으로 보이게 하는 무모한 짓을 하려고 하지 않았다. 그리고 전쟁을 위하여 그들의 자유를 포기하는 것에 대한 그들의 거부는 스페인 군대에 직면해 있는 그들이 가진 주요한 어려움이었다. 레스터는 불운하게 네덜란드 정책의 미궁에 갇힌 후, 1588년에 결국 사임했다. 그리고 그는 기진맥진한 상태로 잉글랜드에 있는 집에 돌아가서 죽었다.

그럼에도 불구하고 전쟁은 개신교 지역에 유리한 형국으로 진행되었다. 그들을 위한 하나의 유익은 세계적인 지도자인 스페인의 필립이 그 마음에 많은 것을 가지고 있었다는 것이었다. 그가 직면한 도전들 중 어떤 것은 능력 있는 통치자를 위협하고 있었다. 그것은 스페인에 의해 전체 포르투갈 제국을 합병하도록 선동하는 것, 근동에서 이슬람의 지속적인 위협에 직면해 있는 것, 잉글랜드의 엘리자베스 여왕의 성장하는 개신교 세력을 흡수하거나 아니면 파괴하기 위한 전략을 고안하는 것 등의 문제였다. 1588년 왕은 오랫동안 연기되었던 잉글랜드 침략이라는 야망에 찬 계획을 착수했다. 그 계획은 스페인으로부터 온 함대와 네덜란드에 있던 군대를 합류시키려는 전략적 목표를 성취하려는 시간 전에 왔다. 그러나 그 계획은 실패했고 필립의 무적함대는 흩어졌으며 대부분은 대서양에서 잃어버렸다. 군사적 자원을 다 써버린 반항에 대한 책임보다도, 네덜란드를 더 유용하게 사용하려던 그의 최후의 시도는 재앙이 되었다. 그리고 그는 그것을 알았다. 1590년대 스페인어권 네덜란드 군대는 점차 효율적이고 자신감에 찬 주연합의 세력을 봉쇄하는 것이 주목적이 되었다. 1590년에 성공의 연료를 제공했던 개신교로부터 여전히 높게 분권화되고, 자부심있는 새로운 공화국을 형성하기 위해 주연합은 결정적으로 군주국을 추구하는 것을 그만 두고, 의회주권(States-General sovereign)을 선포하기로 결정하였다. 그들은 지방들의 상호 의심의 최악의 상태를 극복하는 기술을 가졌고, 주연합 중의 하나를 제외하고 모든 주에서 마오리츠(Maurits)를 위한 군주권 대행직(Stadhouder)의 직함을 보호하는데 위대한 부분을 담당했던 정치인 요한 반 올덴바르네벨트(Johan van Oldenbarnevelt)와 함께 한 오렌지의 빌렘의 아들 나소의 마오리츠(Maurits of Nassau)에게서 전반적으로 완고한 능숙함을 발견했다.

남쪽 스페인 사람들은 남아 있는 열 개의 지방들에서 그들의 법을 강화시켰다. 그리고 그들은 반종교개혁을 위한 쇼케이스, 즉 개신교 폭동의 중심부였던 이래로 더 시급한 과제가 되었던 지역을 개발하는데 그들의 노력을 기울였다. 유명한 암스테르담(Amsterdam)의 시장 후프트(C. P Hooft)는 놀라움과 만족이 혼합되어 그것을 설명했다. "땅과 사람들을 파괴하는 것이 일반적으로 전쟁의 본성인 반면 이 나라들이 전쟁으로 눈부시게 발전했다는 것은 전세계에 알려진 것이다."[33] 네덜란드인들이 전 세계에 걸친 해상무역에서의 열정과 능력, 그리고 자국 내 다양한 제조업의 성장을 통해 이뤄낸 북부 주연합의 경제적 기적은 17세기 유럽의 가장 놀라운 일이었다. 적어도 이를 통해 그 주민들에게 광범위한 경제적 분배가 이루어질 수 있었다. 결국 북부 네덜란드는 유럽에서 흉작으로 인해 발생할 수 있는 집단적 기근의 위험에서 벗어난 최초의 지역 중 하나가 되었다.[34]

---

33) P. Geyl, *The Revolt of the Netherlands* 1555-1609 (London, 2nd edn. 1958), p. 233.
34) Cunningham and Grell, *Four Horsemen*, pp. 205, 243.

그러나 운집한 수로와 넓은 하늘의 마을과 도외지와 도시의 교회의 첨탑들로 세워진 작은 나라의 분주함에 경탄해 하는 방문자를 위한 것이 더 있었다. 그것은 분명히 설립된 개신교회를 가졌지만, 일반적인 서유럽인들의 모델과 같은 공인된 종교를 독점할 수 없었다는 분노를 많이 발견했다. 폴란드에서처럼, 이에 대한 이유로 세속적인 엘리트 통치자들 사이에는 다양한 의견과 헌법적 까다로움이 있었다. 네덜란드가 광대하고 사람이 듬성듬성 사는 초원에서 이제는 더욱 도시화되면서, 가장 힘있는 목소리는 당연히 라트쯔빌스(Radziwills)나 차토리스키스(Czartoryskis) 땅에 있는 지역 통치자들이 아니라 네덜란드 도외지와 도시들에 있는 ('행정관'[Regents]으로 알려진) 상인들이었다. 그들의 부는 일곱 지방에서 시골 귀족과 필적했다. 1570년대에 도외지 교회들에서 회중과 훈육의 구조를 구성한 칼빈주의는 주요하게 도시종교로 나타났다. 칼빈주의 교회는 그 회중 구성과 교회규범이 보다 도시에 적합하도록 구성되어 있었다. 엄격한 교리적 정의에 대한 지지자가 아닌 오렌지의 빌렘은 상당히 재치있게 다양한 도시의 과두들(oligarchies)을 모아서 그의 반스페인 연합에 들어오게 했다. 그의 이러한 노력은 교리적 칼빈주의 성직자들이 그들 자신의 노력에 의해 얻었던 것보다 더 많은 도시가 개신교운동 편에 서도록 설득되게 하려는 것이었다. 그 결과로 개신교 정당의 숫자는 칼빈주의 진영을 넘어서 확대되었다. 1578년에 암스테르담의 크고 부요한 도시에 의해 이 운동에 대한 중요한 지지는 주저되어 늦어졌고, 가톨릭은 지속적으로 자치회의 일원이 되었다. 이것은 이데올로기적 순수성에 대한 우호 투표를 압도하지 못했다(그림 14b).[35]

1600년대에는 단지 네덜란드 인구의 10% 정도만이 개혁파교회의 온전한 교인이었고, 기꺼이 그들 스스로를 교회의 가르침에 순복시켰다는 통계가 있다. 이것도 매우 비관적인 일이지만, 교구교회(Liefhebbers)에 참석하지 않는 사람들을 포함해서 가장 관대한 인물조차도 단지 절반이 약간 넘는 사람들만이 개혁파교회에 충성했던 것이다.[36] 네덜란드에는 이전 초기 종교개혁 당시 복잡하고 난해한 문제들이 얽혀 있었기 때문에, 이후에도 그 안에 매우 다양한 복음주의(evangelical) 신앙 양식이 존재하고 있었다. 합스부르크가의 개신교에 대한 맹

---

35) A. Duke, 'The ambivalent face of Calvinism in the Netherlands 1561-1618', in M. Prestwich (ed.), *International Calvinism* 1541-1715 (Oxford, 1985), pp. 109-34, at 127; cf. Geyl, *Revolt of the Netherlands*, pp. 138-9, 171.

36) S. Schama, *The Embarrassment of Riches: an interpretation of Dutch culture in the golden age* (New York, 1987), p. 59.

렬한 탄압은(4장, p. 295) 네덜란드 복음주의(Duch evangelicals)가 로마에 대해 온건한 방식으로 저항하도록 만들었다. 이 반항 세력은 그들을 통제하는 적절한 교회정치체제를 갖추지 않았기 때문에 매우 극단적인 형태가 되곤 하였다. 부유한 공동체에 속해 있고, 문맹퇴치 및 일반 교육수준은 높았고, 에라스무스(Erasmus)의 개방적이며 관용적인 정신에 대한 기억을 소중히 여기는 이들 중에는 갖가지 글이나 그 시대의 가장 독립적인 생각을 가진 사상가들의 개인적인 개종 이야기를 들을 만한 준비된 청중이 있었다. 네덜란드는 메노나이트파 신도들과 데이비드 죠리스(David Joris) 그리고 사랑의 가족(Family of Love)을 만들어 냈던 나라였다(4장, pp. 295-302). 그리고 이러한 사람들이 1540년대 합스부르크가의 핍박의 어두운 시기를 통과해 네덜란드에서 개신교를 보존했다고 말하는 것은 과장된 것이 아니다. 존 칼빈이 제네바에서 '자유파'(Libertine)라고 독설적으로 불렀던 형태를 그들은 보여 주었다. 중립적인 말로는 영성주의자들(Spirituals)이라고 불렸다. 많은 네덜란드인들은 단순히 엄격한 교회체계를 믿지 않았다. 그리고 니고데모파(Nicodemite)의 형태로 (칼빈의 애완동물이 되기를 싫어한 다른 부류), 자신이 믿는 바에 대해 스스로 변호하는 동안에, 그들에게 부과되는 것은 그것이 어떤 형태든 참으려고 했다. 더욱이 지방들의 완고한 지역주의는 주연합을 가로지르는 단일화된 교회를 정착시키는 것을 불가능하게 했다.

이에 따라 네덜란드의 시 당국자들은, 그들이 심지어 개신교운동에 참여했더라도, 그들 자신이나 그들의 시민들이 칼빈주의 규범의 엄격한 준수에 대한 성직자의 요구에 서명할 준비가 되어 있지 않는 모습이 하나의 패턴처럼 빠르게 퍼져나갔다. 세속 과두들과 장로교 성직자 계층 사이의 냉담한 관계는 네덜란드에서 레스터 백작 시대 동안 위기에 도달했다. 그리고 1586년과 1588년 사이에 발생한 그의 통치의 불명예스러운 붕괴는 그가 지원했던 강경파 칼빈주의 목사들의 야망에 대한 결정적이고 영구한 냉대를 의미하게 되었다.[37] 실용주의적 세속 정치가들은 그들의 땅에서 지속적인 종교적 차이를 잘 알았다. 개신교도들 사이에서의 이견들은 아주 별개로 하고, 주연합 내에도 특히 북쪽 끝에는 여전히 많은 가톨릭 신자들이 있었다. 그리고 그들 중에 많은 사람들은 스페인 통치와 싸웠다. 정치적 합의에 도달했을 때 이념 싸움을 연장하는 것은 어리석은 것이었다. 그러나 더 나아가서 많은 자유파(Libertines)가 관용에 대해 절조 있는 책임감을 느꼈다. 에라스무스처럼 그들은 성경을 사랑했다. 그러나 그들은

---

37) Geyl, *Revolt of the Netherlands*, pp. 203-15.

하나님께서 그것이 무엇을 의미하는지 그들 자신들을 위해 숙고하도록 하는 머리를 주셨다고 믿었다. 그리고 그들은 이러한 기능을 찬탈하려고 했던 성직자를 불신했다.

어떤 사역자들은 동의했다. 위트레흐트에 있는 야곱교회(Jakobskerk)의 저명한 목사 후버트 다이프하이스(Hubert Duifhuis, 젊은 시절에 니고데모파의 급진적 영성주의자였다라고 스스로 고백)가 고백한 개인훈련은 교회의 법에 의해 부과되는 것보다는 내부(within)로부터 와야 한다고 강조했다. 그는 그들의 교리에 대한 조사 없이, 지원했던 모든 사람에게 교회 회원자격을 주었다.[38] 그러나 비록 다이프하이스가 죽자 그의 야곱교회도 칼빈주의 교회의 규율적 체계에 들어가게 되었지만, 넓은 마음을 지닌 시 당국자들에게 한 가지 교훈은 사라지지 않았다. 칼빈주의 교회 당국과 라이덴에 있는 도시 의회 사이의 싸움에서, 어떤 도시 의 회원들은 스페인에 의해 포위된 라이덴에서 영웅적으로 생존한 사람들을 재소환해서 그들이 제네바의 규율보다 스페인 종교재판을 더 선호했다고 강압적으로 말하게 한다는 보고를 받았다.[39]

암스테르담은 여러 다양한 시민 지성들이 악명높은 극단적 칼빈주의 목회자들과 마주하며 함께 공존했던 대표적 지역이었다. 암스테르담의 행정관들(Regents)이 자신들의 시청을 1640년대와 1650년대에 세웠을 때, 행정장관 회의소에서 가장 현저한 예술적인 주제는 모세가 부재했을 때, 아론이 만든 금송아지 우상숭배에 대해 이스라엘을 비난할 준비가 된, 십계명을 가지고 시내 산으로부터 내려오는 모세의 이야기였다. 아주 높은 성경적 학식이 있는 네덜란드에서, 이 메시지는 분명했다. 세속 장관이었던 모세는 재난스러운 결과를 가지고 이스라엘 자녀들의 종교적 열정을 만족시킬만큼 충분히 어리석었던 제사장인 아론보다 더 잘 알았다.[40]

비록 개혁파가 교구교회 건물들과 공예배를 독점했지만, 일반적으로 어떤 큰 처벌 없이 선택하거나 선택하지 않을 수 있도록 유럽에서 최초로 설립된 교회가 바로 그 결과물이었다. 홀란드의 주들 대부분이 종교개혁 이전의 교회에서 몰수한 통합 공적 자금으로 그들의 목사들에게 사례를 지급했는데, 다른 지

---

38) B. J. Kaplan, *Calvinists and Libertines: confession and community in Utrecht*, 1578-1620 (Oxford, 1995), pp. 73-5, 157-61, 172-5.

39) C. Kooi, *Liberty and Religion: Church and state in Leiden's Reformation*, 1572-1620 (Leiden, 2000), p. 108.

40) Schama, *Embarrassment of Riches*, pp. 60, 15-21.

역들도 이러한 행보에 동참했다. 이것은 그 지역의 목사들에게 교구민(성도들)으로부터 어떤 독립성을 부여하였다. 그러나 또한 그것은 칼빈을 기쁘게 할 수 없었던 방식으로 그들의 세속 통치자들에게 신세를 지도록 했다. 북네덜란드 바로 건너편에 있던 교구목사들은 후에 현대 서양 세계에서 설립된 교회들의 많은 공통점이 되었던 골칫거리들을 발견했다. 그들은 종교가 불분명한 대중을 위한 세례, 결혼, 장례와 같은 영적 편의시설(amenities)들을 제공하면서, 동시에 소수의 경건한 영혼들을 돌봐야 했다. 먼 지방에서 그들은 사역의 독점 같은 어떤 것을 성취했지만, 주연합 안에 있는 수많은 도외지들과 도시들에서는 시종일관 그와 같이 하는 것이 제한되었다.

교회의 문제는 특히 개혁파의 주요 관심사인 권징(discipline)과 관련하여 드러났다(14장, pp. 756-768). 네덜란드에서는 종교법원의 권징이 스코틀랜드와 같은 칼빈주의 사회에서보다 더 설득이 필요하게 되었다. 왜냐하면 칼빈주의 사회에서는 공동체 의견 전체의 무게를 범법자에게 지울 수 있기 때문이다. 엄격한 규율에 대하여 개혁파 신앙을 초기부터 동경해 왔던 네덜란드인들은 지극히 세속적으로 포괄적인 권한의 부재를 발견했고, 특별히 메노나이트파들(Mennonites) 사이에서는 더욱 엄격한 사회 규율이 이행될 수 있는 극단적인 분파들을 향해 그들의 교구교회를 떠났다.[41] 메노나이트파들은 북단, 특히 서 프리슬란트 지방에서 가장 강력했다. 그 지역 소년인 메노 시몬스(Menno Simons)의 설교의 근원과 네덜란드어(Dutch)보다는 프리지아어(Frisian, 유럽 북서부 프리지아 지방의 전통 언어)로 그와 소통하려고 하는 그들의 준비된 자세로 인해, 메노나이트파는 도시 목회에 기초한 칼빈주의 사역자들보다 더 빨리 그리고 광범위하게 농촌사회에 스며들었다. 종교에서 선택의 자유를 가질 수 있었던 유럽 지역인 폴란드와 트란실바니아 그리고 네덜란드의 상당수의 소수파가 급진주의 그룹을 선택했다. 일례로 서 프리슬란트에서는 12-14% 정도가 급진주의를 선택했다.[42] 또한 이러한 사람들은 지성의 독립을 소중히 여겼다. 메노나이트파들은 급진주의 그룹들 중 교육 수준이 가장 높은 곳들 중 하나였고, 이러한 사실은 그들에게 큰 자부심을 가져다 주었다. 그러나 그것은 그들 중 많은 사람

---

41) C. H. Parker, 'The moral agency and moral autonomy of church folk in the Dutch Reformed Church of Delft', *JEH* 48 (1997), pp. 44-70, at 59-60.

42) W. Bergsam, *Tussen Gideonsbende en publieke Kerk: een studie over gereformeerd Protestantisme in Friesland, 1580-1610* (Hilversum, 1999), in *SCJ* 32 (2001), 892.의 논평에서 James D. Tracy에 의해 인용된 인물들. 북네덜란드를 위해 20-30 퍼센트 높이로 평가되어 왔다. cf. S. Haude in Pettergree (ed.), *Reformation World*, p. 248.

들이 데이비드 조리스(David Joris)의 글들에서 영적인 유익을 발견하는 것을 막지는 못했다. 조리스는 공동체 훈련의 형식을 매우 싫어하고, 황홀경을 추구했던 다루기 힘든 천재였다.

5. 북네덜란드: 알미니안 논쟁

네덜란드를 관대한 다원주의 시각으로 바라봐서는 안 된다. 프랑스 역사가 도미니크 콜라(Dominique Colas)는 네덜란드 연합자치주의 종교적 잡동사니는 서로 다른 종교집단 안에서 생겨난 수많은 역겨운 광신주의에 불과하다고 비난했다. 또한, 그가 네덜란드에서는 한 사람이 모이면 신학자이고, 두 사람이 모이면 교회고, 세 사람이 모이면 분열'이라고 비꼬는 성행하는 네덜란드 속담을 인용해 부른 것은 지나친 표현이었다.[43] 야코부스 아르미니우스(Jacobus Arminius)는 잔인하도록 높은 종교적 열망들이 네덜란드 개신교 내부에서 어떻게 발생할 수 있었는지를 잘 보여준다. 알미니안주의는 네덜란드의 주연합 안에서 뿐만 아니라, 후에 대서양제도에도 지장을 주었다(12장). 이것은 전체 종교개혁의 확신을 약화시켰다. 그래서 1618-1619년에 있었던 도르트회의(Synod of Dort)는 알미니안주의에 대한 정죄를 분명히 했다.

아르미니우스(소년 야곱 헤르만준[Jakob Hermanzoon]은 성직자와 학자가 되었다)는 보기 드물게 네덜란드 칼빈주의에 반대하는 배반자였다. 왜냐하면 그의 이력은 처음부터 새롭고 강력하게 복음의 순수성으로 인도된 국가에서 경건한 사역자를 위한 교과서적인 모델을 제안했기 때문이었다. 그가 열다섯살 되던 나이에 네덜란드 우더바터(Oudewater) 도시가 스페인 군대에 의해 약탈되었고, 그의 가족의 대부분은 이때 학살되었다. 그는 독립을 위한 전쟁으로부터 최대의 공포심을 경험했다. 1576년에 그는 학문의 우수함과 저지대 국가들의 전쟁의 열의에 대한 개신교적 추구를 상징화했던 라이덴대학에서 공부를 시작했다. 이 대학은 아르미니우스가 도착하기 1년 전에 설립되었다. 그리고 그 대학이 서사적 점령에서 스페인 군대들을 꺾은 일에 대한 보답으로 주어졌다는 것은 인기있는 전설이 되었다. 아르미니우스는 제네바에서 정통 칼빈주의 지도자였던 티오도르 베자와 함께 공부하기 위해서 라이덴으로부터 옮겼고, 암스테르담에서 복음

---

43) D. Colas, *Civil Society and Fanaticism: conjoined histories* (Stanford, 1997), p. 183.

의 사역자가 되도록 소명을 받았다. 그는 1588년에 안수를 받고, 암스테르담에서 그의 목양과 행정 사역을 통해 이름을 떨쳤다. 그는 라이덴대학에서 신학을 가르쳤고, 1603년부터 그가 죽은 지 6년 후까지도 교육급여가 지급되었으며, 학생들에 의해서 교사로서 높은 평가를 받은 사람으로 남아 있었다.

칼빈주의 형태에서 독립적인 국가를 새롭게 형성하기 위해 싸우는 교회에 대한 봉사의 가치있는 기록이 형성되었다. 그러나 예리한 아르미니우스는 제네바의 베자나 하이델베르크의 우르시누스 그리고 찬키와 같은 개혁파 2세대 학자들의 통합된 사상에 만족할 수 없었다. 그가 보기에 개혁파 전통은 완전함을 갈망하는 상상력이 많은 지적인 시스템 속에서 딜레마에 빠져 있었다. 새로운 환경과 그 논리 안에서 존재하는 내부적 모순들은 옛 모습을 찾아볼 수 없을 정도로 변형된 새로운 방향에서 전통을 쫓아내 버릴 것이라는 생각이었다. 이 문제는 앞에서 루터의 종교개혁의 기초가 되었던, 어떻게 인간성이 하나님과 연결되는지에 대한 문제였다. 발전된 루터교와 개혁파 사이의 싸움에서 칼빈의 계승자들은 그들의 주장에서 칼빈이 전반적으로 삼가며 말하도록 남겨두었던 구원에 관한 질문들을 무자비하게 구분하는 그들의 주장으로 인해 더욱 교리적이 되었다. 베자는 이중예정을 강조했고, 에덴동산에서 아담과 하와가 하나님께 불순종하는 죄를 짓기 이전에 이미 하나님이 인류 안에 저주 받을 자와 구원 받을 자들에 대한 계획을 완성해 놓으셨다는 입장을 유지하였다(타락전 선택설[supralapsarianism] 또는 타락후 선택설[antelapsarianism]). 칼빈은 비록 그리스도가 십자가에서 모든 인류를 위해 죽으셨지만 그는 아버지의 우편에서 인간을 위해 중보하실 때 모두를 위해 지속적으로 기도하지는 않으신다고 주장함으로, 하나님의 예정된 선택의 결정에 대한 믿음을 가지고 인간을 위한 그리스도의 보편적 고려를 유지하는 것에 그의 소망을 일치시켰다. 이것은 베자에게는 충분하지 않았다. 베자에게는 그리스도는 단지 선택된 자들을 위해서만 죽으셨다.[44] 많은 비칼빈주의 그리스도인들은 에덴에서의 타락 이후의 전체 인간의 이야기에 대한 베자의 해석이 미심쩍은 신의 함정으로 느꼈다. 혹자는 하나님을 아담과 하와의 죄 그리고 그 후의 모든 인간의 죄의 조성자(author)로 비난할 수 있었다. 하나님이 죄의 조성자라는 주장은 이미 칼빈의 1531년 가르침에 나타나 있었다고 주장했던 제롬 볼섹(Jerome Bolsec)의 교리였다(5장, pp. 338-340).

---

44) D. C. Steinmetz, *Reformers in the Wings:from Geiler von Kaysersberg to Theodore Beza*, 2nd edn (Oxford, 2001), pp. 117-20.

제8장 북쪽: 개신교 중심지   501

이는 아르미니우스를 교육했던 발전된 칼빈주의였다. 아르미니우스는 칼빈주의 방법에 대한 의심을 가지고 저지대 국가들에서 막 시작된 개신교회를 선동하는 첫 번째 사상가는 아니었다. 애국주의자이자 자국어로 글을 쓴 작가이고 극작가이며 비분파적 기독교를 비평적으로 부착한 까다롭고 고집 센 위대한 네덜란드 인문주의자 쿠른헤르트(Dirck Volckertszoon Coornhert)는 1578년에 라이덴의 논쟁에서 이러한 질문들을 제기했다.[45] 다른 많은 자유파(Libertines)처럼 쿠른헤르트에게 네덜란드 봉기는 의식있는 자유에 대한 것이었다. 그리고 당시 칼빈주의교회는 가장 위협적인 존재가 되었다. 그는 세바스티안 카스텔리오(Sebastian Castellio)가 말하였던 칼빈의 무자비함에 대해 잘 알고 있었으며, 의식적으로 이를 외쳤다(5장, p. 342). 두 명의 칼빈주의 목회자는 쿠른헤르트에 반대하며 논쟁했으나, 결국 그와 생각을 같이 하였다. 그리고 차례로 아르미니우스는 변절자에 대항해서 그의 옛 선생 베자의 교리를 변호하도록 요청되었다. 아르미니우스가 경험했던 문제들은 그로 하여금 사도바울의 로마서본문에 의심을 품게 했으며, 그 본문은 인간의 상태에 대한 어거스틴의 전통적인 비관주의와 일맥상통하는 부분이었다. 1591년까지 그는 암스테르담에서 가르치는 사역을 통해 그의 의심에 대해 공식적으로 목소리를 내었다. 그리고 그 과정에서 위대한 격정을 유발했다. 그 도시에서의 목회사역 중이었던 1602년에 그는 심각한 전염병의 유행으로 병든 사람들을 위로방문 했다. 그리고 그는 칼빈주의적 사죄에 대한 확신 없이 절망적으로 죽음을 앞둔 독실한 부부의 모습에 충격을 받았다. 그 부부를 위로하기 위해 성경의 관련된 본문들을 되짚어보며, 그는 매우 조심스럽게 그리고 구원과 같은 중대한 문제에 대해 명확하게 설명할 필요를 느꼈다.[46]

네덜란드의 개혁파교회에 대한 가장 큰 수치와 위험은 아르미니우스가 자유파 쿠른헤르트와 같은 자이거나 혹은 어리석은 루터파 교인과 같은 외부인이 아니었고, 오히려 결점 없이 칼빈주의 자격을 갖춘 성직자였다는 것이었다. 그의 생애를 통해 다양한 방식으로 아르미니우스는 칼빈주의 근원에 충성스럽게 남아 있었다. 그는 결코 예정의 교리를 부정하지 않았다. 실제로 그는 심지어 하나님이 사람에게 구원과 저주 모두를 정하셨다는 논문을 방어하려는 준비까지도 했다. 그러나 하나님의 심판에 의해서 뿐만 아니라, 그들 자신의 타락에 의해

---

45) I. Schöffer, *Dirck Volckertszoon Coornhert* (Zutphen, 1989).
46) C. Brandt, *The Life of James Arminius* (London, 1854), pp. 89-94.

서도 고통으로 저주받았다는 상당히 수정된 사상을 가지고 있었다.[47] 그는 항상 신중하게 주장을 했는데, 그는 "참된 신앙인은 믿음이 완전히 떨어져서 멸망에 이른다고 생각해 본적이 없으며, 다만 이와 관련한 성경의 뒷받침들이 있다는 것을 숨길 수 없다"고 신중하게 말했다.[48] 그의 반항적인 과감한 행동은 하나님의 불가항력적 은혜(irresistibility of God's grace)를 부정하는 매우 조심스러운 진술들로 마음을 움직였다. 다른 말로 하자면, 하나님이 영원한 구원으로 선택하신 사람들 이외에, 하나님의 은혜를 받기를 거부하도록 선택된 사람들 그리고 지옥으로 떨어지도록 선택된 사람들이 있다는 것이다. 이러한 경우에는 그들 스스로 이 길을 정한다기보다는 지옥으로 인도하는 그들의 의지적 행위를 하나님이 미리 보신다는 것이다. 아르미니우스는 또한 1560년대에 생존을 위한 교회 간의 싸움들(벨직신앙고백과 하이델베르크교리문답)이 신학적 완전성 안에서 결정권을 나타내지 않았기 때문에 교리적 진술들이 네덜란드 개혁파교회에 의해서 간수되어야 하며, 이러한 신앙고백서들은 심지어 개정되어야 한다고 제안하였다.

왜 칼빈주의 안에서 이러한 논쟁이 심화되었는가? 아르미니우스가 1590년대에 발전된 칼빈주의 교리에 의문을 갖기 시작했을 때, 개혁파교회는 아직 매우 취약하였다는 것을 기억해야 한다. 단지 40년 동안 저지대국가들 안에서 칼빈주의 교리가 성행했고, 교리적 진술들은 아직 오래된 것이 아니었다. 반면 네덜란드인들의 이 입장에 대한 지지는 확고하지 않았다. 만약 칼빈주의 목사들이 나라에서 경건의 훈련을 부가하는 것에 실패했다면, 그들은 분명히 교리 문제에 대한 광범위한 근거를 제기하는 것을 포기하려 들지 않았을 것이다. 칼빈주의에 대한 논쟁은 단지 신학적인 문제만이 아니다. 칼빈주의는 스페인으로부터 독립하려는 저지대국가들의 투쟁과 뒤엉켜 있었는데, 이 투쟁은 현실적인 관찰자들의 눈에는 1600년까지 단지 부분적인 승리만을 보여줄 수 있었다. 심지어 1590년대에 스페인 군대에 대항하여 개신교 군사력을 증강한 후에도 독립된 주연합은 옛 저지대국가들의 영역을 반 이상 다스리지 못했다. 또한 1560년대 칼빈주의 저항의 본거지였던 남부지방의 회복에 대한 모든 희망을 상실했었다. 북쪽 개혁파교회에는 신앙을 지키기 위해서 남쪽으로부터 망명온 성직자와 평신도들이 많이 있었다. 그리고 칼빈주의는 그들의 잃어버린 고향을 갈망하는 간절함에 의해 강화되었다. 그들에게는 많은 사람을 싸우고 죽게 한

---

47) Ibid., pp. 147-8.
48) A. W. Harrison, *The Beginnings of Arminianism to the Synod of Dort* (London, 1926), p. 110.

교리에 대한 어떠한 공격도 구원에 대한 하나님의 계획에 대항하는 신성모독 뿐만 아니라 정치적 반역의 행위였다. 그리고 그들로 하여금 독립운동 투쟁의 긴 세월 동안 고통당했던 명백하게 불충한 행동들을 기억나게 했다. 많은 사람들은 아르미니우스를 침묵자 빌렘(William the Silent)의 암살자와 동일하게 간주했음에 틀림없다.

따라서 아르미니우스는 강한 적개감을 부추겼다. 그리고 그의 건강은 지속적인 신학적 논쟁들, 특히 라이덴대학의 극단적 칼빈주의자(ultra-Calvinist) 동료였던 프란시스퀴스 고마루스(Franciscus Gomarus)와의 논쟁 때문에 더욱 악화되었다. 다양한 교회와 대학에서의 논쟁을 통해 그를 정죄하려는 반복된 노력에도 불구하고, 그의 대적자들은 그의 대한 소송에서도 승리할 수 없었다. 그는 별 탈 없이 조용하게 생을 마감했다. 그는 확고한 지지세력을 많이 확보하고 있었다. 지성적 측면에서는, 종교는 가톨릭 고위성직자뿐만 아니라 개혁파 성직자에 의해서도 이념적 압박을 통해 강요되어서는 안된다고 확신하는 자유파(Libertine)가 있었다. 정치적인 면에서는, 칼빈주의 성직자들과 평신도들이 아르미우스를 저지시키려는 행위는 성직자의 권력남용으로 보았다. 자유 네덜란드의 섭정 통치자는 재판권을 주도하는 교회공의회를 열려고 하지 않았다. 이로 인해, 되풀이되었던 아르미니우스에 대한 소송건에 관한 교회법정과 당국과의 다툼은 점차 사라졌다.

알미니안 주의에 대한 제재가 풀리고 나서, 알미니안 추종자들은 칼빈주의 성직구조에 반하는 자구책을 급하게 채택했다. 1610년에 그들은 구다(Gouda)에서 주연합의 의회에서 선언된 간언과 성명서에 동의했던 회의의 결과물을 출판했다. 차후 하나님의 은혜에 대해 저항할 수 있다고 하는 아르미니우스의 주장을 옹호하는 사람들은 항론파(Remonstrants)라고 알려졌다. 점차 교리 논쟁은 통치의 균형이 교회와 공권력 사이에서 어느 편에 서 있는가의 문제가 되었고, 성직자들과 회중들은 둘 중의 한 쪽을 택했다. 그리고 약 5년 후, 내전 지역에 접해 있던 국가는 주연합을 마비시켰다. 교회는 도움없이도 논쟁을 해결할 수 있다는 것을 스스로 보여주었다. 자연스럽게 정치인들도 합류했다. 두 명의 주요 논쟁자는 요한 판 올덴바르네벨트(Johan van Oldenbarnebelt)와 나소의 마오리츠 왕자였다. 올덴바르네벨트는 칼빈주의 성직자에 대해 지속적으로 의심하였으며, 초생 국가의 연합을 위해 분열이 적은 신앙을 위한 희망을 지속하였다. 마오리츠 왕자는 독립된 저지대국가들에 있는 지방들 중 하나를 제외한 모든 곳에서 군주권 대행직(Stadhouder)이었고, 스페인에 대항한 싸움에서 오랫동안 군부의 지도자였다. 올덴바르네벨트는 정치적 위치에서 마오리츠 왕자에 우세했다. 그러나 마오리츠 왕자가 올덴바르네벨트가 스페인 사람들과 협상했던 12년 간의 정전에 강하게 반발했던 1609년에, 그들은 점차 그들의 관심과 정책이 분리되고 있음을 발견하게 되었다. 실용적인 측면에서 정전은 스페인의 지배 하에 있는 남쪽 지방이 영구적으로 독립한 북쪽으로부터 분리되었다는 것에 대해 인정하는 것을 의미했다. 그래서 마오리츠의 이러한 종전에 대한 반대는 남쪽을 근거로 하는 많은 칼빈주의자들이 느낀 배신의 쓰라린 감정과 일치했다.

따라서 필연적으로 마오리츠와 칼빈주의자들은 연합하였고, 항론파들과 그들의 반대자들 사이의 싸움은 가장 힘 있는 정치 지도자 올덴바르네벨트와 가장 힘 있는 군부 지도자 마오리츠 사이의 힘겨루기로 자리매김했다. 1618년 마오리츠는 올덴바르네벨트의 후원자들에 대항해서 성공적인 군사 쿠데타를 감행했다. 그리고 몇 달 안에 정치적으로 뿐만 아니라, 신학적으로도 항론파들을 파괴하기 위해서 개혁파교회의 국가적 종교회의를 도르트에서 소집하였다. 초청된 인물 중에는 이 회의를 개신교 종교개혁에서 가장 대표적인 모임으로 만든 스위스, 독일 그리고 잉글랜드 개혁파 신학자들도 포함하고 있었다. 항론파들은 고발되었고, 몇몇 외국 대표자들을 당황케 한 흉포함으로 정죄되었다. 이 종교회의는 발전된 칼빈주의의 기준으로 남았던 5개 조항으로 결론을 공식화했다. 이 5대 교리는 하나님의 선택에 의한 무조건적 선택, 구원으로 선택된 자들만을 위한 그리스도의 대속적 죽음, 인간의 전적 타락, 하나님의 불가항력적 은혜 그리고 하나님의 선택으로 말미암는 구원의 은혜 안에서 변하지 않는 견인이 그것이었다.

종교회의가 끝날 때, 올덴바르네벨트가 사형선고를 받음으로써 항론파의 패배는 확고해졌다. 항론파 성직자와 평신도 지지자들에 대한 더 심한 핍박이 뒤따랐다. 비록 1625년 마오리츠의 죽음 이후에 그 상황은 종료되었지만, 항론파들은 영구적으로 설립된 네덜란드 개혁파교회로부터 소외되었다. 그리고 개혁파 개신교주의의 경계들은 이전보다 더욱 세밀하게 그려졌다. 도르트에서 극단적 칼빈주의의 완고한 방어에 성공함으로써, 공식적인 네덜란드 개혁파교회는 전 세계 개혁파 전통을 위한 주요한 기준점으로서 그리고 이 한 쌍의 골칫거리(알미니안주의와 반삼위일체적 소시니안주의 운동)에 대항하는 주요 투쟁자로 자리잡았다. 이러한 신학적인 주도권은 두 개의 외부적인 요인들에 의해서 도움을 받았다. 첫 번째 요인은 팔츠의 패배와 1622년에 하이델베르크대학의 붕괴에 의해 발생한 개혁파운동의 재앙이었다(11장, p. 642). 두 번째 요인은 1600년 이후 개혁파 세계가 잉글랜드에 세운 교회들의 후퇴였다. 따라서 비록 18세기에 개혁파 종교가 북아메리카의 대학들과 교회들에서 새롭고 매우 중요한 전성기를 맞았지만, 네덜란드는 별다른 경쟁 상대 없이 대서양 쪽에서 주도권을 쥐고 있었다(12장, pp. 698-699와 17장, p. 896).

6. 개혁파 성공: 스코틀랜드

스코틀랜드, 잉글랜드, 아일랜드 왕국 모두는 개혁파 개신교 형태 안에서 종교개혁을 경험했다. 그러나 그것은 본질상 매우 다른 것이었으며, 매우 다른 결과를 만들어 냈다. 스코틀랜드 종교개혁은 가장 완전하고 가장 국제적으로 공인된 것으로 판명되었다. 그리고 비록 칼빈주의 성직자들과 군주 사이의 긴장 관계 그리고 네덜란드교회와 연방국 사이의 논쟁이 평행적인 형태로 있었지만, 실행 가능한 해결이 제임스 6세(James VI, 1567-1625)의 긴 통치기간 동안 등장했다. 스코틀랜드 종교개혁은 1559년의 국민혁명에서 시작되었다. 따라서 미래를 형성하는데 선두에 섰던 자들은 왕실이 아닌 개신교 성직자들과 그들의 평신도 후원자들이었다. 제임스 왕은 어른이 되어, 소년 시절에 계획했던 일련의 기정사실들(faits accomplis)에 대해 그는 할 수 있는 한 최선을 다해 반응했다. 그는 자신의 목적에 따라 상황을 이끌고 갈수 있는 대단한 기술을 가지고 있음을 보여주었다. 제임스 왕은 1560년대 정치적 혼란 가운데서 스코틀랜드 국교회(Scottish Kirk)를 위해 인내를 가지고 완성된 특별한 교회 협정(deal)을 물려받았다. 개혁파교회 정치는 전체 국가에 영향을 주도록 기초가 되었지만(6장, pp. 293-5), 이 교회는 옛 가톨릭교회 시스템과 함께 공존해야 했다. 또한 그들은 예전의 성직자들의 삶을 보존해 주었는데, 그들은 새로운 교회에서는 아무런 능동적인 역할을 하지 않았음에도 여전히 이전 수입의 3분의 2를 가져갔다.

이러한 기민하고 현실적인 조치는 스코틀랜드 종교개혁 동안 소위 타협의 천재인 잉글랜드인들이 더욱 효과적으로 드러나게 해준다(스코틀랜드의 종교개혁은 25명의 개신교도와 2명의 가톨릭 순교자를 낸 반면에, 잉글랜드는 튜더 왕조에서 가톨릭과 개신교 양쪽에서 500명 이상의 사상자를 냈다는 이유에서 스코틀랜드의 종교개혁은 덜 유혈적이었다). 종교개혁 전의 교구시스템에서 많은 부재자 성직자와 다원주의 성직자는 교구 수입에 대해 쉽게 타협했다. 결국 이러한 수단들은 거의 중세 교구들에게 유익을 주지 못했다. 그리고 재정의 3분의 1을 활동적인 교구사역자에게 제공하는 것은 정상적으로 일하는 성직자에게 가능한 실제적인 재정의 개선을 의미했다. 옛 성직자들의 절반은 새로운 교회에서 활발히 일하는 것을 선택했다. 가장 스코틀랜드적인 수도원들은 (비록 잠재적으로 더욱 위험한 탁발수도원이 있었지만) 억압받지 않았지만, 그들이 점차적으로 사라지는 것은 용인되었다. 몇몇은 합법적으로 세속 주권으로 개조되었는데, 이것은 논리적으로 합당한 수순이었다. 왜냐하면 가장 스코틀랜드적인 수도원들이 종교개혁 이전 세기에는 평신도에 의해 운영되었기 때문이었다(2장, p. 147).

스코틀랜드국교회는 그렇게 존경하고 모방했던 스위스나 제네바의 종교개혁들보다도 더욱 강경노선을 취할 수 있었다. 1561년부터 스코틀랜드국교회는 공식적으로 크리스마스의 비성경적인 축제에 반대했다. 그들은 1566년에 스위스신앙고백서(Helvetic Confession)를 수용했지만, 공식적으로 취리히의 종교개혁자들이 허락한 크리스마스에 대한 의견을 분명하게 배제했다(이러한 폐지에 대한 교회의 동의를 위해 스코틀랜드 의회를 설득하는 데 약 30년 이상이 걸렸다). 그러나 잉글랜드화되고 비교적 온건한 칼빈주의자인 존 낙스(John Knox 1572)의 죽음 후에, 두 가지 경향이 등장했다. 첫 번째 경향은 잉글랜드의 모형보다 주교나 관리자들의 기관과 교회업무에서 세속 정부를 위한 강력한 역할을 받아들여 광범위한 기반을 둔 개신교였다. 1574년 제네바로부터 귀환한 선도적인 학자 앤드류 멜빌(Andrew Melville)에 의해 주도된 다른 경향은 교회 안에서 성직자들 사이의 동등성과 또한 칼빈과 베자가 원했던 것처럼 왕실의 간섭으로부터 교회의 독립을 주장하도록 결정된 더욱 교리적인 장로교체제였다.

1580년대 이 두 무리들과 가톨릭 귀족들 사이의 세 방향의 정치적 싸움은 추가적인 타협을 만들어 냈다. 제임스 6세 왕이 정치적 성숙에 이르렀을 때, 그는 그 체계 안에서 주교와 왕실의 힘을 증가시킬 수 있다는 사실과 씨름했지만, 또한 그는 장로교의 전국적 구조로의 성장을 용인했다. 그것은 교회 총회에게 스코틀랜드 의회와 나란히 스코틀랜드에서 주요한 위치를 가지게 하는 것이었다. 총회에서 칼빈주의자의 자기주장은 잉글랜드 정치에서 켄터베리와 요크의 잉글랜드국교회의 지방 성직자회의의 소외된 역할과 현저하게 대립했다. 의회 안에서 교회가 발언할 수 있도록 의도한 여러 번의 협상 실패 이후에도, 주교들은 변칙적으로 의회에 계속 그들의 자리를 가지고 있으면서, 왕의 목적에 무조건 찬성하는 역할을 막는 데 필요한 역할을 했다.[49]

16세기 스코틀랜드는 저지대 영어(lowland English)와 고지대 게일어(highland Gaelic)의 두 개의 언어와 문화를 가진 왕국이었다. 후자(Gaidhealtachd)는 동일한 성을 가진 사람들이 충성과 봉사의 대가로 리더십과 환대를 족장들에게 기대하는 씨족사회였다. 스코틀랜드 개신교는 가장 힘 있는 족장들이 초기에 열정적으로 개종하는 행운이 있었다. 주요하게 네 번째와 다섯 번째 아가일의 백작(Earls of Argyll, 둘 다 아키발드 켐벨[Archibald Campbell]이라고 불린)은 1559년 국민 혁명 때에 모두 주도적인 행동가였다. 클랜 켐벨(Clan Campbell)은 많은 고지대 지역과 저지대의 변두리 지역에 살고 있었다. 따라서 그는 북쪽과 서쪽의 매우 다른 세계에 대해 영어로 말하는 스코틀랜드의 새로운 개신교 문화를 중재하는 역할을 했다. 백작과 그들의 주요 친척들은 그들 자신의 노력으로 이 역할을 부분적으로 수행할 수 있었다. 그들은 관습적으로 한 성에서 다른 성으로 다니며 이들 지역들을 여행하면서 시간을 보냈고, 그들이 방문할 때에 동반되었던 향연과 축제에서 개신교 예배를 드리고 설교를 할 수 있었다. 그러나 설교는 설교자들을 필요로 했다. 그리고 게일어로 설득력있는 설교를 할 수 있는 설교자가 필요했다. 이 일은 게일 사회의 학식 있는 계급들인 변호사나 의사 그리고 시인들을 설득시켜야만 가능한 일이었다. 그들 전통의 많은 부분은 구두로 전파되었기 때문에 개신교를 특징짓는 인쇄문화는 생소한 것이었다.

켐벨가는 그들의 일상생활에서 개신교 메시지를 선포할 이러한 학식있는 전통적이며 이상적인 표본을 발견했다. 그것은 바로 존 카스웰(John Carswell)이라 불린 서기였다. 아가일의 백작 때문에 1560년대에 카스웰은 광범위한 지역의 토지 허가와 그의 지위를 강조하기 위한 두 개의 인상적인 성을 받고 섬들의 주교와 아가일(Argyll)의 감독관으로 세워졌다. 그렇지 않았다면 스코틀랜드 국교회의 부(재산)는 다른 방식으로 스코틀랜드 세속 귀족의 주머니로 샜을 것이다. 1567년에 카스웰은 칼빈의 소교리문답을 묶은 교회의 『공동전례집』(*Book of Common Order* [*Foirm na n-Urrnuidheadh*])을 자유롭게 번역해서 출간했다. 이 책은 아일랜드와 스코틀랜드의 문학형태에서 게일어로 된 첫 번째 책이었다. 또한 게일어가 잉글랜드 정부에 경고하기 위해 게일 아일랜드에서 사용되었다는 증

---

49) A. R Macdonald, 'Ecclesiastical representation in Parliament in post-Reformation Scotland: the two kingdoms theory in practice', *JEH* 50 (1999), pp. 38-61.

거도 있다. 그러나 개혁과 개신교 전파의 대부분은 구두로 이루어졌다. 그리고 옛 학식있는 가문들이 계속적으로 교회를 섬겼다는 것은 종교개혁을 통한 고지대 성직자들의 이름들에서 분명해진다. 주로 구두로 된 게일 문화에 대한 교회의 우월권을 가지고 고지대 스코틀랜드는 발전된 유럽 개혁과 문화들 사이에서 매우 유별난 특징에도 불구하고 빠르게 개신교화 되었다. 고지대 스코틀랜드는 1801년까지 자기 나라 언어로 된 완전한 성경을 가지고 있지 않았다. 반면 목사들은 자발적으로 영어성경을 인접한 지역 게일 방언으로 번역하였다. 그들은 또한 게일어로 된 카스웰의 교리문답을 설교하고 사용하였는데, 이것은 특별히 효과적인 조합이었다. 이들을 다시 가톨릭으로 돌리기 위해 1620년대 아일랜드로부터 온 프란시스코수도사들은 개신교도들의 게일어 설교의 성공에 놀랐고, 교구교회 예배들을 잠행하여 참석하도록 그들의 선임들에게 허락을 받았다. 그래서 그들은 그들의 설교에 반격할 필요가 있었던 논쟁들이 무엇인지를 배울 수 있었다. 이러한 성취는 일반적으로 남쪽 교회를 장악했던 영어를 구사하는 사람들로부터 많은 신용을 얻지 못했고, 이들의 문화는 꾸준히 점차적으로 17세기 이후로 게일 세계를 잠식했다.[50]

잉글랜드와 아일랜드와는 반대로, 선택적 종교개혁에서 스코틀랜드는 구별되고 자의식적인 가톨릭 국교거부자의 모임을 형성할 기회가 거의 없었다. 17세기 초 프란시스코 선교사는 게일어를 사용하는 몇 개의 서쪽 섬들을 가톨릭으로 되돌리기 위해서 사역을 했다. 로마의 스코츠대학(Scots College in Rome)은 다소 늦은 1600년에 나타났다. 덧붙이자면 이 대학은 스코틀랜드의 행동파 성직자들의 작은 망명공동체가 스스로 해외에 세운 것이다. 그들은 신성로마제국에 있는 오래되고 못쓰게 된 베네딕트수도원 3개의 소유권을 성공적으로 주장해서 이 대학을 세우게 되었다. 그들은 그것들이 오래전에 '스코티'(Scoti)에 의해 세워졌다는 사실을 근거로 제시했는데, 이것은 사실을 창조적으로 잘못 이해한 것이다. 왜냐하면 그들은 '스코티'를 '스코틀랜드인'(Scot)이라고 이해했겠지만, 사실 원래 의미는 '아일랜드인'(Irish)이라는 뜻이기 때문이다.[51] 예수회의 스코틀랜드 구성원들은 사회적으로 잘 연결되는 경향이 있었고, 오히려 그들보다 더 불쌍하게 태어난 잉글랜드의 경쟁자들을 무시하였다. 그들은 그들

---

50) J. P. Dawson, 'Calvinism and the Gaidhealtached in Scotland', in A. Pettegree, A. Duke and G. Lewis (eds), *Calvinism in Europe, 1540–1620* (Cambridge, 1994), pp. 231–53, esp. p. 240. 트란실바니아 개혁파에서 완성된 헝가리 성경의 늦은 도달에 대해(1590), 10장, p. 000.

51) M. Dilworth, *The Scots in Franconia: a century of monastic life* (Edinburgh, 1974).

의 귀족 중에서 일부를 가톨릭 운동에 충성하는 방향으로 돌아오게 하는데 성공했지만, 세기 중반에 개신교로 전향한 귀족 대다수를 충분히 돌아오게 하지는 못했다.

스코틀랜드에서 예수회의 주요한 목적은 스웨덴에서 그들의 성취를 반복하고, 군주 자신을 보호하는 것이었다. 제임스(그의 덴마크 루터교 부인인 안나는 실제로 1590년 중반에 가톨릭으로 개종하였다)는 그가 자식이 없는 엘리자베스 여왕의 뒤를 이어 잉글랜드의 왕이 되는 것을 분명하게 하려는 목적을 가지고, 가톨릭의 제안을 고려해 보았으나, 자신의 에큐메니컬한 개혁파 개신교로부터 돌아서지는 않았다.[52] 그는 가능한 포괄적으로 스코틀랜드 가톨릭 거물들에게 충성을 받고 싶어했는데, 이것이 그들로 하여금 왕의 편에 섬으로써 고위직을 얻을 수 있게 하였다. 예수회 교육을 받고, 겉으로 드러내지 않은 가톨릭교도인 알렉산더 세톤(Alexander Seton)과 던펌린의 백작(Earl of Dunfermline)은 교회의 더 엄격한 성직자들의 반대하는 으르렁거리는 소리에도 불구하고, 1590년대부터 거의 30년 간 스코틀랜드 정부에서 주도적인 위치를 차지했다.

7. 엘리자베스의 잉글랜드: 개혁파교회?

1603년 제임스가 주목할 만한 작은 문제와 함께 최종적으로 잉글랜드 왕좌에 올랐을 때, 그는 또한 정체성 문제로 싸움을 경험했던 잉글랜드국교회를 상속 받았다. 1569-1572년의 정치적 위기 후에, 잉글랜드국교회 개신교의 미래는 안전한 것처럼 보였다. 그러나 많은 사람들에게 이것은 또한 예상밖이고 걱정스러울 만큼 조용한 것으로 보였다. 엘리자베스 여왕이 최고의 개혁파교회로 나아가기 위한 과정은 생략한 채, 1559년 그녀의 독특한 종교정책을 방어하려는 결정을 했다. 이것은 에드워드 6세의 통치기간 동안 급속도로 진행된 운동이었다. 1560년대에 자신들을 그 변화의 본래의 지도자들로서 보았던(6장, p. 291) 잉글랜드의 주교들은 그들 중에 많은 이들이 믿지 않는 현상을 방어하고 있다는 것을 알았다. 그러나 그들은 신실한 종교개혁을 위해 그 체계가 작용하도록 하는데 있어서 최선을 다해 준비했다. 그리고 새로운 주교를 선출할 때는

---

52) K. M. Brown, 'In search of the godly magistrate in Reformation Scotland', *JEH* 40 (1989), pp. 553-81, at 580; T. F. McCoog, 'Tensions: Robert Parsons, William Crichton and the battle for Elizabeth's succession', unpublished paper.

긍정적인 열성으로 현존하는 구조를 불가피하게 더욱 방어하려는 성향이 있었다. 당시 대학들로부터 등장한 개신교 성직자와 상류사회의 젊은 세대 사이에서 많은 사람들은 변화를 위해 싸우려 하지 않는 주교들의 의지에 실망했다. 이 사람들은 '엄밀하게'(precise) 그들을 좋아하지 않는 사람들 또는 흔하지 않았지만 마지막에는 오래 지탱하고, 그들 스스로를 '경건한 자들'(the godly)로 부르는 경향이 있던[53] '청교도들'(Puritans)에 의해서 특징지어졌다. 많은 청교도들에게 감독직은 해결점이 아닌 문제 그 자체로 받아들여졌고, 분명한 목적은 제네바와 같이 장로교 체제로 대치하는 것이었다.

모든 청교도가 장로교도였다고 생각하는 함정에 빠지지 않는 것이 중요하다 (다만 모든 장로교도들을 청교도와 동일시하는 데는 문제가 없다). 1560년대와 1640년대 사이의 잉글랜드국교회 안에 제기된 훨씬 넓은 범위의 문제들은 사람들로 하여금 새로운 인식을 하게 하였는데, 사실 그것은 개혁파교회의 주요 쟁점을 구축하는데는 방해가 되었다. 크랜머의『공동기도서』는 지나치게 정교했으며 확고했다. 그것은 성인의 날(saints' days)에 정해진 세계의 예식적 망령을 보존하였다. 그리고 암송을 규정하였다. 그 뒤에 숨어 있던 것은 '가톨릭의 지저분한 미사'(that popish dunghill, the Mass)였는데, 이 같은 사실은『공동기도서』의 근원으로 기꺼이 불린 존 필드(John Field)에 의해 공동 작업된 청교도 선전 작품들을 통해 광범위하게 읽혔다.[54] 기도서가 사용되는 방식에 대한 관찰은 점차 하나님에 대한 예식적 접근들과 함께 청교도들을 미몽에서 깨어나게 했다. 그들은 설교하는 것이 기독교인들이 정상적인 환경 안에서 하나님의 진리를 받아야 하는 유일한 방식이었다고 확신하게 되었다. 칼빈도 유사하게 말했으나, 그에게 설교가 구원의 일반적인 도구였다고 주장하는 무조건적인 것은 아니었다. 당시 그들은 잉글랜드에서 충분한 설교가 없었다는 것을 불명예스러운 문제로 여겼다. 그러한 충분치 못한 설교는 교회 타락의 주요한 증거였다. 모든 주교가 이것을 부인한 것은 아니지만, 그들은 청교도들로부터 공격당하는 것이 가장 불공정한 것이라고 생각했다.

장로교적 관점을 알린 첫 번째 사람은 캠브리지 신학부 교수인 토마스 카트라이트(Thomas Cartwright)와 마가렛 여사(Lady Margaret)였다. 1570년 봄학기 강의 과정에서 그는 잉글랜드국교회와 사도행전에서 기술된 신약성경의 교회를 비

---

53) 청교도 정의에 대하여, MacCulloch, *Later Reformation*, pp. 69-78를 보라.
54) J. Field and T. Wilcox, *An Admonition to the Parliament* (1572): W. H. Frere and C. E. Douglas (eds), *Puritan Manifestos: a study of the origin of the Puritan revolt* (London, 1954), p. 21.

교했다. 그러한 논쟁에서 잉글랜드국교회는 최악의 상태가 되지 않을 수 없었다. 카트라이트는 사역에서의 동등성을 변호하다가 캠브리지 교수직을 상실하게 되었다. 그리고 그가 잉글랜드를 떠났을 때 제네바에서 노골적으로 따뜻한 환대를 받았다. 그러나 카트라이트를 제거하는 것이 곧 논쟁을 종식시키는 것은 아니었다. 그는 단지 다수의 사람들이 생각하고 있는 것을 큰 소리로 말했을 뿐이었다. 1570년대에 공공 시위에서의 협상과 의회에서 진행되도록 하는 노력은 개신교 국가들 사이의 불일치 정도를 보여주었다. 반면 여왕은 1559년 종교정책의 세부사항(예를 들어, 전례나 성직자들의 옷 등)에 순응하지 않았던 주교들을 징계했다. 그들이 종교개혁을 수행할 수 있었다고 증명함으로써 그러한 사람들의 신뢰를 되찾는 것은 주교들의 임무였다.

1575년 친절한 학자이지만 많이 지친 총주교 파커(Parker)가 죽었을 때, 여왕은 기회를 잡아 에드문드 그린달(Edmund Grindal)을 파커의 후임으로 선택했다. 그린달은 이전 메리 여왕 때의 망명자로서, 그의 개신교도 자격은 무흠했다. 그는 런던의 원기 왕성한 주교였고, 장로교 이방인교회(Stranger Churches)에서 외국 개신교로부터 돌아온 이주 사회의 좋은 친구였던 요크의 총주교였다. 그리고 북쪽에서 가톨릭 상류사회의 힘 있는 집단의 주도면밀한 반대자였다. 그린달은 자신이 판단하는 대로 자유롭게 행동하였다. 이로 말미암아 그는 큰 대가를 치러야만 했고, 이후 자신에게 비극적 결과를 초래하게 되었다. 그는 모든 '예언활동'(prophesyings)을 억압하였고, 여왕에게 적극적으로 바른 신앙의 방향을 가르쳐주는데 전심을 다하지 못했다. 취리히에 있는 성직 훈련기관, 프로페짜이(Prophezei)에서 유래한 그들 기관의 이름과는 달리 그들의 활동은 그다지 인상적이지는 않았다. 이들은 성직자들이 설교 기술과 성서해석의 방법을 배우고 연습하기 위한 '훈련'(exercises) 모임이었다. 이 모임에는 공적 장소에서 발표력을 증진시키기 원했던 평신도들도 함께 했다. 이러한 정규 훈련모임이 여러 지역에 광범위하게 세워졌고, 주교들은 대체로 이를 환영하였다. 이유는 분명하지 않지만, 여왕은 이들을 그리 달갑게 여기지 않았다. 아마도 예언이란 의미를 함축하고 있는 이들 모임의 명칭이 여왕에게는 무질서적이라는 부정적 느낌을 준 것 같다. 어쨌든 여왕은 이전에 자신을 당혹시키는 불쾌하고 무례한 설교를 접하고 나서, 성직자들의 설교를 그다지 좋아하지는 않았던 것 같다.[55]

---

[55] 여왕과 설교에 대하여, P. McCullough, *Sermons at Court:politics and religion in Elizabethan and Jacobean preaching* (Cambridge, 1998), Ch. 2.

그린달의 응답은 교회 안에서의 연습과 설교의 중요한 위치에 대한 6,000자에 이르는 여왕에 대한 도전이었다. 그는 "부인(Madam), 만약 내가 하나님의 하늘의 영광을 공격하는 것보다 당신의 땅의 영광을 공격하는 것을 선택했다면, 나는 당신에게 '나를 참으십시요'라고 말하겠습니다"라고 하는 치명적 선고를 유지했다. '청교도' 총주교는 공교회의 역사를 곰곰이 생각했다. 그리고 이와 같이 로마의 황제에게 감히 그의 의무에 대해서 강론했던 위대한 4세기 교회의 왕자이자 밀란의 주교였던 암브로스(Ambrose)를 기억했다. 암브로스는 데오도시우스(Theodosius)를 위압하는 데 성공했다. 그러나 엘리자베스는 그렇게 다루어지지 않았다. 1577년 봄에 그린달은 램버스(Lambeth)에 있는 자신의 궁에 가택연금되었다. 그녀가 습관적으로 권징시행을 위해 주교를 참여시키는 것을 금지할 목적으로, 엘리자베스는 즉석에서 왕실 회람 문서에 의해 모든 예언행위를 금지했다(그들은 그녀가 알아차리지 않게 '훈련'[exercises]이라는 더욱 중립적인 이름 아래, 후에 재빨리 다시 시작하였다). 덜 솔직한 동료 주교들과 많은 개신교 조력자에 대한 평가를 여전히 즐겼던 그린달은 공식적인 파문으로부터 제외되었다. 그러나 교회를 지휘하던 그의 능동적인 경력은 개신교 총주교인 폰 비이트(von Wied)와 크랜머처럼 끝이 났다. 그는 시력을 잃어갔고, 점차 악화되는 건강 때문에 1583년에 죽었다. 그리고 그와 함께 시작된 잉글랜드국교회 움직임의 가능성은 에드워드 6세 치하에서 만들어졌다.[56]

그린달의 불명예는 우리가 잉글랜드 국교도(confomist, 수용주의자)라고 불렀던 주교 세대를 빠르게 가져왔다. 왜냐하면 그들은 기존의 교회 정책에서 경건한 종교개혁에 방해물이었던 것을 전혀 볼 수 없었기 때문이었다. 존 휘트기프트(John Whitgift)의 지도를 받았고, 1577년에 우스터(Worcester)의 주교와 1583년에 켄터베리(Canterbury)의 총주교를 만든 그들은 여왕의 종교정책에서 벗어나는 이들을 징계하는 그녀의 결정을 받아들였다. 그리고 청교도들의 동정과 엘리자베스에게 오랫동안 인정받은 레스터 백작의 후원에 반대하여, 엘리자베스의 중대하는 호의를 새롭게 얻은 크리스토퍼 해튼(Christoper Hatton, 숨겨진 가톨릭교로부터 신흥 기독교로 막 등장한 정치인) 경에 의해 그들은 돌아오게 되었다.[57] 따라서 이후 15년 이상 동안 잉글랜드 종교의 한 특징은 잉글랜드 국교도와 장로교도들의 가장 극단적이고 불만 많은 사람들 간의 내부적인 교회 투쟁이었다.

---

56) P. Collinson, *Archbishop Grindal 1519-83: the Struggle for a Reformed Church* (London, 1983), Chapters 12-15, 그리고 특별히 pp. 242-5를 보라.
57) MacCulloch, *Later Reformation*, pp. 38-40.

제8장 북쪽: 개신교 중심지   513

휘트기프트는 엘리자베스의 고위 정치인들이었던 윌리엄 세실(William Cecil)과 버글리(Burghley, 1599년 교회정책[Settlement]의 설계자 중 하나) 상원의원을 자주 놀라게 한 성직자에 대한 엄격한 순응의 정도를 부과하려고 하였다. 그러나 힘, 유능함, 판단 그리고 지식의 자산을 가졌던 자들의 지도자인 존 필드와 함께 대안적인 장로교를 제공하도록 고안된 운동을 접하게 되었다는 것을 총주교는 알았다. 지역 수준에서 많은 청교도 성직자들은 새로 태동하는 장로교 교구에서 모임을 가졌는데, 빅토리아 역사가들은 이들을 관할구(classes)라고 불렀고, 그들의 활동들을 '고전운동'(Classical Movement)으로 이름을 붙였다. 아마도 이러한 그룹의 많은 구성원들은 교리적 장로교도들이 아니라, 성직자와의 교제와 지원을 위해 연결되었다. 그러나 휘트기프트의 운동에 의해서 발생한 극렬한 열정들 사이에서, 중용은 거의 불가능한 것이 되었다.[58]

  1584년 11월 의회가 소집되었을 때, 청교도들은 이때를 그들의 힘을 보여줄 수 있는 완벽한 기회로 보았다. 이것은 아마도 그 세기에 가장 치열하게 경쟁했던 잉글랜드 총선이었다. 의미심장하게도 그것은 처음으로 전에 없던 아주 많은 하원의원(MPs: Members of Parliament)을 선출했다. 그러나 선거 결과는 청교도의 압도적인 승리를 보여주지 못했다. 휘트기프트는 많은 상류층과 성직자에게 화를 냈다. 그러나 청교도에게는 강력한 반감을 불러일으켰다. 아마도 청교도를 반대하는 몇몇은 가톨릭을 동정하는 전통주의자들이었을 것이다. 몇몇은 청교도의 비평에 분개했던 1559년 교회정책의 방식들을 수용하기 시작했다. 청교도들은 확실하게 그들의 힘을 하원에서 집결시키려고 노력했다. 그러나 대부분은 자주 동료 청교도 귀족 또는 상류층에 의해 지배받는 수적으로 적은 유권자와 함께 하원의원의 도시에서 선택되었다. 그들은 셔이어(Shire) 지방 투표에서와 같이 수 천명의 선거인들을 접했던 곳에서 훨씬 더 성공하지 못했다. 심지어 청교도의 중심도시인 동앵글리아(east Anglia)에서 조차도 그러했다.[59] 이것은 종교에 대한 의회의 모든 소요와 개혁에 대한 요구에 대해 전반적으로 저항하도록 여왕을 고무시켰다. 결국 이어지는 두 회기에서도 의회는 어떠한 결과도 얻지 못했다.

  1580년대의 청교도들은 야망을 가지고 있었다. 잉글랜드가 1584~1585년에 네덜란드를 넘어 스페인과의 전쟁으로 이동하였을 때, 네덜란드의 영웅, 침묵

---

58) 최고의 근거는 P. Collinson, *The Elizabethan Puritan Movement* (London, 1967), 특별히 Part 4.
59) D. MacCulloch, *Suffolk and the Tudors: Politics and religion in an English county 1500-1600* (Oxford, 1986), pp. 211-12, 335, 339; Collinson, *The Elizabethan Puritan Movement*, p. 278.

자 빌렘(Willem)은 죽임을 당했다. 그리고 여왕을 살해하려는 가톨릭의 음모를 폭로했다. 레스터가 옹호했던 앞으로의 개신교 정책은 여전히 의미가 있었다. 여왕을 헤하려는 사람은 죽을 때까지 쫓아가겠다고 맹세한 귀족들의 1584년 국가적인 결의동맹(Bond of Association), 1585년 네덜란드 군대의 파병을 위한 레스터의 잉글랜드심의회 그리고 1582-1583년 사보이(Savoy)가로부터의 가톨릭 공격 아래 있는 제네바를 지원하기 위한 재정의 공식 후원이 연속적으로 있었다. 가장 위대한 성공은 1587년에 감금되어 있던 스코틀랜드의 메리 여왕을 참수하려 했던 엘리자베스 여왕에 대한 지속적인 법원의 압력과 연결된 의회의 동요였다. 엘리자베스는 고의적으로 꺼려했지만, 기름부음 받은 군주의 생명을 취하기 위해 정치인들은 순간적인 실수의 유익을 택했다. 이는 그녀의 나라(스코틀랜드)와 잉글랜드 양자와 모두 연관된 한 여인을 처형하려는 사법적 판결로써, 가톨릭 신앙을 장려하기 위해서 고안된 정치적 살인이다. 네덜란드와 스페인과의 싸움에서 1586년 11월 5일에 영웅적으로 전사한 가장 위대한 개신교 군사이자 시인인 레스터 백작의 조카 필립 시드니(Philip Sidney)의 장례식은 메리의 죽음과 대조적인 예식을 하기 위해 그리고 무엇이 참되고 경건한 순교인가를 보여주기 위해, 1587년 2월까지 고의적으로 연기되었다. 시드니의 장례식은 그의 처형 후 8일 동안 유지되었으며, 대중에게 매우 큰 인상을 남겼다.[60]

메리의 처형은 왕조의 정당성에 대항한 종교개혁의 이념적 주장으로써, 스페인의 왕을 거부하려 했던 1581년 네덜란드의 획기적인 결정을 반복하는 것이었다. 그리고 그것은 엘리자베스 여왕의 보수적인 성향과 배치되는 것이었다. 그러나 엘리자베스는 그 당시의 스웨덴의 요한 3세 왕과 마찬가지로, 개신교라는 것을 강조하며 군주들에게 절대적인 차이를 기꺼이 보여주려 했던 시끄러운 공식적 의견이 있었다는 사실에 직면해야 했다. 1584년 결의동맹은 심지어 잉글랜드에서 '군주적 공화국'(monarchical republic)의 주장, 즉 '군주제가 워낙 중요한 문제여서 군주들로 남을 수 없다'는 16세기 유럽 사람들 사이에서 점차 느껴지는 일반적 감정의 예로 보였다.[61] 1570년과 1584년 사이에 엘리자베스는 가톨릭 왕자들의 계승과 그녀의 결혼 협상들에 대해 목소리를 높이는 공

---

00) J Woodward, *The Theatre of Death: the ritual management of Royal Funerals in Renaissance England*, 1570-1625 (Woodbridge, 1997), pp. 74-6.

61) P. Collinson, 'The Elizabethan Exclusion Crisis and the Elizabethan Polity', *Proceedings of the British Academy* 84 (1994), pp. 51-92, 60에서; Collinson, 'The monarchical republic of Queen Elizabeth I', *Bulletin of the John Rylands Library* 69 (1987), pp. 394-424, Collinson, Elizabethan Essays (London, 1994), pp. 31-57에서 재인쇄.

개적 경고를 듣게 되었다. 특이한 재능을 가지고 반대파가 엘리자베스에게 강요했던 '처녀 여왕'(Virgin Queen)의 수사학적 역할을 수용하므로 가장 좋지 않은 일을 했지만, 결국 이는 그녀로 하여금 왕조 결혼의 생각을 포기하도록 했다.[62] 이러한 상태에서 정치적인 국민들과 함께 청교도는 그들이 엘리자베스 시대의 참된 왕당파라고 주장하면서, 또한 전체 종교개혁을 옹호함으로써 늘어나는 국가적 반가톨릭주의에 논리적 귀결을 알려주었다. 그러나 그들, 특히 장로교 체계를 계속 요구하는 이들은 항상 고립의 위험이 있었다. 그들이 개신교 국가의 생활을 전복하는 것으로 보이지 않는 한, 개신교 신앙의 진보에 관심 있는 사람들로부터 광범위한 선의를 확신할 수 있었다.

종합적인 요인으로 곤경에 빠진 청교도 무리들은 실제로 고립되고 약화되었고, 1588년에는 절정에 이르렀다. 특히 선도하는 국교도 성직자에 대한 일련의 지독할 만큼 악랄하고 유머러스한 공격들이 '마틴 마프레이트'(Martin Marprelate)라는 필명에 의해 비밀스럽고 즉흥적인 출판물들이 출판된 점을 유의해야 한다. 피터하우스의 주인과 동성애 관계에 있는 휘트기프트(존 캔트[John Cant])총주교를 고발했던 사람이 바로 마프레이트였다(4장, p. 298). 여기에서 마틴은 그가 혐오하던 사람들 중의 하나였던 솔즈베리의 부주교(dean of Salisbury)인 존 브릿지(John Bridges)에 대해 폭언을 일삼았다. 브릿지는 잉글랜드의 교회정책에 대한 옹호를 장황하게 써내려갔는데, 그 내용은 종교에 대해 심각하고도 예상을 벗어난 주장과 불명예스런 얘기들과 오만한 어리석음의 전형적인 조합이라고 볼 수 있다.

> 브릿지 경, 당신은 누구 앞에서 말하고 있는지 알지 못합니까? 당신은 지금 나의 주인이신 윈체스터가 바보 놀음을 하고 있다고 생각하십니다. 그렇지요? 혹은 당신은 당신이 사룸[Sarum, 솔즈베리 성당] 수도원의 으르렁거리는 성가대 사이에 있다고 생각하십니까? 나는 당신에게 충고하려고 합니다. 이것을 저로부터 배우십시오. 즉 교회 당국은 종교의 실질적인 핵심이고, 그렇기 때문에 건물의 실체의 실질적인 핵심입니다…친애하는 [휘트기프트], 당신은 언젠가 내게 이점에 대해 대답하거나 또는 매우 아슬아슬하게 나의 추적을 피해 다녀야 할 것입니다. 그리고 당신, 존 지구장이여, 앞으로 가십시오. 내가 지금은 기꺼이 당신을 내 손에서 놓아드리겠습니다.[63]

---

62) S. Doran, 'Juno versus Diana: the treatment of Elizabeth I's marriage in plays and entertainments, 1561–1581', *HJ* 38 (1995), pp. 257–73.
63) D, John Brides: *The Epistle to the terrible priest of the Convocation House* (East Molesey, 1588,

마프레이트 소책자는 널리 퍼졌지만, 이 책자들은 이러한 방식으로 진행된 그들의 운동에 대해 익숙하지 않았던 청교도 고위 성직자들을 두려워 떨게 하였다. 정부는 그 계획과 관련된 사람들을 심문하고 감옥에 잡아 넣었지만, 결코 저자를 심판하기 위해서 소환하지 못했다. 그러나 마프레이트 스캔들이 멈춤과 동시에 죽음은 청교도들에게서 분별력있고 권세있는 친구들을 빼앗아갔다. 레스터 백작과 존 필드는 둘 다 다른 중요한 인물들과 함께 1588년에 죽었다. 1588년 스페인 무적함대의 화려한 붕괴는 청교도에게는 역설적으로 운이 좋지 않았다(사진 9 참고). 패배를 기념하는 메달은 출애굽기 15:10, "주께서 바람을 일으키시매…그들이 잠겼나이다"라는 말씀을 반복함으로써 일반적 의견을 표현했다. 만약 하나님이 잉글랜드에 대해 이것을 강하게 느끼셨다면, 기존 교회에 이토록 많은 잘못이 있을 수 없다는 결론에 저항하는 것은 힘든 것이었다. 따라서 청교도들에 대해 더욱 심각한 국교도들의 공격 조건들은 적합했다.

당시 휘트기프트 총주교의 설교가이며 청교도를 싫어하고, 셜록 홈즈(Sherlock Holmes)의 주목할 만한 선구적 인물이었던 리차드 반크로프트(Richard Bancroft)는 쿠데타에 성공했다. 그는 마프레이트 소책자들을 연구하였다. 그러나 10년 전에 만들어진 장로교 조직의 증거를 만났다. 노련한 청교도 대변인 토마스 카트라이트를 포함한 장본인들은 처음으로 1591년에 교회 고등법원에 출석했고, 심지어 위협적인 성실청 법원을 대면하게 되었다. 런던의 중앙부를 가로지르는 큰 거리 중앙에서 조사받는 목사들을 영웅으로 떠받들었던 두 명의 극우 청교도주의자인 에드문드 코핑거(Edmund Copinger)와 헨리 아씽턴(Henry Arthington)은 정신장애인 윌리암 헤케트(William Hacket)를 새로운 메시아로 선포했고, 엘리자베스 여왕이 폐위되었다는 광고를 덧붙였다. 자연스럽게 헤케트는 신속하게 처형되었다. 청교도들이 빠져버린 이러한 깊은 수렁보다 국교회주의자들에게 더 좋은 설명이 무엇이 있었겠는가? 비록 청교도 장로교 지도자들은 결국 모두 방면되었지만, 그들의 정신은 깨졌고 '고전운동'은 붕괴되었다.[64]

RSTC 17453), p. 30을 숙독하라. *D.John Bridges: the epitome* (Fawsley, 1588; RSTC 17454), sig. D2rv.를 숙독하라. 마프레이트의 정체성은 불확실하게 남아 있다: L. H Carson, *Martin Marprelate, Gentleman: Master Job Throckmorton Laid Open in his Colors* (San Marino, CA, 1981)는 수수께끼를 풀었던 것 같다. 그러나 지금 P. Collinson in J. Guy (ed), *The Reign of Elizabeth I: court and culture in the last decade* (Cambridge, 1995), pp. 157-8 를 보라.

64) Collinson, *Elizabethan Puritan Movement*, op. cit., pp. 403-31; A. Walsham, "Frantick Hacket': prophecy, sorcery, insanity and the Elizabethan puritan movement'. *HJ* 41 (1998), pp. 27-66.

국교회주의자들은 국가교회로부터 분리했던 개신교의 작은 무리에 대한 탄압으로 그들의 승리를 마감했다. 분리주의는 청교도 주장을 지지하는 궁극적인 열매로서의 의미가 될 수 있었다. 1593년 세 명의 분리주의 지도자들인 헨리 바로우(Henry Barrow)와 존 그린우드(John Greenwood) 그리고 존 펜리(John Penry)는 선동죄로 처형되었다. 신학적인 면에서 결코 이단이 아닌, 신실하고 경건한 청교도들의 순교는 가톨릭 성직자와 평신도의 처형 그리고 형법 제정에 영감을 주었던 1580년의 맹렬한 반가톨릭과는 놀라운 대조를 이루었다(8장, p. 521). 1593년 의회에서 가톨릭에 대하여 제안된 추가조치에 대한 정부의 조작은 대단히 상징적이었다. 그리고 그들은 개신교 분리주의자들에 대하여 유사하게 잔인하게 법을 적용하는 첫번째 입법을 만들어냈다.

그 이후에 두드러진 것은 신학적 논쟁의 부재였다. 국교회주의자들은 교회정책에 대한 싸움 때문에 유력자로부터 지지를 받았다. 다른 관점에서 잉글랜드 방식의 삶에 대한 위협으로 청교도들을 묘사하는 것은 어려웠다. 그리고 국교회주의자들이 취하려고 했던 사안들은 그리 중요하지 않은 것이었다. 국교회주의자와 청교도 사이의 견해 차이는 1920년대와 1930년대에 그토록 격정적이었던 개혁파 신학자들과 알미니안 신학자들 사이의 간격 차이를 의미하지는 않았다(12장).[65] 국교회주의자가 승리했던 1593년, 휘트기프트는 리처드 후커라는 성직자가 『교회정치법』(*the Laws of Ecclesiastical Polity*)이란 제목의 변론서를 출판하도록 격려하였다. 이 책은 개혁파 신학에 대한 국교회의 비판적 정서가 잘 드러나 있다. 이 작품은 미래의 잉글랜드국교회에서 대단히 중요한 역할을 했지만(12장, p. 656-658), 그 당시에는 성공을 거두지 못했고, 단지 한 명의 청교도 작가가 6년이 지나서야 뒤늦게 공격해서 다투게 되었다.

휘트기프트의 청교도에 대한 반대는 공식적으로 더 심각한 문제를 유발시키지는 않았다. 특히 경제적으로 붕괴되고 굶주리고 불안했던 1590년대를 특징 짓는 대중적 불안과 혼란의 격렬한 증가를 의식한 이래로, 청교도들은 그들의 활동을 분리주의의 명백한 파괴적 의도와 연결시키려는 정부의 시도로 인해 두려움을 느꼈다. 법정에서 유용한 청교도 계약들은 축소되었다. 많은 지역에서 지역 정치와 청교도 사역을 지탱하는 데서 모두 중요한 역할을 담당하던 청교도 상류층은 잉글랜드정치생활을 위한 불건전한 발전인 궁정정치(Court

---

[65] P. Lake, *Anglicans and Puritans? Presbyterianism and English Conformist Thought from Whitgift to Hooker* (London, 1988), pp. 239-40.

politics)로부터 고립되었다. 1580년대 빈약한 결과를 낸 변화를 위해 국가적 시위를 계속하는 대신, 그들은 눈에 띄지 않게 청교도 목사들과 지역의 평신도 활동을 보호하기 위해 힘을 쏟았다.[66]

그래서 청교도 문학은 필드와 카트라이트의 장로교 논쟁이나 마프레이트의 과장된 욕설로부터 캠브리지의 신학자 윌리암 퍼킨스(William Perkins)에게서 시작된 구원에 대한 인쇄된 도식을 갖춘 무겁고 복잡한 도덕적 분석으로 변화되었다. 이것은 가장 잘 팔린 청교도신학의 저술이었다. 퍼킨스의 출판물들은 1602년에 캠브리지의 학장이 죽었을 때, 그의 영웅이었던 칼빈의 많은 책들을 급속하게 앞질렀다.[67] 중요한 것은 퍼킨스가 교회 정부의 문제점들을 거의 언급하지 않았다는 것이다. 그는 '언약신학'(Covenant Theology, 언약이 라틴어로 foedus이기 때문에, federal theology로 알려졌다)의 당시 주창자였고, 아마도 가장 중요한 대표자였다. 이는 청교도 견해의 가장 독자적인 특색 중 하나가 되었다. 그리고 우리는 그것이 무엇을 의미하는지 그리고 왜 청교도들이 언약신학을 고수했는지를 알기 위해 퍼킨스의 깊은 사상을 살펴볼 필요가 있다.

개혁파 개신교의 초기부터 불링거(Bullinger)가 있던 취리히에서 언약이란 주제는 이스라엘을 향한 하나님의 계획에 부응하려고 노력하는 집단들에게 매력적인 은유였다. 언약이 매력적인 더 큰 이유는 언약이 '율법폐기론자'(antinomianism)의 익숙한 질문에 답을 제공했기 때문이다. 만약 하나님의 구원계획이 도덕성과 관계없다면, 값없는 은혜는 인간사회에서 도덕법의 중요성을 파괴하는 것처럼 보였을 것이다(p. 470와 3장, p. 198). 언약의 구조는 하나님이 그의 율법(law)에 관심을 가지고 계시고, 또한 그것이 지켜지기를 원하신다는 관념을 유용하게 복원했다. 하이델베르크의 신학자 우르시누스와 올레비아누스 그리고 찬키는 언약의 동기를 조사했다. 잉글랜드의 젊은 신학자 더들리 페너(Dudley Fenner)에 의해 1585년에 출판된『거룩한 신학』(Sacra Theologia)에서 언약 사상은 더욱더 조직적으로 발전되었다. 언약의 동기에 관심을 갖고 있던 모든 사람들처럼 페너는 성경이 언약에 대해 서로 다른 특징을 말한다는 점을 관찰했다. 일부는 무조건적이며, 나머지는 조건적이었다. 그래서 페너는 두 개의

---

66) Cf, e.g. P. Clark, *English Provincial Society from the Reformation to the Revolution: religion, politicis and society in Kent 1500-1640* (Hassocks, 1977), pp. 249-68: D, MacCulloch, *Suffolk and the Tudors: politics and religion in an English county 1500-1600* (Oxford, 1986), pp. 217-19, 243-52, 274-82.

67) R. T. Kendall, *Calvin and English Calvinism to 1649* (Oxford, 1979), pp. 52-3.

서로 다른 언약을 대조시키는 기독교인의 삶의 신학을 세웠다.

이러한 구조에서는 먼저 하나님의 천지창조의 일부로서의 '조건적인' 행위언약(conditional Covenant of works)이 있다. 이 조건적 행위언약은 모든 인류를 묶어주는 역할을 하고, 또한 이 언약의 성취는 하나님의 도덕법의 준수 여부에 의존하게 된다. 또 하나님이 오직 참된 기독교 신자와 맺으시는 '무조건적인' 은혜언약(unonditional Covenant of grace)이 있다. 이러한 구조가 주는 신학적 유익은 하나님의 구원역사의 중요성을 강조하는 데 있다. 왜냐하면 인간은 비극적인 궁지에 사로잡혀 있기 때문이다. 우리는 여전히 하나님의 법을 행위언약 아래서 지키도록 요구되지만, 반면에 그것이 불가능하다는 것을 발견한다. 오직 은혜만이 인간을 그러한 올무로부터 자유롭게 할 수 있다. 그래서 은혜언약 아래 있는 자들은 감사와 하나님의 사랑으로 인해 선행을 하게 될 것이다. 구원을 받든지 저주를 받든지 어느 쪽이든 인간은 반율법주의로부터 멀리 떨어진다.

페너는 요절하였다. 그래서 언약신학을 더욱 발전시키는 것이 퍼킨스에게 남겨졌다. 퍼킨스는 특별하게 자신의 것으로 만들었던 칼빈주의 사상을 출발점으로 선택했다. 하나님이 지옥으로 버리시기로(결정적으로 저주하시기로) 예정한 자들은 한시적(temporary) 믿음이 주어졌다는 사상이었다. 이 믿음은 아마도 생애 동안에 때때로 그들과 함께 남아 있을 것이다. 그러나 한시적 믿음은 택자의 구원받는 믿음과는 전적으로 다른 것이고, 결국 지옥불로 인도한다. 그들은 은혜언약이 아니라, 여전히 행위언약 아래 남아 있다. 한시적 믿음에 대한 신앙은 시시한 교리를 강화한다(그리고 퍼킨스가 임상우울증의 상태에서 죽었다는 것은 지적되어야 한다). 그럼에도 만약 그가 그의 양들 사이에서 겉치레와 자기 의에 대해서 격앙되었고, 보다 실제적인 경건으로 눈을 뜨게 하기를 원했다면, 혹자는 어떻게 목양적 경험이 목사에게 이러한 사상을 포용하도록 하는지 알 수 있다. 그밖에 한시적 믿음은 구원의 확신 교리에서 필연적 과제를 가져왔다. 각 개인이 자신의 신앙이 한시적인 다양성에서 온 것인지 구원하는 것으로부터 온 것인지를 식별할 수 있다는 주장이다. 이러한 통찰은 참된 신앙의 경험으로부터 오거나, 퍼킨스의 문장에서처럼 '실험적인'(experimental) 것이다.

퍼킨스의 사상의 중심에 놓여있는 한시적 믿음의 사상을 고려할 때, 그가 도덕적 문제들과 개인적 경건에 대해 집중했던 것은 이해할만하고, 또 인간의 신앙생활의 중심에 선택과 예정의 문제가 오도록 해야 한다고 한 것도 분명하다. 각각의 신자는 신앙 경험을 통해서 결론에 이르도록 요구된다. 고백일기의 현대적 모양이 1600년 경에 잉글랜드 청교도들 사이에서 하나의 문학적 장르로서 나타났다는 것은 우연의 일치가 아니다. 그것은 하나님의 진정한 선택의 증명을 위해 자신을 시험하도록 의도된 일기장이었다. 실험적 칼빈주의 경건의 다른 특징이 또한 존재했다. 즉 기존 교회에서 생각이 같은 자들의 모임을 찾기 위해서 또는 선택된 양심을 가지지 못한 자들을 너무 많이 포함하는 공동체로부터 완전히 탈퇴하기 위해서 분리하는 것을 조장했다. 새롭고 더 순수한 유럽 개신교의 형태를 세우기 위해 대서양을 건넜던 잉글랜드 청교도들에게는 언약이 중심이 되어서, 위험과 투쟁의 한 가운데서 안심하고 이상을 강화하게 하였다. 그리고 이 언약은 미국인의 의식에 깊이 새겨진 개신교 이상 안에서 공고한 생각으로 남아 있다(12장, pp. 685-699).

퍼킨스의 도덕신학 스타일은 대서양을 지나 서쪽으로만 간 것이 아니라, 동쪽으로도 퍼졌다. 캠브리지의 크라이스트대학(Christ's College Cambridge)에서 윌리엄 에임스(William Ames)는 가장 뛰어난 학생 중의 하나였다. 그는 퍼킨스의 잉글랜드국교회 생활에서 그에게 영예의 지위를 준 교회 기관과 타협할 준비가 되어 있지 않은 유능한 신학자였다. 그 결과 에임스는 1611년에 잉글랜드를 떠나 네덜란드로 향했고, 결국 1622년에 프라네커(Franeker)에 위치한 작은 서프리지아대학교(West Frisian university)에 정착했다. 그 대학은 칼빈주의 정통에 대해 자부심을 갖고 있었으며, 놀랍게도 이 때문에 국제 학생 전원이 외딴 프리지아 연안까지 여행해서 왔다. 이런 범세계적인 수강생 덕분에, 에임스는 유럽 개혁파 개신교에서 상당히 주요한 인물이 되었다. 그의 영향력은 멀리 트란실바니아까지 미쳤다. 그곳은 퍼킨스와 에임스의 저술이 열광적으로 읽힌 곳이었다. 그리고 기독교인 삶과 교회조직에 대한 에임스의 신학은 주요한 논쟁거리가 되었다(10장, pp. 601-606).

에임스와 한 마음을 품은 네덜란드 신학자들은 네덜란드 개혁파교회의 작은 그룹에 새롭게 집중하도록 해주는 주요한 힘이었다. 잉글랜드 청교도에서 열정적인 신자들이 스스로 선택한 지역 모임처럼, 그들은 영적으로 중생한 사람들과 중생하지 않은 부류 사이의 커다란 간격을 강조하기 위해서 언약신학의 메시지를 선택했다. 그리고 그들은 가장 높은 도덕적 표준에 따라 살기 위해 최선을 다했다. 네덜란드의 역사가들은 이 운동을 독일의 '제2종교개혁'과 같은 선상에 놓고 '후속종교개혁'(further Reformation, nadere Reformatie)이라고 불렀다. 그리고 이 운동은 독일 루터교에 의해서 세워진 교회들에서 발전했던 '경건주

의'(Pietism)와 유사한 운동보다 반 세기 가량 앞선 것이었다.[68]

잉글랜드로 돌아가서, 1600년까지 청교도주의는 잉글랜드국교회의 제도적 구조들을 변화시키는 꿈을 포기한 듯 했다. 그러나 네덜란드에서처럼 택자에게 약속된 축복을 향한 순례를 통해 개별 영혼을 교화하는 윌리엄 퍼킨스의 방식에 우선권을 주었다. 일반적으로 잉글랜드 청교도들은 이것을 퍼킨스의 학생인 에임스에 의해 계속 채택되는 교회정치에 대한 대립적인 입장과 더 이상 연결시키지 않았다. 에임스는 이 교회정치 때문에 프라네커와 위트레흐트의 호의 속에서 캠브리지를 포기해야 했다. 그렇게 함으로서 잉글랜드 청교도들은 엘리자베스와 초기 스튜어트 시대의 교회에서 침착하고 영향력 있는 존재였고, 개신교 삶의 필수적인 부분으로 남아 있었다.

대조적으로 잉글랜드를 로마에 다시 복종시키기 위한 가톨릭 행동주의자들의 계획은 실패했다. 1560년대 후반부터 기존 교회의 예배에 참석하기를 거부하는 '국교회기피자'(recusant) 그룹이 나타나자 문제가 발생했다. 엘리자베스 여왕을 이단으로 정죄하는 교황의 교서 '레그난스 인 엑셀시스'(Regnans in Excelsis)가 독이 든 성배가 되어버린 1569-1572년의 위기(7장, pp. 449-452)는 로마 가톨릭에 여전히 남아 있었다. 어떻게 그들은 교황과 여왕 중 누구에게 충성해야 하는가의 문제에서 비켜날 수 있겠는가? 더욱이 1588년 로마와의 최후의 단절 전에 안수를 받은 고령의 성직자들이 사라졌고, 이때 잉글랜드 가톨릭은 더욱 시들해졌다. 이것을 막기 위해 이전에 옥스포드의 교수였던 윌리엄 알렌(William Allen)은 1568년 유배 당시 플랑드르(Flanders)의 드웨(Douai)에 사제훈련을 위한 대학을 설립했다. 폴 추기경(Cardinal Pole)에 의해서 구상되고 트리엔트공의회에 의해 만들어진 방식의 구상된 또 다른 신학교들이 유럽 본토에 세워졌다. 잉글랜드 가톨릭의 점진적 쇠퇴에 대한 정부의 희망을 종식시킨 첫 선교사 사제가 1574년에 도착했다. 선교사 사제들은 자동적으로 배신자들로 여겨졌고, 그들을 초청한 자들은 형벌을 면할 수 없었다. 야만적인 1570년대와 1580년대의 의회법령은 사형, 추방, 종신형, 재산 몰수나 벌금 징수를 명령했다. 사제들은 자주 가톨릭 수도원에서 특별하게 만든 '사제 은신처'(priest holes)에 숨어 지내야 했다. 비밀문서 출판은 헌신적이고 선전적인 작품들을 생산했다. 예수회의 에드문드 캠피온(Edmund Campion)은 1580년에 잉글랜드 선교를 알려야 했고, 잉

---

68) M. H. Prozesky, 'The emergence of Dutch Pietism', *JEH* 28 (1977), 29-37. 역사가 J. C Kromsigt는 1904년에 *nadere Reformatie* 라는 용어를 연구했던 것 같다.

글랜드 은신처가 누설되었을 때, 그는 여론 조작용 재판(show trial)을 받고 처형될 때까지 심한 고문을 받았다. 1590년과 1603년 사이에 여전히 많은 처형(53명의 사제들과 35명의 평신도)이 있었고, 1581년과 1590년 사이의 10년 동안은 78명의 사제들과 25명의 평신도들이 처형되었다. 그리고 70명이 넘는 사제들이 1601년과 1680년 사이에 처형되었다. 사실상 잉글랜드는 유럽의 어떤 나라보다도 많은 로마 가톨릭 교도들을 사법살인(judicially murdered)한 나라였는데, 이 점은 국가적 관용이라는 잉글랜드의 자부심을 흥미로운 관점에서 보게 한다(삽화 13번).[69]

그러나 이러한 영웅심 가운데, 긴장감은 잉글랜드 가톨릭교도들 사이에 팽배해졌는데, 이 점은 부분적으로는 로마가 그들에게 지역 주교와 같은 최우선의 권위를 주지 않았다는 점에 기인한다. 알렌은 많은 존경을 받고 1587년에 추기경이 되었기 때문에, 이러한 기능을 부분적으로 수행했으나, 1594년에 죽고 말았다. 그가 드웨(Douai)의 많은 학생들과 후에 설립된 다른 대학들처럼 예수회에 의해 크게 영향을 받았다는 것 또한 부정할 수 없었다. 재속 사제들(secular priests)은 자주 예수회를 시기했고, 어떤 사람들은 모든 가톨릭은 우선적으로 교황에게 복종해야 하며 잉글랜드국교회로부터의 분리를 유지해야 한다는 예수회의 주장에 대해 반박했다. 어떤 재속 사제들은 정부 핍박에 대해 예수회를 비난했다. 그리고 그들이 잉글랜드를 떠난다면 재속 사제들이 관용을 얻을 수 있다는 희망을 가졌다. 반면 예수회는 잉글랜드가 남아메리카의 정글만큼 많이 비어있는 무르익은 선교의 장이라는 사실을 강조하는 데 치우쳐 있었다. 이는 그들이 관할권이 생기지 않은 지역이야말로 외부의 간섭 없이 제대로 운영할 수 있는 기회가 넘치는 곳이라고 생각했기 때문이다. 매우 유사한 긴장들이 북네덜란드 개신교에서 발견될 수 있었다. 그곳에는 가톨릭이 비록 잉글드에서 보다 더 많이 있었지만 그렇게 심각한 핍박을 받지는 않았음에도 불구하고, 그들은 동일한 문제에 봉착했다. 우리는 또한 17세기 초에 프랑스교회가 스스로 재구성했을 때, 프랑스의 주요한 세력이었던 예수회에 대한 가톨릭의 적대감을 발견할 수 있다(10장, p. 624). 사실 이러한 논쟁 뒤에는 유럽 전체에서 계속해서 구교를 괴롭게 하는 가톨릭의 정체에 대한 광범위한 질문이 있다. 트리엔트 공의회는 어떻게 교회가 통치되어야 하는가, 그리고 어떻게 그것이 교리적이

---

69) P. McGrath, *Papists and Puritans under Elizabeth I* (London, 1967), pp. 177n, 255-6; L. McLain, 'Without church, cathedral or shrine: the search for religious space among Catholics in England, 1559-1625'. *SCJ* 33 (2002), pp. 381-99, at 393.

고 실천적인 결정을 만드는가에 대한 모든 대답을 제공했는가?

잉글랜드정부는 자연스럽게 가톨릭 문제를 알았던 것에 기뻐했다. 1602년의 선포는 교황의 힘이 잉글랜드 군주를 폐위시킬 수 있다는 것을 부인하려는 사제들에게 반역죄로부터 개인적인 보호를 제공하는 것이었다. 잉글랜드에서 하나 이상의 종교 집단을 인정하려는 관용을 위한 주의 깊은 첫번째 발걸음은 오히려 가톨릭과의 분쟁을 강화시켰다. 만약 분리가 잉글랜드 선교의 잠재적 효과를 감소시킨다면, 개신교 정권과의 마찰을 피할 만한 많은 장려책이 있었다. 잉글랜드 정부는 매우 어수선했다. 기민한 가톨릭 신자들은 이로 인해 유익을 얻을 수 있었고, 핍박을 피할 수 있었다.

이중성을 개탄했던 청교도와 예수회를 분노케 한 것은 많은 상류층이 '교회 교황주의자'(church papist)가 되었다는 사실이다. 곧 가장은 국교회기피자를 처벌하는 법률을 만족시키기 위해 개신교 예배에 참석하고, (잉글랜드 법에서 사람으로 인정되지 않는) 그의 아내는 국교회기피자로서 가톨릭에 남아 있었다. 부인이 자녀 교육을 처리하고 가톨릭 예배를 인도하는 성직자를 준비하는 동안, 남편(가장)은 집에서 일어나는 일을 못 본체했다.[70] 상류층은 큰 규모의 선교사역을 만들기 위해 사제들(그들의 보호에 크게 의지했던)을 격려하지 않았다. 국교회기피자나 '교회 교황주의자' 상류층을 제외하고는 매우 소수의 사람들과 그들이 보호할 수 있었던 하인만이 개신교도가 되도록 하는 국가적 압박 앞에서 자신의 신앙을 유지할 수 있었다. 이러한 엄청난 희생이 가톨릭을 보존시켰다. 게다가 정부는 가톨릭교도를 없애버릴 필요가 없음에도 불구하고, 가톨릭 예배의식을 파괴하기를 원했기 때문에 이러한 희생은 필수적인 것이었다. 이러한 희생에도 불구하고 잉글랜드의 가톨릭은 19세기에 새롭게 엄청난 확장을 하기 전까지, 주로 상류층과 외국인들이 믿는 작은 종파로서 고착되어 있었다.

8. 아일랜드: 반종교개혁의 발생

잉글랜드와 아일랜드에 있는 또 다른 튜더 왕국의 종교분포는 정반대이다. 아일랜드에서는 공인된 개신교가 엘리트 계층의 종파가 되고, 로마 가톨릭이

---

70) A. Walsham, *Church Papists: Catholicism, Conformity and Confessional Polemic in Early Modern England* (London, 1993).

대중적인 종교가 되었던 것이다. 이러한 결과는 종교개혁 전체에서도 유일하다. 주요 군주가 개신교 설립을 위해 오랜 시간 정성을 쏟았는데도, 이러한 실패를 맛본 정부는 어디에도 없었다. 이는 단순히 문화적 충돌의 결과만은 아니었다. 아일랜드에 두 개의 언어(게일어와 영어)가 존재하긴 했지만, 이것은 스코틀랜드에서도 마찬가지였고, 스코틀랜드는 개신교 종교개혁이 특별한 성공을 거두었던 곳이기 때문이다. 헨리 8세가 1541년에 아일랜드에 대한 중세 영주권을 일방적으로 취득한 이후에, 아일랜드에 대한 튜더 왕조의 엇갈리는 태도가 핵심적인 문제였다(4장, p. 289). 튜더 가문은 그들이 잉글랜드의 귀족과 상류층과 함께 했던 것처럼, 아일랜드의 주권자, 귀족, 그리고 유명인사들과 협상하며 협력해서 이러한 상태를 현실화하려고 한 것인가? 아니면 스페인 사람들이 신세계(New World)에서 했던 것처럼, 강력한 힘으로 사유재산 몰수와 식민지화를 통해 아일랜드를 새로운 잉글랜드로 개조하려고 한 것인가? 튜더 가문은 그들의 아일랜드 정책을 지속하는 데 필요한 자원이나 집중력을 거의 가지지 못했음에도, 그들을 이해하고 수용하기보다는 착취하려고 애썼다. 이 과정에서 튜더 왕조가 도입하려고 했던 종교개혁은 대부분의 아일랜드 원주민에게서 충성을 잃었다. 이것은 게일어권이나 영어권(소위 '구 영어권'[Old English]) 모두에서 마찬가지였다. 왜냐하면 두 공동체는 이러한 (망설이며 혼돈스러운) 강제를 그들의 정체성과 삶의 방식에 대한 외국인의 공격이라고 느꼈기 때문이다.

 1540년대와 1550년대 초의 초기 종교개혁은 실제로 착취보다는 협상으로 특징되어졌다. 개신교를 위한 열정은 없었지만 숙련되고 능숙했던 안토니 성 레저 아일랜드 총리(Lord Deputy Sir Anthony St Leger)의 오랜 지도 아래에서 잉글랜드 방식의 종교 교체가 조심스럽게 소개되기 시작했다. 비록 많은 주교들이 그들의 재정을 분산했고, 또한 로마와의 대화 경로를 계속해서 열어 놓았지만, 거의 모든 아일랜드 주교들은 헨리 8세의 수장권을 받아들였다. 에드워드 6세 치하에서 정부는 영어로 된 『공동기도서』(Book of Common Prayer) 초판(1549년)의 광범위한 사용을 보증했다. 라틴어판 기도서도 있었는데, 정부는 게일어로 된 기도서 계획을 수립하지 않았고, 이것은 게일어권 영주들에게 문제가 될 수 있었다. 다우델(Dowdall) 총주교가 에드워드 정부와 협력하지 않고 피난했던 곳, 아마시 대교구(Archdiocese of Armagh)의 외지고 대부분이 게일어권인 북쪽 끝에서부터 혁

신은 전적으로 묵살되었다.[71]

아일랜드에서 열정적으로 환호를 받았던 메리 여왕의 전통 종교 복원은 한 가지 중요한 점 때문에 수정되었다. 교황은 헨리 8세의 아일랜드에 대한 영주권 선포를 기정사실(fait accompli)로 받아들임으로써, 12세기에 그의 전임자가 승인한 바를 수정하도록 설득되었다. 메리 여왕은 그 지위를 상실하려고 하지 않았다. 그리고 그 결정은 그녀의 두 번째 왕국을 향한 새로운 정책의 시작과 함께 결부되어 중요하게 생각되었다. 새로운 정책은 그녀의 이복동생(에드워드 6세)의 통치 기간에 수립된 레익스(Leix)와 오팔리(Offaly)의 중부 지방에 '신영어권'(New English) 이민 정착자들을 보내려는 계획을 실행하려는 것이었다. 그녀의 남편이 신세계 식민지 시대의 위대한 권력가인 스페인 왕이었다는 것은 우연의 일치가 아니었다. 그러나 결과적으로 이 일이 가톨릭 군주가 아일랜드 가톨릭 민족주의를 잉태케 하였으며, 또한 이것은 아일랜드의 분노를 산 식민지화의 시작이었다는 것은 재미난 역사의 아리러니이다. 엘리자베스 여왕은 이주 계획(plantation schemes)을 더욱 진행시켰다. 그리고 17세기 아일랜드에 대한 잉글랜드의 주요 정책이었던 이주정책은 실제로 잉글랜드에 대한 '구영어권'(Old English) 주민의 종교적 충성에 치명적인 것으로 증명되었고, 마찬가지로 게일어권 영주들 사이에 뿌리 내린 충성에 대해서도 장애물이 되었다.

아일랜드에서의 엘리자베스 정부의 무능력과 종교개혁의 실패를 튜더 왕조의 웨일스(Wales)에서의 성공과 대조하는 것은 도움이 된다. 1559년 아일랜드와 웨일스 두 왕국에는 개신교가 존재하지 않았다. 아일랜드에서보다는 웨일스에서 잉글랜드의 핍박을 기억할 더 많은 역사적 이유들이 있었다. 그러나 튜더 정부는 당시 웨일스의 정체성과 문화적 특수성을 방해물이 아니라 도움이 되는 것으로 다루었다. 튜더 가문의 태생이 웨일스 왕자들이었다는 것은 도움이 되었다. 물론 그들은 이 점을 잉글랜드 신하들에게 강조하지는 않았다. 튜더 가문은 아일랜드 사람보다는 웨일스 사람의 관심에 더욱 민감했고, 웨일스인들은 웨일스의 혈통이 통치왕조(ruling dynasty)라는 사실을 자랑스럽게 여겼다. 새롭게 출발하면서, 1559년 이후 왕에 의해서 웨일스에 임명된 주교들은 대부분 웨일스 원주민들이었다. 그리고 몇몇은 웨일스 사회에서 중요한 역할을 했던 시인들(bards)을 후원하였다. 이것은 식자층을 게일어권 스코틀랜드의 개신교로 통합시키는 것으로써(8장, pp. 506-508), 아일랜드의 게일어 시인 계층을 대하

---

71) H. A. Jefferies, 'The early Tudor Reformations in the Irish Pale', *JEH* 52 (2001), pp. 34-62, at 60.

는 잉글랜드의 태도와는 완전히 딴판이었다. 웨일스의 문화적, 사회적 엘리트 계층을 개신교 정부의 의제에 통합시키는 중요한 요인은 1571년 옥스포드대학교(Oxford University)의 새로운 대학(college)인 지저스대학(Jesus College)을 설립하는 것이었다. 지저스대학은 즉각적으로 대학 안에 이미 중요했던 웨일스인의 참여를 증대시켰고, 웨일스인 개신교 성직자와 상류층을 배출하는 모관이 되었음이 증명되었다.

엘리자베스 당국은 영어로 된 기도서와 성경을 웨일스어로 번역, 출판하는 것을 장려함으로써 몇 안되는 웨일스의 개신교 열성파들과 창조적으로 함께 일했다. 1588년 캠브리지에서 교육받은 웨일스 교구 목사인 윌리엄 모건(William Morgan)에 의해서 완성된 성경은 개신교에 대해 웨일스인이 승리하는 데 뿐만 아니라, 현대에도 통용되는 언어로서 웨일스어를 보존하는데 결정적인 역할을 했다. 이 책의 역사적 서문은 종교개혁이 로마의 타락에 의해서 타파된 고대 켈트족 종교의 복구이고, 따라서 개신교도가 되는 것이 진정한 웨일스인이 되는 것이라는 것을 부정확하게 그러나 고무적으로 강조했다. 결과적으로 종교적 관습에서의 상당한 전통주의와 공교회(official Church)의 계속되는 재정문제에도 불구하고 웨일스에서 로마 가톨릭은 쇠퇴하게 되었다. 1603년도 조사 결과에 따르면, 교회에 다니는 212,450명 중에 가톨릭교도는 약 3,500명 정도였다는 것을 보여주는데, 이러한 수치는 잉글랜드의 가장 보수적인 지역에서보다도 더 적은 비율이었다.[72]

아일랜드는 완전히 다른 환경이었다. 신영어권 주민 이주정책은 유입되는 잉글랜드인 모두를 쉽게 적으로 보이게 하였다. 그리고 잉글랜드 당국과 정착민들은 게일어권 문화를 그들의 계획에 대한 방해물로 보았다. 이주정책은 1570년대와 1590년대에 주요한 전쟁을 야기했다. 게일어권 귀족들은 반종교개혁의 수행자들과 스페인을 중심으로 하는 유럽 본토에 있는 잉글랜드 가톨릭의 적들과 연합했는데, 이들은 반복해서 원정군을 보내서 아일랜드의 가톨릭교도들을 도우려고 했지만 번번히 실패했다. 튜더 정부는 1568년에 아일랜드에서 로마 가톨릭 미사를 금지시켰지만, 이것은 쓸모없는 것이었다.[73] 가톨릭측에는 종교

---

72) G. Williams, *Recovery, Reorientation and Reformation in Wales c.1415-1642* (1987), pp. 328-9. Cf. M. Stoyle, 'English "nationalism", Celtic particularism, and the English Civil War', *HJ* 43 (2000), pp. 1113-28, 1118에서; G. Williams, 'William Morgan's Bible and the Cambridge Connection', *Welsh Historical Reveiw* 14 (1988-9), pp. 363-79.

73) T. G. Connors, 'Surviving the Reformation in Ireland (1534-80): Christopher Bodkin, Archbishop of Tuam, and Roland Burke, Bishop of Clonfert', *SCJ* 32 (2001), pp. 335-55, at 352.

의 힘이 전부였다. 아일랜드의 귀족들과의 정치적 연합을 형성한 반종교개혁은 또한 아일랜드의 전통주의자들의 종교를 원래 형태로 변경하기 시작했다. 그리고 일부 식민전쟁으로 인해 방해받기는 했지만, 아일랜드가 날로 번영하는 것이 여기에 큰 도움이 되었다. 1580년대까지 연로한 아일랜드 성직자들(공식적으로는 개신교로의 변화를 받아들이지만, 실제로는 전통적인 방식으로 예배를 인도했던)은 죽거나, 또는 자신감을 상실해서 로마에 충성하는 기존 교회에서 사임하였다. 이들의 후임자들은 엘리자베스에 대한 충성과 교황에 대한 충성 사이를 선택해야 했고, 교황을 선택하는 쪽이 늘어났다.

결과적으로 아일랜드 귀족, 상류층 그리고 지방 통치자들은 잉글랜드의 튜더 왕조와는 독립적으로 다른 유럽 국가들과 접촉했다. 잉글랜드를 우회해서 유럽에 접근할 수 있는 충분한 바닷길을 제공하는 넓은 해안선을 가진 게일어권 아일랜드는 그 시기에 사해동포주의(cosmopolitanism)의 최고 휘장을 단 국제적인 문화국가였다. 그들은 폭넓은 지식을 가지고 있었고 라틴어를 사용했다. 1588년에 침몰한 무적함대에 타고 있던 스페인 사람들은 북서아일랜드에서 라틴어로 그들과 소통할 수 있는 농민들을 발견하고 깜짝 놀랐다.[74] 수천 명의 아일랜드인들은 영구적 이민을 위해서나 혹은 비개신교 환경에서 교육받기 위해서 가톨릭 국가인 스페인이나 프랑스로 떠났다. 스페인과 포르투갈은 특별히 대학 설립을 환영했다. 1590년과 1649년 사이에 최소 6개 대학이 이베리아 반도에 세워졌다. 이 대학들은 성직자 양성을 주목적으로 하였지만, 그것만을 목적으로 한 것은 아니었다. 이렇게 길러진 성직자들은 당시 탁발수도사들의 인기에 기반해서 고향으로 돌아왔다. 탁발수도사들의 공동생활은 잉글랜드의 통치가 미치지 못하는 서아일랜드의 많은 지역에서 종교개혁 가운데서도 유지되고 있었고, 여전히 종교개혁 이전의 건물에서 이루어지고 있었다. 프란시스코 수도회의 수도사가 현장에서 선교를 이끌었고, 예수회는 초창기에 있었던 약간의 실수를 뒤로 하고, 1597년부터 아일랜드에 확고하게 자리를 잡았다.[75]

이러한 발전과 병행해서, 대략 1600년대까지 기존의 개신교회에서 중세교구

---

74) B. Millett, 'Irish literature in Latin, 1550–1700', in T. W. Moody, F.X. Martin and F. J. Byrne (eds), *A New History of Ireland: 3: Early modern Ireland*, 1534–1691, 2nd edn (Oxford, 1991), pp. 561–86, 562.

75) B. Bradshaw, ' Revisionism and the Irish Reformation: a rejoinder', *JEH* 51(2000), pp. 587–91, 588에서. P. O. Connell, 'The early-modern Irish College network in Iberia, 1590–1800' and É.Ó Ciosáin, 'A hundred years of Irish migration to France, 1590–1688', in T. O'Connor (ed.), *The Irish in Europe* 1580–1815 (Dublin, 2001).

시스템의 생활방식이 조금씩 사라지고 있었다. 그 안에 놀라운 예외가 남아 있었다. 잉글랜드에서와는 달리 아일랜드교회당들은 결코 공식적으로 사라지지 않았고, 때때로 그들의 수입은 가톨릭 성직자를 지원하기 위해서 사용되었다. 심지어 왕실 수도 더블린(Dublin)에서도 주요 교구교회들 중의 하나인 성 오던(St Audoen)에서 이러한 종류의 은밀한 배열이 1611년 정도까지 발각되지 않은 채로 살아남아 있었고, 그 후로도 여전히 지속되었다. 도시 엘리트들의 대부분이 가톨릭 신봉자들인 구영어권(Old English)에 속해 있다는 점을 고려할 때, 단지 소수의 주요 아일랜드 지역만이 잘 규율된 잉글랜드 개신교 교구의 생활 방식 같은 것을 확립했는데, 심지어 이런 환경에서조차도 잉글랜드에서 묵인되지 않았던 더욱 특별한 잔여물들이 남아 있었다. 예를 들어 킬케니(Kilkenny)에서는 시 운영위원회(city Corporation)에 의해서 공식적으로 지원받는 성체(Corpus Christi) 연극이 최소한 1637년까지 남아 있었다.[76]

아일랜드에 개신교를 위한 미래가 존재했는가? 1594년 더블린에 트리니티대학(Trinity College)을 뒤늦게라도 설립한 것은 새로운 개신교 통치계층의 교육을 위한 가능성을 제공한 것이고, 트리니티대학은 이후에 가톨릭 귀족들이 퇴색하자 그 진가를 발휘하게 되었다. 아일랜드 역사에 긴 암흑기를 가져온 개신교 지배력을 세우는 새롭고 주요한 사건들이 하나씩 발생했는데, 그중에 가장 커다란 이주정책이 1609년부터 얼스터(Ulster)에서 시행되었다. 이 이주계획은 섬의 북쪽 끝 지역이 가장 큰 게일어권 지역이고, 또 아일랜드에서 가장 다루기 힘든 지역이라는 사실에 대한 반응이었다. 게다가 이 지역은 티론(Tyrone)의 휴 오닐(Hugh O'Neill) 백작에 의해서 1590년대 후반에 일어난 군사 작전의 심장부였다. 이 전투로 인해 잉글랜드는 아일랜드에 대한 통치권을 거의 잃어버릴 뻔 했었다. 1607년에 북 아일랜드의 가장 중요한 귀족들 중 일부가 유럽 본토로 망명하기 위해 탈출하면서 티론은 결과적으로 실패하게 되었다. 권력의 공백을 메우기 위해 그리고 세 개의 대서양 왕국의 통합을 증진시키기 위해, 제임스 6세(잉글랜드에서는 제임스 1세)는 얼스터에 정착민들을 이주시키는 계획을 지원했다. 대부분의 정착민들은 잉글랜드 국경과 접해 있는 스코틀랜드의 무법지대

---

76) Dublin: S. G. Ellis, 'Economic problems of the Church: why the Reformation failed in Ireland', *JEH* 41 (1990), pp. 239-65, at 263n. Kilkenny: A.J. Fletcher, *Drama and the Performing Arts in pre-Cromwellian Ireland: a repertory of sources and documents from the earliest times until c. 1642* (Woodbridge, 2001), pp. 361-5.

출신이었다. 잉글랜드는 이 지역을 잃어서는 안된다고 느꼈다.[77]

새롭게 도착한 사람들이 처음부터 독실한 개신교도들은 아니었을지도 모르지만, 그들은 런던시의 개신교 자금이 후원하는 토지수탈계획에서 개신교를 전파하고 강조해야 할 충분한 동기를 가졌다. 이주정책은 심지어 아일랜드교회를 위한 토지까지도 준비해 두었다. 런던데리(Loddonderry)라고 새롭게 명명된 도시의 데리(Derry)관구에 새롭게 지어진 성당은 새로운 체제의 주요한 상징들 중의 하나였다. 그 성당은 이상적인 잉글랜드 개신교 도심 교구교회처럼 보이도록 설계되었고, 여전히 그 도시를 지배하고 있다(그림 23b). 얼스터뿐만 아니라 전국적으로 새로운 잉글랜드 정착민들은 특징적으로 자신들을 어리석고 미개한 교황주의자들 속으로 보냄을 받은 하나님의 택자라고 쉽게 생각하는 칼빈주의신학을 가지고 있었고, 이제 그들이 아일랜드교회를 지배하는 상태가 되었다.[78] 그들이 아일랜드교회의 훈육에 대해 열정이 없다고 생각하는 것과 또 제네바 형식의 장로교회로 잘 발전하고 있는 스코틀랜드를 경계하는 것에 대해 몇몇은 탐탁치 않게 여겼다.

웨일스의 개신교회는 웨일스어권에서도 성공한 것과 반대로, 게일어권 지역에서는 개신교를 증진시키려는 시도가 늦어지고 미온적이라는 점은 결코 놀랄 일이 아니다. 이것은 엘리자베스 여왕의 실책이 아니다. 그녀는 성경을 아일랜드 게일어(Irish Gaelic)로 번역하려는 노력에 개인적인 관심을 가졌다. 게다가 인쇄에 필요한 특별한 활자를 만들기 위한 비용을 지불하였기 때문에, 그 계획을 무산시킨(완성된 성경은 1685년까지 나오지 못했다) 출판 지연에 대해서 화를 냈다.[79] 더블린의 성페트릭성당(St Patrick's Cathedral) 회계담당자였던 존 케니(John Kearny)는 캠브리지에서 교육을 받은 사람이었는데, 1571년에 웨일스어와 병행해서 게일어로 된 개신교 교리문답과 알파벳을 출판했다. 그러나 상당한 개신교 문헌들은 1600년 이후에야 아일랜드 게일어로 출간되었다. 그때까지는 그 문헌들이 광범위한 효력을 가질 기회가 없었다. 개신교도가 습관적으로 아일랜드 게일어로 '알바낙'(Albanać)이나 '사사낙'(Sasanać), 곧 '스코틀랜드인'

---

77) W. F. Graham, 'The religion of the first scottish settlers in Ulster', in J. Friedman (ed), *Regnum, religio et ratio: essays presented to Robert M. Kingdon* (Sixteenth Century essays and studies 8, 1987), pp. 53–68, at pp. 55–6.
78) 교회론에 대해서, A. Ford, *The Protestant Reformation in Ireland, 1590–1641* (Dublin, 1997), Ch. 8.
79) B. Ó Cuiv, 'The Irish language in the early modern period', in Moody, Martin and Byrne (eds), *Early Modern Ireland, 1534–1691*, pp. 509–45, at p. 511.

(Scotsman)이나 '잉글랜드인'(Englishman)이라고 불린 것은 시사하는 바가 크다.[80] 1600년대까지 어떤 가톨릭 선교사 성직자들은 실제로 가톨릭과 후에 많은 아일랜드 독립주의 역사에서 강력한 신화가 되었던 게일 문화 간의 상관관계를 만들어 냈다. 이러한 상관관계에 대해서는 (예수회를 포함하여) 구영어권 가톨릭이 깊이 분개했고, 17세기에 이르기까지도 저항을 계속했다. 그럼에도 불구하고 개신교 종교개혁을 아일랜드로 가져오려는 시도에 대해서는 거의 모든 구영어권 사람들도 게일어권 지역에서와 마찬가지로 경멸했다.

1621년에 더블린 세속 행정부는 가톨릭 국교회 기피자에 대해 군주가 물린 벌금의 징수를 중단했고, 이는 개신교 주교들을 분노케 했다. 이것은 아일랜드 교회가 마지못해 실패를 인정하고, 국민 대부분에 대한 목양 책임을 로마 가톨릭에게 넘겨주게 되는 일에 대한 중요한 징후 중 하나였다. 당시에는 이미 아일랜드에 있던 로마 가톨릭 성직자의 숫자가 개신교 성직자의 숫자와 비등했다. 1635년에는 더블린에 새롭게 지어진 예수회 교회가 생겼다. 이 교회는 지중해에서 직접 가져온 빛나고 높은 제단과 고해실을 갖추고 있었다. 개신교도들은 잉글랜드 왕의 영토에서 휘황찬란하게 운영되는 반종교개혁의 엄청난 광경을 관광객이 되어 얼빠진 듯이 바라봐야만 했다.[81] 그래서 아일랜드에서 반종교개혁은 가장 위대한 승리 중 하나를 가져갔다. 아마도 이러한 성공은 개신교 정부의 잘못된 계획들이 있었기 때문에 가능했을 것이다. 이제 우리는 남유럽으로 이동하여, 세속 권력이 열심히 로마교회와 협력했을 때 반종교개혁 가톨릭이 성취할 수 있었던 것이 무엇인지를 볼 것이고, 또 전 세계에 서양기독교의 모습을 심기 시작하는 모습도 볼 것이다.

---

80) Ellis, 'Economic problems', op.cit., 261; P. S. Dineen (ed.), *An Irish-English dictionary* (Dublin, 1927), pp. 34, 948.

81) 1621년에, cf. Helga Robinson-Hammerstein of Ford, *Protestant Reformation in Ireland* (edn. Berne, 1985), *JEH* 37 (1986), p. 472에 의한 논평 그리고 Ford 의 1987년 더블린 판, op. cit., pp. 201-17. 더블린에서 성직자의 수와 예수회에 대하여, K. Bottigheimer, 'The failure of the Reformation in Ireland: *Une question bien posée*'. *JEH* 36 (1985), pp. 196-207, at 198.

제 9 장

남쪽: 가톨릭 심장부

1570년대까지 스페인과 포르투갈의 대서양 해안들로부터 베네치아 타운과 아드리아해의 달마시아 해안에 있는 남유럽 영토까지는 옛 서방교회를 온전히 지켰다. 개신교에 빼앗기지 않은 유럽의 주교관구 대부분이 남쪽에 있었다. 1600년 경에 총 620개의 로마 가톨릭 주교관구 중에 315개는 이탈리아에, 67개는 (주교관구들이 항상 더 크고 더 부유했던 곳인) 스페인에 있었다. 이는 스페인계 네덜란드에서 신성로마제국을 통과해 폴란드-리투아니아까지 이르는 북유럽에서는 살아남은 주교관구가 60개 미만이라는 사실과 대비되었다.[1] 개신교가 없는 상태에서 가톨릭 성직자들의 과제는 다양한 형태의 중세 예배의식과 막연한 기독교인의 종교 습관을 트리엔트공의회(Council of Trent)에서 입안된 전략들에 걸맞는 형태로 개조하는 것이었다.

이는 작은 과제가 아니었다. 16세기 한 포르투갈 총주교는 그의 방문 과정에서 '거룩한 삼위일체와 그의 누이 동정녀 마리아는 복이 있도다'(Blessed be the Holy Trinity and His sister the Virgin Mary)라고 노래하는 농민들의 행렬의 환영을 받고 아연실색했다.[2] 트리엔트적인 유럽을 창출하려면 어느 정도는 교회와 시 당국이 가진 강제력을 사용해야 했다. 그러나 사람들이 그들의 신앙을 이해하는 것

---

1) J. Bergin, 'The Counter-Reformation Church and its bishops', *PP* 165 (Nov, 1999), pp. 30-73, 41-2에서. C. Black, 'Perugia and post-Tridentine Church reform', *JEH* 35 (1984), pp. 429-51, 431에서, 이탈리아의 287개의 주교 관구들을 위한 약간 낮은 수치를 제공한다.
2) J. S. Cummins, *JEH* 45 (1994), p. 348. 에 의해 인용됨.

제9장 남쪽: 가톨릭 심장부　533

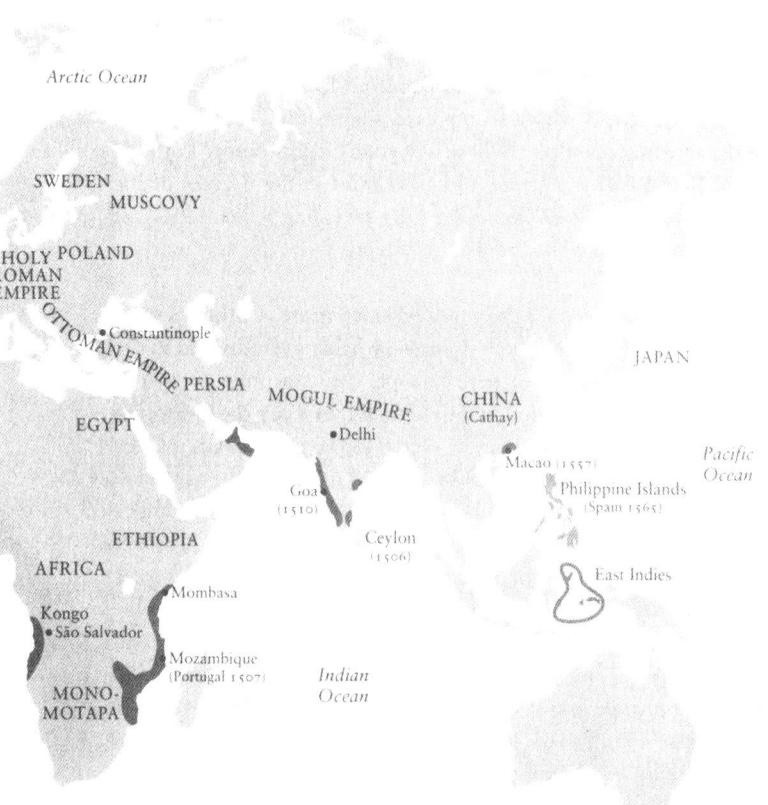

4. 이베리안 세계 제국, 1600년대

보다(사랑하고 그들 자신을 위해 주장하는 것보다) 실제적으로 더 많은 것을 그들로 하여금 하도록 요구하지 않았다면, 트리엔트적 가톨릭은 무익하고 공허한 교리였을 것이다. 남유럽의 이야기는 부분적으로 군주들, 주교들 그리고 종교재판관들에 대한 것이었다. 그러나 또한 대서양의 강풍에 의해 타격을 받은 포르투갈 카푸친 언덕의 수도원의 황폐해진 코르크 줄로 된 방들, 바로크 양식의 고급스럽게 새로이 단장된 바실리카의 광채, 군중들이 모이는 시장과 지중해 세계의 거리 모퉁이들만큼 다양하게 설정되고 추진된 하나님과 성인들을 위한 강렬한 개인적 추구의 이야기였다. 트리엔트적 가톨릭의 선교 노력은 아메리카, 아시아 그리고 아프리카로 뻗어 나갔기 때문에, 이것을 그리스도가 탄생한 이후 처음 5세기 동안 교회가 확장한 이래 최대규모의 계획이라고 보아도 무방하다.

1. 이탈리아: 반종교개혁의 심장

반종교개혁의 이중적 측면을 평가하기 위해서는 그 중심부에서 시작하는 것이 논리적이다. 트리엔트공의회의 여파로 로마는 교황권의 위치를 새롭게 통합하려 했다. 16세기 후반 로마를 방문하는 여행자들에게는 중세 도심지의 중심부에 우뚝 선 로마교회의 재건축과 외적인 상징들이 인상적이었을 것이다. 오랜 세월 동안 작은 들판, 한적한 교회들, 폐허들과 버려진 땅이었던 곳에, 이제는 꿈틀거리며 지나가는 티베르강, 거리들, 집들 그리고 상점들이 고대 제국 수도의 끝없이 펼쳐진 벽에 둘러싸여 있었다. 어디서든지 집짓는 소리를 들을 수 있었다. 이러한 상황에서 새로운 교회의 승리주의 건축의 위대한 작품들이 쏟아져 나왔고, 성베드로(St Peter's)성당의 (놀랍도록 확장된) 기념비적인 재건축이 그 절정을 이루었다(사진 11 참고). 미켈란젤로(Michelangelo) 돔의 맨 아랫 부분이자, 사도의 거대한 좌상과 그의 무덤이 있는 지하실의 맨 꼭대기 자리에는 빛나는 황금 글자로 "너는 베드로라 내가 이 반석 위에 내 교회를 세우니"(Thou art Peter; and on this Rock will I build my Church)라는 라틴어 선언문이 있었다. 이는 기독교 초기 교황의 새로운 힘에 대한 성경적 기초였다. 그리고 이는 로마에서 일어난 것에 대한 적합한 표어였다. 도시의 재건축은 기대하지 않은 놀라운 부산물을 가져왔기 때문이었다. 즉 과거의 기독교가 잃어버린 국면의 재발견이었다. 초대교인들은 로마의 부드러운 석회석을 뚫어 무덤에 지하 미로들을 만들었는데, 이러한 카타콤(catacomb) 중 어떤 것은 규모가 매우 컸다. 그리고 엄청난 숫자의 시체들이 그 안에 매장되었다. 많은 무덤들은 초기 순례자들의 순례 대상이 되었으나, 18, 19세기부터 순례는 더욱 안전한 지역에 집중되었다. 그리고 카타콤들은 버려졌고, 거의 모두 잊혀졌다.

1578년에 처음으로 재발견이 되면서, 빠르게 다른 사람들이 뒤를 이었다. 많은 학자들에게 인도주의와 골동품에 대한 관심을 불러일으켰던 것은 바로 프레스코화와 조각들이었다. 또한 처음부터 무수한 사람들의 뼈와 두개골은 발굴자의 상상력을 자극했다. 그들은 대중적이고 카리스마가 있는 1570년대에 오라토리오회로 알려진 재속 사제들의 새로운 단체 설립을 보장했던 필피포 네리(Filippo Neri)에 의해서 고무되었다. 1540년대에 네리는 유일하게 알려진 무덤에 매료되었다. 그리고 그 무덤은 가톨릭교도로서의 그의 비전에서 중요한 위치를 차지하게 되었다. 오라토리오회는 지속적으로 카타콤 탐험의 중심에 있었다. 그 안에 핍박받던 초대 교회의 영웅적인 날들에 대한 허다한 증인들이 있다는 것은 그 무덤들의 연대를 결정하는 것으로부터 분명했다. 일반적으로 해골들의 신원확인이 안된다는 사실은 실제 순교 이야기들과 희망찬 생각들에 대한 관용적인 도움과 결합되었는데, 이는 당시에 도움이 되는 조합(Combination)으로 판단되었다. 카타콤들은 개신교 종교개혁이 공격했던 교회에게 잠재력 있는 무기였다. 왜냐하면 개신교도 동일한 초대교회의 표준들로부터 출발했기 때문이다. 그러나 가톨릭의 개신교에 대항한 카드는 "너의 교회가 루터 이전에는 어디에 있었는가?"라는 식의 냉소적인 질문이었다. 로마교회는 트리엔트공의회 법령에서 예전에 확신했던 것들을 재확인했다. 이제 하나님은 스스로를 교회의 새로운 순교자라고 주장하는 개신교의 주장을 조롱하는 진짜 성인들을 보내주심으로써 이것을 기뻐하신다는 것이다.[3]

이 고대 순교자들이 한 번 더 모습을 드러냈던 것처럼, 가톨릭 교인들은 해외 선교의 장과 개신교 북유럽을 되찾기 위한 싸움 둘 다에서 다시 순교하기 시작했다. 카타콤은 많은 사람들에게 행동을 위해서나 영웅적 행위를 위해서 영감이 되었다는 것을 보여주었다. 1597년 필리포 네리의 조력자요, 당대 교회의 과거에 대한 위대한 역사가였던 오라토리오회 추기경 체사레 바로니오(Cesare Baronio)는 카라칼라 목욕탕(Baths of Caracalla)의 유적지 근처 조용한 도시의 늪

---

3) S. Ditchfield, 'Text before trowel:Antonio Bosio's Roma sotteranea revistied'. in R. N. Swanson (ed.), *The Church Retrospective* (SCH 33, 1997), pp. 343-60.

지대에서 자신이 추기경으로 임명을 받았던 네레우스(SS Nereus)와 아킬레우스(Archilleus)의 방치된 작은 교회를 복원하기로 결정했다. 내부를 특색있게 하기 위해, 그는 매너리즘 양식 예술가였던 니콜로 키르키나니(Niccolo Circignani)에게 열두 사도들의 순교를 표현한 프레스코 연속그림을 그리도록 했다. 그림 속의 대부분은 잔인한 죽음 앞에서 상당히 침착하게 보이지만, 살아있는 채로 피부가 벗겨지는 끔찍한 고통을 받는 바돌로매는 고통을 참지 못하는 것 같다. 이 프레스코 연속그림은 세부적으로 사도-마도히즘(sado-masochism, 남에게 고통을 받음으로써 흥분이나 환상을 즐기는 행위)을 거의 넘지 못했다. 그러나 키르키나니는 이러한 종류에 대해 전문가였다. 1582년과 1583년 사이에 예수회는 그에게 로마에 있는 잉글리시대학(English College)에 고대와 현대 잉글랜드 순교자들의 프레스코를 다른 로마교회들의 순교 연속그림들과 함께 제공하도록 요청했다. 잉글리시대학에서 사제 훈련을 받기 위해 이주한 잉글랜드 학생들은 고문과 죽음이 기다리고 있는 엘리자베스 1세의 잉글랜드로 돌아가기 시작했다. 그리고 그때 키르키나니와 그의 예수회 후원자들은 신앙을 위해 영감을 주는 영웅심을 위한 실제적인 계획을 가지고 있었다(사진 12, 13 참고). 1620년대로부터 카타콤 발굴은 세계적으로 가톨릭교회에 더욱 큰 유익을 주었다. 뼈들을 꺼내고, 필요한 곳에 이름을 붙이고, 순교자의 것들이라고 선포하였으며, 관료주의적으로 진행되었다. 그리고 로마로부터 필요가 있는 곳이면 어디든지 신앙을 자극하고 강화하기 위해서 보내졌다.[4]

이러한 것을 불러 일으켰던 로마의 위대한 건물과 시민적 봉사는 대가를 치러야만 했다. 돈의 대부분은 교황령(Papal States)을 형성했던 중앙 이탈리아에 있는 교황의 상속된 영토로부터 왔다. 실제로 북유럽 재정의 상실로, 교황은 그의 수입의 약 3/4을 교황령에 의존해왔다. 특별히 활동적인 교황 식스토 5세(Sixtus V)에 의해 냉정하고 철저하게 조직이 개편된 후, 교황령은 이탈리아에서 가장 높게 세금이 부과된 정치적 단위에서 이제는 가장 고된 도시들 중의 하나가 되었다. 교황령의 정부는 또한 유일했다. 모든 다른 유럽 군주처럼, 교황은 그의 신하들에 대한 관료적 지배를 강화했다. 그러나 이것은 세속관리 계급을 양산

---

4) T. Johson, 'Holy fabrications: the catacomb saints and the Counter-Reformation in Bavaria', *JEH* 47 (1996), pp. 274-97, 특별히 278-81에서, 그리고 10장, pp. 454-6 을 보라. Circignani는 때때로 그의 학생 Cristoforo Roncalli와 혼동되었다. 왜냐하면 그들 모두는 'Pomarancio'라는 별명을 얻었기 때문이었다. Circignani의 잉글랜드대학에서 지금은 유실된 프레스코가 G. B. di Cavallieri, from N. Circignani, *Eccleiae Anglicanae Trophaea sive Sanctorum Martyrum* […] *passiones* (Rome, 1584)에 그려져 있다. 사진 12, 13을 보라

하지는 않았다. 왜냐하면 어떤 중요한 모든 직위들은 성직자들의 손에 남아 있었기 때문이었다. 실제로 예전의 시 당국에 의해서 이전에 영향을 미쳤던 적절한 권력에 대한 기회가 당시의 가톨릭 총독들에게 주어졌다. 그 자신의 방식으로 교황은 당시 많은 유럽의 세속 군주들처럼 국가 형성에 착수했다.[5]

다시 세워진 성직 관료의 선두에는 추기경이 있었다. 17세기 초, 추기경회(College of Cardinals)는 권력과 영향의 절정에 있었다. 비록 17세기 중반 안녕과 힘을 회복하려는 프랑스 왕조는 기민한 전문직 종사자들을 로마보다는 북쪽 파리로 보냈지만, 추기경회에 속한 집안들에게는 광범위하게 유럽에서 독보적인 승진 기회들이 제공되었다. 많은 추기경들은 중앙 이탈리아를 선도하는 고대 귀족 가문들로부터 나왔다. 그러나 1520년대 이후 수십 년간 교회 중심 행정기관의 변동은, 추기경회에 실질적으로 영향을 주었던 로마 행정기관에서 상당히 많은 수의 새로운 인재 유입에 의해 이루어진 초기 종교개혁의 쇼크에 의해서 유발하였다.[6] 일단 귀족으로 세워지기만 하면, 그 후에는 행운 또는 인내로 그들의 가족을 가장 높은 세속 귀족의 반열에 놓을 수 있었다. 거대한 부를 소유했고, 1605년에 카밀로 보르게제 추기경(Cardinal Camilo Borghese)을 교황 바오로 5세(Pope Paul V)로 선출하면서 지위가 높아진 시에나(Siena)의 보르게제 가문의 새로운 도착은 이러한 야망에 대한 기준점을 제공했다.

그러한 행운은 돈과 땅을 포함한 많은 자양물들을 필요로 했다. 그러한 주된 특권들은 재산을 증식시킬 수 있는 행적적인 위치와 교회토지 취득을 위한 허가권, 그리고 교황의 비서직과 교회행정직에 친척을 고용하는 데까지 확대되었다. 따라서 이탈리아의 부유한 평신도는 트리엔트적 가톨릭을 위한 지원의 든든한 기초로서 '교회 안의 조용한 주주'가 되었다. 교회를 개혁하려는 가톨릭의 수사법은 트리엔트공의회를 전후로 의미심장하게 이동했다. 이전에 철저한 교회 직무, 다원주의에 대한 종결, 성직 매매(성직을 사는) 그리고 친척편중(nepotism, 친척 위주 승진) 시스템의 철저한 종교개혁을 말했다면, 이후에는 개인적인 헌신, 신학의 개혁, 새롭거나 개혁된 종교 예식의 창조에 강조점을 두었다. 어떤 구조적 변화가 중대한 시기에 발생한 것이다. 일례로 다원주의 주교들은 거의 없었지만, 교회의 부로부터 유익을 취할 수 있는 많은 개혁되지 않은

---

5) Bireley, *Refashioning*, p. 72.
6) B. McClung Hallman, *Italian Cardinals, Reform, and the Church as Property* (Berkeley, 1985), pp. 9-15. 프랑스로 방랑, M. Völkel, *Römische Kardinalshaushalte des 17. Jahrhundersts, Borghese-Barberini-Chigi* (Tübingen, 1993), pp. 376-80.

기회들이 있었고, 어떤 것을 행하려는 것에 대한 관심이 부족하다는 좋은 합의점이 있었다.[7]

만약 북유럽으로부터 기민한 방문자가 이탈리아에서 종교적인 상황을 이해하려고 노력했다면, 한 가지가 부족하다는 것을 쉽게 깨달았을 것이다. 평신도의 가정에 자국어로 된 성경이 없다는 것이었다. 교황 바오로 5세는 1606년에 "성경을 그렇게 많이 읽는 것이 가톨릭 종교를 파괴하는 것임을 당신은 알지 못하십니까?"라는 수사학적 질문을 한 베네치아 대사를 만났을 때, 문제의 심각성을 깨달았다.[8] 1564년 금서목록(Tridentine Index)의 과제 중에 하나는 자국어 성경을 신앙인들로부터 멀리하게 하는 것이었다. 현대어로 성경을 읽기 원하는 사람은 지역 주교로부터 허락을 받아야 했다. 그리고 1596년에 로마의 금서목록은 완료되었고, 예외가 없었다. 이탈리아에서도 금서목록은 강화되었다. 성경은 공개적, 의식적(ceremonially)으로 이단으로 분서되었다. 심지어 드라마나 시에서 성경이야기의 문학적인 형태들조차 불쾌하게 여겼다. 결과로서 1567년과 1773년 사이에 이탈리아어로 된 성경이 이탈리아 반도에 있는 어느 곳에서도 출판되지 못했다.[9] 심지어 독일의 가톨릭 지역으로부터 온 방문자들도 놀라움을 금치 못했을 것이다. 즉 그곳에서 성경에 대한 금지는 지속적으로 성경을 교육받은 개신교도들을 접한 교회에 아주 위험한 것이었다. 그러나 1600년까지 이탈리아에는 걱정할 만한 개신교도들은 없었다. 로마 종교재판소의 각성 때문에 이탈리아 복음주의의 마지막 그루터기들은 1560년대에 추방되었다. 그리고 1580년대까지 이단은 다소 얼마간 사라졌다.

성경 없이 복음적 신앙을 유지하는 것은 놀라운 것이 아니었다. 그러므로 이런 일이 발생했던 이탈리아의 반대는 개별적인 독립적 상상의 결과가 되는 경향이 있었고, 개신교보다는 자유사상이나 무신론으로서 결론지어졌다. 스위스 국경에서 먼 알프스 계곡에서 어떻게 해서든 생존하려는 북쪽의 개신교 공동체들이 유일한 예외였다. 17세기 중반까지 알프스 서쪽에 있는 고대에 반대하던 공동체인 왈도파(Waldensians)는 그들을 파괴하기 위한 사보이 공작(Dukes of Savoy)들의 군사적 노력을 격퇴했다. 그리고 그들과의 분쟁은 그들을 개신교 지

---

7) Hallman, *Italian Cardinals*, pp. 2-3, 164-8.
8) G. Fragnito, *La Bibbia al rogo: la censura ecclesiastica e I volgarizzamenti della Scrittura* (1471-1605)(Bologna, 1997), p. 330: 'Non sapete voi come il tanto legger la scrittura guasti la religione Cattolica?'. 베네치아와의 가톨릭 마찰의 상황에 대해, pp. 540-43을 보라.
9) Franito, *La Bibbia al rogo*, Ch. 7, 그리고 pp. 106-7, 198, 326.

원의 직접적인 근원중의 하나인 제네바로 가깝게 가게 했다. 그 도시는 그들에게 목사들을 제공했고, 점진적으로 더욱 전통적인 개혁파의 길로 그들의 독특한 신앙을 개조했다. 투린(Turin)의 사보이 왕가 수도의 남쪽에 있는 고지대 중에서, 작은 국가인 살루쪼의 마르케사테(Marchesate of Saluzzo)는 1548년에 프랑스가 점령했기 때문에 수십 년 동안 종교적 불일치의 안식처였다. 따라서 헨리 4세가 1601년 개신교를 위한 마르케사테의 사실상의 관용에 대한 종식을 가져온 평화조약에 의해 사보이가에 넘길 때까지, 사보이 공작들의 공격적인 가톨릭주의에 대항해서 살루쪼는 보호를 받았다. 유사하게 발텔리나(Valtellina)의 계곡과 밀란의 북동쪽에 있는 산들에 있는 선구자들은 스위스 그라우뷘덴(Swiss Graubünden) 지역이 연기했던 관할권으로부터 유익을 얻었다. 17세기 초에 밀란에 있던 스페인 유격대들이 잔인하게 발텔리나(Valtellina)의 개신교도들을 내쫓아버렸을 때까지 그라우뷘덴에서 발견되는 종교적 개방성을 그들은 모방했다.[10] 동반된 금서목록과 교회문화의 억제 때문에 개신교가 아니었던 많은 것들은 과소평가 되었고, 이탈리아 과거 문화의 최상이 표현되었다. 교회가 이탈리아 사람들로 하여금 읽지 못하게 했던 작품들 가운데에는 보카치오(Boccaccio)의 데카메론, 페트라크(Petrarch)와 아리오스토(Ariosto)의 시, 행위에 대한 카스틸리오네(Castiglione)의 글들과 정치에 대한 마키아벨리(Machiavelli)등이 있었다. 1494년 이후 반세기 동안의 프랑코-이탈리아 전쟁은 이탈리아의 르네상스 성취와 르네상스의 기초가 된 활기찬 시민 생활을 사라지게 했고, 트리엔트판 반종교개혁이 다음 반 세기에 이것을 완성시켰다는 것은 논쟁의 여지가 있다.[11]

그럼에도 이탈리아에 있는 가톨릭교회의 권력을 군주제국가로 그리는 것은 매우 잘못된 것이었다. 신임받지 못하는 교황 바오로 4세의 통치와 함께 연관되어, 금지도서들과 로마 종교재판소 사역의 로마 목록은 불안한 출발을 했다 (6장, pp. 381-386). 우선 목록을 실행하는 관리들이 언어와 신학이 기술적으로 준비된 전문적인 학자들이 아니었다. 그리고 그들은 어떠한 통일된 전략도 고안되지 않았던 과제에 의해 묻혀버렸다. 매우 고려할만한 학자였던 예수회 신부 로버트 벨라민(Robert Bellarmine)이 유럽의 모든 책들을 검열하기 위해 합류해서

---

10) Prettergree (ed), *Denys Bouteroue: Discorso breve delle persecuzioni occorse in question tempo alle Chiese del Marchesato di Saluzzo* (1620) (Turin, 1978).

11) U. Rosso, 'Italian literature on the Index', in G. Fragnito (ed.), *Church, Censorship and culture in Early Modern Italy* (Cambridge, 2001), pp. 194-222.

야 혼란과 내분이 줄어들었다. 벨라민은 반종교개혁 계획에 위험했던 것과 그렇지 않았던 것을 알 수 있는 넓은 비전을 가지고 있었다. 그리고 그는 자신의 우선순위를 세웠다. 라틴어는 자국 언어보다 중요했다. 왜냐하면 라틴어는 유력한 사람이 읽을 수 있는 그런 언어였기 때문이었다. 그러나 벨라민조차도 자신이 위험에 처했다는 것을 알았다. 왜냐하면 그가 저술한 방대하고 권위 있는 개신교 이단 평가서인 『논쟁』(Controversies)에서 세속 군주들의 관할권에서 교황의 간섭을 제한하고 있었기 때문이다. 식스토(전체 예수회 사역을 전적으로 불신임한)는 실제로 이 책이 금서목록에 등재되기를 원했다. 비록 벨라민이 이 충돌에서 살아남아 검열직으로 30년을 보냈지만, 목록 작업은 결코 그가 원했던 만큼 효과적이지 못했다. 종종 이러한 노력들이 그랬던 것처럼, 색인에 있는 도서목록은 금지된 물건을 획득하는 것과 무관한 이들에게 긍정적인 효과를 가져왔다. 이 목록은 출판자가 바랄 수 있는 최상의 국제적인 평가를 제공할 수 있었고, 게다가 전부 무료로 제공했다. 이것은 적어도 예수회 소속 안토니오 포세비노(Antonio Possevino)가 선량한 가톨릭 신자들을 위한 권장 독서 목록을 제공하려고 시도한 1593년부터 1603년까지 『작품선집』(Bibliotheca selecta) 안에 등재된 작품들만큼 판매상들에게 유용했을 것이다.[12]

교황은 또한 자신이 통치하는 중앙 이탈리아 영토 바깥에 다른 시 통치자들도 각자의 의제를 가지고 있다는 사실을 직시해야 했다. 이탈리아 반도의 정치적 혼란 동안에 스페인의 거대한 외부 세력이 시실리와 남부를 직접 점령했다. 또한 북쪽 끝에 있는 밀란(Milan)의 공국을 점령했다. 스페인 당국은 로마에게 스페인 왕에게 속한 힘을 빼앗기도록 하지 않았다. 북서쪽에는 이전에 사보이인의 충성으로 알려진 도시였던 제네바의 이단들에 대항하여 이탈리아 가톨릭의 방어라인인 사보이공국이 있었다. 1580년부터 50년간 공작이었던 카를로 엠마누엘(Carlo Emanuele) 1세는 특별한 통치자였다. 육체적으로는 호리호리했고, 교양인으로 빈틈이 없고, 무자비한 군사 종군자였다. 그는 교회의 열성 신자였다. 그리고 교황권은 그에게 제네바에 대한 반복된 공격과 오랜 기간의 경제적 봉쇄에 감사했다. 이러한 일은 도시를 아주 약화시키고 고립시켰다. 그럼에도 불구하고 카를로 엠마누엘에게 있어 우선시되었던 것은 자신의 공국의 중흥과 사보이 공작가의 힘의 강화였다. 그것은 결국 19세기에 이탈리아의 재

---

12) P. Godman, *The Saint as Censor: Robert Bellamine Between Inquisition and Index* (Leiden, 2000); L. Balsamo, 'How to doctor a bibliography: Antonio Possevino's practice', in Fragnito (ed.), Church, Censorship and culture, pp. 50-78.

통합이 반도에서 합스부르크 왕가가 응당 치러야 할 대가였음을 증명했으며, 1870년 이후 바티칸의 벽 안쪽에 역대 교황들을 굴욕적으로 새겨 넣었다.

공평하게 베네치아 공화국은 이익을 방어함에 있어 자의식적이었고, 교황권에 대한 태도에서 더욱 공공연히 대치했다. 강력한 함대에 의해 유지된 지중해 제국을 여전히 유지하고 있는 스페인의 지배 밖에서, 반도에서 난타당했지만 유일하고 진정하게 독립적인 국가로서 굴복하지 않은 16세기 초 이탈리아 전쟁의 충격은 베네치아를 등장시켰다. 도시 자체는 자랑스럽게도 그 형태에 있어서 가톨릭이었다. 1580년대에 13,500명의 인구가 있었고, 4,000명이 넘는 성직자들과 수도사 또는 수녀들이 있었다. 그리고 베네치아의 부유한 헌신자의 삶은 힘있는 단체들에 의해서 유지되었다. 부유한 상인들과 가난한 기능공들을 포함하는 광범위한 회원의 기초는 그 도시의 잘 알려진 사회적, 정치적 안정에 많은 기여를 했다.[13]

그러나 공화국 정부는 동방과 서방 기독교 사이의 종교적 국경에서 수세기를 지냈다. 그리고 그들의 세계주의적, 상업적 역사는 베네치아 사람들에게 종교에 대한 냉소적인 태도를 갖도록 했다. 종교개혁시기에는 스페인계 가톨릭을 배제하지 않는 스페인의 의도에 대한 뿌리 깊은 불신이 더해졌다. 그들은 일반적으로 속박에 대한 지역 종교재판소를 유지했다. 그리고 유럽인들에게 넓은 상업적 관심을 가지고 있었고, 장사를 위해 중요하게 여겼던 외국 개신교 방문자들을 핍박하려고 하지는 않았다. 베네치아 테라펠마(Terrafema)에 있는 유명한 파두아대학교(University of Padua)는 잉글랜드와 같이 먼 지역에서 개신교도들을 지속적으로 끌어들이려고 했다. 오래지 않아 트리엔트공의회는 이러한 이단들을 배제하려고 했다. 헨리 8세가 영구적으로 잉글리시대학들에서 교회법(canon law) 연구를 중단시킨 이후에, 잉글랜드 개혁파 개신교의 대망을 품은 교회 변호사들이 파두아에서 최신 법률연구를 계속 유지한 것은 재미난 아이러니다. 1574년에 전투적인 국제화정신을 가진 프로테스탄티즘의 기대주였던 젊은 필립 시드니(Philip Sidney)가 잉글랜드에 망명한 존 하르트(John Hart)의 법학박사 학위심사에 시험관으로 참여하였을 때처럼, 북유럽의 종교개혁의 소용돌이에서 탈출해 온 사람들은 더욱 편안한 세상을 맞이하게 되었다.[14]

---

13) Statistics in M. Laven, 'Sex and celibacy in early modern Venice', *HJ* 44 (2001), pp. 865-88, 867에서. R. Mackenney, *Tradesmen and Traders: the World of the guilds in Venice and Europe*, c. 1250-c.1650 (London, 1987).

14) J. Woolfson, *Padua and the Tudors* (Cambridge, 1998), p. 129; 법에 대해 ibid., Ch. 2를 보라.

어떤 다른 곳보다도 공식적 권위를 가지고 중앙집권화하려는 로마의 노력에서, 많은 남유럽 주교와 공의회주의자들의 분노를 표현한 트리엔트공의회의 교리와 행정 개혁 전체에 대한 대항이 베네치아에서 일어났다. 특별히 교회 재산의 관할권과 행정권에 대한 로마와 비엔나 간의 싸움이 1606년에 공화국과 교황 바오로 5세 사이의 팽팽한 교착상태에서 정점을 이루었을 때, 공화국의 통치자들은 성직자의 지역대표들을 동정적으로 경청했다. 교황은 비엔나를 파문했다. 비엔나 정부는 그들의 공식적인 신학적 자문인으로 작은 성모하복회(Servite Order)의 저명한 수도사인 파울로 사르피(Paolo Sarpi)를 선택함으로서 응수했다. 그는 공개적으로 침범하는 로마 감독의 힘에 대해서 이야기했고, 개신교 신학에 대해 놀라운 관심을 보였다(로마가 주교직에 대한 지명을 반복적으로 막았다는 점은 놀랄 일이 아니다). 사르피의 격려와 함께, 베네치아 정부는 파문을 무시했다. 이 파문은 1년 후에 강제로 철회되었다. 이 사건은 북유럽 개신교도들에게 무척 흥미로운 것이었다. 특별히 대서양 섬들 안에 있던 도량이 넓은 제임스 6세와 1세 왕에게 더욱 관심있는 일이었다. 그는 분열된 종교개혁을 넘어서 친교 회복의 비전에 대한 위대한 가능성을 제공해주는 것으로써 베네치아에서 무슨 일이 발생했는지 알았다(12장, pp. 663-668). 베네치아에 있는 그의 대사 헨리 우턴(Henry Wotton)경은 긍정적으로 『공동기도서』 영문판을 이탈리아어로 번역하도록 위탁했다. 그리고 그의 대사관 저택에서 과시를 위한 목적으로 베네치아인들을 위한 영어로 예배를 드렸다. [15]

심지어 교황이 베네치아와 화해한 후에도 파올로 사르피는 1623년 그가 죽을 때까지 베네치아에서 사무실을 보유하고 있었다(비록 그가 그의 마지막 해에 교조적 기독교를 개인적으로 포기했지만). 그는 교황의 파문에도 불구하고 보호되었으며, 후에 적어도 한 번의 암살시도가 있었다. 사르피는 실제적으로 전유럽의 교회를 포함하는 종교개혁을 위한 최후의 기회로서 등장하는 트리엔트공의회의 역사를 신랄하지만 박식하게 기록했다. 그의 책은 논쟁적이었기 때문에 그는 그 책을 우선적으로 개신교인 잉글랜드에서 작자미상으로 출판했다. 이 책은 베네치아 영토로부터 온 그의 성직자 동료인 스팔라토(Spalato, 지금은 크로아티아에 있는 스플릿[Split])의 총주교인 마르칸토니오 드 도미니스(Marcantonio de Dominis)가 이끈 계획이었다. 천문학자이며, 예전의 예수회에 자리잡았던 박식한 달마시아의 귀족 드 도미니스는 자신의 달마시아 총주교직에 대한 교황의

---

15) Yates, *Rosicrucian Enlightenment*, p. 171.

간섭으로 인해 매우 격노했고, 1616년 대단한 호황을 일으킨 잉글랜드국교회와 연계하기 위해 그의 고향 땅을 떠났다. 북유럽에게 이국적인 승리자였던 그는 유명인사로서 환영받았고, 윈저의 주임 사제(Dean of Windsor)가 되었다. 그러나 그는 제임스 1세 왕이 잉글랜드 개신교에 기대했던 에큐메니칼 정신을 찾지 못한 것에 불만을 가졌다. 비록 그는 호전적인 본성 때문에 더욱 큰 싸움에 휘말렸지만, 6년 후에 로마 가톨릭과 이탈리아로 돌아갔다. 그리고 로마 종교재판소의 감옥에서 죽었다.[16]

반대로, 다른 북 이탈리아 큰 도시의 총주교는 이탈리아 반종교개혁의 원형으로 보여져왔다. 밀란의 총주교 카를로 보로메오(Carlo Borromeo)가 그 예이다. 보로메오는 원형적인 비개혁적 친족 등용을 통해서 교회 봉사를 추진했다. 여전히 소수의 계급 안에서 그리고 신학적 훈련 없이, 그는 친족 등용으로 추기경이 되었고, 그의 삼촌 교황 비오 4세의 비서가 되었다. 그의 타고난 행정적 수완은 트리엔트공의회가 붕괴되려는 마지막 회기에서 더욱 빛났다. 1560년에 그는 또한 교황의 고향 밀란의 총주교 관구 행정관으로 임명되었다. 심지어 그는 그의 관료주의적 사촌 마르쿠스 시티치(Markus Sittich)를 흉내 내었다. 시티치는 다음 해 동일한 교황 삼촌의 도움으로 마찬가지로 콘스탄츠의 전략적 교구의 주교가 되었고, 카를로보다 10년이나 오래 살았으나, 8년 후에 로마에서의 평안한 삶을 위해 실질적으로 자신의 다루기 힘든 책임을 포기했다.[17] 반면 카를로는 예고 없이 그에게 엄습했던 그리고 가족의 비극으로부터 온 회심의 계기로 인해 엄격한 성직자로의 소명을 발견했다. 보로메오 계통의 수장이었던 그의 큰 형은 1562년에 갑작스럽게 죽었다. 그리고 카를로는 가족의 의무를 행하고, 결혼을 해야 한다는(심지어 그의 교황 삼촌에 의해서도) 것을 알았다. 루터처럼 그는 교황에게 반발했다. 그러나 그러한 반항은 기묘하게도 파면을 불가능하게 했다. 그는 거룩한 순종에 반발했고, 은밀히 안수 받은 사제가 되는 것을 궁리했다.

교황의 권위에 대한 복종을 만들어낸 이러한 창조적이고 독립적인 관점은 보로메오의 영웅 이그나티우스 로욜라(Ignatius Lyola)에 대한 회고였다. 그리고 그것은 80년 동안 밀란에서 거주했던 첫 총주교로서 그의 활동적인 이후 경력

---

16) N. Malcolm, *De Dominis* (1560-1624): *Venetian, Anglican, ecumenist and relapsed heretic* (London, 1984).

17) J. K Nye, 'Johannes Uhl on penitence: sermons and prayers of the dean of Rottweil, 1579-1602', in Lualdi and Thayer (eds), *Penitence*, pp. 152-68, 156 에서.

의 성격을 결정지었다. 수도사가 될지에 대한 철저한 자기성찰과 교황과의 정중한 언쟁 후에, 보로메오는 드디어 1565년에 총주교로 임명되었다. 그는 도시에 입성하면서 추기경, 대사관 그리고 로마의 종으로 단장하지 않고, 총주교의 복장으로 들어섰다.[18] 그럼에도 불구하고 로마 가톨릭교회는 계속해서 거룩한 교회 지도자의 모델이 되었던 이 고위 성직자의 도상(圖像) 안에서, 그는 항상 총주교의 예복보다는 추기경의 예복으로 그려졌다.

보로메오는 트리엔트공의회가 의미했던 자신의 비전에 대해서 주도권을 행사할 준비가 실제적으로 되어 있었다. 그는 4세기 위대한 밀란의 감독 암부로시우스의 계승자로서 감독의 권위에 대한 고견을 취했다. 그리고 그의 주장은 이중적인 양상을 보였다. 암브로시우스는 보로메오 자신처럼 교황과 황제 모두에게 도전할 수 있었던 사람이었다. 잉글랜드 최북단의 에드문트 그린달(Edmund Grindal)은 시민사회 세력에 저항했던 암브로시우스에 의해 영감을 받았다(8장, p. 511). 보로메오는 필요하다면 밀란의 스페인 통치자들의 시민 세력에 대항할 준비가 되어 있었다. 그러나 그는 그린달이 엘리자베스 여왕 치하에서 발견했던 가능성보다 더 벗어날 수 있었다. 왜냐하면 그는 교회의 추기경으로서 로마의 넉넉한 지원에 의존할 수 있었기 때문이었다. 비록 네이플과 시실리의 남부 스페인 영토에서 벌어졌지만, 그는 성공적으로 총주교직으로부터 스페인 종교재판을 배제했다. 그리고 1573년 관할권에 대한 정부와의 특별히 심각했던 논쟁에서 그는 레퀴젠스(Requesens) 총독을 파면하는 데까지 이르렀다.[19]

이러한 고투는 20년 동안 스페인과 로마교회 모두에게 전략적으로 특별히 중요한 도시의 활동적인 종교개혁과 개편의 배경이 되었다. 그것은 스위스 개신교의 경계선에 있었기 때문에 트리엔트적 종교개혁이 의미하는 공개 행사와 같은 것이었다. 보로메오는 전염병 발생과 같은 도시의 위기의 순간에 눈에 띄는 영웅적인 행동으로 모범적인 모습을 보여주었다. 그는 1530년대에 밀란과 북 이탈리아에서 선도했던 성직과 수도사적 삶에서, 다양하게 존재하는 종교개혁의 중점 추진사항들을 이용할 수 있는 장점을 갖고 있었다(5장, pp. 309-

---

18) J. B. Tomaro, 'San Carlo Borromeo and the implementation of the Council of Trent', in J. M Headley and J. B. Tomaro (eds), *San Carlo Borromeo: Catholic reform and ecclesiastical politics in the second half of the 16th century* (Washington DC, 1988), pp. 67-84, p. 70 에서.

19) D. Fenlon, 'The origins of modern Catholicism'. *JEH* 43 (1992), pp. 102-9, 103-4에서. Headely and Tomaro (eds), *San Carlo Borromeo*, 밀란에서 보로메오대한 특별한 관점의 설정을 제공한다.

311). 그러나 그는 또한 중앙집권화, 표준화와 신고시스템의 장점을 신뢰한 강박 관념에 사로잡힌(obsessive) 관료였다. 그는 테아티노회(Theatines)와 바나바회(Barnabites)와 같은 성직자협회의 엘리트 행동주의를 법제화하도록 결정했고, 이 결정을 그의 전체 교구성직자를 통하여 확대시켰다. 그는 트리엔트공의회에 의해 정해진 교구 신학교의 첫 설립자들 중 한 사람으로서 신학교의 수호성인이 되었다. 하지만 이 사역의 참된 개척자였던 잉글랜드 대주교 레기날드 폴(Reginald Pole) 추기경에게는 역사적으로 정당하지 않은 것이었다. 보로메오는 모든 성직자들에게 매 주일과 축제일에 설교하는 목회적 책임을 갖도록 명령했다. 그리고 더 나아가 성직자들의 월간모임을 구성했고, 모임 중에(교구에 대한 보고서들에 대해 논의한 후) 지목하여 그 앞에서 설교를 연습하게 했다. 그리고 난 후에 총주교의 검열을 위해 그들의 설교 본문을 제출해야 했다. 단호하게 엘리자베스 1세에게 성직자적 예언을 옹호한 그의 동시대 개신교 총주교인 그린달과는 직접적으로 한 번 더 비교된다. 그러나 보로메오는 그린달에게 부족했던 효과적인 강제력을 소유했었다.[20]

보로메오는 신앙고백이 신자들의 삶을 규정하는데 핵심적인 역할을 한다고 확신했다. 그리고 그는 실천이 그의 직접관제 아래 있어야 한다고 결정했다. 그는 고해실을 교회들에 소개했다(7장, p. 442). 자연스럽게 그는 고해를 듣는 성직자의 자질에 대해 면밀한 주의를 기울였다. 그들은 그의 허락 없이 사역하는 것이 금지되었고, 자주 상세하게 지시를 받았다. 그리고 더 나아가서 매주 고해 기술을 배우는 수업에 참석해야 했다. 이는 교구성직자의 설교 사역에 대한 총주교의 장려와 같이 주목할만한 혁신이었고, 설교가와 고해신부로서의 수도사회의 특별한 역할에 맞서는 것이었다. 이는 후기 중세교회의 가장 주목할 만한 특징이었다. 물론 수도사들은 교구 주교들의 권위로부터 아주 자유로웠다. 다른 주교들은 같은 이유로 보로메오의 행동을 모방했다.[21] 새롭게 세워진 우르술린(Ursulines)의 여성 공동체는 수도사들보다 감독의 계율 아래서 더 쉽게 제어되었다. 그들은 이미 여성들의 훈련과 교육을 위해 노력했다. 이들의 자원적 가치를 알고 있던 보로메오는 그들을 바깥세상과 거의 접촉이 없는 수녀들의 더욱 전통적인 수도회로 만드는 우르술린 공동체의 삶을 재구성하고 훈육하는

---

20) B. W. Westervelt, 'The Prodigal Son at Santa Justina: the homily in the Borromean reform of pastoral preaching', *SCJ* 32 (2001), pp. 109-25, 111에서.

21) 나폴리에서 고백들에 대한 유사한 후기 통제에 대해서, M. Mancino, *Licentia confitendi: selezione e controllo dei confessori a Napoli in età moderna* (Rome, 2000).

데 더 많은 힘을 쏟아 부었다. 이 일을 성취하면서 그는 자신의 모든 지역 주교 관구들이 이 사역을 돕도록 명령했다(16장, p. 823). 동시에 소년들을 교육하는데 있어서, 그는 활동적으로 기독교교리협회(Confraternity of Christian Doctrine)의 카스텔리노 다 카스텔로에 의해서 개척된 사역을 돕고 조직화했다(5장, p. 311). 이는 놀라운 결과를 가져왔고, 그가 죽을 때즈음에는 밀란의 주교관구에는 740개의 학교, 약 3,000명의 교사와 40,000명의 학생이 있었다.[22]

라틴어 단어 HUMILITAS(겸손)는 보로메오 가문에 내려오는 단어로서 그의 개인적 상징이 되었다. 그 자신의 독재적 본성이 겸손으로 기울어지지 않았고, 내면에서 계속적인 자기훈련이 필요했다는 것은 유용하게 기억할 만하다. 어떤 현대 역사가는 이러한 자기훈련을 '깡마르고 기쁨이 없게 하기'(emaciated joylessness)라고 불렀는데, 이것은 흔히 그린달 총주교의 형상들과 연결되는 청교도주의(Puritanism)이다.[23] 그가 스스로에게 요구했던 것들은 가혹했으며, 이를 다른 사람들에게도 요구했다. 총주교의 궁정으로부터 어떤 신선한 명령이 내려졌는데, 여기에는 성례를 위한 줄무늬 옷들의 정확한 크기를 규정하거나 성스러운 물 뿌림을 위한 스폰지를 강모로 된 붓과 교체하라고 요구하는 것 등이 포함된다. 이러한 명령이 지시될 때, 매우 지치고 과로한 성직자들은 한숨을 쉬어야 했다. 그래서 신실한 자들은 그들이 우슬초로 정결케 되어야 한다는 성경적 외침을 더욱 효과적으로 기억할 수 있었다.[24]

악영향을 미치는 도를 넘는 행동들이 더 있었다. 보로메오는 고해신부와 참회자 모두에게 지혜롭지 못한 규율을 강요했다. 일대일 고해는 비밀의 완전 보장으로 은밀하고 개별적인 관계를 형성할 수 있는 인간의 잠재력을 갖고 있었기 때문에, 보로메오는 이를 사회공학적인 시각으로 접근하려 했다. 1576년부터 유아 사망률 감소를 위한 노력으로 여성들이 침대에서 아이들과 함께 잠을 자는 것보다 오히려 분리된 요람에서 그들의 아이들을 양육하도록 교회에서 명령하였고, 이 명령을 순종했는지를 고해신부들이 확인하도록 명령했다. 여성들은 자신들을 지나치게 간섭하는 독신남성들에 대해 비웃었다. 그리고 불행히도 그들은 명령이 적용되는 생후 12개월 동안 고해성사를 하러 오지 않았

---

22) P. F. Gendler, 'Borromeo and the Schools of Christian Doctrine' in Headley and Tomaro (eds), *San Carlo Borromeo*, pp. 158-71, p. 167 에서.

23) Nicola M. Sutherland, reviewing Headley and Tomaro (eds), *San Carlo Borromeo*, *JEH*, 40 (1989), p. 608.

24) E. C. Voelker, 'Borromeo's influence on sacred art and architecture', in Headley and Tomaro (eds), *San Carlo Borromeo*, pp. 172-87, pp. 178-9, 185 에서.

다. 보로메오는 주일과 축제일에 춤을 추는 것을 금지하였고, 춤을 춘 사람들에게 2년 동안 결혼하지 못하도록 처벌을 내렸다. 이는 심각한 것이었다. 왜냐하면 이러한 춤은 구혼예식이 목적이었기 때문이었다. 그가 밀라노 카니발을 억압했을 때, 성난 군중들과 시당국의 세력 또한 막강해서 로마와 스페인 왕 모두 이 일을 진정시키기 위해 간섭해야 했다. 그 후 이탈리아 주교단 중 보로메오의 양심적인 동시대 사람들이 그가 지나치게 열정적이었다고 느끼는 것은 크게 놀랄 일이 아니었다.[25]

카를로 보로메오의 방식에서 트리엔트공의회적 규정은 항상 권위주의적인 사람이나 도량이 좁은 사람들의 낙원이었을 것이다. 그러나 더 인간적인 면에서, 그들의 양떼를 향한 동일한 생각과 동정 어린 고려를 가진 성직자들에 의해 진행되었다. 실제로 재치가 더 많이 있던 카를로의 사촌 페데리고 보로메오(Federigo Borromeo)는 반종교개혁의 주교관구를 움직이는 방식을 모델화한 그의 전임자들의 수정된 계획 형태를 이행하기 위해 일생 동안 밀란의 총주교로서 많은 것을 행했다. 감각적으로 다듬어진 이탈리아 트리엔트 계획은 대중적 헌신에 기반을 둔 거대한 자원으로부터 이익을 얻을 수 있었다. 거대한 도외지와 도시에서 특히 잘 발전된 중세 길드의 네트워크가 재연되고 확장되었다(오히려 더 확고한 성직자의 감독 아래서). 1600년대까지 도외지에서는 남성의 세 명이나 네 명 중 한 명, 상당수의 여성과 10대들이 이 후원회에 속했다.[26]

후원회들 외에도, 로마 카타콤의 갑작스런 발견에 의해 도움이 된 성지들(Shrines)은 수명을 연장했다. 신앙의 부흥과 성인들에 대한 새로운 관심의 전조는 교황의 새로운 성인 반열 승인이 63년 간의 공백 이후, 1588년에 발생했다는 것이었다. 그리고 새롭고 중앙집권화된 교회의 기관들 중 하나인 의례와 의식의 거룩한 연합회(the Sacred Congregation and Rites of Ceremonies)의 창설이 뒤를 이었고, 이 연합회는 오늘날까지 성인 주장에 대한 검토를 하는 한 역할을 담당하고 있다. 이는 오랫동안 그룹 직관과 대중적 찬성의 문제였던 과정을 위해 학자적 그리고 관료적인 엄밀함을 가져오려는 노력이었다. 그리고 이 일은 일반적인 신자들의 열정이고 창조적인 긴장으로 남아 있었다.[27] 성지와 성인전에

---

25) Bergin, 'Couter-Reformation Church and its bishops', op. cit. 46. W. de Boer, 'The politics of the soul: confession in Couter-Reformation Milan' in Lualdi and Thayer(eds), Penitence, pp. 124-31, 그리고 또한 W. de Boer, *The conquest of the Soul: confession, discipline and social in Couter-Reformation Milan* (Leiden, 2000).
26) Birely, *Refashioning*, p. 115, 그리고 예수회 자선단체들에 대해, 14장, p. 760 을 보라.
27) S. Titchfield, 'Sanctity in early modern Italy', *JEH* 47 (1996), pp. 98-112, 특별히 103-4.

대한 평신도들의 갈망은 여전히 때때로 이전 세기를 넘어 인본주의 학자들에 의해 설정된 역사적 증거의 표준을 알아보기 어렵게 한 대학 교육을 받은 많은 고위 성직자들의 통제를 벗어나 있었다. 다른 성직자들은 그들의 양떼를 경외로움에 대한 갈망으로 고무시켰다. 로레토의 거룩한 집(Holy House in Loreto)에 대해 열정적이었던 예수회 신부 오라지오 토르셀리노(Orazio Torsellino)는 1594년에 이러한 기적들에 대한 안내서를 출판하였고, 가장 잘 팔린 안내서가 되었다. 그의 작업은 근대 대중적 소설가들에게 가치가 있었다. 그리고 거의 같은 양의 역사적 내용을 가지고 있었다. 그리고 그것은 유골함에 대해 대단히 격앙시켰다. 유명한 카르멜수도회의 성인이었던 시몬 스톡(Simon Stock)은 다른 교훈적인 본보기를 제공했다.

카르멜 수도사들은 오랫동안 그들의 역사와 상상적인 관계를 누렸다. 그들은 12세기로부터 거슬러 올라가 선지자 엘리야에게서 그들의 기원을 찾았다. 그 관계라는 것을 그들은 자신의 형제적 라이벌이었던 도미니크의 명성을 위한 전쟁에서 무기로 사용했었다. 도미니크수도사들은 동정녀 마리아로부터 특별한 은총을 요청했다. 그들이 주장했던 마리아의 은총은 마리아가 그들에게 성의(scapular)로 알려진 특별한 옷을 주었는데, 평신도들도 그 옷의 일부분을 입고 죽었다는 특권이었다. 카르멜회는 동정녀 마리아가 초기 잉글랜드의 카르멜회(일반적인 역사적 문헌들에서 그 스스로 특별하게 회피적인) 소속이었던 시몬 스톡에게 그녀의 처녀성에 대해 중복하여 약속해 주었다는 것을 알게 되었다. 1609년까지 그에게 동조하지 않는 포르투갈 종교재판소의 사무관은 시몬 스톡의 환상을 수상쩍게 여겼다. 그리고 그가 행한 모든 언급들을 금지시켰다. 남유럽 전체의 신자들이 카르멜회의 성의에 대한 혜택을 잃게 되는 것에 분노할 때까지 로마는 종교재판관을 후원했고, 결국에는 로마 종교재판소가 성급히 철회했다. 1613년까지 평신도들 가운데 카르멜회의 후원자들은 한 번 더 그들의 성의들에 대한 법적인 소유를 가졌다. 이 수요자들의 확신에 의해서 고양된 카르멜회는 세속적인 사람들을 위한 그들의 더욱 특별한 주장들에 대한 값을 치루기 위한 재판관의 강력한 추천에 대해 별로 당황하지 않았다.[28]

카를로 보로메오도, 로마의 종교재판도 그들 자신의 방식을 보장할 수 없었을 때, 특히 남쪽 끝에서 이탈리아 종교의 재구성이 더디고 어려웠다는 것은 놀

---

28) R. Copsey, 'Simon Stock and the scapular vision' *JEH* 50 (1999), pp. 652-83. 이베리아 종교재판관들의 마녀에 대한 동일한 회의주의에 대해, 13장, pp. 735-6.

랄 일이 아니다. 심지어 그곳에서 리더십을 새롭게 하는 것은 느린 과정이었다. 나폴리의 총주교관구에서 새로운 트리엔트공의회 방식으로 전형적인 예가 된 첫 대주교는 1576년까지 성직에 임명되지 않았던 티아틴회의 파올로 부랄리 드아레초(Paolo Burali d'Arezzo)였다.[29] 트리엔트는 각각의 주교관구에서 제공된 신학교에서 제대로 훈련받은 교구성직자의 역할을 강조했다. 그러나 이러한 대학들을 제대로 설립하기 위해서는 돈이 필요했고, 효율적으로 직원들에게 필요한 전문적인 지식을 제공해야 했다. 1630년대까지 이탈리아 주교관구들의 절반도 안되는 곳에서 신학교의 형태가 세워졌고, 어떤 곳은 실패했다. 그래서 대부분의 교구성직자들은 그때까지 신학교 훈련을 받지 못했을 것이다. 남쪽에서는 대부분의 주교관구들이 18세기 중반까지 신학교를 가지지 못했다.[30] 특별히 성직자들과 귀족들 사이의 많은 지인들과 함께 잘 확립된 단체조직 교회의 구성원이 되었지만, 개혁되기를 원치 않았던 세속 성직자를 개혁하는 것은 쉽지 않았다.

수적으로 부족한 성직자 공급상황 때문에 지역적으로 이용할 수 있는 사람들의 헌신을 얻기 위해서 다른 전략들이 고안되었다. '신세계'에서 이베리아의 정복 또는 포르투갈의 영토적 발판과 아프리카와 아시아의 상업적 접촉을 확장하는 것처럼, 대답은 선교지로서 이탈리아의 많은 지역을 다루는 전문 선교사들을 향한 것이었다. 1572년에 이탈리아 반도의 남동쪽 끝에 있는 테라 도트란토(Terra d'Otranto)에서 이러한 접촉을 통하여 경험을 쌓은 예수회는 전세계적 과제로서 이 작업을 이끌었다. 그들은 예리하게 인도제국과 같은 지역들(그리고 가톨릭 유럽에서 멀리 있는 유사한 지역들)을 주목했다. 아시아에 있는 지역적 조건들을 맞추기 위해 기독교의 비본질적인 것들을 수용하려 했던 동일한 방식으로(9장, pp. 571-572) 그들은 메시지 설정을 수용하도록 착수했다. 그리고 그들에게 급속도로 분명해진 것은 이그나티우스의 로욜라에 의해서 발탁된 엄격한 종교적 방식들이 남아 있다는 것이었다. 그들은 교회에서 시행하는 교육에 대해 아무 생각없이 받아들이는 사람들의 고정관념을 바로잡기 위해 극적인 효과를 주는 모든 방법을 동원해야 했다. 예수회는 연기와 쇼를 하는 사람이 되었

---

29) Ditchfield, 'Santity in early modern Italy', op. cit., 109.
30) Black, 'Perugia and post-Tridentine Church reform', op. cit., 441; D. Gentilcore, '"Adapt yourselves to the People's capabilities": missionary strategies, methods and impact in the Kingdom of Naples, 1600-1800', JEH 45 (1994), pp. 269-95. 282에서. 또한 T. Deutscher, 'Seminaries and the education of Novarese parish priests, 1593-1627', JEH 32 (1981), pp. 303-20.

다. 그들의 방문은 하나님의 서커스가 도시를 방문하는, 사람들에게 심장이 멎는 듯한 특별한 행사였음에 틀림없다.

예수회가 무대에 올렸던 쇼는 기성 형식의 종교적 선교, 즉 다른 사람들로부터 일반적으로 빌려올 수 있는 좋은 생각이었다. 그리고 초기 부흥주의자의 행렬과 밀란의 안토니오 자카리아(Antonio zaccaria)의 바나바회의 성례적 예배를 차용했던 요소들이었다(5장, p. 311). 고전적인 대표자는 17세기 중반과 후반 동안에 540번이 넘게 북부와 중앙 이탈리아에서 맨발로 선교 여행을 한 것으로 알려졌던 모데나 예수회의 장로 파올로 세네리(Paolo Segneri)였다. 그의 특별한 헌신과 완고함은 지난 수십 년간 잘 다져진 전통 위에 세워졌다.[31] 선교를 위한 패턴은 도시의 중앙의 시장뿐만 아니라 도시 외곽까지도 포함시켰다. 주요 집회는 도시 안에서 이루어졌을 것이다. 그러나 그 집회로부터 8일 또는 10일 동안 선교 대표자들은 그들이 '급습'(raids, missioni scorriere)이라고 불렀던 외곽지역을 순회했다. 극적인 설교를 제외한 선교의 포커스는 종교적 성례 성체의 형식 안에서 행해진 성찬식(Blessed Sacrament)이었다. 이것은 도시를 통과하는 승리의 행렬에서 생겨났다. 또한 밀란에서 처음 바나바회가 행해졌던 것과 같이 관례적으로 40시간 동안 작렬하는 촛불 더미에 둘러싸인 하나 이상의 많은 교회에서 종교적 명상을 위해 성찬식이 보이거나 나타났다. 예수회는 재빠르게 이러한 헌신의 가능성을 알아차렸다. 1556년에 그들은 중앙 이탈리아 도시 마케라타(Macerata)에서 선교 중에 '40시간'(forty hours)을 행했다. 그리고 처음으로 그들은 신중하게 지역 카니발(축제)과 충돌하는 날짜를 고정시켰다. 두 개의 쇼는 경쟁했고, 서로의 경쟁상대를 고양시키는 것은 예수회의 목적이었다.[32]

축제는 정상적인 사회 가치들이 의도적으로 바뀌는 시간이었다. 선교는 회개와 참된 하나님의 사랑에 대해서 청중들에게 충격을 주기 위해 동일한 것을 하려고 했다. 설교자들은 인간적 가식을 흔드는 죽음의 게임에서 교회의 가장 궁극적인 카드를 과시할 수 있었다. 예수회의 오노프리오 사르코(Onofrio Saraco SJ)는 이러한 계획으로부터 혼돈시키는 특별한 형태를 사용했다. 그는 조심스럽게 미리 얻은 최근에 죽은 사람들의 명단을 이용하여 여러 지역 저명인사들이 참석했는지 아닌지를 묻기 위해 불러내면서, 그의 설교를 시작하였다. 호명

---

31) L. Châtellier, *The Religion of the Poor: rural missions in Europe and the formation of modern Catholicism, c.* 1500-1800 (Cambridge, 1997), pp. 40, 42-5.
32) Gentilcore, 'Missionary strategy', op. cit., 69-72.

된 사람들이 모두 죽었다는 반응이 왔을 때, 그는 청중으로 하여금 그들에게 인간의 덧없음을 상기시키기 위한 그리고 그들 앞에서 지옥불의 공포를 보여주기 위한 생생한 시도를 했다. 엘리트 계층의 청중들에게 지옥의 충격적인 밀실 공포를 느끼게 하며 정중치 못한 환경을 강조하기 위해 설교자들은 사회적 명령의 파괴를 능숙하게 강조하며 설교했다. 존중받는 백성들은 함께 압박을 받고 파괴적이며 전염성이 있는 유머들로부터 순화되고 입에서 입으로 이르는 영원한 감옥에서 그들의 사회적 열등감에 의해 함께 모였다.[33] 선교의 효과가 생기면서 그 지역에 살고 있는 인사들은 기꺼이 이러한 축제적 전도(inversion)에 함께 했다. 그들은 선교적 축제에서 점차 그들 스스로 굴욕을 줄 준비가 되어있었다. 예를 들어 '동정녀의 노예들'(the slaves of the Virgin)로 알려진 무리들은 사슬을 메거나, 십자가를 머리에 쓰거나 또는 참회자들이 자신의 무가치함에 대한 증거로써 땅을 핥는 헌신(strascino)을 감행했다.[34]

이러한 축제적 선교들은 사회 계층을 가로지르는 특별한 효과를 가져왔다. 선교사들은 현대 팝 스타에게 주어지는 것만큼의 열정적인 찬사를 받았다. 그들은 살아 있는 성인들이었다. 그리고 개종자들은 자랑스럽게 방문자의 작은 유물들, 즉 개별적인 소유물들이나 옷들을 보존하였다. 선교사 성직자들은 이러한 여파 때문에 성례나 성모 마리아에 대한 종교적 사역을 지속하기 위한 신자회를 설립하는 기반을 세우기 위해 그곳을 떠나려고 했지만, 반복적으로 돌아와서 그곳에서 선교를 계속했다. 이것은 18세기에 잉글랜드와 미국의 복음주의 지역에서 발생한 종교부흥의 모습을 앞서 보여주는 것이었는데, 서양기독교는 이런 형태를 계속 반복했다. 이탈리아 남부에서의 종교 행위는 행진 드라마와 종교적 노출행위 형태로 영구적으로 형성되었다.

더 북쪽에서는 그러한 형태가 더욱 혼합되었다. 예수회와 카푸친회는 동일하게 공격적인 선교 전략을 사보이, 남독일과 프랑스에서 개신교의 전면에 내세웠다. 보로메오는 그의 총주교관구가 접해있던 스위스에서 가톨릭을 증진시키는 데 특별한 관심을 가졌다. 그리고 그는 스스로 산을 통해 널리 여행을 했다. 그는 활발하게 스위스 주들에서 카푸친의 노력을 증진시켰다. 그리고 그곳에서 예수회라기보다는 멀리 전원 설정에서 반종교개혁을 증진하려는 주요 대

---

33) P. Camporesi, *The Fear of Hell: images of damnation and salvation in early modern Europe* (cambridge, 1991), pp. 69–72 에서 인용됨.
34) Gentilcore, 'Missionary strategy', op. cit., 278.

리자들임을 증명했다. 그러한 개신교가 있는 환경에서 선교에 연결된 모든 가톨릭교도들이 다름의 상징으로서 성례와 마리아 예배를 번창하게 하거나, 종교적인 반대자들에게 윽박지르는 것이 현명한 것이라고 느꼈던 것은 아니었다. 특히 프랑스 선교사 프랑수아 드 살레(François de Sales)와 뱅상 드 폴(Vincent de Paul)은 극적 효과를 피하고 마찰이 적은 조용한 방식 추구를 구현했다. 중부 유럽의 대립된 지역들의 가톨릭 안에서의 방식 차이는 우리가 앞으로 보게 될 것과 같이 폭넓은 적용이었다(10장, pp. 478-84).

2. 스페인과 포르투갈: 필립 왕의 교회

1598년까지 반세기 동안 힘을 키운 스페인의 필립 2세 왕은 그의 시대에 살아 있는 가장 힘 있는 인간으로서 중국의 황제에 필적했다. 그는 그의 아버지 찰스 5세(Charles V)가 그에게 남겼던 것보다 더 넓은 통치권을 행사한 왕으로서 그의 생애를 마감했다. 처음으로 진정하게 세계적인 제국과 트리엔트 가톨릭 신앙을 선포했던 한 사람이었다. 필립은 1571년에 레판토에서 기독교를 구한 공적을 자랑할 수 있었다. 그리고 1580년에 포르투갈을 제압했고, 소수의 반대자들이 있었지만 그럴사한 법적상속권을 내세워 포르투갈의 해외 영지까지 손아귀에 넣게 되었다. 그러나 그를 부러워하기에는 이르다. 그와 비슷한 정도의 권력을 가진 현대 통치자들은 일반적으로 완성된 야망에 만족한다. 강요에 의해 진행된 폭력적인 혁명과 민주적 위임을 통해 움켜잡았는지 아닌지에 상관없이 자신이 오른 최고의 위치를 만족한다. 필립은 선택의 여지가 없었다. 그는 독특한 세습왕조의 가문에서 태어났다. 실제로 그는 최고의 세습 군주였다. 그의 합스부르크 왕가를 위해 트라스타마라와 버건디 조상들은 신중한 결혼을 통해 통치영역을 넓게 확대했다(장기간 과도하게 제한된 유전자 풀[pool]의 재앙스러운 효과에 대해 무모할 정도로 무시하면서). 필립 2세는 이러한 세습의 수혜자이면서, 동시에 이러한 세습에 의해 고난을 감수해야만 했다.

1559년에 스페인에 취임한 이래로 필립은 결코 쉬지 못했다. 1591년까지 그는 아라곤(Aragon)의 왕국에서 이전의 고위 공무원에 의해 주도된 주요 반란에 직면했다. 그 반란을 잠재우기 위해서 어마어마한 비용이 들었고, 잔인한 보복이 필요하다는 결정을 내리게 했다. 포르투갈에서 가장 최근의 스페인 건축의 공개 행사처럼, 숭배할 만큼의 장대한 아비스(Avis) 황실 가문의 마지막 구성원들 대부분을 수용하는 황실의 수도원 무덤을 세심하게 벨렘에 짓고, 리스본의 예수회 총본부에 아낌없이 자금을 지출하고, 성 빈센트(St Vincent)의 중앙 어거스틴 대수도원을 위해 포르투갈 수도에 장대한 재건축 선물을 주며, 그는 새롭게 얻은 신하들을 기쁘게 하는데 최선을 다했다. 그러나 포르투갈 사람들은 포르투갈 왕좌를 놓고 경쟁을 벌인 사람들에게도 지원을 보이지 않았을 뿐 아니라, 그들의 새로운 왕을 사랑하지도 않았다. 1640년에 그들은 결국 토박이 귀족들의 찬성에 의해 그의 손자 필립 4세의 통치에서 벗어났다. 북유럽에서 하나님의 예정에 대한 필립의 생각은 그가 제압하기는 커녕 이해할 수도 없었던 힘을 만났는데, 그 세력은 잉글랜드와 네덜란드의 연합주의 개신교 세력이었다. 그는 1588년 무적함대가 가톨릭교회를 위해서 선교의 거룩한 위치에 있다고 확신했다. 그리고 하나님이 그의 배들을 흐트러뜨리기 위해 폭풍우를 보내셨다는 것에 놀랐다.

필립은 거대한 문제들과 싸우기 위해 정보가 필요하다는 사실을 인식했다. 그리고 그는 그의 재원들을 동원하는데 주목할 만한 성공을 거두었다. 그는 단지 말이 아니라, 도시 전경, 경치 그리고 지도들과 같은 그림을 주문했다. 그래서 그는 자신의 다양한 통치들을 상상할 수 있었다. 그러나 이 모든 것이 에스코리알(Escorial)에 있는 그의 연구실에 모였다고 해서, 그가 무엇을 할 수 있었을까? 그는 자주 절망했다. "나는 이 말을 이해할 수 없다. 나는 내가 무엇을 해야 하는지 모르겠다. 이 명령을 다른 사람에게 보내야 하는가? 만약 그렇다면 누구에게 보내야 하는가?" 진정으로 유능한 통치자는 대답을 가지고 있었을 것이다. 그러나 필립은 그의 결정 과정을 좀처럼 위임하지 않았다. 심지어 귀중한 시간을 그가 얼마나 피곤하고, 시간이 없는지를 문서 더미의 가장자리에 쓰는데 허비하였다. 그는 세상적 영광은 일장춘몽에 불과하다고 그의 엄격한 경건을 통해 배웠다. 그리고 그에 대해 우리가 소유한 가장 슬픈 그림은 1590년대에 그려진 스케치인데, 이 그림에서 그는 관절염의 압박을 해결하기 위해 특별하게 고안된 롬퍼스(romper-suit)를 머리에서 발끝까지 입고, 16세기 정형외과 의자와 같은 곳에 구부정하게 누워 있는 나이든 군주의 모습을 하고 있다. 똑바로 서 있을 수조차 없는 그의 생의 마지막 2년 동안, 유럽의 가장 힘 있는 사람은 의자에 묶인 채, 그의 제국이 망하는 것을 막기 위해 고투했다. 냉소주의자들은 그의 육체적인 쇠퇴가 최근에 많이 누적된 그의 광대한 통치의 쇠퇴에 반영되었다고 속삭였다. 제국의 유지는 그의 탁월한 자원들조차 자주 초과하는 지출

554 종교개혁의 역사

1590년대, 말년의 스페인의 필립 2세. 심한 육체적인 장애와 질병으로 인해 정형외과의자에 누워있어야만 했고, 덧대는 옷을 입고 있어야만 했다.

을 절실히 필요로 했다.[35]

필립의 스페인 지배는 1557년과 1558년 사이에 이단 탄압의 결과로부터 시작했다. 카란자 총주교의 탄압에 의해 발생한 잘못된 출발과 지속적인 관할권의 혼란에도 불구하고, 그는 트리엔트공의회 법령의 변화를 꾀했다. 달리 말하면, 그 법령을 적절하게 조종하고 수정하였다. 그리고 실제로 종종 왕실의 우선권에 의해 방해된 스페인 가톨릭을 재건하려는 운동을 지속적으로 후원했다.[36] 반종교개혁의 호전적 측면은 큰 부분에서, 특히 중세 스페인의 기독교 국경전투로부터 기인한 이래로, 마무리 지어져야 하는데 필요한 많은 것들은 단지 스페인의 과거로부터 주도권을 손에 넣는 것이었다. 예를 들어 군주는 현존하는 스페인 수도원들을 개혁하는 히메네스(Ximenes) 추기경의 항상 성공하지 못하는 노력들을 지속적으로 강화하였다. 히메네스처럼 왕실 관료들은 수사, 수도사 그리고 심지어 수녀들의 강렬한 반대를 분쇄하기 위해 자주 무력을 동원했다.[37] 정규 성직자의 종교개혁을 지속하는 동시에, 반종교개혁은 교구

---

35) G. Parker, *The Grand Strategy of Philip II* (London and New Haven, 1998), pp. 41-2, 277-8.
36) 6장, pp. 408-12, 그리고 7장, pp. 432-5을 보라; 왕실 예배로의 감독의 활동력의 필립의 지속된 전환에 대해, H. Rawlings, *Church, Religion and Society in Early Modern Spain* (Basingstoke, 2002), p. 67 를 보라.
37) H. Kamen, *The Phoenix and the Flame: Catalonia and the Coutner-Reformation* (New Haven and London, 1993), p. 67. Cf. 2장, p. 52. 그리고 수녀들과 갈힘에 대해, 16장, pp. 820-6.

사역의 질을 높이려는 노력을 더했다. 신학교들이(1564년과 1610년 사이 카스티아에서 인상적으로 23년간) 세워졌고, 곧 하위 성직자의 교육에 대한 상당한 노력들이 있었다.[38]

성직자를 계발시키는 것은 양떼를 위한 교육과 함께 통합되어야만 했다. 평신도를 교리문답으로 가르치는 것은 옛 스페인의 관습이었다. 그리고 스페인이 지배하는 북이탈리아 지역에서 새로운 시도가 있었고, 같은 시기인 1540년에 새로운 기대감으로 실행되었다(5장, pp. 309-311). 교회 당국은 당시 신앙의 기초 내용을 확산시키려 했던 단순하고 생동감있는 삽화가 있는 소책자들과 입문서를 생산하거나, 새로이 등장한 수많은 성지들에 관한 홍보를 위해 적극적으로 인쇄소를 활용했다. 그리고 이러한 시장 호황을 지원하는 많은 상업적 경쟁이 있었다. 자연적으로 이러한 모든 가르침은 자국어로 된, 특히 스페인 문학 언어인 카스티야어(Castilian), 카탈로니아어(Catalan) 그리고 갈리시아어(Galego)로 이루어졌고, 이러한 활동은 효과를 거두었다. 1580년까지 쿠엥카(Cuenca)의 중앙 카스티야 주교관구에서 종교재판 법전에 나타난 80%가 기독교 기본 본문을 인용할 수 있었다는 것은 주목할 만한 것이었다(부록 참고). 그 후에 증가한 수치는 주목할만한 성취였다. 그리고 북유럽 개신교에서 교리문답으로 가르치는 성과보다 앞서 갔을 것이다.[39]

반도의 가톨릭에는 전통적인 삶 위에 세워졌던 다른 방식들이 있었다. 교회 당국은 이탈리아에서처럼 이베리아 공동체 삶의 많은 특징들이 있었던 지역 축제들을 만들었던 활기찬 활동들에 대해 걱정했다. 그들은 카를로 보로메오 총주교(스페인의 동시대 사람들이 존경보다는 골칫거리로 여겼던)에 의해서 보여진 비현실적인 전면적 적대감을 수용하지 않았다. 축제의 막을 내리기보다는 그들은 단지 난쟁이들, 거인들, 용들 또는 성인들로 꾸며진 축제적 특징들이 교회 건물 밖으로 옮겨져야 하고, 외부 광장에서 모의 시합들을 행해야 한다고 명령했다. 전투는 결국 악을 이기는 선의 승리에 관한 것이었다. 결국, 이러한 행사는 백성들을 고무시키는 목적으로 치러졌다.[40] 그러나 대중문화는 교회로부터 배제되지 않았다. 성직자는 공식적으로 이전에 교회에 참여하였지만 라틴어를

---

38) H. E. Rawlings, 'The secularisation of Castilian episcopal office under the Habsburgs, c. 1516-1700', *JEH* 38 (1987), pp. 53-79, 67 에서.

39) S. T. Nalle, *God in La Mancha: religious reform and the people of Cuencan*, 1500-1600 (Baltimore and London, 1992), pp. 118-29. 프린트에 대해 ibid., pp. 114-18 그리고 Kamen, *Phonix and the flame*, pp. 140-7, 398.

40) Birely, *Refashioning*, p. 109.

알지 못했던 사람들을 돕기를 갈망했다. 교회음악, 즉 캐롤의 매력적이고 특별한 스페인 전통은 17세기 동안에 성장했다. 이는 수도원 시대 이전의 부분들에 대한 애정 깊은 풍자로서, 교회력에 따른 축제 때, 교구교회에서 불려지는 자국어로 된 캐롤로 발전했다. 이러한 캐롤은 유머로 가득했고, 집시, 흑인, 사기꾼들과 같은 사회의 특별한 소외계층을 표현한 등장인물들은 일시적으로 하나님을 섬기는 것을 위협적인 것이 아닌, 우스꽝스러운 것으로 만들었다.[41]

자연스럽게 스페인의 과거에 대한 교회의 사용은 선택적이었다. 스페인 종교재판에 대한 왕실의 판단은 스페인 거주 유대인과 무어인의 혈통으로부터 나온 위험성으로부터 선점된 스페인을 문화적으로 단일한 나라로 만들어내는 계획을 지속했다. 종교재판은 사라진 루터교의 위협에 대항해 지속적으로 사람들을 경고했다. 제이미 콘트레라스(Jaime Contreras)는 "영구 지속한 망령…그것은 봉건적, 관료적 그리고 독재적 사회 질서를 안정되게 하는 과제에서 함께 일했다. 어떤 적도 그렇게 유리하게 사용되지 않았다"[42]라고 비꼬았다. 종교재판은 심지어 이베리아제국 안에 있는 예술가들에게조차 어떻게 그들이 종교예술의 주제를 다루어야 했는지를 말했다. 17세기 초 예술가인 프란시스코 파체고(Francisco Pacheco)는 이단심문소의 그림 검열관으로 활동했고, 그의 지침들은 사후에 그의 작품을 다른 사람들이 모방하도록 영감을 준 『회화술』(*The Art of Painting, El arte de la pintura*)이라는 책으로 출판되었다.[43]

종교재판의 힘은 가장 자주 수천 명의 구경꾼을 모으며 공개적인 위대한 드라마와 같은 '사형집행'(auto-da-fé)에서 보여졌다(사진 16 참고). 반드시 그렇지는 않았지만, 종종 유죄판결을 받은 범법자들에 대한 화형과 함께, 이베리아 문화의 투우 상황에서 세속적인 폭력을 병행했다. 그러나 그들은 예배 자체가 했던 것처럼 영원한 세계에 관심을 보이려고도 했다. 사형집행은 '최후 심판의 모방'(mimesis fo the Last Judgement)으로 그려졌다. 예를 들어 웬해스톤교회의 천장화(doom painting)는 왕으로부터(자주 육체적으로 왕실 금고에 있는) 가장 낮은 자리에 있는 그의 신하들에 이르기까지 모든 인간 사회가 하나님 앞에 서 있는 것

---

41) E. M. Wilson, 'Spanish and English religious poetry of the seventeenth century', *JEH* 9 (1958), pp. 38-53, 45-6 에서.

42) J. Contreras, 'The impact of Protestanism in Spain 1520-1600', in S. Haliczer (ed.), *Inquisition and Society in Early Modern Europe* (London, 1987), pp. 47-66, p. 62 에서.

43) C. Villasenor Black, 'Love and marriage in the Spanish Empire: depictions of holy matrimony and gender discourses in the 17th century', *SCJ* 32 (2001), pp. 637-67, p. 645 에서.

으로 표현되었다.[44] 회개하는 죄인들은 하나님과 화해된 죄된 인성의 부분으로 관중들에게 회개를 표현했다. 반면 회개하지 않는 신성모독자들, 성적인 변태자들 또는 위험한 자들의 운명은 지옥의 불에서 저주받은 자들을 표현했다. 모든 사람들은 관습에 따라 삼베니토스(Sambenitos)라 불리는 복장을 입고, 그들의 죄를 상징하는 그림을 그려 넣었는데, 이 상징은 운명적인 사면 또는 화형을 암시했다. 삼베니토스는 반도의 왕국들에서 거의 모든 교구교회의 벽들에 달려 있기 때문에, 반도 종교재판의 힘을 더 멀리 확산시켰다. 사형집행에서 경고를 받으면, 그들은 범죄자의 교구교회의 본보기로 모든 공동체 앞에서 부끄러움의 상징으로 전시되었다.

그럼에도 누구든지 이러한 살 떨리는 공포에 의해, 스페인 사회에서 그 자리를 유지했던 조직의 기존 고정관념에 빠지지 말아야 했다. 분명하게 종교재판은 고문을 사용했고, 어떤 희생자들에게는 사형을 집행했다. 이 시기에는 유럽에서 모든 법적 시스템이 이처럼 행해졌다. 그리고 스페인 종교재판은 우리가 본 것처럼 대부분의 나라들보다 덜 피에 굶주렸다고 주장할 수 있다. 그것은 마녀에 대한 건전한 회의주의를 보여주었고, 할 수 있는 곳에서 마녀박해를 멈추었다(13장, p. 735). 1500년대 수십 년의 의심의 여지 없는 잔인함의 위기 속에서, 1540년과 1700년 사이에 종교재판에 회부되었던 다양한 사건들 중에 사형률은 매년 2-3% 정도였다. 이러한 수치는 이베리아나 어느 곳의(명백히 처형대에서 화형당한 사람들에 대한 많은 위안은 있지 않았다) 동시대 세속 법원보다 사실상 낮은 것이었다.[45] '구교도들'(Old Christians)은 일반적으로 종교재판의 작업을 환영했다. 그리고 대중의 대부분이 철저하게 그러한 생각을 승인하지 않았던 배타적인 스페인 가톨릭의 정체성에 대한 태도를 성공적으로 불러일으킬 수는 없었다. 카탈로니아(Catalonia)는 흥미로운 증거를 제공한다. 이교 프랑스 국경지역은 종교재판을 권징으로 여기기에는 어려운 지방이었다(2장, p. 113). 그러나 카탈로니아는 반도의 다른 지역만큼이나 이단에 대해 확고했다. 이는 그 지역이 무지하였거나 고립되어 있기 때문이 아니었다. 그 지역의 식자율은 루터의 독일 지역보다 높았다. 그리고 이 지역의 수도인 바르셀로나(Barcelona)는 세계에서 위대한 항구 도시 중 하나였다. 이는 실제로 이단으로부터 멀리 떨어져 있도록 했던 것을 넘어 세계의 지역 의식, 즉 카탈로니아 공동체 안에서 많은 프랑

---

44) M. Flynn, 'Mimesis of the Last Judgement: the Spanish Auto da fé', *SCJ* 22 (1991), 281-98; H. Kamen, *The Spanish Inquistion: an historical revision* (London, 1997), p. 98, Ch. 9.
45) Kamen, *Inquisition*, pp. 59-60, 189-90, 203, 301.

스 이민자들의 적은 이국적 방식들이나 이탈리아를 사랑하는 유대인의 방식들을 넘어섰다.[46]

다른 관점에서 반종교개혁 스페인은 모델 자체를 새롭게 만들 필요가 있었다. 이는 실제 역사의 흐름에서 반종교개혁이 부족한 것이었다는 것을 의미하는 영역에서 스페인 기독교의 과거를 날조한 것을 포함했다. 말하자면 스페인에서 로마에서의 카타콤 발견의 효과를 반복하는 것이었다. 진취적인 예수회 신부 로미노 로만 데 라 이게라(Jerómia Román de la Higuera)는 플라비오 데스트로(Flavio Destro), 막시모(Maximo) 그리고 루잇프란도(Luitprando)라 이름을 붙인 인물들을 위한 고대 연대기를 만들었다. 그리고 이러한 상상의 주요 인물들은 다른 점에서는 알려지지 않은 교회 역사의 유용한 흐름을 제공했다. 영광스럽게 이슬람 유산의 건축을 상기시킨 그라나다(Granada)는 이 도시가 특별하게 톨레도(Toledo)나 산티아고 데 콤포스텔라(Santiago de Compostela)보다도 더 오래되고 특별한 기독교의 중심이었다는 것을 보여주기를 원했다. 그라나다는 또한 최근에 나타난 왕실의 수도 마드리드(Madrid)에 도전하기를 원했다. 그라나다의 예전 주요 모스크 첨탑들 안에서 또는 주변에 있는 수많은 동굴에 숨겨진 날조된 초기 유물들(플로모스[plomos] 또는 선도적인 책들)에 관한 1588년 판 연속 간행물의 '발견'(discovery)으로 인해 그라나다 시의 의도가 더욱 분명해졌다. 그라나다에서 발견된 이러한 비서(hidden books)들은 자연스럽게 그라나다의 잃어버린 기독교 역사를 예증하고 있는데, 스페인에서의 첫 미사가 스페인의 수호성인 산티아고 데 콤포스텔라의 성야고보사도(St James the Apostle)성에서 드려졌던 것과 필적할 만한 규모로 그라나다에서도 드려졌다는 점이 바로 그것이다. 이러한 장소들은 스페인 남부에서 가장 먼저 성지순례의 장소가 되었다. 외부 무신론 그리고 심지어 1682년의 교황 이노센트 9세(Innocent XI)의 공개적 저주는 성 시몬스톡의 성의 환상에 부과된 로마의 유사하고 건전한 경고들만큼이나 지역적 열정주의에 별다른 효과가 없었다.[47]

다른 구조조정은 예배양식을 고려했다. 남유럽에서 주목할 만한 반종교개혁 형상들 중의 하나는 북유럽 이전의 더욱 특징적인 가톨릭의 종교적 관행의 국면들을 강조했던 방식이었다. 우리는 이미 이를 묵주기도의 발생에서 관찰했

---

46) Kamen, *The Phoenix and the Flame*, pp. 219–21, 347, 403–5.
47) A. K. Harris, 'Forging history: the *Plomos* of the Sacromonte of Granada in Francisco Mermúdez de Perdraza's *Historia Ecclesiástica*', *SCJ* 30 (1999), pp. 945–65.

다(7장, p. 443). 그러나 북쪽의 또 다른 주된 중요성은 연옥에 있는 영혼에게 유익을 주는 것에 목적을 둔 장례 미사에 대한 강조였다. 연옥 산업은 루터의 메시지를 들은 나라들에서 특별한 힘이 되어왔다(궁극적으로 또한 약점이었다). 그러나 이전에 이것은 남쪽에서 그렇게 두드러지지 않았다. 이는 16세기 후반 이베리아 반도 전역에 죽어가는 사람들과 그들이 동반했던 의식보다 훨씬 정교하게 수많은 미사에서 증가했다. 예를 들어 마드리드에서는 8배가 증가했다. 죽은 사람들을 위한 예배에 대한 이와 같은 많은 투자는 이미 약해진 이베리아의 경제를 심각하게 흔들어 놓았고, 17세기에 스페인 제국의 몰락에 일조를 했다. 이베리아 가톨릭은 성직자주도의 의식 위주로 변질되었다는 것은 이에 대한 어떤 증거 여부를 떠나서 의심의 여지가 없다. 역사가 헨리 케멘(Henry Kamen)의 구절에서 "농민의 의식에 뿌리박힌 공식적이지만 기본적으로 비성직적, 비성례적인 가톨릭"은 "성직의 유익, 성례적 의무 그리고 사회적 강요들의 수행적인 측면에서 엄격하게 정의된 종교에 대한 공동체 규약들"로 돌아섰다.[48]

단지 자기명예욕에 사로잡인 성직자, 빈틈이 없는 종교재판관들 그리고 필립 2세의 종교적인 헌신같은 면만 보고 스페인종교를 재평가하는 것은 공정하지 못하다고 볼 수 있다. 당시 중동의 세 종류의 유일신 종교인 유대교, 기독교 그리고 이슬람교 간의 수 세기 동안의 접촉으로 인해 생겨난 이러한 영적 흐름은 불가피한 것이었다. 이러한 종교간의 복잡하게 얽히고 설킨 상호작용과 상습적인 반목은 당시 사람들에게 아주 혼란스러운 과거로 남겨졌을 뿐만아니라, 기존의 기독교 안에서는 인정받지 못했던 신비주의 영성의 물결이 일어나게 했다. 이베리아수도원 생활의 가장 특별한 형태들 중의 하나는 제롬회(Jeronimites)였다. 제롬회는 대부분의 중세 수도회들과 다르게 유럽의 모든 지역에서 존립하기 위해서 그들의 태생을 넘어 확산되었다. 그들은 하나님과의 만남에서 오는 고독을 강조했다. 그리고 후에 종교개혁의 영역에서 개신교에 동정심을 갖고 있던 개종 지원자들(*converso* recruits)을 지속적으로 끌어들였다. 1490년대 최후의 기독교 승리 이후, 사막의 선지자들과 천년왕국 기대자들 그리고 공인되지 않은 종교의 영적 기적들, 알룸브라도파(alumbrados)와 후안 데 발데스(Juan de

---

48) C. M. N. Eire, *From Madrid to Pugatory: the art and craft of dying in sixteenth century Spain* (Cambridge, 1995), esp. Ch. 4, pp. 177-88; Kamen, *Phoenix and the Flame*, pp. 11-12, 19-21, 82-3, 127-9, 168-9, 194-5, 432(인용); Nalle, God in La Mancha, op. cit, pp. 191-25; Rawlings, *Church, Religion, and Society in Early Modern Spain*, op. cit., pp. 87-9; Bireely, *Refashioning*, p. 114.

Valdés)를 통한 이탈리아의 신령주의자들(Spirituali) 속의 영적 혼란을 우리는 이미 주목한 바 있다(2장, pp. 113-116 그리고 5장, pp. 303-306). 종교재판은 이러한 소용돌이를 길들이기 위해 많은 노력을 했고, 교회 안에 남은 자들을 데려왔다. 억압으로부터 여전히 다양한 조화를 이룬 세상은 특히 신비주의의 만개를 가져왔다. 아빌라의 테레사(Teresa of Ávila)와 '십자가의 요한'(John of the Cross)은 이러한 신비주의의 두드러진 대표이지만, 이들이 전부는 아니었다.

테레사는 중앙 카스티야에 있는 아빌라의 개종자 가족 출신이었다. 그녀는 1535년 아버지의 동의없이 19세의 나이에 아빌라에 있는 카르멜수녀회가 운영하는 수도원에 들어갔다. 가족을 떠난 그녀의 감정은 항상 혼란스러웠다. 그녀의 감정적 혼란은 길고 심각한 질병을 가중시켰고, 그런 와중에 질책과 위안의 환상을 보게 되었다. 하나님과의 만남이 인간관계에서 가장 열정적이고 친밀한 만남임을 집중적으로 조명하며, 그녀는 자신이 경험한 것을 곧 기록에 남기기 시작했다. 그녀는 마음의 찔림에 대해서, 하나님과의 신비한 결혼에 대해서 말했다. 중세 유럽의 다양한 지역들에서 여성의 신비로운 표현에 대한 전통적인 선례가 있었다. 한 예로 스웨덴 브리이타(Bridget)의 작품이나 시에나의 캐서린(Catherine of Siena)을 들 수 있다. 그러나 그녀의 무아지경적이고 개인적인 신비주의 경건에 대한 상당한 의구심이 동시대 스페인의 종교적 상황에 긴장감을 주었다는 것은 놀라운 일이 아니었다. 그녀의 상상은 실제로 스페인 종교재판이 철저한 적대감을 보이며 1559년의 목록에 기록한 자국어 문학의 부유한 유산에 불을 붙였다.[49]

운 좋게도 테레사 수녀는 영향력있는 초기 예수회로부터(스페인 종교재판과 함께 자신의 문제를 경험했던) 그리고 심지어 종교재판에서 많은 회원들이 활동했던 도미니크수도사들로부터 동정심과 경의를 얻었다. 결정적으로 그녀는 필립 2세 왕을 만났고, 그의 확고한 지원을 얻게 되었다. 그녀를 만났던 자들은 그녀가 혐오하는 개신교로부터 들어온 것과 북유럽교회들의 파괴 그리고 교회를 거룩함과 영적인 능력으로 강화하기 위한 독특한 시도 등에 감동받게 되었다. 그녀는 교회가 새로운 삶을 살며, 이를 위해 여성 군대를 만들기를 기도했다.[50] 그녀의 계획은 그녀가 중년에 접어든 1560년 초에 형성되기 시작했다. 그녀는

---

49) J. Bilinkoff, 'Confession, gender, life-writing: some cases (mainly) from Spain', in Lualdi and Thayer (eds), *Penitence*, pp. 169-83, p. 181에서.

50) A. Weber, 'spiritual administration: gender and discerment in the Carmelite Reform', *SCJ* 31 (2000), pp. 123-45, 124-5에서.

카르멜수도회 영성을 일으켰다. 그녀는 팔레스타인 십자군 원정때 동굴에 거주하던 수도사들로부터 생긴 복잡한 중세 혁명의 과정과 수도사들에 의해 유지되었던 세계를 유랑하는 생활로 강화된 개인 경건(solitary piety)을 연결하게 되었다. 테레사는 카르멜수도회를 철저히 금욕적인 기원으로 되돌리기로 결정했다. 그리고 이미 전에 했던 것처럼, 세속적 삶의 방식과 모든 타협점을 거부하기로 결정했다.

따서 그녀는 1562년 아빌라(Ávila)에 새로운 첫 여성수도회를 설립했다. 그리고 더 나아가 남성수도사들을 개혁하고, 새로운 수도원을 설립하려는 운동에 함께했다. 카르멜회가 처음에 행했던 것처럼 그녀의 개혁 카르멜수도회 회원들은 맨발로 다녔다. 그리고 당시의 관행과 상반되게, 수도원 내에서 사회적 지위의 구분이 없었다. 테레사는 결코 역설을 두려워하지 않았다. 그녀는 '지속적으로 그녀의 새로운 공동체가 존재하도록 유도하고, 조언하는 은둔 수녀'였다.[51] 그녀는 상상의 도약을 위해서, 즉 그녀와 연관된 여성을 위한 명상과 행동주의의 카르멜적 규율을 승인받기 위해 교회 당국을 설득하는 투쟁을 했다. 그리고 교회 당국으로부터의 많은 문제와 방해를 통해 그녀를 존경하는 사람들 중의 하나가 일컫던 '남성들로 하여금 그녀가 복종하기를 원했던 것을 그녀에게 주도록 하는 은사'를 발전시켰다.[52] 그녀는 자신이 추구하던 모든 것을 얻지는 못했다. 왜냐하면 그것이 그 시대에 활동하던 모든 수녀들처럼 남성수도사들의 역할인 탁발과 설교를 넘보는 여성에 대해 호의적이지 않던 남성 기득권층에 반대하는 것이었기 때문이었다(16장, pp. 820-826). 그럼에도 불구하고 1580년, 그녀가 죽은 후 2년 만에 테레사의 맨발의 카르멜수도회는 공식 승인을 얻었다.

테레사는 젊은 카르멜수도사 후안 데 예페스(Juan de Yepes)를 만난 후에, 수도원 삶을 개혁하는 임무를 여성들로부터 남성에게까지 확장시켰다. 또한 후안은 스페인 신비주의의 특별한 능력에 대해 입증했고, '십자가의 요한'이라는 종교적 이름으로 알려졌다. 비록 테레사와 다르게 후안은 지극히 빈곤한 젊은 시절을 보냈지만, 테레사와 같은 개종자 배경을 가지고 있었다. 메디나 델 캄포(Medina del Campo)의 병원 행정관은 어린 소년에게서 특별한 것을 보았다. 그리고 그를 병원 간호사로 고용하였다. 거기서 후안은 당시 인간이 받을 수 있는 가장 끔찍한 고통을 보게 되었다. 왜냐하면 그 병원(별명이 Las Bubas인)은 외관

---

51) L. Beckett in *Times Literary Supplement*, 28 september 2001, p. 26.
52) V. Lincoln, *Teresa: a woman* (Albany, NY, 1984), p. 75, Blinkoff, 'Confession, gender, life-writing', op. cit., p. 180 에서 인용됨.

상으로 부끄럽고, 당시 신체적으로 끔찍한 천벌인 매독을 주로 다루는 궤양 및 전염병 전문 병원이었기 때문이다.[53] 그는 테레사보다 조금 나이가 들어서 카르멜수도회에 대한 소명을 받고, 1563년에 도시에 새롭게 설립된 카르멜수도원으로 들어갔다. 그는 그의 공동체가 자신에게 요구했던 것만큼 엄격하게 수도회의 규칙을 준수했다. 그리고 다른 사람들에게 두렵고 위험해 보이는 고립과 침묵의 단계에까지 이르렀다. 그의 사명이 테레사와 연결되었다는 것은 놀라운 것이 아니었다.

1567년 테레사가 수도원을 설립하기 위해서 메디나 델 캄포로 왔을 때, 테레사와 후안은 서로 만났다. 테레사는 어떻게 주위의 카르멜수도회의 남성수도원들로 하여금 그녀의 개혁을 지지하도록 할 것인지에 대해 관심을 기울였다. 그리고 엄격하게 규율을 정한 카르투지오수도회(Carthusian)에서 더욱 금욕적인 소명을 추구하기 위해 수도회를 떠나려는 후안의 계획을 포기하도록 요청했다. 후안은 이 요청을 받아들였고, 1568년에 그녀의 원리를 따라 남성수도원을 설립하는 첫 번째 시도를 진두지휘했다. 그들의 관계는 항상 복잡했다. 후안이 그녀의 인격적 감화력을 따르는 데 항상 준비되어 있지 않은 몇 안되는 남성들 중의 하나라는 사실을 테레사는 알게 되었다. 그러나 특별한 논쟁을 넘어서, 그들의 목표를 보증하기 위해서 대면해야 했던 극렬한 논쟁은 공동의 목적을 세우는 차원에서 마무리 되었다. 1571년에 테레사는 종교적 삶을 시작했던 아빌라 수도원의 여수도원장(Prioress)으로 임명되었다. 그녀는 공동체 고해신부로 후안 수도사를 개인적으로 임명함으로써 개혁의 초석들 중 하나로 고려되었던 특권을 행사했다.

이는 테레사와 후안 모두에게 커다란 문제의 불씨가 되었다. 테레사의 많은 수녀들은 둘의 엄격함의 결합이 그에게 무엇을 의미하는지를 이해할 수 있었다. 후안의 동료 수도사들은 그들 관계에 대한 중대한 의구심을 품었다. 그리고 카르멜수도회 당국자 중 몇몇은 수도회에서의 삶의 새로운 모양을 자신들에게 맞추어 만들려는 이 둘의 잠재성에 놀랐다. 1570년대와 1580년대에 테레사와 후안은 심각한 수도회 내분에 휘말리게 되었다. 그 분쟁은 그들의 강력한 적들에 의해서 최악의 상태로 발전되었다. 1577-1578년의 한 시점에서, 후안은 9개월 간의 강등과 불명예스러운 투옥으로 고통당했고, 극적인 탈출의 결과를 가져왔다. 그러나 이 일로 인해 후안은 또한 인간의 내면이 어떻게 고립과 절망

---

53) R. P. Hardy, *The Life of St John of the Cross: Search for Nothing* (London, 1987), pp. 6-19.

의 깊음을 바라보며, 평정을 찾고, 목적의 의미를 세워나가는지에 대한 그의 의식을 새롭게 했다. 그는 고통과 구원에 대한 기독교인의 가장 심오한 탐험들로 분류되었던 시와 산문으로 그의 경험을 표현했다. 투옥 후에 그가 쓴 시와 산문 중 하나인 『어두운 밤』(The Dark Night)은 기독교 영성의 범위를 넘어서, 영혼의 어두운 밤을 지나고 있다고 느끼는 사람들에게도 잘 알려지게 되었다.

그러나 '십자가의 요한'의 글들은 기쁨과 즐거움으로 충만했다. 그리고 그의 글들은 테레사의 글처럼 하나님과의 관계를 극히 인격적으로, 심지어 육체적인 관계로도 표현하였다. 테레사와 후안 모두에게 성경의 성(性)적 시인 아가(Song of Songs)는 하나님과의 관계를 표현하기 위한 주요 본문이 되었다. 후안은 자주 전통적으로 교회의 표현인 예수님의 신부와, 애인으로 자신을 반복적으로 표현하기에 두려워하지 않았다. 그리고 자주 놀랍도록 동성애적인 표현으로 자신을 표현했다. 이러한 표현들이 후안에게 가능했던 이유는 자신을 배타적이거나 제한된 개별체로 보지 않고, 모든 피조물에 대한 하나님의 선한 사랑의 관계를 신부(The bride)의 관계로 보았기 때문이다. 이러한 관계성의 관점으로 인간 영혼의 위치를 경외심을 가지고 발견할 수 있다는 것이다. 그리고 후안은 심지어 고대 신학의 기술적 언어, 즉 칼케돈신조(the Chalcedonian Definition)가 자신의 관점을 아가서의 의미로써 사용될 수 있다는 것을 깨달았다.

> 온화하고 완전한 사랑 안에서 영혼이 하나님의 아들과 얼마 동안 약혼을 한 후에, 하나님은 그녀를 부르시고, 가장 기쁜 결혼을 완성하시기 위해 꽃이 피는 정원에 두셨다. 연합은 두 본성 사이에 작용하고, 두 존재가 변화되지 않는 상태에서 신성의 인성을 향한 교통은 둘 다를 하나님이 되게 한다.[54]

반항적인 카르멜수도회의 삶은 그 시대의 위대한 영적 영광의 하나로 보였다. 그리고 독재주의와 관료주의의 사소함에 둘러싸인 이베리아 반도 기독교의 지속적인 부요함과 복잡성뿐만 아니라, 테레사와 후안의 창조적인 능력과 고집은 그 영향력을 입증하였다. 테레사의 죽음 후에 맨발의 카르멜수도회는 새로운 투쟁에 직면하였다. 수도회의 새로운 대교구장(물론 남성)은 테레사가

---

54) *The Spiritual Canticle* 22:4: K. Kavanaugh and O. Rodriguez (eds), *The Collected Works of St John of the Cross* (Washington DC, 1964), p. 497.

개혁을 통해 얻은 여수도원장의 독립적 지위와 행동의 자유를 축소시켰다. '십자가의 요한'은 수녀들을 지지하며, 이러한 계책에 대항하였고, 대교구장은 수도회 총회 권위로 그의 해임을 추진했다.[55] 그럼에도 불구하고 맨발의 카르멜회는 스페인 사회의 가장 높은 계층에서 번영하고, 영향력을 가지며, 영적인 강한 힘으로 남아 있었다. 카르멜회는 로마가 그들의 창립자를 성인으로(그녀가 죽은 지 40년 후인 1622년에 획득한) 인정하는 것 외에도, 더욱 야심있는 많은 계획에서 테레사의 뒤를 이은 산티에고(Santiago)를 스페인의 수호성인으로 결정했다. 이는 테레사와 후안의 인생을 고단하게 하였던 교회의 모든 권력에 대항하는 헌신적 행동과 정치적 자기주장이었다. 다행히도 카르멜회는 스페인 군주의 후원을 받았다.[56] 1618년 필립 3세(Philip III) 왕은 교황을 설득하여 테레사를 스페인의 공동 수호신으로 명명했다. 교황 우르바노 8세(Urban VIII)는 스페인의 격렬한 반대에 놀랐지만, 필립 4세(Philip IV)의 장관인 올리바레스(Olivares) 백작과 같은 힘 있는 인물의 지속적인 지원을 놓치지 않았고, 1630년에 공동 수호성인의 인정이 지역적 선택이라는 협상에 타협했다. '십자가의 요한'의 시성식은 더욱 논쟁적으로 남아 있었다. 1726년까지 그는 공식적으로 교회의 성인으로 선포되지 않았다.

3. 세계선교로서 반종교개혁

종교개혁 개신교들은 유럽의 경계 밖에서 선교사역을 거의 하지 않았다. 16세기의 개혁파 개신교들은 여전히 가톨릭에 대항해서 자신들의 입지를 위해 싸우기 바빴고, 그들 사이에서 자신의 정체성을 세우기 위해 싸우는데 열중했다. 심지어 17세기에도 계속되는 문제로 로마 가톨릭 선교를 모방하려는 그들의 노력에는 한계가 있었고, 18세기까지도 개신교 선교사역의 핵심적인 힘은 나타나지 않았다(17장, p. 892). 그 사이에 반종교개혁 가톨릭은 스페인과 포르투갈 제국을 매개로 아메리카와 아시아에서 선교사역을 진행하였는데, 늘 성공적이지는 않았지만 괄목할만하게 선교사역을 추진할 수 있었다. 트리엔트공의회는 새로워진 가톨릭교회의 세계선교에 대해 어떠한 공식적인 언급을 하지

---

55) A. Weber, 'Spiritual administration', op. cit., 143; Hardy, *John of the Cross*, pp. 102-5.

56) J. M Boyden, 'The worst death becomes a good death: the passion of Don Rodrigo Calderón', in Gordon and Marshall (eds), *Place of the Dead*, pp. 240-65, 264 에서.

않았다. 그러나 이 선교활동은 남유럽 가톨릭의 가장 특별한 특징 중의 하나로써, 로마 가톨릭을 서양기독교에서 가장 큰 단체로 만들었다. 그리고 기독교를 모든 대륙에 전파하고, 스페인어와 포르투갈어를 현대 영어에 필적할 만한 서양의 표준 의사소통 언어로 발전시키려는 노력을 기울였다.

가톨릭 세계선교가 반세기를 넘어 많은 활동을 하고 있었기 때문에 트리엔트가 침묵을 지키는 것은 더욱 놀라운 사실이었다. 이는 트리엔트 사제들이 참석했던 회기중에는 실제적인 문제로 제기 되지 않았던 공격적인 칼빈주의(militant Calvinism)에 대한 공의회의 침묵과는 다른 것이었다. 위원회는 바로 앞에 놓인 일의 핵심을 놓치는 개인적인 경향을 더 많이 가지는 추세가 있었다. 그러나 로마가 선교에 대해서 할 수 있는 일이 거의 없었다는 것은 주목할 만하다. 세기 초에 교황은 스페인 왕의 보호(Patronato)와 포르투갈 왕의 보호(Padroado)를 통해 국외 제국들에 있는 가톨릭 활동의 통제를 양도했다. 포르투갈이 1540년에 리스본에 본부를 세우고, 2년 후 코임브라(Coimbra)의 대학 도시에 왕실의 장려로 선교사 훈련을 위해 예수회 대학을 세운 로욜라의 이그나티우스가 초창기 사회의 노력에 집중했던 첫 왕국들 중 하나였다는 것은 우연의 일치가 아니었다. 포르투갈을 기초로 한 '신세계' 선교는 이그나티우스의 실패한 성지(Holy Land) 계획들을 보상하려고 했다.

아프리카, 아시아, 브라질에 있는 포르투갈 영내에서 예수회가 급속하게 초기 유익의 여세를 몰기 시작했던 반면, 세기 중반의 스페인 종교재판의 어려움으로 인해(5장, p. 318; 6장, p. 410) 중앙아메리카와 남아메리카의 광대한 스페인 제국의 건설은 비교적 늦어졌다. 예수회는 1560년대와 1570년대에 도착하기 시작했고, 시기적 패턴은 프란시스코와 도미니크 선교사들에 의해서 이미 잘 정립되었다(Fig. 6. p. 442 참조). 수도사들은 새로운 선교신학을 받아들이도록 강요받았다. 14세기에 가톨릭 기독교에 대한 리투아니아의 항복은 특별한 예외였고, 여러 세기 동안 이베리아 반도 외부에서 서양기독교 활동의 어떠한 부분에서도 특징이 되지는 못했다. 자신들이 가지고 있던 압도적인 군사력 덕택에 1550년까지 약 1,000만 명이 아메리카에서 기독교인으로 세례를 받았다.[57] 중앙아메리카에서 이것은 이전 수도사들과 강력하게 협력했던 기독교 정부와 사회 구조의 말살에 의해 성취되었다. 교회가 후기 로마와 초기 중세 유럽에서 행했던 것처럼, 그들은 가지각색의 주요한 이전 기독교 성지(pre-Christian sites)를

---

57) Bireely, *Refreshing*, p. 147.

취했고, 주요 교회들을 세워서 그들을 무력화시키거나 개종시켰다. 그러나 교회 중심의 선교정책은 마을과 도시외곽 지역에 대해 새로운 형식인 개척을 시도했다. 즉 이는 중앙아메리카의 지도를 새롭게 그린 것이었다. 스페인 사람들은 경작이 가능한 유용한 땅을 많이 가졌다. 그러나 유럽인들에 의해 유입된 질병들이 인디오들의 인구를 잔인하게 축소시켰기 때문에, 원주민들에게 분배되어야 할 많은 양이 남아 있었다.[58]

또한 수도사들이 어떻게 그렇게 즉각적으로 '신세계'에서 스페인 군사의 급속한 점령방식에 대해 심각한 논쟁을 유발시켰는지를 우리는 이미 보았다. 즉 점령과 식민지 신화의 권리에 대한 끊임없는 의문 때문에, 스페인 제국이 역사 속의 유사한 거대한 영토 확장과 같지 않다는 것은 옳은 표현이었다.[59] 그러나 기독교가 새로운 식민지에서 형태를 갖추어 가면서, 가장 많이 고려된 원주민 인디오들의 복지와 보호를 위해서 이베리아의 독점적 기독교 문화의 태도를 가져왔다는 것은 거의 놀랄 일이 아니었다. 즉 스페인에서 일어났던 것과 같이 '신세계'에서 경쟁 종교들이 생존할 공간은 더 이상 없었다. 1493년에 신학자 프란시스코 데 빅토리아(Francisco de Victoria)와 같은 도미니크수도사들은 교황의 '신세계' 정복을 승인하는 현세적 권리를 부정하였고, 그 이래로 그들은 기독교 복음의 전파와 사탄의 척결이라는 명목하에 교황이 행해온 일들에 대해서 이론적인 설명을 강조하는 것에 치우쳤다. 이베리아에서 온 프란시스코수도사들은 특히 1500년 경의 남유럽에 편만했던 프란시스코수도회의 천년왕국 사상에 의해 영향을 받았다. 그들은 그들이 세상의 마지막 때에 살고 있다고 믿었다. 그래서 복음을 새로운 사람들에게 전하는 과제는 그들에게 필사적으로 긴급한 일이었다. 다른 세계의 신앙과 공존하는 장기 전략을 발전시키려는 기독교를 위해 필요했던 어떤 사상보다도 그들의 마음으로부터 멀리 떨어진 것은 없었다.[60]

도착한 성직자들은 중앙아메리카 아즈텍 종교에서 기독교 관습과 호기심 어린 유사점들을 찾았는데, 예를 들어 명백한 십자가 표시 또는 하나님의 동정녀 탄생 신앙이 있었다. 이미 토착화된 종교에 대해 그들에게 친근한 감정으로 영

---

58) Cf. eg. J. A Licate, *Creation of a Mexican Landscape: territorial organization and settlement in the Eastern Puebla basin*, 1520–1605 (Chicago, 1981).

59) Cf. the remarks of F. Cervantes, reviewing L. N River, *A Violent Evangelism: the political and religious conquest of the Americas* (Louisville, KY, 1992), *JEH* 45 (1994), 509; 또한 2장, pp. 118-22를 보라.

60) C. R. Boxer, *The Church Militant and Iberian expansion, 1440–1770* (Baltimore, 1978), p. 113.

감을 줄 수는 없었다. 즉 사탄이 하나님의 즉각적인 재림에 대항해 싸웠던 것처럼, 이러한 것들은 하나님의 교회를 조롱하고 기만하려는 사탄의 고안들이었다.[61] 그들의 태도는 1530년대부터 확고해졌다. 1541년과 1546년에 유카탄(Yucatan), 마야(Maya) 주민의 주요 폭동은 가톨릭을 포함하여 스페인의 모든 것을 향한 것이었다. 그들은 스페인 정착 주민에게 야만적인 보복 공격을 하였다. 그리고 자연스럽게 동일한 잔인성으로 억압을 받았다. 1562년에 유카탄에 있던 프란시스코선교사들은 그들 중의 어떤 회심자들이 정복되기 이전의 종교적 의식을 비밀리에 지속하고 있었다는 것을 발견했다. 그들은 들키지 않고 공식적으로 옛 신들을 섬기기 위해서 십자가 옆에 신들의 형상들을 묻어 놓았다는 것을 알게 되었고, 이는 충분히 좋지 않은 상황이었다. 또한 프란시스코수도사들에게 의구심을 갖게 했던 어떤 사람들은 기독교의 엄숙한 고난주간 동안에 무대에 오른 십자가형을 포함한 인간 희생제사의 풍자적인 신성모독의 경우들도 보고했다. 프란시스코 대교구의 디에고 데 란다(Diego de Landa)는 인디오 주민들을 잔인하게 고문하고 심문했던 지역 종교재판소를 설립했다. 무서운 열정을 가진 신임 주교 데 란다는 돌연 모든 권한과 지위로부터 물러났고, 잔혹 행위를 멈췄다. 그러나 인디오들은 이미 그들의 저항에 대한 두려운 값을 치른 상태였다.[62]

 장기적인 관점에서 그러한 실망스러운 효과는 인디오들에게 파송되도록 준비되어 있던 스페인 성직자들의 신뢰도를 극단적으로 제한하였다. 인디오들은 결코 사제들과 같이 주된 일을 감당하지는 못했지만, 전도사, 지휘자, 악기를 다루는 사람은 될 수 있었다. 중남미의 스페인 정복지역에서 교회는 1555년에 첫 번째 교구회의를 열었다. 이 공의회는 인디오나 혼혈인(메스티조[Mestizos]) 또는 아프리카로부터 도착하기 시작했던 노예들을 성직자로 안수하는 일에 대해서 분명하게 금지했다. 1568년 남아메리카 서쪽 해안의 리마(Lima)의 교구회의도 유사한 금지를 선택했다. 스페인 치하의 사람들에게 의식적으로 비기독교적 종교의식이 오랫동안 금지된 시기에 상당히 많은 수의 인디오들이 성직자가 되었던 것은 18세기 말의 일이었다.[63] 인디오들이 미사에서 성찬에 참여하

---

61) R. Richard, *The Spiritual Conquest of Mexico: an essay on the Apostolate and Evangelising methods of the Mendicant Orders in New Spain*, 1523-1572 (Berkeley CA, 1996), pp. 31-6.
62) I. Clendinnen, *Ambivalent Conquests: Maya and Spaniard in Ycatan*, 1517-1570 (Cambridge, 1987), pp. 40-1, 72-109; Richard, *Spiritual Conquest of Mexico*, pp. 254-5.
63) Bireely, *Refashioning*, pp. 153-4, 158.

는 것이 금지되었는지 아닌지에 대한 심각한 논쟁들이 16세기에 있었다. 무엇보다도 유럽 평신도들은 일 년에 한 번만 행했고, 이러한 사람들은 완전한 기독교인으로 고려되지 않았다.[64] 남아메리카에서는 우선적으로 포르투갈령 브라질에서 그리고 이후에는 남서 스페인령에서 예수회들은 그들이 사냥해온 인디오 개종자들을 다른 식민지들의 탐욕과 착취로부터 보호하기 위해 대규모 정착촌을 만들고, 그들을 마치 어린아이처럼 다루었다. 그러나 이들은 항상 자비로운 유럽 주도의 소유지인 '정착지'(Reductions)에 있어야 했다. 예수회가 1767년 이후 강제적으로 아메리카로부터 쫓겨났을 때, 그들은 리더십의 경험이 없는 인디오를 남겨두었다. 그리고 정성스럽게 구성된 인디오 공동체인 정착지들은 빠르게 무너졌다.

문화 제국주의의 구조에서 교회는 살아남도록 허락된 원주민 문화의 요소들과 기독교 사이의 놀라운 정도의 통합을 이루었다. 특히 수도사들과 예수회는 인디오들에게 스페인어를 가르치면서 발생할 수 있는 불건전한 영향들 때문에 개방하기를 꺼렸고, 자연스럽게 그곳의 언어로 작업을 했다. 지역 언어를 사용하려는 그들의 생각은 자국어에 대한 개신교 종교개혁의 주장과는 전적으로 다른 우선순위에서 기인했다. 개신교도들도 자국어 성경을 요구했을 것이다. 그러나 트리엔트적 가톨릭에게 자국어 설교도 성례적 고해의 비밀을 보호할 필요가 있을 만큼 문제가 많지는 않았다. 만약 사제가 통역자를 통해 고해자의 고백을 들었다면 많은 사람들이 성례를 조롱하는 것으로 느꼈을 것이다. 선교사들이 자국어 활동을 발전시켜 나갔고, 이러한 과정에서 문제를 단순화, 통합하기 위해 중앙아메리카의 예전 공통언어인 나와틀어(Nahuatle)와 같은 특정 언어를 선택해 특권을 주는 경향이 있었다. 기독교를 받아들이기 이전의 개념에서 더 나아간 의식 또는 비예전적인 지역 혼합주의를 피하기 위해 선교사들은 라틴어 신학용어를 원주민 언어 안으로 들여왔다.[65]

무엇보다 선교사들은 정신적 충격과 빈번한 침략의 공포에 쌓여 있는 원주민들에게 새로운 종교 안에는 기쁨과 찬양이 있다는 것을 보여주어야 한다는 사실을 깨달았다. 프란시스 사비에르(Francis Xavier)가 인도 선교에서 신조를 시로 암송할 수 있도록 했던 것처럼, 선교사들은 자주 교리문답을 노래로 만들었다. 그리고 교회음악의 활기찬 토착 전통은 이러한 주도로부터 기인했다. 또

---

64) Richard, *Spiritual Conquest of Mexico*, pp. 122-3.
65) Ibid., pp. 49-50.

한 많은 성직자들은 심지어 인디오가 교회건물 안에서 춤을 추는 것도 격려하였다.[66] 이베리아 식민지의 지도는 새로운 교회 숲으로 덮였다. 그리고 외향성이 강한 발전된 반종교개혁의 예술과 건축물은 가톨릭 세계에서 가장 호화로운 기념물을 만들어내기 위해, 인디오 원주민들의 예술적 전통들을 매우 반갑게 융합시켰다. 가톨릭교회의 축제일은 새로운 정복자들의 통치의 상징에서 시작되었다. 그러나 이 축제는 공동체의 축제로서, 즉 모든 주민들의 기쁨과 두려움 안으로 동화되었고, 지역적 목적으로 전유되었다. 정복 이전의 독재자 피사로(Pizarro)의 정복 여파가 여전했던 페루에서는 잉카 귀족들의 딸들이 크리올(creole, 아마도 순수한 스페인 혈통의 사람들)이었던 수녀들로부터 양질의 스페인 교육을 받을 수 있도록 그들을 수도원학교로 보냈다. 그러나 그들은 성체축일(Corpus Christi day)때, 토착 안데스 사회의 지속적인 특권 위치를 강조하기 위해 귀족들은 안데스 의상과 기장을 자랑스럽게 입고 성체 행렬에 참여했다.[67]

아메리카에서 스페인 복음주의의 오랜 성공은 남유럽 문화를 인디오 문화와 연결했을 뿐만 아니라, 가톨릭교회를 인디오 문화의 필수적인 부분으로 만들었다. 멕시코에서는 과달루페(Guadalupe)의 동정녀로 인해 이것이 국가적 정체성의 중심적 역할에 의해 상징되었다. 이러한 성모 마리아의 환영은 후안 디에고(Juan Diego)라는 스페인 이름을 가진 아즈텍(Aztec) 회심자에 의해 경험되었던 것으로 알려져 있다. 디에고가 그의 주교 앞에서 성모 마리아 현현의 진실을 확고히 했을 때, 마리아의 형상이 신비하게도 그가 입고 있던 망토에 선명하게 나타났다. 그가 입고 있던 망토와 그려진 형상은 과달루페 이달고(Guadalupe Hidalgo)의 성지에서 대단한 숭배의 대상으로 남아 있다. 이 사건은 1531년에 발생했다고 한다. 그러나 전통적인 기록 형식에서는 1648년의 미겔 산체스 신부(Fr. Miguel Sánchez)보다 이른 사건의 출처를 조사할 수가 없다. 하지만 그것은 구아달루프 숭배에 그다지 문제가 되지 않았다. 이는 옛 중앙아메리카 문화와 새로운 문화를 신적 모성의 공통적인 확신으로 완벽하게 연합시켰다. 바로 이 과달루페는 그 이름이 아랍-스페인 그리고 그곳에 있는 마리아 성전(shrine)으로부터 온 것이었다. 그러나 이러한 특별한 신적 호의의 표가 나타났던 것은 인디오들을 위한 것이었다. 기적에 대한 가장 최근의 연구는 또한 산체스의 업적에 주의를 끈다. 그가 열정적으로 사랑했던 사람들의 풍경에서 발견된 신성과 영광을

---

66) Ibid., pp. 183-7.
67) K. Burns, *Colonial Habits: convents and the spiritual economy of Cuzco*, Peru (Durham NC, 1999), pp. 2-31, 27-37, 80, 113.

조명하기 위해, 산체스는 히포의 어거스틴(Augustine of Hippo)의 성경주석과 8세기 동방 신학자 다마섹의 존(John Damascene)을 기초로 과달루페 기적에 대한 명상을 그려냈다. 그가 또한 멕시코 사제의 형상을 불태웠던 것은 루터와 칼빈의 종교개혁의 기초였던 어거스틴의 다방면한 유산에 대한 특별한 찬사의 표현이었다. 그러한 종합은 그 자체로 창조적인 조합과 인간 상상력의 기적적인 승리로 취급되었다.[68]

남아메리카와 중앙아메리카 기독교는 스페인과 포르투갈의 식민정부의 공식적인 후원에 의지한 반면(식민지 관리들의 백한 가지의 다른 고민들을 조건으로), 아시아와 아프리카에서는 사뭇 달랐다. 여기서 포르투갈은 유럽 가톨릭의 주요 세력이었다. 그리고 심지어 스페인의 필립 2세가 1580년에 포르투갈의 왕좌에 오른 후에, 포르투갈 식민지 영토의 약화는 특히 인도와 중국를 통치했던 강력한 원주민 제국들에 대항하는 기독교에게 어떤 군사적 지원이 없었거나 혹은 거의 없었다는 것을 의미한다. 더욱이 포르투갈 정부가 특별히 고아(Goa)에 있는 인도 요새 본부에 의해 실제적인 지배를 받았던 작은 영토들에서, 파드로아도(Padroado)에 있는 교황(고아의 총주교는 태평양 주변에 있는 모든 가톨릭교회들의 대주교였다)에 의해 허가된 것처럼, 그들은 포르투갈 문화의 탁월성과 포르투갈 교회 관할권에 대해 주장하였고, 상황은 설상가상이었다. 그들은 자주 포르투갈을 넘어 유럽의 영역에서 온 선교사들을 시샘하고 방해하였다.

이러한 불편한 분위기의 포르투칼 영역에서 벗어나 있던 지역에서, 가톨릭 선교는 이전에 동방기독교가 성공을 거둔 선교사역이 점차 축소됨에 따라 그 전략을 달리해야만 했다. 단지 필립 2세 왕을 따라 이름이 붙여진 필리핀 섬에서만, 기독교는 종국적으로 아시아의 많은 주민들 사이에서 실질적인 발판을 유지했다. 그러나 이러한 예외적인 이유가 규율이 되었다. 아메리카에서처럼 교회 선교를 주도했던 어거스틴수도사들은 식민지 정부로부터 실제적인 군사력의 후원을 의지할 수 있었다. 스페인-아메리카 경험에 대한 유비적인 필리핀을 조망하고, 첫째로 기이한 관점을 보인 연결에서, 태평양을 넘어 수천 마일 떨어진 뉴스페인(멕시코)의 필리핀 마닐라의 주교관구는 총주교관구 지역으로 분류되었다. 왜냐하면 마드리드에 있는 본국 정부와의 연결고리들은 대부분 아메리카로 통해 있었기 때문이다.

강력한 군사 지원 없이 기독교의 메시지를 나타내는 것은 선교사 사제에게

---

68) D. Brading, *Our Lady of Guadalupe, Image and Tradition* 1531-2000 (Cambridge, 2001), pp. 58-70, 361-8.

상당한 문제들을 제기했다. 예수회 회원이거나 다양한 수도회 소속 신부들은 오래되고 미묘한 문화적 차이와 자만이 가득한 서양 사람들의 가치를 그들에게 과연 가르칠 수 있겠는가에 깊은 회의를 느낀 아시아 사람들을 항상 접했다. 새로 들어온 기독교인들과 네스토리우스-시리아 뿌리를 갖고 있는 인도의 작은 고대 기독교 교회 사이의 극단적인 관계를 무슬림 통치자들과 인도 아(亞)대륙(Indian sub-continent)의 힌두교 엘리트들은 풍자적인 관점에서 숙고할 수 있었다. 그들이 분열과 이단들로 여겼던 기독교인들을 향한 포르투갈의 경멸과 방해 그리고 이러한 교회들에서 불러일으켰던 분열과 논쟁들은 기독교인의 형제애에 깊은 인상을 주지 않았다. 가톨릭 성직자들은 시리아 기독교인들과 다르게, 처음에는 인도에서 지속적으로 발생하는 문제들에 대해 감사하지 않았다. 기독교로 개종한 힌두교들은 자동적으로 카스트 계급을 잃어버렸다. 선교사들의 초기 주요 성공들이 카스트 제도에서 가장 낮은 사람들과 함께 한 것이었다는 것은 놀라운 일이 아니었다. 주앙 데 크루즈(João de Cruz)는 1513년에 리스본에서 기독교로 개종했던 힌두교 상인이었다. 흔들리는 재정을 회복하려 했던 그의 노력은 남인도의 피셔해안(Fisher Coast)에서 상업을 시작하도록 했다. 그곳은 지역 통치자에 대한 필사적인 반항 후에 아라비아 상인들의 동맹에 의해 몰살을 경험했던 매우 가난한 진주조개잡이(파라바족[Paravas])의 불행에 의해서 감동을 받았던 곳이었다. 그는 파라바족에게 그들의 구원의 한 희망은 포르투갈의 보호를 요청하는 것이라고 조언했다. 이는 기독교를 반드시 수용하는 것을 의미했다. 결과적으로 20,000명의 파라바족이 세례를 받았다고 알려진다.[69]

그러나 내부 거주자로서 아대륙을 알았던 사람에 의한 이러한 주도는 예외적이었다. 예수회는 1542년에 프란시스 사비에르의 놀라운 아시아 선교 시작 10년 후에 그들의 세력을 쌓아올리기 시작했다. 그후에 유럽인 선교사들은 인도의 문화, 언어 그리고 문학을 이해하려고 노력하기 시작했다(비록 사비에르가 또한 고아에 있는 수도에 포르투갈 왕실 교회재판소의 도입을 권고한 것에 대해 책임이 있다고 말해야 했지만).[70] 당시 수도사들이 개척했던 아메리카에서 이베리아식 선교와는 전혀 다른 아주 색다른 새로운 사고방식이 예수회 사이에서 나타났다. 이 사고방식은 다른 세계의 신앙 안에서도 하나님의 목적의 가치와 반영됨을 알아낼 수 있다는 것이었다. 가장 흥미롭고도 지루한 경험은 이탈리아 예수회인 로버트 드 노빌리(Robert de Nobili)에 의해 남인도에서 만들어졌다. 그는 높은

---

69) P. K. Thomas, *Christians and Christianity in India* (London, 1954), pp. 51-4.
70) J. Brodrick, *Saint Francis Xavier* (1506-1552)(London, 1952), pp. 239-40.

카스트 계급의 인도사람으로서 인도 성직계급과 동일한 방식으로 사역하고, 옷을 입는 논리적이지만 전례 없는 행보를 취했다. 적당한 언어에 능통한 그는 그가 파란지(Parangi, 포르투갈 사람)가 아니었다고 설교했던 사람들을 지적하는 일을 조심스럽게 수행했다. 포르투갈 정부는 노빌리의 사역에 강력하게 반대했다. 그러나 1623년 로마는 그에 대한 소송에서 결국에는 지게 되었다. 유럽으로 보내진 이러한 논쟁 과정의 보고들은 힌두교와 불교에 대해 조심스러웠던 초기 서양 유럽 사람들의 설명에서 나타난다. 남인도의 타밀(Tamil)국에서 기독교가 거두었던 성공이 무엇이었든지 그것은 전적으로 노빌리와 그의 이탈리아 계승자들 때문이었다. 그러나 심각한 무슬림의 핍박과 1733년부터 시작된 유럽의 높은 정치적 배경의 결과인 예수회의 공식적인 억압으로부터 그들의 사역은 18세기 동안 계속해서 고통을 받았다.[71]

포르투갈은 그곳에서 충분치 않은 세력을 가졌지만, 중국의 경우는 인도의 경험과 특징을 공유했다. 중국 사람들은 외국과의 대규모 접촉에 특별한 관심이 없었다. 심지어 상업에서조차도 관심이 없었다. 그리고 그들은 포르투갈이 군사력으로 마카오의 작은 무역 식민지와 고아에서 자행했던 무자비한 전향 방식들을 수용하도록 준비하지 않았다. 평소의 유연성과 상상력을 가지고 예수회들은 재빠르게 선교사들이 스스로 중국의 관습들을 수용해야 한다고 결론지었다. 그러나 불교 승려가 중국에서 주요 인물들로부터 거의 존경받지 못한다는 것을 깨닫지 못하고, 그들의 첫 번째 위대한 선교사 이탈리아의 마테오 리치(Matteo Ricci)는 불교 승려의 옷을 입고 1582년에 도착할 만큼 그 나라에 대해 무지했다. 예수회는 실수를 깨닫고, 유학자들처럼 옷을 입기 시작했다. 그리고 학자를 깊이 존경하는 문화 안에서 배움이 존중받을 만한 가치가 있다는 것을 보여주기로 결정했다. 그 속에서 그들은 수십 년 전에 유럽에 세워진 대학들과 교육적 경험과 관련된 정보망의 유익을 얻었다. 중국의 상류층은 실제로 수학, 천문학 그리고 지리학에 대한 예수회의 지식에 인상을 받았다. 그리고 예수회는 전문가의 기술을 통해 황실에서 존경받는 위치에 올랐고, 황실 달력을 개혁하는 책임을 얻었다.[72]

그러나 인도에서처럼 부족한 돈과 재원 그리고 선교사들 앞에 놓인 단순

---

71) V. Cronin, *A Pearl to India: the life of Roberto de Nobili* (London, 1959).

72) K. S. Latourette, *A History of the Expansion of Christianity* (7 Vols, London, 1938-47), iii, pp. 336-66. J. D. Spence, *The Memory Palace of Matteo Ricci* (London, 1984)은 리치의 심리상태(mentalité)를 조망한다.

한 규모의 과제는 그들의 효과가 중국에게 그리 강하지 않았다는 것을 의미했다. 17세기 말 중국 선교가 성공의 정점에 이르렀을 때 신봉자들은 아마도 100만 명의 4분의 1정도였지만, 그 당시에 그들을 섬겼던 사제들은 75명에 불과했다.[73] 설상가상으로, 고아와 마카오(Macau)에서 포르투갈 정부는 포르투갈 사람들이 아닌, 중국에서 사역하는 예수회의 대다수를 의심했다. 도미니크수도사들과 프란시스코수도사들이 1630년대 필리핀에서 출발하여 중국에 도착했을 때, 수도사들은 그들의 종교적 라이벌에게 심각한 공격을 시작했다. 그리고 선교 정책에 대한 주요 문제들을 일으켰다. 아메리카의 배경과 이전 종교와의 전체적인 대결의 배경으로부터 온 수도사들은 중국인들의 삶의 방식에 대한 그들의 태도, 특히 유교와 가족 숭배에 대한 전통적 의식에서 예수회와 맹렬하게 불일치했다. 이들은 심지어 죽은 황제들은 지옥에서 불타고 있다고 공식적으로 주장했다. 그리고 예수회에 대한 불평을 로마에서까지 나타냈고, 오랜 싸움 끝에 1704년과 1715년에 연이은 교황들로부터 중국 의식에 대한 저주를 얻어냈다. 이후 다른 문화를 그 자체로 이해하고 수용하려는 서양기독교의 우선된 주요 노력들이 상대적인 실패로 끝났다는 것은 놀라운 일이 아니었다.

일본에서 기독교인 사역은 가장 극단적인 이야기였다. 아시아와 아프리카에서 포르투갈 진영에서 시작된 선교의 가장 눈부신 성공은 거의 전체적인 패배로 이어졌다.[74] 로욜라의 친구인 프란시스 사비에르와 그의 동료 예수회들은 첫 포르투갈 사람이 일본에 도착한지 7년 만인 1549년에 도착했다. 그리고 예수회는 일본 선교를 지속적으로 압도하려고 하였다. 예수회는 신속한 결과를 얻었다. 일본 사람을 만나려는 단호하고 창의적인 그들만의 노력으로, 그 세기 말에 아마도 30만 명의 기독교 개종자들이 일본에 있었을 것이다. 처음부터 예수회는 일본 문화를 심각하게 받아들였다. "이 일본 사람들은 세상의 다른 모든 나라보다 우리의 거룩한 신앙을 받아들일 준비가 되어있다"고 사비에르는 확신했다. 그리고 그는 선교에 대해 저지대국가들과 독일로부터 많은 예수회 회원들을 활용하도록 추천했는데, 이는 그들이 추운 기후에 익숙하였고 더욱 효과적으로 사역할 수 있었기 때문이었다.[75] 이탈리아 예수회인 알레산드로 발

---

73) Latourette, *History of the Expansion of Christianity*, iii, pp. 344, 348.
74) 가장 단순한 선교의 근거는 C. R Boxer, *The Christian Century in Japan*, 1549-1650 (Berkeley CA, 1967).
75) G. Schurhammer, *Francis Xavier: his life, his times* (4 vols, Rome, 1973-82), iv, pp. 269, 440, 447, 547, 555.

리냐노(Alessandro Valignano)는 새로운 원주민 성직자를 세우는 것을 예상하였다. 그리고 포르투갈인 예수회 회원 가스파르 코엘류(Gaspar Coelho)는 일본 사회에서 존경을 받았던 귀족들과 사무라이의 자녀들에 대한 특별한 집중으로 1590년까지 예수회를 위한 70명의 초신자를 보충하는 데 적극적이었다. 그러나 그의 동료들은 이 일에 대해 더욱 신중하게 느꼈고, 그의 시작을 보류시켰다.[76]

이러한 특별한 성공의 배경은 포르투갈의 무역정책과 일본의 내부적 문제 모두에서의 치명적인 정치적 혼선이었다. 포르투갈의 무역은 해마다 금궤와 명품 무역을 거래하던 소위 '거선'(Great Ship)에 의해 주도되었다. 예수회가 이 배에 투자를 했던 목적은 매우 비싼 선교를 지원하기 위해서 뿐만 아니라, 가능한 많은 일본 항구를 여행하여 일본인들의 기독교에 대한 관심을 독려하기 위해서였다. 선교사와 상인들이 도착할 때는 시의적절하게도 일본의 경쟁관계의 봉건영주들(feudal lords) 사이에서 분열이 발생한 때였다. 이들 중 많은 사람들이 기독교를 포르투갈 무역을 유치하고, 자신들의 정치적 목적을 촉진시키는 유용한 도구로 보았다. 특히 처음부터 선교사들을 독려했던 유력한 도쿠가와(Tokugawa) 가문이 대표적인 예이다. 1600년대 즈음에 도쿠가와는 그들의 모든 정치적 경쟁자들을 제거했다. 그리고 기독교를 편리하지만, 귀찮고 심지어 위협적인 존재로 보기 시작했다. 여기에 대해 그들은 몇 가지의 이유를 가지고 있었는데, 그것은 어거스틴수도사들의 선교 활동이 필립 왕의 선박들과 군사들의 도착에 선행했기 때문에 필리핀이 비교적 쉽게 스페인 왕실 지배 아래로 들어갔다는 것이었다.

1593년 프란시스코수도사들이 선교사 주둔을 확립하기 위해 일본에 도착했을 때, 선교에 대한 문제는 더욱 악화되었다. 이들은 스페인 제국의 선교사 전제 조건을 사용하곤 했다. 중국에서 예수회와 수도사들 사이에 발전되었던 논쟁들과 병행하여, 그들은 일본 문화에 대해 공격적으로 부정적인 입장을 나타냈다. 이런 태도는 대다수의 선교사들을 십자가형으로 죽게 하였다. 17세기 초에 도쿠가와는 엄격하게 통제된 교역소만을 제외하고, 일본에서 유럽 사람들을 축출했다. 그들은 기독교 역사상 가장 잔혹했던 핍박 중의 하나를 시작했다. 그리고 동아시아에서 포르투갈 세력을 파괴시키는 일을 잘 감당하고 있던 개신교 네덜란드로부터, 그들의 일본인 기독교인들을 향한 탄압은 무력적 원조를 받았다. 그리고 예수회와 수도사들에 대항하는 운동에 대해 유감을 거의

---

76) Boxer, *The Christian Century in Japan*, pp. 72-83, 89.

가지지 않았다. 원주민 신자들의 영웅적 행위에도 불구하고, 일본에서 교회는 작아지고, 부분적으로 교육받은 남은 자들로 감소하였다. 그래서 1850년대 이후에 이 나라에 대한 자유로운 접근을 보장하려는 유럽인들의 군사력 사용 때까지, 2세기가 넘는 동안 비밀스러운 존재로 남기 위해 노력했고, 놀랍게도 재발견되었다. 일본인의 박해는 순교자의 피가 교회의 씨앗이라는 옛 사상에 대한 지속적인 논쟁거리이다.[77]

아프리카에서 기독교 선교는 이처럼 포르투갈의 무역소와 국지적 권력과의 접촉에 기초되었다. 그리고 비록 일본 선교를 무력하게 했던 것과 같은 충격적인 전환점은 없었지만, 일본 선교와 같이 지역 엘리트들 사이에서 성공을 거두었다. 성직자 인력의 만성적인 부족에 의해서 원주민 성직자를 재촉하여 만들려 했던 노력들도 있었다. 그러나 아프리카에서 선교에 대한 다른 치명적인 결함이 존재했는데, 이는 아메리카 식민 제국들과 아프리카 해안의 포르투갈 세력의 해상 전초기지 사이에서 대서양을 건너 끔찍한 결과를 낳았던 포르투갈 노예 무역과의 연계였다. 수백만 명의 남자와 여자 그리고 아이들이 지역 통치자들의 중계를 통해 아프리카에서 붙잡히고, 아메리카 식민지들의 경제를 유지하기 위해 대서양을 건너 포르투갈 항을 통해 외국으로 보내졌다. 그들은 이베리아의 아메리카 제국들의 극단적인 변화무쌍함(kaleidoscope)에 대한 제3의 요소를 소개했다. 브라질에서 포르투갈에 데려온 노예 수는 노예 무역 비중이 가장 큰 세 나라중에서 가장 큰 규모인 350만이나 되었다. 그러나 16세기 후반부터 포르투갈은 (원하지 않게) 잉글랜드와 네덜란드와 이러한 무역을 공유했다. 그리고 수십만의 노예들은 북아메리카에 있는 새로운 개신교 식민도시로 이주되었다.[78] 스페인 사람들은 무역 운송에 능동적으로 포함되지 못했으나, 그들의 식민지는 무역 운송 없이는 생존할 수 없었다. 우리가 앞서 바르톨로메 데 라스 카사스(Bartolomé de las Casas)의 열정논객의 토론에서 침울하게 주목했던 것처럼(2장, pp. 67-68), 아프리카 노예의 수출은 부분적으로 인디오 주민을 식민지 사람들의 착취로부터 보호한다는 취지에서였다.

그들의 사업이 도덕적 재난을 불러일으킨 것을 많은 성직자가 본 것은 아니었다. 맥시코시티대학에 근거지를 둔 프란시스코수도사 바르톨로메 데 알보

---

77) S. Turnbull, 'Diversity or apostasy? The case of the Japanese "Hidden Christian"', in R. N. Swanson(ed.), *Unity and Diviersity in the Church* (*SCH* 32, 1996), pp. 441-54.
78) Bireely, *Refashioning*, p. 162; 12장, p. 695 를 보라.

르노즈(Bartolomé de Albornoz)는 1571년에 출판된 계약법에 대한 책에서, 빈정거리는 어투로 "나는 그리스도의 법에 따라 영혼의 자유가 노예상태의 몸에 의해서 얻어질 수 있다는 것을 보여줄 수 있다고 믿지 않는다"고 말하였다. 이는 아프리카 사람들이 아메리카로 이주된 것은 이방의 어두움으로부터 구원받기 위해서였다는 공통적인 논쟁을 저주하기 위해 분명한 시각을 가지고 있었다.[79] 그의 말은 큰 반향을 일으키지 못했다. 스페인 통치지역 전체에서 노예들을 위한 입구는 2개뿐이었는데, 성 십자가(True Cross)가 발견되었던 베라 크루츠(Vera Cruz)의 멕시코 항구와 지금의 콜롬비아인 카르타헤나(Cartagena)였다. 대서양을 건너면서 겨우 살아 남아 부두에 새로 도착한 서아프리카 노예들을 목회하고, 세례 주는 일에 최선을 다한 두 독립적인 예수회 신부 알론소 데 산도발(Alonso de Sandoval)과 페드로 클라베르(Pedro Claver)는 공포스러운 조건 가운데 카르타헤나에서 몇 년을 보냈다. 예수회의 사역은 구체적으로 세례를 행할 때 마실 수 있는 많은 물을 확보하는 것이라고 말할 수 있는데, 그것은 절망적인 노예들에게 더 효과적인 기독교 메시지가 되었을 것이다. 이러한 상황에서 그들의 용감한 목회 사역은 정착민들 사이에서 실제로 불만을 야기한 반문화적 행위였다. 그러나 우선적으로 죄(특별히 성적인 죄)의 의미를 서서히 가르쳐 주려는 노력과 그 후에 죄를 뉘우치는 회개는 기묘하게도 서양기독교 문화에 의해 행해진 최대의 공동체적인 죄(communal sin) 중의 하나가 되었다.[80]

이는 예상할 수 있었던 가상의 실패였다. 선교사 성직자는 자주 그들 자신이 노예 상인들이 되었다. 그리고 서아프리카에서 가톨릭교회는 거의 전적으로 노예무역의 이익에 기초해 유지되었다는 것을 이베리아 해외 제국의 위대한 역사가인 찰스 박서(Charles Boxer)는 목격할 수 있었다. 이 때문에 일반적인 선교가 방해되었거나, 원주민이 기독교를 경멸했다는 것은 놀라운 일이 아니었다. 한 세기 반 동안 존재했던 포르투갈의 서아프리카 엘리마의 노예 요새 주둔지는 이론적인 넓은 통치권에도 불구하고, 3, 4개의 이웃마을을 넘어 기독교를 전파하는데 성공하지 못했다. 17세기 포르투갈 제국에 대해 열정적이었던 포르투갈 역사가 카논 마누엘 세베림 데 파리아(Canon Manuel Severim de Faria)는 이를 애석하게 지적했다.[81] 이 이야기는 지역 엘리트가 개종하기로 결정했던 서아프리카

---

79) Bireely, *Refashioning*, p. 162.
80) R. J. Morgan, 'Jesuit confessors, Afrian slaves and the practice of confession in seventeenth century Cartgena', in Lual and Thayer (eds), Penitence, pp. 222-39.
81) C. R. Boxer, *Race relations in the Portuguese Colonial Empire* 1415-1825 (Oxford, 1963), pp. 7-9.

제9장 남쪽: 가톨릭 심장부   577

이 그림은 남아메리카 남부 해안에 있는 가장 큰 도시인 카르타헤나로 아프리카 노예들이 처음 도착한 곳이다. 이 항구는 스페인식으로 된 이층 또는 삼층 집들과 부유한 수도원을 가진 높은 이베리아 문명의 상징이었다. 거기 항구에는 과거에 사용했던 방어출책이 있었는데, 이곳에 도착한 아프리카사람들은 예수회가 베푸는, 시원한 물로 가득찬 세례를 학수고대하고 있었다.

에서도 거의 차이가 없었다. 작은 서아프리카 해안국가인 와리(Warii, 지금의 나이지리아)의 통치자는 거의 두 세기 동안 기독교를 채택했지만, 국민들은 일반적으로 기독교를 받아들이지 않았다. 노예무역은 사랑과 자유를 선포했던 메시지의 대중적 효과를 유감스럽게도 저하시켰다.[82]

포르투갈의 무력적 명령보다 영향력있는 지역의 후원을 받는 가톨릭 기독교를 향한 가장 유망한 지역은 중앙아프리카 대서양의 콩고왕국이었다. 콩고의 통치자 므벰바 느징가(Mvemba Nzinga)는 열렬한 기독교인이 되었고, 안포조 1세(Anfoso I)라는 포르투갈 명칭을 차용했다. 안포조는 이베리아 사제들이 확장된 그의 영토에 들어오길 원했고, 그의 아들 중 한 명은 1518년에 포르투갈에서 주교로 임명되었다. 또한 포르투갈어를 가르치기 위해 학교를 세웠고, 장중한 내륙 성당 도시 사오 살바도르(São Salvador)를 만들어 수도로 지정하였다. 그는 아프리카 교회사에서 가장 위대한 평신도 중의 하나로 불렸다.[83] 18세기 그의 후계자들도 계속하여 공식적으로 가톨릭이었다. 귀족들과 함께 그들은 진정한 원주민 교회를 만들었다. 그러나 이러한 특별한 성공 사례조차도 19세기 유럽 식민주의에 둘러싸인 아프리카의 기독교 경험을 예상하게 한다. 주교들의 약속으로 권리보호를 상징하는 파드로아도를 부여하려 했던 포르투갈 군주들과 콩고의 왕들은 이상하게도 관계를 지속하며 함께 했다. 이는 심하게 원주민 성직자 양성을 제한했던 유럽 성직자들이 들어오는 것을 막는 역할을 했다. 그리고 노예무역과 공식적인 기독교의 혼선에 주의를 끌었다. 이 왕국이 17세기 정치적 혼란으로 추락했을 때, 와해는 가톨릭교회의 조직을 무력하게 했다. 남아 있던 것은 기독교 신앙과 이전의 종교와의 창조적인 대중적 혼합의 다양성이었다. 이는 오늘날의 아프리카 기독교의 현상인 독립교회들의 첫 번째 주요 성장이었다.[84]

에티오피아에는 이미 고대(단성론 또는 콥트) 기독교문화가 있었다. 그 기독교 문화는 이슬람에 대항하는 위대한 협력자 프레스터 존(Prester John)을 만나기 위한 서양 유럽의 헛된 희망들의 궁극적인 근원이었다. 하지만 이 일들은 다른 방향으로 흘러갔다. 1540년대 매우 큰 비용이 든 포르투갈 원정군은 에티오피아 왕국이 이슬람 성전을 파괴하는 것을 도왔다. 그러므로 서양 유럽은 대단

---

82) A. Hastings, *The Church in Africa* 1450-1950 (Oxford, 1994), pp. 119-20.
83) B. Sundkler and C. Steed, *A History of the Church in Africa* (Cambridge, 2000), p. 51.
84) J. K. Thornton, *The Kindgom of Kongo: civil war and transition*, 1641-1718 (Madison, 1983), 특별히 pp. 63-8.

한 친선을 기대했다. 그러나 스코틀랜드인 제임스 브루스(James Bruce)보다 한 세기 반을 앞서 청나일 강(Blue Nile)의 수원을 보았던 첫 번째 유럽 사람들이 되었던 예수회는 열심 있고 영웅적인 방랑에도 불구하고, 후에 이러한 이익을 상실하고 말았다.[85] 동시대 개신교와의 유럽 전투들은 선교의 사각지대를 만들었다. 인도의 네스토리우스파 기독교인들과 마찬가지로 예수회는 힌두교, 신도(Shinto) 또는 유교와 같은 다른 세계의 신앙들보다, 동료 기독교인의 지역 관습에 대해 허용할 준비가 많이 되어 있지 않았다. 또한 돌이킬 수 없는 이베리아 문화전쟁을 회상하게 하였다. 예수회는 안식일 축제, 남성 할례 그리고 돼지고기 금지 등을 유대적 일탈로 보았던 에티오피아정교회를 맹렬히 비난했다. 실제로 에티오피아 사람들은 보복할 만큼 극도로 분노했다. 예수회의 잔인한 추방은 1630년경 사형집행을 뒤따르게 했다.[86]

이러한 상황 가운데서도 예수회 선교사와 수도사들은 몇 번이고 되풀이하여 기독교 메시지를 전파하는데 있어 용감하게 직무를 담당했다. 17세기 초 캐나다의 첫 적대국들로 인해 연장된 고통과 예수회 선교사들의 끔찍한 죽음은 전설이 되었다. 심지어 위태로운 여행은 그 자체로 순교였다. 1581년과 1712년 사이에 중국을 향해 떠난 376명의 예수회 신부들 중 127명은 도착하기 전 바다에서 죽었다.[87] 유럽 사람들이 다양한 문화 수준의 차이를 구분했을 때조차, 선교지 내의 모든 영구적인 문제는 조우하게 된 다른 사람들을 동등한 조건으로 받아들이기를 꺼리는 유럽 사람들 때문이었다. 예수회 신부 호세 다 아코스타(José da Acosta)는 그의 책 『인도인들의 구원 보존에 대해』(On securing the salvation of the Indies, 1588)에서 다양한 그룹의 '야만인들'(barbarians)에 대한 예수회의 다양한 정책들에 대해서 표현했다. 그의 첫 번째 범주는 인도와 동아시아의 위대한 문명들을 품는 것이었다. 그리고 그들의 문화는 존중되어야 했고, 그들은 이성적인 논거에 의해 기독교에 설득될 수 있다는 것을 수용했다. 두 번째 범주는 잉카나 아즈텍과 같은 문화였다. 그는 설명하길 이러한 문화들은 복잡한 정치적 구조를 발전시켰지만 가치 있는 문화는 없었고, 그들의 종교는 인간 희생과 같은 야만적인 특징을 보여준다고 하였다. 그리고 그들은 적당하고 확고한 기독교 정

---

85) 예수회 탐험가 Pedro Páez Xaramillo SJ에 대해서 J. Reverte, *Dios, el Diablo y la Aventura* (Barcelona, 2001) 를 보라.
86) Hastings, *Church in Africa 1450-1950*, pp. 136-60.
87) Boxer, *Church Militant and Iberian expansion*, p. 82; 캐나다에 대하여, cf. e.g. L. Campeau, *La mission des Jésuites chez les Hurons 1634-1650* (Montreal, 1987), Ch. 16, 특별히 pp. 298, 302.

부가 필요하지만, 그들 자신의 생활을 관리하도록 도움을 받아야 한다고 했다. 세번째 범주는 적당한 정부 또는 정착된 삶이 없는 사람들이었다. 이들은 적절한 교육을 통하여 인간처럼 행동하기 전에는 어린아이들처럼 취급되어야 하며, 이들은 남아메리카 '정착지'(Reductions)의 인구를 형성했던 인디오들이라고 하였다.[88]

이러한 태도는 선교사들이 대규모로 또는 자신들과 동등한 권위를 원주민 사제들에게 주는 것을 꺼려하였다는 것을 의미했다. 심지어 예수회들은 아코스타(Acosta) 특권의 우선권을 갖는 문화권의 일본인들 외에는 예수회 회원 자격을 부여하지 않았다. 단 이후에 17세기 몇몇의 중국인과 한국인은 예외적이었다. 포르투갈의 정착에서처럼, 주도권이 다른 영역으로 넘어간 서아프리카와 중앙아프리카에서 원주민 성직자들은 하급자로 취급되었으며, 아주 드물게 주교가 될 수 있었다. 콩고에서 많은 사람들이(일반적으로 엘리트 배경으로부터 온) 무시당하고 유럽 동료들로부터 하찮은 존재로 취급받는 것에 대해 격노했고, 그들은 포르투갈의 지역적 증오를 말하는 데 주요한 힘이 되었다. 아프리카에서의 추가적인 문제는 반종교개혁에서 새롭게 영향력을 가지고 재고된 강제적인 성직 독신주의 규율에 대한 교회의 주장이었다. 독신주의는 대부분의 토착 문화적 사회 관습들에게 극도로 이질적인 것이었다. 유럽에 남아 있던 교회의 토대가 세상에서 부패하게 되었을 때, 교회가 머지않아 곧 사라져가기 시작했다는 것은 놀랄만한 일이 아니었다.

이러한 일은 17, 18세기 후기 아시아와 아프리카에서 많은 가톨릭 선교지역의 경우가 되었다. 그리고 이는 스페인과 포르투갈 제국의 점점 증가되는 약점에 직접적으로 연결되어 있었다. 세계 제국들을 함께 모으려고 했던 비교적 불운했던 이베리아 왕국들에게 이는 우선적으로 놀라운 성취였다. 그러나 그들은 증가하는 문제들에 직면했고, 초기에는 네덜란드 개신교연합주 그리고 이후에는 잉글랜드, 프랑스와 같은 늘어나는 다른 유럽의 권력들로부터 견제되었다. 세력이 가톨릭 남부에서 중부 유럽과 대서양 제도로 옮겨갔고, 그들의 쇠퇴와 함께 가톨릭 선교의 추진력은 큰 좌절로 고통받았다. 우리는 다음 세 개의 장들에서 분파들의 맹렬한 논쟁의 운명들을 다룰 것이다.

---

88) Bireely, *Refashioning*, pp. 148-9.

제 10 장
중부 유럽: 종교 논쟁

　17세기 초까지 유럽의 최남단과 최북단의 운명은 분명하게 로마 가톨릭과 개신교로 각각 특징지어졌다. 물론 프랑스로부터 흑해로 뻗어가는 대륙을 지나는 중앙지역의 광범위한 영토는 예외였다. 중앙지역의 가톨릭과 유럽 남단 사이의 강력한 차이는 사실상 중앙지역에서 종교재판을 소개하거나 지지할 수 없었다는 것이다. 페르디난드(Ferdinand)의 조언자이며, 내지 오스트리아(Inner Austria)의 헌신적인 가톨릭교도 대공(Archduke)인 게오르그 스토바에우스(Georg Stobaeus) 주교는 종교재판을 공국(duchy)으로 들여오려는 교황의 대사의 제안을 빈정거리며 제외시켰다. 그는 종교재판에서 하는 일은 이단을 찾고 수사하는 것이라고 지적했다. 그에게 익숙한 곳에서 그는 아무 것도 조사할 것이 없었다. 왜냐하면 주요 공무원들은 모두 개신교도들이었고, 이단들은 공식적으로 그들의 종교의식을 활기차게 수행하고 있었기 때문이었다.[1] 1618년, 평화가 치명적으로 깨지는 사건이 일어났다. 이 사건은 중부 유럽의 불안정한 종교적, 정치적 상황에서 일어났다. 즉 종교적 균형에 하나 또는 다른 방식을 극적으로 제공하는 양쪽 진영의 목적으로 인해 파괴적인 30년 전쟁이 뒤따랐다. 이 장에서는 30년 전쟁을 배양하고, 중부 유럽과 동유럽 영토들이 시작한 1618년의 위기를 배태한 조건들을 다룰 것이다.

---

1) Pörtner, *Styria*, p. 120.

5. 동부 및 중부 유럽, 1648년

1. 제국과 합스부르크 영토: 파괴된 교회

스페인 통치하에 있던 저지대국가들의 남쪽에서 동쪽으로 카르파티아(Carpathian) 산맥과 발칸반도에 이르는 나라 중에 합스부르크 왕가의 다양한 분가들의 권력의 주장을 무시할 수 있는 중부 유럽의 나라는 거의 없었다. 가장 간단한 결과는 서남단 해안인 로마 가톨릭과 스페인 합스부르크 세력이 유지하고 있던 남쪽 네덜란드에서 나타났다. 그것은 1566년 처음 발생한 이후 30년이 넘게 남쪽 개신교에 대항한 치열한 군사적 행동들이었다. 1590년에 오랜 군사적 긴급 상황이 점차로 사라져가며, 스페인 군주는 새로워진 자치권을 브뤼셀(Brussel)에서 실험할 수 있었다. 이것은 1598년과 1599년 사이에 필립 2세의 사랑하는 딸 이사벨(Isabel)과 이사벨의 새 남편인 오스트리아 합스부르크 신성 로마제국의 막시밀리안(Maximilian) 2세의 아들 알브레히트(알버트)에게 공동주권을 부여하는 것으로 이어졌다. 대공들의 30년 넘는 신중한 인도와 결국 1610년에 연합주들의 협정 체결로 인해 남쪽은 안정되어가고, 남쪽지역은 한번 더 번영하기 시작했다. 안타깝게도 대공들은 그들의 노력을 상속할 자녀들이 없었다. 그리고 1633년에 스페인 통치에로의 복귀는 별로 행복하지 않은 경험이었다.

이사벨과 알브레히트는 여전히 로마교회의 권위에 순종하며 저지대국가들의 재연합을 갈망했다. 그리고 로마 가톨릭의 화려한 예식을 앞세워 왕국의 전체적인 공개행사를 진행했는데, 그것은 북쪽의 이단들(개혁파)을 회유하기 위한 것이었다. 그들은 파괴된 건물의 재건과 새로운 건축을 장려했다. 그리고 반종교개혁의 집합체로 복원된 수도원, 수녀원, 수도사, 예수회 그리고 자선단체를 육성했다. 루벤(Leuven)에 있는 유명한 대학은 여전히 로마로부터 거리상 멀고, 명석한 로마 당국자들의 시야로부터 먼 곳에 위치했던 남쪽 가톨릭의 경쟁상대를 뛰어넘는 장점을 가진 로마 가톨릭 학자 양성의 발전소였다. 네덜란드의 옛 인문주의 학문의 전통은 스페인으로부터 방문하는 교회와 국가의 정부 대표자들에게 걱정거리가 될 만큼 지속적으로 존중되었다. 그리고 대학 당국은 예수회의 토대, 즉 교육기관 인수에 관심이 있는 것으로 잘 알려졌던 예수회의 성향을 분별력있게 제거하려고 했다. 우리는 얀센주의(Jansenism)로 알려진 파괴적인 가톨릭 신앙을 평가하면서 이러한 상대적인 자유의 결과를 보게 될 것이다.

다른 곳에서 그것은 합스부르크가의 오스트리아 집안이었는데, 그들은 개신교를 어떻게 다루어야 하는지에 대한 어려운 문제를 접하고 있는 비엔나에 있는 제국 거주에 집중하고 있었다. 합스부르크가의 통치권과 권리의 방대하고 복잡한 계승에서 지역적 우선권의 추가적인 문제가 있었다. 합스부르크 왕가는 남서쪽을 눈여겨 보아야 했는가, 아니면 남동쪽을 눈여겨 보아야 했는가? 비엔나의 호프부르크(Hofburg)에서 서쪽을 마주 보는 창을 여는 것은 신성로마제국의 왕좌를 쟁취했던 2세기 동안을 기억하게 하는 것이었다. 남쪽 또는 동쪽을 보는 것은 제국을 넘어서는 세습 가문의 영토 또는 변하는 국경에서 오스만 군대의 힘에 의해 지속적으로 모두에게 위협인 보헤미아와 헝가리의 두 거대한 왕국들을 수습하는 공국들의 응집을 조사하는 것이었다. 오스트리아의 상속 영토 밖의 제국과 왕국들 모두에서 합스부르크의 주요 신하들은 그들이 세습이 아니라, 대부분 자신들로 인해 왕좌에 선택되었다는 것을 잊지 않도록 하였다.

제국의 왕들과 공국들과 비슷하게 귀족 계급을 손에 넣었던 모든 곳에서 대표적인 지주들과 의회들이 있었다. 그리고 주요 도시들은 그들의 경제적 그리고 정치적 관심사를 지키기 위해 경계했다. 실제로 종교개혁 초기 50년 동안 모든 곳에서 지역 통치자들은 이것이 개신교 선서와 짝을 이루어야 한다고 결정했다. 이 선서는 그들의 힘을 증대시키려는 가톨릭 합스부르크가의 모든 포부에 대항한 유용한 무기였다. 보헤미아와 모라비아 내의 루터교도들은(또한 보헤미아의 후스파들) 오랫동안 그들의 군주로부터 특권을 누렸다(4장, p. 240). 합스부르크가는 대체적으로 정부와 특히 군대를 유지하는 데 필요한 재정이 몹시 부족했다. 그리고 만약 왕조가 그들의 의도를 무시하면, 지주들이 원천징수하지 않으려고 한다는 것을 알고 불편해 했다.

가문의 상부인 신성로마제국은 자연스럽게 아우크스부르크평화조약과 함께 1555년 이후 경계 지어진 제국 안에서 이러한 상황에 몰두하는 경향이 있었다. 황제는 (우리가 되짚어 보게 될) 바바리아(Bavaria)의 비텔스바흐(Wittelsbach) 공작 가문을 제외하고, 종교개혁 후원을 중단한 대부분의 세속 제국 왕자들의 태도를 접하게 되었다. 이와 같이 16세기 말까지 65개 제국의 50곳의 자유도시가 종교개혁을 받아들였다.[2] 페르디난드 1세 황제의 개신교에 대한 개인적인 혐오에

---

[2] S. Ozment, *The Reformation in the Cities: the appeal of Protestantism to 16th century Germany and Switzerland* (New Haven and London, 1975), p. 1.

도 불구하고, 그가 중재적이고 포괄적인 전략을 형성했던 것은 현실적으로 확립된 개신교의 힘이었다. 우리가 이미 지적했던 것처럼(6장, pp. 405-407) 페르디난드의 정책은 그의 아들 막시밀리안 2세(Maximilian II)에 의한 양심적이고 열정적인 확신 문제로서 지속되었다. 그리고 중부 유럽은 수십 년 동안의 평화를 그들의 온건함에 돌렸다. 그러나 구교로 하여금 주도권을 다시 잡도록 돕는 행동이 비현실적이라는 것은 특히 상속된 땅에서 통치를 했던 대공들인 합스부르크가의 다른 구성원들에게 훨씬 덜 분명한 것이었다. 막시밀리안의 동생 페르디난드로부터 계승한 대공들은 반종교개혁을 도입하기 위해서 계속적으로 로마와 공조하기 시작했다. 그들은 교황 그레고리 13세(Gregory XIII)가 중부 유럽의 문제에서 취했던 친밀한 관심에 의해 1572년부터 10년 동안 결정적인 도움을 받았다. 교황 그레고리 13세는 가톨릭으로 다시 개종하는 운동에서 주요한 대리인들이었던 예수회에 애정어린 지원을 보여주었다. 교황 그레고리는 대공들을 그가 뿌리 깊게 불신했던 막시밀리안 황제의 정책에 반대하는 유용한 대항세력으로 보았다.

비록 합스부르크 왕가가 유럽보다는 그들의 상속된 땅을 더욱 잘 통치할 수 있었지만, 로마 가톨릭의 운동은 여전히 장애물을 접했다. 왜냐하면 제국을 넘어 귀족과 독일어를 하는 주민들이 1570년까지 압도적으로 루터교였기 때문이었다. 극남단에 있는 티롤(Tyrol) 귀족은 모든 종교개혁의 기간 중에도 철저하게 가톨릭으로 남아 있었던 주목할 만한 예외이다. 그러나 티롤의 특수함은 의미가 있었다. 16세기 초 노년의 막시밀리안 1세 황제에게 타격을 준 세금과 소득에 대해 특별하게 유리한 계약과 연관되어 있었다. 막시밀리안 1세는 티롤에 특별한 영향을 끼쳤고, 그 도시를 자신의 통치영역의 중심지로 만들려고 했다. 따라서 제국의 힘에 대항하려 했던 귀족들이 있던 그 어떤 곳보다 이곳은 훨씬 덜 자극적이었다. 또한 이곳에 종교개혁이 도달했을 때, 루터교도들이 되려고 한 그들에게도 덜 자극적이었다. 이미 1560년대에 페르디난드 대공은 개방된 종교적 가능성을 활용하기 시작했다. 독일어를 사용하는 도시들, 자유 소작농들 그리고 세습된 땅에서의 광업사회는 비록 통치권과 세금에 대한 개신교 지역 귀족과의 싸움이 개신교가 가톨릭 공격에 대항하여 연합된 종교적 전선을 항상 보여 줄 수 없다는 것을 의미했다. 하지만 그들은 1520년대부터 계속적으로 복음 설교에 반응했고, 루터교에 합류했다.[3]

---

3) Pörtner, *Styria*, pp. 35-40. 티롤에 대한 관점에 대해 나는 Michael Chisholm에게 빚지고 있다.

실제로 강제노동과 같은 봉건 귀족의 권리 사용은 개신교가 귀족의 지원과 아주 밀접하게 동일화된 이래로, 종교개혁을 위한 심각하고 잠재적인 약점이 었던 시골 소작농들을 분노하게 했다. 이는 특히 소작농 중에서 실질적으로 독일어를 사용하지 않던 곳에서 사실이었다. 저지대 지역인 스티리아와 카르니올라(Lower Styria and Carniola)의 지방에서 슬라브족(Slovene) 소작농들은 반복적으로 그들의 독일 봉건 영주에 대항하는 잔혹한 싸움의 봉기에 가담했다. 그리고 세기 중반의 슬로베니아 원주민 루터교도인 프리무스 트루버(Primus Truber)에 의한 선교적 노력들이 그의 목양사역과 남슬라브어로 성경을 번역한 노력에도 불구하고 실패로 돌아갔다는 것은 우연이 아니었다. 반면 루터교와 사이가 좋지 않던 슬라브족은 독특하게 그들의 전통적 경건의 강화를 보여주었던 '리퍼'(Leaper, Springer) 분파에서 새롭게 된 종교에 대한 극단적인 갈망을 표현했다. 그들은 동정녀와 성인들로부터 환상을 보고, 메시지를 선포했던 선지자들의 말을 갈망하며 들었고, 의미심장하게 새로운 교회를 짓게 했다. 비록 가톨릭이 확고하게 세워졌을 때, 그들 스스로가 리퍼 행동주의자들을 향한 가톨릭 정부의 탄압에 대해 빨랐지만, 리퍼 열정주의자들은 반종교개혁의 실제적인 도래에 있어 유용한 협력자라는 것을 보여주었다. 그때까지는 리퍼들이 이러한 목적을 도왔다.[4]

제국의 세속적 능력을 넘어서는 개신교 네덜란드와의 국경으로부터 30마일 조금 떨어진 뮌스터(Münster)의 베스트팔렌 왕자 교구에서, 또한 가톨릭의 외로운 전진기지만큼 멀리 북쪽에서, 독립적인 지역의 힘을 누렸던 모든 주요 제국 주교와 총주교들은 개신교 전향의 압력에 저항했다. 이러한 전반적인 신실함(쾰른의 헤르만 폰 비이트[Hermann von Wied]에 의해 배교되고 성공하지 못한)은 독일과 오스트리아에서 세기 중반의 가장 위험했던 시간들 속에서 구교의 겉모습을 확실하게 보존했다. 그러나 제국의 고위 성직자들이 종교개혁의 경향보다 반종교개혁의 경향에 더 많이 배치되었다는 것은 확실하지 않다. 이러한 주교들의 선택과 공무행위는 1448년 로마가 신성로마제국과 함께 이끌어냈던 비엔나협약(Concordat of Vienna)에 의해서 여전히 지배받고 있었다(1장, p. 91). 소수의 제국 주교들은 트리엔트공의회에 의해(그들의 적은 무리가 못마땅하게 여기며 나타났던 모임) 예상된 주교 관구들에서의 중앙집권적 간섭에 대해 호의적이었던 것으로 보인다. 더욱 중요하게 로마가 그들로 하여금 교황의 뜻에 대해 어떠한 경

---

4) Ibid., pp. 45, 55-6.

의를 표현하도록 강요할 수 있었던 것은 거의 없었다. 그들은 여전히 대부분이 제국의 옛 귀족 가문 출신들이었고, 동일한 사회적 지위를 가진 추기경 총회에 의해서 선택되었다. 그리고 그들 중 다수가 루터교회의 귀족 지원자들과 가까운 사이를 유지했으며, 종종 그들을 동조하였다.

1560년대와 1570년대의 독일과 오스트리아 가톨릭에서 이에 대한 파생 결과가 보여진다. 다양한 오스트리아 합스부르크 왕가처럼 많은 고위 성직자들은 예배 중 평신도에게 포도주 잔을 제공하는 (로마가 혐오했던) 계획에 잘 따랐다. 그리고 그들의 교구 관구에서 예식을 행하는 것을 막지 않았다. 주교들은 자국어 성경에 너무 몰입해 있는 남부지역을 이해 할 수 없었다. 그리고 그들은 자주 총회에서 성경읽기에 대한 개신교의 강조에 반대하는 노력을 하였다. 또한 교구성직자로 하여금 성경을 소유하고, 이탈리아에서 예상치 못한 방식으로 성경을 사용하도록 고무시켰다.[5] 독일 주교들은 교황이 트리엔트식 미사의 사용을 강화하려 했을 때, 수 세기 동안 다양화된 지역의 이전 관습과 혼선이 빚어지는 것에 대해 불쾌하게 생각했다. 그리고 그들은 특히 성직자 독신주의를 보편적으로 부여하려는 로마의 노력에 대해 미온적이었다. 성직자들이나 하위 성직자들이 주위의 모든 루터교 성직자의 행복하고 단란한 결혼생활을 볼 때, 성직자 독신주의를 이해하는 것은 극도로 어려운 일이었다. 교황의 대사였던 게르마니코 말라스피나(Germanico Malaspina)가 1581년에 잘츠부르크(Salzburg)의 총주교관구를 비관적으로 조사했을 때, 그는 교회령이었던 스티리아(Styrian territories) 지역의 220명의 성직자 중에서 단지 10여명도 못 되는 사람만이 독신을 유지하고 있었다는 사실을 발견했다. 그리고 성직자들이 루터교 목사들을 '다른 지역들의 사제들로서' 좋게 여기며 그들의 예를 반항적으로 인용한다는 사실을 알게 되었다. 1612년 잘츠부르크 귀족의 총주교였으며, 다른 관점에서 가톨릭 종교개혁에 잘 준비되었던 볼프 디에트리히 폰 라이테나우(Wolf Dietrich von Raittenau)는 그에게 15명의 아이를 낳은 첩과 함께 생활함으로 성직자에게 주목할 만한 예를 제시했다. 그리고 이것은 경범죄가 아닌, 오히려 그에게 궁극적으로 파면과 투옥을 가져다 준 정치적 불운이었다.[6]

그토록 분명하게 동정심 없는 독일 주교 관구 성직자와 감독의 위계질서가 어떻게 반종교개혁의 시각에 영향력을 줄 수 있었는가? 때때로 걸출한 지역 성

---

5) U. Köster, *Studien zu den katholishen deutschen Bibelübersetzungen im 16., 17. und 18. Jahrhundertnster*, (Münster, 1995), 특별히 Ch. 5.
6) Pörtner, *Styria*, pp. 99, 182; 추가적인 논평은, ibid., pp. 4, 97-8, 187 을 보라.

직자와 한결같은 사회 엘리트층의 조화는 필수적인 결과를 도출했다. 로트바일(Rottweil)은 독일 남서쪽 끝에 있는 제국의 자유도시였다. 이 도시는 명목상이고, 영향력 없는 감독 상관이었던 콘스탄틴 주교로부터 멀리 떨어져 있었다. 따라서 이 도시는 큰 외부의 간섭 없이 자신만의 종교적인 삶을 지탱할 수 있었다. 도시 의회는 전에 없이 가톨릭으로 남을 것을 결정했다. 그러나 로트바일은 도시에서의 설교와 가르침을 주도할만한 저명한 성직자를 찾음으로써, 제국의 개신교 자유도시들과 같이 처신했다. 지역 도시의 엘리트 소년으로 그들에게 선택된 출마자, 요하네스 울(Johannes Uhl)은 1559년부터 반세기가 넘도록 주목할만하고 창의적인 직무를 수행했다. 그는 오히려 슈트라스부르크의 마틴 부처처럼 또는 취리히의 하인리히 불링거처럼 행동하면서도, 가톨릭 예배의 부흥에 관심을 가졌다.[7]

특히 질서있는 가톨릭의 삶은 세속 성직자에 의해서 인도되었기 때문에, 로트바일은 예외가 되었다. 1517년 이래로 후기 중세 도시의 종교 행동주의 전통 내의 이러한 지역적 발단은 반종교개혁으로 거의 연결되지 않고, 거의 항상 개신교에 머물러 있었다. 게르마니코 말라스피나와 같은 외부 관찰자들에게 힘의 상징이었던 독일의 야심찬 교회 건축물인 쾰른성당의 참혹한 모습을 보는 것은 유혹적인 것이었을 것이다. 30년이 넘는 건축 공사로 1560년에 거의 모든 돈을 탕진해 버렸고, 대도시와 라인강을 향해 우뚝 솟은 어마어마한 높이의 성가대석이 쓰러질 듯이 거대한 기둥에 기대고 있는 참담한 이 건물은 19세기가 되어서야 (개신교 군주의 지원 아래) 건축이 다시 시작되었다(사진 15a 참고). 독일 가톨릭은 외부적인 개입이 절실했다. 1573년 독일인을 위한 대학이 로마 안에 설립될 때, 성직자 문제를 다루었던 사람은 전 로마 교황 그레고리 8세였다. 독일신학교(Collegium Germanicum)는 독창적인 계획으로 비엔나협약에서 제기된 문제들을 회피했다. 이는 독일성당의 규율이 될만한 그리고 실제로 호의적인 주교들을 선택하여 존경받는 직업으로 만들어, 적절하게 동기가 부여된 귀족 엘리트 성직자를 훈련시키는 것이었다. 독일 귀족의 로마 생활 경험은 그들을 열정적으로 교황에게 복종하도록 만드는 것에 항상 적합하지는 않았지만, 그 전략은 점차적으로 효과를 발휘했다.[8]

필연적으로 반종교개혁 세계의 가장 최근의 교육주도권처럼, 실제로 그들

---

7) J. K. Nye, 'Johannes Uhl on penitence: sermons and prayers of the dean of Rottweil, 1579-1602', in Lual and Thayer (eds), *Penitence*, pp. 152-68.
8) Bireley, *Refashioning*, pp. 137-9.

은 초기의 실패를 토대로 개조한 신학교(Germanicum)와 밀접하게 연합되었다. 이런 모든 일이 지난 후, 1550년대 개신교와의 싸움에서 처음으로 예수회의 선교에 초점을 다시 맞춘 독일 가톨릭은 긴박한 상황에 놓여 있었다(7장, pp. 549-552). 남이탈리아에서 불만족스러운 주교 관구처럼, 예수회는 독일 땅을 선교 불모지의 특별화된 형태로 보았다. 이러한 선교지에서 기존의 계층구조는 효과적이고, 특히 가톨릭이 다시 세워질 수 있다면 무시될 필요가 있었다(9장, pp. 415-17). 다른 사람들에게 있어 이러한 태도는 교만하고 생색내는 것으로서 해석되기 쉬웠다. 그리고 어떤 상황에서는 예수회로 하여금 악감정을 충분히 가지도록 했다. 예수회가 지역 주교의 후원으로 찾아간 뮌스터에서는 여전히 많은 신앙인들이 대부분 예수회를 개혁과 개신교로 느꼈다. 새로운 전입자들은 저지 독일어보다 고지독일어를 사용하여 시민들을 불쾌하게 했다. 그들은 맥주 대신에 포도주를 마심으로 북부 독일의 지역 감정을 공격했다. 그리고 성공할만한 가능성이 없음에도 불구하고, 다른 곳에서도 그랬듯이 지역 축제의 관습들을 폐지하려고 하였다. 중앙 라인란트의 슈파이어(Speyer) 주교관구에서, 지역 주교의 조심스러운 적대감은 1575년까지 예수회가 대학을 설립하는 것을 방해했다. 이후 도시의 지속적인 반대는 그들의 사역을 많이 방해했고, 30년전쟁 끝무렵에 실질적으로 주교관구에서 운영을 멈추었던 대성당 참사회의 방해에 직면했다.[9]

2. 합스부르크가, 비텔스바흐가 그리고 가톨릭 회복

슈파이어에서의 상황은 예수회의 일반적인 어려움을 강조했다. 그들은 사역을 시작하기 위해서 지역초대에 의존했다. 그리고 적절한 기부와 함께 재정적으로 설립가능한 기관들을 세우기 위해 최대한으로 노력했다. 전반적인 무관심이나 지역 가톨릭 성직자에 대한 적대감 또는 개신교 귀족과 시 의회의 더욱 위험해진 반대를 그들이 만약 극복하려고 했다면, 그들은 의욕있는 (그리고 부자인) 수많은 독일 평신도 엘리트로부터 후원을 얻어야만 했다. 이런 모습은 몇몇

---

9) R. Po-chia Hsia, *Society and Religion in Münster* 1535-1618 (New Haven, 1984), pp. 59-60, 151-4, 87, 167-71. 슈파이어에 대해, M. Forster, *The Counter-Reformation in the Villages: Religion and Reform in the bishopric of Speyer*, 1569-1720 (Ithaca and London, 1992), pp. 48, 66-74, 216-17.

합스부르크가 사람들로부터 나타나기 시작했지만, 제국의 다른 영향력있는 가문인 비텔스바흐(Wittelsbach) 가문에서 또한 나타나기 시작했다. 비텔스바흐가의 한 개신교 일족은 1550년대로부터 독일의 제2종교개혁에 결정적인 역할을 해왔던 팔츠의 선제후들을 만들어 냈다(8장, pp. 475-480; 11장 참조). 그러나 바바리아 공국(duchy of Bavaria)의 비텔스바흐가 공작들의 승계는 (30년 전쟁의 결과로서 제국 선제후들이 되었던) 특별한 호의와 효과를 가지고, 가톨릭의 부활을 받아들였다. 바바리아는 제국 내의 가장 큰 정치적 단위 중 하나였다. 그리고 비텔스바흐의 통치자들은 그들의 여러 영토 내에서 합스부르크가와 직면했던, 즉 바바리아 공작들과의 빈번한 전투적 관계에서 개신교를 유용한 자산으로 여겼던, 자기주장이 강한 귀족들과 도시의 엘리트들과 같은 동일한 종류의 정치적 문제를 소규모로 경험했다. 합스부르크가와 비텔스바흐가 모두 진심어린 가톨릭 신앙적 헌신과 자신들의 세력을 강화하고자 하는 바람이 알맞게 동시적으로 일어났다. 가톨릭은 쉽게 알아볼 수 있는 현대적으로 중앙집권화된 관료 도시의 전신 기관을 세우려는 왕조들의 노력과 협력관계에 있었다.

주목할만한 왕조의 계약적인 동맹은 항상 각자의 장점을 결코 인정하지 않았던 두 가문사이에서 발전했다(1장, p. 238). 첫 번째 결과물은 1571년 바바리아공작 알브레히트 5세의 딸 마리아와 오스트리아 내륙지역의 칼 대공 사이의 결혼이었다. 칼은 의식적으로 맏형인 막시밀리안 황제를 반대하면서, 자신들의 영토에서 개신교를 향한 공격적인 정책들의 최고 선동자들 중의 한 사람으로 형인 티롤의 페르디난드 대공과 합류했다. 곧이어 칼은 당시 루터교회의 유명한 중심이며, 번영한 루터학파가 있던 오스트리아 내륙지역의 수도 그라츠(Graz)에 예수회를 들여오려는 오랜 협상을 마무리 지었다. 예수회는 당시 개신교 교육의 노력들을 밀어내기 위해 고안된 대학교와 학교를 세우는 일에 착수했다. 그리고 1586년에 그 기관들을 대학으로 확장할만큼 성공적으로 일을 진행했다. 이미 1586년까지 이웃 나라인 헝가리와 크로아티아로부터 상당한 숫자의 학생들을 모집하고 있었다. 루터의 위험한 적수 요한 에크(Johann Eck) 박사가 그곳에서 지낸지 오랜 세월 후에, 제국에서 가톨릭 최악의 위기들을 통해 가톨릭 정통의 방어거점으로서 이미 유명했고, 알브레히트가 애정을 갖고 있던 잉골슈타트대학교(University of Ingolstadt)를 강화시키기 위해, 알브레히트 공작은 동시에 바바리아의 예수회대학을 후원하고 있었다.[10]

---

10) Graz에 대하여, Pörtner, Styria, pp. 28-9, 102, 그리고 Ingolstadt에 대해, A. Seifert, *Weltlicher*

의욕이 강한 이러한 가톨릭 통치자들은 지속적으로 함께 일을 했다. 그리고 교황 그레고리 8세와의 관계를 유지했다. 알브레히트 공작의 아들과 계승자 빌헬름 5세 그리고 두 명의 대공인 페르디난드와 칼 사이에서, 서로 얼굴을 맞대는 결정적인 회담이 1579년 뮌헨에서 열렸다. 그들은 어떻게 하면 오스트리아 내륙에 있는 지주들이 루터교에 대한 그들의 관심을 증폭시킬 수 있는지에 관한 대안을 찾는데 고무되었다. 1572년과 1578년 사이에 지주들은 칼로부터 루터파 개신교에 대해서 포괄적인 승인을 인정하는 강화조약을 이끌어내기 위해, (그리고 또한 출판하기 위해) 칼 대공에게 재정적 영향력을 행사했다. 중부 유럽 한 지역에서 일어난 이러한 개신교의 성공은 더 넓은 지역에서 초기 반종교개혁에 재앙을 초래했다. 그리고 세 명의 통치자들은 그라츠 평화조약(Graz Pacification)에도 불구하고, 오스트리아 내륙에서 칼의 이점을 어떻게 다시 얻을 수 있는지에 대해 토론했다. 이 토론에서 그들은 군사적 행동은 비현실적이고 바람직하지 않은 것이었다고 동의했다. 그 대신에 대공의 처분에 달려 있던 법원의 지지와 모든 장려책을 사용하는 가톨릭 운동의 지속적인 장려와 결합된 개신교 특권에 대한 지속적인 법적, 정치적 축소 정책을 추천했다. 필요에 따라 믿을 만한 바바리아 또는 티롤의 가톨릭은 영향력있는 관직들을 취하는 것에 개입될 수 있었다. 그들이 결정했던 변화는 '소리 내거나 분노하는 것이 아니라, 은밀하고 조용하게 왔다…말이 아니라 행동으로.'[11]

이는 틀림없이 칼이 수용했던 프로그램이었으며, 예를 들어 1584년에 인스부룩(Innsbruck)에서 열린 세 가지 방식의 정상회담과 같이, 그의 동료 통치자들과 조심스럽게 연결해 주었다. 칼의 아들인 페르디난드(후의 페르디난드 2세 황제)가 그의 뒤를 이었다. 잉골슈타트에서의 예수회 교육은 새 대공의 열정적인 가톨릭 신앙을 강화하였다. 그리고 그의 조언자들은 대부분 스페인-네덜란드에서 온 예수회 회원이거나 예수회의 훈련을 받은 사람들이었다. 뒤를 이은 대공들은 개신교회들의 위치를 차츰 깎아 내려갔고, 1598년 젊은 페르디난드는 그라츠에서의 개신교 사역을 결국 폐지하고, 학교 문을 닫게 했다. 전쟁협의회가 상당수의 개신교도들(이는 중대한 전략적 부분에서 개신교 실력자들을 분노케 하지 않았다)을 포함하고 있을 때까지, 규모의 중요성을 점차로 확대하여 별로 사법적

Staat und Kirchenreform: die Seminarpolitik Bayerns im 16. Jahrhundert (Münster Westfalen, 1978).
11) G. Parker (ed.), *The Thirty Years War* (New York, 1984), p. 6, Pörtner, *Styria*, pp. 27-31, 71, 81-3.

이지 않은 관직들을 약속함으로써, 그들은 우선적으로 가톨릭교도들에게 호의를 베풀었다. 페르디난드는 또한 지역 의회들을 협박하기위해, 지역의 사법적 약속 안으로 가톨릭교도들을 밀어 넣었다. 따라서 제국 군대가 가톨릭 종사자들을 의미한다는 것은 야심차게 누구에게나 자명한 사실이 되었다.[12]

1559년 비밀리에 로마 교황을 대면한 대공은 그의 새로운 공격 작전을 소개했다. 그리고 이것을 '종교개혁위원회'라는 새로운 이름으로 도시를 시작해서 온 나라에로 확대시켰다. 이것은 전통적인 주교 방문의 확장이었다. 그러나 이것은 페르디난드가 신뢰했던 상급 성직자에 의한 인도뿐만 아니라, 합스부르크가의 고위 관직자들과 위협적인 큰 군대에 의해 강화되었다. 그들은 수많은 개신교 서적들을 불태워버렸다. 그들은 목회 활동을 하는 루터교 성직자들을 발견할 경우에는 그들을 내쫓았을 뿐만 아니라, 아무리 좋은 건물들이라 할지라도 가톨릭이 다시 사용하기에 너무 더럽혀졌다는 이유로 교회를 파괴하였고 (어떤 곳은 화약으로 폭발시켰다), 개신교 묘지들을 훼손했다. 루터교에 의해 파괴된 '리퍼' 예식교회들로 인해 분개해 있던 슬로베니아 소작농들은 그들의 독일인 지주들의 완패에 기뻐했고, 위원회의 루터교 훼손에 함께 참여했다.[13]

바바리아의 비텔스바흐는 그들의 영토에서 지역 개신교의 세력을 소모시키는 계획을 조심스럽게 진행하는 뮌헨 협정에 동의했다. 그러나 이것은 그들에게 제국의 직접적인 군사적 간섭을 추가적으로 끌어들였다. 여기서 그들의 성공적인 행동은 더 나아가 개신교의 증가를 멈추게 하는데 있어 동일하게 결정적인 요인이 되었다. 교회의 멤버들이 복종을 강요하는 가톨릭으로부터 등을 돌리고, 공국의 주교들이 대규모로 탈퇴하여 개신교로 들어간다는 가능성이 문제였다. 이는 결국에 튜턴기사단의 단장이었던 알브레히트가 1525년 가톨릭과 공작령 프로이센에서 세속 왕조를 세우기 위해 돌아갔을 때, 어떻게 개신교도들이 가장 중요한 주관할교회를 얻었는가 하는 것이었다(4장, p. 238). 이후 십년이 넘도록 대수도원장, 여자 대수녀원장 그리고 대학 학장 계열들은 이 선례를 따랐다. 그러나 그와 반대로 사실상 어떤 주요 주교도 외부적인 압력 없이 그렇게 행하지 않았다. 그리고 1555년 아우크스부르크평화협정의 금지조항은 이러한 것이 발생할 수 없었다는 것을 확실하게 하기 위해 노력했다. 새로운 신앙으로 전향한 주교들이나 제국의 상류층들은 자동적으로 직무와 제국의 영토

---

12) Pörtner, *Styria*, pp. 88, 91-2, 113-14, 181.
13) Ibid., pp. 162-4, 180; Bireley, *Refashioning*, p. 119.

를 상실했다.

이 문제는 1582년 루터교였던 호엔촐러른(Hohenzollern)가(家) 마크데부르크의 총주교 관구 관리자였던 요아킴 프리드리히(Joachim Friedrich) 왕자가 마크데부르크 총주교의 칭호 아래 제국의회에 참석하려 했을 때 강요되었다. 가톨릭의 항의가 있자, 루돌프(Rudolf)는 그에게 철회할 것을 명령했다. 이는 같은 해에 생겼던 위기에서 유용한 선례가 되었다. 쾰른의 총주교 관구에서의 발트부르크 출신 총주교 게브하르트 트루크세스(Gebhard Truchsess)와 그의 대성당참사회 사이의 오랜 논쟁 끝에, 총주교는 자신의 호칭을 포기하는 것을 거부하며, 그가 개신교도이고, 결혼을 했다는 사실을 모두 공표함으로써 아우크스부르크 금지조항에 도전하기를 결정했다. 이것은 1540년대 헤르만 폰 비이트 일화의 재연으로, 라인란트의 부유한 총주교관구가 개신교 진영으로 이동하려는 가능성이었고, 제국 선거에서 개신교의 표를 한 표 더 얻는 것이었다. 이러한 급박함은 바바리아의 빌헬름 공에게 활력을 불어 넣었다. 찰스 5세가 무력으로 교황 폰 비이트의 폐위를 유효하게 했던 것처럼, 당시 이 문제를 해결하기 위해 군사가 필요했다. 개신교가 되려는 총주교를 제거하는 데 있어, 남부 네덜란드로부터 군사 협력을 받았던 공작의 스페인 합스부르크 군대는 빌헬름 공작의 지칠줄 모르는 칼빈주의 조카요 팔츠의 백작인 요한 카시미르의 방해 외에, 개신교로부터 거의 방해받지 않았다.

바바리아의 비텔스바흐가의 보상은 쾰른 총주교 관구의 획득이었다. 1583년부터 1761년까지의 모든 총주교는 바바리아 통치 가문의 일원이었다. 첫 번째로 지명된 사람은 명백하게 공무에 적절치 않은 사람이었다. 그리고 중세 독일 교회를 괴롭혔던 최악의 추문을 가져왔다. 에른스트(Ernst) 왕자는 12세 때부터 프라이징(Freising)의 주교가 되었고, 리에즈(Liége)와 힐데스하임(Hildesheim)의 중요한 주교직을 장악했을 뿐만 아니라, 그는 쾰른과 뮌스터의 영주 겸 주교직까지 쥐고 있었다. 그 지역을 비텔스바흐가의 그의 두 계승자가 1688년까지 통치했다. 트리엔트공의회적 이상인 상주하는 유능한 주교를 통명스럽게 무시한 교황 그레고리 8세는 제국 주교의 타락 가능성을 활용할 수 있는 기회라 여기고 행복해했다. 그리고 쾰른의 입후보자로서 부적절한 에른스트를 부추기며, 바바리아 가문이 쓸모 있는 투자라는 것에 확신했다. 결정적인 해인 1583년 빌헬름 공작이 동의한 조약에서, 교황은 공작이 과세권리를 포함하여 성직을 다스리는 위대한 척도라고 인정했다. 독일교회 한 구획의 불편한 독립을 통제하

도록 고안된 조항들을 양측 모두 얻었다.[14)]
 쾰른을 두고 일어난 '주교전쟁'(Bishops' War)은 1583년부터 5년 동안 계속해서 이어졌다. 그러나 다른 한편으로 1579년 뮌헨에서 합의된 계획들이 1618년 중부 유럽의 큰 위기 이전에 더 광범위한 전쟁으로 연결되지 않았다는 것은 주목할 만한 것이었다. 오스만에 대항한 전쟁의 최고조에서 종교개혁위원회의 높은 대결정책을 이행하는 것은 페르디난드 대공의 이념적 공약의 특징이었다. 그러나 그의 도박은 댓가를 치루었다. 즉 위원회에 대한 다수의 지역적 분노와 폭력사태에도 불구하고, 전쟁 수행 노력은 심각하게 방해받지 않았다. 합스부르크 왕가가 그들에게 몹시 비대중적인 가톨릭 종교 정책들을 수용했던 것처럼, 사실상 이슬람으로부터의 지속적인 위협은 그들에게 유용한 자산이었다. 그러나 성난 루터교 귀족들은 통치하는 왕조 편에 있었을 것이다. 그들은 투르크들과의 전쟁에 있어 필수 조건 중 하나였다. 티롤에 있던 카리스마파 신자 미가엘 가이스마이르(Michael Gaismayr)는 귀족과 합스부르크 왕가의 목적을 같이 위협하는 복음적 표어에 의해 격양된 민병대에서 가장 성공적인 지도자들 중 한 사람이 되었다. 그리고 이때 귀족을 합스부르크 왕가로 제한했던 추가적인 강한 공포는 1525년 소작농들의 전쟁 사건에 대한 기억이었다(4장, p. 237). 그래서 지주들은 어떤 종류의 군사적 제안이나, 개신교 내의 사회적 질서의 붕괴를 두려워했다. 그리고 그들은 루터교도로서 전반적으로 인습적인 개혁파 개신교에 대해서도 적대적이었다. 몇몇 성직자들의 군사적 독촉이 늘어남에도 불구하고, 결과적으로 그들은 저항에 대한 루터의 이론보다는 오히려 비저항의 이론을 끌어들이기로 선택했다. 그들은 심지어 유효하고 소중하게 여기던 학교와 대학들을 지키는 데 저항하는 것조차 실패했다.[15)]
 이러한 군사력과 편파적인 세력의 강한 재구조화에 대해 기민한 가톨릭 결합에서, 중부 유럽에 있던 반종교개혁은 형체를 갖추기 시작했다. 사회적으로 선교의 기반을 넓히고, 지방 사람들을 지도하기 위해 노력하기 시작했다. 그리고 이때 예수회가 자리잡을 수 있었던 어느 곳에서든지 그들은 카푸친회와 피아리스트회(Piarists)에 의해 계승된 재교육 사역을 선도했다. 예수회는 특히 바바리아 공작들의 후원을 받는 혜택을 누렸다. 1583년 가톨릭의 '기적의 해'(wonder-year)에 교회 건물 건축이 시작되었다. 뮌헨의 주요 거리를 장악하는 성

---

14) Bireley, *Refashioning*, pp. 62-3.
15) Pörtner, *Styria*, pp. 33, 47, 112, 152.

제10장 중부 유럽: 종교 논쟁   595

미가엘의 거대하고 새로운 교회본부는 알프스 북쪽 가톨릭의 가장 우선적이고 주요한 새 건축 계획이었다. 그리고 이 일은 비텔스바흐 재정의 상당량을 소비시켰다. 뮌스터의 북단에 이르기까지 예수회를 쟁점 선교로 초대하도록 고무시켰던 사람은 바로 따분한 다원주의자 비텔스바흐의 주교 에른스트였다. 남유럽에서 예수회가 효과를 보았던 감동적인 여행 설교나 선교 또는 연극 등의 위험 요소가 있는 종류는 독일에서는 행해지지 않았다. 예를 들어 그들이 투르크 전쟁 중 특별하게 위협적이었던 순간에 행했던 속죄 행사인 40시간 헌신(Forty Hours Devotion)의 전례를 그라츠에 소개한 것은 늦어도 1594년이었다. 교구들에서 가르치는 임무 또는 사형수들에 대한 목회 사역을 삼가는 중부 유럽은 때때로 모험 정신을 가지고 있던 예수회 사람들을 지루하게 했다. 그들은 매혹적이며 위험한 예수회 선교 분파로 전향하는 것보다, 자신들의 존속을 삼가하거나, 확고하게 말해야 했다.[16)]

가톨릭교회가 독일 종교를 전통적으로 대표하는 기준이라는 것을 루터교로부터 되찾아오는 것은 필수적인 과제였다. 따라서 17세기 초 예수회가 쾰른 중심의 지역 본부들을 세웠다. 건축학적으로 4세기나 시대에 뒤쳐진 라인란트의 로마네스크 양식이었지만, 의도적으로 높고 작은 탑들을 가진 옛 고딕 양식으로 설계함으로써, 이 장중한 교회 건물은 고대 교회들에 경의를 표했다. 본(Bonn)에 있는 라인(Rhine)에 높이 세워진 예수회 교회는 유사한 고풍스러운 로마네스크 타워와 유사한 건축물로 자랑거리로 여겨졌다. 그러나 이러한 건축적 언급은 단지 독일 가톨릭의 신성한 장소와 역사를 되찾고 재평가하려는 보다 큰 계획의 상징들이었을 뿐이었다. 쾰른은 성 우르슐라와 11,000명의 처녀들이 마지막으로 저항했던 곳으로서, 이러한 점에서 적합한 장소였다(사진 12 참고). 비록 이 수많은 여성들은 중세 필사 오류의 결과에서 생겨난 것으로 보이지만, 친절하게도 상당한 숫자의 뼈를 산출했다. 예수회는 오스트리아와 스페인을 지배하고, 심지어 이베리아 해상 제국에까지 이르는 합스부르크 왕가를 통해 이러한 표본을 신앙심의 대상들로서 확산시키기 위한 국제 조직을 사용하였다.[17)]

중부 유럽의 모든 곳에 숨겨져 있던 성인들의 유물을 가져왔고, 개신교에 의해 파괴된 성지들(shrines)을 애정을 기울여 복원했다. 작센(Saxony) 지방의 게오

---

16) Ibid., pp. 198, 203-5, 215-16.
17) T. Johnson, 'Holy fabrications: the catacomb saints and the Coutner-Reformation in Bavaria', *JEH* 47 (1996), pp. 274-97, 277-8 에서.

르크(Georg) 공작에 의해 1523년에 숭배되려고 했던 불운한 메이슨의 성 베노(St Benno of Meissen)는 1576년에 바바리아의 공작 알브레히트가 그의 유해를 손에 넣었을 때, 뮌헨 가톨릭의 보다 동정적인 분위기에서 구출되었다. 그리고 그의 이름은 유명한 맥주 이름으로서 그 도시에서 기념되었다. 30년 전쟁 후에 브레멘성당의 루터교도들은 고스마스와 다미안 성인들의 중세 황금 성전보다 가톨릭의 경화(硬貨)를 더 선호했다. 이러한 현상은 뮌헨에서도 성 미가엘의 예수회 교회를 추가적으로 장식하는데 있어 유사하게 나타났다.[18] 수천 개의 뼈들은 전 지역에 있는 교회들의 소진된 신성한 지역 저장소를 강화하기 위해 로마 카타콤으로부터 또한 들여왔다. 이러한 과정에서 뼈 전체를 뚜렷하게 보여줄 수 있는 상자를 만들 수 있도록 했던 새롭게 발전된 유리 기술은 크게 도움이 되었다. 오늘날 개인전용 차량 번호판을 얻는 것과 같이 욕망에 영합되어, 어떤 거룩한 뼈들은 경건한 구매자와 동일한 이름이 붙여졌다. 아우크스부르크, 성베드로성당에 있는 유물 보관함에서 '알 수 없는 거룩한 순교자'(Sancti Martyris ignoti)로 분류된 한 카타콤의 뼈를 내가 주목했던 것처럼, 다른 것들은 더욱 견실한 증거이지만, 여전히 낙관적인 믿음에 대한 증거였다.

바바리아의 비텔스바흐 왕가는 특별히 카타콤 성인들의 유골을 그들의 영지로 들여오는데 주요 후원자가 되었다는 것은 그리 놀랄 일이 아니다. 뮌헨에 있는 그들 궁전의 롱 갤러리(Long Gallery)에서 멀리 떨어진 비텔스바흐 왕가의 개인 기도실은 벽지 대신 사람 뼈와 보석으로 된 상자들로 꾸며졌는데, 환한 빛으로 둘러싸인 이 작은 방은 들어가는 사람을 압도했다. 이러한 수집은 로마의 권위를 다시 복원하고 또한 왕조를 신앙적인 절대국가로 세우기 위한 비텔스바흐의 계획의 살아있는 심장, 즉 거룩함의 무기고로 만들려는 계획이었다. 성인들에게 합당한 존경을 표현하는 것은 개신교의 타도를 상징했고, 하나님의 거룩한 사람들이 불명예스럽게 되어왔다는 가톨릭 사이에서의 분노의 태도를 군사적으로 고무시키는 것이었다. 30년 전쟁 전날, 바바리아에서 선두적인 성전 복원 전문가 예수회 신부 마태우스 레더(Fr. Matthäus Räder SJ)는 '성도의 영원한 전쟁을 선포했던 개들처럼, 그들의 유물을 파헤쳤던 그리고 물과 불로 그들을 파괴했던 자들'[19]과 싸울 준비를 하도록 선한 가톨릭 신자들을 선동했다.

성인들의 명예를 회복시키기 위한 이 운동의 중심 항목으로서 예수회는 가톨릭교회를 통해, 마틴 루터의 성모 마리아에 대한 열정이 심지어 루터교 개신

---

18) 베노에 대하여, Johnson, 'Holy fabrications' 276, 그리고 위 3장, p. 156.
19) Johnson, 'Holy fabrications', p. 284.

교 안에서조차 살아남지 못했던, 예수님의 어머니인 마리아에 대한 신앙을 강조했다. 그들은 (어쨌든 15세기 쾰른에서 그 기원을 가졌던) 묵주의 사용을 장려했다. 그리고 특별히 마리아에게 헌정된 자선단체들을 총괄했다. 프랑스에서 예수회의 집단적인 정치, 군사적인 지원에 힘입어(6장, p. 420), 대주교 게하르트의 개신교화 정책을 무력화시키려는 대중적 저항이 쾰른에서 이러한 '마리아회 멤버들'(Marian congregations)에 의해 일어났다.[20] 할 수 있는 한 신속하게 예수회는 대중에게 그들의 영적인 힘을 깨닫게 함으로써, 종교개혁자들의 특별한 표적이었던 마리아 성지를 되살리려고 했다. 이르게는 1570년대에 북부 독일 예수회 교구의 피터 카니시우스(Peter Canisius)는 귀신들린 귀족여인을 깨끗이 치료해 줌으로써, 알퇴팅(Atötting) 블랙 마돈나의 바바리아 성지의 복원하는 일에 기여했다. 이는 대단한 감동을 일으켰다. 그리고 다음해에 이 기적은 성지교회의 주임 사제인 마틴 아이젠그라인(Martin Eisengrein)에 의해 새로운 안내서를 통해 잘 알려졌다. 그가 자주 출판한 알퇴팅의 성모 마리아는 다음 세기를 넘어서 중부 유럽에서 발전했던 새로운 전기적 기행 문학의 첫 번째 선례들 중 하나였다.[21]

성지 복원에 탄력이 붙자, 마리아 숭배를 반종교개혁 부흥의 주요 상징과 대행자로 만들었다. 오스트리아의 성직자 멜키오르 클레슬(Melchior Khlesl)은 저명한 오스트리아교회 관리자와 비엔나대학의 총장이(결과적으로 또한 비엔나의 추기경과 주교된) 되기 전, 어린 시절 개신교로부터 전향한 것에 대해 예수회에게 빚을 지고 있었다. 그는 반종교개혁을 조장하는 관리자적 책임을 뛰어넘어 모든 기회를 잡았다. 그리고 중부 유럽에서 마리아 성지순례를 복원하는데 있어 중요한 수행자였다. 1599년에 그는 개인적으로 23,000명의 성지 순례자들로 하여금 마리아첼(Mariazell)의 북쪽 스티리아(Styria) 성지에 가도록 했다. 페르디난드 3세 황제를 포함한 주요 합스부르크 왕가의 열정적인 후원(과 재정)과 함께 이곳은 오스트리아에서 뿐만 아니라 모라비아와 헝가리를 넘어서 가장 잘 보호되고(후원되고) 사랑받는 성지들 중 하나가 되었다. 그리고 이러한 지역들은 개신교의 우세를 약화시키는 것에 공헌하였다. 마리아첼은 가톨릭 예배의식을 통해 이질적인 합스부르크가의 영토들을 하나로 묶어주는 데 있어 아주 중요한 도구였다. 유용하게도 연합주와 국경 지방에 위치한 복원된 쉐르펜회벨

---

20) Bireley, *Refashioning*, p. 117.
21) P. Soergel, *Wondrous in his saints: Couter-Reformation propaganda in Bavaria* (Berkeley CA, 1993), pp. 110-30. 로레토로부터 1694년의 다른 가이드북에 대해, 9장, p. 548 을 보라.

(Scherpenheuvel, 날카로운 언덕(Sharp Hilll))의 마리아 성지는 스페인-네덜란드에서 이와 동일한 역할을 했다. 성지는 1580년경부터 남쪽 가톨릭 정부의 군사적 지배하에 안전하게 보호받으며, 개신교 신성모독으로부터 구출되었다. 그리고 이때부터 성지는 가톨릭의 신앙을 강화하고, 개신교 의심자들에게는 인상적인 기적들을 다시 한 번 만들어내기 시작했다.[22]

이러한 모든 집중된 노력의 결과는 분명하게 1600년대까지 존재했다. 독일의 남쪽과 서쪽을 방문하면서, 선점한 로마 가톨릭 주교를 조직적으로 연구했던 사람들은 이 시기에 나타난 관심의 변화를 주목했다. 우선적으로 경범죄에 관한 질문들과 보고들은 교구 성직자의 행위, 특별히 성직자의 비거주와 축첩 또는 결혼과 같은 근본적인 문제들에 초점을 맞추었다. 1600년대부터 보고서는 성직자의 개인적인 소행을 격하시키는 술취함과 같은 점에 중점을 두었다. 그리고 이러한 결점들은 모든 경우에서 분명하게 줄어들었다. 대신 관심은 목회자와 연관된 교회지기 또는 학교 교사들에게로 이동하고 있었다. 또는 교회 지붕의 모양이 좋은지, 아닌지에로 이동했다. 어떤 교회시스템도 자신들의 이상적인 표준에 부합하지 않았지만, 당시에 이러한 변화들은 최소한 주교 당국의 조사에 상응하도록 작용하는 시스템이 있었다는 것을 보여주었다.[23] 그들 가운데 로마, 예수회, 합스부르크 왕가와 비텔스바흐 왕가는 독일 영토의 많은 지역에서 루터파 개신교의 흐름을 돌려놓았다. 루터교뿐만 아니라 후스파와 보헤미아, 모라비아와 헝가리 군주들의 개혁파 신하들도 미래에 대해 매우 두려움을 느꼈다.

3. 트란실바니아: 개혁파 이스라엘

합스부르크 상속 국가들의 동쪽에 위치한 라틴계 기독교는 합스부르크와 오스만제국 그리고 정치적 이익을 위해 싸우는 지역 통치자들과 함께 1520년의 헝가리 왕국 붕괴로부터 회복하기 위해 투쟁했다. 우리가 이미 보아온 것처럼 (5장, pp. 359-361), 결과는 세 부분으로 나뉘었다. 서쪽과 옛 투르크 왕국이 점령한 중앙의 넓은 평지인 남쪽의 합스부르크 황실인 헝가리 그리고 동쪽의 자치

---

22) Pörtner, *Styria*, pp. 241-3; C. Harline and E. Putt, *A Bishop's Tale: Mathias Hovius among his flock in seventeenth-century Flanders* (New Haven and London, 2000), Ch. 6.
23) Bireley, *Refashioning*, p. 144.

지역인 파르티움(Partium) 평원들과 트란실바니아의 산악공국(princepality)으로 분할되었다. 발칸반도까지 뻗어나간 독일 지역사회들과 엘리트들은 발전하는 루터파교회와 보편적으로 동일시됐다. 그러나 다른 문화적 그룹들은 그렇지 않았다. 극소수만이 옛 가톨릭교회와 함께 남아 있었다. 그래서 그들은 1526년에 모하치(Mohács)에서 일어난 재앙으로 인해 전적으로 불신임되었고, 또한 독일어를 사용하지 않는 라틴계 교회의 대다수가 개혁파 개신교와 융합하였는데, 이들은 자주 극단적인 행동으로 주류 개혁파 지도자들을 경고했다(5장, pp. 361-365). 1600년까지 헝가리와 트란실바니아에서 개신교는 5,000개의 교구 중 3/4이상이었다. 그리고 4,000개 중 2,000개가 넘는 개신교 공동체들이 개혁파였다.[24] 주목할 만한 헝가리 개신교의 이야기에 대한 평가는 우리로 하여금 바르게 17세기로 인도할 것이다. 왜냐하면 이것은 늦었지만 강력했던 국제적인 개혁파 개신교운동의 전성기였기 때문이다.

1570년에 트란실바니아와 파르티움은 호된 전쟁 끝에 삼자동의안(three-way agreement)을 받아들이고, 헝가리의 주요 부분을 오스만의 손에 넘겨준 후에, 합스부르크가 아닌 오스만 최고 권력자를 인정하는 독립 공국으로서 인정되었다. 따라서 트란실바니아 공국은 정교회 기독교의 국경에서 뿐만 아니라 동쪽의 무슬림 권력에서 자신을 나타내기 위한 유일한 서양기독교 영토였다. 그리고 신중하게 라틴계 기독교에 대한 책임을 졌다. 뒤를 이은 영주들은 오스만 통치의 헝가리에서 자신들을 기독교인들을 보호하는 존재로 인식했다. 또한 그들은 합스부르크 왕가가 개신교를 공격하려 할 때마다 그들의 방패막이 역할을 했다. 헝가리와 트란실바니아의 개혁파 목사들이 헝가리 사람의 영웅심과 고통을 고대로부터 하나님의 선택된 백성이었던 이스라엘의 현대적인 평행 관계로 봤다는 것은 놀라운 일이 아니었다. 헝가리에 이주했던 스키타이인들(Scythians)처럼 이스라엘 사람들은 약속된 땅을 정복할 때까지 방황했고, 불경한 사람들의 손에 의해 많은 고통과 왕국 파괴의 고통을 당했다. 그럼에도 불구하고 16세기 트란실바니아의 왕자들은 아직까지 개혁파 개신교를 지지하지 않았다. 그리고 가장 유능한 사람들 중 한 명이었던 이스트판 바토리(István Báthori, 또한 폴란드의 왕으로 선택되었던, 7장, p. 462)는 열정적인 가톨릭 신자였다. 1579년에 바토리는 예수회가 공국 안에서 일할 수 있도록 초청함으로써 폴란드로부터 트란실바니아에 이르기까지 가톨릭에 대한 그의 자비로운 지지를 확장시

---

24) Murdock, *Calvinism on the Frontier*, p. 25. Graemen Murdock의 작품은 이에 대한 지식에 특별한 기여를 한다. 그리고 나는 이에 상당한 빚을 지고 있다.

키려 했다. 그러나 이 인기 많고 존경받는 왕자가 이러한 노력에 대해서 얼마나 적은 지원을 받았는지가 중요했다. 예수회는 왕자로부터 그들의 사역을 심각하게 제약받는 것으로 느꼈고, 트란실바니아 의회는 1588년에 제명의 필요성을 보았다. 이는 두 개의 결과를 가져왔고, 1606년이 되기 전에 그는 제명되었다. 바토리가 죽고, 실력자들로부터 지원을 잃은 후, 군주로부터 어떤 결정된 후원 없이 그리고 상주하는 어떤 주교도 없이, 가톨릭교회는 잠시 동안 공국에서 이전 모습의 그림자로 남았다.[25]

개혁파는 헝가리에서 주도권을 잡았다. 이는 특히 개혁파 개신교가 합스부르크 왕가에 대한 충성을 강하게 거부하였기 때문이었다. 이는 이스트반 보츠카이(István Bocskai)가 권력을 얻었을 때인 1604년과 1605년 사이에 분명하게 되었고, 개혁파교회를 위한 새로운 기원이 열렸다. 보츠카이는 바토리 왕자들과 합스부르크 왕가들 사이에 세워진 친밀한 연결고리를 점차 참을 수 없게 되었던 파르티움의 부유한 개혁파 개신교 영주였다. 이들의 연합은 투르크에 대항하기 위해서였다. 그러나 루돌프 2세(Rudolf II) 황제는 헝가리에서 합스부르크 왕가의 통치와 가톨릭 신앙을 고무시키려는 의도를 분명히 했다. 합스부르크 왕가의 군대들은 터키에 대항하여 작은 승리를 얻었다. 반면에 1603년과 1604년 사이에 그들은 트란실바니아를 점령하기 시작했고, 헝가리 왕국에서 개신교들을 학대했다. 합스부르크 왕가와 바토리 통치에 대항하여 반란을 선동한 보츠카이는 우선적으로 1604년 트란실바니아 의회에 의해 영주로서 인정되었다. 그리고 그는 헝가리 왕국의 혁명적인 의회에 의해 수호영주로서 그리고 '헝가리의 모세'(Moses of Hungarians)로서 선포되었다. 따라서 구약성경의 관점에서 표현된 권력과 종교적 자유의 옹호자가 되려는 그의 노력은 분리될 수 없다고 주장했다. 비록 이 새로운 모세가 1606년에 황제와 합스부르크 서쪽 헝가리에 대한 주장을 포기하는 협상을 준비했지만, 그는 합스부르크 왕가로부터 여전히 개혁파와 루터교 둘 다에게 마지못해 약속한 예배의 자유를 보장했다.

1606년에 보츠카이는 갑작스럽게 사망했다. 그 후에는 트란실바니아가 정치적 평온의 모델이라는 말은 더 들을 수 없게 되었다. 그러나 뒤를 이어 계승된 왕자들은 노련하고 유능한 군사 지도자들이었다. 또한 그들은 합스부르크 왕가가 부러워했던 귀족으로부터 어느 정도 지원받는 것에 성공했다. 이는 왕자의 공유된 공약에 기초한 것이었고, 대다수가 개혁파 개신교 신앙을 가진 귀

---

25) Murdock, *Calvinism on the Frontier*, pp. 19–21.

족들이었다. 개혁파교회는 당시 궁궐의 종교로서 나타났다. 그리고 넉넉한 재정적 후원과 심지어 귀족의 특권들을 받은 성직자들과 함께 설립된 교회의 모습을 드러냈다. 새로운 교회의 지위 표지는 1568년에 토르다 선언(Declaration of Torda)에 의해 만들어진 모든 기독교인들에게 유일하게 관대한 규정들에도 불구하고, 반삼위일체 교회에 대한 제약을 증가시켰다(5장, p. 363). 다른 관점에서, 동쪽과 서쪽 끝 해안선과 스코틀랜드의 섬들에 있는 개혁파교회들은 유럽 서쪽 끝의 칼빈주의와 평행선상에 존재했다(8장, pp. 507-508). 둘 다 확고하게 세속 영토의 실력자들의 통치에 기초되었고, 둘 다 전통적인 문화의 정체성에 대해 아주 흡사했다. 흥미로운 것은 둘 다 그들의 종교 서적인 성경을 자신들의 언어로 완성하는 데 현저하게 느렸다는 것인데, 여기에서는 1590년까지 완성하지 못했고, 스코틀랜드의 경우에는 19세기까지도 그러했다.[26]

트란실바니아교회는 자신들의 지역적 고립과 교육적 자원의 부족을 분명히 알게 되었다. 프랑스와 네덜란드를 떠나 다른 나라를 떠도는 수천의 피난민을 만들어낸 1560년대와 1570년대의 대격동의 시기는 이러한 동쪽 끝까지 영향을 미쳐서 이곳을 외국 개신교들의 국제적인 사회로 만들지는 않았다. 그곳에는 적은 수의 학교가 있었으며, 가보 베틀렌(Gábor Bethlen) 왕자가 1622년에 지울라페르바르(Gyulaférvár-지금의 루마니아에 있는 알바 유리아)의 태자수도(princely capital)에 아카데미를 세우기 전까지 대학이 없었다. 교회는 반삼위일체 교회들에 더욱 적대적으로 성장했고, 극단주의의 폐해를 반대하기 위한 최근의 논쟁들로부터 목사들이 건전한 훈련을 받길 원했다. 그러므로 트란실바니아 당국은 전도유망한 젊은 사람들이 외국에서 공부하고 성직자가 되는 데에 강조점을 두었다.

학생들은 하이델베르크에 있는 유럽의 선도하는 개혁파아카데미로 유학했다. 그러나 많은 사람들이 해협을 넘어 멀리까지 서프리슬란트에 있는 프라네커(Franeker) 또는 잉글랜드에 있는 케임브리지와 같이 신뢰할 수 있는 칼빈주의 대학을 용감하게 찾아갔다. 프라네커와 케임브리지에서 그들은 윌리암 퍼킨스(Willam Perkins)와 윌리암 에임스(William Ames)와 같은 신학계 유명인들의 제자가 되었다(8장, pp. 518-521). 비록 시스템은 무오하지 않았지만, 이 모든 것은 학문의 국제적인 언어가 여전히 라틴어였기 때문에 가능할 수 있었다. 한 불운한 헝가리 젊은이는 칸타브리기아(Cantabrigia) 잉글리시대학 도시를 어떻게 가는지

---

26) Ibid., p. 145.

물었지만, 켄터베리(Centerbury)라는 도시에 있는 거대한 성당 앞에 도착한 자신을 발견했다.[27]

그래서 트란실바니아 개신교들은 의기양양하게 먼 거리를 극복했다. 30년전쟁이 발발하자, 중부 유럽의 공포는 지울라페르바르아카데미와 다른 트란실바니아의 학교들에게 출중한 난민 외국 학자들을 공급했다. 이는 가보 베틀렌이 급여 제공에 대한 아낌 없는 기준을 설정했기 때문이었다. 요한 하인리히 알슈테트(Johann Heinrich Alsted)나 보헤미아 형제회 목사 얀 아모스 코멘스키(Jan Amos Komenský)와 같은 개혁파 디아스포라 중 위대한 사람들 몇몇이 그들 중에 있었다. 그러나 더 넓은 세계에 대한 노출은 그 자체로 문제를 야기했다. 프라네커 또는 케임브리지의 청교도주의에 열광한 헝가리 학생들은 집으로 돌아간 후에 느껴지는 차이점에 주목했을 것이다. 트란실바니아 개혁파교회 안에 있는 도전적이고 혼란스런 그림들이 단순히 비판적인 칼빈주의자들을 놀라게 한 것만이 아니었다(사진 19a 참고).[28] 헝가리와 트란실바니아 모두에서 개혁파교회의 현저한 특징은 그들의 계층적 구조였다. 아마도 독립교회들을 위해 봉건주의 왕은 제네바, 네덜란드 그리고 스코틀랜드의 장로교처럼 성직자 평등의 원칙을 자신들에게 명백하게 적용하지 않았을 것이다. 트란실바니아교회에는 7명의 감독자가 있었다. 이들은 주관할교회 지구에서 부감독에 의해 조력되고, 주교들(episcopi or bishops)로서 부조화스럽지 않게 자주 언급되었다. 노회와 같이 지역의 의사 결정을 담당하는 의회가 존재했다. 그러나 그들은 오직 성직자들만을 포함했고, 평신도 장로들은 임명하지 않았다.[29] 이는 개혁파 개신교가 결코 단순하게 칼빈주의와 동일시되지 않는다는 것을 상기시킨다. 취리히의 하인리히 불링거로부터 또는 1550년대 런던에 있었던 이방인 교회의 시대로 돌려놓은 얀 라스키(Jan Łaski)의 『양식과 설명』(Forma ac Ratio)에 의한 교회조직 조항으로부터 강력한 감독 사상은 기인했다(5장, p. 357).

외국에서 공부한 많은 학생들은 교회의 리더십을 비평하고 평신도 장로들과 함께 하는 적절한 장로교시스템을 소개하며 고향으로 돌아왔다. 어떤 사람들은 더 나아가, 결정권을 갖고 내부 훈련을 행할 수 있는 각 교회의 권리를 강조하

---

27) Ibid., p. 65.
28) G. Starr, 'Art and architecture and the Hungarian Reformed Church', in P. C. Finny (ed.), *Seeing beyond the word: visual arts and the Calvinist tradition* (Grand Rapids, 1999), pp. 301-40, pp. 303-15에서. Murdock. *Calvinism on the Frontier*, pp. 153-4.
29) Murdock. *Calvinism on the Frontier*, pp. 18, 41.

는 윌리암 에임스를 따랐다. 그리고 이들은 잉글랜드에서 '독립파'(Independency)라고 불렸다(12장, p. 523). 그들은 퍼킨스와 에임스의 스타일을 따라 개인의 도덕성에 대한 강한 우려를 상기시켰다. 또한 독립파는 신성모독 반삼위일체자들과 교회의 지속적인 공존에 극심하게 비판적이었다. 그리고 심지어 제네바 시편에서 기원한 외국 운율에 맞추어서 헝가리적 운율 시편을 보란 듯이 불렀다. 그리고 그들 중 많은 사람들이 여전히 주관할교회 삶의 한 부분이었던 크리스마스나 부활절과 같은 미신적인 축제들을 폐지하기를 원했다. 곧 에임스와 퍼킨스의 글들은 준비된 헝가리어 번역 시장을 발견하였고, 신학부분 베스트셀러가 되었다. 강한 개인의 도덕성을 설계한 표준 영어 작품인『경건의 훈련』(the Practice of Piety)은 중요한 상업적 성공을 거두었다. 이 책은 1610년경에 칼빈주의 사상을 가진 웰시의 주교 루이스 베일리(Lewis Bayly)에 의해 처음으로 출판되었고, 1636년에 돌아온 학자들 중 가장 활동적이고 카리스마가 있는 달변가 팔 메드지어시(Pál Medgyesi)에 의해 헝가리어로 번역되었다. 이러한 젊은 열성분자들은 청교도들이었다. 그리고 그들의 종교적 스타일에 불만을 가졌던 사람들은 그들을 비아냥거리며 이 영어 단어(Puritans)를 사용했다. 그러나 열성주의자들은 스스로 이 단어를 자랑스럽게 수용했다.[30]

따라서 서유럽 칼빈주의를 발전시켰던 트란실바니아는 더욱 다양하고 세계적인 기원들과 함께 더 오래된 또 다른 스타일의 개혁파 개신교를 접했다. 폴 추기경의 이전 조력자이며 지속적인 옹호자인 인문주의자 안드라스 두딕(András Dudic)은 헝가리 개혁파교회에서 주요한 조형적 인물 중 하나로 기억할 만한 가치가 있다(5장, p. 263). 트란실바니아교회 당국이 사회교육에 반대하였다가, 기독교적인 삶을 명령했다는 것은 아니었다. 왜냐하면 도덕적 강화와 훈육은 교회 부감독들의 주요 임무였기 때문이다. 또한 헝가리와 트란실바니아는 1563년 하이델베르크교리문답을 기꺼이 받아들였다. 이러한 젊은 열성주의자들의 대부분이 기독교인들을 무시하는 엘리트주의를 기초로 종교를 만들었다는 것은 새로운 청교도 성직 설립에 본질적인 문제가 되었다. 어떤 트란실바니아 감독은 청교도들이 마음으로 아는 지식이나, 머리로 아는 지식, 즉 종교의 반성적 이해보다는 감정에 특권을 주고 있다고 말했다. 다른 사람들은 청교도들의 극히 개인적이고 경험적인 경건이 기독교인의 삶에서 세례와 성찬의

---

30) Ibid., pp. 149-50, 167-9, 172.

역할을 평가절하했다고 생각했다. 이러한 논쟁들과 매우 유사한 은사주의자와 근본주의자, 복음주의자들에 대한 비평은 현대 개신교 기독교에서도 여전히 유효하다.[31]

그래서 1620년대부터 트란실바니아교회는 50년 전 잉글랜드의 개혁파교회를 붕괴시키기 시작했던 문제들의 강력한 메아리와 함께 청교도 국교도들의 진동을 경험했다(8장, pp. 509-521). 이러한 초기 잉글랜드 논쟁들은 도버(Dover)에서 동쪽으로 1,500마일이나 떨어져 있는 트란실바니아가 새롭게 직면한 혼란의 궁극적인 원인이었다. 이러한 극단적으로 분리된 상황들 사이의 연계는 1650년대 잉글랜드국교회의 위대한 성직자가 트란실바니아를 조사했을 때에 강조되었다. 아이삭 바시르(Isaac Basire)는 위그노 신앙을 가진 소수 프랑스 귀족 가문에서 태어났다. 그러나 그는 잉글랜드에서 안수를 받은 후, 잉글랜드의 첫 내전(Civil war) 중에 점령당했던 옥스포드에서 찰스 1세 왕을 위한 궁정 목사로서 섬겼고, 높은 야망을 가진 왕당파 국교도가 되었다(12장, pp. 673-676). 찰스의 전쟁 노력이 실패했을 때, 바시르는 나라를 떠났고, 동방정교회를 고교회파 잉글랜드국교회의 한 형태로 끌어오려는 야심찬(혹자는 돈키호테식 사고라고 생각했던) 계획을 가지고 중동을 여행했다. 그의 충천한 용기와 원기는 현대의 이라크까지 여행하도록 했다. 비록 국교회를 수출하는데 있어 분명한 성공을 거두지는 못했지만, 1656년에 그를 지울라페르바르아카데미의 교장으로 임명했던 트란실바니아의 왕자 죄르지 라코치 2세(György II Rákóczi)의 존경을 얻었다. 라코치는 트란실바니아의 청교도 성직자들의 허세 부리는 말투 때문에 이미 화가 나 있었다. 그리고 그는 찰스 1세 왕의 처형과 잉글랜드에서 청교도들이 행했던 것에 대해 바시르로부터 직접적인 설명을 듣기를 원했다. 장로교와 군주들의 전복 사이에 어떤 연결관계가 있었다는 생각이 트란실바니아의 왕자의 머리에 이미 떠올랐던 것이다.

파리로 도피한 잉글랜드 왕실의 찰스 2세에게 바시르는 독립파와 장로회(잉글랜드로부터 여기로 흘러들었던)에 의기양양하게 대항하려는 그의 트란실바니아 운동 이야기를 편지로 보냈다. 교회 감독들이 적합한 가톨릭 계승 안에 있는 (그가 잉글랜드 주교였다고 자연스럽게 믿었던 것처럼) 실제 주교들이었다는 것을 트란실바니아 사람들에게 확신시키려 한 그의 노력보다, 장로교에 대항하는 그의 맹렬한 비난은 트란실바니아에서 더 잘 받아들여졌다. 경쟁상대인 청교도

---

31) Ibid., pp. 152-53.

는 잉글랜드 청교도의 대들보였던 위협적인 귀족정치 또는 상류층 여성 지도자들과 동등한 위치에 있던 황후 미망인이며, 트란실바니아인 왕자 죄르지의 어머니인 수산나 로란트피(Zuxanna Lórantffy) 공주의 강력한 자산을 가졌다. 로란트피는 청교도 성직자의 강력한 지지자였다. 그리고 장로교 교회정치를 위한 충실한 선동자였다. 그녀는 불행한 왕자 죄르지에게 자주 편지를 통해서 그리고 의심의 여지 없이 얼굴을 맞대고 말했다. "나는 이 점에 대해서 이미 여러 번 너에게 편지를 썼다. 그리고 어떤 요점도 보지 못하고 있다…단지 나를 대항하는 가혹한 행동으로 본다." 평신도 장로들이 개혁파 성직자의 요구를 제재하는 데 유용했다는 생각에 의해서보다, 찰스 왕의 참수에 대한 바시르의 위협에 의해 감동받지 못했던 수많은 귀족들로부터 그녀의 장로교에 대한 옹호는 점차 지지를 받았다.[32]

예상대로 이러한 힘의 균형 이후, 트란실바니아에서 교회정책에 대한 심각한 논쟁들은 실제로 말끔하지 못한 협상을 만들어냈다. 이 협상은 찰스 2세의 복귀 후에 더럼(Durham)에서 가까운 성당에서의 편안한 은퇴를 위해 아직 고향으로 돌아가지 못했던 바시르를 실망시켰다. 그들이 만약 바시르 왕자의 설득과 영향력을 원했다면, 지역교회가 평신도 장로들과 함께 장로회들을 형성할 수 있었던 1646년의 국가적 총회의 동의를 뒤집는 데에 성공하지 못했을 것이다. 그럼에도 불구하고 헝가리 개혁파교회는 성직 계층을 항상 유지했다. 그리고 오래전 감소된 평신도 원로들 사이에서 정당은 자신의 역할을 했다. 이 정당의 현재 명예회장인 라스즐로 토케스(Laszlo Tokés)는 티미쇼아라(Timișoara, Temesvár)에서 목사로서 지역 공산주의 정당 관계자들과 논쟁했고, 이 논쟁은 루마니아의 마지막 공산주의 독재자 니콜라이 차우세스크(Nicolae Ceausescu)에 대항하는 혁명의 촉매 역할을 했다. 토케스는 1989년에 역사에 대한 권리를 주장했고, 헝가리 칼빈주의의 지속적인 군사적 전통을 보여주며 선출된 주교이다.

만약 이 힘이 1560년대부터 트란실바니아와 부딪쳤던 연속되는 심각한 군사적 대항에 의해 해체되었다면, 아마도 헝가리 청교도 운동은 교회정치에서 철저하게 승리했을 것이다. 그들은 죄르지 라코치 2세 왕자가 1656년에 착수했던 폴란드의 처참한 침공에 집중했기 때문에, 스스로 크게 상처를 받았다. 그의 군사적인 모험의 시작은 당시의 개신교 강국이었던 스웨덴과의 동맹에 의존한

---

32) Ibid., pp. 194, 206, 254-5.

것이었다. 그리고 이스트반 바토리가 가톨릭을 위해 행했던 것처럼, 개신교운동을 고무시키기 위해 폴란드-리투아니아의 왕좌를 잡으려는 라코치를 위하는 목적이었다. 라코치는 콘스탄티노플로부터 어떠한 위임 없이, 폴란드에서 그의 광적인 캠페인 추구를 위해 선행된 트루크 술탄의 가신을 위한 모든 것들에 대항했다. 그리고 그는 오스만으로부터 강한 첫 번째 경고를 받았고, 그 후에 폴란드, 타르타 그리고 투르크 군대들의 손에 의해서 처참한 패배를 당했다고 주장했다. 그는 1660년에 전쟁 중 부상을 당해 죽었다. 그의 죽음은 그로 하여금 오스만에 의한 공국의 완전한 굴욕을 보지 않아도 되게 했다. 역사가들은 지적이고 영향력 있던 왕자가 벌인 명백하게 자살행위인 국외적, 군사적 정책들을 의아해 했다. 그러나 라코치는 종교적 열심에 의해 동기가 부여되었다. 트란실바니아가 반세기 동안 행해왔던 것처럼, 가톨릭이든, 정교회든 또는 무슬림이든 잘못된 종교에 대해, 유럽 전역에 있는 하나님의 개신교 백성들을 승리로 이끄는 예정된 시대의 이스라엘이었다고 선포하는 설교는 왕궁 터에 울려 퍼졌다. 이 이야기에서 라코치는 황금시대를 선도했던 다윗 왕으로 출연했다. 그의 장례식에서 설교자는 그를 '이스라엘을 밝힌 촛불'(Israel's illuminating candle)이라고 불렀다.[33]

이는 너무나도 편협한 트란실바니아의 민족주의였다. 요한 하인리히 알스테드와 얀 코메니우스와 같이 망명한 지성인들이 이 곳에서 매력적이었던 이유들 중 하나는 그들은 살기 위한 긴급한 필요들을 제외하고, 공국(principality)을 역사의 종말을 위한 하나님의 계획에서 필수적인 구성요소로서 보았다는 것이었다(알스테드는 1694년에 역사의 종말이 다가옴을 보았다). 그들은 자신들의 주인에 대한 계산을 분명하게 했다. 그의 계획 안에서 코메니우스는 죄르지 왕자를 경고하는 가장 큰 소리들 중 하나였다. 그는 1650년경 수잔나 로란트피(Zsuzsanna Lórantffy)와 라코치가의 환대받는 손님으로서, 공국에서 강사직을 맡았다. 코메니우스의 설교와 글들에서, 그는 확신에 차서 트란실바니아 군대의 승리에 의한 유럽의 새로운 미래를 추구하였다. 코메니우스가 그러한 희망들을 칼빈주의 왕자에게 심어주었던 것은 처음이 아니었다. 보헤미아의 왕으로 선출되어 30년전쟁을 점화시켰던 불운한 선제후 팔츠 프리드리히 5세로부터 대단한 것들을 기대했던 사람들 중에도 있었다(11장). 코메니우스는 실제로 1651년에 죄르지 라코치 왕자의 동생과 이전 왕 프리드리히의 딸의 결혼식을 관장했다. 그

---

33) Ibid., 특별히 Ch. 9, 그리고 p. 287을 보라.

리고 그는 잉글랜드에서 트란실바니아 재난의 해에 멀리 경건파 유럽의 통치자들로부터 수호자 올리버 크롬웰(Oliver Cromwell)에 이르기까지 공국의 도움을 요청하는 열성적인 노력들을 성공적으로 이루었다.[34]

따라서 1650년 후반에 트란실바니아를 덮쳤던 파멸은 1559년에 스코틀랜드에서 시작한 개혁파 개신교의 국제주의적 전투에서 또 하나의 에피소드를 만들었다. 그리고 1560년대에는 프랑스와 네덜란드에서 폭발했고, 이후 17세기 초 유럽에서 주요 약화시키는 요인중의 하나가 되었다. 이렇듯 많은 개혁파의 격양 후에 트란실바니아의 실제적인 실패는 동유럽 칼빈주의의 사기에 심각한 타격을 주었다. 비록 트란실바니아의 공국은 세기 중반의 불운들에 의해 파괴되지 않았지만, 17세기 초의 강성함을 다시금 얻지는 못했다. 따라서 개신교는 고통을 받는 운명을 받아들여야 했다. 당시 합스부르크 왕가들은 트란실바니아 영주들의 의견과 군사력을 고려할 필요가 없었다. 그들은 오스만에 대한 승리의 기세를 몰아 개혁파를 제거하려 했다. 그리고 그들은 상당한 성공과 함께 트란실바니아 자체 내에서 로마 가톨릭과 동방 가톨릭교회(Uniate Orthodoxy)를 고무시키는 데 최선을 다했다. 17세기 후반에는 왕족 왕조들이 아닌 라코치가가 가톨릭으로 전향했다.

4. 프랑스: 왕국의 몰락(1572-1598)

합스부르크 왕가는 60년이 넘도록 중부 유럽에서 주요 종교 전쟁을 성공적으로 면했고, 지속적으로 가톨릭 재산을 증식했다. 반면에 프랑스는 종교가 정착되기 전에 시민전쟁으로 인해 그들 역사에 있어서 가장 불행한 10년을 보냈다. 폴란드-리투아니아 군주였던 앙리 3세는 1574년 그의 형 찰스 9세의 뒤를 이어 비운의 왕권을 이어받았을 때, 그는 그냥 피할 수 있는 상황보다 더욱 심각했다. 성 바돌로매 대학살의 여파로 인해 외상을 입은 왕국은 결국 나누어졌다(7장, pp. 453-455와 461-462). 1789년 혁명으로 자주 연결되는 후기 프랑스 역사의 외상과 분열은 사실 이 사건의 발단이 되었던 뼈아픈 슬픔에 그 뿌리를 두고 있었다.

일반적으로 새로운 왕은 그의 종교적인 적들의 시각을 통해 평가되었다. 그

---

34) Ibid., pp. 100, 267-9, 285.

들은 개인적인 부도덕을 파헤쳐서 그를 최고로 악마와 같은 것으로 여겨졌던 동성애자라고 비난했다. 분명히 왕은 (작고 예쁘장한) 남성을 선호했다. 왕이 만났던 남자들은 매력적이고 젊은 사람들이었는데, 그들은 타락한 정치판에서는 찾을 수 없는 호위를 왕에게 나타냈다. 왕은 그 젊은 남자들과 진지한 관계를 유지했다. 왕은 열정적이고, 지적이고, 감각적인 남자였으며, 예수회 고해사제들의 영향을 받아 자기 자신을 낮추는 가톨릭 참회적 헌신을 연극에서처럼 연기를 하기도 하고, 턱없이 비싼 선물이나, 몹시도 보잘것 없는 선물을 자신이 좋아하는 사람들에게 주기도 했다.[35] 아주 무례한 그의 어머니 캐서린 드 메디치(Catherine de' Medici)처럼 그는 비판받을 때도 쾌활하게 넘겼다. 1583년에 파리의 설교자로부터 대단히 맹렬하게 공격을 받은 후, 왕은 사순절을 빨리 지나가도록, 그의 쓴 입을 달콤하게 하라는 의미에서 가톨릭 열광자에게 돈 400크라운을 보내 설탕과 꿀을 사도록 명령했다. 그러한 그의 날카로운 재치는 유머가 없는 사람들에게나 고집불통인 사람들에게는 먹혀들지 않았다.[36] 원만한 시기에 앙리는 피상적으로 개혁적인 통치자 혹은 예술의 후원자로서 평판을 남겼다. 반면 그가 1570년대와 1580년대에 처해 있던 곤경으로부터 헤쳐 나오기 위해 최선을 다했지만, 결국 그는 목숨을 잃고 말았다.

낙관주의자들은 1559년 이래로 왕국을 난파시켰던 왕국의 실력자들인 기즈(Guise), 부르봉(Bourbon), 몽모랑시(Montmorency)를 통제하는 것이 가능하다고 생각했다(6장). 가장 문제가 되었던 둘은 왕실에 대한 관여를 최소화함으로써 억제되었다. 하나는 1572년 대학살의 중심에 있던 부르봉가를 대표하고, 목숨을 구하기 위해 거짓으로 가톨릭의 충성을 맹세한 나바르의 앙리(Henri of Navarre)였다. 다른 하나는 왕의 동생으로 재능은 없으나, 끝없는 야망을 가진 알랑송의 프랑수와 공작(François Duke of Alençon)이었다. 그는 후에 잠재력 있는 군주로서 네덜란드에 매력을 느끼기 전에, 잉글랜드의 중년의 여왕 엘리자베스에게 애정을 표현해 난처하게 했다(8장, p. 492; 그때까지 그는 앙주[Anjou]의 공작 칭호를 얻었다). 개신교 리더십의 최고의 생존자인 나바르의 사촌인 콩데(Condé)의 앙리 왕자는 유배되었다. 반면 나바르나 알랑송과 동맹을 맺어야 하는지에 대해서 불확실했던 기즈가는 우선 자신의 때를 기다렸다. 이 모든 것은 곧 변했다. 알랑송이 먼저 탈출했고, 그 후에 나바르가 궁정으로부터 탈출했다. 둘은

---

35) 예수회의 영향에 대해, A. L. Martin, *Henry II and the Jesuit Politicians* (Geneva, 1973), 특별히 결론.
36) Naphy (ed.), *Documents*, p. 79. de' Medici에 대하여, cf. 6장, p. 417

귀족으로부터 지원을 명령했다. 콩데는 가톨릭 왕을 승인하기 위해 다시 뭉쳤고, 1572년 이전보다 훨씬 세력이 기울어진 남부 프랑스의 위그노파를 인도하기 위해 돌아갔다. 당시 어떤 프랑스 개신교도들은 심지어 공화국에 대해서 말하기까지 했고, 급진적으로 분권화된 왕국에 대해서도 언급했다. 그리고 개신교와 기회주의 가톨릭과의 느슨한 동맹 안에서 자치 정부는 남부에서 현실이 되었다.

1560년대 합스부르크 황제 페르디난드 만큼이나 앙리 왕은 군주제의 시간을 벌기 위해서, 포괄과 타협의 정책을 수용하려는 가톨릭 신념들에 대항했다. 프랑스 왕좌는 정치적으로 뿐만 아니라 재정적으로도 문제가 있었다. 1574년에 다소간 평화로운 시기가 있었고, 심각한 경제 불안 이후에도, 왕실은 2,000만 리브르를 지출한 데 비해 순수 수입은 450만 리브르에 머물렀다.[37] 따라서 1576년에 앙리는 볼리외(Beaulieu)에서 공포된 왕실 칙령, 후에 동생 알랑송의 호의적인 명칭인 '무슈 평화조약'(the peace of Monsieur)으로 알려진 계약을 구현하며 어느 정도 불공평하게 후원했다. 전년도 실천에 이미 존재했던 남 프랑스에 대한 자치적 정부를 인정했고, 왕실의 보증 아래서 안보가 강화된 개신교도들을 위한 장소를 만드는 계획을 다시 부활시켰다. 당시까지 지속된 계약을 얻을 수 있는 기회들은 희박해졌다. 1560년대에 개신교들을 회유하는 군주제의 첫 번째 노력의 순간부터, 모든 제안들은 가톨릭 재야 정치권을 자극시켰다. 당시 가장 큰 규모의 동맹은 초기 가톨릭 기즈가의 수장인 명색뿐인 지도자 기즈의 공작 앙리의 주도하에 모였다. 왕은 부지불식간에 1576년 12월 블루아(Blois)에 삼부회를 소환함으로 연맹의 기반을 세웠고, 이로 인해 재정을 모으고, 국가적 정착을 추구했다. 그는 동맹 지원자들이 대부분 지주들이며, 이 지주들은 왕이 수여한 돈을 거부함으로 전례에 도전한다는 것을 알아차렸다. 곤궁에 처한 왕은 반대 운동을 하는 위그노연맹의 약관을 받아들였고, 공식적으로 눈물을 흘렸다. 복수심으로 가득찬 동맹 회원들의 정책 앞에서 그가 공식적인 눈물을 흘리기로 선택했던 것은 이때가 마지막이 아니었다.[38]

무슈 평화조약의 해체와 1589년 앙리 왕의 죽음 사이에는 세 번의 시민전쟁 공표가 있었다. 그리고 마지막 시민전쟁은 1590년대 왕의 죽음 이후에 확장되었다. 휴전이 그나마 평화로운 시기였다. 평화협상의 모습은 양쪽에서 지속된

---

[37] R. Briggs, 'Finance, religion and the French State', *HJ* 42 (1999), pp. 565-70, 566에서.

[38] X. Le Person, '" Les larmes du roi": sur l'enregistrement de l'Édit de Nemours le 18 Juillet 1585', *Histoire, économie et société* 17 (1998), pp. 353-76, 특별히 360

폭력적이고 절망적인 기간으로, 흉악한 과격론자들에 의해 지역의 거리들은 즉시 파괴되었다. 1580년대 후반까지 프랑스는 공국의 구실을 하는 것을 그만 두었다. 스페인의 필립 2세는 프랑스 가톨릭 극단주의의 정책으로 가문의 오랜 적을 혼란스럽게 만드는 유익을 얻었다. 아마 그 유익은 배가 되어서, 스페인 주도권과 로마교회의 이중적인 관심을 조장했을 것이다. 필립은 앙주의 공작 프랑수와가 1584년에 죽자, 급하게 관심을 돌렸다. 생물학적 우연의 일치인지, 아니면 악연이었는지, 세 명의 계승된 왕들을 포함해서 앙리 2세의 아들 네 명은 모두 당시 왕좌를 상속하는 데 실패했다. 그리고 발루아의 남성 혈통은 대가 끊기게 될 시점에 있었다. 무슈는 잉글랜드의 차후 왕의 배우자로서나, 네덜란드 군주로서 신임을 얻지 못했다. 그리고 심지어 그의 죽음은 새로운 재난을 가져왔다. 왜냐하면 후계자 없이 죽은 앙리 3세의 뒤를 가톨릭이 계승할 것을 그가 제안했었기 때문이었다.

가계도와 프랑스 왕위 계승의 급변은 공개적으로 개신교도임을 한 번 더 시인했던 나바르의 앙리 왕가 앙리(3세)의 죽음을 통해 왕위를 계승했다는 것을 의미했다. 필립 왕은 이러한 프랑스의 왕위 계승 사건뿐만 아니라, 네덜란드에서의 전쟁도 멈추도록 결정했다. 따라서 1584년 12월에 스페인의 왕은 기즈가와 나바르의 가톨릭 삼촌인 부르봉의 찰스 추기경과 함께 사전에 협의를 했다. 헨리 왕의 죽음을 통해, 추기경은 스페인 군대의 후원과 함께 프랑스 왕좌를 계승했다. 늙고 보잘 것 없는 추기경은 프랑스 가톨릭의 안전을 위해 유용한 명색뿐인 사람이었다. 새롭게 강화된 동맹은 계승의 변경에 공개 성명을 내었고, 그 원인으로 가톨릭을 소집했다. 동맹이 1585년에 교황 식스토 5세의 손을 들어주었고, 그는 개신교 지도자인 나바르와 콩데 가문을 제명하도록 되어 있었다. 비록 그는 당시 나바르의 상속권 박탈에 공조하지 않았지만, 제멋대로 사는 남색자 앙리 왕의 악의적인 가톨릭 남용은 자연스럽게 강화되었다. 이는 동맹 전체의 전략과 부르봉의 유익을 위해 군사들을 사용하는 것이 앙리를 왕위 계승을 책임질 수 없는 자로 묘사하기 위해서였다.

나바르는 왕좌에 대한 그의 권리 주장을 포기하려 들지 않았다. 군사 작전을 통해, 그는 자신이 영감있고 혁신적인 군사 지도자임을 증명했다. 또한 그는 왕실 해군을 훨씬 능가하는 위그노 해군을 끌어들였다.[39] 그는 앙리에게 없었

---

39) 새로운 군사적 기술들에 대한 Navarre의 수용에 대해, T. J. Tucker, 'Eminence over efficacy: social status and calvary service in 16th century France' *SCJ* 32 (2001), pp. 1057-99, 특별히 1081-2 에서.

던 좋은 리더십을 가지고 있었다. 앙리는 대중을 영합하는 카리스마와 위기를 극복하는 풍미, 그리고 기존의 남성 군주의 모습에서는 보기 힘든 유쾌하고 외향적이고, 향락주의적이었다. 그는 개신교로부터만 지원을 받은 것이 아니었다. 대부분 가톨릭교도들은 가톨릭 극단주의와 폭력에 질려 있었다. 그리고 교황이 왕국의 관습을 설정하고, 왕위 결정권을 갖는 것에 화가 나 있었다. 연로한 법률가이며, 역사가이고, 전통주의 교황권제한주의 가톨릭 신자인 사려 깊은 에뜨엔느 파스퀴르(Etienne Pasquier, 1장, p. 91)는 앙리에 의해 나타난 새로운 평화에서부터 동맹 활동의 악몽 같은 시간들을 되돌아보았다. 그는 반종교개혁을 거부하여 나타난 결과의 차이를 표현했다. "나는 우리 선조들이 프랑스에서 했던 것처럼 사도적 로마 가톨릭 종교를 사랑하고, 존중하고, 존경합니다… [그러나] 나는 교황청에 거짓으로 복종하면서, 그들의 새 고안물을 소개했던 예수회 분파를 싫어합니다."[40] 가톨릭 급진론자들은 여러 온건 세력들에게 단일의 비꼬는 이름을 부여했다. 초도덕성과 원칙의 부재를 모두 함축한 '정치꾼' (politiques)이라고 그들을 불렀다.

실제로 정치꾼들은 가톨릭연맹과 같은 통일성있는 정당을 만들지 않았다. 그리고 그들은 풍부한 원칙들, 즉 로마에 대한 갈리아주의자(Gallican)의 불신, 평화 추구, 법률 규칙, 가톨릭 왕의 굴욕에 대한 참혹한 경험 그리고 다른 종교를 가진 사람들이 서로에게 그들의 신앙을 강요할 권리가 없다는 진정한 확신 등을 갖고 있었다. 예수회의 설교에 의해서 고무된 동맹의 경건에 관해, 전통적 문화에 대한 칼빈주의자들의 공격처럼, 많은 청교도들이 이를 혐오스럽게 여겼다. 예를 들어 루앙(Rouen)의 주요 도시 노르망(Norman)은 바보들의 수도원 (Abbaye des Conards)이라고 불렸던 축제를 자랑했다. 세상이 타락하기 전인 사순절 하루 전에, 도시의 번영 구역으로부터 온 원기 왕성한 젊은이들은 지역 사회를 풍자하고, 교회의 계층구조를 조롱하는 쇼를 무대에 올렸다. 1562년에 도시에 위그노의 인구가 크게 증가하였고, 그들은 경솔하고 불경건하다는 이유로 바보행렬(바보들의 수도원 행렬)에 돌을 던졌다. 위그노들이 위축되었을 때, 비록 그들의 풍자에 좀더 조심스러워 해야 했지만, 바보행렬은 지역정부의 지원을 받아 되살아났다. 1589년 이후 동맹이 도시를 장악하게 되었을 때, 그들은 바보행렬을 전적으로 금지시켰다. 종교는 더 이상 웃음거리가 아니었다. 왕실

---

40) J. H. M. Salmon, 'Clovis and Constantine: the uses of history in 16th century Gallicanism', *JEH* 41 (1990), p. 601에서.

이 회복되고, 동맹이 해체되면서도 바보행렬은 조심스럽게 주제로부터 멀어졌다. 바보행렬의 모든 문제를 통해, 이데올로기적인 안목의 청결함을 보인 위그노들이나 연맹 회원들보다, 이 문제들이 도시에 덜 협박적인 것으로 보았던 사람들이 있었다.[41]

앙리 왕의 시도들은 1588년 봄에 아주 힘든 새로운 시기에 도달했다. 그는 통치 기간 내내 위태로운 일을 하려는 노력과 함께 대부분 파리에 거주하였다. 1560년대 이래로 도시는 개신교에 대한 혐오로 결집되었다. 그리고 정부가 앙리를 싫어하고 무시했던 가톨릭동맹 회원들의 손아귀에 들어갔다는 것은 당연한 것이었다. 파리의 동맹 회원들은 그들의 영웅인 기즈의 공작 앙리를 도시로 들어오지 못하게 하였던 왕을 만나도록 초대했다. 그러나 기즈는 그의 명령을 무시했다. 도시는 기즈를 열광적으로 환영했고, 왕실의 권위를 주장하기 위해서 왕은 거리에 스위스 용병 부대를 배치했다. 파리의 사람들은 방어벽을 서둘러 만들어서 부대를 둘러쌌다. 이 민중 승리의 기억은 1789년 이후 다양한 프랑스 위기들 앞에서 유사한 행동들을 선동했고, 여러 세기에 걸쳐 되살아났다. 심지어 1968년 학생들의 희비극적인 저항에서 조차도 기억되었다. 왕은 그의 수도를 떠났다. 모든 권위의 구실은 사라졌다. 그는 블루아(Blois)에 있는 그의 궁정 마을에 삼부회 모임을 진행하도록 강요했고, 모임에서 1576년의 동맹 회원들의 승리를 재현할 것을 약속했다.

이 시점에서 왕은 지독한 좌절을 느꼈다. 그는 개인 회담을 위해 기즈 공작을 왕실 의회의 조찬 모임에 호출했다. 앙리에게 필사적인 행동을 할 수 있는 용기가 없다고 믿었던 기즈는 왕실 대기실에서 쓰러져, 한마디 말도 하지 못하고 죽었다. 그리고 추기경 드 부르봉은 체포되었다. 잉글랜드 대사에 따르면 헨리 왕은 그의 어머니에게 개인적으로 보고했다고 한다. "어머니(Madame), 나는 지금 동반자 없이 왕이라고 하는 그리고 나의 모든 선왕들의 적이었던 기즈 공작이 제거되었다는 것을 말하려고 합니다." 많은 학살을 목격한 오랜 미망인 카트린 드 메디치(Catherine de' Medici)는 태연하게 "그가 큰 타격을 주었기 때문에, 나머지 모두는 따라서 성공할 것이다"[42]라고 응답했다. 성공은 왕이 계획했던 것이 아니었다. 동맹은 당시 모든 제약을 제거하려는 분명한 이유가 있었다. 기즈의 장례 설교는 프랑스 전역에서 복수를 위한 규합의 울부짖음이 되었다.

---

41) D. Reid, 'Carnival in Rouen: a history of the Abbaye des Conards', *SCJ* 32 (2001), pp. 1027-55.

42) D. Potter (ed.), *The French Wars of Religion: selected documents* (London, 1997), p. 208.

그리고 앙리 드 발루아는 '비열한 해로데스'(vilain Herodes)를 위한 수수께끼였다고 표현한 설교가 장 귀인세스트르(Jean Guincestre)의 수사학적인 전개는 재치있는 원한의 가시 돋친 말로서 대중을 자극했다.[43] 파리에 있는 동맹 회원들은 왕국 임시정부를 설립했다. 그리고 소르본느(Sorbonne)의 신학자들은 앙리 왕이 그의 신하들의 충성을 박탈했다고 공표했다.

죽음의 순환은 1589년에도 계속되었다. 왕실 지지자들은 살해당했다. 비록 교황 식스토가 그의 예전 참회자를 죽이려 한 앙리 왕의 고해신부였던 예수회 신부의 제안과의 관계를 이미 부정했지만, 많은 지원자들은 교황의 허락 없이 하나님의 뜻을 행할 준비가 되어 있었다.[44] 1589년 7월에 앙리 왕에게 칼을 들이댔던 도미니크 평신도 수도사 자크 클레망(Jacques Clément)에게 명예는 돌아갔다. 고통스런 나날을 보낸 앙리는 그가 기도하면서 가톨릭으로 전향할 것을 바랬던 나바르를 그의 동료들에게 부탁했다. 당시 연맹 설교자들은 죽은 왕을 위한 기쁨이 넘치는 첫 반장례(anti-funeral) 설교를 하기 위해서 설교단을 높였고, 암살자 클레망에게 찬사를 돌렸다. 동맹원 교육은 하나님의 적의 머리를 톱질했던(개신교들이 외경으로 여긴 성경책에 따르면) 고대 유대 여걸 유딧(Judith)과 처형된 암살자의 배교를 포함하는 설교를 위해서였다.[45] 군주제를 파괴하려는 가톨릭의 열정은 10년 전에 위그노들 사이에서 일어났던 일을 능가했다. 그리고 스코틀랜드나 잉글랜드 그리고 지난 30년의 네덜란드 개신교의 반항적인 주장과 유사했다.

왕국의 전통적인 법을 존중했던 사람들의 시각으로 볼 때, 이제 왕은 프랑스 앙리 왕 4세가 되어야 했다. 이후 9년이 지나고, 그는 이를 실제적인 것으로 만들기 위해 싸웠다. 1590년에 그는 파리를 포위하고 통렬하게 싸웠다. 1870년의 프루시아 포위 때보다 더욱 공포로 가득차게 했다. 수천 명(어떤 사람들은 3만 명이라고 말했다)의 사람들이 이단에 굴복하기 보다는 굶주려 죽었다. 살아남기 위한 필사적인 조처들이 있었다. 도시에 갇혀 있던 스페인 대사는 가난한 사람들을 위해 공동묘지의 뼈들을 건조시켜 갈아서 빵 반죽을 만들 것을 제안하는 데 성공했다. 결국 앙리는 포위를 철회했다.[46] 1593년까지 왕은 왕국을 연합할 수

---

43) L. J. Taylor, 'Funeral sermons and orations as religious propaganda in 16th century France', in Gordon and Marshall (eds), *Place of the Dead*, pp. 224-39, 237-8에서.
44) Martin, *Henry II and the Jesuit Politicians*, p. 129.
45) Taylor, 'Funeral sermons', pp. 237-8.
46) Cunningham and Grell, *Four horsemen*, pp. 231-4.

있는 기회를 엿보았다. 부르봉의 추기경이 죽자, 앙리는 왕국에서 왕좌에 대항하는 확실한 경쟁상대가 없었다. 개신교도로서 그는 항상 불화를 일으키는 존재였고, 가톨릭으로서는 그의 정치적 사안들을 가톨릭정치가들을 힘입어 정치권에서 관철시키려는 노력을 했다. 그리고 투철한 갈리아주의자들을 위해 문제들을 더 쉽게 다루어야 했다. 1593년에 온건파 동맹 회원들과 협상하면서, 그는 '파리는 미사만큼의 가치가 있는 곳'이라며 사색에 잠긴 말을 종종 했다. 비록 이 유명한 인용문은 마틴 루터의 간결하게 모순적인 감상인 "내가 여기 있으나, 아무것도 할 수 없다"보다 더욱 불안정한 토대를 가졌지만, 그 순간의 핵심적인 사실을 전달하는 데에는 동일한 방법으로 기억되는 가치를 가지고 있다. 이러한 이데올로기적 원리의 따분한 거부 반응은 유럽의 많은 정치인들과 통치자들이 전쟁 70년 후에 종교개혁과 반종교개혁을 어떻게 느꼈는지를 말해준다.[47] 왕은 가톨릭 훈령을 따랐고, 성 데니스(St Denis)의 황실 수도원 교회의 미사에 참여했다. 1594년에 그는 파리의 노트르담성당의 미사에서 대단한 열의로 받아들여지며, 분명하게 불가능했던 것들을 성취했다.

제네바에서의 오랜 기간 동안 나바르와 서신을 주고 받고, 정기적으로 그로부터 재정적인 지원을 받았으며, 그를 이스라엘의 새로운 왕 다윗으로 여기고 헌신했던 티오도르 베자(Theodore Beza)는 경건 운동에 대한 앙리의 배신에 망연자실했다. 그럼에도 불구하고 베자는 충성스럽게 남아 있었다. 그리고 자기 목숨을 적들을 도살하는 데 바친 하나님의 이스라엘 전사였던 삼손과 같은 구약성경의 인물들로부터 자신을 위로했다. 당시 앙리 왕은 하나님을 위해 그의 영혼의 더 위대한 헌신을 하고 있었다. 또한 그는 자신을 앙리 왕의 급여 대상자로서 계속해서 생각했다.[48] 이는 교황 클레멘트 8세로 하여금 2년 동안 자신을 황실의 변화에 대해 동일하게 헌신하는 마음을 갖도록 했다. 그러나 1595년에 스페인의 필립의 공포로 인해 교황은 앙리의 가톨릭에서의 초기 실수로 인한 사면을 마지못해 승인했다. 교황의 행동은 그때까지 지속되었던 프랑스의 대학과 함께 가톨릭 왕국을 구하기 위한 동맹의 능력에 대한 신뢰를 상실했다는 증거였다. 어떤 경우에서든 그는 필립 왕의 지지자가 아니었다. 전쟁은 앙리 왕의 지지를 받아 방향이 바뀌었다. 만약 누군가가 앙리를 다른 사람으로

---

47) 인용의 권위의 부족에 대하여, M. Wolfe, 'The Conversion of Henri IV and the origins of Bourbon absolutism', *Hsitorical reflections/Réflexions Historiques*, 14(1987), pp. 287-309, 287 에서.

48) S, M. Manetsch, *Theodore Beza and the Quest for Peach in France, 1572-1598* (Leiden, 2000), 특히 pp. 256-61.

제10장 중부 유럽: 종교 논쟁

대치하려고 했다면, 동맹은 심각하게 분열되었을 것이다. 더욱이 지역 통치자들은 동맹의 열성적인 행동이 전통적인 권위에 대한 위협이라는 것을 감지하기 시작했다. 매년 주요한 암살 시도가 있었고, 그들의 종교적 열성과 살인적인 저항은 1990년대에 살만 루시디(Salman Rushdie)에 반대했던 아야톨라 호메이니(Ayatollah Khomeini)의 파트와(fatwa)의 열성자들로부터 칭송을 받았을 것이다. 결국 회원 중 한 명인, 적의를 품은 교사이며, 실패한 예수회 후보자 프랑수와 라바이유악(François Ravaillac)은 1610년에 그들의 목표를 달성했다. 그리고 순수 종교의 이름으로 이단적 위선을 무너뜨렸다.

동맹 활동 중에 최악의 극단적인 행동에 대한 공식적인 혐오의 증가를 제외하고, 지속적인 싸움 뒤에 일어난 주된 자극은 스페인의 왕으로부터 지원받은 외부적 군사 지원이었다. 그리고 이것은 1590년대 말에 애국적인 프랑스의 가톨릭은 분명하게 인식했다. 그들의 프랑스 왕에 대한 충성과 스페인의 의도에 대한 의심은 가톨릭 신앙을 위한 동맹의 국제적인 전투를 고려하게 했다. 가톨릭 국제주의를 위해 선택한 수는 점점 줄어들었다. 1598년 5월 소진되고 사기가 저하된 스페인 사람들은 베르뱅(Vervins)에서 앙리와 평화조약에 동의했다. 프랑스에서 그들의 야망은 아무것도 이루지 못했다. 몇 달 후에 필립 왕은 죽었고, 유럽은 이 위대한 제국이 아무도 꺾을 수 없는 존재가 아니었다는 것을 배웠다. 마침내 프랑스 왕권의 후계는 군주들이 30년 넘게 추구했던 종교적 타협을 정교하게 만드는 위치에 있었다. 마지막 주요 동맹의 총독인 메르쾨르(Mercoer)의 항복은 낭트(Nantes)의 브르통(Breton)시에서 합의된 앙리 4세의 칙령을 포함했다. 스페인과의 평화 협상은 아무런 외부적인 지원 없이, 가톨릭 과격자들을 남겨 놓았다. 그리고 이로 인해 비록 그 칙령을 받아들이는 것을 신랄하게 반대하는 가톨릭이 있었지만, 프랑스 군주는 자신의 목적을 달성했다. 많은 사람들이 싸움에 대해서 신뢰하지 않았다. 신실한 베자는 그의 인내가 보답받았다고 느꼈다.

칙령은 왕권에 대한 충성을 되살리기 위해서, 수십 년 이전의 모든 분야의 범죄자들을 사면했다. 이 칙령은 영속되도록 선포된 가톨릭과 개혁파 개신교 모두에게 예배의 자유를 허락했다. 파리를 포함해서 명시된 동맹 회원들의 본거지에서는 개신교 예배를 배제하는 것이 허락되었다. 반면에 (새롭게 된 기간들을 넘어) 그들이 안전하게 주둔할 수 있었던 보증된 도시들을 위그노들은 다시 한번 공식적으로 승인했다. 개신교의 법률 사례를 듣기 위해 특별 법정이 세워졌다. 그들의 공정한 재판을 보증하기 위해서 법적 공무원의 반절은 개신교였다. 정착 준비는 상당한 왕실의 보증이 포함되었다. 앙리는 가톨릭에 의해 지배된 법률 기관들은 개신교들을 등록하지 않는다는 것을 알고 있었기 때문이었다. 헌법적 법인들에 대한 조회 없이, 자신의 방식을 얻는 것은 프랑스 왕권에서 증가하는 경향의 징후였다. 군주의 중앙집권제의 장려와 대표적 입법 기관들을 통합하는 데 대해 늘어나는 반항은 1788년과 1789년 사이의 재정적, 정치적 충돌 때까지 결국 제지되지 않았다.

특히 무슈 평화조약으로 1576년 네라크 협정(Treaty of Nérac, 1579)을 통해서 평화적인 정착을 시도한 앙리 3세의 무산된 노력에서도 제시되지 않았던 낭트칙령(Edict of Nantes)의 조항들은 거의 없었다.[49] 위그노들은 정확하게 자유가 아닌, 더욱 봉쇄적인 것으로서 그 계약을 보았다. 그리고 앙리 4세의 죽음 후인 1685년에 루이(Louis) 14세에 의한 전체 칙령의 자유롭고 갑작스러운 수정에까지 그들의 특권 소모 움직임의 연속들을 경험했다. 루이 8세가 프랑스 왕권에 새롭게 병합하기 위해, 이전에 군주다운 위그노 지배자들 아래서 설립된 개신 교회를 자랑하는 남서쪽 극단에 있는 베아른(Beárn)의 작은 공국에서 가톨릭의 복원을 결정했던 1620년 이후에 발생했던 연속된 위그노 반란(revolt)기는 1680년 이전 최악의 시기였다. 1628년 가장 보증된 위그노 본거지의 방대한 포위 이후에, 이러한 봉기들은 대서양 연안 항구 라로셀(La Rochelle)의 파괴에서 정점을 이룬 개신교운동에 재난을 가져다 주었다. 그 이후에 위그노들은 군사적 피난처와 1598년에 인정된 정치권에서 특권을 상실했다. 그러나 왕의 주요 성직자인 리슐리외 추기경은 여전히 그들을 파멸하려고 노력하지 않았고, 낭트칙령의 관용은 재차 확인되어야 함을 보았다. 이전 세기 후반에 프랑스를 위해서 일했던 많은 가톨릭 열광신자들을 리슐리외는 결코 잊지 않았다.

그러므로 매일의 헌신적인 삶과 학교에서 학문을 지키기 위해 위그노들은 1598년 이후에 거의 한 세기를 보냈다. 그들은 학식 있고, 대단히 조직화되어 있고, 동기화된 국가적 공동체였다. 그들 중 약 20만 명은 1685년에 유럽 전역으로 흩어졌다. 그들의 근면함과 전문적, 기술적 그리고 경제적 능력은 그들이 정착했던 모든 공동체에 유익을 주었다(내 어머니의 가족은 1680년대에 스테퍼드셔에서 직공으로서의 새로운 삶을 위해, 프랑스에서 잉글랜드로 이주했기 때문에 나는 선입

---

49) G. Champeaud, 'The edict of Poitier and the Treaty of Nérac, or two steps towards the Edict of Nantes', *SCJ* 32 (2001), pp. 319–33.

관을 갖고 말한다). 그들의 칼빈주의는 환경 속에서 특별하게 형성되었다. 위그노들의 책 읽는 습관은 잉글랜드 청교도의 언약신학에서 증가하는 도덕주의와 흥미로운 대조를 이룬다(우리가 보아온 것처럼 언약신학은 네덜란드와 헝가리에서 구분되어 널리 정착했고, 모든 곳에 영향을 주었다). 위그노들은 도덕적으로 자기를 평가하는 문학 작품을 그리 많이 읽지 않았다. 그리고 그들은 많은 잉글랜드 청교도들처럼 일기를 쓰지 않았다. 그들은 선택된 상태에 대한 매일의 증거를 찾는 것에 대해 고민할 필요가 없었다. 가톨릭의 잠식과 개종에 대항한 과거 그들의 싸움과 현재의 경계는 고통받는 하나님의 선택된 백성들로서, 그들의 상태를 증명하기에 충분했다.[50]

전체적으로 위그노들은 17세기를 통해 현저하게 줄어들었다. 17세기 유럽 전역에서 가톨릭 군주가 개신교 귀족을 압박하는 상황에도 불구하고, 왕궁에서의 즐거움과 존경을 버리는 것을 싫어한 큰 거물들은 항복하고 회심하는 경향이 있었다(8장, p. 485를 비교하라). 심지어 이러한 중대한 손실의 영향에도 불구하고, 위그노 공동체는 1620년 전쟁에서의 인명 피해와 함께 1598년에 약 100만 명을 정점으로, 1685년에 이르러서는 25만 명 이하로 줄었다. 16세기 시민전쟁 동안에 초신자들의 수는 이미 줄어든 상태였다.[51] 전체로 실질적으로 로마 가톨릭의 존재가 없었던 더 작은 도시들은 가장 적게 소모되었다. 지중해 연안의 님므(Nîmes) 가톨릭 주교관구에서(그곳에서 1667년까지 가톨릭 성직자를 위한 적절한 신학교는 하나도 없었다) 개신교들은 실제로 주요 집단을 형성했다. 그리고 개종자들을 설득하기 위한 지역 가톨릭 주교의 노력은 무시되었다. 심지어 1685년에 위그노들의 공식적인 제거 후에도, 지역 주민들은 신앙을 굽히지 않고 남아 있었다. 그리고 17세기에 존재했던 것처럼, 19세기에도 님므 주위에 많은 개신교도들이 존재했다.[52]

만약 프랑스 위그노들이 반복해서 공격당하고, 실제로 1680년대에 배신당했다는 것을 알았다면, 그것이 앙리 4세의 실수는 아니었다. 왕국의 상처를 치료하려는 앙리 3세의 초기 시도들 중 하나, 1576년 4월 아장(Agen)의 조례들에

---

50) P. Bnedict, *The Faith and Fortune of France's Huguenots*, 1600-85 (Aldershot, 2001), p. 189.
51) P. Benedict, *The Huguenot Population of France*, 1600-1685: *the Demographic fate and customs of a religious minority* (Philadelphia, 1991), 특히 pp. 75-77.
52) R. Sauzet, *Contre-Réforme catholique en Bas-Languedoc: le diocése de Nîmes au XVIIe siécle* (Louvain, 1979), 특히 pp. 420-490.

서 왕은 "우리는 모두 동일한 국가의 동료들이자 시민들이다"[53]라는 원리를 선포했다. '시민들'(Citizens)이라는 세속적 단어는 발루아 가문의 가장 가톨릭적인 왕에 대한 반향보다, 프랑스혁명에 대한 반향을 더 가져왔다. 왕국의 긴박한 사태는 앙리 3세로 하여금 그의 상상력을 사용하고, 종교개혁으로 만들어진 종교의 나뉜 벽을 파기하는 관점에서 생각하도록 했다. 종교적 배타주의자들의 반대에 대항해서, 앙리 4세는 나누어진 양쪽 모두에게 그의 선임자들의 염원을 실제로 돌릴 수 있는 모든 것을 했다. 그는 서유럽에서 유일하게 경쟁하는 서양기독교의 두 가지 형태의 동일한 범주 안에서 법의 존재를 주의하며, 만들어진 인식과 이전의 분쟁 악순환의 정치적 반전을 프랑스에 남겼다. 소수 종교의 신봉자들이 관공서로부터 배제되지 않았다는 것은 특히 주목할만했다. 17세기 대부분의 기간 동안 많은 결함들에도 불구하고, 합스부르크 왕가가 30년 전쟁에서의 승리로 중부 유럽에서 유사한 조항들을 제거하려고 최선을 다했을 때에, 잉글랜드와 같은 개신교 독점 도시들과 스페인과 같은 가톨릭 독점 도시들에 반해, 프랑스는 폴란드-리투아니아 그리고 트란실바니아를 따라 관용의 상징으로 서 있었다.

1685년에 관용의 종말은 괴로움의 유산과 불안정을 프랑스에 남겼다. 위그노를 말살하는 데에 실패했기 때문이었다. 반면 기존 가톨릭교회 안에 오만함과 배타심을 고무시켰다. 1789년 이후 프랑스혁명에서 이러한 갈라짐은 1970년대의 잔인함을 만들어냈던 가톨릭교회 기관과 성직자 그리고 종교에 대한 혐오를 특별하게 고무시키는 세력들 중의 하나였다. 또한 이를 넘어서 현대 남유럽의 정치 좌파의 특징이 되어온 반교권주의를 만들어냈다. 현대 프랑스 역사에서 1572년 이후 개신교의 거점지를 형성했던, 남쪽 지역들이 지속적으로 계승된 공화정에 대해 반교권적, 반군주적 투표자들의 중추를 형성하고, 심지어 20세기 후반에 그들이 여전히 프랑스 사회주의에 대해 믿을 만한 투표를 제공한 것은 놀라운 일이다.

5. 프랑스: 늦은 반종교개혁

가톨릭의 엄청난 힘은 1598년까지 두 세대에 걸쳐 시민전쟁 안에 쏟아부어

---

53) Champeaud, 'The edict of Poitier and the Treaty of Nérac', p. 331.

졌다. 다만 당시의 긍정적인 면은 흩어진 프랑스 가톨릭교회를 소생시키고, 트리엔트공의회에 따라 재건을 시작할 수 있었다는 것이다. 위그노들의 울타리가 있는 곳으로부터 꽤 멀리 위치한 프랑스에는 특별한 상황이 남아 있었다. 가장 이상한 것은 트리엔트공의회의 법령에 공식적인 지위를 넘기기를 연기한 것이었다. 앙리 3세는 1580년대로 되돌아가도록 강요되었다. 그러나 이러한 시작은 그의 모든 정책 실패에 의해서 갑자기 닥쳐온 것이었다. 특히 영향력있는 가톨릭 세속 법조인들 중에서 앙리 4세는 갈리아주의자의 정서의 강화에서 유리한 트리엔트 법령을 수용하는 것에 점차 거부 반응을 보였다. 심지어 앙리 4세가 죽은 후인 1615년에 이를 수용했을 때, 군주는 그의 권위 아래서 훈육 법령에 효력을 주기 위해, 교회제도를 남겨두고 교리적인 부분들만을 인정했다. 예수회는 시민전쟁 중에 극단주의와 연계되었고, 이로 인해서 예수회는 프랑스에 남아서 방어를 했다. 1610년에 라바이약의 앙리 4세 암살과는 별개의 문제로, 1594년에 한 예수회 졸업생이 왕을 암살하려 했으나 성공하지 못했고, 이후 9년 동안 예수회 자체로부터 추방되었다. 프랑스 가톨릭에서의 반예수회적 정서의 긴장은 서유럽의 다른 지역에서도 나란히 나타났다. 이곳에서의 반종교개혁은 가톨릭 유럽의 다른 지역과는 다른 성격을 보였다.

독일어권 국가에서도 동시대적인 상황이 나타났고(10장, p. 585), 프랑스 주교들은 변화 촉진을 선도하는 자들 사이에 있었다. 시민전쟁이 종식되기까지 프랑스 주교의 지위는 유럽 전체에서 주교로 임명된 다른 귀족들과 같이 비개혁적이고, 영향력이 없었다. 귀족들의 어린 자녀들이 주교가 되었던 일반적인 관례는 지속되었다. 그러나 1600년 이후에 주교의 자격에 변화가 생겼다. 갑작스럽고 주목할 만한 이 변화는 주교들 대부분 대학졸업자들이라는 것이었다. 그리고 이런 주교들의 증가는 주교 직위에 임명되기 전에 안수를 받은 사제가 되는 문제를 가져왔다. 이 조건이 터무니없는 기본 자격으로 보였을 것이다. 하지만 16세기 프랑스 주교들 사이에서는 일반적인 것이 아니었고, 이는 중요한 변화였다. 앙리 4세에 의해 임명된 주교들의 49퍼센트는 사제로서 주교의 직위에 올랐다. 그리고 앙리의 아들 루이 8세 때에는 63퍼센트로 늘어났다. 줄 마자랭(Jules Mazarin) 추기경이 왕국의 최고 성직자였을 때인 1642년부터 20년 동안 임명된 주교들 사이에서는 91퍼센트로 증가했다.[54] 그 주교들의 모범 사례는

---

54) J. A. Bergin, *The Making of the French episcopate, 1589-1661* (New Haven and London, 1996), pp. 208-43, 248-9, 251-7.

귀족출신인 카를로 보로메오였는데, 그는 밀란에서 감독의 책임에 변화를 주었다. 우리가 앞에서 주목했던 것처럼, 보로메오는 반종교개혁에 대한 입장이 모호한 인물이었다. 왜냐하면 갈리아주의 성직자가 원했던 것만큼의 완고함으로 주교관구에서 주교의 권리를 주장했기 때문이다(9장, p. 543).

프랑스교회에서는 오래된 수도원들 또한 구조적 개선이 필요했다. 그들은 위그노에 의해서 생긴 수도원들의 물리적 손상을 회복시키려고 했을 뿐만 아니라, 종교개혁 이전에 왕족과 귀족의 착취와 부정으로 실추되었던 표준을 회복시켜야 했다(2장, p. 147). 가톨릭 실력자들의 손으로부터 부유한 수도원들을 분리해 내는 것은 쉬운 일이 아니었다. 예를 들어 1528년과 1621년 사이에 나타난 기즈가의 지속적인 계승은 한때 유명한 클루니(Cluny)대수도원을 이끌었다. 그러나 기즈가의 대수도원장은 그들의 대단히 부유한 집안의 후생을 위해서는 거의 아무것도 행하지 않았다.[55] 베네딕토수도회보다 수적으로 더 많았던 시토수도회 회원들은 엄격한 창립 이념들 사이에서 일어난 마찰과 자신들의 안락을 위해 추구했던 일들이 문제가 되었다. 심지어 시민전쟁 동안에 실제적인 시토수도회들은 당시 선도하는 대수도원들에 의해 계획된 종교개혁의 형태를 고수하기 시작했다. 예를 들어 식단에서 육류를 제하는 것이었다. 전적으로 초기의 규율들을 기초로 생활방식을 정한 수도회에서의 이러한 변화는 격한 논쟁을 유발했다. 그럼에도 불구하고 시토수도회의 약 1/3은 이를 수행했다.[56]

앙리 4세의 죽음 후에 이러한 종교개혁 활동들은 신실한 가톨릭 미망인 마리 드 메디치와 루이 8세로부터 많은 후원을 받았다. 비록 왕권과 교황권의 권력 구분 논쟁에 의해서 방해되었지만, 공통적으로 칭찬받고 미묘한 권력 구조의 균형을 잡는 일에 성공한 대수도원장, 주교관구의 주교 그리고 의식 있는 종교개혁 수도사들은 귀족출신이 많았다. 왕족과 교황의 책임자였던 라 로슈푸코 (La Rochefoucauld) 추기경의 강경한 감독 아래 이러한 일들이 진행되었다. 변화의 징후는 전통적인 수도원 생활에 대한 평신도 기대치의 표상이 되었다. 점점 증가하는 평신도들은 파리에서 프랑스 가톨릭 활동의 중심에 있었고, 그들이 죽은 후 수도원교회 안에 묻히기를 원했다. 그리고 1600년대 이후 40년 만에 도

---

55) J. A. Bergin, 'The Crown, the papacy and the reform of the old Orders in early 17th century France', *JEH* 33 (1982), pp. 234-55, 237-8 에서.

56) L. J. Lekai, *The Rise of the Cistercian Strict Observance in seventeenth-century France* (Washington DC, 1968), 특히 p. 166.

시에서 새롭게 설립된 40개의 인상적인 수도원들 중의 상당수가 종교개혁 이전 수도원을 토대로 했다.[57]

프랑스 가톨릭의 평판을 다시 세우는 데에 특별하게 공헌을 한 사람 중 한 명이었던 프랑수와 드 살레시오(François de Sales)는 사보이공국에서 프랑스의 동쪽 국경 너머의 귀족 출신이었다. 비록 그는 파리에서 활동주의 가톨릭 집단과 함께 자주 접했지만, 사보이에서 대부분의 시간을 보냈다. 그가 가지고 있던 주교라는 호칭은 개신교와의 싸움을 더욱 반향적인 것으로 만들 수는 없었다. 그는 1602년에 제네바의 주교로 임명되었다. 당시 제네바는 대부분 예전부터 오던 기부금이 끊긴 상태였고, 앙시(Annecy)의 사보이 사람들이 거주하는 도시였다. 그리고 제네바의 남쪽에 기지를 둔 칼빈의 도시로부터 망명한 가난한 전 참사회들이 발길을 향한 곳이었다. 드 살레시오는 세 차례 제네바를 방문했다. 그리고 그가 존경하던 티오도르 베자와 진지한 만남을 가졌다. 모든 가톨릭 고위 성직자가 그러한 만남을 진행해 나갔던 것은 아니었다. 드 살레시오는 유난히 온화하고 거치래가 없고 거만하지 않은 사람이었다. 주교로서 그는 가톨릭 훈계와 설교를 장려하는 데 열심을 냈다. 그리고 가난한 사람들에게 헌신한 것은 칭찬받을 만한 행동이었다. 그는 다른 주교들이 사용했던 위협(사보이 공작의 군대는 말할 것도 없이)이나 협박보다는 가난한 사람들을 위한 목회적 고려의 차원에서 사보이 주교관구의 소작농들을 설복시킬 수 있었다. "우리는 엄격함과 엄숙함 보다는 사랑과 자비로 사람들이 행하는 것이 더욱 확실한 진리임을 주장해야 한다."[58] 이는 보로메오의 종교개혁과 매우 다른 형태의 개혁이었다. 그리고 하나님의 사랑에 대한 개인적인 뜨거운 경험을 모든 사람에게 보여주기를 원했다. 드 살레시오가 이 사랑에 대해 말하면서 그가 가장 좋아했던 이미지는 예수의 거룩한 심장이었다. 프랑스 가톨릭은 하나님에 대한 주요 은유로서 예수의 거룩한 심장이라는 표현을 사용했다. 따라서 이 은유는 헌신의 광범위하고 대중적인 대상이 되었다.

하나님의 사랑에 대한 보편성을 기초로 드 살레시오는 사회, 성직자 또는 평신도, 남성 또는 여성과 같은 모든 구분은 하나님께로 가는 적절한 방법을 찾는

---

[57] V. Harding, 'Whose body? A study of attitudes towards the dead body in early modern Paris', in Gordon and Marshal (eds), *Place of the Dead*, pp. 170–87, p. 175에서; Bergin, 'The Crown, the papacy and the reform of the old Orders', p. 234.

[58] R. Kleinman, *François de Sales and the Protestants* (Geneva, 1962), p. 16 (철자를 잉글랜드화해서). 베자와의 만남에 대해, ibid., p. 90.

길이라고 했다. 혹자는 하나님의 은혜에 대한 그의 관대한 비전은 그가 접했던 칼빈주의의 더 좁은 형태에 의해 생겨난 것이라고 생각할 수 있었다. 실제로 그는 하나님의 예정에 대해서 젊은 시절에 몹시 두려워했다. 열렬한 스코틀랜드 칼빈주의자 존 낙스(John Knox)와 같이, 그는 매우 다른 종교적인 형태에서도 대부분 남성들보다 여성들과 깊은 관계를 형성했다. 그들 중 두 사람, 곧 바베 아카리(Barbe Acarie)와 결혼으로 인해 사촌이 된 제인 프란시스 드 샹탈(Jane Frances de Chantal)은 과부가 된 이후에 수도회에서 헌신했다. 드 샹탈은 개혁된 다른 수도회들의 극단적인 물리적 내핍 없이, 젊은 여자들이나 과부들이 명상적인 삶의 훈련을 할 수 있는 새로운 동정회의 중심으로 앙시를 선택했다. 드 살레시오의 생각은 샹탈과 일치했고, 마음속으로 그녀와 함께 썼던 작품들은 그의 영성을 표현해 주는 가장 중요한 작품이 되었다. 아카리(Acarie)는 샹탈과 다른 종교적 삶의 모습을 대표했다. 그녀는 카르멜회와 연결되었을 때, 마리 드 랭카르나시옹(Marie de l'Incarnation)이라 불리는 아빌라의 '맨발의 카르멜'의 성 테레사에 의한 금욕 명상 규칙을 프랑스로 가져왔다. 테레사와 '십자가의 요한'에 의해 개척된 카르멜회의 신비주의는 아카리의 사회를 통해서 유럽 가톨릭 신앙의 잠재적인 유익을 가져왔다.

오히려 카르멜회를 프랑스에 소개시키는 일에 아카리를 고무시켰던 드 살레시오의 친구, 삐에르 드 베륄(Pierre de Bérulle)의 신비적인 영성은 모든 사람들을 위했던 드 살레시오의 낙관적인 하나님의 은혜에 대한 비전과 달랐다. 베륄은 앙리 4세의 설교가로서 정치적으로 드러나는 위치에 있었다. 실제로 프랑스교회의 종교개혁에 대한 공헌을 인정받아 추기경이 되었다. 따라서 그의 신비주의는 세상으로부터 사라지지 않았다. 드 살레시오처럼 많은 고통 중에 위그노들을 승인했지만, 여전히 가톨릭교회에 대항하는 공동체를 승인하게 했던 개혁파 개신교 신학의 힘을 그는 생생하게 인식하고 있었다. 이스라엘처럼 선택된 백성으로서 개혁파는 모든 문제를 통해 공동체 삶을 실증하는 하나님의 섭리로부터 그들의 영향력을 끌어 왔다. 베륄은 한 세기 이전에 장 제르송(Jean Gerson)과 존 콜렛(John Colet)에게 영감을 준 공동체의 다른 비전, 이미 언급한 소위 '디오니시우스 아레오파지타'(Dionysius the Areopagite)라고 불린 고대 작품들에 호소했다(1장, pp. 76-78, 85-86). 이러한 익명의 신비주의자는 왕국과 파리 근교에 있던 왕실의 웅장한 대수도원 수호성인인 생 드니(St Denis)가 되기 위해 초기 프랑스 주교와 독단적으로 오랫동안 함께했던 프랑스 성직자 사이에서 특별한 관심을 받았다.

제르송과 콜렛과 같이 베륄은 존재의 질서와 질서 계층구조로서 하나님의 창조에 대한 디오니시우스적 묘사에 의해 불타올랐다. 디오니시우스적 묘사는 하나님의 은혜가 하늘로부터 땅에 있는 교회의 사제들에게 임했다고, 그 후에 사제들의 중재 사역을 통해 인간 전체에게로 내려온다고 했다. "교회는 두 부분으로 나뉜다…하나는 일반 사람, 그리고 다른 하나는 성직자다. 전자는 거룩함을 부여받고, 후자는 그것을 가져온다."[59] 사제들은 은혜의 신적인 빛에 대한 경이로운 능력과 함께 결탁되었다. 이전의 콜렛과 같이 베륄은 성도들을 위해 사역할 때, 하늘에 있는 천사들과 같이 될 것을 교회의 사제들에게 명령했다. 그들의 성직은 그리스도의 제사장직을 반영하기 때문이었다. 그리고 그들이 진행했던 성찬은 인간이 하나님과 만날 수 있도록 해주었던 주된 수단이기 때문이었다. 모든 성직자는 영혼의 지도자가 될 수 있도록 능력과 지혜를 찾아야 했다. 단지 잘 훈련된 소수만이 성도들에게 영적인 상담을 제공할 수 있었는데, 미사를 진행하는 자로서의 일반적인 중세 성직의 관점에서 볼 때, 이는 혁명적인 것이었다. 이는 로마의 교회에 저항했던 개신교 성직자의 훈련이 반영된 것이었다.

베륄은 하나님이 창조하신 질서의 연합에 대한 묵상에서 디오니시우스를 따랐다(신비주의가 451년 칼케톤회의에서 내려진 신비주의의 정의를 의식적으로 반대한 이단 문제의 관점에서 그의 명상이 안출되었다는 것을 운좋게도 추기경은 알아차리지 못했다). 그는 디오니시우스처럼 인간 그리스도가 하늘에서 하나님의 말씀이었던 그리스도의 무한함을 잃어버린 존재로 보았다. 동일한 방식으로 기독교인들은 신성 안에서 하나님의 능력에 자신을 굴복시키고, 잃어버리게 된 존재로 보았다. "인간성은 일반적이고 평범한 불모의 땅에 속한 특별한 본성으로부터 제거되었다. 그리고 신적이고 인격적인 토양 안으로 행복하게 이식되었다." '예수 안에서 예수의 십자가와 굴욕을 공유했던 첫 번째 사람'[60]이었던 예수의 어머니 마리아와 예수에 대하여 인간은 종의 자세를 취해야 할 필요성이 있다고 말했다. 베륄은 자신의 신비적인 환상이 초래한 실제적인 결과들을 인식하고 있

---

59) W. M. Thompson(ed.), *Bérulle and the French School: selected writings* (New York, 1989), p. 183.

60) Thompson (ed.), *Bérulle and the French School*, pp. 125, 170. 유용한 논의는 W. J. Hankey, 'Augustinian Immediacy and Dionysian Mediation in John Colet, Edmund Spenser, Richard Hooker and the Cardinal de Bérulle', in D. de Courcelles (ed.), *Augustinus in der Neuzeit, Colloque de la Herzog August Bibliothek de Wolfenbüttel, 14-17 octobre, 1996* (Turnbout, 1998), pp. 154-8.

었다. 그의 특별한 종의 자세는 사제로의 부르심으로 승화되었다. 그는 중요한 변화와 함께 성 필립 네리(St Phillip Neri)의 오라토리오수도회 형식의 회중구조를 확립해야 하는 책임이 주어졌다. 이탈리아 오라토리회의 회중은 각각의 독립적인 패턴을 가졌다. 그러나 계층구조의 관점에서 세상을 보려는 베륄의 직관을 유지하였고, 프랑스 회중들의 모든 사제들로 하여금 그의 권위에 복종하게 했다.

베륄의 오라토리오회를 따라 성직자를 위한 두 번째의 프랑스 기초가 세워졌다. 그것은 뱅상 드 폴(Vincent de Paul)에 의해서 만들어진 선교수도회(자주 성 나자르의 파리 본부에서 나자르회로 알려진)였다. 뱅상은 가난한 사람들을 섬기고, 낙심한 자들을 위해 자선단체를 형성하기 위해서 평신도와 여성도들을 격려하는데 헌신했다(15장, p. 826). 그는 성직자 연합회를 먼 시골지역으로 보내 선교여행을 하게 하며, 성직자 훈련을 지도했다. 그는 드 살레시오와 베륄을 동일하게 평가했고, 그의 사역은 그들과 대조되는 관점을 반영했다. 드 살레시오처럼 뱅상은 인간의 가능성에 대해 낙관적이었다. 심지어 대부분의 불행하고 천박한 갤리선(galley) 노예조차도 하나님의 사랑이 풍성한 삶에 이끌리어 구원받을 수 있다고 했다. 베륄의 신비주의는 외부적으로 보여주기 위한 것이나, 외적인 경건의 표현들보다는 내적, 영적 삶의 중요성을 강조했다. 이와 같이 뱅상의 선교 형태는 예수회의 선교 형태와 고의적인 대조였다. 연극이나, 극적인 설교가 없었고, 조심스런 헌신적 고백만이 있었다. 이러한 감정의 분출은 가톨릭에서 말하는 거룩이 무엇인지에 대해 보여주기보다는 프랑스, 제네바 혹은 사보이 칼빈주의자들을 화나게 하거나 불쾌하게 했을 것이다.

신비주의적, 관상적, 실천적, 감정적과 같은 프랑스에서의 다양한 영성에 대한 다양한 접근들 사이에는 하나의 공통된 특징이 있었다. 그 특징은 교구성직자와 대부인 주교의 일상적인 사역에 대한 강조였다. 사실 드 살레시오와 그의 주된 신봉자요, 프랑스 주교들 가운데 공동사역자였던 벨리(Belley)의 주교 장 피에르 카뮈(Jean Pierre Camus)는 모든 교구 주교의 역할(따라서 주교의 역할)이 우선적으로 교회 안에 있다고 주장했다. 그의 밀란 주교관구에 대한 보로메오의 전략은 동일한 가정을 근거로 했다. 프랑스 주교 성직자에게는 수행을 위한 표준들이 요구되었고, 이들 중 많은 사람들이 예외적인 단계의 훈련을 받았다. 하지만 장기적인 훈련 결과의 한 예로 프랑스 주교 사제가 유럽의 다른 곳에서 보다 그의 교구민들에게 어색한 존재가 되었다는 것이었다. 또한 프랑스 교구는

19세기 프랑스 문화전쟁으로 세속화 된 마을의 교사와 동일한 인물로 형상화 되었던 검은 수단과 모자를 쓴 교구사제(curé)에 의해 지배되어왔다.

베륄과 뱅상 드 폴과 드 살레시오의 작품에는 더욱 함축적인 것이 있었다. 수도원들과 특별한 맹세 아래에 있던 사람들만이 평신도를 지도할 수 있는 충분한 영적인 능력이 있는 사람을 키워낼 수 있다는 관념에 반대하며 의문을 제기했다. 오라토리오 회원들과 나자로 회원들은 교회의 사제들에 의해서 만들어진 것들을 넘어선 것에 대한 맹세를 행하지 않았다. 만약 교구성직자가 그들의 사역을 제대로 수행했다면, 예수회 같은 단체가 왜 필요했겠는가? 이 질문을 예수회나 다른 수도회들에 대한 적대감이었다고 표현하는 것은 잘못된 것이었다. 보로메오와 같이, 베륄과 드 살레시오는 예수회와 개인적으로 가깝게 연계되어 있었고, 이러한 위치에서 그들의 사역을 평가했다. 그리고 친구인 아카리와 샹틀이 조력하고, 많은 일을 감당했던 관상수도원들의 확장에 기뻐했다. 그럼에도 불구하고 가톨릭 행동주의 동맹 안에서 몇몇 수사들과 예수회의 갈리아주의(교황권제한주의)적 태도와 부정적인 기억들 속에서도, 교구와 주교관구의 사역수행을 하나로 묶어주는 성직자와 신실한 평신도들이 있었다. 더욱이 우리가 이미 주목했던 것처럼(8장, p. 522) 가톨릭 사이에 나타난 프랑스의 반에수회 감정은 가톨릭과 개신교가 서로 대항했던 그리고 가톨릭 주교 계층이 잉글랜드와 아일랜드 그리고 네덜란드에서 옛 권위를 다시금 되찾으려 시도했던 서유럽 지역에서 반향되었다.

이것의 징후로 재속 사제들의 수위권을 강조한 주교 카뮈의 책이 1635년에 『무관심한 영적인 지도자』(*A Spiritual director disinterested*)라는 제목과 함께 영어로 번역되었다. 10년 전에 리스본(Lisbon)에 영어로 수업을 진행하는 신학교를 설립했던 잉글랜드인 세속 성직자의 모임과 이 번역은 연계되어 있었다. 이 신학교의 특별한 목적은 다른 외국에 있는 영어 신학교들이 보편적으로 퍼져 있는 예수회의 지배에서 벗어나, 잉글랜드 선교를 위한 세속 성직자들을 훈련시키는 것이었다. 잉글랜드인 예수회와의 만남에서 상처를 받고, 잉글랜드에서 교황에 의해 임명된 가톨릭 주교 리차드 스미스(Richard Smith)는 리스본대학에서 완전한 권위를 가졌다. 그리고 그는 대학 교장으로 예수회를 몹시 싫어했던 토마스 화이트(Thomas White), 일명 블랙클로(Blacklo)를 임명했다. 갈리아주의자들이 잉글랜드인 성직자에게 행했던 것처럼, 교회 당국에 대한 공의회주의적 태도

를 가지고 교황의 권위를 떨어뜨리는 것은 일반적인 것이었다.[61]

　이러한 불화는 자격에 대한 싸움(비록 그것이 항상 성직자 사이에서 우선적인 시험이었지만)이나, 최근의 안타까운 프랑스 역사에 동조하는 문제가 아니었다. 더욱 복잡한 신학적인 분열이 시작되었고, 종교개혁 역사 전체에 나타났던 어거스틴의 그늘로 복귀하는 일이 일어났다. 드 살레시오나 뱅상 드 폴처럼 신중한 서유럽 가톨릭 사람들은 1517년 이래로 개신교의 성공에 대한 이유를 전달하기 시작했다. 많은 부분이 인간의 죄와 비양심적인 통치자들 그리고 귀족들의 탐심의 결과로 기록되었다. 그러나 콘타리니(Contarini) 추기경은 루터가 구원의 방편에 대해 권리를 가지고 있지 않다고 느꼈던 것처럼, 개신교 신학을 읽는 신학자들은 통탄할만한 이단 사이에 둘러싸인 어거스틴의 정확한 개념들을 발견했다고 결론지었다. 그들은 이러한 문제를 고려하며 가톨릭 신학을 세워야만 했고, 어거스틴처럼 더욱 정확하게 은총의 방법들을 기술해야 했다.

　네덜란드 신학자인 코넬리우스 얀센(Cornelius Jansen)은 이러한 사상가들 중 주요 인물로, 말년에 이프루(Ypres)의 주교가 되기 전, 루벤과 파리의 대학에서 대부분의 시간을 보냈다.[62] 개신교연합주인 홀란트 지방에서 태어난 후, 성년에 망명한 얀센은 그의 본토가 경쟁 관계에 있던 종교들의 주장에 의해 분열되었다는 것을 특별하게 의식할 필요가 있었다. 얀센은 루벤 신학자 미카엘 바이우스(Michael Baius)의 가르침을 따르던 교수들의 영향을 받은 루벤에서 어거스틴의 작품을 연구했다. 바이우스는 1567년과 1579년에 그가 어거스틴에게서 발견했던 인간의 조건에 관한 잔혹한 비관주의를 설명한 대가로 로마에 의해 유죄 선고를 받았다. 그는 예수회의 특별한 공격 목표였다. 얀센은 바이우스와 같은 동일한 관점에서 어거스틴을 보았다. 그는 예수회의 가르침을 토대로, 어거스틴의 은총과 구원에 대한 글을 읽는 것을 반대했다. 심지어 기초 원리에 대해서는 자신의 조망과 스페인 사람들의 사상을 가장 잘 따랐던 저명한 예수회 신학자, 루이스 데 몰리나(Luis de Molina) 사이의 근본적인 차이를 이해했다(사진 4 참고 p. 173).

---

61) E. Duffy, 'The English secular clergy and the Counter-Reformation', *JEH* 34 (1983), pp. 214-30, 특히 223-4. 잉글랜드에서 'Blackloist' 세속 싱직자 사이의 태도 중 실제로 가장 놀라우며 극단적인 결과를 위해서, J. R. Collins, 'Thomas Hobbes and the Blackloist conspiracy of 1649', *HJ* (2002), 305-32.

62) 장로 코넬리우스 얀센(Cornelius Jansen, 1510-76)은 겐트(Ghent)의 주교로서 1560년대에 필립 2세의 논쟁되던 뉴 네덜란드 주교직에 임명된 가장 특별한 자들 중 한 사람이었다.

몰리나는 인간의 자유의지를 보호하기 위해, 중세 후기 스콜라주의 신학자들과 데시데리우스 에라스무스(Desiderius Erasmus)와 동일한 관점을 공유했다. 그들의 경우에서처럼 이는 하나님의 절대 주권과 인간의 무력함에 대한 강조를 다루기 위한 어거스틴(무시되거나 또는 피할 수 없는) 사상을 처리하는 좋은 방법을 의미했다. 몰리나는 이것을 창조주 하나님의 능력과 인간을 구원하시는 하나님의 의지를 독창적으로 설명했다. 그리고 그의 설명은 현대에 이르기까지 예수회의 사상을 형성하고 있다. 전능한 창조주로서 하나님은 세계 질서의 무한성을 창조할 수 있었지만, 우리가 알고 있는 것으로 창조하기로 결정했다고 주장했다. 하나님은 발생한 모든 것을(철학의 지저귐에서 가상적 미래와 우연적인 것들로 불린 것) 아셨지만, 가능한 모든 선택 가운데 실제로 일어난 일들을 미리 보신다고 했다. 그래서 우리의 세계와 그 역사는 하나님의 절대적인 결정(어거스틴이 주장했던 것처럼)의 결과이고, 세계와 역사는 그 자체 안에서 결정해야 하는 모든 인간에 대한 하나님의 선지식(God's foreknowledge)을 유지한다고 했다. 그러나 무수하게 가정할 수 있는 미래의 자유들로부터, 인간의 어떤 결정이 존재했던 것만큼 하나님은 그의 은총 안에서 이러한 선지식을 인간 선택의 자유로서 고려하도록 선택했다고 했다. 몰리나는 이것을 인간이 구원의 추구로 행했던 선택이, 실제로는 인간의 선택이었다는 것을 보증하는 것으로 보았다.

만약 독자가 복잡한 시스템의 간결한 요약을 이해했다면, 몰리니즘(Molinism)의 결과는 분명하게 될 것이다. 가브리엘 비엘(Gabriel Biel)과 같은 중세 후기의 유명론적 신학적 학파(3장, p. 173)처럼, 비엘의 사상과는 매우 다른 출발선상에서, 몰리나와 후기 예수회들은 죄인들이 하나님의 비전을 얻기 위해 삶의 딜레마를 통과하며 싸웠던 것과 같이, 구원받기 위한 인간들의 특별한 행위의 중요성을 강조했다. 비록 몰리니즘이 어거스틴의 우편에 있었지만, 이는 전면적으로 신학적 작업이었다. 루터는 비엘의 사상을 거부했다. 루터는 비엘이 자신의 사상을 마치 어거스틴에 의한 것처럼 설명하며, 하나님의 능력과 은혜의 성경적 관점을 모독하는 것으로 보았다. 당시 코넬리우스 얀센도 동일한 이유로 몰리니즘을 거부했다. 그는 예수회의 영적 고문이 되었으며, 특별한 도덕적 경우를 상세하게 논의한 결의론을 한탄했다. 그는 결의론을 도덕적 선택들을 피하고, 범죄행위와 정직하지 못함을 도덕적 윤택함으로 가리기 위한 비책이라고 생각했다.

따라서 얀센은 어거스틴적 종교개혁의 불필요한 장치를 엄격하게 제거하고,

새로운 종교개혁을 통해 반종교개혁을 추진하려 했다. 그러나 이는 당시 가톨릭교회의 경계 내에서만 추진되었다. 유연성보다 일반적인 도덕원리가 더 큰 문제였다. 얀센은 리슐리외 추기경이 위그노들을 절조 없는 부드러움으로 대했다는 것에 대해 신랄하게 공격했다. 그리고 얀센주의자들이 중국과 인도 선교지에서 신학적으로 받아들일 수 있는 예수회의 제안들을 반대하는 데 앞장섰다는 것은 그의 가설과 일치하는 것이었다(9장, pp. 570-574).[63] 얀센주의자들은 범용적으로, 20세기 개신교 신학자 디트리히 본회퍼(Dietrich Bonhoeffer)가 '값싼 은혜'(cheap grace)라고 불렀던 감성적인 연극을 하는 예수회와 유럽 카푸친회로부터 풍요롭게 후원받는 선교 사역을 싫어했다. 그들은 성직자뿐만 아니라 모든 기독교인들이 성경을 읽어야 한다고 적극 추천하는 반종교개혁 내의 첫 번째 움직임이었다.[64] 예수회 결의론에 대한 얀센의 비판은 그 적절성에서 분명했다. 때때로 예수회의 더 높이 도달하려는 무언의 순종과 함께 광적인 주창자들의 손에 넘겨진 결의론은 왕을 죽이는 것을 정당화했다. 얀센의 어거스틴에 대한 어리석은 분석은 프랑스 갈리아주의자들과 예수회에 적대적인 이유를 가졌던 모든 사람들 사이에서 무언가 생각나게 했다는 것은 놀라운 일이 아니었다. 그리고 프랑스 가톨릭교회 안에서 강력한 지원을 끌어당기는 힘이 되었다.

얀센은 그의 생애 동안 예수회와 직접적인 접촉을 피했다. 그리고 개인적으로, 열정적으로 그리고 진정으로 교황청에 충성했다. 그러나 1638년 그는 죽으면서 그의 유언집행자에게 시한폭탄과 같은 논문 형태의 『어거스틴』(*Augustinus*)이라는 은총에 관한 책을 출판하도록 유언을 남겼다. 예수회는 이 책이 출판될 것이라는 정보를 듣고, 은총에 대해서 토론하는 그의 책을 출판하는 것을 금지하도록 교황의 법령에 호소했다. 예수회는 1641년까지 이 책에 대한 교황의 엄금을 유지했다. 하지만 신학자들 사이에 계속적으로 문제작이 되었고, 소르본느의 여러 선도하는 학자들의 지지를 받아 출판되었다. 20년에 걸쳐 완성된 책의 내용은 펠라기우스와 어거스틴 논쟁의 냉혹하고 상세한 개관이었다(3장, p. 171). 그 개관은 인간은 전적으로 타락했고, 따라서 인간에게는 선에 대한 아무런 의지가 존재하지 않는다고 설명하며, 몰리니즘을 적대적으로 해부했다. 비록 멜랑히톤은 아니었겠지만, 루터와 칼빈은 이 책에 대해 박수갈채를 보냈을 것이다.

---

63) Bireley, *Refashioning*, p. 187.
64) 이점에 대해 Alexandra Walsham 박사에게 감사한다.

학생시절에 이 내용을 듣고 동의했던 많은 루벤대학 졸업생들이 프랑스와 저지대국가들의 선임성직자가 되었다. 많은 사람들이 얀센의 책에 대한 호의적인 관심을 유지하기 위해서, 그 책에 대한 교부들의 의견을 오해하려 했다. 얀센의 사상과 신학에 대한 일반적인 접근은 특히 프랑스에서 영향력이 있었다. 파리에서 두 개의 새로운 수도회를 설립하면서, 포트 루아얄(Port-Royal)이라는 시골 수도회의 이름을 내걸고 파리에서 새롭게 개혁한 시토수도회와 자치를 유지했던 엄격하고 존경받는 수녀들의 공동체에 의해 옹호되었다. 17세기의 모든 가톨릭은 포트 루아얄의 얀센주의 지지자들과 예수회 간의 싸움으로 인해 진동했고, 프랑스의 궁정 정치에까지 영향을 미쳤다.

대조적인 로마 가톨릭교회의 미래는 이러한 상황에서 여러 투쟁의 요소들 사이에 놓여 있었다. 로마 교황의 지혜에 의해서 이끌어진 것인가? 아니면 교회의 창조적인 논쟁들로부터 신학이 정립된 것인가? 네덜란드에서 이러한 논쟁은 연합주 안에 속한 얀센파 가톨릭 성직자들이 주교 임명에 대한 로마의 결정을 받아들이는 것을 거부하도록 했고, 자신들의 주교 후보로 비국교도 주교를 유지했다. 또한 '옛 가톨릭' 교회가 만들어지며, 17세기 말 종교개혁 이래로 로마 가톨릭교회의 첫 번째 중요한 분열로 연결되었다. 이 논쟁은 프랑스에서 포트 루아얄 공동체의 핍박으로 끝나지 않았다. 포트 루아얄 공동체의 핍박은 1710년에 주요 수도원을 파괴하고, 공식순서를 통해 고의적으로 수도원을 훼손하면서 절정에 이르렀다. 얀센주의의 기억 속에, 교회와 국가, 모두에게서 모든 종류의 반체제 압박이 나타났다. 18세기에 예수회가 해산되었을 때, 프랑스에서 예수회의 파괴를 획책했던 연결망은 불신자 계몽주의자들이 아니었고, 얀센주의자들이었다. 그리고 양쪽 모두의 가톨릭교회에 대한 공헌을 고려해 볼때, 흩어진 예수회에게 가해진 잔혹함의 정도는 끔찍했다.[65]

얀센주의가 일으켰던 권위의 문제들은 여전히 현대 로마 가톨릭교회를 흩어 버리려는 위협으로 남아 있다. 이는 1978년부터 교황 요한 바오로 2세에 의해서 선언된 제2차 바티칸공의회의 공의회우위설과는 별개로, 교황 군주국의 비전에 대한 귀환으로 반영되었다. 17세기의 남유럽이나 중부 유럽에서 예수회의 사람들의 의견을 수렴하여 만든 교리와 폴란드-리투아니아와 같은 북유럽 가톨릭 국가들의 가톨릭 양식과 일반적으로 거리가 먼 교리들을 선언하는 것

---

65) 이러한 현상 연구를 위해, D. G. Thompson, *A Modern Persecution: Breton Jesuits under the suppression of* 1762-1814 (Oxford, 1999) 를 보라.

을 역사는 폴란드 교황에게 자연스러운 것으로 만들었다. 그리고 이 시기에 지역 자치와 전체 교회 자문의 필요성을 최소화하는 가톨릭의 중앙집권화를 위한 이름을 만들었다. 그 이름은 유럽의 지리적 명칭에서 유래했다. 알프스는 북유럽 사람들에게 장벽의 상징이었다. 중앙집권은 알프스산맥을 넘어 온 남쪽 사람들을 의미하는 '교황지상주의자들'(ultramontanes)로서 알려졌다. 그리고 개신교도나 개신교주의가 모두 나쁜 것만은 아니라는 분위기로 이끌어간 가톨릭 분권을 가리키는 대칭적인 이름, 키살피네(cisalpine, 알프스 이쪽)는 갈리아주의자들이나 얀센주의자들에 의해 발전되었지만, 당시에는 자주 사용되지 않는 이름이었다.

우리는 반종교개혁의 중심부였던 남유럽을 살펴보았다. 그리고 이어 프랑스로부터 합스부르크 왕가의 영토들에 이르기까지 중부 유럽 지역을 다루면서, 두 개의 경쟁적인 가톨릭 형태를 보았다. 30년전쟁의 발발은 중부 유럽에서 가톨릭 강경파들에게 대단한 유익을 주었다. 그리고 그곳에서 거의 한 세기를 견뎌낸 많은 개신교주의를 일축했다. 그리고 프랑스혁명과 나폴레옹(Napoleonic)의 대변동을 이겨내고, 여전히 오늘날에 이르기까지 유럽 대륙에 영향을 미치고 있는 종교적 분열을 굳히는 결과를 가져왔다. 종교개혁과 반종교개혁의 힘 사이의 역사적인 대결로부터 이제 주제를 옮겨가야 할 것이다.

제 11 장
결정과 파괴
(1618-1648)

헬라어에서 유래된 '위기'(crisis)라는 단어는 후에 '결정'(decision)이란 의미로도 사용되었다. 우리는 이미 1618년과 1619년의 위기의 시기에 내려진 중대한 결정들 가운데 하나를 살펴본 바 있다. 곧 도르트총회(Synod of Dordt)가 네덜란드 개혁파교회로 하여금 칼빈주의 예정론의 극단적 형태를 수용하도록 하고, 그것을 개신교 개혁파교회의 일반 표준으로 설정한 사건이다(8장, pp. 503-505). 그러나 도르트총회는 모든 개혁파들을 관철시키지 못했다. 당시에 새로운 사상들을 접하기 시작했던 (그리고 당시에 핍박받은) 반대파 네덜란드 알미니안주의자들과는 별개로, 극단적 칼빈주의자들(ultra-Calvinist)이 도르트에서 승리한 사건은 역설적으로 말하면 칼빈주의가 상실되었던 순간이라고 볼 수 있다. 그 후부터 잉글랜드국교회(Church of England)는 개혁파 계열에서 떠나 다른 미래를 향해 표류하기 시작했다(12장).

같은 해 1618년, 유럽의 여러 나라들은 또 다른 위기를 직면하게 되었다. 즉 대륙의 소유권을 쟁취하기 위해 고조된 전쟁에 직면하게 된 것이다. 이는 당시 반종교개혁(counter-reformation) 가톨릭이 얻은 모든 이익을 수년간 위협했다. 개신교에 대항하는 방침을 유지하기 위한 가톨릭의 전쟁은 유럽 사람들에게 비참한 30년의 세월을 겪게 했다. 의견은 다르지만 당시의 한 통계에 따르면, 독일에서만 인구의 40 퍼센트가 전쟁과 기아 그리고 질병으로 평균 수명보다 일찍 사망

6. 유럽에서 종교 분포, 1600년대

하였다는 것이다. 그리고 좀더 정확한 자료에 의하면 15~20 퍼센트의 인구가 사망했다고 한다.[1] 그러한 수치는 전투원들의 곤혹스런 상황을 나타내주고 있는데, 그들 스스로는 현상 유지를 위해 싸웠지만 결국 어떠한 협상도 끌어 낼 수 없었다. 가톨릭과 개신교 대표자들은 결국 학살에 대한 공식적인 종료를 가져왔던 베스트팔렌평화조약을 만들어 내기 위해 30마일 정도 떨어진 다른 두 베스트팔렌 도시에서 1648년 10월 24일에 만났다. 뮌스터와 오스나부뤽(Osnabrück)의 시청에 있는 훌륭한 고대 양식의 회의실들은 당시 유럽인들의 기억에 '평화회관' (Peace Hall)으로 각인되어 그들의 도시에서 자랑스럽게 경축되었다.

다툼의 중심에는 종교개혁을 통해 그 명성이 알려진 독일의 위대한 두 왕조가 있었다. 즉 합스부르크(Habsburg) 왕조와 비텔스바흐(Wittelsbach) 왕조였다. 1618년 이후에 발생했던 일에 대한 냉소적이고 세속적인 하나의 관점은 유럽 왕조 한 파벌 안에 있던 사람들이 그 사건을 신성로마제국 왕조 간 경쟁의 또 다른 사건으로 본 것이다. 이는 종교의 문제, 즉 종교적 열심 그리고 종교적 증오가 1618년에 있었던 전쟁 발발의 핵심요인이었다는 점을 간과한 부분적인 진실에 불과하였다. 양 진영은 기독교 메시지의 다른 관점을 취했던 사람들을 제거할 수 있다고 믿었다. 두 왕조들은 종교문제로 나뉘어졌다. 개혁파 개신교도였던 비텔스바흐의 선제후 팔츠 프리드리히 5세는 합스부르크가 대공과의 혼인연맹으로 1517년에 중부 유럽에서 개신교가 처한 상황에 결정적인 순간을 가져왔던 바바리아 가톨릭 비텔스바흐 조카와 대면했다(10장, p. 590). 합스부르크 왕가에게 가족 논쟁은 당시에 해결되었다. 중부 유럽에서 균형을 유지하기 위한 종교적 관용과 힘겨루기 시대는 끝났다. 그 가문의 열렬한 반종교개혁 가톨릭교도들은 다른 기독교 신앙고백들이 공존해야 함을 어느 정도 선에서 받아들였던 (페르디난드 1세로부터 마티아스[Matthias]에까지 이르는) 황제들의 정책을 더 지지하지 않았다.

1610년대 들어서면서 연로하고 자녀가 없는 마티아스 황제의 가장 유력한 후계자는 오스트리아의 페르디난드 대공이었다. 그는 전쟁이 발발했던 1619년에 페르디난드 2세 황제로서 황제직을 계승했다. 페르디난드는 1571년 왕조연맹의 열매였다. 1590년대 그의 공작령을 통해 조직적으로 개신교를 제거하려 했던 내용을 살펴본 바 있다(10장, pp. 590-592). 그는 그러한 소란스러운 때에 정

---

1) Cunningham and Grell, *Four Horsemen*, p. 208; G. Parker (ed.), The Thirty Years War (New York, 1984), pp. 210-11.

치적 도제의 신분을 결코 잊지 않았다. 그리고 그는 첫 번째 수도 그라츠(Graz)에서 자신을 위한 위엄 있는 매장지를 설정하는데 많은 어려움을 겪었다.[2] 그의 인간적인 매력은 엄격하고도 강직한 경건생활로 가리워졌다. 어떠한 여인도 그의 궁정생활에 생기를 불어넣지 못했다. 새롭게 세워진 성전 순례와 미사 및 교회 공무에 관해 매일 경청하는 일이 그의 정치적인 의무를 꾸준히 수행하기 위한 삶의 모습이었다.

페르디난드의 모사들은 일가친척들로서 주로 예수회 출신이었다. 그들 중 가장 뛰어난 사람은 그라츠에 있는 대학에서 강사였던 룩셈부르크(Luxemburg)의 농부의 아들인 기욤 라모르마이니(Guilaume Lamormaini)였다. 혹자는 페르디난드에 대한 리모르마이니의 친분을 프랑스에서 앙리 4세의 정책들에 대한 티오도르 베자의 지속적인 관여에 빗대었다(10장, p. 614). 예수회의 모든 구성원들이 예수회가 높은 정치적 투쟁과 지독한 중부 유럽의 전쟁 안으로 그들 스스로를 빠져들게 했다는 사실에 행복해 한 것은 아니었다. 오히려 라모르마이니 또는 예수회 동료인 아담 콘젠(Adam Contzen)에 대해 그 누구도 거의 관심이 없었다.[3]

페르디난드 대공은 바바리아 비텔스바흐 공주의 아들이었던 반면, 1618년 위기 때 그의 상대는 비텔스바흐가의 먼 사촌이자 팔츠를 통치하는 가문의 당시 머리였던 선제후 팔츠 프리드리히 5세였다. 1550년대 말로부터 팔츠 선제후들은 신성로마제국 안에서 개신교의 주요 옹호자들이 되었다. 그리고 루터교와의 가벼운 접촉 후, 확고한 개혁파운동을 수행하게 되었다(8장, pp. 354-6). 초기 현대 정치에서 가계족보의 중요성을 결코 평가절하하지 말아야 한다. 프리드리히는 그의 가계도에 의해서 모든 유럽을 위한 개신교 전사의 모습으로 드러나게 되었다. 그의 할아버지는 네덜란드에서 개신교운동을 하다가 가톨릭에 의해 암살당한 이전 세대의 잊혀진 영웅인 '침묵자 빌렘'(the silent Willem)이었다. 그가 되는대로 과찬을 늘어놓은 말들을 근거로 해서 프리드리히의 인상을 파악하는 것은 결코 쉽지 않다. 사실 그는 잘생기고, 신실하고, 상냥하고, 상상력이 풍부했지만 강한 개성을 소유한 것은 아니었다.

라모르마이니 또는 코첸과 동등한 프리드리히의 모사는 평신도 정치 모사요 그 스스로 작은 영토 즉 안할트베른부르크(Anhaltbernburg)의 통치자였던 크리

---

2) Parker (ed.), *The Thirty Years War*, p. 84.
3) R. Bireley, *Religion and Politics in the Age of the Counterreformation: Emperor Ferdinand II. William Lamormaini, S. J., and the formation of imperial policy* (Chapel Hill, 1981).

스티안 왕자(Prince Chritian)였다. 안할트의 크리스티안은 그의 개혁파 신앙을 동시대 지식의 영역들인, 신비 철학, 마술 그리고 실천적 발견의 조화에 대한 실제적인 관심과 조합하려고 했다(17장, pp. 679-84). 그것은 위험한 혼합물임이 판명되었다. 프리드리히가 1610년에 선제후를 계승했던 때까지, 크리스티안 왕자는 팔츠 정부에서 경력이 많은 사람이었다. 그리고 이를 자신의 안할트 상속지보다 더 큰 무대에서 하나님을 섬길 수 기회를 하늘이 준 것이라고 믿었다. 그의 목적은 교황의 반기독교 동맹인 예수회와 합스부르크가를 무너뜨리는 것이었다. 대부분의 사람들은 그 후의 사건들에 대한 책임을 그에게 돌렸다.[4]

개신교와 가톨릭의 이러한 태도는 제국 안에 있는 불안정과 불균형이 예민하게 인식되는 가운데 점차 사라지게 되었다. 일곱 명의 선제후의 작위들 중 셋(팔츠, 브란덴부르크 그리고 작센)은 개신교도들의 손에 있었다. 작위의 세계의 황실칭호들의 영구한 소유자들 사이에, 팔츠와 왕좌가 비어 있는 동안 제국을 통치했던 섭정(Reichsverweser) 둘은 개신교도였다. 그리고 단지 마인츠(Mainz)의 대주교-선제후(Archbishop-Elector)였던 제국 수상만이 가톨릭이었다. 아우크스부르크평화조약은 개혁파 개신교에 대한 어떠한 참작도 하지 않았다. 그러나 '제2 종교개혁'의 과정에서 많은 개신교 왕자들과 어떤 도시들은 칼빈주의를 위해 루터파를 포기했다. 그들은 그렇게 하는 데에 대한 법적인 권리를 가지지 못했다. 또한 어떤 법적인 보호도 없었다. 그리하여 그러한 명백한 위험을 피하기 위한 실제적인 노력들이 있었다. 그리고 1601년에 선도하는 바바리아의 가톨릭 공작 막시밀리안과 황실 정치 안에서 주요 루터교 행동주의자인 팔츠-노이부르크(Pfalz-Neuburg)의 팔츠 백작, 필립 루트비히(Philipp Ludwig)에 의해 후원된 로마 가톨릭과 개신교들 사이에 대화하려는 시도가 레겐스부르크에서 있었다. 마틴 루터와 요한 에크(Johann Eck) 사이의 1519년 라이프치히(Leipzig) 대면에서 운영된 것들로부터 논쟁을 위한 토론을 상징적으로 규정했다(3장, pp. 194-196). 왕자들은 감시자(monitor)로 행동했고 양쪽 성직자는 논쟁하는 동안 기도를 인도하도록 초청되었다. 그러나 이러한 시도는 결국 실패하였다.[5]

가톨릭의 협박에 대항한 개신교들의 연합을 얻는 것은 거의 쉽지 않다는 것이 판명되었다. 모든 시도들은 에큐메니칼적인 이해를 어느 정도 추구했다. 그러나 루터파와 칼빈주의 성직자는 서로 불편한 관계에 그대로 남아있었다. 말하자면 1555년의 법적 특권들 안에서 루터파는 지속적인 안정감을 누리고 있

---

4) Yates, *Rosicrucian Enlightenment*, pp. 49-51.
5) Rummel, *Humanism*, p. 128.

었던 것이다. 여러 개신교 통치자들은 두 번의 군사적 비상사태들 이후에 이러한 어려움들이 무시되었다는 것을 느꼈다. 가톨릭 소수 보호를 주장하는 바바리안들은 까다로운 루터파 제국도시 도나우뵈르트(Donauwörth)를 점령했다. 그 후에 클레베-율리히(Cleves-Jülich) 공국에서 공직 승계는 가톨릭과 개신교 사이에서 논쟁이 되었다. 결과는 1608년에 방어동맹 즉 개신교연합의 형성이었다. 바바리아의 막시밀리안에 의해 인도된 가톨릭은 다음 해에 가톨릭 연맹을 설립하였다. 미래의 전선(the battle-lines)이 확립되어진 것이다. 그러나 교황을 적그리스도로 혐오했던 만큼 동료 개신교도들을 싫어했던 루터파 왕자들은 망설이기 시작했다. 신앙고백의 분열을 뛰어넘으려는 노력에도 불구하고 개신교도들이 보여준 혼동과 무질서는 세상을 향한 신의 섭리에 있어서 중요한 전환점을 가져다줄 것을 예견하였다. 누가 그의 대리자가 되었는가? 어떤 사람들은 1610년에 실제적인 군대와 함께 클레베 율리히의 국사를 간섭했던 프랑스의 앙리 4세이었을 것이라고 말하고 있다. 그러나 같은 해에 라바이유악(François Ravaillac, 그는 1610년에 앙리 4세를 암살했다)의 암살사건이 외국의 군사적 정복열기에 대한 프랑스의 관심을 갑작스럽게 사그라들게 만들었다.

안할트의 크리스티안은 팔츠의 젊은 영주가 하나님에 의해 임명된 역할에 적합했다는 것을 앙리의 살해 이후에도 의심하지 않았다. 1613년에 팔츠 선제후 프리드리히는 유럽의 가장 힘 있는 개혁파 개신교 군주인 스코틀랜드, 잉글랜드 그리고 아일랜드의 제임스 6세와 1세(잉글랜드의 제임스 1세인 동시에 스코틀랜드의 제임스 6세)의 딸 엘리자베스와 결혼했다. 그들 부부는 서로에게 헌신했음을 증명했다. 말년에 그녀의 가족들이 어려움을 겪었을 때, 엘리자베스 공주는 가족들에게 있어서 든든한 반석과도 같은 존재임이 입증되었다(실제로 대적자들은 페르디난드 대공과 선제후 프리드리히의 결혼 정절에 관한 확고한 헌신이 국제정치가로서는 위험한 자질이라는 사실을 설득하려 했다). 모든 이들이 화이트 홀 왕실 예배당의 결혼식을 교황권에 대항하는 범 유럽 개신교 세력을 구축하는 것으로 이해하였다. 결혼식 주례를 맡은 캔터베리의 대주교, 조지 대수도원장(George Abbot)은 대서양의 왕국들이 엘리자베스 여왕처럼 위기에 몰린 유럽의 개신교를 위해 수호자 역할을 하길 원하던 칼빈주의자였다. 신부의 아버지만이 유일하게 다른 의견을 제시했고, 이는 결정적이었다. 제임스 왕은 전쟁보다 평화를 항상 선호해왔던 유럽의 몇 안 되는 통치자들 중 하나였다. 그는 스페인의 가톨릭 공주와 그의 아들 찰스 왕자의 결혼을 통해 국제 관계의 균형을 맞추고자 기대하였다. 그러나 결혼의 흥분 속에서 어느 누구도 제임스 왕의 생각을 눈치

채지 못했다.[6]

젊은 부부는 네카(Neckar)강 넘어 런던으로부터 하이델베르크로 돌아왔다. 이곳은 이니고 존스(Inigo Jones), 윌리엄 세익스피어(William Shakespeare) 그리고 올랜도 기븐스(Orlando Gibbons)의 잉글랜드가 르네상스 문화와 모든 유럽의 학자를 만났던 곳이었다.[7] 팔츠 선제후는 그의 미래를 위해 안할트의 크리스티안이 소유한 열정적인 비전을 믿는 경향이 있었다. 개신교 독일은 1520년대의 축제일들에(제3장) 있었던 것 이상으로 인류 역사에 길이 남을 최고점을 위해 준비되었다. 처음 희망과는 달리 제도와 형식에만 머무른 종교개혁은 사람들에게 실망을 안겨다 주었고, 더 애타는 마음으로 하늘의 표적과 기적들을 바라보도록 했다.[8] 그러던 중 마틴 루터의 첫 비텐베르크선언(declaration of rebellion in Wittenberg) 100주년 기념해인 1617년이 다가왔다. 루터파(Lutheran) 역사가들은 시대의 패턴이 중요하다는 사실을 고무시켰다. 그러한 것에 주도된 그네시오 루터교 플라키우스 일리리쿠스는 역사적 측량의 중요한 단위로서의 세기를 발명했다. 개신교를 위한 조망으로서 백주년 기념 축하는 불확실한 것으로 보였다. 시, 연극 그리고 소책자들 모두는 새로운 최고점을 위한 독일의 모세로서 루터를 축하했다.[9] 심지어 헬리혜성이 1618년에 나타남으로써 다가오는 결정의 순간의 의미를 더하였다. 만약 루터를 모세라고 한다면, 그 후 다윗왕의 등장 또한 결코 뒤쳐질 수 없었다.

이 모든 것의 징후는 또 하나의 색다른 흥분과도 같았다. 이전 세상으로부터 그들의 존재를 비밀스럽게 지켰던 현명하고 호의적인 철학자들, 즉 장미십자단(Rocicrucians)의 몇 백 년 된 사회를 기술하는 성명서가 1614년과 1616년 사이에 '기독장미십자회(Chritian Rosenkreuz)'에 의해 출판되었다. 이러한 장미십자회의 흔적들은 열정적으로 널리 읽혀졌다. 그들의 주 저자는 당시 뷔르템베르크(Württemberg)의 루터파 목사인 요한 발렌틴 안드레아이(Johann Valentin Andreae)로서 매우 창의적인 인물이었다(제8장, p. 473). 후에 역사가들은 이러한 문학작품을 어떻게 해석해야 하는지 알지 못했다. 그들은 일반적으로 그 저술을 간과

---

6) Yates, *Rosicrucian Enlightenment*, pp. 1–9.

7) Ibid., pp. 14–23.

8) C. S. Dixon, 'Popular astrology and Lutheran propaganda in Reformation Germany', *History* 84 (1999), pp. 403–18

9) R. Kolb, *Martin Luther as Prophet, Teacher, Hero: Images of the Reformer* 1520–1620 (Grand Rapids, 1999), p. 133.

루터교도들은 역사적 세기들을 기념하는 데 선구자들이었다. 1630년에 30년 전쟁의 후기 무대에서 문제가 되었던 이 메달은 1530년의 아우크스부르크신앙고백을 기념하였다. 이 메달은 마틴 루터(아우크스부르크 의회에 실제로 참석하지 않았던)를 보여주고 반대편은 적그리스도의 자리에 앉아 있는 교황의 모습을 보여주고 있다. 명각은 교황 폭정의 패배를 경축했다.

하곤 하였다. 특히 장미십자회가 결코 존재하지 않았다는 분명한 사실에도 불구하고, 분별력 없고 사려 깊지 못한 사람들이 이를 본인들 마음대로 남용한 후 상황은 더욱 심각해졌다. 그러던 중에 1972년 프랜시스 예이츠(Frances Yates)에 의해 출간된 책에서 보여준 뛰어난 해석 작업을 통해 기독장미십자회 저작물들의 본래 의의(the original significance)가 그 빛을 보게 되었다. 그녀는 그 작품들이 30년 전쟁으로 몰아갔던 과열된 분위기의 징후였으며, 팔츠 선제후 프리드리히의 추후 역할에 대한 간접적인 언급들로 가득하다는 사실을 발견했다. 학식에 조예가 깊던 루터파 목사를 비롯한 그의 공저자들에 의해서 만들어진 이 창작물은 개화된 문화(enlightened culture), 조화(harmony) 그리고 인간성취(human achievement)의 새로운 세상을 약속하였다. 기독장미십자회선언서(Rosicrucian manifestos)는 헤르메스주의자들(hermetic), 파라클레시안(Paracelsian), 그리고 보헤미아군의 사령관이었던 안할트 크리스티안의 주술과 신비주의 세계관에서 표방되어 나왔다. 만약 선제후 프리드리히가 실제로 어떤 행동을 취했다면, 새로운 인류 역사의 시작을 초래했을 것이다. 더불어 기독장미십자회의 허구는 실제로 현실이 되었을 것이다.[10]

---

10) Yates, *Rosicrucian Enlightenment*, 특별히 chapter 4.

개신교도들의 메시아적 역할을 위해 잘 다듬어진 방침을 가지고 상대를 선점하는 일은 자신과 가톨릭 진영의 합스부르크 왕가 통치의 미래를 보존하기 위함이었다. 그러나 페르디난드 대공에게 있어서는 일이 생각대로 잘 진행되지 않았다. 혈연과 정치적 상황들은 여전히 합스부르크 왕가들과 그들 제국의 왕좌에 많은 가능성과 미래를 부여했다. 사촌 마티아스 황제를 포함한 페르디난드 가문의 여러 일원들은 그가 예수회와 가깝다는 사실에 경종을 울렸다. 반면 그의 스페인 사촌 필립 3세 왕은 오스트리아 합스부르크 제국 공유를 위한 교섭의 강점(bargaining counter)으로 이용하기에 충분한 유력한 직함을 가지고 있었다. 페르디난드는 그의 재산을 이용하기로 결정하였고, 스페인 왕과 거래하였다. 그는 스페인 사람들은 동맹이 필요했다는 것을 알았다. 그들이 1609년에 개신교 네덜란드와 서명했던 12년 간의 휴전협정은(8장, p.503) 1621년에 완료될 예정이었다. 그동안 해외에서 비공식적으로 꾸준히 싸워왔던 전쟁은 이제 한 번 더 공식적인 전쟁이 되어 유럽으로 돌아올 것 같았다. 제국의 왕좌에 그의 직함을 인정받고 명성을 보존하기 위해 알자스(Alsace)와 이탈리아에서 스페인에게 영토를 할양하는 것은 그만한 가치가 있었다. 더불어 엄청난 금전적인 문제가 걸려 있는 일이었다. 장차 협력을 강화하기 위해 사촌 마티아스에 대한 고의적인 경멸감을 극복하는 것 또한 페르디난드에게는 가치 있는 일이었다. 대공(Archduke)과 황제(Emperor)는 작센의 선제후 요한 게오르그(Elector Johann George of Saxony)의 지원을 요청하기 위해 드레스덴(Dresden)으로 함께 동행하였다. 작센의 선제후는 강경 루터파와 신성로마제국에 대한 전통주의적인 충성심으로 인해 개신교연합(Protestant Union)에 가담하는 것을 꺼려하던 당시 왕자들의 우두머리였다. 이는 1617년 종교개혁 희년(Reformation Jubilee)의 여름이 채 가시기 전의 일이었다.[11]

그가 받게 될 다양한 지원과 협력을 굳히기 위해 페르디난드는 급속도로 노쇠해가는 황제를 그의 왕정의회 모임으로 호위했다. 처음에는 보헤미아에서 그리고 후에는 헝가리 왕국에서 그러했다. 결국 양쪽 의회는 왕의 지명자로서 페르디난드를 선택하는 데 모두 동의했다. 그리고 그는 새로운 보헤미아의 왕권계승을 행동으로 옮기기 전에 마티아스가 죽기까지 기다리며 시간을 낭비하지 않았다. 그는 이제 로마에 복종하기를 거부했던 교회들이 누리는 특권을 끝내기로 결심하였다. 보헤미아 왕국의 귀족들과 도시들 사이에서 왕 지명자(King-designate)는 그를 격분시켰던 범상하고도 다양한 종교를 접했다. 말

---

11) Parker (ed.), *The Thirty Years War*, pp. 44-5.

하자면 우트라퀴스트 후스파(Utraquist Hussites), 극단적 후스파 보헤미아형제단(radical Hussite Bohemian Brethren), 루터파(Lutherans), 개혁파 개신교(Reformed Protestants) 등이 있었다. 보헤미아의 페르디난드에 대한 공격은 보헤미아 개신교 귀족이 최근에 보증했던 권한으로 인해 더 커졌다. 여전히 대공으로 있던 때에, 마티아스는 그의 형 루돌프 2세 황제와 의견 대립으로 인해 충돌했고, 페르디난드는 이를 반역으로 보았다. 마티아스는 그 자신의 지위를 강화하기 위해서 개신교 세력과 합세했다. 그는 1609년에 보헤미아 지주들과 반미치광이였던 루돌프가 비 가톨릭의 권리를 대폭적으로 확대해주는 내용의 왕의 교서를 강압적으로 수여하도록 서로 공모했다. 따라서 보헤미아 왕으로서 루돌프를 밀어냈던 그는 스스로 교서를 확인했다. 결과적으로 보헤미아 개신교 공동체들 사이에서 괄목할만한 부흥의 징후들이 나타났다. 당시 페르디난드는 개신교의 확산을 저지해야만 하는 상황이었기 때문에 왕의 교서를 철회시켰다. 그에 의해서 선출된 행정관들(regents)은 인쇄된 출판물을 검열하고, 개신교들 또는 후스파들을 공직으로부터 배제하기 위해 할 수 있는 한 개신교 집회를 방해하였다.

그러한 도발적 행위는 결국 폭력사태를 가져올 수 밖에 없었다. 첫 번째는 합스부르크 당국과의 보헤미아 협상 파기로부터 발생했던 유명한 폭력 시위였다. 황실 공무원들이 프라하(Prague)에서 그들의 회의를 종식하도록 보헤미아 지주들에게 명령했을 때, 왕의 교서의 조건에 따라서 유지된 대표자들은 두 명의 페르디난드의 공무원들과 비서가 체포된 궁정을 장악했다. 그리고 그들의 후스파 조상들이 2백 년 전에 해왔던 것처럼 그들을 창문 밖으로 던져버렸다. 즉 프라하의 인간투척 사건이었다(1618년 5월 23일). 모욕당한 공무원들이 고통스럽게 퇴비더미 밖으로 올라갔을 때, 개신교 유럽의 눈은 프라하의 사건을 주시하고 있었다. 구약성경에서 그랬던 것처럼 하나님이 역사의 모든 사건들을 주기적으로 인도하신다고 믿던 시대에, 대륙 전체 개신교도들은 무장된 종교개혁의 선포가 루터 이전에 이미 보헤미아 후스파에서 시작했음을 알고 있었다. 하나님이 동일한 장소에서 그의 피날레를 장식해야 했다는 것은 단지 균형을 이루는 일인 것이었다. 실제로 성경은 그렇게 말하는 것처럼 보일 수 있었다. 멀리 떨어진 곳, 워쉬(Wash)의 동앵글리칸(East Anglican) 기슭에서, 학자이자 청교도 설교가인 존 애로우스미스(John Arrowsmith)는 후에 잉글랜드 시민전쟁의 한 중심에서, 하나님의 계획 속에 보헤미아가 차지하는 종말론적 함의를 되

제11장 결정과 파괴(1618-1648)   641

새기며 왕의 린 모임(King's Lynn congregation)을 위로했다. "복음이 우선적으로 존재했고, 그 후에 반대되었던 곳에 온 검의 방식(course of the Sword)은 요한계시록 6장에 분명하게 예언되었다."[12]

보헤미아 개신교는 그렇게 성경적으로 기초된 열정이 구체적인 지원으로 전환되었다는 것을 확실하게 믿었다. 국제적인 개신교 결속(International Protestant solidarity)에 대한 그들의 신뢰에는 특별한 이유가 있었다. 루돌프 황제의 '황제교서'(Letter of Majesty)가 1610년에 가톨릭의 옛 도시인 프라하에서 개신교회들의 설립을 허락했을 때, 매우 웅장하고 값비싼 새로운 교회당의 기부자들에게 유럽의 개신교 엘리트의 에큐메니컬적인 점호(roll-call)가 있었다. 그들 개신교 엘리트들은 잉글랜드의 제임스 왕 1세에 의해서 선도되었지만, 한편 작센의 선제후와 같은 루터파도 포함하였다.[13] 당시 한 번 더 보헤미아 지주들은 개신교 배경의 더욱 거리낌 없는 호전적 요소인 개혁파로부터 온 그들의 최선의 기회를 보았다. 그리고 그들은 혼자가 아니었다. 캔터베리의 대주교는 간절하게 1618년에 스코틀랜드로부터 트란실바니아에까지 뻗어갔던 동맹을 추구했다. 이는 '그들의 힘을 짐승에게 주었던 지상의 왕들은 음녀를 갈기 갈기 찢고 황폐하게 만들 것이다'라는 묵시를 인용한 것이었다.[14]

보헤미아 사회에서 가장 크게 목청을 높였던 사람은 바로 안할트의 왕자 크리스티안이었다. 크리스티안을 통해 그들은 1619년 8월, 선제후 팔츠(Elector Palatine)에게 그의 운명을 성취하고 합스부르크 왕 지명자인 페르디난드를 대신해 보헤미아 왕좌를 받아들이도록 숙명적인 초대를 했다. 사건은 매우 빠르게 진행되었다. 마티아스 황제는 결국 1619년 3월에 죽었다. 그리고 8월에 황실 선제후들은 페르디난드 대공을 마티아스의 계승자로 결정했다. 완고한 가톨릭 신자가 결국 승리한 것이다. 그러나 만약 페르디난드가 보헤미아의 왕이 되었다면, 그는 미래 황실 선거에서 일곱 표 중에 두 표를 얻었을 것이다. 그리고 개신교 투표권은 대다수쪽으로 움직였을 것이다. "이는 내가 반드시 순종해야 하는 하나님의 뜻이다, 내가 맞이할 최후는 오직 하나님과 교회를 섬기는 것 뿐이다"라고 페르디난드는 선포했다. 이와 마찬가지로 잉글랜드에서는 늘 호전적인 대주교 수도원장이 보헤미아 왕좌를 받아들이는 것이 선제후에게는 종교적

---

12) Cunningham and Grell, *Four Horsemen*, p. 59.
13) Parker (ed.), *The Thirty Years War*, pp. 44-5.
14) Murdock, *Calvinism on the Frontier*, p. 3.

인 의무라는 내용의 편지를 썼다.[15] 보헤미아 선제후들이 프리드리히를 왕으로 삼을 것인지에 대한 결정을 하고 있을 때, 트란실바니아(Transylvania)의 호전적 칼빈주의자 가보 베틀렌(Gábor-Bethlen) 왕자는 헝가리에 있는 합스부르크 군대를 이끌고 그곳 영토를 점거함으로 이스라엘의 적들을 공격하려(또한 헝가리 왕좌를 얻고자) 했다. 그후 오스만 술탄은 트란실바니아 사람들을 후원했다. 합스부르크 세습 영토의 모든 지방 지주들이 반역했다. 이렇게 어지러운 상황에서 어리석게 길을 잘못 들었던 것 같았다. 보헤미아의 새로운 왕은 하이델베르크로부터 프라하에까지 승리의 여행을 했다. 그리고 성비투스(St Vitus)성당에서 성배파(Utraquist) 성직자에 의해서 대관식을 거행했다. 성배파가 존재했던 두 세기를 마감하는 성배파교회의 마지막 공식 사역이 되었다.

거의 즉각적으로 프라하의 상황은 틀어지기 시작했다. 새로운 개혁파 정권은 성배파교회(Utraquist Church)의 예전적 보수주의를 의심의 눈초리로 바라보았다. 프리드리히와 그의 개혁파 조언자들에게 그들은 전 트리엔트 가톨릭주의(pre-Tridentine Catholicism)의 괴상한 시간왜곡 현상 속으로 빠져드는 것처럼 보였다. 결과적으로 1619년과 1620년 겨울 동안 그들은 프리드리히 왕이 대관식을 행했던 성당 안에 있는 기념비와 조각상들을 공식적으로 파괴했다. 이는 이념 때문에 저지른 어리석은 일이었다. 이러한 스스로 자초한 손상은 즉각적으로 분노한 성배파의 마음에서, 팔츠 왕조의 노련한 칼빈주의 궁중 설교가이며 불과 5년 전 루터파 베를린에서 단계적인 변화에 대한 그의 유사한 계획의 실패로부터 어떤 것도 배우지 못했던 아브라함 스쿨테투스(Abraham Scultetus)와 함께 연계했다(8장, p. 479). 스쿨테투스는 팸플릿에서 호되게 비난받기 위해 프라하 출판사들에 의해 선택되었다.[16] 보헤미아와 그들의 새로운 궁정에서의 다른 문화적 차이는 분열의 분위기를 증식시켰다. 예를 들자면 여왕의 터무니없이 사치스러운 잉글랜드식 패션이 그러했다. 그리고 보헤미아 군대는 페르디난드 황제의 동료 열심당인 바바리아의 공작 막시밀리안(Duke Maximilian)의 명령에 의해 침략하고 있는 가톨릭 군대와 접해야 했다.

그들을 위한 도움은 없었다. 이미 합스부르크 왕가는 트란실바니아 사람들을 매수했다. 가보 베틀렌 왕자의 새로운 헝가리 영토에 대한 탐욕이 다윗왕 역할을 하려는 그의 희망보다 앞서기 때문이었다. 대부분 루터파 왕자들은 어떤

---

15) Yates, *Rosicrucian Enlightenment*, p. 29.
16) Michalski, *Reformation and Visual Arts*, pp. 84-85.

경우에서든 새로운 칼빈주의 군주를 업신여기고 경멸하였다. 그리고 어느 개신교 통치자들도 지원을 위한 이전 표식들을 따르지 않았다. 단지 네덜란드가 알미니안주의 정치적, 종교적 위기로부터 최근에 등장했다(8장, pp. 502-505). 제국의 개신교연합은 보헤미아 입후보에 대해 거의 열정을 보여주지 않았다. 그리고 여전히 프리드리히 왕의 장인인 제임스 1세는 강경한 자세로 그가 과감한 모험이라 표현하던 평화의 중재를 추구했다. 1620년 11월 8일에 화이트마운틴(White Mountain) 전투에서 막시밀리안의 군대는 고립된 개신교 보헤미아를 초토화시켰다. 오늘날 그 웅장한 '승리의 성모 교회'(church of Our Lady of Victory)는 체코 가톨릭을 위한 순례의 중심지에 서 있다(삽화 15b). 대륙으로 확장된 개신교 낙원의 꿈은 끝났다. 기독장미십자회 문학의 생산이 1621년에 급작스럽게 중단되었던 것은 우연이 아니었다.[17] 곧 바바리아 군대들은 위쪽 팔츠를 침략했다. 그리고 두 번 이상 군주가 되었던 프리드리히는 자신이 헤이그의 피난처에서 왕실의 흔적을 만드는 일을 네덜란드가 허락할 때까지 유럽을 떠돌아다녀야 했던 영토 없는 피난민으로 느꼈다. 그의 선제후 직위는 사촌인 바바리아 막시밀리안에게 이양되었다. 1622년에 가톨릭연맹의 군대들이 하이델베르크를 약탈했다. 그리고 세계적으로도 유명한 팔츠 선제후들의 도서관을 압류하는 큰 기쁨을 누렸다(삽화 17). 막시밀리안은 자신을 위해 도서관을 원했다. 그러나 교황으로부터 광범위한 힌트를 얻은 후에, 충성스럽게도 그 도서관을 종교적 승리의 트로피로서 로마에 보냈다. 그것이 여전히 분리되어 선반위에 얹어 놓았던 말하자면 바티칸에 갇혀있는 칼빈주의 수감자라 할 수 있다.[18]

화이트마운틴 전투(The battle of the White Mountain)는 중부 유럽 개신교에게 있어서 불가항력적인 재난이었다. 즉각적으로 막시밀리안은 개신교회 건물들을 철거하고 가톨릭을 고무시켰다. 페르디난드 황제는 처음에는 잠시 주저하였으나 후스파와의 200년 간의 협정을 뒤집어 엎고 성배파교회를 파괴했다. 보헤미아의 재 가톨릭화는 프랑수와 드 살레시오가 그의 사보이 사람들의 주교관구안에 권한을 주었던 동일한 설득 정책을 시도하려고 준비했던 가톨릭의 실망으로 잔인하게 이루어졌다. 예수회 신부 피르무스(Firmus)는 소작농들이 개신교 책들을 감추었던 곳을 드러낼 때까지 소작농들의 발을 짓밟기 위해서 날카로운 정이 박힌 나막신을 신고 있었다. 그것이 잘 통하지 않을 때는,

---

17) Yates, *Rosicrucian Enlightenment*, pp. 136, 179-81.
18) J. Bepler, 'Cicissitudo temporum: some sidelights on book collecting in the Thirty Years' War'. *SCJ* 32 (2001), pp. 953-67, 955 에서.

그들의 머리털을 쥐어뜯고 귀싸대기를 날렸다. 이와 유사한 많은 이야기들이 있다.[19]

따라서 우트라퀴스트 후스파들은 전적으로 유럽 사람의 무대에서 그렇게 사라졌다. 서양의 기독교역사에서 이런 적은 없었다. 대부분은 가톨릭으로 되었거나 루터파에 묻혀지낼 수 있는 유배지의 망명자로 남았다.[20] 극단적 후스파인 보헤미아형제단(Unitas Fratrum)은 거의 잊어진 상태로 성배파들을 따랐다. 그들은 국제적으로 존경받은 주교 얀 아모스 코메니우스(Jan Amos Comenius)의 영웅적 노력에 의해서 유지되었다(10장, pp. 602, 606). 후에 열정적인 경건주의 루터교 귀족인 진젠도르프(Zinzendorf) 백작은 작센에 있는 그의 영지에서 남은 자들의 피난처를 제공했다. 그리고 놀라울 만큼 새로운 일을 그들로 시작하게 했다. 모라비아형제단으로 일반적으로 알려진 그들은 조지 왕조시대 잉글랜드에서 대단한 열정주의 열기를 고무시켰다. 그리고 한 무대에서 그들은 개신교회 리더들 중 얽매이지 않기로 유명한 가장 창조적인 사람, 존 웨슬리에게 큰 영향을 끼쳤다. 14세기 잉글랜드의 위클리프파(롤라드파[Lollards])로부터 많은 영향을 받았던 후스파 운동(Hussite movement)이 후에 웨슬리와 감리교도들을 통해 18세기 잉글랜드의 종교개혁운동에 그러한 영향을 주었다는 사실은 실로 기이한 모습이라 할 수 있다. 후터파 재세례파(The Hutterite Anabaptists)는 이와 마찬가지로 100여 년간 정착했던 모라비아를 떠났다. 그들은 유럽 전역을 방랑하기 시작했고, 결국 대서양을 건너게 되었다. 여기서 그들은 이전에 누렸던 것보다 훨씬 더 크고 광활한 땅을 발견했다. 그리고 그들은 다시 새로운 삶을 시작할 수 있었다. 그들은 현재까지도 생존하고 있다. 이들 공동체들은(스위스에서 북미로 이민 온 후기 아미쉬[Amish] 재세래파 이민자들 처럼) 그들이 사용하던 독일어 방언과 중부 유럽의 박해자들로 떠나온 시대를 잘 반영하는 삶의 방식을 잘 보존하고 있다.

1620년대의 나머지 기간 동안, 합스부르크 왕가는 독일에서 더욱 승리를 얻었다. 그리고 개신교 보헤미아 귀족을 우선적으로 목표했던 그들은 자신들의 주의를 합스부르크 상속 국가들의 루터파 귀족에게로 돌렸다. 1570년대 아버

---

19) L. F. Miskovsky, 'The Catholic Couter-Reformation in Bohemia', *Bibliotheca sacra* 57 (1900), pp. 532-52, 550에서. 이 참고를 위한 Howard Luthan에게 감사한다. 또한 O. Châline, 'Frontiéres Religieuses: La Bohême aprés la Montagne Blanche', in E. Andor and I. G. Tóth (eds), *Frontiers of faith: religious exchange and the constitution of religious identities* 1400-1750 (Budapest, 2001), pp. 55-66 을 보라.

20) Z. V. David, 'The strange fate of Czech Utraquism: the second century, 1517-1621', *JEH* 46 (1995), pp. 641-68, 646, 657에서.

지 칼 대공(Archduke Karl)이 상당히 분개하면서 개신교에게 수여했던 그라츠평화조약을 무시하고, 오스트리아 내의 모든 개신교 토지소유자들의 추방을 공포할 때, 황제는 그 모든 과정을 1628년에 완수했다(10장, p. 590). 대부분의 귀족들은 그들의 토지에서 떠나는 것을 피하는 데 최선을 다했다. 그들은 외적으로는 가톨릭으로 전향했고, 결코 오지 않았던 더 좋은 시대를 기다리는 '니고데모파'(Nicodemite)라고 불렸던 숨겨진 개신교도들이 되었다. 10년 후 일어난 합스부르크 왕가의 반전은 그들에게 희망을 불러일으켰다. 그러나 실질적으로 이는 오스트리아에서 한 때 번성한 루터교의 종말일 뿐이었다.[21] 페르디난드와 그의 강경노선의 조언자들은 만족하지 않았다. 북유럽에서 그들의 군사적 승리가 늘어나면서, 그들의 승리를 신성로마제국에까지 확대시키기를 원했다. 제국 안의 유력한 가톨릭 성직자에 의해 추진된 후, 1629년 5월에 황제는 반환칙령을 공포했다. 또한 영토의 통치자들이었던 성직자의 위치를 강화시켰던 다른 조항들과 함께 그는 모든 영토가 가톨릭교회로 귀속됨과 1552년 파사우조약(Treaty of Passau) 이래로 점유된 주교 관할지역으로의 귀속 법령을 내렸다(6장, p. 378). 칙령은 또한 자유도시들을 제외한 제국 전역에 개혁파 개신교 금지령이란 새로운 항목을 노골적으로 강화시켰다.

칙령은 이전 십년간 합스부르크 왕가가 얻었던 이권들을 약화시키는 악재와도 같은 사건으로 입증되었다. 온건파 가톨릭조차도 이러한 완고한 조건들에 심기가 불편했다. 그러나 황실 왕자들 사이의 황제의 루터파 연합들은 이를 1555년 아우크스부르크평화조약의 모조품으로 보며 격노했다. 루터파는 그들의 신학적 차이를 해결 또는 최소한 무시하고자 칼빈주의 신학자들과 진지한 대화를 시작했다. 이는 1630년에 라이프치히에서 동의 협약으로 정점에 이르렀다. 이 협약에서 두 개신교 신앙고백 사이의 새로운 관계를 제안하는 '관용'이라는 의미심장한 단어가 처음으로 사용되었다.[22] 더욱 심각하게도, 칙령이 예고했던 명백한 공격과 추가로 부가될 합스부르크가의 권력에 대한 조망은 유럽의 두 주된 세력이던 가톨릭 프랑스와 루터파 스웨덴에게 경종을 울렸다. 스웨덴 왕 구스타프 아돌프(Gustav Adolf)는 합스부르크 왕가에 대항해 싸우기 위해 1630년에 그의 군대를 남쪽으로 이동시켰다.

구스타프 아돌프는 뛰어난 장군이었고, 그의 승리들은(프랑스 보조금에 의해 많

---

21) Pörtner, *Styria*, pp. 138-42.
22) Pettegree (ed.), *Reformation World*, p. 406.

은 도움을 받은) 잠시나마 다소 들뜬 개신교도들에게 희망을 일으켰다. 그 희망이란 팔츠 선제후가 10년 전에 이미 고무시켰던 것이었다. 독일과 중부 유럽에서 스페인과 오스트리아 합스부르크가에 대항하여 프랑스와 함께 대륙 전체 규모의 전쟁이 발발했지만, 그의 중재로 인해 실제 개신교 개혁운동을 존립하게 했다. 스웨덴 왕은 보헤미아의 옛 왕(ex-king)을 대단한 존경심을 가지고 대했다. 그리고 간단히 프리드리히는 그의 잃어버린 땅, 팔츠로 한 번 더 들어갈 수 있었다. 그러나 스웨덴이 간섭한 지 1년도 채 안된 1632년 11월, 불과 며칠 간격으로 황실의 군대를 물리치다가 부상당한 구스타프와 역병이 걸린 프리드리히 두 사람은 뤼첸(Lüzen)에서 죽었다.[23] 수 년 후에, 오직 트란실바니아의 왕자 죄르지 라코치 2세(György II Rákóczi)만이 경건한 목표를 위한 인류의 군사적 구세주 역할 경쟁자가 되었다(10장, p. 606). 그는 동료 통치자들에게 깊은 인상을 주지 못했다. 그리고 1650년대 그의 군사적 행동의 대 실수는 유럽 개신교도들이 더 이상 하나님의 기름부음을 받은 자들 중 한 사람으로부터 일괄적인 구원을 추구하지 않도록 확신을 주었다. 유럽 군주들로부터 그들의 영광을 빼앗는 중요한 순간이었다.

유럽은 뤼첸(Lützen)이후 16년간 더 비참함을 견뎌야 했다. 뮌스터와 오스나브뤽에서 베스트팔렌평화조약을 결말짓는 데 1643년부터 5년이 걸렸다. 왜냐하면 종교적 문제들에 어떤 결과를 가져다주는 합의점을 찾는 것뿐만 아니라 쌍방간의 국제논쟁의 해결을 다루었기 때문이었다. 협상에서 결과적으로 개신교연합은 가톨릭 세력보다 더 크다는 것을 증명했다. 실제적인 협상은 이전 수십 년의 가장 극단적인 재난들로부터 개신교를 구원하도록 많은 것을 행하였다. 모든 당사자들은 유럽의 지도를 전쟁의 어느 특정 순간에 확정짓자는 임의적인 결정에 동의했다. 이는 중부 유럽에서 합스부르크 영토들은 개신교주의에 영향을 받지 않았다는 것을 의미했다. 그러나 이는 또한 1629년의 반환칙령은 과거 역사였다는 것을 의미했다. 종교적으로 소수였던 그들은 1624년에 그러한 권리들이 존재하는 어디서든 개인적으로 예배할 수 있는 그들의 권리가 회복된 것을 보았다. 한편, 가톨릭교회는 그 당시 자신들의 소유가 아니었던 어떤 엉모니 물건들을 회수할 수 없었다.

30년전쟁에 대한 기술은 결국 그 전쟁의 특징을 두 종교 간의 신앙고백들의 마찰로 강조하고 있다. 바로 그것이 전쟁 시작의 이유이다. 전쟁의 끔찍한 과

---

23) Yates, *Rosicrucian Enlightenment*, p. 221.

정들은 매우 씁쓸하게도 신앙고백적인 성격을 가지고 있다. 개신교도들의 상상 안에 가장 깊이 자리 잡고 있는 에피소드는 1631년 황실의 군대에 의해 행해진 마크데부르크의 제국 자유도시(Imperial Free City of Magdeburg)의 약탈과 완전한 파괴였다. 마크데부르크의 2만 명의 거주자들의 압도적 다수였던 개신교도들은 즉시 처형되거나 살아있는 채 불에 태워 죽임 당했다고 알려졌다. 그 불은 도시 전체를 격노하듯 삼키며 결국 도시를 황무지로 남겨놓았다. 마을들이 포위당한 후에 약탈당하는 일은 비교적 일상적인 것이었다. 특히 군대는 급료가 그다지 좋지 않고 물자공급이 잘 이루어지지 않는 가운데, 막대한 노력에 대한 상급과 손실에 대한 보상을 추구하는 경향이 있으므로 더욱 그럴 수 있었다. 그러나 마크데부르크에서 발생했던 피해규모와 폭력성은 이례적인 것이었다. 그리고 그들은 외적인 상징을 가졌다. 전체 종교개혁에서 악의적인 접촉과 상호 만행의 세기를 통해 제국의 자유도시들 중 하나도 그러한 운명으로 고통당하지 않았다. 더욱이 마크데부르크는 가장 큰 제국 자유도시들 중 하나였다. 그리고 슈말칼덴전쟁 이래로 그것은 개신교 자존심과 독립의 상징이었다. 이 사건은 사람들의 마음속에 곧바로 바벨론이 예루살렘을 파괴하던 것과 같은 상상을 유발시켰고, 심지어 이러한 현상은 유럽 전역에 출판된 수백 개의 소책자들에서도 나타났다. 그 팸플릿들은 마크데부르크의 끔찍한 공포감을 분석하고, 해석하고, 가르쳤다. 마크데부르크의 재앙을 성경적으로 조명하는 것은 마지막 날의 징조들 중 하나로서 어떤 일이 벌어졌는가를 보기 위한 부가된 논리였다. 그것은 하나님이 의도한 아마게돈전쟁일 수도 있는 그 사건에 모든 규제를 던져 버리기 위한 장려책이었다. 대서양 제도에서 1640년대와 1650년대의 가장 이념적으로 일촉즉발의 전쟁들의 장소로서 아일랜드가 경험했던(12장, p. 675) 잔인함은 마크데부르크에 대한 기억과 1631년의 약탈이 불러일으킨 묵시적 분위기에 많은 빚을 졌다.

그러나 그 시대에도 덜 신화적이고 덜 드라마틱한 어떤 대안 세력들을 그 전쟁에서 볼 수 있었다. 우리는 교정할 수 없는 평화주의자 제임스 1세만 제외하고는 실질적으로 어떤 개신교 왕자도 1620년과 1621년 사이의 보헤미아의 왕을 돕기 위해 오지 않았다는 것을 주목했다. 1625년에 때늦은 잉글랜드의 노력은 사실 내키지 않는 일시적인 것이었으며, 전적인 논리적 부조리라고 볼 수 있다. 심지어 트란실바니아의 가보 베틀렌(Gabor Bethlen)조차, 어느 곳이든 그의 주머니에 라틴어 성경을 가지고 다닌 것으로 알려진 열정적인 개혁과 개신교 군주였음에도 불구하고, 헝가리에서 영토들을 얻는 것에 대하여는 황제와의 협상을 끊어버릴 준비가 되어 있었다.[24] 따라서 치국책의 실용성과 고려사항들은 종교적 헌신보다 자주 앞서갔다. 가장 눈에 띄는 것은 프랑스가 전쟁에서 감당했던 역할이었다. 특별히 1629년 이후 스웨덴과 반제국주의자들 측에 대한 프랑스의 중재였다. 가톨릭의 국제적인 확산을 장려하기보다는 합스부르크 왕가의 힘을 제한하는 것이 우선적으로 고려해야 할 사항이었다. 전쟁 대부분의 기간 동안 프랑스 외교 정책은 리슐리외 추기경의 손에 있었는데, 이미 우리가 보았듯이, 그는 프랑스 개신교 관용에 실용적인 태도를 취하였다(10장, p. 616). 1616년에 최고 권력의 시기 이전에 리슐리외는 '국가의 관심과 종교의 관심은 전적으로 다른 것'[25]이라는 의견을 말했다. 만약 추기경이 종교적 이상주의를 가졌다면, 페르디난드 2세의 헌신과는 다른 것이었다. 즉 그는 기독교국가에서 평화를 다시 회복하기 원했다. 그리고 그는 합스부르크에 대항하는 개신교와의 연합이 그 뜻을 이루기 위한 최선의 방법이라고 보았다. 리슐리외가 동시대 교황 우르반 7세와 합의했다는 것은 주목할 만하다. 교황은 스페인 또는 스페인 합스부르크가를 사랑하지 않았다. 그리고 교회보다는 그들의 향후 정책들이 그들의 주요 관심이라 생각했다. 그는 심지어 개신교 이단들의 승리에 감사할 준비가 되어 있었다.[26]

이 모든 것의 종국에 서양기독교는 새로운 현실을 접해야 했다. 전쟁의 발발로 인해, 많은 사람들이 신성한 삶의 현실과 하나님께서 신성로마제국에 주신 운명을 굳게 믿었다. 루터파이며 작센의 선제후인 요한 게오르그(Elector Johann Georg)처럼 심각한 사고를 가진 왕자의 경우 이는 여전히 가톨릭 황제 페르디난드의 의도들에 대한 의심을 능가하는 원리였다. 1648년 이후 이러한 중세 서양기독교의 기초 기관이 앞으로 더욱 일관적, 관료주의적, 그리고 중앙집권적인 도시국가가 된다는 전망은 전혀 없었다. 심지어 폴란드-리투아니아 연방국(Polish-Lithuanian Commonwealth)의 개방체계에서조차 볼 수 없었다. 그것의 기관들은 작동을 지속하였다. 그리고 독일인의 삶에 뼈대를 제공하였다. 그러나 기독교 통치자들은 그들이 통치했던 방법과 이유에 대한 다른 이해방식들을 고안해야 했다. 1648년까지 종교개혁의 세월들을 통한 종교전쟁의 결과를 볼

---

24) Murdock, *Calvinism on the Frontier*, p. 39.
25) P. Sonnino, 'From D'Avaux to Dévot: politics and religion in the Thirty Years War', *History* 87 (2002), pp. 192-203, 192에서.
26) Yates, *Rosicrucian Enlightenment*, p. 288.

때, 이러한 통치자들 몇몇은 신앙을 위한 강력한 개혁운동들을 수행하는 경향이 있었다. 특히 동료 기독교인들에 대항해서 그러했다. 개혁들은 단순히 작용하지 않았다. 가톨릭과 개신교는 상호적으로 서로를 무시했고, 통치자들은 여전히 종교적 이유로 종교적 소수들을 핍박했다. 그러나 당시에 전에 없었던 통치와 외교에서는 거래를 할 용의가 있었다. 1676년부터 1679년까지 연장되었던 또 다른 평화회담은 가톨릭 프랑스와 개신교연합주들 사이의 전쟁을 끝내려 하였다. 베스트팔렌협상과는 다르게 이 시대 가톨릭 개신교 외교관들은 협약을 안출했을 때 얼굴과 얼굴을 마주보고 서로 함께 앉았다. 유럽은 리슐리외의 원리 즉 '종교와 정치는 동일하게 될 필요가 없다'는 것을 따르기 시작했다.

르네 데카르트(Réne Descartes)는 30년 전쟁에서 싸웠던 프랑스 군인이었다. 반종교개혁의 후기로 접어드는 가운데, 예수회는 그를 프랑스에서 17세기 첫 10년 동안 교육하였다. 그리고 드 베릴 추기경은 그의 연구에 친근하게 관심을 가졌다. 데카르트는 개신교연합주의 가장 위대한 도시이자 서유럽의 가장 다원화된 공동체들 중 하나였던 암스테르담에서 대부분의 후기 생활을 위한 시간을 보내기로 정했다. 그곳에서는 기존의 교회가 독재적인 위치를 차지한다거나 강압적인 힘을 과시할 수 없었다.

그는 먼저 전쟁의 공포를 목격하였다. 그 전쟁에서 군인들은 성직자들에 의해 잔혹한 살육(buseness of death)을 당했다. 성직자들은 스스로 모순적이면서도 다른 라이벌 신앙 체계를 무너뜨리기 위해 고안된 종교적 확언을 선포했다. 그의 반응은 그 주변 세계의 의식 안에서 발견할 수 있는 확실성들을 다시 찾아내는 것이었다. 결국 그는 자신만 남게 되었다. "나는 생각한다. 고로 나는 존재한다." 그로부터 데카르트는 확실성들을 다시금 세우기 시작했다. 여전히 헌신된 가톨릭 신자로서 신의식(sense of God)은 자신의 의식 다음으로 확인할 수 있었던 근본 확신이었다. 그러나 그를 추종하던 모든 사람들이 이에 대해 확신한 것은 아니었다.[27]

---

27) Cf. K. Scholder, *The Birth of Modern Critical Theology* (London, 1990), pp. 10-11 에서의 논의.

The Reformation: a History

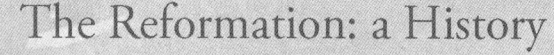

제 12 장
종결부: 잉글랜드 유산
(1600-1700)

 1600년 이후 대서양 제도에서 개혁의 이야기가 특별하게 취급되는 데에는 여러 가지 이유가 있다. 1603년부터 스튜어트 왕조의 통치를 받은 세 왕국은 모든 유럽에 격변의 시기를 가져온 30년전쟁과의 직접적인 연관을 피하려 했고, 유럽은 1642년부터 20년 동안 내부 전쟁을 견뎌냈다. 이러한 전쟁들을 시민전쟁과 같이 단순한 마찰로 축소하는 경향을 지닌 잉글랜드 역사 고유의 편협함은 유럽 군주들이 그들의 권력이 신적인 보증에 의한 것이라고 생각하는 서양 기독교의 관념을 위협했다. 유럽의 어떤 곳에서도 통치 군주가 백성에 의해서 공식 법정에 회부되거나, 처형된 적은 없었다. 그러나 이러한 비극적인 사건이 1649년 찰스(Charles) 1세가 통치하던 잉글랜드, 스코틀랜드, 그리고 아일랜드에서 발생했다. 또한 동시대의 시민전쟁은 유럽에 긴장감을 조성했고, 결과적으로 후에 미합중국으로 발전하게 된 동부 해안의 새로운 정착지인 '신세계'(New World 혹은 New England 동부해안을 중심으로 생겨난 정착지), 대서양제도의 현대 사회를 형성한 식민정책을 시작하게 했다. 이러한 혼란 속에서 유럽의 개신교와는 다른 잉글랜드국교회가 나타나기 시작했고, 독립된 정체성을 가지고 '성공회'(잉글랜드국교회)라는 이름을 갖게 되었다. 이는 세계적인 종교단체로서 서양기독교의 특별한 형태를 형성한 미국의 감독교회(미국성공회)를 포함한다.

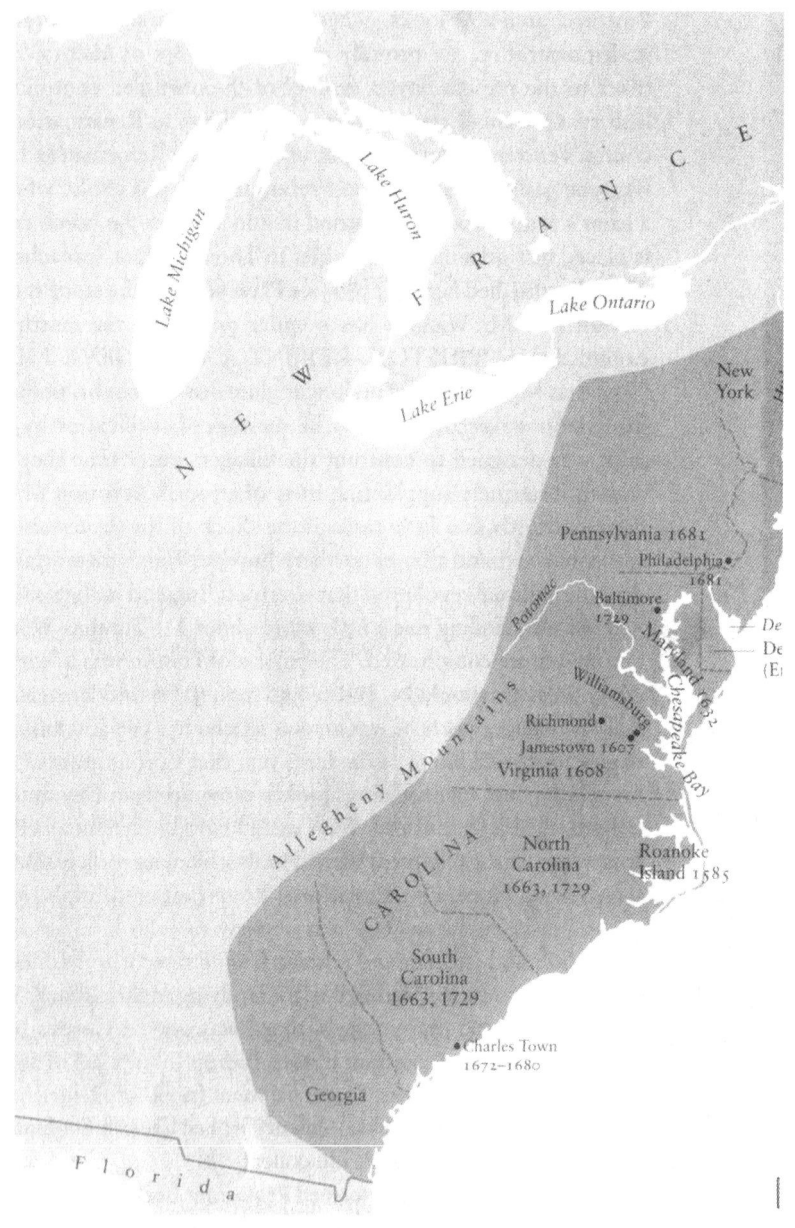

제12장 종결부(Coda): 영국 유산(1600-1700) 653

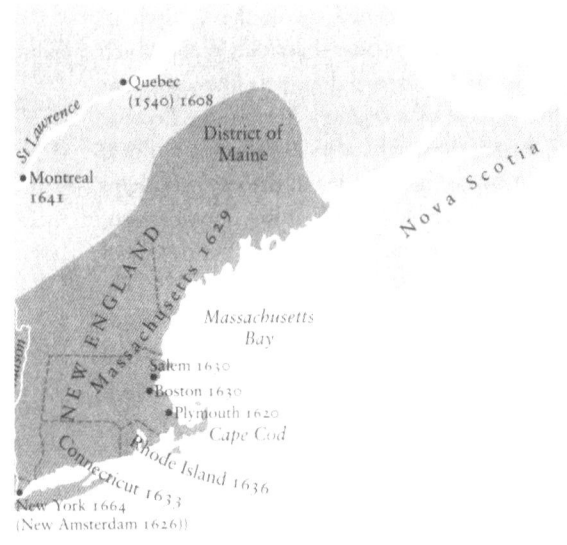

7. 북 아메리카 해안, 1700년대

1. 새로운 잉글랜드의 시작: 리차드 후커와 랜슬롯 앤드류스

잉글랜드국교회주의는 무엇이며, 잉글랜드국교회가 취리히, 제네바, 네덜란드, 트란실바니아와 같은 개혁 협력에서 시작된 교회들과 어떻게 그렇게도 많이 다를 수 있는가? 바스(Bath)의 남쪽에 위치한 조용한 소머셋(Somerset) 언덕에 있는 작은 잉글랜드 교구교회(parish church)인 프리스톤을 여행하는 것은 수수께끼를 갖게 한다. 지금의 프리스톤교회는 전형적인 국교회로 보인다. 수수하게 형식을 갖춘 내부와 드러내지 않고 중세부터 현재에 이르는 역사의 층과 잉글랜드 역사를 조용하게 이어가는 상징물이 특징적이다. 그리고 종교개혁의 격정시대를 보여주는 교회 입구의 현관은 종교개혁이 시작되기 전에 만들어졌다. 하지만 박공벽(stone gable, 빅토리아풍의 외벽)은 후에 세워졌다. 전에 성인의 석상이 세워졌던 현관 입구의 공벽 틈새 공간에는 1589년에 '하나님의 말씀 선포자'로 그곳에서 죽은 토마스 왓츠(Thomas Wats)의 기념비가 대신 서 있다(사진 9b 참고). 이 기념비는 왓츠에 대한 단순하게 경건한 기억이 아닌, 더 넓은 목적을 갖고 있었다. "프리스톤이여, 회개하고 복음을 믿으라!"(PRISTON, REPENT AND BELIEVE THE GOSPEL)라는 단호한 대문자로 비문이 시작한다. 더 이상 왓츠가 작은 소머셋 모임의 설교단에서 지켜볼 수 없는 이상, 비문에 새겨진 믿음을 통한 은혜의 칭의에 대한 메시지는 옛 교황의 성인 신앙을 비꼬며, 교회를 드나드는 마을 사람들이 항상 볼 수 있도록 자리잡고 있었다. 그래서 프리스톤은 북유럽 전역에서 발견될 수 있었던 것처럼, 개신교 종교개혁의 충격을 우리에게 조금이나마 보여준다. 왓츠의 기념비는 16세기에 잉글랜드를 압도했던 국제적 혁명의 상징이었다.

우리가 토마스 왓츠에 대해 좀 더 많은 정보를 얻게 된다면, 상황은 더 복잡하게 될 것이다. 프리스톤의 교구 목사는 거룩한 설교자들이 그랬던 것처럼, 학식이 있는 사람이었다. 그리고 그는 옥스포드대학의 코퍼스크리스티대학(Corpus Christi College)에서 1568년에 학자가 되었고, 4년 후에 학사 학위를 받았다.[1] 코퍼스크리스티대학이 토마스 왓츠에게 장학금을 수여했던 같은 해에, 14세의 리차드 후커(Richard Hooker)는 대학에서 공부를 하기 위해 데본(Devon)에서 올라왔다. 왓츠는 4년 동안 그와 친분을 쌓았다. 그리고 왓츠가 학위를 받은지 1년 후에 후

---

1) J. Foster (ed.), *Alumni Oxonienses: the members of the University of Oxford* 1500-1714… (4 vols, Oxford and London, 1891-2), iv, p. 102.

커도 같은 학사 학위를 받았다. 왓츠는 후커가 개신교도로서 국제적으로 인정 받는 것을 부러워했을 것이다. 지적이면서도 신중한 이 수줍음을 많이 타는 소년은 슈트라스부르크에서 공부하는 동안 유명한 피터 마터 버미글리(Peter Martyr Vermigli)와 함께 하숙을 했던 엑스터(Exeter)에서 전 세계적인 역사가이며 학자였던 보웰(Vowell)이라고 불렸던 존 후커(John Hooker)의 조카였다. 코퍼스크리스티대학 학생들 사이에 소문이 나돌았는데, 그것은 잉글랜드의 위대한 개신교 인물들 중에 한 사람인 솔즈베리의 주교 존 주얼(John Jewel of Salisbury)이 젊은 리차드에게 자신의 모교에 진학하도록 학비를 지원했다는 것이다. 존 주얼은 하인리히 불링거와 개인적인 친분이 있었고, 엘리자베스 1세의 교회 정착에 대해 공식적으로 변호하는 글을 쓴 사람이었고, 메리 여왕 치하에서 신앙을 지키기 위해 망명한 사람이었다.[2]

리차드 후커는 이러한 개혁파 개신교 배경으로부터 갑작스럽게 선회했다. 결국 그는 코퍼스크리스티대학의 동시대 학자인 토마스 왓츠와는 더욱 다른 길을 걸을 수 밖에 없었다. 그리고 그가 썼던 위대한 책 『교회정치법』(the Laws of Ecclesiastical Polity)은 주류 유럽 개신교로부터 멀리 떨어진 잉글랜드의 움직임에 대한 주된 출발점이 되었다. 후커와 왓츠는 잉글랜드국교회에서 시작된 대분열의 상징이다. 잉글랜드국교회의 장기적인 미래는 왓츠보다는 후커와 함께 했다. 후커는 이 옥스포드 학장을 맡은 이후에 지역 교구에서 많은 시간을 보냈다. 그러나 그는 시골 청교도들과는 정반대였다. 후커는 잉글랜드 생활에 매료되었고, 그 후에 엘리자베스 시대 문화의 절정기에 도시 출판업자와 긴밀한 관계를 맺었다. 그리고 셰익스피어의 가장 최근 연극도 모두 알고 있었다. 성전을 돌보는 그의 런던 임직 중에, 그는 저명한 청교도 연설가 월터 트래버스(Walter Travers)와 대립했다. 이는 그로 하여금 청교도 혹평가인 캔터베리의 총주교 존 휘트기프트(Whitegift)로부터 좋은 평판을 얻게 했다. 휘트기프트는 후커로 하여금 청교도들에 대항하는 책을 쓰도록 고무시켰다. 그의 책 『교회정치법』의 앞 부분은 청교도들에 대해 가장 난폭하게 대했던 시기인 1593년에 출판되었다(8장, pp. 515-519).

『교회정치법』은 처음에는 아무런 효력을 주지 못했다. 이 책의 실패와 1600년대 후커의 이른 죽음은 아직 출판되지 않은 부분이 많이 남아있다는 것을 의미했다. 그리고 이 책의 출판 역사는 오랫동안 복잡하게 되었다. 『교회정치법』

---

2) 후커의 격려과 그의 오랜 효력에 대한 개관을 위해, D. MacCulloch, 'Richard Hooker's Reputation', *EHR* 117 (2002), pp. 773-812.

은 유럽에서 더 깊게 감명을 주지 못했다. 국제적으로 독자를 얻는 데 있어 필수적이었던 라틴어로도 출판되지 못했다. 그리고 잉글랜드국교회는 물론, 외부의 서양기독교 국가도 후커에게 무관심했다. 후커의 저서의 규모는 그 이유보다 더 컸지만, 차츰 독자들은 이 책의 잉글랜드국교회와 장로교의 미래에 대한 논쟁은 잉글랜드 개혁파 개신교의 오직 성경에 기초한 설교 스타일 배후에 있는 사고방식과 싸웠다는 것을 인식했다. 후커는 하나님의 창조 질서를 표현하는 인간의 행동, 동기 그리고 훈련을 분석하여 철학의 구조 안에서 특별한 논쟁으로 삼았다. 그의 논점은 성경이 기독교인의 삶과 실천에 대한 권위로서 사용되는 방식과 우리가 따라가서는 안되는 방식에 대한 것이었다. 중요하지 않게 다뤄질 수 있는 아디아포라(adiaphora, 성경의 특별한 가르침이 없기 때문에 각자의 양심에 따라 결정할 수 있는 문제) 분야를 확장시키려는 목적이 있었다. 이는 규범의 다양한 사용에 대해 고려되었고, 더 넓은 공적인 관심사 안에서 적절한 조절을 위해 교회와 공국의 당국에 열려 있었다.

　세심하게 내린 정의와 논증에 근거하여, 후커는 성경적으로 사고하는 개신교도들이 적절하다고 여기는 그 이상으로 사고영역을 확장시켜 나갔다. 이는 교회정치 분야에서 주의 깊게 이뤄졌다. 구원론과 직접적인 관계가 없는 이러한 논쟁에서, 후커는 기준을 설정하는 문제에 있어서 과거의 경험들과 성경 자체의 하나님의 명령들이 하나님이 세우신 정당한 근거 위에서 실행되어야 한다는 것에 큰 비중을 두었다. 역사는 중시되었고, 종교개혁 기간 동안의 교회 역사 안에는 커다란 단절이 존재하지 않았다. 이러한 모습은 로마교회에게도 좋았을 것이고, 대부분 잉글랜드 개신교들이 그랬던 것처럼 교황을 적그리스도로 부르는 것은 적절치 않았다. 후커는 청교도들에 의해 공격당한 잉글랜드국교회 예배 관점의 방어와 함께, 그의 저서 제5권에서 시작하는 원리의 실천적인 방어를 위해 계속 나아갔다. 이는 1559년 엘리자베스 여왕의 종교문제 해결을 위해 취했던 것과 동일한 방어책이었다(6장, pp. 395-398). 혹자는 이 책을 읽은 후에, 만약 1559년의 의회 법규에서 잉글랜드 성직자가 그들의 머리 위에 서서 설교할 수 있다고 입안했다면, 후커는 그것을 정당화하기 위한 신학적인 이유를 찾았을 것이라고 생각했을 것이다.

　후커는 당시의 지적인 관점으로 볼 때, 상당히 위험한 기초 위에 서있다는 것을 알았다. 그리고 그가 구원론과 예정론에 대해 자유롭게 말하기를 계속하면서, 또한 직접적으로 개혁파 주장들에게 도전하지 않기 위해 출판되는 저서들에서 극도로 신중했다.[3] 그의 성례에 대한 관점은 개혁파 주석가들에게 예외적인 것이 아니었다. 성례에 대한 그의 관점은 츠빙글리보다는 칼빈에 더 가까웠으며, 로마의 화체설 교리만큼이나 루터교의 실제적 임재설을 적극적으로 거부하는 그 시대 잉글랜드 신학자들의 전형이었다. 제5권의 유명한 부분은 성찬 참여를 통한 그리스도에 대한 감각적인 표현이었다. 그러나 후커가 한 위그노 목사에 의해 편집된 12세기 문서에서 인용한 서사적 질문은 완벽하게 개혁파의 정점이었다.[4] 그러나 독특한 것은 후커가 논쟁한 내용이었다.

신중하고 상당히 상세하게 후커는 설교에서의 성례와 예전적인 기도의 역할을 재강조했다. 그는 설교가 잉글랜드국교회에서 너무 강조되었다고 느꼈다. 그의 설교에 대한 재평가는 설교가 지나치게 지루했다는 것과 연관이 있었다. 그러나 옥스포드대학교 교과과정의 특성상, 논리학 또는 수사학 사이의 우선순위를 고려해 선택하는 학생들을 고무시켰을 때에, 후커가 그의 시대에 논리학의 최고 강사들 중 하나로 고려되었다는 것은 더욱 관대한 입장이다. 그러므로 논리학의 대가인 그가 설교가 수사학적이어야 한다는 주장을 무시한 것은 놀랄일이 아니다. 동기가 무엇이든 간에, 설교에 대한 후커의 태도는 그 시대에 취해진 대중적인 자세는 결코 아니었다. 그는 전위적인(avant-garde) 관점에서 선택했다. 그는 1590년대에 감독제도에 대한 신적인 권리 주장을 강조하기 시작했던 동료 국교도의 잉글랜드 논쟁가들을 따라가지 않기로 선택했다(12장, p. 659). 후커는 비록 교회는 주교들에 의해 통치되어야 한다고 생각했지만, 장로교회가 참 교회라는 것을 부정하지 않았던 것처럼 교황을 적그리스도라고 부르는 것도 승인하지 않았다. 유사한 독립적인 형태가 세속정부에 나타났을 때, 다른 방식으로 그에게 동조했던 많은 동시대 교회 법조인들과는 다르게, 후커는 그의 반청교도주의를 세속 군주의 신적 권리에 대한 논쟁으로 만들어지도록 내버려 두지는 않았다.

후커의 순수한 독특함과 완고한 독립성 그리고 지칠줄 모르는 학문적 주제에 대한 열정은 다방면으로 미래의 주석가들에게 연구과제를 남겼다. 만약 엘

---

3) N. Voak, *Richard Hooker and Reformed Theology. A Study of Reason, will, and Grace* (Oxford, 2003).

4) W. R. Speed Hill et al. (eds) *The Folger Library Edition of the Works of Richard Hooker* (7 vols, Cambridge and Binghamton, 1977-94), n. to vol. ii, p. 343, ll. 6-26. 또한 B. D. Spinks, *Two Faces of Elizabethan Anglican Theology: sacraments and salvation in the thought of William Perkins and Richard Hooker* (Lanham, 1999).을 보라.

리자베스 1세 여왕이 그의 책을 읽었다면, 그녀가 기뻐했을 것이다. 후커와 여왕의 만남은 거의 기록되어있지 않지만, 엘리자베스 1세와 같이 사생활을 감추는 여왕의 사적인 종교적 의견들과 후커의 누적된 작업은 묘하게도 비슷했다. 그녀는 또한 로마 가톨릭을 적그리스도로 규정하는 것을 싫어했기 때문에 동시대의 지혜를 거부했다. 또한 감독제에 대한 과도한 주장들에 대해 회의적이었다. 여왕은 설교에 대해 모호한 태도를 취했고, 설교보다는 기도에 더 가치를 두었다. 또한 위엄 있는 교회행사를 좋아했으며, 심지어 독일 루터교의 교조주의와 그녀 사이에 생겨난 염증으로 인해 성찬에 대한 그녀의 관점을 개혁파 공식으로 바꾸었다. 따라서 칼빈과 비슷한 신비한 참여에 대한 후커의 담론에 찬성했다.[5] 이러한 의미에서 후커의 신학은 참으로 엘리자베스 시대의 것이었다.

후커는 '잉글랜드국교회'의 미래적인 사상에 많은 실마리를 제공하였다. 하지만 그는 비교적 젊은 나이에 죽었고, 시골 목사관의 외톨이었다. 그의 가까운 친척과 추종자들 사이에는 화려한 생애를 살았으며, 잉글랜드국교회에서 놀랍도록 새로운 신앙생활을 불러일으킨 성직자 랜슬롯 앤드류스(Lancelot Andrewes)가 있었다. 런던 상인의 아들이었던 그는 캠브리지대학교에서 후커처럼 개혁파 개신교와 초기 관계를 맺었다. 앤드류스의 첫 후원자는 엘리자베스 여왕의 엄격한 청교도 조언자인 프란시스 월싱엄(Sir Francis Walsingham) 경이었다. 런던에서 앤드류스 가문과 가까운 이웃이었던 월싱엄은 랜슬롯 앤드류스의 총명함에 감명을 받아 그를 도왔다. 월싱엄은 앤드류스가 펨부룩(Pembroke)에 있는 캠브리지대학교의 교장으로 선정되는 데에도 도움을 주었다. 그러나 앤드류스는 이미 1580년대에 엘리자베스의 규율에서 멀어지기 시작했다. 로마 가톨릭에 대항하여서 주목받는 논쟁자 그리고 점차 대중적인 왕실 설교가가 된 앤드류스는 자신을 스스로 보호할 수 있고, 다른 사람들을 고무시킬 수 있는 강력한 위치에 자신이 있다는 것을 증명했다.[6]

초대교회로부터 관심을 보인 16세기 종교개혁자들의 저서를 무시하던 앤드류스의 설교와 신학적 글들의 전체적인 스타일은 개혁파 주류로부터 구분되었다. 그는 예정론에 대한 개혁파 교리는 잔인하고, 도움이 되지 못하는 것으로 느

---

5) S. Doran, 'Elizabeth I's religion: the evidence of her letters', *JEH* 50 (2000), 699-720; MacCulloch, *Tudor church Mllitant*, pp. 185-95.
6) 내가 이 논의를 위해 많은 빚을 진 Peter McCullogh에 의해 곧 출간될 Andrewes의 혁신적인 전기를 기대한다.

제12장 종결부(Coda): 영국 유산(1600-1700)

껬다. 창조의 궁극적 열매로서 성찬을 강조하고, 기독교 진리를 적절하게 만들어 주는 인간 이성의 역할을 강조하며, 하나님의 창조의 아름다움에 대한 감각적 기쁨을 표현했다(일반적으로 강렬하고 계층화된 스타일로). 그가 회중에게 베들레헴이 빵집을 의미한다는 것을 알려주었던 한 크리스마스 설교를 예로 들어보자.

> 그곳에서 빵이 만들어 졌다는 것 외에, 도시는 제대로 된 이름을 갖지 않고 있었다… '사람의 빵'. 시편에서 말한 것과 같이, '천사의 빵'이 아직 거기에 태어나기 전까지, '사람은 천사의 음식을 먹었다.' 그러나 결코 그때까지도 이곳은 베들레헴이다. 그리고 전에도 참되었던 것처럼 교회 안에서도 참되다. 따라서 교회는 우리가 결코 실패하지 않을 것을 명령한다. 이날 빵이 있는 집 그리고 이 빵이 있는 베들레헴으로 반드시 가야한다…그렇게도 많은 유익을 위한 장소로 우리를 인도하는 인도자를 저버릴 것인가?[7]

이러한 메시지는 엘리자베스 시대의 교회에게 매우 놀라운 소리로 들렸다. 그러나 앤드류스는 1590년대에 그의 잉글랜드 교구교회의 많은 회중에게 이미 이 메시지를 용감하게 설교하고 있었다. 그리고 1601년에 그는 웨스트민스터 수도원의 원장이 되었다. 유사한 주장들이 표면화되었을 때, 다른 교회들은 자포자기하며 로마 가톨릭주의로 개종했지만, 앤드류스는 살아남아 그의 관점을 유지할 수 있었다.

엘리자베스 시대의 후기 교회들에게 나타난 눈에 띄는 새로운 발전 중 하나는 하나님이 주교를 교회 구조의 필수적인 부분이 되도록 의도하셨다는 의견이었다. 개혁파교회는 이러한 신학을 발전시키지 못했지만, 앤드류스는 분명하게 그러한 관점을 유지했다. 그러나 이 사상은 동시대 사람들이 1580년대와 1590년대 후기에 청교도주의에 반대하는 글을 썼을 때, 그의 성례적 수사학이나 예정론에 대해 혐오감을 나타내지 않았던 동시대 사람들에 의해서 장려되었다. 이러한 국교도 논쟁자들은 총주교 휘트기프트(Whitgift)를 앞서갔다. 이전에 국교회의 감독제 구조를 옹호하면서, 휘트기프트는 그것이 잉글랜드 상황에 적절하며 편리한 것이라고 주장했다. 휘트기프트는 "나는 그리스도의 교회를 위해 성경이 기술하거나 명령하는 확실하고 완벽한 정치의 형태를 발견하지 못한다. 그것이 만약 교회의 구원에 대한 필수적인 문제였다면 의심의 여지

---

[7] L Andrews, *Ninety-six sermons* ⋯ (5 vols, Oxford, 1841-3)i, pp. 173-4; Sermon 10 'of the Nativity', Christmas Day 1615.

없이 행해야 했을 것이다"[8]라고 선언한 엘리자베스 시대의 교회정치를 신약교회의 원리들을 들어 정당화하려 하지 않았다. 물론 이는 그에 대한 장로교도들의 의견 불일치의 중심에 자리잡고 있었다. 그들의 입장은 실제로 신약에서 찾을 수 있는 확실하고 완벽한 교회정치의 종류가 하나 있는데, 그것이 성격상 장로교라는 것이었다. 그밖에 다른 것은 하나님의 말씀에 대한 불순종을 의미했고, 그것은 교회의 구원과 관련하여 치명적이라고 주장했다. 장로교는 하나님의 법(jure divino)에 의해서 명령된 것이라 했다. 그리고 이제는 순응주의 국교회주의자(conformists, 휘트기프트에게 속해 있던 예리한 눈을 가진 설교가 리차드 반크로프트를 포함하는, 8장, p. 515)들이 이 하나님의 명령의 주장을 가지고, 감독체제에 적용했다. 논쟁의 이러한 교묘한 반전은 그들 자신의 신학적 근거에서 1583년 장로교를 공격하기 위한 신학적 논거를 마련하기 위해 휘트기프트가 주도적으로 이러한 논쟁을 주도했다.[9]

1590년대에 새롭게 나타난 분위기에서 주목된 점은 잉글랜드국교회 자치제도의 특별한 성격이었다. 앤드류스의 가장 분명한 종교개혁은 잉글랜드이 아닌, 잉글랜드 해협을 넘어선 곳에서 분위기가 조성되어 나타났다. 그러나 후커에게서도 역시 암시적으로 나타났다. 이와 관련한 최근의 역사기록을 고려해 볼 때, 만약 잉글랜드종교개혁의 특징이 성상파괴주의와 너무 편협하여 수용하기 힘든 크랜머의 성례에 관한 것으로 특징지어진다면, 그것은 아마도 피터 마터나 부처 혹은 칼빈과 같은 외부 사상가들의 영향에 의한 것이었다고 볼 수 있다. 묘하게도 이러한 논쟁은 잉글랜드국교회의 구성원들로부터 시작된 것이 아니라, 그들을 공격하는 로마 가톨릭 논쟁주의자들로부터 시작되었다. 그리고 이러한 논쟁은 당시 교회를 새로 고치기 위해서 차용되었다.[10] 잉글랜드국교회는 이후에도 그 밖의 세계의 개신교주의로부터 멀어져 있었다. 19세기부터 많은 잉글랜드국교도들은 개신교로 불리기를 좋아했고(그러나 그렇게 많지는 않았다), 자신들이 가톨릭으로 여겨지는 것을 싫어하여 '앵글로 가톨릭'(Anglo-Catholic)이라는 명칭을 만들었다.

이러한 현대 잉글랜드국교도들은 우리가 지금까지 살펴본 1600년경에 나타난 일관된 사상들을 종합하여 지금까지 반복하고 있다. 이는 잉글랜드국교회

---

8) John Whitgift D. D.의 전집 (3 vols, PS 1851), i, p. 184.

9) P. Lake, *Anglicans and Puritans? Presbyterianism and English Conformist Thought from Whitgift to Hooker* (London, 1988).

10) MacCulloch, *Tudor Church Militant*, pp. 169-73, 218-20.

에 대한 특별한 조망을 갖고 모든 요소를 연합하기 시작했던 잉글랜드 성직자와 몇몇의 평신도 그룹(일반적으로 성직자와 함께 대학에 다녔던 사람들)에 의해서 주장되었다. 그들은 자신들이 로마 가톨릭이 제공했던 것보다 더욱 믿을 만한 가톨릭주의를 제공하고 있다고 생각했다. 이들 부류를 부르는 적당한 명칭을 찾는 것은 어렵다. 보편적으로 이들은 '고귀한 성직자'(High Churchmanship)로 불렸지만, 모호하고 애매한 질문을 갖게 한다. 19세기에 옥스포드운동의 계승자들이 붙여준 '앵글로 가톨릭주의'(Anglo-Catholicism)가 가장 적절한 명칭일 것이다. 우리가 앞으로 사용하게 될 그들의 다른 이름인 '알미니안주의'(Arminianism) 또한 문제를 갖고 있다. '전위적 국교도들'(avant-garde conformism, 수용자들)은 교회와의 일치를 부여하려고 했지만, 실제로 그들은 그 일치가 의미하는 것을 오히려 뒤바꾸기를 원했다.[11]

급진적인 순응주의와는 다른 개인적인 의견들이 어디에서 흘러나왔으며, 또한 무엇이 그들에게 순응주의에 대해 다른 의견을 내도록 작용했는지 살펴 볼 필요가 있다. 이에 대한 배경은 1559년에 유럽개신교가 독특하게 정착된 특징에서 찾을 수 있다. 즉 성당의 존속과 실제적인 변화 없이 유사한 단체로 존속해 있는 소수 대학의 토대였다. 유럽의 다른 곳에서도 건물은 보존되었다. 그리고 루터파 유럽국가의 어떤 교회들은 조직의 영향 아래 남아 있었다. 그러나 많은 성직자를 포함하는 정규 예식과 유급 전문가들에 의해서 불린 화려한 음악은 어떤 면에서도 잉글랜드 대성당과 유사하지 않았으며, 당시의 개신교회와는 어떠한 연관도 없었다. 잉글랜드 대성당이 존속되었다는 것은 수수께끼이다. 유력자들의 후원에 의해 공헌자나 탐욕자들에게 성당 토지와 직무가 분배되었다는 냉소적인 시각이 있다. 그러나 잉글랜드국교회의 산파 역할을 하던 엘리자베스 1세가 보여준 교회 합창음악에 대한 완고한 사랑은 아마도 더욱 중요했을 것이다. 성당의 재정적인 부담에도 불구하고, 엘리자베스는 황실 예배 중에 성가대를 세우고, 작곡가들이 최상의 음악을 계속해서 작곡할 수 있도록 권장했다. 17세기 시민전쟁 시기만을 제외하고 계속 유지된 정교한 교회음악은 이상하게도 엘리자베스의 통치때부터 19세기 옥스포드운동의 시대에 이르기까지 잉글랜드 교구교회 사이에서 음악적 신앙생활에 사실상 아무런 영향

---

11) P. Lake, 'Lancelot Andrewes, John Buckeridge and avant garde conformity at the court of James I' in L. L. Peck (ed.), *The Mental World of the Jacobean Court* (Cambridge, 1991), pp. 113-33, 그리고 A. Milton, *Catholic and Reformed: the Roman and Protestant Churches in English Protestant thought*, 1600-1640 (Cambridge, 1995).에서 용어의 광범위한 사용을 보라.

을 끼치지 못했다. 교구들은 시편의 본문에 기초되지 않았다는 이유로 18세기의 복음주의 부흥으로 부터 거부되었던 새로운 종류의 찬송이 대중화되기까지 제네바 방식으로 운율시편을 노래했다. 그럼에도 성당 전통의 존속은 잉글랜드국교회의 미래에 거대한 의미를 부여했다. 가망없어 보이던 엘리자베스 시대는 크랜머의 『공동기도서』(거의 확실하게 환영받지 못했던 그의 개발품)를 통해 전례적인 찬란함의 가능성을 얻으려 노력했다.

자연스럽게 이러한 신앙생활은 과거 종교개혁 이전의 많은 종교개혁자들이 느꼈던 혐오감과 동일하게 고려되지 않았다. 그들은 아름다움을 하나님을 예배하는 것의 방해물로서 여기지 않았다. 그들은 기도와 설교를 나란한 위치에 놓는 경향이 있었다. 그리고 기도에 특별한 가치를 부여하고, 최상의 기도 형태를 성찬의 성례전으로 여겼다. 그들은 개혁파 감독들이라기보다는 기독교 전통의 보호자로서 특별한 권위와 함께 하나님에 의해 직위가 부여된 것으로 이해되었던 주교들을 재평가했다. 만약 우리가 이러한 복잡한 태도가 시작되었던 한 장소를 찾는다면, 그것은 1540년에서 1550년까지 주교관구 중심지며, 왕실 무덤이었던 웨스트민스터 사원일 것이다. 웨스트민스터 사원은 이후에도 계속적으로 그 어떤 사원보다 더욱 사원의 특별한 면모를 유지했다. 왕실 예배실 밖에 잘 자리잡은 화려한 잉글랜드 성가대와 예식 전통은 개혁파적 성격을 띤 잉글랜드국교회가 절대로 총체적인 지배를 할 수 없다는 영구적인 암시였다. 의사당과 주요 법원 그리고 황실 궁정 화이트홀 옆에 가까이 위치한 사원은 국회의원들과 소송당사자들 그리고 외국 대사들의 사찰 때에(당황스럽거나, 감동받거나 또는 의심하거나) 종교 예식 쇼케이스를 진행했다. 1561년부터 40년 동안 원장이었던 가브리엘 굿맨(Gabriel Goodman)은 목사 신분으로서 청교도의 반대자로 낙인되었다. 그는 이전의 잉글랜드 개신교 성직자들 중 가장 유별난 인물이었으며, 그의 후계자는 랜슬롯 앤드류스 학장(Dean Lancelot Andrews)이었다.[12]

이러한 복잡한 퍼즐에서 추가된 조각은 수도원장이 웨스트민스터 마을(vil)에서 유력한 인물이었던 왕실 목사 윌리엄 세실 경(William Cecil Lord Burghley)과 그의 아들 로버트가 권위 있는 정치적 후원을 받았다는 것이다. 세실과의 관계는 잉글랜드 성직자 사이에서의 급진적 순응주의를 장려하는 데 있어서 결정적이었다. 왜냐하면 세실 가문은 이러한 신학적 입장을 찬성했기 때문이었다. 에드

---

12) J. F. Merritt, 'The cradle of Laudianism? Westminster Abbey, 1558-1630', *JEH* 52 (2001), pp. 623-46.

제12장 종결부(Coda): 영국 유산(1600-1700)   663

워드 6세의 개혁에 전문가였던 고령의 버글리 경은 말년에 완고한 예정론적 칼빈주의를 한탄했다. 로버트 세실은 예술과 아름다움에 열정을 보이는 사람이었다. 그리고 그 시대 대부분의 개혁파 개신교 귀족들처럼, 신앙생활에서 예술을 배제시키려 하지 않았다. 그는 성례를 열정적으로 숭배하는 사람으로 나타났다.[13] 세실에게는 정치적, 개인적 관계의 모든 면에서 중요한 연결의 역할을 하는 제자가 한 명 있었다. 그는 세실과 같은 입장을 적극 장려했던 전위적 수용주의자 성직자 리차드 닐(Richard Neile)이었다. 닐은 엘리자베스 시대에 수도원과 같이 옛 방식과 종교적 형식을 따르던 성 마가렛(St Margaret)과 웨스트민스터수도원장의 영향을 받으며 자랐다. 이러한 기억은 그에게 남아 있었다. 그는 설교 목사였던 원장 굿맨과 세실에게 교육 받고, 1605년에 웨스트민스터 사원의 원장으로서 랜슬롯 앤드류스를 계승했다. 이전의 닐의 세실과의 관계는 그가 승급하는데 있어서 중요한 역할을 했다. 제임스 6세 왕은 1603년에 엘리자베스 여왕의 죽음으로 잉글랜드의 왕좌를 계승하기 위해 남쪽으로 왔을 때, 새로운 잉글랜드 전속 목사를 임명하려 했다(국왕 전속 목사[Clerk of the Closet]이라는 우스운 이름). 그는 새로운 왕의 주요 사역자였던 로버트 세실의 추천으로 의심할 여지 없이 리차드 닐을 선택했다. 닐은 유일하게 영향력있는 위치에 올랐다. 1608년에 그는 주교가 되었고, 그의 뒤를 이은 목사는 전도유망한 옥스포드의 학자 윌리엄 로드(William Laud)였다.

2. 초기 스튜어트 잉글랜드: 교회의 황금시대?

스코틀랜드를 다스리는 스튜어트(Stewart) 왕조(일반적으로 잉글랜드에서는 Stuart로 쓴다)는 우여곡절이 많은 왕좌의 길을 걸었다. 스코틀랜드와 잉글랜드는 종교개혁이 두 개신교 왕국을 하나로 만들기 전까지, 서로 상속 문제를 두고 대치했다. 불행히도 새로운 제임스 왕의 어머니 메리는 전 잉글랜드 여왕 살해음모에 연루되었을 뿐만 아니라, 후에 참수되었다(8장, p. 514). 나이 많은 엘리자베스 여왕이 앙리 8세의 여동생으로부터 상속을 주장하는 것에 참여하지 않았다는 것을 최종적으로 확인하기 전까지(로버트 세실과의 밀통 때문에), 제임스 왕은

---

13) P. Croft, 'The relgion of Robert Cecil', *HJ* 34 (1991), pp. 773-96.

복잡한 상속 문제로 인해 많은 근심의 세월을 보냈다. 제임스 왕은 스코틀랜드 보다 더욱 부유한 왕국을 상속하게 된 행운에 기뻐했다. 그리고 그는 남은 생애 20년을 좋게 보내기로 결심했다. 그는 자주 정치를 멀리하고 장기 사슴사냥 여행을 떠나 세실을 절망에 빠뜨렸다. 그러나 제임스는 단순히 게으른 사람이 아니라, 전통적인 상투적인 표현으로 '기독교계에서 가장 현명한 바보'였던 것이다. 그는 기발한 농담을 즐겼던 아주 지적인 사람이었다. 그리고 자주 어려운 환경에 처했던 스코틀랜드의 성공적인 왕이었다.

제임스는 개인적으로 무시될 수 있었다. 그가 말을 더듬고, 통상적인 자제심이 없던 성격은 그가 약간의 뇌성마비를 갖고 태어났다는 그럴듯한 암시를 했다.[14] 잉글랜드 신하들은 그의 두서없는 대화방식과 말을 더듬으면서 하는 걸쭉한 스코틀랜드 강세를 어렵게 느꼈다. 그리고 그들에게 외국인을 왕으로 받아들이는 것은 그리 쉽지 않았다. 잉글랜드 귀족들은 왕의 동성애적 경향에 분개했다. 그의 이러한 동성애적 경향은 프랑스의 앙리 3세에서와 같이(10장, p. 608) 기존 정치계의 엘리트가 아닌, 자신이 좋아하는 남성에게 궁정 출세와 부를 축적하게 했던 위험요소가 되었다. 심지어 가톨릭 테러리스트 단체가 그를 모든 의회와 왕가와 함께 날려버리려고 했을 때조차, 왕이 로마 가톨릭을 싫어하는 것처럼 보이지 않았다는 것에 사람들은 혼란스러워 했다. 그는 전체 기독교 세계의 재연합에 대해 관심이 없었다. 그리고 심지어는 개혁된 교황권이 서방교회에서 우선권을 되찾을 수 있다는 제안을 하기도 했다.[15] 군주제 안에서 제임스의 보편적 평화를 위한 끈질긴 추구는 매우 이상한 것이었다. 그의 덴마크 부인인 앤(Anne)은 아주 사치스러웠으며, 루터파에서 개종한 로마 가톨릭이었다. 그리고 제임스 자신도 재무부나 의회에서 가용했던 것보다 훨씬 많은 돈을 사용하는 경향이 있었다. 이는 심각한 정치적 싸움을 야기시켰다. 이러한 모든 열악한 조건에서도 제임스는 종교적인 문제에서 뿐만 아니라, 균형있는 행동으로 잉글랜드를 통치했다. 그가 죽은 후, 이후에 따랐던 여러 사건들을 통해서 사람들은 제임스 왕을 그리워했다.

새로운 왕은 1603년에 잉글랜드국교회에 대해 크게 열광하였고, 많은 사람들이 이에 놀랐다. 로마 가톨릭은 그의 태도에 실망했다. 왜냐하면 잉글랜드 상속권 다툼의 과정에서 새 왕은 개인적으로 가톨릭과 많은 약속을 했기 때문이었다. 청교도도 실망했다. 왜냐하면 새 왕은 충분히 잉글랜드를 잘 가르칠 수

---

14) A. W. Beasley, 'The disability of James VI and I', *Seventeenth Century* 10 (1995), pp. 151-62.
15) W. B. Patterson, *King James I and the reunion of Christendom* (Cambridge, 1997).

있었던 단호한 스코틀랜드의 개혁파교회 출신이기 때문이었다. 하지만 그들은 제임스가 스코틀랜드에 있는 장로교와 자주 불화했다는 것을 충분히 주목하지 못했다. 제임스가 자신을 개혁파 개신교로 고려했고, 설교를 잘 들었던 것은 사실이었다. 그는 청교도들의 불만을 듣기 위해, 1604년에 햄프턴(Hampton) 궁정에서 회담을 요청하기도 했다. 그러나 그는 영어 성경의 새로운 버전 계획을 성공시키는 것을 제외하고는 어떠한 중대한 교회개혁에 대해서도 그들에게 승인하지 않았다. 이 영어 성경은 1611년에 완성된 흠정역(Authorized Version)이며, 여전히 영어권 개신교 문화의 주요 상징인 '킹 제임스 성경'으로 남아 있다. 이 시기에 이 영어 성경은 전위적인 국교회주의자들이 대학 강의실이 아닌, 햄프턴 법정이라는 공적인 장소에서 회담을 했다는 사실보다 덜 중요한 것처럼 여겨졌을 수 있다. 리차드 닐은 이미 국왕 전속 목사였는데, 이것은 교회의 미래에 무엇을 의미했는가?

잉글랜드 청교도들이 앤드류스, 닐 그리고 그와 같은 사람들의 출세를 염려했던 것만은 아니었다. 이러한 의견을 들었을 때, 스코틀랜드 성직자들은 불안을 느꼈다. 1610년에 리차드 밴크로프트가 죽자, 캔터베리의 새로운 대주교가 필요했다. 그러나 제임스 왕은 앤드류스를 크게 무시했는데(비록 그가 많은 방면에서 자격을 갖추었고, 이미 두 개의 주교직을 통해 승진했지만), 이는 스코틀랜드 사람들이 그를 인정하지 않았기 때문이었다. 반면 왕은 강력한 칼빈주의 정신을 가진 전 옥스포드 학장 조지 아봇(George Abbot)을 택했다. 잉글랜드의 많은 성직자와 평신도들은 자신들이 청교도로 여겨지는 것을 두려워했다. 그러나 그들은 여전히 그들의 교회를 세계적인 개혁파의 일부로 고려했다. 그들은 성직에 대한 새로운 관점에 대해 아주 불신했다. 1610년대에 그들은 전위적 수용주의자들(국교도들)에게 '알미니안'이라는 외국 이름을 주었는데, 이는 당시의 네덜란드 개혁파교회의 분열을 암시했다.

이는 잉글랜드의 알미니안들이 네덜란드를 선점했던 구원론과 예정론에 대한 문제들에 관심을 가졌기 때문만은 아니었다. 비록 그들 중 많은 사람들이 칼빈주의의 예정교리를 거부했고, 네덜란드와 잉글랜드 알미니안은 우호적인 관계에 있었지만, 예전적 예배, 성례 사용 그리고 성직의 고견에 대한 장려를 더욱 고려했다(아주 놀랍게도 그들은 망설이지 않고 잉글랜드국교회의 사역자들을 '사제'라고 불렀다). 이러한 문제들 중 어떤 것도 네덜란드 알미니안주의와 대조되는 것은 없었다. 알미니안의 분류는 잉글랜드가 네덜란드에서 알미니안들의 문제만큼이나 유럽 개혁파 전통에 반하는 배반을 심각하게 증거하고 있었다는 증거였다. 어떤 사람들은 부흥하는 알미니안파를 '더럼 하우스 셋트'(the Durham House set)라고 불렀다. 왜냐하면 1617년부터 리챠드 닐이 더럼의 주교였기 때문이었다. 그리고 스트랜드가에 위치한 그의 잉글랜드 거주지인 더럼 하우스는 비공식적인 총사령부의 모임을 갖는 장소로, 테임즈 강 너머에 있는 총주교 아봇의 램버스 궁전에 상응하는 세력을 갖게 되었다.

제임스 왕은 서로 다투는 성직자들을 수십 년 동안 다루면서 경험을 쌓았다. 그리고 그도 마찬가지로, 다른 사람들의 설교를 즐겨 듣길 권장하던 까다로운 교회의 모든 상황 가운데서 사려 깊은 균형을 유지했다. 그는 알미니안 주장으로 승승장구하는 잉글랜드 주교들에 의해서 감동받지 않았다. 그리고 네덜란드의 영어권 회중 사역을 하던 잉글랜드와 스코틀랜드 성직자들의 외부적인 비주교 총회를 승인하려(약간 조심스럽게) 했다.[16] 그들을 하나로 모으기 위해서 세 개의 국교회 경계를 넘어 제임스는 또한 조용히 고위 성직자들과 약속을 했다. 그리고 크리스마스와 부활 주일과 같은 잉글랜드 관행과 일치되는 수정안들을 받아들이도록 하는 위협과 온화한 설득을 함께 사용해서 스코틀랜드국교회를 교묘하게 유도했다. 그는 다른 개혁파교회들과의 접촉도 주의 깊게 지속했다. 그리고 1618년에 도르트총회(Synod of Dordt)를 위해 믿을 만한 개혁파 잉글랜드와 스코틀랜드 목사들로 구성된 고위급 대표단이 있다는 것을 분명히 하며, 네덜란드 알미니안들에 대해서 완강하게 혐오감을 표현했다(8장, pp. 503-505). 총회가 잉글랜드 대표들을 특별히 배려했다는 것은 주목할 만했다. 네덜란드 교회의 장로교 신념에도 불구하고, 잉글랜드 주교 란데프의 조지 칼턴(George Carleton of Llandaff)에게 특별한 의석과 캐노피(차양)가 그의 감독관으로서의 지위를 나타내기 위해 마련되었다(캐노피는 출석한 네덜란드 사람들을 짜증나게 했다).

제임스 시대에 잉글랜드국교회는 엘리자베스 시대의 불안해하는 주교들과 까다로운 청교도들의 많은 기대에 부응하는 황금기를 누리는 것으로 보였다. 왕은 제왕이나, 다른 평신도들에 의해 교회 부동산이 착취당하는 것을 막는 법안을 제출했다. 그는 초기 종교개혁이 끝나지 않은 상태로 남아있던 잉글랜드국교회법의 적절한 법전 편찬을 고무시켰다. 성직자 교육의 발전을 위한 수십 년의 노력은 실제로 모든 성직자가 대학에 다니고, 학위를 취득하게 했다. 모

---

16) K. L. Sprunger, *Dutch Puritanism: a History of English and Scottish Churches of the Netherlands in the sixteenth and seventeenth centuries* (Leiden, 1982), pp. 285-306.

든 교구의 설교자에 대한 청교도적 이상이 마침내 현실화되었다는 것을 의미했다. 그러나 알미니안의 등장은 곧 잉글랜드국교회를 동요시켰고, 추락하도록 야기했다. 제임스 왕의 말년에 이 동요는 시작되었는데, 늙고 병든 제임스는 자신이 가장 의지하고 좋아하던 버킹엄의 공작, 조지 빌리어스(George Villiers)에 대한 신임을 잃었다. 버킹엄은 알미니안과 특히 윌리엄 로드와 결연하기로 결정했다. 그러나 왕도 동일하게 폭넓은 외교 목적으로 알미니안과의 관계를 선호하기 시작했다.

앞서 우리는 제임스가 딸 엘리자베스를 팔츠의 선제후 프리드리히 5세에게 결혼시킨 것을 살펴보았다. 또한 1619년과 1620년 사이에 젊은 커플의 보헤미아 모험이 초래한 처참한 결과도 보았다(11장, pp. 634-644). 경건한 종교의 이러한 위기 상황에서 제임스 왕은 군사적으로나 재정적으로 선제후를 도울 수 없었다(그에게는 군사력이나 재정적인 능력이 거의 없었다). 반면 그의 많은 개신교 가신들의 당황함과 분노에 대해, 평화의 목적을 위해서 그는 아들 찰스를 스페인 공주와 결혼시키려는 노력을 했다. 제임스는 이 계획이 얼마나 네덜란드 연합주들을 화나게 하는지 알고 있었으며, 총주교 아봇이 호전적인 개신교주의를 위한 응원단장의 역할을 하고 있다는 것 또한 알고 있었다(11장, pp. 636, 641). 그래서 왕은 그의 지인들에게 대중적 분위기를 주지 못했던 알미니안을 선호하기 시작했다. 1623년에 그는 심지어 예정에 대한 논쟁을 금지하는 성명서를 발표했다. 왜냐하면 (그가 말하길) 그 주제에 대한 설교는 점차 논쟁적이 되었고, 문제를 야기하고 있었기 때문이었다. 하지만 그의 진짜 이유는 알미니안 공격에 대항하며 허용된 예정론 신학을 방어하는 총주교 아봇과 같은 개혁교회의 설립을 막으려는 것이었다. 후에 노년의 왕은 자신의 고유 실용주의를 기억하고, 성명서를 철회하였는데, 이는 거대한 국가적 반대를 불러왔다.

그러나 이는 알미니안에게 있어 일시적인 좌절일 뿐이었다. 그들에게는 버킹엄 공작뿐만 아니라, 왕위 계승자인 찰스 왕자가 있었다. 정치에 있어서 자신의 교활한 사리분별력과 가톨릭영성을 조합시킨 랜슬롯 앤드류스는 이러한 사태의 흐름을 파악하고 있었다. 감수성이 풍부한 젊은 왕자가 자신의 개인 예배를 위해 지도 목사와 설교자를 선택할 수 있는 기회를 제공했던 주교는 1619년부터 왕실 예배당 원장이 되었다. 그리고 자연스럽게 당시 그들의 논조는 견고한 알미니안의 색깔을 보였다.[17] 그 때부터 찰스는 신실한 고교회파 신자(High

---

17) P. McCullough, *Sermons at Court: Politics and Religion in Elizabethan and Jacobean Preaching*

Churchman)가 되었다. 그리고 1625년에 왕좌에 올랐을 때, 그는 모든 점에서 알미니안주의를 장려했다. "알미니안들이 어떤 신념을 갖고 있느냐?"라는 신앙에 관한 질문에 대한 대답은 "모든 최고의 지방 부감독 관구와 주교들"[18]이라는 심술궂은 농담이 퍼졌다. 비록 1633년에 총주교 아봇이 죽는 유리한 상황에 이르기까지 캔터베리를 기다려야 했지만, 모든 것 중 가장 높게 평가되었던 사람은 1628년부터 런던의 주교로서 교회정치를 주도했던 윌리엄 로드(William Laud)였다. 1629년 이후의 의회회의에서 일어난 문제를 중지시키는 일과 추밀원의 명령과 법원의 결정을 담은 왕실 성명서로 잉글랜드의 문제를 정리하는 일을 했던 왕실통치에서 로드는 저명했다. 반대세력은 이 시기를 '철저한 탄압 정치'로 빈정대며 명명했고, '11년의 폭정'의 역사로 보았다.

로드는 가난한 사람들에게 친절했던 것으로 평가되었다. 그리고 그는 자신의 애완 고양이들과 거북이에게 큰 애정을 과시했다(그의 거북이는 18세기 중반에 정원사에 의해서 예상치 못하게 죽게 되기 전까지, 람베스 궁정에서 이후 발생하게 될 대격변에서도 모두 살아남았다). 그는 또한 그의 일기장에 버킹엄 공작과의 에로틱한 꿈을 적기도 한 작고 외로운 사람이었다.[19] 로드의 동성애적 성향은 제임스 왕에게 있던 외향적인 쾌활함을 보여주지 못했다. 그의 단정한 마음과 유머를 모르는 충성심은 또 한 명의 말이 없고 작은 남자였던 찰스 왕의 관심을 끌었다. 이들은 위축된 잉글랜드국교회에 종교적 열정을 고양시킬 필요가 있다는 인식을 하지 못했다. 이는 예수회 없는 반종교개혁에 대한 시도였다. 1626년 새로운 왕실성명서는 한 번 더 예정론에 대한 설교에 재갈을 물렸다. 그리고 이 성명서는 철회되지 않고, 오히려 나중에 반복되었다. 심술궂은 박식한 자들은 전년도 교황의 얀센주의에 대한 평행적인 로마 가톨릭 싸움에 재갈을 물리기 위해, 은총의 논의에 대한 유사한 금지를 발표했다(10장, pp. 625-629).[20]

이는 교회 설립에서의 고위 인물들을 청교도들로 재편성하는 새로운 교회정치의 한 징조에 불과했다. 이유는 그들이 알미니안주의에 동의하지 않았기 때문이었다. 웨일스 사람으로 정치적 마인드를 갖고 항거자들을 동정하고, 알미니안 신학에 도전했던 링컨(Lincoln)의 주교 존 윌리엄스(John Williams)는 1637년

(Cambridge, 1997), pp. 194-209.
18) C. Carlton, *Archbishop William Laud* (London and New York, 1987), p. 13.
19) Ibid., pp. 56, 152-3, 거북이에 대해, ibid., pp. 97, 227.
20) 선포와 그 효과에 대해, N. Tyacke, *Anti-Calvinists: The rise of English Arminianism c. 1590-1640* (Oxford, 1987), pp. 48, 77, 229.

에 런던 타워에 감금되었고, 엄청난 벌금을 물게 되었다. 청교도임이 명백했던 사람들은 더욱 심하게 취급되었다. 찰스 왕의 죽은 형 앙리 왕자의 전속 목사인 헨리 버튼(Henry Burton)을 포함한 일부 반대자들은 벌금형 외에도 귀가 잘리는 잔인한 고등법원(Star Chamber)의 형벌을 받았다. 이러한 상황에서도 종교개혁에 관심을 갖고 있던 사람들을 제지시키기 위해, 알미니안 총주교인 요크의 하스넷(Harsnet)은 1630년에 윌리엄 퍼킨스(William Perkins)와 하이델베르크 신학자인 자카리아스 우르시누스(Zacharias Ursinus)의 저서들을 북잉글랜드에서 판매금지 시켰다. 로드는 80년 된 외국 난민들을 위한 이방인 교회를 훈련하기 위한 유일한 운동을 착수했다. 잉글랜드의 국제적인 개신교의 이러한 상징들을 그는 '잉글랜드국교회에 악감을 가진 사람들의 양성소'[21]라고 말했다. 10년 동안 하이델베르크의 팔츠 성은 합스부르크 왕가의 군대에 의해 약탈, 파괴되었는데, 이때 마크데부르크(Magdeburg)가 불탔고, 개신교와 가톨릭 군대는 개신교운동을 하나도 돕지 않던 잉글랜드정부와 싸워야 했다(사진 17 참고). 찰스의 왕비 헨리에타 마리아(Henrietta Maria)는 프랑스 로마 가톨릭이었으며, 1558년에 메리 여왕의 죽음 이래로 런던에 첫 공식 교황 대리가 되었다. 반면 카푸친 수도사들은 반공개적으로 소머셋 하우스의 스트랜드가에 교회를 짓기 위한 목적으로 예배를 드렸다. 많은 사람들이 로드를 잉글랜드국교회를 점거하는 로마 가톨릭 음모의 대리인으로 보았다는 것은 놀라운 것이 아니었다. 설상가상으로 국가의 상류층과 귀족들이 성직자들의 지역 정치 참여를 공정한 처사로 여겼던 것은 분명한 성직 음모였다. 로드와 친분이 있던 노리치(Norwich)의 주교 매튜 렌(Matthew Wren, 런던 상인의 아들)은 다음과 같이 말했다. "사역자인 그가 잉글랜드의 잭 젠틀맨(Jack Gentleman)처럼 좋은 사람이 되는 그 날을 내가 살아 생전에 보길 원한다."[22] 아일랜드 왕의 총독 스트래포드 경(Lord Strafford), 토마스 웬트워스(Thomas Wentworth)는 상류층과 잉글랜드 정착자들에 의해 80년이 넘도록 전유된 아일랜드교회의 영지와 재산을 회복하기 위해 냉혹한 캠페인을 시작했다. 스코틀랜드에서 제왕은 유명무실한 총주교직을 다시 회복하기 위해 움직였다. 그래서 교회 영지가 세속적 지배로부터 회수될 수 있었다. 중부 유럽에서 합스부르크 왕가도 루터교 귀족에게 이와 유사하게 대했다. 평신도의 재산에 대한 공격보다 더 놀랄 것이 무엇이었겠는가?

---

21) Murdock, *Calvinism on the Frontier*, p. 65. Harsnet에 대하여, Tyacke, *Anti-Calvinists*, pp. 182-3.
22) C. Hill, *Economic Problems of the church from Archbishop Whitgift to the Long Parliam* (Oxford, 1956), p. 223.

잉글랜드에서 알미니안 정치의 건설자들

찰스 1세, 잉글랜드, 스코틀랜드 그리고 아일랜드의 왕

윌리암 로드, 켄터베리의 대주교

성난 귀족들은 로드가 로마 가톨릭에 대항하는 주요 논쟁에 가담했었다는 사실을 잊어버리고, 버킹엄 공작이 로마 가톨릭으로 전향하는 것과 『피셔 예수회와의 회담』(*A conference with Fisher the Jesuit*)이라는 책이 출간되는 것을 막았다. 그들은 또한 작은 대주교가 교황의 추기경 자리 제안을 거절했다는 사실도 잊고 있었다.[23] 로드는 로마교회의 잘못된 모습들을 한탄했다. 무수한 방식으로 알미니안은 종교개혁을 경멸했다. 문제는 로드와 그의 추종자들은 이 종교개혁이 잘못된 방법으로 로마 가톨릭의 잘못을 지적하고 있다고 생각했던 것이다. 그리고 존슨 박사는 이를 '변형'(Deformation)이라고 불렀다.[24] 알미니안은 고딕양식의 첫 부활로 종교개혁 이전의 건축을 모방하며 새로운 스타일의 교회를 세웠다. 어떤 사람들은 반종교개혁이 개신교의 국경을 좁혀갔을 때, 제국과 중부 유럽에서도 동일하게 나타나고 있는 일이라는 것을 알았다(10장, p. 595). 대학 학장인 매튜 렌에 의해 세워진 캠브리지의 피터하우스의 새로운 교회가 잉글랜드에서의 모욕적이었던 한 실례이다. 이 교회는 스테인글라스로 내부를 장식하여 대학 내의 청교도들을 조롱했고, 반종교개혁의 독특한 바로크양식의 장식과 고딕양식의 두드러진 외관이 변화가를 향하게 했다.

새롭게 만들어진 알미니안의 은빛 헌금 접시는 종교개혁 이전의 성찬배와 성반들의 모양을 모방했다. 이후 알미니안의 수천 개가 되던 접시는 일부만이 남았다. 초기 엘리자베스 시대 주교들의 명령에 의해 이 헌금 접시는 전국적으로 수거되어 녹여졌고, 성만찬 집회 잔으로 대체시켰기 때문이었다(사진 18a 참고).[25] 이는 영성체를 받는 사람의 면전에서 알미니안의 성찬 사상을 그대로 밀어 붙이는 것이었다. 또한 신앙인들은 교회 성찬상을 제단으로 여기도록 강요되었고, 당시 그들이 좋아했든지 아니든지 성체대에서 무릎을 꿇고 빵과 포도주를 받도록 강요되었다(따라서 무릎을 꿇을 때 사용된 교회 기구를 로드는 정치적 문제로 다루었다). 예배 형식과 교회 내부를 더욱 거룩하게 만들려고 했던 로디안들(Laudians)의 열심으로 그들은 오랜 침묵을 행하는 종교 행위를 공격하고, 더 이상 개를 교회에 데려오지 못하게 했다. 잉글랜드는 전국적으로 개를 사랑하는 사람들이 많았기 때문에, 어린이들과 동일하게 예배를 방해하지 않는 한, 개를 교회 안으로 데리고 들어오는 것을 용납했다. 하지만 고양이를 사랑하는 총주교는 이를 허락지 않았고, 교회를 가는 사람들 사이에 많은 분노를 일으켰다.

---

23) H. R. Trevor-Roper, *Archbishop Laud* 1573-1654 (London, 1940), p. 146.
24) MacCulloch, *Tudor Church Militant*, p. 173.
25) J. Gilchrist, *Anglican Church Plate* (London, 1967), pp. 71-6.

전국적으로 모든 교구교회는 알미니안 스타일로 내부를 장식하도록 강요되었다. 그리고 얼마 지나지 않아 교구는 또 다시 경건한 설교를 위해서 많은 재정을 사용했다.[26] 그 결과 1624년 이후의 소동으로 피터하우스교회는 만신창이가 되었고, 왕국 전역에 걸친 로드의 계획은 성체대 난간으로 모닥불을 만드는 데 사용되었다. 잉글랜드국교회의 황금시대가 어떻게 이렇게까지 되었는가?

3. 세 왕국의 전쟁(1638-1660)

1559년 정착 이래 통제되었던 개신교 토지 소유와 성직 체제에 반대하여 찰스 왕은 1630년대에 잉글랜드와 아일랜드 교회들의 혁명을 주도했다. 그가 실제로 했을 법한 일들은 왕실 주도로 요한 3세(John III)와 지기스문트(Sigismond) 왕의 통치하에 있던 스웨덴의 종교개혁으로 되돌아가거나, 루터교가 주를 이루던 곳에서 다양한 경험을 갖고 있던 독일 왕자들을 통한 칼빈주의 '제2 종교개혁'의 시도였을 것이다(8장). 그는 잉글랜드 정치에서 허용된 규칙에 대한 공격과 그의 종교적 변화를 결부시켰다. 그는 유난히 분위기가 험악했던 1629년 노회(session)를 해산한 이후에 다시 의회에 참석하기를 꺼렸다. 그리고 왕의 권리를 신적인 권리로 인정하는 개념없는 수사학을 독려했다. 이 수사학 안에 엘리자베스 여왕이나 제임스 왕이 실제로 말한 것은 거의 없었다(또는 실제로 대부분의 중세 군주들이 그랬듯이). 하지만 국가의 대표 기관들에 대해 균형잡힌 존경이 없을 때와 잉글랜드에서 극단적인 모습을 보이는 새로운 교리가 선포되고, 찰스의 성직자 연합이 주교들의 신적 권리를 주장할 때, 이 수사학의 내용은 다르게 들렸다. 이런 모든 현상은 오래된 판례에 의지하여 국가 경영을 합리화하고, 의회를 거치지 않고 왕실의 재정을 높이려는 시도들과 연관되어 있었다.

잉글랜드 사람들이 자신의 군주에 대해서 순종적인 모습을 보였던 주목할 말한 이유는 대부분의 역사에서 새로운 종교 정책들이나, 정치 쇄신 그리고 재정 관리를 의회 소집없이 왕에 의해 결정해왔다는 것이었다. 알미니안주의를 앞장서서 반대했던 여러 상류층과 귀족들이 북대서양과 카리브해 식민지에

---

26) J. F. Merritt, 'Puritans, Laudians and the phenomenon of church-building in Jacobean London' *HJ* 41(1998), pp. 935-60. J. Craig, 'Psalms, Groans and Dog-shippers: the soundscape of worship in the English parish church', in W. Coster and A. Spicer (eds), *Sacred Space* (forthcoming). 나는 그의 발견에 대해 나를 경각시킨 것에 대해 Craig 박사에게 감사한다.

제12장 종결부(Coda): 영국 유산(1600-1700) 673

서의 새로운 삶을 위해 나라를 떠난 것은 찰스의 성공을 분명하게 보여주었다 (p. 688). 그러나 찰스의 계획을 종식시킨 것은 그의 제3의 왕국이었던 스코틀랜드를 부주의하게 다룬 것이었다. 비록 그는 스코틀랜드에서 태어났지만, 그의 생애를 국경 남부에서 보냈다. 그리고 그는 스코틀랜드 여론에 대해 자멸적인 무시를 보여 주었다. 그는 고향 땅을 다시 방문하지 않다가, 1633년이 되어서야 스코틀랜드에서 대관식을 열었다. 그리고 이 방문에서 그가 홀리루드 궁전(Holyrood Palace)에서 입은 중백의가 잉글랜드 성직자에게 경악과 분노를 줄 수 있다는 것을 알고 있었어야 했다. 반면 왕은 스코틀랜드국교회를 잉글랜드와 협력시키기 위한 계획들로 앞서 나갔다. 그는 아버지 시대의 교회에 대한 신중한 단계적 정책들을 배제하고, 스코틀랜드 주교들 중의 소수 알미니안 지지자들에게만 귀를 기울였다. 1637년에 그는 알미니안들이 비밀스럽게 잉글랜드에 들여오기를 바랐을 변형된 형태의 잉글랜드 기도서를 스코틀랜드에서 도입했다. 이 변형된 잉글랜드 기도서는 특히 성찬에서 실제적 임재설을 선포하는 것을 용이하게 만든 1552년 이후의 잉글랜드 예배식보다 더욱 가톨릭의 특성을 가졌던 1549년의 첫 잉글랜드 기도서로 퇴보한 것이었다.

스코틀랜드의 주요 인물들과 상의 없이 진행된 이 일로 인해 왕국의 분노가 폭발했고, 폭동으로 이어졌다. 브레친(Brechin) 성당에서 주교 휘트포드(Whitford)는 장전된 권총을 들고 있던 회중들이 자신을 언제 덮칠지 모르는 상황에서 그들을 노려보며 새 잉글랜드 기도서로 예배를 인도했다.[27] 이는 눈여겨볼 만한 주교제의의 거친 사랑의 표현이었다. 1639년과 1640년에 연이어 일어난 두번의 '주교 전쟁'에서 스코틀랜드 지도자들은 새 기도서뿐만 아니라, 그 책을 소개하는 데에 협력했던 주교들을 거부했다. 이 과정에서 그들은 잉글랜드가 보낸 두 왕실 군대들을 패배시켰다. 스코틀랜드 지도자들의 관심은 자신들의 왕권과 동료 개신교도들에 대항하는 가톨릭 의식을 방어하는 일에 있지 않았다. 스코틀랜드와 비밀스러운 협력관계를 맺고 있던 잉글랜드에서 찰스를 비난하던 사람들은 당시 그에게 분노해 있던 왕국 전체를 하나로 묶을 수 있었다. 1640년 격동의 총선거 이후, 그들은 11년 동안 의회의 첫 모임을 장악했다. 결집된 상하원 의원들의 소식을 듣고 찰스는 급히 '단기의회'(Short Parliament)를 해산시켰지만, 두 번째 선거 또한 동일한 결과를 낳았다. 그리고 '장기의회'(Long Parliament)가 웨스트민스터에서 격동적으로 시작되었다. 로드는 체포되어

---

27) C. V. Wedgwood, *The King's Peace*, 1637-1641 (London, 1955), pp. 177-8.

감금되었고, 스트래포드(Strafford)는 처형되었다.

잉글랜드는 중부 유럽의 개신교가 팔츠 선제후가 1618년에 보헤미아에서의 대관식을 위해 왔을 때 느꼈던 더 나은 미래에 대한 기대를 잉글랜드 또한 1640년과 1641년 사이의 몇 달 동안 경험할 수 있었다. 그러나 새롭게 소집된 웨스트민스터의 의회 지도자들은 종교적, 정치적 불만의 과감한 해결을 왕에게 요구했고, 이때 기성 정치권은 그들의 극단주의를 염려하기 시작했다. 가톨릭의 음모가 준비되었다고 확신하게 된 군중들은 로마 가톨릭 상류층의 집들을 부수었고, 개신교가 부패한 알미니안의 상징이라고 여길 모든 것으로부터 고통받고 있던 교구교회들을 폭력적으로 공격했다. 찰스의 알미니안 주교와 사역자들을 제거하는 것은 모두에게 아주 잘된 일이었다. 그러나 당시 의회 안에 있던 그의 적들의 대다수는 모든 주교와 잉글랜드국교회를 제거하려는 듯 했다. 따라서 1641년의 격렬한 정치적 행위에 대해 수천의 근심한 사람들이 잉글랜드국교회의 편에서 분명하게 탄원했는데, 이는 주교의 사도적 기원들을 변호하려 했던 개신교주의였다. 그러나 기도서를 신성화하고, 마리아의 순교의 피가 (존 폭스 같은) 하나님의 법(jure divino)에 따른 것이라고 주장하는 데 대해서는 침묵했다. 엘리자베스 1세와 제임스 1세는 새 기도서를 대환영했지만, 군주로서는 냉랭한 자세를 취했고, 로드를 탄핵하는 일에 기뻐했다.[28] 많은 사람들은 재앙을 마지 못해 사전에 막기 위해서 그리고 그들의 몹시 불쾌한 군주를 변호하기 위해서 모일 필요가 있다는 결론에 이르렀다.

1641년의 치명적인 불화는 아일랜드에서 주요 국가적 반란이 시작되며 다가왔다. 게일과 잉글랜드의 가톨릭 집단은 결국 개신교주의와 그것의 정착과 문화에 대해 보복하기로 결정했다. 끔찍하고 잔학한 일들이 자행되었고, 이런 나쁜 상황들이 성 조지(St George) 해협을 통해 급속하게 퍼졌다. 현대의 객관적인 추정은 울스터(Ulster) 지역에서만 최대 1만 2천명의 개신교도들이 죽었다고 본다. 그러나 이런 소름끼치는 사건은 실제 지역 정착 인구의 4배인 15만 4천명으로 확대되었다.[29] 마크데부르크에서 일어난 분노의 불길은 개신교도들에게 그들의 자녀들과 친척들도 피해를 보았을 것이라는 공포를 가중시켰다. 그들은 아일랜드를 격퇴해야 한다는 것을 알았지만, 왕이 아일랜드를 침공하기 위해

---

28) J. Maltby, *Prayer Book and People in Elizabethan and early Stuart England* (Cambridge, 1998), 3장과 5장.

29) H. Simms, 'Violence in County Armagh, 1641', in B. Mac Cuarta (ed.), *Ulster 1641: Aspects of the Rising* (Belfast, 1993), pp. 133-4, and cf, ibid., p. 5.

제12장 종결부(Coda): 영국 유산(1600-1700)

군대에 위탁될 수 있을지에 대해 의견이 둘로 나뉘었다. 하지만 의회의 대다수는 그렇게 생각하지 않았다. 잉글랜드의 반대에 대한 찰스의 교활한 행위는 신뢰를 받지 못했다. 그리고 아주 많은 사람들은 확고히 그가 앤트림(Antrim)의 백작과 다른 아일랜드 가톨릭과 비밀리에 협력하고 있었다고 믿었다.[30] 그래서 찰스가 그의 군대를 위한 지역적 조력을 모으기 위해 수도에서 군대를 철수시켰을 때, 1642년에 첫 번째 잉글랜드 시민전쟁이 발발했다는 것은 군대 양성에 문제가 있었다고 생각했다. 그 때에 군주의 강력한 신비로움으로 인해 늘어나는 왕에 대한 후원은 자유와 참된 종교의 이름으로 그에 대항하여 싸울 준비가 되어있던 무리들과는 비교가 될 수 없었다. 1660년에 이르기까지 시민전쟁이 연속해서 세 왕국에서 일어났다.

찰스의 후원과 웨스트민스터에서 의회를 장악했던 반대 지도자들 사이의 싸움의 주요 문제 중 하나는 잉글랜드국교회를 어떻게 해결해야 하느냐 하는 것이었다. 점차 전 1559년 정착은 국왕의 이유와 일치하였다. 왜냐하면 찰스가 왕실 군대를 모으기 위해 잉글랜드국교회의 타도자보다는 옹호자로서의 태도를 취하는데 최선을 다했다. 스코틀랜드 의회와 연합하고 잉글랜드국교회에 장로교를 정착시킬 준비가 되어있던 '장로교'(Presbyterians)와 잉글랜드국교회에서의 종교적 삶의 중앙조직을 최소화하며 스코틀랜드 의회와의 연합을 의심스러워하던 '독립파'들 사이의 분열이 의회 안에서 생겨났다. 장로교는 웨스트민스터 의회에서 세력을 갖추었고, 웨스트민스터 의회는 잉글랜드에서 교회를 개혁하기 위해 1643년에 총회(synod)를 제안했다. 예상대로 스코틀랜드 대표들을 포함했던 이 '웨스트민스터 총회'는 칼빈주의와 장로교 형태의 신앙고백서를 작성했다.

1646년도 웨스트민스터신앙고백은 여전히 스코틀랜드국교회의 교리적 표준들에서 존경의 위치를 가지고 있다. 하지만 잉글랜드의 종교적인 삶에서 그보다 훨씬 적은 영향력을 가졌었다. 독립파들이 의회가 왕과 싸우려고 설립했던 군대에 기반세력을 가지고 있기 때문이었다. 그리고 찰스에 대항해서 군대가 전에 없이 성공했을 때, 군대 지도자는 잉글랜드의 미래에 대한 자신의 계획을 준비하기 시작했다. 1646년에 왕은 설상가상으로 총체적인 패배를 맞게 되었다. 왜냐하면 의회와 군대는 당시 국가적 종교를 새롭게 고치는 방법뿐만 아니라, 무엇을 수정해야 하는지에 대해서도 싸우고 있었기 때문이었다. 쿠데타

---

30) W. Lamont, 'Richard Baxter, "Popery" and the origins of the English Civil War', *History* 87 (2002), pp. 336-52.

(coup d'éta, 프라이드의 추방〈Pride's Purge, 1648〉)는 의회파 장로교 수뇌부를 축출했고, 왕은 자신의 백성들 사이에서 전쟁을 일으킨 책임으로 국가 재판을 받고 처형 선고를 받았다. 살아있을 때보다 죽어서 잉글랜드국교회를 위해 더 많은 것을 행한 그는 1649년 1월에 평온한 위엄을 가지고 죽었다. 그가 감옥에서 적은 (대필하여) 명상록 『왕의 초상』(*Eikon Basilike*)은 은밀하게 즉시 베스트셀러가 되었다. 그리고 거룩한 왕실 순교자의 이미지로 고취되었다. 현재 이 책은 사실상 잊혀진 것이나 마찬가지지만, 17세기 동안에 잉글랜드에서 가장 영향력 있던 출판물 중 하나였다고 말할 수 있다. 이 책은 적어도 잉글랜드의 다음 세기에 이르기까지 거룩한 군주상을 연장시키는데 도움을 주었다.

왕권을 무엇으로 대치할 수 있었는가? 이후 11년 동안 잉글랜드는 중립적인 공위기간(Interregnum, 통치기간 사이의 시간)이었다. 이 공위 기간 동안 잉글랜드는 이 사실을 숨기기 위해 공화정이 되었고, 새로운 통치를 과시하며 자기나라 언어로 된 공문서에서 라틴어 레스푸블리카(Respublica)를 폴란드-리투아니아 비유로 영연방(Common Wealth)이라고 번역했다. 군대 장군 올리버 크롬웰(Oliver Cromwell)은 찰스 왕의 철저한 탄압정책이 시작했던 시기에 나타났던 심각한 신경쇠약 증상으로부터 회복되어, 개신교 신앙을 깊이 소유하고 강화하기 시작했던 훌륭하면서도 아주 냉혹한 군인이었다.[31] 당시 그와 같이 완고하고 지조 높은 헌팅턴(Huntingdon) 출신의 오만한 소수귀족 자제들이 대서양 제도 전체의 주인이 되었다. 크롬웰은 아일랜드에서 가톨릭 동맹을 종식시키기 위해 끝까지 밀고 나갔다. 그리고 왕당파 세력들과 연계되었을 때, 그는 우선적으로 로마 가톨릭 수비대를 학살하고, 후에 로마 가톨릭 상류층의 땅을 몰수하면서 아무런 죄책감을 느끼지 않았다. 가톨릭 땅 소유자들은 합스부르크 정부가 동시적으로 중부 유럽의 개신교에 대항해서 보여주고 있던 모든 고백적 원한을 가지고 섬의 가장 황폐한 곳으로 망명했다.

크롬웰은 군인으로서 보다는 정치인으로서 덜 기민했다. 당시 그는 정복 이후 대서양 제도 전체를 포함했던 연방의 새로운 정치 구조를 결정해야 하는 과제에 직면했다. 하지만 근본적인 문제는 스코틀랜드와 아일랜드가 잉글랜드로부터 지배받기를 원치 않았다는 것이었고, 군대는 이 문제를 해결하기 위해 모든 힘을 동원해 그들을 겁주었다. 이는 비싼 값을 치뤄야 했을 뿐만 아니라, 전쟁 이전의 원상태로 돌아가기를 원했던 잉글랜드 사람들에게 아주 공격적

---

31) J. Morrill (ed.), *Oliver Cromwell and the English Revolution* (London, 1990), Ch. 2.

제12장 종결부(Coda): 영국 유산(1600-1700)

인 방법이었다. 1630년대에 유럽 전체에서 가장 군사화되어 있지 않던 국가가 1650년대에 이르러서는 가장 군사화 된 국가 중 하나가 되었다. 잉글랜드는 점차 군대를 혐오하기 시작했고, 반면에 군부는 나름대로 정치적, 종교적 권한을 강화하는 데 힘썼다. 잉글랜드의회는 합리적인 근거들을 내세워 군부와의 대치상황을 극복해 나갔으며, 반면에 흩어져 있는 모든 군도는 군부에 의해 지배를 받았다. 크롬웰은 불행하게도 다양한 새 국가 총회를 경험하게 되었지만, 이 정치 집단을 하나로 모이게 할 수 없었다. 그리고 그는 군사적인 후광을 등에 업고 독재정치를 했고, 점점 더 옛 군주의 모습을 보였다. 비록 15세기의 잔혹한 글루스터의 리처드 공작과 16세기의 어리석은 소머셋 공작의 선례처럼 호국경이란 타이틀보다 더 군주다운 칭호를 취하지는 않았지만, 그는 그들보다 더 옛 군주의 모습을 보였다. 폴란드-리투아니아는 3세기 동안 연방을 유지했고, 영연방은 11년 동안 유지되었다.

역사상 최악의 폭풍우가 유럽을 강타했던 1658년 9월의 한밤중에 크롬웰은 죽었다. 하지만 호국경으로서 그의 뒤를 이을 만한 사람은 단 한명도 없었다. 그리고 2년의 혼란 이후에 처형당한 왕의 아들로서 망명중이던 찰스 2세와 함께 옛 군주국을 회복하는 데 성공했다. 이는 오래된 의미로서의 '혁명'처럼 보였다. 1641년의 정치적, 교회적 조건들로 바르게 돌아간 것이었다. 하지만 문제는 그렇게 간단하지 않았다. 왜냐하면 20년 사이에 많은 것들이 바뀌었기 때문이었다. 중요한 종교적인 변화는 1650년대 동안에 구성된 개신교도들이 기존 국가 교회 밖에서 영구한 형태를 취했다는 것이다. 시간과 과정에서 이들은 회중파와 독립파 그리고 침례파 교단을 형성했다. 엘리자베스 1세의 치하에서는 이러한 후기 교단들에 가까웠던 작은 분리파들이 있었다. 어떤 분파는 종교개혁 이전의 로날드파의 영향을 강하게 받기도 했고, 어떤 분파는 공적인 교회를 무시했던 이전의 청교도들의 영향을 받기도 했다. 반면 어떤 분파는 본토 유럽의 급진적인 종교개혁의 영향을 받았다. 전쟁 이전에 이들의 숫자는 매우 적었다. 또한 기존 개신교회에서 청교도들은 교회와 연방이 가깝게 연계되어야 했다는 주류 개신교의 신념에 대항하던 사람들을 좋지 않게 생각했다.

이때 전쟁은 모든 것을 바꾸었다. 전쟁 이전의 교회의 전체 구조는 서서히 폐지되었다. 그리고 정부 통제의 종식과 함께 사람들은 종교를 스스로 선택하기 시작했다. 의회 군대는 특히 종교 극단주의의 영향을 받았다. 왜냐하면 이는 사람들을 경건함에 몰두하게 했고, 전통적인 교구시스템으로부터의 통제가 자유로웠기 때문이었다. 왕이 처형당한 이후 모든 종교 분파들은 종말이 가까이 왔다고 느꼈다. 그리고 이러한 묵시적 흥분은 하나님의 보좌 앞에서 신실한 그루터기 역할을 하기를 원했던 많은 분파들을 양산했다. 어떤 분파들은 이전의 모든 사회를 전복시키려고 했다. 광부들(Diggers)은 자충적 공동체를 설립하고 유지하기 위해서 공유지를 팠다(그들은 평민의 법적인 권리에 분노한 길드들에 의해 해산되었다). 높은 신분의 사람들을 분개시켰던 무리들은 하나님이 자신들에게 인쇄된 성경을 뛰어넘는 특별한 계시를 주었다고 믿었던 랜터파(Ranters)였다. 이는 1530년대의 극단적 사상인 '내적인 빛'과 연관된 신념이었다(4장, p. 295; 5장, p. 306). 소위 랜터파들은 때때로 황홀경의 신성모독과 담배흡연을 즐겼으며, 벗은 채로 길을 달리는 행동을 통해서 모든 세상적이고 영적인 법들로부터 하나님이 주신 반율법적 자유를 표현하였다. 이들의 이야기는 많은 사람들에게 선풍적인 인기를 얻었는데, 특히 당시의 선정적인 잡지들에 의해서 유명해졌다.[32]

열정주의자들의 움직임 가운데서 어떤 자들은 경건한 목적을 위해 그러한 힘을 이용했고, 경건한 자들의 힘을 결집시킨 유력한 인물이었던 조지 폭스(Gorge Fox)를 중심으로 사람들이 모여들었다. 그의 지도를 중심으로 모였던 사람들은 자신들을 '진리의 친구들'(Friends of the Truth)로 불렀다. 반면 다른 사람들은 그들을 경멸하면서 퀘이커(Quakers)라고 불렀는데, 이는 폭스가 법정에서 판사에게 주님의 이름이 나올 때 몸을 떨도록 했던 일 때문이었다. 그때에 '진리의 친구들'은 하나님의 능력 외에는 어떤 능력도 인정하지 않는다는 것을 보여주기 위해서, 사회 규범(social convention)을 고의적으로 조롱하며 다른 모든 사람들을 두렵게 하고 격노케 했다. 그들은 사회적 상관들에게 모자를 벗으며 예의를 표하는 것을 거부했다. 그리고 모든 사람에게 '당신을'(thee)과 '당신이'(thou)와 같은 통속적인 언어 표현을 사용했다(이러한 언어법은 시대에 뒤쳐진 표현이라는 사실에 의해 약간 약화되었다). 공위기간 동안의 더 이국적이었던 무리들 사이에서 거의 유일하게 그들은 살아남았다. 비록 그들은 예배에서 모든 성례적 형태를 제거했지만, 평화적이고 자기 절제적인 성격의 종교로 변형되었고, 보편교회의 명상주의 종교 단체와 같이 보였다. 근래의 이들의 평화, 군비 축소 그리고 환경운동과의 제휴는 모든 기득권에 의문을 제기하던 그들의 원래 모습을 많

---

32) Ranter들의 존재에 대한 주목할 만하게 신랄한 현대 논쟁은 G. C. Aylmer, 'Did the Ranters exist?', *PP* 117 (Nov. 1987), pp. 208-20 에 사려깊게 개관되어 있다.

제12장 종결부(Coda): 영국 유산(1600-1700)

이 보여준다.

이러한 단체들은 연방과 호민관 정치의 주류 지원자들을 두렵게 했다. 그들의 대부분은 그들이 이해했던 옛 잉글랜드를 보존하고, 새 시온(Zion) 운동으로 연결되지 않도록 찰스 1세와 싸웠다. 1656년에 제임스 네일러(James Nayler)로 불리던 한 퀘이커교도는 브리스톨(Bristol)에서 가지를 흔드는 여성들의 환영을 받으며 그리스도의 예루살렘 승리의 입성을 재연했다. 의회는 그에게 낙인을 찍고, 신체를 절단하는 잔인한 형벌을 가하기로 결정했다. 비록 크롬웰에게 네일러의 신성 모독적 연극이 큰 충격이었지만, 이러한 제도적 폭력을 승인하는 의회의 반응에 크롬웰은 더욱 상처받았다. 크롬웰 같은 지도자들은 잉글랜드를 거룩한 국가, 새 예루살렘으로 세우려는 바람과 잉글랜드 귀족으로서 과거의 안정을 되찾으려는 소망 사이에서 고민하였다. 일반적으로 보수주의가 성공했고, 급진주의는 크롬웰의 군대와 정부에서 물러나도록 강요되었다. 그럼에도 불구하고 크롬웰은 자신이 의회에서 패배시킨 장로교들에 대항해서 광범위하고 포괄적인 개신교를 잉글랜드의 종교로 세우는 일에 전념했다.

크롬웰의 인도하에 잉글랜드국교회는 다시금 이전보다 더욱 폭넓은 기초를 갖게 되었다. 크롬웰은 아일랜드 가톨릭교도에게 난폭한 절대적인 적임을 증명하는 동시에, 잉글랜드에서는 전례 없는 관용을 장려했다. 소수의 로마 가톨릭은 3왕국의 전쟁 동안에 왕에 대한 일반적인 지원에도 불구하고, 군주제 아래서보다 공위기간 동안에 덜 핍박을 받았다고 느꼈다. 전쟁 이전의 교회 감독시스템을 원했던 국교회 상류층 소수는 그들이 어떠한 문제를 일으키지 않는 한 간섭받지 않았다. 그리고 새로운 교회 설립에 대항해서 불만을 호소하는 로마 가톨릭같은 상류층 분파들은 그들을 마지못해 받아들였다. 그리고 순교자로서 찰스 왕의 후반기를 기억하는 것에도 마지못해 참여했다. 크롬웰은 심지어 1290년 이래로 공식적으로 추방되었던 유대인들이 다시 잉글랜드로 돌아오는 것을 허락했다. 그러나 이러한 가운데 그는 자신이 계몽 현대 자유주의가 아닌, 열심으로 마지막 날(the Last Days)을 기다리는 개신교 열성가임을 보여주었다.

마지막 날은 유대인들이 회심하기 전까지 결코 일어나지 않을 것이라는 것을 모든 박식한 성경 독자들은 알고 있었다. 그러나 잉글랜드에서 회심하는 유대인들은 없었다. 암스테르담의 유대인 공동체에서 저명한 랍비 므낫세 벤 이스라엘(Menasseh ben Israel)은 그러한 묵시적 갈망에 대해 잘 알고 있었다. 그는 잉글랜드를 방문하여 묵시적 사상을 가진 기독교인들 사이에서 흥미를 불러

일으키는 데에 많은 시간을 보냈다. 그리고 크롬웰은 네덜란드 랍비에게 매년 100파운드의 연금을 지급함으로 마지막 날들에 대한 자신의 실천적 행보를 보여주었다. 연극으로 꾸며졌던 상황보다 (오히려 공위기간 동안 전형적이었던) 실제 상황의 해결은 덜 묵시적이었다. 1656년에 잉글랜드-스페인 전쟁의 발발 후에 런던의 어떤 유대인 상인 거주자는 스페인 사람이라는 이유로 그의 땅을 몰수 당했다. 하지만 그는 자신이 스페인 사람이 아닌 유대인이라며 크롬웰에게 불평을 하는 담대함을 보였다. 해군 변호사는 예상대로 소란 없이 그 땅을 돌려주었다. 이러한 처사는 잉글랜드에 거주하거나 재산을 소유한 유대인들과의 사이에서 커다란 이념적 차이나 문제가 없었다는 것을 의미했다. 4년 후 찰스 2세는 그의 복권(Restoration)에서 아마도 암스테르담 유대인들에게 현금을 돌려주는 것에 대해 염려하고 있었던 것 같았다. 그리고 잉글랜드는 그 이후로 공공연하게 유대인 공동체들의 거점이 되었다.[33]

새로운 상황에서 잉글랜드국교회는 사역 후보자들을 평가하기 위해 세워진 런던 위원회 트리에르(Triers)로부터 분리된 중앙 구조 없이 광범위한 교구 연합을 형성하였으며, 사역 후보자들을 평가하는 제도를 세우고, 모든 주류 개신교의 영향력으로부터 시작되었다. 결과적으로 교구들은 각자의 의견에 따라, 불법적으로 개신교 성향에 맞추어 각색된 것으로 추정되는 『공동기도서』(청교도들이 100년 동안 추구했던 것) 또는 법적으로 『공동기도서』의 대체(replacement)였던 1645년의 공예배 지침서(Directory of Public Worship)를 선택적으로 사용할 수 있다는 것을 의미했다.[34] 어떤 영역에서 장로교 신앙 성직자들은 자발적으로 지역 노회를 세우기도 했다. 그러나 연합하려는 움직임 또한 '모인 회중'으로서 예배 드리기를 원하는 무리들 또한 교구시스템과 나란히 나타났다. 이러한 모습은 엘리자베스 통치 기간에 형성되기 시작했던 분리파들과 연결되어 있었다. 유아세례를 받아들였던 사람들(독립파)과 거부했던 사람들(침례교) 사이에 광범위한 분열이 있었다. 왜냐하면 대다수의 회중들은 이러한 중대한 주제에 대한 개별적인 의견들을 기독교인의 사랑과 자유, 그리고 공동 예배의 이해관계로써 받아들이는 것에 준비되어 있었기 때문에 이는 정돈되지 않은 분열이었다. 심지어 분열 안에서도 분열들이 있었다. 특히 예정론에 대한 칼빈주

---

33) D. S. Katz, *Philosemitism and the Readmission of the Jews to England, 1603–1655* (Oxford, 1982), 특히 pp. 235-8, 241.

34) J. Morrill, 'The Church in England, 1642-9', in J. Morril (ed.), *Reactions to the English Civil War, 1642-1649* (London and Basingstoke, 1982), pp. 89-114.

제12장 종결부(Coda): 영국 유산(1600-1700)   681

1660년 이후 템즈강에서 바라본 람베스궁정: 대주교 적슨(Juxon)이 망쳐 놓은 궁전의 사치스러운 재건축, 특별히 대주교들이 잉글랜드 귀족, 상류층과 함께 즐겼던 곳으로 중심에는 화려한 식당이 위치하고 있다. 이 건물은 찰스 2세와 함께 감독체제의 잉글랜드국교회의 복귀를 상징한다.

의 신앙을 고수했던 '특별' 침례교('Particular' Baptists)와 그 교리를 거부하며 증가했던 '일반' 침례교('General' Baptists) 사이에 분열이 있었다. 각 분파는 뜻을 함께 하는 기독교인들과 연계되어 각자의 체계를 발전시켰는데, 특별 침례교의 지역 구성 그리고 일반 침례교와 독립파의 정치적 가이드라인을 세웠던 국가 회의가 그 예이다.

4. 개신교 영역(1660-1700)

1660년대에 찰스 2세의 복권은 공위기간의 모든 종교개혁을 위한 시도에 갑작스럽게 영향을 끼쳤다. 새로운 왕을 세우는데 주도적인 역할을 한 장로교지도부는 처형당한 찰스 1세와 크랜머의 기도서 그리고 옛 방식의 교회감독체제에 대한 향수에 의해 생겨난 (그리고 아마도 부끄러운 얼굴을 한) 열풍에 의해 그들의 정치적 입지가 약화되었다는 것을 알게 되었다. 선도하는 감독직 성직자는 새로운 교회를 세우고, 1662년에 약간 개정된 『공동기도서』를 설정하는 방식으로 장로교의 허를 찌를 준비가 되어 있었다. 20년 넘도록 성직에서 물러나 있던 감독직 성직자들은 이제 의기양양하게 만족스럽지 못한 계승자들을 쫓아냈다.

잉글랜드 토지 소유자들이 아무런 성난 저항 없이 1660년과 1662년 사이에 수석사제와 총회 그리고 주교들과 심지어 추기경들에게 토지를 돌려 주었다는 것은 적어도 잉글랜드 역사에서 가장 놀라운 현상 중 하나였다. 이 문제는 토지를 소유한 잉글랜드의 귀족들이 가질 수 있는 죄의식이나 판단력의 문제와는 별개로, 공위기간의 정부에 대한 혐오를 드러내는 감정적 반발로 이어졌으며, 구교편에 서는 것이 유익이 된다는 것을 암시했다. 올리버 크롬웰의 정부는 극장들의 문을 닫게 했고, 메이폴(오월의 꽃기둥 장식)을 치우고, 크리스마스의 미신적 축제 동안에 상점 문을 열 것을 명령했다. 결국 1650년대 후반에 열성적인 소수 군장교들은 국가 지정구역과 그 기준을 강화하고, 군을 위한 세금을 더 징수하기 위한 목적으로 '군부지방장관' 제도를 시행하였다. 대부분의 사람들이 이들을 몹시 혐오했다. 크리스마스 날에 이콘 바실리케(Eikon Basilike, 처형당한 찰스 1세의 형상이 조각된 상징적인 장소)에서 올리버 크롬웰의 계승자들이 패배했으며, 이것은 1660년 이후에 있었던 가장 확실한 복수였다.[35]

당시 재건된 잉글랜드국교회는 1642년 이전에 있었던 것보다 교리적인 면에서 더욱 배타적이었다. 메리 여왕 통치 이래 처음으로 순교자들이 나왔다. 실제로 순교 당한 왕도 있었다. 마찬가지로 중요하게 감독제도와 크랜머의 예배서에 충성하며 20년 넘도록 희생되고, 원칙에 관해서 더욱 애착을 갖고 있던 축출된 많은 성직자들에 의해 이러한 일들이 주도되었다. 이러한 성직자들의 대부분은 1620년대까지 잉글랜드에서 압도적으로 지배적이었던, 이제는 청교도 혁명과 연계한 칼빈주의 또는 개혁파 개신교 신학으로부터 등을 돌렸다. 특히 명분을 잃은 뿌리깊은 옥스포드 대학에서 분개한 전통적 사고방식을 가진 성직자들의 저항에도 불구하고, 잉글랜드국교회가 세계적 개혁파 개신교의 한 부분이라는 것을 더 이상 강조하지 않았다는 것을 의미했다.[36] 로드(Laud)와 찰스 1세는 나란히 순교자로 회복되었다. 그리고 비록 회복된 교회 지도부가 로드의 계획에 나타난 극단적인 요소들을 신중하게 금지했지만, 주교와 군주는 모두 하나님의 법에 따른다는 그의 주장은 교회 교리의 필수적인 부분이 되었다. 옛 기도서를 개정하는 과제를 책임졌던 예배식 전문가들은 포용적인 자세로 장로교도들과 화해하려고 했다. 그러나 실제로 그들의 모든 변화는 성찬식의 빵과 포도주에서 신적 현현이 일어나는지에 대해, 1552년 크랜머 대주교는 충분히 충

---

35) D. Hirst. 'The failure of godly rule in the English Republic', *PP* 132 (Aug. 1991), pp. 33–66.

36) 특별히 S. W. P. Hampton, 'Reformation Scholarsticism and the battle for orthodoxy in the later Stuart Church', Oxford DPhil thesis, 2003 를 보라.

제12장 종결부(Coda): 영국 유산(1600-1700)

실했는지에 대한 오랜 전위적 수용주의자들의 걱정을 수용하기 위해 설정된 것이었다.

 기존 교회에서 가능했던 새로운 경계는 자신들의 위치를 지지했던 평신도들과 새로운 시스템에 적응하지 못하고 이탈한 약 3,000명의 성직자들에 의해서 상징되었다. 이들의 분별 없는 상징주의는 프랑스 성바돌로메 기념일과 개신교 대학살 90주년 기념일과 일치되어, 영향 받은 자들과 추종자들과 계승자들에 의해서 오랫동안 기억되었다(7장, p. 455). 비록 새로운 상황에 맞추기 위해 랜슬롯 앤드류스와 리차드 후커의 삶과 사상이 다시 쓰여지는 일이 포함되었지만, 이는 두 목사의 사후 승리였다.[37] 당시에 정확히 '성공회'(Anglican)로 알려진 잉글랜드국교회가 존재했었는데, 이것은 로드가 세우기 원했던 교회가 아니었다. 왜냐하면, 종교개혁에 관한 기억들이 너무 깊게 배어 있었기 때문이었다. 무적함대를 패배시킨 것과 제임스 왕을 음해하려던 가이 폭스(Guy Fawkes)의 음모를 좌절시킨 일을 기념하기 위해서 국가적으로 모닥불을 피우고 불꽃놀이 축제를 거행했다. 서섹스(Sussex)주(1530년이래로 개신교 본거지)의 루이스(Lewes)의 고향사람들은 지금도 여전히 11월 5일이 되면 교황의 초상화를 불태우며 축제를 한다. 『순교자들의 책』으로 알려진 폭스의 저서가 잉글랜드에 남겨졌으며, 이렇듯 구교와 신교사이에서 춤추는 잉글랜드국교회는 아주 흥미로운 형태의 기독교를 만들어냈다.

 그럼에도 불구하고 예리함과 사려 깊음은 1662년에는 부족했다. 그들의 강경노선에 의해 국교회는 전쟁 이전에 연합되었던 잉글랜드국교회로부터 '분파'를 끌어내어 분리시켰다. 이제 장로교파는 외부 개혁세력으로 취급을 받았던 독립파나 침례파 같은 대우를 받았다(모두가 무시했던 퀘이커교도들과 함께). 잉글랜드 개신교는 아직 치료되지 않은 상태에서 다시 금이 갔다. 그리고 찰스 2세의 정권은 교회와 국가에 있는 국교회 정부로부터의 심한 잦은 핍박에 대항해 살아남기 위해 필사적인 투쟁을 하는 비국교도들(Dissenters)을 인식하고 있었다. 입법회는 국교회 형태의 성찬을 받아들이는가에 따라 공직을 맡겼다. 그리고 성찬 형식의 일치를 위한 이런 비뚤어진 정치적 테스트(Test)의 사용은 19세기까지 잉글랜드에서 폐지되지 않았다. 이것은 유럽의 독특한 개신교도에 의한 개신교도의 박해였다. 이는 잉글랜드가 국제적인 관용의 역사를 뽐내려는

---

37) MacCulloch, 'Hooker's Reputations'; J. Martin, *Walton's Lives: Conformist commemorations and the rise of Biography* (Cambridge, 2001).

것에 또 다른 의문점을 제기한다.

핍박은 또한 역설적이었다. 비록 핍박은 복수심에 불타는 국교회 설립에 의해 장려되었지만, 교회의 수장인 찰스 왕은 마지못해 강압적으로 교회를 지원했기 때문이다. 찰스는 어린 시절 너무나 많은 진지한 종교와 험난한 망명길을 경험했다. 만약 조물주가 그 일에 대해 그에게 교차 심문을 했다면, 찰스는 강한 충성을 요구하며 잉글랜드국교회를 거부하는 로마 가톨릭을 선택했을 것이다. 결국 지독하게 냉소적인 군주는 임종하면서 로마 가톨릭으로 개종했다. 그는 최후 결정 전에 그가 할 수 있는 한에서 극단의 개신교 반대자에게 타격을 주기 위해 요크의 공작이며 공개적으로 가톨릭 신자인 그의 동생 제임스에게 왕위를 계승하는 데에 만만치 않은 정치적 능력을 사용하며 통치 말년을 보냈다. 제임스가 1685년에 제임스 2세와 7세로서 왕위를 계승했을 때, 빛나는 정치적 유산을 새로운 왕이 3년 만에 무너뜨렸다는 것은 그의 잘못이 아니었다.

비록 이때 제임스의 머리가 어깨에서 절단되지는 않았지만, 종교개혁은 당시 섬의 세 왕을 제거하는 것을 획책했다. 제임스는 내부 개신교 다툼의 4반세기 후에 그들의 옛 적인 로마 가톨릭에 대항하는 모든 잉글랜드 개신교들을 연합하는 눈부신 발걸음을 성취했다. 제임스의 문제는 그의 형과 다르게 심각했다(뿐만 아니라 매우 지혜롭지 않았다). 제임스는 그의 가톨릭 동료들의 위치를 향상시키기 위해 1660년대에 로마 가톨릭으로 개종했는데, 이는 당시 잉글랜드국교회의 설립과 반대자(비국교도) 양쪽 모두에게 두려움을 제공하는 부적절한 방법이었다. 1688년 제임스의 왕위 계승자는 네덜란드인 사위 오렌지의 빌렘(Willem of Orange)으로 유혈사태 없이 이루어졌다. '영광스러운 혁명'의 이름을 얻기 위해 잉글랜드 전체의 정치권이 이 사건이 벌어지도록 내버려 두었기 때문이었다. 이러한 행복한 명칭은 빌렘이 잉글랜드를 성공적인 군사 침공했던 마지막(지금까지는) 외국 통치자였다는 사실을 위장하기 위함이었고, 잉글랜드는 이를 멈추기 위해 아무 조치도 하지 않았다. 스코틀랜드와 아일랜드에서 폭동을 일으켜 그의 왕좌를 되찾으려는 제임스의 노력은 더욱 피비린내 났다. 1690년과 1691년 그의 가톨릭 아일랜드 군대가 치른 보인(Boyne)과 어흐림(Aughrim) 전투에서의 최종적인 패배는 아일랜드에서의 가톨릭과 개신교 관계의 가장 격정적이고 불행한 역사 중의 하나로 기억된다.

잉글랜드에서 제임스의 패배는 국교회와 반대파(비국교회) 사이의 어수선하고 오랜 경쟁의 거래를 야기했다. 새로운 윌리엄 3세(William III, 헌법상 체면의 가리개[figleaf]를 제공하기 위해 그의 헌신적인 잉글랜드 스튜어트가의 부인 메리와 공동 군주로서 통

제12장 종결부(Coda): 영국 유산(1600~1700)   685

치했던) 왕은 '침묵자' 빌렘의 가문으로부터 온 네덜란드계 칼빈주의자였다. 그는 프랑스의 루이 14세에 의해서 이루어진 개신교 유럽에 대한 가톨릭의 협박과 싸우는 데에 생애의 많은 부분을 헌신했다. 그리고 그가 잉글랜드를 평정한 사건은 루이 14세를 대항한 개신교의 원대한 계획의 일부가 되었다(17장, p. 858). 윌리엄도 국교회 지배층도 제임스에 대항하는 개신교연합전선의 가능성과 기억을 무시할 수 없었다. 그리고 몇몇의 주요 성직자들은 '포용주의'라는 형태를 통해 잉글랜드국교회 안으로 다시금 비국교도를 들여오는 방식을 도입하려 했다. 이 사건은 훨씬 많은 비논리적 타협이 정치적 상황에 있었다는 것을 의미했다. 1689년에 약간의 제한조건이 있었지만 신교자유령(the Act of toleration)이 발효됨에 따라 비국교도들도 법적으로 예배할 수 있는 기회를 갖게 되었다. 19세기 초, 강경파 국교회는 반복적으로 시계를 1660년으로 돌려놓으려 했다. 그러나 신교 자유령은 기존 잉글랜드국교회 밖의 사람들에게도 완전한 시민 권리를 부여하는 오랜 과정의 시작임을 증명했다. 잉글랜드의 왕좌가 개신교도에게는 제한되는 등의 예외는 여전히 남아 있지만, 실질적으로 19세기에 해방이 완성되었다.

따라서 신교자유령은 대단히 중요한 사건이었다. 30년전쟁의 결과와 마찬가지로 신교자유령은 기독교인들로 하여금 서로 다른 관점을 허용하고 공존하기 위한 단계였다. 그 칙령이 주장하는 것이 무엇이든 간에 잉글랜드국교회는 당시 네덜란드 개혁파교회가 수십 년 전에 도르트총회에서 알미니안을 패배시킨 후 오히려 조용해졌던 것과 연합주들 사이에서 행했던 것처럼, 왕국에서 유일한 참된 기독교를 가지기 위한 시도를 포기했다. 이는 본토 유럽에서 압도적이었던 루터파 또는 칼빈파 도시의 구조와는 상이하게 다른 영어권 개신교의 구조를 양산했다. 분열된 개신교 주도권은 점점 더 개방적인 정치를 생산했다. 반면 세 왕국은 점차 하나의 대영제국안으로 끌려 들어왔다. 대영제국 군주는 웨스트민스터의 개신교 의회 주장과 정치적으로 활동적인 개신교 비국교도들에 대항해서 실제적인 힘을 유지하는 것이 어렵다는 것을 차츰 느꼈다. 1690년 이후 잉글랜드의 주교인 국교회와 개신교 비국교도를 제외하고, 스코틀랜드국교회는 결국 주교직을 없앴다.

그리고 정치에서는 배타적인 장로교가 되었다. 아일랜드의 스코틀랜드 정착자들 또한 그들의 장로교에 대한 충성을 재확인했다. 그래서 대영제국 개신교의 여러 개의 다른 모습은 전 세계적으로 다양한 교회의 단체를 만들어냈다. 국교회를 제외한 이러한 다른 교회 무리들의 중심은 대서양제도를 넘어 대양의 서쪽 해안, 즉 아메리카의 새로운 영어권 식민지로 이동되었다.

5. 아메리카의 시작

시작은 80년 전이었지만, 찰스 1세의 1630년대 종교 정책은 북아메리카에서 잉글랜드 식민지를 조장하는 결과를 낳았다. 로마에 대항해서 북유럽 개신교들이 자신만의 것을 시작하게 되면서, 그들은 초창기부터 종교적, 경제적 동기가 불분명하게 어우러져 있던 이베리아 대서양 정복을 선망했다. 잉글랜드는 북대서양에서 오랫동안 어업을 했고, 북아메리카 해변을 방문했었지만, 그들은 접근성이 더 좋은 대서양의 새로운 세계, 아일랜드에 의해서 아메리카에 어느 정도 미혹되었다. 여기에서 그들은 참 종교를 심을 수 있었고, 스페인이 아메리카의 원주민들을 보았던 시선과 아주 동일한 관점에서 이해되는 사람들로부터 땅을 빼앗았다. 반면 잉글랜드는 에드워드와 메리의 통치에서 첫 번째 아일랜드 식민지를 시도하고 있었다(8장, p. 525). 프랑스 개신교들은 1550년대와 1560년대에 브라질과 플로리다에서 식민지를 세우기 위한 노력으로 대양을 건너 이베리아 세력에 도전하는 데에 선두였다. 개신교 정치의 귀족 지도부는 지구 반대편에서 고전을 면치 못하고 있는 합스부르크 왕가를 바라보며, 행복해 하던 프랑스 군주에 의해서 고무되었다. 그러나 프랑스의 브라질과 플로리다 식민정책은 모두 재난으로 끝이 났다. 그리고 프랑스에서는 오랜 동안의 내전으로 식민지열풍이 사그라들었다. 따라서 프랑스의 뒤를 이어 받았던 것은 개신교 잉글랜드였다. 그들은 우선적으로 스페인 북쪽에 좋은 땅으로 관심을 돌렸다. 남유럽 사람들은 이 땅에 매력을 덜 느꼈는데, 해안선이 북쪽으로 뻗어 나가면서 위도상으로 추운 곳이었기 때문이었다.

1580년대부터 잉글랜드는 스페인 제국의 북쪽에 있는 해안에서 그들의 식민지를 설립함으로 스페인의 성공과 경쟁하기 위해 지속적으로 노력했다. 첫번째 노력은 초기 프랑스의 모험처럼 실패로 돌아갔다. 그러나 잉글랜드는 충분히 징지직으로 인정되어 있었고, 충분히 다시 시도할 의도가 있었다. 많은 생명과 자본을 잃은 후에 정착은 불확실해 보였지만, 1607년부터 지속적으로 존재했다. 북아메리카 해안선을 식민화하려했던 초기 엘리자베스 시대의 실패한 노력들로부터 버지니아(Virginia)라는 이름을 만들었다(최근 사망한 처녀 엘리

제12장 종결부(Coda): 영국 유산(1600-1700)   687

자베스 여왕의 이름을 따라). 버지니아의 정착자들은 잉글랜드국교회의 순응주의 성직자들와 함께 이곳으로 와서, 교구 사역에 대한 재정적 지원을 신속하게 제공했다. 버지니아는 잉글랜드국교회와 자신을 동일시하는 교회를 설립하였다. 그러나 드러내지 않고 윌리엄 로드의 알미니안주의보다 제임스 1세의 개신교에 훨씬 더 비슷하게 존속했다. 심지어 찰스 1세가 처형된 후에도 이 식민지는 기도서와 주교로부터 안수 받은 성직자에게 맹렬하게 충성을 맹세했다. 이는 크롬웰의 공위통치 기간과의 관계에 긴장감을 조성하고, 어렵게 했다. 버지니아는 카리브해의 바바도스(Barbados) 섬과 함께 세계에서 유일하게 국교회가 1650년대에 기존 교회로 살아남아 있는 곳이었다.[38] 그러나 1660년 이후 버지니아 식민지의 주교에 대한 이론적인 사랑은 잉글랜드 스타일의 교회법정시스템을 제외하고, 대서양의 다른 쪽에서 주교를 세우려는 제안에 대한 많은 지원을 얻는 데에 충분한 열정을 보여주지 못했다. 그들의 교구는 또한 성직자에게 의존하기 보다는 힘 있는 평신도 교구위원회(Vestries)에 의해 진행되었다. 따라서 버지니아 국교회는 점잖고 유익하지만, 너무 극적이지 않은 기도서 수행을 더 좋아했던 상류층을 안심시켰다.

　버지니아는 잉글랜드가 점령한 어느 지역보다 더욱 잉글랜드방식의 계층구조가 정착되었는데, 특히 이러한 형태는 북부 해안지역들에서 나타났다. 이러한 식민지 확장정책은 초기 스튜어트 시대의 잉글랜드국교회가 참된 하나님의 교회의 본질을 너무 벗어나 있다고 사람들은 인식하였다. 그들이 하나님을 예배하기 위한 더 성결한 공동체를 세우기 위한 장소를 찾을 때, 아메리카가 그들의 첫 번째 선택은 아니었다. 불평하는 잉글랜드의 경건한 사람들이 엘리자베스 통치 중반 이래로 했던 것처럼, 어떤 사람들은 네덜란드의 개신교연합주로 이민을 갔다. 그러나 이러한 경건한 분위기의 개혁파교회에는 너무 많은 네덜란드 사람들이 모여 있었고, 땅의 면적에 여유가 없었다. 아일랜드는 더 나은 가능성을 제공했다. 그러나 1620년대 말까지 문제점은 알미니안주의가 잉글랜드에서부터 정착자들을 쫓아가서, 아일랜드에서도 경건함을 불가능하게 만들었다는 것이었다. 1632년 스트래포드(Strafford)가 더블린(Dublin)에 정부를 인도하기 위해 도착한 후에도, 그는 아일랜드 로마 가톨릭에조차 큰 양보를 했다(8

---

38) J. Maltby ' "The good old way": Prayer book protestantism in the 1640-50s', in R. Swanson (ed.), *The Church and the Book* (SCH 38, 2004), 233-56; L. Gragg, 'The pious and the profane: the religious life of early Barbados planters', *The Historian* 62 (2000), 264-83. 나에게 이 참고도서를 지적해 준 Judith Maltby에게 감사한다.

장, p 529). 그래서 최선의 대안은 새로운 땅, 아메리카에서 찾는 것이었다.

경건한 자들은 버지니아에서부터 대서양 연안 북쪽, 뉴잉글랜드(New England)라고 곧 불리게 된 숲과 깊은 바다 어귀까지 모험을 했다. 후에 매사추세츠(Massachusetts)의 북쪽 지역에서 첫 번째 식민지인 플리머스(Plymouth)는 타락한 잉글랜드 종교로부터 완벽하게 분리되려는 자기의식적 분리주의자들에 의해 1620년에 설립되었다. 이러한 필그림 파더스(Pilgrim Fathers, 1620년 Mayflower 호로 도미하여 Plymouth에 정착한 잉글랜드청교도단)는 하나의 회중으로서 처음에는 네덜란드로 이민을 갔다. 그러나 당시 그들은 '우리의 더 나은 배열과 보존을 위해 시민적 정치체제'[39]가 되기 위해 더욱 도전적이며 제한이 적은 장소를 추구했다. 그리 많지 않은 사람들이 그들에게 합류했기 때문에, 아메리카 신화의 이후 모든 명성에서 그들의 정착은 작고 보잘것 없었다. 윌리암 로드의 주변 무리가 잉글랜드에서 힘을 얻기 전까지 그들은 용감하게 항해를 했다. 특히 모두가 경건생활에 열심을 다했기 때문에, 첫 9년 간의 플리머스 생활 동안에는 성직자가 없었다.

1630년경의 충격은 또 달랐다. 찰스 1세의 통치에 의해서 야기된 극단적인 종교 변화는 고향을 떠나 험난하고 긴 대서양 항해에 대한 의향이 없던 많은 상류층과 성직자 그리고 일반인들을 고무시켰다. 1630년대까지 북아메리카에는 수천의 잉글랜드 노예들, 이슬람 개종자들, 상인들 그리고 모험가들이 있던 북아프리카보다 이민을 가는 잉글랜드 사람들이 적었다. 하지만 상황이 역전되어, 10년 안에 2만 명 정도가 '신세계'로 이민을 갔다. 초기 스튜어트 잉글랜드에서 런던 다음으로 가장 큰 도시였던 노리치(Norwich)의 전체 인구보다 많은 수였다.[40] 몇몇의 식민자들은 카리브해의 남단 섬에 이르기까지 식민지를 건설했는데, 프란시스 드레이크(Francis Drake)와 같은 엘리자베스 시대의 위대한 개신교 제독들의 방식으로 스페인 식민지들을 애먹일 수 있는 유용한 기반으로서 이곳을 보았던 청교도 대공들에 의해서 후원되었다. 하지만 대부분은 그렇지 않았다. 그들은 뉴잉글랜드에 대한 초기 분리주의자들을 따랐다. 그리고 1630년에 유명한 도체스터(Dorchester)의 장관 존 화이트(John White)에 의한 후원

---

39) S Ahlstrom, *A Religious History of the American People*(New Haven and London, 1972), pp. 136-7.
40) R. T. Handy, *A History of the Churches in the United States and Canada* (Oxford, 1976), p. 20; 북 아프리카에 대해, N. Matar, *Turks, Moors and Englishmen in the Age of Discovery* (New York, 1999), pp. 84-92.

제12장 종결부(Coda): 영국 유산(1600-1700)

과 비호 아래서 건전치 못한 초기 모험의 대상이었던 매사추세츠에 새로운 식민지를 건설했다(13장, p. 713). 버지니아와 카브리해 지역에 대한 식민정책의 중요한 차이점은 뉴잉글랜드의 지도부가 일반적으로 사회적으로 덜 알려진 목회자들과 소수의 귀족들이었는데, 이들은 국내에 있는 것보다 뉴잉글랜드로 이주하는 것이 그들에게 낫다는 것을 알았다. 이는 잉글랜드의 새로운 해외진출을 시작하는 데에 대한 수행의 척도가 되었다.

매사추세츠의 첫 통치자는 존 윈스롭(John Winthrop)이었다. 올리버 크롬웰과 같이 그는 1620년 말에 경제적으로, 가정적으로 유사한 위기(비록 덜 외상적이지만)를 경험하고 건뎌낸 잉글랜드 동부의 평범한 귀족이었다(사진 23a 참조). 그의 가족은 1540년대까지 거슬러 올라가는 범세계적인 개신교 전통을 갖고 있었다. 그의 문제를 염두하고 있던 잉글랜드는 경건운동의 장려를 위해 의회 선거를 유지하려는 윈스롭의 시도를 거절했다. 이제 그는 이전에 평화조약에서 재판관의 역할과 왕실의 부공무권에 국한되어 있던 자신의 지도력을 담당하던 지도부를 원대한 사업에 동원하기 위해서 헌신했다.[41] 대학 훈련을 받은 사역자들을 포함한 윈스롭의 동료들은 로드의 교회를 섬기는 것에 준비가 되어 있지 않았거나, 제외된 사람들이었다. 그리고 빠르게는 1636년에 그들은 새로운 성직자를 훈련시키기 위해 매사추세츠에 단과대학을 설립했다. 의미심장하게 그들은 캠브리지라고 불리던 도시에 새로운 대학(초기 후원자 이후에 곧 하버드[Harvard]라고 불린)을 세웠다. 또한 출판사를 함께 설립하는 데에 주의를 기울였다. 세 번째로 출판된 책은 잉글랜드 교구교회의 고향과 같았던 제네바 스타일의 운율시편의 새로운 버전이었다. 그들은 잉글랜드 예배의 다른 구성요소였지만, 로드가 회복할 수 없을 정도로 더럽혀 놓았던 기도서를 무시했다. 존 윈스롭은 1640년 10월 15일 그의 일기장에 청교도 쥐들의 기적(the miracle of the Puritan mice)을 대단히 만족하며 기록했다. 그의 아들의 서재에 있는 한 권으로 묶인 헬라어 신약성경, 시편, 공동기도서가 있었다. 그런데 이 쥐들이 신약성경과 시편은 손을 대지도 않고 남겨두었지만, 기도서의 모든 장들만 갉아 먹었다. 따라서 매사추세츠와 같은 윈스롭의 서재는 잉글랜드 전례의 로마 가톨릭을 경멸하는 표시였다.[42]

1560년대 이래로 잉글랜드 전체의 설교단에서 울려퍼졌던 청교도 수사학으

---

41) F. Bremer, *John Winthrop: America's Forgotten Founding Father* (Oxford, 2003).
42) R. Tardoff, *Common Prayer: the language of public devotion in early modern English* (Chicago, 2001), pp. 118-9.

로부터 이러한 이주민의 수사학이 시작되었다. 1530년에 불링거의 취리히에서 처음으로 울려퍼진 언약 사상은 자연스럽게 유명해졌다. 매우 영향력 있던 책 『기독교 실천에 관한 7가지 논문』(*Seven Treaties called the practice of Christianity*)은 동앵글리아의 주요 청교도 성직자들 중의 한 명인 리차드 로저스(Richard Rogers)가 저술했다. 1603년 이 책이 출판된 이래로 1630년에 매사추세츠 모험의 시대까지 8번 재판되었다. 이 책이 강조하는 것 중 하나는 20년 전의 모습이 어땠는지를 설명하는 것이었다. 로저스는 스스로를 세상의 기쁨과 유혹으로부터 분리하려 했던 웨더스필드(Wethersfield)의 에섹스 교구에 있는 사람들을 모았다. 로저스는 그들의 언약이 끊기지 않고 지속되었다고 말했다. 이 교구의 모습은 많은 청교도들이 주목하고 있던 강인한 모습이었고, 뉴잉글랜드에서 자체적으로 설립했던 공동체들은 그들의 미래를 위한 언약을 즉각적으로 유도했다.[43] 청교도 관점에서 볼 때, 그들은 선택된 사람들로서 하나님과 계약을 맺은 사람들이었다. 대서양을 항해하는 비좁고 악취나는 배 안에서나, 뉴잉글랜드의 깊은 겨울에 행동이 제약되었을 때, 성경을 훑어보며 언약이 아닌 다른 표현들도 그들에게 영감을 주었을 것이다. 그들은 스스로를 광야에 놓여 있던 이스라엘 자손들처럼 느꼈다. 그러나 이 광야가 알미니안 수뇌부 아래의 잉글랜드국교회보다 나은 광야였는가? 그들은 오히려 로드(Laud) 시대 이전의 질서와 평화를 다시 회복하려는 경향을 보이는 에덴동산으로 다시 돌아가려는 것이었는가? 그래서 그들은 새로운 공동체를 보스턴(Boston), 데헴(Dedham), 입스위치(Ipswich), 브레인츠리(Braintree)라고 불렀다. 이는 로드 종교의 잡초와 타락으로 상실했던 경건한 잉글랜드의 동산을 다시 경작하고 복제하는 과제를 시작하기 위해서였다.

비록 뉴잉글랜드 정착자들은 버지니아가 의도했던 것보다 훨씬 옛 잉글랜드와 다른 식민지를 만들었지만, 이들의 대다수가 분리주의자들이 아닌 청교도들이었다는 것을 기억하는 것은 중요하다. 그들은 택자 교회의 성격 또한 어느 정도(아마 불편하게) 가지고 있는 참된 형식으로 세워진 교회를 원했다. 그것은 과거의 웨더스필드(Wethersfield)에서 이루어진 언약이나, 네덜란드 개혁파교회에서 나타난 사제 형식의 '추가 종교개혁'(8장, p. 520), 또는 트란실바니아 개혁파교회의 배타적인 경건 파괴운동(10장, p. 602)의 뒤에 놓여 있던 것과 동일한 충격을 불러 일으켰다. 뉴잉글랜드의 모험은 광야나 동산 이상의 것이었다. 그

---

43) A. Zakai. 'The Gospel of Reformation: the origins of the great Puritan migration', *JEH* 37 (1986), pp. 584-602, 587-7에서.

제12장 종결부(Coda): 영국 유산(1600-1700)

곳은 (총독 윈스롭의 말에 의하면 그의 정당이 사우샘프턴 [보헤미아]에서 출항을 준비하던 때에) '언덕 위의 도시'였다. 이 표현은 마태복음 5:14로부터 인용한 것으로 미국의 정체성을 나타내는 유명한 구절이 되었다. 그러나 윈스롭은 새로운 식민지에 대한 특별한 운명적인 의미를 전달하려고 의도하지는 않았다. 즉 그는 마태복음에서 인용한 상황과 같은 모든 경건한 자들의 다른 모험처럼, 매사추세츠가 모든 이들에게 배움의 대상으로 가시화될 것이라는 것을 의미했다. 그러한 위기의 순간에 무질서한 잉글랜드 개신교회와 함께 사우샘프턴에 남아있던 사람들은 잉글랜드와 멀리 트란실바니아에 있는 많은 사람들의 시선이 그들을 향하고 있다는 것을 의식했다.[44]

그리하여 메사추세스의 교회가 취한 형태는 기존 개혁파교회와는 역설적으로 운영되었는데, 지역총회 형식을 띤 회중교회의 정치형태를 취했다. 하버드 대학의 초기 설립은 교구 사역자들이 부족하지 않던 북미 식민지 중에 유일한 곳이었던 매사추세츠에서 하나의 지배적인 교회를 세우는 과제를 쉽게 만들었다는 것을 의미했다. 성직자들은 종교서적에 전념하였던 평신도 교구 연맹을 구성했다. 아마도 세상에 존재하는 가장 학식있는 문학 단체였을 것이다. 전 세계의 개혁파 개신교 집단에서 경건한 회중들만큼이나 열심이었던 그들은 종교개혁의 세기적 희망을 보편교회에서 이루어야 한다고 느꼈다. 그들은 그 세기와 그 세기를 넘어 모든 마음이 통하는 잉글랜드의 회중들과 가까운 관계를 유지했다. 그리고 자신들의 국제적인 유산을 매우 의식했다. 40년 동안 보스톤 (잉글랜드)의 장관으로, 그리고 이후에 보스톤(메사추세츠)의 장관이었으며, 회중파(Congregationalism)라는 단어를 통용시킨 존 코튼(John Cotton)은 "나는 내가 잠들기 전에 칼빈의 일부분으로 내입을 달게 하는 것을 좋아한다"[45]고 (다소 놀라는 기색과 함께) 분명하게 말한 것으로 기억되었다. 제네바의 위대한 종교개혁자는 이 말을 듣고 놀랐을 것이다. 그러나 자신을 칫솔에 비유한 것을 듣고 아마 만족했을 것이다.

기술적으로 이는 교회에 의해 운영되는 신정정치 국가는 아니었지만, 교회 정치는 세속정부와 협력하여 운영되었다. 택자들, 즉 신자들은 영연방에 대한

---

44) Ahlstrom, *Religious History of the American People*, pp. 146-7. 나는 이 점에서 우리의 논의들을 위해 Francis Bremer에게 감사한다.
45) B. Wendell, *Cotton Mather: the Puritan Priest* (Cambridge MA, 1926), p. 12. 회중파의 기원에 대하여, L. Ziff (ed.), *John Cotton on the Churches of New England* (Cambridge MA, 1962), p. 2. 또한 F. J. Bremer, *Congregational Communion: clerical friendship in the Anglo-American Puritan community*, 1610-1692(Boston, 1994).

책임을 지고 있었다. 아이들이 새로 태어나고 이민이라는 새로운 삶을 경험하지 않으며 자랐음에도 불구하고, 그들의 인구는 여전히 소수였다. 윈스롭과 그의 동료들은 대서양의 이민 선박들로 몰려든 모든 사람들의 마음이 순수하지 않다는 것과 경건을 추구하는 것이 아니었다는 것을 깨달았다. 그리고 어떤 사람들은 로드의 성례전 신학에 대해 반대해서가 아니라, 그저 잉글랜드를 떠나기 위한 어두운 다른 이유를 가졌다는 것을 의식했다. 이런 사람들은 정화된 교회를 타락시키도록 그냥 두어서는 안되었고, 정치로부터 배제되어야 했다. 1631년에 식민지 총회의 참정권은 신자들로 한정되었다. 여전히 교구교회(뉴잉글랜드에서 단순히 만남의 집으로 알려진)를 다니는 모든 사람들에게 이는 강제적인 것이었다. 그리고 매사추세츠 정부는 사람들을 제대로 통제하기 위해서 예배당으로부터 정해진 거리를 넘어서 사람들이 정착하는 것을 막으려고 했다.

잉글랜드의 고향으로 돌아간 정부는 크롬웰의 호민관 정치 시대의 매사추세츠 사례처럼 반가운 것이었다. 그러나 그 후에 1660년 찰스 2세의 복권은 모든 것을 파괴하도록 위협했다. 수뇌부가 그들 정치의 균형을 미묘하게 지키는 방식에 대해 논의하여, 중도언약(Half-Way Covenant)을 세우는데 동의했다. 이 중도언약으로 인해 어떤 사람들은 세례 덕목만으로도 교회의 신자로 남을 수 있었다. 그러나 전적으로 헌신된 자들은 회개의 증거를 증명해야 했고, 성찬에 참여할 수 있는 완전한 교회 회원자격이 되기 위해서는 살아있는 신앙을 보여주어야 했다. 따라서 그들의 경건의 상징인 매사추세츠총회의 폭넓은 참정권과 기존교회는 모두 보존될 수 있었다. 뉴잉글랜드의 회중파는 많은 도전에 직면했다. 중도언약에 대한 논쟁은 서로 경쟁하는 성직자들이 자신들의 반대편에 있는 회중에 영향력을 발휘하면서, 성직자들의 권위를 대단히 방해하는 것으로 증명되었다. 1680년도의 왕실 간섭 이후, 회중파 성직자를 동정하지 않던 왕권에 의해 임명된 총독에 대해 외부적인 불쾌감이 있었다. 그럼에도 불구하고 회중파 설립은 독립이라는 명목의 외부 간섭으로부터 입법부의 지원을 지속적으로 받았다. 또한 북아메리카 식민지의 18세기 '대각성운동'(Great Awakening)으로부터 공개된 파괴적인 종교열정주의에 의해 도전받기 전까지, 회중파 설립은 지배적인 위치를 유지했다.

찰스 왕의 교회에 대해 자기의식적으로 대항하는 매사추세츠의 새로운 연방은 반대 세력을 양성했다. 이르게는 1635년에 독립심 강한 보스톤의 한 여인, 안나 허친슨(Anna Hutchinson)은 윌리엄 퍼킨스의 언약신학을 바탕으로 설립된 청교도 경건의 전체 구조에 도전함으로써 수뇌부를 두렵게 하였다. 그녀는 택자가 거룩함에서 자라가는 동시에 여전히 거룩하지 못하다는 것을 증명하는 것에 지속적으로 의미를 두는 것에 대해 비판했다. 그리고 자신의 경건 모임을 유지하고 성령의 특별한 계시를 주장함으로써, 도덕폐기론자의 관점을 위해 그녀의 권위를 주장했다. 매사추세츠의 성직자들은 그녀의 은사가 하나님으로부터 왔는지, 사탄으로부터 왔는지를 놓고 둘로 나뉘었다. 그리고 모든 종류의 개인적 마찰이 논쟁으로 뒤섞여졌다.[46] 2년 동안의 팽팽한 대결이 지나서, 허친슨은 연방에서 추방당했다. 그리고 로드 아일랜드(Rhode Island)라 불리던 연안 공동체의 흩어져 있던 사람들과 결합하기 위해 남쪽으로 이동했다. 이 공동체는 1636년에 종교적 관점 때문에 체포되는 것을 피해서 매사추세츠로 도망갔던 극단적 분리주의 성직자 로저 윌리엄스(Roger Williams)에 의해서 설립되었다. 이곳은 곧 다양한 불만을 품고 있던 자들을 위한 안식처가 되었다. 하지만 보스톤의 까다로운 경건주의자들은 그곳을 뉴잉글랜드의 변소로 보았다. 윌리엄스가 혼란으로부터 질서를 세우기 위해 싸우면서, 하나님의 교회의 단일사상은 빠르게 사라졌다. 그는 구상중이던 자유 안에서, 유대교와 이슬람(turks)까지 포함하는 완전한 종교 관용을 수용했다(실질적으로 이슬람은 로드 아일랜드 현장에 적었을 것이지만, 이는 눈에 띄는 수사학적 자세였다). 여전히 칼빈주의자였던 윌리엄스는 모든 불택자는 지옥에 간다고 믿었다. 그러나 이 문제를 더욱 심각하게 만드는 것에 대한 책임은 그에게 있지 않았다. 1647년에 그의 로드 아일랜드 도시들은 "모든 인간은 양심을 추구할 때 걸을 것이다. 모든 사람은 하나님의 이름 안에서 (걸을 것이다)"[47]라고 선포했다.

1657년에 퀘이커교도들의 도착은 매사추세츠 시스템에 대한 또 다른 도전이었다. 이들은 그들의 자유에 대해 열광하는 메시지와 내부적 빛을 확산시켰고, 완전히 순교적인 정신이 퇴색되었으며, 여성들로 하여금 설교하도록 고무시켰던 안나 허친슨의 쓴 기억들을 불러일으켰다. 퀘이커교도들의 의도적인 세속적 삶으로부터 분리는 4반세기 동안 식민지의 안정에 대해 두려움을 불러일으켰고, 언약 종교로써 사회적으로도 분리되었다. 뉴잉글랜드의 회중과 정치는 그들의 귀를 잘라 공식적으로 퀘이커교도들을 징계했다. 그 후에 1659년과 1661년 사이에는 심지어 선교 활동이라는 명목으로 퀘이커교도 4명을 목 매

---

46) M. Winship, *Making Heretics: militant Protestantism and free grace in Massachusetts*, 1636-1641 (Princeton, 2002).
47) Bonomi, *Under the Cope of Heaven*, pp. 20, 23, 34.

달았다. 희생자들 중 한 명은 이전에 선고받은 추방 형벌을 마치고 돌아온 메리 다이어(Mary Dyer)라는 여성이었다. 이 사건은 뉴잉글랜드와 고국에서 모두 날카로운 반대 여론을 유발했다. 찰스 2세는 비록 퀘이커교도들에 대해 관심이 없고, 그들을 고향에 감금했지만, 처형을 멈추도록 명령했다. 청교도 정착자들을 달아나게 했던 왕실이 이제는 핍박에 대한 열의를 제한했다는 것은 모순적인 것이었다. 뉴잉글랜드 주민들에게 종교적으로 미움을 받는 사람들을 이러한 방식으로 다루어야 하는지에 대한 많은 의문을 남겼다.

로저 윌리엄스는 아메리카 원주민들 사이에 기독교를 전파시키려는 노력에 대해 생각했던 소수의 초기 식민자들 중 한사람으로, 원주민들의 언어를 배우고 분석하고 그들에 대한 가이드를 출판하는 데 수고를 아끼지 않았다. 그러나 그 또한 사역에서 일탈하게 되었다. 그래서 뉴잉글랜드 교회는 1646년에 사역을 시작한 존 엘리엇(John Eliot)의 개인적인 추진력을 기다렸다. 1663년까지 엘리엇은 알곤퀸(Algonquin) 방언으로 만들어진 첫 성경을 아메리카에서 출판했다. 토착 원주민을 대상으로 한 복음화를 등한시 했던 초기 잉글랜드 개신교는 남아메리카와 중앙아메리카에서 인디오들의 회심을 위해 노력했던 초기 스페인과 프랑스의 북쪽 퀘벡(Quebec)에서의 노력과 흥미로운 대조를 이루었다. 이는 초기 식민지 생존의 어려움들이나, 때때로 폭발하여 전면전으로 이어졌던 두 사회 사이의 긴장감과 문화적 몰이해에 의해서 간단히 설명될 수 없었다. 조지 팩햄(George Peckham), 토마스 해리엇(Thomas Harriot), 젊은 리차드 해클루트(Richard Hakluyt) 등과 같이 식민지 설립 홍보물을 만들었던 엘리자베스 시대의 작가들은 기독교를 아메리카 사람들에게 전달하는데 상당히 중요한 역할을 했다. 17세기의 이러한 경향은 위대한 문학작품들이 나오는데 걸림돌이 되었다.[48]

이같은 현상들은 타당성이나 단순한 인종차별의 결과라기보다는 신학적인 설명이 더 설득력이 있어 보인다(모든 이베리아 식민주의자들 또한 관대한 조치를 보여주었다). 우리는 선교 사상을 방해했던 청교도 언약 사상의 본성을 고려해야 한다. 언약신학을 믿는 자들은 원주민들이 식민자들의 어떠한 인위적인 노력 없이, 원주민들이 자발적으로 기독교 신앙에 관심을 가지거나 그들의 이웃과 함께 그 신앙을 따르려는 노력을 보여줌으로써, 그들도 하나님의 택자라는

---

48) E. H. Ash, "' A note and a caveat for the merchant": Mercantile Advisors in Elizabethan England', *SCJ* 33 (2002), pp. 1-31, 27-9.

것을 증명해야 한다고 느꼈을 것이다. 로저 윌리엄스와 존 커튼 또한 종말의 긴박한 임박에 대한 갈망에 의해 영향을 받았다. 왜냐하면 그들은 둘 다 유대인들의 회심에 의해서 이 사건이 예고되어야 한다는 올리버 크롬웰의 성경에 기초한 신앙을 공유했기 때문이다. 따라서 유대인 회심은 논리상에서 우선적으로 발생해야 했다. 그리고 새로운 이방 사람들의 회심은 하나님 계획의 최후 단계를 형성하는 것이었다.[49] 성경 전체 번역을 위해서, 그리고 주요 지역 언어로 교리문답을 만들기 위해서 엘리엇은 관대한 마음으로 신학적, 심리학적 싸움을 극복했다. 엘리엇의 집약적인 30년 동안의 사역은 수천 명의 원주민 회심자를 낳았다. 그리고 가급적이면 잉글랜드인 삶의 방식을 따랐지만, 원주민이 스스로 다스리는 '기도 마을'을 잉글랜드 사람들의 경작지역과 나란한 곳에 만들었다. 전국적으로 식민지의 개체 수와 영토 확장에 대한 야망과 함께, 이런 정착지들의 미래는 전쟁과 식민지의 배반에 의해 전반적으로 파괴되었다. 이는 북아메리카 토착민들의 비참하고 오래 지속된 고통의 시작에 불과했다.

노예제도는 영어권 기독교 선교에 오점을 형성했고, 또 다른 문제들을 만들어냈다. 남쪽 식민지가 담배(tabacco)와 설탕(목화는 그후에 나왔다) 대규모 농장사업을 발전시켰을 때, 16세기 이래로 이베리아 식민지에서 유지되었던 아프리카 노예들을 아메리카로 수입하는 시스템은 그들을 큰 곤란에 빠지게 했다. 노예 인구는 17세기 말에 갑작스럽게 상승했다. 흑인의 수가 1710년대까지 사우스캐롤라이나(Carolina)에서 백인들보다 많아졌다. 그리고 버지니아에서 백인 대비 흑인의 비율이 1680년대에 10퍼센트 미만이었는데, 1740년에 약 1/3로 급상승했다. 남쪽 국교회 성직자들은 노예들을 기독교로 개종시키기 위해 노력했다. 그러나 평신도들이 주도권을 잡고 있던 교회 안에서 주요 장애물이었던 노예 주인들로부터 상당한 저항이 있었다. 더 남쪽으로 내려갈수록, 노예들의 숫자는 더 많았고, 노예에 대한 백인들의 동정심도 적었다. 그래서 1762년에 한 국교회 선교사는 4만 6천 명가량 되는 사우스캐롤라이나의 노예들 중에 500명만이 기독교인이라며 안타까움을 표시했다.[50] 500명만이 국교회 성도였다는 그의 말은 실제로 가능한 것이었다. 그는 18세기 식민지들을 휩쓴 복음주의 종교 운동인 '대각성운동'(Great Awakening) 한 가운데서 글을 쓰고 있었기 때문이다. 이는 결국 복음화의 초기 장벽들을 괄목할 만하게 무너뜨렸다. 그리고 냉

---

[49] R. W. Cogley, *John Eliot's Mission to the Indians before King Philip's War* (Cambridge, MA, 1999), pp. 5-6, 8, 12-18, 40-51.
[50] Bonomi, *Under the Cope of Heaven*, pp. 119, 252-3.

랭한 말투의 국교회보다 외향적인 복음주의 개신교의 열정으로 표현되는 아프리카계 미국 흑인 문화를 양산해냈다.

따라서 남쪽의 버지니아와 북쪽의 뉴잉글랜드는 세기 중반에 두 개의 영어권 식민지 모델을 만들어냈다. 비록 로드 아일랜드는 뉴잉글랜드 정착의 측면에서 가시로 남고, 다른 개신교 회중에 대한 공식적인 제한을 점진적으로 해제했지만, 남쪽과 북쪽의 식민지들은 마치 유럽으로 되돌아간 것과 같이 기존 교회들의 서로 다른 양식을 확고하게 수행했다. 모두 잉글랜드 사람들은 아니었지만, 두 지역 사이의 긴 연안 습지, 평원, 내륙 언덕에서 '중간지역 식민지'의 다양성이 세워졌다. 스웨덴 루터교도들은 델라웨어(Delaware)강에 정착했다. 그리고 개신교 네덜란드는 뉴네덜란드라고 이름 붙인 자연 항구 허드슨(Hudson)강 어귀에 정착했다. 이 두 곳은 1664년 요크의 제임스 공작의 명령에 따라 잉글랜드 소함대에 병합되어 잉글랜드화되었다. 그리고 맨해튼 반도에 있던 수도 뉴네덜란드는 뉴욕이 되었다. 한 번 더 스웨덴과 네덜란드 사람들의 목적은 고향에서처럼 국가 교회를 재생산하는 것이었다. 그러나 운명적으로 잉글랜드의 규칙은 이들을 복잡하게 만들었다. 네덜란드 개혁교회가 이것을 좋아했든지 그렇지 않든지 뉴네덜란드에서는 부유한 유대인 공동체의 실용적인 네덜란드 관용주의를 포함해서 네덜란드 사람들의 종교적 세계주의가 이미 재생되었다. 18세기 동안 홍수로 여러 정착자들이 치명타를 입었으며, 옛 유럽의 구분과 광적인 고백적 교회들을 재연하려는 노력이 보였던 곳이 바로 뉴욕이었다.

더욱 종교적인 경험들은 시민전쟁과 다양한 종교적 활기를 보였던 잉글랜드의 공위시대 폭발과 지속적으로 연결되었다. 1632년에 찰스 1세와 친밀했던 로마 가톨릭 귀족은 왕의 가톨릭신자 부인인 헨리에타 마리아(Henrieta Maria)의 이름을 따라서 메릴랜드(Maryland)라고 부르던 북버지니아의 체사피크(Chesapeake)로 알려진 지역에서 식민지를 후원했다. 1649년의 위협으로 자신들의 위치가 이미 약해졌다고 느낀 가톨릭은 개신교 적들을 앞질렀던 막대한 이권을 조성함으로써, 지역 세력에서 종교 수행을 위한 유일한 자유를 만들어내기 위해 잠시 동안의 기회를 잡았다. 즉 그들은 예수 그리스도를 믿는 모든 사람들에게 철저한 관용을 보증했다. 그들은 누구든지 17세기 잉글랜드의 정상적인 종교를 모욕하는 정교하게 상술된 목록을 사용하는 사람들에게 벌금과 태형을 선고했다. "이단, 분열주의, 우상숭배자, 청교도, 독립파, 장로파, 교황주의 사제, 예수회가 된 교황주의자, 루터파, 칼빈주의자, 재세례파, 브라운주의자, 도덕률폐기

제12장 종결부(Coda): 영국 유산(1600-1700)

론자, 바로우주의자, 의회당원, 분리주의자."[51] 이는 종교개혁의 세기 동안 모든 혹독한 역사를 덮으려는 특별한 노력이었다. 메릴랜드는 삼위일체를 부정하는 사람들에 대해 재산몰수와 처형을 명령함으로써, 그 비전에 대한 제한을 여전히 보여주었다. 그리고 로마 가톨릭의 권리를 제한하는 데 최선을 다한 명석한 마음을 가진 국교회 신자들은 1690년대 식민지의 감독권을 잡았다. 동부 해안선 식민지 지역의 다양함에도 불구하고 메릴랜드 사례는 특별했다.

윌리암 펜(William Penn)이 심하게 핍박받던 '신세계' 퀘이커들을 위한 피난처를 세우는 것에 관심을 가지면서 그들에게도 기회가 찾아왔다. 펜은 잉글랜드 해군제독의 아들로서 퀘이커교도였다. 그리고 그는 가톨릭과 사이가 좋았으면서도, 미래의 제임스 2세가 된 왕위 계승자로서의 마음자세를 갖고 있었다. 이러한 유용한 연줄로 그는 1682년에 메릴랜드와 뉴잉글랜드 사이에 위치한 펜실베니아 식민지의 왕실 허가장을 받았다. 그의 계획은 대담했고 창의적이었다. 펜은 메릴랜드의 가톨릭 엘리트보다 더 진취적이었다. 그는 피난처를 찾기 위해 식민지로 온 모든 단일신론자들에게 종교생활과 정치 참여의 자유를 승인했다. 또한 그는 아메리카 원주민들과도 친밀한 관계를 유지했다. 곧 펜실베니아는 잉글랜드 개신교뿐만 아니라, 중부 유럽의 로마 가톨릭의 불관용으로부터 탈출한 스코틀랜드장로교, 루터교, 재세례파, 모라비안형제단들처럼 유럽 본토의 극단적 개혁 그룹들의 후손들과 다채로운 혼합을 이루었다. 하지만 이러한 다양성은 퀘이커의 이상들에 따라 운영된 펜실베니아 공동체의 원래 비전에 모두 해로운 것이었다. 잉글랜드정부의 압력으로 인해 1705년에[52] 펜실베니아 총회는 가톨릭, 유대인, 비신자들의 권리를 빼앗았다. 그리고 원주민들과의 좋은 관계 또한 곧 심하게 훼손되었다.

하지만 펜실베니아는 여전히 주목할 만한 전례가 되었다. 한 종교단체가 작은 규모에도 불구하고 특정 교회가 공식적인 유익들을 계속 주장할 수 있었던 주변의 다른 식민지들과는 다르게 펜실베니아에서는 어떤 종교 단체도 배타적인 권익을 주장할 수 없었다. 이는 현대 미합중국의 특별한 종교적 패턴을 발전시켰던 첫 번째 식민지였다. 종교 분파의 패턴과 교회의 배타적인 자격을 주장하는 것이 아니라, 오히려 개신교의 조각 조각을 함께 맞춰 하나의 케이크로 만드는 것이었다. 만약 기존 교회들이 더욱 효과적으로 정치 구조들을 세웠다면, 이러한 과정들을 더 잘 대처할 수 있었을 것이다. 그러나 식민지의 처음 형성

---
51) Ibid., p. 23.
52) Ibid., p. 36.

시기에는 실제로 매사추세츠를 제외한 모든 식민지들에서 성직자가 부족하여 어려움이 있었다. 그리고 일반적으로 평신도 지역 종교 지도자들은 전문적으로 훈련받은 성직자들보다 참된 종교가 무엇인가에 대해 덜 배타적인 입장을 취했다. 이러한 상황에서 평신도 지도자들은 강압적인 종교정책이 정착민들을 어렵게 만든다는 인식을 가진 많은 식민지옹호론자들의 지지를 받았다. 하지만 당시 식민지의 경제사정은 좋은 편이 아니었다.

우리가 이미 대부분의 유럽 종교개혁에서 보았던 것처럼, 이는 종교적 관용의 발전으로부터 다른 이상의 창조였다. 종교의 자유는 당시 발전하고 있었다. 관용은 강력한 힘으로부터 하나의 집단에 의해 승인된 인색한 양보였다. 자유는 모든 종교단체가 동일한 기초에서 경쟁하는 상황을 제공했다. 우리는 이미 중부 유럽과 동유럽에서의 선례를 보아왔다. 우선적으로 1520년대에 스위스에서 그라우뷘덴(Graubünden)은 이러한 실용적 형태의 해결에 의해서 지역적 문제들을 해결했다. 이후에 토르다(Torda) 선언에서 헝가리와 트란실바니아가 그리고 뒤따라 폴란드-리투아니아 연방의 바르샤바 연맹에서도 그렇게 해결했다. 옛 유럽이 17세기의 증가하는 고백적 강직함에서 16세기의 이상들을 포기하였던 것처럼, 유럽의 새로운 계획들은 한 번 더 도전을 시작했다.

버지니아 주위의 다른 장소들에서 국교회주의는 기존의 자격을 얻었고, 찰스 2세의 복권 이후에 남쪽의 잉글랜드계 아메리카 식민지들에서 그 위치를 강화시키려고 했다. 그러나 '원시적 국교회' 시스템에 대항하는 많은 식민지의 종교적 반대는 결코 국교회가 잉글랜드에서처럼 지배적이지 않다는 것을 보증했다. 그리고 1776년부터 1783년까지 13개 식민지의 성공적으로 모국에 반란하는 분위기는 일반적으로 국교회가 정착시에 갖고 있던 기회들을 종식시켰다. 그래서 18세기 연방공화국은 공식적으로 교회와 국가를 제도적으로 분리하는 원리를 세웠다. 흥미롭게도 이것은 북유럽의 개신교안에서 공식화된 원리보다 더욱더 지속적으로 미국의 일반적인 많은 종교적 관습들과 결합되었다. 현재 국교회는 미합중국의 감독제 교회로서 남아 있다. 여전히 영향력이 있지만, 상대적으로 규모가 작으며 제한되어 있다. 그리고 미국 개신교의 성격은 유럽 열심의 풍조와 성격이 다르다.

여기에 역설적인 면이 있다. 왜냐하면 최초로 지속된 영어권 아메리카 식민지는 버지니아에 있는 국교회였기 때문이다. 광야로부터 동산으로의 승리, 언약, 선택의 수사학은 총독 윈스롭의 뉴잉글랜드 이민으로부터 미국 정치의 종

제12장 종결부(Coda): 영국 유산(1600~1700)

교적 의식으로 이어졌다. 윈스롭의 회중 정착이 오랫동안 시들해지면서, 미국 개신교의 다양한 영역이 플리머스 필그림 파더스(Plymouth Pilgrim Fathers, 윈스롭과 그에게 서약한 회중들이 개탄했던 풍조)의 완고한 개인주의와 분리주의의 등장과 함께 매사추세츠의 기억으로 이식되었다. 이 모든 것은 궁극적으로 스코틀랜드 장로교로부터 온 외향적인 부흥의 열정, 힘 있는 경험과 함께 되풀이되었다(14장, pp. 771-773).

그러므로 1640년과 1660년 사이에 대서양제도에서 일어난 내전의 결과들은 전체적으로, 17세기 유럽 제2의 강대국이 해낼 수 있는 그 이상의 규모였다고 볼 수 있다. 왜냐하면 미국은 지금까지 개신교와 영어권 문화를 유지했기 때문에, 잉글랜드 종교개혁의 영향력과 함께 완성된 잉글랜드계 아메리카 개신교회의 다양성은 오늘날 개신교 기독교의 가장 독특한 형태들을 형성한다. 그리고 실제로 이들은 전 세계의 기독교에서 가장 역동적인 형태일 것이다. 아메리카 로마 가톨릭은 또한 반종교개혁을 잊어버리고, 많은 태도와 행동에서 아메리카 개신교 무대의 한 부분으로 모습을 드러냈다. 이는 서유럽과 매우 다른 역사적 경험에 의해 형성되었던 기독교이다. 그리고 유사한 언어와 신앙고백의 배경은 우리로 하여금 이들의 현저한 차이를 잊어버리도록 한다. 만약 현대정치에서 잉글랜드에게 어떤 역할이 주어진다면, 종교개혁의 의미를 상실해 가는 유럽에 대해 미국에서 광범위하게 번성하고 있는(어떤 사람들은 귀에 거슬릴 것이다) 개신교의 문화를 해석해 주는 것이 될 것이다.

The Reformation: a History

제 3부

삶의 패턴들
PATTERNS OF LIFE

The Reformation: a History

제 13 장
시대변화

　이 책의 마지막 부분에서 유럽의 종교개혁과 반종교개혁이 진행되었던 시기의 삶이 어떠했는지를 살펴볼 것이다. 맨 먼저 시대변화에 대한 경험을 들 수 있다. 즉, 종교개혁이 진행되는 동안 실제적인 시간구조가 달라졌으며, 그러한 시간구조의 변화는 혼란을 야기시켰다. 1500년 동안 유럽은 줄리어스 시저(Julius Caesar)의 명령으로 로마공화정에서 제정한 줄리어스 일력 계산법을 사용해왔다. 이러한 일력계산법은 줄리어스 시저의 선대왕들에 비해 크게 발전시킨 것이었다. 그러나 줄리어스 일력의 1년은 여전히 11분 4초가 더 길었다. 이것은 여러 세기에 걸쳐 상당한 오류를 낳았다. 교황 그레고리 13세는 신설된 로마대학의 예수회 과학자이자 비범한 수학자였던 크리스토퍼 클라비우스(Christopher Clavius)의 도움을 받아 줄리어스 일력의 오류를 가려냈다. 1582년 교황은 그해에 10일을 삭제해야 한다고 선언했다. 그렇게 되면 10월 4일은 10월 15일이 되어야 했다. 또한 새해 시작은 3월 25일부터가 아닌 1월1일부터 세어야 한다고 하달했다. 놀랍게도 그는 수태고지 축제에 동정녀 마리아에 대한 존경보다는 오히려 이방인 줄리어스 시저의 관례를 복원하였다.

　전문가들은 그레고리와 예수회가 옳았다고 생각했지만, 자연히 개신교도들과 정교회 기독교인들은 격한 의심의 눈초리로 교황이 내린 결정을 적그리스도적이라고 보았다. 우선 시간 변경을 따르는 것은 로마 가톨릭교회에 대한 태도를 보여주는 지표였다. 프랑스, 스페인, 포르투갈, 이탈리아는 이러한 시간구조변경 방침에 즉각적인 충성심을 보였다. 유럽에서 가장 폭넓은 종교적 포용정책을 펼쳤던 폴란드, 리투아니아 연방공화국도 가톨릭왕조에 속한 동방정교회 사람들이 옛 일력을 따르는 것을 허락지 않았다. 이것은 로마에 반항하는 정교회의 불만으로 드러났으며, 또한 러시아에서 교황 그레고리안 일력 논쟁은 1918년에 일어난 볼셰비키혁명과 필적할만한 것이었다. 많은 루터교도들은 325년 첫 니케아공의회에서 부활절 날짜가 확정되었던 일력조정의 사건을 회상하면서 그러한 새로운 조치를 비난했다. 그 이유는 루터교 역사가들이 부활절 날짜를 확정했던 325년을 적그리스도가 처음으로 교회에 문제를 일으킨 시기로 연관시켰기 때문이었다.[1] 스위스의 여러 도시지역에서 생겨난 혼란의 정도에는 미치진 못했지만 지엽적인 결정들에 대처하는 중구난방식의 후속조치는 1583년부터 1700년 사이 신성로마제국에서 기록된 문서들의 날짜를 구분하는 일에 연루된 역사가들에게는 악몽과 같은 것이었다.

군사적 승리나 무력시위를 빙자하여 특정한 달의 날짜들이 하룻밤 만에도 바뀔 수 있었는데, 특별히 30년 전쟁전과 전쟁 동안에 중부 유럽의 여러 영토에서 합스부르크가 루터교 세력을 물리쳤을 때는 더욱 그러했다. 합스부르크 왕조가 지배했던 지역에서 개혁파 개신교도들은 그레고리안 일력을 강요한 루돌프(Rudolf) 황제의 1584년 법령에 맹렬히 저항했다. 그때가 혼란스러운 결과를 초래한 헝가리 국회의 압력이 있기 16년 전이었다.[2] 1600년 같은 해 개혁파 스코틀랜드는 동정녀 마리아를 무시하기로 결정하였고, 그 해를 1월 1일부터 계산하기 시작했다. 그러나 10일을 제하라는 교황에 대한 저항은 여전히 계속되었다. 이는 1년 반 세기 동안 대서양 제도에서 두 가지 다른 날짜계산 방식이 있었음을 의미했다. 왜냐하면 튜더 왕조는 1752년까지 모든 날짜변경을 거부했기 때문이다(소요하는 잉글랜드 군중들이 잃어버린 11일을 돌려달라고 요구했다는 유명한 이야기는 실망스럽게도 18세기 농담에 불과하다).

1. 시대의 종말

날짜계산의 불일치야말로 종교개혁이 유럽사회의 구조를 해체시킨 방식을 보여주는 거의 유일한 상징이었다. 더는 실용적이지도 않고 합리적인 계산법으로 풀 수 없었던 이 문제는 합리성이 무시된 채로 열정 속에 묻혀버리게 되었

---

1) Cunningham and Grell, *Four Horsemen*, pp. 50-1.
2) Murdock, *Calvinism on the Frontier*, p. 115.

다. 유럽 종교개혁 시대에 살던 사람들에게 시간의 변화는 날짜를 다시 세는 것보다 훨씬 더한 반향과 다급한 의미를 던져주었다. 삶을 당황스럽게 만드는 변덕스러운 상황 속에서도 바른 판단을 유지하려는 성향을 통해 볼 때, 인간은 고질적인 형식창시자(pattern-makers)이다. 역사가 빠르게 진행될 때, 자애로운 창조주 하나님이 구축해 놓은 패턴들을 추구하는 것은 자연스러운 것이었다. 평범한 사람들이 하나님이 구상하신 우주적 드라마 속 배우들이었다는 확신이 없었다면 아마도 종교개혁은 일어나지 않았을 것이다. 하나님은 그분의 계획하신 것과 그 계획하신 것을 어떤 방향으로 성취하실 것인가를 성경 속에 계시해 놓으셨다. 그들의 개혁은 단지 개인적인 구원만을 추구하는 것이 아니었다. 그들은 세상이 추구하는 방식을 바꾸었다. 왜냐하면 보이는 이 세계가 신적인 계획에서 볼 때 가장 중요치 않은 부분이라고 확신했기 때문이다.

특히, 많은 유럽 사람들은 다양한 방식과 다양한 정도의 열정을 가지고 그들이 겪고 있는 중요한 사건들이 현 세계의 종말을 초래하는 요인이라고 확신했다. 그들의 시각으로 볼 때, 하나님이 원하신 것에 될 수 있는 대로 가깝게 맞추는 것이 종말에 처한 세상의 상태를 위해 아주 중요했다. 터키로부터의 끊임없는 위협이 이에 대한 충분한 증거였다. 개혁 전에도 그러했다(그들의 이슬람 적들도 기독교력으로 1529년에 해당하는 1000년의 헤지라에 세상이 끝날 것이라고 널리 확신했음을 어떤 이들은 이미 알았을 것이다). 종말신앙에 대한 실제적인 결과들이 반복적으로 드러났다. 절박하고 드라마틱한 변화에 대한 기대도 없었다면, 몇몇 사람들만이 교회를 향한 루터의 도전에 귀 기울였을지 모른다. 이러한 종말론적인 기대가 없었다면, 사보나롤라(Savonarola)는 플로렌스를 사로잡을 수 없었을 것이고, 수천 명의 사람들이 새로운 예루살렘을 세우기 위해 뮌스터(Münster)로 여행하지 않았을 것이다. 그리고 프란시스 형제단들은 아메리카에서 인디오들을 개종시키려고 수고하지 않았을 것이고, 프리드리히 5세도 프라하(Prague)로 여행하지 않았을 것이다. 트란실바니아 왕자들은 십자군 원정의 의미를 발견하지 못했을 것이고, 올리버 크롬웰(Oliver Cromwell)은 잉글랜드에 유대인들을 다시 받아들이지 않았을 것이다.

이러한 사상적 배경에 대한 평가가 없었다면, 시도된 많은 개혁들은 아름다운 세상과 신실한 헌신에 대한 야만적이고 교활한 공격, 혹은 돈을 긁어모으기 위한 공격으로 밖에 이해되지 않았을 것이다. 예를 들어 그러한 개혁은 자주 소년 왕 에드워드 6세(Edward VI) 시대의 잉글랜드개혁에 대한 평판이 되곤 했다. 오히려 잉글랜드의 유명한 설교가 중 한 사람인 휴 라티머(Hugh Latimer) 주교의 설교에 고무되어 구교에 대한 저속하면서도 사악한 비난과 함께 옛 의식을 철폐하고 교회 인테리어를 파괴하는 에드워드 왕 시대의 열정을 살펴 볼 필요가 있다.

라티머는 1552년 강림절에 왕의 사촌 서펙의 공작부인(Duchess of Suffolk) 앞에서 임박한 종말을 아래와 같이 선포했다. "세상이 6,000년을 견디도록 의도되었다는 것을 우리는 성경을 통해 알고 모든 배운 사람들도 똑같이 확언한다. 6000년 중 지금은 이미 5552년이 흘렀고, 그리스도께서 증거하신 것처럼 남아 있는 시간은 선택된 자들을 위해 앞당겨질 것이다."[3] 그러므로 만약 하나님이 선택하신 자들을 기뻐하신다면 그 시간은 모두 단축될 수 있다고 했다. 라티머가 지적한 것처럼, 기독교인들이 이것을 믿을 만한 이유가 있었다. 왜냐하면 성경이 그렇게 말했기 때문이다. 사실 성경의 다른 부분들이 이러한 사건들에 대해 많이 언급했기 때문에, 마지막 날들이 언제 어떻게 일어날지에 대해 제한 없이 설명할 수 있었다. 그리스도 자신은 마태복음 24장에서 짧지만 상세하고도 두렵게 묘사를 하셨다. 선지자 다니엘은 잇따른 제국들의 흥망을 기술했었다. 사도 요한도 요한계시록(the Apocalypse)에서 하나님의 승리와 영광으로 막을 내리는 우주적 충돌의 묵시들을 열거하였다. 성경 외에 에즈라 2서(II Esdras)로 알려진 혼합 히브리어 작품에는 종말 환상들이 더 많이 기술되어 있다. 비록 기독교 정경에는 포함되지 않았지만, 기독교도들은 결코 이 에즈라 2서(외경의 일부)를 잊어버리지 않았다. 이러한 외경은 환란을 겪고 있던 사람들이 평안과 의미를 갈구하면서 위기 속에서 만들어낸 작품이었다. 그리고 정해진 시대 속에서 교회는 그에 대한 흥분을 가라앉히려는 경향이 있었던 반면, 새로운 위기는 반복해서 그러한 메시지를 한차례 더 삶에 던져 주었다. 되풀이하여 실망으로 끝난 기대감은 단지 하나님의 극본이 적절하게 해석되지 못했음을 나타낼 뿐이었다.

성경에 포함된 자료들을 차치하고라도 개신교도들이 대항해 싸웠던 구교의 주요 인물들, 즉 라티머가 말하는 '지식인들'(learned men)의 의견이 있었다. 12세기에 이탈리아 시토수도회(Cistercian) 수도사 피오레의 요아킴(Joachim of Fiore)은 서양기독교에서 수도원 생활이 새롭게 꽃피는 시기에 그 당시 많은 수도사들 속의 열망을 표현하였다. 그는 삼위일체 그 자체를 모방한 것으로 역사를 묘사했다. 구약성경의 날들은 성자의 시대를 시작했던 그리스도가 오실 때까지 성

---

3) G. e. Corrie (ed.), *Sermons and Remains of Hugh Latimer*…, (PS, 1845), p. 20.

부의 시대였다. 그리고 그 시대는 요하킴 자신의 시대가 끝나고 성령 안에서 세상이 자신과 같은 수도사들에 의해 움직일 성령의 시대로 곧 대치될 것이었다. 이러한 일이 요하킴이 예측한대로 일어나지 않았다고 해서 그의 메시지를 들으며 가졌던 열정이 식은 것은 아니었다. 이것은 프란시스 형제단의 특별한 자산이었으며, 그들은 요하킴이 묘사한 새로운 성령 시대의 묵시를 자신들의 활동에 적용했다. 이 운동의 극단적 또는 영적(spiritual) 부류에 속했던 이들 중 몇몇은 13, 14세기 요하킴의 열정에 도취되어 제도 교회의 타락을 비난했으며 문자 그대로의 사회 갱신을 추구했다. 이것으로 그후 많은 영성주의자들이 이단으로 정죄되어 화형에 처해졌다. 움베르토 에코(Umberto Ecco)의 위대하면서도 해로울 정도로 학구적인 소설 『장미의 이름』(*The Name of the Rose*)의 독자들이라면 고민에 찬 그들의 논쟁에 금방 빠져들게 될 것이다.[4]

인정받는 종교 단체가 되기 위한 초창기 어려움에서 살아남은 프란시스 형제단(Franciscan)들은 요하킴을 잊지 않았고 다른 사람들은 계속해서 그들로부터 묵시적 담론을 기대했다. 프란시스 형제단의 극단주의가 행동으로 나타나는 것을 이미 반복적으로 살펴보았고, 그 영향력을 극대화하기 위해 1502년 프란시스 형제단의 가계도를 출판했던 '아마데이스트'(Amadeist)의 작가가 쓴 책 『새로운 묵시』(*Apocalypsis Nova*)의 광범위한 영향력을 주목해왔다(2장, p. 155, 3장, pp. 227-229). 요하킴은 수도사가 되었을런지도 모른다. 그러나 종교개혁이 급진전되었을 때, 개신교도들은 단지 한 사람이라도 바르게 판단할 수 있다면 역사는 성취된다는 신념을 간과할 준비가 되어 있었다. 많은 사람들이 제 삼의 시대에 대한 요하킴의 예언을 최후심판 전 지상에서 성도들의 천년통치에 대한 기대로 바꾸었다. 이것은 엄밀한 정치적 암시가 담긴 '천년왕국설'(millenarianism)이라는 용어의 엄격한 정의였다. 이러한 천년왕국설은 다니엘서, 요한계시록, 에즈라2서에 있는 구절들에서 끌어올 수 있었다. 극단주의자들은 특별히 요하킴의 문학적 유산을 좋아했다. 세상을 뒤바꿀 혁명을 꿈꾸던 토마스 뮌처(Thomas Müntzer)와 멜키오르 호프만(Melchior Hoffmann)에게 영감을 주었던 것은 바로 요하킴의 저서였다. 종교개혁을 통제하려던 사람들은 이러한 감정적인 격양(exaltation) 속에 서려 있는 위험을 재빠르게 눈치챘다. 그리고 이 모든 것의 중심에 놓인 책인 요한계시록과 고군분투했다. 예언적으로 요한계시록은 에라스무스의 냉철하게 차별화된 영성에 호소하지 않았다. 에라스무스는

---

[4] Joachimite 연구들 중 일인자는 그녀의 작품이 여전히 필수적인 Mariorie Reeves이다: cf. 특히 *The Influence of Prophecy in the Late Middle ages: a Study in Joachimism* (Oxford, 1969).

요한계시록을 정경으로 간주해야 하는지 의심했으며, 그것은 그의 영향력있는 성경주해에서 주석하지 못한 성경들 중 한 권이었다.

이러한 관점에서 주요 개혁자들의 첫 세대는 에라스무스를 모방했다. 개혁적인 선구자로서의 정체성과 신정사회의 질서를 유지하려는 의무 사이에서 괴로워했던 마틴 루터조차 요한계시록에 대해 애매모호함을 느꼈다. 그는 요한계시록의 메시지를 불신했다. 그러나 예상외로 그의 독일어 성경에 있는 요한계시록을 장엄하면서도 흥미로운 이야기들로 채우기 위해 미술가 루카스 크라나흐(Lukas Cranach)를 고용해야 한다고 주장했다. 그가 번역한 독일어 성경에서 삽화를 가미시킨 책은 요한계시록이 유일한 책이었다. 크라나흐와 루터는 그러한 삽화들이 명백하게 반교황적으로 표현되어야 한다는 점에서 타당성을 찾았으며, 요한계시록에 대한 반교황적인 해석은 이 책을 신중하게 취급해야 할 납득할만한 근거를 제공했다. 개혁초기에 대부분의 주류 지도자들은 절제되고 경건한 혁명을 추구하려 했던 그들의 시도를 못 마땅히 여겨 일어난 과격한 급진주의 종교운동에 의해 놀라고 상처받아 요한계시록에 대해 불편한 침묵을 고수했다. 그런 이유에서, 요한계시록에 관한 초기의 주석은 거의 출판되지 않았다. 그러나 다행히도, 잘 알려진 개혁운동의 추종자이자 구 프란시스코수도사였던 프랑수와 램버트(François Lambert)와 세바스티안 마이어(Sebastian Meyer)에 의해 요한계시록에 관한 최초의 주석들이 집필되었다. 프랑수와 램버트는 1528년에 그리고 세바스티안 마이어(Sebastian Meyer) 1539년에 주석을 완성했다.[5] 멜랑히톤과 부처는 요한계시록을 외면하려고 최선을 다했다. 그리고 칼빈은 그의 글에서 요한계시록을 거의 인용하지 않았다(하나님에 대한 소심한 반역자들이라고 여겼던 자들, 즉 니고데모파들에 대한 그의 신랄한 소논문만 중요한 예외 저작이다).[6] 크랜머(Cranmer) 대주교는 1549년 잉글랜드국교회의 예배를 위해 그가 구성한 매일성경읽기표에서 사실상 요한계시록을 생략해 버렸다.

하인리히 불링거는 요한계시록에 관한 주석을 쓰려고 시도했던 개신교 최초의 명망 있는 인사였다. 그는 개혁이 중대한 위기에 직면하자 자극을 받아 주석을 집필하게 되었다. 그 위기는 바로 1553년 잉글랜드의 메리 여왕의 즉위 사건이었다. 그 즉위로 인해 잉글랜드의 저명한 개신교도 단체들이 잉글랜드를 떠날 수밖에 없었다(5장, p. 358). 그들 중 많은 사람들이 마침내 취리히에 도

---

5) Cunningham and Grell, Four Horsemen, pp. 22–3.
6) Cottre, *Calvin*, p. 103.

착했고, 그들의 망명으로 말미암아 불링거는 그의 주석의 기초를 형성했던 묵시에 대해 설교하도록 영감을 받았다. 그는 참된 교회의 표지인 핍박의 영광스러운 결과를 생각나게 함으로써 고통 중에 있는 그들을 위로하는 일로 잉글랜드 망명자들에게 헌신했다. 그는 피오레의 요아킴(Joachim of Fiore)과 사보나롤라(Savonarola)의 사상을 받아들일 준비가 되어 있었다. 이러한 묵시적 주제들은 전에 재세례파와 급진주의자들이 더 강력하게 추구하였던 것이었지만, 1560년대부터 반종교개혁 가톨릭주의에 대항하는 개혁파 개신교의 새로운 항쟁의 시련 속에서 그러한 사상들은 더욱 더 큰 환영을 받았다. 그리고 요한계시록의 지위가 주류 개신교도들 사이에서 격상되었다.[7] 잉글랜드의 순교사가인 존 폭스(John Foxe)는 대단히 영향력 있는 그의 저서 『행전과 기념물들』(*Acts and Monuments*)에서 불링거의 작품 속에 있는 역사의 도식을 차용했다. 불링거처럼 그도 교회의 첫 천년 동안 을 '황금의 시대'(golden age)로 주장했는데, 이 기간은 적그리스도의 타락에 의해 단지 약간 영향을 받는 시대이다. 이어서 타락이 들어오고 그 타락이 증폭하기 시작하는 반 천년기인 '청동왕국의 시대'(brazen age, 다니엘서 2장의 큰 신상에 관한 묵시에 나오는 세 번째 왕국)에 대해 언급했다. 폭스는 모든 것이 곧 잘될 것이라고 믿었다. 많은 작품 중에, 그는 요아킴이 소개한 도식의 다른 양식을 좋아했다. 그리고 마지막 날에 대한 여러 가지 새로운 변형들을 생산해내는 그의 작품을 사람들은 열심히 탐독했다(영어권 독자들만 그런 것은 아니다).[8]

따라서 마지막 날에 대한 기대는 종교개혁 과정에서 사라지기보다는 오히려 강화되었다. 적그리스도 교황에 대항하는 십자군 원정 자체를 확신하는 것은 개혁파 개신교의 특별한 특징이었다. 그러나 이러한 관점에서 루터교가 아주 뒤로 물러선 것은 아니었다. 예를 들어 루터교 학교 학생들은 세계역사의 형태를 소개하는 요한 슐라이단(Johann Sleidan)의 얇은 교재로 교육받았다. 그 교재는 다니엘서를 다루었고, 최후의 제국이 가까이 와 있음을 강조했다.[9] 아마도

---

[7] 전반적으로 괜찮게 취급하는 것은 I. R. Backus, *Reformation Readings of the Apocalypse: Geneva, Zürich, and Wittenberg* (Oxford, 2000)이다. 에즈라 2서의 운명에서 매우 유사하게 바꾼 프로파일을 위해, A. Hamilton, *The Apocryphal Apocalypse: the reception of the Second Book of Esdras (4 Ezra) from the Renaissance to the Enlightenment* (Oxford, 1999).

[8] P. J. Olsen, 'Was John Foxe a millenarian?', *JEH* 45 (1994), pp. 600–24, 604–6.

[9] Cunningham and Grell, *Four Horsemen*, p. 50. 스코틀랜드에서의 묵시상에 대해 A. H Williamson, *Scottish National Consciousness in the Age of James VI: the Apocalypse, The Union and the shaping of Scotland's Public Culture* (Edinburgh, 1979); 잉글랜드에서 묵시사상, K. R. Firth, *The*

몇 세기 동안 생생한 기억으로 남아있는 1590년대의 지독한 기상조건과 최악의 흉작은 믿음을 진작시켜주는 특별한 외부적인 요인이 되었을 것이다. 그리고 이러한 기억이 희미해지기 시작했을 때, 정치권은 30년전쟁이라는 새로운 형태의 재난을 초래했다. 그래서 요한계시록의 네 명의 말 탄 자들이 암시하는 기근과 전쟁이 시작되었고, 본격화되었다. 마지막 날에 대한 두려움은 17세기의 마지막 해에 들어서서 시들어가기 시작했다(프랑스혁명은 이를 상기시켰다). 그러나 알파벳의 의미에 있어서 올리버 크롬웰의 잉글랜드 공화국 이름과 요한계시록에서 짐승의 수인 666이 일치한다고 주장하는 논쟁에 의해, 1660년 이후 수십 년 동안 존경받던 잉글랜드국교회 주교들이 잉글랜드국교회를 옹호하는 것이 가능했다.[10] 이렇듯 자주 유럽에서 탈정신적이고 기계적인 세계관의 우월성을 가져왔던 과학적 변화들의 상징적 인물로 알려진 아이삭 뉴턴 경(Sir Issac Newton)은 운동과 중력에 대한 그의 연구에 쏟은 열정만큼 요한계시록의 의미 해석을 포함하여 신학저서를 완성하는 데 크게 심혈을 기울였다(17장, p. 872).

개신교와 가톨릭 모두 지속적으로 간섭하시는 하나님을 경험했으며, 자연적인 현상들과 선택된 선견자들의 음성을 통해 세상에 직접적으로 선포할 준비가 되어 있었다. 하나님과 하나님이 창조하신 세계의 관계에 대한 칼빈의 관점은 모든 것을 포함하는 하나님의 섭리를 특히 강조했다. 그러나 이 같은 유럽 개혁파의 근원적인 가설은 가톨릭과 루터교의 관점과 다른 것이 아니었다. 개신교는 사실상 자연적인 징조들과 괴수의 탄생 또는 비정상적인 기상조건들과 같은 기적에 주목하는 경향이 있었다. 왜냐하면 그들은 기적을 행하는 성인들의 능력을 깎아내렸고, 신적 능력의 즉각성을 강조하려 했기 때문이었다.[11] 이에 대한 결과로 스페인과 이탈리아에서 약 1500명의 남녀예언자들이 생겨났으며, 후에는 독일과 스칸디나비아 반도의 루터교에서도 그러했다. 1550년과 1700년 사이에 아마도 약 300명이 거기에 있었던 것으로 추정된다. 메시지를 전달하는 많은 사람들이 천사들이 메시지를 자신들에게 전달해 줬다고 생각했다.[12] 엘리자베스 시대 잉글랜드에서 여왕의 최고 각료였던 버글리(Burghley) 경은 세례 요한, 다양한 구약의 예언자들 그리고 하나님의 아들이 출생할 때 천사장 가브리엘에 의해 숨겨진 엘리자베스 여왕을 포함한 여러 사람들로부터 온

Apocalyptic Traditon in Reformation Britain 1530-1645 (Oxford, 1979).
10) W. Johnston, "The Anglican Apocaypse in Restoration England', *JEH*, Forthcoming.
11) P. M. Soergel, 'The afterlives of monstrous infants in Reformation Germany', in Gordon and Marshall (eds), *Place of the Dead*, pp. 288-309.
12) Cunningham and Grell, *Four Horsemen*, p. 84.

편지들을 가지고 있었다.[13]

　이들은 단지 고립된 미치광이들이 아니었으며, 개혁운동의 중심에 있었던 신념들을 가장 선명하게 외부로 드러냈던 대표적인 사람들이었다. 버클리는 정치적인 위협을 받는다고 생각했기 때문에 그들의 편지를 가지고 있었던 것이었다. 설교가들은 그들을 미혹된 자들로 공공연히 비난했다. 그러나 이는 전문적인 경쟁에 관련되어 있었기 때문이었다. 설교사역은 그 자체로 교회기관들에 의해 권위가 공인된 형식 안에서 예언적 형태로 수행되었다. 예수 그리스도는 제사장과 왕일 뿐만 아니라, 선지자라는 칼빈의 강조를 따르는 개혁파 개신교는 이러한 사상을 특별히 강조했다. 한 스코틀랜드 목사는 1597년 굴레인(Gullane)에 있는 그의 새 교구 환영예식이 정점에 이르렀을 때, 자신의 입을 통해 나온 말씀을 하나님의 음성으로 간주하여 회중들에게 복종을 요구하였는데, 이것은 개혁파 설교가들의 전형은 아니었다. 스코틀랜드 목사들은 실제로 전에 성인들이 가졌던 것과 같은 대중적인 존경과 능력을 받았거나 혹은 그렇다고 주장하는 강단의 프리마돈나이자 연기자 같은 사람들이었다. 1600년경에 아이르(Ayr) 사역자였던(존 낙스의 사위였던) 존 웰시 목사는 냉소적인 교황추종자를 저녁 식사자리에서 죽도록 타격을 가하기도 하고 신실한 젊은 사람을 다시 살아나도록 하는 등 자주 기적을 일으키는 사역자로 평판을 얻었다.[14]

2. 하나님의 음성 듣기

　한때 교회 밖에서 설교를 들어야 했던 북유럽 예배자들은 값싸게 출판된 교리문답과 소책자들을 통해 큰 반향을 일으켰으며, 그들은 사회적으로 다양하고 큰 독자층이 되었다. 또한 하나님께서 자연계와 정치와 개인적인 삶에 간섭하신다는 것을 선포할 준비가 되어 있었다. 본래 중세 가톨릭에서 유래된 이러한 신비적인 설화들은 비록 개신교용으로 알맞게 되풀이되었지만, 독자들은 열심히 탐독했다. 설화는 자주 설교에서 인용되어 왔고, 동시에 자주 강단에서 한 번 더 재활용되었다. 이러한 기적의 향연은 국경을 넘어 퍼져나갔다. 1597년에 노르웨이 어부들이 신비한 글과 표시들이 선명하게 나타나 있는 기형의

---

13) A. Walsham, *Providence in Early Modern England* (Oxford, 1999), p. 204.
14) Todd, *Protestantism in Scotland*, pp. 388-9, 396-8.

청어를 건져 올린 지 몇 달 안 되어 잉글랜드 독자들은 그림을 곁들인『아주 이상하고 놀라운 청어』(*A most strange and wonderful herring*)에 관한 이야기책에 놀랐다. 청어는 나쁜 징조를 나타내는 경향이 있었다. 10년 전 덴마크의 왕 프레드릭 2세(Frederik II)는 불길한 스칸디나비아 상형문자가 있는 청어를 잡아 많이 당황했었고, 그 후 1년 만에 그가 죽었기 때문이었다. 재난을 당할 때마다 사람들은 '무슨 특별한 죄를 지었기에 하나님이 심판을 하시는가?'라고 생각하게 되었다. 잉글랜드, 북부 프랑스, 네덜란드를 강타했던 1580년 대지진에서 하나님은 웨스트민스터사원의 첨탑을 무너뜨리기 위해서 그리고 샌드위치만(Sandwich Bay)에서 바다 거품을 만드시기 위해 지진을 사용하셨다고 생각하기도 했다. 또는 그러한 자연적인 제2의 원인들을 고려하는 것은 신성모독일 수도 있다는 생각을 하기도 했다.[15]

물론 당시 종교적 논쟁들 가운데서 어떤 원인에 의해서 재난이 일어났는가를 하나님의 뜻과 연관시키는 문제는 종교개혁의 갈등 속에서 많은 논쟁의 여지를 남겼다. 1561년에 번개로 발생한 불이 런던의 세인트 폴 사원에 심각한 손상을 입혔을 때, 가톨릭은 자만하면서 거룩한 건물 안의 개신교 예배에서 하나님께서 놀라셨을 것이라고 비아냥거렸다. 또한, 그들은 더럼(Durham)의 개신교 주교가 가톨릭 헛소문을 반박하기 위해 발탁되어 어렵게 논쟁한 것같이, 사원을 유흥장으로 사용했던 빈둥대는 사람들에 의해 하나님께서 어려움을 겪었을 것이라고 비꼬았다(사원 안에 번개가 쳐서 더럼의 주교가 어려움을 당한 것이 마지막이 아닐 것이다). 1623년 비밀에 쌓인 런던 가톨릭교회의 회중석이 붕괴되어 예수회 설교가를 포함해서 90명이 목숨을 잃었을 때, 가톨릭에 대한 하나님의 분노가 분명하게 보여지는 듯 했다. 특히, 그들이 잔해로부터 빠져나왔을 때 다치고 죽어가는 그들을 공격함으로 하나님의 진노를 더했던 런던의 환호하던 구경꾼들에게 더욱 그렇게 보였을 것이다. 로마 가톨릭은 하나님이 가장 많이 사랑한 사람들에게 가장 많은 고통을 주신다고 반박하거나, 혹은 개신교도들보다 더한 합리주의자가 되어 제임스 1세 시대의 난폭한 지도자들을 비난했다.[16]

종종 그러한 자극적인 사건들로 인해 생겨나는 심리적인 효과는 장기화되었다. 잉글랜드의 예정론적인 역사가 알렉산드라 월샴(Alexandra Walsham)은 1580년에 일어났던 잦은 지진이 잉글랜드의 많은 상류층 사람들로 하여금 상업극

---

15) A. Walsham, *Providence*, pp. 130-5, 167-8; 청어에 대해. cf. 또한 Cunningham and Grell, *Four Horsemen*, p. 86.
16) A. Walsham, *Providence*, pp. 232-3, 266.

장을 반대하게 했고, 16세기를 공공드라마의 적법성에 대한 사소한 충돌을 야기시킨 세기로 만들었다고 생각했다. 이것은 확실히 코번트리(Coventry)의 시당국이 전통적인 '그리스도의 성체'(Corpus Christi)에 관련한 연극을 억압하였는데, 이는 하나님의 진노가 더 나타나는 것을 피하게 하는 것이라고 변명했다. 이를 대체한 작품으로는 예루살렘 파괴를 주제로 한 개신교 연극이었다. 따라서 초기 현대 유럽사회의 주목할 만한 정신규범인 '개혁과 윤리'(런던의 the Tower Hamlets 지역에서 1691년에 발행된 윤리규범)를 일반 대중이 기꺼이 받아들이게 된 것은 16세기에 집중된 재난에 의해서 유발된 하나님의 진노에 대한 두려움으로부터 기인한다는 것이 가능케 되었다. 돌체스터(Dorchester)라는 잉글랜드의 마을이 1613년에 화재로 파괴된 후에 유력한 지역장관 존 화이트가 이끄는 엄격한 청교도 정부는 그 도시를 작은 제네바로 바꾸었다. 이로 인해 돌체스터는 사생아 출생비율이 줄었고 명분이 있는 선한 일에 대해 크게 협조적이 되었다(뿐만 아니라 뉴잉글랜드에서 식민지 설립을 위한 최초의 인력모집 근거지 중 하나가 되었다. 12장, p. 688). 심지어 마을 사람들은 지리를 배우기 위해 지구본이 있는 공공도서관을 설립했다. 또한 존 칼빈의 작품 속에서 세계를 바라볼 수 있는 공공도서관을 설립했다.[17] 이는 공동 반응의 극단적 예였다. 절제와 자기부인은 하나님을 기쁘시게 했고 추가 재앙을 피해가는 것으로 간주했다.

 이러한 논리로 문제가 생길 때 금식은 주된 과정이었다. 교회의 훈육에 대한 강한 공동 비전을 가지고 부처와 칼빈은 교회의 엄숙한 공개행동으로서 금식의 부활을 주장했던 첫 종교개혁자들이었다. 스코틀랜드에서 공식적인 개신교회는 칼빈 밖의 칼빈으로 기울어졌다. 그리고 결과적으로 질투하는 잉글랜드 청교도들이 열망할 수밖에 없는 모델을 제공했다. 스코틀랜드국교회는 공동 금식을 위한 환경으로써 예전적 예배를 만들었던 유일한 기독교 분파였다. 이것은 스코틀랜드 가톨릭교도인 메리 여왕과의 치열한 갈등의 시기인 1565년 초에 행해졌다. 전투적 개신교를 규합하는 데 이보다 좋은 의식은 없었다. 이러한 의식의 장점은 옛 가톨릭교회의 사순절 또는 금요일 금식처럼 예식화되고 정해진 때에 사용될 수 있는 것이 아니라, 교회가 필요하다고 느낄 때는 언제나 사용할 수 있는 것이었다. 금식은 역병의 도래로 또는 잉글랜드와의 전쟁과 같은 그러한 비상 상황에 당국에 의해 명해지는 항상 준비되어 있는 재난에 대한 무기였다. 후기 개혁 스코틀랜드에서 공식적인 축제보다 더욱더 많은 공

---

17) A. Walsham, *Providence*, pp. 137–9, 313; D. Underdown, *Fire from Heaven: the LIfe of an English Town in the Seventeenth Century* (London, 1992).

식적인 금식의 날이 있었다고 말할 수 있다.[18]

스코틀랜드에서 심각한 위기 때에 일일금식부터 여러 주에 걸쳐 지속할 수 있었던 공동금식 행위는 전체 공동체에 그들의 비참함을 경감시키는 긍정적인 것을 할 수 있다는 만족감을 제공했다. 즉 공식적인 금식은 예수회들이 남유럽에서 교구 선교에서 만들어내고 있던 회개의 집단 드라마를 모두 진행했다(9장 pp. 414-17). 1560년대부터 잉글랜드 청교도들은 마찬가지로 그들의 반(half)개혁파교회에서 지역적 힘이 있는 곳 어디에서나 할 수 있는 한 제네바 관례를 모방했다. 개신교도들은 금식을 미신적인 가톨릭 회개 과정들과 '하나님의 진노를 완화시키는 교황의 장난감'에 불과한 성인들의 중재의식과 비교했다. 개신교도들은 금식을 자랑스러워했다. 따라서 금식은 성지순례에서 가톨릭에 의해 사용된 경건한 에너지(또는 그에 대한 대체)의 변하지 않는 등가물이었다. 찰스 1세의 정부가 특별히 잉글랜드와 스코틀랜드에서 많은 사람들에게 미움을 받게 되었을 때, 엄숙한 금식의 지역적 선언은 로디아니즘(Laudianism, 17세기에 잉글랜드 대주교 William Laud에 의해 고안된 사상으로 예정론을 부인)과 전제군주 규율에 반하여 저항의 힘을 나타내는 공동 행동이 되었다. 그리고 그런 행위들은 정부의 진노와 탄압을 유발시켰다.[19]

3. 적그리스도와의 싸움: 우상

개혁파 개신교도들에게 하나님의 진노의 주된 원인은 우상숭배(잘못된 예배)였다. 사도 바울과 마찬가지로 칼빈의 눈에는 우상숭배는 인류의 주요한 죄였다. 만약 종말이 도래하여 하나님이 갑작스럽게 교회를 방문하여 그의 백성들이 여전히 우상들을 용납하는 것을 보신다면, 하나님께서는 특히 진노하셨을 것이다. 만약 하나님의 뜻이 이루어져야 한다면 모든 것이 다루어져야만 한다. 그러므로 유럽 개혁파에서 성상파괴의 의무가 강조되었다. 이는 금식만큼 공동체 보호의 척도가 되었다. 비록 젊은이들이 의심의 여지없이 유럽을 강타한 성상파괴의 다양한 사건들을 통해 수많은 흥밋거리를 찾았지만, 그것은 일반

---

18) W. I. P. Hazlett, 'Playing God's card: Knox and fasting, 1565-6', in R. A. Mason (ed.), *John Knox and the British Reformations* (Aldershot, 1998), pp. 176-99; Todd, *Protestantism in Scotland*, pp. 341-52.
19) A. Walsham, *Providence*, pp. 142-6, 163-6.

적으로 볼 때 개인적인 행동도 아니었으며 또한 미숙한 자기표현의 행동도 아니었다. 물론 형상의 사용은 신학의 주요 영역들 중에 하나였는데, 마틴 루터의 단호하고 개인적인 의견들은 유럽의 루터파 견해와는 큰 차이가 있었다. 그리고 그것을 매우 분명하게 개혁파로부터 분리했다. 한때 중세 서구의 가장 신성모독적인 종교적 형상들 몇 가지를 제거했던 루터가 형상사용에 대한 이견을 내놓게 되자, 사람들은 십자가에 달리심(Crucifixion)과 같은 그리스도 중심적인 주제의 그림들을 교회에 다시금 가져오기 시작했다. 16세기 후반에 독일에서 더욱 새롭게 그려진 제단삽화들이 전통주의가 강한 남쪽에서 보다는 북쪽의 루터파 교회들에 놓여졌다는 그럴듯한 주장이 있다. 이리하여, 형상 사용의 문제는 다양하게 '제2종교개혁'을 시도하던 개혁파 개신교도들에 의해 신랄한 비판을 받게 되었다(8장, pp. 474-358).[20]

1520년대 산발적 성장(Wildwuchs, 3장, pp. 225-230)에 의해 영향 받은 지역들과 1560년대 스코틀랜드, 프랑스, 네덜란드에서 대규모 개신교운동이 잉태되는 혼란스런 과정 속에서(6장, pp. 399-425), 성상파괴는 때때로 군중 폭력의 무절제함 속에서 성난 행동으로 이어졌다. 이와 같이, 성상파괴는 몸을 사리려는 관료들의 소심함 때문에 생겨난 희생적 산물이었다. 특히 귀족들에 의해서 종교개혁이 주도되었던 지역에서 더욱 그랬다. 예를 들어, 폴란드-리투아니아의 비루터파 복음주의 그룹들이 1556년 세체민(Secemin)에서 첫 주요 회의를 열었을 때(5장, p. 367), 참석한 개혁파 귀족들은 후스파 사절단의 종교개혁 경험을 접할 수 있는 기회를 가졌다. 참석자 중 하나는 개혁운동을 신중하게 하여 소작농들의 격분을 촉발시키는 것을 피해야 한다고 지역 교회들의 후원자들이었던 귀족들에게 충고하기도 했다. 제단들을 폐쇄해야 했고, 형상들은 천으로 가려야 했다. 그런 다음 그것들은 교회의 중요한 위치에서 눈에 덜 띄는 장소로 옮겨져야만 했다. 폴란드에 있는 어떤 곳에서는 실제로 교회 형상들을 벽들로 둘러쌓는 옛 후스파의 관례를 따랐다. 따라서 형상들은 상징성을 잃게 되었고, 일반적으로 동유럽에서 성상타파는 교회의 후원자들과 교구 성직자에 의해 질서정연하게 이루어졌다. 몰다비아(Moldavia)에서 자콥 헤라클리데스(Jakob Heraklides)의 재앙수준의 경솔한 열정의 예(5장, p. 368)는 지역 통치자들에게 성상파괴에 대한 지혜를 확신시키기에 충분했다.[21]

---

20) B. Nischan, 'The Second Reformation in Brandenburg: aims and goals'. *SCJ* 14 (1983), 173-87, 184에서

21) Michalski, *Reformation and Visual Arts*, p. 76; Murdock, *Calvinism on the Frontier*, p. 17.

사원들과 수천 개의 잉글랜드 중세 교구교회에서 일어난 조심스럽고도 선별적인 행동을 보여주는 많은 예들이 있다. 잉글랜드의 1차 시민혁명이 일어나기 전, 단기간 진행되었던 튜더 왕조시대의 종교개혁 과정에서 드러난 군중들의 성상파괴는 오히려 사소한 현상이었다. 대부분 잉글랜드 성상들은 법적으로 세워진 권위, 즉 주교, 교구위원회, 치안판사들(폴란드 귀족들처럼 주요 문제가 거룩한 권세 중의 하나였다고 알았던)에 의해 철거되었다. 권력을 제거하기 위해 성상을 완전히 파괴할 필요는 없었다. 즉, 실제로 손상당한 형상들 또는 전체 수도원의 폐허는 아주 간명하게 미신의 패배였다. 그런 이유에서 거룩한 장소에 대한 정화가 필요했다고 볼 수 있다. 그러므로 잉글랜드에 부분적으로 남았던 중세의 많은 예술품들이(비록 빅토리아 시대 골동품 연구가와 고교회주의자들은 자주 그들이 발견했던 것을 사랑스럽게 복원시킴으로 우리를 자주 바보로 만들었지만) 있었다. 잉글랜드 중세사원 후면 칸막이에 그려진 성인들의 모습들을 가까이 살펴보면, 때때로 그들의 얼굴이 조심스럽게 벗겨져 있는 것을 보게 될 것이다. 그러한 행동은 형상의 나머지가 보이도록 남겨지지 않았다면 의미가 없었을 것이다(사진 21a). 중세 무덤에 있는 비문들을 보면 죽은 자의 상세한 기록을 담은 나머지 부분은 남긴 채 영혼을 위한 기도는 꼼꼼하게 끌로 제거되어 있다는 것을 알 수 있다. 스테인글라스에 있는 인물들을 살펴보면 거기에 자주 머리만 제거되어 있는 것을 볼 수 있다(유리는 무엇보다도 대규모로 대치된 아주 비싼 것이었다). 스테인글라스를 창문에서 떼었다기보다는 실제로 회를 칠한 여러 사례들을 우리는 알고 있다('형상을 씻는다'는 말은 케임브리지의 성 마리아의 교구위원회를 생생하게 표현한 것임). 이는 종교개혁전보다 그 이후에 교회건물의 채광여건이 좋아졌을 것이라는 생각을 불식시켜주고, 아주 많은 중세시대의 유리가 어떻게 보존되었는지를 설명해 준다.[22]

형상들을 대신해서 말씀이 서게 되었다. 유럽의 개혁파 개신교회 내부는 잉글랜드를 포함한 모든 개신교도들이 암기해야 할 세 본문(니케아 혹은 사도신경, 십계명과 주기도문[부록을 보라])을 기록한 거대한 현판이 비치되어 있었는데, 그 현판은 삽화와 성경구절들로 현란하게 구성되어 있었다. 교회는 성경의 거대한 스크랩북이 되었다. 물론 그 말씀들은 설교단에서 되풀이 되었다. 자연적으

---

[22] 예를 들어, L. E. Whatmore (ed.), *Archdeacon Harpsfield's Visitation*, 1557 (Catholic Record Society 45/46, 1950-51), pp. 77, 115, 146, 205, 222, 267; C. Litzenberger, *The English Reformation and the Laity: Gloucestershire*, 1540-1580 (Cambridge, 1997), pp. 24, 132; J. E. Foster (ed.), *Churchwardens' Accounts of St Mary the Great Cambridge* (Cambridge, 1905), p. 162.

로 이 모든 것은 회중들을 가르치는 역할을 했다(pp. 584-91). 그러나 우리는 또한 이 모든 말씀들의 불가사의한 힘을 기억할 필요가 있다. 개신교도들이 수많은 아름다운 성상들과 종교 시설들을 파괴했을 때, 그들은 거룩한 공간에 대한 개념을 종식시켰다고 자주 말하곤 했다. 그것은 실수다. 잘 알려진 사실이지만, 초기의 어떤 주류개혁자들은 처음으로 구교 건물들을 경멸했고, 급진주의 전통을 지속시켜 나아갔다. 즉, 개혁 무대에서 늦게 등단한 퀘이커교도들은 그것들을 경멸하여 '뽀족한 집들'(steeple-houses)이라고 불렀다. 1640년대와 1650년대에 브리스톨 침례파들은 도시의 웅장한 중세적인 교구교회들을(그럼에도 그들은 그 교회들의 일부를 거룩한 목사들에 의해서 섬김 받는 것으로 간주했다) '레드클리프(Redcliff) 공공장소' 또는 '니콜라스(Nicholas) 공공장소'라고 칭함으로써 그들의 분리를 강조하였다. 다락방에서 정당하게 모인 회중들과 분명히 다르고 열등했다.[23]

이는 기존 개신교회의 평범한 반응은 아니었다. 루터와 츠빙글리를 비롯한 주요 개혁자들이 혐오했을법한 미사형태의 건축적 장치에 대한 혐오감을 그들은 재빨리 극복하였다. 그들이 교회 건물들을 정결하게 하고, 수녀원들과 수도원들과 같은 건물들을 잔인하게 파괴하고 난 다음, 그들 자신들을 위한 거룩한 공간을 만들기 시작했다. 그래서 '잘 정화된 성전'은 에드워드 6세의 개혁을 요약한 존 폭스(John Foxe)의 『행전과 기념물들』(*Acts and Monuments*)이라는 책의 1563년 판에서 파노라마식 조각판의 만족한 제목들 중 하나가 되었다.[24] 회칠과 함께 새롭게 손질되고 성경구절들로 화려하게 장식된 교회 건물 안에 교구의 회중들이 앉았을 때, 그들은 그들 주위를 둘러싸고 문자적인 하나님의 말씀이 옛 적들의 공격으로부터 자신들을 보호해 준다고 생각했다. 그들은 구교의 성상 파편들이 옛 원수의 패배의 표시로써 그들 교회 안에 잔존하고 있다고 보았다. 트란실바니아에서 설교가들은 그들이 하얀 벽을 가리키고, 회개하는 자들의 죄를 씻을 수 있는 그리스도의 피와 성령의 깨끗케 하는 능력을 흰 칠로 상징했다는 것을 그들의 회중들에게 상기시켰을 때 회중들을 더욱 편안하게 했다.[25] 이는 거룩한 장소를 의미하기보다는 변형된 신성함을 의미하는 것이었다. 개신교도들은 경건함을 부여할 목적으로 성화를 안전하게 책 표지 사이에 꽂아

---

23) R. Hayden (ed.), *Records of a Church of Christ in Bristol* (Bristol Record Society 27, 1974), pp. 81-5.
24) MacCulloch, *Tudor church Militant*, pp. 9-10.
25) Murdock, *Calvinism on the Frontier*, pp. 153-4.

초기의 조각들로부터 존 데이(John Day)가 만든 존 폭스의 『행전과 기념물들』이란 책의 1563년 판에 있는 파노라마적이고 풍유적 조각은 에드워드 6세의 개혁을 요약했다: 꼭대기에는 성상파괴와 불에 타는 것이 계속된다. 그리고 로마 가톨릭이 거룩한 물건들을 배에 실어 해외로 가져간다. 아래에는 왕이 1548년 개신교 교리문답 책을 그의 주교들과 의회원들에게 배포하고 있다. 그리고 정결하게 된 교회 건물에서 개혁파 세례와 성찬은 집행되고, 반면 경건한 목사는 많은 회중에게 설교하고 있다.

두기도 하고, 교회나 가정의 적절한 곳에 비치하는 것을 두려워하지 않았다. 칼빈주의자들은 루터교도들보다 삽화를 더 인색하게 취급했다. 그러나 그들은 탐험의 시대에 대한 동시대인들의 관심을 끄는 선례 없는 종류의 성화(거룩한 땅의 지도)를 영어 역본인 제네바성경에서 소개함으로써 주목할 만한 상업적 성공을 거두었다(사진 20).

우상타파 전쟁은 종교개혁과 반종교개혁의 사건들 속에서 영원한 기억으로 남아 있는 전쟁과 필적할 만한 것이었는데, 그것은 아마도 근대 서유럽에서 일어났던 사건들과는 가장 동떨어진 것, 즉 마녀로 알려진 악마의 대리자들에 대한 전쟁이었다. 잉글랜드의 시민혁명 기간에 스투어(Stour)강 건너편에서 1, 2마일 사이에 살았던 세 명의 동앵글리아(East Anglian) 청교도들의 행적에서 가장 역력하게 나타난다. 잉글랜드 관광의 상투적 문구는 당시 이 조용한 계곡을 (그곳에 플랫포드 밀[Flatford Mill]과 윌리 롯[Willy Lott]의 별장이 있다) '콘스터블 컨츄리'(Constable Country, 에식스와 서퍽 사이에 위치한 지역명)로 묘사한다. 그러나 그 후에 미국인들이 그 지역을 '불이 타오르는 지역'(burned-over country), 즉 1530년 이후로 복음의 열정과 열렬하고 경건한 설교의 온상으로 불렀던 곳이었다. 세 청교도들 중 한 사람이었던 윌리엄 다우징(William Dowsig)은 소작농 출신으로 성상파괴에 관해 독학으로 공부한 열정주의자였는데, 그는 힘겹게 소유한 그의 도서관에서 경건서적들을 탐독했으며, 하나님께서 교회에 남아있는 우상들을 척결하기 위해 자신을 선택했다고 스스로 확신했다. 1643년에 전쟁이 진행되고 있는 와중에, 그는 지역의회 군대지휘관을 포섭하여 '미신적인 모든 기념물들'[26]을 제거하는 공식적인 임무를 받아냈다.

다우징은 (여전히 대부분 존재하는) 저널에서 냉철하게 목록을 만들어 아주 철저하게 시행했다. 스테인글라스는 깨졌고, 제단 계단은 평평하게 되었고, 무덤 비석들은 제거되거나 파괴되었다. 그의 조력자들 중의 한 사람은 심지어 교회탑의 계단에 올라가서 성인들에 대한 중세 기도를 위해 울리던 종을 떼어냈다. 종루들 안에 있는 비문은 모든 사람에게 보이지 않게 되었지만, 그들은 여전히 종(bells)을 통해 미신적인 메시지를 전달하도록 했다. 이러한 행동은 사탄에 대한 다우징의 전쟁이었다. 현대적인 관점으로 볼 때 그다지 유력하지 않았지만 상당히 혐오스러웠던 두 명의 인물이 있었는데, 자칭 '마녀 사냥꾼의 사령관'(witchfinder-General)으로 알려진 매튜 홉킨스(Mattew Hopkins)와 그의 가까운 협력자인 존 스턴(John Stearne)이었다. 그들은 매닝트리(Manningtree)의 에식스 마을에서 왔는데, 그 마을은 스트레포드 세인트 메리에 있는 다우징의 서퍽(Suffolk)의 집으로부터 스투어강 바로 건너에 있다. 3년 간 다우징이 동앵글리아 교회에 대한 야만적인 순회를 마친 직후에 홉킨스와 스턴은 그들 자신의 일정표를 가지고 동일한 지역을 방문했다. 그들은 교구 성직자 한 명을 포함해 약 240명의 여성들과 남성들을 조사하고 고문했다. 그리고 한 명은 화형에 처했고, 100여 명은 교수형에 처했다. 그의 과도함에 대해 지역 성직자들과 의회 모

---

26) T. Cooper (ed.), *The Journal of William dowsing: iconoclasm in East Anglia during the English Civil War* (Woodbridge 2001), 특히 J. Morrill에 의한 에세이 pp. 1-28.

두는 불편함을 드러냈다(그 성직자들 중의 한 사람은 용기있게 그를 반대하는 편지를 썼다). 평범한 사람들은 홉킨스를 '무오하고 놀라운 힘'을 가진 것으로 생각하였다. 홉킨스와 스턴의 운동을 유지했던 신뢰의 거품이 첫 잉글랜드 시민전쟁이 끝났을 때인 1647년까지는 사그라지지 않았다는 것은 중요하다. 다우징처럼 홉킨스와 스턴은 적그리스도에 대한 웨스트민스터 의회의 전쟁 노력의 일환으로 그들의 행위들을 그럴듯하게 묘사했는데, 여기에 찰스 1세가 마스턴 무어(Marston Moor)와 네이스비(Naseby)에서 거둔 승리를 포함시켰다.[27]

4. 적그리스도와의 싸움: 마녀

대서양 제도의 위기로 촉발된 종교 전쟁과의 분명한 연관성에도 불구하고, 유럽의 종교개혁과 반종교개혁에 있어서 '마녀사냥'(witch-craze)에 관한 의구심이 많이 남아있다. 유럽 사람들은 개혁 오래전부터 마녀들을 믿었다. 그 후에도 그들은 오랫동안 마녀들을 계속해서 믿어왔다. 그러나 1500년 이후에 그들은 이러한 문화적 전유물(cultural assumption)을 동료 인간들을 공격하는 수단으로 변형시켰다. 그 후 가톨릭과 개신교 국가들 모두에서 새롭고 무시무시한 살기어린 감정들이 드러났다. 비록 1535년에 뮌스터로부터 1648년 베스트팔렌평화조약(Peace of Westphalia)에 이르기까지 진행되었던 종교전쟁(Transylvanian이 30년 전쟁에 참여한 전쟁으로 유럽 지역에 가톨릭 신앙고백을 받아들이게 한 전쟁)과 이단들에 대한 종교재판 때만큼은 전체적으로 악의적이지는 않았지만, 마녀사냥 열풍은 개혁운동에 있어서 치명적인 요인으로 작용했다. 1400년과 1800년 사이에 마법혐의로 유럽과 식민지 북아메리카에서 4~5만 명의 사람들이 죽었다(이는 1631년에 그 도시의 거주자들의 대부분이 마법구제 파괴에서 죽었을 때 마크데부르크 시인구의 약 두 배에 해당한다, 11장, p. 646). 이것은 현대 역사가들이 일반적으로 동의하는 사항이다. 흥미롭게도 군주와 교회 당국에 의한 개신교 또는 극단적 이단들에 대한 대규모 처형(아마도 40년에 걸쳐서 3천 명에 달했다)이 종식되었을 때

---

27) S,. Clark, *Thinking with Demons: the idea of witchcraft in early modern Europe* (Oxford, 1997), p. 594. Malcolm Gaskill에 의해 Hopkins-Stearne 재판에서 적당한 문서들의 편집은 J. Sharpe(ed.), *English Witchcraft 1560-1736* (6 Vols, London, from 2003) 의 vol 3로서 나타날 것이다. 그리고 나는 미리 그의 발견들을 나에게 말해준 Gaskill 박사에게 매우 감사한다. 그는 또한 *Witchfinder: Matthew Hopkins and the Great English Witch-Hunt* 라는 연구를 준비하고 있다.

인 1560년 경에 처형은 많은 수로 증가했다.[28]

유럽 역사에서 이 새로운 출발에 대한 이해와 관련한 문제들을 평가하기 위해서, 마녀로 간주된 자들이 언제 어디서 핍박받고 죽임을 당했는지를 알 필요가 있다. 연대기와 지리는 천천히 잠복되는 질병이 점진적으로 확산되는 것과 같이 일시적이고 발전적이었다. 15세기 초 스위스에서 박해가 시작된 이래로, 16세기 중반에는 중부 유럽에서 강도 높은 핍박이 일어났으며, 그 이후에도 이러한 병적인 박해가 간헐적으로 개신교국가였던 잉글랜드를 비롯하여 종교적 의무로부터 실제적으로 면책을 받았던 잉글랜드 변방지역의 아일랜드와 가톨릭 이베리아 반도의 섬들에서도 일어났다. 그리고 네덜란드 개신교도들은 이러한 것에서 일찍 회복했다. 이러한 병적인 박해는 중부 유럽에서, 특히 가톨릭 사이에서 강렬하게 일어났다. 이런 병적인 현상이 외부로 확산되는 때인 1590년부터 스코틀랜드 개신교에서 좀 늦은 격렬한 박해가 일어났다. 그리고 1692년 메사추세츠 살렘에서 유명했지만 단기간에 끝나버린 잉글랜드개신교의 편집증적인 핍박으로 인해 19명이 목숨을 잃었다. 이보다 훨씬 뒤에 스웨덴 루터교와 그 주변지역인 핀란드에서 시작된 뒤늦은 핍박은 1660년대와 1670년대에 최고조에 이르렀고, 자신들의 증거가 거짓이었다고 인정한 증인들의 충격적인 입장표명이 있은 후 얼마 안 되어 갑작스럽게 끝이 나고 말았다.[29]

종교개혁이 진행되고 있던 유럽의 국경지역과 동부지역에서 때늦은 핍박이 시작되었는데, 이 핍박은 더 오래 지속되었고 18세기에 정점에 달했다. 그때까지 폴란드에서 마법으로 기소된 사람들의 절반은 결국 화형에 처해졌다. 반면 그 비율은 16세기의 약 4퍼센트였다. '화형이 없는 국가'는 종교의 다양성에 대한 관용의 쇠퇴에 따라 점차 명성을 잃어가고 있었다. 같은 기간에 헝가리와 트란실바니아에서와 유사한 숫자인 약 천 명이 죽었던 시기인 1776년에 폴란드 왕실 법령으로 처형은 종식되었다. 따라서 동부지역 박해는 개혁과 직접적으

---

[28] 그에 도움을 내가 감사하게 인정한 Ronal Hutton은 마법을 위한 죽음들의 평가를 처음으로 제안했다. R. Hutton, *The Pagan Religions of the Ancient British Isles: their nature and legacy* (Oxford, 1991), pp. 306, 370. 이것은 광범위하게 인정되어왔다. cf. G. Scarre and J Callow, *Witchcraft and Magic in sixteenth and seventeenth century Europe* (Basingstoke, 2001), p. 21, 그리고 J, Sharpe, *Witchcraft in Early Modern England* (Harlow, 2001), p. 6. 이단 비교에 대해서, W. Monter, 'Heresy executions in Reformation Europe, 1520-1565', in Grell and Scribner (eds), *Tolerance in the Reformation*, pp. 48-64, pp. 62-3 에서.

[29] 스칸디나비아 마법에 대한 케이스 스터디들의 가치 있는 수법은 B. Ankarloo and G. Henningsen (eds), *Early Modern Withcraft: Centres and peripheries* (Oxford, 1989)의 부분을 형성한다.

로 연결되지 못했다. 그리고 동부지역의 지속적으로 악화되어가는 정치상황의 새로운 위기와 긴장으로 인해 동부지역의 박해들은 더 심해지고 있었다. 스칸디나비아, 핀란드 그리고 발칸반도의 박해들처럼, 폴란드와 러시아에서도 희생자들 대부분이 여성이었던 서유럽의 통상적인 성 균형이 뒤집혔다. 즉 서유럽에서 유입된 마녀에 대한 고정관념이 넓은 지역에 퍼진 동쪽의 남성무당 제도와 결합되었는데, 그들은 공동체를 위한 주술을 제공하는 데 중추적인 역할을 담당했다. 또한 영들과의 '야간 대결'을 주도하는 남성 참여자들과 친밀했던 발칸문화와 상호작용을 했던 것으로 보인다.[30] 심지어 서부유럽에서는 희생자들이 이웃에 대한 죄책감이나 두려움을 유발할만한 그런 예외적이고 괴상한 사람들은 아니었다. 전통적으로 마녀는 코가 울퉁불퉁하고 매부리코처럼 휘어진 인물들이었다. 잉글랜드에서 실시된 마법관련 조사결과에 의하면 고발당한 자들이 일반적으로 크게 평화를 추구하는 인물들은 아니었지만, 그들의 공동체 안에서 아주 부유하거나 혹은 중요한 인물들이었다.[31] 남녀노소와 부자와 가난한 자들이 마녀로 고발당했다.

이 모든 것을 어떻게 설명할 수 있겠는가? 권력은 일상의 육체적인 능력 그 이상의 것이며 인간에 의해 임의적으로 사용되어질 수 있다는 사회적으로 공유된 가정을 가지고 설명을 시작할 수 있을 것이다. 중세교회의 미사에서 그리스도의 화체설과 관련한 교회의 권력은 무엇보다도 이에 대한 하나의 유일한 실례를 제시하고 있다. 누가 이 권한을 행사해야 되느냐 하는 문제에 대한 지속적인 논쟁이 있었다. 그리고 교회의 마법과의 전쟁은 무역연합의 항상 닫혀있는 가게 분위기를 풍겼다. 1499년에 활동적인 켄터베리의 대주교 존 머튼(John Morton)은 새로운 주교로 임직받기 전에 노리치의 주교관구를 전격 방문하기로 결정했다. 공식방문단은 에셀드레다 닉슨(Etheldreda Nyxon)이 외부인들을 끌어들여 불법적으로 재산을 증식시키는 사업체를 운영했다는 그녀의 고백을 세밀하게 기록했다. 마리온 클럭스(Marion Clerks)는 하나님과 성모와 우아한 요정들

---

30) Davies, God's Playground, pp. 196–7. R. Hutton, *Shamans: Siberian spirituality and the western imagination* (London, 2001), pp. 47–67, 142–6; Ankarloo and Hennigsen (eds), Early Modern Withcraft, pp. 266–7

31) M. Gaskill, *Crime and Mentalities in Early Modern England* (Cambridge, 2000), pp. 48–66, 78. K. Thomas, *Religion and the Decline Magic* (2nd edn, London, 1973), pp. 660–96은 마법 고발들은 일반적으로 여분에 대한 전통적인 환대의무들의 붕괴에 대한 긴장들로부터 발생했다는 이전에 많이 인용된 제안을 했다. 즉 이는 어떤 정당성을 가진다. 그러나 설명의 일반적인 양식으로서가 아닐 것이다.

에 의해 부여받은 능력을 통하여, 그리고 그녀 어머니가 난장이들과의 오랜 접촉의 결과로써 천상의 세계와 선지자를 방문할 수 있었고, 숨겨진 보물을 찾을 수 있었다고 야심차게 주장했다. 이 서퍽 가문은 여러 해에 유럽의 많은 곳을 휩쓸고 지나간 예언적 열광의 외적인 힘을 대표했다. 그 때에 클럭스 가문에는 반복적으로 행해졌던 공적 참회의 고통보다 더 심한 고통은 없었는데, 후에 그들은 더 나쁜 결과들을 맛보았을 것이다.[32]

새로운 분위기에 대한 한 가지 정당성이 인문학의 부흥과 중세후기 종교적 개혁과 연계했던 지적인 엘리트들에 의해서 제기되었는데, 그것은 새롭게 직면한 주술행위에 대한 태도였다. 인문주의에서 고대 은둔문학의 비밀스럽고 주술적인 자료들을 다룰 때, 우리가 생각하는 논리성을 가지고 접근하지 않았다(2장, p.80). 이미 살펴본 것처럼 역사의 왜곡자요 암호 해독가이며 자칭 천사 우체국장이었던 슈폰하임(Sponheim)의 수도원장 트리데미우스(Trithemius)는 인본주의의 대표자격이었다(2장, p. 149). 그의 주술행위에 도전하는 전문적인 경쟁자들이 있는 것을 알아차린 트리데미우스는(만약 여성이었다면 특별히 괴롭혔던) 주술행위에는 엄중한 형벌이 따라야 한다고 항변했다. 그러한 트리데미우스 같은 교양인이 심각하게 잘못 생각하고 있었다.[33] 물론, 인본주의 외에도 트리데미우스처럼 자주 그런 문제와 연관되어서 약 1,500년경에 그렇게 중요하게 여겼던 교회를 갱신하려는 염원이 있었다(2장, pp. 139-151). 머튼 대주교의 공무집행자들이 닉슨과 클럭스의 행위에 상응하는 전통적 규율을 의도적으로 적용했던 시기에, 다른 개혁적 성향을 가진 중부 유럽의 성직자들은 마음에 새롭고 더욱 조직적인 문제를 염두에 두고 그들의 주의를 마녀들에게 돌리기 시작했다.

신성로마제국에 있는 두 명의 도미니크수도회 종교재판관인 하인리히 크래머(Heinrich Krämer 또는 장사꾼[Institoris])와 야콥 슈프렝어(Jakob Sprenger)는 1487년에 슈트라스부르크에서 첫 번째로 발행된 『마녀들의 망치』(*Malleus Maleficarum*)라는 마법에 관한 고전적 문헌을 출판했다. 3년 전에 크래머는 티롤에서 첫 번째 조직적인 마녀박해들 중 하나를 시작했다. 그것은 성공적이지 못했다. 그는 불명예스럽게 그 지역에서 쫓겨났는데, 노쇠한 노인이었던 그 관구의 주교

---

32) C. Harper-Bill (ed.), *The Register of John Morton of Canberbury, 1486-1500, III: Norwich sede vacante*, 1499 (Camterbury and York Society, 89, 2000), pp. 215-17.

33) N. L. Brann, *Trithemius and Magical Theology: a chapter in the controversy over occult studies in early modern Europe* (Albany, NY, 1999), pp. 51-7.

에 의해 상처를 받고 물러났다. 말레우스(Malleus)가 집필한 것은 크래머의 자기정당화와 보복의 행위를 위해 한 것이었다. 그의 공동 저자 슈프렝거는 대중적인 경건에 있어서 유력하고 아주 존경받는 혁신자였다. 그는 교황의 인준을 받아 묵주 경건운동(the Rosary Movement, 16세기 반종교개혁으로 생겨난 가톨릭 경건운동)의 최초 자선단체를 쾰른(Cologne)에서 구성했으며, 그것은 반종교개혁운동에 있어서 영광스런 미래를 열어주는 것이 되었다(7장, p. 444). 로마에서 그러한 인상적인 신뢰와 능력을 갖춘 두 명의 도미니크수도사들은 1484년의 교황칙령(Summis desiderantes affetibus)에 의거하여 마녀사냥에 대한 그들의 행위를 정당화하는 승인을 받아냄으로써, 그들이 얻을 수 있는 최상의 동맹자를 얻게 되었다.[34]

이는 미래를 위한 승리의 결합이었다. 말레우스는 보편적인 관점에서 다뤄지지 않았다. 1520년과 1585년 사이 그 책은 간행되지 않았다. 인문주의자들과 반종교개혁 학자들은 경멸적으로 그것을 마틴 델 리오(Martin Del Rio)가 쓴 마녀사냥과 마법에 관한 대체교과서로 이끌어 들이는 퇴화한 중세 스콜라주의의 파편으로 간주했다. 그는 명석하고 세계주의적인 젊은 스페인 예수회 사제였고, 1595년에 출판된 그의 책은 한 세기 동안 그 주제에 관해 가장 자주 인쇄된 권위 있는 책이 되었다.[35] 그러나 마녀관련 저자들에 대한 교황의 지원과 연관해서 말레우스는 그 모든 잘못에도 불구하고 마녀에 대한 전쟁의 절박한 필요성에 신뢰를 제공했다. 델 리오가 한 세기 후에 그의 특별한 지적인 정열을 주술을 대체하는 과제에 쏟아 부었다는 바로 그 사실이 성공의 척도였다. 즉, 말레우스는 전문가들의 문헌에 호소함으로 그들의 걱정들을 다루도록 준비된 사람들의 마음에 이미 존재하는 걱정을 구체화하는 촉매가 되었다.

주술에 대한 트리데미우스의 논의처럼 말레우스는 정직한 저자들에 의해서 분명하고 학자처럼 정밀한 강한 여성혐오증(mysogyny)에 의해서 표시되었다(규칙을 증명하기 위해 분명한 예외인 슈프렝어의 묵주 예배의 주체인 동정녀 마리아). 크래머와 슈프렝어는 신뢰할 만한 증인들의 증언을 무시하고 실제적인 경험만 가지고 반박하는 것은 무가치한 일이며, 여성들은 남성보다 마녀가 되기 더 쉬울

---

34) W. Behringer, 'Witchcraft studies in Austria, Germany and Switzerland', in J. Barry, M. Hester and G. Roberts (eds), *Witchcraft in Early Modern Europe: Studies in Culture and Belief* (Cambridge, 1996), pp. 64-95, pp. 82-3에서. Sprenger과 로자리, Ellington, *Mary*, p. 34 그리고 n., 257.

35) *Disquisitionum Gamicarum libri sex*: P. G. Maxwell-Stuart (ed), *Martin Del Rio: Investigations into Magic* (2000), 특별히 p. 8. 말레우스의 출판 역사에 대해. Monter, 'Heresy executions', p. 62.

것 같다고 확신 있게 주장했다.[36] 이러한 여성혐오증은 거의 예외가 없었다. 대부분의 동시대 유럽의 공적 문화는 여성혐오주의자가 풍미했다. 덜 이성적이고 감정에 더 지배받기 쉽고 또한 영적인 문제를 잘 식별할 수 없는 여성에 대한 말레우스의 피곤하고 진부한 표현에서 볼 수 있듯이, 여성은 악마에 의해서 타락되도록 더욱 열려있다고 많은 남성들은 모호한 선입견을 가지고 있었다. 그들은 스칸디나비아 밖의 서유럽 대부분 지역의 마녀박해에 있어서 대부분의 희생자가 실제 여성이었다고 하는 일반적인 법칙에 주요하게 기여했다. 그럼에도 불구하고, 여성권위에 대한 남성주도 운동으로서의 마녀사냥을 바라보는 어떤 여권주의 학자들에 따르면 그것은 과장일 것이다. 왜냐하면, 고발되었던 사람 중에는 상당수의 남자들과 소년들이 있었기 때문이었다. 법정에서 끝난 그러한 불균형적인 수는 폐경기 이후 여성들, 즉 대부분이 과부들이었다는 사실이다. 그리고 그것은 설명을 필요로 한다. 어떤 사람들은 타락에 대한 사회적 공포와 남아도는 폐경기 여성들과 관련한 정교한 이론들을 제시하기 시작했다. 더 단순한 구조적 설명은 이러한 마녀로 기소된 많은 과부들이 공식적으로 고소되기 전 수십 년에 걸쳐 고발의 주체가 되었다는 사실에서도 알 수 있다. 아마도 당시에 남편이 죽음으로써(통계적으로 그들보다 먼저 죽었던) 그 과부들은 그러한 공격에 대해 자신을 방어할 수 있는 남자 없이 남겨졌고, 이로 인해 남자들의 축적된 악의에 의해 더욱 상처받기 쉬웠던 것 같다.[37]

말레우스의 사상은 일반 사람들이 가지고 있었던 마녀사냥의 깊은 염원과 결합하여 그들로 하여금 마녀들을 공격하는 일을 시작하게 했다. 헝클어져 있는 직소 퍼즐에서 최종적인 완성을 의미하는 조각이 유럽의 선도하는 세속 권위, 즉 신성로마 황제가 교황의 승인서에 그의 승인서를 더했을 때 맞춰졌다. 1532년 찰스 5세의 제국법 '렉스 카롤리나'(Lex Carolina)의 새로운 법전은 이단과 마녀들에 대해 모두 사형으로 형벌을 규정했다. 그리고 세속법의 권위를 마녀를 재판하는 절차 속으로 가져왔다. 이러한 범죄의 특별한 심각성 때문에, 그 법조항에 의해 수사의 정상적인 절차가 결정되었으며, 또한 고문의 사용을 정당화하였다. 그 법조항은 기존 법적 관례의 심문과정에서 특별히 고문을 금지했던 신성로마제국과 동떨어진 스웨덴 같은 나라의 법체계에까지 영향을 끼쳐

---

36) M. Summers (ed.), H. Kramer and J. Sprenger, *Malleus Maleficarum* (London, 1928), pp. 41-2.
37) A. Rowlands, 'Witchcraft and old women in early modern Germany', *PP* 173 (Nov, 2001), pp. 50-89, 특별히 65, 70, 78.

서 주술행위에 대한 심문을 할 때 자주 고문을 사용하게 되었다.[38]

그러나 왜 마녀박해가 기독교 전체의 보편적인 문제가 되었는가에 대한 의문이 남는다. 왜 그렇게 많은 가톨릭교도들이 교황과 종교재판관들과 신성로마 황제가 인정하는 경건한 행위에 여전히 열정적인지를 이해하는 것은 쉬운 일이다. 델 리오는 그의 교과서(저지대 국가들의 분열을 민감하게 의식하고 루벤에서 처음 출판된)에 대한 소개에서 이단과 마법사를 연결하는 신랄한 언어로 그 독자들을 상기시켰다. 그는 아래와 같이 묘사했다. "악마들은 아름다운 창녀처럼 이단들을 통해 사람들을 속이는 데 익숙했다…홍등가 포주들이 창녀가 외모를 잃을 때 창녀를 뚜쟁이로 만든 것처럼, 그래서 악마들은 이단의 첫 출현이 사람들에게 덜 유혹적일 때, 이단들로부터 마녀들을 만든다…우리는 전에 네덜란드에서 애벌레처럼 모든 것을 갉아 먹던 칼빈주의와 루터주의와 재세례파를 보았다…그리고 당시 그들은 쇠약해지고 마침내 거의 소멸되었다는 것을 보았다. 우리는 메뚜기처럼 전체 북부[말하자면 개신교연합 주들]를 황폐케 하는 마법사들의 떼를 본다…그러한 이단들에게, 우리 많은 예수회는 강하게 스스로 반대했다." 그래서 당시 델 리오는 새로운 위협에 직면한 초기 예수회 사역을 보충했다.[39] 주술행위의 의식에 있어서 사탄과 직접적으로 대면하는 안식일 의식을 포함해서 애매모호하게 남겨두었던 말레우스의 사상을 권위를 가지고 신중하게 종합적으로 체계화시킨 사람은 바로 델 리오였다. 결과적으로 마녀들의 안식일과 공중회합, 그리고 마녀들의 악마와의 성적인 관계에 관한 사상은 개신교 지역에서보다 가톨릭 유럽에서 더욱 보편적이고 장기적으로, 그리고 광범위하게 퍼지게 되었다.[40]

그럼에도 불구하고 마틴 루터가 후기 중세 교회의 그렇게 많은 성직 기관들을 해산시켰던 것과 같이 왜 개신교개혁자들은 초기에 광신적이고 간교한 도미니크 종교재판관들의 노골적인 행위를 철저하게 제거하지 않았는지 의문이 남는다. 왜 마녀박해에 있어서 화체설(Transubstantiation, 성찬의 빵과 포도주가 그리스도의 몸과 피로 변하게 된다는 가톨릭 예전의식)과 다섯 가지의 비 성경적 성례들과 또한 강제적으로 행해지는 성직자 독신 문제와 같은 방식으로 다루지 않았는

---

38) Ankarloo and Hennigsen (eds), *Early Modern Witchcraft*, p. 290.
39) M. Del Rio, *Disquisitionum Magicarum libri sex* (Lyon, 1612), 'Proloquium', unpaginated: cf. Maxwell-Stuart (ed.), *Martin Del Rio*, pp. 28-9.
40) W. Behringer, *Witchcraft Persecutions in Bavaria: popular Magic, religious zealotry and reason of state in early modern Europe* (Cambridge, 1997), pp. 393, 402-5.

지는 의문으로 남는다. '윤리회복운동'의 시대에 도덕적 정당성을 위한 경쟁이 있었다는 것이 이에 대한 부분적인 확실한 설명이 될 것이다. 양쪽 모두 서양 기독교의 방식이 도덕성을 주입시키는 데 더 적합했다는 것을 보여주려고 노력했을 때, 악마의 대리인들인 마녀들에 대한 싸움에서 망설임을 보인다면 당혹스런 일이었을 것이다. 더 깊은 이유는 개신교도들 사이에서 종말에 대한 기대가 증폭되었다는 틀림없는 사실이 있었다. 사탄과의 싸움은 가속화되었다. 즉, 모든 사람들은 자기행동에 대해 납득할 만한 확실한 증거를 제시해야만 했다. 말레우스와 그의 관련된 저서들은 어떻게 그러한 증거를 찾을 수 있었는지를 보여 주었다. 그것이 도미니크수도사들에 의해 쓰여졌기에 개신교도들이 암시적으로 시토수도사가 되었다고 피오레의 요아킴을 용서했던 것처럼 용서될 수 있었다. 일반적으로 종말에 대한 기대의 공식적인 수준이 개혁파 개신교도들보다 오히려 더 낮았던 루터교 국가들은 신성로마제국 안에서 마녀박해에서 덜 적극적이었다는 것은 주목할만하다.[41] 개혁파 개신교도들의 묵시적 열정에 특별히 빠졌던 세속 통치자들은 마법과의 싸움을 특별히 그들에게 신적으로 위임된 소명의 부분으로 받아들일 준비가 되어 있었다. 그것은 그들의 권위를 강화시켰고 그들의 적에 대해 유용한 무기였을 것이다.

  이런 일이 트란실바니아의 소란스러운 정치적 상황 가운데서 일어났다. 17세기로 접어들면서 아주 경건한 개혁파 개신교의 정치적 모험가인 가보 베틀렌(Gábor Bethlen)과 가톨릭의 유력한 왕자 바토리(Báthori)가(家) 사이에 정치적인 투쟁(10장, p. 599)이 있었는데, 이로 인해 1613년에 가보 바토리 왕자가 왕자의 자리에서 밀려나는 결과를 가져왔다. 베틀렌의 부인 수산나 카롤리(Zsuzsanna Károlyi)는 1618년에 중병에 걸렸었는데, 베틀렌은 마법으로 인해 병이 들었다고 주장한 가보 바토리의 여동생 안나 바토리를 고소했다. 이 소송은 안나의 친척, 즉 10년 전에 자신의 가문 사람들에 의해 투옥된 레즈비언 동성애 대량학살자였던 에르체베트 바토리(Erzsébet Báthori)의 의심의 여지가 없고 화려한 범죄 행위들과 연관되어 어떤 특색이 부여되었다. 전하는 바에 의하면, 안나는 마녀재판에서 살아남았는데, 그 이유는 베틀렌이 그녀가 자기 아내에 대한 악마적 주문을 취소할 능력이 있다고 믿었기 때문이었다. 그것에 대한 베틀렌의 진정한 감정이 무엇이든 간에 악마논쟁은 그에게 그의 권력을 공국에서 공

---

41) J. D. Tracy, *Europe's Reformation* 1450-1650 (Lanham, 2000), p. 256.

고히 하는데 있어서 고려할 만한 정치적 유익이었다.[42] 많은 사람들이 그들을 마녀들로 믿었고, 비상한 능력을 가진 것으로 믿었다는 단순한 사실을 우리는 잊지 말아야 한다. 그들은 기꺼이 고문을 당하거나 화형당하거나 또는 참수당하는 것도 꺼려하지 않았겠지만, 역설적으로 그들은 광범위하게 주술열풍에서 적극적인 협력자들(collaborators)이 되었고, 또한 이러한 주술행위에 신뢰를 더했다. 만약 그들이 사악했다면(그들이 자주 그랬던 것처럼) 그들의 주술행위는 지금 우리 시대의 관점으로 볼 때 세속적 테러행위나 범죄행위 같은 또 다른 형태의 악과 혼합되었을 것이다.

스위스, 남서프랑스 그리고 북이탈리아에서 1530년 이후 그 세기 동안 주기적으로 나타났던 '기름칠'(greasing)의 기이한 현상이 마법이 어떻게 구성되었는지에 대한 예를 제공한다. 이는 건물과 동물들을 기름칠했던 특별한 피부연고(ointments)에 의한 예견된 전염병의 확산이었다. 당시 정황으로 볼 때, 이러한 기름칠 행위는 실제적인 영향을 끼치게 되었는데, 첨예화된 사회적 증오와 유행병 앞에서 무기력한 종교에 대한 절망감과 이에 더해 가톨릭과 개혁파 개신교 사이의 종교적 마찰과 심각한 빈곤에 의해 상처받은 민심이 반영된 것이 틀림없다. 칼빈이 있었던 제네바는 기름칠 마법이 유행했던 진원지였다. 그러나 점차 그 시대의 당국자들은 1545년 전염병이 한창이던 시점에서 수많은 사건들을 마법과 연관시켰다. 그럼에도 불구하고, 칼빈은 이미 1540년대에 기름칠하는 자의 행위들을 사행성(sorcery)의 일종의 주술을 포함하는 것으로 생각하였다. 그리고 그는 유죄 판결된 자들의 처형을 전적으로 승인하였다. 무엇보다도 거기에는 확고한 성경적 기초가 있었다. 출애굽기 22장 18절에서 '무당을 살려두지 마라'라는 말씀이 그것이다. 사실 칼빈은 호의적인 마법에조차 사형형벌의 가능성을 확대 적용할 수 있게 했던 신명기 19장 10-11절을 근거로 죄인들의 목록과 함께 그러한 형벌의 메시지를 융합시켰다. 칼빈의 죽음 이후에 마법행위에 관한 칼빈의 사상과 당시 중부 유럽에서 일반화된 공식적인 마녀사냥을 근거로 하여 제네바정부는 1571년부터 기름칠하는 행위를 마법의 행위의 하나로 분류하기 시작했다. 이 마법 행위로 고발된 사람들은 악마와 의식적으로 결탁한 것으로 정의되었고, 악마와 접촉한 것에 대해 고백하도록 고문당했다.[43]

---

42) G. Murdock, 'Death, prophecy and judgement in Transylvania', in Gordon and Marshall (eds), *Place of the Dead*, pp. 206-23, 213-4 에서.

43) W. G., Naphy, *Plagues, Poisions and Potions: Plague-spreading conspiracies in the western Alps*

만약 사회적으로 부적절한 행위에 관한 별 이목을 끌지 못한 사건들이 중세 유럽에서 일어났다면, 악의 영역의 부분을 형성하는 그와 같은 주술행위는 의심의 여지없이 유사하게 취급되었을 것이다. 종교개혁의 시기에 상황을 전환시켰던 요인은 대중의 공통적이고 전통적인 열정과 관심이 교회와 공국의 힘 있고 유력한 사람들 사이에서 일고 있었던 새로운 열정과 자주 일치된 것 때문이었다. 이 관계는 결코 단순하지 않았다. 이는 특별한 정치 환경에서 지역적 사건들과 상호작용의 전체적인 설정에 의해 영향을 받았다. 개혁파 개신교의 공국들에서 두 가지 상황이 개신교 네덜란드와 스코틀랜드라는 흥미로운 대칭을 만들었다. 북부 네덜란드는 1578년 이후에 마녀들에 대한 처형을 거의 보고하지 않았다. 그리고 비록 네덜란드 사람들의 다수가 오랫동안 마녀문제에 대해 깊이 지속적으로 고민했지만 마지막 처형은 1610년에 있었다.[44] 이렇게 이른 시기에 사라진 현상은 이웃한 네덜란드에 거주하는 가톨릭 스페인계에서 주술열풍이 지속적으로 상승한 것과 대조될 뿐만 아니라, 1590년에 조직적으로 마녀 심문을 시작하여 그것을 예술로 승화시켰던 개신교 스코틀랜드와도 이례적으로 대조된다.

당시 네덜란드 상황에서 주목할 만한 것이 하나 있었는데, 그것은 클레베 율리히(Cleves-Jülich) 공국 근처의 공작이었던(그리고 앙리 8세의 퇴짜 맞은 부인들 중 가장 운 좋은 클레베의 안나의 남동생) 빌렘의 네덜란드 태생 의사 요한 바이어(Johann Weyer)가 쓴 『악마의 환상에 대하여』(*De Praestigiis Daemonum*)라는 저술이었다. 이는 회의주의에 대한 적절한 진술이 포함된 출판물이었다. 공작은 1560년대에 만성질환으로 건강이 극심하게 악화될 때까지 통치하였는데, 동프리슬란트의 안나 백작부인 또는 헤센의 필립 백작과 같이 종교와 관련하여 온건개혁의 제3의 방식을 추구했던 사려 깊은 인문주의 교육을 받은 통치자였다(5장, p. 352, 7장, p. 429). 바이어(Weyer)는 그와 의견을 공유했다. 그의 책은 마녀 신앙과 박해에 대해 심각하게 비난을 가한 첫 번째 책이었다. 반면, 그는 마녀가 존재했다는 것을 수용함으로써 당시의 한계적 상황에서 신뢰를 얻었다. 바이어의 메시지는 독일에서 제한적으로 영향을 끼쳤는데, 그것은 1560년대의 증폭되는 고백의

---

c. 1530–1640 (Manchester, 2002), 특별히 pp. 3, 93–4, 197–201. CF. 또한 Cottret, *Calvin*, pp. 179–81; Clark, *Thinking with Demons*, pp. 522–3.

44) G. Henningsen, *The Witches' Advocate: Basque witchcraft and the Spanish Inquisition (1609–1614)*(Reno, 1980), p. 22. 네덜란드에서 마법에 대한 신앙들, W. de Blécourt, 'On the continuation of witchcraft', in Barry, Hester and Roberts(eds), *Witchcraft in Early Modern Europe*, pp. 335–52.

양극화 현상 때문에 제3의 방식이 실효를 거두지 못하고 폐기되었다. 그리고 『악마의 환상에 대하여』가 처음 출판된 해인 1563년에는 하이델베르크신앙고백서와 잉글랜드국교회의 39개조가 출판되었다. 또한, 그 해에 잉글랜드와 스코틀랜드의 강경파가 주술행위에 관한 새로운 입법을 공포한 것은 언급할 필요도 없거니와 트리엔트공의회의 목적에도 그것을 명시했다. 그럼에도 불구하고 브레멘에 있는 개혁파 독일 도시에 헌정했던(아주 오랫동안 확고히 제 3의 방식을 고수한 신학자 알버트 바르텐베르크의 고향) 바이어의 책의 간행으로 실제로 마녀재판을 포기하도록 도시 당국을 설득했다.[45] 마찬가지로 네덜란드의 정치권도 바이어를 환영했다. 1560년대에 스페인의 왕의 공무집행자들은 저지대 국가들에 확고한 가톨릭 단일화를 강요하기 위한 노력들의 일환으로 마녀박해에 대한 소송을 강하게 밀어붙였다. 결과적으로 네덜란드가 스페인과 스페인의 네덜란드를 향한 교화시도에 대해 반발하고 나섰을 때, 인본주의 교육을 받은 많은 귀족과 그 반발을 이끌었던 상인들에게 마법에 대한 회의주의는 그럴듯한 관점이 되었다.

따라서 북네덜란드가 독립을 얻었을 때, 전문 직업인으로 존경받는 바이어의 주장과 같은 목소리는 말레우스 또는 델 리오의 전문가의 소리처럼 실제적인 효과를 가질 수 있었다. 그러나 정확하게 반대 결과를 가져왔다. 가톨릭 성직자의 횡포로부터 벗어난 네덜란드는 마녀박해에 대한 개혁파 열정을 불러일으켰다. 그러나 도시 의회들과 발전하는 개혁파교회 사이의 끈끈한 관계는(8장, pp. 494-499) 곧 세속 섭정군주들을 관용적인 성향으로 기울어지게 했는데, 이는 정확히 말해서 개혁파교회가 주술문제에 대해 큰 관심을 가졌기 때문이었다. 후에 공격적이고 회의적인 성향의 네덜란드 목사 발타자르 베커(Balthazar Bekker)는 독일에 있는 많은 개신교 당국들을 부끄럽게 하여 결국 마녀재판을 철회하게 만든 『마법에 걸린 세계』(*Bewitched Wold*, 1691)라는 책을 썼을 때, 네덜란드 개혁파교회는 그에게 격노했다. 암스테르담 시는 베커의 터무니없는 관점들에 대해 구체적인 언급을 하지는 않았지만, 그가 죽기 전까지 계속 그에게 급료를 지급했다. 그리고 대체 성직자를 임명하라는 단호한 교회의 요청을 무시했다.[46]

---

45) Chadwick, *Early Reformation*, pp. 408-9; Hadenberg에 대해 7장, p. 317; Clark, *Thinking with Demons*, pp. 198-208.

46) R. B. Evenhuis, *Ook dat wat Amsterdam, III: De kerk der hervorming in de tweede helft van der seventiede eeuw: nabloei en inzinking* (Baarn, 1971), Ch. 6. C. R. Boxer, *JEH* 25 (1974), pp.

혹자는 제임스 국왕이 개혁파교회 내에서 자기주장을 내세우는 지도자들과 종종 논쟁한 사려 깊은 학자 겸 군주였다는 사실과 스코틀랜드 개혁 이전에 비교적 피를 흘리지 않았음을 가정하면, 제임스 6세는 스코틀랜드에서 상황이 네덜란드와 동일한 쪽으로 흘러 가기를 기대했을런지도 모른다. 사실은 이와 반대였다. 왕은 갑작스럽게 강력하고 사악한 박해의 주도자가 되었으며, 그 결과 제임스 6세는 자신의 통치권을 벗어나 교회의 주요 선봉장이 되었다. 이상하게도 1563년 같은 해에 스코틀랜드와 잉글랜드 의회는 마녀에게 사형을 선고하는 내용의 마법 반대 법안을 통과시켰다. 그러나 스코틀랜드에서 소수의 처형만 있었고 어떤 나라에서도 고소가 쇄도하는 일은 없었다.[47] 스코틀랜드에서의 마녀에 대한 박해는 제임스 왕이 덴마크 공주 안나와의 결혼을 위해 덴마크로 떠나고 시작되었다. 사실, 1590년에 안나는 결혼하기 위해 제임스를 만나고자 스코틀랜드로 항해를 시도했지만 큰 폭풍우로 좌절되었었다. 특색도 없고 성격이 허세에 가득찬 제임스는 덴마크에 있는 그녀를 만나기 위해 험악한 기상여건에도 불구하고 스스로 항해를 감행했다. 스코틀랜드로 돌아온 제임스는 스코틀랜드 역사에서 가장 끔찍하고 기이한 일 중 하나라고 할 수 있는 일에 휘말리게 되었다.

그 폭풍의 원인들을 밝혀내기 위해 사적으로 조사를 주도하였던 제임스는 노스 버윅(North Berwick) 교구지역에서 그가 1589년 10월 31일 할로윈 때 자신이 악마로 변장하고 행사를 주관했던 것에서 많은 힌트를 얻게 되었는데, 날씨의 조작을 통해 왕을 폐위시키려는 계획을 이끌어냈다. 적어도 용의자들이 장기간의 고문으로 인해 복종하였는지가 상세하게 세부내용으로 기술되었다. 노스버윅 사건을 주의 깊게 현대적인 시각으로 분석하면 제임스의 행위들에 담긴 많은 정치적 동기들을 들여다 볼 수 있다. 그는 스코틀랜드에서 가장 문제가 있는 귀족 중 한명이고 평판이 나쁜 르네상스 지식인이며 사교(hermetic) 문학과 연금술 문헌에 대한 관심으로 악명 높은 보스웰의 백작(Earl of Bothwell) 프란시스 스튜어트(Francis Stewart)를 고발했다. 그러면서 그는 가톨릭을 공격하고 있었을 것이다. 노스 버윅 집회는 사실 비밀스러운 것이었지만 미사형태의 완벽한 전통적인 축제였다.[48] 이 모든 것이 설명되었을 때 강조점은 덴마크에서 체류

323-6 에서 인용됨.
47) 예를 들어, J. Wormald, 'The Witches, the devil and the King', in T. Brotherstone and D. Ditchburn (eds), *Freedom and Authority: Scotland c. 1050-1650* (Tuckwell, 2000), pp. 165-80, 170 에서.
48) E. J. Cowan, 'The darker vision of the Scottish Renaissance: the Devil and Francis Stewrt', in I.

한 후 그리고 아마도 그러한 다른 문화를 접한 결과로 제임스는 정말로 노스버윅 집회에서 악마적 요소를 확신했고, 그의 왕국에 대한 악마의 공격을 확신했다는 것이다. 이후로 마틴 델 리오의 모든 확신과 더불어서 마법에 대한 스코틀랜드 공식적인 입장은 사탄적 측면을 강조하는 것이었다. 1597년 제임스(그는 스스로를 스코틀랜드와 유럽 전역의 지도자[선생]로 여겼다)는 마녀에 대한 고전 논설서인 『악마론』(*Demonologie*)을 출판했다. 이 책의 특징 가운데 하나는 요한 바이어의 『악마의 환상에 대하여』에 대한 호된 공격이다.[49]

그가 제임스 1세로 잉글랜드 왕좌에 올랐을 때, 이 자랑스러운 왕실 저자는 비록 남부 영어로 『악마론』이라는 책을 출판했지만, 당시 이 책은 그를 당혹케 하였다. 그 이유는 스코틀랜드에서 그의 주술타파 운동이 너무 열광적으로 일어나고 있는 것에 대해 심기가 불편하였을 뿐만 아니라, 1603년 잉글랜드에서 그가 주술에 관련된 자들과 초자연적인 세력에 대항하는 세력 사이의 특이한 연합을 발견했기 때문이었다. 그는 잉글랜드 로마 가톨릭 성직자와 청교도 목사들을 모두 깜짝 놀라게 한 축귀(exorcism)를 20년간이나 행하면서 은사적 권위를 위해 경쟁적으로 노력하였다. 이는 온건한 청교도 스타일과 또한 왕이 같은 마음을 가졌던 캔터베리의 대주교 리차드 반크로프트에 의해 지도된 잉글랜드 국교회의 감독 구조 양쪽 모두에 대한 도전을 의미했다(12장, pp. 663-666). 새로운 왕은 대주교의 온건한 개신교 스타일이 아주 좋았다는 것을 알았다. 1606-7년에 웨스트민스터에 있는 왕립재판소(Star Chamber, 1641년 웨스트민스터 사원에서 개원)에서 열린 협잡꾼에 대한 재판에서 앤 군터(Anne Gunter)라고 불린 젊은 여인의 거짓 귀신들림 사건, 즉 뉴잉글랜드의 유명한 재판사건(cause célèbre)이 발생했는데, 처음에 옥스포드 주에서 귀신들림을 선전하는 청교도 성직자로 인해 생겨난 문제가 왕립재판소에까지 상소로 이어지는 사건으로 양상이 바뀌었다. 왕이 이 문제에 한 번 더 관여했지만, 노스 버윅의 경우에서와는 매우 다른

B. Cowan and d. Shaw (eds), *The Renaissance and Reformation in Scotland:essays in honour of Gordon Donaldson* (Edinburgh, 1983), pp. 125-40.

49) 마녀들에 대한 제임스의 관심의 정도는 Wormald, 'The Witches, the devil and the King'에 의해 의문시 되었다. 건전한 대답은 J. Goodare, 'The Scottish witchcraft panic of 1597', in J. Goodare (ed.), *The Scottish Witchhunt in Context* (Edinburgh, 2002), pp. 51-72. 이전에 많이 강조되었던 제임스의 마음의 변호에서 덴마크의 역할은 P. Maxwell-Stuart, 'The fear of the King is death: James VI and the witches of East Lothian', *Northen Scotland* 18 (1998), pp. 209-25, 212-13.에서 의문시 되었다. 우선적인 자원들은 L. Normand and G. Roberts (eds), *Witchcraft in Early Modern Scotland* (Exeter, 2000)에서 보여진다.

결과들을 가졌왔다. 군터의 아버지가 그녀를 왕에게 소개하려고 꾀한 후에 제임스는 그녀를 여러 번 면담했고, 결국 그녀를 사기꾼으로 선언했다.[50]

특별한 영적인 능력에 대한 청교도와 가톨릭의 주장에 분노한 대주교 반크로프트와 한 마음을 가진 잉글랜드국교도 성직자들은 축사를 동원하는 것에 대해 군터 때까지 단호한 회의주의의 입장으로 바뀌어 있었다(물론 다음 세대에 윌리엄 로드 같은 의식주의자인 '알미니안' 성직자들은 청교도들을 싫어했다. 그래서 그들은 예기치 않게 초자연적 현상에 대한 이성적인 관점을 대표하는 자들이 되었고 반크로프트를 따랐다). 1604년 잉글랜드국교회의 교회법의 주요 수정안에서 반크로프트는 성직자가 주교관구 주교의 허락 없이 축귀를 행하는 것을 금지했고, 이는 열정적인 청교도 사역자들에게 쓰라린 고통이었다. 당시 제임스는 반크로프트와 회의주의자들에게 동의했다. 1604년 잉글랜드 의회에서 그는 범법 행위에 더 가혹한 형벌을 부과하는 마법에 대한 새 법안을 지지했다. 그는 또한 교회로부터 마법과 마술에 대한 박해를 가져다가 더욱 완벽하게 세속법정으로 넘기는 데 영향을 주었다. 따라서 그는 청교도 성직자의 축귀 행위를 더 약화시키는 데 영향을 끼쳤다.[51] 사실 그의 통치 기간 내내 잉글랜드에서 마법행위에 대한 박해는 주목할 만하게 감소하였다.

이와 대조적으로 스코틀랜드에서 제임스는 교회에 많은 영향을 끼칠 수 없었다. 1590년 이후 80년 동안 때때로 교회는 모든 유럽에서 가장 강력한 박해중 하나를 주도했다. 상대적으로 작고 인구가 적은 왕국에서 그 기간 동안 천명 이상이 처형되었는데, 이는 남쪽에 이웃한 잉글랜드(인구가 3배 더 많았다)보다 상대적으로나 절대적으로 훨씬 많은 숫자이다. 강도가 다른 스코틀랜드의 박해는 교회의 지도자들이 세속 권력에 대항하여 그들의 권위를 주장하고자 했던 시기와 일치한다. 당시에 있었던 마법박해의 의구심에도 불구하고 교회는 고문하는 일에 주춤하지 않았다. 스코틀랜드 근대교회는 1600년경에 고안한 효과적인 심문 형태이면서 동시에 당시 보편적인 고문기술 중에서 법적으로 덜 저촉을 받을 수 있었던 대안적인 고문기술인 수면박탈의 혁신적인 유용성을 드러내려 하지 않았다.[52]

---

50) J. Sharpe, *The bewitching of Anne Gunter: a horrible and true story of football, withcraft, murder and the king of England* (London, 1999), 특별히 pp. 175-89, 또한 M. MacDonald (ed.), *Witchcraft and Hynteria in Elizabethan London: Edward Jorden and the Mary Glover case* (London, 1991), 서론, 특별히 pp. xlix l.
51) 나는 이 제안을 Malcolm Gaskill 에게 돌린다.
52) C. Larner, *Enemies of God: the witch-hunt in Scotland* (London, 1981), 특별히 pp. 63,

따라서 효과적이며 크게 문제되지 않는 고문체계를 진화시켰던 개신교와 유럽 가톨릭교회 모두 자주 발생하는 마법 박해에 있어서 밀접한 상관관계를 가지고 있었다. 가톨릭 반종교개혁은 개혁파 개신교의 반종교개혁만큼 박해에 있어서 잔인했다. 1583년 가톨릭 승리 후에 1594년부터 그곳에 임명되어 오래 연임한 바바리아의 비텔스바흐 대주교들 가운데 두 번째인 쾰른의 대주교관구에서 유럽 최악의 사건이 바바리아의 페르디난드 시대동안 발생했다(10장, pp. 592-594). 페르디난드(이전 쾰른 대주교였던 그의 삼촌 에른스트[Ernst]는 델 리오의 책을 헌정 받은 사람이었다)는 자신의 왕조와 동시대에 속한 반종교개혁을 지지했다. 내지 오스트리아(Inner Austria, 14-17세기 사이에 합스부르그 왕조가 통치하던 지역) 의 합스부르크 대공인 그는 극단적인 자기 훈련과 엄격한 개혁 정신을 소유한 전형적 인물이었다. 그러한 정신은 30년전쟁의 중요한 동력으로 작용했다(10장 589-599, 11장, p. 633). 헌신된 가톨릭 통치자들이 그들을 괴롭혔던 개신교들과 더할 나위 없이 싸웠다는 사실은 타당하게 제시된다. 예수회 소속 조언자들은 중부 유럽에서 고위성직자들에게 당시 처음으로 시행된 성직자 독신훈련을 강화시키며, 죄와 심판에 대한 선입견을 주입시켰다. 이는 세상에서 사탄의 대리인을 찾으려는 주요한 동기들에 의한 것이었다. 그들은 자신을 유혹하는 것들과 싸웠고, 마녀는 사탄이 사회를 괴롭히는 일반적인 유혹들의 가시적인 상징이었다.[53]

물론, 쾰른의 상황에서 그 지역의 통상적인 사법체계와 권력구조가 다른 지역과는 매우 달랐다는 것을 상기할 필요가 있다. 가톨릭게 독일의 주교-영주직(Prince-Bishoprics) 같은 소규모정치권에 있는 사람들은 집권권력층에서 나오는 의견들이나 대중적인 두려움에서 오는 압박 때문에 최악의 공포에 휘말릴 가능성이 많았다(반대로 이러한 상황에서 의지가 강한 인격을 소유한 사람은 위급한 상황을 더 잘 견뎌낼 수 있었다).[54]

더 큰 정치적 단위에서는 느린 법집행과정과 확고한 독립성으로 인해 지역정서를 제한적으로 반영하는 법률체제를 받아들였던 것 같다. 잉글랜드는 렉스 카롤리나 같은 특별한 외국 법전의 영향을 단호하게 배제한 강력한 중앙집

---

107. 수간에 대한 스코틀랜드 고발에서 유사하게 정치적으로 연관된 동요에 대하여, P. G. Maxwell-Stuart, "' Wilde, filthie, execrabill, destestabill and unnatural sin": bestiality in early modern Scotland', in T. Betteridge(ed.), *Sodomy in Early Modern Europe*(Manchester, 2002), pp. 82-93.
53) Behringer, 'Witchcraft studies in Austria, Germany and Switzerland', pp. 86-8.
54) Ibid., pp. 88-9.

권적인 법률 체제를 일찍부터 세웠다. 렉스 카롤리나는 법전에서는 지나치게 많은 부분이 검찰권에 집중되어 있다(몇몇 법조항들은 에식스의 과열된 청교도 지역에서 가장 집중적으로 적용되었다). 고문과 함께 신문하는 행위(interrogation)는 잉글랜드 법체계에서 비정상적인 것으로 남았다. 그리고 이것은 의심의 여지없이 잉글랜드 마녀들의 주장을 무력화시켰으며, 전문적인 유럽의 문학 분야에서 발전하고 있었던 활발한 접신(diabolic contact)에 관한 상투적인 흐름의 확산을 늦추게 했다. 1640년대의 국가적 위기에서 에식스의 청교도 매튜 홉킨스(Matthew Hopkins)는 스코틀랜드처럼 잉글랜드에서 고문을 습관적으로 사용한 첫 번째(이자 마지막) 사람이었다. 예상대로 그는 마녀숭배자들에 대한 유럽의 공통적인 표준이 될 만한 참회고백서를 고안했다.

결국 마녀재판 열풍에 휩쓸리지 않았던 가톨릭 유럽의 두 지역은 고려할 만한 가치가 있다. 아일랜드의 경우 마녀재판이 거의 시행하지 않았는데, 그 이유는 16세기 후반 아일랜드 왕정과 켈트인들과 옛 잉글랜드인들 사이에 서려 있었던 종교적이고 정치적인 크나큰 정서의 간극이 작용했기 때문이었다.(8장, pp. 524-530). 이는 대중적 요구와 엘리트 선입견의 일반적인 조화가 붕괴되었다는 것을 의미했다. 그럼에도 불구하고 마법행위 고소와 관련하여 더욱더 양극화한 사회가 어떤 긴장상태로 빠지지 않았다는 것은 여전히 기묘한 것이다. 아마도 가톨릭 측에서 이베리아와 가톨릭 아일랜드 성직자의 강한 연대가 중요한 요인으로 작용했을 수 있다. 왜냐하면 반종교개혁의 스페인과 포르투갈은 마법 박해가 교회 당국에 의해 적극적으로 제지되었던 두 번째 지역으로서 끝까지 남아 있었다. 스페인에서 반복되어 공포된 왕실법령에 의거하여 가혹하게 마녀재판을 시행했던 때와 정확히 같은 시기에 합스부르크가의 북쪽 영토인 스페인령 네덜란드에서 가혹하게 시행된 마녀재판을 고려한다면 이 같은 현상은 놀라운 일이 아닐 수 없다.

이베리아의 경우에 있어서 일어나지 않을 것 같은 이러한 자기부정의 영웅적인 일이 스페인과 포르투갈의 종교재판소에서 일어났다. 스페인령 네덜란드에서 왕실과 세속 권력은 마녀행위에 대한 심문과정 없이 마녀들을 공격하도록 명령했다. 그리고 북부 스페인에서도 몇몇 세속 관리자들은 열정적으로 그러한 선례를 따랐다. 재판관들은 반도에서 특별히 바스크 국에 있는 이베리아의 변두리에서 다양하게 발생했던 박해를 자세히 조사했다. 유죄에 대한 만족하는 평결을 내리는 데 필요한 증거를 얻는 것이 매우 어려웠고, 사실 악마와의 능동적인 계약은 말할 것도 없고 마녀들의 광범위한 존재에 대한 증거가 거의 없었다고 결정했다. 심지어 그들은 마녀들이 진술한 내용 대부분은 사형이 아닌 목회적 훈육으로 다루어져야 하는 것으로 간주했다. 그리고 박해를 확대시키기를 원했던 세속 공무원들도 공분을 살만큼 극단적인 조치를 취했던 동료들을 제지하기도 했다. 신중하고 꼼꼼한 법조인이었던 나바르 출신 종교재판관 알론조 드 살라자르 프리아스(Alonso de Salazr Frias)는 가혹한 형벌에 반대하는 입장을 취한 주요 인물이었는데, 그는 1609-10년에 프랑스 국경지역 나바르에서 잔학무도한 처형사건이 있은 후에 이 사건에 대한 진상들을 자세히 기록했다. 살라자르는 수천 개의 사례를 조사한 후에 노골적으로 "나는 마법 행위가 단 하나라도 실제로 일어났다고 판단할 수 있는 그 어떠한 증거도 발견하지 못했다"고 공표했다.[55] 종교재판의 일반적인 관행을 지나치게 비난하기 전에, 이베리아 사람들이 그들의 문화적 두려움 속에서 준비한 두 마리의 희생양, 즉 비밀스런 유대교와 이슬람을 이미 맹렬히 추격할 준비를 하고 있었다는 것을 기억해야만 했다. 그리고 마녀들은 상류층이나 일반백성들 모두의 정신적인 혼란을 가중시키는 존재였다. 오랫동안 이 두 그룹을 박해해 온 이베리아 종교재판소는 박해할 수 있는 털끝만한 증거라도 찾아내려고 혈안이 되어 있었다. 그러한 이베리아 재판관들의 행위는 힘 있는 존 칼빈 또는 필립 멜랑히톤보다는 현대의 세속적인 서양인들의 방법같이 더욱 교활한 것이었다.

---

55) H. Kamen, *The Spanish Inquisition: an hitorical revision* (London, 1997), pp. 269-76; Henningsen, *Witches'Advocate*, 특별히 pp. 387-9.

제 14 장
죽음, 삶 그리고 권징

1. 죽음과 마법과의 협상

주술행위가 가톨릭과 개신교 간에 논쟁거리가 되지 않았던 한 가지 이유는 그것이 가톨릭과 개신교 사이에 불화를 조장하였던 문제, 즉 죽은 자들의 영혼이 지옥, 연옥 또는 천국으로 가는 것을 결정하는데 있어서 살아있는 인간이 적극적으로 관여할 수 있다는 중세 후기 가톨릭의 주장에 영향을 미치지 않았기 때문이었다. 이는 종교개혁 시작부터 믿음으로 의롭게 된다는 루터의 이신칭의 확신을 절대적으로 부정하는 것이었다. 그리하여 영혼기도관습(soul-prayer, 중세 가톨릭의 죽은 자를 위한 기도)과 연보철폐에 대한 유럽 개신교의 공격이 있었으며, 또한 성인들의 지위에 대한 전면적인 공격이 있었다. 왜냐하면, 가톨릭의 신앙의 관점에서 볼 때 천상에서 인정받은 그들이야말로 하나님과의 협상 대리인으로서 여전히 능력 있고 유효한 존재들이었기 때문이었다.

잉글랜드에서는 종교개혁 전이나 후나 할 것 없이 관습적으로 유언자의 영혼을 그들의 첫 유산으로 삼으려 했다. 그리고 그 영혼이 하늘에서 최종적으로 안식하기를 바라는 소망을 낙관적으로 표현했다. 그러나 가톨릭과 개신교를 구분 짓는 크나큰 차이점이 있었는데, 그것은 중세에 죽은 자의 영혼에 대한 진로결정은 항상 하나님과 성모 마리아 그리고 '하늘의 거룩한 동반자'(모든 성인들)로 구성된 위원회에 맡겨졌다. 종교개혁 후에 영혼에 대한 수납자는 오직 하나님 한 분이셨다. 그리고 더 박식한 개신교도들과 저술가들은 예수 그리스도의 공로에 의해서만 구원받기를 희망한다는 것을 구체적으로 말함으로써 그 점을 강조하곤 했다. 이러한 공식들의 변화는 16세기 중반 잉글랜드 종교개혁의 확장과 발전을 묘사하는 데 자주 사용되었다. 그리고 학문적인 논쟁과 방식에 있어 여러 문제점에도 불구하고 그러한 노력은 가치 있는 결과를 낳게 된다.[1]

자연히 개신교도들은 임종 순간의 전례적 표현, 즉 장례식 절차를 잘 따르고 재구성하기 위해 최선을 다했다. 왜냐하면 그들은 진혼미사를 전통 교회가 행할 수 있는 가장 강력한 카드들 중 하나로 보았기 때문이었다. 만약 누군가가 장례 예배에서 잉글랜드의 『공동기도서』를 읽고 있다면, 현재 살아있는 자들이 죽은 자들을 위해 무언가 할 수 있다는 의미를 삭제하기 위해 크랜머 대주교가 1552년에 준비한 최종 축약판에서 심혈을 기울여 처리했다는 사실을 분명히 알 수 있을 것이다. 이전 1549년 절충안은 죽은 자들의 몸과 떠나가는 영혼을 위해 집례하는 성직자의 직접 설교를 옛 장례예식에서 보존했다. 그러나 이제 그의 전례에는 시신과(또한 심지어 예배에서 존재감)의 관계를 지속적으로 연관시키는 그 어떤 의미도 포함되어 있지 않았다. 그 예식은 살아있는 청중에게만 전달되었다.[2] 종교개혁 초기에 복음주의자들은 더 멀리 밀고 나갔다. 그들은 죽음에 직면한 인간의 무능력을 강조하기 위해 장례의식이나 성직자가 없이 장례를 치렀으며, 가톨릭 이웃들에 대한 크나큰 두려움 때문에 자주 야간에 장례를 치르기도 했다. 또한 루터교의 새로운 출현에 불안해하기도 했다. 야간 장례는 1527년과 1528년 사이에 작센(Saxony)의 첫 선거 후 방문위원회(4장, p. 242)가 억제했던 관례 중의 하나였다. 그럼에도 불구하고 여러 독일 루터교 도시들은 산 사람과 죽은 사람들 사이의 확고한 분리를 유지하기 위해 그 도시 성벽 밖에 있는 새로운 장소로 묘지들을 옮겼다. 개혁파는 선례를 따르는 데 있어서 격식을 차렸다. 그러므로 존 칼빈은 제네바에서 무덤에 표식을 두지 말라고 부탁했다. 스코틀랜드에서는 성직자들이 무덤에 가지 못하게 했고, 죽음과 그 후의 부활에 대한 설교 외의 것을 금지하였다. 마찬가지로 칼빈이 사모했던 사회건설을 향한 열정으로 뉴잉글랜드도 우선 장례예식에서 성직자를

---

1) 현명한 개요에 대하여, C. Marsh, "'Departing well and Christianity": will-making and popular religion in early modern England', in E. J. Carlson (ed.), *Religion and the English People 1500-1640* (16*th* Century Essays and Studies 45, 1998), pp. 201-43; 아마 간략한 구조 이상으로 그들의 의지와 전문을 사용하는 예에 대하여, C. Litzenberger, 'Local responses to religious changes: evidence from Gloucestershire wills', ibid., pp. 245-70.

2) MacCulloch, *Cranmer*, pp. 508-10.

완전히 배제했다.[3]

　죽음을 둘러싼 미신적 의식의 추방이 이론적으로는 좋았다. 그러나 성직자 계층과 평민층 모두 이러한 장례의식의 간소화에 반대했다. 1528년 작센(Saxon) 순회방문을 위한 훈령을 작성할 때 루터는 의식의 중요성을 가르치려는 강한 열의에 차 흡족할 만한 예전적 드라마를 통해 사람들이 죽음에 대한 두려움을 떨쳐버리도록 교회가 도와야 한다고 결정했다. 그래서 그는 행렬과 찬양이 가미된 정교한 의식을 복원시켰다.[4] 동일하게 개혁파 세계의 많은 평신도와 성직자들 모두는 다음에 그들을 위해 할 수 있는 일이 아무것도 없지만, 이 세상에서 죽은 자들을 적절히 기억하고자 하는 강렬한 소원을 품었다. 사회 계급제도에 관한 진술은 빠르게 거듭 확인되었고, 결국 권위 있는 개혁자들은 사회 계급제도가 하나님 목적의 일부분이라는 주장에 대해 입장을 분명히 했다. 간소화된 장례식의 영향으로 장례식이 보편화되는 길이 열렸다. 왜냐하면 장례식이 새로운 교회의 세속 급여담당자들, 즉 귀족과 상류층에 의해 집도되었기 때문이다. 독일 루터교와 잉글랜드 모두에서 나타난 한 가지 기묘한 결과는 17세기 동안 야간 장례식이 상류층에서 다시 유행했다는 점이다. 초기 종교개혁에서 의식과는 무관한 진술로 시작되었던 장례가 이제는 밤을 수놓은 많은 햇불 아래 어두운 장대함 속에서 거행되었으며, 또한 예식의 덜 중요한 순서들은 더욱 배제되었다.[5]

　장례식을 기억에 남는 행사로 복원시킬만한 좋은 이유들이 넘쳐났다. 개신교사회의 세속 지도자들은 하나님의 말씀에 대한 개신교의 주장을 기민하게 부가했고, 그들이 공동체에서 죽음에 관해 받았던 첫 기념은 설교라는 것을 확인했다. 스위스의 어느 개혁파신학자들은 최선을 다해 이러한 사상에 반기를 들었다. 그러나 개혁파 성직자들조차 사분오열되었다. 튜더왕조 중간기 잉글랜드에서 가장 인기 있는 헌신된 작가였으며, 한 때 크랜머 대주교의 목사이기도 했던 토마스 베컨(Thomas Becon)은 이미 1561년 그의 책 『아픈 사람의 위안』(*Sick Man's Salve*-좋은 죽음을 위한 자작 가이드)에서 품위있는 개신교 장례에는 설교가 포함되어야 한다고 전제하였다. 귀족의 탄생에 마땅한 존경을 보냄으로써

---

[3] C. Koslofsky, *The Reformation of the Dead: Death and Ritual in Early Modern Germany*, 1450-1700 (Basingstoke, 2000), pp. 41-77, 87. 스코틀랜드에 대하여, Todd, *Protestantism in Scotland*, p. 340, 그리고 뉴잉글랜드, 스코틀랜드, Bonomi, *Under the Cope of Heaven*, p. 69.
[4] Koslofsky, *The Reformation of the Dead* , pp. 89-9, 93-5.
[5] Ibid., pp. 41-77, 87; R. Houlbrook, *Death, Religion and the Family in England* 1480-1750 (Oxford, 1998), p. 272.

하나님이 주신 사회계층을 재확언하는 의무와는 별개로, 장례식 설교의 목회적 기회는 분명했다. 그리고 1560년대부터 프랑스 로마 가톨릭 설교가들이 장례식에서 설교를 경건한 반성뿐만 아니라 당파선전을 위한 주요 기회로 삼았다는 것은 프랑스의 개혁과 설교가들의 경고를 피하지 못했을 것이다. 잉글랜드에서 장례설교는 알미니안, 잉글랜드국교도 그리고 청교도들 사이에서 차등없이 동일한 인기를 누렸다. 그러한 인쇄된 설교본은 곧 출판산업계의 주요한 상업성있는 사업으로 자리잡았다. 이들은 18세기까지 아주 건재했는데, 당시는 초기 형태의 신문이나 저널이 지면에서 사망기사를 특집으로 다룰 때였다. 때로는 경건한 관점에서 집필되기도 했지만 점차적으로 종교적 수사법은 자취를 감추었다.[6)]

설교가 장례식에서 도덕적 교훈을 주는 유일한 방식은 아니었다. 헝가리와 트란실바니아 사역자들은 관습적으로 '부끄러운 장례식'(ass's frnerals)으로 알려진 것을 그들에게 제공함으로써 악명 높게 죽은 죄인들에게 수치를 줄 수 있는 준비가 되어 있었다. 이 예식은 참가자들의 행렬이 없거나 죽음을 알리는 종도 없이 교회 뜰 밖에서 모욕적인 겉치레와 함께 시체를 매장하는 부끄러운 장례식이었다. 이렇듯 고의적으로 의식 순서를 삭제한 전례는 선한 그리스도인이라면 영광스러우면서도 예식에 의해 매장될 자격이 있다는 가정과는 정반대로 이해될 뿐이었다. 물론 칼빈은 어떤 신자도 그러한 경솔한 예식을 받을 자격이 없다고 생각했을 것이다. 그러나 이는 트란실바니아가 제네바는 아니라는 것을 각인시킨다.[7)] 장례식은 또한 공동체를 묶는 긍정적 교리들을 재확언하는 기회였다. 연보를 통해 사람들이 연옥을 신속히 통과할 수 있다는 가톨릭의 관습으로 회귀할 것이라는 개신교의 우려에도 불구하고 과분하게 부의 축복을 누리다가 죽은 사람들은 부득이하게 가난한 사람들을 위해 무언가를 남겨야 한다고 느꼈을 것이고, 이에 그들은 가능한 한 큰 규모로 음식과 의연품(doles, 구호단체 등이 제공하는 일종의 찬조금)을 제공했을 것이다. 잉글랜드에서 의연품은 훨씬 보수적인 북서부 지방과 더 관련이 깊었다. 그리고 잉글랜드 상류층과 귀족은 장례를 더욱더 사적인 행사로 탈바꿈시키면서 17세기 동안 의연품을 포기하기 시작했다. 그럼에도 불구하고 죽음에 있어서 의연품은 강력한 공동체

---

6) J. Ayre(ed.), *The Works of Thomas Becon* (3 vols, PS, 1843-4); 스위스 의심들에 대해, Gordon and Marshall (eds), *Place of the Dead*, introduction, p. 13n; 프랑스에 대해, L. J Taylor, 'Funeral sermons and orations as religious propaganda in 16th century France', ibid., pp. 224-39; 잉글랜드에 대해, Houlbrooke, *Death, Religon and the Family in England*, Ch. 10.

7) Murdock, *Calvinism on the Frontier*, pp. 211-12.

적 상징을 유지시켜 주었다. 예를 들어 엘리자베스 여왕 계승 후 수십년 동안 의연품은 특성화되고 매우 위험한 산업여건 속에 있었던 잉글랜드의 첫 번째 공업지역 중 하나인 더럼 주의 탄광마을 위캄(Whickham)에서 실제 새로운 관습으로 등장했다. 잉글랜드의 많은 교구 공직자들도 비참한 사람들의 삶에서 가장 비참한 이 장례 순간을 위로하기 위해 친절을 베풀려는 노력의 일환으로 극빈자의 장례식에 음식과 음료를 제공했다.[8]

개신교도 가톨릭처럼 장례 예배가 자신들의 최종적인 기억이 되지 않기를 바랐다. 교회 건물에서 무덤이 사라지기는 커녕 대부분 유럽인들의 환경에서 죽은 개신교도들의 존재는 훨씬 더 거슬리고 더 많은 숫자로 느껴졌다. 잉글랜드의 위대한 청교도 실력자들 중 몇몇은 잉글랜드에서 가장 크고 찬란한 무덤에서 생생한 기억으로 남아 있다. 빅토리아 시대 사람들은 잉글랜드국교회 바닥에 타일을 붙이지 않았는데, 거기에는 약간 덜 알려진 이들의 시신을 덮은 얇은 석판들이 살아있는 자들의 관심과 존경을 받기 위해 서로 경쟁하듯이 누워있었다. 이따금 이러한 기념물들은 중세교회 제단들이 위치하고 있었던 곳에 공격적으로 위치함으로써 옛 미신으로부터 그들을 분리시켜 준 간격을 돋보이게 하고 있다. 심지어 어떤 경우에는(빅토리아 구교 성직자들의 이후의 거대한 공격에 대한) 설교단에 있는 높은 제단의 위치도 그랬다.[9] 마찬가지로 네덜란드교회들의 시원하고 하얀 공간도 죽은 부유층 사람들의 기념물로 덮여 있다. 심지어 스코틀랜드국교회도 기념물에 맞선 전투에서 지고 말았다. 1581년 교회 내부에 무덤을 세우는 것을 확실히 금지하기 시작했는데, 이는 교황주의자들이 하나님의 기도의 집을 두개골의 돌무덤(cairn)으로 만들었기 때문이다. 그러나 이에 대한 포고문은 더욱 날카로워졌지만, 스코틀랜드의 오래된 많은 건물에 여전히 남아있는 당당한 기념물들은 그 포고문들을 명백하게 무시하고 있었다. 결국 법을 어긴 무덤 건축업자들에게 벌금을 징수함으로써 원칙이 이익을 낳을 수 있다는 사실을 기민한 스코틀랜드국교회 공무원들은 알았으며, 이것은 실제 교회에 매장할 때 지불하는 세금이었다.[10] 그리고 외부적으로 스코틀랜드국교회 뜰 주위에 서 있는 4세기의 소박하고 웅장한 기념물들은 근래 진지한 여

---

8) Houlbrooke, *Death, Religon and the Family in England*, pp. 287-9; D. Levine and K. Wrightson, *The Making of an Indutrial Society: Whickham 1560-1765* (Oxford, 1991), pp. 292-4, 341-3.
9) 19세기에 제거되고, 무뚝뚝하게 교회 현관에 재건된 하나의 예는 1568년 소머셋의 East Harptee에 있는 John Newton 경의 무덤이다; Elstow, Bedfordshire에 본래 장소에서 다른 것은 남아 있다 - 약 1590년대에 배치된, Sir Humphrey and Lady Radcliffe.
10) Todd, *Protestantism in Scotland*, pp. 333-41.

행자들에게 다양한 시각적 기쁨을 선사하고 있다.

이러한 개신교 이론의 적응은 자신의 이해관계, 가식, 요구와 편견에 맞추기 위한 강력하고 왜곡된 신학의 냉소적인 압력으로 간편히 설명할 수 있다고 생각되었다. 그러나 개신교회들이 가진 감수성이 다른 무리들을 향해 뻗어나갔으며, 종교적인 삶은 대체로 선입견, 즐거움 그리고 인구에 대한 걱정을 다루는 협상들로 가득찼다는 증거인 동종 영역에서 또 다른 조정도 있었다. 종교 시스템으로서의 기독교는 최소한 이중적이었다. 그것은 전문가들에 의해서 규정된 종교이다(종교개혁에서 양쪽에 의도와 안건에서 개혁자가 있었다). 그리고 그것은 사실 노련한 종교로서, 개혁파 개신교도들 사이에서조차 불가피하게 보수주의 경향으로 기울었다. 모든 죽음과 초자연 영역은 제도 기독교 자체만큼이나 오래된 영성의 끊임없는 불법고용(black economy) 조각인 그러한 타협들로 가득 차버렸다.

중세교회는 죽는 순간 하나님이 영혼의 운명, 즉 천국, 연옥 또는 지옥 중 한 곳으로 결정하신다고 공식적으로 주장하였다. 심지어 공적인 차원에서 이에 대한 혼란이 있었다. 연옥에 대해 의견이 분분했음에도 불구하고 기독교는 신약성경으로부터 상속받은 하나님의 최후 심판이라는 모순된 관념에 즉각적이고도 개별적인 결정의 사상을 연결하는 데서 언제나 자유로울 수는 없었다. 사람들이 항상 죽음을 접하다보니 죽음에 대한 대중적인 회의가 어느 정도 생겨나기도 했다. 수많은 영혼들, 특히 '불행한 죽음'을 당한 영혼들이 귀신이나 영적인 힘을 가진 형태로 얼마동안 세상에서 방황하다가 살아 있는 사람에게 들어갈 수 있다는 그럴싸한 얘기가 널리 퍼져 있었다. 이것을 생각하는 데 있어 신학자들 사이에 이의가 없었던 것은 아니지만, 대개는 위대한 히포의 어거스틴과 입장을 같이 했기에 그러한 귀신들림에 대한 책임이 인간의 영혼이 아닌 악마에게 있다고 주장했다. 일반 백성들이 어거스틴의 권위에 꼭 압도될 필요는 없었으며 가끔은 그들의 입장에 서서 그 주제에 대해 잘 아는 성직자와 논쟁하려고 했다. 아마도 그것은 적절히 있을 곳을 찾지 못하고 주위를 서성거리는 위험한 영혼들이 있다는 당시의 대중적인 신념 때문이었을 것이다. 이러한 현상은 죽은 자들에 대한 기도를 위해 중세교회가 제정한 한 달간의 위령미사에서 평신도들로 하여금 관련된 의식의 규정을 열성적으로 따르도록 이끌었다.[11]

---

11) 대중적인 회의주의에 대한 좋은 논의와 어떤 예들을 위해서, N. Caciola, 'Spiritis seeking bodies: death, possession and communal memory in the middle Ages', in Gordon and Marshal (eds), *Place of Dead*, pp. 66-86; cf, 또한 C. S. Watkins, 'Sin, penance and purgatory in the Anglo Norman realm: the evidence of visions and ghost stories', *PP* 175 (May, 2002), pp. 3-33.

놀라울 것도 없이, 종교개혁에서 이러한 반쪽짜리 대중신학은 중세교회 체제 속에 완벽하게 스며들어가 정착할 수 있었으며, 또한 공식적인 개신교의 대체물로 자리잡을 수 있었다.

그러므로 유력한 개신교 종교개혁자들은 스스로가 문제를 가지고 있다는 것을 알았다. 특히 종교개혁자들은 사후 천국과 지옥의 중간상태인 연옥을 폐기시켰는데, 그러한 중간상태의 개념은 중세의 제도교회에 사후의 영들과 사후 진로결정이 안된 방황하는 영혼들에 관한 대중적 신념에 대해 협상의 여지를 제공해 주었다. 개신교도들은 즉각적이고 최후의 심판 사이의 기독교신앙에 있어서의 오래된 모호함으로부터 발생하는 논쟁들로 인해 고통을 당했다. 많은 사람들은 결정적으로 연옥의 위험한 관념들을 배제시키는 주장, 즉 사후에 하나님의 최종적 결정이 있을 때까지 개별적 영혼들이 수면상태로 존재한다는 극단적인 처방에 매력을 느꼈다. 루터(그가 약 1530년경에 연옥에 대한 그의 신앙을 버린 후에)는 공개적으로 영혼수면을 확언했다. 그것은 그가 도시의 시끄럽고 혼잡함을 벗어난 곳에 새로운 묘지의 위치를 장려한 이유들 중의 하나였다. 그래서 죽은 자들의 수면은 적절하고 점잖게 상징화 될 수 있었다.[12]

잉글랜드 성경번역자 윌리엄 틴데일은 루터의 신앙을 공유했다. 그러나 칼빈은 그의(아마 1534년에 쓰고 1542년에 출판한) 첫 번째 신학 논문에서 그러한 사상을 비난했다. 칼빈이 그 논문에 붙인 이름 사이코페니키아(Psychopannychia)는 헬라어(영혼의 밤샘 불침번)에서는 정확하게 그 반대를 의미함에도 불구하고 영혼수면의 교리(the doctrine of soul-sleep)를 묘사하는 데 사용되게 되었다. 일반적으로 그 후의 개신교는 칼빈의 관점에 은밀히 동조했다. 부분적으로 이것은 멸시당한 급진주의자들과 재세례파가 자주 영혼수면설의 옹호자들이기 때문이었다. 그러나 아마도 성직자들은 본능적으로 미래에 행해질 우주적 심판에서 도덕적인 행위보다는 사후에 전능자와의 즉각적이고 일대일로 대면하는 것에 더욱 강조점을 두었던 것 같다.

영혼수면교리에 반대하는 결정이 산자와 죽은 자 사이의 분리개념과 함께 가톨릭보다 여전히 훨씬 더 급진적이고 주도면밀한 개신교에 맡겨졌다. 더욱이 개신교 지도자들은 귀신의 존재에 관한 신앙을 포기하지 않으려는 대중을 대상으로 목회를 해야만 했다. 어떤 경우에는, 유력한 개혁자들 스스로 귀신의 존재를 믿었고, 위대한 인문주의자인 멜랑히톤조차도 귀신의 존재를 믿었

---

12) Koslofsky, *Reformation of the Dead*, pp. 34-9.

다. 주류 종교개혁자들은 당시 히포의 어거스틴이라는 유용한 동맹자를 찾았다. 그들은 그와 함께 영들은 성경적으로 악마적이라고 주장했고, 원칙적으로 그 노선을 유지하면서 그들은 경험한 대로 일반인들이 귀신들에 대처하도록 돕는 일을 했다. 그래서 취리히에 있던 하인리히 불링거의 동료 사역자 중 한 사람인 루트비히 라바터(Ludwig Lavater)는 1569년에 영들에 관해 광범위하게 번역된 안내서(Gespensterbuch)를 출판했는데, 그것은 어거스틴의 사상을 계속적으로 충실하게 연구하여 실제적으로 유용한 것으로 만들어 낸 것이었다. 균형과 논리로 개혁자들은 그들이 단순히 악마뿐만 아니라 천사와 도울 수 있는 그들의 힘을 믿어야한다는 것을 강조함으로써 사람들에게 평안함을 주려고 하였다. 천사들에게는 이중적인 유용함이 있었다. 그러한 유용함은 성격적으로 풍부하게 증명될 수 있었다. 그리고 천사들은 이념적으로 인간에게 적절한 친구들로서 자리를 박탈당한 가톨릭 성인들의 위치로 들어올 수 있었다. 심지어 개혁 이후 스코틀랜드국교회의 엄격함은 우상숭배금지에 대한 위협 없이 천사가 그려진 새로운 삽화에 의해 가끔 경감되기도 했다(사진 19b 참고).[13] 사실 유럽의 개신교는 유럽기독교에 있어서 천사들에 관한 관점을 하나님의 능력있고 유용한 종들로 회복시키고 있었다. 천사들에 관한 그러한 관점은 수세기동안 성인들에 대한 경배로 모든 것이 소모되었던 중세의 유럽교회에는 일탈과 같은 것이었다.[14]

개신교안에서 마법과 초자연적인 신념과 관련한 광범위하고도 대중적인 신념이 관행으로 허락되어 제 위치를 점유하고 있었다는 것은 놀라운 일이다. 루터교지역들에서 하나의 특별한 요인은 교회의 공식적인 신학이었다. 즉 그것은 루터가 교회에 남겼던 강력한 실재론적 성례론이었다. 결국 루터는 빵과 포도주가 성례적으로 그리스도의 몸과 피가 되었다고 믿었다. 그리고 세례에 사용된 물이 특별히 거룩한 성질을 가진다는 확신을 고집했다. 그러한 주장들은 반드시 루터교회 당국이 원했던 것은 아니었다. 그러나 그럼에도 불구하고 그것은 예측할 수 있는 것이었다. 세례 후의 성수반으로부터 물이나 성찬으로부터 남은 빵이 신비한 능력이 있다고 생각하는 사람들이 있었는데, 이들의 교회

---

13) 번티스랜드의 Fife로부터 어떤 예에 대해, Todd, *Protestantism in Scotland*, 그림 22 (여기에서 사진 19b 로서 다시 그려진).

14) H. Mayr-Harting, *Perceptions of Angels in History* (Oxford, 1998); B. Gordon, 'Malevolent ghost and ministering angels: apparitions and pastoral care in the Swiss Reformation', in Gordon and Marshall (eds), *Place of the Dead*, pp. 87-109 에서 더 유용한 논의.

접근을 법적으로 막기 위한 조서가 1580년대에 작센명령으로 선포되었다.[15] 잉글랜드국교회에도 이와 유사한 문제들이 있었다. 엘리자베스 1세가 1599년 종교를 정착시킨 후 종교개혁이 사실상 '휴지상태'(the arrested development)에 있었기 때문에 잉글랜드국교회는 그 어떤 개혁교회보다 더 많은 의식들이 명기된 기도서(Prayer Book)를 사용하였다. 예를 들어 공식적인 교회의 유아 세례에 있어서 아기의 이마에 물을 묻혀 십자가를 긋는 전통을 유지했다. 청교도들은 이러한 것이 미신적이고 가톨릭적이라고 생각했다. 엘리자베스 시대의 주교들은 선한 베스(Bess, 엘리자베스의 호칭) 여왕의 명령에도 불구하고 그들이 옳다는 불편한 감정을 가졌다. 그래서 교회 지도부는 난처한 입장에 있었다. 그것은 동시적으로 청교도들로 하여금 아이들 이마에 십자가 표식을 할 수 있도록 강요했다. 반면에 이러한 십자가를 긋는 행위는 기독교의 가장 중심적인 예식인 세례를 마법적인 것으로 생각하지 않게 했다.[16]

예전적인 관례들을 미신적으로 사용하는 것은 명백히 묵인될 수 없었다. 그리고 모든 형태의 비공식적인 마법은 동일하게 정죄되어야 했다. 개혁파 지역들에서 사악한 마법뿐만 아니라, 호의적인 마법에 대해 칼빈이 예외적으로 강경한 노선을 취한 선례가 있었다(13장, p. 728). 그럼에도 불구하고 개혁파 훈육당국은 심지어 마녀사냥에 대한 어두운 기록을 가지고 있는 스코틀랜드에서조차 일반적으로 전통적인 치유방식에 대해 부드러운 노선을 취했다. 그리고 자주 추가처벌 없이 단순히 치료마술사들로 하여금 그들의 행위를 멈추도록 경고했다. 효과적으로 그들을 자신의 지혜에 맡겼다. 유사하게 스코틀랜드국교회의 장로회들은 대부분의 경우에 고대 신성한 우물들에 대한 5월 제의축제에 가담했거나 또는 미드썸머축제(Midsummer Day, 6월 21-24일에 행해지는 유럽의 축제)에서 술을 마시고 춤췄던 사람들에 대해 상당히 관용적인 분위기였다. 그들은 축제에서 행해졌던 치료과정에서 우물을 방문하는 것이 하나님의 자리를 빼앗는 우상숭배라고 불평을 했을 수 있다. 그러나 1649년에 한 무리의 하일랜드(Highland) 장로들은 우물에 방문하는 것을 경건하게 고치는 것은 불가능하다고 암담한 결론을 내렸다. 왜냐하면 '교구 안에는 우물에 다녀와서 깨끗함을 받은 자들이 거의 없었기' 때문이었다. 특별히 '이러한 남용은 지난 오랜 시간 정

---

15) R. W. Scribner, 'Ritual and popular religion in Catholic Germany at the time of the Reformation', *JEH* 35 (1984), pp. 47-77, 76-7 에서.

16) D. Cressy, *Birth, Marriage and Death: ritual, religion and the life-cycle in Tudor and Stuart England* (Oxford, 1997), Ch. 6.

죄되지 않았다'. 교회 장로들은 자주 그러한 남용들에 대해 벌금을 가함으로써 교회의 기본적인 재정을 충당했는데, 특별히 사람들이 교회건물안에 매장하는 것을 어기고 다른 곳에 매장했을 때 벌금을 부과했다. 민간의 많은 관습을 잠재적으로 마법만큼 나쁜 것으로 보았을 것이다. 왜냐하면 그 관습은 혐오스러운 가톨릭교회의 전례적 절기의 외형들을 반영했기 때문이었다. 그러나 기독교세계의 어느 곳에서든지 대중적인 마법과 의식에 대해 불쾌하고 탐탁지 않은 반응들이 생겨났다. 칼빈주의 스코틀랜드 또는 개혁파 잉글랜드에서만큼 루터파 뷔르템부르크에서도 그러했다.[17]

대중적인 마법에 대한 개신교의 그러한 미온적인 대응은 마녀 열풍과 마지막 날에 대한 열망적인 기대상황 속에서 당혹스러운 것으로 보였을런지 모른다. 그럼에도 불구하고 이는 유럽 개신교의 성직자들 사이에 우선순위에 대한 사려있는 감각을 반영하는 것으로 여겨져야 한다. 정착된 교회들의 윤곽이 16세기 중반에 나타나기 시작하자, 그들은 양손에 거대한 과제가 주어져 있었다는 것을 알았다. 그들은 우상숭배에 대항하는 운동과 극단적으로 단순화된 예식의 소개를 통해 구교의 계급구조(commanding heights)를 폐지했을지도 모른다. 그러나 모든 사람의 삶의 방식과 사고를 바꾸기 위한 부담스런 교육문제가 남아 있었다. 이 거대한 문제에 직면한 성직자들은 성 금요일에 특별하고 평평한 빵을 굽는 것과 같은 관습을 아무 위험이 없는 것으로 간주했을 것이다. 교회안에 특별히 제작된 부활절무덤에 성 금요일과 토요일 양일간 진열되었던 미사제병, 즉 '십자가 무늬 빵'(hot-cross bun, 부활절에 평평한 빵에 십자가 표시를 해서 만든 것으로 현재도 유행)을 사람들이 다소 잊을 만한 때에, 그러한 관습을 보존하기 위해 빵에 십자가를 표시하고 그것을 일년 내내 유지했다. '만혼절'(All Souls' Night)에는 가족들이 한 쇠스랑 분량의 밀짚으로 햇불을 만들어 행진한 후 그 밀짚이 불타 없어질 때까지 친척들의 영혼을 위해 언덕에서 기도한 것은 전통적인 생각을 가진 랭커셔(Lancashire)에서는 그리 큰 문제가 아니었다. 그들은 더 이상 그러한 전통적인 관습을 교회에서는 행하려 하지 않았다.

사람들을 기쁘게 했던 그러한 공동체적인 관습들은 개신교 메시지에 어떤 조직적인 위협을 가하지는 않았다. 그리고 결정적으로 그러한 관습들은 교구

---

17) Cf. B. Tolley, *Pastors and Parishioners in Württemberg during the late Reformation 1581-1621* (Stanford, 1995), pp. 64-72; M. Todd, 'Profane pastimes and the Reformed Community; the persistence of polullar festivities in early modern Scotland', *Journal of British Studies* 39 (2000), pp. 123-56, 140 에서.

교회에서 예배생활로부터 분리되었다. 그런 이유에서 그들은 일반인들의 공식적 또는 공적인 헌신의 삶을 방해할 수 없었다. 로날드 휴턴(Ronald Hutton)은 권위 있게 잉글랜드와 웨일스에서 깜짝 놀랄만한 잔존하는 그러한 관습들에 대해 조사하였다. 잉글랜드국교회 교구성직자들은 분열로부터 지역 공동체를 보호하는 과제의 일환으로 많은 전통관습들을 자주 관찰하며 둘러 봤는데, 그러한 공동체적인 많은 관습들이 오늘날까지 지속되고 있다. 휴턴은 개혁파성직자들이 잔존하는 관습들에 관한 증거들을 수집했던 18세기의 잉글랜드 교구목사들이 취했던 그런 실용적인 태도를 취했을지도 모른다고 암시한다. 헨리 본(Henry Bourne) 목사는 '천한 골동품들'은 '이교의 결과'이거나 '나태한 수도사의 발명품들'이었다고 주장했다. 그러나 그는 중요한 것은 실제로는 '죄악되고 사악한' 것이었는지에 대한 것이었다고 말했다. 많은 지친 성직자들이 칼빈이 말한 것을 잊어버리려고 했던 것 같다. 또한 그것들이 사악하지 않았다고 판단했음이 분명하다.[18]

2. 말씀으로부터 말하기

개신교 성직자들은 만약 복음적인 메시지를 위한 주요전투에서 승리하고 있다고 느꼈다면 그것을 행하는 확신을 가졌을 것이다. 그리고 실제로 그러했다. 루터가 처음으로 반항한 후 1.5세기가 지나 그들은 고백주의 개신교 지역 안에서 종교적 교훈의 특별한 성공을 거두었다. 단지 폴란드-리투아니아와 아일랜드에서 루터파와 개혁파 형태의 개혁은 반종교개혁의 중부 유럽 국경의 북쪽 지역에 대한 대중적 문화의 기반을 세우는데 실패했다. 이것은 개신교가 처음 20년간 접했던 쇼크와 좌절들 때문에 더욱 주목할 만했다. 1520년대 초에 '카니발의 해'의 자발적인 산발적 성장(Wildwuchs)들 중에서 루터와 그의 초기 신봉자들은 성경만이 그 능력에 의해 사람들을 확신시킨다고 믿었다. 그 후에 1520년대 중반의 쇼크가 있었고, 1534년과 1535년 사이에 뮌스터를 중심으로 지속적인 극단주의가 왔다. 그러한 압박 속에서 북유럽의 많은 시골지역들을 훈육하려던 주류 복음주의자의 노력이 좌절되었다. 이러한 대치상태는 교리교육과

---

18) R. Hutton, 'The English Reformation and the evidence of folklore', *PP* 148 (Aug, 1995), pp. 89-116, 특별히 116 에서.

관련하여 감독하는 것도 없고 적당한 설명 없이 성경을 그저 사람들이 마음대로 해석하도록 내버려두는 위험을 초래했다. 한편, 루터파 국가교회는 학교에서 아이들이 함부로 성경을 보는 것을 제한시켰으며, 신앙고백서를 근거로 해서 아이들에게 교리문답교육을 하는 것을 선호했다. 그리고 성경읽기는 충분히 교육받은 사람들에게 맡기는 것을 더 좋아했다. 이는 루터가 초기에 희망했던 것과는 이상하게 반대되는 것이었다.[19]

프랑스, 헝가리, 네덜란드 그리고 스코틀랜드에서 1560년대의 새로운 대중운동들로부터 수혜를 입었던 개혁파는 루터파보다 더욱더 그들의 양떼에게 스스로를 위해 성경을 읽도록 고무시켰다. 그러나 그들조차도 성경을 올바른 방식으로 읽기를 열망했다. 전체 유럽의 성경 중 개혁파판들은 독자들을 의식해서 여백에 많은 작은 글자들, 즉 성직자 같은 기능을 하도록 성경을 어떻게 읽어야 하는지에 대해 가능한 한 상세히 달아놓은 주석이 특징이다. 너무하다 싶을 정도로 철저히 제네바성경을 읽었던 찰스 1세의 북부지역 장군인 뉴캐슬의 공작 윌리암 카벤디쉬(William Cavendish)가 있었는데, 그는 의회파 군대로부터 1640년대 잉글랜드 시민전쟁에서의 패배를 곱씹으면서 냉소적으로 다음과 같이 언급했다. "모든 직공들과 시녀들의 팔 아래서 영어로 된 성경은 아주 많은 해를 입었다…왜냐하면 논쟁은 곧 후에 칼을 빼든 펜과의 시민전쟁이기 때문이다."[20] 이 개신교도이자 극단주의 왕당파 귀족은(의심 없이 무의식적으로) 40년 전에 교황 바오로 5세(Paul V)의 감정을 반영하고 있었다(9장, p. 539). 놀랄 것도 없이 로마 가톨릭은 평신도가 자국어 성경을 사용하는 것을 아주 의심스러워했다. 비록 이탈리아에서처럼 북유럽에서도 철저하게 그것을 금할 수는 없었지만(9장, p. 539), 그들은 성경읽기를 개신교와의 논쟁에서 전적으로 필요불가결한 것으로 보았다. 그래서 잉글랜드 가톨릭 망명자들 중 가장 저명한 성직자인 윌리암 알렌(William Allen)이 1578년에 동료에게 글을 썼을 때, 드웨대학(Douai college)에서 그의 학생들이 영어로 된 성경본문을 가지고 논의해야만 했던 것을 유감스럽게 여기고 아래와 같이 술회했다.

---

19) A. McGrath, *Reformation Thought: an introduction* (3rd edn., Oxford, 1999), p. 165.
20) C. Hill, *The English Bible and the seventeenth-century Revolution* (London, 1993), p. 47. 개혁파 성경들에 대해서, F. Higman, "'Without great effort and with pleasure': sixteenth century Genevan Bibles and reading practices', in O. O'Sullivan (ed), *The Bible as Book: the Reformation* (London and New Castle DE, 2000), pp. 115-22.

…거룩한 글들이 결코 자국어로 번역되지 말아야 한다는 것은 아마도 바람직한 것이었다. 요사이 이단적 의견들의 확산 때문에 또는 다른 이유를 이야기한다고 할찌라도, 사람들의 선한 의지도 호기심이 되기 쉽기 때문에 그러하다…타락한 것을 사용함으로 그들의 영혼을 위험하게 하는 것보다는 신실한 가톨릭 번역을 갖는 것이 더 만족스런 것이다.[21]

결과는 잉글랜드의 로마 가톨릭이 드웨와 라임(Reim)에서 망명 중에 그들의 첫 번째 영어 성경번역본을 만들었을 때, 그 번역본은 일반서민이 읽기 위해서가 아니라 성직자들이 논쟁을 위한 무기로 사용하기 위함이었다. 이는 라임의 신약성경 표제와 1582개의 속표지와 서문에서 선포했던 분명한 의도였다. 17세기 초 프랑스 얀센주의자들만이 가톨릭교도들 사이에서 성경읽기를 장려하는 데 더욱 적극적이고 관대한 태도를 보였다(10장, p. 628).

개신교도들을 위한 장기과제는 사람에게 훈육의 한 방법으로서 성경을 어떻게 사용하고 변함없이 성경을 사랑할 수 있는지를 보여주는 것이었다. 말하자면, 그러한 장기계획은 공식적으로 제공된 자료들을 구축하여 단순히 그들을 위한 최상의 결정들을 수동적으로 받아들이는 것이 아닌 모든 사람이 종교개혁을 자신의 것으로 삼을 수 있도록 하는 것이었다. 이러한 과제의 중심은 정식으로 권위를 가진 성직자가 하는 말씀의 훈련된 표현인 설교였다. 스코틀랜드에서 사용된 개혁 이전의 사제서품 예식에서 사제에게 그의 직무를 상징하는 열쇠가 주어졌는데, 그 열쇠들은 교회에 대하여 그리고 성수반 덮개 안에 비치된 기도서와 성배와 제의를 가리키는 상징적인 의미가 있었다. 종교개혁 후에 사제에게 강단을 여는 열쇠와 성경이 주어졌다.[22] 강단열쇠 외에도 사역을 위한 필수적인 자산은 당시 크고 분명한 목소리였다. 청력의 문제는 스코틀랜드와 네덜란드의 큰 도시 교회들에 있는 실제적인 것이었다. 그러나 프랑스의 열정적인 위그노 회중들에게 이 문제는 더욱 심각하게 다가왔다. 가톨릭 왕실이 내린 규제정책으로 인해 천 명 이상의 훨씬 많은 수가 모이는 마을이나 도시에 단 하나의 예배처소만이 허락되었기 때문이다.

새롭게 건축된 개신교 강단들의 크기와 웅대함은 최고의 설교를 영구히 기억나게 하는 것이었고, 아일랜드로부터 리투아니아에까지 개혁파교회의 실내

---

21) A. C. Southern, *Elizabethan Recusant Prose* 1559-1603 (London, 1950), p. 233.
22) Todd, *Protestantism in Scotland*, p. 71.

장식들의 과감한 구조조정을 이끌었다. 극적으로 덮개가 달린 목재 설교탑은 당시의 제단 또는 성찬상보다 회중의 눈길을 끌었다. 기존의 길고 좁은 중세교회 건물에서 가구비치는 공통적으로 90도 방향을 바꾸었다. 그리고 동쪽 끝에 있는 제단의 끝으로부터 회중을 떼어 놓아 긴 북쪽 벽으로 청중들이 향하도록 했는데, 햇빛이 설교자의 얼굴에 떨어질 때 설교자는 청중들이 하나님의 말씀에 집중하도록 유도했다. 또한 남쪽에서 설교자는 양떼의 눈을 극적인 윤곽으로 자세히 살필 수 있었다. 비록 인기 있는 스타설교가들만이 긴 시간을 설교에 할애하여 하나님과 회중의 인내심을 시험하는 위험을 무릅쓸 수 있다고 생각하는 것이 당시 개신교 사회(특별히 그들의 시민관 사이에서)의 기대였지만, 그럼에도 강단 설교자의 설교시간을 측정하기 위한 모래시계는 비치되었다.[23]

설교는 경쟁상대인 플레이하우스(playhouse, 주로 단막극이 올려 졌던 소규모 연극장)보다 훨씬 더 큰 규모의 대중 극장에서 행해졌다. 셰익스피어 시대의 런던에서 동시에 모두 개관하지 않았던 13개의 플레이하우스들만 있었던 시기에 각 주일에 100편의 설교가 행해졌다. 17세기 중반 트란실바니아 개혁파가 몇 년간 부흥할 때 교회는 수요일, 금요일 그리고 주일에 두번 교구교회에서 일주일에 4편의 설교를 하는 것을 이상적인 것으로 설정했다.[24] 모든 곳에서 설교는 그 주(week)의 좋은 행사였다. 네덜란드교회에 설교하는 목사들이 충분히 확보되었을 때, 개인숭배 또는 자기 귀에 좋은 설교를 듣기 위해 교회를 이리저리 옮기는 것을 방지하기 위해 회중들에게 일상적으로 설교자들의 이름을 미리 발표하지 않았다. 네덜란드 개혁파 공교회가 회중의 수를 부풀리기 위한 목적으로 경쟁적인 자기광고를 통해 목회자들을 크게 유혹했던 사실에 대해 네덜란드 성직자들은 양심적으로 반격하려 했다.[25]

네덜란드 개혁파에서처럼 청중들에 대한 제한이 없었던 스코틀랜드는 설교의 공동체 드라마를 최고로 발전시켰다. 그것은 한 때 신실한 신자들을 미사로 불러들였던 교회의 종소리가 더 길어지게 했다. 회중들이 교회에 들어와 모이고 정돈하는 과정에 회중을 위해 허락된 반 시간 동안 낭독자(reader)로 알려진

---

23) 시간 표준에 대해, cf. Todd, *Protestantism in Scotland*, pp. 48-9; 암스테르담에서, C. R. Boxer, *JEH* 19 (1968), 254-7, 256에서, R. B. Evenhuis, *Ook dat was Amsteram: de ke가 der hervorming in de gouden eeuw* (2 vols, Amsterdam, 1965, 1967); 제네바에서, O. Fation and O. Labarthe (eds), *Registres de la Compagnie des Pasteurs de Genève* III: 1565-1574.

24) Murdock, *Calvinism on the Frontier*, p. 162. 런던에 대해. M. Morrissey, 'Interdisciplinarity and the study of early modern sermons' *HJ* 42 (1999), pp. 1111-23, 1112 에서.

25) J. D. Tracy, *Europe's Reformations* 1450-1650 (Lanham, 2000), p. 274.

교회 직원은 엄숙하게 성경의 전 권을 읽어 나갔다. 모든 사람이 교회 안에 들어 왔을 때, 문들이 잠겼다(서부 하일랜드에서 적어도 두 사건이 있었는데, 어떤 가문은 설교시간에 그들 가문의 적들로부터 공격을 받아 교회 안에서 불에 타 죽었으며, 이것은 살인적인 교회문을 닫는 관습으로 인해 공동체 내부에서 무시무시한 사건이 발생한 것이다). 그 후 스코틀랜드 회중들은 설교 드라마에 참여토록 고무되었고, 미국 복음주의 개신교에 의해서 물려받아 전해져 내려왔던 방식으로 교독, 찬양의 외침 또는 '아멘'을 외치도록 촉구되었다. 모든 사람이 돌아간 후에도 설교는 공동체를 통해 계속해서 울려 퍼졌다. 왜냐하면 교회가 집에 돌아간 부모들과 주인들로 하여금 그날 설교했던 것을 아이들과 종들이 반복적으로 말하는 것을 듣도록 요구했기 때문이다.[26] 이는 모든 사람의 사기를 진작시키는 데 아주 효과적인 방법이었다. 그리고 적어도 앞에 있었던 고난을 통해 어떤 추상적인 것들을 숙고하는 선택을 하게 했다. 스코틀랜드인들은 결과적으로 굉장히 신학적인 생각을 가진 사람들이 되었다. 그리고 그들은 모두를 유익하게 하는 양질의 교육에 몰두하게 되었는데, 이 교육방식에서 이웃한 잉글랜드의 방식을 결코 따르지 않았다.

어떤 사람들은 설교 문화에 심취하기도 했다. 라이프치히의 시민 엘리트인 한 여인의 루터파 장례설교는 1579년에 그녀의 임종담화에 대한 남편의 설명을 상세히 기록했다. 그리고 그녀의 외침을 다음과 같이 포함했다. "오! 내가 얼마나 복된 시간을 살아왔던가! 이 시간에 나는 찬란하고 사랑스러운 설교를 많이 들었다. 그 설교는 교황 아래서 나의 부모님들이 듣지 못했던 것이었다." 오히려 이러한 매력적인 외침은 설교자들이 단지 너무 흥분해서 전달할 수 있는 그러한 종류의 소견이었다. 그런데 청중들은 설교가 실제로부터 너무 동떨어져 있다면 결코 받아들이려 하지 않았을 것이다.[27] 그러나 많은 사람들은 설교가 진행되는 동안에 잠이 들었고, 무례한 행동을 하거나 메시지를 귀담아 듣지 않았다. 그러면 무엇을 행해야 했었는가? 이에 대한 해답은 1520년대 말에 루터가 해석하여 모델로 채택한 교리교육, 즉 그가 유아들과 어린이들을 대상으로 힘들게 행했던 교리교육이었다. 그것은 느리고 노동집약적인 작업이었고, 강단의 매력에서는 멀었다. 그리고 그것은 또한 가르침을 설명하는 정확한 인쇄재료들을 필요로 했다. 물론 공식 교회협회들은 공식적인 후원을 받거나 아

---

26) Todd, *Protestantism in Scotland*, pp. 29, 40-4, 53-4, 68-9.
27) S. Karant-Nunn, *The Reformation of Ritual: an interpretation of early modern Germany* (London and New York, 1997), p. 161.

니면 후원이 없을지라도 다수의 개별 성직자들과 평신도들이 이러한 작은 교재들을 더 효과적으로 사용하도록 계속 노력을 기울였다.

이는 한 세기 이상 대륙 전체를 통해 가장 일반적인 형태의 교육인 유럽 전역에 걸친 규모의 큰 사업이었다. 그 기업은 매우 경쟁적인 상업시장이 되었다. 독일 루터교는 대략 1550년 이후 매 10년마다 약 30개 혹은 40개의 새롭게 인쇄된 교리문답서를 만들어냈다. 그리고 1530년과 1740년 사이에 1,000개 이상의 다른 교리문답서가 잉글랜드에서 생산된 사실이 확인되었다(사용 후 버릴 수 있는 유형 이상의 많은 예들은 흔적을 남기지 않았을 것이다). 항상 그렇듯이, 스코틀랜드는 심지어 세례와 결혼 전에도 교리문답을 요구하면서 대부분의 다른 개신교회를 능가했다. 글라스고우(Glasgow) 그리고 퍼스(Perth)와 리스(Leith)와 같은 좀 더 작은 자치도시 장로들과 목사들은 1600년까지 주간 교리문답을 행할 만큼 충분하게 조직되었다. 그리고 몇 주간에 걸쳐 전 인구가 차례로 교리교육을 받게 되었다. 글라스고우의 경우 4-6천 명 정도의 사람들이 교육을 받았다.[28] 장기적으로 이 모든 노력들은 효과가 있었다. 교구 내 경건한 사람들은 교리문답을 소중히 여겼고 성직자들의 사역을 후원하기도 했다. 이미 1570년대에 독일 루터교 회중들은 만약 그들의 교회직원들이나 목사들이 교리문답 교육을 게을리했다면 심하게 불평했을 것이다. 그럼에도 개혁의 성취에 대한 열정을 결코 받아들이지 않은 사람이었던 잉글랜드 역사가 크리스토퍼 하이어(Christopher Haigh)는 70년에 걸쳐 행해진 잉글랜드에서의 교리교육을 3단계로 분석했는데, 우선 초기 엘리자베스시대 주교들은 그들의 성직자들로 하여금 교리교육을 시키도록 하였으며, 후에 엘리자베스시대 성직자들은 사람들로 하여금 배우도록 하는 데 심혈을 기울였다. 그리고 제임스 1세가 통치할 때까지 가르치는 것과 배우는 것 양쪽 모두에서 크게 성공을 거두었다.[29]

로마 가톨릭은 선례를 따랐다. 비록 그래츠에서 예수회에 의해서 발행된 1587년판 루터의 소교리문답이 그래츠 루터파들을 괴롭히기 위해서 그 본문의 여백에 있는 루터의 교리적 불일치들을 즐겁게 지적하는 부정적 교육에서 전

---

28) Todd, *Protestantism in Scotland*, pp. 76, 83, 113. 독일에 대해, J. M. Reu, Quellen zur Geschichte des kirchlichen Unterrichts (9 vols, Leipzig, 1923-35)에 대한 독일 문헌을 묘사해준 아직 출판되지 않은 논문 'The use of catechisms: production and exhange of texts in 16th and 17th Europe'를 인용하도록 허락한 Stefan Ehrenpreis 박사에게 나는 매우 감사한다. I. Green, *The Chritian's ABC: Catechisms and Catechizing in England c. 1530-1740* (Oxford, 1996), 특별히 p. 51의 표.

29) Tolley, *Pastors and Parishioners in Württemberg* (Stanford, 1995), pp. 73-6, 82-5, 116; C. Haigh, 'Success and failure in the English Reformation', *PP* 173 (Nov, 2001), 28-49, 41-8 에서.

문적인 실행이었지만, 자연스럽게 가톨릭은 1566년의 트리엔트교리문답에 대한 그들의 평론을 모델로 했다. 그리고 그들은 그래츠의 루터파 사람들을 논박하기 위한 의도를 가지고 루터논문의 주해설교 부분에서 루터의 교리적 불일치점을 찾는 데 혈안이 되어 있었다. 17세기 초에 프랑스에서 위그노에 대항한 로마 가톨릭의 부흥을 조장하려 노력했던 프랑스 주교들은 특별히 근면했는데, 거의 모든 주교 관구에서 권위 있는 교리문답을 만드는 데 힘을 쏟았다.[30] 로마 가톨릭 출판에서 교리문답서 이상으로 중요하게 생각했던 것은 하나님의 신비와 영광에 대해 개인적으로 묵상할 때 독자들을 도왔던 경건문학이었다. 16세기 개신교는 유사한 자료를 만들어내는 데 아주 느렸다. 이는 아마도 개신교 성직자들이 설교를 하고 교리문답을 하는 데 바빠서 사색을 위해 조용한 시간을 거의 할애하지 못했기 때문이었다. 심지어 잉글랜드 청교도들을 포함한 개신교들은 실제로 이 경건관련 장르에 많이 부족했기 때문에 가톨릭 경건책자들 중에서 특별히 건전하게 보이는 부분들을 읽었다.

가장 유명한 경건서적으로는 (몹시 혐오스런) 잉글랜드 예수회 로버트 파슨스(Rober Parsons)가 쓴 『기독교인의 규칙 또는 훈련』(*Christian Directory or Exercise*)이었다. 개신교는 파슨스의 책에서 불온한 부분들을 정정하여 24개의 개신교판으로 재발간하였는데, 개신교와 반대되는 연옥이나 동정녀 마리아 같은 네 가지 항목을 삭제하였다.[31]

교리교육을 위한 노력과 매주마다 행해진 교리설교를 통하여 유럽의 개신교는 가톨릭보다 일반적으로 더욱 교리서를 의식하게 되었을 뿐만 아니라, 이로 인해 유럽사회를 더욱 교양 있는 사회로 만들었다는 것은 의심할 여지가 없을 것이다. 카리 콘콜라(Kari Konkola)라는 학자는 잉글랜드 개신교의 전체 책 생산량을 대해 대담한 계산을 시도하였다. 그가 제시한 보수적인 추산에 의하면, 1520년과 1649년 사이에 완성본 성경과 신약성경 1,342,500권이 발행되었는데, 이 생산량은 모든 잉글랜드 가정에 한 권 이상을 분배할 수 있는 양이었다. 이 출판본 중에는 부분적으로 구성된 제네바성경 50만부가 있었는데, 자세히 살

---

30) 그래츠에 대하여, Pörtner, *Styria*, p. 219. 프랑스에 대하여, Ehrenpreis, 'Use of catechisms'. 스페인에 대하여 10장, pp. 554–6 을 보라.

31) A. Walsham, '"Domenprechers"? Post-Reformation English Catholicism and the culture of print', *PP* 168 (Aug, 2000), pp. 72–123, 특별히 104–5에서; B. S. Gregory, 'the "true and zealouse service of God": Robert Parsons, Edmund Bunny, and *The first Books of the Chritian Exercise*', *JEH* 45 (1994), pp. 238–68, Bunny는 또한 개신교도들을 안전하게 했던 토마스 아 켐피스의 '*Imitation of Christ*'의 어떤 버전을 출판했다.

펴보면 복사본들이 보통 부분적으로 읽혀졌다는 것을 알 수 있다. 저자가 소장하고 있는 1606년판 복사본은 전형적으로 운율이 있는 시편형식으로 제본되었다. 특히 바울 서신들 주위가 무르고 손가락 자국이 나 있다. 당시 300만 정도의 인구를 고려하여 160만 부의 세속적인 시와 극본과 14행시(sonnet)가 발간된 것과는 대조적으로, 아마도 콘콜라가 '주요 종교적 작품들'로 규정한 750만 부가 1500년과 1639년 사이에 출간된 것으로 보인다. 1580년대와 1639년 사이에 청교도의 권위자였던 윌리암 퍼킨스는 윌리암 셰익스피어의 97판을 무색하게 한 188판을 발행하는 기록을 남겼다. 베네치아 인쇄소들의 공급량은 1590년대까지 이탈리아 종교서적 시장의 절반에 육박했다. 그럼에도 그들은 잉글랜드 시장을 위해 출판된 주요 종교서적의 20분의 1만을 생산했다.[32] 프랑스 위그노들의 책 소유 습관에 대한 연구는 프랑스 가톨릭과 유사한 대조를 이룬다. 메츠(Metz)시의 유언인증 목록에 기록된 사람들의 소유물 증거를 고려해 볼 때, 책을 소유한 프랑스 가톨릭 가정의 비율은 대략 동일한 도시에서 개신교 가정의 절반 정도의 비율이었다. 이 수치는 또한 독일 루터파의 절반 정도의 숫자였다.[33]

종교개혁에서 중요한 위치를 차지했던 하나님의 말씀은 말로 선포되거나 읽혀질 뿐만 아니라 노래형식으로 울려 퍼질 수 있었다. 책의 본문보다 교회음악은 사용과 효과면에서 훨씬 더 유용하다. 그것은 개별적인 감상과 묵상과 수동적인 유희를 위해 사용할 수 있을 뿐만 아니라, 능동적인 공동의 행위를 위해 사용되기도 한다. 이러한 음악사용의 선택과 관련하여, 루터파와 개혁파는 하나님을 찬양하는데 있어서 다른 견해를 가지고 있었다. 우리가 보았던 것처럼(12장, pp. 660-663) 잉글랜드국교회에서 성가음악을 주로 하는 성당과 시편찬양을 주로 하는 개혁파 교구교회의 사이에 아주 특별한 불일치가 존재했다. 루터파들은 그러한 첨예한 분리를 보여주지 않았다. 그러나 그들은 두 가지 음악 장르와 함께 사용하였다. 우선적으로 루터는 구교 음악을 매우 아꼈다. 그리고 그의 동료들에게 그것을 보존하도록 고무시켰다. 그리하여, 잘 교육받고 부유한 지도부가 있었던 잉글랜드성당의 도시 교구교회들 같이 루터파는 갖가지 음역대로 구성된 성가음악을 계속해서 발전시켰다. 그리고 심지어 중세교회의 예전적 교회력(도시 회중의 감상을 위해 주로 쓰여진 요한 세바스챤 바흐의 칸타

---

32) K. Konkola, "People of the Book": the production of theological texts in early modern England', *Papers of the Bibliographical Society of America* 94 (2000), pp. 5-34.

33) P. Benedict, *The Faith and Fortune of France's Huguenots*, 1600-85 (Aldershot, 2001), p. 154.

타들에서 승리적 표현을 후에 발견할 수 있다)에 있는 잘 다듬어진 예전음악을 상세히 계절적으로 참고하여, 옛 소박한 선율을 사용하였다. 그리고 그것과 나란히 가장 소박하고 헌신적 음악적 배합을 이루기 위해, 루터파는 루터가 작곡한 생동감 넘치는 노래에서 영감을 얻어 점차 풍성하고 새로운 회중찬송의 레퍼토리로 발전시켰다.

루터가 작곡한 찬양곡들은 최고로 설정된 표준에 의해 완성되었다. 17세기 초 예수회 아담 콘첸(Adam Contzen)은 개혁자의 찬송이 "그들 저서들이나 설교보다 더 많은 영혼을 죽였다"[34]고 슬프게 말했다. 따라서 루터교의 예배는 이중적인 풍성함을 회중들에게 제공했다. 즉 큰 교회에서 성가대 공연을 할 수 있게 되었고, 또한 회중들이 자국어 찬송가를 부를 수 있도록 기회를 제공했다. 그러한 음악적인 선택은 잉글랜드에서 신자들 사이에 분쟁을 초래했던 알미니안 예식주의자들과 개혁파 개신교 사이의 이념적인 문제와는 상관이 없는 것이었다. 그럼에도 불구하고 17세기 후반에 열렬한 개인적인 경건주의(Pietism)로 알려진 독일 경건주의운동의 등장으로 인해, 전통주의를 따르는 루터파 음악과 의식에 대해 의문이 제기되었다(17장, p. 892). 그리고 결국 그것은 많은 성찬에식에서 루터파가 사용했던 라틴 성가음악의 설 자리를 잃게 했다. 찬양에 대한 루터파의 애착은 찬양의 말씀(a Liedpredigt)에 기초한 설교의 독특한 장르로 넘쳐났다. 이러한 설교들은 크리스마스 행사에서 회중을 위한 크리스마스 찬송들과 캐롤에 대한 묵상과 함께 시작했다. 또한 그것을 교회력의 다른 절기들에도 확대시켜 나갔다. 그리고 심지어 장례식에서도 공통적인 수단이 되었다.[35]

개혁파교회는 교회 안에서의 비성경적인 내용들을 노래하는 가톨릭 또는 루터파의 경솔함에 대해 눈살을 찌푸렸다. 그리고 그들의 노래는 운율적 형태를 띤 다윗의 시편들로 좁혀졌다. 또한 대부분의 개혁파지역에서 사람들은 이러한 찬양이 과거 미신의 일종으로 간주하여 파괴되었던 파이프오르간의 반주없이 불러져야 한다고 주장했다. 즉 이는 쥐리히와 스코틀랜드에서 그랬던 것처럼, 잉글랜드 교구교회들도 흡사하게 대략 1570년부터 전국적으로 거의 모든 오르간을 제거하거나 결국에 사용하지 않게 되었다. 오로지 네덜란드 개혁파 교구교회들만이 정교하고 화려한 오르간들을 지속적으로 자랑했다. 그리고 그것은 교회와 그곳의 시 당국 사이의 특별한 균형을 암시하는 실례다. 목회자

---

34) K. H. Marcus, 'Hymnody and hymnals in Basel, 1526-1606', *SCJ* 32 (2001), p. 730.
35) M. Rössler, *Bibliographie der deutschen Liedpredigt* (Neiuwkoop, 1976).

들은 인정하려 들지 않았으나 도시의 영주들은 화려한 음악을 선호했다. 그리고 축제적으로 꾸며진 악기들이 교회예배에서 사용되지 않는다 하더라도 공공의 즐거움을 위한 음악을 위해 오르간을 보존해야 한다고 주장했다. 그들은 지도자가 누구인가를 보여주기 위해 성직자들의 반대를 일부러 무시했다.

이미 1560년대와 1570년대에 있었던 여러 해 동안의 싸움에서 종교개혁에서 비밀스런 병기였던 운율형식의 시편이 갖는 힘과 역동성에 대해 살펴본 바 있다(5장, pp. 418-420). 더 평화스러운 시기에 시편은 설교에 대해 지루하게 생각하던 사람들의 관심을 유발할 정도로 반주없이 큰소리로 즐겁게 불려 졌을 뿐만 아니라, 집안에서나 들에서 일할 때도 불려졌다. 캠브리지셔 교구에서 보여준 성실한 삶과 우호적인 자세를 바탕으로 다수의 엘리자베스 시대의 캠브리지 졸업생들을 대상으로 한 사역에서 목회경력을 쌓았던 잉글랜드의 청교도 목사 리처드 그린함(Richard Greenham)은 하나님과의 개인적 관계를 형성하는 데 있어서 '하나님의 관심을 이끌어 내는' 기도와 명상만큼 노래로 접근하는 것도 중요하다고 보았다. 그것은 운율형식의 시편을 의미했다.[36] 운율형식의 시편은 문화와 언어의 경계를 뛰어넘는 아주 중요한 연합적인 요인이었다. 제네바에서 존 칼빈의 구체화되고 다듬어진 프랑스풍 음악형식에 매우 특별하고도 세련된 클레망 마로(Clement Marot, 르네상스시대의 프랑스 시인)의 시편찬송 운율을 가미하여 시작된 시편찬송은 모든 유럽 개혁파로 뻗어 나갔고, 북아메리카까지 전해졌다.

다문화의 좋은 예는 독일과 헝가리의 여러 운율형식의 시편 버전에서 확인할 수 있다. 언제나 출발점은 마로였다. 작센 출신의 출중한 법조인이었던 암브로시우스 롭바써(Ambrosius Lobwasser)는 비록 개혁파에 대해 동정적이지도 않았고 평생 루터파 귀족들의 예배에 참석했지만 프랑스를 여행하는 도중에 프랑스 위그노 시편 노래의 아름다움에 감명을 받았다. 그의 독일어 음역판은 1573년에 완역되었다. 그리고 독일어를 말하는 세계에서 특별히 성공했다. 100여 개의 흩어진 판들은 200년 후에 다시 나타났는데, 사실 그것은 어떤 버전도 출판되지 않았던 때인 1573과 1578년 사이의 5년 동안에 이루어진 일이었다. 심지어 루터조차도 그것으로부터 그 성가악보를 차용하였고, 그것은 루터의 성경이 고지독일어(High German, 표준독일어)의 언어 형식을 표준화하는데 끼친

---

36) K. L. Parker, 'Richard Greenham's "Spiritual Physicke": comfort of afflicted consciences in Elizabethan pastoral care', in Lualdi and Thayer (eds), *Penitence*, pp. 71-83, 78 에서.

영향과 같은 것이었다.[37] 차례로 롭바써의 작품은 알베르트 센츠지 몰나(Albert Szenczi Molnár)에 의한 아주 효과적인 헝가리어 번역 출판물을 1607년에 탄생시켰다. 독일어는 알지만 프랑스어는 몰랐던 몰나는 헝가리어의 매우 다른 리듬 안에서 프랑스 구절의 의미를 생생하게 나타내기 위해 프랑크푸르트에 있는 프랑스 개혁파 목사와 가깝게 일했다.

몰나의 번역이 완료되었을 때, 프랑스 곡조를 완전히 갖춘 그의 노래는 국제적인 개혁파 개신교의 주류에 합류하기를 원했던 트란실바니아 교회에서 '청교도'에 대한 상징이 되었다(10장, pp. 601-604). 그들은 헝가리교회 당국이 교회 예배에서 삭제된 형태로 남겨놓은 혼합 전통 찬양들을 대치하려고 했다. 그리고 그들은 전통적인 원주민 음악 지지자들과 격렬한 논쟁을 벌였다.[38] 만약 개혁파 개신교 전통에서 본래 개신교를 매도하려는 용도로 쓰여진 용어 '칼빈주의자'를 정당화 할 수 있는 것이 있다면, 바로 그것이 칼빈이 제네바에서 사용한 운율형식의 시편찬송이 국제적으로 통용된 일일 것이다. 칼빈의 시편찬송은 『기독교 강요』의 신학이 끼친 영향보다 그 효과 면에서 더 포괄적이었다.

3. 경건의 훈련

권징은 개혁에서 매우 긍정적인 단어였는데, 개혁파 개신교 전통 안에 계명들은 거의 모두 세상의 올바른 질서에 관한 약속과 전능하신 하나님의 기쁨을 전달하는 슬로건과 같은 것이었다. 그것은 단순히 멋대로 생각하는 자칭 폭군들이 하는 그런 하찮은 간섭이 아니었다. 이런 관점에서 우리는 우리 사회와 그들의 사회 사이의 간극을 깨달아야 한다. 현대 서구사회의 영향을 받은 사람들은 권징을 우선적으로 개인적 선택의 문제 또는 세속 국가에 의한 입법규정의 문제로 생각한다. 그러므로 권징이 당시 교회의 주요업무 중 하나였고, 또한 가장 유용한 수단이 되었다는 것을 이해하거나 동감하는 것은 극히 어려운 일이다.

종교개혁의 시각에서 볼 때, 심지어 일상적인 삶에서 우리가 잔인하다고 정죄할 수 있는 일을 과감히 저지르는 압제자들을 조소하고, 또한 압제받는 자들

---

37) Marcus, 'Hymnody in Basel', pp. 735-6.
38) Murdock, *Calvinism on the Frontier*, pp. 18, 167-8.

편에 서는 것은 쉬운 일이다. 그 위대한 개혁자와 거리를 두기 위해, 그들의 개(dogs)를 '칼빈'이라고 불렀던 제네바 사람들에게 남모르는 동정을 느낄지도 모른다.[39] 현대의 진보적이고 학구적인 교육 역사가들이 최근에 약자들과 힘없는 자들의 역사에 관심을 가지기 시작하였으며(매우 칭찬할만하게) '아래로부터의 역사'를 쓰려고 노력해 왔다. 그들 중 한 명이자 개혁의 출중한 사회 역사가인 제랄드 스트라우스(Gerald Strauss)는 '대중 역사의 딜레마'라고 불렀던 것을 깨닫고 다음과 같이 술회하였다.

> 어떻게 나의 학문적인 업적을 통해 현재 내가 처한 역사적 순간과 환경에서 느끼는 것처럼 이전 시대의 일반 대중의 방식을 느낄 수 있을까? 사실 나의 이전 시대 사람들의 대중문화에 대해 공감을 거의 못 느끼고 그 문화에 친밀감도 못 느낀다.[40]

종교개혁이 일어나고 5세기가 지난 지금 대부분의 학자들에게 혼란스러웠던 종교개혁의 메아리는 막연하게 들릴 것이다.

저 섬세하고 지적인 데시데리우스 에라스무스(Desiderius Erasmus)는 스트라우스 딜레마의 전형이었다. 그의 대중 종교이론에 대한 열정은 일반인들이 어떻게 그들의 종교를 표현했고, 또한 실제로 그들을 일반적으로 표현했던 실제적인 방식과 쉽지 않게 결합되었다. 개혁에 있어서 에라스무스는 사회적 권징에 중점을 두었다. 그는 수도사들에게 요구되었던 것과 같은 거룩한 방식으로 모든 인간이 그런 삶을 살 수 있을 것이라는 사상을 유행시켰다. 로마 가톨릭과 개신교는 이점에 있어서 똑같이 그를 따랐다. 그리고 가톨릭과 개신교 지도자들은 앞다투어 그가 버린 대수도원장의 역할을 대신하려고 했다(2장, pp. 165-168). 가톨릭과 개신교 양쪽 모두가 유럽 사람들의 성적인 삶을 통제하기 위한 기회를 붙잡으려고 했던 것을 알 수 있다(16장). 다가오는 종말의 위협 속에서 수십 년간의 개혁에서 생겨난 재난들은 모두 우울한 회개의 분위기를 스며들게 했다. 이것은 상징적으로 사육제에 맞서 사순절이 승리한 것으로 기술되어 왔다. 그 승리는 존 칼빈이 수행했던 것만큼, 밀라노의 대주교 칼를로 보로메오와 예수회 선교 설교자들(Jesuit mission preachers)의 사역에 의한 것이었다.[41]

---

39) G. R. Potter and M. Greengrass, *John Calvin: Documents of Modern History* (London, 1983), p. 90.
40) G. Strauss, 'The dilemma of popular history', PP 132 (Aug, 1991), pp. 130-49, 133 에서.
41) CF. P. Burke, *Popular Culture in Early Modern Europe* (London, 1978), Ch. 8, 'The Triumph of Lent'.

권징의 분위기는 반드시 진지한 치안판사들만을 위한 것은 아니었다. 그것은 가톨릭과 개신교의 모든 사람들이 그들처럼 정결하게 되기를 원했던 혁명적인 청교도들의 디딤돌이었다. 이미 살펴보았듯이, 프랑스 시민혁명 동안에 위그노들과 가톨릭 진영 열정주의자들 모두는 성공적으로 바보들의 수도원(Abbayedes Conards)이라고 불렸던 루앙의 시끄럽고 젊은 카니발을 행하는 자들의 즐거움을 파괴시켰다(10장, p. 611). 혁명이 끝났을 때, 혁명주의자들은 윤리회복운동을 고무시키기 위해 이전의 동맹들과 연합을 꾀했다. 초기 잉글랜드 종교개혁은 혁명적이었던 반면, 복음주의자들은 일반적으로 강단에서 배제되었다. 그래서 그들은 교회 밖에서 그들의 메시지를 전파했는데, 구전 방식으로 선술집이나 극장 무대에서 행해졌다. 1580년대에 이르자 청교도들은 교회 밖의 전파방식을 비난했다. 왜냐하면 개신교회는 당시 확고하게 서 있었고 그들은 그들이 추구했던 경건한 사회를 촉진시키기 위한 교회구조를 사용할 기회를 가졌기 때문에, 소통에 있어서 대안적 방편을 둘 필요가 없었다.[42] 이러한 태도를 표명한 청교도들은 여전히 엘리자베스 왕조와 사이가 좋지 않았다. 왜냐하면 국교도 개신교 치안판사들은 그들에게 동의하지 않았고, 그들의 적대감이 좋은 관계와 합당한 계급제도를 분열시킨다고 생각했기 때문이었다. 변화된 시대를 상징적으로 보여주는 사건이 발생했는데, 그것은 참회의 화요일에(Schrove Tuesdays-사순절 전날) 수천 명의 도시 초심자들과 친구들이 도시 홍등가와 극장에 난입하여 기물을 파손한 사건으로 1600년대 이후로 런던에서 이런 관습은 점점 더 유행하게 되었다. 혹자는 그것을 윤리회복운동과 관련한 급진주의자들의 행동이라고 부른다.[43]

기독교 권징의 이상은 마태복음 18:15-22에 있는 그리스도의 말씀에 기인하고 있다. 마태복음 18장에 서술된 권징 원리는 놀랄 것 없이 1세기의 사회구조 단위 속에서 자의식적이고 세분화되어 세워진 것으로 개인적이고 인격적이다. "네 형제가 죄를 범하거든 가서 너와 그 사람과만 상대하여 권고하라 만일 들으면 네가 네 형제를 얻은 것이요." 그래서 두 사람이 그들 자신의 논쟁을 해결해야 한다. 만약 그들이 할 수 없다면 그 후에 다른 그리스도인들이 개입되어야 한다. 그리고 만약 해결에 여전히 실패한다면, 전체 교회가 개입해야 한다.

---

42) MacCulloch, *Later Reformation*, pp. 136-7; C. Marsh et al., *Songs of the Seventeenth Century* (Belfast, 1995), pp. 4, 35, 85; J. N King, *English Reformation Literature: the Tudor origins of the Protestant tradition* (Princeton, 1982), pp. 211, 277-9.

43) R. Hutton, *Stations of the Sun: a History of the ritual year in Britian* (Oxford, 1996), p. 155.

따라서 권징은 내부로부터, 개별적으로 그리고 교회 공동체 내부로부터 시작되어야 한다. 그리고 가능한 한 세속법 시스템을 피해야 한다. "만일 [위반자가] 교회의 말도 듣지 않거든 이방인과 세리와 같이 여기라"라고 예수는 최종적으로 명령하셨다.

이러한 원리를 마음에 두고 서양 중세교회 고해의 실천은 죄인들을 위한 화해의 공동체 행위로써 시작하였다. 그러나 이것은 점차 성례적 참회 사상이 추가되면서 함께 일대일 화해가 되었다. 그러한 개별적인 고해성사를 듣는 성직자는 솔직한 친구일 뿐만 아니라 하나님의 사면전달자였다. 고해성사와 나란히 교회법을 운용하는 교회법정시스템이 있었다. 마틴 루터는 그 시스템을 교황타락의 모퉁이돌로 보았다. 그리고 마틴 루터는 그것을 구체화한 교황의 교서를 상징적으로 불태웠다. 반종교개혁 교회는 자연스럽게 개인적인 고백을 모든 남아 있는 권징구조들과 함께 여전히 권징의 중심으로 유지했다. 우리는 대주교 보로메오가 그 시스템을 강화하기 위해 특징적으로 최선을 다한 것을 보아왔다(9장, pp. 545-547). 그러나 그는 단지 주어진 성직을 통하여 적절한 고해성사를 고무시키려 했던 한 명의 대리인에 불과했다. 예수회 회원들은 그들의 학교의 조직을 근무시간 외의 경건협회들을 늘리기 위해 사용하였다. 교황이 1584년 이러한 협회에 자격을 부여한 후에, 그들은 매일 미사 참여와 정규적인 고백의 보답으로 충분한 특혜의 유익을 제공받게 되었다. 예수회는 스페인 선례들을 따라 이그나티우스에 의해서 고안된 방법, 즉 일반적인 고백을 증진시켰다. 이것은 사람이 지은 죄들을 엄숙하게 조직적으로 검토하는 원리였으며, 또한 신중하게 구성된 자기진단의 방편으로 당시 개혁파 개신교의 주된 관심사였던 구원에 대한 선택을 나타내는 실험적인 증거였다.[44]

권징에 관한 개신교의 어떤 부분들은 옛 권징조례와 슈트라스부르크에서 마틴 부처의 영향을 받아 더욱 조직적으로 재구성된 개혁파의 조정안이 상충되어 문제가 되었다. 그 후에 고전적인 '칼빈의 제네바' 조례를 따랐다. 에드워드 6세의 통치 말엽에 잉글랜드국교회는 중세 교회법을 수정하는 문제를 제기하기 시작했고, 정교한 예전의식을 갖추고 고해성사할 수 있는 새로운 권징법정을 세우는 소성안을 제시했지만 성직권은 이러한 개혁을 부마시키려 했다. 결

---

44) M. Mahre, 'confession and consolation: the Society of Jesus and its promotion of the general confession', in Lualdi and Thayer (eds), *Penitence*, pp. 184-200, 특별히 pp. 185-6, 194-5; 8장, pp. 545-47 을 보라.

국 그 후에 어떤 극단적인 것도 실행되지 않았다.[45] 1559년부터 잉글랜드는 몇몇 주교들을 포함하여 많은 진보적인 개신교도들이 혐오할 정도로 중세교회 법정체제를 할 수 있는 한 고수하려고 최선을 다해야 했다. 쉽지 않았지만 점차적으로 그들은 16세기 중반에 상실했던 가톨릭교회법 체제에 대한 신뢰를 회복했다. 그리고 그들은 특별히 성에 관한 적절한 규제에서 상당한 성공을 일구어냈다(16장, p. 812). 그럼에도 불구하고, 개혁교회의 적절한 권징법의 부족은 잉글랜드국교회를 유럽의 다른 개혁파교회들로부터 차별화하는 과정에서 잉글랜드의 대성당들이 생존하는 데 결정적인 요인으로 작용하였다.

이러한 부족을 메우기 위한 부분적인 보상이 이루어졌는데, 비록 반종교개혁 가톨릭의 조직적인 규모나 연옥과 중세의 강제적인 고해성사와는 별개로 잉글랜드 기도서에서는 계속적으로 개인이 성직자에게 고해성사를 할 수 있도록 허락되어졌다. 잉글랜드처럼 루터파 성직자는 개혁파방식으로 종교 법원들과 장로회들을 통한 교회권징을 할 수 없었다. 독일 루터파는 잉글랜드에서보다 훨씬 더 조직적으로 목사들에게 개인적 고백을 하는 관례를 부활시켰다. 그리고 그것은 18세기까지 독일 루터파 관례에 있어서 눈에 띄게 남아 있었다. 루터파 전통이 1600년 이후 세워졌을 때, 노르웨이에서 목사들은 성찬을 받기 위한 선행조건으로서 성도들에게 일대일 고백을 요구했다. 그리고 둘러싸인 고해성사단이 교회 제단의 북쪽에 일대일 고백을 목적으로 설치되었다. 18세기까지 이러한 것들은 반종교개혁 가톨릭에 대해 즉시 인식할 수 있었을 본격적인 고해성사실로 자리 잡았다.[46]

권징체제를 세우는데 어려움을 겪은 나라는 잉글랜드만이 아니었다. 프랑스와 네덜란드에서 모두, 제네바 모델로 목사들과 장로들에 의해서 진행된 종교 법원의 법정시스템은 강제력이 부족하여 문제가 있었다. 프랑스에서는 묶인 소수의 내부적 권징장치에 불과했고, 네덜란드에서는 그 강제력이 네덜란드 개혁파교회의 정식회원에게까지만 확장되었기 때문이다. 그러한 환경 속에서 공동체로부터 배제되는 출교는 힘있는 무기가 되었을 것이다. 그러나 그러한 출교조치는 개인뿐만 아니라 전체 공동체에도 많은 해를 끼칠 수 있는

---

45) G. Bray (ed.), *Tudor Church Reform: the Henrician Canons of 1535 and the Reformatio Legum Ecclesiasticarum* (Church of England Record Society 8, 2000), 특별히 서문.

46) E. Christiansen, reviewing H. Bergan, *Skriftemål og skirkftestol: Skriftemålet i den norske kirke fra reformasjonstiden til idag* (Oslo, 1982), in *JEH* 34 (1983), p. 483. 독일 루터교 실천에 대한 좋은 논의들은 M. J. Haeming and R. Rittgers in Lualdiand Thayer (eds), Penitence, pp. 30-70.

치명적인 선택이 될 수 있었다. 결과적으로 교회법원들은 제네바나 스코틀랜드 같이 기독교가 선점한 곳보다는 사람들을 출교시키는 것을 훨씬 더 꺼려했다. 출교는 제네바에서보다는 프랑스에서 훨씬 드문 것이었고, 심지어 프랑스에서보다는 네덜란드에서 더 드문 것이었다.[47] 역설적으로 교회법정의 문제들은 프랑스 가톨릭에서보다 네덜란드 개신교에서 어떤 면에서는 더 컸다. 왜냐하면 많은 네덜란드 시민치안판사들이 독립전쟁으로 인해 개신교가 생겨났다고 하는 교회법정의 주장에 대해 확신하지 못했기 때문이었다. 암스테르담 시장 후프트(C. P. Hoof)가 말한 대로, 목사들은 "기독교 치안판사의 보호 아래 있는 교회와 십자가 아래 있는 교회를 혼동하는 실수를 하고 있다"고 말했다. 다른 말로 말하면 교회 법원들은 단지 위급한 상황과 시대를 위해 있는 것뿐이었다.[48]

그럼에도 불구하고 그러한 논쟁적인 환경 속에서조차 종교 법원은 강력한 사회적 제재를 발동할 수 있었다. 칼빈은 권징을 아주 높이 평가했다. 왜냐하면 그것은 타락으로부터 성례전을 보호하는 수단이기 때문이었다. 그리고 그러한 종교 법원의 사역의 관점은 신학적 중요성의 문제일 뿐만 아니라 공동체의 문제이기도 했다. 종교재판이 일정 기간 정지된 후에 성찬 위반자를 다시 받아들이도록 결정했을 때, 공적인 평판이 사회적으로 아주 중요하게 여겨졌던 시기에 그러한 지지를 받는 개인의 가치와 정직이 주요한 진술로 작용하였다. 스코틀랜드에서 분배된 금속 토큰은 성찬에 대한 입장권을 상징하는 것이었다. 이와 동일한 이유에서 이러한 작은 토큰들은 아주 소중하게 여겨졌고, 자주 개인의 경건과 가치를 공동체가 확인하는 것을 볼 수 있는 표지들로써 대중이 성찬을 준비하는 동안 하루 또는 이틀 동안 눈에 띄게 착용되었다(어떤 이들은 그 토큰들을 위조했다. 그래서 디자인을 정기적으로 바꾸어야 했다).[49]

프랑스, 네덜란드, 스코틀랜드에서 발전했던 것처럼 개혁과 교회권징의 원동력은 권징이 진정으로 공동체를 나타내는가 하는 것이었다. 종교개혁이 길드를 폐지하기 전 길드가 많은 중세 유럽 국가들을 위해 행했던 것을 평하는 관점에서 볼 때, 이 권징은 그들 사이의 분쟁을 조정하는 데 상당한 역할을 했다

---

47) C. H. Parker, 'The moral agency and moral autonomy of church folk in the Dutch Reformed Church of Delft', *JEH* 48 (1997), pp. 44-70, 48.
48) A. Duke, 'The ambivalent face of Calvinism in the Netherlands 1561-1618', in M. Prestwich (ed.), *International Calvinism* 1541-1715 (Oxford, 1985), pp. 109-34, pp. 128-9 에서.
49) Todd, *Protestantism in Scotland*, pp. 96-7.

고 볼 수 있다. 그런 권징은 대부분의 시민 법정과 달리 무료로 시행되었다. 그리고 그것은 개별적인 교회회중에 기초했기 때문에, 연이어 재판이 진행되는 로마 가톨릭과 잉글랜드국교회의 교구관구의 법정들, 또는 영주나 시민대표단에 의해서 집행되는 루터파 국가교회들의 새로운 권징 법정과는 달리 그런 권징은 지역적이며 두드러진 반응을 보였다. 개혁파 권징의 권한은 영주에 의해서 부여된 것이 아니고 평민들에 의해 주어졌다. 회중은 목사와 함께 종교법원에서 누가 장로가 될 것인지를 결정했다. 비록 그들이 자연히 사회적으로 저명했던 사람들을 선택하는 경향이 있었지만, 모든 교회 구성원은 그들 자신보다 더 나은 사람들의 능력과 도덕적 적합성에 대해 판단할 기회를 가졌다. 반면 종교법원의 권위는 구성원들의 현존하는 사회적 명성으로부터 유익을 얻었다.

따라서 평신도들은 길드의 폐지로 인해 잃어버렸던 교회안에서의 권위를 회복했다. 12명에서 24명 정도로 구성되었던 종교법원의 성직자들의 주장이 관철되는 것이 결코 쉽지 않았다. 스코틀랜드 종교개혁이 의심의 여지없이 급속히 성공한 이유들 중 하나는 교구에서 종교법원 시스템, 즉 노회(Kirk Session)의 즉각적인 설립이었다. 이러한 노회가 1560년대와 70년대에 로우랜드(Lowlands, 지금의 에딘버러 밑에 위치한 지역) 그리고 1600년까지 전체 하일랜드(Highlands, 스코틀랜드 북부지역)에 설립되었다. 개인적인 폭력과 반사회적 행위가 일반적이었고 동시대의 잉글랜드에서 잘 발달된 평화로운 왕실 판사들의 세속 시스템과 같은 것이 없이 대지주와 귀족들에 의해 통치되던 사회에서, 이는 진정한 공동체 규범의 지역적 수단들이었다. 이러한 권징제도는 1590년대에 마녀 열풍이 도래하면서 선에 대한 것뿐만 아니라, 악을 드러내는 수단이 되었다. 그러한 권징제도로 인해 생겨난 부산물인 비열함이나 폭정, 그리고 다른 견해를 취하는 것과 비국교도에 대한 압제를 보면 생각이 달라질 수 있을 것이다. 그러나 종교개혁 또는 반종교개혁이 진행되었던 유럽의 어느 지역도 그러한 권징의 압박을 경험하지 않았던 곳은 없었다. 사실상 어느 누구도 개인적인 선택의 자유라는 호사를 즐기지 못했다. 그리고 그러한 사치를 상상하거나, 심지어 바람직하게 생각하는 데까지 상상하는 사람들이 없었다. 적어도 개혁파 권징은 종교재판관들이나 왕의 의견과 편견을 대표하기보다 오히려 공동체를 대표하는 쪽으로 목적을 삼았다.

개혁파 권징제도의 모든 환경에서 법정 장로직은 법조인, 상인 또는 농부와 같이 매일매일 생계비를 벌어야 하는 사람들에게는 부담스럽고 시간을 많이 빼앗는 일이었다. 그리고 이러한 무보수 사역은 반드시 단순한 거만함이나 자기 홍보가 아닌 진지함과 헌신적인 관점에서 일반적으로 맡겨졌다. 장로들은 그들 공동체의 상처를 치료하는 데 비중 있는 역할을 했다. 그리고 마태복음 18장의 원리대로 그들이 만약 그들의 동료들을 포함시키지 않고 어떤 사건을 마무리 할 수 있다면 그들은 성공한 것이었다. 17세기 초 위트레흐트에서 저명한 변호사인 아르놀두스 부켈리우스(Arnoldus Buchelius)라는 한 장로의 개인 노트가 운 좋게 발견되었는데, 위트레흐트 교회 법원의 공식적인 기록들이 그가 개입한 권징의 30퍼센트 정도만 기록하고 있다는 것을 알 수 있었다. 즉 공식적인 기록들은 자명하게 공식적인 노트를 만들 필요가 있었던 결혼 논쟁과 같은 문제에 집중해 있었다. 반면 부켈리우스는 싸움을 해결하거나 여러 차례의 술취함 또는 부적절한 춤에 대한 회개의 기록들을 보존하는 데 개인적으로 최선을 다했다. 교회 법원들의 편견에 대한 조사를 보면, 프랑스, 네덜란드 또는 스코틀랜드에서 장로들은 인간내면의 문제들보다는 오히려 전체 공동체에 영향을 미쳤던 문제들, 즉 개인적이기보다는 공적인 것으로 정의될 수 있는 죄들에 대해 중세 고해성사에서 보다 더 많은 관심을 가졌다.[50]

종교개혁 권징에서 하나의 중요한 관점은 비밀스럽게 진행된 고해성사의 모호한 과정을 공동체적으로 표현하는 공동고백의 부활을 가져왔다. 그래서 교회 당국은 잘못을 행한 자를 회개하도록 하는 과정에서 모든 사람들을 포함시킬 수 있었다. 회개의 공식적인 의식들은 결코 중세 서양에서 사라지지 않았다. 결국 사형집행(Auto-da-fé)은 매우 간결한 공동체 회개 행위가 되었다(9장, p. 555). 예배시간 동안에 치욕적으로 꽉 조이는 옷을 입고, 다리를 드러내고, 흰 천이나 삼베 천을 입고 서 있는 회개의 관례는 중세시대 내내 계속해서 보편적이었다. 그리고 공식 회개의 원리는 트리엔트공의회에서 재확언되었다. 여전히 구교 법제도를 따랐던 엘리자베스시대 잉글랜드국교회의 많은 주교들과 부주교들은 완전히 사라졌던 관습, 즉 사람들이 교회로 줄지어 들어가기 전에 죄지은 자가 저자거리에 서서 회개하는 것을 보도록 하는 관습을 회복시키려고 노력했다. 그리고 잉글랜드 상황에서 이와 관련한 첫 번째의 많은 실례들이 발전하는 스코틀랜드국교회와 접촉했던 성직자들과 연결되어 있다는 점이 중요하다. 개신교의 공동체적 회개와 화해의 회복을 조직화하고 본보기로 예증한

---

50) J. Pollmann, 'Off the record: problems in the quantification of Calvinist Church discipline', *SCJ* 33 (2002), pp. 423-37. 프랑스에 대해, R. A Mentzer, 'Notions of sin and penitence within the French Reformed community', in Lualdi and Thayer (eds), *Penitence*, pp. 84-100, 87, 92 에서.

교회가 바로 스코틀랜드국교회였다.[51]

　회개의 문제에서, 교회는 외향적이며 전통적인 외적 의식이 미신을 조장한다는 어떤 걱정도 하지 않았다. 스코틀랜드국교회는 회개하는 사람이 잡고 있는 가톨릭형식의 불이 붙여진 초만을 제거했고, 가끔 그 초를 폭력적 싸움의 칼이나 검과 같은 것으로 회개되어야 할 범죄의 상징으로 대치했다. 교회는 회개에 있어서 실제로 굴욕, 하얀 천 그리고 중세 맨발의 장치에 대해서 상세히 설명했다. 교회는 새로운 예전적 교회 가구와 참회의자를 비치했다. 이 같은 가구는 같은 해인 1560년대에 멀리 헝가리와 트란실바니아의 개혁교회에서만 발견될 뿐이다(삽화 14).[52] 다른 문화권에서 이러한 참회의자의 생소한 이야기가 잉글랜드 여행자에 의해 전해졌다. 그는 1598년에 에딘버러에 있는 성자일스교회(St Giles High Kirk, 존 낙스 시무교회)에서 예배를 드린 후에, 그가 생각했던 대로 우아하고 편리하게 보이는 의자를 만들었다. 따라서 불행한 그 신사는 결국 떠나기 전 모인 회중을 위해 지속적인 흥겨움을 제공했다. 참회의자는 반종교개혁 또는 노르웨이 루터파의 참회제도가 의미하는 회개를 위한 개인적인 환경같은 것이 아니었다. 그것은 공적 예배의 상황에서 회개자가 청중 앞에 극적으로 보이도록 고안된 공적인 의자였다. 걸상은 자주 다른 범죄들에 대해 다른 높이로 분류된 부분을 제공으로써 가끔 단순한 설명과 일치하지 않았다. 엘진(Elgin)에서는 비방자들의 의자가 간음자들보다 더 낮게 위치되었다.[53]

　이 회개의식을 위한 예식이 준비되었는데, 범죄자가 외부로부터 지역사회 품으로 돌아오도록 하는 용서의 무대가 고안되었다. 여러 에피소드 가운데에서 가끔 연속적인 모험물의 형태를 취했던 드라마가 주일마다 계속 확산되었다. 이런 현상이 가지는 정교함은 문자적으로 인류학자들이 말하는 리미널리티(liminality, '문지방'을 뜻하는 문화인류학적 용어로 주로 다양한 역사적인 사건 속에서 일어나는 문제점들을 분석하는 학문적인 유용한 도구)의 축소판이라고 불렀던 원리에 의해 설명되어질 수 있다. 왜냐하면 회개자에 대한 최종적인 용서가 선포되기 전에 일련의 관문들을 통과하는 의례가 있었는데, 맨 먼저 감옥으로부터 자치도시의 저자거리를 지나고, 다음은 저자거리에서 교회로, 마지막으로 교회정

---

51) D. Postles, 'Penance and the market–place: a Reformation dialogue with the medieval church (c. 1250–c. 1600), *JEH* 54 (2003), pp. 422–40. 뒤따르는 것에 대해, Todd, *Protestantism in Scotland*, Ch. 3.
52) Murdock, *Calvinism on the Frontier*, p. 210.
53) Todd, *Protestantism in Scotland*, pp. 135, 321.

에딘버러 그래이프라이어 로마 가톨릭교회에 있는 이전 참회
의자: 지금은 스코틀랜드의 국립 박물관에 있다.

문에서 교회의 중앙에 있는 참회의자로 이어졌다. 가능한 한 죄인에 대한 일련의 모습들에서 용서와 화해의 메시지를 최고로 강조하기 위해, 이따금 성찬예식과 함께 동시에 이 회개의식을 치렀다. 어떤 교회 건물들에는 성찬을 받는 자들과 성찬을 받지 않는 자들을 위해 입구 문들이 분리되어 있었다. 성찬 시간에 회개자는 관례적으로 성체 배령자 문에 위치했다. 그래서 회개자(굴욕적이고, 하얀 또는 삼베옷을 입은)는 경건한 사람들이 인증을 받은 표시인 성찬 토큰을 들고 건물로 줄지어 들어갈 때, 그들의 응시를 받아야 했다.

회개자는 설교가 진행되는 동안 회중의 응시를 받으며 앉아 있어야 했으며, 설교 후에 회개자는 자신이 저지른 행위에 대해 진정으로 참회를 해야 했다. 즉 회중은 그 눈물이 진짜인지 판단했다고 한다. 그리고 회중이 대체적으로 그 범죄자가 그 권징제도를 경멸하고 있다고 판단되면 더 회개해야만 했다. 만약 평결이 긍정적이었다면 그 후에 회개하는 죄인은 관행적으로 상징적인 몸짓, 즉 악수 또는 키스로 적절한 교제를 할 수 있도록 환영받았다. 회중의 참여는 단순한 관음증이 아니었다. 다양한 종류의 죄가 전체 공동체에 해를 가할 수 있고, 하나님과의 관계를 손상시킬 수 있었기 때문에, 전체 공동체가 그 용서를 판단하고 표현하는 것은 적절한 일이었다. 이는 개혁이 무엇을 의미하는지에 대한 궁극적인 표현이었다. 권징에 있어서 더 이상 성직자의 절대적 권위가 통용되지 않았고, 하나님의 백성들이 가진 모든 능력 안에서 권징이 시행되었다. 성직자도 그것(권징제도)에 복종했다.

이같이 강화된 개인생활에 간섭하는 사회 형태를 현대 서양 사람들은 인정하려 들지 않을 것이다(비록 현대 서양의 타블로이드 신문이 옛날과 다르지 않은 방식으로 특별한 부류의 죄인에 대한 공적인 굴욕을 제공하고 있지만). 그 당시에는 이 권징제도가 효과가 있었다. 왜냐하면 사람들은 그것이 잘 되기를 원했기 때문이다. 재범률은 낮았다. 그것은 많은 사람들에게 무섭도록 폭력적이고 임의적인 세계를 통제하기 위한 어떤 구조를 제공했다. 그리고 어떤 사람들에게는 개인적인 죄와 투쟁에서 해방을 가져다 주었다. 비밀이 되어 묻힐 수 있었던 죄들을 참회의자에 나와 솔선수범해서 죄를 고백한 사람들의 많은 예들이 있었다. 예를 들어, 교회가 선포한 금식일 동안에 집에서 성관계를 탐닉했기 때문에 고통을 느꼈던 에버딘의 결혼한 커플, 또는 리즈를 방문하여 선창가의 홍등가에서 음주와 간음에 빠졌던 네덜란드 선장이 리즈교회의 참회의자에 나와 회개하지 않고 슬그머니 리즈를 빠져나간 일들이 그런 예들이다.[54]

스코틀랜드로부터 트란실바니아까지 개혁파교회는 하나님의 말씀을 근거로 해서 권징제도를 분명하게 세웠다. 권징제도는 개혁파교회에 대단한 자신감을 심어주었는데, 그것으로 인해 초기 근대 유럽에서 비교적 낮은 사회계급이나 덜 중요한 관습을 생각했던 것보다 더 무시하는 경향이 있었다. 부요하고 힘 있는 사람들은 스코틀랜드의 참회의자에 거의 나가지 않았다. 그러나 그들은 노회의 압도적인 비평에서 제외되지 않았다. 그리고 그들의 예외적인 행동에 벌금이 부과되었는데, 그 벌금은 교회 복지재원 마련을 위해 사용되었다. 1589년에 에딘버러의 교회는 살인과 반역죄와 관련하여 보스웰의 백작인 프란시스의 회개를 공식적으로 시행하고 권징했다(14장, p. 731 참조). 보스웰과 나머지 참석한 스코틀랜드 귀족들 앞에서 에딘버러의 주요 각료 중 하나였던 로버트 부르스(Robert Bruce)에 의해서 귀족들의 죄에 대한 영감 넘치는 설교가 담긴 의식이 이어졌다. 보스웰은 성 자일스의 교회를 떠난 후에 작고한 고우리에(Gowrie) 백작의 딸을 성폭행함으로써, 그날의 변론을 오히려 볼품없게 만들었다. 그러나 유럽에서 가장 위험스럽고 타락한 귀족들 중의 하나인 스코틀랜드의 아주 힘

---

54) Ibid., p. 170.

있는 거물들 중 하나가 그러한 공적인 수치를 당했다는 사실은 개혁파 권징의 규모와 의지에 큰 공헌을 한 것으로 볼 수 있다.[55]

4. 개신교의 정신

비록 우리가 성상 파괴주의와 금식과 그리고 스코틀랜드 노회제도를 최대한 이해하고 강조한다 해도, 철저한 개신교도들이 미국의 저 위대한 신문 편집자 멘켄(H. L Mencken)이 청교도들에 대해 정의한 것, 즉 "어떤 곳에서는 어떤 사람은 행복할지도 모른다"는 전제에 상응하는 사회를 만들려고 노력했다는 것은 부인할 수 없는 사실이다. 개신교는 각종 공적인 축제일들과 개인적인 휴일들을 포함하여 교회력에 정해진 성일들을 대폭 축소시켰는데, 심지어 잉글랜드에서 공동기도서에 명맥을 유지하고 있었던 한 무리의 성인들의 날이 적절하게 제거되었다. 그러나 당시의 사회는 회개와 정화에만 집중하려 들지 않았다. 당시에 그들에게는 자신들을 위한 축제형식이 있었다. 이미 살펴본 바와 같이, 옛 교회력에 명시한 옛 성인들의 날 행사로 인해 배제되었던 특별한 주일행사들, 즉 설교와 찬양 그리고 교훈적인 화해드라마 같은 주일예전이 강조되었다.

교회력 폐기가 진행될 당시 첫 세대들에게는, 옛 교회력의 폐기 혹은 단순화는 휴일의 상실을 의미할 뿐만 아니라, 전제주의적인 교회권력으로부터 해방감을 주었다. 그것은 사순절을 위한 옛 금식 규정을 고의적으로 붕괴시킴으로 상징화되었다. 라인지방과 같은 국경지역에서 가톨릭 도축업자들은 가끔 그 폐기와 단순화 때문에 개신교 도살업자들에게 사순절 기간 동안에 주어졌던 유익에 대해 불평했다.[56] 잉글랜드 개신교는 오히려 비논리적이고 종교적 정당성도 없는 생선을 먹는 옛 규칙들을 준수했다. 또한 잉글랜드 개신교는 사람들에게 어업에 지원이 필요하다고 반복적으로 상기시켰다. 이런 조치가 모든 사람들에게 좋게 여겨졌지만, 사순절에 소시지를 먹으면 지옥불에 떨어진다는

---

55) K. M. Brown, 'In serch of the godly magistrate in Reformation Scotland', *JEH* 40 (1989), 553-81, 567에서. 결혼에서 부모 지도에 대한 교회의 태도에 대해, 15장, p. 791 을 보라.

56) T. Scott, *Regional Identity and Economic Change: the Upper Rhine, 1450-1600* (Oxford, 1998), pp. 226-8, 234-5.

것을 암시하지는 않았다.[57]

　교회력에서 배제된 성인들의 날들을 대체하고 개신교 발전을 기념하는 새로운 개신교 축제들이 생겨났다. 잉글랜드의 엘리자베스 1세는 11월을 특별한 달로 정했다. 그것은 교묘하게 사기를 진작시키는 선택이었다. 왜냐하면 겨울이면 북유럽은 기나긴 칠흑 같은 밤이 이어지고 추위가 심해지는 경향이 있기 때문이었다. 그러나 그 기원은 1558년 11월 17일에 배다른 이복 자매 메리가 죽고 나서, 엘리자베스 여왕이 왕위에 오른 사건이었다. 여왕의 첫 10년 동안에는 분명한 정부 주도권 없이, 어떤 교구들은 그들의 교회 종을 울리고 왕위 계승일에 큰 모닥불을 피우기 시작했던 것처럼 보인다. 이것은 국가 전역으로 퍼졌다. 잉글랜드 정부는 1588년 스페인 무적함대 격퇴 사건을 11월에 맞추어 발표했다(위협이 확실히 끝났다는 것을 시기에 맞춰 늦게까지 두었던 것 같다). 그래서 이러한 새로운 축제는 여왕을 위한 축제에 덧붙여졌다. 무적함대의 격퇴에 직접적으로 개입하지 않았던 스코틀랜드조차 신앙을 위한 이러한 주요 행사를 곧바로 경축하게 되었다. 우연히도 1605년에 가톨릭 음모자들은 다시금 폭약으로 웨스트민스터 의사당을 폭파하기 위해 의회개회일인 11월 5일을 선택하였다.

　그 당시 잉글랜드의 일반인들은 개신교의 11월을 자신들의 것으로 확실히 고수하고 있었다. 찰스 1세가 1620년대와 30년대에 개신교 잉글랜드를 배신하려 했을 때, 그들은 찰스 1세 정부에 대항해서 11월 축제를 의도적으로 이용했다. 그들은 명백하게 엘리자베스 여왕과 제임스 왕의 기억을 중요시했다. 반면 정부의 분노를 샀지만 당시 사람들은 불행하게도 11월에 있었던 가톨릭 여왕 헨리에타 마리아의 생일 축하연을 탐탁지 않게 생각했다. 1688년 오렌지의 빌렘 왕자는 11월의 운명적 의미를 특별히 강조했는데, 그가 지배권을 상실했던 대서양 지역에 가톨릭계 제임스 2세와 7세를 주축으로 침공을 시도한 달을 11월로 선택했다. 종을 울리고 불꽃놀이를 하면서 모닥불을 피우는 11월은 잉글랜드와 스코틀랜드의 개신교도들에게는 축제의 달(지금도 이 11월 축제는 계속되고 있다)이었다. 제임스 6세 하에 있었던 스코틀랜드는 고우리 음모(Gowrie Plot)로부터 제임스 왕이 무사한 것을 기념하기 위해 8월 축제를 더했다. 이는 1600년대에 발생했던 음모 사건이었는데, 왕을 제외하고는 그 어느 누구도 왕이 실제로 납치되었다고 믿지 않았지만, 이 사건은 여전히 정당을 위한 좋은

---

57) A. Ryrie, 'Counting sheep, counting shepherds: the problem of allegiance', in Marshall and Ryrie (eds), *Beginnings of English Protestantism*, pp. 84-110, pp. 102-3 에서.

변명으로 작용하였다.[58]

　우리는 개신교 축제를 찾기 위해 세속 달력만을 보아서는 안 되고 기독교가 빵과 포도주를 취하는 의식, 즉 성찬식에 기초한다는 것을 기억해야 한다. 많은 사람들은 개혁파 개신교들이 그들의 신학과 헌신적 실천에서 성찬식을 격하시켰다는 잘못된 인상을 가지고 있다. 비록 이런 주장이 현대 복음적인 개신교 안에서 더욱 자주 제기되지만, 사실은 그렇지 않다. 지금까지는 독자들이 그것이 분명히 루터의 경우에는 아니라는 것을 깨달았을 것이다. 성찬을 단순한 상징(symbol)으로 기술했던 츠빙글리는 그러한 풍자에 반감을 품었다. 왜냐하면 그는 그 축제를 세상(당시의 취리히의 공동체)을 위한 하나님의 사랑을 외부적으로 나타내는 거룩한 표시, 즉 기독교 공동체의 가장 고귀한 표현으로 보았기 때문이었다. 칼빈은 츠빙글리의 성례신학이 아주 옳다고는 보지 않았다. 그 이유는 칼빈이 예배에서 하나님의 현존을 훨씬 강조하려 했기 때문이었다. 이미 살펴본 것과 같이(14장, p. 349), 그의 권징의 관점은 아주 엄격했다. 왜냐하면 그는 타락으로부터 성례전을 구하고 싶었기 때문이다. 개혁파 개신교들에게는 성례적 요소를 받아들이는 것은 그들의 삶의 가장 엄숙한 순간들 중 하나였다. 그것은 또한 기쁨과 성취의 순간이었다. 왜냐하면 성례는 아주 특별했기 때문에 또한 너무 자주 반복될 수 있는 순간이 아니었다. 사실 칼빈과 초기 종교개혁자들이 계획했던 것보다 훨씬 성례를 집행하는 빈도수가 적었다. 개신교도들은 로마 가톨릭 전통에서 미사를 반복하는 것을 성례를 신성모독적으로 값싼 것으로 만드는 것이라고 여겼다.

　한 번 더 스코틀랜드국교회는 공동체 생활의 높은 축제로 개작된 성찬식에 대한 가장 두드러진 후기 개혁의 예를 제공한다. 스코틀랜드에서 대부분의 교구들은 성만찬을 일 년에 한 번 또는 기껏해야 두 번 시행했다. 그리고 성만찬은 부활주일의 옛 축제 시기인 봄에 행하였고, 흥분이 고조되는 주말에 정점을 이루었다. 그들(스코틀랜드의 대부분의 교구들)은 성만찬을 주요한 이벤트로 바꾸었다. 며칠, 몇 주, 혹은 심지어 몇 달 동안 시행하는 준비와 교리문답이 있었고, 그 후에는 토요일에 시험과 준비 설교가 있었다. 주일에 있는 성찬예배 자체에서, 회중 안에 있는 모든 사람들로 하여금 특별히 설치된 긴 책상들에 앉아 서로에게 빵과 컵을 건넸다. 이미 살펴본 바와 같이, 성찬이 진행되는 동안에

---

58) D. Cressy, *Bonfires and Bells: National Memory and the Protestant Calender in Elizabethan and early Stuart England* (London, 1989). Todd, *Protestantism in Scotland*, pp. 225-6.

회개자들은 참회의자를 떠나 자기자리로 돌아갈 준비를 했던 것 같다. 성찬 설교는 특별히 엄숙함을 지닌 순서 중 하나였고, 청중들과 설교자들은 자주 특별한 노트에 성례전 설교를 기록하곤 했다. 월요일에는 그러한 감정을 식힐 수 있도록, 감사의 설교가 있는 추가 모임이 있었다. 이러한 성례적 축제는 전 공동체가 회집하는 기회가 되었는데, 산골에 흩어져 거주하는 수천 명의 사람들이 도시 지역으로 몰려들었고, 스코틀랜드 당국은 섬과 섬 사이를 경유하여 오는 사람들에 대해 여행경비를 지급하기도 했다. 그것은 국가 교회에 충성을 바친 모든 사람들을 연합시켰다. 아주 빈번하게, 군중들이 너무 많아 교회 건물에 그들을 수용할 수 없었다. 그리고 이벤트와 공동식사와 군중들의 교리문답을 위한 적절한 야외 장소가 등장했다. 이러한 대단한 행사들은 '성 축제일'로 알려지게 되었다.[59]

1620년대와 1630년대에 제임스 6세와 찰스 1세의 왕실 정부가 스코틀랜드 국민들의 종교적 감정을 건드렸을 때, 스코틀랜드 교구 성찬축제들은 국민들의 끓어오르는 열정과 분노와 흥분을 동반한 거대한 감정적인 분출과 얽히게 되었다. 젊은 성직자 존 리빙스턴(John Livingston)이라는 주동자가 있었는데, 그는 스코틀랜드국교회에서 주교들의 권력이 증대되는 것을 반대한 것으로 인해 자신의 교구를 가지지 못했다. 대신 그는 남서 스코틀랜드를 광범위하게 여행했고, 그의 설교가 주민들에게 활기를 주었던 교구의 성찬식에 특별한 관심을 보였다. 알려진 바에 의하면, 클라이데스데일(Clydesdale)에 있는 숏츠(Shotts) 사람들은 1630년에 그가 설교하는 동안, 쏟아지는 빗속에서 2시간 반을 서 있었다. 어떤 사람들은 황홀해서 서 있었는데, 그것은 날씨 때문이 아니라 그의 말에서 느껴지는 '이상하고 비범한 역동성' 때문이었다. 이러한 일은 위험스러운 재세례파와 같은 것은 아니었다. 그것은 30년 전 보스웰의 흉악한 백작에게 열변을 토했던 로버트 부르스 목사의 (숏츠에서의 사건동안) 합류로 상징되었으며, 교회의 교구적 구조와 칼빈주의 전통 안에 여전히 확고하게 서 있다(14장, p. 767).[60]

아일랜드 해(the Irish Sea)의 다른 편에 있는 얼스터의 소외된 지역에서 카톨릭의 위협과 정체성의 혼란을 겪으며 걱정스럽게 살아가던 스코틀랜드 정착자

---

[59] Todd, *Protestantism in Scotland*, Ch. 2.
[60] L. E. Schmidt, *Holy Fairs: Scottish communions and American revivals in the early modern period* (Princeton, 1989), pp. 21-6.

들은 성찬과 영적 갱신의 결합을 위한 열정을 가지고 모였다. 1625년에 시작했던 앤트림 주의 6마일 해상 부흥회(County Antrim Six-Mile-Water Revival)에서, 그들은 스코틀랜드에서 일어난 특별한 사건들이 숏츠(Shotts)에서도 일어나기를 기대했다. 즉 그들은 '태양빛처럼 열정적인 복음의 역사'가 일어나기를 기대했는데, 압제를 당해 왔던 공동체가 능력을 받고 새롭게 되는 것을 경험한 열정 있는 축제였다.[61] 후에 목사가 된 한 젊은 간증자는 스코틀랜드국교회에 나타나고 있었던 동일한 행동양식을 생생하게 회상하면서, '나는 그들이 말씀에 사로잡혀서 황홀경에 빠져 쓰러지는 것을 보았다'고 말했다. 예를 들어, 하루에 12명이 마치 죽은 것처럼 문밖으로 실려 나가기도 했다. 죄 때문에 그들의 마음을 강타하는 하나님의 능력은 놀라운 것이었다.[62] 부흥회는 1625년부터 8년 이상 얼스터의 스코틀랜드 공동체들에게 활기를 불어 넣었다. 1641년 폭동(12장, p. 674)의 살인적인 충격에서 살아남은 동일한 사람들은 후에도 그러한 열정적인 부흥의 경험을 계속하여 경험할 수 있었고, 또한 얼스터 개신교는 좋든 나쁘든 현재까지 그 전통을 결코 잃지 않았다. 부흥주의 성찬 모임은 가톨릭 성지(shrine)의 큰 축제들을 현저하게 생각나게 했다. 동시에 아일랜드 가톨릭교도들은 성 패트릭의 연옥 또는 글랜달록(Glendalough)의 고대 수도원으로 떼를 지어 몰려갔다. 그것은 또한 전세계적으로 복음주의 개신교의 주요한 장치가 된 현상의 첫 번째 예가 되었는데, 그곳이 곧 부흥회 모임이다.

유럽 종교개혁에서 정치적으로나 문화적으로 소외된 지역에서 일어난 이 부흥운동의 시작이 주는 중요성을 과대평가하는 것이 쉽지는 않을 것이다. 1638년부터 1688년까지 스코틀랜드 투쟁이 있었던 반세기 동안 스코틀랜드와 얼스터의 개신교 정착지에서 북아메리카 식민지로 이주하였던 이주자들은 주교들을 강력하게 거부했던 장로교와 복음주의 개신교의 전통을 북아메리카로 그대로 가져갔다. 아메리카에서도 그들은 부흥회식 예배를 정착시켰다. 왜냐하면 그들은 그들과 함께 '거룩한 축제'(holy fair)의 관습도 들여왔기 때문이었다. 좋은 교제와 종교적 열정이 담긴 외부적인 표현들을 갑작스럽게 쏟아낼 때, 그들은 널리 흩어져 있던 수백 또는 심지어 수천의 사람들을 모으는 거대한 규모의 절기적 성찬 축제를 할 수 있었는데, 그것은 스코틀랜드와 얼스터 골짜기의 황무지 그리고 섬 지역에서 유효했던 것처럼, 아메리카 국경에도 유효한 것이었다.

---

61) M. Hill, 'Ulster awakened: the '59 Revival reconsidered', *JEH* 41 (1990), pp. 443-62, 445에서.

62) M. J. Westerkamp, *Triumph of the Laity: Scots-Irish piety and the Great Awakening 1625-1760* (Oxford, 1988), p. 15.

부흥운동은 1625년 이후에 식민지 얼스터에서 그랬던 것처럼, 새로운 미국 정착민들에게 흥미와 기대를 유발시켰다. 이 부흥의 열정은 18세기에 잉글랜드 복음주의 지도자들이 가지고 있던 열정에 또 다른 열정으로 더해졌다. 존 웨슬리, 초기 감리교도들, 그리고 조지 휘필드 같은 지도자들은 잉글랜드국교회로부터 새롭게 발전된 부흥집회가 제한을 받는다고 느꼈고, 또한 그들은 야외설교에 파급적인 종교적인 가능성이 열려 있다는 것을 발견했다. 아메리카 식민지들에서, 이것은 1730년대부터 1760년대까지 '대각성'(Great Awakening), 즉 아메리카 문화의 창조에 있어서 가장 중요한 형성기의 하나를 만들어냈다. 역동적이고 적응력이 뛰어난 스코틀랜드와 아일랜드 장로교인들과 잉글랜드 감리교도들의 열정에 반대하였던 남쪽의 국교도들과 뉴잉글랜드의 회중교회 교파들은 그들의 교회구조에서 규격화되고 너무 조심스런 경건으로 말미암아 상당한 불이익을 당하고 있음을 인식하게 되었다. 부흥주의 열정은 여전히 미국기독교의 예배 속에 살아 있다. 그것은 백악관과 펜타곤에까지 영향을 미쳤다. 이러한 영향은 얼스터 개신교의 후예인 빌 클린턴의 그럴싸한 카리스마 있는 인격에서 엿볼 수 있는데, 그가 종교 역사에 의해 과도한 짐을 진 미국 땅에서 지금까지 성취했던 어떤 평화보다 더욱 성공적으로 평화를 일구어 낸 것은 바로 북아일랜드 개신교의 모국 문화(mother—culture)에서 기인한 것이었다.

19세기 독일의 천재 사회학자인 막스 베버(Max Weber)는 특별히 역사가들이 아닌 사람들 사이에서 여전히 영향력 있는 이론을 그의 개신교에 대한 이해로부터 구성했다. 1904년에 처음 출판된 고전, 『프로테스탄트 윤리와 자본주의 정신』(*The Protestant Ethic and the Spirit of Capitalism*)이라는 책에서 두 개의 현상 사이에 더욱 특별하게 칼빈주의 개신교와 현대 자본주의 사이의 인과의 고리가 있음을 시사했다. 따라서 개신교 이념이 경제와 사회에서 변화의 상부구조라는 칼 마르크스(Karl Marx)와 프리드리히 엥겔스(Friedrich Engles)의 논쟁이 첨예하게 대립되었다. 그의 작품은 잉글랜드 크리스천 사회주의자 타우니(R. H. Tawney)의 동일하게 영향력 있는 책, 『종교와 자본주의 발현』(*Religion and the Rise of Capitalism*, 1920)의 기초가 되었다. 베버보다 더욱 세련되고 역사적인 본능을 가졌던 타우니는 자본주의 현상에 대해 광범위하게 논하거나 제한하기도 했다. 그는 자본을 축적하고 생산의 도구들을 독점하는 충동이 많은 문화와 문명들에서 발견될 수 있다는 사실을 지적했다. 그러나 그는 이러한 본능이 후기 청교도주의의 관점들, 즉 개별적 자기절제, 검소, 자기부인 등과 같은 덕목과 잘 융합된다고 주장하였다.[63] 여전히 자주 듣는 진부한 표현인 '개신교 직업윤리'는 이러한 두 권위의 결합에 대한 막연한 기억으로부터 오게 된다.

우리는 자신의 권리를 지키려는 절제되고 자신감이 넘치고 강력한 선민의식을 가진 사람들을 볼 수 있다. 또한 우리는 종교 예술에 대해 빈번하게 의구심을 품고, 잉글랜드의 극장과 같은 특별한 형태의 문화적 표현에 대해 점점 더 많이 의심하는 청교도를 보게 된다. 엘리자베스 아인슈타인은 예술가들의 나태함과 서서 응시하기 좋아하는 관객들에 대한 관심을 감각적으로 관찰했다.[64] 그럼에도 불구하고 가톨릭과 개신교의 경제, 사회적 행동을 대조한 베버 자신의 관찰 배경이 되었던 19세기 후반 남독일과 스위스 같은 특별한 역사적 상황에서 입증된 베버와 타우니의 사상과의 상관관계를 찾는 것은 오히려 더 큰 그림을 놓치게 만든다. 물론 타우니가 넓은 관점으로 보는 점에서는 옳았다. 그리고 그가 만일 20세기 후반에 비기독교국가인 인도와 파키스탄 그리고 동아시아에 있는 기업들이 급성장하는 것을 신중하게 보았다면 그의 사상이 더 인정을 받았을 것이다. 무엇보다도 원인과 결과에 대한 주요한 질문들이 있다. 잉글랜드 개신교와 네덜란드 개신교는 의심의 여지없이 모두 17, 18세기에 주요 경제 강국들이 되었다. 경제 생산에서 선구자였고, 상업과 자본과 재정 시스템들의 창안에서 대가들이었다. 반면 이전의 기업적 가톨릭 국가인 이탈리아는 침체되었다. 왜 그랬을까?

종교와 자본주의를 단순하게 연결하는 것은 대상과 비교대상 모두를 성립할 수 없게 만든다. 혹자는 그것의 근원을 종교로부터 찾아내기 보다는 새로운 부와 권력이 지중해로부터 북해로 움직이는 정치권력의 이동에서 찾으려고 한다고 지적한다. 특별히 1490년대로부터 이탈리아 전쟁에 의해서 야기된 분열, 그리고 오스만제국의 장기적인 발흥은 지중해 기독교 해변지역들에 끔찍한 사회경제적 황폐화를 초래했다(2장, p. 106). 놀랄만한 반대적인 실례는 스코틀랜드 개혁파 개신교와 트란실바니아의 경제적 퇴보에서 찾아볼 수 있다. 그러한 현상은 잉글랜드와 네덜란드의 번영의 원인이 당시 사회가 칼빈주의 원리에 의해 잘 규제되어서가 아니라, 바로 17세기 중반부터 특권교회와 나란히 종교다원주의를 어렵사리 고수했기 때문이었다는 것을 시사한다. 중세 유럽에서 유대주의가 경험한 것처럼, 스튜어트 잉글랜드의 국교회 반대파 개신교도들과

---

63) R. H. Tawney, *Religion and the Rise of Capitalism* (London, 1926), pp. 226-7.
64) Eisenstein, *Printing Revolution*, p. 103.

같이 참으면서 불이익을 감수한 소수인들은 그들에게 가능한 사회적 출세에 대한 최선의 방식을 발견했다. 즉 정치권력과 교회 공무와 법과 관련된 직종에서 배제된 그들은 상업과 제조업으로 눈을 돌렸다. 프랑스 위그노들과 18세기 잉글랜드 감리교도들은 그들의 예를 따랐다.

개혁파 개신교와 자본주의 사이의 구조적으로 혹은 막무가내로 연결을 짓는 오류에 대한 강력한 반대 입장을 일반적으로 개신교와 개인주의를 모호하게 연결을 시도하는 것에서 찾을 수 있다. 공동체를 부정하거나 배신하는 개인주의는 결국 자본주의 에토스의 기본적인 구성요소들 중 하나로 비친다. 가톨릭 공동체를 대치했던 개신교는 공동체 속에 잘 융화되었고, "내가 여기 있노라. 나는 다른 사람을 대치할 수 없다"[65]고 외친 루터의 사상과 결합되어 고무된 일련의 개인주의를 만들어 냈는데, 이에 비해 중세 가톨릭이 공산주의적이고 집단적인 사고를 가졌다는 것은 공공연한 사실이다. 그러나 내가 여기까지 끌어온 논증자료에 의하면 그러한 주장은 잘못된 것이다. 칼빈주의는 성찬중심적이기 때문에 공동체 정신을 가진 신앙을 표명한다. 아주 발전된 형태의 칼빈주의 권징은 극악무도한 타락으로부터 성찬을 보호하도록 설계되었으며, 따라서 당시 사회는 지금까지 유럽에서 볼 수 없었던 가장 강력하게 통합된 공동체를 형성하였다. 당시 개신교도들은 중세 가톨릭에 의해 만들어진 공동체의 관습들을 파괴했는데, 그것은 그것들이 마치 마녀들과 성상숭배같이 공동체에 해를 끼치는 것으로 간주했기 때문이었다. 그 후에 그들은 그러한 공동체들을 재건했다. 그리고 개혁파 개신교가 아주 효과적이었고 철저했던 곳, 즉 스코틀랜드, 헝가리와 뉴잉글랜드에서 아주 성공적으로 그렇게 행했다. 이러한 지역은 현대 개인주의 또는 현대 자본주의의 탄생과는 거리가 멀다. 미국에서 근대 자본주의 산업의 최고의 상징은 한 때 대양무역을 주름잡던 살렘이나 보스턴의 회중교회주의자들이 아니라, 뉴욕이나 펜실베니아 피츠버그에 확고한 뿌리를 내린 근본적인 다원주의였다.

자본주의 사상 논쟁은 원인과 결과를 함께 놓으려고 우리가 노력하기 전에 그 상황 속에 신학을 얼마나 민감하게 놓아야 하는지를 보여준다. 동일하게 우

---

[65] 이 주장은 John Bossy의 그들중 어떤곳에서 가장 분명하다: cf, 특별히, J. Bossy, *Christ-ianity in the West* 1400–1700 (Oxford, 1985), pp. 140–52, 167–71. J. J. Scarisbrick, *The Rerformation and the English People* (Oxford, 1983), 그리고 E. Duffy, *The Stripping of the Altars: traditional religion in England* 1400–1580 (New Haven and London, 1992). 같은 개혁에 대한 고전 잉글랜드 'revisioist' 작품에서 논쟁의 경향으로서 보여졌다.

리는 신학이 독립변수이며 개혁에 있어서 사회의 거대한 변형을 이끌어 낼 수 있고, 그 시대의 행동양식과 규범이 된다는 것을 잊어서는 안 된다. 종교개혁과 반종교개혁은 사람들과 그들이 작용하는 사회의 다른 관점들과 항상 상호작용하고 수정되었다. 그것은 우리가 사람들의 삶의 가장 친근한 관점을 고려할 때 분명해질 것이다. 곧 그들의 성, 남자와 여자로서의 인식, 다른 인간들뿐 아니라 저 너머 세계와의 친밀한 관계를 표현하는 방법들이다.

제 15 장
사랑과 성: 고수

1. 공통적인 유산

인간의 선사시대를 연구하는 고고학자들은 약 십오만 년 동안 남성과 여성의 생리적 구조에서 주목할 만한 변화가 없었음을 발견한다. 즉 우리의 몸이 여전히 동일하다는 것이다.[1] 그 기간에 걸쳐서 우리는 우리 자신의 몸과 다른 사람들의 몸에 대한 전체적인 감정과 느낌들에서 우리가 거의 변화하지 않았다고 가정하는 것은 합리적이다. 확실히 인간들이 자신들에 대해 기록한 정보를 우리에게 남겼던 수천 년 동안, 그들이 사랑과 욕망과 자기 확신을 느낄 수 있었다는 충분한 증거가 있다. 그들은 친절하고 이타적이거나, 또는 서로 무자비하게 대하고 자기가학적으로 다양한 권력투쟁을 할 수 있다는 것이다. 시간이 지나며 변한 것은 우리가 이러한 감정들에 대해 상호작용한 부분들을 표현하고, 또한 그것들이 무엇에 관한 것인가를 이해하도록 배워왔던 방식의 범위이다. 우리가 생각하고 행하는 것에 대해 의미를 부여하는데 가능한 이념들을 어떻게 포착했는가? 기독교는 2000년이라는 이러한 길고 긴 시간동안 자기이해에 대한 역사를 잃어버리고 성(sexuality)에 대한 논의에 많은 시간을 할애하지 못했다. 기독교의 경건한 고전들과 검증되지 않은 많은 자료들을 근거로 기독

---

[1] T. Taylor, *The Prehistory of Sex: four Million Years of Human Sexual Culture* (London, 1996), p. 7.

교는 이 주제에 대한 하나님의 의견들을 요약한다고 주장하는 일련의 명제들을 구성했다.

자연히 많은 주제들에 대한 기독교의 주장들처럼(예를 들어 노예의 정당성 또는 정죄에 대해) 이러한 명제들은 시간이 지남에 따라 자주 노골적으로 논박당하는 지경에까지 이르게 되었다. 성에 대한 기독교의 태도에 있어서, 가장 큰 오류는 이성애적 결혼에 대한 순결과 독신의 상태에 있다. 기독교는 유대와 그리스 양쪽 사상의 유산에 근거한다. 유대주의는 결혼과 가정을 찬양했다. 왜냐하면 유대주의는 하나님의 육체적 창조의 선함을 확언했기 때문이었다. 그러나 그리스 철학에서 가장 영향력 있는 대변자였던 플라톤의 사상을 통해 육체적인 즐거움을 배제하는 대조적인 강력한 사상이 그리스 사상 안에 있었다. 초기 기독교는 유대인들보다 그리스인들이 따르며 서서히 확산되었던 이런 대조적인 태도, 즉 '영지주의'(2장, p. 135)에 더욱 영향을 받았다. 하나의 독립변수는 사도 바울의 편지에서 발견되는 결혼에 대한 다양한 설명들이다. 즉 사도 바울의 결혼에 대한 개인적인 태도들은 유대인에게는 주목할 만하게 냉정한 것이었다. 하지만 사도 바울의 결혼에 대한 개인적인 태도들은 결혼에 대해 열정적이지 않았던 후기 주석가들에게는 논쟁거리가 되기도 하였다.

3세기 후반에 제도적인 교회의 변두리에 있는 은둔자들과 수도사들의 첫 등장으로부터 순결의 지위는 성장했고, 대부분의 주석가들(비록 그들의 수도자들은 아니었지만 거의 모든 결혼하지 않은 성직자들)은 결혼문제에 있어서 독신의 덕을 찬양했다. 결혼이라는 주제는 부차적인 것으로 밀려났다. 영향력 있는 4, 5세기 신학자이며 라틴어 성경 주석가였던 제롬은 결혼을 포기하고 순결을 지키는 것을 찬양하는 데 있어서 대부분의 사람들보다 더 나갔다. 그리고 후에 그는 많은 반향을 일으켰다. 가장 널리 인용된 도덕성에 대한 중세 주석가들 중 한사람인, 13세기 프랑스 도미니크수도사인 보베의 뱅상(Vincent of Beauvais)은 "자기 부인을 매우 사랑한 남자는 간음자다. 다른 사람의 부인에 대한 어떤 사랑 또는 자신의 아내에 대한 지나친 사랑은 부끄러운 것이다"[2]라고 퉁명스럽게 말했다. 중세 서방교회에는 12세기부터 성직자 독신문제로 인한 기나긴 논쟁이 있었는데, 그러한 결혼에 관한 태도는 초기 교부시대의 수도사들의 경우와는 달리, 모든 성직자에게 강요되었다.

이러한 독신문제에 대해 강력한 공격을 받고 있었던 가톨릭 반종교개혁 교

---

[2] J. Boswell, *Christianity, Social Tolerance and Homosexuality* (Chicago, 1980), p. 164에서 인용됨.

회는, 1563년의 트리엔트공의회의 최후의 단계에서 오랫동안 애매모호하게 끌어왔던 성직자 독신문제를 확실하게 매듭지었다. 그 후에 공의회는 수녀들과 남자 성직자를 위한 맹세의 신성불가침을 확언하는 신앙을 강조했다. 그리고 데시데리우스 에라스무스와 주류 개신교가 주장하는 것같이 '결혼한 것이 처녀로 지내는 것이나 독신보다 낫고, 처녀와 독신으로 남는 것보다 결혼해서 연합되는 것이 더 낫고 더 행복하다'[3]라고 주장하는 사람에 대해서는 파문하기로 공포했다. 벨라민은 "결혼은 인간적인 것이고, 처녀로 지내는 것은 천사적인 것이며, 결혼은 본성에 따르는 것이고, 처녀 독신은 본성 위의 것이다"[4]라는 독신옹호주의자의 오래되고 진부한 사상을 끌어 들여서 그것을 체계화했으며, 이러한 그의 신학사상은 평신도 대중교육을 위한 명분을 들어 1598년의 '벨라민 추기경의 대교리문답'을 통하여 명백하게 드러났다. 그러므로 개신교 종교개혁은 성과 관련하여 기독교 역사상 중대한 방향전환을 가져왔다. 개혁파 개신교는 이러한 신학을 부정했다. 개혁교회는 결혼관에 대해 다시 한 번 입장을 분명히 했으며, 강제적인 독신 강요는 강제적인 절기 금식과 같은 가톨릭의 속임수이었다고 선언했다.

그럼에도 불구하고 16세기 개신교는 가톨릭과 마찬가지로 성에 관해 대체로 중세의 일반적인 개념들을 따랐다. 왜냐하면 그들은 전문가들이 성에 대해 말했던 것을 경청했기 때문이었다. 헬라어 문화권인 지중해 항구도시들에서 시작된 이방 기독교는 기독교 이전의 그리스와 라틴세계의 과학적인 견해들을 크게 의존했다. 그것은 수많은 성경의 관련 내용들을 기독교 이전의 우주론과 인간 신체에 대한 관점에 접목시킨 것이었다. 의학계는 성의 구조에 네 가지 체질이 존재한다는 가정을 수용했다. 이러한 것들이 작용하여 몸의 특질을 결정한다고 주장했다. 이것들은 몸에 있는 체액에 의해 특별하게 표현되는데, 뜨겁고 축축한 것은 다혈질, 뜨겁고 건조한 것은 담즙질, 차갑고 건조한 것은 우울질, 그리고 차갑고 축축한 것은 점액질로 구분된다. 다혈질과 담즙질, 그리고 우울질과 점액질의 모든 기질을 혼합적으로 가지고 있는 사람들도 있었다. 비록 냉정한 체질이 여성들과 관련이 있고, 뜨거운 체질이 남성들(아리스토텔레스는 더 뜨거운 것이 더 뛰어난 것으로 생각했다)과 관련이 있다지만, 그것이 혼합되었을 때는 인간에 있어서 특별하고도 독특한 것이 될 수 있었다. 이러한 4가지 체

---

3) H. J. Schroeder (ed.), *Canons and Decrees of the Council of Trent* (London, 1941), p. 182.
4) W. R. Naphy, *Sex Crimes from Renaissance to Enlightenment* (Stroud, 2002), p. 18에서 인용됨. 다른 예에 대해서, cf. Ellington, *Mary*, p. 168.

질원리도 권력을 잡은 어떤 여성들에게는 그대로 적용될 수 없다는 것이 설명될 수 있는데, 잉글랜드의 여왕 엘리자베스 1세가 여자임에 불구하고 그렇게 좋은 군주가 된 것이 한 예이다.[5]

생식에 있어서의 여성과 남성의 역할에 대한 기독교의 이해는 기독교 이전의 아리스토텔레스에 의해 많은 영향을 받았다. 아리스토텔레스는 출산 행위를 전적으로 남성의 씨에 의존하는 것으로 제시했다. 남성의 정액은 배아에 있는 전체 태아를 포함했다. 수음이나 피임, 그리고 동성애 관계를 포함해서 남성의 씨가 그 역할을 하지 못하게 된다는 것은 살인의 행위나 마찬가지였다. 그 사상은 2세기 기독교 교부였던 알렉산드리아의 클레멘트에 의해서 취해졌다. 성에 관한 근대 가톨릭교회의 많은 주장들을 뒤로 하고, 그 사상은 기독교의 도덕적 전통과 깊이 연관되어졌다. 인간 몸에 있는 성적인 기관에 대한 더욱 분명한 주장들이 있었다. 고대 의학 전문가인 갈레노스(Galen)는 2세기에 남성과 여성은 전환된 동일한 인간이었다고 말했다. 즉 난소는 고환이었고, 음경은 자궁과 질이었다. 남성들이 만들어낸 비논리적인 주장, 즉 남성 몸의 여러 기관들이 여자들처럼 몸 안에 숨겨져 있지 않고 겉으로 드러나 위치하게 되었다는 사실이 곧 남성이 우월하다는 증거가 된다는 것이었다. 물론 여성의 가슴이 밖으로 돌출되었다는 문제는 이러한 주장을 복잡하게 할 소지가 있었을 것이다. 갈레노스와 같은 비기독교 권위자들의 이러한 가정들은 초기 기독교 저자들, 특별히 히포의 대가 어거스틴에 의해 추가적인 영향을 받았다. 히포의 어거스틴은 신학자와 주교로서, 그의 재임기간에 무질서의 끔찍한 공포에 관한 이론을 점차 발전시켰는데, 그 무질서는 타락한 인간의 자기의지의 결과물이었다. 그는 오르가즘을 궁극적인 무질서로 보았다. 그리고 오르가즘을 에덴동산에서의 아담과 이브의 불순종에 대한 기독교사상, 즉 '그리고 그들 둘의 눈은 열렸고, 그들은 그들이 벌거벗은 것을 알았다'와 연결시켰다. 어거스틴에게는 이러한 창세기 3: 7에 기술된 타락의 중대한 순간이 성적인 부끄러움이 세상에 들어왔던 순간이었다. 이 본문에 대한 어거스틴의 주해는 대부분의 성경주석가들과는 매우 다르고 특이한 것이었는데, 특별히 그리스와 동방교회 주석가들과 많은 차이가 있었다. 어거스틴은 '누가 이 불순종을 시작했으며, 그 후에 누가 무질서 가운데서 수치를 역사 속으로 끌어들였는가?'라고 질문했다. 하와가 아담을 졸라서 선

---

5) I. Maclean, 'The notion of woman in medicine, anatomy and physiology', in R. Hutson (ed.), *Feminism and Renaissance Studies* (Oxford and New York, 1999), pp. 127-35.

악을 알게 하는 나무에서 열매를 따서 먹도록 했다. 그래서 모든 여성은 질서에 대해 위협적이었다. 비록 다음에 역겨운 남색을 논할 때 알 수 있겠지만, 여성이라는 존재보다 더 최악의 자연의 무질서가 있다. 어거스틴은 아담과 하와가 적절한 질서를 유지하면서 성생활을 했던 에덴동산의 타락 전의 시대를 동경하듯이 사색했다. 그 이후로 줄곧 교회는 성기의 기능에 대해 설명하려는 노력을 기울여 왔다.[6]

기독교 신학자들이 남자와 여자 그리고 성에 대해 주장했던 것은 옛날부터 터무니없는 것이었다. 그리고 인간은 항상 옛날 지혜를 존중하는 경향이 있어 왔다. 또한 고전적이고 기독교적인 많은 사상들을 보면 광적인 일관성이 있다는 것을 알 수 있다. 그러한 것들은 언뜻 보면 말이 되는 것 같았고, 또한 인간의 경험으로 이해할 수 없는 부분들을 설명할 수 있는 것처럼 보였다. 그리고 유연하고 해석할 수 있는 많은 여지를 남겨두었다. 의심할 여지없이 우리 시대의 의학적 이론들도 다음 미래세대 사람들 눈에는 똑같이 미친 것처럼 보일 수도 있을 것이다. 결국 17세기의 의학적 발견들로 인해 고대의 생리학적 이론들에 대한 불합리성이 드러나게 되었다. 그러나 새롭게 발견된 인간의 신경계통에 관한 개념들에 의해 오래된 의학상식들이 설 자리를 잃게 되기까지, 성에 대한 논의는 계속되었다. 심지어 그때까지도, "남자들은 우월하고 여자들은 열등하다"는 주제에 대해서는 고대이론이나 개정된 이론 모두 다르지 않았다. 이러한 일관된 주제는 여성을 희생하여 남성의 유익을 위한 사회로 만드는 것, 즉 가부장제를 가능하게 했다. 심지어 지금도 이 문제는 보수적인 입장과 대치하고 있다. 여성들은 살아남기 위해 적응했는데, 이와 관련한 이론적인 합리화는 1500년대로부터 1800년대에 이르기까지 매우 다르게 나타났다. 남성다움과 여성다움의 관념들은 중재의 시기를 통하여 다시 조정되어 왔다. 성에 관한 느린 변화와 함께 체질의 우주론과 갈레누스의 이론에 의해 한 때 통합되었던 사회는 1700년경부터 엄격하게 양분되었다. 성의 문제에 있어서 더욱 그러했다. 1800년대까지 남자들은 엄격한 자기절제를 발휘하고 결코 눈물을 흘려서는 안 된다고 배웠다. 결국 여성들은 인생의 잔인함으로부터 보호받기 위해 순종적이고 하와처럼 정욕적이지도 않고, 의존적이고 순한 아이 같아야 한다고 배웠다.[7]

---

[6] P. Brown, *The Body and Sexuality: Men, Women and Sexual renunciation in early Christianity* (London, 1989), pp. 396-447, 특별히 p. 416에서.

[7] A. Flecher, *Gender, Sex and subordination in England 1500-1800* (New Haven and London, 1995, 특별히, pt. III.

혹자는 16세기에 인본주의의 더욱 관대하고 다원화된 사상들이 사람들에게 가능성을 넓게 열어주는 효과를 가져 올 수 있을 것이라고 생각했을는지 모른다. 인간들에게 열려있는 가능성들을 넓히는데 효과를 가진다는 것을 기대했을 것이다. 결국 에라스무스를 포함한 인문주의자들 사이에 특출난 여성들에게는 전문교육의 기회가 주어져야 한다는 의견들이 나왔다. 또한 인문주의자들은 성적 범죄에 있어서 남성보다 여성을 더욱 희생시켰던 도덕성에 대한 이중적 기준을 타파하는 것을 원했다. 그럼에도 불구하고 이중기준의 문제는 남아 있었다. 왜냐하면 인문주의 학자들 대부분이 남자였으며, 또한 인문주의자들로부터 듣고 싶은 것만 선택하여 들으려 했던 유력한 평신도들과 교회지도자들 역시 남성들이었기 때문이다. 좋은 예는 잉글랜드 여왕 메리 1세의 이전 가정교사인 후안 루이스 비베스(Juan Luis Vives)이다. 그는 실제로 모든 여성들에 대한 교육을 추천했던 인기 있는 논문『기독교 여성의 교육』(The Education of a Christian Woman)을 썼다. 그러나 그 같은 견해는 여성들이 본성적인 그들의 유약함과 정열을 극복하고 통제해야 할 필요성이 있고, 또한 남편에게 복종해야 한다는 등의 수많은 전통사상에 의해 오히려 힘을 잃게 되었다. 비베스는 또한 여성에게 부여된 모든 중요한 과제들에 기초하여, 순결에 대한 이중적 기준을 명백히 했다. "세상 법은 여성에게 요구한 것만큼의 동일한 순결을 남성에게 요구하지 않는다"고 그는 확신을 가지고 말했다. 남자들은 많은 것들을 책임질 필요가 있지만, 여성들은 그들의 순결에만 책임이 있다고 말하기도 했다.[8]

그러한 본문들을 염두해 두고, 1970년대의 한 여성 학자는 "여성들에게 르네상스가 있었는가?"라는 질문을 제기했다. 그리고 전 유럽에 걸쳐 르네상스 인문주의에 대해 조사를 하고 나서 그녀는 철저히 부정적인 의견을 제시했다.[9] 여성의 공식적이고 법적인 위치는 16세기에 더 나빠졌고, 여성에게 시민권을 허락했던 자유도시들이 특권을 철회했던 신성로마제국에서 특히 더 악화되었다는 것이다. 즉 주요 요인은 여성의 열등성과 정신적 무능력을 근거로 제정되었던 로마법을 점점 더 많이 채택한 것이었다.[10] 결정적으로 여성들은 보통 권력에

---

8) C. Fantazzi (ed.), J. L. Vives, *The Education of a Christian Woman* (Chicago and London, 2000), p. 232.

9) J. Kelly: 'Did woman have a Reneaissance?', R. Bridenthal (ed.), *Becoming Visible: women in European history* (New York, 1977), in Huston (ed.), *Feminism and Renaissance Studies*, pp. 21-47에서 재인쇄됨.

10) M. E. Wiesner, 'Frail, weak, and helpless: women's legal position in theory and reality', in J.

입문하는 것과 고전 교육을 받는 것으로부터 제외되어 있었다. 헨리 8세의 두 딸(메리와 엘리자베스)처럼, 타고난 혈통에 의해서 권력 있는 지위가 보장된 그러한 여성들의 경우는 예외였다. 마찬가지로 종교개혁의 초기에는, 인문주의자에게 호감을 가졌던 어떤 개신교도들(예를 들어, 헨리의 아들 에드워드 6세의 가정교사들 중 하나였던 안토니 쿡[Anthony Cooke] 경)은 자기들의 딸들이 소년들과 동일의 수준의 교육을 받도록 하였다. 그러한 분위기는 16세기 후반에 생겨났다. 17세기 초에 독립적인 정신을 가진 아버지의 열정 덕택에 화려한 고전 신학 교육을 받은 '위트레흐트의 박식한 여성' 안나 마리아 판 슈먼의 유명한 예를 볼 수 있다. 위대한 학자(그리고 엄격한 칼빈주의자) 헤이스베르트 보에티우스(Gijsbert Voetius)의 축복을 받고, 그녀는 단정하게 커튼 뒤에 숨어서, 위트레흐트에 있는 대학교 강의에 참석하기도 했다(사진 24 참고). 그녀는 자신이 교육을 받은 것처럼, 여성들이 교육을 받을 필요가 있다는 것을 피력하기 위해 많은 것을 저술하기도 했다. 그러나 그녀의 경우는 일부 여성들이 그들의 성의 한계를 뛰어넘을 수 있다는 것을 보여주는 하나의 증거였으며, 그것은 남성주도적인 학문세계에서는 단지 특이한 현상으로 취급되었을 뿐이었다.[11]

개신교도들이 구교가 성에 대해 말했던 것에 반발하여 투쟁했을 때, 그들은 언급되었던 것의 대부분(또는 최소한 인쇄와 원고에 기록된)이 남성들에 의하여 말해져 왔다는 사실에 여전히 부담을 가지고 있었다. 그것은 종교개혁자들의 혁명정신을 놀랍게 수정하였다. 중세 기독교는 남성 전형의 신적 관계, 즉 아버지와 아들 그리고(덜 확실하거나 또는 일관되게) 성령에 대해 언급하는 기독교의 뿌리 깊은 경향을 수정하기 위해 한 능력 있는 여성을 세웠는데, 그녀는 4세기까지 서방과 동방 모두에서 교회의 관습 가운데 편재해 있었던 예수님의 어머니 마리아였다. 성행했던 순례관습에서 지나친 마리아 숭배는 루터가 처음으로 정죄를 하면서 바로 개신교도들의 개혁의 정당성을 촉발시켰다. 그리고 그들과 연결되어 있는 순례와 형상 모두를 파괴하는데 있어 주요한 동기는 마리아 숭배였다(3장, pp. 229-230). 그러나 형상이 중요하지 않다고 결정했던 루터와 형상들이 중요한 것들이어서 그러므로 파괴되어야 한다고 결정했던 츠빙글리 둘

Friedman (ed.), *Regnum, Religion et Ratio: Essays presented to Robert Kingdon* (SCES 8, 1987), 161-9; Wiesner, 'The Holy Roman Empire: women and politics beyond liberalsim, individual rights and revolutionary theory', in H. L. Smith (ed.), *Women Writers and the Early Modern British Political Tradition* (Cambridge, 1998), pp. 305-23.

11) J. L. Irwin (ed.), A. M. van Schurman, *Whether a Christian woman should be educated and other writings from her intellectual circle* (Chicago and London, 1998), 특별히 p. 5.

다 똑같이 진정 깊은 존경과 애정으로 예수님의 어머니를 다루었다. 그들은 마리아가 그리스도의 성육신의 보증이었기 때문에 그렇게 했다. 종교개혁 과정에서 이런 사상은 더 극단적이고 모험적인 것을 탐구하게 했고, 때로는 마리아 숭배사상을 부정하기도 했다(4장, pp. 264-272).[12]

주도적인 개혁자들이 마리아를 점잖게 대우하는 데는 다른 이유들이 있었다. 칼빈이 루터와 츠빙글리 그리고 불링거보다 마리아 숭배에 대해 훨씬 더 강경한 노선을 취했을 때에도, 칼빈은 마리아가 예수님의 탄생에서 뿐만 아니라, 그녀가 평생 처녀로 남아 있었다는 주장, 즉 그녀는 '항상 처녀'였다는 전통적인 가톨릭 교리를 어느 정도 인정하였다. 이것은 놀라운 것이었다. 왜냐하면 마리아의 '영구처녀성' 교리는 종교개혁이 시작되기 전에 이미 에라스무스가 명백하게 주장했던 것과 같이, 성경에 대한 개신교의 관점들과 상반되기 때문이다. 이러한 사상은 이사야 선지서의 히브리어 원문에 있는 한 절(2장, p. 828)을 헬라어와 라틴어로 번역하는 과정에서 모순되고 풍유적으로 해석하는 것에서 기인한 것이며, 게다가 마리아의 영구처녀성을 보존하기 위해 이와 관련된 수많은 성경구절들을 짜 맞춰서 예수의 형제자매들은 예수님의 사촌 혹은 이복누이가 되게 했다. 정상적으로 개신교도들은 그러한 논쟁들을 무시하는 데 있어서 에라스무스의 의견을 따랐다. 논리적으로 그러한 마리아의 영구처녀성 교리는 성경에서 발견될 수 없다고 에라스무스처럼 말했어야 했다. 그들에게는 그렇게 하는 특별한 동기가 있었다. 왜냐하면 이 문제에 대해 에라스무스와 의견을 달리하는 것은 어떤 답변을 찾기 위해 단순히 성경에 의지하기 보다는 오히려 전통적인 교회권력을 통해 교리를 만드는 옛 가톨릭교회의 특권을 확인해 주는 것이 되기 때문이었다. 전통교리에 대해 반대를 표명한 개신교가 그러한 노선을 취하는 것은 위험한 것이었다.

그럼에도 불구하고 개신교도들은 '영구처녀성'에 관한 문제에 있어서 에라스무스를 무시했다. 개혁자들은 다른 환경에서는 특별히 의심을 가졌을 법한 중세에 유행했던 풍유적 해석을 받아들였으며, 또한 그들은 에스겔 44:2, "이 문은 닫고 다시 열지 못할지니"와 이사야 7:14, "처녀가 잉태하여 아들을 낳을 것이요"의 가톨릭 증거 본문들을 확신 있게 지적했다.[13] 어떤 면에서는, 혹자는

---

12) D. MacCulloch, 'Mary and the Protestant Reformers', in R. N. Swanson (ed.), *The Place of Mary in Christian History* (SCH, forthcoming, 2005) 에서 이 주제에 대한 나의 추가적인 논의를 보라.

13) W. Tappolet with A. Ebneter, *Das Marienlob der Reformatoren: Martin Luther, Johannes Calvin, Huldrych Zwingli, Heinrich Bullinger* (Tübingen, 1962), pp. 245-280.

권위 있는 개혁자들이 '영구처녀성'에 대해 이같이 집착하는 이유를 어거스틴에 의해 서양기독교 안에 특별히 퍼져있던 성에 대한 일반적인 사상들과 연관하여 찾을 수 있다고 생각했다. 만약 혹자가 예수 그리스도에 대한 참된 사랑과 존경을 드러내야 한다면, 예수 그리스도와 그의 어머니를 인간들이 만들어내는 추악한 현실로부터 분리시킬 필요가 있다. 그러나 교회는 첫 니케아공의회와 칼케톤공의회에서 결정된 그리스도의 참된 인성의 교리에 대해 계속적으로 강조했다. 다시 한 번 개혁의 주류에서 의식적이고 신학적 수준의 더욱 실제적인 자극적인 반응이 생겨났다. 많은 극단주의자들은 실제로 성경을 보았고, 그리고 예수님에게 형제들이 있다고 말한 신약성경을 주목했다. 그래서 그들은 이 문제와 관련해서 루터와 츠빙글리 그리고 칼빈과 같은 사람들보다도 '오직 성경'에 대해 더욱 통찰력 있고 논리적인 옹호자들이었다.

주류 개혁자들에게는 다른 문제가 있었는데, 그것은 극단주의자들의 주요 관심사들 중 하나였던 성인세례를 인정하고 유아세례에 반대하는 문제였다. 양쪽의 경우 성경의 권위의 문제는 동일했다. 권위 있는 개혁자들이 열렬하게 옹호하려고 했던 두 가지 신념, 즉 마리아의 '영구처녀성'과 유아세례의 필요성은 독특하게도 성경에서 이를 뒷받침하는 기반이 불안정하다는 것이었다. 이에 대해 인정하는 것은 성경의 권위와 교회의 권위에 대한 관념들을 기분 나쁘게 우롱하는 것을 의미했다. 그리고 이 문제는 극단주의자들과 보수주의자들 모두의 취약성을 의미했다. 루터교 대변인인 헤르만 부쉐(Hermann Busche)는 1533년에 뮌스터에서 재세례파와 논쟁할 때, 순진하게 비밀을 누설했고 반면 논쟁은 여전히 그 불운한 도시에서 계속되었다. 유아세례가 성경에서 뚜렷하게 발견되지 않았다는 것을 인정한 후, 그는 성경에 언급되지 않은 많은 것들이 있지만 유아세례를 완벽하게 받아들일 수 있다고 말했다. 예를 들어 마리아의 '영구처녀성'과 사도들의 세례를 성경 어디에서도 언급하지 않은 것 등이다.[14] 마리아의 '영구처녀성'이 그 중요성을 가지고 있다는 것은 바로 그러한 논쟁들을 염두에 두고 있기 때문이다. 뉘른베르크(Nuremberg)의 안드레아스 오시안더(Andreas Osiander)가 1527년에 홀드리히 츠빙글리에게 보냈던 서신에서 종교의 요약은 '마리아의 처녀성'의 만족스러운 증거에 있다는 것이었다. 같은 해에 바젤의 요하네스 외콜람파디우스(Johannes Oecolampadius)가 츠빙글리에게 보낸 서신의 내용도 유사했는데, 마리아의 '영구처녀성'의 문제를 인정하는 문제

---

14) Naphy(ed.), *Documents*, p. 246.

는 전체 기독교의 성패를 가름하는 문제라고 했다. 그것은 그들이 예수 그리스도가 선지자에 불과하다고 처음으로 극단적으로 주장한 직후 편지를 썼기 때문이다.[15]

그래서 종교개혁과 반종교개혁이 유럽에서의 성문제에 어떻게 영향을 미쳤는지를 살펴본다면, 분명히 변화가 있었다는 것을 알게 될 것이다. 또한 마법의 경우에서와 마찬가지로 우리는 종교개혁이 방해하지 않았던 혹은 적어도 방해하지 않은 체하는 공유된 신앙들과 전제들을 경계해야 한다. 다양한 이유에서 그 전제들이 항상 절대적인 것만은 아니었기 때문이다. 심지어 사람들은 스스로 명백하게 어떤 것을 실행하겠다고 주장할 때에도, 그들은 자신들이 들은 것을 반드시 행하지는 않는다. 인간 행동에서 이런 현상은 성적인 행위에서보다 더 극명하게 드러난 곳은 어디에도 없다. 종교개혁과 반종교개혁 양쪽의 이야기는 여성들이 가부장제를 성공적으로 타파한 것으로 가득 차 있다. 그리고 공적인 이상들을 현실에 신중하게 적용한 다른 이야기들도 가득 차 있다. 그것은 또한 신학과 상황의 매력적인 소통이었다. 즉 기독교 이론을 토대로 상황들을 변화시킬 수 있었으며, 반면 신학자들은 상황들이 그들의 통제를 벗어나는 위험을 막기 위해 상황들을 설명하고 다루는 방법들을 강구했다. 결혼과 남녀성별과, 그리고 성문제와 가족문제와 관련하여, 종교개혁과 반종교개혁을 평가하기 위해서는 중요한 변화와 변혁에 대하여 동일한 비중을 가지고 광범위한 실행이 가능한 연속성의 균형을 신중하게 평가해야 한다.

2. 사회 안에서의 가족

초기 근대 기독교인들은 가족에 대해 어떻게 생각했을까? 그리고 신학 뒤에 놓여진 실제는 무엇이었는가? 지난 수십 년간의 현대 학자들의 노력으로 지난 수 세기 동안 사람들이 실제로 어떻게 함께 살았고, 그들의 자녀들을 양육했는지 재구성하는 것이 가능해졌다. 이로 인해 종교개혁 시대의 가족구조에 대한 일반적인 모습을 그릴 수 있게 되었다. 그리고 두드러진 것은 기초적인 구조가 바뀌지 않았다는 것이다. 최소한 중세 후기로부터 산업혁명에 이르기까지 유럽에서 두 가지 형식들이 발견되었다. 즉 그것은 대가족과 핵가족이다. 지리학

---

15) Tappolet with Ebneter, *Marienlob*, p. 246.

적 분포가 절대적인 것은 아니다. 그러나 두 형태 안에서는 분명하고 중요한 우월성이 있었다. 대서양 제도 극 서쪽에 있는 셀틱(아일랜드와 서스코틀랜드)을 포함하여 동유럽과 지중해 유럽의 지배적인 형태는 친족의 확장된 패턴들을 포함했던 다세대 가정의 형태였다.

이와 대조적으로 북서유럽사회, 즉 스칸디나비아, 신성로마제국 그리고 네덜란드, 프랑스 북부, 잉글랜드 그리고 영어를 사용하는 스코틀랜드는 핵가족 모델이 지배적이었다. 이런 현상은 종교적인 변화에 의해서 영향 받지 않았던 것 같은 기본적인 형태의 연속이다. 유럽에서의 분쟁은 종교개혁이 초래한 종교적 분할 사이의 대결이 아니었다. 즉 그 분열의 경계선은 이미 종교개혁 이전에 생겼다. 그 경계는 북서지역은 결국 북부 프랑스(그런데 위그노들은 남쪽에서 그들의 본거지를 찾았다)와 서남부 독일을 포함한다. 그리고 우리가 보아왔던 바와 같이 결국 북서 지역을 반종교개혁을 위해 되찾았다. 이에 반하여 대가족 패턴들의 동쪽 지역은 헝가리-트란실바니아 그리고 폴란드-리투아니아를 포함한다. 그리하여 이러한 가족제도는 가톨릭과 동방정교회 지역 모두에서 두드러졌는데, 개혁파 개신교와 다양한 극단적인 반삼위일체 기독교의 다양함을 경험했던 종교지역들을 포함한다.[16]

북서유럽에는 핵가족의 연속성과 안정성이 현저하다. 확실하게 잉글랜드에는 14세기에 그 가족제도가 존재했다는 좋은 증거가 있다. 그리고 1400년대의 핵가족 사회에서 행해졌던 어떤 사회적 기능이 1700년대의 사회적 기능보다 더 저급하다고 말할 수 없다.[17] 더구나 이 핵가족제도는 산업혁명을 걸쳐서 21세기까지도 그 명맥을 유지하고 있다(하나의 중요한 차이를 가지고 살펴보겠지만). 그 가족제도의 특징들은 잉글랜드 상황에서 시도된 집중적인 연구에서 잘 볼 수 있다. 아주 분명하게, 전형적인 핵가족 세대는 단지 두 세대인 부모와 자녀들로 구성되어 있다. 즉 가족의 다른 구성원들은 거의 함께 살지 않았다. 아주 늦으신 분들은 그들 자신의 가정에서 혹은 아마도 결혼하지 않은 자녀와 함께 계속하여 사는 경향이 있었다. 이는 그러한 가족들이 친족관계를 소중하게 여기지 않았다는 것을 의미하지는 않는다. 모든 사회적 계층으로부터 그들은 소중히 여김을 받았다. 그러나 더 넓은 친족은 그 세대 안에서 함께 살지 않았다. 그리고 어떻게 사람들이 그들의 친족과 접촉을 하고 그들의 친족의 자원들을

---

16) P. Laslett, *Family Life and Illicit love in Earlier Generations* (Revised edn., Cambridge, 1980), Ch. 1.
17) R. A. Boulbrooke, *The English Family 1450-1700* (London and New York, 1984), pp. 10, 20.

끌어왔는지에 대한 개인성과 유연성이 있었다. 잉글랜드에서 이 제도는 '사촌'이라는 단어가 그러한 종류의 관계를 기술하는 아주 융통성 있는 방식으로 사용되었다는 사실에 의해 요약되었다.[18] 그리고 이 단어는 친족에 대한 선택적이고 자발적인 기초를 형성했다.

두 세대의 구조 안에서, 사람들은 비교적 늦게, 20대 중반과 후반에 결혼했다. 17세기 잉글랜드남자들은 약 28세 정도에 결혼을 했다. 여성은 26살 정도의 나이에 결혼했다. 이러한 나이의 급속한 감소는 1700년 이후에야 시작되었다.[19] 이는 결혼을 하기가 어려웠기 때문이 아니었다. 즉 절차상으로 결혼을 하는 것은 아주 쉬웠다. 결혼은 커플의 동의만을 필요로 했다. 그리고 종교개혁에서 이에 대한 개혁을 시도했지만 기존 제도와 큰 차이가 없었다. 늦은 결혼은 중요한 결과를 가졌다. 즉 가족의 규모에 영향을 미쳤다. 일반적으로 혼외임신을 줄이는 데 효과적이었던 사회에서 첫 임신은 늦어졌던 것이다. 그것은 인구 성장을 억제하는 데 매우 효과적인 방법이었다. 그러나 남편과 아내의 연령사이에 존재하는 매우 작은 평균연령 차이에 관한 또 다른 차원의 문제가 있었다. 즉 그것 때문에 아주 곡해하는 가부장제의 이론이 오히려 실제로는 설득력을 잃었다. 어떤 28살 된 남자가 약 18개월 더 젊은 부인(우리가 볼 것이지만, 보통 10년 동안 또는 그 이전에 부모의 집으로부터 떨어져 살았던)에 대해 하나님이 주신 아내를 주관할 권리를 가졌다고 설득하는 것은 그렇게 쉽지 않았을 것이다. 그러므로 핵가족시대의 결혼생활은 아마도 가부장제와 생각이 다른 아내 사이의 끊임없는 협상이 오고 갔을 것이다.

같은 제도의 현대적 형태에 맞지 않는 초기 현대 핵가족의 특징 중 하나는 하인들의 존재였다. 친척을 대신하여 결혼하지 않은 하인들은 함께 거주했는데, 그들은 가장 비천한 환경에서 살았다. 대부분 시골의 공동체에서 살면서 농사를 지으면서 생계를 유지했던 사회에서 하인들은 가정살림을 하고 농업을 가능하게 하는데 절대적인 역할을 했다. 쉽게 얻을 수 있는 음식, 편리한 슈퍼마켓, 그리고 전기와 디지털 시대의 가정용 기기의 혜택을 누리며 사는 지금의 도시사회에서는 거의 상상할 수 없는 방식으로 하인들은 살았다. 하인들은 충분히 공

---

18) D. Cressy, 'Kinship and kin interaction in early modern England' *PP* 113 (Nov, 1986), pp. 38-69, 67에서.

19) E. A. Wrigley and R. Schofield, *The Population History of England 1541-1750* (revised edn. Cambridge, 1989), p. 255; cf. E, A. Wrigley, R. S. Davies, J. E. Oeppen and R. S. Schofield, *English Population History from Family Reconstitution 1580-1837* (Cambrdige, 1997), p. 135.

급되었다. 왜냐하면 초기 현대 유럽은 종종 지금 인식되는 것보다 훨씬 더 역동적인 사회였다. 관습적인 결혼연령 이전인 20대 초반에 일과 안전을 찾기 위해 여행하기를 기대했던 많은 사람들이 있었다. 그들은 농부가 되거나 가정집 하인이 되거나 또는 대부분의 수공업과 무역을 위한 훈련 프로그램을 제공했던 견습공 과정에 들어가 훈련을 받았다.[20] 그래서 하인들은 차례로 결혼할 수 있었으며, 유사한 핵가족을 세우기 전에 그들의 삶의 과정에서 대부분 특별한 단계를 거쳤다. 즉 그들은 십대 또는 이십대 정도였다. 21세기 가족과 다른 이러한 삶의 과정은, 일반적으로 사회적 관계의 특징에 있어서 아주 중요했다. 그리고 그것은 핵가족들이 역설적으로 지금보다 혈연관계에 덜 고정되었다는 것을 의미했다. 아이들은 외부인들의 면전에서 자라났다. 즉 가정의 하인들은 항상 생기 넘치는 젊은 성인들이었다. 그러나 그 가족의 아이들처럼 그들은 가족에 영향을 미치고 어떤 일을 결정하는 데 있어서는 정해진 역할이 없었다. 그래서 그들은 어떤 의미에서 그 아이들과 동일한 수준에 있었다.

왜 핵가족이 그렇게 오래 지속되었는가? 핵가족은 경제적으로 새로운 환경에 효율적으로 적응할 수 있었기 때문이었다. 갑작스런 위기의 때에 핵가족은 급속하게 그 초점을 확장시키며 친척과의 접촉을 적절한 것으로서 부활시킬 수 있었다. 반면에 그러한 형태의 가족제도는 의도적으로 경제적 기회와 연관되었다.[21] 그러한 가족관계는 경제적으로 여유가 있을 때만 가능했다. 그러므로 늦게 결혼하는 만혼이 성행했다. 예를 들어 결혼가능 연령대의 비율과 실제로 결혼한 연령 비율을 비교해 보면 그들이 받는 임금수준과 관계가 있다는 것을 알 수 있을 것이다.[22] 또한 핵가족제도는 다른 종류의 유연성을 제공했다. 즉 배우자의 죽음 때문에 생기는 결혼의 높은 회전율이 그것이었다. 스튜어트 왕가의 잉글랜드에서는 결혼의 3분의 1이 두 번째 결혼이거나 또는 더 늦은 결혼이었다. 예를 들어 노팅엄서(Nottinghamshire)에 있는 많이 연구된 마을 클레이워스(Clayworth)에서 17세기 후반에는 이러한 비율이 39퍼센트에 달했다. 17세기 모든 아이들 중에서 5분의 1과 4분의 1사이의 아이들이 한쪽 부모를 잃었다.

---

20) R. A. Houston, *The Population History of Britain and Ireland* 1500-1750 (Basingstoke, 1988), pp. 58-9. Cf. Laslett, *Family Life and Illicit Love*, p. 4.
21) 전염병의 시간, 즉 위기에 대한 그러한 반응의 뉘른베르크로부터 케이스 스터디, M. Beer, 'Private correspondence in Germany in the Reformation era: a forgotten source for the history of the burgher family', *SCJ* 32 (2001), pp. 931-51.를 보라.
22) Houston, *Population History*, pp. 78-88.

즉 결혼한 양부모를 경험하는 아이들의 비율이 6명 중 1명이었을 때인 1980년 대보다 훨씬 더 높은 비율이다.[23] 결과적으로 평생결혼에 대한 교회의 주장은 그 당시에는 지금과 매우 다른 어떤 것을 의미했다. 즉 일부일처제를 경험하는 부부의 비율이 한 배우자가 이혼 또는 사별로 인한 법적인 이별을 하는 경우와 아주 흡사하게 되는 현상이 일어났다.

사회적인 관계를 고려할 때, 유럽의 나이 구조는 중요한 영향을 미쳤다. 비록 14세 이하의 비율이 반 이상인 많은 현대 개발도상국에서처럼 젊지는 않았지만 당시 인구는 젊었다. 1541년과 1751년 사이의 잉글랜드에서 14세 이하의 사람들의 인구에서 가장 높은 비율은 1556년(37%)에 나왔다. 가장 낮은 비율은 1671년(29%)이었다. 60세 이상의 사람들은 여러 해의 질병이 있고 난 다음 1566년에 낮은 비율 7%를 기록했다. 그리고 1716년에는 10%라는 높은 비율을 보였다.[24] 개신교와 가톨릭을 막론하고 젊은 층의 비율이 높다는 사실은 사회적으로 큰 장점으로 작용했다. 개신교와 가톨릭 모두는 젊은이들을 때로는 달래기도 하고 때로는 회초리를 사용하기도 해서 계급제도와 순종을 강조하고 강화하는 노력을 쏟았다. 그렇지 않다면 거칠고 경험이 없는 젊은 세대들이 혼돈에 빠졌을 것이다. 동시에 나이 든 사람들은 어떤 희소가치를 가졌다. 그리고 존경하는 마음으로 그들의 의견을 다루는 사회적인 어떤 경향이 있었다. 그 시대의 계급적 가치들에 대한 이상을 강화하는 것이 그것이다. 현재와 마찬가지로 당시 여성들은 남성보다 더 오래 살았는데, 이는 나이든 여성들에게 가부장제에 대항하는 중요한 버팀목 역할을 할 수 있는 유용한 기회를 제공했다. 나이든 수녀들과 과부들은 자기들에게 유리하게 가부장제도를 바꾸려는 노력을 평생 했다. 반면 과부들은 자손들을 다루는 데 있어서, 차갑게 응시하거나 지속적으로 좋은 충고를 쏟아부음으로써 어머니로서 혹은 할머니로서의 원초적인 권리를 행사하였다. 나이든 여인들은 시간의 여유가 있고 다가오는 내세를 생생하게 의식하기 때문에, 그들은 가끔 종교규례를 시행하거나, 또는 종교적 변화를 고무하는 데 중요한 역할을 하였다.

우리가 핵가족에서의 또 다른 지속성을 과소평가해서는 안 되는 이유가 있는데, 그것이 가족정서와 아주 밀접하게 연관되었기 때문이었다. 그것이 인간관계의 현재적인 긴장성 때문에 부정적인 것으로 평가될 수도 있겠지만, 많은

---

23) Laslett, *Family Life and Illicit Love*, pp. 58, 168.
24) Wrigley and Schofield, *The Population History*, pp. 443-50, 528-9.

사람들은 늘 최악의 경제적 여건과 사회적 압박 가운데서 별문제 없이 조화를 이루며 살았던 것처럼, 그들이 실제로 어머니와 아버지 그리고 자녀가 되는 것을 즐겼을지 모른다. 20세기 후반 역사가들 사이에 중세 가족제도와 근대 초기 가족제도는 오늘날의 가족제도와는 극명하게 다르다는 주장이 제기되었다. 특히 이런 경향은 프랑스의 역사사회학회의 영향을 받은 학자들 사이에서 생겨났는데, 그들은 가족관계에서 가족의 친밀함을 크게 간과하고 말았다. 이러한 주장들에 대한 증거는 항상 선택적으로 제시되었고, 또한 그런 증거들에 대한 검증이 지속적으로 이어질 때마다 그런 주장들은 무너졌다. 특별히 이와 관련한 많은 증거들을 잉글랜드의 엘리트 가정에서 찾을 수 있었는데, 잉글랜드 상속법의 특별조항 때문에 상속 관례들이 왜곡되었고, 또한 영토를 소유한 엘리트들 사이에서 결혼을 상업적 거래로 바꾸려는 끊임없는 유혹이 있었을 것이라고 과장하는 경향이 있었던 것 같다.[25] 지금과 마찬가지로 중세나 종교개혁 시대에도 사랑이 결혼으로 이어질 수 있었다는 수많은 증거들이 있다. 부모들은 서로 사랑하였을 뿐 아니라, 그들의 자녀들을 사랑하였다. 그들이 부유하든지 가난하든지간에, 인간의 어느 역사에서든지 배우자나 자녀의 죽음을 슬퍼할 수 없었다고는 생각할 수 없다.

앞으로 살펴보겠지만 성직자 자신들이 결혼을 함으로써 결혼경험을 갖게 되었을 뿐만 아니라, 이를 적극적으로 권장했을 때, 종교개혁은 결혼제도에 대한 새로운 공헌을 하게 되었던 것이다(16장, p. 648). 스코틀랜드의 개신교회가 낭만적인 사랑에 대한 이 같은 적극성을 보이리라고는 기대하지 않았을런지 모른다. 그러나 스코틀랜드 개혁교회가 태동했던 초기인 1560년에『제1의 관례서』(First Book of Discipline)라는 첫 공식결혼 조례를 제정했을 때, 젊은 사람들이 서로 좋아하는 것은 하나님의 일이라고 강력하게 공포되었다. 스코틀랜드 목사들이 너무 심각하게 이 원리를 취했기 때문에, 부모의 동의를 받아 결혼이 성립될 수 있다고 생각하는 가톨릭과 개신교의 평범한 가정들을 무시하려고 했다. 이 결혼조례에 의하면, 만약 부모가 '통상적인 생각, 즉 결혼하는 데 있어서 그들이 원하는 만큼 물질이 부족하거나 좋은 집안출신이 아니어서' 결혼을 반대

---

[25] 이는 분석의 이러한 형태의 고전적인 설명이 가지는 특별한 오류였다. L. Stone, *The Family, Sex and Marriage in England* (New York, 1977). Stone의 접근에 대한 대표적인 평가는 지금 S. Ozment, *Ancestors: the loving family in old Europe* (Cambridge, MA, 2001)이다. Philippe Ariès의 중세 아이들에 대한 영향력 있는 주장들에 대한 공격에 대해, N. Orme, *Medieval Children* (New Haven and London, 2001), 특별히 p. 9에서.

할 경우, 성직자는 부모를 설득하여 그 생각을 바꾸어야만 했다. 그러나 부모가 이를 완강히 거부할 경우, 성직자는 부모를 무시하고 결혼을 진행하도록 명시되어 있었다. 물건들의 부족에 대한 '그들의 아이들의 욕망에 방해가 된다면' 그리고 그들이 요구하는 낭만주의 소설가들이 주장하는 것처럼, 결혼과 관련한 이 '하나님의 일이 세상 사람들의 타락한 애정에 의해서 방해되어서는 안 된다'는 것이었다.[26] 이 여파는 유럽 전역의 개혁파 개신교에까지 퍼져나갔다.

종교개혁 시대의 북서유럽의 핵가족 삶의 독특한 형태안에서 큰 의문점을 발견한다. 즉 당시에 만혼이 유행했다면, 그들이 결혼하여 자신의 가정을 세우기 전인 10대와 20대에 가정집 하인이나 견습공과 직공생활을 하면서 어떻게 성적 욕구 문제를 해결했는지에 대한 의문이 남는다는 것이다. 당시의 아이들이 지금의 아이들보다 성숙하는 속도가 오히려 더 늦어서 사춘기도 늦게 왔을 것이라고 추측하기도 하지만, 그것도 이에 대한 증거로는 확실치 않다. 결혼 전까지 여전히 약 10년간의 성적 성숙의 차이를 설명할 수 없다는 것이다. 이 문제에 대하여, 교회의 지도부는 소음처럼 들릴 만큼 끊임없이 순결을 요구하고 있었으나, 확고한 답을 내놓지 못했다. 모든 사람이 이러한 요구에 귀를 기울였을리는 없다. 상실된 성의 기간 동안 사생아 비율은 높지 않았기 때문이다. 물론 사생아 비율의 오르내림은 있었다. 그러나 1580~1660년대 핵가족제도가 유행했던 잉글랜드 전체 사생아비율은 모든 출생의 약 3퍼센트에 불과하였다. 피임용구를 많이 사용하는 관례가 있었을까? 물론 다양한 피임 방법들이 있었을 것이다. 그러나 사생아비율에 대해 더 많은 연구가 진행되면 될수록, 18세기 이전에 피임방법들이 출생률에 미친 영향은 미미했던 것으로 보인다.[27]

안전한 장치로써 여겨졌던 결혼에 관한 풍습들이 있었는가? 많은 북서유럽의 가난한 사람들이 사는 지역들에서 공식적인 교회의 관습과는 상관없는 관습이 있었다는 증거가 있다. 즉 어떤 종류의 성적인 접촉이 허용될 수 있는가에 대한 광범위한 인식이 있었는데, 그것은 성관계가 허락되지 않은 범위 내에서 연애중인 커플이 침대를 공식적으로 공유하는 관습이었다. 그러한 관습은 북아메리카에 전해졌고 19세기까지 지속되었다. 이 관습은 번들링(bundling, 남녀가 옷을 입은 채 잠자리를 같이 하는 옛 풍속)으로 알려져 있다. 그러나 이상하게도

---

26) Todd, *Protestantism in Scotland*, p. 266.
27) Houlbrooke, *English Family*, pp. 128, 157; Stone, *Family, Sex and Marriage in England*, pp. 415-22.

'번들링'이라는 표현에 대한 명백한 원천인 잉글랜드는 이 관례에 대해 전적으로 침묵한다.[28] 이것이 무엇을 의미하는지 살펴볼 필요가 있다. 당국의 순결 권면과는 별도로, 그에 대한 대안들이 있었는데, 자위행위, 진한 애무, 이성과의 항문성교(sodomy, 동성연애), 그리고 매춘부와의 성행위가 그런 것들이다. 앞으로 살펴보겠지만, 비록 16세기에 매춘에 대한 공식적인 태도는 냉혹했지만, 매춘행위가 성행했다는 많은 증거가 있다(16장, p. 808). 인간이 경험한 이러한 대부분의 개인적인 영역들을 평가하려는 시도들이 있어 왔다. 즉 잠정적인 결론으로 18세기 이전에는 이성애적인 성적 행위에 있어서 정액을 삽입하지 않는 비삽입적인 방식의 성적 접촉이 크게 유행했다는 것을 유추할 수 있으며, 또한 그런 이유에서 당시 출산율이 저조했다고 볼 수 있다.[29] 그리고 그러한 핵가족의 작고 혼잡한 환경에서 동성 자녀들끼리 침대를 공유하는 일이 일상적이었기 때문에 성적 욕구 해결을 위한 대안으로 동성애가 유행하게 되었다.

3. 남색의 공포

역사의 어느 시점에서든지, 동성과의 생식활동에 대한 태도를 살피는 것은 일반적으로 성에 대한 개념의 특성을 측정하는 잣대가 된다. 따라서 중세와 종교개혁 시대의 동성애의 역사는 가부장제의 기반을 더욱 확고히 하는 빌미를 제공했다. 왜냐하면 로마 가톨릭과 개신교 모두 남성들 관계에서 일어나는 동성애 행위를 크게 경계하였기 때문이었다. 이것은 당시 일반적인 집단호칭인 소도미(sodomy), 즉 남색이었다. 남성 동성애는 유대—기독교 전통에서도 소외되었던 집단으로 분류된다. 그러나 남색으로 정의되는 이 집단은 의심의 여지없이 유대—기독교 전통에서 지배적이었던 집단인 남성과 연관성을 갖는다. 그래서 종교개혁 시대에 남성의 정서적 혹은 성적 기호가 동성에 대한 것이라는 것을 발견했던 때, 권력의 역할이 뒤바뀔 수 있었다. 마치 오늘날의 억압적

---

28) Stone, *Family, Sex and Marriage in England*, pp. 282, 520, 605-7; Laslett, *Family Life and Illicit Love*, p. 111.
29) H. Abelove, 'Some speculation on the history of sexual intercourse during the long eighteenth century in England', Genders 6 (1989), pp. 125-30; T. Hitchcock, *English Sexualities, 1700-1800* (New York, 1997), Ch. 3.

인 성 문화에서와 마찬가지로, 당시의 동성애의 성적 기호는 때로는 그것을 감추고 때로는 노출하기도 했다. 때때로 이 동성애 문제는 어떤 문화적 인식 속에서 가시적이면서도 독특하게, 그리고 이용가능한 요소로 작용했다. 완곡하게 어떤 것들을 주장하거나 의미 있는 침묵을 위해, 때때로 동성애 표현은 지배적인 성 정체성의 배경 뒤에 모습을 감추기도 했다. 존 칼빈은 남성동성애 안에 내재되어 있는 니고데모파(Nicodemite)적인 특성을 인식했을 것이다.

고전적인 문학에서 남녀 동성애문제에 대해 더욱 낙관적으로 표현되었다는 것이 인문주의자들에 의해 재발견되었을 때, 19세기 후반에 낙천적인 동성애 선구자들은 르네상스 때처럼 더욱 동성애를 주장하는데 적극적이 되었다. 르네상스가 고전적 동성애 모드를 모방하여 시와 산문의 장르에 영감을 주었다는 것은 사실이다. 젊은 사람으로서 티오도르 베자(Theodore Beza)는 남성과 여성의 친근한 친구에게 보낸 일련의 시구를 포함한 그의 프랑스 시 전집을 출판하는 데 운명을 걸었다. 베자는 두 여자가 한 남자, 즉 그를(tenere Bezam) 친구로 삼기를 원했다고 자랑스럽게 말하기도 했는데, 만약 선택을 해야 하다면, 그는 사랑스런 캔디다(dear Candida)보다는 사랑스런 오드베르트(dear Audebert)를 더 좋아했을 것이다. 반면 퇴짜 맞은 소녀가 항의했더라면, 약간의 키스로 그 항의를 달랬을 것이다. 매우 엄격한 제롬 볼섹(Jérôme Bolsec)이 주도하는 가톨릭은 베자가 제네바에서 위대한 종교개혁자가 되었을 때 이러한 성적인 입가심을 무자비하게 이용했다(5장, p. 339). 그러나 아마도 인문주의자 실습생이었던 베자는 단순히 유행하는 고전적 산문의 저자로서 그의 기술들을 시험하려 했을 뿐이었을 것이다.[30]

동성애에 대해 의심이 없었던 사람들에게 고전문학은 그들의 감정을 표현하고 사고의 구조를 제공해줄 수 있었을 뿐 아니라, 다른 사람들로 하여금 동성애를 인정하도록 하는 일을 가능케 했다. 베네치아에서 17세기 중반에 프란시스코수도사였던 안토니오 로코(Anto Rocco)가 출판했던 『학생 알키비아데스』(*Alcibiades the School boy*)의 외설스러운 연구에서 주목할 만한 동성애 관련 자료가 발견되었다. 로코는 동성애가 이성애보다 우월하다는 것을 과시하기 위해 이

---

30) A. Machard (ed.), T. der Bèze, *Juvenilia* (Paris, 1879), 편집자의 서문과 pp. 234-7, 'De sua in Candidam et Audenbertum Benevolentia': 'Sic Bezae cupidus sui Audebertus... Sed posquam tamen alterum necesse est/, Pirores tibi defero, Audeberte:/ Quod si Candida forte conqueratur/ Quid tum? Basiolo tacebit imo.

러한 악명 높게 애매모호한 아테네의 바람둥이 매력남을 주요인물로 사실적으로 사용했다. 그는 "만약 다른 천국들이 있다면 나는 기꺼이 이 동성애와 그것들을 교환한다"고 말하기도 했다. 그의 책이 출판되기 전 그의 개인적인 삶에 대해 베네치아와 로마 재판소가 심각하게 그의 사생활을 조사했지만, 로코를 단죄할 정확한 증거를 제시하지 못했다. 또한 그 책에서 동료 성직자들 중의 한 사람이 저지른 남색행위를 적나라하게 찬양하기도 했다. 그러나 로코의 책은 널리 읽혀졌고, 그는 정죄당하지 않고 생을 마쳤다.[31]

로코는 예외적으로 솔직했을 뿐만 아니라, 예외적으로 행운아였다. 그 시대 인문주의자가 골동품 수집취미가 있다는 것이 소수의 경향이었듯이, 인문주의자의 글에서도 여성들에 대한 전통적인 관념을 깨뜨리는 것 역시 힘든 것이었다. 사실 과거 11, 12세기 서유럽의 '핍박하는 사회의 형성'이라는 획기적인 사건 이래로 남색에 대한 태도에 있어서 변한 것은 거의 없었다(1장, p. 26). 놀랍게도 이전에 기독교는 이 주제에 대한 예수 그리스도의 전적인 침묵과 사도 바울의 명백한 주장과의 관계를 고려하지 않은 채, 동성애적 행위에 대해 애매한 태도를 취했다. 실제로 교회는 놀랍게도 기독교의 어떤 정황 속에서 동성애 행태를 수용하는 태도를 보여주었다. 어떤 동방정교회 예전에서 심지어 동성의 우정을 공식적으로 축복하는 의식을 제공하기도 했다. 유럽사회에 대한 새로운 권징을 확대하려는 노력을 하고 있었던 12세기 서양교회는 남색자들을 선한 기독교인들의 적이요 사회적으로 신학적으로 변절자들로 간주하고 신전안에 남색자 명단에 등록했다. 이러한 범주에 속하는 사람들은 이단들과 유대인들 그리고 심지어 혐오스럽다고 여긴 한센병 환자들이었다.[32] 그 후에 동성애 행위는 사회적으로 너무 혐오스러운 것이어서 그것이 심지어 악마를 깜짝 놀라게 한다는 말이 생겨났다. "죄가 너무 가중해서 그 명성이 무저갱에서 정죄당하고 있는 귀신들을 경악하게 했다"는 이 말은 프랑스 위그노 시인 기욤 뒤 바르타스(Guillaume du Bartas)가 그의 국제적인 베스트셀러였던 시 "그 주"(*the week*)에서 묘사한 것이다. 이 모든 것들이 가장 끔찍한 증언을 통해 16, 17세기

---

31) N. S. Davidson, 'Sodomy in early modern Venice', in T. Betteridge (ed.), *Sodomy in Early Modern Europe* (Manchester, 2002), pp. 65-81, 71-4에서.

32) J. Boswell, *Christianity, Social Tolerance and Homosexuality: gay people in western Europe from the beginning of the Christian era to the fourteenth century* (Chicago and Lonon, 1980); J. Boswell, *The Marriage of Likeness: same-sex unions in pre-modern Europe* (London, 1995); M. Barber, 'Lepers, Jews and Moslems: the plot to overthrow Christendom in 1321', *History* 66 (1981), pp. 1-17.

의 유럽의 마녀 열풍에서 생산되었다(항상 법적인 고문에 의해)는 것은 흥미로운 것이다. 실제로 마녀들의 어떤 동성애 행위와 관련되었다는 기록은 없었다. 그들의 난잡한 성교는 이성애였다. 어떤 시인과 극작가들은 비록 마녀와 사탄 사이의 성적인 결합의 결과로 인해 그들을 남색자들로 몰고 가지만, 사탄 자신은 이러한 것들을 기뻐하지 않았다는 문학적 동기를 발전시켰다. "만약 악마가 그것을 본다면 확실히 두려워할 것이다"라는 것이 엘리자베스 시대의 작가 미카엘 드레이톤(Michael Drayton)의 시 "바보"(The Moon-calf)에서 그러한 연합으로 초래된 악마적이고 남색적인 바보 쌍둥이에 대한 그의 의견이었다.[33]

이러한 공포는 관련된 언어의 감각적인 모호함에 의해 더욱 더 악화되었다. 남색은 오늘날 이해되는 것과 같은 동성애 행위보다 더 넓은 일반적인 단어였다. 이 단어는 아주 다양한 통제되지 않는 성적 행위들을 포함하는 극단적인 방탕의 관념이었다. 이에 더해, 남색적인 행동들은 일반적인 방탕으로 간주되었기 때문에, 이러한 행동들이 의미하는 바를 어떤 특정한 집단의 사람들을 규정한 공식적인 격론에 기초하여 상상하는 것은 매우 어려웠다. 동성애적 정체성의 관념에 대해 규범주의 문학에서 그것을 묘사하는 용어는 전혀 없었다. 남색은 어떤 행동을 하는 데 있어서 타락한 개인의 선택의 문제였다. 모든 사람들은 타락할 수 있었다. 그리고 결과들은 단지 개인에 대해서 뿐만 아니라, 모든 사회에 대해 끔찍했다. 베네치아에는 불운의 해(year)였던 1509년에, 애국적인 신문 파수꾼 기롤라모 프리울리(Girolamo Priuli)가 베네치아의 남색자들과 난잡한 수녀들의 본성을 거스른 추한 행위는 하나님의 진노를 살 일이며, 이로 인해 아냐델로(Agnadello)에서 세렌 공화국이 굴욕적인 군사적 패배를 당했다고 비난했다.[34]

어거스틴은 모든 성적인 행동을 무질서와 연관된 것으로 보았으며, 반면에 남색적인 성 행위는 강한 형태의 무질서이기 때문에 하나님의 자연 창조에 전체적인 혼란을 가져왔다고 보았다. 이는 성경에서 소돔과 고모라의 멸망을 초래했던 불, 지진 그리고 소금 폭풍에 의해서 예시되었다. 또한 이러한 남색에 관한 실례는 사도 바울이 하나님의 명령에 대한 불순종과 동성애 행위를 연결함으로써, 로마서에서 상세히 설명된다(롬 1:26-27). 이런 이유에서 남색은 어떠한 집단과 연결되어 사회구조를 위협하는 대표적인 것으로 생각되었다. 이런 식으로 중세 가톨릭교회는 남색의 공포를 남부 프랑스의 이원론자 알비겐시아

---

33) A. Bray, *Homosexuality in Renaissance England* (London, 1981), pp. 21-2.
34) M. Laven, 'Sex and celibacy in early modern Venice', *HJ* 44 (2001), pp. 865-88, 865에서.

같은 이교도들과 연관시켜 이용하였다. 수간하는 사람(bugger)이라는 단어는 이원론자인 불가르(Bulgar) 또는 발칸으로부터 온 보고밀파(Bogomil) 이단들로부터 유래된 것으로 보인다. 이와 유사한 방식으로 예수회의 마법전문가였던 마틴 델 리오(Martin Del Rio)가 마법을 이단 출현 이후에 나타난 사탄의 다음 계략으로 보았다는 것은 이미 살펴본 바 있다(13장, p. 726). 마녀들에게 비교적 안전했던 스페인에서 종교재판의 형벌은 남색자들과 회개하지 않은 이단들에 대해 동일했다. 그들은 교살의 혜택없이 화형에 처해졌다. 즉 1570년대와 1630년대 사이에 150명의 남색자들은 이러한 끔찍한 죽음을 당했다.[35]

유사한 문제로 종교개혁 기간과 그 이후에 개신교도들은 남색을 가톨릭과 연결했는데, 그것은 남색에 깊이 빠진 저명한 독신 가톨릭 성직자를 가톨릭교회가 적극적으로 도왔던 문제 때문이었을 것이다. 초기 잉글랜드 종교개혁의 논객 존 베일(John Bale)은 그 주제에 대해 지나친 강박관념을 가지고 있었다. 아마도 그가 카르멜회 수도사로 있을 동안에 어떤 잊지 못할 개인적 학대로 인한 상처에서 기인하였을 것이다. 그러나 가톨릭 성직자가 자연의 순리를 거스르는 행위를 고발함으로써 신학적인 반향을 불러오게 되었는데, 그것은 로마서 1:26-27에 있는 사도 바울의 논쟁에 근거하여 모든 사람들이 남색행위에 빠지기 쉬운 것 같이, 또한 모든 사람들이 가톨릭의 부자연스러운 악덕에 빠질 수 있는 유혹을 받고 있다는 것이었다. 양쪽의 악덕은 우상 숭배의 형태들이었고, 하나님을 예배하는 인간의 참된 목적을 왜곡했다.[36] 가톨릭 또는 개신교 이단들만이 남색의 고정관념을 접했던 것이 아니었다. 모든 사람들은 터키인들과 무슬림들을 일반적으로 남색을 습관적으로 행하는 자들로 보았다. 이들은 기독교 유럽의 존재에 실제적인 위협을 가했던 하나의 요인으로 작용했다. 이는 현대 근본주의 이슬람의 관점을 흥미롭게 반영하는 것으로 서구사회를 악한 유물주의 사회로 보았다는 것이다. 유럽인들이 해외에 진출하여 토착민들로부터 땅을 빼앗음으로써 제국을 만들었을 때, 정복자들은 그들이 만났던 원주민들을 자주 남색과 연관시켰다. 그리고 그것은 원주민들을 인간 이하의 존재로 간

---

35) M. R. Boes, 'On trial for sodomy in early modern Germany', in Betteridge (ed.), Sodomy, pp. 27-45, p. 27에서; M. E Perry, 'The "nefarious sin" in early modern Seville', in K. Gerard and G. Hekma(eds), *The Pursuit of Sodomy: male homosexuality in Renaissance and Enlightenment Europe* (Binghamton, 1989), pp. 67-89.

36) T. S. Betteridge, 'The place of sodomy in the writings of John Bale and John Foxe', in Betteridge (ed.), *Sodomy*, pp. 11-26, p. 14에서.

주하게 했고, 그들에 대한 학대와 착취를 정당화시키는 편리한 방식이었다(원주민들을 습관적인 식인종들로 기술하는 것도 좋은 전략이었다).[37]

이러한 무차별적인 공적 적의를 받아들이는 데에 딜레마가 있었다. 주석가들은 원주민들이 의도적으로 남색의 폐해를 드러내야만 하는지 아니면 너무 조심스러워서 그런 행위를 숨겨야 했는지에 대해서는 확신이 없었다. 즉 잉글랜드법에서 그리스도인들 사이에서는 남색은 '입 밖에도 내지 말아야 할 죄'였고, 또한 교회론에서는 남색을 보편적인 유혹으로 인식하고 있었기 때문에 그 단어를 입 밖에 내는 자체로 사람들의 생각 속에 유혹을 집어넣게 된다고 생각했다. 그것은 자신의 설교에서 너무 솔직하게 성적인 문제들을 논의하기를 좋아한 15세기 이탈리아의 유명 설교가인 시에나(Siena)의 베르나르디노(Bernardino)가 직면한 문제였다. 그가 좋아하는 주제는 이성애와 동성애를 모두 포함한 남색 행위들에 대한 고발이었다. 1427년에 시에나에서 그가 야외 설교를 할 때 청중 가운데 있던 수많은 어머니들은 자기들의 딸들 앞에서 그가 성적인 행위를 묘사하는 충격적인 말을 하였을 때, 너무 분노해서 설교자를 뒤에 남겨두고 광장에서 우르르 빠져나가 버렸다. "떠나지 말고 기다리시오, 지금까지 듣지 못한 얘기를 들을 것이오"라고 불안하게 외치는 그를 남겨 두고 다 떠나버린 것이다. 물론 그 상황을 피하려 했던 집단은 부인들이었다.[38] 이와 유사하게 베자의 제네바에서, 1568년 시 당국이 여성 동성애자의 반복되는 성적 행위와 관련하여 어떤 여성들을 고발하는 매우 드문 조치를 취했을 때, 유력한 제네바 법조인 제르맹 콜라돈(Germain Colladon)은 "동성애와 관련된 이러한 사건의 내용을 상세하게 기록하지 말라"는 충고를 하였는데, 그것은 혐오스럽고 부자연스러운 범죄였기 때문이었다.[39]

법조인들은 그 시대의 변태적인 성행위에 대한 매우 정확한 평가를 하였다. 제네바 시의 법원들은 그들의 고소에서 남색에 대한 포괄적 호칭을 사용했다. 그들이 남긴 소송 기록들을 보면 결혼한 이성들 간의 성행위를 넘어서는 비정

---

37) N. Matar, *Turks, Moors and Englishmen in the Age of Discovery* (New York, 1999), Ch. 4; 남색에 사로잡힌 예수회에 대해, J. D. Spence, *The Memory Palace of Matteo Ricci* (London, 1984), Ch. 7.

38) C. L. Polecritti, *Preaching Peace in Renaissance Italy: Bernardino of Siena and his audience* (Washington DC, 2000), pp. 52-3. Cf. M. J. Rocke, 'Sodomites in fifteenth-century Tuscany: the views of Bernadino of Siena', in K. Gerard and G. Hekma (eds), *The Pursuit of Sodomy*, pp. 7-31.

39) Naphy, *Sex Crimes*, p. 128; cf, Boes, 'On trial in early modern Germany', p. 42.

상적인 성행위에 대한 그 시대의 분별력은 현대에 그러한 것을 다루는 분별력과 일치함을 볼 수 있다. 강간의 경우, 제네바의 법조인들은 강간에 의해 생긴 충격에 의해 두려워서 희생자가 나중에 거짓말을 할 수도 있다는 것을 알고 있었다. 그들은 조사를 통하여 어른에 의한 어린이 성적학대인지, 또한 동성애 성인들 간의 합의에 의한 성관계인지를 분리하여 처리할 수 있었다. 그리고 성인의 동성애사건 심문에 있어서 제네바 재판관들은 동성애자들 가운데에도 이성과도 관계를 갖는 사람들이 있다는 것을 정밀심문을 통해 놀라울 정도로 짚어냈다. 그들은 동성애 행위자들을 따로 구분시켰다. 이러한 관점에서 법조인들은 남색의 보편적 유혹에 대한 신학자들의 의견들과는 달리 분리된 동성애적 정체성의 현대적 개념과 같은 맥락으로 접근하고 있었다.[40]

사실 사법당국과 교회 당국이 공식적으로 선언한 남색의 사상은 너무 두렵고 너무 생소해서 보통사람들은 남색과 관련한 행위를 한다는 것은 감히 상상하기 어려운 일이었다. 기록보관소에 실제로 기록된 동성애행위는 결코 무질서하지 않았다. 사실 그것은 근대 사회의 압도적인 핵가족제도 때문에 생겨난 것이었다. 그리고 그것은 정기적으로 침대를 같이 쓰는 동성의 사람들에게 예측된 가능한 결과이다. 동성애적 행위는 의심의 여지없이 만혼이 성행하던 때에 결혼하기 전의 성적 욕구를 위한 하나의 중요한 배출구로서의 기능을 했다. 그래서 그것은 가족 라이프싸이클의 공통된 부분을 형성했다. 이에 대한 증거는 풍부한 기록이 남아있는 플로렌스와 베네치아와 같은 이탈리아의 도시들을 보면 명백해진다. 비록 특별히 곡해하고 남을 경멸하는 경향을 가진 북유럽 사람들이 이탈리아 사람들을 보았지만, 이는 단순히 남쪽 사람들이 자신들이 행하는 것을 드러내는 다른 에티켓을 가지고 있었다는 것을 의미했던 것 같다. 시에나의 베르나르디노는 비록 자연스럽게 그가 라이프싸이클 동성애를 지옥의 구덩이로 들어가는 입구라고 간주했지만, 그의 본토 투스카니(Tuscany)의 문화에서 이 '라이프싸이클 동성애'를 분명하게 인정했다. 북유럽에서도 일반인들이 남색 혐의로 법정에 서야 했을 때, 그들이 저지른 행위가 기독교인들 사이에서는 들어보지 못한 범죄와 연관되어 있다는 사실로 인해 당황했다는 것은 놀랄 일이 아니다.[41]

---

40) W. R. Naphy, 'Sodomy in early modern Geneva: various definitions, diverse verdicts', in Betteridge (ed), *Sodomy*, pp. 94-111; Naphy, *Sex Crimes*, pp. 75-6, 120-156.
41) Bray, *Homosexuality in Renaissance England*, pp. 68-9. Cf Davidson, 'Sodomy in early modern Venice', pp. 69-70, 그리고, Bernardino에 대해, Rocke, 'Sodomites in fifteenth-century Tuscany', pp. 17-18.

무엇보다도 동성애 행위는 종교개혁과 반종교개혁 시대의 유럽을 통틀어서 주종관계의 계급적 구조를 가진 가족의 질서정연한 권위구조를 모방하였다. 즉 그것은 성년기와 청소년기, 주인과 하인, 선생과 학생, 그리고 대학 강사와 대학생 사이의 관계구조와 같은 것이었다. 따라서 그것은 결코 무질서한 것 또는 무정부로 가는 길은 아니었다.[42] 고전 문학에서의 이와 관련된 인문주의적 내용들이 이 문제에 대한 모델을 제공하였다. 왜냐하면 베네치아 사제 안토니오 로코가 잘 이용했던 알키비아데스의 경우에서처럼, 그러한 불균형은 고전 저자들이 동성 관계들을 묘사했던 통상적인 방식이었기 때문이다.

　계층적으로 불균형적인 동성애 관계들은 동성의 사회기관안에서 사회적이고 교육적인 기능을 완수했다. 특별히 교회와 수도원들과 학교와 대학들에서 그러했다. 그러한 통제된 환경에서 남색의 무서운 악에 대해 그렇게 목소리를 높였던 당국은 놀라울 정도의 관용 또는 적어도 무감각을 보여 주었다.

　학교장들이 그들의 지위를 남용했던 튜더왕조 잉글랜드의 두 경우들은 이러한 예들을 뒷받침한다. 1594년에 콜체스터(Cholchester)의 부주교 관구 법정은 에식스(Essex)의 교장을 '학자들 사이에서의 짐승 같은 행위' 때문에 소환했다. 그러나 그가 법정에 출두하지 않았을 때, 그 이상의 조치를 취하지 않았던 것 같다. 또 다른 실례로는, 어떤 학교의 헌금 절도사건을 조사하는 과정에서 교장 니콜라스 우달(Nicholas Udall)이 남학생 중 한 명과 성적으로 관련되어 있다는 것이 우연히 드러났던 1541년에 있었던 이튼칼리지(Eton College)에서의 추문은 훨씬 더 명확한 증거이다. 우달은 추밀원에 의해 조사를 받았고, 짧은 투옥생활을 겪었다. 그러나 경건한 복음적인 그의 작품들과 음란한 드라마를 포함한 작품과는 별도로, 그의 교장직 수행과정에서 보여준 열정적인 추진력으로 인해 그는 다시 복귀할 수 있었다. 그는 그 시대의 대단한 생존자들 중 한사람이었다.[43] 만약 관료주의가 극단적으로 악한 사안에 대해 일관성이 없이 대처한다면, 상인들 사이의 경쟁과 같은 어떤 다른 논쟁에서 혼란에 빠지게 될 수 있고, 매일의 삶에서 끊임없이 일어나는 동성애 행위에 대해서도 참아야 된다는

---

42) Cf. Boes, 'On trial in early modern Germany', p. 31.에서 인용된 예들. 1569년에 이성 그룹 섹스의 고발에 대한 제네바의 희귀한 기록은 또한 남성들이 계층구조적 사회단체에 참여했다는 것을 드러낸다: Naphy, *Sex Crimes* pp. 149-50.
43) Bray, *Homosexuality in Renaissance England*, pp. 52-3.

것을 의미한다. 이런 일은 실제로 어떤 마법관련 고소에서 발견될 수 있었다.[44]

동성애 행위에 있어서 계급적 불평등의 실재와 비난조의 문학작품에 나타난 동성애에 대한 편견 사이에서 갈등했던 당시의 동성애주의자들은 평등의 원리에 입각하여 평생동안 동성애 관계를 실현시킬 수 있는 큰 자신감과 상상력이 필요했다. 그것은 철저한 무신론을 상상하는 것만큼 어려운 것이었다. 어떤 남성 군주들이 왕궁에서 같은 남성을 좋아하는 동성애 관계의 잘 알려진 사회적인 실례가 있었다. 프랑스의 앙리 3세, 스코틀랜드와 잉글랜드의 제임스 6세와 1세, 그리고 잉글랜드의 14세기 에드워드 2세가 그들이다. 그럼에도 불구하고 성 역할에 대한 기호는 여러 가지 이유로 장려되지 않았다. 그 첫 번째 이유로, 낯선 사람들이 왕궁에 들어와서 군주와 이상한 행동을 하는 것은 보통사람들에게는 이해가 안되는 것이었기 때문이었다. 그러나 두 번째 이유로는 동성애가 계급구조를 흔들어 놓는 것이었기 때문에 강한 사회적 불만을 유발하였던 것이다. 왕의 동성애 파트너들은 왕과 친하다는 이유로 사회적 지위와 권력을 소유하진 못했다. 그러나 가부장적 관점에서는 궁중의 첩들보다는 그들이 훨씬 더 계급에 위협적인 존재들이었다. 왕의 동성애 파트너들의 집을 드나들던 (제임스 1세의 버킹엄 공작에 대한 철학자이며 정치가인 프란시스 베이컨과 같은) 문화적 식객들은 그들의 글에서 왕과 왕의 동성애 파트너들을 또래의 우정으로 규정하기도 하였으나 그 글들은 비논리적이었다. 이는 왕과 왕의 동성애 파트너들 사이의 관계를 명확히 규정하기가 어려웠음을 증명하고 있는 것이다.[45]

친근하고 평등한 동일한 성의 우정의 모델은 박해받는 개신교도들의 역경과 같은 커다란 어려움의 상황에 더욱 자의식 없이 적용되었다. 잉글랜드의 메리 1세의 치하에서 감금된 후에 곧 순교당한 존 케어리스(John Careless)와 존 필포트(John Philpot) 사이에 주고받은 편지들을 설명하는 과정에서 존 폭스는 그들 사이의 놀랍고도 어떤 감정적인, 심지어 에로틱한 편지 교환이 있었다는 것을 시사한 바 있다. 그의 성(surname, 이름의 성)에 대한 필포트의 경쾌한 말장난들의 대상이었던 케어리스는 그 자신이 사랑스럽게 성경적으로 만들어진 말장난을 생각해냈다. "오 3배 행복한 항아리, 그대에게서 그리스도께서 위대한 기적을 만드시고, 그대의 본성을 바꾸시고, 물을 포도주로 바꾸시고, 최상의 포도주로 바꾸시고, 거기에서 잔치의 주인이 나의 컵을 가득 채웠기 때문에 나는

---

44) Betteridge (ed.), *Sodomy*, p. 5.
45) D. Clarke, '"The sovereign's vice begets the subject's error": the Duke of Buckingham, "sodomy" and Narratives of Edward II, 1622–28', in Betteridge (ed.), *Sodomy*, pp. 46–64.

그것을 통해 성령의 기쁨에 취해있다"고 말의 유희를 서로 즐겼다.[46] 은유적 표현은 성경의 아가서의 관점에서 그들의 그리스도와의 관계를 그렸던 서사시적 경건 작품들을 출판하는 데 있어서 잉글랜드와 스코틀랜드 청교도 성직자들의 관행이었다. 즉 그리스도는 신랑이었고, 그들은 아주 자발적인 신부였다(18세기 스코틀랜드의 회고담들은 이러한 성직자들 중 하나인 사무엘 러더퍼드[Samuel Rutherford]의 작품들이 때때로 구할만한 그 밖의 다른 것이 없으므로 포르노로 읽혀졌다). 아마도 무의식적으로 청교도들은 스페인 신비주의자인 십자가의 요한을 되풀이하고 있었을 것이다. 그러나 그들이 요한의 신비적인 관점들을 공유했다는 것보다는 오히려 개신교 상황으로부터 일어나는 목회적 동기에서 그랬을 것이다. 모든 세대의 결혼한 성직자는 성직자 목양 과제의 중요한 부분인 양육과 여성의 보호적인 역할과 더불어 그들의 강한 개인적인 남성적 특성(masculinity)을 조화시킬 필요가 있었다. 즉 청교도 경건한 작가들은 성경에 나오는 안정적인 역할을 하는 여성들이 불가능한 일을 가능케 하는 데 도움을 줬다는 사실을 발견했을 것이다.[47]

그러나 법정에서 어떤 증거들에 대한 증언을 할 때, 때때로 그러한 수사학적 표현 이상으로 더 철저히 준비하는 사람들을 보게 된다. 그리고 그 증거는 가부장적 모델을 반대할 뿐만 아니라, 성적인 행위와 성적인 정체성에 대한 공식적인 분리도 반박한다. 즉 그들은 그들의 동성애 성적 본능과 행동을 또래들 사이의 사랑의 언어에 연결지었다. 이 같은 실례를 들면, 아는 남자와 어떤 열정적인 포옹을 한 기혼자였던 프랑크푸르트의 제빵사 루트비히 부딘(Ludwig Boudin)이 있었다. 그는 포옹을 받은 그 남자의 강한 요구를 받게 되었는데, "집에 가서 나와 함께 자자. 그렇지 않으면 미쳐 버릴 것"이라고 말했다고 한다. 16세기에 있었던 이 같은 행위는 프랑크푸르트의 무관심한 세속법정에 의해 예외적으로 그가 기소되기 전 지난 20년 동안 사랑해 왔던 그의 남성 친구들에 대한 유일한 사랑 고백이 결코 아니었다. 가톨릭 유럽으로부터 포르투갈 종교재판소의 경계와 기록보관소의 세심함은 우리에게 수많은 사랑의 편지를 보존해 주었다. 그리고 그 중 어떤 것은 오랜 동성애관계를 보여준다.[48]

---

46) Betteridge, 'Sodomy in Bale and Foxe', p. 21.
47) T. Webster, "' Kiss me with kisses of his mouth": gender inversion and Canticles in godly spirituality', in Betteridge(ed.), *Sodomy*, 5 op. cit, pp. 148-63. 십자가의 요한에 대하여, 9장, p. 678을 보라.
48) L. Mott, 'Love's labours lost: five letters from an early seventeenth-century Portuguese sodomite', in Gerard and Hekma (eds), *Pursuit of Sodomy*, pp. 91-101. Boudin에 대하여, Boes, 'On trial in

그러한 예들은 16세기와 17세기에는 잘 알려지지 않았던 것 같다. 그리고 인식할 정도의 용어인 동성애문화(gay subculture)라고 명명된 것은 종교개혁 후반기인 1690년대에 곧바로 생겨났을 뿐이다. 그때부터 일부 개인들이 연속적이고 분명한 동성애적인 정체성과 삶의 방식을 선택하기 시작했다. 그리고 흥미롭게도 그들은 17세기 후반에 유럽의 아주 다원적인 두 도시들, 즉 암스테르담과 런던이 바로 그들이 정착한 도시였다. 양 도시의 환경에서 동성애문화가 나타나기 시작했지만 결코 억압받아 본 적이 없다. 즉 양 도시에서 클럽들과 술집들 그리고 독특한 용어들과 공유된 농담들은 반(semi)대중적인 삶의 방식을 형성했다. 이로 인해, 주기적인 추방정책이 시행되었고, 도덕적인 공황은 특별히 동성애를 향한 공격으로 이어지게 했다. 이러한 조치는 당황해 할 만한 사회적 현상이 없었던 근대 초기의 런던이나 암스테르담에서 가능하지 않았던 일이었다.[49]

왜 이러한 혁명적인 사건이 서양 문화에서 발생했고, 또한 이러한 혁명적인 일이 발생했는데, 그것이 왜 발생했는가? 이러한 새로운 현상이 사회의 통합된 신적인 관점의 퇴보, 즉 이 세상의 세속화를 반영했다고 볼 수 있다. 그 사회 안에서 교회적 추방 같은 교회의 규범들이 더 이상 사회의 일관된 틀을 제공할 수 없게 되었고, 사회 구성원 모두의 기대를 더 이상 충족시켜줄 수 없게 하였다. 네덜란드와 잉글랜드는 서구유럽에서 종교개혁의 특별한 덕택으로 이러한 분열이 처음으로 생겨났다. 1700년대 즈음에 이 두 나라는 그들이 정복한 많은 영토에서 교회 권징과 교육을 일관성 있게 시행하지를 못했다(우리는 이러한 다원주의의 많은 다른 예들을 나중에 볼 것이다). 이 두 나라는 또한 그들의 경험을 토대로 경제적 발전을 일구어 냈고, 이로 인해 기근을 추방했다. 그들이 부로 창출된 잉여를 점점 더 일반적으로 분배함에 따라, 여가와 개인적인 선택이 어떤 특권이 있는 작은 엘리트들에게만 제한되는 것이 아니라, 중세 또는 유럽 종교개혁시대에 사회 전반적으로 개인적인 새로운 선택과 여가가 주어졌다.

그러한 선택은 사회에 의해 부과된 것과는 다른 장기적이고 개인적인 정체성을 수용하는 결정을 포함했다. 그럼에도 불구하고, 그러한 결정의 범위들과

---

early modern Germany', p. 33.
49) R. Norton, *Mother Clap's Molly House: the gay subculture in England 1700–1830* (London, 1992); T. van der Meer, 'The persecutions of sodomites in early eighteenth-century Amsterdam: changing perceptions of sodomy', in Gerard and Hekma (eds), *Pursuit of Sodomy*, pp. 263–309; Hitchcock, *English Sexualities*, Ch. 5.

가능성들은 일반 사회에서 성에 대해 진화하는 사상들에 의해서 여전히 일반적으로 결정되었다는 것을 주목해야 한다. 체질이론의 쇠퇴와 성의 지속성에 대한 갈레노스 사상(Galenic ideas)의 몰락은 남성과 여성의 정체성들이 점점 더 소원해졌다는 것을 의미했다.

따라서 동성애 남자는 런던과 암스테르담의 동성애 클럽과 같은 환경에서 제3의 성적 정체성으로 진화되어 나타났다. 즉 다른 남자동성애자들에게 완전히 매력적으로 비춰지는 남자는 고도의 여성화된 방식으로 행동함으로써 '비남성적인 정체성'을 발전시켜 나갔다. 이러한 구조에서 대칭적으로, 제4의 성적 정체성이 나타났는데, 그것은 '남성형 레즈비언'이었다. 이 용어는 실제로 18세기에 생겨난 것이며, '동성애'라는 용어보다 한 세기 정도 앞에서부터 사용되었다.[50]

이는 이해할 수 있는 변화였다. 종교개혁의 시기에 특징적으로 더 오래된 성에 대한 전제들은 여성과 과도한 성관계를 시도하고 성에 너무 많은 관심을 가졌던 남성들을 가리켜서 '여성편향적'(effeminacy)이라고 연관지었다. 그래서 잉글랜드 메리 여왕의 통치를 선전하던 가톨릭 선동가인 마일스 휴가드(Miles Huggarde)가 1550년대에 주교들인 크랜머(Cranmer), 리들리(Ridley)와 라티머(Latimer)같은 자들을 조롱하면서 결혼에 대한 그들의 전례 없는 열정을 비웃었다.[51] 동일한 비웃음은 군주들 중 아주 열광적인 이성애자였던 찰스 2세에 적용되었다. 그래서 그 이후의 의미의 변환은 매우 급작스러웠다. 18세기의 새로운 여성적 동성애에 대한 고정관념은 런던의 조지왕조 시대 이후 오래 지속됐다. 이는 여전히 지지자들을 가지고 있고, 남성우월적인 이성애 문화에서 비웃음 혹은 자기위안을 위한 확신의 근원으로 남아 있다. 1700년 이후 동성애의 이해 혹은 동성애의 자기 이해에 있어서의 급격한 변화는 종교개혁의 내용에서 그 자체로서의 중요성을 가진다. 그것은 실제로 종교개혁의 끝을 장식하는 것으로 말할 수 있을 것이다. 그리고 우리는 1400년과 1700년 사이에서 추적할 수 있는 사랑과 성에 대한 태도들의 변화들을 고려할 때, 그 목적에 맞는 다른 증거들을 발견할 수 있을 것이다.

---

50) Naphy, *Sex Crimes*, pp. 98-100, 106, 130, 165-70; Hitchcock, *English Sexualities*, Ch. 4.
51) MacCulloch, *Tudor Church Militant*, p. 145.

제 16 장
사랑과 성: 변화

1. 윤리회복운동

　지금까지는 중세로부터 종교개혁시기까지 지속되어 온 윤리들을 검토해왔다. 이제는 변화된 부분이 무엇인지를 검토하게 될 것이다. 이러한 변화의 시도는 종교개혁이 일어나기 전인 15세기부터 시작되었다. 그 시도는 바로 공적으로 규제를 강화하여 엄격한 분위기를 조성하는 것이었다. 이 '윤리회복운동' (Reformation of Manners, 16세기에 잉글랜드에서 일어난 운동)은 자연적으로 성적인 행위의 규제를 주요 항목으로 취했다. 법정에서 남색관련 소송이 증가함에 따라 다시 한 번 남색에 대한 문제가 주목을 받게 되었다. 비록 16세기 중반부터 남색관련 소송이 감소했고, 1600년 이후에는 실제적인 사형집행이 폐지되었지만, 14세기 중반과 15세기 중반 사이의 판례들(1448년과 1468년 사이에 110건)을 보면 베네치아에서 남색에 대한 유죄판결이 10배 증가했다는 것을 알 수 있다. 1459년과 1502년 사이에, 플로렌스에서의 남색에 대한 유죄판결은 평균 1년에 48건으로 4배가 증가되었다.[1]

---

[1] M. R. Boes, 'On trial for sodomy in early modern Germany', in T. Betteridge (ed.), *Sodomy in early modern Europe* (Manchester, 2002), pp. 27-45 에서 특히 p. 27; N. S. Davidson, 'Sodomy in early modern Venice', in ibid., pp. 65-81에서 특히 75.

후에 잉글랜드는 오히려 남색문제를 뛰어넘어 1533년에 수간(buggery)에 대한 법률을 통과시켰는데, 이는 잉글랜드의회가 개인적인 성윤리를 규제하는 첫 번째의 의회결정이었다. 그리고 중요하게도 이 같은 의회의 결정은 교회의 사법관할권에 대해 헨리 8세가 총체적인 공격을 가하면서 그의 왕실권력을 확고히 하는 과정에서 진행된 것이었다. 이러한 예와 또 다른 예들에서 볼 수 있는 흥미로운 것은 베네치아와 플로렌스 그리고 잉글랜드에 있는 교회법정보다 오히려 세속법정이 윤리문제에 관심을 갖기 시작했다는 사실이다. 사실 이전에는 세속법률가들이 윤리문제에 거의 관심을 갖지 않았다. 이는 1장에서 살펴본 바 있는 현상으로, 교회에 대항해서 공화국이 자신의 권리를 주장하고, 또 '그의 영지의 아버지'라 불리는 세속통치자, 곧 영주(Landesvater)가 등장한 것이다. 자연적으로 아버지들은 자신의 가족의 도덕적인 복지를 보살필 의무가 있었다. 종교개혁 이전에도 그러한 일반적인 원리 외에 이러한 새로운 규제의 분위기를 고무시켰던 두 가지의 추가적인 요인들이 있었다. 첫째는 새로운 질병의 출현이었고, 둘째는 데시데리우스 에라스무스의 등장이었다.

이미 살펴보았듯이(2장, p. 152), 이탈리아에게는 1494년이 불운의 해(year)였다. 그 해에는 반세기 동안 반도를 파괴했던 프랑스 군대가 침략했을 뿐만 아니라, 1531년에 의사 기로라모 프라카스토로(Girolamo Fracastoro)가 그의 시문에서 처음으로 밝힌 성병인 '프랑스 매독'이 등장했었다. 그가 천상의 여신에게 헌정하는 형태로 라틴어로 기록한 이 알려지지 않은 질병을 현대의 어떤 의사들이 알아차릴 수 있겠는가? 그러나 16세기의 어느 누구도 매독을 그런 식으로 표현한 프라카스토로를 우습게 생각하지 않았다. 그리고 실제로 그가 프랑스 매독에 대해 말했던 것은 대부분의 다른 동시대의 의학적 소견보다 조금 더 알기 쉬웠던 것이었다. 사실 당시 가장 실제적인 의학계의 권위자이고 교황 알렉산더 6세의 발레시아 의사인 페레 핀토(Pere Pintor)는 매독이 유행한다는 말을 들었을 때 아주 빨리 줄행랑을 치고 말았다. 20세기의 에이즈 같이 프랑스 매독은 문학과 연관되어 매독이 주체가 된 문학을 발전시켰다. 왜냐하면 지금으로 말하면 월스트리트나 매스컴과 예술계에 있는 평범한 사람들보다는 오히려 그 당시 귀족들과 성직자들과 같이 명성 있고 권력 있는 사람들이 이 성병에 걸렸기 때문이었다.

이탈리아에서 르네상스 학자들은 당혹케 하고 겁나게 하는 이 질병을 이해하기 위해 그들의 모든 문화자원들을 사용하려고 하였다. 즉 그들은 프랑스 매독의 존재 여부에 대해서 심각하게 논쟁했다. 왜냐하면 그 질병에 대한 명백하

제16장 사랑과 성: 변화

고 적절한 라틴어 또는 헬라어 이름이 없었기 때문이었다. 단지 이탈리아 별명만을 가졌던 이 치명적인 전염병에 대한 객관성이 부족했다. 고대 세계에서는 만일 어떤 질병에 대해 인식할 수 있는 명칭을 부여할 수 없다면, 그 치료법을 알아내기 위한 어떤 기초 작업도 시도하지 않았다. 고전적 지혜에 심취해 있는 인문주의자들은 현실이 죽은 철학의 지식을 넘어선다고 섣불리 생각하는 경향이 있었다.

만일 이탈리아가 악취가 진동하고 전염병에 감염된 자들이 가득한 공황 상태가 되지 않기를 바랬다면, 학자들이 이렇게 논쟁하는 대신에 매독에 대한 긴급하고 실제적인 조치를 취했어야 했다. 그 시대의 종교적인 갱신운동들처럼, 매독은 도시에서 창궐하였고 그 결과 종교개혁 이전의 역사에서 중요한 부분이었던 경건한 오라토리오회와 다양한 자선단체들이 이탈리아에서 생겨나게 되었다(1장, p. 56). 이 질병을 치료하기 위한 병원들이 세워졌다. 구약성경의 이야기에 나오는 종기에 시달린 욥이라는 영웅에게 헌정되었던 이 병원은 이제는 영예스런 기독교 성인과 매독 치료의 후원기관으로 바뀌었다. 이러한 병원 기관 중에 중심이 되는 병원이 로마에 인상적으로 설립되었다. 로마는 성병이 가장 유행할 것으로 보였던 도시 중의 하나였다.

병원들은 '치료될 수 없는 곳'(Incurabili)이라고 불려졌는데, 이는 매우 부적절하고 부정확한 이름이었다. 왜냐하면 그 병원들의 사망률이 놀랍게도 낮았기 때문이었다. 한 가지 치료법은 효과가 있는 것처럼 보였고, 또한 최소한 환자들로 하여금 어떤 긍정적이고 상대적으로 덜 고통스러운 치료가 진행되고 있다고 느끼도록 했다. 즉 치료과정에서 유창목기름(Guaiacum)이라는 열대정글나무를 사용했는데, 이것을 우려내서 환자들로 하여금 마시게도 하고 씻게도 했다. 그 나무는 우연히 아메리카에 있는 새로운 스페인 식민지의 정글들에서 발견되었다. 그래서 그 나무는 수입되어야 했고 엄청나게 가격이 비쌌다. 자선단체 여인들은 '세계매독의 날'을 정하여 그 나무약재 값을 충당하고 일반적인 병원사역을 위해 기금모금운동을 벌였다.[2]

많은 의사들은 유창목기름에 대해 분개했는데, 선례없는 질병에 선례없는 치료책을 적용하는 것이 부적절하고 분별력없는 행동으로 보였기 때문이었다. 개신교도들 또한 이상한 약에 대해 의심했다. 그들은 위대한 독립적인 지식인이며 과학적 혁신가인 파라셀수스(Palacelsus)로부터 단서를 얻었다. 파라셀수스는

---

[2] J. Arrizabalaga, J. Henderson and R. French, *The Great Pox: the French Disease in Renaissance Europe* (New Haven and London, 1997), Chs 7, 8.

일찍이 1529년에 출판된 그의 저술에서 다음과 같은 사실을 부각시켰는데, 그것은 아우크스부르크 푸거가의 금융왕조(Fugger banking dynasty)가 유창목기름(사실상 푸거가는 그 매독병원을 설립함으로써 적절하게 그들의 이익에 대한 감사를 표시했다) 판매에 대한 독점으로부터 막대한 이익을 남기고 있었다는 것이다. 그 방법으로 푸거가는 아우크스부르크에 그 제국에서 가장 큰 매독병원을 설립했으며, 그 병원은 '푸거라이'(Fuggerei)라고 알려진 병원으로 지금도 여전히 존재하고 있다. 이 금융회사는 1517년에 브란덴부르크의 추기경 알브레히트가 준 특혜에 대한 보답으로 자금을 제공했는데, 바로 이것이 종교개혁을 촉발하는 계기가 되었다. 따라서 파라셀수스가 비꼬았던 것처럼, 유창목기름 치료는 소용이 없었을 뿐만 아니라, 푸거가와 로마 사이에 새로운 음모의 일부였다.

그 질병에 대한 이러한 형태의 치료를 고무시켰던 또 다른 인물이 독일의 추기경이자 제국의 고문이었던 마태우스 랑(Matthäus Lang)이 아니었을까 추측하기도 한다.[3] 17세기에 말라리아에 대한 첫 효과적인 약물 치료가 시도되었을 때에도 이와 유사한 선입견이 있었다. 왜냐하면 예수회는 그것을 남아메리카에서 그들의 목회사역을 하는 동안 발전시켰기 때문이었다. 즉 예수회로부터도 어떤 선한 것이 나올 수 있다는 것을 개신교도들에게 설득하는 데 오랜 시간이 걸렸다.[4]

성 접촉을 통한 질병이 빠르게 확산되면서, 이 질병은 의심할 여지없이 16세기 성에 대한 규제를 증가시키는 데 주요한 역할을 했다. 매독에 걸리는 것에 대한 두려움은 사람들의 성적인 행위에 영향을 끼쳤다. 예를 들어 그 두려움으로 인해 프란시스 사비에르는 대학에서 순결을 유지할 수 있었다. 이는 또한 16세기에 크게 주목할 만한 보편적인 현상중 하나에 주요한 동기를 제공했다. 즉 중세 도시의 삶의 특징 중 하나였던 허가된 홍등가를 대규모로 폐쇄한 것이었다. 루터는 이미 1520년에 그의 『독일 귀족에게 고함』에서 이것을 요구했다. 그리고 그러한 폐쇄는 도시 개신교 종교개혁의 불변의 특징이 되었다. 대부분의 루터교회의 도시들보다 항상 더욱 보수적인 뉘른베르크는 이러한 조치를 취하는데 특별히 느렸으며, 1562년에 와서야 시행했다.

잉글랜드의 헨리 8세는 1546년에 윈체스터 주교 관할권 하에 허가된 오래된 서더크(Southwark) 홍등가들을 폐쇄시킴으로써, 본토 유럽개신교도들을 다소 뒤늦게 모방하였다. 그러나 로마 가톨릭도 이러한 홍등가 폐쇄에 합류했다. 즉

---

3) Cunningham and Grell, *Four Horsemen*, pp. 309, 347-8.
4) M. Honigsbaum, *The Fever Trail: the hunt for the cure for malaria* (Basingstoke, 2001).

대부분의 프랑스의 왕들은 1561년에 파리에서 이 일을 단행했다. 반면에 갓 취임한 교황은 그의 직무에 임하기 전인 1555년과 1566년에 로마에서 두 가지를 행해야 했다.[5]

알려진 바와 같이, 질병과의 관련을 인정한 공적인 진술들은 거의 없었다. 예를 들어, 헨리 8세는 서더크 홍등가들을 폐쇄하는 그의 선포에서 의학적인 이유들보다는 도덕적인 이유를 제공했다. 그러나 유럽을 통틀어 핀란드와 그 외의 오스만투르크에 의해 통치를 받은 지역에서는 공공 목욕탕들도 사라졌다. 비록 아이러니컬하게도 공중 목욕탕이 사라짐으로 개인위생이 일반적으로 더 낙후되는 결과를 초래하였지만, 이에 대한 그럴듯한 종교적인 정당성이 없었다. 그리고 문란한 성 접촉에 대한 두려움이 최고조에 달했다는 것은 틀림없는 사실이다. 예절과 태도의 개인적인 품행규범은 이와 관련한 규범적 문학에 의해 고무되었는데, 그것은 많은 경우에 있어서 다른 사람들과의 육체적 접촉을 피하는 쪽으로 개정되었다. 매독에 대한 공황상태는 어느 정도 그럴듯하게, 1500년 이후의 마녀 열풍의 갑작스런 등장과 연계되었다. 결국 마녀들에 관한 신화는 많은 성적인 비행을 포함했다. 반면 이 새로운 질병은 성적인 죄와 수치 모두와 연계되었다. 만약 주술행위를 퇴치하는 전격적인 조치를 했더라면 아마도 하나님은 그의 백성에게 그런 질병을 내리지 않았을 것이라는 생각도 있었을 것이다.[6]

매독에 대해 논할 때, 윤리와 사회문제에 대해 데시데리우스 에라스무스가 저술한 책에서 다룬 성의 문제에 관한 주요논지를 다룰 필요가 있다. 에라스무스는 육체적인 것을 기질적으로 혐오했기 때문에, 삶의 모든 관점에서 실체적인 것들보다 추상적인 것들에 강조점을 두기 위해 출판문화와 인문주의의 성향을 강화시켰다. 이같은 에라스무스의 사상은 육체에 관한 고대교회의 우려들을 명백하게 가시화시켰다. 비록 이 일에 혼자는 아니었지만, 에라스무스는 영성주의와 내면적인 기독교 신앙의 유산을 가톨릭과 개신교도 모두에게 똑같이 남겼다. 즉 1506년에 마리아의 수난의식이 고조되는 동안 억제할 수 없는 감정에 휩싸인 에라스무스의 행동을 억제하고 경고하기 위해 1506년에 토마스주의자인 카제탄(Cajetan) 추기경이 개입했던 것을 앞에서 살펴본 바 있다(2장, p. 87). 국가가 '위대한 수도원'이라고 말한 에라스무스의 1518년의 언급은 동일한

---

5) N. Orme, 'The Reformation and the Red Light', *HT* 37 (March 1987), pp. 36–41.
6) J. S. Cummins, 'Pox and paranoia in Renaissance Europe', *HT* 38 (Aug. 1988), pp. 28–35; S. Andreski, 'The Syphilitic shock', *Encounter* (May 1982), pp. 7–26.

비중으로 중요하게 여겨졌다. 즉 그는 모든 평신도들도 성직자만큼 수도원 생활에서 요구되는 것 이상의 자기절제를 갈망해야 한다고 말했다. 군주들의 귀에는 듣기 좋은 말이었다. 왜냐하면 군주가 수도원장의 역할도 할 수 있음을 암시하는 것이었기 때문이다(2장, p.166).

가톨릭 성직자는 그러한 규정이 교회의 충실한 신자들에 의해서 수행되는 한 이러한 관념에 저항하지 않았다. 사실상 예수회는 통치자들이 도덕적 조정자들이 되도록 고무시켰다. 또한 예수회는 통치자들이 니콜로 마키아벨리(Niccolò Macchiavelli)의 글에서 놀라울 정도로 높여서 묘사된 도덕과 관계없는 통치자로 전락하지 않도록 고무시켰다. 그리하여 예수회 열정주의자인 바바리아(Bavaria)의 공작 막시밀리안 1세(Maximilian I)의 권력이양에 관한 첫 번째 행동강령은 '윤리와 종교에 관한 법'(1598)을 입안하는 기초가 되었으며, 그 법안은 동일하게 죄 문제와 개신교 문제에도 적용되었다.[7] 공중도덕에 대해 논하는 가톨릭 저술가들은 국정운영에 관한 견해들이 경쟁적으로 생겨나는 것을 인식하고 있었다. 그러한 국정운영에 관한 충고들은 악명 높고 크게 비난을 받고 있었던 이탈리아 사람뿐만 아니라, 필립 멜랑히톤과 같은 개신교 도덕주의 주석가와 같은 사람들로부터 쏟아져 나왔다. 마녀열풍이 고무되고 있을 때, 가톨릭과 개신교 각각의 진영에 속한 통치자들은 백성을 다스리는데 있어서 가장 잘 준비된 엄격한 윤리를 적용하기 위해 신경을 곤두세웠다. 그들은 에라스무스에 의해서 편리하게 제공된 인문주의자의 진부한 윤리를 채택했다. 그래서 홍등가들은 문을 닫았고, 또한 세속법정은 유럽 사회를 계도하려는 그들의 노력을 새롭게 했다. 개신교와 가톨릭의 교회 당국자들은 이러한 삶의 개혁에서 세속 군주들과 열심히 경쟁했다. 많은 고위 가톨릭 성직자들은 트리엔트 가톨릭주의가 성직자 독신주의를 강제적으로 결정한 것에 대해 양심적으로 투쟁했다(또한 그들은 다른 사람들의 성적인 삶을 규제하는 문제를 다루는 데 있어서, 거기에 그들 자신들의 개인적인 문제를 투영하려 했는지도 모른다<cf. 13장, p. 732>). 17세기에 기록된 자살율의 증가는 사람들의 삶에 대한 이러한 공적인 관여가 하나의 요소로 작용했을지도 모른다고 시사되어 왔다.[8]

그러한 간섭의 중요한 예는 결혼하는 과정에서 약혼관습에 대한 평신도들의 태도를 바꾸려는 전유럽에서 행해진 장려운동에서 찾을 수 있다. 중세 서양교

---

7) Bierely, *Refahioning*, p. 77, 그리고, cf. ibid., pp. 181-7.
8) S. Karant-Nun, in pettergree (ed.), *Reformation World*, p. 458.

회는 결혼을 7성례 중 하나로 여겼다. 그리고 그 후에 이 의식이 암시하는 중심적인 교훈을 받아들이도록 평신도를 확신시키려고 노력했다. 즉 성례는 반드시 교회 예전의 구조 안에서 관리될 필요가 있었다. 그래서 결혼은 교회에서 거행되어야 하고 동거는 결혼하기 전에 시작해서는 안 되었다. 비록 결혼이 하나님의 선물이지만 결혼의 행위는 남성과 여성 사이의 동의의 행위로 구성되어 있다는 확신(초기 기독교의 교회 생활에서 공식적으로 받아들여진)을 평신도는 고수했다. 성관계는 이 시점부터 시작되었다. 그리고 만약 결혼식을 거행할 때에도 교회에서의 결혼은 특별한 선택사항이었다. 그러한 모든 것은 16세기에 와서 바뀌었다. 성례전에 대한 그들의 서로 다른 태도에도 불구하고 개신교와 가톨릭 모두는 일반적으로 결혼의 첫 단계로 보아왔던 성 행위를 간음이라고 다시 이름을 붙였다. 그리고 그들은 이러한 행위를 죄 있는 것으로 인식하도록 주민들을 재교육시켰다.

1540년대에 존 칼빈이 주도한 시대로부터 엄격하게 규제된 도시국가 제네바는 이 윤리운동에 대한 효과적인 실례를 역력히 보여주고 있다. 바젤은 마찬가지로 1533년에 개혁의 일부분으로 새로운 결혼법정을 세웠고, 16세기 말까지 혼전 성관계로 당시에 정의된 것에 탐닉하는 약혼한 커플들에 대해 점차 더 적극적인 간섭을 했다. 이 점에서 바젤의 개신교 당국은 카탈로니아(Catalonia)에 있는 아라곤(Aragon) 왕국의 가톨릭 관구교회 법정에서 시행한 새롭고 유사한 훈육적인 관심사와 조화되었다.[9]

엘리자베스 1세 때 설립된 잉글랜드국교회가 이러한 문제와 관련하여 주요한 성공을 거두리라고는 예측하기 힘들었을 것이다. 이것은 옛 가톨릭교회로부터 거의 아무것도 개혁하지 못했다는 개신교도들의 엄청난 비난에도 불구하고, 잉글랜드국교회가 개혁 이전의 권위를 다시 주장하고, 심지어 강화하는 데 있어서 잉글랜드국교회법정이 거둔 가장 중요한 승리 가운데 하나였다. 잉글랜드국교회는 약혼관습을 철폐하기 위해 다각도로 힘을 썼는데, 때로는 주저하기도 하고, 때로는 지역적인 보수주의에 의존하여 결국 16세기 후반에 잉글랜드국교회는 교회에서의 결혼 전에 고대의 약혼 관습을 철폐하는 데 성공했다. 1580년경부터 법원은 이전의 약혼 관습에서 정당한 것으로 여겨졌을 혼전

---

9) W. R. Naphy, *Sex Crimes from Renaissance to Enlightenment* (Stroud, 2002), p. 22; S. Burghartz, *Zeiten der Reihheit- Orte der Unzucht, Ehe und Sexualität in Basel während der frühen Newuzeit* (Parderborn, 1999), pp. 152-63, 287-8, 298; H. Kamen, *The Phonix and the Flame: Catalonia and the Coutner-Reformation* (New Haven and London, 1993), pp. 281-7.

성관계를 주목하고 있었다. 그리고 그것을 간음으로 고발했다. 이와 동시에 교회에서 결혼하는 비율이 증가하는 현상이 나타났다.[10]

종교개혁의 초기에 권위를 상실하고 많은 고충을 경험한 사법부는 이 같은 성취와 함께 새로운 규제를 원하지 않는 사람들에게는 부과되지 않았다. 그러나 성적인 도덕성에 관한 엄격한 규제는 점차 더 널리 펴져 나갔다. 아마도 잉글랜드내에서 교회에서 결혼하는 비율이 증가한 것은 가톨릭에 대한 증폭되는 대중적 두려움에 의한 것이었을 것이다. 즉 잉글랜드 가톨릭은 자연적으로 개신교 교구교회에서의 결혼을 피하기 위해 더 오래된 전통들을 보존하였다.[11] 거기에는 다른 더욱 일반적인 요인들도 있었다. 전유럽에 걸친 1590년대의 심각한 경제적 침체는 많은 결혼 계획을 중단시켰다. 그리고 사생아 출산율이 증가하였는데, 특별히 세금을 적게 내는 빈곤층에서 더욱 심각했다. 그러나 이러한 두려움을 다루는 자연스런 방식은 사회적인 통제를 위해 세워진 기관인 교회법정제도에 의존하는 것이었다. 그들은 힘 있는 무기, 즉 공적인 회개시스템을 사용하였다. 비록 잉글랜드에서 이 시스템은 동시대 스코틀랜드의 모든 예전적 풍미를 가지고 실행되지는 않았지만(14장, pp. 764-768), 공적으로 수치를 주는 관습은 여전히 순응에 대한 주요 동기가 되었다. 공공의 의견과 교회법정의 사역이 결합된 이 효과들을 우리는 잉글랜드에서 17세기 초에 서출 비율이 감소하는 모습에서 볼 수 있다. 비록 잉글랜드국교회 법정이 찰스 2세의 왕정복고 후에 되돌려졌지만, 그들은 결코 결혼관련 규제에 대해 충분한 효과를 되찾지는 못했다. 그리고 중요하게도 비정상적인 결혼의 비율이 그 법정들이 상대적으로 쇠퇴할 때 한 번 더 증가하기 시작했다.[12]

개혁에 있어서 규제에 대한 궁극적인 목적은 간음(배우자 이외의 상대와의 성관계)에 대한 구약성경의 형벌, 즉 사형제도를 세속법률에 소개하려는 시도였다. 열정적인 개혁자, 교황 식스토 5세는 이것을 1586년에 로마에 소개하려고 하였다. 그러한 노력들에 대한 배경으로 개혁파 개신교는 구약법의 가치를 더욱 적극적으로 강조하였다. 칼빈의 제네바는 그 개혁에 길을 열어주었고, 스코틀랜드 또한 이에 뒤지지 않았다. 양쪽의 경우에서, 명백하게 작은 수의 죄수들이

---

10) M. Ingram, *Church Courts, Sex and Marriage in England, 1570-1642* (Cambridge, 1987), 특별히 Chs. 11, 12.
11) J. Bossy, *The English Catholic Community 1570—1850* (London, 1975), p. 136.
12) Ingram, *Church Courts, Sex and Marriage*, p. 366n.

처형되었는데, 그들은 계속 범죄를 저지른 영구적인 범죄자들이었다. 이러한 모든 규제에는 간음한 유부녀에 대해 더 잔혹한 형벌을 요구했던 가부장적인 이중 표준이 있었다. 즉 간음한 여인은 남편에 대한 의무를 거슬렀기 때문이었다. 따라서 간음하는 여인은 자연적인 질서에 거스르는 범죄로 남색의 죄와 동일하게 취급당했다. 그래서 죽음은 적절한 것이었다.

남자들은 일반적으로 (다른 남자의 부인과 간음을 저지르는 자들을 제외하고) 간음자들과 동일한 수준으로 구속이나 벌금과 같은 형벌을 받았다.[13] 1640년대에 군사적으로 불안한 승리를 거둔 후 여러 해 동안, 잉글랜드 청교도들은 마침내 적당한 개혁파 규율을 잉글랜드에 도입하려고 노력했다. 그들의 주된 정책은 근친상간과 간음에 대한 사형을 시행하는 법률을 1650년에 의회에서 소개하는 것이었다. 그러나 이러한 일은 사실상 시도조차 되지 않았다. 1650년대에 기록된 사생아의 출생비율은 신뢰할만한 기록들을 시작한 이래 가장 낮은 수준으로 떨어졌다. 왜냐하면 정치적 공백기간으로 인하여 교회기록 역시 공백기가 생겼기 때문이다. 그러므로 이것은 실제를 반영하지 못한 통계적 환상일 수 있다. 성경적 권징을 시행하려 한 청교도의 시도는 완전한 실패였다. 그리고 그 시도는 오히려 사람들의 분노만 초래하였다.[14]

2. 가톨릭, 가족과 독신

이렇게 윤리회복운동은 15세기 신앙부흥운동가들의 노력에 의해 복잡한 요소들이 결합한 형태로 나타났는데, 매독에 의해 유발된 광범위한 공포, 에라스무스 개인의 편향된 사상, 개신교의 엄격성, 그리고 가톨릭 주교들의 개신교의 엄격성에 뒤지지 않으려는 고육책이 바로 그것이었다. 이러한 논의의 출발선에서 혹자는 개신교도들의 성적인 문제에 대한 태도들이 변했다는 것을 발견할 수 있을 것이다. 그러나 겉으로 드러난 연속성 이면에는 수많은 시도들이 있었다는 가톨릭의 주장을 우선적으로 고려할 가치가 있다. 옛 서양교회가 16세기 후반부에 힘을 회복했을 때, 이중적인 과제가 주어졌다. 그 중 하나는 로

---

13) Naphy, *Sex Crimes*, pp. 39, 42
14) Ingram, *Church Courts, Sex and Marriage*, p. 335; cf. D. Hirst, 'The Failure of Godly Rule in the English Republic', *PP* 132 (August 1991), pp. 33-66.

마 가톨릭이 개신교도들과 마찬가지로 결혼과 가정에 대해 진지하다는 것을 보여주었다는 것과, 또 다른 하나로 초기 종교개혁에서 적대시하던 강제적 독신 규율을 다시 채택하는 것이었다.

자연적으로 트리엔트공의회는 관심을 두 가지 문제에 집중했다. 결혼과 관련한 중대한 결정이 있었는데, 1563년에 공의회가 마지막으로 결정한 것들 중 하나인 타메치법령(decree Tametsi)이 그것이다. 다른 심의기관의 결정처럼, 이 규례가 즉각적으로 모든 곳에서 시행되지는 않았다. 그러나 그것은 새로운 기준을 설정했고, 또한 실제로 일치와 단순성을 확고히 하려는 그 법령의 목적이 가톨릭지역의 세속 당국자들을 설득했다. 타메치법령은 개신교도들과 마찬가지로 결혼의 과정에 대해 교회가 간섭하려는 목적으로 입안되었다. 이는 결혼에 대해 가능한 엄격한 조건들을 규정함으로써 그렇게 했다. 즉 당시 결혼은 두 명의 증인들과 함께 성직자 앞에서 두 사람의 결혼이 성혼됨을 선포해야 했다. 따라서 미래의 어떤 의도들을 가지고 개인적으로 서약을 바꾸려는 커플들의 복잡한 가능성을 철저하게 단순화시켰다.

새롭고 명백한 규정들을 고안해 냄으로써 불가피하게 그것들을 관리하는 교회법정의 영향력도 강화되었다. 그것은 교회 당국이 통제를 일반적으로 강화한 부분이었다. 결혼에 만족하지 못한 남편들과 부인들은 그들의 결혼이 잘못되었다는 것을 나타내는 어떤 규정을 찾기 위한 기대를 가지고 쉽게 법정을 찾아와 호소했다. 이는 법정의 주요 업무가 되었다. 즉, 타메치법령 이후의 세기에서, 베네치아의 대주교 법정(베네치아교회의 최고 관리)에는 매월 한 건 정도의 이혼청구가 있었고, 매년 결혼무효선고에 대한 약 4건의 청원이 있었다. 어떤 평신도들은 이러한 규정들을 탐구하는 데 있어서 그들 자신의 전문성을 발전시켰다. 극단적인 경우는 1645년 베네치아에서 한 남편이 그의 두 번째 아내가 될 여자가 이전에 세 번이나 이혼을 위해 법정을 이용하였음을 발견(또는 발견했다고 주장)한 경우도 있었다. 그러한 법체제를 교묘히 이용함으로써 베네치아의 세속 당국은 교회법정이 남성의 착취로부터 자신들을 방어하려는 시끄럽고 교묘한 아내들을 너무 부드럽게 대한다는 것을 점차 알게 되었다. 그리하여 베네치아에서 세속당국은 교회법정에 맞서는 법정을 세웠으며, 이 법정은 약속불이행의 사건에 관한 재판을 독점하게 되었던 것이다.[15]

그럼에도 불구하고 가톨릭교회와 공국은 그 신성한 특성을 강조함으로써 가

---

15) J. M. Ferraro, *Marriage Wars in late Renaissance Venice* (Oxford, 2001), pp. 29, 154-60.

족을 장려하는 데 대하여 일반적으로 동의하였다. 특히 스페인 세속당국은 국내와 광대하게 확장된 해외 모든 제국에 더 많은 인구가 필요함을 예민하게 인식했다. 즉 자연재해나 인간이 자초한 재난의 결과로서 스페인 반도 인구는 1596년과 1650년 사이에 8백 5십만 명에서 6백 5십만 명으로 급격하게 떨어졌다. 그리고 평균 가족 구성원도 5명에서 4명으로 떨어졌다.[16] 15세기에 이미 이해가능한 가족에 대한 새로운 강조를 통해서 다른 가족들을 위한 모델을 세웠는데, 거룩한 가족, 즉 예수, 마리아 그리고 요셉이 인용되면서 필요한 설득력이 제공되었다. 이것은 요셉의 지위에 대한 현저한 상승을 가져왔다. 15세기 이전에는 요셉은 서양의 기독교인 초상화에서 거의 고려되지 않았다. 사실 요셉은 항상 중세 종교 드라마에서 즐거움을 주는 캐릭터로 등장했다. 나이가 지긋하며 가련한 한 유대인이 너무 어리석어서 그의 약혼자의 임신이라는 기적적인 사건을 쉽게 받아들일 수 없었다. 갑작스럽게 요셉은 주요한 인물로 부상했다. 당시 그는 귀족 출신이라고 전해진다. 그리고 유력한 15세기 성직자였던 장 제르송과 시에나의 베르나르디노는 요셉을 중요하게 여겼다. 그의 축제일의 기간이 점점 늘어났으며, 또한 그 중요성이 더욱 증폭되었다. 후에, 프랑수와 드 살레는 그를 찬양하는 노래를 불렀다. 그리고 아빌라의 테레사는 요셉을 그녀의 영적인 아버지로 삼았다. 스페인 제국에서, 요셉은 동정녀 마리아 이후 가장 중요한 유일한 숭배인물이 되었다. 요셉은 멕시코의 수호성인이 되었다. 그리고 1679년부터 스페인의 공식 보호자가 되었다.

    왜 성 요셉의 주가가 그렇게 극적으로 상승했는가? 그것은 거룩한 가정을 세우는 데 있어서 요셉의 상징성이 중요했기 때문이었다. 이것은 가끔 가족 조직의 타고난 대안적 모델들이 있었던 환경에서 일부일처 가족의 표준을(중요하게 핵을 이루는) 제공했다. 그러나 거룩한 가족에서 요셉의 지위에 대한 문제가 제기되었고, 그것은 곧 가족의 삶에 관한 가톨릭의 공식적인 관점에서 볼 때 긴장요소가 되었다. 요셉을 결혼의 전형으로 내세우기에는 문제가 있었다. 왜냐하면 비록 예수의 형제와 자매들에 대한 성경의 언급에서 하나의 공통된 설명은 그들이 요셉의 이전 결혼에서 태어난 자녀들이라고 하지만, 마리아의 영구한 동정녀의 가설을 고려하면 그의 결혼이 실제로 이루어지지 않았다는 것을 의미했기 때문이었다. 16세기 후반에 일본인 개종자였던, 파비안 푸칸(Favian

---

16) C. Villasenor Black, 'Love and marriage in the Spanish Empire; depictions of holy matrimony and gender discourses in the 17th century', *SCJ* 32 (2001), pp. 637-67, 663 에서.

Fucan)은 예수회가 그에게 가르쳤던 기독교 신앙을 포기하는 이유를 제시했는데, 그 이유는 "예수는 순결을 맹세했던 부부로부터 태어났다. 그것은 어떤 종류의 순결이란 말인가? …일반적인 규범에 의하면 모든 남자와 모든 여자는 결혼을 해야 한다. 그러한 자연법을 어기는 것은 악하다"[17]는 것이었다. 이런 어려움을 알았던 스페인 종교재판소는 화가들에게 요셉을 묘사하는 데 사려있는 균형을 유지하도록 명했다. 즉 그가 경험이 부족한 것처럼 보일 경우에는, 그를 너무 젊게 묘사해서는 안 되며, 또한 만약 그가 늙었다면 그는 간음한 부인을 가진 남편으로 보일 수 있기 때문에 신중을 기해야 한다는 것이었다.

그러나 종교교육과 관련하여 명백한 간통을 규명하는 데 있어서 요셉의 사례는 필수적인 것이었다. 요셉의 사례는 성적인 담대함이 남성다움의 중요한 측면이 된다는 것과, 순결이 중요한 덕목이라고 남성들을 설득할 수 있는 기회를 성직자들에게 제공했다는 가정을 반박했다. 성직자들은 요셉이 그의 부인이 간음을 행했다고 생각하고 시작했다는 것을 또한 지적할 수 있었다. 그러나 그는 그녀를 받아들였다. 결혼생활 안에서 용서의 존경할만한 교훈이 되었다. 요셉의 의심과 두려움은 그에게 고통당하는 순교자의 지위를 부여했다. 그리고 요셉의 그러한 고뇌는 가장으로서 그들이 겪는 사사로운 걱정들을 대처하는 데 영감이 되었다.

더 나아가 그는 마리아의 임신에서 영광스러운 진리를 궁극적으로 깨달음으로 말미암아, 스페인 제국에 있는 토착인들에게 회심의 모델을 제공하였다. 그는 성육신에 대해 두 번째로 들은 사람이었다. 또 다른 상황에서 성 요셉은 종교개혁 이후에 잉글랜드의 가톨릭 남자들에게 위안의 요소가 되었는데, 그것은 그들이 가톨릭이면서도 정부의 벌금 또는 재산의 몰수를 면하기 위해 잉글랜드개신교 국교회에 참석하였으며, 그들의 부인들에게 가정에서 가톨릭 신앙을 지켜가도록 했다. 이 가톨릭 가장들은 그들의 가장으로서의 당연한 역할과 일반적인 윤리규범을 희생하면서 요셉처럼 가정을 위하여 고통을 당했다. 반면 그들의 부인들은 모성의 거룩한 짐을 진 마리아와 같이 오염되지 않은 가톨릭 헌신의 도덕적 특권을 누렸다

동정녀 마리아는 물론 교회들과 일반적인 가톨릭의 삶 안에 지속적으로 존재하여 남아 있었다. 요셉이 남편의 모델로서 점점 더 두드러짐에 따라, 마리아

---

17) M. E. Wiesner-Hanks, *Christianity and Sexuality in the Early Modern World: regulating desire, reformingn practice* (London and New York, 2000), p. 196.

는 더 조용한 인물이 되었다. 그러나 또한 마리아에게 인지할 수 있는 변화들이 있었다. 이미 살펴 본 것처럼, 중세 설교자들이 성육신과 속죄의 신비에서 그녀의 적극적이고 실질적인 부분을 강조한 나머지 마리아 역할의 육체적인 면에 상당한 주의를 기울였다(1장, p. 144). 후기 중세 미술은 슬픔에 젖어 그녀가 육체적으로 쇠약해져가는 것을 그릴 준비가 되어 있었다. 카제탄 추기경이 이러한 주제를 비평하고, 감정과 육체에 대한 태도들을 일반적으로 강화한 결과로서, 반종교개혁 설교가들은 마리아와 예수의 관계를 영적인 차원에서 더욱 묵상했고, 마리아의 수동성, 침묵, 그리고 겸손을 주목했다.

마리아가 엄청나게 쇠약해져가는 여성의 모습으로 바로크 시대의 교회 예술에 다시 나타나기 시작했을 때, 그녀를 더이상 예수님의 어머니가 아니라 그리스도와 신비스럽게 결혼한 여인으로 보았던 사람들이 생겨났다. 15세기 시에나의 캐서린 또는 16세기의 아빌라의 테레사와 같은 몽상가가 바로 그들이었다(비록 테레사는 로마에 있는 승리의 성모 마리아에 대한 베르니니[Bernini]의 유명한 17세기 중반의 조각상에서처럼 그렇게 격렬한 황홀경으로 그녀 자신이 그려지는 것을 보고 기뻐했을 것 같지는 않지만). 마찬가지로 동정녀가 아기 예수에게 젖을 먹이는 모습을 묘사하던 일반적인 경향이 중세 반종교개혁 시대의 교회 예술에서 점차적으로 사라져 갔다. 왜냐하면 그런 모습이 너무 육감적이고 천하게 느껴졌기 때문이었다.

이러한 변화는 보편적이지 않았다. 그리고 가톨릭은 북유럽에서 마리아 헌신에 대한 개신교의 엄청난 비판에 더욱 두드러지게 직면해야 했다. 이러한 상황에서, 가톨릭 설교가들은 성육신에서 역사하시는 하나님의 은총을 강조하거나 또는 개신교가 좋아하는 원형인 구약성경의 족장 아브라함보다 조용한 믿음의 더욱 효과적인 예로서 마리아를 선포해야 했다. 중요하게도, 제네바의 주교로서 칼빈주의와 평생 논쟁했던 프랑수와 드 살레는 마리아에 대한 설교자들 중에서 대표적인 수정주의자 중의 하나였다. 그리고 드베륄 추기경 집단의 수동적인 신플라톤 신비주의는 당시 프랑스 가톨릭이 마리아를 복종하는 이미지로 굳히는 데 더 큰 자극이 되었다(10장, pp. 621-624). 개신교도들의 힘이 미치지 못하는 안전한 지중해 남단에서, 설교자들은 이전처럼 마리아를 과장하였다. 그들은 마리아의 도움으로 1571년에 레판토에서 오스만제국을 격파했다고 생각하는 경향이 있었다(Our Lady of Victory, 7장, p. 446). 이같은 마리아에 대한 헌정이 로마에 있는 교회에도 있었는데, 베르니니의 성 테레사가 황홀경에 빠져 누워 있고, 천장 중앙의 프레스코화에는 마리아가 구름으로부터 오만하게 임재하는 것을 묘사하고 있다. 한편에는 천사들이 네 명의 이단들과 그들의 책을 내리치는 장면이 그려져 있었다. 나폴리 성당에는 마리아가 그녀의 아들에게 신실한 사람들의 기도를 전달하는 그림이 있다. 그리고 그는 천사장 미가엘로 하여금 매우 비참하게 보이는 루터와 칼빈을 짓밟도록 한다(사진 22 참고). 그러한 배경에서 마리아는 결코 겸손하거나, 영적이거나 또는 수동적이지 않았다.[18]

반종교개혁이 거룩한 가족 모델을 장려하는 과정에서 생겨난 복잡한 상황은 진지한 가족적인 삶과 독신의 특권 사이에 긴장을 초래하였다. 이에 대한 하나의 극적인 징후는 성직자 결혼에 반대하는 트리엔트회의의 결정이었다. 즉 이러한 운동은 중부 유럽과 프랑스에서 개신교로부터 그 자체를 떼어 놓으려는 가톨릭교회 노력의 주요 요소였다(7장, p. 441; 10장, p. 622; 13장, p. 734). 그러나 추가적인 긴장이 생겨났는데, 그것은 가족과 독신 공동체 사이의 재정 충당을 위한 경쟁이었다. 가톨릭교회가 종교적 삶에서 새로운 활력을 찾으면서 종교적 기관과 수도원 공동체 설립이 붐을 일으켰고, 이는 이러한 기관들을 설립하는 데 가족의 재정이 새나가는 것에 분개한 가족들과의 잠재적인 분쟁의 원인을 제공했다. 예수회의 통합 및 확장에 대한 이야기는 이러한 경쟁 안의 여러 요소들과 그 이야기가 포함할 수 있는 복잡한 관계를 보여준다.

영성가인 이그나티우스 로욜라는 여성들과의 그의 강렬한(그리고 순결한) 관계에 있어서 주목을 받았다. 즉 이 점에서 그는 다른 엄격한 교회 개혁자 존 낙스(John Knox)와 같은 의외의 유사성을 보인다(16장, p. 837 참조). 그의 사역을 구축하려고 노력하던 초창기에, 그의 대부분의 총명한 독립적 지식인들에게는 남성 성직자 친구들이 거의 없었다. 그 대신에 유럽의 주요 궁정에 있는 일단의 귀족 여인들(대부분 결혼한)이 그의 새로 태동한 집단을 고립된 상태에서 빠져 나오게 하는 데 도움을 주었다. 교황 바오로 3세의 버릇없는 손자들 중 하나와 결혼하는 불운을 겪었던 찰스 5세 황제의 서출 딸이었던 오스트리아의 마가렛(Margaret)에 대한 로욜라의 목양적 돌봄은 아주 중요했다. 비참한 마가렛에 대한 로욜라의 관심은 비참한 결혼생활에서 그녀를 구해냈다. 그리고 그 관심은 개인적으로 중요했을 뿐만 아니라 외교적으로도 중요했다. 그리고 이러한 성

---

18) Ellington, *Mary*는 그 주제에 대한 훌륭한 종합적인 연구다. 그러나 북쪽과 남쪽 사이의 발전하는 대립을 더욱 강하게 분명하게 할 수 있었다.

공은 1540년에 확인되지 않은 단체 설립의 관대한 교지를 교황이 놀랍도록 쉽게 수여하는 주된 원인이 되었다. 강한 정신과 교양을 갖춘 그리고 독신의 포르투갈 귀족 여인인 레오노르 드 마스카레나스(Leonor de Mascarenhas)는 찰스 5세의 두 딸들에게 많이 사랑받는 교사였다. 그녀는 초기 예수회에 대한 황제의 상당한 의심에 대한 평형추 역할을 했다. 그리고 그녀는 1540년대 초기에 스페인에서 예수회의 초기 활동을 많이 장려하였다. 결혼으로 레오노르의 친척이 된 유명한 포르투갈의 외교관이며 정치가인 페드로 마스카레나스의 아내였던, 엘레나 드 마스카레나스는 포르투갈에서 그녀의 영향력을 통해 그녀의 남편이 예수회의 이베리아에 대한 협력적인 활동을 완수하도록 도왔다. 리스본의 자치 당국이 예수회에 그 도시 성로크교회의 주요 건물을 주요 거점건물로 쉽게 제공한 것과 관련하여 이에 반대하는 강한 분쟁이 일어났을 때, 그녀는 시의원들을 위협하여 그녀와 행동을 같이하게 했고, 결국 그녀는 자신의 집 가까이에 있는 예수회 사역본부에 편하게 드나들 수 있었다.[19]

    종교개혁과 반종교개혁 양쪽에서 나타난 매우 공통적인 패턴이 있었는데, 그것은 일단 위급한 사건들이 마무리되자 예수회는 관습에 얽매이지 않는 여자 후원자들로부터 그들의 공적인 관심을 관습에 얽매여 있는 남자 권력자들과 성직자들에게 돌렸다. 로마 귀족 여성인 마르체사 델라 톨파(Marchesa della Tolfa)는 로마에 있는 예수회대학을 위해 자금을 제공했다. 그러나 그러는 동안 그것은 그레고리 8세 교황의 이름을 따서 그레고리안(Gregorian)으로 이름 붙여지게 되었다. 초기부터 예수회에 골칫거리가 되어왔던 성적인 추문의 위험은 이러한 변화의 주요 요인이었다. 즉 어떤 예수회는 그러한 이유 때문에 여성의 고해듣기를 거부했다. 외적인 경건행렬들이 지중해 주변의 예수회 선교의 주요 특징이 되었을 때(9장, pp. 548-552), 예수회는 만약 어떤 여성이 대중적 참회를 해야만 하는 부적절한 행위를 저질렀을 때, 대중적 반응들을 두려워하여 회개를 외적으로 보이는 일에서 여성들을 배제시키려고 노력하였다. 그런대로 존경받는 한 성직자가 여성을 '지독한 고집쟁이'라고 묘사한 것 때문에 이러한 여성 배제가 항상 있었던 것은 아니었다. 마찬가지로 네오노르 드 마스카나스의 두 소송 건 중의 하나, 즉 후하나(Juana) 대공녀가 예수회의 정회원이 되는 것을 요구했을 때, 예수회는 스페인의 왕 필립의 여동생과 그들의 사역을 위해 전

---

19) O. Hufton, 'Altruism and reciprocity: the early Jesuits and their female patrons', *Renaissance Studies* 15 (2001), pp. 328-53, 특별히 336, 340-1에서 그리고 Lisbon에 대하여, cf. B. Telles, *Chronica da Companhia de Iesu, na provincia de Portugal* (2 vols, Lisbon, 1645, 1647), ii, pp. 94-7.

략적으로 중요한 열광주의자들을 반대할 수 없었다. 그러나 그들은 그녀가 예수회 회원이 된 것에 대해 침묵하도록 맹세시켰다. 그리고 어떤 여인도 결코 다시금 예수회가 될 수 없다는 것을 확인했다.[20]

그럼에도 불구하고 예수회는 여성들이 그들의 갱신운동에서 능동적인 역할을 하는 새로운 방식을 탐구하는데 지속적인 관심을 가졌다. 예수회는 그들의 선교와 야심적으로 고안된 자유로운 교육시스템을 위한 기부금을 충당하기 위해 전문적인 자선기금 모금의 선구자들로서 부유한 여성들, 특히 과부들을 목표로 정하였다. 그들은 사역의 상세한 보고와 함께 열정적으로 이 일을 진행해 나갔으며, 그 후 특별한 사업들을 위한 모금에도 적극적이었다. 기부금 요청을 위한 편지를 조직화하는 기술을 숙달시켰다. 그들은 유산과 기부금을 적극적으로 유치했고, 답례로 이그나티우스의 초기 예수회 전기 작가 리바데니르(Ribadaneira)가 섬세하게 그의 주요 특징들 중 하나로서 묘사한 것, 즉 '감사의 미덕'을 현명하게 발전시켰다. 볼로냐(Bologna)에 있는 일단의 저명한 여성들은 예수회의 볼로냐 본부들을 설립하고 준비시키기 위한 기금을 모았다. 그리고 그들은 모두 답례로 '교회의 어머니'라는 타이틀을 누리고 싶어했다. 즉 예수회는 정중하게 그러한 영예가 최고 금액을 모을 수 있는 한 사람에게 주어진다고 설명했다. 많은 부유한 가정들이 그들의 경제력에 대한 이러한 자산 빼앗기에 대해 분노하고 고해성사실에서 어떤 일이 일어나는가에 대해 특별히 염려하는 것은 놀라운 일이 아니었다. 그 중에 성적인 유혹은 아주 최악이었는데, 고해 신부들에게 성추행을 당한 여성들의 고발이 늘어난 것은 반종교개혁이 새롭게 강조한 일상적 고백의 결과로 파생된 것 중의 하나였다. 그러나 공적인 특별한 회개의 경우 큰 돈을 지불하는 것처럼, 큰 액수의 신부의 혼인지참금이 결국 교회 수중으로 들어갔다.[21]

예수회는 여성들이 가톨릭교회에서 독신생활의 부흥을 일으키는 데 있어서 하나의 요소에 불과하다는 것을 잘 알았다. 가장 주목할 만한 그 시기부터 현재까지 존속하는 변화들 중 하나는 여자수도회들의 괄목할 만한 성장이었다. 이전에 수녀기관들은 남성 기관들에 비해 특별히 소수였다. 그러나 이는 다음 몇

---

20) Hufton, 'Altruism and reciprocity', 337. 행렬에서의 여성들에 대하여, J. D. Selwyn, "'Schools of moritification'': theatrically and the role of penitential practice in the Jesuits' popular missions', in Lualdi and Thayer (eds), *Penitence*, pp. 201-21, pp 217-18에서.

21) O. Hufton, 'The widow's mite and other strategies: funding the Catholic Reformation', *TRHS* 6th ser. 8 (1998), pp. 130-72.

제16장 사랑과 성: 변화   821

세기에 걸쳐서 역전이 되었다. 플로렌스의 수녀들의 증가는 200년에 걸친 인구 증가율을 능가했다. 즉 수녀들의 숫자는 1427년에 4만 3천명의 전체 인구 중에 933명이던 것이 1552년에는 3천4백 명이 되었고, 1622년에는 7만 6천명의 전체 인구 중에 4천 2백명이 되었다. 스페인에 있는 바야돌리드(Valladolid)는 꾸준한 정치적, 경제적 쇠퇴의 시기를 통해, 1545년 이후에 다섯 개의 새로운 남성수도원 기관들을 설립했다.

그러나 12개나 되는 수녀회 기관들도 있었다. 그리고 프랑스에는 종교적인 여성이 맨발의 카르멜회의 '신비한 침공'으로 이름 지어진 것에 고무되어, 17세기 초에 숫자에서 남성들을 따라 잡았다(10장, p. 318).[22] 가장 극단적인 경우는, 1580년에서 1642년 사이에 그 도시의 부유층의 절반 가량의 여성들이 수녀가 되었던 베네치아였고, 따라서 그들은 사랑하는 사람을 위한 기도의 유용한 과제를 행할 뿐만 아니라 그들 가족들이 결혼지참금을 절약할 수 있게 했다. 베네치아의 대주교 지오바니 티에폴로(Giovanni Tiepolo)는 비아냥거리면서 당시 수녀들에 대해 다음과 같이 말했다. "마치 공동묘지에 있는 것처럼 수도원에 갇혀서 그들의 자유를 하나님에 대해서 뿐만 아니라 그들의 조국, 세상 그리고 그들의 가장 가까운 친척들에 대한 선물로 바꾸고 있다"고 했다.[23] 그가 이렇게 수녀들을 묘사했을 때, 그것이 오히려 비밀을 누설하는 결과를 초래했다.

일상생활에서 여성 참여의 확산은 부유한 가정들의 경제에서 단지 냉소적인 발전 그 이상이었다. 교회가 조장하고 있었던 갱신운동에서 그들의 역할을 충분히 하려고 했던 여성들로부터 많은 자극이 왔다. 따라서 이는 교회 안에서 여성들의 독립적인 역할에 대해 확실하게 재확인하는 계기가 되었다. 그러나 남성위주의 교회 당국은 이러한 여성 역할의 발전에 대해 혼란스러워했다. 결국 수녀들에 대한 통제가 필요했다. 남성들은 여성들이 교회에서 능동적인 사역을 행해서는 안 된다고 특별히 결정했다. 여성들의 사역은 외부세계와의 최소한의 접촉으로 기도와 명상의 폐쇄된 삶이 되어야 한다고 했다.

---

22) S. Evangelisti, 'Wives, widows and brides of christ: marriage and the convent in the historioraphy of early modern Italy', *HJ* 43 (2000), pp. 233-48,에서 241; E. A. Lehfeldt, 'Disciple, vocation, and patronage: Spanish religious women in a Tridentine mircoclimate', *SCJ* 30 (1999), pp. 1009-29, 1009, 1022. *L'lnvasion mystique* (1590-1620) 는 H. Brémond, *Historie littéraire du sentiment religieux en France depuis la fin des Guerres de Reilion jusqu'à nos jours* (12 vols, Paris, 1916-36)의 vol. 2의 제목이었다.

23) J. G. Sperling, *Convents and the Body Politic in Late Renaissance Venice* (Chicago and London, 1999), pp. 3-4.

트리엔트공의회 이전에도 이 같은 논쟁이 있었다. 그렇게 많은 반종교개혁 정책들에서와 마찬가지로 여성을 수도원에 가둬두려는 운동을 시작한 것은 15세기 스페인에서 페르난도(Fernando)와 이사벨(Isabel)의 '종교개혁 이전의 종교개혁'이었다. 그러나 트리엔트는 그 운동을 공식화했고, 1566년에 교황 비오 5세의 교서에 의해 더욱 공고히 했다. 자주 '인클라우트레이션'(enclaustration)은 문자적으로 수녀원의 건물을 의미한다. 즉 고고학은 중세 수녀원 건물들이 고전적인 남성수도원 중심의 건축 설계를 따르지 않는 경향이 있었다고 지적했다. 그러나 당시 그들은 그렇게 하도록 강요당했다. 만약 트리엔트풍의 복된 동정녀 마리아가 일반적으로 중세교회에서 보다 더 조용하고 더 수동적이었다면, 이상적인 트리엔트수녀회 역시 '부유하고, 조용하고, 보이지 않는 것'으로 마리아를 묘사했다. [24]

폐쇄에 대한 새로운 움직임은 엄청난 반대에 직면했다. 태생이 좋은 많은 수녀들은 수녀원 안에서의 삶을 감내할 만한 선택으로 간주했을 뿐이었다. 왜냐하면 더 넓은 세상을 포함한 사회생활에 대한 풍부한 가능성들이 있었기 때문이었다. 그리고 그들은 새로운 쇠창살들이 수녀원 입구에 세워졌을 때 크게 겁에 질렸다. 이그나티우스 로욜라의 위대한 부녀회에 있는 또 다른 사람은 나폴리의 스페인 총독(메시나에서 예수회의 첫 시립학교를 후원했던 동일한 총독. 5장, p. 225)의 아내인 도냐 레오노라 오소리오(Dona Leonora Osorio)였다. 그녀는 이탈리아 수녀원들을 여행하면서 그러한 반항적인 수녀들에게 울타리를 수용하도록 설득하는 것을 그녀의 특별한 개인사역으로 삼았다. 그녀는 반항적인 수녀들을 설득하는 데 있어서 대부분의 남성들보다 더 나은 위치에 있었다. 그녀의 남편이 총독이라는 위세가 더해짐으로 이러한 사회적으로 신분이 높은 여성들을 상대하기 쉬웠고, 또한 물론 평신도 여성으로서 그녀는 수녀들이 움직일 수 없을 때 여기저기로 움직이는 것이 가능하였다. [25]

그러나 엄격한 수녀원 폐쇄에 대한 모든 반대는 격분한 사회적 변덕쟁이들로부터 온 것이 결코 아니었다. 많은 여성들은 그들이 수도사들과 예수회의 업적들을 목도했을 때, 특별히 세상에서 교회의 부흥 사역에 능동적인 역할을 하

---

24) P. R. Raernstein, 'The Counter-Reformation Convent: the Angelics of San Paolo in Milan, 1535-1635' (unpublished Harvard PhD thesis, 1993), p. 216 는 S. Broomhall, "In my opinion": Charlotte de Minut and female political discussion in print in 16th century France', *SCJ* 31 (2000), pp. 25-45, 특히 p. 40 에서 인용됨.

25) Hufton, 'Altruism and reciprocity', pp. 345-7.

려고 필사적으로 노력하였다. 문제는 여성을 위한 그러한 역할에 대한 선례가 서양기독교에서는 거의 없었다는 점이다. 그리고 당시 종교개혁의 급진파 여성선지자들 사이에서 놀랍게도 이와 유사한 경우가 있었다. 예수회는 여성과 함께 목양 사역에 직접 들어간다면 추문에 취약하게 된다는 것에 대한 걱정 때문에 새로운 가능성에 결코 반대하지 않았다. 즉 여성들이 이것을 그러한 위험 없이 맡을 수도 있었다. 그러나 예수회는 그러한 발의들이 조심스럽게 협상되어야 한다는 것을 깨달았다. 이와 관련한 한 사건이 있었는데, 교황의 직접적 통제를 받고 행동의 자유를 가진 예수회의 조직과 매우 유사한 조직을 설립하려 했던 잉글랜드의 귀부인 메리 워드(Mary Ward)가 많은 어려움을 겪은 일이었다. 그녀는 예수회가 그러한 영웅적인 자기희생으로 이미 노력했던 그 지역에 선교사 역할을 하려고 기회를 보고 있었다. 그녀의 성마리아수녀회는 1609년에 설립되었다. 그러나 20년 후에 그 수녀회로 인해 교회 당국은 심각한 위기감을 느꼈고, 이에 교황이 이 수녀회를 억압하게 되었다. 그리고 워드 자신은 가난한 클라라수녀회(Poor Clares)에서 감금되어 고통을 겪었다. 워드의 실수는 남성 위주의 교회 권위구조와 너무 유사하게 수녀회를 운영하려고 한 것이 화근이 되어 교회 당국을 위협했던 것이었다. 여전히 그녀의 수녀회는 조용히 남아 있었다. 2004년에 그 수녀회는 그녀가 원했던 예수의 모임(Congregation of Jesus)이라는 이름을 얻었다.[26]

    우르술라회는 부분적으로는 예수회의 지원을 받았으며, 그 작은 규모의 활동들 때문에 교회권력의 두려움의 대상이 되지 않을 수 있었다. 남성수도원들이 많은 활동을 하기 전에, 그들의 활동은 1530년대의 브레시아(Brescia)에서 처음 시작부터 유럽 가톨릭을 통해 아주 광범위하게 퍼져나갔다(5장, p. 309). 우리는 밀라노에서 일어난 일들에 대한 보로메오 대주교의 반응을 보았다. 즉 그는 그의 대주교관구에 있는 우르술라회를 전통적인 종교적 수도회로 바꾸었다. 그래서 그는 더욱 쉽게 그들의 사역을 지도할 수 있었다(9장, p. 545). 예수회는 덜 교리적이었다. 다시 말해 그들은 그러한 힘있는 운동이 그들의 아주 다양한 사업의 파트너가 될 수 있는 가능성을 볼 수 있었다. 16세기 말에, 그들은 우르술라회의 영적인 방향을 읽게 되었다. 그들 둘 다 우르술라회의 확장을 촉진했다. 그리고 그러한 확장이 어떻게 이루어져야 하는지에 대해 주도적인 의견을 제시했다. 그들은 우르슬라회의 설립취지의 다양한 목적 중에서 몇 가지를

---

26) M. Wright, *Mary Ward's Institute: the struggle for identity* (Sydney, 1997).

골라 고무시켰으며, 수녀들을 병들고 가난한 사람들을 돌보는 사역으로부터 벗어나게 해서 그들의 관심을 교육으로 돌리려 했다. 왜냐하면 교육에 종사하면 세상 밖으로 돌아다닐 필요가 없었기 때문이었다. 그들은 또한 우르술라회를 더욱더 고상한 사회적 환경으로 이끌기 위해 애썼다. 우르술라회의 구성원은 초기 몇 십년 동안에는 일반적으로 교육을 거의 받지 않은 비천한 부인들과 소녀들이었다. 그것이 예수회가 그들의 관료주의적 후원자들의 딸들이 그 사역을 떠맡도록 격려하면서부터 변하기 시작했다. 그리고 예수회가 그들의 아들들에게 했던 것과 마찬가지로, 부유하고 힘있는 자들의 딸들에게 제공하도록 격려했다. 보통 그것은 실제로 여성들(다시금 예상할 수 있게 부유한 여성들에 의해서 지불된)을 수용할 수녀원을 세우는 것을 의미했다. 그것은 트리엔트공의회의 취지와 조화를 이루었다. 그리고 예수회는 다른 모든 것에서처럼 이 정도의 환경에 적응할 준비가 되어 있었다.[27]

한 특별한 방향에서 생겨나는 이러한 일반적인 추세들에도 불구하고, 우루술라회는 결코 단 하나의 중앙구조를 발전시키지 않았다. 그들은 예수회 사제들과 같은 어떤 상징을 나타내는 수녀복을 입지 않았다. 이러한 사실들 때문에 남성지도부는 수녀회를 폐쇄시킬 수 있는 적절한 명분을 찾지 못했다. 이러한 정책에 관한 보로메오의 엄격한 노선에 동조하지 않은 많은 지역 주교들과 교황들도 있었다. 또한 분권화된 이 구조는 수도회의 일반적인 활동들에도 불구하고 개성이 강하고 창조적인 우르술라회 회원들로 하여금 스스로를 시험하고 새로운 것들에 착수할 수 있는 기회를 제공하였다. 예를 들어 예수회의 위대한 찬미자인 프랑스 우루술라회의 앤 드 생똥쥐(Anne de Xainctonge)는 가난한 여학생들의 교육을 위한 데이스쿨(day school, 기숙사가 없는 보통 공립학교)을 설립했고, 또한 그녀는 예수회의 도움을 받아 특별한 수녀회 규율을 만들어서 수녀원을 열린, 봉쇄되지 않은 공동체로 만들었다. 그녀는 가톨릭 주교들의 통제가 약한 지역에서 사역을 했기 때문에 이 일을 할 수 있었다. 즉 주로 신성로마제국과 프랑스 사이의 독립적인 국경지역과 스위스의 가톨릭 주들이 그런 지역들이다.[28]

1639년부터 두 명의 관료주의적 프랑스 미망인 마리 마틴(Marie Martin, 종교직으로 Marie de l'Incarnation이라는 이름을 취했던)과 마리 마데리네 드 라 펠트리(Marie-

---

27) Hufton, 'Widow's mite', pp. 134–5.
28) Bireley, *Refashioning*, pp. 40–1.

Madeleine de la Peltrie)를 선봉으로 한 캐나다의 프랑스 정착지 안에서의 공동사역은 동일하게 독특한 면을 보였다. 그들 남편의 죽음은 그들의 환영받지 못했던 중매결혼으로부터의 이른 해방을 가져다 주었다. 즉 그들 가족들은 그들을 위한 신선한 계획들을 가지고 있었다. 그러나 예수회의 큰 도움으로 그들은 탈출할 수 있었다. 프랑스로부터(그녀의 친척들은 이에 분노했다) 자신의 상당한 재산을 가지고 탈출한 부인 드 라 펠트리를 보고 용기를 얻은 두 명의 여성들은 퀘벡의 사람들에 대한 교육선교를 자유롭게 시작했다. 남쪽의 잉글랜드 식민지에 있는 개신교도들이 그들의 원주민 이웃들에게 기독교를 거의 전하지 않았던 때에 메레 마리(Meré Marie)는 알곤퀸(Algonquin)과 이로쿼(Iroquois) 사람들의 말을 배웠다. 그리고 그들을 위한 사전과 경건서적들을 썼다(12장, p. 694). 그들은 가까이에서 예수회의 초기 투쟁들을 공유했고, 적대적인 원주민들의 손에서 예수회가 빈번하게 괴로운 고통을 당할 때 그들을 격려하고 도왔다. 퀘벡에 있는 그들의 국경수도원은 깊은 곳에 문을 잠그고 있는 밀란 우르술라회 수도원과 같지는 않았다.[29]

　우르술라회의 역사는 비록 공식적인 이야기로 거의 분명한 것은 아니지만 순환하는 반종교개혁 안에서의 어떤 패턴을 보여준다. 다소간 애도를 받는 남편이 시의적절하게 죽음으로써 가정살림으로부터 자유롭게 된 여성들, 즉 활동적이고 재능 있는 여성들은 어머니로써 관습적으로 가지고 있었던 기술들을 극대화할 수 있었다. 즉 양육, 간호, 가정 기술들의 전수, 어린아이들에 대한 초등교육 그리고 심지어 여자아이들에 대한 심화과정 교육까지 감당했다. 그러한 형식의 조직은 후기 중세교회에서의 평신도 행동주의를 위한 수단이 되었던 단체의 형식이 되었다. 그러한 사업은 번성했다. 남성들이 그들을 중세 노선에 있는 수도원 단체로 바꾸려는 목적으로 간섭했다.

　더 영리한 여성들은 취소할 수 없는 결정들을 연기하기 위해 서로에 대해 경쟁관계인 남성 당국을 속이거나, 동정적인 남성들 사이에서 협력자들을 찾기도 했다. 또한 여성들은 교회가 정상적인 규율들을 철회해야 하는 캐나다 선교에서와 같은 긴급 상황들에서 선교사역을 보존하기 위한 목적으로 이러한 공격을 뒤엎기 위해 복종과 비굴한 아부를 하기도 했다. 만약 한 여성 창시자가 교단적인 규례들을 두려워하게 된다면, 그 위치는 다른 사람이 대신해야 했다.

---

29) Mère Marie는 Marie de l'Incarnation이라는 이름을 또한 가졌던 Discalced Carmelite Barbe Acarie(10장, p. 476 을 보라)와 혼돈되지 말아야 한다.

그리고 수도원으로 후퇴하는 것을 막는 최선책은 카리스마 넘치는 남성 후원자의 권위 아래 숨는 것이었다.

이런 시도 중에서 가장 좋은 실례가 17세기 프랑스에서 있었다. 여기서 밝고 명랑한 성격의 벤센트 드 폴(Vincent de Paul) 신부는 '세속의 여인들'(Filles Séculières)이란 특별한 별칭을 가진 여성 자선단체를 설립하기 위해 또 다른 관료주의 과부인 루이즈 드 마릴라(Louise de Mérillac - 결혼으로 르 그라[Le Gras]인)를 영입했다. 정치적인 계산을 고려하여, 빈센트와 루이즈는 그들이 그 단체의 설립자가 아니라고 습관적으로 말하곤 했다. 왜냐하면 그들 중 누구도 공동체를 설립하는 것을 상상하지 못했기 때문이었다. 이러한 애매모호하면서도 재치있는 태도에 기초한 그 자선단체 사역은 1646년에 파리 대주교의 승인을 어렵게 얻어내게 되었다. 반면에 폐쇄된 공동체의 범위를 넓히려는 모색을 계속하였다. '너의 창살을 위해, 하나님을 경외하기 위해, 너의 베일을 위해, 거룩한 겸양을 위해'는 성 빈센트가 자매회를 위한 비공식적인 규율에서 독창적으로 권고한 내용이었다.

당시 성 빈센트의 자비수녀회는 그들의 고향인 프랑스에서는 많은 자유를 누렸다. 반면에, 그들은 퀘벡의 국경지역 사역을 위해 다방면으로 열린 사역을 지향하는 우르술라회 공동체 패턴을 따랐다. 즉 단체를 공동 가정으로 운영하며, 그들은 부유하고 가난한 여자 아이들을 위해 똑같이 교육제도를 조직했고, 절망한 자들을 위해 스프키친을 운영했고, 병원사역, 그리고 심지어 독신 남성사제가 접근하지 못했던 삶의 영역에 교구성직자의 지시 아래 사역을 수행했다. 비록 교리교육은 남성 전담 분야여서 남성들의 영역을 침해하지 않으려고 주의를 기울였지만, 그들은 교리교육을 여성들에게 담당시켰다. 그러나 결국 그것은 남성의 사역이었다. 그래서 가톨릭 여성들은 모교회의 가부장적 가정(assumptions) 안에서 자신들의 길을 찾았을 것이다.[30]

3. 개신교와 가정

종교개혁 시기는 가족의 중요성에 대해 묘사하는 일련의 수사학적 표현들이

---

30) E. Rapley, *The Dévotes: women and church in seventeenth century France*(Montreal, 1990), 특별히 Chs 4, 5.

유행했다. 그리고 아버지의 역할을 가정의 머리로 보았다. 여기에는 거의 새로운 것이 없었다. 그러나 새로운 것은 개신교도들 사이에 순결과 독신의 역할을 너무 평가절하했다는 주장이 있었다. 사실 '윤리회복운동'이 등장할 때와 마찬가지로, 그러한 경향은 15세기에 힘을 받은 것처럼 보인다. 이 시기는 북유럽에서 '디보치오 모데르나'(Devotio Moderna, 지르테 구르테에 의해 14세기에 생겨난 경건주의 운동으로 토마스 아 켐피스 등이 주요인물)가 다시 확립되는 시기로 결혼한 부부들이 수도사만큼 하나님과 가깝고 사랑하는 관계를 경험할 수 있다는 사상이었다(1장, pp. 63-64).

그리고 잉글랜드의 월싱햄(Walsingham)과 이탈리아의 로레토(Loreto)에 위치하고 있는 '거룩한 집들'(Holy Houses, 예수의 출생과 양육을 기리기 위해 세워진 마리아 숭배단)의 순례를 통하여 마리아 제단의 거룩한 의식이 괄목할 만큼 성장했다. 이후 중세의 평범한 도덕적 견해의 한 장르였던 가정예찬론은 삶을 어떻게 살 것인가를 보여주기 위한 책들이 인쇄됨에 따라 크게 통용되었다. 이러한 관점에서, 데시데리우스 에라스무스는 그가 젊었을 때 경험했던 경건운동으로부터 주제들을 가져왔다. 1518년, 그는 『결혼의 찬양』(*Encomium matrimonii*)에서 아주 대중적이고 영향력 있는 논문으로 증명된 것의 첫 번째 판을 출판했다. 우리가 빈번히 에라스무스에 대해 말하지만, 아무도 그가 쓰는 작품에 얼마나 심혈을 쏟고 있는지를 쉽게 말할 수 없다. 그리고 사실 그 작품에 대한 소개에서, 그는 멋진 귀족 후원자들을 소개하면서 첫 번째로 젊은 잉글랜드인 마운트조이(Mountjoy) 경의 유익을 위해 20년 전에 수사학적인 노력을 기울여 그것을 썼다고 주장했다. 그 기간은 에라스무스가 스테인수도원에서의 그의 비참한 삶을 마치고 탈출한 직후로, 그 때부터 그의 저술활동을 재개할 수 있었다. 결혼에 대한 그의 대단한 열정은(항상 간접적이었던) 수도원주의를 하찮게 보려고 했던 그의 지속적인 욕망이 동기가 되었던 것 같다. 왜냐하면 그 에세이는 결혼에 대한 칭찬만큼 독신에 대한 통렬한 비난이기 때문이었다.[31]

그의 동기가 무엇이든지 간에, 그의 에세이에서 에라스무스는 정면으로 중세 성직자의 가설들과 논쟁하였다. 그는 수사학적으로 기교를 부려(Encomium, 사람이나 사물을 칭송하는 수사학적인 라틴 용어) 독신을 비난했는데, "독신은 남자에게 결코 어울리지 않는 삶의 불모의 방식이다…. 주교들을 위해 독신을 남

---

31) 이 작품의 복잡한 역사에 대해, C WE, J. K. Sowards (ed.), *XXV/XXVI: Literary and educational writings*, (1985), pp. 528-9, 그리고 본문의 허니의 버전에 대해서, ibid., pp. 129-45를 보라.

겨놓자…. 삶의 가장 거룩한 방식은 순수하고 순결하게 지켜지는 결혼생활이다"이라고 통명스럽게 말했다.[32] 1518년에는 이러한 주장이 신학적으로 별 논쟁거리가 되지 않았을 가능성이 있다. 그러나 다음 2-3년 동안의 혼란스런 사건들 속에서, 결혼에 대한 에라스무스의 주장은 그의 성경주석들처럼 격렬한 유럽의 논쟁에서 화두로 떠올랐다. 에라스무스는 곧 전통적 신학의 요새인 파리대학에서 비난받았는데, 그곳은 저명한 신학자인 요세 클리치토브(Josse Clichtove)가 에라스무스의 결혼 찬양에 의해 순결이 훼손 당하는 것을 비난하기 위해 1522년에 인쇄물을 발간했던 곳이다. 에라스무스의 클리치토브에 대한 응답은 논쟁을 일으킬 수 있는 것이었다. 그리고 그가 1526년의 두 번째 작품인 『기독교 결혼 강요』(Institutio Christiani matrimonii)에서 결혼과 독신에 대해 말했던 것을 반복했고, 교회의 보수층과의 추가적인 마찰들을 초래할 만큼 아주 강하게 느꼈다.[33]

에라스무스의 결혼에 대한 수사학적인 찬양은 종교개혁을 통해 그 당시 엄청난 지지를 받았다. 즉 강제적인 성직자의 독신과 수도원주의와의 연계를 통해 개신교도의 불신을 샀던 순결이라는 주제에 관한 그의 수사학적 표현은 타의 추종을 불허했었다. 한 가지 사실은 유럽 개신교에서 가족에 대한 관심이 급증하였다는 것이다. 즉 성직자의 결혼을 허락한 것이다. 이런 일은 대부분 이전의 수녀들에게서 일반적으로 행해졌다. 즉 마틴 루터가 이전의 수녀 카타리나 폰 보라(Katharina von Bora)와 결혼한 것이(3장, p. 214) 가장 확실한 실례이다(사진 10 참고). 7성례를 둘로 축소한 개신교도들은 성례에 결혼을 포함시키지 않았다. 그들은 독신보다 결혼을 더 높이는 충분한 성경적 기초를 계속 찾았다. 즉 성례가 7개에서 2개로 줄었지만, 그렇다고 해서 개신교도들이 안수받은 목사의 가치를 떨어지게 한 것은 아니었다. 따라서 가톨릭교도만큼 개신교도들 사이에서 강했던 교회에서의 결혼에 대한 새로운 주장은 결혼이 성례가 아니라는 확신을 반영했다. 그러나 결혼은 여전히 거룩했다.[34]

그러한 논의의 첫 번째 주요인물은 루터라기보다는 흥미로운 어떤 주제에 대해 글을 쓰는 데 몸을 아끼지 않았던 슈트라스부르크의 마틴 부처였다. 전

---

32) *CWE, XXV/XXVI: Literary and educational writings*, pp. 130, 137.
33) *CWE*, G. Bedouelle (ed.), LXXXIII: Controversies (1998), pp. 115-48 에서 Clichthove에 대한 그의 대답을 보라. 그리고 , 비평에 대한 더 이른시기의 대답에 대해서, *CWE*, J. K. Wowards (ed.), *LXXI: Controversies* (1993), pp. 85-96 을 보라.
34) 성직자 결혼에 대한 좋은 요약 논의는 Chadwick, *Early Reformation*, Ch. 7.

에 도미니크수도사였던 그는 일찍이 1522년에, 결혼할 수 있다는 상상적 도약을 했던 첫 번째 성직자 중 한사람이었다. 그는 루터보다 3년 전에 전 수녀와 결혼했다. 1542년에 만난 그의 두 번째 부인 비브란디스 로젠블라트(Wibrandis Rosenblatt)는 사실상 그의 첫 번째 부인 엘리자베스(Elisabeth)가 전염병으로 죽어갈 때, 그녀에 의해 추천되었다. 이러한 격려로, 부처는 단지 2-3개월 동안만 홀아비로 남아 있었다. 비브란디스는 그녀 자신이 실제로 한 명의 여자개혁자였다. 그녀는 이전에 바젤의 인문주의자 예술가인 루트비히 켈러(Ludwig Keller)와 사별했다. 그 후에 두 명의 저명한 성직자 종교개혁가들, 즉 바젤의 요하네스 외콜람파디우스(Johannes Oecolampadius)와 슈트라스부르크의 볼프강 카피토(Wolfgang Capito)가 연속적으로 그녀의 남편이 되었다. 즉 그녀는 그가 캠브리지에서 왕실직속교수(Regius Professorship, 고대 잉글랜드와 아일랜드의 왕조가 전통명문대학들에 파견한 교수제도)가 되었을 때 잉글랜드에 부처와 함께 갔다. 그리고 그녀는 또한 그보다 오래 살았다.[35]

그의 일련의 결혼의 행복을 정당화하고 싶어서 부처는 창조의 이야기와 아담의 갈비뼈로 만들어진 하와에 대한 창세기 2장의 설명에 의지했다. 마법에 반대하는 고전 『마녀들의 망치』(*Malleus Maleficarum*)의 여성비하적인 저자들은 하와가 잘못되어 구부러진 갈빗대로부터 창조되었다고 이야기했다. 따라서 처음부터(창조주로서 하나님의 능력에 대해서는 말을 아꼈다) 창조가 불완전하였다고 그들은 주장했다.[36] 이와 대조적으로 부처는 하와를 창조하신 하나님의 정당성을 지적했다. 즉 "남자가 혼자 있는 것이 좋지 않다"는 것이다. 만약 남자가 혼자 있었다면 독신 성직자의 성적인 타락이 따라왔을 것이다. 그는 인간의 외로움을 피하기 위해 결혼이 있게 된 것이라고 강조했다. 의미심장하게도 부처는 이것을 출산보다 오히려 결혼에 대한 하나님이 의도하신 우선적인 목표라고 보았다. 즉 창세기 2장과 별도로 그의 다른 중요한 성경적 본문은 이와 같이 결혼을 관계의 관점에서 기술했던(교회에 대한 그리스도의 관계와 같은 그의 아내에 대한 남편의 관계) 에베소서(5:23-24)로부터 왔다. 부처는 또한 창세기 2장에서 독자로 하여금 그 이야기가 첫 번째 결혼이 아담과 하와의 타락 이후가 아니라 이전에 발생했다는 것을 보여준다는 것을 상기시켰다. 즉 결혼을 타락의 이야기로 볼 필

---

35) H. Selderhuis, *Marriage and Divorce in the Thought of Martin Bucer* (Kirksville MO, 1999), pp. 116-17, 121-3.
36) M. Summers (ed.), H. Kramer and J. Sprenger, *Malleus Maleficarum* (London, 1928), p. 44: cf. 13장, pp. 723-6.

요가 없었다. 성직자는 그들의 삶 속에서 결혼이 얼마나 선하고 경건할 수 있는 가를 보여줌으로써 그들의 교인들을 인도해야 한다. 그의 신학의 많은 다른 관점에서처럼 부처는 그가 말해야만 했던 것의 중심인, 인간적이고 신적인 사랑을 할 준비가 되어 있었다. 다시 말해 인간의 사랑은 하나님의 사랑을 간접적으로 볼 수 있게 했다.[37]

부처의 두 개의 주요한 성경본문들은 다른 특징을 공유한다. 즉 그들은 확고히 가부장제도를 지지한다. 하와가 창조되었던 것은 남자의 유익을 위해서였다. 그리고 그리스도는 그의 교회의 머리이시고, 그 외의 다른 방식은 없다. 그래서 개신교도들은 결혼을 칭송할 뿐만 아니라, 그 안에서의 남성의 머리됨을 칭송했다. 발전된 개신교회들의 관례에서 그것은 가족 공동기도에 대해 새로이 강조함으로써 더욱 명백하게 되었다. 즉 이 기도는 더 이상 '성모송'(Hail Mary) 또는 주기도문과 같이 아이에게 기도를 가르치는 어머니의 문제가 아니었다. 당시 이상적인 개신교도 아버지는 기도할 때 그의 가족을 인도해야 했고, 강단에서 선포된 목사의 설교를 가족들에게 짚어주는 일도 했다. 개신교회의 문학과 설교에서 기독교인의 삶의 신실함의 모델이 성모 마리아로부터 실질적으로 가부장적인 아브라함으로 바뀌었다.[38]

실제로 무엇이 달라졌는지는 잘 모른다. 많은 초기 성직자들의 결혼은 수녀들과 한 것이었다는 것은 당연한 결과였다. 즉 전 수녀들은 남자들보다 오히려 더 높은 사회적 배경들을 추구하는 경향이 있었다. 그래서 그들은 때때로 그들의 성직자 남편들의 위치를 자신들과 같이 격상시켰는지도 모른다. 혹자는 비프란디스 로젠블라트가 그녀의 네 명의 잇따른 남편들을 다루는 그녀 자신의 방식들을 발전시켰다는 것을 상상할 수 있다. 흥미롭게도 부처는 그의 첫 부인이 그에게 했던 것처럼 비프란데스가 자기를 바로잡아 주지 않았다고 불평하기도 했다.[39] 슈트라스부르크 개신교의 작은 성직자 세계에 있는 그녀의 가까운 친구인 엄격한 카타리나 첼 부인(4장, p. 264)은 확실하게 남자들의 허튼 수작을 좌시하지 않았다. 여성의 자기주장은 틀에 박힌 남자의 분노를 반드시 유발하지는 않았다. 특별히 초기 성직자들의 결혼은 종교적인 투쟁에 있어서 영웅적인 역할을 한 사람들에 의해 가능하게 되었다. 즉 그러한 영웅과 필적한

---

37) Selderhuis, *Marriage and Divorce*, pp. 165-80.
38) Ellington, *Mary*, pp. 184-5.
39) E. A. McKee, *Katharina Schütz Zell* (2 vols, Leiden, 1999), i, p. 109.

제16장 사랑과 성: 변화   831

사람들은 탁상공론의 단계를 넘어 영웅적으로 행동할 수 있었다. 많은 역사가들은 루터가 그의 아내와의 유희를 좋아했다는 것을 알지 못하고 마틴 루터의 다양하고 분명한 여성폄하적이고 남성중심적인 언급들을 인용해 왔다.

그럼에도 불구하고 아버지들 중에서 새롭게 결혼한 성직자들은 가부장적인 남성다움의 본을 보이려고 최선을 다했다. 개신교 성직자는 성직자가 평신도로부터 분리된 계급제도가 아니라는 신학적인 주장을 하기 위해 그들 남성의 성이 평신도의 그것과 다르지 않다는 것을 강조했다. 어떻게 성직자들이 그들의 새롭게 회복된 남성다움을 상징화할 수 있었는가를 살펴 볼 필요가 있다. 일반적으로 그들은 턱수염을 길렀다(다 자란 턱수염이 설교에서 중심적인 도움을 주었는데, 그들이 구약 선지자처럼 보이도록 했다고 한다). 루터가 바르트부르크(Wartburg)에 머물렀던 1521년에 그와 같은 수염기르기를 선도했으며, 한편으로는 그가 세속 신사인 '융커 죄르그'(Junker Jörg)인 것처럼 했다. 그는 결혼한 후에도 턱수염을 다시 길렀다. 그러나 다른 사람들은 그의 마음의 변화를 무시했다. 그리고 대부분의 개혁자들도 1540년대 까지 수염을 길렀는데, 유럽 개신교에서 결혼에 대한 표준 교과서를 저술한 취리히의 턱수염이 위엄있게 덥수룩했던 하인리히 불링거에 의해 이 관습이 퍼져 나갔다. 1547년 잉글랜드의 대주교 크랜머는 헨리 8세의 죽음을 환영했다. 그의 죽음으로 그는 이와 같이 완전히 턱수염을 기른 결혼한 복음주의자로서 자신을 드러냈으며, 또한 그는 그의 권위를 통해 그 유행을 퍼트렸다. 과격한 성향의 우스터의 첫 개신교 주교였던 존 후퍼(John Hooper)가 1552년에 그의 아내와 딸과 함께 주교 관구에 도착했을 때, 분개한 지역 연대기작가는 그곳의 이전 성직자들 중에서 보지 못했던 그의 불쾌하게 긴 턱수염을 주목했다.[40]

크랜머와 후퍼처럼 메리 여왕 시대의 순교자들이 인도했던(그리고 폭스의 순교자들의 책에 있는 그림들이 그들을 묘사했던 것처럼) 곳에서, 잉글랜드의 많은 성직자들이 턱수염을 길렀다. 엘리자베스 1세 시대에 노리치 시의 가장 저명한 청교도 성직자인 존 모어(John More)는 잉글랜드국교회에서 가장 긴 턱수염을 하고 있다고 당시 사람들은 말했다.[41] 이 모든 것은 단순한 상징이 아니었다. 크랜머

---

40) 크랜머에 대해, MacCulloch, *Cranmer*, pp. 361-2, 472; 후퍼에 대해, D. MacCulloch, "Worcester: a cathedral city in the Reformation', in P. Collinson and J. Craig(eds), *The Reformation in English towns*, 1500-1640 (Basingstoke, 1998), pp. 94-112 에서 106.

41) P. Collins, *The Religion of Protestants: the Church in English society 1559-1642* (Oxford, 1982), p. 142.

는 결혼에 대한 분명한 열광자였다. 그는 결혼을 함으로써 두 번 고의로 그의 학문적 그리고 성직자로서의 경력을 위태롭게 했다. 첫 번째는 그가 안수받기 전이었다. 그러나 그 결과로 그는 캠브리지대학의 평의원(fellowship) 지위를 상실했다. 그리고 두 번째로 그는 1532년에 뉘른베르크에서 독일 루터교 신학자의 조카딸과 결혼하기 위해 신학적 경계뿐만 아니라 문화적 경계도 또한 깨뜨렸다. 그는 공식적으로 독신을 표방한 옛 서양교회의 성직자였다. 크랜머의 동생 에드문드는 또한 성직자였으며, 1530년대 초에 동일한 위법과 비밀로 결혼한 그의 예를 따랐다. 그리고 즉시 가정생활을 시작했다. 이것들은 옛 세계에 반항하는 원론적인 결정들이었다. 즉 내연녀를 취하기로 선택한 구교의 성직자의 선택과 매우 다른 선택이었다.

대주교 크랜머는 1549년에(잉글랜드 의회가 마침내 마지못해서 그리고 탐탁치 않게 성직자의 결혼을 법제화했던 동일한 해) 잉글랜드국교회 공동기도서에서 전적으로 자국어 결혼예식서를 만들어냈다. 이 예식서는 논리적이었지만 또한 혁명적이었다. 1549년 판에서 이것은 결혼예식이 사람들에게 즐거운 것이 될 수 있다는 것을 확언했다. 결혼의 목적 중의 하나는 '상호적 교제와 도움 그리고 평안을 위한 것이며' 그러기 위해서는 한 사람이 다른 사람을 취해야 한다는 것이었다. 크랜머의 결혼은 이것을 공식적으로 언급한 교회역사에서 첫 번째 결혼 예전이었다. 따라서 크랜머는 마틴 부처가 창세기 2장에서 얻은 통찰력을 잉글랜드의 새로 결혼하는 모든 사람들이 그들의 특별한 날인 결혼식 날에 지켜야 하는 규례로 바꾸었다.

추가적으로 크랜머는 성직자가 모든 결혼을 관장하고 그 결혼의 거룩성을 확언한 것을 확실히 하는데 있어 루터의 선례(그가 습관적으로 그의 예전 사역에서 했던 것처럼)를 따르고 있었다. 개혁파 개신교도들은 그들의 장례에 대한 견해처럼(14장, p. 738), 이 문제에 대해서도 나뉘어져 있었다. 즉 대부분의 개신교도들은 실제로 교회결혼의 공적인 성격이 비밀스럽고 형식적인 결혼계약들을 제거하려는 그들의 노력들을 강화했다. 17세기 뉴잉글랜드에서는 성례로서의 결혼의 미신적인 관념들을 피하기 위해, 장례예식에서처럼 결혼예식에서도 되도록 성직자의 관여를 하지 못하게 했다. 그러나 그때까지 스코틀랜드 장로교회는 이미 결혼이 주일예배 가운데 시행되었다는 점과 결혼예식에 성직자를 참여하도록 하는 데 있어 잉글랜드국교회와 이미 오랫동안 일치했다. 특징적으로 스코틀랜드 목사들은 결혼을 신학적 교육을 위한 기회로 보았다. 즉 미래의 신혼

턱수염을 기른 두명의 중요한 개혁자들

취리히의 대표목사인 하인리히 불링거

1547년 이후 캔터베리의 대주교 토마스 크랜머: 그의 표준 종교개혁 이미지. 17세기 후기의 더욱 점잖은 국교회에서만 1545년의 그의 초기 깨끗이 면도한 초상이 표준적인 그림이 되었다.

부부들은 교회 결혼식 전에 특별한 교리문답 수업에 참석하게 했다. 그래서 부모들은 자녀들에게 세례를 받게 했다.[42]

크랜머의 격조 높은 예전적인 격려로 인해, 잉글랜드 개신교 성직자들은 기꺼이 그들의 결혼예식을 축하했다. 17세기 중반에 로디안의 주교 제레미 테일러(Jeremy Taylor)는 비록 결혼예식에서 결혼의 즐거움에 대해서 많은 것을 말하지는 않았지만, 전통적 가톨릭 영성의 여러 면에 동정적이었다. 즉 그는 결혼예식 설교에서 다음과 같이 말했다.

> 결혼에 대해 어느 누구도 알 수 없습니다. 남편은 아이들을 사랑할 겁니다. 결혼서약할 때 남편의 마음을 설레게 하는 아름다운 수식어들이 얼마나 많은지 모릅니다. 그들은 어린아이처럼 들떠서 말을 더듬기도 하고, 소심해서 약간 화를 내기도 하면서 불완전성을 드러내지만 그 모든 것들이 결혼하는 커플과 그들이 속한 사회에 기쁨이 될 것입니다.

확실히 벨라민 추기경의 교리문답을 의식적으로 논박하는 것에서(15장, p. 778), 테일러(Taylor) 주교는 그의 다른 설교에서 "독신의 삶은 남자들을 천사들처럼 되도록 한다. 그러나 결혼은 많은 것들에서 순결한 쌍이 그리스도처럼 되도록 만든다"고 했다.[43] 테일러는 또한 유모에게 아이들을 맡기는 것보다 어머니들이 자신의 아이들을 모유로 키우는 것에 대한 열정적인 옹호자였다. 젊은 국교회 교구목사인 그는 성모 마리아를 본보기로 삼아 어머니의 가슴이 무용지물이 아니라는 것을 설교 중에 주장했는데, 이는 회중들을 즐겁게 만들었을 뿐만 아니라 당황하게 했음에 틀림없다. 그러나 사람들은 충동적인 말로 그들의 양떼를 흥분시키는 반종교개혁주의 주교를 이해할 수 없었다.[44]

성직자의 가족들은 우선적으로 그들의 지위에 대해 불안해했다. 1549년까지 성직자 결혼의 기정사실화를 잉글랜드의회가 인정하지 않으려고 한 것은 유럽의 주요한 평신도 사이에서는 일반적인 것이었다. 그래서 아우크스부르크평화조약에서 합스부르크 왕가가 마지못해 양보한 것들 중 하나가 1555년부터 루

---

42) Bonomi, *Under the Cope of Heaven*, p. 69; Todd, *Protestantism in Scotland*, pp. 73, 272.
43) R. Heber and C. P. Eden (eds), *The Whole Works of the Right Rev. Jeremy Taylor*…(12 vols, London, 1847–54), v. pp. 224, 212. (나의 이탤릭체)
44) R. Askew, *Muskets and Altars: Jeremy Taylor and the last of the Anglicans* (London, 1997), pp. 57–8 에서 인용됨. Cf. '그의 어머니의 빵죽'에 의해 위험한 절벽으로 유인된 그리스 유아에 대한 Taylor의 언급: *Works of Taylor*, v, pp. 216–7.

터고 성직자연합과 신성로마제국에 있는 후손에게 안전한 법적인 지위를 부여한 것이었다. 많은 사람들은 새로운 성직자 부인들을 매춘부로 불렀다. 그리고 실제로 이러한 여자들은 자주 구체제 아래에서 그들의 성직자 남자들의 비공식적인 동반자들이었다. 그러한 위태한 출발은 성직자 가족들이 평안을 위해 서로에게 의지한다는 것을 의미했다. 즉 크랜머 대주교의 잔존하는 방대한 서한집에서, 그의 경력을 위험하게 했고, 그에게 그렇게 많은 것을 의미했던 가족에 대한 유일한 언급은 성직자 가족생활의 선구자, 즉 마틴 부처로부터 온 편지에 있는 그들에게 전달된 하나의 라틴 인사이다.[45]

성직자조합의 내부적인 분위기는 더욱 안정된 시대까지 존속했다. 즉 성직자들의 많은 아들들은 차례로 그들의 아버지를 따라 안수 받은 성직자가 되었고 오래 지속되는 성직자 왕조를 설립하였다. 딸들도 마찬가지로 중요했다. 윌리암 발로우(William Barlow, 성 데이비드, 즉 바스[Bath]와 웰스[Wells] 그리고 치체스터[Chischester]의 계승 주교) 또한 토마스와 에드문드 크랜머처럼 헨리 8세가 아직도 그러한 관례를 금지했던 1530년대에 비밀스럽게 결혼을 한 야심찬 성직자였다. 즉 그는 5명의 딸을 가진 아버지였고, 그 5명의 딸들은 엘리자베스 시대와 제임스 1세 시대의 교회 주교직에(그리고 하나의 경우에는 요크의 대주교) 있었던 성직자들과 모두 결혼했다. 따라서 발로우는 상당히 실제적인 의미에서 잉글랜드국교회의 아버지였다.

교구에 있는 보수주의자들에 의해서 학대되고 무시되는 것으로부터 이 성직자 부인들은 유럽 개신교의 모든 부인들을 위한 새로운 모델을 제공하게 되었다. 즉 성직자 부인은 당시 지위를 상징하는 어떤 여성적인 라이벌이 없었다. 왜냐하면 수녀들과 여자 은둔자들은 개신교 사회로부터 멀리 떨어져 있었기 때문이었다. 부처 계열의 사상을 따라 성직자 부인들은 물론 그녀의 남편들에게 복종했다. 그러나 또한 성직자 부인은 교구민들에게 조언을 주거나 그들을 도와줄 준비가 되어 있는 조용하고 경험이 있는 동반자였다. 성직자 부인들은 타인의 경쟁은 물론 호기심과 부러움의 대상이었지만, 잠재적으로 공인의 삶을 살았기 때문에 외로웠으나, 오히려 남편과 아이들에게는 쾌활함을 유지해 주는 동반자였다. 목사관이나 사택에서의 삶은 도서보급과 금전적인 면에서 부족했지만 높은 이상과 사상의 영향을 받았으며, 그들의 삶의 방식은 상류층과 평범한 사람들의 삶 사이의 애매한 위치에 있었다. 목사관은 옛 세상

---

45) MacCulloch, *Cranmer*, p. 481.

과 새로운 세상 모두에서 개신교 사회에서 위대한 문화적 힘들 중의 하나로서 그 지위를 차지했다. 그리고 계몽운동과 그 후의 격변하는 상황에서 목사관은 가족문제에 대한 난처한 모순을 드러내게 되었다. 즉 죄렌 키에르케고르(Søren Kierkegaard), 프리드리히 니체(Friedrich Nietzsche) 그리고 칼 바르트(Karl Barth)는 모두 목사들의 자녀들이었다.

유럽 개신교의 성직자가 에라스무스로부터 빌려온 결혼에 대한 새롭고 긍정적인 관점은 때때로 이혼제도를 통해 결혼이 끝이 날 수 있다는 것을 새롭게 수용할 수 있었다. 이는 사실 개신교의 신학적 혁명의 논리적인 귀결이었다. 즉 그들이 결혼은 성례가 아니라고 선언했기 때문에, 그들은 결혼을 두 사람 사이의 계약으로서 결혼의 본래적 특징으로 다시 회복시켰다. 비록 그 계약이 하나님과 교회의 축복을 받았다할지라도, 그러한 계약은 본질상 취소될 수 있다. 결혼에 대한 중세 서양의 성례적 관점은 이혼을 불가능한 것으로 만든 반면, 마틴 부처는 어떤 이후의 주석가들보다도 성격적으로 훨씬 더 관대한 용어들로 이혼의 논의를 개척했다. 즉 그는 이혼한 양쪽 당사자들은 다시 결혼할 권리를 가져야 한다고 생각했다. 그리고 그는 부당하게 취급받은 여인들은 가능하면 공평하게 취급되어야 한다고 강조했다. 이러한 공평함은 부처로 하여금 아라곤(Aragon)의 불쌍한 왕비 캐서린(Catherine)에게 동정을 갖도록 했다. 그리고 교황에게 한 것만큼, 부처는 원하지 않는 결혼을 무효화하는 것에 대한 이상적인 신학적인 변명을 헨리 8세에게 제대로 하지 못함으로써 그의 분노를 샀다. 즉 이 경우에 이혼 혹은 결혼무효화에 대한 정당성이 없었다. 더 나아가 부처와 필립 멜랑히톤은 둘 다 창세기의 유대교 족장들 사이에서 완벽할 정도로 정상적인 관례였던 중혼의 행위를 들어서 결혼의 딜레마를 해결하는 방안을 제안함으로써 많은 경건한 군주들을 놀라게 했다. 악명 높은 사건이 있었는데, 1539년과 1540년 사이에 부처와 멜랑히톤은 그들에게 미칠 좋지 않은 결과를 두려워해서 헨리 8세가 중혼을 속히 행하도록 다른 유럽의 군주인 헤센의 필립을 납득시켰다(5장, p. 322).[46]

부처와 멜랑히톤의 결혼에 대한 모험적인 생각은 개혁의 초기 수십 년 동안 이 결혼 주제에 대한 개신교사상이 불안정한 상태에 있었다는 것을 우리에게 상기시킨다. 개신교도들은 루터가 연옥의 구교 교리를 거부했기 때문에 내세와 관련해서 영혼수면설이라는 극단적 사상을 주장했던 것과 마찬가지로, 전

---

46) Sederhuis, *Marriage and Divorce in Bucer*, Ch. 6, pp. 138-43.

통적인 성례신학에 대해서도 극단적인 입장을 취했다(14장, p. 742). 날카로운 종교논쟁의 시기에 하나의 시한폭탄 같은 흥미롭고 논쟁적인 관념이 고린도전서(7:12)에서 생겨났는데, 모든 기독교 선구자들 중에서 가장 존경할만한 다소의 바울이 제기한 완벽하고 유효한 성경적 가능성이었다. 비록 바울이 불신자와 결혼한 그리스도인들이 그들의 배우자를 떠나려 해서는 안 된다고 제안했지만, 그것은 단지 바울의 개인적인 의견이고(주님이 아니라 내가 말한다), 또한 임시적인 방편이었다. 그리고 그는 더 나아가 믿지 않는 자는 기독교인 배우자를 떠날 권리를 느낄 수도 있다고 규정했다. 마틴 부처는 여러 번 이 '바울 특전'(Pauline privilege)에 대해 논했다. 즉 부처는 고의적으로 믿지 않는 자와 결혼하는 것은 죄라고 말했다. 그러나 그는 바울의 망설임을 이용하고 그의 주장을 넘어서서 그러한 불신자와의 결혼문제를 해결함에 있어서 믿는 자들에게 더 주도권이 돌아가도록 환경을 만들어 갔다. 만약 바울과 함께 그의 그러한 주장이 수용되었다면, 많은 초기 복음주의자들이 주도권을 쥐고 밉살스러운 가톨릭 배우자들을 제거하려고 결정하는 것은 놀라운 것이 아니었다.[47]

의식적으로 주류 개신교로부터 분리한 재세례파들과 다른 집단들은 교회 밖에서의 결혼이 유효한지 아닌지에 대해 오랫동안 계속해서 논의했다. 그러나 동일하게 이는 초기 주류 개신교의 보편적인 주제였다. 예를 들어 앤 어스큐(Anne Askew)라는 여인은 잉글랜드 종교개혁의 순교역사에서 탁월했는데, 그녀의 남성 연대기 기록자인 존 베일(John Bale)과 존 폭스(John Foxe)는 그녀에 대해 용감하고 설득력 있는 귀부인이라고 언급했다. 그녀는 성찬에서의 실재적 임재(real presence)를 부정한 것으로 1546년에 헨리 8세의 성직자들에 의해 고문당하고 화형 당했다. 그리고 그녀는 베일과 폭스가 교훈적인 주석과 함께 출판한 그녀의 고통과 그녀의 고문자들에 대한 저항에 대한 생생한 일기를 남겼다. 그들이 그녀에게 주었던 성은 링컨셔(Lincolnshire)의 아주 탁월한 기사 가문들 중의 하나인 그녀의 성인 아이스코프(Ayscough)의 잘못 알려진 오자(misspelling)였다. 그리고 어쨌든 역사가 링컨셔 출신의 전통주의자 신사인(또한 잔인한 사람) 그녀의 남편의 성(surname)인 앤 카임(Anne Kyme)으로 그녀의 존재를 드러냈어야 했지만 사실을 숨겼다. 분명한 사실은 앤이 그를 떠났다는 것이었고 되돌아

---

47) A. Wabuda, 'Sanctified by the believing spouse: women, men and the marital yoke in the early Reformation', in Marshall and Ryrie (eds), *Beginnings of English Protestantism*, pp. 111-28; Selderhuis, *Marriage and Divorce in Bucer*, pp. 305-6.

가지 않았다는 것이었다. 그럼에도 그녀는 동시대 복음주의자들에 의해서 성인의 형태로 취급받았다. 유사하게 존 낙스(John Knox, 그의 중요한 가까운 관계의 대부분이 여성들과 함께 있었던 것처럼 보인다)는 엘리자베스 보스(Elizabeth Bowes)라는 귀부인에게 영감을 끼쳤는데, 그는 엘리자베스에게 동정심 없는 남편을 떠나라고 했다. 그리하여 그녀는 잉글랜드에 있는 딸 마조리(Marjorie)와 함께 낙스가 제네바로 망명할 때 그녀의 멘토를 따라 잉글랜드를 떠났다. 그녀는 결코 가족에게로 돌아오지 않았다. 낙스는 곧 마조리와 결혼했으며, 엘리자베스는 딸 마조리가 죽은 후에 사위와 손자들을 돌보기 위해서 이사해 왔다. 따라서 낙스는 16세기 표준에 의하면 아주 '여성들에게 인기있는' 사람이었다고 볼 수 있다.[48]

보스 부인은 특히 메리 1세 때 핍박을 피해 망명하는 시기에 존재했던 유일한 인물은 아니었다. 많은 다른 여성들이 그들의 남편보다는 오히려 하나님을 따르기로 했다. 프랑스 남부 출신의 한 불운한 가톨릭 귀족은 이탈리아에서 군복무를 마친 후에 집으로 여행하는 동안 충동적으로 갑자기 여행을 하기로 결심하고 사악한 칼빈주의 제네바가 어떻게 생겼는지를 보기로 결정했다. 그가 존 칼빈의 설교를 들으러 갔을 때 크게 충격을 받았는데, 바로 프랑스에서 멀리 떨어진 제네바의 칼빈의 설교단 앞에 자기 부인과 딸이 설교에 도취되어 있었던 것을 본 것이었다. 자연적으로 그는 거세게 항의하였다. 칼빈과 그의 장로법원은 그에게 회심하거나 또는 그의 가족을 포기하는 것 중 하나를 선택하라고 했다. 그는 가톨릭을 선택하고 집으로 돌아갔으며, 그의 가정생활은 붕괴되었다.[49] 우리는 경건한 종교개혁 시대의 관심사였던 결혼에 대해 이러한 고결한 영적인 관계들과 독단적인 결정들을 극단적으로 다시 표현하는 당시 가톨릭의 음란한 논평을 따를 필요가 없다. 어떤 가톨릭 선전가는 메리 여왕 시대의 잉글랜드에서의 가톨릭 부흥을 말하면서 개신교 설교자들의 음행에 관한 두 가지를 피력했다. 개신교에서 말하는 음행이란 '남녀를 이혼에 이르게 하는 두 종류의 음행이 있는데, 하나는 육적인 것이고, 또 하나는 영적인 것이다. 부인이 다른 남자와 간음했을 때 또는 남편이 다른 여자와 간음하는 것이 첫 번째이

---

48) E. V. Beilin (ed.), *The Examinations of Anne Askew* (Oxford, 1996); P. Collinson, 'John Knox, the Church of England and the women of England', in R. A. Mason (ed.), *John Knox and the British Reformations* (Aldershot, 1998), pp. 74-96. 여성스러움에 대하여, 15장, p. 804를 보라.

49) Naphy (ed.), *Documents*, pp. 71-2. 이 이야기가 반 칼빈주의 근원인, Florimond de Raemond 로부터 온 것이라는 것은 지적되어야 한다. 그러나 그는 증인으로 불린다.

며, 다른 하나는 부인 또는 남편이 가톨릭이고 하나님의 말씀의 원수일 때, 그것은 영적인 음행이다'는 것이다.[50]

따라서 당시 많은 사람들은 불행한 관계를 끝내는 최고의 이유들을 가지고 있다고 느꼈다. 즉 수치의 원천이 되는 이혼을 통하여 정서적인 구속들은 물론 영적인 구속들로부터 해방되어 하나님의 뜻을 행할 수 있다고 확신했다. 이는 우선 1520년대에 그리고 그 후에 다시 1560년대에, 혁명적인 개신교가 대중적으로 발흥하여 갑작스럽게 발전하게 된 하나의 요소였다. 다른 하나는 어떤 가장 친근한 인간관계들이 당시 급격한 재건을 위한 준비가 되었다는 신념의 확산이 있었다는 것이다. 그러한 두 가지의 위대한 각성의 시기에 새롭게 설립된 개신교회들 안에 있는 성직자들은 자연적으로 어떤 것들을 안정시키고 사회적 경계들을 다시 설정하는 데 열중했다. 그것은 이러한 도시들이 급진주의 종교개혁의 첫 번째 물결을 배제한 때와 동시대인 1520년대와 1530년대 초에 구교 법정의 폐허 위에 세워진 취리히와 바젤의 새로운 결혼법정의 문제였다.

여성들의 역할에 대한 문제는 협상하는 데에 특별히 미묘한 문제로 작용했다. 우리가 성 갈렌(Gallen)과 아펜첼(Appenzell) 주변에서 일어난 비상한 사건들을 살펴본 것 같이(4장, pp. 245-247), 개신교가 아직 이름조차 없고, 여성들의 독립적인 종교생활을 위한 주요한 전통적 출구들이 수녀원들에 의해 봉쇄되었을 때, 여성들은 그들이 이전에 듣지 못했던 그들이 가진 가능성들을 발견했다. 개신교의 일반적인 패턴은 반종교개혁 가톨릭교회에서 종교적인 여성들의 경험과 매우 유사했다. 즉 남성의 자기주장과 계속되는 남성위주의 발전된 전통적 훈육이었다. 여성의 자기주장은 불확실성과 위기의 시기에 가능했다. 그것은 남성에 의해서 당분간 받아들여졌다. 부분적으로 적그리스도에 대항한 싸움에서 어떤 도움이 환영받았기 때문이고, 또한 남성중심의 시대의 관습들이 역설적인 부작용을 가지고 있었기 때문이었다. 즉 여성들은 규율을 어기는 것에 대해 특별히 양심의 문제에서 남성보다 적게 벌을 받았던 것 같았다. 왜냐하면 그들의 의견은 남성의 것만큼 크게 문제가 되지 않았기 때문이다. 그래서 여성들은 강압적인 종교 당국을 무시하고, 오히려 그들이 남성이었던 경우보다 더 죽음을 피할 수 있는 기회를 가지고 경건함을 유지했다.

잉글랜드 메리 시대의 망명은 헌신되고 부유한 여성들의 집단이 주가 되었

---

[50] J. Christopherson, *An exhhortation to all emnne to… between of rebellion* (London, 1554, RSTC 5207), sig. Sviiiab.

다. 그들 중 어떤 사람들은 아주 자유롭게 잉글랜드와 해외 망명국 사이를 이동할 수 있었다. 실제로 메리 시대의 망명의 이야기를 기록하는 것을 평생 사명으로 삼은 크리스티나 게릿(Christiana Garrett)이라는 20세기 여성 기록가가 있었는데, 그녀는 메리 시대의 망명에 대한 그녀의 전기적 사전에서 여성들을 위한 별도의 표제어들을 결코 제공하지 않았다.[51] 이러한 패턴은 개신교에 한정되지 않았다. 그 다음의 통치에서 로마 가톨릭 여성들은 로마 가톨릭 생존의 근본적인 수단, 즉 '교회교리'를 만들기 위해 법적으로 이례적인 것들과 사회적 태도들을 이용하여 엘리자베스 시대 잉글랜드에서 동일한 경험을 가질 수 있었다(8장, p. 523). 엘리자베스 시대와 제임스 1세 시대의 박해 상황에서 가톨릭 상류사회 가족들은 공동체의 '모계 중심의 시대'로 묘사되어왔다.[52]

시대가 누그러들고 역사에 대한 조명이 다시 이루지면서 여성들에 대한 가능성들이 점진적으로 억제가 되었다. 우리는 슈트라스부르크에서 부처의 아주 저명한 사역 동료들 중 한 명인 마티아스 첼(Matthias Zell)이 찬송가 작가인 주목할 만한 여인 카타리나 슛츠가 취한 관용에 대해 어떠한 태도를 보였는지 보아왔다(4장, p. 264). 남성의 태도는 시간이 지남에 따라 카타리나를 향해 완고해졌다. 직접적으로 성 갈렌의 놀라운 여성 열정주의자들을 접했던 요한 케슬러(Johann Kessler)는 '여성의 이러한 연약한 그릇에서 그러한 높은 재능을 보는 것은 놀라운 것'이라고 겸손하게 감탄하며 1520년대에 첼 부인에 대해 말했다. 대조적으로 슈트라스부르크에 있는 성 로렌스교회의 루터교 성직자였던 호전적인 정통파 루터교도 루트비히 라부스(Ludwig Rabus)는 그녀를 이단, 매춘부, 술고래, 그리고 어리석고 무지한 늙은 험담꾼으로 다양하게 기술했다. 그리고 그녀의 글들은 "이교도적이고, 비기독교적이고, 악취를 풍기고, 그리고 거짓말이었다"[53]고 말했다. 루터교의 선구적인 여성 찬송가 작가이며 첼 부인의 동시대 사람에 대한 취급은 동일하게 말하고 있었다. 즉 루터의 동료 카스파르 크루시거(Caspar Cruciger)의 부인 엘리자베스는, 마일즈 커버데일(Miles Coverdale)이 일찍이 1535년에 영어로 번역한 '주 그리스도 하나님의 독생자'(Herr Christ der einig Gottes John)라는 가장 사랑받은 루터교 찬송들 중 하나의 저자였다. 그

---

51) C. Carret, *The Marian Exiles* (London, 1938). 혹자가 그의 아주 덜 중요한 남편 Richard Bertie를 위해 항목아래서 서편의 Catherine Duchess에 대한 정보를 찾아야 할 때, 효력은 특별하게 좀 별스러운 것이다.
52) Bossy, *English Catholic Community*, pp. 153-8.
53) McKee, *Katharina Schütz Zell*, i, pp. 461, 194, 209-10.

러나 당시에 그 찬송은 일반적으로 남성 목사인 안드레아스 크뇌프켄(Andreas Knoepken)의 덕분으로 생각되었다.[54]

1560년대의 대중적 개신교 행동주의의 두 번째 물결은 개혁파로 하여금 하나님 앞에서 여성의 평등사상에 그리고 때때로 교회의 삶에서 하는 그들의 적극적인 역할에 신선한 주의를 기울이도록 고무시켰다. 그러나 개혁파의 그러한 요청은 항상 모호했다. 제네바 종교개혁의 선구자들 중 한 사람은 투르나이(Tournai) 출신의 이전 어거스틴대수녀원장이었던 마리 덴티에르(Marie Dentiére)였다. 그녀의 두 번째 남편인 안토니 프로망(목사)과 함께 그녀가 제네바에 나타난 것은 그녀의 동료 피카드 존 칼빈(Picard John Calvin)의 도착보다 앞섰다. 즉 그녀의 글들은 로마 가톨릭으로부터 제네바를 구원한 것에 대한 생생한 설명을 포함했다. 후반부는 그녀 자신의 경험에서 나온 간증이었다. 그리고 그녀는 그 도시의 마지막 수녀원을 폐쇄하는 데 중요한 역할을 했다. 그러나 덴티에르가 다른 여성들을 고무시키기 위한 목적으로 거리낌 없이 글을 쓰기 시작했을 때, 제네바 당국은 기뻐하지 않았다. 여성에 의한 어떤 그 이상의 글들이 16세기 동안에 그 도시에서 출판되지 않았다.[55] 여성에 대한 가능성을 현저하게 그리고 아주 이상하게 반대적으로 확언한 것은 1571년에 베젤(Wesel)이라는 독일 마을에서 유배할 때 만난 네덜란드 목사들과 평신도들을 모으는 획기적인 사건으로부터 왔다. 즉 저지대국가들의 개혁파교회의 미래에 대한 다른 제안들 사이에서, 그들은 그것이 적절하다면 예외적인 특징을 갖고 있는 진보한 시대의 여성들이 죄수들과 병든 사람들을 돌보기 위하여 집사로 안수받아야 한다고 결정했다. 그럼에도 불구하고 이러한 제안이 스페인 가톨릭 규율에 대해 싸우던 영웅적인 기간에 되었다는 것은 주목되어야 한다. 그리고 서품식이 포함되었다는 생각은 그것이 적절하게 세워졌을 때 네덜란드 개혁파교회에서 곧 가볍게 다루어졌다.[56]

---

54) M. J. Haeming, 'Elisabeth Cruciger (1500?-1535): the case of the disappearing hymn writer', *SCJ* 32 (2001), pp. 21-44.
55) Broomhall, 'Charlotte de Minut and female political discussion', op. cit., 28; Naphy (ed.), *Documents*, pp. 51, 64, 103-5.
56) F. L. Rutgers (ed.), *Acta van de Nederlandsche synoden der zestiende eeuw* (Utrecht, 1889), pp. 9-14 에서 p. 26. (CAp. V no. 10): 'Quibus locis erit etiam ulieres spectata fide ac probitate et aetate provectas ad hoc munus Apostolorum exemplo recté ascisci posse.' 이 비공식적인 '총회'의 상황의 논의를 위해, A. Duke at http://dutchrevolt.leidenuniv.nl/English/Sources%20English/1571 Wesel.htm 을 보라.

심지어 급진주의 집단들은 사실상 좀 더 모험적이었다. 여성들은 주류 개신교에서보다 급진주의 집단들에서 어느 정도 덜 제한적인 역할을 계속해서 가졌다. 하나의 그럴듯한 이유는 박해의 비상 상황들이 급진주의자들에게 더 오래 지속되었다는 것이다. 카리스마 있는 네덜란드 예술가 데이비드 조리스와 같은 영적인 집단들은(4장, p. 295) 내적인 빛과 내부적인 명상의 종교를 강조했다. 즉 이러한 것들은 중세 서양교회에서 여성들의 특별한 특권이었던 주제들이었다. 그리고 신비주의로 기운 여성들이 그러한 분파들에 끌렸던 것이 꼭 계급구조를 거부한 집단 안에서 존경과 동등하게 취급받으려 하는 것 때문만이 아니라는 것은 놀랄 일이 아니다.

그러나 여전히 극단적인 모임들, 특별히 그들 자신의 사회를 내부에 만들고 그들 주위에 있는 사회로부터 분리하려고 했던 후터파(Hutterite) 재세례파들은 남성들이 교회에서 지도자가 되어야 한다는 가정을 버리는데 일반적으로 매우 용의주도했다. 후터파 정체성의 모양을 갖춘 영향력 있는 16세기의 피터 리데만(Peter Riedemann)이 1540년에 가장 탁월한 후터파 신앙고백 진술들 중 하나를 작성했을 때, 그는 전적으로 전통적인 특징을 말함으로써 여성의 역할에 대한 그의 논의의 색조를 설정했다. "여성이 남성으로부터 취해졌기 때문이지, 남성이 여성으로부터 취해진 것이 아니기 때문에, 남성이 주권을 가지고 여성은 약함과 겸손과 복종을 갖는, 그러므로 여성은 남성의 지배 아래에 있어야 하고 남성에게 순종해야 한다고 우리는 우선적으로 말한다."[57]

17세기 후반까지 후터파들 사이에 남성의 우월성이라는 종래의 태도가 거의 깨지지 않았다. 후터파 찬송가를 쓴 것으로 기록된 여성은 없다. 그러나 찬송가들은 이러한 공동체들의 근본적인 연대들 중 하나였다. 또한 모든 다양한 재세례파 공동체들에서 필수적인 공동체 기능, 즉 세례를 행하는 재세례파 여인에 대한 어떠한 기록도 없다.[58] 후터파 공동체는 무엇보다도 브루더호프(형제공동체, Bruderhof)으로 불렸다. 후터파가 그들의 사회적 극단주의가 인간관계의 영역으로 들어올 수 있게 한 것은 결혼에 있어서 구애를 관료주의적으로 개조

---

57) W. Harrison, 'The role of women in Anabaptist thought and practice: the Hutterite experience of the 16th and 17the centuries', *SCJ* 23 (1992), pp. 49-70, 54에서.

58) H. Martens, 'Women in the Hutterites' Song Book' in C. A. Snyder and L. A Huebert Hecht (eds), *Profiles of Anabaptist Women: Sixteenth century Reforming pioneers* (Waterloo, Ontario, 1996), pp. 221-43, 225에서. 그리고 cf. M. Epp, ' Women in the *Chronicle* of the Hutterian Brethren' in ibid., pp. 202-20.

하는데 있었다. 즉 장래에 부부가 될 사람들에 대한 결정권을 빼앗아서 공동체 장로들(자연적으로 남자들)에게 주었다. 그 장로들은 전체 공동체에서 결혼에 적극적인 젊은이들을 따로 모이게 하고 선택된 자들을 맺어 주었다. 그래서 이러한 소수의 사람들이 적당하게 검증된 파트너를 선택할 수 있었다. 따라서 이 과정에서 육체적 정욕으로 흐르는 것을 피했다. 후터파 결혼예식은 단호히 평화로운 사회에서 이루어지는 내부 논쟁의 가장 중요한 점들 중 하나였다. 후터파가 설립된지 한 세기 후에 특출한 주교 중 한 사람은 광범위하게 퍼진 뻔뻔스러운 사기극을 종결시켜야 한다고 주장했다. 즉 결혼하게 되는 커플들이 특별한 결혼예식을 자신들의 마음에 드는 방식으로 바꾸려고 했던 논쟁이 있었으며, 이 문제에 대한 논쟁은 19세기 중반에 교회 당국이 결국 패배를 인정하고 성직자들이 그들의 특권을 포기할 때까지 계속되었다.[59]

만약 대부분의 급진주의 개혁자들 사이에서 성적 관계를 변화시키는 것에 대해 어떤 망설임이 있었다면, 이에 대한 주류 개신교의 특징은 변화를 조심스럽게 관리하는 것이었다. 수년 후에 결혼을 확고히 통제하였던 헤센의 필립의 정권이 와해되었고, 주류 개신교도들은 중혼에 대한 부정적인 태도를 확고히 하였다. 그러한 종류의 성경의 오용은 정확하게 말해서 재세례파와 같은 것이었다. 그리고 5년 후에 발생했던 헤센의 일(헤센이 작센의 병약한 여자와 결혼한 후 몇 주 만에 외도하여 중혼에 대해 생각하게 한 사건)로부터 고무된 그들은 1535년에 뮌스터 라이덴의 존이란 사람의 일부다처제 주장의 부적절함을 지적했다. 1536년에 솔직한 이탈리아 신학자이자 이전의 영성에 관한 유명한 설교자였던 베르나르디노 오치노(Bernardino Ochino)는 어떤 설교자와의 일부다처제에 대한 수사학적인 담론 내용을 출판했는데, 그것은 굉장한 마찰을 일으켰다. 사실 오치노는 헤센의 필립의 외도를 정당화하려는데 있어서 절반 정도의 공식적 입장만 표명했는데, 많은 부분을 자신의 책에서 빌어왔다.

그 자신의 격에 맞게 오치노는 그의 소논문에서 일부일처제에 대해 말했다. 그러나 일부다처제에 대한 그의 언급은 대표적인 도시인 취리히에 너무 충격적이었다. 결국 그 도시의 주요한 목사인 하인리히 불링거는 부처의 노선을 따라 이혼을 분별력 있고 겸손하게 지지함으로써 많은 인기를 얻었던 개신교 유럽에서 잘 팔리는 결혼입문서를 썼다. 즉 결혼 문제에 관한 취리히의 권위는 이탈리아의 어떠한 사상에도 영향을 받지 않고 빛났다. 추방 명령과 심지어 성난

---

59) Harrison, 'Role of women in Anabaptist thought and practice', pp. 57-8.

시민들의 위협에 직면한 오치노는 슬프게도 취리히를 떠나 좀 더 열린 분위기를 찾았다. 처음에는 폴란드 그리고 다음에는(화해할 수 없는 보로메오 대주교가 폴란드에 외교적 압력을 가함으로 계속 옮겼다) 모라비아의 자비로운 무정부 상태에 있는 마지막 피난처로 이사했다. 그리고 후터파의 공동체에 의해 보호를 받았다. 그래서 그렇게 많은 이탈리아 망명자들처럼, 그의 옛 가톨릭 동료들은 말할 것도 없고 극단주의자들이 새로운 개신교회보다 더 후히 대접해 주고 마음이 맞는다는 것을 그의 노년에 알았다.[60]

이와 대조적으로 부처가 그 주제에 대한 그의 선구자적 논의에서 제안했던 것처럼, 이혼이 오히려 지속적인 간음에 대한 죽음의 형벌처럼 절대적인 최후의 수단이고 그리고 일반적으로 흔하지 않은 것이었지만, 이혼은 사실상 모든 개신교 국가들에서 정상적인 결혼 법체제의 한 부분으로 확립되었다. 존 칼빈 자신의 형제 안토니는 부인이 두 번째로 간음에 빠진 후인, 1557년에 제네바에서 그의 부인과 이혼했다.[61] 개혁파 개신교 정치권 중에서 유일하게, 잉글랜드만이 이혼법을 도입하지 못했는데, 그것은 전적으로 우연의 결과였다. 에드워드 시대 의회입법에 의해서 계획되고, 크랜머 대주교가 주의 깊게 의장을 맡은 교회법의 포괄적인 개혁은 이혼에 대한 전체 규정을 만들었다. 이 개혁안은 이미 1553년에 준비되었다. 그러나 에드워드 6세의 마지막 해에 있었던 정치적 위기가 계기가 되어, 그 계획은 정권 자체 내에서 전체적으로 부적절한 정치적 대립에 의해서 틀어졌다. 가톨릭 여왕 메리의 즉위가 뒤따랐다. 그리고 엘리자베스 여왕이 그녀의 남자 형제의 개신교회 구조를 부흥시켰을 때, 제안된 교회법 개혁은 그녀가 활성화시키지 못했던 하나의 주요분야였다. 그래서 잉글랜드국교회는 이혼법이 없었다. 그리고 사실 기본적인 신학적 확신에서라기보다는 이 사건을 통해, 바로 20세기의 말까지, 잉글랜드국교회는 모든 서양기독교 국가에서 결혼에 대한 가장 엄격한 법률을 유지했다. 로마 가톨릭 법조인들은 결혼에 대한 엄격한 법률의 가톨릭교회법을 완화했으나,[62] 잉글랜드국교회는 완화해야 하는 독창적인 이유에도 불구하고 법률을 완화하지 않았다.

잉글랜드에서는 이례적임에도 불구하고, 개신교 결혼관은 구체화되었다. 결

---

60) P. McNair, 'Ochino's Apology: Three Gods or Three Wives?', *History* 60 (1975), pp. 353-73.
61) Cottret, *Calvin*, p. 184.
62) 이혼 규정에 대하여. G. Bray (ed.), *Tudor Church Reform: the Henrichian Canons of 1535 and the reformatio Legum Ecclesiastiarum* (Church of England Record Society 9, 2000), pp. 264-79, 그리고 서문, pp. xli-lxxvi 을 보라.

혼이 더 이상 성례적이지는 않았지만 사회질서의 상징과 가장 근엄한 예식으로 여겨졌다. 결혼에서 아버지의 역할은 백성의 아버지이자 소우주의 영주로 상징되었다. 가정은 그 자체로 하나의 교회로 여겨졌다. 한 스코틀랜드 주석가가 묘사한 것처럼, 가정은 '벧엘 또는 하나님의 집'이기 때문이었다.[63] 엄격한 칼빈주의는 어떻게 예정에서 하나님의 주권적인 결정들이 그들의 사랑하는 자녀들을 차별하는지에 대한 부모들의 걱정을 대비하였다. 즉, 1618년부터 1619년 사이의 도르트회의가 구원에 대한 개혁파 교리를 다듬었을 때, 그 회의는 아이들이 그들의 부모와 함께 은혜언약의 혜택에 포함된다고 강조했다(약간 불쾌하게). 그래서 선택에 대한 예정은 부모한테 물려받는 것이었다(동일한 것이 아마 저주에 대한 예정에도 또한 적용되었다). 개신교 가정은 당시 사회조직에서 중대한 경쟁자가 없었다. 즉 개신교는 대부분 길드와 자선단체를 제거하였다. 그리고 (어떤 중요하지 않은 루터파 단체들을 제외하고) 수도원과 수녀원의 대체 단체들을 폐지했다.

과거와의 단절을 상징했던 징후가 서서히 사라지기 시작했는데, 그것은 사순절과 강림절의 참회기간에 결혼예식을 금지하는 것이었다. 그러나 청교도들은 그것을 미신적이라고 공격했다. 그리고 교회 리더십은 그들이 잘못되었다는 것을 확신하지 못했다. 교회가 전통 약혼식의 관습을 폐지하기 위해 싸웠던 방식과 같이 교회법정은 그것을 지키려는 분명한 의지가 없었다. 더욱 보수적인 북 잉글랜드에서, 금기(taboo)는 1600년에 여전히 지켜졌다. 그러나 그것은 실제로 1650년에 사라졌다. 잉글랜드 로마 가톨릭도 약 50년 후 선례를 따랐다. 즉 그것은 습관 변화에서의 개혁에 대한 진정한 승리였고, 그리고 위그노 소수 공동체가 결국 가톨릭 프랑스의 금지된 절기를 지켰던 방식의 흥미로운 대칭이미지였다.[64]

가족의 새로운 이미지는 다른 극단적인 새로운 정의, 즉 교회의 성상파괴만큼 중요한 것이었다. 그러므로 가정이 교구교회의 내부에 있는 장식들과 같은 유사한 효과를 가진다는 것은 논리적인 것이다. 즉 가족은 당시 일반적으로 교구교회 좌석에서 지배적인 단위가 되었다. 보통 종교개혁 이전에는 교회에서 성별에 따라 좌석이 분리되어 있었다. 즉 이 관습은 일부 종교개혁자들에 의해

---

63) *Famile exercise; or, The serviece of God in families* (Edinburgh, 1641)는 Todd, *Protestantism in Scotland*, p. 265 에서 인용됨.
64) Bossy, *English Catholic Community*, pp. 145-47; cf 7장, p. 340 을 보라.

지지를 받았고, 어떤 전통주의 개신교 시골지역들에 오랫동안 남아 있었다. 후에 교회 회중석의 좌석분리 배치는 열정적인 개신교주의자들이 자신들만을 위한 교회건물을 지을 때 더욱 분명해 졌다. 그러나 16세기 후반 동안에, 교구들이 설교에 대한 새로운 강조에 부응하기 위해 좌석에 대한 광범위한 계획에 착수했을 때, 많은 개신교 지역들은 전체 공동체를 대표한 교회 건물의 변혁을 경험했다. 일반적으로 새로운 좌석들은 어떤 성의 구별 없이 그들의 가족들을 앉혔다. 그래서 교회의 내부장식은 어떤 마을의 사회구조를 그대로 담고 있었다. 가톨릭 절기에서 교회의 큰 축제일에 계급순으로 행진하는 것은 교구의 단일성을 상징했을지도 모른다. 즉 당시 교회 건물에서 좌석 도면은 틀에 박힌 행렬과 같았다. 이러한 구도는 이론적으로 교구 경계 안에 있는 모든 사람들을 앉혀야 하기 때문에 같은 목적을 달성할 수 있었다. 17세기 후반의 잉글랜드의 국가 목사였던 리차드 고프(Richard Gough)는 슈롭셔(Shropshire) 교구에 있는 그의 교회의 좌석배치의 관점에 대해 놀라울 정도로 상세하게 기록했다. 잉글랜드인들의 정서를 제대로 읽지 못했던 대표적인 예로 미혼이었던 로드 대주교가 그의 주교들에게 명령을 내려 그가 보기에 지나치게 돌출된 가족좌석들을 제거하기 위한 운동을 한 때를 들 수 있다.[65]

그러한 가족좌석의 배열은 교회의자들에 국한되지 않고, 축복받은 자들이 그들의 사랑하는 자를 다시금 만나는 것이 천국에서도 지속될 것이라는 믿음이 개신교들 사이에서 현저하게 널리 퍼져 있었다. 사도신경이 몸의 부활에 대해 말하지 않았는가? 확실하게 그것은 육체적인 관계가 내세의 부분이 될 것이라는 것을 의미했다. 모든 성직자가 이러한 논리를 승인한 것은 아니었다. 그들 중 많은 사람들은 가족 관계의 천상의 즐거움은 전능자에 대한 영원한 묵상으로부터 알 수 있는 것이라고 했다. 그러나 우리가 이미 보아온 것처럼(14장, p. 741), 평신도들은 자주 그들 스스로가 내세에 대해 가장 잘 안다고 생각했다. 사후에 대한 사람들의 생각은 가족의 재연합에 대한 공식적인 견해를 일축했다. 이에 대한 성직자들의 저항은 마지막 심판 때(14장, p. 742)에 언제 몸이 부활하는지에 대한 문제에 평신도들이 동의하지 않으므로 약화되었다. 그리고 당시 어떤 경우에는 성직자가 신학자일 뿐만 아니라 가정의 남편이기도 했다. 그래서 서섹스(Sussex)의 미망인 엘리자베스 알프레이(Elizabeth Alfraye)의 기념패에

---

65) M. ASton, 'Segregation in Church', in W. J. Sheils and D. Wood (eds), *Women in the Church* (SHC 27, 1990), pp. 237-94. D. Hey (ed.) R. Gough, *The History of Myddle* (London, 1981).

기록된 것을 보면, 그녀가 거룩한 곳의 성자들 사이에 있는 그녀 남편의 영혼을 찾게 될 것이며, 그가 오랫동안 만나기를 갈망했던 사랑하는 자와 함께 영원한 즐거움을 누리게 될 것이라고 기록되어 있다. 그 당시엔 자신의 친척들을 지옥에서 만날 것이라고 생각하지 않았다.[66]

4. 종교에서의 선택들

1400년부터 3세기 동안 사랑과 성에 대한 태도를 조사할 때, 압도적으로 남성우월성에 대한 표현이 넘치는 가운데 우리는 가톨릭과 개신교 양쪽의 여성들이 그들 나름의 방식으로 하나님께 예배할 기회를 찾는 것을 발견했다. 이 말은 여성들이 남성우월성에 대한 표현을 그들 자신의 것으로 만들고, 그것들을 충분히 이용했음을 의미했다. 앤 보우한(Anne Vaughan, 일반적으로 그녀의 세 번의 결혼 중 하나에서 얻은 이름인 앤 로크[Anne Locke]로 알려진)이라는 또 다른 여성에게 주목할 필요가 있다. 그녀가 1590년에 쓴 글 중에 "내가 여성이었기 때문에 할 수 있는 큰 일들을 할 수 없었다"고 부드럽게 피력했다. 그러나 그 후에 그녀는 "나는 내가 할 수 있는 것을 해야 한다"라는 중요한 진술을 더했다.[67] 앤의 경우에 있어서, 하나의 중요한 점은 그녀가 폭풍같은 잉글랜드 종교개혁의 중심에서 오랜 세월을 견뎌냈다는 것이었다. 그녀는 토마스 크롬웰의 최고 사업가 중 한 명이었던 스테픈 보우한(Stephen Voughan)의 딸이었다. 스테픈 보우한은 네덜란드에서 합스부르크가의 사법살인으로부터 윌리엄 틴데일(William Tyndale)을 구하려고 노력했다(그녀가 이러한 말들을 쓰기 50여 년 전). 후에 그녀는 아직 존 낙스의 또 다른 헌신된 여자 성도였고, 통신원이었다. 그녀의 두 번째 남편인 에드워드 데링(Edward Dering)은 왕의 면전에서 여왕의 교회 정책을 비판함으로써 엘리자베스 1세 여왕을 분노케 한 유명하고 솔직한 젊은 청교도 목사였다.

그러나 역사에 대해 '내가 할 수 있는 것'은 젤리그(Zelig, 1983년에 Woody Allen

---

66) P. Marshall, 'The company of heaven: identity and sociability in the English Protestant afterlife c. 1560–1640', *Historical Reflections/ Reflexions Historiques* 26 (2000), pp. 311–33, 331–2 에서.
67) S. WAbuda, 'The woman with the rock: the controversy on women and Bible reading', in S. Wabuda and C. Lizenberger (eds), *Belief and Practice in Reformation England* (Cambridge, 1998), pp. 40–59, p. 40에서 인용됨.

이 만든 영화로 젤리그 역할은 옆에 있는 사람을 천재적으로 잘 닮는 캐릭터) 같은 증인이 되는 것보다 로크 부인(Mrs Locke, 17세기 자유주의의 아버지요 경험주의 철학자인 로크의 부인)이 되는 편이 훨씬 더 의미가 있다고 했다. 그녀는 다시 타락하는 잉글랜드국교회에 반대하여 경건함을 위해 투쟁하고 있었던 남자들을 적극적으로 지지하고 격려했다. 그녀는 칼빈의 설교들을 포함해서(그녀 시대의 많은 똑똑한 여성들은 그들 자신의 산문들을 짓는 것보다 다른 사람들의 산문을 번역하는 것을 더욱 더 점잖게 느꼈다) 외국의 경건 작품들의 숙달된 번역가였다. 그리고 또한 당시에 그녀는 영문으로 된 성경적인 시를 창작하는 최고의 창작자 중 하나였다. 그녀의 시편 51편에 대한 연작 소네트(sonnet, 14행시)는 셰익스피어의 연속 소네트보다 30년을 앞서는 것으로, 영어로 된 것 중에 첫 번째였다.[68]

앤 보우한은 해야 할 것을 하기 위해 그녀에게 주어진 기회를 충분히 붙잡았다. 즉 그녀는 메레 마리(Mére Marie)와 드 라 펠트리(de L'Incarnation) 부인, 카타리나 슈츠(Katharina Schutz) 또는 아빌라의 테레사(Teresa)가 했던 것처럼, 그 경계들이 무엇인지를 잘 알고 있었고, 그것들을 적극적으로 활용했다.

종교개혁이 시작할 때부터 탁월하게 여성적인 경건의 패턴들이 있었다. 1520년대 산발적 성장(Wildwuchs) 시기의 독일을 아주 잘 아는 한 주석가에 의하면, 남성들은 출판된 설교집을 모으는 것과 교리적인 내용이 가미된 찬송을 좋아하는 반면에 여성들은 일반적인 경건서적을 읽는 것과 더 개인적인 찬송을 부르는 것을 좋아하는 확연한 차이가 있다는 것이다.[69] 예상한 바는 아니었지만 현대 서양종교의 특별한 특징들 중의 하나가 된 17세기의 위대한 변화를 향한 시작이 있었다. 그것은 기독교의 경건 훈련은 남성들보다는 여성들이 더 많이 참여했던 활동이 되어가고 있었다. 가톨릭 반종교개혁에서 여성 종교 공동체들이 화려하게 성장한 것은 하나의 징후였다. 그러나 개신교에서 어떤 다른 현상이 있었다. 즉 다양한 환경들에서 교회의 참여는 왜곡되어가고 있었다. 그리고 회중의 구성 비율에서 남성들보다 여성들이 더 많아지기 시작했다.

이 첫 번째 징후들은 자발적 종교가 가능했던 서유럽 지역들, 즉 네덜란드와 잉글랜드에서 아직까지도 발견된다. 우리가 보아왔던 것처럼, 네덜란드의 많은 지역들에서, 심지어 공식적으로 세워진 네덜란드 개혁파교회도 자발적인

---

68) M. R. G. Spiller, 'A literary "first": the sonnet sequence of Anne Locke(1560)', *Renaissance Studies II* (1997), 41–55.
69) Matheson, *Imaginative World*, p. 133.

조직의 성격을 가졌다. 즉 사람들은 그들의 교구교회들로 갈 것인지 아닌지를 선택했다. 17세기 초에 연합 주들의 최북단에 대한 연구, 즉 그렇게 많은 사람들이 메노나이트파(Mennonites) 같은 집단들에 참여하기로 한 서프리스란드의 지역에 관한 연구 자료들을 볼 때, 공교회에서 남자와 여자 사이의 회원의 불균형이 이미 나타나기 시작했다.[70] 기존 교회의 강제적인 구조들이 시민전쟁의 직전에 붕괴되었는데, 1640년대에 잉글랜드에서도 똑같은 일이 벌어졌다. 즉 성장하는 수많은 자발적 교회들, 독립파들, 세례파들, 퀘이커들 그리고 그와 같은 집단들의 회원 명단에 여성들은 남성들보다 수적으로 두 배나 많았다.[71] 대서양 반대쪽에서 같은 시기에 메사추세츠에 있는 기존 회중파 교회 당국은 성비의 이러한 불균형 현상을 주목하기 시작했다.

왜 이러한 일이 발생하고 있었는가? 북아메리카의 초기 잉글랜드 식민지들에서 종교에 대한 가장 통찰력 있는 현대 주석가들 중 한 사람은 남성과 여성 교회 출석자 사이의 불균형은 17세기 또는 18세기에 버지니아로부터 남쪽에 있는 국교회 지배의 식민지에서는 나타나지 않는다는 것을 주목했다. 그는 이것이 이러한 식민지의 잉글랜드국교회 리더십이 단호하게 비 성직자 중심적인 성격을 갖고 있는 것과 연관되어 있다고 말한다. 즉 우리가 이미 관찰했던 것과 같이(12장, p. 686), 결과적으로 평신도들이 그들 교구위원회의 교구시스템을 운영했다는 것이다. 그리고 잉글랜드국교회 성직자는 힘이 별로 없었다. 이와 대조적으로, 매사추세츠는 아메리카에 있는 가장 효과적인 신학교인 하버드대학으로부터 나오는 강력하고 잘 훈련된 성직자에 의해서 지배되었다. 즉 평신도 남성 리더십은 위축되고 있었고, 회중교회를 경건한 여성들과 남성 성직자들의 손에 맡겼다.[72] 이러한 생각은 다른 환경들에서 실제로 시험해 볼 가치가 있었다. 그것은 장로법원들과 장로들이라는 강한 칼빈주의 구조로써, 서프리스란드 개혁파교회에서는 거의 적용되지 못했다. 그리고 또한 잉글랜드의 분파들 사이에서는 설득력이 덜 한 것처럼 보인다.

1640년과 1650년대에 잉글랜드인의 종교 생활의 주요한 분열 가운데서, 불

---

70) James D. Tracy, in review of W. Bergsman, *Tussen Gideonshbende en publieke kerk: een studie over gereformeerd Protestantisme in Friesland, 1580–1610* (Hilversum, 1999), in *SCJ* 32 (2001), 893. 에 의해서 인용된 인물들. 또한 8장, p. 498 을 보라.
71) P. Crawford, *Women and Religion in England, 1500–1720* (London and New York, 1993), p. 143.
72) Bonomi, *Under the Cope of Heaven*, pp. 111–13

균형적으로 많은 수의 여성들이 독립적인 회중교회에 확실히 참여한 것 같다. 왜냐하면 그들은 기존 교회에서보다 스스로를 주장할 더 많은 여유를 가졌기 때문이었다. 이러한 주장은 초기 퀘이커교도들과 같은 극단적인 급진파들 사이에서 가장 심했다. 1650년대에 퀘이커교도 여성들은 1520년대와 1530년대의 본토 유럽의 일부 급진주의 집단들의 초기에 있었던 예언적 역할들을 연상케 하는 역할을 즐길 수 있었다. 그리고 솔직한 프렌드파 여성들이 매사추세츠에서 남성위주의 교회조직에 격분하여 치명적인 결과가 생기기도 했다(12장, p. 692). 16세기 급진주의 집단들에서와 마찬가지로, 그 후 수십 년에 걸쳐서 퀘이커교도들의 남성 리더십은 꾸준히 여성들의 행동을 제한하였다. 18세기 초에 여성에 대한 퀘이커의 태도는 아마도 차이가 있었던 것 같다. 즉 더욱 전통적이고 독특한 여성형 영성에 동조했으며, 당시 프렌드파 예배를 특징짓는 요소로 조용하게 주님을 섬기는 것과 17세기 후반 독일에서 공식적인 루터파 교회들 사이에서 경건주의로 알려진 헌신적인 갱신운동의 발전이 그것이다. 비록 이러한 경우에 헌신적 그룹이 루터파 교회의 공적인 예배와 나란히 그 자리를 차지했지만, 작은 사적인 그룹들은 이와 같이 신과의 내적인 만남이 강조된 영성을 발전시켰다. 이러한 경건주의자들이 루터파 개혁 초기로부터 솔직한 귀족 여성인 아굴라 폰 그룸바흐(Argula von Grumbach)와 같은 소수의 여성행동주의자들의 글들에 관심이 있었다는 것은 흥미로운 것이다.[73]

다른 환경들에서 일어나는 혼란은 하나의 단일 현상을 만들기 위해 집중되고 있는 것처럼 보인다. 탁월한 17세기 후반의 매사추세츠 목사 코튼 마터(Cotton Mather)가 제공한 매사추세츠교회들에 나타나는 높은 비율의 여성들에 대한 자료는 주목할 만한 가치가 있다. 즉 그는 출산할 때 죽음을 계속해서 의식하기 때문에 여성들이 남성들보다 더 큰 도덕적 심각성을 가진다고 느꼈다.[74] 그가 옳은지 혹은 옳지 않든지 간에, 그의 관념은 전통적이며 의학적인 체질론과 성에 대한 개념의 연속적인 변화와 그리고 여성의 본성에 대한 어거스틴의 냉소적인 신학적 주장들과는 완전한 다르다고 볼 수 있다. 여성들이 남성들보다 더욱 헌신적이라는 것이 증명되었을 때(성직자들에게 만족하여, 아마 성직자의 노력에 더 감사하며), 자연적으로 여성이 남성보다 더 무질서하고 사탄의 유혹에 더 열

---

73) Matheson, *Imaginative World*, p. 130.
74) Bonomi, *Under the Cope of Heaven*, p. 113.

려있는 것으로 보는 고대 기독교의 고정관념은 점점 더 설득력이 떨어지는 것처럼 보이기 시작했다. 그래서 우리가 이미 다른 상황에서 주목했던 현상을 이해할 수 있게 되었다. 즉 당시 남성과 여성의 정체성 사이에 커다란 구분을 지은 성의 관계를 극단적으로 재구성하는 것이 그것이다(15장, pp. 781, 803).

앞서 살펴본 바 있듯이 이와 관련된 모든 것에는 하나의 공통 요인이 있다. 네덜란드와 남북전쟁 그리고 정치적 공백기의 잉글랜드 영어권인 북아메리카의 종교적 다양성 가운데서, 서양 문화가 점차적으로 다른 지역들로 확산되도록 하는 조숙한 능력이 존재했다. 암스테르담과 런던은 대도시 삶의 규모와 삶의 방식과 정체성을 형성할 수 있는 기회를 제공한 최초의 장소 중의 하나였는데, 주로 자발적인 단체들이나 클럽들, 극장들과 비국교회 교회들 그리고 교구 교회들의 특별한 형태의 예배와 같은 선택적인 요소들을 통해 이루어졌다. 이러한 소비자 도시들은 사기꾼의 천국이었다. 왜냐하면 당시 특권을 얻는 몇몇 뿐만 아니라, 매우 많은 사람들이 그들이 누구인지를 재구성하는 복잡한 도시 생활 가운데서 어떤 기회들을 가지게 되었다. 그리고 그러한 것은 신용사기와 그렇게 많이 다르지 않은 것들이었다. 이러한 새로운 상황을 보여주는 것 중 하나가 17세기 후반에 유럽인들의 환경에서 나타났는데, 성적인 정체성을 선택할 수 있는 능력이 증가하는 것이라고 주장할 수 있다(15장, p. 803). 즉 암스테르담과 런던은 서유럽에서 처음으로 광범위하게 퍼진 남성들의 동성애 신문화가 나타나기 시작했다. 더욱이 이 도시들이 1500년 이래로 그렇게 신중하게 구축해왔던 '윤리회복운동'의 강제적 규율이 먼저 해체되기 시작했던 도시들이었다는 것은 우연의 일치가 아니었다. 많은 사람들은 그 붕괴를 애도하는 어떤 흔적도 보여주지 않았다.

이에 대한 가장 교훈적인 증거들 중 하나는 '윤리회복운동'이 잉글랜드에서 굴욕적으로 실패한 것이었다. 즉 역사가들에게 유용한 정보를 제공한 바로 그 윤리회복운동이 실패한 것이다. 그 모임들은 공중도덕을 강화하기 위해 런던과 다른 지역 마을들에서 1690년대부터 시작된 자발적인 잉글랜드 조직이었다. 즉 그러한 조직들은 1688년 명예혁명 이후 궁극적으로 뒤집을 수 없는 종교다원주의가 성행하고, 또한 당시 교회법정이 사회질서확립을 위해 효과적인 역할을 하지 못했던 상황에서 정당한 사회변혁을 위한 과제를 떠맡았다. 규율의 붕괴를 한탄하는 모든 사람들이 속한 무지개동맹만이 사회의 유일한 모임은 아니었다. 즉 좌절된 청교도들, 걱정하는 주교들 그리고 교회의 힘을 다시금 주장하기를 원했던 구교들이 바로 그들이었다. 이러한 단체들은 다른 사람들의 성적이고 사회적 비행들, 즉 신성모독, 안식일을 어기는 것, 음란, 매춘에 관해 자기들에게 알리는 고발자의 커다란 네트워크를 확보하려고 했다. 그래서 이러한 범법자들은 법정에서 고발될 수 있었다.

이 같은 고발과 관련하여 스페인 종교재판소에 등록한 개신교 가입자는 거의 없었다. 잉글랜드는 청교도들이 정치권력 공백기간에 구교의 규율을 개선하려고 노력하기 반세기 전부터 이런 개혁에 완전히 실증을 느꼈다. 1730년대까지 '윤리회복운동'을 위한 모임들의 사역은 붕괴되었고, 그들은 내부적으로 교리적 논쟁에 빠졌다. 잉글랜드의 새로운 도시 문화 안에 있는 대다수는 도덕적 감시자에 반대하는 선택을 했다. 그리고 1세기 동안의 기나긴 빅토리아 시대의 피상적인 의지에도 불구하고, 잉글랜드 국민은 그 이후에도 조금도 변화를 시도하려 하지 않았다. 도덕적 감시는 이를 통해 이익을 얻고 즐거움을 주는 타블로이드에서 사라졌다.[75]

사랑과 성에 대한 유럽의 전망을 만들고 재구성하려고 한 가톨릭과 개신교 종교개혁은 3세기 동안에 어떤 놀라운 지속성들이 있었다. 1520년대의 열광적인 분위기와 16, 17세기 중반의 추가적인 격변에도 불구하고, 가족은 안정적인 중심으로 남아 있었다. 가부장제는 비록 당시 새로운 고정관념들을 통해 표현되었지만, 1700년에 여전히 제자리에 있는 것처럼 보였다. 반면에 교회에서는 그러한 가부장제도로 인해 점점 더 많은 개신교와 또한 후에 일부 로마 가톨릭 환경들에서도 회중석에서 남성들이 줄어드는 현상이 초래되었다. 더욱이 1700년경에 가부장제는 창조에 있어서 하나님의 목적을 위한 하나의 소우주가 아니라 우주의 기계적인 부품 정도로 간주되었다. 청교도 번역가이며 존 낙스의 친구였던, 앤 로크 부인은 17세기 말의 철학자 존 로크(John Locke)라는 고조카가 있었다. 하나님이 이 물리적 세계에 규칙적이고 친밀하게 개입한다는 사상은 종교개혁에 있어서 매우 중요한 사상이었지만, 로크와 훨씬 더 인습타파적인 잉글랜드 철학자 토마스 홉스는 이러한 사상을 제거하였다.

홉스, 로크 그리고 그들의 본토 유럽 동시대 철학자들은 모두 철학에서 사회의 본질을 묘사할 때 하나님을 폐기하진 않았지만 가족에 거룩한 특성을 주었던 신학적 비유는 폐기하였다. 정치를 논할 때, 그들은 세 가지 다른 수준의 관

---

75) R. B. Shoemaker, 'The decline of public insult in London 1660-1800', *PP* 160 (Nov, 2000), pp. 97-130, 128 에서: T. Issacs, 'The Anglican hierarchy and the reformation of manners 1688-1738', *JEH* 33 (1982), pp. 391-411.

계를 비교할 수 있는 가능성을 약화시켰다. 즉 하나님의 피조물에 대한 관계, 지배자와 피지배자들의 관계, 그리고 아버지와 그의 가족에 대한 관계가 그것이었다. 로크는 여전히 가부장적인 사상을 고집했다. 그러나 당시 그 시스템에서 그 밖의 다른 모든 것들의 기초와 같이, 종교적 믿음의 유일하고 안전한 기초는 이성이었다. 그의 가부장제에 대한 주요한 정당성은 더 이상의 높은 신적인 권위가 아니었다. 즉 그는 결혼 안의 규율은 남자들이 더 유능하고 더 강하다는 실용적이고 합리적인 이유로 '자연적으로 남자의 몫이라고 느꼈다.'[76] 이러한 실제적인 가부장제가 훼손되는 것은 시간문제였다. 오늘날 미국인들과 유럽인들은 지금 그 가부장제도가 사라지고 있는 것을 목격하고 있다. 가부장제가 그렇게 해체되는 것과 함께, 시에나의 베르나르디노, 마틴 루터, 존 칼빈 그리고 이그나티우스 로욜라 등이 공유했던 종교적인 가설들에 대한 커다란 의문부호가 남는다.

---

[76] Locke, *Second Treatise of Government and a letter concerning Toleration*은 R. A. Houldbrooke, *The English Family* 1450-1700 (London and New York, 1984), p. 99 에서 인용됨.

The Reformation: a History

제 17 장
결과적인 사건들

여기에 종교개혁에 관한 한 찬송가 가사가 있다.

> 우리 선조들의 신앙이여!
> 지하 감옥과 불과 칼에도 불구하고 여전히 살아있네
> 저 영광스러운 말씀을 들을 때마다
> 오, 우리의 심장은 얼마나 기쁨으로 고동치는가
> 우리 선조들의 신앙, 거룩한 신앙이여!
> 우리는 죽기까지 당신에게 진실하리라.

가톨릭교회가 대중적인 찬송가의 힘을 깨닫기 시작했을때, 로마 가톨릭신자들을 고무시키는 이러한 가사들이 19세기에 기록되었다. 고교회파(High Church, 잉글랜드국교회의 한 분파로 로마 가톨릭의 의식과 유사한 의식 중심의 종교) 성직자였지만 가톨릭으로 개종한 재능있는 찬송가 작사가이며, 이러한 곡들을 작사한 프레드릭 페이버(Frederick W. Faber)는 잉글랜드의 종교개혁이 그의 새로운 동료 가톨릭교도들에게 영향을 끼친 '지하 감옥, 불 그리고 칼'에 대해 생각하였다. 그러나 항상 좋은 찬송가에 대한 욕심이 많았던 감리교도들은 페이버의 곡을 듣자, 이내 사랑에 빠지게 되었다. 그들은 자신들의 찬송가에 이 곡을 서둘러 포함시켰지만, 빅토리아 시대 잉글랜드가 로마 가톨릭에 다시 복종하게 되리라는 그의 확신에 찬 예언의 부분에서 잠시 머뭇거리게 되었다.

우리 선조들의 신앙이여,
마리아의 기도는 우리를 당신에게 되돌리는 데 승리하리라.
하나님으로부터 오는 진리를 통하여
그때에 잉글랜드는 참으로 자유롭게 되리라.

감리교인들은 먹잇감을 놓아주지 않을 셈이었다. 그래서 재치 있게 약간만 다듬어서 이 구절은 "우리 선조들의 신앙이여, 하나님의 위대하신 능력은 모든 국가들이 하나님을 위해 승리하게 하리라"로 시작하였고, 잉글랜드에 대한 언급은 지워버렸다. 이렇게 적절히 다듬어진 이 찬송가는 복음주의 개신교도들 가운데 전세계적으로 크게 성공을 누려왔고, 지금도 복음주의 웹사이트에 있는 찬송가 목록에서 다운로드 받을 수 있다. 아마 이 웹사이트를 만든 이들의 대부분은 그 곡들의 기원에 대해서는 전혀 모를 것이다.

몇몇 도덕적 규범들은 이 흥미로운 이야기에서 도출되었다. 누군가는 지난 세기에 걸쳐 성장하여 기독교의 특징이 된 에큐메니칼운동을 위한 주제를 위해 낙관적인 관점으로 차용했다. 그래서 이 곡이 종교개혁 분쟁 사이에서 표식이 되어 서로 상대의 찬송을 부르면서 끝맺으며 양쪽 진영을 잘 연합시켰다. 더 나쁜 상황은 이 곡이 현대인의 눈에 덜 매력적인 에큐메니즘의 목적을 상기시킨다는 점이다. 개신교와 가톨릭이 똑같이 1530년대 초기에 개인의 도덕과 규율의 문제에 관하여 완고함과 까다로움을 강화하며 급진주의자들을 억압하여서 마녀들로 분류된 자들에 대한 핍박을 함께 했다. 더 가혹하게 현대 유럽 기독교 실천 분야에서의 위축된 시각에서 말하자면 이 곡은 빗 한 개를 두고 싸우는 두 대머리 남자의 이야기로 종교개혁을 상징화한 것으로 보인다. 지금 보기엔 하찮고 무관하기만 한 문제를 놓고 벌이는 결국에 아무 이익도 주지 않는 투쟁인 것이다.

이전 장에서 1700년경 종교개혁에 대한 결말로 제시했던 것들의 상당 부분이 대립하는 생각의 다양한 기준들을 모아 하나로 수렴하였고, 이는 시간의 경과에 따라 종교개혁의 계승자와 유럽 반종교개혁자들이 그들 자신과 그들의 사회와 주변의 세계에서 그들이 위치한 지점을 조망하는 방식을 변형시켰다. 우리는 아직 이 대립하는 충돌의 요소들을 모으는 일을 끝마치지 않았다. 그래서 우리의 마지막 과제는 서양기독교가 17세기의 끝에 어떤 모습을 띠었는가를 보고, 그 후에 서양 종교에서 격변의 3세기로부터 지금 무엇이 남아있는지 평가하는 일이다.

1. 종교개혁 전쟁

언뜻 보기에 종교개혁 투쟁은 1700년대와는 멀리 떨어져 있어 보인다. 17세기에서 18세기로 넘어갈 때 유럽인은 평균적으로 유럽 개신교 지역이 이전 몇 백년 간 크게 축소되었다는 것을 지나치게 의식했다. 가톨릭의 반종교개혁을 멈출 자가 없는 것처럼 보였다. 1590년에는 유럽 대륙의 절반 정도가 개신교 정부나 개신교 문화의 통제 아래 있었다. 1690년에 이 수치는 5분의 1 정도로 바뀌었다. 최악의 손실은 30년 전쟁에서 초기 합스부르크의 승리에 뒤이어 중앙과 남동유럽 지역에서 발생했다. 루터 이전부터 이미 성공적인 반가톨릭의 요람이었던 보헤미아(Bohemia)와 과거 변화무쌍하게 종교적 지형을 바꿨던 모라비아(Moravia)가 한때 루터교가 유리한 고지를 점령했던 오스트리아와 함께 완전히 탈바꿈했다. 개혁파 (여전히 동일하게 변화무쌍한) 트란실바니아 공국은 이전의 그림자에 지나지 않았다. 그래서 1683년 비엔나를 포위한 오스만의 마지막 대 공략을 격퇴하면서 새로운 자신감을 얻은 가톨릭 합스부르크가의 동진을 막을 힘이 없었다.

그리하여 개신교 개척자들은 1700년 즈음 이탈리아 국경에서부터 신성로마제국 독일의 중부 지역까지 북쪽으로 수백 마일을 퇴각했다. 남부 제네바는 이제 외로운 전초기지가 되었다. 사보이공국이 다스린 서알프스지역에서 1650년대부터 1680년대 말까지 이탈리아 개신교도들인 초기 왈도파 공동체들은, 모든 유럽 개신교를 충격에 휩싸이게 하고, 나아가 멀리 떨어진 잉글랜드인들이 공포에 떨며, 처참한 상황에 내몰린 도망자들을 돕기 위해 지갑을 허우적거리며 뒤지도록 만든 공국 군대에 의한 학살에 직면했다. 폴란드-리투아니아 연방에서는 가톨릭교육과 선교사역과 내정 간섭으로 말미암아 한때 연방의 근원이었던 다양한 개신교주의와 급진 기독교 종파가 점점 약화되고 있었다. 이제 정치적으로 쇠약해져서 이웃 국가들에 점점 더 휘둘렸다. 상류층에 속한 아리우스주의자와 개혁파들은 개신도 후견인들을 떠나 스스로를 방어하며 가톨릭을 따라 믿음을 포기했다. 연방에서 루터파가 주도하는 마을과 도시는 점차 종교뿐만 아니라 독일어 사용과 문화에 있어서도 고립되어 갔다.

30년 전쟁이 끝나갈 무렵 여러 유럽 통치자를 포함한 많은 유럽인은 종교 전쟁에 염증을 느꼈으나 유럽의 최상위 권력자들은 복수심과 함께 이 사상을 계속 유지했다. 새로 선출된 바이에른 선제후에 의해 합스부르크 왕가는 베스트팔렌

평화조약에 있는 소수 종교를 허용하는 규정에서부터 개혁파가 상속받을 지역들이 제외되었다는 사실을 확실히 했다. 그는 18세기 전반기 내내 가톨릭 신앙을 회복시키고 통치 지역에서 개신교도들을 해산시키는 정책을 쓰며 잔인하게 압박했다. 17세기 후반 유럽은 서유럽에서 로마 가톨릭 진격의 중심에 선 프랑스 왕 루이 14세가 장악했다. 그는 헌신적인 가톨릭 신자로서 자신의 믿음의 지경을 넓힐 뿐만 아니라 자신의 통치 지역까지 확장시키기로 결심하여 1715년 지치고 패전한 한 노인으로 죽기 직전까지 계속 전진했다. 그는 전성기에 세금을 낼 수 있는 이천만 명의 인구가 지원하는 사십만 명의 군대를 지휘했다. 또한 개신교 범인을 죽이고자 하는 작전을 수행하도록 사보이 공작을 자극하였다. 그는 1685년 낭트칙령을 무효화하며 자신의 조부가 내린 프랑스의 종교 갈등을 위한 해결안을 뒤집어 엎었다. 또한 알자스 지방에 있는 제국 내 개혁파 영토를 넓게 정복해서 마침내 오래 전에 종교개혁 진영을 이끌 최상의 후보지였던 마틴 부처의 자랑스러운 슈트라스부르크를 가톨릭의 자랑스러운 슈트라스부르크로 만들었다. 그는 대서양에 있는 섬 왕국들을 다시 획득해 그곳에 가톨릭 스튜어트 왕조를 영구히 재건하려던 이전의 제임스 국왕과 그의 아들의 계획에 기반하여 서 있었다.[1]

1672년 그는 스페인의 가톨릭 군주가 네덜란드에 있는 개신교연합 지역을 정복하는 데 실패했던 곳에서 벌인 군사 작전을 거의 성공시켰다. 그런데 이 야심찬 모험 속에 스스로 실패의 씨앗을 심어 놓았다. 프랑스를 침공한 잔학 행위는 오렌지의 빌렘 왕자를 자극해서 살해당한 선조, '침묵자' 빌렘이 한 세기 전에 했던 것과 똑같이 이 가톨릭 괴물(리바이어던)에 대항해 군대를 일으키도록 만들었다. 팔츠 프리드리히 선제후(결혼으로 그의 백부가 된)에 의해 겪은 재난에 대해 복수하며 빌렘은 마침내 프랑스 가톨릭 세력을 꺾었다. 빌렘은 루이를 향해 가차 없이 공격하는 와중에 1688년 명예혁명이 결정타가 되어 잉글랜드의 왕좌를 얻었다. 그가 죽은 후에도 잉글랜드가 주도하는 군대가 그를 계승한 잉글랜드 출신의 앤 여왕 아래에서 프랑스와 계속해서 싸웠고 결정적으로 막힘 없을 것 같았던 가톨릭의 전진을 결정적으로 차단했다. 잉글랜드 국민들은 탁월하게 군대를 지휘하여 남아 있는 개신교 세력 전부를 씻어 내리는 가톨릭의 물살을 영구히 정지시킨 것에 감사하여 존 처칠(John Churchill)에게 말보로(Marlborough) 공작 작위와 유럽에 있는 가장 화려한 저택 중 하나인 옥스포드서

---

[1] 유효한 관점은 J. F Bosher, 'The Franco-Catholic danger, 1660-1715', History 79 (1994), pp. 5-30.

의 블렌하임(Blenheim) 궁전을 지을 돈을 수여했다. 1700년 북유럽인이 여전히 지독하게 가톨릭에 반대했다는 사실은 놀라운 일이 아니었다. 그들은 여전히 16세기에 있었던 순교사기를 읽었다. 잉글랜드인은 존 폭스(John Foxe)의 책을, 네덜란드인은 아드리안 반 헴스테드(Adriaan van Haemstede)의 책을, 루터파는 루트비히 라부스(Ludwig Rabus)의 책을 그리고 많은 재세례파는 『순교자의 거울』(Martyrs' mirror)을 읽었다. 그러나 개신교도들은 종교개혁을 위한 순교의 시절 이야기를 읽으며 열정을 되살릴 필요가 없었다. 가톨릭의 위협은 살아있는 현실이었다.

종교개혁은 실상 단지 두 세기에 걸친 전쟁으로 볼 수 있다. 16세기에는 채 십 년 동안도 평화가 유지된 적이 없었고, 17세기 전반 동안에는 두어 해 동안도 그러하지 못했다.[2] 1490년대에 이탈리아에서 일어난 프랑코-합스부르크전쟁으로 소급하면 출발 시점은 더 당겨진다. 1517년 발발한 종교개혁이 독일 영지 내에서 발생한 농민전쟁 소요의 주요 도화선이 되는 데 6년 밖에 걸리지 않았다. 이는 곧바로 루터파가 고무시켜서 1547년부터 전개된 슈말칼덴전쟁과 연이어서 1560년대와 1590년대 사이에 개혁파가 고무시킨 종교전쟁 그리고 이후에 일어난 공포의 30년 전쟁에 의한 살육의 가장 직접적인 계기였다. 신앙을 지키기 위해 자신들의 종교가 더 환영받을 곳을 찾아 자발적으로 떠나는 피난민들의 가련한 대열이 반복적으로 유럽의 길들을 따라 퍼져 나갔다. 이러한 종교개혁 전쟁은 서로마제국을 해체시킨 '바바리안' 대격동과 20세기 1, 2차 세계대전 사이에 일어난 유럽 최대의 인구이동을 수반했다. 잉글랜드인들의 모범을 따르기로 결심한 수십만 명의 사람들이 유럽을 버리고 대서양에서의 공포를 넘어 북아메리카에서의 새로운 삶을 발견하기 위해 과감히 나섰다. 1622년 초 알프스 계곡에 있던 사보이 공작의 왈도파의 몇몇 희생자들은 네덜란드 개혁파의 식민지를 향해 배를 탔다. 그들은 후에 뉴욕이 될 대자연 안식처 안에 있는 스태튼 섬(Staten Island)에서 안전한 새 정착지를 마련하였다.[3]

유럽의 전쟁들은 군사비용이 상승하면서 규모가 점점 커져갔고 무기와 방어시설은 첨단으로 진화했다. 이 엄청난 규모의 전쟁을 효과적으로 재정지원하기 위해 정부는 복잡하고 정교하게 성장해갔고, 자치정부 즉, 이전에 단지 '공국'을 의미하던 라틴어 '레스푸블리카'(respublica)에서 유래한 '국가'(state)라는 단

---

2) Cunningham and Grell, *Four Horsemen*, p. 95 그리고 이 주제에 대한 유용한 논의는 ibid., Ch. 3.
3) Bosher, 'Franco-Catholic danger', p. 9.

어는 이제 의미심장한 새 용어가 되었다(1장, p. 89). 정부의 성장은 권력과 가능한 적은 수의 방해물을 가지려는 군주의 욕망을 증가시켰다. 종교개혁은 개신교와 가톨릭 둘 다 의도하지 않게 정부라는 이미 증가해 있는 조직의 힘을 촉진시켰다. 게다가 정부들이 느슨한 왕조의 통치영역 그리고 귀족과 의회의 동의에 의존하는 것에서 탈피하여 훨씬 더 치밀하게 조직된 군주제로 변모하는데 도움을 주었다. 예를 들어 스웨덴과 브란덴부르크-프러시아 같은 개신교 국가들 또는 프랑스와 스페인과 합스부르크에 있는 가톨릭 국가들이 그러했다. 종교분쟁에 휩싸인 왕실이 바르샤바 종교협약에 의해 형성한 군주제의 입헌 세력의 발목을 잡는 방해 요인이 된 폴란드-리투아니아는 크게 이례적인 경우이다(7장, p. 461). 주도권을 되찾기 위한 폴란드 군주들의 연달은 싸움은 결국에는 유럽의 관료적 연방들 중 가장 강력했던 이 연방을 붕괴시킨 주요인으로 작용했다.

군주제가 새로이 강화되자 다음 차례로 국민들에게 다른 군주국들을 종속시키기 위한 싸움을 향한 잠재된 열망을 일으키고자 하는 목적에서 문화와 종교에의 단일한 정체성을 강조하였다. 대개 행정상의 단일화를 위해 여러 언어들 중에 하나의 언어에 특권을 주었다. 카스티야 스페인어, 북부 프랑스어, 고지 독일어와 런던의 영어는 우선적인 수혜 대상이었다. 가톨릭은 물론이거니와 개신교의 지식인들은 에스페란토(국제 공용어)인 라틴어를 지키고자 승산없는 싸움을 했다. 17세기 동안 가톨릭 철학자 르네 데카르트(René Descartes), 네덜란드의 알미니안 법 철학자 휴고 흐로티우스, 잉글랜드 소시니안주의 개신교 신학자이며 과학자인 아이작 뉴턴(Issac Newton)은 모두 국제적인 청중들 앞에서 여전히 라틴어로 연설했다. 그러나 1700년 이후 한 세대가 지나자 특정한 자국어를 선호하는 변화가 철학, 신학 그리고 물리학 내에서 새롭게 확산된 자연철학 분야에서 똑같이 이루어졌다. 유럽의 군주국가(state-nation)는 발전하고 있었다. 곧 군주국가들이 민족국가들(nation-states)로 바뀌었다. 이러한 변화는 1789년 프랑스혁명으로 많은 군주제가 전복되고 나폴레옹 보나파르트(Napoleon Bonaparte)의 제국적 야망에 대항하는 문화적인 분노의 반응이 일어나면서 한 국가 안에서 하나의 주요한 문화로 통합하는 과정을 거쳐 이루어졌다. 이제 충성심의 관건이 왕조의 위엄이 아닌 국민 의식에 있었다.

하지만 1700년 당시에는 이것이 미래의 일에 해당한다. 종교개혁 전쟁 시 왕조 국가가 성장하는 동안에 가톨릭의 일부와 개신교 신학자들은 왕권 신수설 또는 하나님께 부여받았다는 절대왕권 사상을 정교하게 발전시키면서 왕권의 확대를 자신들이 만족할 때까지 정당화해 나갔다. 다른 신학자들은 정반대의 종교적 관점으로 군주제에 대항하는 투쟁에 몰두했다. 이들은 사람들(최소한 경건한 사람들)에게 힘을 실어주는 저항이론들을 점점 더 정교하게 발전시켜서 군주제를 제거할 수 있는 기반을 세워놓았다. 16세기 후반 프랑스의 내장을 쏟아내도록 만든 기나긴 시민전쟁과 종교전쟁을 지나며, 개혁파 개신교와 이념적으로 충천한 리구에르(Liguere) 가톨릭과 무자비한 예수회는 똑같이 이 이론들에 마음을 쏟았다.

이 시기에 가톨릭은 암살테러범들을 전문적으로 키워냈다. 오렌지의 빌렘, 프랑스의 앙리 3세와 앙리 4세가 그 피해자 가운데 속했다. 그들은 잉글랜드의 엘리자베스 1세와 제임스 1세를 제거하는 특훈을 세웠다. 종교개혁자들은 동일한 결과에 다른 방법으로 도달했다. 공개적으로 동의한 결정을 통해 하나님의 백성의 마음을 표현하는 것을 추구하였기에 각각의 대표위원들이 내린 공공의 합의를 포함하는 사법절차에 의존했다. 예를 들면, 스코틀랜드의 메리 여왕을 반대하며 개혁파 잉글랜드 상류층과 귀족이 결성한 잉글랜드합동연대(the English Bond of Association)의 합의, 그녀의 나중의 재판과 처형 과정(8장, p. 514) 그리고 1649년 찰스 1세의 재판과 처형 과정(12장, p. 675)이 그러했다.

종교개혁과 반종교개혁은 전쟁의 과정에서 많은 피를 불렀고, 셀 수 없이 많은 생명이 희생을 당했다. 18세기 초 무렵 블렌하임(Blenheim), 라미예(Ramillies), 우데나르데(Oudenarde) 그리고 말플라크(Malplaquet)에서 말보로가 루이 14세에 대항하여 승리를 거둔 이후에 정치적인 경계선들이 적잖이 자리를 잡아가면서 종교전쟁은 유럽에서 가톨릭과 살아남은 개신교의 일상의 영역을 완전히 분리시켰다. 이는 추운 북쪽 지역과 더 편안한 기후의 지중해 지역 사이에 있었던 고대의 경계보다 더 분명한 것이었다. 로마 가톨릭이 동일한 초점을 갖는 덕분에 폴란드인을 이웃에 사는 루터교도나 개혁주의자와 연합시키는 것보다 햇볕에 그을린 스페인 세비야 지역의 문화 의식을 강한 바람에 씻기는 초원과 소나무 숲을 지닌 가톨릭 폴란드 지역을 연합시키는 것이 훨씬 수월했다. 1622년 교황은 스페인의 왕 필립으로부터 12세기 스페인 농장 일꾼인 농부 성 이시도레(St Isidore the Farmer)를 성인으로 추앙했다. 멀고 먼 폴란드에서 이시도레를 숭배하는 일이 곧 성황을 이루었는데, 이는 연방의 가톨릭 귀족들이 열심히 일했던 이 일꾼 겸 성인이 자신들의 농노와 사유 노동자에게 좋은 모범이 되리라는

기대감에 무척이나 고무되었기 때문이다.[4]

2. 차이를 관용하다

유럽에서 가톨릭과 개신교 사이의 차이는 어떤 짐 꾸러미를 멘 여행자가 길거리에 푹석 주저앉아 눈을 가리고도 들려오는 교회종소리를 구분하는 것만큼 쉬운 것이었다. 종교개혁 기간 동안 개신교도는 군비 충당과 판매 목적으로 가톨릭 미신인 성상을 파괴하는 것에 교묘히 연계하여 셀 수 없이 많은 달갑지 않은 종들(bells)을 녹여 없앴다. 그럼에도 개신교도는 종들을 모조리 없애지는 않았다. 왜냐하면 종은 전기 통신을 발명하기 전에 먼 거리에서 가장 효과적으로 소통할 수 있는 도구로 봉화에 필적했기 때문이다. 심지어 유럽에서 다른 어떤 나라보다 중세 교회의 불편한 요소를 없애는 일을 실행하는 데 주저함이 없었던 스코틀랜드 개신교조차도 종교개혁 이전에 있었던 교회 종들을 오늘날까지 놀랄 만큼 많이 보유하고 있었다. 그러나 종교개혁 이후 가톨릭과 개신교 거리에서 들리는 종소리는 전혀 달랐다. 주일 아침 가톨릭 지역은 하나님과의 만남을 어리둥절하게 만들며 각양각색으로 서로 경쟁하듯 쨍그랑거리는 종소리로 가득 찼다. 마틴 루터의 고뇌에 찬 반역 바로 전에 교구교회, 성당, 채플, 수도원, 수녀원, 병원은 일제히 불협화음의 소음을 내보내며 거리나 들판에 있는 신자들을 수많은 미사 의식에 불러들였다. 뿐만 아니라 신부가 빵과 포도주를 분배할 때 하나님이 보인다고 외쳐댔다. 종을 치는 자가 개신교도가 귀를 막고 있었다는 것을 알아챘다면 아마 이 귀아픈 승전가를 더 세게 울렸을 것이다.

유럽 개신교 지역에서 교구교회는 경쟁자를 모두 제거했다. 수도원은 폐허가 되거나 철거되거나 실용적 목적에서 창고, 구빈원, 학교, 도서관으로 전용되었다. 혹여 잘 보전되어 있는 대성당 건물은 (잉글랜드를 제외하고) 대교구교회로 강등되었다. 그래서 종을 울려 하나님의 말씀을 듣도록 엄숙하게 교구민을 불러들였다. 루터파는 개혁파보다 종탑을 전체적으로 보존시켰으나, 이제 종소리는 교구교회의 탑에서만 흘러나왔다. 앞서 눈가리개를 하고 거리에 있던 우리의 희생자는 그가 저 이상하고 자기 만족에 빠진 왕국, 즉 잉글랜드에 도착했

---

4) Davies, *God's Playground*, p. 171

다는 것을 즉시 알려주는 유별난 경험을 겪었을 것이다. 교회 종은 여기서 매우 기이한 일을 하고 있었던 것이다. 종소리는 소절에서 소절로 복잡하게 미리 예정된 순서에 따라 바뀌며 평범한 선율을 내었다. 엘리자베스 여왕의 통치가 끝을 향해 나아갈때 대부분의 잉글랜드인은 여왕의 공적인 종교개혁을 자신들에게 맞는 다양한 방식으로 받아들여 갔다. 그들은 교회 종을 가지고 하는 유럽 전역에서 볼 수 없는 시합을 발명했는데 이를 종소리 바꾸기(change-ringing)라고 불렀다. 잉글랜드 개신교도는 어느 팀의 종소리가 반복하는 소절없이 얼마나 오래 이어지나 보려는 한바탕 큰 시합을 자주 벌이며 이에 대해 남다른 열정을 키웠다. 종소리 바꾸기 시합은 그들이 누리는 즐거움의 한 부분이 되었다.[5] 이는 잉글랜드 개혁교회가 스스로를 다른 방식으로 바라보고 다른 유럽 개신교도를 당혹스럽게 하면서 유럽 대륙의 개혁교회와 구별되는 노선을 취하기 시작했다는 것을 알려주는 흥미로운 상징이었다.

정확히 말하면, 건축된 교회에서 나오는 종소리는 전체 주민의 귀를 자극하여, 교회의 존재를 알릴 수 있는 특권을 가지고 있었다. 많은 유럽인들은 공식적으로 교회에 소속되기로 결정했다. 대부분의 가톨릭국가에서 개신교도가 공식적인 압박과 괴롭힘을 당했다는 것은 그들의 일탈한 신앙을 공개석상에서 고백하는 기회를 놓치지 않았다는 것을 의미하기도 한다. 그러나 종교개혁 지역 중 스칸디나비아 남부는 다른 지역과 달리 눈에 띄게 단일 루터교로 발전했는데, 여기에는 대안 종교단체들의 확산이 중요한 의미를 갖는다. 일부는 자신들이 그릇된 체제 아래에 있음을 발견한 로마 가톨릭, 루터파, 또는 개혁파의 차지였다. 1690년 이후 스코틀랜드에서 주교가 다스리는 교회를 지지하는 골칫거리 개신교 단체가 생겼다. 이 '감독주의자들'(Episcopelicans)은 잉글랜드의 국경 부근에 교회를 설립했다. 새로운 왕 윌리엄 3세가 스코틀랜드 장로교파와 맺은 거래에 의해 감독주의자들은 스코틀랜드 기성교회로부터 배제되었다. 그들은 체제를 전복시키는 자들로 취급받았는데, 왜냐하면 그들 중 대부분이 망명한 스튜어트가 왕위를 요구하는 것에 지지를 표했기 때문이다.

그러한 확고한 지위를 누리기를 원하는 교회들의 여러 파가 있었던 것 외에도, 잉글랜드 내 독립파나 침례교와 같은 단체들은 원칙적으로 시민 권력과 연합하기를 거부했다. 개혁주의자들(다소 정의로운)이 개혁주의라는 이름으로 자신들과 동류로 분류되기를 못마땅해 했던 재세례파의 메노나이트, 후터파, 슈

---

5) P. Cattermole, *Church Bells and Bell-ringing: a Norfolk profile* (Woodbridge, 1900), Ch. I, 특히, pp. 21, 24.

벵크펠트파, 퀘이커교와 같은 급진적 기독교 형태를 추종하는 자들도 많았다. 이들은 두 세기전에 특별한 카리스마를 가졌던 지도자의 통찰을 따르는 분파들이다. 동유럽에는 동방정교회가, 폴란드-리투아니아에는 무슬림까지 있었다. 이러한 다양성은 유럽의 공교회가 어떤 문제를 갖고 있는지를 보여주었다. 종교상의 반대를 어디까지 관용해야 하는가? 이는 당연히 하나님께 도전하는 일일뿐만 아니라 하나님께 기름부음 받은 교회와 연맹국 지도자의 소망에 불충성하며 도전하는 것이었다. 여기서 두 세기 동안 종교개혁이 기독교에 가장 의미있게 기여한 부분이 관용에 관한 이론과 실천이라고 주장할 수 있다. 비록 이러한 결과를 의도하지도 않았고 오히려 꺼려했다고 할지라도 말이다.

관용에 관한 기독교의 이전 기록들은 기독교의 변종 종교나 다른 종교에서도 그러하듯 친절한 인상을 주지 못하도록 쓰였다. 동방교회들(정교회, 콥트교 그리고 단성론교회나 네스토리우스파)은 일반적으로 서방 라틴교회보다는 나은 기록을 보유하지만, 이는 환경에 의해 외부적으로 얻어진 결과이다. 무슬림의 침략으로 수중의 권력을 빼앗기고 지속적으로 중앙집권화한 라틴교회보다 관용 정신이 부족할 가능성은 적었다. 많은 이들이 라틴교회로부터 핍박 받는 경험을 했다(2장, p. 103; 8장, p. 486). 실상 1500년 이전의 서방교회는 세계 역사상 가장 관용이 없는 종교 순위에서 최상위 자리에 올랐음이 틀림없다. 중세 이슬람 문명과 대조해 보아도 서방교회가 관용을 베푼 기록은 당혹스러우리만치 빈약하다. 서방교회는 유대인을 그저 조금 참아 주었는데, 그것도 교회의 미래를 내다보는 관점에서 유대인이 하나의 역할을 맡고 있다고 생각했기 때문이다(1장, p. 45). 라틴교회는 이슬람을 증오하고 두려워하여 가능하면 언제라도 이슬람을 파괴하려고 최선을 다했다.[6] 중세에 기독교 통합을 추진하는 협상 자리에서 라틴교회는 그리스정교회 측에 기껏해야 저자세를 취하고 최악의 경우 업신여기는 태도를 취하면서 계속 통합에 실패했다.

중세 서방 기독교도들이 종교적 관용을 내다보는 정신적 자원을 갖지 못한 것은 아니었다. 현대 학계가 재발견했듯이, 그들은 이론상으로는 관용이 가능한 것처럼 빈번히 말하였다. 그러면서도 후스파가 15세기 보헤미아 교황을 관용해야 하는 경우 또는 중세 후기에 리투아니아와 우크라이나에서 세력이 위축된 가톨릭이 동방정교회를 관용해야 하는 상황에 처했을 경우와 같이, 타의에

---

6) Cf, 특히 R. Fletcher, *The Cross and the Crescent: Christianity and Islam from Muhammad to the Reformation* (London, 2003): 4장에서 그는 이에 관한 우울한 그림을 제공한다.

의해 강요받는 상황이 아니면 이 미덕에 거의 가치를 부여하지 않았다.[7] '핍박하는 사회 형성'을 시작할 때에(1장, p. 68), 서방교회는 이단으로 정죄받은(1022년 프랑스에서 발생한 사건이 이단 정죄의 첫 번째 사례였다) 자들을 화형시키기 시작했다는 기록이 있다. 13세기에 프랑스 남부에서는 기독교 분립을 저지하는 전쟁과정에서 비정상인 신학을 가려내는 방안으로 종교재판을 도입했다. 무슬림과 기독교가 서로 얽힌 역사를 전반적으로 훑어보면 이슬람에서 기독교로 자발적으로 개종한 사례는 최소의 부피를 차지하는데 반해서 반대 방향으로의 통행에는 큰 교통 혼잡이 빚어졌다.

이러한 음울한 기록이 종교개혁으로 인해 바뀌기 시작했다. 기독교라는 표현에 대한 독점권을 노리는 경쟁 입찰자들이 이 독점권을 도입할 수 없다는 사실을 알게 되자, 위의 경우처럼 강압적인 환경에 의해 이루어진 관용의 사례이지만 말이다. 그래서 서유럽에서 처음 성취한 관용의 사례는 불완전한 능력자에 의한 승인에 가깝다. 관념적으로 금지되어 왔던 관용의 미덕을 인색하게나마 인정한 것이다. 이 승인은, 일련의 대안적인 사상들을 시대에 쏟아냈지만 그들을 합법화시킨 구조와 사상에 근본적으로 적응하지 못했던 사회가 만들어낸 것이다. 이는 프랑스 가톨릭이 1598년 이후 낭트칙령을 수용하도록 유도한 전제가 되었다. 1580년대부터 네덜란드 개혁파교회가 경쟁자들이 불러일으킨 각양의 격노를 참아낸 일도 같은 예에 속한다. 또한 1662년에 벌칙에 가까운 통합 법안을 통과시킬 당시인 잉글랜드 찰스 2세 재위기간 동안에 복수심에 불타는 극왕당파 신사계층이 그들을 반대하는 개신교도들과 로마 가톨릭교도들에게 최후의 살 길을 남겨준 일도 그러하다.[8] 자신들의 고난을 가톨릭의 손에 넘겨준 개신교도들은 가톨릭보다는 형을 집행하는 일을 다소 주저했더라도, 종교적 이유로 사람들을 핍박하거나 죽이는 것은 잘못된 원칙이라고 공개적으로 말하는 자는 그 사회 속에 거의 없었다. 이단에 대한 모든 형벌의 집행을 정죄한 소수의 사람 가운데 두 명의 주요한 개신교 순교사가 존 폭스와 아드리안 판 헴스테드가 눈에 띈다. 헴스테드는 북해 연안 저지대국가의 성난 신도들에게 쫓겨나 엘리자베스 시대에 런던으로 피난처를 옮겼다. 왜냐하면 그는 재세례

---

7) 관용에 대한 중세의 논의들에 대해, C. J. Nederman, *Worlds of Difference: European discourse of toleration c.* 1100–1550 (Philadelphia, 2000) 을 보라.

8) Cf. M. Turchetti, 'Religous concord and political tolerance in 16th and 17th century France', *SCJ* 22 (1991), 15–26; M. C. Smith, 'Early French advocates of religious freedom', *SCJ* 25 (1994), pp. 29–51.

파를 그의 형제로 인정한다는 주장을 완고히 폈기 때문이다.[9]

동유럽은 좀 더 관대한 분위기를 가졌었다. 종교개혁 전에 그곳 사람들은 이전과 같이 그럭저럭 사는 데에 익숙했다. 1568년 트란실바니아의 선구적인 토르다선언(신앙은 하나님이 주신 선물이라는)과 '우리는 다른 신앙 그리고 피를 부르는 교회의 변화를 거부한다'고 한 1572년 바르샤바동맹(5장, p. 363, 7장, p. 461)의 기조에서 이 정서를 읽을 수 있다. 트란실바니아가 16세기 유럽의 위축적인 상황 가운데서 낭랑하게 성결을 요구했다는 사실보다 음산한 드라큘라 백작의 이미지로 더 유명하다는 것은 역사의 슬픈 아이러니이다. 또 다른 슬픈 일은 남유럽과 서유럽의 비관용적 태도가 점차 동유럽의 포용성을 오염시켰다는 사실이다. 예를 들어 17세기 동안 서부의 개혁교회들은 유니테리안교회를 부수기 위해 트란실바니아에서 개혁교회를 구축하려고 힘썼다. 1638년 트란실바니아 개혁교회는 이단을 처형하는 데까지 나아가서, "만약 예수께서 지상에 오셨다면 나는 그를 포도원에서 일하도록 보냈을 것이다"[10]라고 말한 이유로 유니테리안교도인 야노스 토로스츠카이(János Toroczkai)를 돌로 쳐서 죽였다. 동유럽이 독립 사상에 대해 포괄성과 호의를 가졌다는 기록은 이 지역하면 떠오르는 근래의 인상을 대체하는 가치가 있을 것이다. 사실상 (나치 독일의 유대인들에 대한 범죄를 원치 않게 지원하면서) 국교의 성격을 단색화시키고, 1990년대에 유고슬라비아를 붕괴시킨, 해로운 후기 폴란드 역사는 편협한 종교 슬로건의 도움을 받아 이룩되었다.

권력을 좋아한 대부분의 16세기 사람들은 관용이 유용하거나 필수적인 방편일 뿐 아니라 종교적 자유, 말하자면 '어떤 종류의 차이에 대해서도 무관한' 태도를 추구하는 데에 필요한 궁극적인 열망이라고는 모두가 미처 생각하지 못했다.[11] 우선 이러한 생각은 외부에 반응한 산물이었다. 칼빈이 아주 혐오하는 바젤의 세바스티안 카스텔리오(Sebastian Castellio)가 제네바의 세베르투스를 화형하자는 도발들에 반응한 것처럼 말이다(5장, pp. 337-343). 그러나 점차 다른 목소리들이 첨가됐다. 특히 처음에는 권력을 그리고 다음에는 핍박을 경험한 사

---

9) P. Geyl, *The Revolt of the Netherlands 1555-1609* (London, 2nd edn. 1958), p. 81. 순교에 대한 전기 작가의 일반적으로 좋은 논의에 대하여, B. Gregory: *Salvation at stake: Christian martyrdom in early modern Europe* (Cambridge, MA, 1999)를 보라.
10) Murdock, *Calvinism on the Frontier*, pp. 111,113, 122-3.
11) 그 구절은 Bob Scribner의 후기의 것이다: 'Preconditions of tolerance and intolerance in sixteenth century Germany', in Grell and Scribner (eds), *Tolerance in the Reformation*, pp. 32-47, p. 34에서.

람들의 소리가 더해진 것이 중요하게 작용했다. 그들이 겪은 불행은 그들이 이전에 지녔던 태도를 다시 생각할 기회를 만들어 주었다. 네덜란드 알미니안은 1620년대에 도르트회의 이후 극단적 칼빈주의자의 지독한 탄압에 직면했다(8장, p. 504). 그러자 주도적인 알미니안 성직자 요하네스 위텐보헤트(Johannes Uyttenbogaert)와 시몬 에피스코비오(Simon Episcopius)는 새로운 유형의 인상적인 진술들을 써냈다. 에피스코비오는 그렇게 많은 서로 다른 해석과 견해가 성경으로부터 도출될 수 있다면, 도대체 다른 견해를 박해하는 요점이 무엇인가라고 물었다. 상황이 이와 같기에, 될 수 있는 한 많은 견해를 들을 수 있도록 허용하는 것은 기독교의 참 진리를 분명하게 밝히는 방식이었으며 긍정적인 이점으로 작용했다.[12]

17세기 동안에는 사람들을 놀라게 하는 진술들이 점차로 사그라졌다. 이런 진술들이 형성되었던 네덜란드가 경제 번영과 권력 성장을 누린 것은 관용 사상을 진지하게 받아들이는 좋은 사회적 밑거름이었다. 통치권의 권력자들은 종교개혁 운동에 대한 믿음을 상실하기 시작했다. 그들은 서유럽에서 종교개혁과 반종교개혁으로 말미암아 처형된 인원에 5,000명을 보태는 것에서 멈추었다. 그리고 종교적 이견에 박해를 가하는 것을 더 주저하였고, 더 부끄럽게 여겼다.[13] 가톨릭 진영인 스페인계 네덜란드에서 판사와 예수회가 구성한 협회는 1597년까지 재세례파 소녀 여종 아네케 판 덴 호베(Anneke van den Hove)를 산채로 묻기까지 했으나, 그래도 이 사건은 북부 가톨릭 무대에서 이단 처형의 거의 마지막 사례로 기록된다. 잉글랜드는 1612년을 마지막으로 급진적 반삼위일체주의자 두 명을 화형시켰다. 종교개혁 기간 동안 잉글랜드에서 관용을 베푼 사례에 대한 기록은 형편없이 빈약했다. 반면에 눈을 돌려 보면, 17세기 중반 대서양 제도의 잔혹한 시민전쟁 기간과 그 이후에 그곳에서 이단자를 화형시키는 일이 부재했었다는 사실은 주목할 만하다. 이와 대조적으로 잉글랜드에서는 왕의 부재 기간이 매우 중요한 순간으로 작용했는데, 왜냐하면 이 때에 잉글랜드 종교의 미래에 대한 생생한 논쟁들 가운데 관용을 옹호하는 목소리들이 높아지기 시작했기 때문이다. 그 중 몇몇 의견은 호국경(護國卿) 올리버 크롬웰의 귀에까지 올라가 행운을 얻었다.

진전은 게가 옆으로 움직이듯 이루어졌다. 크롬웰은 대서양 제도에 유대인

---

12) J. I. Israel, *The Dutch Republic: its rise, greatness and fall 1477-1806* (Oxford, 1995), pp. 501-5.
13) Brad Gregory에 의해 계수되었다. *Salvation at Stake*, p. 6.

을 재허가(12장, p. 679)해주는 영구적인 성취를 이루었다. 그러나 찰스 2세의 왕정복고는 개신교도가 개신교도를 탄압하는 새로운 예외를 보여주었다. 존 로크는 잉글랜드 명예혁명의 여파로 작성한 『관용에 관한 서한』(*Letters concerning toleration*)을 출간하면서 로마 가톨릭과 무신론자는 잉글랜드의 적이라는 생각을 바탕으로 그들을 관용의 대상에서 배제하였다. 1681년 정치적으로 고양된 반가톨릭 정서가 정점에 이르자, 잉글랜드는 대주교 올리버 플런켓(Oliver Plunkett)을 처형하며 로마 가톨릭에 대한 잔인한 살해의 마지막 사례를 목격하게 해주었다. 스코틀랜드장로교회는 1697년에 징벌적 폭력을 가하는 마지막 경련을 일으켰다. 곧 삼위일체를 부정하는 등 신성을 모독했다는 이유로 토마스 아이켄헤드(Thomas Aikenhead)라는 한 거친 젊은 의학도를 에딘버러에서 교수형으로 매달은 것이다. 당시 몇몇 스코틀랜드 목사들은 그를 살려주어야 한다고 호소했다. 1736년 마법에 반대하는 잉글랜드와 스코틀랜드 법의 잔인한 조항을 무효화시키면서, 잉글랜드의회는 공적인 탄압을 더 확대하지 않고 철수시켰다. 1700년경에 중요한 전환점이 한 번 더 등장한다.

3. 상반되는 두 물줄기: 인문주의와 자연철학

아직 살펴보아야 할 중요한 시기들이 더 있다. 16, 17세기의 이 모든 이야기들을 통해서, 우리는 어거스틴의 사상 안에서 종교개혁과 반종교개혁 간의 전략적 전투에 포함되지 않는 다른 흐름을 때로 감지할 수 있었다(2장, p. 175). 인문주의 학자들은 이 대안적 관점에 둥지를 틀었다. 왜냐하면 그들은 신학 전제에 무관한 채 고대로부터 살아남은 반기독교 문학에 넓다랗게 문을 열어 놓았기 때문이다. 르네상스 인문주의자와 개혁자 모두 새로운 사고방식을 껴안았으나 그들의 목적은 일치하지 않았다. 개혁자는 개혁자가 만들어낸 인문주의의 형태로 인문주의를 변형시켰다. 루터와 츠빙글리는 스콜라주의가 외부의 은혜로 인한 구원이 인간에게 절대적으로 필요함을 지나치게 부각시킨 것에 대해서와 마찬가지로 인문주의자의 전제도 자신들과 무관한 것으로 보았다. 그래서 전형적인 인문주의 학자이며 행동가였던 츠빙글리는 1524년 인간의 자유의지에 대한 고전적인 충돌이 일어났을 때, 주로 스콜라주의 방식으로 훈련받은 강연자 루터를 지지하기를 멈추고 인문주의 영웅 에라스무스를 지지했다. 두 진영이 서로 분리된다고 고백하면, 둘 중 어느 하나를 선택할 수 밖에 없는 상황이었다. 그때 인문주의 학문은 경쟁 상대인 교회의 목적에 따라 전쟁에 징발되었다.

개혁자와 가톨릭 학자 모두 인문주의 학술을 착취하여 신학전쟁을 벌이는 데 활용하였다. 문헌학과 역사비평 기술을 전장에 배치했으나, 그 객관성은 거의 신경쓰지 않았다. 그들은 젊은이의 머리에 동일한 것을 효과적으로 주입할 수 있는 교육제도에 관련된 인문주의자의 창조적인 논의에서 도움을 얻었다(북독일과 스칸디나비아의 교육 분야를 개조한 사람들 중 하나인 루터파의 위대한 요한 부겐하겐[Johann Bugenhagen]은 '교리문답과 언어'에 초점을 맞추어 이상적인 교육과정을 기술하였다). 그들은 또한 법으로 보다 나은 사회를 만들려는 인문주의자의 열망에서 도움을 얻었다. 그러나 이제 그들의 목적은 신앙고백을 통해 모든 이들을 한데 정돈하는 것이었다. 그들이 잊은 것은 원래 이 모두를 함께 묶었던 접합제였다. 그 접합제는 바로 불편한 결과를 낼 수 있을지라도 진리를 탐구하는 것을 기뻐하는 학문인 성경해석학과 의심의 수사학이다. 종교개혁도 반종교개혁도 이 둘을 전혀 사용하지 않았고, 이 두 가지가 지속적으로 중요하다고 필사적으로 주장한 사람들을 경멸하고 때로는 핍박했다. 그래서 1524년 '모든 것을 비교하나 아무것도 단언하지 않기'를 원하는 자유의지에 관하여 충돌이 발생하는 가운데 루터는 에라스무스를 고소했다. 근래에는 이 고소와 동일하게 트리엔트공의회 또한 '진정한 반르네상스'로 평가받는다.[14] 종교개혁자들은 인문주의자의 의심은 일시적으로만 진압하였으나, 학문이 아닌 신앙으로 연루된 사람들을 진압하는 일은 멈추지 않았다.

1520년대에 일어난 변화의 분위기를 감지한 몇몇 인문주의 학자들은 출간하기를 멈추었다. 그리고는 신학논쟁에 쉽게 끌려들어갈 수 없는 세속의 고전 역사와 같은 탐구 영역으로 이동하며, 내부의 유배지로 한 발 물러섰다.[15] 이렇게 하여서 그들은 종교개혁 이외에도 중요한 다른 연구거리들이 있다는 사실과 종교에 관하여 다른 관점이 존재한다는 사실을 문학을 읽는 대중들에게 상기시켰다. 인문주의자들은 밀교문학(esoteric literature)의 다양한 형식을 재발견하고 새로이 관심을 가졌다. 연금술서적, 로마제국에서 유래한 신플라톤주의 관련 저술, 히브리신비철학(Cabbala)이 그들의 관심 대상이었다(2장, pp. 135-137). 몇몇

---

14) A. Tallon, *Le Concile de Trente* (Paris, 2000)는 F. J. Baumgartner, *SCJ* 32 (2001), 1186에 의한 개관에서 인용됨. Bugenhagen 그리고 Luther에 대해, Rummel, *Humanism*, pp. 44, 57.
15) Rummel, *Humanism*, pp. 90-101.

사람들은 마틴 루터 이전에 이미 이 매혹적인 장르들을 교회개혁을 실행하는 데 끌어들인 바가 있다. 우리는 히브리어가 단 하나의 거룩한 언어라고 믿었던 비테르보 지방의 에지디오(Egidio of Viterbo)와 연금술사이며 마술사였던 대수도원장, 슈폰하임 지방의 트리데미우스(Trithemius of Sponheim)를 만나보았다(2장, pp. 149-150). 이들에 이어서 일부 개신교 신학자들은 밀교문학에 대한 열정을 지속시켰다. 개혁파 개신교도들은 무엇보다 많은 신학의 중심 주제를 구약성경으로부터 끌어왔기에, 히브리 지혜에 빛을 조명해 줄 다른 분명한 통로를 연결시키는 작업을 환영하는 것은 자연스러워 보인다. 이러한 작업은 '마지막 때가 언제인가'와 같은 일반적인 개혁파의 전제들과 관련한 문제 그리고 개혁파에서 무수한 살인적인 논쟁을 유발한 많은 신학적 문제의 일부에 새로운 답을 제공하였다.

개혁파가 밀교에 관심을 두어 거둔 가장 놀랄만한 수확은 아마 프리메이슨(Freemasonry)현상일 것이다. 이것은 현재 전세계적으로 다양하게 퍼져 있지만, 그 기원을 고대로 추적하는 많은 전설에도 불구하고 사실은 16세기 후반 스코틀랜드에서 시작했다. 이 시기에는 기민한 군주 제임스 6세가 가져온 비교적 평화로운 환경 속에서 스코틀랜드 귀족과 신사계층이 자신들의 집 외부는 화려한 조경으로 둘러싸고 내부는 더 안락하게끔 재건축하면서 건축 경기를 끌어올리던 시점이었다. 건축을 위탁한 사람들은 자연스레 자신들을 위해 진행하고 있는 작업에 큰 관심을 가졌는데, 특히 신고전주의 건축양식 이면에 내재한 이론들에 대하여 그러했다. 그들은 교육받은 자들로써 고전 지혜를 르네상스에서 재발견하는 데에 열정을 가졌다. 그래서 건축하는 일에 고용한 사람들이 보유한 기술 전통에 고전 지혜를 연결시켰다. 이 작업을 행한 주요 구성원은 왕실 석공(royal Mason of Works), 윌리엄 쇼(William Schaw), 비밀 가톨릭교도였다. 1590년대부터 쇼와 관계된 여러 스코틀랜드 귀족들은 석공(masons)과 건축업자 간의 오두막 교환에 참여했다. 이들은 스코틀랜드 개혁자들이 불과 십수 년 전에 파괴한 헌신적인 길드를 귀족들의 머릿속에서 깨끗이 지우고 자신들로 교체시켰다. 귀족들은 르네상스에서 높이 평가된 밀교문학의 풍부한 재원에 기대어 자신들의 사교 활동에 품위를 보탰다. 중세 석공들은 밀교문학의 자료로부터 자신들만의 전통을 구축하였으며, 이 기술에 대한 자부심을 표현할 방법을 찾았다. 흥미롭게도 스코틀랜드장로교회 내에 마법에 대한 적대의식이 증가하였으나(13장, pp. 729-734), 이와는 대조적으로 새로운 출발에 대한 어떤 표식도 보여주지 않았다. 이 모든 요소로 인해 스코틀랜드 프리메이슨 조직은 유럽 전역과 그 너머로 점차적으로 이동하면서 퍼져 나갔고, 인상적인 그들의 역사를 이루었다.[16]

종교개혁을 가로질러 자신만의 물길을 타고 간(종종 유유자적한) 가장 독특한 인물은 다재다능한 데오프라스투스 파라셀수스(Theophrastus Paracelsus)였다. 신비롭게 들리는 그의 성(姓)은 단순히 뷔르템베르크에 있는 선조들의 고향에 대해 느낀 연상을 자신이 고전적으로 표현해 놓은 것이다. 그는 아인지델른(Einsiedeln)의 작은 스위스 산마을(여기서 울드리히 츠빙글리를 알게 되었다)에 정착한 한 의사의 아들이었다. 파라셀수스는 전수받은 지혜를 산들산들 무시하며, 어리둥절할 만큼 다양한 지식의 영역에 호기심을 두루 펼쳐놓았다. "당신들의 플리니, 아리스토텔레스, 알베르투스, 토마스, 스코투스 따위는 집어치워라"며 학계에 충고했다.[17] 이는 루터가 가장 화났을 때의 어조와 놀랍도록 흡사한데 그래서 그를 '의학계의 루터'라 불렀다. 광산에서 발생하는 질병을 분석하는 등의 실질적인 업적을 내면서 갈렌 같은 고전 의학의 권위자를 경멸했다. 그는 방대하고도 다방면으로 신학연구에 착수하면서 가톨릭과 개신교 둘 다가 내놓은 애매한 주장들과 서로에 대한 분노에 대해 듣기를 꺼려했다. 1520년대의 한 장면을 연상해보자. 그가 유럽 중앙에서 가장 분열과 혁명이 극렬한 몇 지역을 돌면서 동정녀 마리아가 신성(Godhead)의 한 부분으로 고려되어야 하는가 아닌가에 관하여 길게 고민하였다. 그러다 그는 정확히 종교개혁과 반대되는 길을 취했다.[18]

파라셀수스가 철학과 신학의 정경적인 문헌들을 빗겨 떠나간 데에는 실질적인 이유가 있었다. 그는 쉴 새 없이 신경질을 내며 부산히 돌아다녔다(종종 기존 권위자들의 진노를 피하기 위해서). 그래서 성경 이외에 책을 얼마 지니고 다니지 못했다. 그렇다고 히브리신비철학자나 연금술 저자나 초기 영지주의자와 같이, 그가 고의로 곁가지로 밀려 나갔다고 여긴 고대 권위자들을 무척이나 존경하던 것을 그치지는 않았다. 대수도원장 트리데미우스는 그의 열정에 영향을

---

16) D. Stevenson, *The Origins of Freemasonry: Scotland's century, 1590-1710* (Cambridge, 1988), 특히, p. 76과 Ch. 3.
17) A. Weeks, *Paracelsus: speculative theory and the crisis of the early Reformation* (Albany, NY, 1997), p. 46.
18) K. Biegger, *'De invocatione beatae Mariae Virginis': Paracelsus und die Marienverehrung* (Kosmosophie 6, 1990), 특히, pp. 26-38, 51, 163, 197, 201, 254-5.

주었던 사람 중 하나이다. 그리스도께서 아기이셨을 때 방문했던, 점성술가이며 동시에 마법사였던 동방박사라는 주제에 파라셀수스는 매혹되었다. 이 쉴 새없는 여행자는 예수님을 뵙기 위한 동방박사의 여정을, 우주적 지혜를 담은 마술 체계를 만들 거룩한 지식을 자연관찰과 융합하고자 했던 그의 노력들에 있어서 그 모범으로 보았다.[19] 그는 강박적으로 글을 길게 썼으나, 그의 생애 동안 아주 적게 출간했다. 그러했기에 그가 성취한 바에 대한 명성은, 후대인들이 그 성취가 실제로 무엇이었는지 상당한 혼란을 겪는 데에 함께 묶여 버렸다. 많은 이들이 그가 쓴 것으로 위조한 글을 갈아 만든 도끼를 들고서, 자신들의 견해에 권위를 더하기 위해 그의 제자가 되려 하였다. 이 글들이 '파라셀시안'(Paracelsian) 문학류의 일부가 되었다. 그나마 존중할 만한 다른 그의 숭배자들은 사람들을 경악케 할 부분을 검열하여 삭제한 채로 몇 작품을 출간했다.

이러한 까닭에 파라셀수스는 마술적 능력에의 감성을 다른 무관한 것들과 위험스럽게 결합시킨 광범위한 연구를 행한 것으로 인하여 다목적 인물의 상징이 되었다. 그는 특히 종교개혁을 미신과 무지의 시대로부터 벗어나 자유를 준 것으로 바라보는 덜 관습적인 개신교도들, 특히 개신교 의사들에게 주목을 받았다. 그래서 파라셀시안주의와 연금술과 카발라를 무분별하게 혼합한 낙관주의를 길러냈다. 고대 서적들은 특별히 유럽 중앙의 대학에서 시간이 지남에 따라 덜 중요하게 여겨졌다. 17세기 초반 이 지역에서는 교회연합을 추구하는 학자들이 루터파와 개혁주의 신학 사이에 벌어진 간격을 메울 방안을 찾으려고 노력했었다. 연금술 지식과 파라셀시안주의는 루터파인 요한 발렌틴 안드레아이(Johann Valentin Andreae)에게 영감을 받은 장미십자가회 문학에 대한 열광적인 반응 때문에 뒷전으로 밀려났다. 그러나 이 문학은 30년 전쟁을 점화시킨 합스부르크 왕가에 대항하여 팔츠 선제후가 시도한 개혁파 항쟁에 촘촘히 뒤엉켰다(11장, p. 637-639). 명성 있는 개혁파 학자인 요한 하인리히 알슈테드(Johan Heinrich Alsted)는 유럽 전체가 충격에 빠져있는 동안에 예정된 종말이 일어날 것이라고 선포하여 트란실바니아 개혁파의 정치적 야심을 불태웠다. 그의 많은 신학 명제는(결국에는 1694년을 그 중요한 날로 선택한) 성경으로부터가 아니라 연금술 문학에서 도출되었다.[20]

---

19) C. Webster, *From Paracelsus to Newton: magic and the making of modern science* (Cambridge, 1982), 특별히, pp. 56-8.

20) H. Hoston, *Johann Heinrich Alsted, 1588-1638: between Renaissance, Reformation and universal Reform* (Oxformd, 2000), 특히 5장; Hoston, *Paradise Postponed: Johan Heinrich Alsted and the*

정치계가 이러한 예언들을 따르다가 심각할 정도로 실망했어도 고대 밀교의 지혜에 대한 학문적인 열정을 꺾지 못했고, 17세기 말까지도 이는 계속 통용되었다. 아이작 뉴턴 경은 신비로운 과거의 매혹적 요소와 혁신적인 관찰과 추상적인 사고를 혼합시킨 가장 훌륭한 예를 보여준다. 이 혼합을 실행한 자들 대부분의 의도와 다르게, 이것은 신학을 넘어 인간을 탐사하는 새로운 영역에 우선권을 부여하기 시작했다. 우리는 이 탐험을 '과학'(science)이라고 정의한다. 비이성적인 적군인 기독교와의 사상적 전쟁을 벌이는 동안 근대 서구에서 일반적으로 이 단어는 매우 불명확한 단어로 보였다. 그러나 종교개혁과 르네상스 시대에는 이 단어가 단순히 지식을 의미했다. 현대에 세분화한 천문학, 생물학, 물리학, 화학 등의 조상인 이 과학이라는 학과목은 이 때 자연철학으로 불리웠다. 자연철학은 보이는 창조된 세계인 자연이 주는 증거에 집중함으로 이 세계 너머에 집중하는 신학과 경계를 그었다. 자연철학은 하나님의 창조를 시험하는 시도를 줄이지 않았다. 왜냐하면 파라셀수스적이거나 신플라톤적인 사람의 눈을 통해 보면, 세계로부터 나오는 증거는 자체 내에 신비롭고 마술적인 차원을 가지는 것으로 보였기 때문이다. 그러한 탐구는 그 의도와 목적에 있어서 종교와 충돌하는 감각을 거의 포함하지 않았다. 이것이 바로 뉴턴이 중력 이론에 관하여 쓴 것 만큼이나 많이 요한계시록에 대해 썼던 이유이다.[21] 뉴턴과 알스테드 그리고 존 두리(John Dury)나 얀 코메니우스와 같은 국제적이며 에큐메니즘 사상을 가진 동시대 학자들은 온갖 지식을 추구하는 데 골몰했다. 그래서 과학계의 계승자들은 고전 밀교문학까지도, 당시 다른 진영에서 의도했던 것처럼 사장된 종류가 아니라 연구에 도움을 주는 아군으로 볼 수 있었다.

그렇다 하더라도 결코 모든 신학자와 철학자들이 비교(秘敎) 지혜에 도취하지는 않았다. 어떤 이들은 이를 경멸한 에라스무스에게서 그들의 단서를 취했다. 몇몇 종교개혁자들은 비교(秘敎)에 열광한 자들은 무시하고 넘어갔지만 그것이 안고 있는 기본적인 모순들은 날카롭게 인지하였다. 어거스틴주의는 하나님의 목적 앞에 인간이 얼마나 무력한지를 강조하는 반면, 마술과 연금술 지혜는 올바른 지식으로 인간이 강하여질 수 있음을 강조한다. 이 문제에 있어서 정통 개혁파 개신교도인 잉글랜드의 제임스 1세는, 국제적으로 유명한 잉글랜

---

birth of Calvinist millenarianism (Dordrecht, 2000).
21) Webstger, *From Paracelsus to Newton*, pp. 41-2, 68-71; cf R. S. Westfall, *Never at Rest: a biograph of Issac Newton* (Cambridge, 1980).

드의 플라톤주의자 겸 파라셀수스 찬미자인 존 디(John Dee)의 잡식성 탐구와 마술 실험에 찬성하지 않았다. 왕에게는 노쇠해 버린 이 늙은이를 돕고 싶은 마음이 없었다. 제네바의 교수였다가 잉글랜드 성직자가 된 아이작 카조봉(Issac Casaubon)은 디의 연금술 저작을 냉혹하게 분석했다. 디의 작업은 오래된 지혜가 되기는 커녕 실체를 숨긴 채 항해하였고, 실상 그리스도의 오심을 늦추었다는 것이다. 제임스 1세는 카조봉의 책의 헌정자가 되는 것을 기뻐했다.[22]

장미십자가회는 모든 사람을 바보로 만들지는 않았다. 잉글랜드 정치가이며 철학자였던 프란시스 베이컨(Francis Bacon)은 장미십자가회의 선언에 관심을 보였다가 그들이 고대 권위와 신비적 비밀을 지나치게 신봉하는 어리석음의 대표격임을 알자 퉁명스럽게 거부했다. 비록 그가 여전히 자연 마술에 매료되어 파라셀수스만큼 마기(Magi)의 상징적 역할을 높이 평가했더라도, 관심을 실제적인 연구로 돌렸으며 잘못된 이론들을 정죄했다.[23] 베이컨은 실천적인 것을 강조하면서 동시에 자신 안에서 맹점을 키워갔다. 예를 들어, 그는 많은 비교주의자를 매료시켰던 숫자 상징주의(어떤 경우 그는 그것이 어떻게 작동하는지 이해하고 있다는 확신조차 없었다)와 수학을 서로 지나치게 가까운 것으로 여겼다. 그는 코페르니쿠스 이론의 뒤를 이은 천문학자들의 작업에 감동하지 않았고(17장, p. 875 참조) 윌리암 길버트(William Gilbert)의 자기력에 관한 발견에도 감사하지 않았다. 왜냐하면 그는 길버트를 존 디를 추종하는 신플라톤주의자로 보았기 때문이다.[24] 베이컨과 동시대 인물인 잉글랜드의 윌리엄 하비(William Harvey)는 고대 아리스토텔레스적인 방법을 새로운 상황에 적용하여 혈액순환에 대한 주목할 만한 발견을 이루었다. 베이컨이 아리스토텔레스를 경멸했기 때문에 하비는 역으로 베이컨의 작업에 차갑게 반응했다. 하비는 우호적인 의도가 없는 채로, 베이컨이 대법관처럼 말하자면 상상력 없는 변호사처럼 철학을 기술했다는 유명한 선언을 했다.[25] 현대 과학의 아버지로 알려진 베이컨과 자연지식을 탐험하는데 가장 창조적이었던 동시대인들 사이의 간격은, 종교개혁의 시대에 '과학과 종교' 사이에 분명한 전쟁이 없었다는 사실을 유용하게 상기시켜 준다.

---

22) Yates, *Rosicrucian Enlightenment*, pp. 116-17.
23) Yates, *Rosicrucian Enlightenment*, p, 159; Webster, *From Paracelsus to Newton*, pp. 61-3.
24) M. Peltonen (ed.), *The Cambridge Companion to Bacon* (Cambridge, 1996), pp. 124-5; P. Zagorin, *Francis Bacon* (princeton, 1998), p. 91.
25) R. Frend, *William Harvey's Natural Philosophy* (Cambridge, 1994), pp. 326-7; A. Johns, 'Identity, practice and trust in earlymodern natural philosophy', *HJ* 42(1999), pp. 1125-46, 1130 에서.

제17장 결과적인 사건들 875

자연철학의 한두 가지 영역은 신학에 긴장감을 드러냈다. 하나는 의학인데 여러 세기동안 의사들은 교과서가 말하는 것보다 실제 관찰을 더 중요시 여기는데 치우쳤었다. 이는 아리스토텔레스나 갈렌이 인간의 몸에 대해 말하는 것을 신중히 받아들이는 데 치우쳤던 신학자들에게 충격을 주었다(2장, p.142, 15장). 모순되게도 인문주의 의사는 중세 스콜라주의 교육을 받은 의사보다 의학에서 더 보수적이었는데, 이는 그들이 고대 문헌에 새롭게 가치를 매겼기 때문이었다. 예를 들어 고대 저자에게 알려지지 않았던 매독이라는 새종 질병을 이해하려고 했을 때 인문주의자들은 한 가지 문제와 맞닥뜨렸다(16장, p. 806). 자연철학과 신학 사이에 놓인 더욱 까다로운 접경지는 점성술과 천문학이었다. 자연철학자들은 행성과 항성을 자신들에게 연관시키며, 성경이 인간에게 계시하는 하늘의 창조를 당당히 선포하므로 신학교수의 업무로 보였던 하늘에 대해 할 말들을 가졌었다. 한 번 더 분열이 있으리라고 예측할 수 없었다. 멜랑히톤과 칼빈은 점성술의 가치에 대하여 딱 잘라서 의견을 달리하였고(5장, p. 341), 칼빈을 반대하고 점성술을 존중하여 그것이 하나님의 목적에로 안내하는 가치가 있다고 생각한 멜랑히톤의 뒤를 루터교 목사들이 따랐다.[26]

최소한 점성술은 학술적인 탐구의 긴 역사를 가지고 있었다. 더 큰 문제는 성경이 물리적 우주에 관하여 오류를 가지고 있다는 견해가 지배적이라는 것이었다. 종종 문제로 제기되었던 태양이 지구 주위를 회전한다는 가정이었다. 태양중심설이라는 다른 가정이 루터의 종교개혁보다 더 앞서 나왔는데, 이는 폴란드의 프라우-엔베르크(Frauenberg)에 있는 바르미아(Warmia) 성당의 신부인 니콜라우스 코페르니쿠스가 수학적인 사고로 조용히 반추하고 계산하여 내놓은 것이다. 코페르니쿠스는 1543년에 생이 끝날 때까지 출판하지 않았지만, 1514년에 그가 발견한 내용에 관한 원고를 유포시켰으며, 그것들은 곧 바로 전 유럽에서 논쟁화되었다. 그러자 신·구교의 신학자들 모두는 태양중심설이 성경에 배치될 뿐만아니라, 아리스토텔레스와 고대 천문학의 권위자인 프톨레미의 업적과도 배치되는 견해로 보았다. 종교개혁자들에게는 이러한 논쟁이 최악으로 여겨졌는데, 루터의 혁명적인 신학적 관점은 히포의 어거스틴의 창조에 있어서의 타락에 관한 신학노선을 고수했다. 고전 우주론에서 지구가 우주의 중심에 위치하는 것을 재앙의 완벽한 상징으로 보았다. 지구는 가장 낮아져서 우주

---

26) C. S. Dixon, 'Popular astrology and Lutheran propaganda in Reformation Germany', *History* 84 (1999), 403-18; 또한 11장, pp. 636-7 을 보라.

의 가장 비천한 위치 즉 부패할 수 있는 자리에 처한 반면 태양, 달 그리고 별은 덜 부패할 수 있는 위치에 놓였다. 코페르니쿠스의 개념은 양쪽 신학자의 가정 모두에 도전했고 인간의 새로운 교만을 조장할 위험 요소였다. 그의 개념은 천상의 영역 아래에서 타락할 가능성이 있는 우주는 이전에 누구도 생각지 못했던 거대한 규모이며, 물론 태양, 달 그리고 항성을 포함한다는 것을 의미했다.

따라서 코페르니쿠스의 1543년 『천체의 회전에 관하여』(De Rebolutionibus)란 원고의 인쇄판은 비텐베르크의 반대를 알았던 뉘른베르크의 루터교 목사인 안드레아스 오시안더의 충고를 따랐다. 루터와 멜랑히톤을 달래면서 동시에 가톨릭의 정죄를 피하려고 글의 서문(교황 바오로 3세에게 헌정한)에서 책의 내용은 단지 이론상의 제안에 지나지 않는다고 강조했다. 코페르니쿠스의 죽음 이후 존 칼빈은 점성술을 비난했을 때처럼 코페르니쿠스 측 이론가(자연의 순서를 바꾸려는 미친 사람들)를 향해 격하게 설교했다.[27] 코페르니쿠스의 예비 그림이 고전 우주론보다 타당하게 하기 위해서는 생각하고 개량할 것들이 꽤 있었다. 필수적인 부분은, 코페르니쿠스 시대에는 가능하지 않았지만, 그의 계산을 확인하기 위해 필요한 실제 관측이었다. 이는 17세기 초 효과적인 망원경의 발명으로 가능해졌다. 몇 년 후 예수회가 이 새 관측도구의 잠재효과를 알아보기 위해 가공할 연구 능력을 총동원하고 있었는데 한편으로 가톨릭교회와 새로운 자연철학의 대표 사이에 파괴적인 충돌이 발생했다. 갈릴레오에 대한 정죄였다.

10월 31일에 교황의 권위에 대한 두 가지 특별한 공명이 있었다. 1517년 10월 31일에 마틴 루터가 면죄부에 대해 항의했고, 1992년 같은 날에 교황 요한 바오로 2세는 로마교회가 갈릴레오 갈릴레이에 대한 처사를 사과했다고 할만한 가장 근접한 일을 했다. 1616년 로마교회가 코페르니쿠스는 틀렸다고 선언한 후에 그의 천문학을 변호한다는 이유로 1633년 로마 종교재판소는 갈릴레오를 정죄했다. 두 날짜의 일치는 신랄한 비판을 상징한다. 루터의 반역 이후에 가톨릭교회가 교황의 권위를 방어하지 않은 채 갈릴레이 사건에서와 같은 중대한 계산착오를 범한 일은 없는 것 같다. 갈릴레오에 대한 재판은 30년전쟁 기간 동안에 발생했다. 이는 중부 유럽인의 영혼을 쟁취하기 위한 가톨릭과 개신교의 파괴적인 전투였고, 이 때 교황은 전에 없이 연약하게 느껴졌다.

더 불행한 일은 갈릴레오의 주장을 조용히 고려하지 않은 것으로, 이미 40년 전 지오다노 브루노(Giodano Bruno)가 우주론의 모험적인 논의에 관하여 놀라운

---

27) Cottret, *Calvin*, pp. 285-6.

전례를 제공했기 때문이다. 그는 나폴리의 연금술사이며 신비적 천문학자 겸 성직자였는데 16세기 유럽의 가장 매혹적이고 독립적인 지성인 중 한 명이었다. 그는 도미니크수도회로부터 도망쳐서 대륙을 두루 다녔고, 이 여행을 통해 로버트 더들리(Robert Dudley), 레스터의 얼(Earl of Leicester)과 필립 시드니 경 같은 대적을 고객으로 삼았다. 옥스포드대학의 당국자는 1583-1585년 브루노가 잉글랜드를 방문하는 동안 그를 혐오했으나, 종교재판의 권한을 즐기지 않았다가 1600년에 결국 로마에서 화형시키며 끝을 맺었다. 예수 그리스도에 대한 짙은 경멸과 미사에 대한 불경한 경박을 포함하여 그에게 부과된 여러 책임 중에는 그가 우주는 무수히 많은 태양과 그 주위를 도는 무수히 많은 지구를 가지고 있다고 말한 내용이 들어있다. 브루노 이후에 신천문학은 모두 기독교에 위험하게 보이기 쉬웠다.[28]

　주요한 문제이며, 교회가 고려하는 한 가지 합법적인 일은 바로 성경해석이었다. 갈릴레오의 천문관측은 만약 자신과 같은 과학자가 새로운 방식으로 일부 성경본문을 설명하는 것이 허락된다면, 그 본문에 부합할 수 있었다. 이는 교회가 망원경을 통해 성경을 보는 인간에게 그 의미를 해석하는 권한을 넘겨주는 데 이르게 된 것이다. 교회가 그렇게 한다면 어떤 권한이라도 정당화시킬 수 있겠는가? 갈릴레오는 스스로를 바보로 자처하면서 치명적인 무능력과 고통을 경험했고, 초연한 관찰자로 사는 것을 사는 것을 즐겼지만 결코 바보들에 의해 평가되지는 않았다. 갈릴레오의 그러한 태도는 오랫동안 논쟁이 되어 온 문제에 대한 오해와 소통의 실패로부터 그를 구했다. 그러나 인상적이게도 로마의 권력자들이 준 굴욕이 긍정적으로 작용했다. 1633년에 『담론』(Discorsi)에 실은 천문학 논의가 가지는 사나운 담대함을 비굴하게 취소하도록 강요받은 다음에 가택연금 상태에서 운동 물리학을 조용히 연구하면서 이론의 새 안을 만들어내기 위한 작업에 들어갔다. 죽기 전에 이룬 이 마지막 작업은 아마 서양 과학에 기여한 그의 최고의 업적일 것이다. 강한 기득권이 가하는 압력에 굴하지 않고 실증적 증거를 바탕으로 진정한 합리적인 연구를 수행한 기획이었다. 그것은 자연철학의 옛 범주를 벗어나 새로운 출발을 알리는 사건이었다.[29]

　갈릴레오를 둘러싼 전열(戰熱)은 결코 간단하지 않았다. 프란시스 베이컨은 자신의 특성상 코페르니쿠스주의를 불신했다. 왜냐하면 그가 혐오하게 된

---

28) J. Bossy, *Giodano Bruno and the Embassy Affair* (New Haven and London, 1991), Part II.
29) M. Sharratt, *Galileo: decisive innovator* (Oxford, 1994).

신비적인 신플라톤주의처럼 추상적인 개념에 기초한다고 보았기 때문이다. 위트레흐트의 위대한 극칼빈주의자였던 기스베르투스 보에티우스(Gisbertus Voetius)는 안나 마리아 폰 슈먼을 그의 대학 강의에 세우는 열린 태도를 보이기도 하였으나(15장, p. 782), 알미니안주의자와 헤르메스주의자를 혐오한 만큼 모든 코페르니쿠스주의자를 혐오했다. 보에티우스는 그들이 성경에 기록된 성령님의 말씀을 꼬아서 불건전하게 말한다고 느꼈다. 이와 대조적으로 스페인 치하 남부 네덜란드의 국경을 넘어 학식있는 예수회 성직자인 게오프로이 벤델린(Geoffroi Wendelin)은 갈릴레오 사건을 통해 코페르니쿠스의 우주론을 호의적인 용어로 공개적으로 논의한 저술들을 계속해서 출간했다. 벤델린으로서는 지구처럼 달이 그저 부패할 수 있는 행성이라고 말하는 것은 상식 수준의 일이었으므로 브뤼셀의 교황 대사 앞에서 벌인 공적인 논쟁의 자리에서 그와 같이 말했다. 그는 투르나이성당의 존경받는 수사로 87세의 나이에 침대에서 죽었다.[30]

갈릴레오 사건으로 가톨릭교회는 오랜 기간 당혹스러워했지만, 개신교도들은 비록 다수가 코페르니쿠스주의자에 격분했지만 종교재판이 갈릴레오 사건에서 행한 것처럼 코페르니쿠스주의자에게 조처를 취하지는 않았다. 더군다나 로마 종교재판의 조처는 이전 세기와 그 이전의 많은 창조적인 문학을 금지하려고 취한 조처와 모든 부분이 같아 보였다. 개신교 세계의 복잡성과 분열 속에서 자연철학은 더 많은 기동할 공간을 확보했고, 17세기 말에 이르자 북유럽에서 새로운 힘과 확신을 얻었다는 것은 명백한 사실이다. 점차 자연철학은 합리성을 강조했고 만약 그 연구자가 기독교와 밀접한 관련이 있다면 자연철학이 되어가던 만큼 합리적인 교리를 갖는 기독교로 만들기 위해서 신학 의제를 소중히 여겼다. 그러나 아직 이 프로젝트를 완성시킬 다른 자원들이 필요했다.

4. 상반되는 두 물줄기: 유대교와 의심

지금까지 종교개혁에 관한 화두에 집중하다보니 서양의 기독교 범주에서 벗어나 상당한 불이익을 당한 한 종교, 즉 유대교에 대해 논하게 되었다. 중세 유

---

30) T. van Nouhuys, 'Netherlandish heterodoxy in the United Provinces of the early seventeenth century', unpublished paper.

럽 전반에 걸쳐 유대교의 지위는 항상 애매하고 불확실했다. 또한 그들의 지위는 그들의 선조가 이룩한 것을 존중하거나 혹은 그렇지 않은 군주들의 의견에 따라 요동쳤다. 더 나아가 변화무쌍한 민중들의 의견에 의해서도 좌지우지되었다(1장, p. 45). 15세기 후반 로마제국은 유대인에게 최악의 재앙을 맞이하게 하였는데, 마치 그들이 서기 70년 예루살렘을 파괴할 때로 되돌아간 것처럼 보였다. 그들은 유대인들을 이베리아 반도에서 추방하였고, '스페인·북아프리카 지역'(Sephardic)에서 디아스포라가 일어났다(2장, pp. 109-114). 포르투갈 사람들은 스페인 사람들이 자국에서 유대민족을 추방하던 것이나, 개종시키고자 노력한 데서 보인 것과 같은 정도로 외골수는 아니었다. 비록 일련의 '스페인·포르투갈 내 유대인'(converso)의 반역 이후에 포르투갈 군주가 스페인의 종교재판을 모방하여 1536년 나름의 재판을 펼쳤을지라도 말이다. 그러한 결과로 유대인은 이동 과정에서 포르투갈의 관습과 언어를 익혔고 또한 안전해 보이는 서유럽 지역에 정착하면서 국제적인 비밀 유대인공동체가 발전했다. 포르트갈 내의 유대인들은 무역을 통해서 그리고 특수 분야의 유용한 전문가, 의사가 되거나, 간혹 덜 배타적이거나 또는 경계심이 덜한 대학에서 학습하는 일들을 통해 번성했다. 포르투갈 군주는 항상 유대인들이 살아가는 방식을 바라보면서, 풍부한 재능과 유동성을 가진 이 집단의 유익함을 확인했다. 만약 일부구성원이 포르투갈 가톨릭에 덜 헌신하는 마음을 갖거나 종교재판소에 대해 부정적인 생각을 가지면, 왕은 그들을 오해의 소지를 가지고 바라보았다.[31]

새로운 가능성에 대한 감각을 가지고, 낡은 고정관념을 비판하는 르네상스 인문주의자들이 이베리아반도가 유대주의와의 전쟁을 선포했을 때 균형추 역할을 했으리라고 생각해 본 사람이 있을지 모르겠다. 아마도 유대인들이 전쟁선포에 대항해서 행동했을 것이라고 대부분 생각할 것이다. 사실 유대인은 르네상스로부터 여성보다도 더 적은 혜택만을 받았다. 히메네스(Ximénes) 추기경은 스페인 르네상스의 후원자 노릇을 하면서 동시에 스페인 인종 청소를 설계하기도 하였다(2장, pp. 111-115). 히브리신비철학 저술에 매료되었던 인문주의자들조차 히브리신비철학의 저자들을 배출한 민족에게 따뜻함을 보이지 않았다. 오히려 요하네스 로이힐린(Johannes Reuchlin)처럼(2장, pp. 116) 그들은 히브리

---

31) 콜레주 드기엔느(Collége de Guyenne)에서 포르투갈로 이주한 유대인들에 대해, 4장, p. 198 을 보라.

신비철학 문학을 유대인에게로부터 구원할 필요가 있다고 생각했다. 특히 그들이 히브리신비철학을 귀히 여긴 이유 중 하나는 이것이 히브리어 성경에 나타나는 예수 그리스도에 관한 예언에 실마리를 제공한다고 여겼기 때문이다. 히브리어도 동일한 역할을 했다. 인문주의 성경학자는 구약 본문을 세밀하게 파악하는데 있어서 진보를 이루려면 히브리어를 공부해야 한다는 사실을 깨달았다. 그러나 히브리어는 학문적 지위를 얻지 못하거나 인문주의의 고등교육에서 그리스어를 선호하는 만큼의 존중을 받지 못했다. 망명한 잉글랜드 가톨릭 인문주의 학자들은 가톨릭성경을 영어로 처음 번역했는데, 히브리어 원문에 주의를 기울이는 것보다 오히려 구약을 오독한 라틴 불가타역에 천착하는 결정을 고수했다. 그들은 유대인이 고의적으로 구약 본문을 훼손시켰다고 확신했다. 스페인 종교재판이 히브리어 연구에 대한 과도한 관심을 보이는 성경학자를 날카로운 의심의 눈으로 주시하는 것은 예견할 수 있었다.[32]

데시데리우스 에라스무스는 두드러지게 유대인을 혐오함으로써 유럽 지성의 선봉에 서고자 한 이들을 위해 분위기를 다져 놓았다. 그는 히브리신비철학과 다른 신비문학을 매우 불신하였을 뿐만 아니라, 예식적인 종교에 대한 온갖 편견을 유대인에게 덮어 씌웠다. 그가 로이힐린의 적수인 요한네스 페퍼코른(Johaness Pfefferkorn)을 맹렬히 공격할 때, 페퍼코른이 개종한 유대인이며 이 사실은 그가 진리의 길에 서 있다고 판단할 만한 이유가 된다며 중요시했다.[33] 앞으로 종교개혁자가 될 슈트라스부르크의 친절한 학자 볼프강 카피토(Wolfgan Capito)는 히브리어 연구에 드물게 긍정적인 열정을 보였는데, 에라스무스는 1518년에 그를 비판하면서 다음과 같이 조롱했다. "나는 유대 족속이 모든 것 위로 일종의 안개를 분사하는 지루하기 짝이 없는 위조물로 가득한 민족이라고 생각한다. 탈무드, 히브리 신비철학, 여호와를 뜻하는 4자음 문(Tetragrammaton), 『빛의 문들』(Gates of Light) 그리고 말들, 말들, 말들. 나는 이것들에서 나온 쓰레기들보다는 차라리 스코투스(Scotus)와 혼합된 그리스도를 택하겠다." 이 위대한 인문주의자가 스페인이 그를 번번히 따뜻하게 초대하여도 손

---

32) I. A. Rashkow, 'Hebrew Bible Translation and the fear of Judaization', *SCJ* 21 (1990), pp. 217 33, 특히 217, 219-20에서. Cf. H. O. Oberman, 'Discovery of Hebrew and discrimination against the Jews: the Veritas Hebraica as Double-Edged Sword in Renaissance and Reformation', in A. C Fix and S. Karant-Nunn (eds), *Germania Illustrata: essays on early modern Germany presented to Gerald Strauss* (SCES 18, 1992), pp. 19-34, 23-4에서.

33) C. Augstijn, *Erasmus: his life, Works, and influence* (Toronto, 1992), p. 111.

을 잡아주지 않은 이유는 그곳이 유대인들로 가득했기 때문이었다.[34]

이런 관점에서 보면, 에라스무스는 루터가 복음으로 율법을 대체해야 함을 신학적으로 강조하고 또 그로 하여금 유대인을 사랑하도록 요구하지 않았기 때문에 한 마음을 이룰 수 있었다. 루터가 독특하게도 이 문제에 간결하게 반대 의견을 말하는 것을 발견할 수 있는데, 그의 관대한 사고는 초기 활동에서도 동일하게 나타난다. 당연한 사실을 지적한 1523년의 『예수께서 유대인으로 나셨다』(*That Jesus Christ was born a Jew*)라는 널리 읽힌 저술에서 이를 볼 수 있다. 이 소책자에서 밝히고 있는 두 가지 주요 동기는 유대인에 대한 어떤 긍정적인 감정 때문이 아니라, 단지 자신을 방어하고 가톨릭을 공격하려는 바람이었다. 먼저 예수께서 아브라함의 씨로 태어나셨다고 말한 것은 동정녀 탄생을 부정하는 것이 아니라고 설명하기를 원했다. 다음으로 가톨릭이 유대인에게 가하는 비이성적 잔인함을 지적한 이유는 그를 고소한 것을 힐난하기 위해서였다. 새로운 복음을 선포하는 것은 가톨릭이 그들에게 악행한 것과는 다르게 그들을 개종시키고자 하는 것이라며 더 격렬한 논쟁으로 나아갔다. 회심자라는 주제는 1542년 발간한 악평을 받는 책, 『유대인과 거짓말에 대하여』(*On the Jews and their lies*)에서 부정적인 모양새로 재출현했다. 같은 해 하반기에 거의 주목을 받지 못한 이 책은 인류 최후의 날이 오고 있음을 알게 하는 명백한 표시에도 불구하고 유대인들이 기독교로 개종하지 않아 마지막 때에 약속된 목표가 성취되는 것을 거부하고 있다는 불만을 강한 어조로 표현했다.[35]

루터의 1543년 글은 1938년 발행된 나치의 『수정의 밤』(*Kristallnacht*)의 청사진이었다. 이 책은 유대인의 완고함에 대한 보복으로 회당을 불태우고, 유대인 문학을 몰수하고 유대교 가르침을 금지하며 그리스도를 죽인 복수를 감행해야 한다는 내용을 담았다. 이 늙고 병약한 개혁자가 투르크인에 대해서도 동일하게 불쾌한 것들을 말하자 가톨릭과 기독교 극단주의자들은 그의 무죄를 인정할 수 없었다. 루터파 가운데서 유일하게 뉘른베르크의 안드레아스 오시안더만이 루터의 지나친 감상에 강하게 반대하는 입장에 섰다. 그의 독립적인 신학

---

34) CWE, R. A. B. Mynors, D. F. S. Thomson et al. (eds), *Correspondence*, v, p. 347. (punctuation altered), 그리고 P. S. Allenm H. M. Allen and H. W. Carrod (eds), *Opus Epistolarum Des. Erasmi Roteroadami*···, (12 vols, Oxford 2906-58), iii, no. 798; cf no. 597, p. 6; no, 629, p. 52. H. M. Babel, 'Erasmus of Rotterdam and Judaism: a revaulation in the light of new evidence', *ARG* 87 (1996), pp. 9-37.

35) R. Marius, *Martin Luther: the Christian between God and death* (Cambridge, MA, and London, 1999), Ch. 22. 본문들은 WA, xi, pp. 314-36 (1523); WA, liii, pp. 417-552, 573-648 (1543).

사상은 결국 뉘른베르크에서의 그의 경력을 손상시켰고, 멀리 쾨니히스베르크에 있는 피난처로 보내게 하였다. 그는 루터가 말년에 감정을 폭발하자 개탄했다. 오시안더는 함께 살기 쉬운 사람은 아니었다. 그러나 그가 유대인이 기독교도 아이들을 종교 의식에 쓰기 위해 살인했다는 '피의 고소'(blood-libel)라는 우화에 대해 파괴적인 공격적 글을 쓴 지적인 용기는 인정해 줄만하다. 그가 다소 난감하게도 1540년에 두 명의 유대인은 이 글에 감사하는 마음으로 이를 책으로 출간하였다. 다른 논쟁 중에서 오시안더는 이 옛날 이야기를 뒷받침할 실제적인 증거가 없었음을 지적했다. 유대인에서 기독교인으로 개종하여 언제라도 유대주의에 먹칠을 할 준비가 되어 있는 사람들이라도 이전 신앙에 반대하여 이 유아살인에 관해서는 단 한 건도 고발하지 않았다. 예상대로 그의 적수들은 그의 주장의 힘을 무효화시키려고 그가 유대인이라고 (틀리게) 말했다.[36]

개혁파 전통을 만들던 사람들은 처음에는 볼프강 카피토(Wolfgang Capito)와 같은 존경할만한 사람을 제외한다면, 루터와 별반 다르지 않았다(17장, p. 880). 마틴 부처는 놀랍게도 유대인보다 재세례파에게 더 관대했다. 그가 독일 헤센의 재세례파들을 주류 개신교회로 데려오기 위해 애썼던 바로 그 해인 1538년에 '유대인에 대한 보고서'(Judenratschlag)를 작성했다(4장, p. 264). 여기에서 그는 후원자인 헤센의 필립이 유대인들을 자신의 영지에 살도록 허락한 데에 항거했다. 부처는 유대인공동체의 삶의 조건은 시대의 낮은 지표에 비교해 보아도 열악하다는 논거를 나열하며 국외추방령을 내려야 한다는 데까지 나아갔다. 그는 루터의 한 노래가사를 통해 유대인이 그리스도의 적이라고 불렀다. 반유대주의 개신교도가 가지는 진부한 생각인 "교황 나부랭이들과 유대인의 신앙과 종교는 매한가지다"라고 딱잘라 말했다. 필립 백작은 부처의 제안에 대해 그가 속한 영내의 지도자급 목사들의 지지에도 불구하고 무시해 버렸다.[37]

많은 개혁파 개신교지도자들이 스스로가 난민이 되는 비극과 불안을 겪은 1550년대 이후에 상황은 개선되었다. 그러한 처지에 빠지자 그들은 디아스포라 유대인에게 동류의식을 느꼈다. 또한 히브리어 성경의 중요한 주제인 유배생활을 다시 생각하며 안식처를 갈망하는 마음이 생겨났다. 더 나아가 루터가

---

36) R. Po-chia Hsia, *The Myth of Ritual Murder: Jews and magic in Reformation Germany* (New Haven and London, 1998), pp. 136-43.
37) W. Nijenhuis, 'A remarkable historical argumentation in Bucer's "Judenratschlag"'; 'Bucer and the Jews' in Nijenhuis, *Ecclesia Reformata: studies on the Reformation* (2 vols, Leiden, 1972, 1994), i, pp. 23-72: 'so ist der Päpstler und Juden glaube und Religion eben ein ding': ibid., i., p. 48 그리고 cf. p. 52.

유대인에 대해 부정적으로 언급한 사실은 개혁파와 다른 태도를 취하면서, 결국 두 파가 갈라지는 데에 촉진제로 작용했다. 주요 종교개혁자들 중에서 칼빈은 마지막 때라는 주제에 가장 적게 관심을 보인 사람이다. 그래서 유대인들의 개종 문제는 다른 사람들에게처럼 그렇게 긴급한 우선순위의 문제가 아니었다. 개혁파는 구약의 율법에 범상한 관심을 보였다. 특히 급진주의자에 대항하여 유아세례의 관습을 정당화하기 위해서 유아 할례에 관한 유비를 구약에서 차용할 때 그러했다(3장, p. 221). 분명히 이것은 신학적으로 위태로운 외줄타기를 하는 것이었다. 개혁파는 루터처럼 의롭게 된 기독교인은 율법에서 자유하다고 말하고 싶어했지만, 우리가 보았듯이(13장, p. 728; 16장, p. 817) 불경과 간음과 마술을 행한 자에게 죽음의 형벌을 내리는 구약의 조항을 되살리는데 더욱 매료되었다.[38]

이러한 모든 것은 16세기 전반에 걸쳐 유대인이 가톨릭 국가에서와 마찬가지로 개신교 국가에서도 서로 다른 운명에 처하는 결과를 가져왔다. 기독교인은 이제 그들의 두려움과 살인을 부르는 혐오감을 전가시킬 속죄양 집단을 새로이 가지게 되었다. 유럽인들은 이제 마녀의 위험성을 발견했고(13장), 각자의 기독교 소속을 밝히지 않으려 했다. '피의 고소'의 새 사례는 거의 나오지 않았다. 그 일이 어디에서 다시 나타났다고 말할 방법이 없지만 말이다. 반면 올리버 크롬웰은 잉글랜드에서 유대인의 거주를 재승인할 준비를 하고 있었다. 윌리엄 프린(William Prynne)과 매튜 뉴코멘(Matthew Newcomen)과 같이 이에 반발한 자들은 어떤 경우에든 알맞게 규율이 잡힌 장로교회를 조직하지 못하도록 호국경에 반대한 사람들이었다. 그들은 크롬웰의 승인을 거부하는 캠페인의 일환으로 이 고대 우화를 적절한 때에 맞추어 재생시켰다.[39] 이같은 고집에도 불구하고 유대인은 개혁파가 다스리는 영토에서 살아가는 것이 한결 나았다. 트란실바니아 왕자 가보 베틀렌(Gàbor Bethlen)은 트란실바니아의 경제적 부를 향상시키기 원했기에 1623년 오스만 땅에서 떠나온 유대인을 수용하도록 장려했다. 심지어 유대인이 기독교의 옷을 입어 한데 섞여서 기독교 군중들로부터 수모를 겪지 않도록 배려했다(그는 같은 경제적 동기로 재세례파도 환영했다).[40]

---

38) P. L Avis, 'Moses and the Magistrate: a study in the rise of Protestant legalism', *JEH* 26 (1975), pp. 149-72, 163-5에서.
39) D. S Katz *Philosemitism and the Readmission of the Jews to England, 1603-1655* (Oxford, 1982), pp. 212, 220.
40) Murdock, *Calvinism on the Frontier*, p. 113.

유대인은 오랜 기간 기독교인의 편견 속에서 살아남은 경험이 있기에 곧장 가장 위험하지 않은 지역이 어딘지 경보를 알렸다. 동유럽에서 이디시어(語)를 사용하는 유대문화가 크게 번성했었다(4장, p. 275). 중부 유럽의 프라하는 이베리아, 동유럽, 오스만 등 다양한 유럽지역에서 나온 유대인들이 한데 만나서 문화의 용광로를 이루었음을 보여주었다. 프라하는 1512년 알프스 북쪽에서 유대교 책이 처음 출간된 도시였고, 유대 학문의 중요한 구심점으로 남았다. 보헤미아 영주들은 투르크의 위협에 대응할 속죄양을 찾아 다니면서 보헤미아에서 모든 유대인들을 제거하려고 했다. 프라하는 이들의 최선의 노력에도 아랑곳없이 위와 같은 일을 해냈다. 이와 같이 합스부르크 왕가는 그들의 종주국보다 더한 관용심을 보여주었다. 1541년의 군사적 위기 속에서 페르디난드 왕이 보헤미아 영주들의 영지를 착출하는 강제명령을 내린 것을 1567년 막시밀리안 2세 황제가 영구적으로 무효화시켰다(5장, p. 323).[41] 무엇보다도 암스테르담에는 개혁파 개신교의 연합 주(州)들이 있었다(사진 14b 참고). 암스테르담은 스페인과 벌인 독립전쟁을 계기로 상업에 눈을 떠서 번창하기 시작했다. 그러니 이 도시는 유대인들에게, 특히 이베리아에서 누렸던 영광을 되찾게 해줄 안전한 보금자리를 찾고 있었던 스페인·북아프리카계 유대공동체에게 천국이었다. (네덜란드 개혁파 성직자들의 바람에 반하며) 네덜란드, 특히 암스테르담의 '섭정들'이 유지한 관용정신은 일종의 이종교배를 허락했다. 가장 국제적인 도시 환경을 갖춘 암스테르담에 지어진 유대교 회당들은 17세기 후반까지 관광객의 눈길을 끌었고, 유럽 전역에 놀라움을 안겨주었다. 이곳에서 유대문화가 발달했다. 유대문화는 종교개혁과 반종교개혁 진영 모두 확립하길 원했던 정체성을 녹이는 용매제로 작용했다.

1490년대에 이베리아가 겪은 참패는 16세기에 있을 기독교 대격변에 묻힐 얼룩을 남겨두었다. 스페인에서 그 얼룩은 가톨릭 규정에 일치하기를 집착하는 공교회 안에서 특이한 불관용의 형태를 만들어냈다. 한편 스페인은 또한 풍성하고 다채로운 미래를 가져다줄 다른 형태의 종교적 감성을 육성하였다. 우리는 스페인 내의 무슬림과 유대 문명을 파괴하여서 방출된 트라우마, 흥분, 불확실성이 스페인 기독교의 신비주의로 흘러들어 간 과정을 추적할 수 있다. 공교회에 가까스로 발을 걸치고 있던, 아빌라의 테레사가 보인 카르멜수녀회의 영

---

41) Z. David, 'Hájek, Dubravius and the Jews: a contrast in sixteenth-century Czech historiography', *SCJ* 27 (1996), pp. 997-1013, 998, 1009 에서.

성과 십자가의 요한에서 시작해보자. 알룸브라도(alumbrado)라 불리는 무형의 운동도 예로들 수 있다(2장, pp. 115-117). 여기로부터 신비주의 신학자 후안 데 발데스(GJuan de Valdés)와 스페인을 떠나서 더 노골적으로 비밀유대주의에 가담한 피난자들로 이어지면서, 알룸브라도 형태가 이탈리아 영성 운동에 영향을 끼쳤다.

다음 차례로, 1540년대에 이탈리아 복음주의자들이 개혁파 디아스포라를 만들며 유럽 전역으로 흩어질 때, 이러한 영적흐름이 퍼져나갔다(5장, pp. 326-328, pp. 362-365). 독립심이 투철했던 이 이탈리아인들이 자신들의 정체성을 상기하게 되자, 스페인계 비밀유대주의가 다시 고개를 들었다. 이들은 동유럽에서 번성한 반삼위일체주의 또는 유니테리언교에 크게 이바지했다. 후에 소시니안주의로 불리운, 이탈리아의 소치니에게서 이름을 따온 폴리쉬 운동(Polish movement)에도 확연히 이바지했다(8장, p. 360). 존 칼빈과 짝지어 가톨릭 스페인은 미구엘 세르베투스(Miguel Servetus)를 극단주의자 중에 순교한 대표적 예로 만들었다. 그는 그의 고향 이베리아반도에서 발생하는 종교적 문제로 고민하다가, 기독교를 재구성하려는 프로젝트를 세우게 되었다. 기독교 정통파에 대한 의심으로 그 싹이 나게 되었고, 이제 암스테르담의 세파르딕 유대인을 의심하게 되자 그 가지는 더욱 뻗어 나갔다.[42]

물론 의심은 전혀 새로운 것이 아니었다. 그 시절에는 사회가 용인하지 않는 것으로 생각되는 다양한 성행위 전체를 싸잡아서 남색이라고 꼬리표를 단 것처럼, 의심하는 것은 무신론으로 매도했다. 종교개혁과 반종교개혁을 통틀어 특별한 의심의 예는 우리에게 감추어져 있다. 누군가가 일부러 의심이나 불신앙을 선포하는 것은 자살행위였기 때문이었다. 또한 친절한 본성을 가진 사제들과 목사들은 보통 교구민이 의심을 표출해서 그것이 무신론으로 기록되어 목숨이 위태로운 지경에 처하도록 두지 않았고 자신의 양떼를 조용히 지켰다. 이 예외에 해당하는 것이 다양한 종교재판임은 놀랍지 않다. 그것은 세상을 정화하려는 열망으로, 기록하기에 적합하지 않아 보이는 불신앙과 광신의 귀중한 파편들을 보존해왔다. 종교재판소(현대 독자에게 유명한)는 북이탈리아 프리울리(Friuli)의 방앗간 주인 도메니코 메노치오(Domenico Menocchio)를 발견했다. 그는 기독교 메시지를 되새기기 위해, 자신의 적은 독서량과 이원론 이단의 유산을 활용했다. 예를 들어 하나님의 우주창조의 과정과 유크림이 치즈로 응고

---

[42] J. Friedman, 'Unitarians and New christians in sixteenth-century Europ', *ARG* 81 (1996), pp. 9-37.

하는 과정이 좋은 유비를 이룬다고 보았다. 치즈에서 벌레가 나오는 것은 천사 같은 삶의 상징이라고도 했다. 그는 또한 나무가 사제처럼 회개의 고백을 들어주는 것이 더 낫다고 생각했다.[43]

이와 비슷하게, 15세기 후반 스페인 종교재판소가 엮은 재판사례집 중에서 드물게 남아있는 것들은 일상적인 불신앙과 종교에 관한 농담이 어떠했는지를 보여준다. 그 내용은 많은 부분 근래에 가톨릭으로 개종한 유대인들의 분노와 좌절이 아니라 할 일 없고 경박한 자들의 잡담으로 들린다. 1490년대의 어느 날 한 스페인 마을의 교구성직자는 라틴어 찬송가를 읊조렸다. "당신에게 평안이 있기를." 이에 "당나귀가 배추에게 말한 것처럼 말이죠"라고 미사를 시중드는 복사(服事)가 스페인어로 대답했다. 이는 당시의 유행가요를 인용한 것이다.[44] 이는 당시 기독교계의 뼈대를 붕괴시킬 만한 심오한 의심은 아니었다. 이와 같은 농담은 논리정연한 종교적 관점을 좀체 표현하지 않았다. 동시에 이런 류의 경박함과 제멋대로인 생각은 권력을 가지고 있고, 또 책임있는 지위에 있는 사람들의 공적인 동의는 결코 얻지 못했겠지만, 때로 술에 잔뜩 취하면 그들도 위와 같이 실족했을 것이다.

물론 16세기 지식인과 권세가도 의심에 관해 말하긴 했다. 그러나 중세의 관용에 관한 논의 혹은 로마제국 멸망 이래로 줄곧 있어왔던 동성애 주제를 주로 언급했는데, 이런 얘기가 마치 존중받을 만한 이론으로 받아들여져야 했다. 그럴 수 있는 최선의 방식(남색의 경우처럼)은 고전문학의 관심 뒤로 숨는 것이었다. 치밀하며 요동하지 않는 라틴 시인 루크레티우스(Lucretius)와 철학과 종교 풍자가인 그리스인 루시안(Lucian)의 글들은 지식인 계층에서 폭넓게 읽혔다. 회의론자 섹스투스 엠페리쿠스(Sextus empiricus)는 16세기에 재발견되었다(경험주의[epiricism]란 말은 그의 성씨에서 따온 것이다). 비록 기독교 지도자들이 무신론 저술에 짙은 반감을 표현했더라도, 단지 고전 작가를 읽는다는 이유만으로 사람을 화형시키기는 어려웠다. 17세기의 움직임에서 달라진 점은 의심이 점차 종교적 전통과 대립하는 조직적이고 자기확신적인 생각에 녹아들게 되었다

---

43) A. del Col, J. and A. Tedesschi (trans.), *Domenico Scandella known as Menocchio: his trials before the Inquisition (1583-1599)* (Binghamton NY, 1996): 이 사건은 C. Ginzburg, J. and A. Tedeschi (trans.) *The Cheese and the Worms* (London, 1980) 에서 비록 전체적으로 유용하지는 않지만 생생하게 분석되어 있다.

44) J. Edwards, 'Religious faith and doubt in late medieval Spain: Soria circa 1450-1500', *PP* 120 (Aug, 1988), pp. 3-25, 19 에서.

는 것이다. 이 대립은 서양문화의 한 부분을 이루었고 기독교 실천 자체에 깊이 영향을 주었다. 종교를 바라보는 관점을 바꾸는 지진을 유발한 진동 중의 하나는 적어도, 인과응보 사상 같은 이베리아종교재판으로부터 유래했다. 재판들은 이미 심오하고 잘 조직된 신앙을 견지하는 사람들에게 심오하고 완전한 개종을 요구했다. 이렇게 사람을 산산조각 내는 경험이 불러올 수 있는 결과 가운데 하나는 바로 모든 종교 유형에 대한 회의주의를 키워냈다는 사실이다.[45]

다른 종교를 찬성하는 일련의 신앙을 제거하기 위한 가톨릭의 집중적인 노력에 종속된 다른 지역, 즉 네덜란드에서도 같은 상황이었다. 개혁주의자들이 경멸적으로 '자유파'(Liebertines)라고 불렀던 많은 네덜란드인들은 16세기 말까지 모든 귀에 거슬리는 종파들을 매우 경계했다.[46] 그들은 1620년대에 네덜란드 개혁파 성직자와 대중들 중 가장 양심적이었던 패배한 알미니안주의자에 동조했다. 세파르딕 유대인들이 이 흥미로운 땅에 끌렸고 암스테르담의 상쾌한 다원주의적 환경에서 재조직되었을 때, 적응가능한 많은 동질성들을 가졌다. 이베리아의 압박과 후기 유럽 전역의 방황에 의해서 그들의 옛 종교로부터 거의 완전하게 제거되었던 사람들은 공들여서 헌신과 정통의 새로운 깊이를 가지도록 고대의 신앙을 재구성하였다. 다른 이들은 여전히 그들의 유산을 의식하며 한 종교를 다른 종교에 비교하는 경험으로부터 나와서 매우 새로운 방향으로 가려고 하였다. 유대인은 점차 살기 힘들어지는 폴란드를 떠나 같은 일을 하려고 준비한 기독교인들, 곧 자유파, 알미니안, 소시니안을 네덜란드에서 만났다.[47]

이러한 사상적 혼돈의 중심에 바루흐 또는 베네딕트 스피노자(Baruch or Benedictus Spinoza)가 있었다. 암스테르담의 포르투갈계 유대인 상인의 아들이었고, 정상적인 대학 교육을 받기에는 다소 부적합했던 그는 조용하게 그 도시가 제공하는 모든 지식 습득의 기회를 활용하여 독학했다. 그가 10대에 가진 기회 중에는 인간의 개별적 의식만을 남기고 모든 확실성을 벗겨버린 위대한 수학자이며 자연철학자인 르네 데카르트와의 만남이 포함된다. 1656년 23세의 스피노자는 암스테르담회당으로부터 최후의 절차로 아주 당혹스럽게 퇴출을 당

---

45) J Edwards, 'Portugal and the expulsion of the Jews from Spain', in *Medievo hispano: estudios in memoriam del Prof. Derek W. Lomax* (Madrid, 1995), pp. 121–39, p. 137 에서.
46) B. J. Kaplan, '"Remnants of the papal Yake": apathy and opposition in the Dutch Reformation', *SCJ* 25 (1994), pp. 635–68.
47) D. M. Swetschinki, *Reluctant cosmopolitans: the Portuguese Jews of seventeenth-century Amsterdam* (London, 2000).

했다. 그는 가족과 동일한 종교를 갖기를 멈추었을 뿐 아니라, 모든 위대한 셈족 종교의 기초 원리에 이미 의문을 제기한 것에 대한 극한 형벌을 초래하는 것을 멈출 수 없었다. 말하자면 인간에게는 불멸이 없고 인간사에 개입했던 하나님도 없다는 것이다.[48] 스피노자는 남은 20년의 삶속에서 두 개의 혁명적인 논문을 발표했다. 그 중 『신학 정치론』(*Tractatus Theologico-Politicus*, 1670)에서 그는 성경을 다른 글들과 똑같이 비평적으로 다루어야 하며 특히 본문 안에 있는 이적들을 그렇게 해야 한다고 요구했다. 그는 『윤리』(*Ethics*, 1677)에서 하나님을 자연의 힘 또는 우주의 상태로부터 분화되지 않는 존재로 보았다. 자연적으로 그러한 하나님은 선도 아니고, 악도 아니었다. 그가 세상에 거하는 성령에 대한 분명한 관념 그리고 기적과 신비에 대한 존경의 심오한 감각을 가지고 있다는 것이 그의 신중하게 쓴 글에 스며들어 있었지만, 이내 불신앙의 기수로서 고려되었다. 네덜란드 당국자들은 그가 선을 넘은 것으로 보았다. 그래서 당국은 1647년 『신학 정치론』을 판매금지시켰다. 1679년 이 저술이 프랑스어 번역판으로 널리 보급된 후에 예상대로 로마 종교재판소는 선례를 따라 처리했다.

스피노자 주변에서, 그의 저작에 흥미로운 관심을 두면서 고대의 종교 지혜에 도전하는 다른 목소리들이 일어나기 시작했다. 이들 가운데 물리적 실체가 없이도 하나님이 존재할 수 있다는 것을 부정하며 존재로부터 삼위일체를 미묘하게 조롱하였으며 또한 증거가 없이는 기독교의 어떤 교리도 수용할 수 없다는 독자들에게 광범위한 힌트를 제공했던 우울한 재능의 소유자, 잉글랜드인 토마스 홉스(Thomas Hobbes)가 포함되었다.[49] 스피노자와 홉스는 1680년경에 네덜란드로부터 온 다른 이들의 작품을 이어갔다. 익명의 『세 명의 사기꾼들에 대한 논문』(*Treaties of the three impostors*)은 너무 충격적이어서 1719년까지 출판할 수 없었다. 그러나 19세기 초부터 이 논문은 권위가 있어 보이게 하려고 스피노자의 저술로 가장한 채, 원고 형태로 유럽 전역에 널리 퍼졌다. 아마도 피난민이나 배교한 프랑스 개신교가 썼을 이 프랑스어 논문은, 홉스와 다른 회의론자 저자로부터 자유롭게 수용한 사상과 결합한 스피노자의 논문들의 메시지를 반종교적 버전으로 보급시키려는 조잡한 시도의 결과였다. 이 글이 말하는 세 명의 사기꾼들은 모세, 예수 그리스도 그리고 무함마드였다. 그리고 이 셋 다를 정죄하며 셈족의 신앙에 대해 다음과 같이 선언한다. "하나님, 악마, 영혼,

---

48) J. I. Isreal, *Radical Enlightenment: philosophy and the making of modernity 1650-1750* (Oxford, 2001), pp. 159-74.
49) J. Overhoff, 'The theology of Thomas Hobbes's *Leviathan*', *JEH* 51 (2000), pp. 527-55.

천국, 지옥 같은 것들은 자연에 존재하지 않는다. 신학자들은 무식한 바보들을 제외하면, 뭐든지 쉽게 믿어 버리는 대중에게 악랄한 원리를 부과하고 악의적으로 남용하는 사람들이다."50)

공통된 의식과 사적인 관계가 이 선구적 의심자들과 신난 인습타파자들을 한데 묶었다. 세파르딕 유대인들의 연계가 반복되었다. 스피노자가 암스테르담의 유대교 회당과 대치한 위기의 순간에 도달했던 기간에 다른 의심의 목소리를 낸 사람은 프랑스인 위그노 아이작 라 뻬레르(Isaac La Peyrére)였다. 그의 이름은 포르투갈 디아스포라의 또 다른 작품으로서 프랑스 사람의 외관 아래서 자신을 드러낸다. 암스테르담과 다른 지역에서 출간한 『아담 이전의 사람들』(Prae-Adamitae)은 일 년 만에 영어판과 네덜란드어판이 연달아 간행되며 1655년의 출판계에 돌풍을 일으켰다. 세평에 의하면 그것은 심지어 교황과 그의 추기경들을 위한 가벼운 읽을거리가 되었다. 마지막 날을 초래하기 위해 유대교와 기독교를 다시 묶도록 권고했던, 그러나 제목이 의미하는 것처럼 아담과 하와보다 더 이른 인간 종들이 있었다고 주장함으로 창조의 이야기를 뜨거운 논쟁에 빠지게 했던 그 시대의 열광적인 묵시주의 작품이었다.51) 라 뻬레르는 또 다른 충동적이고 고도로 조직화된 집단 즉, 당시 사회에 극단적인 성향을 불러일으켰던 프랑스의 위그노를 소개했다. 그들은 묵시와 신성한 종말(완성)을 대단히 희망하였던 국제적 개혁파 개신교의 일부였기에, 이는 결국 30년 전쟁으로 치닫게 되었고 잉글랜드로부터 트란실바니아에 이르러 세기 중간에 또 다른 정치적 실망감을 안겨주었다. 1685년에 낭트칙령의 철회 이후에, 위그노들이 유대인을 따라 대륙으로 망명하였을 때, 엄청난 재앙을 당하였다.

다른 주요 연관은 당시 친근한 한 쌍의 쌍둥이 네덜란드와 잉글랜드이다. 이곳은 사람들이 종교적, 개인적, 사회적 그리고 성적인 정체성하에서 우선적으로 대규모로 선택했던 장소들이었다. 하나님이 종말에 그의 백성을 위해 무한한 가능성들을 준비하신다는 확신, 곧 천년기설과 유대교에서는 접할 수 없는 개혁파 개신교의 메시야 열망사상 이 두가지가 주요 설정이었다. 두 문화의 만남은 완벽하게 마지막 날에 대한 사상은 올리버 크롬웰과 잉글랜드 열정주의자들과 암스테르담의 위대한 랍비인 므나세 벤 이스라엘의 사상적인 협상안에서 상징화되었다(12장, p. 679). 공위기간 동안 묵시주의자들의 방식들은 유대인을 잉글랜드로 돌아가도록 다시 허락하는 특별한 목적을 완수했던 것만은 아

---

50) Israel, *Radical Enlighenment*, pp. 695-700.
51) R. H. Popkin, *Isaac la peyrére (1596-1676): his life, work and infulence* (Leiden, 1987).

니었다. 즉 그들은 두 명의 유럽의 가장 창조적이고 활동적인 개신교 학자들인 얀 코메니우스와 존 듀리 주위에 힘을 모았다. 그리고 학문의 새로운 만개와 잉글랜드공화국에 의해서 개방된 새로운 가능성들 가운데 자연철학의 많은 다른 영역들에서 새로운 발견들을 직시하였다.[52]

공위기간 동안 낙관주의자들의 노력은 그들이 기대했던 결과를 전혀 가지지 못했다. 그리스도의 재림은 없었다. 그러나 중요하고 실천적인 결과들이 있었다. 즉 유대인을 재가했을 뿐만 아니라 찰스 2세의 복귀 후에 자연철학에 대한 점잖은 토론을 위한 잉글랜드의 프리미엄 포럼, 즉 왕립협회를 창설하였다. 그 후에 명예혁명에서 잉글랜드는 왕좌에 대해 네덜란드 군주와 함께 약 1700년대에 많은 선택의 중요한 분수령들을 경험했다. 잉글랜드의회는 1697년부터 1698년 사이에 '신성모독과 불경의 효과적인 억제 조항'을 통과시켰다. 그 조항에 의해서 그것은 주요하게 조직적인 반삼위일체적 신앙을 의미하게 되었다. 즉 소시니안주의를 기독교에 대한 심각한 위협으로 보는 것이 가능했다는 그리고 교회가 이러한 위협에 대항해 그 자신의 행동을 취할 수 없었다는 의원들의 허락이었다. 그러나 그 해보다 일찍 가난한 토마스 아이켄헤드(Aikenhead)를 처형했던 것은 잉글랜드 사람들이 아니라 스코틀랜드 사람들이었다. 그리고 그 조항은 삶의 개혁을 위한 공동체의 활동들처럼 변화의 조류를 막기 위한 헛된 노력이 되었다(16장, p. 851).[53]

네덜란드에서 추가적인 요소가 있었다. 도르트총회의 여파들(8장, pp. 503-505)이 분리된 '항론파' 알미니안교회뿐만 아니라 어떤 성직자 리더십을 남겨놓지 않았던 이전의 항론파 평신도의 운동을 생산했다. 즉 그들은 그들이 '컬리지'(Colleges)라고 불렸던 모임에서 설교자들 없이 지속적으로 만남으로서 문제를 해결하였다. '컬리지언트파'(Coillegiants)들은 네덜란드에서 첫 스페인 가톨릭 폭정과 당시 네덜란드에서 분열과 도르트 이후에 승리주의 칼빈주의자들의 핍박 열풍을 생산했다고 보았던 종교에 대한 광신주의를 한탄했다. 컬리지언트파운동은 교조주의의 확고한 반대에 의해 이끌린 많은 새로운 회원들을 매혹시켰다. 즉 전통적인 네덜란드 극단주의인 메노나이트파, 자유파, 슈벵크펠더들 뿐만 아니라, 새로운 도착자들인 소시니안들이었다. 전통의 이러한 결합으로부터 나타났던 컬리지언트파 기독교는 많은 과거 급진주의자들이 했던 것처

---

52) Katz, *Philsemitism and the Readmission of the Jews to England*.

53) D. Berman, *A History of Atheism in Britain from Hobbes to Russel* (London, 1988), pp. 35-7.

럼 내적인 빛을 강조했다. 그러나 점차 성령으로부터 직접적인 영감보다는 이성의 빛을 강조하게 되었다. 그래서 컬리지언트파 작가인 로테르담(Rotterdam) 얀 브레덴부르크(Jah Bredenburg)는 1684년에 '영원한 존재로부터 그 기원을 취하고, 인간들에게 영원한 진리를 제공하고, 빛인 이성…그리고 모든 인간의 실천을 인도하는 별'[54]이라고 선포했다.

5. 계몽주의와 그 이후

이 모든 것들이 연계되어 계몽주의 이전의 역사가 이루어져 왔다. 그들 자신들에게 '계몽주의'라는 호칭을 붙이는 것을 자랑스러워했던 사람들의 의도는 무엇인가? 하나의 형식을 갖추어 그 자체를 신비주의의 적이요 계시된 종교의 사슬로부터 인간을 해방시키는 자로 선포하며 18세기 계몽주의는 실제로 기독교에 대항하였다. 이러한 많은 것은 반기독교라기보다는 반가톨릭으로부터 출발했다. 즉 낭트칙령을 폐기하는데 있어 가톨릭 군주 루이 16세가 프랑스의 위대한 신뢰를 저버린 기억이 강하게 남아있기 때문이었다. 그 후에 자주 의심, 회의주의 또는 교회에 대한 증오는 우리가 무신론이라고 규정지었던 쪽으로 이동하였다. 그리하여 반기독교 계몽주의는 성직자의 어리석음에 대한 볼테르(Voltaire)의 분노를 확대시켰으며, 일지기록원이었던 제임스 보스웰(James Boswell)에게 충격을 주었던 사후세계의 삶의 희망에 대한 데이비드 흄의 덤덤한 무관심, 막시밀리언 로베스삐에르(Maximilen Robespierre)의 가톨릭에 대한 냉정한 증오 그리고 프랑스혁명으로 인해 합리주의가 가톨릭교회를 대치한 것을 포함했다. 『세 명의 사기꾼들에 대한 논문』의 저자는 이 모든 것으로 기뻐했지만 그들에 대한 서투른 혹평을 자제해야 했었다.

그러나 지금까지의 많은 이야기는 결코 불신앙까지 다루지는 않았다. 그러나 신실한 믿음과 문제가 있는 믿음에 대해서는 말하였다. 종교개혁과 반종교개혁의 후예들과 유대교 디아스포라의 후예들은 자신들의 배경이 되는 종교들을 공격했을 때, 그들 대부분은 하나님을 포기하려고 했던 것이 아니라, 더욱 분명한 빛에서 하나님을 보려고 했다. 그것은 소시니안주의자들 주변을 통합

---

54) A. C. Fix, 'Radical religion and the age of reason', in Fix and Karant-nunn (eds), *Germania Illustrata*, 35-55, 54 에서; Fix, *Prophecy and Reason: the Dutch Collegiants in the early Enlightenment* (Princcton, 1991)

하고 더욱 이성적인 기독교를 만드는 일을 그들의 목적으로 했던 네덜란드, 잉글랜드 그리고 그 위에 있는 많은 집단들의 계획이었다. 즉 스피노자가 그의 사상이 허락하는 한에서 이것이 그의 글의 목적이 되었던 것 같다. 그것은 연금술사들과 히브리신비철학자들의 밀교문학들을 물리적 세계와 그 이상의 세계에서 모두 하나님의 목적을 이해하기 위한 열쇠로서 알았던 자들의 문제였다. 그러한 관심들은 우선 '권위적' 개혁이 궁지에 몰렸던 새롭게 된 개신교 신비주의와 개인적인 종교를 합했다. 그 모든 것은 또한 계몽주의에서 그 길을 발견했다. 그리고 많은 계몽주의가 결코 반기독교적인 것이 아니었다는 것을 의미했다. 즉 기독교를 바꿀 수 있었고 기독교신앙을 형성했던 문제와 대답을 재형성하는 방식들로 기독교를 개방할 수 있었다. 이것이 잉글랜드, 스코틀랜드 또는 독일의 18세기 계몽주의가 기독교를 탈취하려는 자들에 버금가는 개신교의 동맹운동이라고 보는 이유이다.

16세기 주류 개신교는 특별한 사회의 공적인 표현으로서 총괄적인 중세 서양교회를 잘 대치했다. 즉 스코틀랜드와 스칸디나비아는 특별하게 효과적인 예들이었다. 그러나 잉글랜드, 북부 독일, 발트해 연안 그리고 트란실바니아 또한 성공 사례들이라 할 수 있다. 또한 개신교가 경건한 성찰 또는 묵상 같은 수동적인 태도를 취할 때에는 덜 효과적이었다고 지적한 바 있다. 개신교는 수도원, 고립된 종교 생활 그리고 헌신적인 자선단체들을 거부했다. 그리고 그것들을 대치하는데 오랜 시간이 걸렸다. 즉 그들은 심지어 예수회로부터 경건문학을 빌려와야 했다(14장, p. 753). 이에 대한 하나의 이유는 하나님과의 내적인 만남의 탐구에 대해 가장 동정적이었던 초기 개신교 지도자들(안드레아스 칼슈타트, 카스파 슈벵크펠트, 안드레아스 오시안더)은 그들의 동료들에게 금방 무시를 당하고 정상이 아니라고 분류되었다. 신비주의가 1600년 이후로 다시 되돌아왔을 때, 개신교가 공적인 공동체 예배에 의존하는 교리적 패턴들 안으로 정착되었던 것은 불행한 인물들 때문이었다. 그들 중 많은 사람들이 당시 극단주의와 다른 목소리들에 귀를 기울였다. 즉 파라셀수스의 글들을 사랑했고, 그가 남성과 함께 신성의 여성적 관점으로 생각했던 것을 재발견하려고 했던, 신비적인 생각을 가진 루터교 농부의 아들이었던 야콥 뵈메(Jacob Boehme)가 유명했다.

더욱 개별적이고 개인적인 종교에 대한 갈망은 개신교 유럽에서 많은 다른 상황 가운데 등장했다. 즉 공동체는 친근한 작은 모임들에서 또는 심지어 홀로 하나님에 대해 추구하는 것보다 덜 중요하게 되었다. 잉글랜드에서 개인적인 영성에 대한 이러한 탐구는 두 개의 서로 대립되는 모임들과 연결되어 있었다. 즉 한편으로는 사랑의 가족 또는 퀘이커 같은 극단적 이단들이고, 다른 한쪽으로는 일반적으로 개신교 유럽에서 잉글랜드성당 기풍의 생존을 통해 가톨릭 선례들로 곧바로 되돌아가게 했던 랜슬롯 앤드류와 총주교 로드 주변에 있던 전위파 국교회주의자 또는 고교회 사람들이었다(8장, p. 660). 17세기 초 네덜란드에서는 또 다른 개혁이 나타났다(8장, p. 520). 유사한 생각을 가진 개혁파 개신교 독일인들에게 뻗어가면서, 뵈메와 같은 모험적인 신비적 원천들을 끌어오고, 많은 루터교 국가 교회들 안에서 힘의 중심을 획득하며 균형 잡힌 행동을 이루어간 경건주의 운동이 루터파 독일에서는 오히려 후기에 나왔다. 18세기에 이러한 많은 집단들이 유럽전역에 그리고 북아메리카에 있는 북유럽 식민지 밖으로, 전례 없는 방식으로 서로 연결되기 시작했다.

그 시대의 특별한 절충주의를 구연했던 한 명의 잉글랜드사람, 즉 대서양제도와 아메리카에서 분리된 교회의 (그의 의지에 반하여) 하나의 계열이 되었던 '감리교'(Methodist) 운동의 설립자 존 웨슬리(John Wesley)는 이러한 새롭고 관대한 생각을 가진 개신교 에너지의 해방 안에 포함되었다. 웨슬리는 찰스 2세가 복권될 때 사역을 박탈당한 청교도 할아버지를 둔 하이처치 국교회 성직자였다. 그는 모라비안 형제들과의 접촉뿐만 아니라(11장, p. 644), 루터교 경건주의와의 접촉을 통해 영감을 받았다. 웨슬리는 스코틀랜드-아일랜드 장로교인이며(14장, p. 772) 가톨릭에 대한 열심 있는 독자와 편집자, 심지어 동방정교회의 신비적 경건으로부터 나왔던 부흥주의 설교로 마지못해 전향한 사람이었다. 그는 지식에 대한 계몽주의적 탐구에 심취해 있었다. 그리고 자신의 많은 책들을 통해서 계몽주의를 잉글랜드와 미국 성도들에게 소개하려고 했다. 즉 그는 종교적이고 지적인 탐식가였다.[55] 동일하게 계몽주의와 복음주의 부흥 둘 다에 속하는 사람은 뉴잉글랜드 회중파 칼빈주의자이자 미국의 종교적 '대각성 운동'을 주창했던 조나단 에드워즈였다. 즉 그는 계몽주의가 이성을 사용하는 것을 그 이전 히포의 어거스틴, 마틴 루터, 존 칼빈처럼 엄격한 용어들로 인간 의지의 속박에 대한 메시지를 재확언하는 데 꼭 필요한 과정으로 보았다.

그들 사이에서 웨슬리와 에드워즈는 종교개혁의 중심이었던 루터주의로부터 호칭을 빌려와서 그 자체를 복음주의라고 부르는 새로운 부흥운동의 두 가지 국면들을 기술했다. 계몽주의 시대의 세기가 또한 개신교의 새로운 개화를

---

55) H. D. Rack, *Reasonable Enthusiast: John Wesely and the rise of Methodism* (London, 1989).

입증했다는 것은 역설이 아니다. 가톨릭 왕조 국가 기구들에게 많은 유럽이 상실된 채, 1700년까지 개신교가 도달했던 최저의 상태로부터, 종교개혁의 지역을 넘어 개신교 세력이 주목할 만하게 유럽 전역에서 힘을 합친데 자극을 받아 새로운 지역인 북미에서 거대한 팽창을 보여주었다. 잉글랜드의 종교지도자들을 포함하는, 선도하는 유럽 개신교는 대서양 전역에서 종교적 에너지의 확산을 인식했고, 거기에 합류하였다.[56] 그러한 팽창은 19세기까지 지속되었고, 13개의 잉글랜드 식민지들이 미합중국이 되었고, 북미 대륙 전역으로 그들은 팽창하기 시작했다. 반면 개신교 잉글랜드는 세계가 여태 보았던 가장 크고 광대한 영토를 얻음으로 13개 식민지들의 상실을 스스로 보상했다.

그 결과로 미국에서 현저한 형태로 점차 자신을 표현하는 전세계적인 개신교가 되었다. 이는 17세기 초 울스터에서 처음 말했던 부흥의 언어를 이야기하며, 루터, 츠빙글리, 칼빈의 개혁의 몇몇 중심 주제들로부터 사려있게 선택한 것이다. 이 모든 것의 주요 전달자는 미국과 북유럽에서 기원하였고, 감리교의 후기 분파인 지금의 오순절파이다. 과거 종교개혁으로부터 어느 신앙들이 갑작스럽게 다시금 나타날 것인지는 항상 예견할 수 없는 것이다. 1980년대에 미국은 로날드 레이건(Ronald Reagan) 대통령이 재임했고, 그는 정치 공백 기간의 잉글랜드 개신교 석학들 또는 17세기 트란실바니아의 왕자들만큼 확고하게 종말의 긴박한 도래에 대한 성경의 예언을 믿었다. 서아프리카와 남아프리카의 어떤 사회들에서는 대규모로 마녀를 죽였는데, 이는 토착 아프리카 문화에서는 거의 선례가 없던 일이고, 서양기독교 유산으로부터 직접 차용한 것이다.

종교개혁의 창시자들은 현대 개신교에서 그들에게 친숙했던 신앙의 모습들이 결여된 것 때문에 놀랄 것이다. 즉 20세기 동안 개신교는 원래의 긴급성을 제공했던 힘들 중 하나인 지옥의 두려움에 대해 말하는 것을 조용히 멈추었다. 세상을 휩쓸었던 복음주의는 여전히 그들 자신을 개혁파로 부르는 그러한 교회들에서조차 예정론과 함께 개혁파의 편견을 대부분 포기했다. 알미니우스를 위한, 그리고 조나단 에드워즈가 지지한 칼빈주의에 대항한 존 웨슬리(보란 듯이 알미니안매거진[Alminian Magazine]으로 불렀던 감리교사보를 출간했던)의 감리교 기풍을 위한 승리였다. 또한 비텐베르크, 취리히 그리고 제네바의 첫 지도자들을 당황케 한 것은 현대 서구기독교가 종교다원주의 또는 종교선택의 자유를 수

---

56) 이 명인모임의 모든 표준은 W. R. Ward, *The Protestant Evangelical Awakening* (Cambridge, 1992).

용한 것이었을 것이다. 즉 개신교회들은 그들이 18세기 동안에 행했던 억압적인 종교제재를 포기하면서, 결국 종교다원주의를 따라갔다. 만약 이러한 종교다원주의가 앵글로아메리카 문화로 하여금 남유럽과 라틴 아메리카 국가들에 널리 퍼져 있는 반종교개혁의 유산들인 악랄한 반성직권(anti-clericalism)에 의해서 영향을 받지 못하도록 했다는 것을 종교개혁 창시자들이 알았다면, 그들의 분노는 약간 누그러졌을 것이었다.

놀랍게도 가톨릭교회는 프랑스혁명의 충격에서 벗어나서 용기를 회복하였다. 1815년 이후 가톨릭교회는 그 자체를 트리엔트 가톨릭주의의 더욱 정돈된 형태로 드러나게 했다. 가톨릭은 교황의 세력을 세계적인 조직의 중심에 받아들였다. 그리고 1870년 바티칸공의회는 교황무오설 교리를 선포함으로 1563년에 불완전하고 교묘하게 남아 있던 교황군주제의 의제를 완성했다(6장, p. 416). 비록 스페인과 포르투갈 식민지 제국들에서 기세가 줄어들긴 했지만, 가톨릭은 다시 세계적으로 팽창하기 시작했다. 왜냐하면 개신교의 종교적 관용에 편승하여 새로운 개신교 제국 내에서 선교사역을 수행할 수 있었기 때문이었다. 프랑스가 새로운 해외식민지를 세웠을 때, 가톨릭은 프랑스 식민지 당국의 모호한 태도로 인해 유익을 취할 수 있었다. 즉 많은 프랑스 정부들은 반성직주의를 취했지만, 마지못해 가톨릭 선교사들을 프랑스 문명의 대리인으로 보아야 했다. 그러므로 식민지 지역들에서 가톨릭 지도자들을 허용할 가치가 있었다.

로마 가톨릭은 여전히 계몽주의가 제안했던 것을 많이 거부했다. 그리고 단지 1962년부터 1965년까지 제2차 바티칸공의회의 심의가 있었던 20세기에 가톨릭교회의 주교들은 계몽주의의 유산과 타협하기 위해 진지한 노력을 기울였다. 그후 1978년부터 오랜 동안에 베드로의 왕좌를 점령한 가장 힘 있는 인물들 중 한 사람인 요한 바오로 2세의 30년간의 교황직이 시작되었다. 그의 목적은 카를로 보로메오 또는 17세기 합스부르크 왕가와 비텔스바흐 왕가의 예수회 조언자들에게 낯익었던 복종과 교리적 확실성의 많은 주제를 재연하는 반종교개혁의 형태를 확신 있게 재확언하는 것이었다. 이러한 가톨릭의 약점은 계몽주의를 지속적으로 적으로 여기고, 또한 다른 관점을 가진 가톨릭을 배제하거나 침묵시키려고 했다는 점이다.

그러므로 종교개혁과 반종교개혁은 전혀 사그라들지 않았다. 그럼에도 불구하고 그들이 만들었던 기독교의 형태들은 새로운 실제, 즉 종교개혁이 형성하고 있었던 16세기에서 시작된 현상들과 만나야 했다. 이는 세계종교들이 과거에 무시하거나 우연히 쓸어버린 여러 지역종교들은 말할 것도 없고, 다른 모든 세계종교들과 기독교가 직접적으로 접촉하는 것이다. 즉 기독교가 단순히 유대교와 이슬람과 옛 기독교와 만나는 것이 아니라, 힌두교, 불교 그리고 중국과 일본 종교와 만나게 된 것이다. 그러한 다양한 만남은 종교의 배타성에 대한 주장을 매우 이상한 것으로 보도록 만들었다. 그러나 이러한 사실도 다양한 서양 기독교 분파가 귀에 거슬리는 배타적 주장들을 멈추게 하지 못했다. 1700년 경 런던과 암스테르담에서 나타났던 종교다원주의의 범위보다 훨씬 더 넓은 선택들이 지금도 존재한다.

이러한 선택 의식과 그리고 최소한 그것의 부분적인 결과로서 서양기독교의 발전은 대서양의 다른 한 쪽에서 다양한 형태들로 나타났다. 가톨릭과 개신교를 신봉했던 조상들과 심지어 부모들을 모신 대부분의 사람들은 어떤 조직적인 방식으로 공적 종교를 신봉하는 것을 멈추었다. 그리고 종교적 실천에서는 일련의 분파적인 하위문화가 증가하는 분위기가 형성되었다. 서양기독교를 수출했던 미국뿐만 아니라 세상의 다른 지역에서조차도 종교적 실천(신봉)은 규율로 남아 있다. 그래서 1990년과 1995년 사이에 미국에서의 교회 회원 숫자는 전체 인구의 약 47퍼센트 정도로 안정적이었다. 그리고 공식적인 교인 숫자는 공언된 기독교 인구 중 67퍼센트였다. 같은 기간 잉글랜드에서는 공언된 기독교 인구가 17퍼센트에서 16퍼센트로 줄어들었다. 그리고 잉글랜드국교회 자체에 의해 수집된 수치에 따르면 이러한 감소는 그 이후에도 지속되었다. 소수만이 기독교를 신봉하는 상태는 북유럽, 특히 스칸디나비아에서 가장 현저했다. 그러나 가톨릭 남부와 가톨릭 아일랜드도 또한 새 천년의 시기에 가파른 하락세를 경험했다.[57] 유럽에서 종교는 북아일랜드와 같은 그들의 지역 역사의 특별한 이해에 갇혀 있는 어떤 집단 거주지의 정치에서도 주요 문제였다. 미국에서 일반적으로 개신교 종교개혁의 변형된 형태로 이미 기술된 종교에 대한 변명은 더 강한 형태로 나타나고 있다. 어느 누구도 아직 그러한 대조를 만족할만하게 설명하지 못했다. 그러나 이는 다음 세기 동안 유럽과 미국 사이의 오해와 소통의 실패의 가장 큰 원인들 중 하나이다.

심지어 그러한 차이를 연대기 순으로 기록하고 강조하는 것조차 자신을 계몽주의의 아류로 드러내는 것이다. 숙고하고 묵인하는 것보다 비교하고 평가하

---

[57] 주류교회들과 교단들에 의해 (일반적으로 진실되게) 수집된 것들을 제외하고 최근 통계의 현재 신뢰할 수 있는 소스들은 P. Briereley (ed.), *The World churches handbook: based on the Operation world database by Patrick Johnstone, WEC Internaltional*, 1993 (London, 1997); P. Brierley and H. White (eds), *Atlas of World Christianity: 2000 years* (Alfresford, 1998).

려는 충동은 17세기 네덜란드와 잉글랜드의 종교다원주의로부터 팽창했던 그러한 운동의 구별되는 특징들 중 하나이다. 가장 중요한 징조는 최근의 '과학적 혁명'이 아니라 실제 역사를 이해하려는 전례 없는 서구의 노력이었다. 서양 사람들은 가능한 적은 선입견들을 가지고 또는 최소한 그들이 연구에 끼어든 어떤 선입견들을 가능한 한 폭넓게 이해하며 과거를 연구하려고 하였다. 그리고 그들은 새롭게 연결된 학문분과인 고고학을 발전시켰다. 그 결과는 서구 기독교의 역사를 뛰어넘는 세계역사방식의 형태를 설립하는데 있어서 주목할 만했다. 예를 들어 19세기 초에 고고학적인 탐구와 결과에 대한 조심스러운 생각을 통해 언젠가 번영했고 실제로 인도아대륙(Indian subcontinent)에서 지배적인 불교 문명이 있었던 사실을 기대하지 않게 발견했던 사람들은 바로 인도에 거주하는 일련의 잉글랜드학자들이었다. 이것은 인도의 힌두교도와 무슬림들이 잊어버리려고 했던 주요한 역사적 사실이었다.[58]

세계종교들 가운데 유일하게 서양기독교는 이러한 비교적, 분석적 자극을 기독교의 거룩한 책인 성경의 역사에 적용했다. 즉 단지 유대교 학자들만이 전통을 따르기 위한 진지한 노력을 기울였다. 종교적 관용처럼 종교개혁의 싸움이 처음에는 인문주의 학자들을 토대로 성경연구과정을 감추려 했다면, 이것은 종교개혁의 의도되지 않은 결과였다고 여겨질 것이다. 데시데리우스 에라스무스는 그리스로마 문학의 학생들로부터 문헌학과 역사비평에서 인문학의 기술들을 빌려 와서, 그것을 성경에 적용한 첫 번째 학자였다. 다음 두 세기에 개신교와 가톨릭 학자들은 서로 선을 긋기 위해 또는 루터, 츠빙글리, 불링거, 부처, 칼빈과 같은 사람들에 의해서 배치된 위대한 교리적 진리들을 보여주기 위해 그의 학문을 모방했다(대부분 개신교 진영에서). 그러한 사고 체계에서 어떤 지적인 비평가가 성경본문에서 이례적인 것들을 보게 될 것이다. 지적인 비평가들처럼 이전 세기에 유대인과 기독교인 모두는 일반적으로 그러한 예외들에서 경건의 의미들을 찾거나 하나님의 목적에 대한 감추어진 단서들을 찾으려고 했다. 그래서 16세기 중반에 위대한 스페인 성경 주석학자(그리고 극단적인 기독교의 동조자)였던 베니토 아리아스 몬타노(Benito Arias Montano)가 필립 2세의 후원에 의해 엔트워프다국어성경에 대한 야심찬 계획을 주도하게 되었을 때, 그는 필립의 왕실 전임자들 덕택으로 유럽 사람들에게 당시 드러났던 미국 대륙

---

58) C. Allen, *The Buddha and the Sahibs: the men who discovered India's lost religion* (London, 2002).

을 성경이 언급하지 않았다는 문제를 고려하게 되었다. 몬타노는 알려져야 할 모든 것은 어떻게든 성경에 언급되어야 한다고 확신했다. 그래서 위대한 작품의 부록에 그는 미국 지명의 고대 히브리어 버전들의 목록을 추가했다.

다른 많은 재평가를 만들어 낸 17세기의 신실하고 경건한 기독교인들은 성경 본문을 고려할 때, 역사비평에 대한 인문주의의 계획으로 일관성 있게 되돌아왔다. 어떤 가장 초기의 작품들은 프랑스 위그노 학자들에 의해서, 특히 소뮈르(Saumur)의 왕립학회가 루이 14에 의해서 문을 닫기 전에(루이 14세는 소뮈르에 동일한 기초의 부분을 형성했던 기병교육을 위한 선구적인 아카데미를 보유했다) 개신교 신학을 위한 소뮈르의 왕립학회에 의해서 쓰여졌다. 17세기 초에 소뮈르 학자 루이 카펠(Louis Cappel)에 의해 수행된 초기 단계에서는 구약성경 히브리어 본문에서 점을 찍고 악센트를 주는 모음의 정교한 시스템이 이전에 주장된 것처럼 고대의 것이 아니었다는 점을 밝혀냈다. 많은 사람들은 이러한 비교적 적은 수의 문헌학(언어학)적 교정들이 성경 안에 오류가 있다는 것을 가리킨다고 생각하여, 이것이 성경의 완전성과 신적 영감에 대한 위험한 공격이라고 생각했다. 그러나 카펠은 그의 결론에 있어서 분명히 옳았다. 그리고 세기 말까지 그의 발견은 개신교에서 수용되었다. 그것은 그 이후로 지속되었던 신구약의 학문적 연구를 더욱더 추구하기 위한 기초가 되었다. 그것은 이러한 복잡한 본문들이 많이 겹쳐 있는 역사적 성격을 드러냈다. 그리고 하나의 책이 아니라 많은 책들의 도서관이라 할 수 있는 성경의 역사적 상황과 역사적 동기들을 제안할 일이 훨씬 많아졌다.

정직한 사고의 결과는 괄목할 만한 실천이 되었다. 위대한 로마 가톨릭 신학자 한스 큉(Hans Küng)의 말로 하면 즉 "현대 성경비평은 인간의 가장 위대한 지적인 성취 중 하나이다. 유대교와 기독교 외에 어떤 위대한 세계종교들이 그 자신의 기초와 역사를 그렇게 전체적으로 그리고 편견 없이 연구했는가?"[59] 성경에 대한 역사적 연구의 결과는 서양종교가 생각하고, 믿고, 행하는 것에 대한 권위를 구성하는 방식에 혁명을 가져왔다. 그것은 여전히 개신교와 가톨릭 모두를 긴장하게 만드는 권위의 원천에 대한 고통스러운 재평가들을 포함한다. 비록 개신교에서 가장 우선적인 문제가 성경의 권위이고, 가톨릭에서는 교회의 권위라고 하더라도, 양쪽 모두 충돌의 중심에 있는 이슈는 동일해졌다. 즉 1700년대에 발생했던 서양사회에서 변형의 주요 국면으로 이미 살펴보았던 인간행위의 가

---

59) H. Küng, *Judaism* (London, 1992), p. 24.

장 친밀한 행위, 즉 성적인 행위의 다양한 국면에 대한 기독교인의 태도이다.

트리엔트 가톨릭의 권위에 대한 성적인 도전은 이중적이었다. 첫 번째는 인위적인 피임의 사용을 금지하려고 했던 수많은 염려스러운 전문가의 충고 때문에 교황 바오로 6세가 잘못 공포한 '인간의 삶'(Humannae Vitae, 1968)이었다. 그러나 유럽과 북아메리카의 가톨릭 신자들은 압도적으로 이러한 교황의 선포를 거부했다. 이러한 거부는 종교개혁 이후 가톨릭의 역사에서 첫 번째 예이고, 이 때문에 교황은 당황하고 고통스러워 했다. 여전히 전개되고 있는 두 번째 도전은 어떤 성직자가 교회의 종교에 의한 아동학대를 밝힌 점이다. 이미 이것은 영어권의 가톨릭 세계에서 교회 계층구조 개념에 재앙에 가까운 효과를 가져왔다. 그리고 가톨릭이 그것의 발생에 주목하기 시작했을 때, 만약 그들이 다른 문화적 배경에서 동일한 방식으로 반응했다면, 로마 가톨릭에 대한 치명적인 결과들은 아주 컸을 가능성이 높다. 이 위기로 말미암아 종교개혁의 첫 수십 년 동안 개신교에 대해 가졌던 두려움만큼이나 교회 사역을 위한 강제적 독신부과에 대해 강한 의문이 제기되었다.

개신교주의는 동일하게 권위의 문제에 대한 중대한 도전에 직면했다. 즉 동성애와 성정체성을 인간 개방 가운데 하나의 유효하고 대수롭지 않은 선택으로서 서양사회가 점점 수용하게 된 것이다. 이는 성경의 권위에 대한 문제이다. 이를 반대하기 위해 잘 짜여진 신학적 상상에도 불구하고, 동성애적 성정체성의 개념에 대한 부분을 제외하고는 성경이 동성애 행위의 반대를 표현한다고 보기 어렵다고 주장한 사람들이 있다. 그들은 유일한 대안은 성경에서 출발한 삶의 패턴들과 가정들을 쪼개려고 노력하거나 또는 성경이 단순히 잘못되었다고 말하려는 것이다. 이러한 완고한 선택의 기초로 선택되었던 다른 문제들이 있다. 즉 1940년대에 세상에 있는 유대민족을 파괴한 나치운동에 공포감을 느낀 후에 어떤 기독교인들은 신약본문의 많은 부분들에 면면히 흐르는 분명한 반유대주의에 직면하기 시작했다. 또 다른 면에서, 비록 옛날에 서양기독교인들이 수많은 아프리카 사람들을 미국의 노예로 삼는 것을 정당화하기 위해 사용했지만, 대부분은 신약성경이 사회구조의 정상적인 부분으로 분명히 노예를 수용한 사실을 애써 잊으려 했다.

반면 동성애는 가장 주요한 이슈가 되었다. 문제는 1700년 전후에 표현되었던 서양사회의 일반 가정에 관한 성경의 권위에 대한 견해를 따르는 자들 사이에 잔존하는 주요 논쟁거리였다. 즉 이것은 서양전통에서 많은 교회들을 분리하도록 위협했던 깊은 상징적 문제였다. 그러한 분리는 18세기 부흥과 대각성 운동의 의미에서 그들 스스로를 복음주의라고 부르는 개신교 사이에서조차 단정짓지 못한 것이다. 보수적인 로마 가톨릭과 보수적인 복음주의자들은 다르게 생각하는 그들 자신의 교회의 다른 회원들에 대해서 보다 이 분리에 대해 서로에게 할 말이 더 많다. 종교개혁과 반종교개혁의 계승자들 사이에서 확실하게 여전히 분열된 집이 존재한다. 그러나 이제 이 집을 분리하는 벽들이 다른 장소로 옮겨졌다. 그러한 논쟁의 결과는 다음 세기에 대해 서양 문화를 규정짓는 공개 질문들 중 하나로 남아 있다.

동방기독교는 이제 직면하게 될 새로운 경험이 있다. 그들은 종교개혁의 이야기를 심사숙고함으로써 유익을 얻을 수 있을 것이다. 왜냐하면 그들은 종교개혁의 경험을 가지지 않은 상태에서 개신교와 가톨릭이 맞닥뜨린 동일한 계몽주의 문화를 이제 만나게 될 것이기 때문이다. 역사의 아이러니에서 동방정교회는 우선 오스만제국을 과소평가함으로써, 또 그 이후에 러시아 공산당에 의해 잔인한 박해를 받게 됨으로써 그의 대적들이 행한 현대화로부터 보호되었다. 그러나 이제는 그들도 현대서양을 특징짓는 종교다원주의와 종교선택의 우선성을 어쩔 수 없이 직면하게 될 수 밖에 없다. 그리고 그 경험은 외적 상처를 남길 것이다.

현대 서양인들은(현대 기독교인들을 포함해서) 종교개혁에서 나타난 많은 것들을 한탄하는 것 같다. 비록 그들이 모두 예수 그리스도 안에 있는 하나님의 사랑에 의해 죄에 대한 문제가 해결되고 위로를 받았다고 주장하지만, 사실 후기 중세 기독교와 주류 개신교 모두 그들이 타파하려고 했던 것은 두려움과 걱정과 죄책감의 종교였다. 종교개혁의 논쟁들은 대부분 어떻게 인간이 이 하나님의 사랑에 가장 잘 도달했는가와 인간의 행위와 행동 안에 있는 어떤 것이 영원한 절망으로부터 그들을 구원하도록 하나님에게 영향을 미칠 수 있는가에 대한 것이었다. 개신교회는 당연히 그러한 질문에 답하려고 했던 기본교리의 일관성을 강조하고 싶어 했다. 이를 통해 살아남은 종교적 시스템 안에 있는 우연 내지 사상의 모순구조가 항상 분명한 것은 아니었다. 종교개혁의 초기 무대에서 극단적인 사상가들과 설교가들은 특별히 라틴 기독교를 위한 가능한 미래의 청사진을 보여주었다. 그러나 그들은 가톨릭과 개신교 모두에 의해서 사회적으로 멸시받고 거부되었다. 왜냐하면 그들이 극단적으로 양쪽 진영이 공유한 어두운 확신들에 대해 의문을 제기했고, 신적 능력 그리고 인간성과 그것의 상호작용에 대한 새롭고 더욱 구조적인 접근들을 제안했기 때문이었다. 주류 기독교가 할 일은 단지 미래의 이러한 선택적인 관점들을 이제 재검사하고 얼마나 많은 가치가 그 안에 있는지를 인식하는 것이다. 현대 잉글랜드국교회(또는 심지어 현대 로마 가톨릭)는 신앙의 형태에서 16세기 잉글랜드국교회보다는 16세기 재세례파를 더 많이 닮았다.

현대 유럽은 이러한 논쟁이 16세기에 얼마나 긴급했는지를 거의 이해하지 못한다. 그러한 긴급성은 '신학적 분노'(theological road-rage)라고 불렀던 것을 일으켰다. 그리고 많은 무서운 결과를 가져왔다.[60] 유럽인들은 서로를 태우고 고문하려고 했다. 왜냐하면 그들은 빵과 포도주가 하나님으로 변화하는지 또는 어떻게 변화하는지 또는 예수 그리스도가 신과 인간 모두일 수 있는지 등의 주제에 대해 일치하지 못했기 때문이었다. 특히 20세기 유럽이 더 새롭고 세속적인 이념들에 대한 신앙 때문에 자행했던 만행에 비추어 볼 때, 지적인 또는 감정적인 우월적 태도를 수용할 권리는 없다. 근심과 불완전을 의식하는 것은 종교적인 사람들뿐만 아니라 비종교적인 사람들에게도 인간의 기초적인 구성요소들이 되는 것 같다. 어떤 사람들은 하나님의 이름으로 이러한 불행에 대한 답을 지속적으로 요청한다. 현명하고 시대의 애통을 간직한 도미니크 신학자 허버트 맥카베(Hebert McCabe)는 그의 도미니크 선임자인 아퀴나스를 그대로 흉내내어, 하나님이 의심이 된다고 제안했었다.[61]

인간 고통에 대한 과거의 대답들은 이제 분별력 있는 대답들처럼 보이지 않는다. 그러나 그들의 이해는 우리에게 존중을 받을 만하다. 대륙들과 대양들을 통해 화, 기쁨, 파괴적 폭력, 침묵을 위한 추구 그리고 무한을 위한 추구의 흐름을 증거했다. 종교개혁과 반종교개혁주의자들은 기껏해야 평범한 수준으로 이 같은 사상들을 제시했을 뿐이었다. 광범위한 개신교 동조자들 중 엘리자베스 시대의 신사인 아서 골딩(Arthur Golding)은 (베네딕트 경건, 이탈리아 가톨릭, 존 칼빈과 회복을 한 스페인의 고통과 고양으로 인해 사장된 작품인) 『그리스도의 은혜』(*Beneficio di Cristo*)라는 저 신비적 영적 묵상의 프랑스어 번역을 읽게 되었다(5장, p. 328). 그리고 그는 『그리스도의 은혜』를 영어로 번역하게 되었다. 그리고 그 후에 그의 시대의 어리석음에 대해 묵상하게 되었다.

> 이 시대가 감염되었던 가장 큰 악 가운데 이것이 포함될 것이다. 그래서 그리스도인들이라고 불린 그들은 그리스도에 대해 비참하게 나뉘어졌다. 그럼에도

---

60) Matheson, *Imaginative World*, p. 81.
61) Herbert McCabe 는 나를 위한 이러한 관찰을 와인, 위스키 그리고 논쟁의 늦은 저녁이 되게 했다.

불구하고 사실 사도가 우리에게 말한 것처럼, 그로부터 모든 것이 존재하는 아버지이신 한 분 하나님만 계신다. 우리는 그 안에 있고 우리 주 예수 그리스도 안에 있다. 그에 의해 모든 것이 존재한다. 그리고 그에 의해 우리는 존재한다. 이러한 나누임에 대해 담론하는 것 그리고 그 원인이 어떤 것에는 기쁨이 되었고, 어떤 것에는 그것이 불쾌함이 되었다. 왜 하나의 진리가 그렇게 다각도로 나누어져서 마음을 기쁘게 할 수 있을까? 하나님은 그의 이름을 우리 모두가 전달하는 한 분 그리스도 안에서 하나가 되는 것이 모두를 기쁘게 할 수 있다는 것을 의도하셨다.[62]

---

62) Arthur Golding의 Beneficio di Cristo, 1573에 대한 서문은 M. A. Overell, *Notes and Queries new series* 25 (Oct 1978), 425 에서 인용되었다.

부록

다음의 본문들은 이 책에서 그려진 논쟁들 뒤에 있는 가정들을 조망하기 위해 제공되었다. 신경들과 주기도문은 원래 헬라어의 라틴어 버전들에 가능하면 가깝게 번역하였다. 그리고 십계명은 원래 히브리어에 가깝게 번역했다. 함께 그들은 약 1600년의 가톨릭과 개신교 모두가 소유한 유럽 사람들에게 기대했던 최소한의 교리적 도구를 대표했다. 천사의 인사말(the Hail Mary)은 추가적으로 로마 가톨릭으로부터 기대된 것인데, 두 부분으로 구성되었다. 첫 번째, 누가복음 1:28과 1:42의 융합은 중세 서양에서의 일반적인 사용이었다. 두 번째, 더욱 특별한 마리아에 대한 기도는 개혁이 시작된 후까지도 일반적으로 사용되지 않았다.

1. 니케아 신조(4세기 후반의 동방의 신조)

나는 전능하사 하늘과 땅과 보이는 것과 보이지 않는 것들을 만드신 한 분 하나님 아버지를 믿습니다.
그리고 만세 전에 아버지로부터 출생하신 하나님의 독생자이신 한 분 주 예수 그리스도를 믿습니다. 하나님으로부터 하나님, 빛으로부터 빛, 참 하나님으로부터 참 하나님, 나셨으나 만들어지지 않으셨고, 모든 세상을 창조하신 아버지와 동일본질이신 [우리 주 예수 그리스도를 믿습니다.
그는 우리 구원을 위해 하늘로부터 내려오셨고, 동정녀 마리아를 통해 성령으로 말미암아 성육신하셨고, 인간이 되셨고, 우리를 위해 또한 본디오

빌라도에 의해 십자가에 달리셨습니다. 그는 고통을 당했고, 장사되셨습니다. 그리고 삼일 만에 성경대로 다시 살아나셨으며, 하늘에 오르셨고 아버지 우편에 앉으셨습니다. 그리고 그는 영광으로 산자와 죽은 자들을 심판하십니다. 그의 왕국은 끝이 없으십니다.

그리고 나는 생명의 주요 수여자이신 성령을 믿습니다. 그분은 아버지와 [아들로부터] 나오시고 , 아버지와 아들과 함께 예배 받으시고 영광 받으십니다. 그분은 선지자에 의해 말씀된 분이십니다.

그리고 나는 하나의 보편적, 사도적 교회를 믿습니다. 나는 죄사함을 위한 하나의 세례를 인정합니다. 그리고 나는 죽은 자의 부활을 추구하며, 다시 올 세상의 삶을 추구합니다. 아멘.

2. 사도신경

전능하사 천지를 만드신 하나님 아버지를 나는 믿습니다. 예수 그리스도 그의 독생자를 나는 믿습니다. 그는 성령의 능력으로 잉태되시고, 동정녀 마리아에게 나셨습니다. 그는 본디오 빌라도에게 고난을 받으셨고, 십자가에 달리셨고, 죽으셨고, 그리고 장사되셨습니다. 그는 죽은 자들에게 내려가셨습니다. 3일 만에 그는 다시 살아나셨습니다. 그는 하늘에 오르사 아버지 우편에 앉으셨습니다. 그리고 다시금 산 자들과 죽은 자들을 심판하러 오실 것입니다. 성령을 나는 믿습니다. 거룩한 공의회와, 성도들의 교통, 죄를 사하여 주심, 몸의 부활 그리고 영원한 삶을 믿습니다. 아멘.

3. 주기도문

하늘에 계신 우리 아버지, 이름을 거룩하게 하시며, 나라가 임하시오며, 뜻이 하늘에서 이루어진 것같이 땅에서도 이루어지다. 오늘, 우리에게 일용할 양식을 주시옵고, 우리가 우리에게 죄지은 자를 사하여 준 것 같이 우리 죄를 사하여 주옵시고, 우리를 시험에 들게 하지 마시옵고 다만 악에서 구하시옵소서. 나라와 권세와 영광이 지금부터 영원까지 당신께 있습니다.

4. 십계명

구약성경에서 본문들이 약간의 사소한 차이들을 가지는 십계명의 두 가지 형태가 있다. 여기서는 기독교 성경의 RSV(Revised Standard Version)에서 제시한 출애굽기 20장에서 발견되는 형태이다. 이것은 아마도 신명기 5장의 것과 비교될 것이다. 다음은 한편으로는 히포의 어거스틴, 라틴교회[A]에 의해서 일반적으로 사용된 것으로서 숫자표시와 함께 주석을 달았다. 다른 한편으로는 유대교, 동방정교회, 개혁파 개신교회들과 잉글랜드국교회연합[B]에 의해서 사용되었다. 목록은 M. Aston, England's Iconoclasts I. Laws against images (Oxford, 1988), p. 373에서 선택한 것이다.

그리고 하나님께서 이 모든 것을 말씀하셨다. 말씀하시기를

[A1] '나는 너를 애굽 땅, 종 되었던 집으로부터 너를 인도했던 주 너의 하나님이다. 너는 내 앞에서 다른 신들을 두지 말라.'
[B2] '너는 너 자신을 위해 세긴 상이나 하늘 위나, 땅 아래나, 또는 물과 땅 안에 있는 어떤 형상도 만들지 마라.' 너는 그들에게 절하거나 그들을 섬기지 마라. 왜냐하면 나 주 너의 하나님은 나를 미워하는 자의 삼, 사대에 아비들의 죄를 아들에게 벌을 주는 질투하는 하나님이다. 그러나 나의 계명을 지키고 나를 사랑하는 자들의 천대에까지 확고한 사랑을 보여주는 하나님이다.
[A2][B3] '너는 주 너의 하나님의 이름을 망령되이 일컫지 말라. 왜냐하면 주는 그의 이름을 망령되이 하는 자들을 죄 없다고 하지 않을 것이기 때문이다.'
[A3][B4] '그날을 거룩하게 지키도록 안식일을 기억하라' 여섯째 날들은 너희가 너희 모든 일을 위해 수고하고 일할 것이다. 그러나 일곱 번째 날은 주 너의 하나님께 안식일이다. 그 안에서 너는 어떤 일도 하지 마라. 너와 너의 아들과 너의 딸과 너의 남종이나 여종 또는 너의 가축들 그리고 너의 문안에 있는 여행자들도 [일하지 마라]. 여섯째 날에 주께서 하늘과 땅, 바다와 그 안에 있는 모든 것을 만드셨고, 일곱째 날에 쉬셨기 때문이다. 그러므로 주를 이날을 복주셨고 거룩하게 하셨다.
[A4][B5] ' 너의 아버지와 어머니를 공경하라. 이는 주 너의 하나님이 너에게 주신 땅에서 장수할 것이다.'
[A5][B6] '살인하지 말라'
[A6][B7] '간음하지 말라'
[A7][B8] '도적질 하지 말라'
[A8][B9] '너의 이웃에게 거짓증거하지 말라'

[A9][B10] '너의 이웃의 아내나, 그의 남종이나, 그의 여종이나 그의 소나 그의 나귀나 너의 이웃에게 속한 어떤 것도 탐내지 말라.

5. 천사의 인사(The Hail Mary)

(1) 오소서 은혜로 충만하신 마리아여, 주님이 당신과 함께 하십니다. 여인들 중에 당신은 복됩니다. 그리고 당신의 뱃속의 열매인 예수는 복됩니다. (2) 거룩한 마리아, 예수님의 어머니, 우리 죄인을 위해 지금 기도하소서. 우리의 죽음의 영광 안에서 기도하소서.

참고도서

이 부분은 종교개혁과 반종교개혁에 관련된 영역들과 다양한 주제들에 대한 일반적인 개론서나 고전적인 작품들의 목록을 제공하고자 의도되었다. 특정한 주제에 대한 세부적인 책들은 각주에 언급되어 있으며, 특히 영어이외의 언어로 된 작품들이나 참고도서들은 여기에서 반드시 재수록하지는 않았으며, 약어표에 있는 책들도 마찬가지이다. 독자들에게 친숙한 개론서들에는 *표시를 해 두었다.

GENERAL

E. Cameron, *The European Reformation* (Oxford, 1991)
*O. Chadwick, *The Reformation* (London, 1964)
O. Chadwick, *The Early Reformation on the Continent* (Oxford, 2001)
F. L. Cross and E. A. Livingstone (eds), *The Oxford Dictionary of the Christian Church* (3rd revised edition, Oxford, 1995)
E. Eisenstein, *The Printing Revolution in early modern Europe* (Cambridge, 1983)
M. Greengrass (ed.), *Conquest and Coalescence: the shaping of the state in early modern Europe* (London, 1991) [contains local case studies]
H. J. Hillerbrand (ed.), *The Oxford Encyclopaedia of the Reformation* (4 vols, Oxford, 1996)
C. Lindberg (ed.), *The European Reformations Sourcebook* (Oxford, 2000) [documents]
*A. E. McGrath, *Reformation Thought. An Introduction* (3rd edn, Oxford, 1999)

W. R. Naphy (ed.), *Documents on the Continental Reformation* (Basingstoke, 1996) [documents]
*A. Pettegree (ed.), *The Early Reformation in Europe* (Cambridge, 1992) [contains local case studies]
*A. Pettegree (ed.), *The Reformation World* (London, 2000) [contains local case studies]
*B. Scribner, R. Porter and M. Teich (eds), *The Reformation in National Context* (Cambridge, 1994) [contains local case studies]
*D. C. Steinmetz, *Reformers in the Wings: from Geiler von Kayserberg to Theodore Beza* (2nd edn, Oxford, 2001) [contains case studies]
*J. D. Tracy, *Europe's Reformations 1450–1650* (Lanham and New York, 2000)

The medieval background

*J. Bossy, *Christianity in the West 1400–1700* (Oxford, 1985)
E. Duffy, *The Stripping of the Altars: traditional religion in England 1400–1580* (New Haven and London, 1992)
B. Hamilton, *Religion in the medieval West* (London, 1986)
R. I. Moore, *The Formation of a Persecuting Society: power and deviance in Western Europe 950–1250* (Oxford, 1987)

Humanism and Erasmus

*P. Burke, *The Renaissance* (Basingstoke, 1987)
*J. Huizinga, *Erasmus of Rotterdam* (London, 1952)
*J. K. McConica, *Erasmus* (Oxford, 1991)
*R. Porter and M. Teich (eds), *The Renaissance in National Context* (Cambridge, 1992) [contains local case studies]

Luther

*A. G. Dickens, *Martin Luther and the Reformation* (London, 1967)
B. Lohse, *Martin Luther: an introduction to his life and work* (Edinburgh, 1986)
R. Marius, *Martin Luther: the Christian between God and death* (Cambridge, MA, 1999)

Zürich, Calvin and the Reformed Tradition

B. Cottret, *Calvin: a biography* (Grand Rapids and Edinburgh, 2000)
*U. Gäbler, *Huldrych Zwingli: his life and work* (Edinburgh, 1986)
*A. Pettegree, A. Duke and G. Lewis (eds), *Calvinism in Europe, 1540–1620* (Cambridge, 1994) [contains local case studies]
G. R. Potter, *Zwingli* (Cambridge, 1976)
*M. Prestwich (ed.), *International Calvinism 1548–1715* (Oxford, 1985) [contains local case studies]
F. Wendel, *Calvin: the origins and development of his religious thought* (London, 1963)

Counter-Reformation

*R. Bireley, *The Refashioning of Catholicism, 1450–1700* (Basingstoke, 1999)
*M. Greengrass, *The French Reformation* (Oxford, 1987)
*M. D. W. Jones, *The Counter Reformation: religion and society in early modern Europe* (Cambridge, 1995)
J. W. O'Malley, *The First Jesuits* (Cambridge, MA, 1993)
*M. A. Mullett, *The Catholic Reformation* (London, 1999)
R. Po-Chia Hsia, *The World of Catholic Renewal, 1540–1770* (Cambridge, 1998)

Radical religion

*H-J. Goertz, *The Anabaptists* (London, 1996)
H-J. Goertz (ed.), *Profiles of Radical Reformers: biographical sketches from Thomas Muntzer to Paracelsus* (Ann Arbor, MI, 1982)
*M. Mullett, *Radical Religious Movements in Early Modern Europe* (London, 1980)
G. H. Williams, *The Radical Reformation* (3rd edn, Kirksville, MO, 1992)

World expansion

*P. Bonomi, *Under the Cope of Heaven: religion, society and politics in Colonial America* (New York and Oxford, 1986)
G. V. Scammell, *The First Imperial Age: European Overseas Expansion c. 1400–1715* (London, 1989)
A. D. Wright, *The Counter-Reformation: Catholic Europe and the non-Catholic World* (London, 1982)

PARTICULAR REGIONS

(see also above for local case studies)

Central Europe (the Habsburg lands)

K. Maag (ed.), *The Reformation in Eastern and Central Europe* (Aldershot, 1997)

P. S. Wandycz, *The Price of Freedom: a history of east central Europe from the Middle Ages to the present* (London, 1992) [also useful for Poland]

England and Wales

*S. Doran and C. Durston, *Princes, pastors and people: the Church and religion in England, 1500–1700* (revised edn, London, 2002)

D. Cressy and L. A. Ferrell (eds), *Religion and Society in Early Modern England: a sourcebook* (London, 1996) [documents]

*D. MacCulloch, *The Later Reformation in England 1547–1603* (2nd edn, Basingstoke, 2000)

*J. Spurr, *The Restoration Church of England, 1646–1689* (New Haven and London, 1991)

France

J. Garrison, *A History of sixteenth-century France, 1438–1589* (Basingstoke, 1995)

*M. Greengrass, *The French Reformation* (Oxford, 1987)

H. Phillips, *Church and Culture in 17th century France* (Cambridge, 1997)

Germany

*C. S. Dixon, *The Reformation in Germany* (Oxford, 2002)

*P. H. Wilson, *The Holy Roman Empire, 1495–1806* (Basingstoke, 1999)

*R. W. Scribner, *The German Reformation* (Basingstoke, 1986)

Iberia

*J. Edwards, *The Spanish Inquisition* (Stroud, 1999)
H. Kamen, *Inquisition and Society in Spain: in the Sixteenth and Seventeenth Centuries* (London, 1985)
*H. Rawlings, *Church, Religion and Society in Early Modern Spain* (Basingstoke, 2002)

Ireland

A. Ford, *The Protestant Reformation in Ireland, 1590–1641* (2nd edn, Dublin, 1997)
R. Gillespie, *Devoted People: belief and religion in early modern Ireland* (Dublin, 1997)

Italy

*C. F. Black, *Early Modern Italy: a social history* (London, 2001)
S. Caponetto, *The Protestant Reformation in sixteenth century Italy* (SCES 43, 1998)
*D. Hay and J. Law, *Italy in the Age of the Renaissance, 1380–1530* (London, 1989)

Netherlands

*G. Darby (ed.), *The Origins and Development of the Dutch Revolt* (London and New York, 2001)
J. Israel, *The Dutch Republic: its rise, greatness and fall, 1477–1806* (Oxford, 1995)

Poland-Lithuania

N. Davies, *God's Playground: a History of Poland. 1: the origins to 1795* (Oxford, 1981)
*J. Kłoczowski, *A History of Polish Christianity* (Cambridge, 2000)

Scandinavia

O. P. Grell (ed.), *The Scandinavian Reformation: from evangelical movement to institutionalisation of reform* (Cambridge, 1994)

S. P. Oakley, *War and Peace in the Baltic 1560-1790* (London, 1992)

Scotland

*I. B. Cowan, *The Scottish Reformation: church and society in 16th century Scotland* (London, 1982)
M. Todd, *The Culture of Protestantism in Early Modern Scotland* (New Haven and London, 2002)

South-east Europe

J. McCarthy, *The Ottoman Turks: an introductory history to 1923* (London, 1997)
G. Murdock, *Calvinism on the Frontier 1600-1660: international Calvinism and the Reformed Church in Hungary and Transylvania* (Oxford, 2000)

PARTICULAR THEMES

Art and architecture

*J. Dillenberger, *Style and Content in Christian Art* (New York, 1965)
*A. Graham-Dixon, *Renaissance* (London, 1999)
C. Harbison, *The Mirror of the Artist: Northern Renaissance Art in its Historical Context* (New York, 1995)
J. F. White, *Protestant Worship and Church Architecture* (New York and Oxford, 1964)

Iconoclasm

M. Aston, *England's Iconoclasts I. Laws against images* (Oxford, 1988)
C. M. N. Eire, *War against the Idols: the reformation of worship from Erasmus to Calvin* (Cambridge, 1986)
S. Michalski, *The Reformation and the Visual Arts: the Protestant image question in western and eastern Europe* (London, 1993)

Judaism

*J. Edwards, *The Jews in Christian Europe, 1400–1700* (London and New York, 1991)
J. Israel, *European Jewry in the age of mercantilism, 1550–1750* (3rd edn, Oxford, 1998)
N. Roth, *Conversos, inquisition and the expulsion of the Jews from Spain* (Madison, WI, 1995)

Mentalities and society

A. Cunningham and O. P. Grell, *The Four Horsemen of the Apocalypse: religion, war, famine and death in Reformation Europe* (Cambridge, 2000)
*H. Kamen, *European Society 1500–1700* (London, 1985)
P. Spierenburg, *The Broken Spell: a cultural and anthropological history of Pre-Industrial Europe* (Basingstoke, 1991)

Science and natural philosophy

J. Hedley Brooke, *Science and Religion: some historical perspectives* (Cambridge, 1991)
*J. Henry, *The Scientific Revolution and the Origins of Modern Science* (2nd edn, Basingstoke, 2002)
D. C. Lindberg and R. S. Westman (eds), *Reappraisals of the Scientific Revolution* (Cambridge, 1990)

Sexuality and the family

S. Ozment, *Ancestors: the loving family in old Europe* (Cambridge, MA, 2001)
*W. R. Naphy, *Sex Crimes from Renaissance to Enlightenment* (Stroud, 2002)
M. Wiesner-Hanks, *Christianity and Sexuality in the Early Modern World: regulating desire, reforming practice* (London, 2000)

Tolerance and persecution

B. S. Gregory, *Salvation at Stake: Christian martyrdom in early modern Europe* (Cambridge, MA, 1999)

O. Grell and B. Scribner (eds), *Tolerance and Intolerance in the European Reformation* (Cambridge, 1996)

P. Zagorin, *Ways of Lying: dissimulation, persecution and conformity in early modern Europe* (Cambridge, MA, 1990)

Witchcraft

J. Barry, M. Hester and G. Roberts (eds), *Witchcraft in Early Modern Europe: studies in culture and belief* (Cambridge, 1996)

L. Roper, *Oedipus and the Devil: witchcraft, sexuality and religion in early modern Europe* (London, 1994)

*G. Scarre, *Witchcraft and Magic in 16th and 17th century Europe* (Basingstoke, 1987)

Worship

*C. Jones et al. (eds), *The Study of Liturgy* (revised edn, London, 1992)

S. Karant-Nunn, *The Reformation of Ritual: an interpretation of early modern Germany* (London, 1997)

E. Muir, *Ritual in Early Modern Europe* (Cambridge, 1997)

약어표

ARG: *Archiv für Reformationsgeschichte*

Bireley, *Refashioning*: R. Bireley, *The Refashioning of Catholicism, 1450–1700* (Houndmills, 1999)

Bonomi, *Under the Cope of Heaven*: P. Bonomi, *Under the Cope of Heaven: religion, society and politics in Colonial America* (New York and Oxford, 1986)

Calvin, ed. McNeill and Battles, *Institutes*: J. Calvin, ed. J. T. McNeill and F. L. Battles, *Institutes of the Christian religion* (2 vols, Philadelphia: Library of Christian Classics xx, xxi, 1960). Citation in square brackets to the conventional divisions of the 1559 *Institutes* text.

Chadwick, *Early Reformation*: O. Chadwick, *The Early Reformation on the Continent* (Oxford, 2001)

CH: *Church History*

Cottret, *Calvin*: B. Cottret, *Calvin: a Biography* (Grand Rapids and Edinburgh, 2000)

Cunningham and Grell, *Four Horsemen*: A. Cunningham and O. P. Grell, *The Four Horsemen of the Apocalypse: religion, war, famine and death in Reformation Europe* (Cambridge, 2000)

CWE: *Collected Works of Erasmus*, various editors: Toronto edn.

Davies, *God's Playground*: N. Davies, *God's Playground: a History of Poland. 1: the origins to 1795* (Oxford, 1981)

Eisenstein, *Printing Revolution*: E. Eisenstein, *The Printing Revolution in early modern Europe* (Cambridge, 1983)

Ellington, *Mary*: D. S. Ellington, *From Sacred Body to Angelic Soul. Understanding Mary in late medieval and early modern Europe* (Washington DC, 2001)
EHR: *English Historical Review*
Gordon and Marshall (eds), *Place of the Dead*: B. Gordon and P. Marshall (eds), *The Place of the Dead: Death and Remembrance in Late Medieval and Early Modern Europe* (Cambridge, 2000)
Grell and Scribner (eds), *Tolerance in the Reformation*: O. Grell and B. Scribner (eds), *Tolerance and Intolerance in the European Reformation* (Cambridge, 1996)
HJ: *Historical Journal*
HT: *History Today*
JEH: *Journal of Ecclesiastical History*
JHI: *Journal of the History of Ideas*
Kłoczowski, *Polish Christianity*: J. Kłoczowski, *A History of Polish Christianity* (Cambridge, 2000)
Lualdi and Thayer (eds), *Penitence*: K. J. Lualdi and A. T. Thayer (eds), *Penitence in the Age of Reformations* (Aldershot, 2000)
Luther's Works: J. Pelikan and H. T. Lehmann (eds), *Luther's Works* (55 vols and 1 companion vol., Philadelphia and St Louis, 1958–86)
MacCulloch, *Cranmer*: D. MacCulloch, *Thomas Cranmer: a life* (London and New Haven, 1996)
MacCulloch, *Later Reformation*: D. MacCulloch, *The Later Reformation in England, 1547–1603* (revised edn, Basingstoke, 2001)
MacCulloch, *Tudor Church Militant*: D. MacCulloch, *Tudor Church Militant: Edward VI and the Protestant Reformation* (London, 1999)
Marshall and Ryrie (eds), *Beginnings of English Protestantism*: P. Marshall and A. Ryrie (eds), *The Beginnings of English Protestantism* (Manchester, 2002)
Matheson, *Imaginative World*: P. Matheson, *The Imaginative World of the Reformation* (Edinburgh, 2000)
Michalski, *Reformation and Visual Arts*: S. Michalski, *The Reformation and the Visual Arts: the Protestant image question in western and eastern Europe* (London, 1993)
MQR: *Mennonite Quarterly Review*
Murdock, *Calvinism on the Frontier*: G. Murdock, *Calvinism on the Frontier 1600–1660: international Calvinism and the Reformed Church in Hungary and Transylvania* (Oxford, 2000)
Naphy (ed.), *Documents*: W. R. Naphy (ed.), *Documents on the Continental Reformation* (Basingstoke, 1996)
O'Malley, *First Jesuits*: J. W. O'Malley, *The First Jesuits* (Cambridge MA, 1993)

Pettegree (ed.), *Early Reformation*: A. Pettegree (ed.), *The Early Reformation in Europe* (Cambridge, 1992)

Pettegree (ed.), *Reformation World*: A. Pettegree (ed.), *The Reformation World* (London, 2000)

Pörtner, *Styria*: R. Pörtner, *The Counter-Reformation in central Europe: Styria 1580–1630* (Oxford, 2001)

PP: *Past and Present*

PS: Parker Society publications

RSTC: A. W. Pollard and G. R. Redgrave, revised by W. A. Jackson and F. S. Ferguson and completed by K. F. Pantzer, *A Short Title Catalogue of Books printed in England, Scotland, and Ireland and of English Books Printed Abroad before the year 1640* (3 vols, London, 1976–91)

Rummel, *Humanism*: E. Rummel, *The Confessionalization of Humanism in Reformation Germany* (Oxford University Press, 2000)

SCH: *Studies in Church History*

SCES: *Sixteenth Century Essays and Studies*

SCJ: *Sixteenth Century Journal*

Todd, *Protestantism in Scotland*: M. Todd, *The Culture of Protestantism in Early Modern Scotland* (New Haven and London, 2002)

TRHS: *Transactions of the Royal Historical Society*

WA: *D. Martin Luthers Werke* (Weimar, 1883–)

Williams, *Radical Reformation*: G. W. Williams, *The Radical Reformation* (London, 1962)

Yates, *Rosicrucian Enlightenment*: F. Yates, *The Rosicrucian Enlightenment* (1st published 1972; new edn. London, 2002)

The Reformation: a History

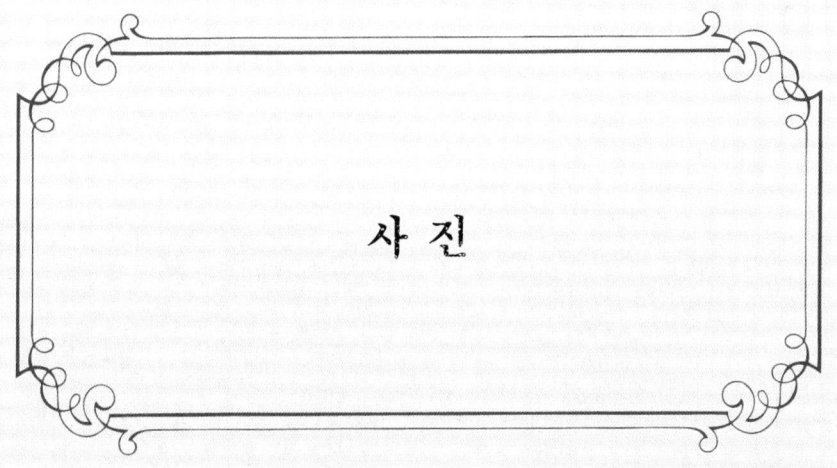

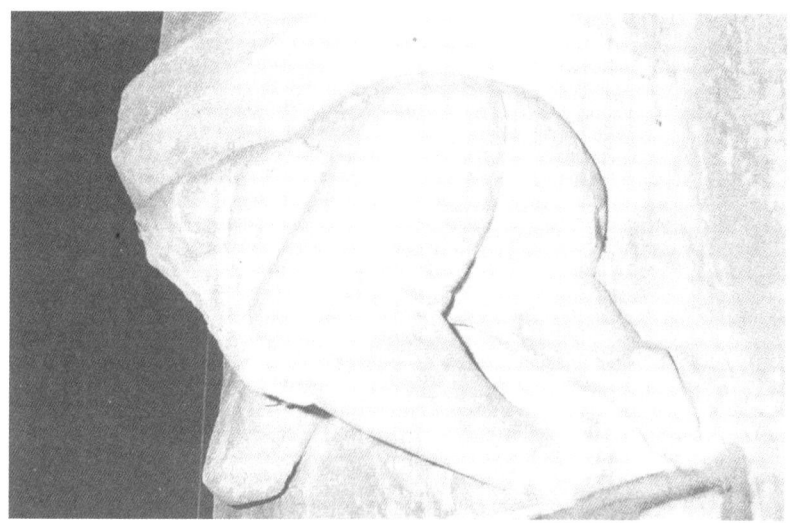

사진 1 a. 설교단 아치를 지지하는 석상. 1320년 경. 프레스톤 비셋(버킹햄셔, 잉글랜드). 이 석상의 뒷쪽이 제단 상부를 향하고 있는 이 사진은 설교단을 회중석으로부터 가려주는 앙상블의 한 부분으로 만들어졌다.

사진 1 b. 신성로마제국의 맥시밀리안 1세는 한스 부르크마이어(Hans Burgkmair)에게 승리의 행진에 관한 상상도를 조각하도록 임무를 부여했다(1517-18, 우연히 루터가 최초로 항거한 일과 일치한다). 여기 제일 밑에 기독교로 개종한 사람들이 있는데, 그들은 맥시밀리안의 아메리카의 새로운 백성, 소위 '인디언들' 또는 '캘리컷'(Calicut, 인도의 남쪽) 거주자들이라고 불리는 아메리카 원주민들로서 유럽인들에 의해 최초로 표현된 그림이다.

사진 2. 리옹에서 1511년 인쇄된 소분량 읽기용 불가타 성경: 개신교도들이 나중에 외경으로 부른, 구약성경의 끝을 이루는 마카비2서의 끝 부분. 이 시대의 성경 본문은 장으로는 나누어져 있었어도 절의 숫자로는 아직 나누어지지 않았다. 이 사본은 일찍이 잉글랜드에 도달했고, 아마도 대주교 토마스 크랜머가 소유했을 것이다(마카비 본문들 바로 뒤에 나오는 복음서들에 관해 다마수스[Damasus] 교황에게 보낸 제롬의 편지에 있는 단어인 '파파'[papa, pope, '교황']를 두 번이나 지우면서 의무감을 가지고 헨리 8세의 규율을 따랐던 튜터 가문의 한 사람임).

사진 3. 웬해스톤(셔폭, 잉글랜드)에 있는 최후의 심판 또는 운명에 관한 1500년 경의 그림은 십자가에 못박힌 그리스도, 성모 마리아, 성 요한(이제는 단지 윤곽만으로 드러나는)과 같은 인물들이 조각된 무대 정면의 배경막이었다. 이것은 심판에서 구원받은 사람들과 정죄받을 사람들을 보여준다. 이것은 검은 글씨로 된 성경 본문이 밑부분에 있는 것으로 보아 종교개혁 기간에 걸쳐 그려졌고, 1894년 땔감으로 사용하기 위해 교회마당에 쌓여 있다가, 밤새 내린 비가 널판지들의 백색 도료를 씻어낸 상태에서 구해졌다.

사진 4. 취리히의 그로스뮌스터의 남쪽 면에 있는 샤를마뉴의 웅장한 조각상은 프라우뮌스터의 수녀들로부터 중세 도시의 점진적인 권력의 획득을 상징하는 것이었다. 츠빙글리와 도시 당국자들은 취리히의 일반적인 조각상들에 대한 파괴에도 불구하고 아무도 샤를마뉴를 숭배하지 않을것이라는 이유로 그 동상이 종교개혁기간 내내 서 있도록 허용했다. 이것은 또한 교회와 시민 연방의 밀접한 연합이라는 자신들의 신학을 잘 상징했다. 이 조각상은 이제는 교회 지하실에 보호되고 있는 원래의 것을 대체한 것이다.

사진 5. 스위스 국립박물관에 소장된 이 그림은 현존하는 몇 개의 츠빙글리의 초상화(실물과 거의 같게 그린 그림)가운데 최고의 그림이다. 츠빙글리는 신약성경을 손에 잡고 있는데, 흥미롭게도 그것은 에라스무스의 라틴역성경이며, 마태복음의 "수고하고 무거운 짐진 자들아, 다 내게로 오라…"는 본문이 포함된 마태복음 11-12장 말씀이 펼쳐져 있다. 이 말씀은 로마 가톨릭의 종교적 율법주의의 위험성을 강조한 것인데, 이것은 중세 가톨릭을 비꼬는 것이며, 아마도, 그의 유명한 소시지와 관련된 사건에 대한 언급일 것이다. 맨 위쪽에 쓰여진 글은 국가와 신앙을 위한 전투에서의 그의 죽음을 기리는 내용이다.

사진 6. 뉘른베르크는 예외적으로 보수적인 루터파 종교개혁을 경험했고, 두 개의 주요 교구교회가 그들의 웅장한 중세의 성자의 성물함을 보관하고 있었다. 교회에 헌납된 동과 양철로 된 성 세발두스(St. Sevaldus)의 성물함은 대략 1488년에 시작되어 1519년에서 겨우 끝낼 수 있었다.

사진 7. 구다(Gouda)에 있는 성 얀스컬크(St. Janskerk) 교회는 스페인의 필립 왕과 그를 대적해 모반을 일으켰던 침묵자 윌리엄, 둘 다를 추모하는 네델란드식의 관용을 보여주는 16세기 스테인글라스의 한 뛰어난 부분을 보유하고 있다. 이 창문은 필립 왕과 그의 아내인 잉글랜드의 메리 여왕(Queen Mary)이 최후의 만찬에서 그리스도와 그의 사도들과 함께 있음을 보여준다.

사진 927

사진 8. 황제 찰스 5세는 개신교 제후들과 대항한 슈말칼덴전쟁 동안 1547년 4월 23일 선제후 작센 (Electoral Saxony) 지역의 뮐베르크(Mühlberg)에서의 가장 만족할만한 승리를 기념하기 위해 티티안에게 자신의 웅장한 초상화를 그리도록 임무를 주었다(현재 스페인 마드리드의 프라도박물관 소장). 그의 승리는 오래가지 못했고, 1555년 아우크스부르크평화조약을 맺게 되었다. 초상화 속의 갑옷은 마드리드에 보존되어 있다.

사진 9 a. 엘리자베스 여왕 1세의 무적함대를 그린 초상화는 조지 고어(George Gower)에 의해 1588년과 1589년 사이에 헌사되었다. 55세라고 보기에 믿기 힘들 만큼 젊은 엘리자베스여왕의 최고 승리의 이미지 속에서, 그림의 뒷배경은 영국해안에서 스페인함대가 파괴된 전후의 모습을 배경으로, 그녀는 아메리카를 보여주는 지도 위에 그 손을 무의식적으로 올려 놓고 있다.

사진 9 b. 소머셋(Somerset), 프리스톤(Priston) 교구교회에 있는 남쪽 현관의 박공벽(gable)은 회개에 대한 강렬한 훈계가 담긴 교구 목사인 토마스 왓츠에 대한 1589년의 기념물을 포함하고 있다. 비문은 적소(조각상 등을 두기 위한 벽의 움푹 들어간 곳)에서 성인상으로 대체되었다.

사진 929

사진 10. 집안 장식을 위한 18세기 그림에서(원래는 작은 포스터 크기인) 중년의 마틴 루터와 카타리나 폰 보라는 성직자 가정생활의 우상이 되어왔다. 이 그림에는 잘 요약된 이들의 생애가 실려 있다.

930 종교개혁의 역사

사진 11. 1570년의 이 이탈리아 그림은 이 곳에 대한 베르니의 기념비적인 단장 전의 성 베드로 광장에서 행한 교황의 축복기도를 보여준다. 여전히 덜 마친 성베드로성당의 돔과 함께 그리고 그 앞에 여전히 서있는 작은 동의 타워가 있는 옛 베드로성당의 부분은, 트리엔트공의회의 결과로 로마의 절반 정도 지어진 상태에 대해 생생한 느낌을 준다. 교황 레오 10세에 의해 특별한 목적을 가지고 3층으로 지어진 건물의 벽걸이 융단(그의 현대의 계승자들이 하는 것과 같이)이 매달려 있는 발코니에서 교황은 군중에게 축복기도를 한다. 오른쪽에는 바티칸 궁정이 있다.

사진 12. 로마에 있는 잉글리쉬칼리지에 그려진 니콜로 키르키냐니(Niccolo Circignani)의 잉글랜드 순교자 그림중에 있는 한 사람(지금은 조각된 형태로 남아 있는)은 바로 만 천 명의 처녀들과 함께 순교를 당한 성 우르슬라였다. 그녀가 잉글랜드의 콘월(Cornwall)에서 왔다는 것이 알려짐으로써 그녀가 순교자반열에 포함되었다. 쾰른을 배경으로, 훈족은 활을 가지고 혹은 라인 강에 익사시키면서 조직적으로 우르술라와 그녀의 처녀들을 공격하고 있다. 그녀의 이름은 16세기 광범위한 전역에서 성공을 거둔 우르술라회의 기초를 위해 차용되었다.

사진 13. 로마 가톨릭 사제는 추가로 잡혀온 두 명의 사제들이 보는 앞에서 잉글랜드 개신교 주교와 엘리자베스 1세의 추밀원의 고문관들 앞에 있는 평상에서 고문을 받았다. 제목은 1581년과 1583년(예배실에 있는 키르키냐니의 벽화의 날짜) 사이에 있었던 예외적으로 잔인한 고문과, 예수회 소속 에드문드 캄피온이 런던 터반의 반역자로서의 처형으로 시작하는, 순교당한 잉글리쉬칼리지(English College)의 이전 학생들이라고 적혀있다.

사진 14 a. 존 칼빈에 대한 헨리쿠스 혼디우스의 16세기 그림으로부터 17세기 후반 독일의 서체장인인 요한 미가엘 푸흘러(Johann Michael Puchler)에 의한 정교한 변환: 턱수염을 가진 나이가 지긋한 개혁자는 그의 밑천이었던 말씀-전기적 기술 그리고 성경과 개혁적 운율 시편으로부터의 본문-으로된 옷을 입었다. 30년 전쟁 후 보다 평온한 시기에 푸흘러는 루터, 개신교와 가톨릭 군주들, 가톨릭 성인들과 같은 비슷한 이미지들을 제작하는 예술적인 성향에서 에큐메니칼적이었다.

사진 14b. 17세기 후반 번영의 시대에 항구의 배들에서 바라본 암스테르담. 또한 네덜란드 개혁파 개신교의 주요 도시들도 유대인들과 비정통적인 교리들을 가진 자들을 위한 안식처였다.

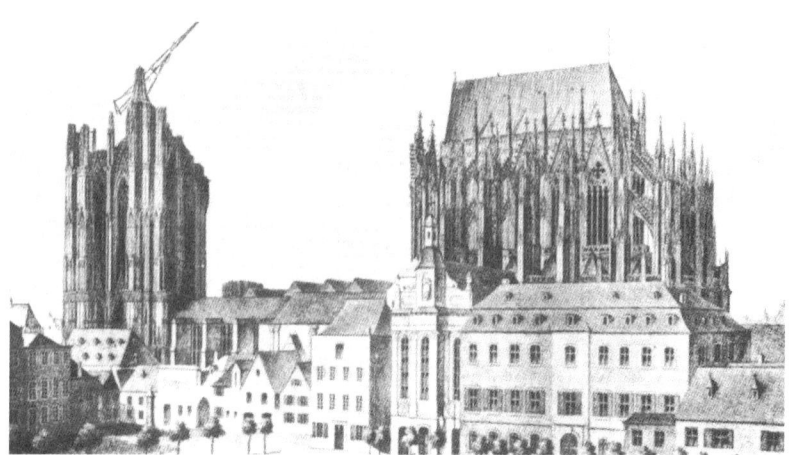

사진 15a. 현대에 친근하게 볼 수 있는 쾰른대성당의 우뚝 솟은 웅장함조차도 1560년대 그 공사가 멈춘 후에 안타깝게도 완공되지 못했다. 이것은 1824년에 성당의 남쪽 전경이다. 타워 위에 있는 거대한 크레인은 16세기 이후로 계속해서 제자리에 있었다.

사진 15b. 체코의 건축가 Jan Blazej Santini-Aichel(1677-1723)에 의해 건축된 승리의 우리 성모 순례 교회는 프라하 외곽에서 보헤미안 개신교 운동을 저지했다. 화이트 마운튼 전투(Bila Hora)를 기념한다. 이는 체코에서 바로크 양식을 훌륭하게 반영한 건축물이다.

사진 16. 이 17세기의 네덜란드 판화(조각)는 스페인의 것이라고 사람들이 주장한다. 그러나 그림에 나오는 장면의 배경은 네덜란드이다. 만약 독립을 위한 전쟁에서 패배했다면 스페인종교재판소가 네덜란드로 왔을 것이라는 생각을 하게 하는 판화. 산베니토스에서 고소되어 유죄로 판결된 자들의 행렬, 왕과 주교가 앉는 자리(박스)옆으로 있는 장식으로 두드러진 제단, 그리고 관람석의 전체적인 극장식 디자인을 주목하라.

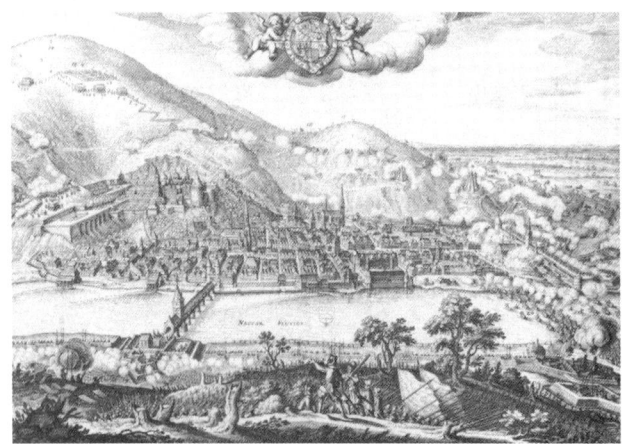

사진 17. 하이델베르크는 17세기 초 개혁파 개신교의 위대한 중심지였다. 1622년에 합스부르크 왕가의 위대한 장군 틸리(Tilly)에 의해 포위되고 점령되었다. 하이델베르크는 30년 전쟁에서 고통받았던 중부 유럽 개신교들의 재난의 상징이었다. 도서관과 웅장한 정원들을 가진 선제후 프리드리히 5세의 성은 이 점령과정에서 그대로 노출된다. 그것은 곧 파괴되었다.

사진 18a. 심지어 작은 잉글랜드 교구(Charsfield, Suffolk)도 지역 부호인 개신교 기사 가문인 윙필드(Wingfield) 때문에 엘리자베스 시대의 성찬에 사용되는 도구들의 훌륭한 세트를 얻을 수 있었다. 일반적인 세속 술잔과 같은 성찬 잔을 주목하라.

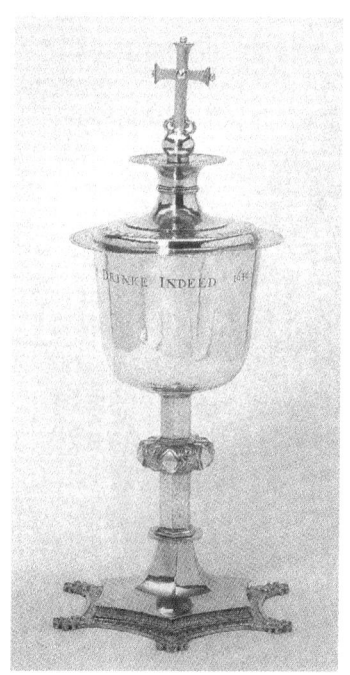

사진 18b. 이 성배(성찬식때 쓰는 잔)는 1640년, 찰스 1세의 스코틀랜드와 잉글랜드의회와의 대립이 한창일 때, 스타운톤헤롤드교회에 증여되었다. 여기에는 여섯 개의 잎이 나있는 것 같은 맨 아래의 받침대와, 줄기와 같이 생긴 손잡이가 있고 이는 성만찬에 사용된 그릇으로서, 중세적인 모습으로 공격적으로 회귀한 것이었다. 뚜껑위의 십자가는 가톨릭을 상징하는 듯하다. 증여자는 로버트 쉴레이였는데, 그는 독실한 로디안(Laudian, 칼빈 예정론을 부인하는 교파)으로서, 후에 그의 교회를 면밀하게 다시 지었고, 건축풍에서는 중세고딕 형태를 모방하였다.

사진 19a. 클루지 나포카(Cluj Napoca)근교 트란실바니아 탕스(Tonciu) 교구교회 지붕의 두 개의 패널화: 선악과 나무와 뱀과 함께 있는 아담과 이브, 그리고 방주 안에 있는 노아: 17세기 후반 작품으로 추정. 그림은 서양 유럽 개혁주의 교회 실내장식에서 잘 어울리는 것은 아니었다. 그러나 주목할만하게 탕스에서의 대부분의 이미지들은 구약으로부터 온, 즉 가톨릭 우상숭배에 의해 덜 오염된 그림 자료들로부터 온 것이다.

사진 19b. 파이프지역(스코틀랜드)의 번티슬란드 교구교회에 있는 17세기 초 마리너스 갤러리(Mariners' Gallery)의 쾌활한 장식은 스코틀랜드 개혁파조차 천사들을 그리는 것을 두려워하지 않았다는 것을 보여준다.

사진 20. 이 1606년 판 제네바 신약성경은 성경이야기가 종교개혁시대의 해상운송에 의한 탐험들과 동시대에 일어난 것 같은 생동감 넘치는 느낌을 갖고 있는 배가 그려진 (작품의 혁신적인 특징들 중 하나) 팔레스틴 지도가 서문에 기록되어 있다.

938 종교개혁의 역사

사진 21a. 1500년대에 그려진 락스톤(Roxton, Bedfordshire, 잉글랜드)에 있는 병풍모양의 십자가 위의 그리스도 그림은 허리높이 부분에서 훼손되었고 윗부분과 가장자리도 잃어버렸으며, 성인들의 얼굴 부분도 훼손되었다. 이들은 성 세바스티안(St Sebastian)과 성 도로시(St Dorothy)이다.

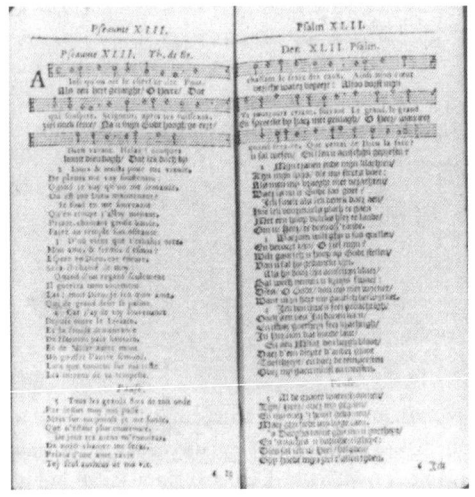

사진 21 b. 실제 이 그림보다 약간 큰 1640년대의 깔끔한 2개 언어로 된 시편은 부인들의 지갑 또는 군인들의 배낭에 남의 눈에 띄지 않게 넣을 수 있었다. 짝을 이룬 네덜란드어와 프랑스어 본문은 이것이 개신교 연합주들에 속한 남부 네덜란드로부터 온 많은 프랑스어를 사용하는 개신교 피난민들에게 판매되도록 하였다. 여기서 볼 수 있는 프랑스어 시편은 티오도르 베자가 번역한 것을 사용하였다.

사진 22. 나폴리 대성당, 산 제나로(S. Gennaro)의 성물함에 있는 도메니치노(Domenico Zampieri, 1581-1641)가 그린 이 프레스코화에서, 지역적 그리고 보편적 교회는 이단에 대항해 결합한다. 성모 마리아는 그녀의 아들과 함께 교회를 위해 중보한다. 아래에는 나폴리 성당의 성 제나로(Januarius)가 그의 유명한 액화하는 피를 담은 성물함을 떠 받치고 있다. 발 오른쪽은 이단들이 그리고 발밑에는 짓밟혀진 루터와 칼빈의 책들이 있다. 그리고 이단은 독일풍의 콧수염을 하고 있다는 것을 주목하라.

사진 23a. 메사추세츠의 첫 번째 총독이 되었던 서퍽의 젠틀맨 존 윈스롭(John Winthrop)은 뉴잉글랜드 식민사업의 중심에 있었다. 그는 아메리카의 '잊혀진 개척의 아버지'로서 기술되었다. 찰스 오스굿(Charles Osgood)이 그린 1834년의 초상화는 현재는 많이 손상된 원본이지만, 그것과 아주 가깝게 그린 것이다.

사진 23b. 빅토리아확장시대 이전에 볼 수 있었던 데리성당. 1620년대 우스터(아일랜드의)지방의 개신교농장지대에 있는 런던데리(북아일랜드의 주요도시)의 런던식민지도시의 일부분으로서 지어졌다. 이것은 17세기의 식민지 버지니아의 교구교회의 모델이 되기도 했으며, 또한 18세기에는 워렌과 깁스에 의해 모방되어 현대 잉글랜드의 도시교구교회의 모델이 되기도 했다.

사진   941

사진 24. 위트레흐트(Utrecht)의 학식 있는 여성, 안나 마리아 반 슈만. 위트레흐트의 이전의 성당 타워를 배경으로 하고 있다. 또한 그녀가 대학에서 강의를 했다고 암시하는 커튼에 둘러싸여 있다.

위대한 신학자들 시리즈

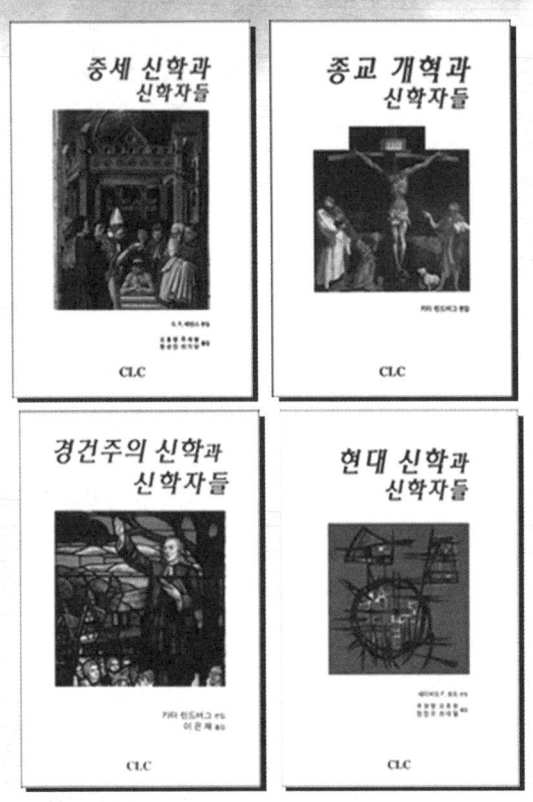

신학적 지성과 역사적 변화에 대한 새로운 안목
각 시대별 신학과 신학자들

- 중세 신학과 신학자들(G.R.에반스 편집/ 한성진, 오흥명 옮김)
- 종교 개혁과 신학자들(카터 린드버그 편집/ 조영천 옮김)
- 경건주의 신학과 신학자들(카터 린드버그 편집/ 이은재 옮김)
- 현대 신학과 신학자들(데이비드 F. 포드 편집/ 류장열 외3 옮김)

맥클로흐 Diarmaid MacCulloch 저서

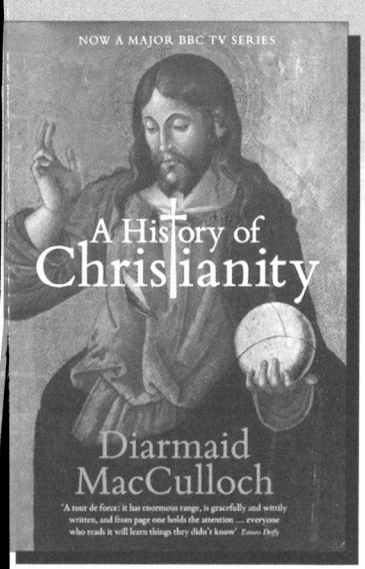

3천년 기독교 역사 vol.1: 고대

박창훈 박사 옮김/ 신국판

지중해를 중심으로 일어난 그리스 문화와 그 이후의 메소포타미아 문명을 아우르는 세계의 유대교를 통해 선포되고 전해진 고대 기독교의 성장과정을 치밀한 역사적 고증과 설명으로 역사에 대한 깊은 관심과 애정을 자극하고 있다.

3천년 기독교 역사 vol.2: 중세·종교개혁

배덕만 박사 옮김/ 신국판

종전의 서방교회 중심의 교회사 서술의 틀을 깨고, 동방교회에 대한 부분을 상당히 포함시키므로 이 시대 교회사를 보다 적절한 균형 속에 다루고 있다.

3천년 기독교 역사 vol.3: 현대

윤영훈 박사 옮김/ 신국판

기독교가 16세기부터 오늘날까지 복잡한 정치적 상황과 계몽주의 이후의 지성적 흐름 그리고 다원적 사회문화 속에서 어떻게 상호관계하며 적응, 고민, 발전해 왔는지 진지하고 폭넓게 논의하고 있다.

종교개혁의 역사
The Reformation: A History

2011년 11월 25일 초판 발행
2017년 11월 15일 초판 2쇄 발행

지 은 이 | 디아메이드 맥클로흐
옮 긴 이 | 이은재·조상원

펴 낸 곳 | 사) 기독교문서선교회
등   록 | 제16-25호(1980. 1. 18)
주   소 | 서울시 서초구 방배로 68
전   화 | 02) 586-8761~3(본사) 031) 942-8761(영업부)
팩   스 | 02) 523-0131(본사)   031) 942-8763(영업부)
홈페이지 | www.clcbook.com
이 메 일 | clckor@gmail.com
온 라 인 | 기업은행 073-000308-04-020, 국민은행 043-01-0379-646
          예금주: 사)기독교문서선교회

ISBN 978-89-341-1163-4 (93230)

※ 낙장·파본은 교환해 드립니다.